종교개혁

중세에서 근대로의 역사적 대전환

역사도서관 032

종교개혁

중세에서 근대로의 역사적 대전환

최종원 지음

지은이 **최종원**은 경희대에서 회계학을 전공한 뒤 같은 대학교 대학원에서 서양사를 공부했다. 영국 버밍엄 대학 역사학과에서 영국 중세사 연구로 박사학위를 받았다. 2009년부터 4년간 한국에서 가르쳤으며, 2012년 말 캐나다로 이주했다. 현재 밴쿠버기독교세계관대학원(VIEW)에 재직하면서 서양사와 교회사를 가르치고 있다. 또한 미국 미드웨스턴 침례신학대학원(Midwestern Baptist Theological Seminary)과 캐나다 노스웨스트 신학대학원(Northwest College & Seminary)의 객원교수로 있다. 존 위클리프와 롤라드파, 면벌부, 중세 대학사를 주제로 한 논문을 다수 발표했으며, 인문학의 대중화에도 관심을 두고 다양한 층위에서 글쓰기를 이어 왔다. 저서로 『초대교회사 다시 읽기』(홍성사, 2018), 『중세교회사 다시 읽기』(홍성사, 2020), 『텍스트를 넘어 콘텍스트로』(비아토르, 2019), 『공의회, 역사를 걷다』(비아토르, 2020), 『수도회, 길을 묻다』(비아토르, 2023), 『교회, 경계를 걷는 공동체』(비아토르, 2024), 『거꾸로 읽는 교회사』(복있는사람, 2025) 등이 있다. 『신데카메론』(복있는사람, 2021)을 기획했으며, 『12세기 르네상스』(로버트 스완슨, 심산, 2009)를 옮겼다.

역사도서관 032

종교개혁
중세에서 근대로의 역사적 대전환

2026년 1월 20일 제1판 제1쇄 인쇄
2026년 1월 31일 제1판 제1쇄 발행

지은이 | 최종원
펴낸이 | 박우정

기획 | 이승우
편집 | 이남숙
전산 | 한향림

펴낸곳 | 도서출판 길
주소 | 06032 서울 강남구 도산대로 25길 16 우리빌딩 201호
전화 | 02) 595-3153 팩스 | 02) 595-3165
등록 | 1997년 6월 17일 제113호

ISBN 978-89-6445-307-0 93900

이 도서는 2025년 문화체육관광부의 '중소출판사 도약부문제작지원' 사업의 지원을 받아 제작되었습니다.

네덜란드의 지도 제작자 아브라함 오르텔리우스(Abraham Ortelius, 1527~98)의 「세계의 형상」(1572)

오르텔리우스는 역사상 처음으로 전 세계를 하나의 통일된 투영으로 표현했다. 페르낭 브로델은 16세기를 장기 지속의 지중해 중심의 고전적 세계가 쇠퇴하고 스페인, 포르투갈, 네덜란드, 잉글랜드 등 대서양 세계가 부상한 시기로 해석했다. 종교개혁은 교회의 변화에 그치지 않고 정치, 경제, 문화 권력의 중심이 지중해 세계에서 대서양 세계로 이동한 역사적 과정의 일부였다.

포르투갈 화가 알프레도 로케 가메이루(Alfredo Roque Gameiro, 1864~1935)의 「1497년 유대인 추방」(1917)

종교개혁을 순수한 그리스도교 확립을 위한 정화의 과정으로 여긴다면 엄격한 배제와 타자화, 배타성은 피하기 어렵다. 이 관점에서 종교개혁을 읽어나간다면 정화를 목적으로 이베리아 반도에 살던 유대인을 축출한 「알함브라 칙령」을 종교개혁의 기원으로, 또한 17세기 스페인에서 대규모로 이루어진 무슬림 축출을 정화의 완성으로 볼 수 있다.

14세기 흑사병 이후 유럽에서 역병으로부터 인간을 지켜주는 수호성인으로 숭배된 성 세바스티아누스
고대 로마 제국 황제 디오클레티아누스의 근위 장교였던 세바스티아누스는 그리스도교를 부정하는 제국 칙령을 거부하고 그리스도교 신자들을 은밀히 도와주다 발각되어 기둥에 묶인 채 수많은 화살을 맞고 궁 밖으로 버려졌다. 수많은 화살을 맞고도 살아났다는 전설이 신이 쏘는 질병의 화살을 상징적으로 막아낸다는 믿음과 결합되어 교회와 미술 속에서 그는 역병 방어의 상징적 인물로 그려졌다. 그리스도교가 공인된 이후 로마 교황청으로부터 순교 성인으로 시성되었다.

Albertus Dei et Apostolice sedis gratia Maguntinen. et Magdeburgen. Archiepiscop⁹ ac Halberstaten. eccle/
siarũ Administrator/Germanie Primas/et sacri Romani Imperij Archicancellari⁹ princeps elector
Marchio Brandenburgen/Stetinen/ Pomeranie/Cassuborũ/Sclauorumq Dux. Burggrauius Nurenbergen
Rugieq princeps Dilecto nobis in christo
Salutem in domino
Sincera feruensq deuotio quã ad Romanã ecclesiam et fabricã immensi operis Basilice Sancti Petri de vrbe ge/
rere comprobaris/ex quo iuxta ordinationẽ per nos factam ad illius reparationẽ debitam fecisti contributionẽ meri/
to nos excitat et inducit vt petitionibus tuis illis presertim quas ex deuotionis feruore prodire conspicimus fauorabi/
liter annuam⁹. Hinc est q nos tuis deuotis supplicationib⁹ inclinati. Vt liceat tibi habere altare portatile cum debi/
tis reuerentia et honore sup quo in locis ad hoc congruen et honestis sine tamẽ iuris alieni preiudicio. Et si ad loca ec/
clesiastico interdicto ordinaria auctoritate supposita te declinare ↄtigerit: in illis clausis ianuis: excõmunicatis et inter
dictis exclusis: dummodo tu causam nõ dederis interdicto: quoad vixeris per te ipsum vel per ꝓpriũ aut aliuni sacer/
dotem idoneum secularem vel regularem quouis anni tempore preterq in Paschate missam etiã ante diem circa ta/
men diurnã lucem celebrare seu celebrari facere possis. Quodq aliquã vel aliquas ecclesiã vel ecclesias per te eligẽdas
deuote singulis Quadragesimalib⁹ et alijs diebus quibus ecclesie vrbis et extra eam ꝑ christifideles ꝑ consequendis
Indulgentijs stationũ vrbis visitari solent visitando: tot et similes Indulgentias et peccatorũ remissiones consequa/
ris quas consequereris si singulis diebus eisdem dictas ecclesias personaliter visitares. Corpusq tuum ecclesiastice
sepulture cum funerali pompa tempore Interdicti quauis auctoritate appositi dũmodo tu causam nõ dederis Inter
dicto tradi possit auctoritate Apostolica qua ꝑ spẽales Sctissimi dñi nostri domini Leonis diuina prouidentia Pa/
pe decimi literas fungimur deuotioni tue de speciali gratia Indulgem⁹. Prouiso tamen. Quod parce huiusmodi in
dulto ante diem celebrandi seu celebrari faciendi vtaris. Quia cum in altaris officio immoletur domin⁹ noster Ihe/
sus Christus dei filius: qui candor est lucis eterne/congruit id non noctis tenebris fieri sed in luce. In quorum fidem
presentes literas fieri dictecq fabrice Sigilli iussimus appensionẽ communiri. Dat
Anno dñi
M.ccccc.xv Die Mensis pontificatus prefati dñi nri Pape Anno

1515년경 마인츠 대주교 알브레히트가 판매한 면벌부
내용은 다음과 같다. "하느님과 사도좌의 은총에 따라 마인츠 대주교이자 마그데부르크 대주교이며 할버슈타트 교구의 관리자, 독일의 수석 주교이자 신성 로마 제국의 대법관이자 선제후, 브란덴부르크 변경백, 슈체친, 포메라니아, 카수비아 및 슬라브족의 공작, 뉘른베르크 성백이며 국왕의 주요 후원자는 이 증서를 접하게 될 모든 그리스도교 신자들에게 주 안에서 영원한 구원을 기원합니다. 진실한 신앙의 수호자들이며 로마 교회와 사도들의 으뜸인 성 베드로 대성당 건립을 위해 경건하고 신심 깊게 헌신하는 이들이 주님 안에서 은총과 면벌을 바라는 믿음으로 그 공사를 지원하는 데 있어 하느님의 감동을 받아 기꺼이 손길을 내미는 이들에게 전능하신 하느님의 자비와 그분의 사도들인 복된 베드로와 바오로의 권위에 힘입어 우리는 참된 참회와 고해를 행한 그리스도교 신자들에게 죄와 형벌로부터 진정한 면벌 40일을 부여합니다. 그들이 그 대성당의 건축을 위해 손을 내밀 때마다 매번 이 증서를 통해 부과된 보속에서 40일의 면벌을 자비롭게 감면해 줍니다. 이를 증명하기 위해 이 증서를 공개 작성했습니다."

시스네로스 추기경의 후원으로 편찬된 최초의 다언어 대조 성서인 『콤플루텐시아 다언어 성서』

1514년 인쇄를 완료한 그리스어 신약성서는 에라스무스의 1516년판보다 2년 앞선 인류 최초의 그리스어 신약성서 인쇄본으로 공식 출판된 해는 1522년이다. 히브리어, 아람어, 그리스어, 라틴어 본문을 병렬로 수록한 6권 구성으로 르네상스 인문주의 성서학의 정점을 이루는 작품으로 평가된다.

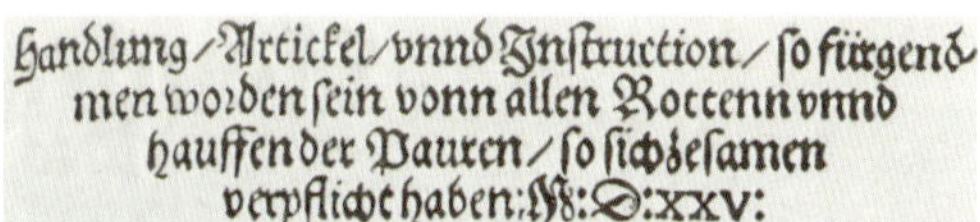

「행동 강령과 조항, 그리고 모든 농민 무리가 맹세한 규율, 1525년」

이 목판화는 1525년 독일 농민전쟁 당시 농민들이 내건 요구 사항인 「12개조」의 표지 그림이다. 그림 속 인물들은 낫, 도끼, 창끝 달린 막대기 등 농기구를 무기로 들고 있는 농민 병사들이다. 갑옷을 입고 가운데 서 있는 이가 저항군의 지휘관이다.

독일 화가 구스타프 슈판겐베르크(Gustav Spangenberg, 1828~91)의 「가족과 함께 찬송을 부르는 루터」(1875)
루터는 류트를 연주하며 찬송을 인도하고 아내 카타리나 폰 보라는 막내를 품에 안고 있다. 아이들과 함께 노래하면서 신앙으로 하나가 된 프로테스탄트 가정의 모습을 보여 준다. 이 작품은 금욕적 수도 생활 대신에 신앙인의 일상적 삶을 예배의 자리로 제시한 것으로 종교개혁을 가정과 음악, 일상의 신앙 회복으로 상징화했다.

16세기 독일 종교개혁 시대의 루터파 가정을 배경으로 식사 전 예배와 감사의 기도를 드리는 장면
그림 상단의 독일어 문장은 하느님께 감사하며 음식을 축복하는 식탁 기도문으로 당시 루터파 가정들이 사용하던 경건문을 반영한다. 성찬 대신에 가정의 식탁이 신앙 실천의 중심이 된 루터파의 새로운 경건 문화를 보여 주며 성서의 권위와 가장의 영적 책임, 그리고 일상 속 신앙의 실천을 강조한다.

왼쪽부터 시계 방향으로 마르틴 루터, 장 칼뱅, 헨리 8세, 이그나티우스 로욜라

루터는 면벌부 남용을 비판하는 95개조 논제를 발표함으로써 '아래로부터' 시작된 종교개혁의 불씨를 지폈다. 그의 문제 제기는 결국 가톨릭교회로부터 분리된 프로테스탄트 교회의 탄생으로 이어지는 결정적 계기가 되었다. 프랑스 출신 종교개혁가 칼뱅은 2세대 개혁가로서 가톨릭의 오랜 전통과는 구별되는 프로테스탄트 개혁교회의 예배 방식과 교리 체계, 규율 문화를 구체적으로 정립했다. 그의 신학과 예배 실천은 이후 개혁교회 전통의 근간을 이루게 되었다. 잉글랜드 국왕 헨리 8세는 로마 가톨릭과 결별하고 왕권을 통해 '위로부터의' 강제된 잉글랜드 국교회를 수립했다. 이 교회는 로마 가톨릭과 대륙 프로테스탄트 사이에서 중도적(via media) 성격을 지니게 되었다. 예수회 설립자이자 스페인 가톨릭 개혁가인 로욜라는 교황에 대한 절대적 충성과 가톨릭 교리 수호를 바탕으로 한 내부 개혁을 추진했다. 그가 설립한 예수회는 프로테스탄트 확산에 맞서 가톨릭교회를 방어하는 핵심 세력으로 자리 잡았다.

취리히 리마트강에서 익사형으로 처형된 펠릭스 만츠(Felix Manz)를 묘사한 장면
만츠는 유아세례를 거부하고 신앙고백 이후의 세례만을 인정해야 한다고 주장했다. 취리회 시의회와 울리히 츠빙글리는 이를 급진적 이단으로 간주해 1527년 1월 5일 그를 처형했는데, 프로테스탄트 통치 아래에서 순교한 최초의 아나뱁티스트 신자였다.

헤센 백작 필리프의 주최로 성만찬 교리 통합 목적으로 개최된 1529년 마르부르크 회담 장면
이 회담은 프로테스탄트 최초의 주요 신학 논쟁으로, 루터는 '그리스도의 실체적 임재'를 주장한 반면에 츠빙글리는 '상징적 기념' 입장을 고수하면서 첨예하게 대립했다. 15개 조항 가운데 성만찬 해석 문제에서 합의에 실패했으며, 이 회담은 루터파와 츠빙글리파의 교리적 분열을 결정지은 역사적 분수령이 되었다.

성상 파괴자들에 의해 훼손된 성 마거릿 상

1980년대 잉글랜드 에식스 카운티의 세인트앤드루스 교회의 수리 과정에서 발견되었다. 중세 말 잉글랜드 대부분의 교회에는 이 같은 성상이 있었지만, 종교개혁 이후 국교회 개혁가들과 청교도 성상 파괴자들에 의해 파괴되었다.

스코틀랜드 세인트앤드루스 교회에 있던 '회개 의자'

이 의자는 16~17세기 스코틀랜드 개혁교회가 시행하던 공개 회개의 전통을 상징한다. 교회에서는 간음, 음주, 불경, 욕설, 주일 위반 등 도덕적 · 종교적 죄를 지은 사람에게 회중 앞에서 자신의 죄를 인정하고 회개하도록 요구했다. 그들은 예배 중 교회의 앞자리나 회중이 잘 볼 수 있는 곳에서 이 의자에 앉아야 했다. 이러한 관행은 개인의 내적 신앙뿐만 아니라 공동체 전체의 도덕적 순결과 규율을 강조하는 종교개혁 시대의 사회 통제 수단이었다.

도메니치노(Domenichino, 1581~1641)의 「라스토르타에서의 로욜라의 그리스도와 하느님 아버지의 환시」

로욜라 생애에서 중요한 영적 체험인 '라스토르타 환시'(Vision at La Storta)를 묘사한 작품으로, 이 환시는 로욜라에게 "그리스도와 함께 봉사하는 사명"을 확신시켰으며, 훗날 예수회 설립(1540)으로 이어지는 결정적 계기가 되었다. 프로테스탄트 종교개혁으로 가톨릭교회가 심각한 위기를 맞이했음에도 불구하고, 16세기와 17세기 유럽에서는 신생 수도회 설립에 주목할 만한 현상이 일어났다. 이 시기에는 1세기부터 15세기까지 약 1,500년 동안 설립된 모든 수도회의 수를 넘어서는 새로운 수도회들이 생겨나 가톨릭 영성의 황금기를 열었다.

파스콸레 카티(Pasquale Cati, 1550~1620)의「트리엔트 공의회」(1588)

그림 위쪽에는 추기경들과 주교들, 신학자들이 치열하게 토론하고 있으며, 아래쪽에는 교의와 신학을 의인화한 인물들이 등장해 악과 무지를 제압하고 있다. 십자가를 들고 교황의 삼중관을 쓴 여성은 교회를 의인화했고 갑옷을 입은 인물은 '믿음을 수호하는 교리'를 나타낸다. 이 공의회를 통해 가톨릭교회가 종교개혁의 혼란을 딛고 정통 신앙을 회복했음을 대내외적으로 표방했다.

프랑수아 뒤부아(François Dubois, 1529~84)의 「성 바르톨로메오 축일의 대학살」

1572년 8월 24일 파리에서 가톨릭 세력이 프로테스탄트 교도(위그노)들을 학살한 이 사건으로 거리에는 살해된 사람들의 시신이 널려 있었다. 이 작품은 위그노였던 화가 뒤부아가 제네바로 망명한 뒤에 그린 것으로 프랑스 종교전쟁의 잔혹함과 종교적 불관용의 비극을 고발하고 있다.

프란시스코 데 고야(Francisco de Goya, 1746~1828)의 「종교재판소」

스페인 종교재판의 잔혹성과 위선을 고발한 이 작품에서 이단자로 낙인찍힌 이들이 뾰족한 모자를 쓰고 심문받고 있고 재판관과 군중이 침묵 속에서 그 광경을 지켜보고 있다. 고야는 어두운 색조와 강한 명암 대비를 통해 종교적 광신과 권력의 폭력을 비판했는데, 이를 통해 신앙이 권위의 도구로 타락한 현실을 고발하는 동시에 인간의 자유와 양심을 옹호했다.

Witches Apprehended, Examined and Executed, for notable villanies by them committed both by Land and Water.

With a ſtrange and moſt true triall how to know whether a woman be a Witch or not.

Printed at London for *Edward Marchant*, and are to be ſold at his ſhop ouer againſt the Croſſe in Pauls Church-yard. 1613.

1613년 런던에서 인쇄된 팸플릿 「체포되고, 심문받고, 처형된 마녀들」의 표지

한 여인이 밧줄에 묶여 물에 던져지는 '물시험'(trial by water) 장면을 묘사하고 있다. 물에 뜨면 죄가 있고 가라앉으면 무죄로 여겨졌지만, 익사의 위험이 컸다. 주변의 군중과 일상적 풍경은 마녀 심문이 종교적 의식이자 공공 오락이었음을 나타낸다.

루터파 제후들이 1530년 카를 5세에게 「아우크스부르크 신앙고백서」(Confessio Augustana)를 제출하는 장면

신앙고백서는 루터가 아닌 필리프 멜란히톤이 작성하고 낭독했다. 제후들이 무릎을 꿇지 않고 서 있는 모습은 신앙의 확신과 자유를 상징한다. 이 사건은 프로테스탄트 신앙이 공식적으로 선언된 역사적 순간으로 평가된다.

체코 화가 바츨라프 브로직(Václavzík, 1851~1901)의「프라하 창문 투척 사건」(1890)
보헤미아의 프로테스탄트 귀족들이 가톨릭 관리 두 명을 프라하 의회 건물 창문 밖으로 던진 이 사건은 가톨릭과 프로테스탄트 사이의 갈등이 폭발한 30년전쟁(1618~48)의 직접적인 도화선이 되었다. 유럽 거의 전역에서 벌어진 파괴적인 30년전쟁의 결과, 1648년 베스트팔렌 조약의 체결로 근대 유럽의 주권국가 구조가 확립되었다.

혼을 사르다 간 역사가

이영석 선생(1953~2022)을 기억하며

머리말

나는 유럽 중세사가이다. 전공한 시대는 종교개혁 한 세기 전인 15세기이다. 15세기는 유럽사에서 16세기의 부록 또는 종교개혁을 위해 어둠으로 남겨져야 했던 잊힌 시기라는 편견에 시달렸다. E. F. 제이컵(E. F. Jacob, 1894~1971)은 이 15세기를 독자적인 성취를 거둔 시기로 바라보았다. 15세기는 중세와 근대의 연속성을 증명하기 위해 르네상스와 종교개혁을 잇는 든든한 다리 역할을 한 세기로 재평가되고 있다.[1] 15세기에 대한 해석이 바뀐다면 16세기의 종교 지형도 역시 바뀌게 된다. 중세사가로서 나에게는 중세와의 연속성 속에서 종교개혁기를 유럽사 전반에서 이해할 수 있는 장점이 있다. 이 책은 종교개혁을 중세와의 단절이라는 전형적인 틀에서 벗어나 중세와의 연속성에서 바라보고자 했던 공부의 결과물이다. 종교개혁사를 차별성보다는 공통성을 주제로 읽어야 하는 이유는 몇 가지 있다. 지중해 세계와 서유럽 세계의 종교 환경은 교파에 따라 독점적이거나 배타적이기보다는 공유하는 가치가 많았다. 그래서 이 책은 종교개혁을 프로테스탄트의 전유물로 여기기보다 느슨한 규정 아래, 프로테스탄트와 가톨릭의 개혁과 쇄신의 움직임을 포괄하

---

1 E. F. Jacob, *The Fifteenth Century, 1399-1485*, Oxford: Clarendon Press, 1961.

고자 했다.

우리에게 익숙한 종교개혁 서사는 교회의 부패와 부조리에 대한 쇄신, 개혁, 정화이다. 그간의 프로테스탄트 프로파간다는 부패한 가톨릭교회를 개혁하기 위한 마르틴 루터(Martin Luther, 1483~1546)와 개혁가들의 운동으로 본다. 자연스레 프로테스탄트가 주도하고 가톨릭이 반응하는 형태로 구도가 짜였다. 그런데 종교개혁의 예기치 않은 혹은 인식하지 못한 부산물은 특정한 종교적 신념의 생성과 강조로 인한 불관용의 제도화이다. 16세기는 그간 유럽 내에서 공존해 오던 타 종교를 배타적으로 차별하는 모습으로 드러나기도 했고, 체제 내의 신앙을 따르지 않는 이들을 해외로 추방하거나 마녀사냥으로 박해하기도 했다. 거의 모든 시기, 모든 지역의 종교개혁 운동에 관용의 문제가 핵심적인 문제로 등장했다. 그래서 이 책은 정화와 불관용, 사회 규율과 국민국가의 형성이라는 관점으로 종교개혁을 읽어나간다.

이 책이 지니는 또 하나의 차별성은 종파적 시각에서 한걸음 떨어져 서술했다는 데 있다. 저명한 영국의 종교개혁사가 디아메이드 맥클로흐(Diarmaid MacCulloch, 1951~)는 종교개혁사 서술에서 종파적 선입관과 편견이 없는 서술의 장점을 다음과 같이 강조한다.

> 전반적으로 고백적 신념이 없는 역사가가 침묵의 소리를 듣는 데 더 유리하다. 종교개혁을 기록한 데에는 의미심장한 침묵이 많이 존재한다. 이러한 침묵은 신중한 신념에서 비롯될 수도 있고, 대체로 그럴 수밖에 없는 두려움에서 비롯될 수도 있다.[2]

소리 없이 사라져 간 장삼이사(張三李四)에 대한 역사의 기록은 빈약하기 그지없다. 특히 종교개혁사는 '위대한' 개혁가들의 사상과 행적으로

2 Diarmaid MacCulloch, "Protestantism in Mainland Europe: New Directions", *Renaissance Quarterly* 59, no. 3, Fall 2006, p. 705.

채워지는 경우가 흔하다. 맥클로흐는 종교개혁사를 공부하는 이들에게 침묵에 귀 기울이기를 당부하며 글을 맺는다. 기실, 그가 듣고자 했던 침묵의 소리는 당시 사회가 부여한 정체성에 속하지 못하고 양심의 고통을 받는 이들이었다. 아마 그 자신의 고민이 녹아 있는 관점이리라. 어떤 침묵은 많은 아우성을 담고 있는 의미심장한 침묵이다. 역사가의 몫은 어떠한 종파적 편견 없이 그들의 목소리를 복원해 내는 것이다.

여기에 나는 한 가지 덧붙여 보고자 한다. 유럽적 편견이 없는 역사가는 더 편견 없이 유럽 교회사를 쓸 수 있다. 유럽 중심 사관의 극복이라는 거창한 명제를 달지 않더라도 한국인의 시각에서 서구의 종교사를 기술하는 자체가 외부자의 독특한 시선이 담길 여지가 많다. 종교개혁의 정당성과 유럽의 근대를 연결하는 시도는 유럽의, 유럽에 의한, 유럽을 위한 해석일 가능성이 높다. 그 관점에 내재할 수밖에 없는 태생적 틈을 들여다보고자 한다. 그 틈새를 얼마나 성실하고 설득력 있게 파고들었는지는 모르나, 이 관점을 끝까지 견지하며 서술을 이어가고자 했다.

이 책은 종교개혁을 사상사보다는 사회문화사의 관점에서 접근한다. 이 책이 다루는 범위는 프로테스탄트 진영에 국한되지 않는다. 종교개혁은 16세기 유럽의 주요 국가와 도시에서 동시다발적으로 일어난 종교적 격변 전체를 포괄하는 역사적 개념이다. 여기서 주된 구분점은 '프로테스탄트냐, 가톨릭이냐'가 아니다. 오히려 개혁가들이 주도해 아래로부터 이루어진 상향식 개혁이었는가 아니면 국왕이나 교황, 주교 등 기성 권력이 주도해 교회의 구조와 형식을 바꾼 하향식 개혁이었는가에 있다. 책 구성에서 보이듯이, 잉글랜드와 스코틀랜드 종교개혁을 프랑스와 스페인 종교개혁, 그리고 가톨릭 종교개혁과 함께 하향식 개혁으로 분류했다. 이러한 분류는 기존의 연구서가 종파적 구분에 따라 종교개혁을 해석해 온 관행과 다르기 때문에 다소 낯설게 느껴질 수 있다. 이러한 구분이 새로운 해석의 가능성을 제시할 수 있을지는 독자들의 판단에 달려 있다. 더불어 주요한 종교개혁 운동에 대한 연구사 또는 해석사를 덧붙여 역사적으로 종교개혁이 어떻게 수용되고 재해석되어 왔는지 독자들의 이해를 돕고자 했다. 16세기 종교 문제를 좀 더 세밀하게 공부하고자 하는 독자들에게 유익한 길잡이가 될 것이라고 믿는다.

16세기 종교 격변을 둘러싼 다양한 해석사를 소개하지만, 이 책에는 일관된 나의 시각이 배어 있다. 당연한 말이지만 이 책은 객관적이거나 중립적인 설명이 아니라 나의 독창적인 관점을 바탕으로 서술되었다. 역사학은 새로운 해석이 등장했다고 해서 이전의 해석을 완전히 대체하는 방식으로 작동하지 않는다. 새로운 해석과 관점은 곧 또 다른 누군가의 매섭고 날카로운 비평 대상이 되고, 이러한 비평과 응답의 순환 속에서 역사 이해는 더욱 깊어지고 발전한다. 역사를 쓴다는 것은 각자 위치한 자리에서 자기만의 경험과 해석 방식을 씨줄과 날줄 삼아 작은 조각 하나를 직조하는 것이다. 그렇게 직조된 조각을 모으다 보면 조금은 더 명료하게 과거에 다가갈 수 있지 않을까 하는 실낱같은 믿음을 안고서 말이다.

2012년 말 캐나다로 옮겨온 뒤 나는 엄밀한 의미에서 아카데미에서 은퇴했다. 나에게 학문 활동이란 동료 평가를 거친 논문을 발표하거나 ISBN 부가번호 9번으로 시작하는 전문 연구서를 저술하는 일을 뜻한다. 지금도 학교에서 가르치고 연구하고 있지만 그동안 써온 책은 주로 교양서였다. 아쉬움이 아주 없지는 않았으나 그 또한 현실로 받아들였다.

그래서일까. 여건을 탓하지 않고 연구자의 길을 묵묵히 걸어가신 역사가 고(故) 이영석 선생을 자주 떠올리곤 했다. 선생은 지방 대학의 교양학부에서 평생 교양 과목만 가르치시다가 은퇴 후에야 비로소 서울의 한 대학에서 전공인 영국사를 강의했다. 그러나 제한된 환경 속에서도 타의 추종을 불허하는 학자적 성실성으로 수많은 논문과 연구서를 집필했다. 변방 비주류의 삶을 오히려 긍정적으로 승화시킨 선생은 선후배, 동학 모두에게서 진심 어린 존경을 받았다. 코로나19 때 내가 기획한 '신데카메론' 온라인 포럼에 선생이 10주 동안 빠짐없이 참여하셨고,

나는 선생으로부터 여러 배움의 기회를 누렸다. 그리고 5년 전 전주에서 선생을 뵌 뒤, 수유리 자택을 찾아뵙기로 한 약속을 지키지 못한 채 일정 변경으로 한국을 떠나야 했다. 출국 전날 선생께서 안부 문자를 보내 주셨고 짧은 통화 끝에 "내년에 꼭 찾아뵙겠다"고 말씀드렸다. 그것이 선생과의 마지막 통화였다. 두고두고 죄스러운 마음이 남았다. 혼을 사르듯 역사를 쓰다 가신 이영석 선생의 삶은 한 줌 남아 있는 연구자의 자존심을 되돌아보고 가다듬는 이정표가 되었다. 대중서로 기획한 교회사 시리즈의 마지막 책을 성격을 달리해 종교개혁사 연구서로 쓴 이유이다. 서양사 연구자로 가지고 있는 일종의 부채의식을 이 작업을 통해 조금이나마 덜어냈다. 이 책을 펴냄으로써 나만의 방식으로 이영석 선생을 기억하고 감사의 마음을 전하고자 한다.

책이 완성되기까지 헤아릴 수 없는 많은 이의 도움이 있었다. 이 책의 일부는 지난 2년간 『목회와 신학』에 연재한 내용이다. 매월 마감을 맞추어 한 장의 원고를 완성한 뒤 이를 축약해 실었다. 원고를 쓰고 다시 줄이는 과정은 다시 겪고 싶지 않은 고통의 시간이었지만 그 덕분에 책을 예정된 시점에 마무리할 수 있었다. 지면을 내어준 『목회와 신학』 편집진에 깊이 감사드린다.

'도서출판 길'의 이승우 선생은 이 책의 출간을 기꺼이 수락하고, 내가 쓰고 싶은 대로 마음껏 쓰라고 격려해 주었다. 한국의 열악한 학술서 출판 현실 속에서도 장인 정신을 잃지 않고 꿋꿋이 한길을 걸어온 출판사와 이승우 선생 덕분에 이 책이 지금의 형태를 갖출 수 있었다. 또한 마무리한 원고가 한국출판문화산업진흥원의 출판비 지원사업에 선정되어 마음의 부담을 덜고 후속 작업을 할 수 있었다. 약 5개월에 걸친 편집 기간 동안 편집자 이남숙 님은 탁월한 솜씨로 원고를 세심히 다듬어 주었다. 그림, 지도와 도표 작업 등 번거로운 작업을 완성해 준 한향림 님 덕분에 이 책이 아름다운 모습을 갖추게 되었다. 책의 오탈자를 찾고 문맥을 꼼꼼하게 검토하고 유익한 제안을 해준 이재은, 남진희, 이태현, 이비조 님의 도움으로 책의 완성도가 한층 높아졌다. 미국 미드웨스턴 침례

신학대학원 도서관의 최연숙 님은 저술 작업 초반부에 필요한 자료를 구하는 데 여러 도움을 주었다.

밴쿠버기독교세계관대학원(VIEW)의 동료와 원우들에게도 각별한 고마움을 전한다. 전성민 교수님, 한영주 교수님, 유승훈 실장님, 이계현 실장님은 내가 집필에 온전히 전념할 수 있도록 배려를 아끼지 않았다. 거친 형태의 초고를 수업 시간에 함께 읽고 피드백을 나누어준 수강생들 덕분에 빈틈을 발견하고 생각을 더 정밀하게 발전시킬 수 있었다. 학문 길의 스승이자 동반자로 늘 자극과 격려가 되는 강영안 교수님, 박홍식 교수님, 류동규 교수님께도 감사드린다. 작업 초부터 관심과 기대를 보내주신 김기석 목사님의 그 기다림에 부족하지 않은 결과물이길 바란다. 몇 해 전 우연한 인연을 맺게 된 이래 나의 작업을 늘 지지하고 도와주시는 캐나다 에드먼턴의 조순익 장로님과 양홍숙 권사님에 대한 고마움도 지면에 새겨 남긴다. 또한 한 치 앞도 가늠되지 않는 간단치 않은 인생길이지만 함께 손을 잡고 걸어가는 믿음의 공동체가 있었기에 현실에 매몰되지 않고 끝까지 작업을 이어갈 수 있었다. 서로 어디 내놓기 부끄럽다고 너스레를 떨곤 하지만 그럼에도 늘 사랑스럽고 자랑스럽다.

항상 그러했듯, 마지막 감사의 자리는 가족의 몫이다. 책 편집 막바지에 이른 11월 말, 결혼 25주년을 맞아 아들과 딸의 배려로 멕시코 칸쿤 여행을 다녀왔다. 글 쓰는 사람이라면 누구나 한번쯤 꿈꾸어볼 법한 에메랄드빛 카리브 해를 바라보며 원고를 검토하는 비현실적인 경험을 했다. 지난 25년간 인생의 모든 순간을 함께해 준 아내 장은정에게 한없는 사랑과 존경을, 그리고 이제 어엿한 성인으로 각자의 삶을 열어가고 있는 아들 수민, 딸 조안에게 깊은 고마움과 사랑을 전한다.

2025년 12월
캐나다 밴쿠버에서
최종원

차례

제4부 종교개혁이 남긴 것들

일러두기

인명 표기의 경우에 중세 말인 15세기까지의 인명은 대체로 라틴어 표기 방식을 따랐으며, 16세기 이후의 인명은 해당 지역에서 통용되는 명칭을 사용했다. 단 교황명은 라틴어 표기를 원칙으로 했다.

서론

근대 역사학을 확립한 역사가로 일컬어지는 레오폴트 폰 랑케(Leopold von Ranke, 1795~1886) 이래, 지난 200년 동안 역사학은 엄격한 과학적 연구 방법론에 대한 훈련을 받은 학자들에 의해 전문화되었다. 이들은 사료를 있는 그대로 객관적으로 들여다보고 당파성에 매이지 않을 때 과거를 좀 더 정확하게 재구성할 수 있다는 신념이 있었다. 하지만 과학적 객관성을 역사 연구에 접목하려는 시도는 불가능한 것으로 판명되었다. 과거는 그 본질이 혼란스럽고 알 수 없는 풍경이기 때문이다. 우리가 바라보는 과거는 우리가 학습한 역사의 방법론에 틀 지워져 규정된 선입관이 스며든 풍경이다. 근대 역사학이 추구했던 객관과 과학이라는 이상은 더 이상 유효하지 않다. 역사는 사건에 대한 기록인 동시에 해석의 산물이다.

'종교개혁'은 16세기와 17세기 전반기에 유럽 종교 생활에 일어난 일련의 격변을 묘사하기 위해 역사가들이 사용하는 일반적인 명칭이다. 종교개혁은 1517년 10월 마르틴 루터의 면벌부 거래에 대한 공격으로 촉발된 논쟁인 '루터 사건'으로 독일에서 시작되었다고 본다. 본래 가톨릭 체제에 도전하려는 의도를 가지고 있지는 않았지만, 루터가 제기한 논쟁은 신학자와 성직자 내부의 갈등에 머물지 않고 대중에게까지 확산되었다. 그 결과 중세 가톨릭 체제를 깨트린 새로운 종교를 만들었다. 루터가 터트린 뇌관이 개인의 종교적 신념만이 아니라 당대 사회·정치·경제 분야에 지대한 영향을 주었다는 점에서 역사적 의의는 분명하다.

그렇지만 종교개혁사 역시도 하나의 합의된 사실을 추구할 수 있는 것이 아닌 열린 해석의 대상이다. 유럽 역사에서 그 어떤 시기보다 16세기는 격변의 시기였다. 그 시대의 한복판을 차지하는 종교개혁은 오랫동안 종파적 신념에 따른 신앙고백의 대상이었지 진지한 역사 탐구의 대상이 아니었다. 종교개혁을 16세기 유럽의 역사라는 제한된 시공간 속에서 바라보는 데는 실패했다. 당시 일어난 사건과 변화를 판단하는 결정은 역사 자체에 대한 분석보다는 해석하는 이가 서 있는 종파적 시각에 더 크게 영향을 받아왔기 때문이다.

이제 종교개혁은 교리와 신학에 묶였던 종파적 외피를 벗고 정치사로, 사회사로, 문화사로 다양하게 전환이 이루어졌다. 종교개혁은 시대의 산물이자 유럽사의 사건으로 이해해야 한다. 거기에 특별한 개인의 능력이나 역할에 과도한 의미 부여는 적절하지 않다. 종교개혁가들은 시대의 한계를 고스란히 지니고 있었다. 종교개혁사를 들여다보는 작업은 이 사실을 담백하게 인정하는 것에서 출발해야 한다.

해석사로서의 종교개혁

그렇다면 어떻게 '종교개혁 읽기'를 출발할 수 있을까? 종파적 입장을 배제한 채 역사 속에서 이루어진 종교개혁과 종교개혁가들의 역할을 그들이 처해 있던 정치적·사회적 맥락 속에서 더듬어 읽어나가야 한다. 대부분의 역사가들이 종교개혁으로 알려진 시기가 르네상스 시기와 더불어 중세를 끝내고 근대 세계를 열었다는 데 동의하지만, 여전히 바라보는 관점은 합의에 도달하기 어려울 정도로 스펙트럼이 넓다.

전통적으로는 루터가 주도한 프로테스탄트 개혁과 가톨릭의 반(反)종교개혁이 대비되었다. 종교개혁은 타락한 가톨릭에 대한 저항이라는 규정이다. 미신과 우상 숭배, 면벌부 매매 같은 건전하지 못한 종교성을 지닌 중세 가톨릭과 단절하도록 전혀 다른 새로운 종교를 만들었거나 천 년 이상 지속된 로마 가톨릭의 강고한 독점 체제를 깨트린 사건으로 본다. 그러다 보니 그 중심은 자연히 루터가 차지하게 된다. 루터 이전에도 수많은 개혁가가 시도했지만 실패했던 그 개혁을 마침내 비텐베르크 대학의 교수이자 아우구스티누스회 수사인 루터가 해낸 것이다. 그래서인지 데시데리우스 에라스무스(Desiderius Erasmus, 1466~1536)의 인문주의라고 부르지는 않지만, '루터'의 종교개혁이라는 표현은 매우 흔하고 자연스럽다. 루터의 의도와 상관없이 1517년 10월 31일은 종교개혁(The Reformation)의 시작일이라는 상징성을 지닌다. 종교개혁이 가톨릭 체제가 규정한 방식이 아닌 오직 주체적인 양심에 따라 살아가는 근대적 자아를 만들었다면 그 공로 역시도 오롯이 루터에게 주어진다. 인간 루터는 불의에 저항한 영웅이자 근대적 개인성을 만든 신화적 인물이다.

프로테스탄트 내에서는 군주나 제후, 시의회가 주도하거나 개혁가들과 협력해 일어난 관 주도 종교개혁(magisterial reformation)이 있는 반면에 세속 권력과 엄격한 거리두기를 한 아나뱁티스트가 추구한 급진적인 개혁도 있다. 그렇다면 아나뱁티스트를 가톨릭이 아니라는 이유만으로 종교개혁의 분파에 포함하는 것이 적절한 분류일까? 아나뱁티스트는 자신들이 루터파, 칼뱅파와 함께 프로테스탄트로 분류되는 것에 동의하지 않았다. 이 흐름이 한 우산 아래 묶일 수 없다면 종교개혁을 하나의 가치로 묶는 것은 더 이상 가능하지 않다. 실제로 가톨릭이 응집력을 유지한 반면에 종교개혁은 다양한 분파로 분열되었다. 분열에 머물지 않고 서로 이질적인 신학과 교리, 실천을 발전시켜 나가며 대립하기까지 했다. 이렇게 되면 종교개혁은 대문자(Reformation)가 아닌 소문자(reformation)로, 더 나아가 단수가 아닌 복수(reformations)가 되어야 한다.[1]

이렇게 문제 제기가 이루어지면 또 다른 질문이 자연스레 이어진다. 종교의 관점에서 바라보지 않고 세속 권력의 차원에서 접근해 보면 어떤 그림이 나올까? 16세기는 이른바 근대 국민국가의 형성기라고 부른다. 유럽의 군주들은 중세 가톨릭 교황제의 틀을 넘어 국가가 중심이 되는 사회를 만들어가고 있었다. 그런 국가의 정체성과 일체성을 확립하고 확인하는 데 종교는 더없이 중요했다. 흔히 국교(國敎)라고 표현되는 잉글랜드 성공회, 독일 루터교, 스코틀랜드 장로교, 프랑스의 가톨릭은 교회보다는 국가가 주도권을 가진다. 프랑스나 스페인이 가톨릭을 신봉한다고 해서 프랑스 국왕이나 스페인 국왕이 교황의 통제를 받는 상황은 아니다. 16세기 유럽 국가사라는 관점에서 들여다보면, 가톨릭과 프로테스탄트라는 이분법은 큰 의미를 지니지 못한다. 이쯤 되면 종교는 상수가 아닌 국가에 종속되는 변수가 된다. 종교가 세속화의 도전을 받는 셈이다. 세속 군주가 종교를 결정하는 상황이 되고 국가와 종파 간의 갈등이 고조되면서 종교 전쟁이 발생한다. 각 개별 국민국가가 국교를 확립하면서 종교개혁은 일단락된다. 시작점은 모호하지만 끝은 30년전쟁이 끝나는 1648년으로 대체로 합의된다. 이 경우 종교개혁은 몇몇 사건으로 설명할 수 있는 것이 아닌 매우 오래 지속되는 장기 종교개혁(Long Reformation)이 된다.

이 같은 사회적·정치적 맥락에서 16세기 그리스도교를 바라보면, 종교개혁가의 개혁 의도와 목적을 읽어나가는 방식은 전혀 다르게 바뀔 수 있다. 프로테스탄트나 가톨릭의 구별 없이 그리스도교라는 전통의 종교성을 확립하고 발전시켜 나가는 데 초점을 두게 되면, 종교개혁은 프로테스탄트와 가톨릭의 대립에 머물지 않는다. 근대의 형성과 더불어 종교가 세속의 영향력에 휘말리는 상황 속에서 전통 종교가 구심점을 잃지 않고 종교의 정체성과 가치를 확립하려는 시도로 종교개혁을 읽을 수 있다. 그렇게 되면 프로테스탄트와 가톨릭은 대립의 관계보다는 공통분모를 찾을 수 있는 여지가 많다. 여기에서 종교개혁을 재(再)그리스도

---

1 이 관점을 반영한 가장 대표적인 저술로 Carter Lindberg, *The European Reformations*, Oxford: Blackwell, 1996을 들 수 있다.

교화(re-Christianization)의 과정으로 보는 관점이 등장한다. 이 공통분모 아래에서 유럽의 교회들이 집합적으로 수행했던 개혁 과제는 가톨릭이나 프로테스탄트라는 종파적 정체성과 무관하게 더 나은 그리스도교를 만들고자 하는 시도이다. 그렇다면 시작점을 1517년의 루터에게 주는 것은 더 이상 크게 의미가 없다. 인문주의, 신비주의, 공의회 등 중세 말의 다양한 흐름에서 종교개혁의 기원을 추적해야 한다.

여기서 한걸음 더 비틀어 볼 수도 있다. 만약 중세 말 각 지역의 교회들이 더 나은 종교성을 만들어가기 위한 걸음을 신중하게 걸어가고 있었다면, 종교개혁은 그러한 노력을 무너뜨리고 유럽의 종교 지형도를 기형적으로 변형시킨 사건이 된다. 종교개혁을 다르게, 낯설게 읽는 수정주의(revisionism) 관점이 극단으로 치닫게 되면 종교개혁은 더 이상 긍정적인 함의를 담보하지 못하는 '종교 분열'(deformation)이 된다.[2] 개혁가들은 다름을 관용하지 못하고 배타적 종파성으로 다름을 탄압하는 분열주의자들이 된다. 개혁가들이 근대를 만든 것이 아니다. 그들은 여전히 매우 중세적이었다. 서로 용납할 수 없는 다름으로 인한 다툼과 갈등의 와중에 서서히 개인의 양심과 종교의 자유라는 근대적 자유의 관념이 싹튼 것일 뿐이다. 이 해석에 따르자면, 근대적 자아를 만든 루터와 그의 종교개혁은 실은 근대로 가는 길을 가로막은 장애물이었다.

종교개혁의 해석사는 대략 이 같이 거칠게 스케치할 수 있다. 과거의 일은 역사라는 이름으로 기억되고 있지만 동일한 과거를 읽어가는 방식은 저마다 다르다. 근대가 중세의 가톨릭 권위에 대한 루터의 도전과 함께 시작되었다는 주장은 여전히 상당한 무게를 지니고 있지만, 종교개혁 전반에 대한 이전의 믿음은 상당 부분 수정되었다. 더 이상 종교개혁을 루터로부터 파생한 한 가지 흐름으로 보지는 않는다. 역사가들은 계속해

2 종교개혁의 실패를 주장한 최근 연구 가운데 단연 논쟁적이면서 탁월한 작품으로 Brad S. Gregory, *The Unintended Reformation: How a Religious Revolution Secularized Society*, Cambridge, MA: Belknap Press of Harvard University Press, 2012가 있다.

서 해석에 대해 토론하며 쉽게 답할 수 없는 질문들을 마주해 왔다. 과거를 명확하게 설명하기가 점점 어려운 이유는 포스트모더니즘의 난맥상 때문이라기보다는 모든 사건의 본질이 그러하기 때문이다. '죽은 자는 말이 없다'(Dead Men Tell No Tales)지만 역사는 말없는 자들의 입이 되기 위한 수고를 여태껏 감당해 오고 있다. 이제 그중 몇 가지를 좀 더 세밀하게 들여다보는 것으로 종교개혁을 읽는 첫걸음을 시작하자.

신화가 된 루터와 종교개혁

종교개혁은 역사학과 사회과학 분야에서 근대성을 해석하고 근대 시민사회의 정체성을 파악하는 중요한 준거점이 되고 있다. 그런데 종교개혁에 대해서는 누구나 자연스레 루터를 떠올린다. 종교개혁을 대표하고 상징하는 인물이 사실상 루터이다. 그 어떤 역사적 사건이나 시기를 막론하고 종교개혁 사건이나 종교개혁기만큼 한 사람에게 대표성을 부여하는 사례는 거의 찾아볼 수 없다.

영국의 역사가 존 액턴(Lord John Acton, 1834~1902) 경은 보름스 제국의회에서 황제 앞에서 행한 루터의 연설을 역사가 근대로 접어든 한 획을 그은 사건이라고 평가했다. "보름스의 루터는 우리 역사상 가장 의미 있고 중대한 사실이다. …… 우리가 인식해야 할 중요한 사실은 그가 모든 열정을 다해 권위에 도전해 근대사를 혁명의 발전으로 만들기 위해 어느 누구보다 더 많은 일을 했다는 것이다."[3] 이런 평가는 낯설지 않다. 역사를 한 위대한 영웅을 중심으로 읽어가는 영웅사관의 주창자로, 『영웅 숭배론』(*On Heroes, Hero-Worship, and the Heroic in History*, 1841)을 저술한 토머스 칼라일(Thomas Carlyle, 1795~1881)도 1521년 4월 17일 보름

3 John Acton, *Lectures on Modern History*, London: MacMillan and Company, 1906, p. 80.

스 제국의회에 선 루터를 근대 유럽 역사에서 가장 위대한 장면으로 간주했다. 이른바 역사가 위대한 영웅의 행적에 의해 형성된다는 영웅사관의 전형으로 루터를 삼았다. 그는 한걸음 더 나아갔다. 그의 역사는 영웅적인 개인들의 이야기였으며, 만약 루터가 보름스 제국의회에서 신성 로마 제국 황제 앞에 서서 철회를 거부하지 않았다면 프랑스혁명도, 미국도 존재하지 않았을 것이라고 감히 단언했다.

종교개혁 사상사에서 빼놓을 수 없는 하버드 대학의 역사가 스티븐 오즈먼트(Steven Ozment, 1939~2019)가 쓴 『도시의 종교개혁』(*The Reformation in the Cities*, 1975)도 종교개혁에 끼친 루터 개인의 영향력을 루터의 양심 개념과 칭의[4] 신학을 기반으로 풀어간다. 그는 루터의 종교개혁이 대중에게 확산될 수 있었던 요인으로 루터의 사상이 개인의 심리적·영적 해방의 기제가 되었다는 점을 지적한다. 루터 자신이 경험한 종교적 체험을 일종의 자기 복제한 것이다. 이러한 관점은 스탠퍼드 대학의 역사가 루이스 스피츠(Lewis Spitz, 1922~99)에게로 이어졌다. 그는 1985년 출간한 『프로테스탄트 종교개혁, 1517-1559』(*The Protestant Reformation 1517-1559*)에서 종교개혁은 한 개인인 루터의 내면 깊은 곳에서 형성되어 대중에게 영향력을 준 강력한 역사적 세력으로 떠올랐다고 주장하면서 루터 개인의 삶과 신학에 초점을 두었다. 종교개혁의 정당성을 부여하는 데 루터의 삶과 신학을 중심으로 놓는 것은 여러 세대의 역사가들이 받아들인 해석의 틀이다. 20세기 중반까지도 이러한 입장은 거의 도전받지 않았다.

왜 유독 종교개혁은 다른 역사적 분수령을 만든 사건과 달리, 루터를 비롯한 몇몇 개혁가에게 과도하게 초점을 두게 되었을까? 이와 관련된 역사적 이력을 추적해 보는 것도 의미가 있다. 그 출발을 객관을 추구하는 학문으로 역사학을 자리매김하게 만든 데 기여한 랑케에게서 찾을

4 이 책에서는 'justification'을 루터의 관점에서는 '칭의'로, 가톨릭의 관점에서는 '의화'로 각각 표기했다.

수 있다. 그는 루터와 종교개혁에 대한 해석을 독일 민족주의적 관점에서 형성했다. 필연적으로 종교개혁사의 이해는 국가사(國家史)의 영향을 받았다.

루터의 95개조 논제 발표 300주년이 되던 1817년, 라이프치히 대학에서 학업을 수행 중이던 랑케는 「루터 단편」이라고 이름 붙은 루터에 관한 미완성 원고를 한 편 작성했다. 이 원고는 역사적 서술인 동시에 랑케 자신의 자의식이 과도하게 투영된 신학적 성격의 작품이었다. 이 글에 나타난 랑케의 역사 인식은 신적인 조망 아래에서 세상을 이해하고자 하는 소명감에 기반했다.[5] 그는 모든 인간의 행위와 그들이 만들어낸 역사의 내러티브는 궁극적으로 신적 이념을 반영하는 것이라고 결론지었다. 랑케에게 루터는 그러한 삶의 전형이었다. 랑케는 루터가 '성서의 가장 깊은 본질'과 만남으로 어떤 것도 그를 제어할 수 없었다고 보았다. 루터는 가톨릭 제도교회가 아닌 성서를 통해 신성과 직접적으로 조우하는 방법을 찾아냈다. 그의 이런 사상은 중세 천년을 이어져 내려오던 초월자와 인간 사이의 중재자로서의 사제의 용도를 폐기하고 누구나 성서의 가르침을 통해 초월적 존재에 다가갈 수 있음을 주장했다. 강의실이나 신학 집단 내의 이론적인 작업이 아니라 실제로 그 가르침이 대중에게 널리 공명되고 확산되었다는 것이 중요했다. 루터는 그리스도처럼 초월적인 존재는 아니었지만 그는 삶의 '가장 깊고 가장 본질적인' 것을 '완전히 꿰뚫은' 몇 안 되는 영웅 중의 한 명이었다. 거대한 가톨릭 제국의 전통에 맞선 그의 영웅적인 행위가 돌이킬 수 없는 변화를 일으켰다.[6]

랑케가 물꼬를 튼 이러한 루터 이해로 인해 19세기 프로이센 역사학파에서는 독일 종교개혁 이야기가 마치 독일 민족 전체가 로마 교황의 폭정에 맞서 일어난 것처럼 해석되었다. 랑케와 이후의 비스마르크 민족국

---

5 Roger Chickering, "Ranke, Lamprecht, and Luther", *Politics and Reformations: Histories and Reformations*, eds., Christopher Ocker, Michael Printy, Peter Starenko and Peter Wallace, Leiden and Boston: Brill, 2007, p. 26.

6 Roger Chickering, "Ranke, Lamprecht, and Luther", p. 27.

가에 대한 프로이센 지지자들에게 루터는 독일 민족을 대표해 분열되어 있는 독일이 어떠한 통일국가가 되어야 하는지 보여 주는 모범이었다. 여기에서 랑케가 차용한 용어가 반(反)종교개혁(Gegenreformation)이다.

프로테스탄트 종교개혁에 반대하는 가톨릭의 반동과 저항을 강조하는 용어로 알려진 반종교개혁은 단지 16세기 상황만을 함의하지 않았다. 이 용어는 1870년대 프로이센의 이른바 문화 투쟁(Kulturkampf)의 정치적 배경 속에서 읽어야 한다. 오토 폰 비스마르크(Otto von Bismarck, 1815~98)의 주도 아래, 프로이센에서 로마 가톨릭의 영향력을 축소하기 위해 반가톨릭 법안을 통과시키는 등 일련의 반가톨릭 정책이 시행되었다. 비스마르크 시대 프로테스탄트는 이전 시대와의 불연속성을 강조하는 방식으로 종교개혁을 활용했다. 랑케는 16세기 후반, 특히 이탈리아에서 가톨릭이 부활한 것에 깊은 인상을 받았다. 1870년대와 1880년대에 '반종교개혁'이라는 용어는 '새로 통일된 제국 내의 문화 투쟁을 겪은' 독일에서 널리 수용되었다. 이 조어는 이전 세대와 결별하고 강력한 프로이센 제국을 만들고자 하는 현재적 욕망을 루터와 종교개혁에 투사한 결과물이었다. 이렇듯 19세기 말까지 종교개혁이라는 용어는 엄격히 프로테스탄트적인 의미로 남아 있었다. 랑케 이후 거의 한세기 동안 역사가들은 서로 다른 두 가지 종교개혁, 즉 프로테스탄트가 종교개혁이고 가톨릭이 반종교개혁이라고 생각하는 경향을 유지했다.

랑케는, 역사가는 자신의 개성을 '소멸'시켜야 한다고 주장했다. 그 주장이 19세기와 20세기 역사 서술에 큰 영향을 끼쳤지만 랑케의 방법과 이론은 논란의 여지가 있다. 그가 군주제와 정치사만을 집필한 독일 민족주의자이자 프로테스탄트 보수 역사가라는 점을 지적해야 한다. 1980년 아서 제프리 디킨스(Arthur Geoffrey Dickens, 1910~2001)는 종교개혁 역사가로서의 랑케를 조사했다. 그는 랑케의 독일 종교개혁사와 1524~25년 농민반란을 분석하면서 종교와 랑케의 개인적인 관계를 살폈다. 구질서의 전통 속에서 성장한 랑케는 학문적으로는 '혁명가'였을지 모르나 동시에 보수주의자이기도 했다. 그래서인지 디킨스는 랑케의 역사 인식이 근대 역사학을 만든 역사학자라는 거창한 칭호를 받을 만한 내용을 가지고 있다고 보지 않았다.[7] 디킨스가 볼 때, 랑케는 가톨릭 질서에 맞서는 것은 해방의 행동이지만, 독일 영방 내 기존의 질서는 '신적으로 구성된' 질서라고 보고 농민전쟁과 같은 폭력적인 혁명을 지지하지 않는 이중성을 보여 주었다.

랑케는 루터가 로마 가톨릭에 대항해 독일 민족의식을 고취했듯이, 독일 민족의 참된 해방은 루터와 프로테스탄트의 가치를 재설정하는 데서 온다고 믿었다. 랑케에게 있어 완전한 독일인이 된다는 것은 프로테스탄트 교도가 됨을 의미했다. 프로테스탄트 교도는 종교적으로 관용적이고, 진보적이고, 미래 지향적이며, 학식이 풍부하고, 과학의 진보를 믿는, 교양 있는 민족주의자였다. 진정한 독일인다움을 프로테스탄트에서 찾는 것이다. 그래서 프로테스탄트가 중심인 북부 독일은 바이에른으로 대표되는 가톨릭 남부를 낙후된 지역으로 간주하는 편견이 있다. 이런 평가는 근대 종교개혁사 서술에서 흔하게 나타나는 경향이다. 다분히 19세기와 20세기의 관점을 가지고 16세기를 후향적으로 평가하는 숨은 의도가 뚜렷하다.

종교개혁과 루터를 지나치게 편향적으로 그렸음에도 그의 역사 '관점'은 상당 기간 종교개혁을 읽고 해석하고 규정하는 틀이 되어왔다. 포스트모더니즘 역사학까지 굳이 접목하지 않더라도 랑케의 작업이 과연 그가 주장하는 엄정한 사료 비판을 거쳐 객관에 다가갔는지는 의문이다. 랑케는 객관을 추구하는 역사가이기보다 '종교적 랑케'라는 신화에 갇힌 인물이기도 하다. 종교적 사고를 지닌 역사가에게 특정 신앙고백의 편을 들지 않고 무색무취한 역사를 쓸 것으로 기대하기란 쉽지 않다. 포스트모던 역사 이론가인 헤이든 화이트(Hayden White, 1928~2018) 역시 랑케의 저술에서 교회와 국가 및 민족의 권위에 도전하는 것은 문명에

7 A. G. Dickens, *Ranke as Reformation Historian*, Reading: University of Reading, 1980, p. 3.

위협이 되는 것으로 판단하는 보수주의적인 시각을 지적했다.[8]

이렇듯 종교개혁은 부분적으로는 독일의 사건으로 이해되었으며, 독일 학자들이 오랫동안 이 분야에서 핵심적인 역할을 해왔다. 하나의 예를 더 들어보자면, 독일의 대표적인 문호 가운데 한 사람인 토마스 만(Thomas Mann, 1875~1955)은 1949년 괴테 탄생 100주년 기념 강연에서 독일의 천재는 종교인, 시인, 정치가인 루터, 괴테, 비스마르크라는 세 명의 뛰어난 인물로 의인화되었다고 말했다. 개혁가 루터는 "운명을 지닌 사람, 비록 영감을 받고 독실했지만 격렬하고 거친 독일인의 성격을 표현한 사람이었다. 천박하고 예민한 남자, 소박한 원시적 힘에 이끌린 신학자이자 수사, …… 감각적이고 명상적 …… 반항적이지만 정통적이고, 반유럽적이며, 격렬한 민족주의적이고 반유대주의자이지만 동시에 음악에도 조예가 있었으며, 자신만의 독일어를 분명하게 형성한 사람"이라고 표현했다.[9]

신학에서는 신앙고백의 기초 위에서 각 종파의 정당성을 옹호하는 방식으로 종교개혁 연구가 진행되었다. 역사가들은 이러한 종파적 시각이 가져오는 결정론적 관점에 민감하게 반응했다. 그럼에도 독일 종교개혁 학자들이 터를 잡고 있는 광범위한 문화적·민족적 전제의 영향은 심각

---

8 Hayden White, *Metahistory: The Historical Imagination in Nineteenth-century Europe*, Baltimore and London: The Johns Hopkins University Press, 1975, p. 175.

9 Karl Kupisch, "The Luther Renaissance", *Journal of Contemporary History* 2, no. 4, Oct. 1967, pp. 39~49. 루터에 대한 토마스 만의 평가는 비판적이다. 1945년 5월 미국 의회도서관에서 행한 연설에서 만은 다음과 같이 말했다. "독일 정신의 거대한 화신인 마르틴 루터를 사랑하지 않는다고 솔직히 고백합니다. 순수한 상태의 게르만주의, 분리주의자, 반로마주의, 반유럽주의자는 복음적 자유와 영적 해방의 모습으로 나타날 때에도 나에게 충격을 주고 두려움을 줍니다. 루터는 가장 독일적인 방식으로 위대했고 해방적인 동시에 반동적인 세력, 보수 혁명가로서의 이중성에서 위대하고 독일적이었습니다. 그는 교회를 재구성했을 뿐만 아니라 실제로 그리스도교를 구했습니다." 이에 대해서는 Thomas Mann, "Germany and the Germans", *Thomas Mann's Addresses Delivered at the Library of Congress, 1942-1949*, Washington D.C.: Library of Congress, 1963, pp. 52~53 참조.

하게 감지하지 못했다. 종교개혁사를 신적인 개입이 일어난 사건으로 종파적으로 이해하는 것이나 독일 민족주의 형성이라는 관점에서 바라보는 것은 종교개혁을 현재의 관점에서 임의적으로 그려내는 왜곡의 필연성을 마주한다. 루터가 중세 말 로마 교황청의 종교적 압제에서 대중을 구원해 낸 인물로 그려지면 그려질수록, 신화적인 인물로 루터가 자리매김할수록 루터와 독일의 종교개혁은 후대인들이 만들어낸 틀 속에 더 깊숙하게 가두어질 뿐이다.

물론, 종교개혁의 역사를 다루면서 루터와 독일을 빼고 그려낸다는 것은 사실상 가능해 보이지 않는다. 이를 위해서는 루터 없이도 종교개혁이 발생했을 것이라는 합리적 근거가 제시되어야 하기 때문이다. 그럼에도 그것이 종교개혁가 루터를 신화적 인물로 만드는 상황을 정당화해 주지는 않는다. 역사 연구가 거듭되면서 발견되는 새로운 자료들은 프로테스탄트 프로파간다와 달리 루터의 종교개혁은 그의 말년에 심각한 타격을 입었음을 보여 준다. 농민전쟁이나 유대인 문제 등에 대해 인간 루터가 보여 준 한계는 그 역시 시대의 산물이었음을 웅변한다. 이것이 신화적 인물에서 역사적 인물로, 신화적 사건에서 역사적 사건으로 루터와 종교개혁을 더듬어 보려는 전환이 생겨난 이유이다.[10]

신화에서 역사로

역사학계에서는 프로테스탄트파 중심의 역사에서 기술하는 것처럼 루터를 '영웅적인 수사'로 정의하던 시기는 오래전에 지나갔다. 아주 보수적인 신학적 입장에 선 교파를 제외하고는 이 관점이 유효하게 유지

10 루터를 역사적 관점에서 균형 있게 평가한 저술로는 박흥식, 『미완의 개혁가 마르틴 루터: 500년 전 루터는 무엇을 이루고, 무엇을 남겼는가?』, 파주: 21세기북스, 2017이 있다.

될 가능성은 없다. 역사가들은 16세기 프로테스탄트를 나타내는 특성을 다원주의, 점진주의, 불확실성이라는 단어로 설명하고 있다.[11] 16세기와 17세기가 변화와 혼란의 시대였다는 사실은 누구도 의심하지 않는다. 그렇지만 여전히 질문을 던질 수 있다. 종교개혁이 근대 세계의 산파였는가?

프로테스탄트는 로마 교회와의 단절이 종교개혁의 역사 전체를 정의한다는 개념을 당연하게 받아들인다. 그 단절은 가톨릭과 경쟁하고 논쟁을 벌이는 모든 교회를 거대한 투쟁의 같은 편에 서서 부패하고 거짓된 가톨릭교회에 맞서게 했다. 프로테스탄트와 가톨릭이라는 두 진영만을 구별하는 이 단순한 이분법은 대문자로 된 단수 명사를 적절하게 보이게 했다. 그렇지만 어디까지나 이는 프로테스탄트의 시각이다. 가톨릭에서는 이 관점 중 어느 것도 선뜻 동의한 바 없다. 가톨릭교도들에게 프로테스탄트는 '이단자'일 뿐이었다. 종교개혁이 진행되면서 프로테스탄트가 교파별로 분열하는 상황은 성서 위에 세워졌다고 하는 프로테스탄트 교회의 정통성에 의문을 제기했다. 가톨릭교도들에게 진정한 개혁은 단 한 가지, 즉 가톨릭교회에 충실하면서 교회를 발전시킴을 의미했다. 가톨릭교도들이 보기에 프로테스탄트는 개혁 진영이기보다는 반역자였으며, 종교개혁은 전통을 송두리째 무너뜨린 반란이었다.

이러한 종파적 해석을 벗어버린 전환점이 된 작품이 영국 역사가 제프리 엘턴(Geoffrey Elton, 1921~94)이 1963년 출판한 『종교개혁 유럽』(*Reformation Europe*)이다. 그의 종교개혁 서술은 후대 종교개혁 해석사에 큰 영향을 끼쳤다. 종교개혁과 관련한 사건과 인물들에 대한 서술은 그간 신학적 해석에 경도된 한계를 넘어 정치적·제도적 차원에서 종교개혁을 이해하도록 했다. 그의 종교개혁사 서술은 '종파적 구속복'

11 Tom Scott, "The Reformation between Deconstruction and Reconstruction: Reflections on Recent Writings on the German Reformation", *German History* 26, issue 3, July 2008, pp. 406~22.

(confessional strait-jacket)에서 벗어나 역사 연구의 주류로 진입한 이정표가 되었다는 평가를 받는다. 그도 그럴 것이 엘턴 이전 프로테스탄트의 역사는 전적으로 프로테스탄트 학자들이 기록했고, 가톨릭의 역사는 가톨릭 사제나 수사들의 연구에 기대고 있었다. 종교개혁사는 주로 개혁가들의 관점으로 쓰였으며, 중세 신앙과 근대 프로테스탄트와의 거리를 강조했다. 개혁이 필요한 타락한 중세 교회의 관행과 종교개혁 이후 형성된 프로테스탄트의 차이점을 강조했다. 명백한 신앙고백적 편견이 전제되어 있음에도 과거 사건과 인물을 역사학적 방법론에 기대어 정의한다고 주장했다. 그러나 많은 부분 이러한 방법론은 신학적·고백적이라는 말을 비껴가기 위한 수사에 불과했다. 엘턴의 저술은 신학적·고백적 차원의 서술이 아니라 정치 서사를 종교개혁사의 중심에 배치해 종교개혁사를 성공적으로 세속화했다. 그로 인해 교회사의 게토 안에 갇혀 있던 종교개혁사를 해방했다. 종교개혁사의 해석사는 엘턴 이전과 이후로 나뉠 만큼 그 책은 큰 반향을 일으켰으며, 여전히 많은 학자가 그의 서술의 틀 위에서 종교개혁 논의를 이끌어가고 있다.

엘턴이 종교개혁을 서술했을 때, 종교개혁의 세계는 최근의 연구물이 포괄하는 영역보다 훨씬 작았다. 그가 글을 썼던 시대에는 종교개혁 사상이 루터의 신학 체계의 관점에서 많이 연구되었다. 엘턴은 전통적으로 로마 교황청에 반기를 든 개혁가 루터의 그림 대신에 독일인 루터와 신성 로마 제국 황제 카를 5세(Karl V, 1500~58, 재위 1519~56)라는 두 사람의 갈등을 통해 종교개혁의 드라마를 그려갔다. 이 둘의 정치적인 행동과 결정이 엘턴 서사의 중심이었다. 하지만 종교개혁 서사에서 루터를 중심으로 서술하려는 시도는 많은 도전을 받고 있다. 역사가들은 종교개혁 논쟁이 발생하기 이전에 선행했던 거대한 사회 변화 운동을 훨씬 더 중요하게 인식하고 있다.[12]

12 Andrew Pettegree, "Introduction", *The Reformation World*, ed., Andrew Pettegree, London and New York, NY: Routledge, 2000, pp. 1~8.

종교개혁을 주류 역사학에 편입한 엘턴의 연구서는 이후 다양한 연구로 이어져 그의 해석을 지지하기도 하고 뒤집기도 하고 때로 폐기하기도 했다. 엘턴 이후 제기된 가장 중요한 접근의 차이는 종교개혁의 결과에 대한 기초적인 평가이다. 당시만 해도 종교개혁이 일반적으로 사회 진보의 동력이었다는 점에 누구도 이의를 제기하지 않았다. 중세 가톨릭 교회의 심각한 결함이 루터와 다른 개혁가들의 종교개혁을 정당화해 주는 전제였다. 전통적으로 종교개혁은 새로 출현한 프로테스탄트 국가가 성서의 가르침에 대한 본질적인 지식을 바탕으로 주체적인 그리스도교도라는 새로운 세대를 창조한 사건으로 평가된다. 그렇기 때문에 16세기 종교개혁 운동이 성공한 운동이었다는 명제에 반대하는 역사가는 거의 없었다.

하지만 엘턴의 관점은 종교개혁 세계에 대한 현대 종교개혁 연구가들의 인식과 무척이나 다르다. 종교개혁이 중세 유럽의 사고방식이나 정치, 사회 구조에서 급진적으로 벗어나 근대 세계를 형성했는지, 아니면 근원적으로 중세적 패러다임의 연장이었는지는 논란거리이다. 루터의 중세성과 근대성 논쟁, 종교개혁의 중세성과 근대성을 다투는 오랜 논쟁이 제기되었다. 프로테스탄트 교도들이 항상 같은 사상을 공유하지는 않았기에 경쟁하는 수많은 종교개혁 교파가 만들어졌다. 실제로 말년에 루터와 동료 개혁가들은 순수한 복음 전파가 그리 큰 영향을 끼치지 못했다는 좌절감을 자주 토로했다. 16세기 후반 독일의 여러 주에서 이루어진 교구민의 생활 상태에 대한 광범위한 시찰 자료는 루터의 개혁이 가져온 변화에 대중이 적극적으로 따르지 않았음을 보여 준다.

이제는 '종교개혁'과 같은 전통적인 용어에 의문을 제기하기까지 이르렀다. 점차 종교개혁을 바라보는 해석의 상대화가 진행되었다. 1980년대 이래로 종교개혁의 첫 글자를 소문자로 쓰고 단어를 복수형으로 바꾸는 것이 유행이었다.[13] 종교개혁의 최근 재해석의 흐름은 중세와

13 Patrick Collinson, *The Reformation: A History*, New York, NY: Random House,

종교개혁의 단절을 강조하기보다는 연속성에 초점을 두고 있다. 1517년이라는 출발점 대신에 범위를 넓혀 심지어 14세기 인구 증가가 중세 후기 사회에 끼친 영향에서부터 종교개혁사 연구를 출발하기도 한다.[14] 최근의 사회사가들은 중세와 근대 초기를 하나로 다루는 연속성 패러다임을 찾아냈다. 자연스럽게 종교개혁이라는 범위 안에서 가톨릭교회가 차지하는 지분이 늘어나게 되었다.

이러한 연장에서 '프로테스탄트'라는 용어도 뜻밖의 고민의 대상이 되었다. 프로테스탄트라는 용어는 1529년 4월 독일의 슈파이어 제국의회에서 신성 로마 제국 황제 카를 5세의 종교 정책에 저항한 루터파를 의미하는 단어로 처음 사용되었다. 그렇다면 이 단어를 잉글랜드 종교개혁에 사용하는 것이 적절한가? 독일에서 프로테스탄트 교회는 대개 'Evangelische Kirche'라 부른다. 'Evangelische'는 영어로 옮기면 'evangelical'이 된다. 복음을 따르는 자들이라고 옮길 수 있는 이 단어는 흔히 18세기 영국 복음주의 운동을 주창한 이들을 지시하면서 사용되었다.

그런데 최근의 흐름에는 독일어를 그대로 영어로 옮겨 16세기 프로테스탄트 교회나 프로테스탄트 교도를 지칭할 때 'evangelical church' 또는 'evangelical'이라고 사용하곤 한다. 잉글랜드의 경우에는 종교개혁을 받아들인 사람들을 프로테스탄트라고 부르지 않고 복음주의자(evangelical) 또는 복음의 지지자(upholder of the gospel)라고 불렀다. (이 책에서도 복음주의라는 용어는 16세기 맥락에서 프로테스탄트와 동일한 의미로 교차 사용한다. 문맥에 따라 종교개혁에는 가톨릭 종교개혁이 포함되기도 하고, 프로테스탄트 개혁만을 의미하기도 한다.)

2004, p. 11.

14 Peter G. Wallace, *The Long European Reformation: Religion, Political Conflict and the Search for Conformity, 1350-1750*, Hampshire: Palgrave, Macmillan, 2004, p. 6.

수정주의 해석의 등장

엘턴의 기념비적 저작 이래 종교개혁에 대한 역사 해석은 한 세대 이상 상당한 변화를 경험했다. 종교개혁에 대한 해석은 종파적 신념을 정당화하기 위한 경직성을 넘어섰다. 더 넓은 사회정치적 맥락 속에 종교개혁을 위치시키려는 시도가 사회사가들 중심으로 진행되었다. 그들은 그저 종교개혁을 신학적 발견이나 종교적 이상주의의 견지에서 이해할 수 없다고 보았다. 종교개혁으로 인한 새로운 교리의 형성과 전파, 종교의 변화와 제도화, 새로운 종교의 대중 속으로의 확산과 수용 등에 대한 연구로 옮아갔다. 아울러 국가적 맥락과 종교개혁을 연결하는 지역사 연구가 활발해졌다. 16세기 유럽의 종교 상황이라는 한 묶음 안에 엮기에는 불가능할 정도로 세부적이고 전문적인 작업이 진행되고 있다. 이제 종교개혁사 연구는 수정주의 해석이 압도하고 있다고 해도 무방하다. 수정주의란 전통적인 서술에 반기를 들고 대안적인 견해를 제시하는 역사 서술의 흐름을 말한다. 사실, 종교개혁은 제2차 세계대전 직후만 하더라도 중요한 연구 대상이 아니었다. 전례 없는 사회의 탈그리스도교화와 세속화의 흐름 속에서 1960년대에 상황의 급작스러운 변화가 찾아왔다. 종교개혁 연구의 황금기라고 할 만큼 20세기 후반은 종교개혁 연구가 다양한 주제로 대중의 관심을 끌게 되었다. 인문학과 사회과학의 방법론을 매개로 새로운 해석이 등장하고 역사 이해에 반영되었다.

16세기 사건에 대한 새로운 이해는 실제로 1970년대 시작된 새로운 아카이브 연구 물결의 결실이다. 새로운 세대의 학자들이 기록보관소를 방문하면서 그 이후로 지역사에 대한 풍부한 연구 결과가 나왔고, 개혁가들의 설교와 저술이 지역 조건과 지역 정치 상황에 어떤 영향을 끼쳤는지 탐구했다. 이러한 유형의 연구는 유럽 전역의 종교개혁 운동에 대한 이해를 변화시켰다. 엘턴은 자신의 종교개혁 저술이 나오고 30년이 지난 후에 개정한 종교개혁사 서술에서 종교개혁의 실패에 대한 주장과 수정주의의 도전을 명료하게 인식하고 있었다. 그는 종교개혁을 성공한 부르주아 혁명으로 읽어내려던 마르크스주의 해석이 이미 완전히 폐기된 상황과 여러 다양한 연구 성과로 인해 한때 그랬던 것보다 "자신감이 덜하다"라고 솔직하게 고백했다. 그럼에도 그는 수정주의가 제기한 논쟁은 혼란스러울지라도 더 다양한 사실을 보고 싶어 하는 역사 연구의 긍정적인 성과라고 평가했다.[15]

후기 그리스도교 시대의 종교적 열정이 식었음에도 불구하고 종교개혁에 대한 학문적 관심은 줄어들지 않았다.[16] 전통적으로 신학과 정치사 영역에 국한된 종교개혁에 대한 연구가 사회사와 문화사가들이 가세하면서 그 전선이 확장되었다. 20세기 후반부터 일어난 사회사의 성장은 종교개혁에 대한 가장 중심적인 전제에 도전했다. 1960년대 이후 흐름

---

15 G. R. Elton, *The Reformation, 1520-1559*, Cambridge: Cambridge University Press, 1990, pp. viii~ix.

16 종교개혁사를 여러 다양한 관점에서 들여다보는 연구서가 다수 출간되었다. 그중 대표적인 책들로는 Kenneth Austin, *The Jews and the Reformation*, New Haven and London: Yale University Press, 2020; Euan Cameron, *The European Reformation*, Oxford: Oxford University Press, 1991; Carlos M. N. Eire, *Reformations: The Early Modern World, 1450-1650*, New Haven and London: Yale University Press, 2016; R. Po-chia Hsia, ed., *A Companion to the Reformation World*, Oxford: Blackwell, 2004; Carter Lindberg, *The European Reformations*, Oxford: Blackwell, 1996; Diarmaid MacCulloch, *Reformation: Europe's House Divided, 1490-1700*, New York, NY: Penguin Books, 2005; Andrew Pettegree, ed., *The Early Reformation in Europe*, Cambridge: Cambridge University Press, 1992; Andrew Pettegree, *Reformation and the Culture of Persuasion*, Cambridge: Cambridge University Press, 2005; Andrew Pettegree, ed., *The Reformation World*, London and New York, NY: Routledge, 2000; Ulinka Rublack, *Reformation Europe*, Cambridge: Cambridge University Press, 2017; Nicholas Terpstra, *Religious Refugees in the Early Modern World: An Alternative History of the Reformation*, Cambridge: Cambridge University Press, 2016; James Tracy, *Europe's Reformations, 1450-1650*, New York, NY: Rowman & Littlefield Publishers, 2006; Peter Wallace, *The Long European Reformation,1350-1750*, Hampshire: Palgrave, 2004 등을 들 수 있다. 연대 범위는 빠르게는 1350년에 시작해서 늦게는 1750년까지 연장되는 등 종교개혁이 이제 하나의 사건이 아니라 과정으로 간주되고 있음을 시사한다. 종교개혁의 결과 및 성과는 섣부르게 예단하거나 일반적인 합의에 도달할 수 있는 수준을 훌쩍 넘어섰다.

은 중세 말 가톨릭교회의 활력을 강조했다. 영국 역사가 맥클로흐는 중세 말 가톨릭은 활력 넘치고 강력했으나 갑작스러운 외부의 정치적 힘에 의해 활력을 상실했다고 종교개혁을 부정적으로 평가한다.[17] 가톨릭교회의 타락에 저항해 루터가 터트린 뇌관이 유럽을 둘로 쪼개었다는 것은 신화로 여긴다. 대부분의 사람이 만족하던 가톨릭 체계를 프로테스탄트 개혁가들이 파괴했다는 데 무게중심이 쏠려 있다. 역설적이게도 맥클로흐는 강력하고 자신감 넘치는 기관을 파괴한 종교개혁 사상의 저변에 깔린 가치관이 인간에 대한 깊은 비관주의에 있었음을 주목한다. 그 점에서 종교개혁은 그리 높은 점수를 주기 쉽지 않다고 보았다.[18]

종교개혁 이전의 교회 상태는 나라마다 다양했다. 독일 교회에 대한 루터의 비판을 모든 유럽의 성직자에 대한 비난으로 일반화할 수는 없다. 같은 이유로 수정주의자들에게서 강력하게 제기되는 잉글랜드 교회는 합리적이고 건강한 상태였다는 주장도 유럽 전체의 전형으로 보기는 어렵다. 역사가들은 유럽의 공동체 개혁, 도시 개혁, 민중 또는 군주 개혁, 국가 개혁을 분리해 기록하기 시작했다. 전통적인 프로테스탄트 대(對) 가톨릭의 관점인 종교개혁과 반종교개혁이라는 이분법은 상당 부분 수정되었다. 또한 프로테스탄트 진영이 하나의 종교개혁으로 묶일 수 있을 만큼 공통점을 가지고 있는지에 대해서도 회의(懷疑)한다. 가톨릭에 대한 반대라는 공통의 전제가 결정적인 것이 아니라고 거부된다면 종교개혁이 중세와 결별한 한 시대의 분기점이라는 평가 역시도 무효가 된다. 이에 대한 갑론을박은 여전히 존재한다. 무엇에 '대항한'(against)에 초점을 둘 것인지, 무엇을 '향한'(towards)에 초점을 둘 것인지에 따라 차이가 있다.

역사가들 사이에 벌어진 종교개혁 용어 논쟁의 일면을 살펴보면, 이

17 Diarmaid MacCulloch, *Reformation, Europe's House Divided, 1490-1700*, New York, NY: Penguin Books, 2005, p. 110.

18 Diarmaid MacCulloch, *All Things Made New: Writings on the Reformation*, London: Penguin Books, 2017, p. 31.

둘 사이의 긴장이 뚜렷하다. 한편에서는 종교개혁이라는 단어가 지닌 통일성은 가톨릭교회와 반종교개혁이라는 명확한 안티테제의 존재 때문에 형성되었으므로 서유럽 그리스도교의 분열을 야기한 종교개혁은 계속해서 유지되어야 할 개념이라고 주장한다. 반면에 종교개혁 의제를 주류 프로테스탄트에만 국한해 정의하는 것은 유효하지 않다는 주장도 나온다. 한걸음 더 나아가 종교개혁이라는 용어가 교회 역사에서 필요한 개념일 수 있지만, 역사적 사실을 표현하기에는 그다지 유용하지 않은 개념이기에 폐기해야 한다는 주장까지 나왔다. 이 관점에 따르면, 종교개혁은 그 용어가 내포하는 것만큼의 긍정적인 변화를 이끌어내지 못했을 뿐만 아니라 16세기 그리스도교 세계의 정서와 변화를 포괄하기에는 부적절하다. 종교개혁가들은 전통적인 종교성을 가지고 교회를 회복하려고 시도한 것이지, 어떠한 근대성의 의제를 내세우지는 않았다. 그들은 그리스도교 유럽 문화의 토대에서 태어나고 사상을 형성한 여전한 중세의 산물이다.[19]

사회사 연구가 지적·문화적·종교적 역사를 압도하기 시작하면서 종교개혁의 개념 자체에까지 의문이 제기된 상황이다. 고전 문화의 재탄생이라고 하는 르네상스도 마찬가지이다. 여러 세대에 걸쳐 중세와 근대를 잇는 두 기둥 역할을 했던 이러한 시대 개념은 1970년대 이후 더욱 모호한 개념으로 거부되었다. 유럽사에서 르네상스와 종교개혁이라는 전통적 구분 대신에 근세사 연구(early modern studies)라는 명칭이 대체하고 있다. 역사에서 종교개혁이 개별적이고 중요한 시기라는 인식이 더 이상 당연하게 받아들여지지 않고 있는 것이다.[20]

물론, 이 모든 과정 속에서 잊지 말아야 할 것은 현재 역사가들이 규정하고 있는 용어나 시대 구분의 구조를 바꾸는 것이 그리 간단한 일은 아

---

19 John Bossy, *Christianity in the West, 1400-1700*, Oxford: Oxford University Press, 1985, p. 91.

20 Scott Hendrix, "Rerooting the Faith: The Reformation as Re-Christianization", *Church History* 69, no. 3, Sep. 2000, pp. 558~77.

니라는 점이다. 대문자를 소문자로 바꾼다고, 복수로 만든다고, 장기(長期)를 덧붙인다고 해서 16세기 상황이 더 명료하게 다가오지는 않는다. 혹은 기존의 해석과 그림을 완전히 무너뜨리고 새로운 구조를 제시할 혁명적인 결과를 낳지도 않는다. 그럼에도 이러한 시도는 역사가 특정한 종파적 · 정치적 · 민족적 가치에 경도되어 있지만, 그러한 현상을 예리하게 인지하지 못하던 부분을 드러내고 한걸음 더 진실에 다가가게 만들 수 있다. 그 진실이 때로 더 깊은 모호함 속으로 밀어넣더라도 말이다. 종교개혁사의 해석사는 종교와 신학의 역사와 사회사를 융합하는 시도를 통해 새로운 통찰력을 만들어냈다.

수정주의 연구를 단순화해 표현하자면, 종교개혁의 실패에 방점을 두고 있다. 수정주의 연구 관점에서 종교개혁이 실패한 이유는 크게 세 가지를 꼽을 수 있다. 첫째, 종교개혁 이전 시기의 활력을 강조한다. 부패한 성직자와 쇠퇴하는 교회에 대한 저항이라는 전통적인 논제는 문서고에서 발견되는 다양하고 새로운 학문의 증거로 인해 거부되는 상황이다. 특히 잉글랜드의 사례가 대표적이다. 중세 말 교회는 종교개혁에 대한 전통적인 프로테스탄트 서술의 기초를 형성할 만큼의 끔찍한 부패 상태에 있지 않았다는 것이 일반적으로 받아들여진다.

둘째, 종교개혁의 미진함이다. 루터가 사망할 무렵 독일의 상황은 종교개혁이 성공했는지에 대해 중대한 의문을 낳았다. 루터교가 유럽의 많은 지역에 깊이 뿌리를 내리지 못했으며, 루터가 사망할 무렵(1546)에 종교개혁이 심각한 위기를 겪었다는 것은 대체로 합의된 사실이다. 유럽이라는 더 큰 그림 속에서 바라보면 종교 전쟁 시대로 접어들었다. 16세기의 이러한 상황을 18세기 유럽이 만들어낸 혁명과 비교할 때, 종교개혁이 과연 유럽 문명의 주요 전환점이 되었는지는 의문시되고 있다.

끝으로 종교개혁으로 인한 종파 갈등은 종교개혁의 결과에 대해 물음표를 던지게 한다. 종교개혁은 서유럽에서는 적어도 천년 이상 본질적인 일치를 유지해 온 교회에 지속적인 분열을 가져왔다. 더욱이 천년 동안 통일된 하나의 교회를 가지고 있던 유럽에서 더 이상 일치를 이룰 수 없게 되자 갈등은 심화되었다. 종교적 분열과 정치적·경제적·사회적 요인은 1550년에서 1648년 사이에 유럽을 괴롭힌 군사적 갈등으로 이어졌다. 국가를 비롯해 교구가 혹은 가족이 종교적 불일치로 분쟁을 경험했다. 자신의 종교적 신념에 따라 다른 지역으로 강제 이주해야 하는 경우도 있었다. 때로는 소규모로, 때로는 대규모로 종교의 자유를 찾아 이동하는 종교 난민이 생겨났다.

이들 수정주의의 전제는 각각 즉각적인 반론이 가능하기도 하다. 종교개혁 이전의 활력을 주장하지만, 종교개혁기 당대의 가톨릭교회의 수준에 대한 교회 내부의 평가 역시 부정적이고 비판적이다. 동시대 인문주의자들이나 신학자들의 탄식 역시도 무시할 수 없다. 종교개혁의 미진함에 대해 비판하지만, 느리지만 분명하게 16세기와 17세기에 다양한 프로테스탄트 신학이 자리를 잡아 갔다. 거기에서 다양한 신학적·교리적 발전이 이루어졌다. 이러한 평가는 종파 갈등으로 인한 분열을 다시 보게 해준다. 중세 천년 이상 본질적 일치를 유지해 온 가톨릭의 분열을 가져왔기 때문에 종교개혁을 실패로 본다면, 하나의 유일한 독점적 종교성이 바람직한 것인지 역으로 질문할 수 있다. 분열이라 표현하든 분리라 표현하든 간에, 이러한 상황으로 인해 제도교회에 얽매이지 않는 근대적 개인, 종교의 자유를 추구하는 개인이라는 명제가 자리를 잡았다. 다만 그 과정에서 생겨난 종교 전쟁이나 불관용을 상징하는 사건은 새로운 시대를 열어가는 과정의 값비싼 대가들이었다. 의도치 않은 분열이 개인성과 종교의 자유의 길을 여는 단초가 되었다. 다양성이 결국 역사 속에서 공존하게 되었다. 우연한 길을 통해 역사의 전환이 이루어졌다. 그렇기 때문에 종교개혁의 진정한 함의는 어쩌면 개혁보다는 분열과 다양성에서 찾아야 하는지도 모른다.

이제 역사가들은 다수의 연속적인 '장기 종교개혁'에 대해 이야기한다. 루터가 촉발한 독일 종교개혁의 경우이든 국왕의 정치적 판단에 의해 시작된 잉글랜드의 경우이든 간에, 새로운 종교 정책이 자리 잡고 대중의 심성을 바꾸기까지는 아주 오랜 기간이 걸렸다. 이 긴 과정을 임의로 축소하는 것은 결과적으로 역사 왜곡을 가져온다. 종교개혁을 오랜 과정을 거친 것으로 본다면, 살아생전 개혁가들의 성취를 가지고 성공과 실패를 논하기는 적절하지 않다. 한 인간이 아무리 뛰어나더라도 그의 생애 동안 시대의 종교 심성을 바꾸어놓는다는 것은 비현실적이다. 프로테스탄트와 가톨릭교회 모두에 해당된다. 마찬가지로 가톨릭 학자들은 트리엔트 공의회(1545~63)에서 의도한 개혁이 뿌리를 내리기 시작한 시점이 17세기부터였다고 본다.[21] 그렇기에 종교개혁의 전제가 거부되고 있는 흐름에서 '그' 종교개혁을 성공이냐, 실패냐의 잣대로 접근하는 방식은 그다지 유의미하지 않다.

가톨릭 종교개혁이냐 반종교개혁이냐

1517년 루터 종교개혁을 전후해 가톨릭교회의 관행 및 대응에 대해 다양한 평가가 혼재하는 것은 불가피했다. 16세기 종교개혁에 반대했던 가톨릭 진영에서 일어난 갱신과 변화에 대해 프로테스탄트 학자들이 부정적으로 규정한 용어가 반종교개혁이다. 반종교개혁은 가톨릭교회가 자발적으로 실행하기보다 외부의 압력으로 인해 수행한 수동적이라는 의미가 강하다. 그러나 최초에 이 용어가 사용될 때의 맥락은 조금 다르다. 18세기 중반 괴팅겐 대학의 법학자 요한 슈테판 퓌터(Johann Stephan Pütter, 1725~1807)는 반종교개혁을 1555년에서 1648년 사이에 신성 로마 제국의 가톨릭 황제와 군주들이 프로테스탄트 개혁 진영이 차지하고 있던 영토를 다시 점령하고 재가톨릭화한 사건으로 최초로 정의했다. 랑케는 이 단어를 대중화하면서 새로운 의미를 부여했다.[22] 그 쓰임새에 차

---

21 Andrew Pettegree, *The Reformation World*, p. 4.

22 John C. Olin, *Catholic Reform: From Cardinal Ximenes to the Council of Trent, 1495-1563: An Essay with Illustrative Documents and a Brief Study of St. Ignatius Loyola*, New York, NY: Fordham University Press, 1990, p. 10.

이는 있었지만 독일어 'Gegenreformation'이라는 용어는 분명 1517년 이후로 가톨릭 역사에서 새로운 시대가 열렸음을 암시하는 용어였다.[23]

19세기 프로테스탄트 역사가들은 전통적인 가톨릭 교리를 옹호하고 프로테스탄트를 이단으로 비난하고 억압하는 방어적·반동적 개념으로 반종교개혁이라는 개념을 발전시켰다.[24] 그렇지만 16세기 가톨릭에 대한 편견 어린 평가가 들어 있는 이 용어에 대해 역사가들은 점차 신중을 기하기 시작했다. 반종교개혁을 규정하고 평가하는 데 국가적 맥락에 따른 차이가 분명히 있기에 일괄적으로 부정적으로 평가하는 것은 정당하지 않다고 본 것이다.[25] 그래서 프랑스의 가톨릭 역사가 장 들뤼모(Jean Delumeau, 1923~2020)는 반종교개혁의 존재를 부정하지는 않지만, 이것이 꼭 16세기 가톨릭교회의 변화를 이끄는 필수적인 요소는 아니었다고 하면서 반종교개혁이라는 용어 사용을 기각한다.[26] 대신에 들뤼모는 종교개혁의 기원을 중세 가톨릭에서 추적하면서 프로테스탄트 지역의 개혁과 가톨릭 지역의 개혁이 모두 16세기의 거대한 그리스도교화 프로젝트의 일부라고 보았다. 대부분의 가톨릭 학자도 반종교개혁이 지닌 수동적이고 반동적인 의미 때문에 이 용어의 사용을 피한다.[27] 루터의 종교개혁을 가톨릭 개혁의 원인으로 삼지 않고 중세적 기원으로 소급한다고 하면 반종교개혁이라는 전제는 성립하지 않는다.

이럴 때 적합하게 쓰이는 용어가 가톨릭 종교개혁이다. 가톨릭 종교개혁이라는 용어는 독일 역사학자 빌헬름 마우렌브레허(Wilhelm Maurenbrecher, 1838~92)가 1880년 처음 제시했다. 가톨릭교회가 종교

---

23 N. S. Davidson, *The Counter-Reformation*, Oxford: Blackwell, 1987, p. 1.

24 John C. Olin, *Catholic Reform*, p. 10.

25 John W. O'Malley, "The Jesuits, St Ignatius and the Counter-Reformation: Some Recent Studies and their Implications for Today", *Studies in the Spirituality of Jesuits* 14, no. 1, 1982, pp. 3~4.

26 R. Po-chia Hsia, *The World of Catholic Renewal 1540-1770*, Cambridge: Cambridge University Press, 1998, p. 4.

27 R. Po-chia Hsia, *World of Catholic Renewal*, p. 2.

개혁기에 긍정적이고 창조적인 역할을 지속적으로 해왔음을 강조한 용어이다.[28] 예수회 출신의 존 도넬리(John Donnelly, 1934~2025)는 가톨릭 종교개혁의 상당 부분이 프로테스탄트에 대한 대응이라는 점을 인정한다. 트리엔트 공의회에서 결정된 교리와 금서 목록 등은 프로테스탄트에 대한 위기의식의 반영이었다. 동시에 그는 가톨릭교회가 추구한 도덕적·영적 쇄신은 프로테스탄트의 등장과는 무관한 가톨릭 전통의 성공적인 계승이었음을 강조한다. 이러한 관점을 받아들이면 반종교개혁은 가톨릭교회가 시도한 더 포괄적인 가톨릭 종교개혁에 포함될 수 있다.[29]

후베르트 예딘(Hubert Jedin, 1900~80)은 『가톨릭 종교개혁인가, 반종교개혁인가?』(*Katholische Reformation oder Gegenreformation?*)에서 가톨릭 종교개혁과 반종교개혁을 구별할 것을 제안한다. 여기에서 '가톨릭 종교개혁'(Catholic Reformation)은 중세 후기 교회에 뿌리를 두고 16세기까지 이어진 교회의 제도, 신념, 교리를 개혁하고 변화시키면서 정화하려는 운동과 노력의 집합체였다. 예딘은 가톨릭 종교개혁을 '내적 쇄신을 통한 가톨릭 삶의 이상에 대한 교회의 기억'이라고 규정했다. 또한 '반종교개혁'(Counterreformation)은 트리엔트 공의회 이후 강화된 가톨릭교회가 프로테스탄트에 대항해 반격한 '프로테스탄트와의 투쟁에서 펼친 가톨릭교회의 자기 주장'이라고 구별했다.[30] 예딘은 두 용어를 대립되는 것으로 보기보다는 가톨릭 종교개혁이 반종교개혁을 포괄하는 개념으로 인식했다. 그래서 가톨릭 종교개혁과 반종교개혁을 모두 수용해 '가톨릭 종교개혁과 반종교개혁'이라는 이중 용어가 정당하다고 보았다.[31]

여러 가톨릭 역사가가 '가톨릭 종교개혁과 반종교개혁'이라는 용어에

28 R. Po-chia Hsia, *World of Catholic Renewal*, p. 2.

29 John P. Donnelly, *Reform and Renewal*, Wilmington, NC: Consortium Books, 1977, pp. 146~47.

30 John W. O'Malley, *Trent and All That: Renaming Catholicism in the Early Modern Era*, Cambridge, MA: Harvard University Press, 2000, p. 55.

31 John W. O'Malley, *Saints or Devils Incarnate? Studies in Jesuit History*, Leiden and Boston: Brill, 2013, p. 25.

동의했다. 그 이유는 첫째, 프로테스탄트 개혁가들이 일으킨 격변이 없었다면 가톨릭 개혁이 효과적으로 수행될 수 없었을 것이라는 판단 때문이다. 둘째, 프로테스탄트 개혁에 대한 방어와 가톨릭 내부의 주체적 갱신의 두 요소 중 어느 하나에 더한 중요도를 부과하는 것은 적절하지 않다고 보았기 때문이다. 또한 트리엔트 공의회의 역사를 저술한 전문가로서 예딘은 가톨릭 종교개혁과 반종교개혁을 아우를 수 있는 대안 용어로 '트리엔트 종교개혁'을 제시하기도 했다. 가톨릭 개혁과 반종교개혁의 결과, 가톨릭교회는 중세의 미신적 성격을 상당 부분 덜어낸 보다 개방적이며 통일성 있는 체제를 형성했다.[32] 종교개혁의 역사와 그 해석사에서 가톨릭교회의 개혁에 대한 재평가는 가장 두드러진 현상이다.

종파적 시각을 넘어

앞서 살펴본 것처럼 종교개혁사를 다룸에 있어 종교개혁이라는 용어는 학계에서 더 이상 프로테스탄트 개혁만을 지칭하는 것으로 사용되지 않는다. 종교개혁이라는 단어를 사용하는 한에서 1517년이 큰 상징성이 있음을 부정할 수는 없지만, 여하한 이유로든 종교개혁의 출발점을 루터가 95개조 논제를 비텐베르크성 교회 정문에 게시했다고 알려진 1517년 10월 31일로 잡는 것에 더 이상 절대적인 의미를 부여하기 어렵다. 오히려 그날과 그 이후의 사건을 가능하게 만든 배경에 초점을 맞추는 것이 필요하다. 결국 종교개혁의 시작과 끝에 대한 고민이 중층적으로 늘어날 수밖에 없다.

95개조 논제 게시 사건에서부터 시작하지 않는다면 시작점을 언제로 잡으면 좋을까? 요하네스 구텐베르크(Johannes Gutenberg, 1398?~1468)의 금속활자 인쇄술이 등장한 1448년이 상징적인 출발점일 수 있다. 비

32 John W. O'Malley, *Trent and All That*, p. 142.

록 기술의 발전이기는 하지만 속어 문학, 성서 번역, 신비주의 서적의 확산 등의 근원이 되었기에 출발점으로 삼기에 손색이 없다. 혹은 그보다 정확히 한 세기 이전에 발생한 흑사병(Black Death)을 출발점으로 삼을 수도 있다. 1492년 이베리아 반도에서 유대인 추방령이 제정된 해를 종교개혁을 시작하는 연도로 잡을 수 있다는 주장도 있다. 왜냐하면 종교개혁이 종파 간의 갈등과 분열을 초래한 결과를 낳았는데, 그 상징적인 출발이 이베리아 반도의 유대인 추방이기 때문이다. 이렇게 다양한 시각에서 출발점을 정할 수 있는 반면에 종착점은 비교적 간단하게 정할 수 있다. 1555년 또는 1648년을 종착점으로 삼기에 편리하다. 1555년은 아우크스부르크 화의로 루터교가 인정받은 시점이다. 이는 종교개혁을 개혁가들이 활동했던 시기에 초점을 둔다면 적절하다. 반면에 다른 종착점은 100년 가까이 흐른 시점인 1648년이다. 이 해는 유럽 국가들 사이의 종교 전쟁인 30년전쟁이 끝나고 베스트팔렌 조약이 체결되어 유럽 국가들의 종교 지형도가 완성된 시점이다. 장기 종교개혁을 상정할 때 설득력 있는 종착점인 셈이다. 그렇게 종교개혁사는 1350년대부터 1648년까지 이른바 장기 16세기를 포괄한다. 종교개혁의 단기적인 성과가 아닌, 종교개혁이 낳은 유럽사의 항구적인 정치·종교 지형 변화의 확정 시점까지 종교개혁기를 연장한다. 지난 한 세대 이상 지속되어 온 새로운 연구 경향을 따른 구성이다. 이는 종교개혁을 중세 후기와의 단절이 아닌 연속성 속에서 이해한다.

종교개혁사 연구는 근대의 뿌리를 찾고 그 연원을 추적해 먼 과거가 오늘의 현실을 형성한 근대적 연관성을 밝히기 위한 노력이다. 근대 유럽 세계를 형성한 이 과거는 단순히 지나간 사건이 아니라 여전히 현재 속에 생생하게 살아 숨 쉬는 역사적 흔적이다. 종교개혁의 역사적 과정은 오늘날 서구 세계의 정치·사회 구조와 경제를 형성하는 데 핵심적인 역할을 했다. 거시적 세계 체제의 변화와 더불어 중세와 다른 형태의 종교적 심성을 만들었다는 것도 중요한 맥락이다. 16세기 종교개혁을 거치면서 형성된 근대의 종교성은 근대 국가의 언어와 문화에 깊이 연동된 독특한 민족주의적 특성을 띠게 되었다.

종교개혁이 낳은 가장 큰 변화는 일체화된 가톨릭교회로부터 개인의 신앙과 양심이 분리된 것이었다. 중세의 세계관에서는 가톨릭교회만이 구원을 담보할 수 있는 유일한 매개였다. 그러나 프로테스탄트 종교개혁은 가톨릭교회라는 단일한 구원의 통로를 부정하고 개인의 신앙과 양심이라는 추상적인 신념을 수용했다. 신앙은 더 이상 공동체적 매개를 통해서가 아니라 각자의 내면에서 직접 신과 관계 맺는 문제로 전환되었다. 이 변화는 '종교의 자유', '양심의 자유'라는 이름으로 정당화되었지만, 동시에 종교가 공적 영역으로부터 분리되어 개인화되는 계기이기도 했다.

여기서 또 다른 현상을 목격한다. 종교가 한편으로는 개인화되었지만, 다른 한편으로는 세속 정치 체제 내부의 일부로 자리 잡으며 세속화를 경험했다. 신앙은 지극히 개인적이고 영적인 영역으로 인정되었지만, 제도교회는 하나의 보편교회라는 울타리를 넘어 국가가 주도하는 공적이고 세속적인 영역에 더 깊숙하게 들어오게 되었다. 종교의 내면화와 공적인 국가권력 안으로의 종속이라는 두 층위의 흐름은 근대 국민국가 형성이라는 줄기에서 만난다. 중세 가톨릭교회가 향유하던 민족을 초월한 보편적인 종교성은 국민국가의 시민적·세속적 규범에 근거한 국가 정체성으로 대체되었다.

신앙의 개인화와 교회의 세속화는 종교성의 배제가 아니라 '국가'와 '민족'이라는 새로운 형태의 '세속적 신성(神聖)'의 형성으로 이어졌다. 16세기 이래 유럽 교회—프로테스탄트이든 가톨릭이든—전체가 경험한 현실이었다. 영토 단위의 정치적 주권에 기반한 국가의 출현과 발전은 종교의 영역을 축소했다. 여기서 '축소'란 종교성의 약화가 아니라 종교가 독립변수가 아닌 국가의 종속변수가 되었다는 의미이다. 국가의 가치는 종교의 언어를 통해 정당성을 부여받았다. 세속적 민족주의의 강화 속에서 형성된 정교 분리는 종교의 독립을 의미하지 않았다. 국가는 신앙고백을 정식화하고 대중에게 주입하는 주체였다. 종교개혁으로 촉발된 교파 분열은 서유럽에서 신앙고백에 기반한 배타적인 민족주의가 형성되는 토대로 작용했다. 종파적 민족주의는 세속적 애국심과 결합되어 강화되었다. 15세기 말 가톨릭 스페인에서 무슬림과 유대인 추방은 정화된 그리스도교 국가를 만들고자 하는 종교적 의미가 강했다. 16~17세기 잉글랜드에서 가톨릭교도는 신념의 차이가 있는 사람들로 인정받지 못하고 '로마에 충성하는 잠재적 반역자'라는 혐의를 숙명처럼 받아들이고 살아야 했다. 이러한 종교적·정치적 수사학은 19세기에도 되풀이되어 비스마르크는 '프로테스탄트적 독일'을 표방하면서 가톨릭교도들에 맞선 문화 전쟁을 벌였다. 그렇다면 종교개혁의 본래 정신이 신앙의 내면화와 양심의 자유였으며, 스페인, 잉글랜드와 독일의 사례가 왜곡과 일탈의 반사례라고 단정할 수 있을까? 교파적 민족주의가 국가 권력과 대중 신앙의 동일화를 추구하는 흐름은 프로테스탄트 종교개혁이 출발하기 이전인 15세기부터 유럽에 지속적으로 나타난 현상이었다. 그 초기 유대인, 무슬림 희생자들과 프로테스탄트 종교개혁 이후의 희생자들은 국가 내 종교 소수자들이었다. 종교와 민족적 일체성을 종교개혁 정신의 왜곡이나 일탈이라고 부르는 것이 오히려 역사의 진실에서 비껴난 것일 수 있다. 종교개혁을 '종파적 가치'를 앞세워 집단 정체성을 강화하고 타자화를 실행한 역사적 역동으로 이해할 때, 우리는 종교개혁의 본질에 한걸음 더 가까이 다가갈 수 있다. 따라서 특정 종파의 관점에서 종교개혁을 해석하는 것은 결국 스스로를 그 종파의 해석 틀이라는 구속복 속에 가두는 행위일 수 있다.

이 책은 루터에서 시작해 확장하기보다는 더 넓은 배경 속에서 조밀하게 1517년으로 시선을 좁혀가는 방식으로 서술한다. 종교개혁을 1517년의 루터로부터 출발해 확산되었다는 평면적 이해를 넘어 16세기에 동시다발적으로 표출된 다양한 종교적 열망을 독립적인 서사로 다룬다. 이를 위해 이 종교적 폭발을 가능하게 만든 15세기를 다양한 측면에서 살펴본다. 이 책의 서술은 근대 역사학의 결실로 얻은 전체사와 사회사의 결과물을 충분히 수용하면서도 수정주의 맥락을 충실하게 반영한다.

이 책은 종교개혁이 낳은 혁명적 성과를 살피는 것을 목적으로 하지 않는다. 그렇기에 루터와 근대적 인간이라는 명제, 종교개혁과 근대성이라는 전통적 명제에 대해 어떠한 선입견 없이 접근한다. 또한 신학적·교리적 갈등의 중요성을 외면하지는 않으나 신학적 논쟁 배후의 사회정치적 의미에 주목한다. 종교개혁이 낳은 가장 중요한 결과물은 근대 국민국가의 형성 속에서 세속 권력과 교회의 관계 변화이다. 가톨릭 대(對) 프로테스탄트의 이항대립으로는 설명되지 않는, 국가권력이 교회를 통제하는 상황으로의 전환이 종교개혁이 낳은 영구적인, 분명 전혀 의도하지 않았지만 가장 중요한 결과로 본다. 교회가 마주한 낯선 격변 속에서 프로테스탄트와 가톨릭 개혁가들은 어떻게 자신들의 종교적 신념을 대중 속에 더 깊이 내면화하려고 시도했는가를 살핀다. 교파 간 차이보다는 그들이 각 지역에서 추구했던 종교성 강화라는 공통 분모에 주목해 본다.

마지막으로 우리의 맥락에서 종교개혁 연구의 한계를 언급할 필요가 있다. 종교개혁사는 주로 프로테스탄트 신학자들이 다루는 주제이며, 역사학계에서 종교개혁사를 전공하거나 가르치는 연구자는 희귀하다. 일반 역사학에서는 종교개혁이 종교를 다룬다는 이유로 그리 매력적인 주제가 아니다. 교단 신학에서 종교개혁을 다루기 때문에 여전히 우리의 종교개혁사 이해는 종파적 구속복에서 자유롭지 못하다. 당연하게도 이러한 실정으로 말미암아 유럽과 북미의 종교개혁사 연구자들이 생성해 내는 아카데미의 논의나 주장이 소개될 여지가 제한된다.

그 결과 우리는 여전히 종교개혁을 루터의 종교개혁과 동일시하는 수준에 머물고 있다. 유독 종교개혁사는 개혁가들의 탁월한 영웅적 행적을 과도하게 부각하는 아쉬운 역사 인식이 강하게 유지된다. 반대급부로 지나치게 선정적인 극단의 그림이 개혁가와 종교개혁 진영에 투영되기도 한다. 저술가의 입장에 따라 루터와 장 칼뱅(Jean Calvin, 1509~64) 같은 상징성 있는 종교개혁가는 성인과 이단의 극단 이미지를 갖게 된다. 종교개혁이 야기한 불가피한 시대적 한계에 대한 책임 역시 개혁가 개인에게 고스란히 지우는 모양새이다. 서구의 종교개혁 해석사에 비추어볼 때 한참 뒤처진 상황이기는 하지만, 이제라도 종교개혁을 종파적 시각에서 벗어나 유럽사의 사건으로 바라본다면 종교개혁이 가져온 또 다른 극적인 변화를 볼 수 있게 될 것이다. 이것이 종교개혁의 역사를 새 관점에서 읽고 해석해야 할 이유이다.

제1부

종교개혁의 배경

제1장 느리게 움직이는 시간

역사는 구조를 뛰어넘는 탁월한 개인이나 집단의 혁명적 역할을 통해 바뀌는 것인가, 아니면 모든 역사는 구조라는 그물망 속에서 형성되는 것인가? 종교개혁이라는 사건으로 좁혀보면 16세기라는 변곡점에서 개인의 역할을 어디까지 상정할지는 오래된 논쟁거리이다. 만약 개인의 역할을 과도하게 강조한다면, 이른바 영웅사관으로 역사를 볼 여지가 높아진다. 반대로 모든 인간의 역사가 개인의 역량에 따라 결정되기보다는 시대정신이라고 하는 큰 뜻 속에서 이루어진다면 개인의 역할은 축소된다. 극단으로 밀고 가면 역사는 개인이나 한 사건이 어찌할 수 없는 구조 속에서 형성된다는 '역사 결정론'에 빠지게 된다.

종교개혁을 16세기 독일에서 비롯된 유럽사의 한 위대한 사건으로 바라본다면, 그를 둘러싼 맥락은 그저 배경에 불과하다. 그렇지 않고 구조 속에서 일어난 자연스런 귀결이라고 판단한다면, 사회·정치·인문·지리 환경의 요인은 더 의미 있는 자리를 차지한다. 체제와 구조가 견고한 틀이 되어 개인은 그 틀이 경계지어 놓은 사상과 언어 속에서 행동하는 행위자이다.

새삼스럽지 않아 보이는 이 대비 구도는 종교개혁사를 접근하는 데 특히 중요하다. 종교개혁사는 20세기 중반까지 일반 역사가들의 큰 관심을 끈 주제는 아니었다. 15세기와 16세기에 대한 20세기 중반의 두드러진 연구 주제들로는 봉건제가 자본주의로 바뀐 원인을 살피는 '자본주의 이행 논쟁'[1]이나 '근대 국민국가 기원 논쟁'[2] 등을 떠올릴 수 있다. 그에 반해 종교개혁은 대부분 신학에서 다루는 영역이었고 국가사의 한 부분으로 다루어졌다. 그런 이유로 1517년 루터의 독자적인 신학과 독일의 특수성이 강조되었고, 그렇게 되면 될수록 종교개혁은 일반 사가들

1 봉건주의에서 자본주의로의 이행 논쟁은 1950년대 모리스 돕(Maurice Dobb, 1900~76), 폴 스위지(Paul Sweezy, 1910~2004), 다카하시 고하치로(高橋幸八郎, 1912~82), 로드니 힐턴(Rodney Hilton, 1916~2002), 크리스토퍼 힐(Christopher Hill, 1912~2003) 등이 참여해 유명해졌다. 마르크스주의 사회경제학자들이 주로 참여한 이 논쟁이 다룬 주제들은 중세 시대 무역의 역할, 봉건제 발전, 도시의 경제적 기원, 서유럽 농노제가 사라진 이유, 봉건제에서 자본주의로 이행하는 과정에서 도시와 농촌의 관계, 유럽의 자본 축적과 해외 진출의 중요성, 유럽의 최초 부르주아 혁명은 무엇인가 등 광범위했다. 여전히 사회사와 경제사를 중심으로 연구하는 학자들의 관심을 끈다. 스위지는 장거리 수출무역의 성장과 외부 자극이 유럽 봉건제 내부의 변혁을 이끌었다고 주장한다. 이러한 견해는 앙리 피렌(Henri Pirenne, 1862~1935)이나 이매뉴얼 월러스틴(Immanuel Wallerstein 1930~2019) 등도 공유하고 있는데, 피렌은 오스만 제국과의 교역이 그 한 축을, 월러스틴은 아메리카 식민지 정복이 그 결정적 변환을 이끌었다고 본다. 그 반대편에 서 있는 주장은 돕이 대표하는데, 그는 중세 봉건제의 붕괴와 자본주의 발전은 외부 무역 때문이 아닌 서유럽의 도시와 농촌의 수공업의 성장 등으로 빚어진 모순과 계급 투쟁 등 내부적인 이유를 들고 있다. 이 논쟁에 대한 개괄적 이해를 위해서는 김택현, 「자본주의 이행을 다시 생각함: 마르크스주의자들과 마르크스의 이행론」, 『영국연구』 제32호, 2014, 289~318쪽 참조.

2 민족(nation)과 민족국가 혹은 국민국가(nation-state) 형성에 대한 논쟁이다. 한 가설은 국민국가가 15세기 정치, 경제, 자본주의, 중상주의, 지리학 및 지도 제작술 진보와 같은 근대 발전의 부산물로 우연하게 발생했다는 것이다. 이에 따르면, 그 시대의 지적·기술적 진보를 통해 국민의식을 지닌 국가가 탄생했다. 국가는 종교 전쟁으로 알려진 30년전쟁(1618~48)의 결과로 체결된 베스트팔렌 조약을 계기로 틀을 갖추었다. 따라서 종교개혁은 국민국가 형성의 중요한 전환점이 된다. 또 다른 가설에 따르자면 16세기 국민의식 혹은 민족의식은 존재하지 않았으며, 국가가 등장한 이후에 개인의 주권을 위한 민주주의 운동이 일어나 민족국가가 형성되었다는 이론이다. 이에 따르면, 국민국가 형성은 19세기에 이루어졌다. 국민국가 형성에 대한 교과서적 서술은 17세기 과학혁명과 계몽주의, 18세기 시민혁명을 토대로 만들어진 것으로 본다.

의 관심에서 더 멀어졌다. 하지만 20세기 중반 이후 종교개혁사 연구에 역사가들의 참여가 활성화하면서 종교개혁에 대한 큰 그림이 혁명적으로 바뀌기 시작했다.

이러한 변화는 직접적이지는 않지만 역사를 한 개인이나 사건 중심으로 살피는 사건사를 넘어 장기 지속되는 지리적 환경 등의 영향에 초점을 둔 역사 해석의 등장과 맞물려 있다. 오랫동안 변하지 않고 지속되는 구조적 요인으로 역사를 이해하는 것, 즉 그 안의 개별 인물이나 사건보다 중요하다고 보는 것이 전체사(全體史)이다.

역사의 시간들

프랑스 아날학파 2세대인 페르낭 브로델(Fernand Braudel, 1902~85)의 『지중해: 펠리페 2세 시대의 지중해 세계』(*La Méditerranée et le Monde Méditerranéen a l'époque de Philippe II*)는 구조사를 대표하는 저작이다. 그는 이 책에서 역사 속의 개별 사건이나 특정 인물에 초점을 맞추지 않고 지중해의 사회 구조와 경제가 어떻게 작동하고 시간이 지남에 따라 변화했는지를 규명하고자 했다. 사건 중심으로 역사를 이해하는 다소간 정치사 중심의 시각에서 벗어나 기후 변화, 곡물 가격의 변화와 같은 일련의 시간 흐름을 파악하는 데 초점을 두었다. 더 나아가 오랜 시간이 흐르더라도 거의 변화가 감지되지 않는 장기 지속되는 구조에 집중했다.

일반적으로 역사는 한 특정한 공간 속에서 특정한 시간 안에 일어나는 사건을 다루는 것으로 인식된다. 시간의 흐름에 따른 변화가 거의 없다는 점에서 '공간'은 역사의 주체이기보다는 맥락적 배경이 된다. 그래서 역사는 연대순으로 발생한 일련의 사건을 간추리는 데 집중하게 된다. 이에 맞서 브로델은 지리적·물리적·사회적 공간에 주목한다. 즉 변하지 않아 무시되곤 하지만 그 공간 구조를 사건을 주조하는 틀로 인식했다. 이 공간 속에서 시간은 아주 느리게 변한다.

브로델은 그 흐름이 거의 눈에 띄지 않고 모든 변화가 더디게 진행되는 역사인 장기 지속의 구조사와, 끊임없이 주기가 반복되고 느리지만 인지할 수 있는 리듬이 있는 중기 지속의 국면사와, 개별 사건으로 형성된 전통적인 사건사로 역사의 시간을 구성했다. 다양한 범주와 속도의 시간 및 장기 지속 구조에 대한 강조는 역사의 배경으로 존재하던 지리학을 전면에 등장시켰다.

이 세 가지 시간을 좀 더 살펴보자. 첫째, 장기 지속(longue durée)이다. 이는 지리적·기후적 환경과 관련해 느리고 거의 감지할 수 없는 인간의 역사이다. 브로델은 장기 지속을 개념화하기 위해 무한한 세대에 걸쳐 서로 다른 사회 구성체에 지속적이고 공통적으로 작용하는 요인을 강조한다. 물리적 자연과 그 속의 인간과의 상호작용은 극도로 느리게 움직이는 거의 감지할 수 없는 시간을 형성한다. 이는 인간 활동과 지리 및 자연의 접점에서 형성된 역사 구조로서 시간 리듬이 느리고 안정적인 바다, 산, 강, 반도와 같은 물리적·지리적 특성이 포함된다. 장기 지속은 인간 사회가 거의 상상할 수 없을 정도로 긴 역사적 시간을 만든다. 브로델은 이 구조를 중심으로 역사의 '흐름'과 '개별 사건'의 위계를 결정해야 한다고 보았다. 그는 전체적으로 장기적인 구조와 순간적인 사건을 구별해야 하며, 순간적인 사건을 형성한 장기적인 추동력을 찾는 것이 역사 탐구의 핵심이어야 한다고 강조한다.[3] 사건은 역사가들이 찾는 '원인'과 '결과'를 제공하고 일련의 의미 관계를 보여 줄 수는 있지만, 실제로는 의도한 것이든 그렇지 않든 간에 일련의 개별 사건은 근본적인 구조의 사슬과 연결된다. 장기 지속은 구조와 동일시될 수 있다.[4]

그다음은 중기 지속(durée conjoncturelle)의 시간이다. 거의 변함 없는 지리나 자연환경과는 차이가 있지만 10년, 50년 때로는 100년 정도 일

3 Fernand Braudel, "History and the Social Sciences: The *Longue Durée*", trans., Immanuel Wallerstein, *Review* 32, no. 2, 2009, p. 182.

4 Fernand Braudel, *The Mediterranean and the Mediterranean World in the Age of Philip II*, New York, NY: Harper & Row, 1976, pp. 20~21.

관된 흐름을 형성하는 시간, 즉 주기적인 단계나 국면을 의미하는 역사가 있다. 예컨대, 인구통계학적 추이, 온도 변화, 가격 곡선, 무역 규모, 임금 분포 등은 느리기는 하지만 일련의 추세를 가지고 있다. 때로 이런 변화에는 전염병이나 대지진, 홍수 같은 장기적인 영향을 주는 재해가 포함될 수 있다. 이 역사는 좀 더 다양한 형태의 유동성을 지닌다. 그렇지만 이 중기 지속의 국면 역시 이를 둘러싼 물리적 구조 안에서 결정된다.

마지막으로 사건의 역사(histoire événementielle)가 있다. 전통 역사가들이 관심을 기울이는 익숙한 형태의 정치사라 할 수 있다. 브로델은 이 사건사를 역사의 조류가 밀고 온 파도의 맨 위에 떠 있는 포말 같은 것으로 보았다. 일면 중요해 보이는 정치적 사건이나 인물의 행위는 역사의 일시적인 현상이다. 예컨대, 루터의 95개조 논제 게시 사건이 누군가에게는 세상을 바꾼 결정적 사건이겠지만, 때로는 겨우 한 문장 정도의 가치만 지닐 수도 있다. 적어도 지중해를 중심으로 연관된 모든 지역이 하나의 구조 속에 묶여 있다고 볼 수 있기 때문이다. 거시적으로 역사의 구조를 분석하면 필연적으로 사건 자체의 중요성은 상당 부분 제거된다. 그렇다고 이것이 모든 사건사를 무시하는 것은 아니다. 사건사는 짧은 시간의 역사 속에 뚜렷한 자취를 남기며, 역사의 어두운 구석을 환하게 밝히는 역할을 해왔다. 구조를 중심으로 역사를 읽는다고 '결코 사건사의 원수는 아니'다.[5]

장기 지속이 역사에서 어떻게 작동했는지에 대한 이해를 넓히는 데 아날학파와 브로델은 매우 중요한 역할을 했다. 역사에서 한 사건에 대한 분석을 넘어 통합된 일련의 분석을 제공하려는 역사가의 시도는 여전히 지속되고 있다. 지난 세대의 역사가들은 19세기 이후 역사 연구의 기본 틀이었던 민족국가를 넘어 공간의 더 넓은 범위에 걸쳐 작업을 확장하는 방법을 모색했다. 사건을 통해 접근하는 연대기적 방식 대신에, 대륙과 해양 등을 서로 연결해 지구 전체를 궁극적으로 아우르는 지구사(地

5 Fernand Braudel, *The Mediterranean*, vol. 2, p. 901.

球史)를 시도하고 있다.

브로델이 펠리페 2세(Felipe II, 1527~98, 재위 1556~98) 시대의 지중해를 배경으로 전개한 전체사는 종교개혁사를 이해하는 관점의 확대에도 직접적으로 큰 영향을 주었다. 유럽에서 종교개혁이 진행되던 중심 시대를 관통하는 브로델의 책은 공교롭게도 종교개혁가 루터나 종교개혁 전반에 대해서는 거의 무시하고 있다고 해도 무방할 정도이다.[6] 브로델이 바라보는 큰 그림에서 지중해를 둘러싼 세력은 차이점이 두드러지기보다는 오히려 공통점이 더 많았다. 그 점에서 지중해를 양분한 그리스도교 세력과 이슬람 세력 사이에 공유하는 종교 가치를 언급했다는 점은 기억할 만하다. 이 관점이 사건의 중요성이나 개별성의 가치를 폄훼하면 곤란하겠지만 종교개혁 자체를 사건사에서 한걸음 떨어져 구조 속에서 바라보는 것은 충분히 의미 있다.

종교개혁사를 세 가지 다른 시간으로 살펴볼 이유를 더 들여다보자. 먼저 장기 지속의 중심은 지중해이다. 종교개혁의 배경이 되는 16세기는 고대 세계부터 중세 내내 지속되던 지중해라는 아주 느린 시간을 보낸 공간이 종교개혁의 진행 시기와 맞물려 대서양이라는 또 다른 공간 구조로 전환되는 시점이었다. 종교개혁은 느린 지중해의 시간에서 시작해 대서양이라는 새로운 시공간으로 들어가는 한가운데에서 발생했다. 종교개혁의 시간을 이해하기 위해서는 지중해와 대서양이라는 공간의 역동을 읽어야 한다. 이 지중해와 대서양의 시간을 만든 중심은 알프스 이북의 서유럽이 아니라 스페인과 포르투갈 같은 이베리아 반도의 해상 국가들이었다. 그리고 그와 경쟁하는 세력은 오스만 제국이었다. 지중해와 그를 둘러싼 유럽 해상 세력, 오스만 제국 세력의 역동은 종교개혁에 스며든 긴 시간이다. 문학과 역사를 통해 고대와 근대, 그리스도교와 이

6 영어 번역본으로 1,200쪽이 넘는 분량에서 루터 및 루터교는 다섯 차례 정도 나오는데, 그나마도 직접 루터에 관한 내용은 없다. 그중 의미 있는 언급은 강력한 통치자 카를 5세(1500~58)의 제국 내 저항 세력으로 독일과 루터교를 든 것 정도라 하겠다.

슬람 세계, 본질적인 시대를 초월한 산과 평원, 내해(內海)와 섬에 대한 상상력은 사회적 · 경제적 · 정치적으로 더욱 풍성한 역사 이해를 돕는다. 이 역사는 본원적으로 중층적이다.

16세기는 역사적인 지중해, 즉 유럽 문명의 중심지였던 지중해의 마지막 위대한 시대이다. 이때는 지중해의 쇠퇴로 유럽사의 중심이 지중해에서 대서양으로 바뀌는 순간이다.[7] 스페인의 펠리페 2세가 지중해에서 대서양으로 눈을 돌린 시기는 1580년대이다. 가톨릭교회의 관점에서도 지중해에서 대서양으로의 전환은 충분한 시사점이 있다. 포르투갈과 스페인의 해상 세력의 확장은 프로테스탄트 종교개혁 이후 위축된 가톨릭이 세계로 뻗어나갈 수 있던 이유를 설명해 준다. 그런 점에서 펠리페 2세의 스페인 세력이 대서양 쪽으로 전환한 것은 역사의 운명과도 같은 흐름이었다.[8]

그렇다면 주기적으로 반복되는 중기 지속의 역사는 무엇을 들 수 있을까? 중기 지속에는 14세기 중반 유럽을 강타해 17세기까지 주기적으로 이어진 흑사병을 들 수 있다. 흑사병은 중세 말의 종교 심성을 극적으로 변화시킨 상징성을 지닌다(흑사병과 종교 심성의 변화에 대해서는 제2장에서 다룬다). 흑사병으로 인해 중세 사회의 전통적인 경제 체계가 붕괴되고 새로운 구조가 만들어졌는데, 이 전염병의 전파도 지중해를 통해 이루어졌고 지중해를 에워싼 모든 국가가 치명적인 영향을 받았다. 아울러 흑사병으로 인해 유럽과 아시아의 장거리 무역과 여행이 큰 타격을 입었다. 이 시기는 또한 오스만 제국이 대초원에서 거대한 세력으로 불어나 지중해 세력 안에 큰 지분을 차지하면서 유럽을 위협하는 시기이기도 하다.

브로델은 이 시기 지중해를 둘러싼 중요한 시사점을 두 가지 들고 있

---

7 H. R. Trevor-Roper, "Fernand Braudel, the *Annales*, and the Mediterranean", *The Journal of Modern History* 44, no. 4, Dec. 1972, pp. 468~79.

8 Fernand Braudel, *The Mediterranean*, p. 19.

다. 첫 번째는 지중해 지역의 통일성과 일관성이다. 오스만 제국이 지배하는 지중해는 그리스도교 세력이 차지한 지중해와 동일한 리듬으로 살아 숨쉬고 있다는 확고한 신념이다. 즉 전체 바다는 공통의 운명을 공유하며, 동일한 문제와 일반적인 경향을 함께 지니고 있다는 점이다. 두 번째는 17세기 초반 대서양의 시대로 전환되기 전까지 지중해가 보여준 위대함이다. 중세 말을 묘사한 요한 하위징아(Johan Huizinga, 1872~1945)의 단어를 빌리자면, 지중해의 '쇠퇴'는 가을의 열매를 맺었다.[9]

역사는 과거를 다루지만 그것을 통해 미래를 전망하는 기능도 한다. 여기에서 역사가의 전문성이 필요하다. 미시적으로 들여다보면 큰 차이가 노정되는 것도 멀리 떨어져 조망하면 차이보다는 공유점이 여럿 보이기 마련이다. 구조사로 역사를 읽어갈 때, 개인이 벗어날 수 없는 하나의 세계에 살고 있다는 인식을 줄 수 있다.[10] 전체사적 접근이 낡은 접근일 수 있지만 유럽 세계, 아니 그 너머 지중해의 시공간 속에서 종교개혁의 의미와 영향에 대한 더 세밀한 그림을 그려주기 때문에 여전히 필요하다. 역사가는 어떠한 혁명적인 사건과 그 전개 과정의 이면에 있는 장기적인 변화에 대해 구조와 맥락을 짚어주는 역할을 한다.

종교개혁은 독일 혹은 유럽사의 한 사건으로 분석할 수도 있다. 그렇지만 종교개혁을 장기 지속의 관점으로 보자면, 지중해 세계와 대서양 세계의 큰 전환의 흐름 속에서 생성되었고 흑사병과 오스만 제국, 신항로 개척의 시대라는 중기 지속의 국면 속에서 무르익었다. 종교개혁은 지중해 세계에서 대서양 세계로의 장기 지속의 시간 변화와 함께 생겨나 그 속에서 읽어나가야 할 느리고 길게 일어난 사건이다.

---

9 Fernand Braudel, *The Mediterranean*, p. 14.

10 Richard E. Lee, ed., *The* Longue Durée *and World-Systems Analysis*, Albany, NY: State University of New York Press, 2012, pp. 1~7.

지중해

역사가 개별 사건에 머물지 않고 문명 사이의 문화적 상호작용을 다룬다면, 서로 다른 문명을 연결하는 넓은 지리적 영역에 초점을 맞추어야 한다. 종교개혁기와 맞물린 16세기는 지중해가 그 중심이다. 지중해는 근대 세계가 등장하기 전에 세계에서 가장 영향력 있는 바다였다. 로마인들이 붙인 지중해의 라틴어 이름인 'mediterraneus'는 땅(terra)의 한가운데(medius)에 있는 바다를 뜻한다. 로마 제국이 지중해 연안의 모든 영토를 지배했기 때문이다. 그래서 그들은 지중해를 '우리의 바다'(mare nostrum)라고 불렀다. 지중해는 서로 다른 세 대륙인 유럽, 아시아, 아프리카와 닿아 있다. 지중해 지역의 기후는 겨울은 비교적 온난하고 여름은 덥고 건조한 것으로 알려져 있다.

오랫동안 역사가들을 매료시켜 온 지중해는 이탈리아, 발칸 반도, 소아시아, 북아프리카, 이베리아 반도 등 중요한 평야로 둘러싸인 일련의 조밀한 산악 반도로 이루어져 있다. 이 각각의 대륙 사이에는 때로는 광활한 바다와 때로는 복잡한 해안선을 따라 조각 바다가 펼쳐져 있다. 지중해는 다양한 세력이 직간접적으로 서로 연결되어 있으며, 고대 세계에서는 그리스 로마 문명을 아우르는 공간이었다. 중세에는 그리스도교의 바다였다. 지중해 한쪽에 있는 서유럽의 그리스도교 세력과 지중해 반대편에 있는 이슬람 세력 사이의 긴장은 중세 내내 지속되었다.[11] 그 긴

11 전통적으로 서로마 제국은 476년 게르만족에 멸망했다고 여겨진다. 서로마 제국의 종말을 로마인들이 지중해에서 누려왔던 그리스·로마 문명의 통일성을 상실한 사건으로 본 것이다. 하지만 벨기에 역사학자 피렌은 1937년 출간한 저서 『마호메트와 샤를마뉴』(*Mohammed and Charlemagne*)에서 이 견해에 도전했다. 피렌은 실제로 지중해를 분열시키고 그 과정에서 유럽 문명의 발전에 영향을 끼친 것은 이슬람의 부상이라고 주장했다. 632년 마호메트(Mahomet, 570?~632)가 죽은 이후 100년 동안 아랍 군대는 시리아, 팔레스타인, 이집트, 북아프리카 및 스페인 대부분을 포함해 지중해를 따라 여러 영토를 정복했으며, 프랑스를 침공하기도 했다. 이른바 '피렌 테제'라고 불리는 이 주장에 따르면, 지중해를 분할해 오래된 로마 무역로

장이 최고조에 달했던 십자군전쟁 중에도 지중해를 통한 서유럽과 이슬람 세계 사이의 무역은 이어졌다. 지중해는 지리적·문화적·종교적으로 일관되게 다양성이 공존했다. 이슬람과 그리스도교 사이에 적대감이 지속되었지만 그에 못지않게 서로에 대한 이해도 깊었다. 그들은 고대 그리스의 과학과 철학, 고대 로마의 법과 정치 제도, 유대의 윤리적 유일신교, 그리고 그 무엇보다도 고대 중동의 문화의 뿌리를 공유했다.

두 문명의 차이 가운데 가장 두드러진 것은 언어였다. 유럽은 언어 문화의 측면에서 이슬람 세력과 비교할 수 없는 다양성을 간직하고 있었다. 25개 이상의 다른 언어가 사용되어 유럽 내에서도 의사소통이 어려웠다. 라틴어는 학자의 언어이자 성직자의 언어였지, 상인의 언어는 아니었다. 반면에 이슬람은 서남아시아와 북아프리카 전역에서 아랍어라는 하나의 언어가 종교와 법률, 상업과 문화에 통용되었다. 이 지역의 언어는 나라마다 다양했지만 표준 아랍어가 이슬람 세계 전역에서 실용적이고 효율적인 의사소통의 매개 역할을 했다.[12]

지중해를 둘러싼 두 종교 사이의 패권은 15세기 이후 심하게 요동쳤다. 그 결과 지중해를 둘러싸고 소수의 제국 군주에게 헤게모니가 집중되었다. 그 헤게모니는 합스부르크(Habsburg) 가문을 대표하는 그리스도교 유럽과 오스만 제국으로 상징되는 이슬람 세력의 정복 전쟁에서 두드러졌다. 지중해의 역학 관계의 재편은 주로 해양력의 차이에서 비롯되었다.

스페인은 1492년 이베리아 반도의 마지막 이슬람 왕국인 그라나다 왕국을 정복하면서 무슬림 세력을 완전히 몰아냈다. 레콩키스타(Recon-

---

를 차단하고 서유럽 왕국과 비잔티움 제국으로 알려진 동로마 제국 사이를 접촉하게 만든 것은 이슬람의 부상이었다. 피렌 테제는 중세 역사가들 사이에서 다양한 논쟁을 불러일으켰는데, 지중해 세계를 그리스도교 유럽과 이와 경계를 마주하고 있는 이슬람 세력으로 양분해 지중해에 대한 새로운 관점을 제시했다는 데 의의가 있다. 피렌의 연구는 후에 브로델의 지중해 연구로 이어졌다.

12 Bernard Lewis, *Cultures in Conflict: Christians, Muslims and Jews in the Age of Discovery*, Oxford: Oxford University Press, 1995, p. 17.

quista)로 알려진 재정복 전쟁은 가톨릭 왕국들이 이베리아 반도의 이슬람 세력을 몰아내기 위해 약 700년 이상 진행되었다. 1492년 그라나다 왕국을 무너뜨리면서 이 재정복 전쟁은 마무리되었는데, 재정복이 끝나고 얼마 지나지 않아 가톨릭 국가 스페인의 통일이 이루어졌다.[13]

반대편 지중해에서는 1453년 오스만 제국이 비잔티움 제국의 도시 콘스탄티노폴리스를 점령했다. 콘스탄티노폴리스가 무너지고 아나톨리아와 발칸 반도의 공국이 멸망하면서 수세기 동안 분열되어 있던 지역에 오스만 제국의 단일 통치가 확립되었다. 오스만 제국이 시리아와 이집트를 비롯해 동부 지중해 섬과 군도를 정복하면서 해양 강국으로 급부상했다. 그 후 서방의 그리스도교 세력은 처음으로 지중해 동쪽 절반에서 차단당했다. 이로써 해상 지배권은 동쪽과 서쪽으로 양극화되었고, 유럽과 아프리카를 거점으로 삼은 신성 로마 제국과 오스만 제국이 오랫동안 각축을 벌였다. 16세기 내내 두 제국의 지중해 헤게모니 경쟁은 이어졌다.[14]

---

13 1492년 그라나다 정복으로 마무리된 레콩키스타는 본래 스페인 지역이 그리스도교 지역이라는 전제를 기반으로 한다. 그런데 이 지역은 수세기 동안 그리스도교, 유대교, 이슬람교가 함께 공존해 온 곳이었다. 그런 점에서 문명적 차이를 내세워 그리스도교도와 유대인을 '유럽인'으로, 무슬림을 '무어인'으로 상정하는 것은 지나친 단순화라는 주장도 제기된다. 다시 말하자면 스페인에서 이슬람의 뿌리는 이슬람교가 성립한 이후에서 찾을 것이 아니라 게르만의 민족 이동이 이루어지던 후기 고대 지중해 세계로부터 찾아야 한다는 것이다. 이 시기는 서로 다른 문화와 정체성을 지닌 세력이 밀접하게 연결되어 점진적으로 발전하고 있었기에, 그리스도교 대 무슬림의 구도로 스페인을 바라보는 것은 지나치게 후향적 접근이라는 비판이다. 이에 대해서는 Brian A. Catlos, *Kingdoms of Faith: A New History of Islamic Spain*, New York, NY: Basic Books, 2018, pp. 1~2 참조.

14 랑케는 『스페인과 오스만 제국사』(*History of the Spain and Ottoman Empires*)에서 16세기를 "권력과 대부분의 유럽 문명의 주도권이 남쪽에 있는 것처럼 보였던 시절, 오스만 제국과 스페인 군주제가 지배하던 시절"이라고 묘사했다. Cemal Kafadar, "The Ottomans and Europe", *Handbook of European History 1400-1600: Late Middle Ages Renaissance and Reformation*, vol. 1: *Structures and Assertions*, eds., Thomas A. Brady, Jr., Heiko A. Oberman, James D. Tracy, Leiden, New York & Köln: E. J. Brill, 1994, p. 614 참조.

신성 로마 제국 황제 카를 5세(1500~58, 재위 1519~56)와 그 아들 펠리페 2세는 유럽에서 가장 큰 영토를 통치하고 있었지만, 같은 기간 오스만 제국의 위협에 노출되어 있었다. 처음부터 오스만 제국은 정복과 영토 확장을 기반으로 한 제국이었다. 오스만 제국은 동유럽의 대부분을 침공하고 정복했으며, 합스부르크 영토이자 유럽 깊숙한 곳에 있는 오스트리아 수도 빈을 포위했다. 1592년 오스만 제국의 빈 포위 공격은 실패했지만 유럽인들에게 큰 공포를 안겼다.

카를 5세와 펠리페 2세의 합스부르크 가문은 독실한 가톨릭이었다. 루터의 종교개혁을 신성 로마 제국 황제가 무력으로 진압하지 못한 데에는 유럽 대륙으로 확장하는 오스만 제국에 대한 견제와 맞물려 있다. 16세기와 17세기 동안 스페인은 북유럽의 프로테스탄트 국가들을 진압하고 오스만 제국에 맞서는 데 많은 비용을 지출했다.

오스만 제국과의 갈등 외에도 합스부르크 가문은 같은 가톨릭 국가인 프랑스와도 갈등이 깊었다. 프랑스는 합스부르크 가문의 주요 경쟁 상대였다. 이 갈등은 1618년부터 1648년까지 유럽 전역을 휩쓴 파괴적인 30년전쟁으로까지 이어졌으며 궁극적으로 합스부르크 가문이 패한 전쟁이었다. 16세기와 17세기에 걸쳐 합스부르크 가문의 전쟁은 모두 프로테스탄트 국가와 오스만 제국에 맞서 싸웠던 전쟁이다. 전쟁은 막대한 비용이 들었고 결국 스페인을 경제적으로 파멸시켰다. 아메리카에서 엄청난 양의 은이 들어왔지만 합스부르크 가문은 그 대부분을 전쟁에 쏟아부었고 1596년부터 1647년까지 네 차례나 파산을 겪었다. 30년전쟁이 끝날 무렵 스페인 경제는 심각하게 약화되었다. 이때 잉글랜드, 네덜란드, 프랑스 등 북유럽 강국이 부상했다. 15세기부터 17세기까지 지중해 세계에서 대서양 세계로의 느린 전환은 자본주의 형성과 새로운 사회 구조를 만드는 데 영향을 끼쳤다. 월러스틴은 '세계 체제'(world-system)라는 관점으로 네덜란드와 잉글랜드 같은 대서양 중심 국가들이 헤게모니를 장악하고 발전시킨 세계경제의 흐름을 조망했다.[15] 점차 지중해는 무역과 군사적 중요성 측면에서 세계 체제의 중심 위치에서 벗어났다.

중세 내내 지중해를 둘러싼 이탈리아 도시국가는 강력한 경제성장과 인구 증가를 향유하고 있었다. 이탈리아는 11세기부터 15세기까지 유럽에서 가장 도시화된 곳으로 밀라노, 베네치아, 피렌체, 로마, 나폴리가 발전했다. 이탈리아의 다른 도시인 피사, 제노바, 볼로냐 등은 인구가 5만 명이 넘었다. 이에 비해 1350년 런던의 인구는 약 2만 5,000명에 불과했는데, 이탈리아의 도시보다 훨씬 작은 규모였다. 이탈리아 도시국가의 규모와 부(富) 역시 문화적 영향을 끼쳤다. 르네상스가 이탈리아에서 시작된 것은 우연이 아니었다. 인간에 초점을 맞추고 고대 로마와 그리스의 문화적 원천으로의 회귀를 추구한 서유럽의 예술과 문학 운동인 르네상스는 지중해의 특성으로 번영한 이탈리아에서 발생했다.

지중해가 서유럽과 아시아를 연결하는 지점으로서 더 이상 역할을 수행할 수 없게 되자 그 중요성이 줄어들었다. 지중해의 쇠퇴는 신항로 개척과도 연관되어 있다. 항해를 통해 유럽과 아시아 사이의 새로운 무역로를 발견하고 기존과는 완전히 다른 무역 체계인 대서양 세계를 탄생시킨 아메리카에 이르렀다.

브로델은 대서양 시대에 접어들기 이전의 유럽은 지중해의 헤게모니를 잃었지만, 근대의 시작은 '종교개혁기의 유럽' 덕분이라고 평가했다. 유럽이 북해, 대서양, 그리고 신항로 개척 시대 이후 페르디난드 마젤란(Ferdinand Magellan, 1480?~1521)이 태평양으로, 바스쿠 다 가마(Vasco da Gama, 1469?~1524)가 인도양으로 연결한 대서양을 모두 정복하고 탐험가들이 아메리카에 새로운 식민지를 건설하면서 지중해 시대는 끝나고 대서양 시대가 본격적으로 시작되었다.[16]

이로 인해 유럽 강대국과 아메리카의 식민지 및 아프리카 국가 사이의

---

15 월러스틴은 브로델의 방법론을 바탕으로 세계를 바라보는 틀을 이론화했다. 그 대표작이라 할 수 있는 제1권을 1974년 출간한 이후 총 3권까지 나온 『근대 세계 체제』(*The Modern World-System*)는 근대 자본주의 경제 시스템의 형성과 작동 방식을 다루었다.

16 Fernand Braudel, *The Mediterranean*, p. 224.

삼각무역 체계인 대서양 경제로 알려진 새로운 경제 체계가 탄생했다. 담배·커피·설탕과 같은 제품이 아메리카 식민지에서 유럽으로 들어왔다. 17세기에 유럽 강대국들은 아프리카와 아시아로 향하는 무역로를 견고하게 형성했다. 또한 1648년에서 1700년 사이에 네덜란드의 암스테르담은 유럽에서 가장 중요한 항구도시이자 은행업과 무역의 중심지였다. 이제 지중해가 아닌 대서양에 접해 있는 북부 도시인 런던과 파리가 더욱 발전했다. 17세기에는 지중해의 양대 군사 강국인 스페인과 오스만 제국이 모두 쇠퇴하고 말았다. 대서양 경제가 군사적으로나 경제적으로 더 강력했기에 유럽 국가들은 대서양에 더 집중했다.

오스만 제국

제국을 건설하기 위해서는 해양 패권, 신무기, 숙련된 군대, 지속적으로 전투를 수행할 수 있는 자원 동원력, 군사를 하나로 뭉치게 할 제국 정신 등이 필요하다. 당시 이 사례에 가장 적합한 세력은 오스만 제국이었다. 오스만 제국의 해양 확장은 해군력이 약한 국가를 정복하면서 이루어졌다. 15세기와 16세기의 이슬람 세계는 강력한 힘으로 지중해 양쪽 끝에서 유럽과 맞서고 있었다. 그들은 가히 유럽과 아시아를 잇는 상업의 맹주라 할 만했으며, 서유럽 세계의 헤게모니의 일정 지분을 가지고 있었다.

1430년대 발칸 반도에서 세력을 키우기 시작한 오스만 제국은 메메트 2세(Mehmet II, 1432~81, 재위 1451~81) 때에 들어 '제국화 프로젝트'를 수행했다. 이는 오스만 체제가 공국에서 제국으로 진화하는 전환점이 되었다. 그 1차 관문은 비잔티움 제국의 수도를 정복하는 것이었다. 오스만 제국의 술탄 메메트 2세의 콘스탄티노폴리스 포위 공격은 1453년 4월 6일부터 5월 29일까지 54일간 지속되었다. 방어군은 약 8,500명이었다. 오스만 군대는 8만 명에서 10만 명에 달했다. 이 정도 규모의 군대

지도 1 오스만 제국의 확장

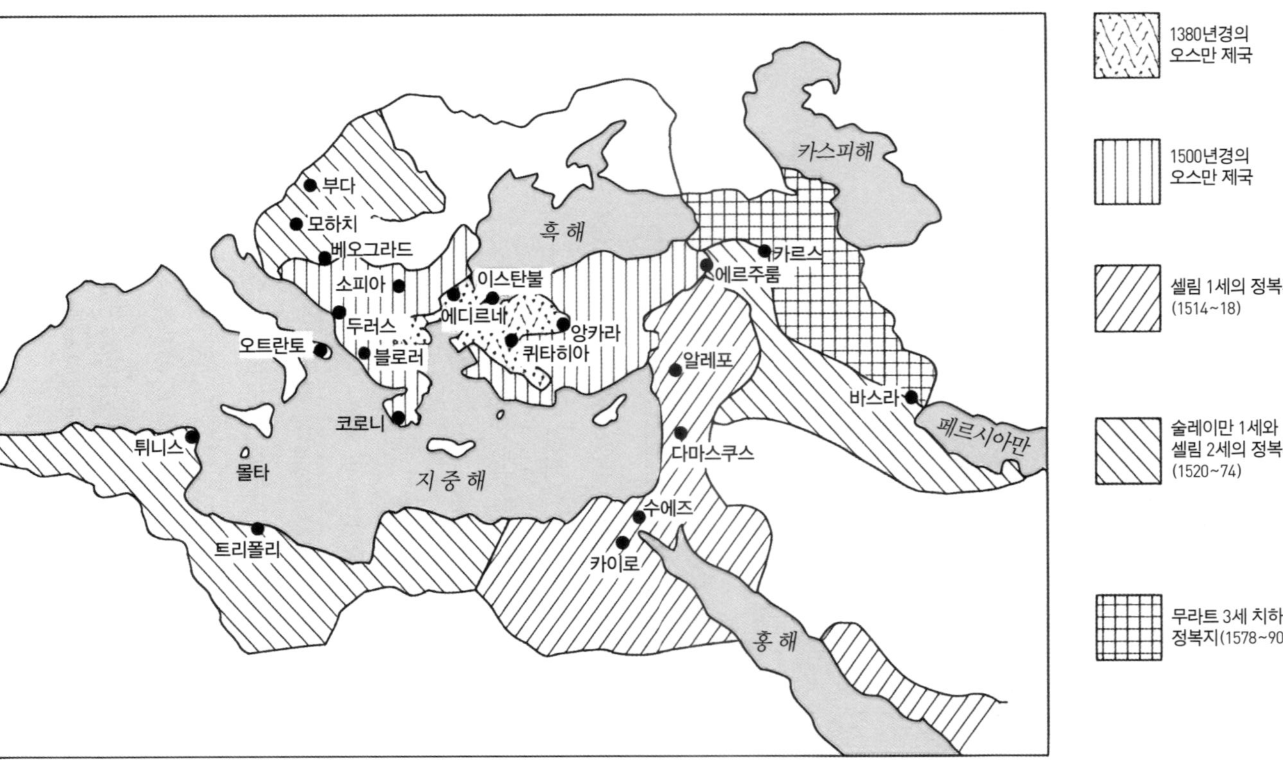

출처: Colin Imber, *The Ottoman Empire, 1300-1650: The Structure of Power*, New York, NY: Palgrave Macmillan, 2002, p. ix.

는 유럽의 어떤 국가에서도 모집할 수 없는 숫자였다.[17] 정복 이후 수도 이름을 이스탄불로 변경하고 아야소피아 대성당을 모스크로 바꾸었다. 콘스탄티노폴리스를 함락한 이후 메메트는 비잔티움 제국의 모든 권력을 흡수했다. 서부 아나톨리아, 발칸 반도의 슬라브족과 알바니아 세력, 제노바와 베네치아, 몰도바 공국을 통합했다. '두 바다와 두 대륙의 통치자'라고 선언한 메메트는 스스로를 '카이사르'라고 부르면서 복원된 고대 제국 황제를 자처했다.[18]

오스만 제국의 콘스탄티노폴리스 정복은 동방정교회에 돌이킬 수 없는 타격을 주었다. 유럽의 입장에서 콘스탄티노폴리스의 함락은 뜻밖의 일이 아닌 오랫동안 예상된 사건이기에 그 자체가 주는 심리적 충격은 그리 크지 않았다. 오히려 이로 인해 투르크족이 하룻밤 사이에 지중해에서 가장 큰 세력을 형성하게 되었다는 데 두려움을 느꼈다. 동로마 제국을 재건하려는 유럽인들의 꿈은 영구히 종식되었고 서방 그리스도교는 직접적으로 큰 위협에 노출되었다. 이 상황을 극복하기 위해 교황은 십자군을 계획했지만 감히 오스만 제국에 도전하기 위해 나서는 유럽 국가들은 없었다. 그사이 1478년까지 투르크인들은 그리스, 알바니아, 루마니아, 남부 슬라브 영토를 지배했고 군대는 베네치아 외곽까지 도달했다. 1480년 메메트 2세는 실제로 이탈리아를 침공해 그곳에 거점을 마련했다.

그렇다고 서진(西進)만 한 것도 아니었다. 1514년 이란의 이슬람 경쟁자인 이스마일 사파비(Ismail Safavi, 1487~1524)와 1516~17년 이집트와 시리아의 맘루크(Mamluks)를 물리치면서 제국은 지중해 동부 무역로를 완전히 통제하게 되었다. 이집트 정복은 오스만 해양 세력의 새로운 시대를 열었다. 1517년 이후 오스만 제국은 이집트 정복 이후 인도

---

17 John Aberth, *From the Brink of the Apocalypse: Confronting Famine, War, Plague, and Death in the Later Middle Ages*, 2nd ed., London and New York, NY: Routledge, 2010, pp. 51~52.

18 Cemal Kafadar, "The Ottomans and Europe", p. 595.

양의 모든 무슬림에 대한 초월적인 권위를 주장하기 시작했다. 16세기 후반까지 이슬람 세계의 최고 지도자로서의 오스만 술탄의 지위는 해양 아시아 전역에서 널리 인정되었다.[19] 무역로를 장악하는 것은 오스만 정복의 전제조건이자 결과였다. 지중해 동부의 무역로를 장악함으로써 1505년 동쪽으로 홍해와 인도양으로 확장할 길을 열었다. 오스만의 확장은 무력이라는 수단을 통해서만 이루어지지 않았다. 무역은 군사력 못지않게 제국을 확장하는 데 중요한 요소였다.[20]

중세 말까지 이슬람 세력은 영토 확장에서 유럽보다 앞서 있었다. 이슬람 문명은 서로 다른 세 대륙에 걸쳐 다양한 인종과 문화로 구성된 최초의 보편적 문명이었다.[21] 스페인과 이탈리아 남부, 러시아, 발칸 반도, 아시아와 아프리카를 포괄했다. 이에 비해 그리스도교 유럽은 확장하는 이슬람 세계에 의해 포위되어 있었다. 14세기부터 꾸준하고 급속하게 팽창하는 오스만 제국에 맞서 유럽 국가들은 거의 3세기 동안 전쟁을 벌이거나 십자군을 준비했다. 콘스탄티노폴리스에 이어 수많은 그리스도교 국가가 패배하면서 유럽인들의 두려움이 커졌다. 이제 투르크인들은 '이교도'가 아닌 '새로운 야만인'으로 분류되었다. 마치 고대 지중해의 로마가 게르만 야만족에 의해 무참히 짓밟혔던 상황이 1,000년이 지난 시점에서 반복되었다. 1480년 이탈리아 해안에 상륙한 오스만 제국의 진격 앞에 유럽인들은 '투르크인의 공포'를 경험했다. 그리스도교 문명을 하루아침에 짓밟아 없앨 난폭한 야만인의 등장과 같았다. 중세 형성기에 그랬던 것처럼 근대 초에도 '유럽'이라는 정체성은 무슬림 세력에 대한 저항의 개념으로 강화되었다. 유럽의 국경은 동쪽에서 진격하는 이슬람 세력을 막아내는 접경으로 정의되었다.

---

19 Giancarlo Casale, *The Ottoman Age of Exploration*, Oxford: Oxford University Press, 2010, p. 7.

20 Palmira Brummett, *Ottoman Seapower and Levantine Diplomacy in the Age of Discovery*, Albany, NY: State University of New York Press, 1994, p. 8.

21 Bernard Lewis, *Cultures in Conflict*, p. 13.

16세기 초 유럽 국가들은 지중해의 세력 균형을 유지하고 오스만 제국의 확장 억제를 위한 동맹을 도모했다. 유럽에서 오스만 제국을 막아설 수 있는 최후의 보루는 신성 로마 제국 황제를 배출한 합스부르크 가문이었다. 합스부르크 가문과 오스만 제국 사이의 세력 다툼과 갈등은 루터에게서 촉발된 종교개혁의 전개에도 중요한 역할을 했다. 합스부르크 가문의 계승자 카를 5세가 신성 로마 제국 황제가 되었지만 유럽 내의 정치 지형도는 단순하지 않았다. 오스만 제국에 대항해 그리스도교 국가들이 연합 전선을 꾀했지만, 이 시도는 소집할 수 있는 군사력 부족으로 무산되었다. 로마 교황청을 포함해 유럽 국가들 사이의 정치적 이해관계도 첨예했다. 정치적인 면에서만 보자면, 하나의 가톨릭 유럽이 '종교개혁'으로 분열되었다는 것은 사실상 신화이다. 하나의 유럽은 없었다. 교황의 지배력은 14세기 교황청의 아비뇽 유수로부터 흐려지기 시작했다. 종교개혁은 그 분열을 확증하는 일련의 사건이었다.

사분오열의 상황을 보여 주는 한 사례가 1508년 베네치아 영토 합병을 위해 결성된 캉브레 동맹(League of Cambrai)이다. 베네치아는 오스만 제국에 곡물과 상품을 바치는 불평등하고 종속적인 관계를 맺도록 압박을 받는 상황이었다. 베네치아인들은 서둘러 평화 조약을 체결하고 일부 무역의 특권과 식민지를 유지하는 데 성공했다.[22] 이 상황에서 합스부르크 가문의 황제 막시밀리안 1세(Maximilian I, 1459~1519, 재위 1486~1519)는 교황 율리우스 2세(Julius II, 1443~1513, 재위 1503~13), 아라곤의 페르난도 2세(Fernando II, 1452~1516, 재위 1479~1516), 프랑스의 루이 12세(Louis XII, 1462~1515, 재위 1498~1515), 도시국가인 만토바와 페라라와 동맹을 맺고 베네치아를 점령해 이탈리아 본토에 대한 영토 확장을 꾀했다. 이 시도가 실패하고 교황이 프랑스 왕 루이 12세에게 동맹을 제안하면서 신성 로마 제국과 프랑스가 정면으로 대립하게 되었다. 교황이 베네치아와 화해하고 동맹을 체결하면서 또 다른 국면으로 접어

22 Palmira Brummett, *Ottoman Seapower*, p. 17.

들고, 점입가경으로 프랑스와 베네치아가 동맹을 맺고 신성 로마 제국과 대립하는 지경에 이르렀다. 유럽 내의 패권을 놓고 교황, 황제, 프랑스, 스페인, 이탈리아 도시국가들이 벌인 소모적인 경쟁으로 인해 외부에서 침입하는 오스만 제국에 한 방향으로 맞설 여력이 없었다.

1520년 술레이만 1세(Süleyman I, 1494~1566, 재위 1520~66)가 즉위하면서 오스만 제국은 다시 유럽을 겨냥했다.[23] 1519년 합스부르크 가문의 카를 5세와 프랑스의 프랑수아 1세(François I, 1494~1547, 재위 1515~47)는 신성 로마 제국의 황제 계승 후보였다. 두 사람 모두 오스만 제국에 맞서 유럽의 모든 군대를 동원하겠다고 약속했다. 선제후들은 카를 5세를 황제로 선출했지만 후유증은 컸다. 그 갈등은 1521년 3월 신성 로마 제국과 프랑스의 전쟁으로 이어졌다. 유럽의 양대 세력이 분열된 틈을 타 술레이만 1세는 중부 유럽의 관문인 베오그라드로 진격해 1521년 8월 29일 함락했다. 이듬해 1월에는 동부 지중해의 관문인 로도스를 점령했다. 1525년 카를 5세가 파비아에서 프랑수아 1세를 포로로 잡았을 때, 프랑스는 오스만 제국에 도움을 요청했다. 오스만 제국은 프랑스와 동맹을 체결함으로써 신성 로마 제국을 견제했다. 술레이만은 헝가리를 침공해 1526년 점령하면서 합스부르크 가문의 후방을 위협했다. 신성 로마 제국에 맞서 프랑스와 동맹을 맺는 것은 오스만 제국의 일관된 기조였다.

더욱이 이 시기의 신성 로마 제국은 루터가 촉발한 종교개혁으로 인해 내분에 휩싸인 때였다. 오스만 제국은 카를 5세와 싸우는 독일 프로테스탄트 제후들의 슈말칼덴 동맹과도 연합을 시도했다. 술레이만 1세는 루터교 제후들에게 서신을 보내 교황과 황제에 맞서 프랑스와 협력할 것을 촉구했다. 그는 프로테스탄트 역시 성물이나 성상 같은 우상을 거부하고 교황에 맞서기 때문에 무슬림과 더 가깝다고 주장했다.[24] 술레이만

---

23 Cemal Kafadar, "The Ottomans and Europe", pp. 609~10.

24 Kemal H. Karpat, *The Ottoman State and its Place in World History*, Leiden, New York & Köln: E. J. Brill, 1974, p. 53.

지도 2 오스만 제국과 합스부르크와의 국경선(1610)

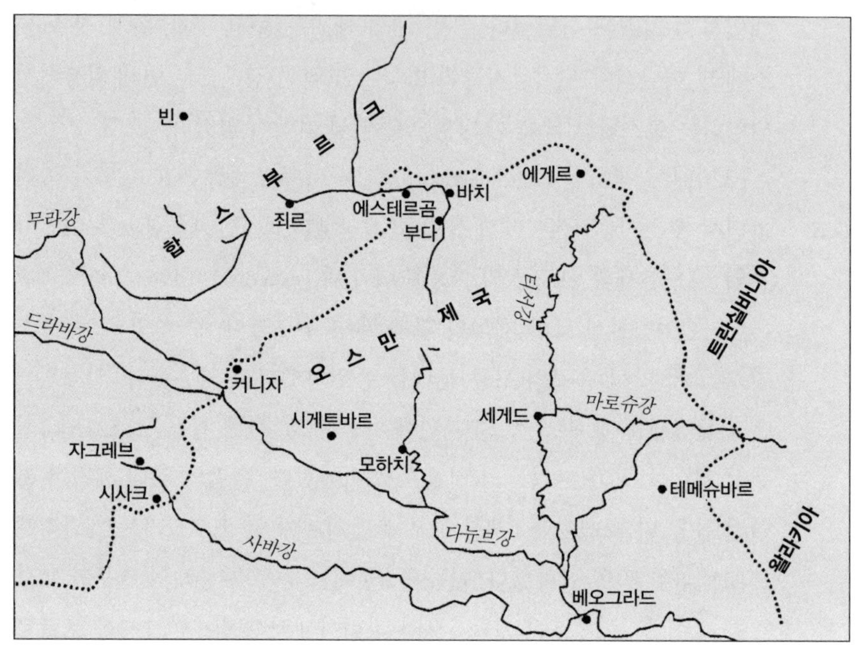

출처: Colin Imber, *The Ottoman Empire, 1300-1650: The Structure of Power*, New York, NY: Palgrave Macmillan, 2002, p. xi.

1세는 가톨릭에 맞서 싸우는 루터교와 칼뱅주의자들을 지지하고 보호하려 했다.

얼핏보면 프로테스탄트 진영이 로마 가톨릭 세력보다 오스만 제국과 더 가까운 모양새가 된 것은 다소 의아하다. 심지어 오스만 제국이 없었더라면 루터의 운명은 한 세기 이전 콘스탄츠 공의회(1414~18)에서 화형당한 얀 후스(Jan Hus, 1372~1415)처럼 되었으리라는 추측도 제기된다. 가톨릭의 시각에서 프로테스탄트의 출현은 발도파나 후스파와 다를 바 없는 이단이었다. 반면에 오스만 제국의 입장에서 프로테스탄트는 그리스도교의 여러 분파 중 최근 탄생한 종교적 소수자였다.

종교적 소수자를 대하는 데 있어 오스만 제국과 가톨릭은 두드러진 차이점이 있었다. 오스만 제국은 종교적 관용을 허용했다. 즉 피정복민이 종속된 신분임을 받아들이고 인두세를 납부하는 조건으로 전통 신앙을 유지할 수 있도록 허용했다. 특히 오스만 제국은 그리스도교도와 유대인에 대해 특별한 관용 정책을 폈는데, 이는 쿠란의 '딤마'(dhimma) 교리를 근거로 한다. 딤마란 피정복자가 '성서의 사람들'인 그리스도교도들과 유대인일 경우, 그들이 계속해서 자유롭게 생활하고 종교 전통을 유지할 수 있는 혜택을 주는 계약이나 협정을 말한다. 오스만 제국의 이 '관용'에 현대적 의미를 적용하고 기대하는 것은 적절하지 않다. 오스만 제국의 관용은 제국의 행정적 효율을 위해 발전한 관료적 관용이며, 무역을 장려하기 위한 중상주의 정책에서 파생된 것이다.[25]

그럼에도 오스만 제국의 종교 관용 정책이 시사하는 바는 적지 않다. 1453년 콘스탄티노폴리스를 함락한 이후에도 비잔티움 교회 총대주교는 오스만 제국 내의 정교회 인구를 관리하는 완전한 자유권을 누렸다. 오스만 관용의 또 다른 사례는 유럽에서 추방과 박해를 피해 오스만 제국의 대도시로 피신한 유대인 난민들을 환영한 데서 찾을 수 있다.[26] 종교개혁으로 발생한 유럽의 종교 난민에 대해서도 오스만 제국의 관용 정책 기조는 유지되었다. 오스만 제국의 지배 아래 있던 헝가리는 '칼비노-투르키스무스'(Calvino-Turcismus)라고 불리는 칼뱅주의의 거점이 되었다. 위그노, 퀘이커, 아나뱁티스트 등과 같은 종교 난민들도 오스만 제국 통치 지역으로 망명해 종교적 관용의 혜택을 누렸다.[27]

이에 비해 그리스도교 유럽에서 종교적 관용은 익숙한 단어가 아니었

---

25 Denis Lacorne, *The Limits of Tolerance: Enlightenment Values and Religious Fanaticism*, trans., C. Jon Delogu and Robin Emlein, New York, NY: Columbia University Press, 2019, p. 67. 관용은 다양한 공동체가 다양한 신념과 관점을 존중하고 받아들여 사회의 공동선을 위해 행동하는 가치를 말한다. 이러한 관용의 현대적 개념은 계몽주의 시대에 등장했다. 언론의 자유, 종교의 자유, 종교와 국가의 분리, 평등의 원칙 등과 연결된다.

26 Denis Lacorne, *The Limits of Tolerance*, pp. 71~78.

27 Daniel Goffman, *The Ottoman Empire and Early Modern Europe*, Cambridge: Cambridge University Press, 2002, p. 111.

다. 스페인의 재정복 전쟁은 종교적 열정이 불관용을 강화하는 결과로 이어졌다. 그리스도교 군주들은 피정복지의 무슬림들을 평화롭게 내버려두지 않았다. 개종 활동을 펼치는 새로운 정책을 시작했다. 설교와 설득으로 시작된 이 활동의 영향이 미미하자 곧 더 엄격한 조치, 즉 체계적인 박해와 교회 규율의 강화로 이어졌다. 레콩키스타 이후 유대인과 무슬림에 대해 개종 요구가 이어졌다. 구심점을 형성하는 지도자가 부재한 보다 소수의 유대인은 무슬림보다 압박에 더 취약했다.[28]

1492년 4월 29일 스페인 내 유대인 추방 칙령이 공포되었다. 유대인들은 세례를 받고 개종하거나 아니면 그들이 살던 터전을 떠나야 했다.[29] 유대인들과 비교할 때 시기적으로는 꽤 늦지만 17세기 초부터 스페인에서 대규모 무슬림 추방도 이루어졌다.[30]

합스부르크 가문의 종교 정책은 16세기 종교개혁을 대할 때에도 그대로였다. 신성 로마 제국 황제는 프로테스탄트의 자리를 쉽게 인정할 수 없었다. 역시 적의 적은 동지였다. 프로테스탄트는 오스만 제국에 대해 갖는 거부감보다 교황에 대한 적대감이 훨씬 컸다. 16세기 오스만 제국과 프로테스탄트 세력은 서로를 구했다고 할 만하다.[31] 오스만 제국의 위협 때문에 합스부르크 가문은 종교개혁에 맞서 싸우는 힘이 분산되

28 Bernard Lewis, *Cultures in Conflict*, p. 26.

29 1492년 스페인의 추방이 최초의 추방 정책은 아니다. 13세기 말과 14세기 초에 이미 잉글랜드, 프랑스, 나폴리 등 여러 국가와 공국에서 유대인 추방이 이루어졌다.

30 Már Jónsson, "The Expulsion of the Moriscos from Spain in 1609-1614: The Destruction of an Islamic Periphery", *Journal of Global History* 2, issue 2, 2007, pp. 195~212.

31 루터는 신성 로마 제국과 교황이라는 정치적 적대자의 존재 때문에 이슬람에 분명한 적대감을 보이지 않았다. 오스만 제국이 독일에 직접적인 위협이 되기 전까지 크게 개의치 않고, 오히려 오스만 제국의 침공을 종말론적인 신의 징벌로 보았다. 막상 독일이 오스만 제국의 위협을 받고 나서야 신성 로마 제국에 군사적·재정적 지원을 하고 무슬림에 저항하도록 독려하는 신학 저술을 썼다. 그 대가로 루터교는 제국 내에서 종교적 자치권을 확보하는 데 진일보할 수 있었다. Harvey Buchanan, "Luther and the Turks 1519-1529", *Archiv für Reformationsgeschichte* 47, no. 1~2, 1956, pp. 145~60 참조.

었다. 1521년부터 1555년까지 이어진 오스만 제국의 압력은 합스부르크 가문의 카를 5세가 루터교를 유럽 내에서 공식 인정하는 결정적 요인이 되었다. 결과적으로 오스만 제국의 개입은 유럽의 프로테스탄트의 출현과 성립에도 중요한 요소로 작용했다. 오스만 제국은 1555년 아우크스부르크 화의에도 압력을 행사해 합스부르크 가문이 루터교를 공식 인정하는 데 큰 역할을 했다.[32] 루터교를 인정한 것은 종교의 자유나 종파의 다양성을 존중한 데서 비롯됐다기보다는 불가피한 정치적인 결정이었다. 유럽에서는 1648년 종교 전쟁을 마무리한 베스트팔렌 조약으로 종파들이 서로 인정되기 전까지 어떠한 의미에서도 종교적 관용이라 할 만한 움직임은 없었다.

대서양으로의 전환

16세기를 '발견의 시대'(Age of Discovery)[33]라고 부르곤 한다. 우리에게는 지리상의 발견, 대항해 시대, 탐험의 시대라는 표현이 좀 더 익숙하다. 이 시대는 서유럽의 항해 제국들이 동양 무역을 통해 부를 축적하고 그 과정에서 아메리카 대륙을 만났던 시기이다. 18세기 정치경제학자인 애덤 스미스(Adam Smith, 1723~90)는 『국부론』(1776)에서 "아메리카 대륙 발견과 희망봉을 통해 동인도로 가는 길을 발견한 것이 인류 역사에서 두 가지 가장 위대한 발견"이라고 주장했다.[34]

---

32 Halil Inalcik, *The Ottoman Empire: The Classical Age 1300-1600*, London: Phoenix Press, 2000, Chapter 5 참조.

33 최근에는 우리말로 옮길 때 발견의 시대나 대항해 시대라는 용어는 잘 사용하지 않는다. 대신에 신항로 개척의 시대라는 좀 더 중립적 표현을 사용한다. 제2차 세계대전이 끝난 이후, 특히 지난 25년간 유럽의 탐험과 확장이라는 접근법 대신 보다 균형 잡힌 시각을 시도했다. 영미권에서는 유럽의 만남의 시대(European Age of Encounters)라고 쓰기도 한다.

34 Adam Smith, *An Inquiry into the Nature and Causes of the Wealth of Nations*, Chicago,

이 주제는 오랫동안 여러 가지 이유로 방대하고 지속적인 역사 연구의 대상이 되었지만 학자들은 여전히 그 기원과 범위, 그리고 궁극적인 결과에 대해 의견을 달리하고 있다.[35] 우선 우리에게 익숙한 표현만 따져 보아도 문제를 찾을 수 있다. 위대한 발견이라는 표현은 유럽인들의 시각을 반영한 것이다. 15세기 전반기에는 무슬림 상인들이 모로코에서 동남아시아까지 어렵지 않게 여행할 수 있었고, 중국 명나라의 항해사들은 유럽인들에 앞서 호르무즈 해협, 아라비아의 아덴만, 케냐 몸바사에까지 이르는 긴 해상 원정을 했다. 그러니 '신대륙 발견', '신세계', '서반구' 같은 용어는 유럽 중심적이고 식민지적 의미를 담고 있는 시대착오적인 표현이다. 이미 정착된 용어를 완전하게 중립화하는 것의 어려움을 감안하더라도 신중히 써야 할 필요가 있다.[36]

그럼에도 포르투갈과 스페인의 신항로 개척은 전 세계가 하나로 묶일 수 있다는 통일성을 처음으로 인식하게 된 계기였음을 부정할 수는 없다. 16세기 초를 특징짓는 두 가지 단기적 변화는 국가주의의 성장과 유럽이 바다를 건너 확장하면서 포르투갈과 스페인이라는 최초의 식민 제국이 탄생한 것이다. 유럽인들에게 대서양은 16세기에 들어 비로소 지정학적 중요성을 갖게 되었다. 중세인들은 '검푸른 대서양'을 항해할 수 없는 곳이라고 믿었다. 그러나 15세기 중반부터 17세기 후반까지 이어진 항해를 통해 유럽인들은 하나로 이어진 바다를 통해 전 세계가 연결될 수 있다는 사실을 알게 되었다. 이 신항로 개척 시대 약 250년 동안 유럽 탐험가들은 실제로 지구상의 거주 가능한 지역 대부분을 방문했다. 이 시대는 유럽 역사 전체를 통틀어 지리적 지식이 가장 빠르게 확장된 때였다.

IL: Encyclopedia Britannica, 1952, Book 4, Chapter 7 "Of Colonies", Part 3, p. 271.

35 Giancarlo Casale, *The Ottoman Age of Exploration*, p. 4.

36 Elizabeth Horodowich, *The Venetian Discovery of America: Geographic Imagination and Print Culture in the Age of Encounters*, Cambridge: Cambridge University Press, 2018, pp. 10~11.

이 시기 탐험이 미지의 세계를 발견하려는 데 목적이 있는 것은 아니었다. 이미 여러 경로로 알려진 아시아와 아프리카에 보다 효율적인 해로를 개척하려는 목적을 가지고 출발했다. 대부분의 탐험가를 후원하고 투자한 이들은 유럽에 경제적으로 이익이 된다고 판단되는 다른 지역을 연결하고 싶어 했다. 이 와중에 미지의 섬과 대륙이 발견되는 다소간의 우연한 과정을 통해 엄청난 지리학 지식이 축적되었다.

15세기까지 포르투갈은 유럽사에서 그리 중요하지 않은, 상대적으로 고립된 국가였다. 이베리아 반도의 안달루시아와 북아프리카의 해양 유산의 계승자였지만 대서양 항해에서는 두드러진 역할이 없었다. 포르투갈은 북아프리카 지중해를 통해 아시아로 가지 않고, 대서양을 끼고 아프리카 최남단까지 항해해 아시아로 갈 수 있다고 생각했다.

갑작스러운 해양 항로의 폭발적 성장은 아주 현실적인 이유와 결부된다. 14세기 이래 유럽은 지중해 무역로를 통해 아시아의 향신료와 사치품을 수입하고 있었고, 이탈리아 탐험가 마르코 폴로(Marco Polo, 1254~1324)의 여행기를 통해 낯선 나라에 대해 알고 있었다. 14세기 후반 몽골 제국의 붕괴에 이어 1453년 오스만 제국이 콘스탄티노폴리스를 정복하고 지속적으로 서진하면서 정치적 불안정이 가중되었다. 해상과 육로에서 아시아와의 접촉이 단절될 위기에 놓였다. 수세기 동안 장거리 무역은 무슬림 상인들의 수중에 있었다. 중동의 무슬림 상인들과 거래하는 상품의 가격 상승으로 인해 무역 비용이 증가했다.[37]

비잔티움 제국에 대한 무슬림의 승리는 그리스도교 국가와 이슬람교 사이의 오랜 적대감을 더욱 심화시켰고, 이로 인해 많은 유럽인의 마음속에 십자군 정신이 다시 불타올랐다. 이슬람에 대항하는 새로운 동맹을 찾아야 한다는 목적과 아시아에서 비단과 향신료를 공급받을 새로운 경로를 찾는 것이 동기부여가 되었다. 지중해 무역을 지배했던 무슬림과

---

37 Roland S. Love, *Maritime Exploration in the Age of Discovery, 1415-1800*, London: Greenwood Press, 2006, p. 6.

이탈리아 중개업자들을 우회해 아시아 시장으로 향하는 직항 항로를 찾고자 했던 포르투갈 선원들은 왕의 후원을 받아 아프리카 대륙을 돌아 인도양으로 향하는 길을 찾았다. 스페인 탐험가들은 '전설적인 동양'에 도달하기를 희망하면서 떠난 길에서 대서양을 건너 아메리카 대륙에 도착했다. 이러한 일련의 탐험은 마침내 인도양, 대서양, 태평양의 육지와 사회를 연결하는 새로운 해로를 찾는 것으로 이어졌다. 여정이 위험하고, 비용도 많이 들고, 결정적으로 성공 여부가 불확실한 도박과도 같은 모험이었다. 그렇지만 수세기에 걸친 원양 어업과 무슬림 세력과의 전쟁을 통해 얻은 대서양 해역에 대한 지식을 바탕으로 도전에 나섰다. 포르투갈과 스페인이 15세기에 첫 탐험 항해를 시작했을 때는 미처 인식하지 못했지만 그들은 세계를 하나로 연결했으며, 유럽이 권력, 부, 기술혁신의 중심지가 되는 토대를 만들었다. 서구 헤게모니의 등장과 제국주의도 여기에서 비롯되었다. 상업과 십자군 정신은 신의 이름을 걸고 경제적 이윤을 추구한 포르투갈의 초창기 해양 확장의 동력이었다.[38]

장거리 항해를 하는 선원들은 이미 지중해, 흑해, 서유럽 해안의 무역로를 항해하는 데 필요한 지도와 나침반을 가지고 있었다. 지리·수학·천문학에 관한 고대 그리스 및 라틴어 문헌은 항해에 필수적인 지식이었다. 중세에서 가장 유명하고 정확한 지도는 1375년경 마요르카 출신의 유대인 지도 제작자 아브라함 크레스케스(Abraham Cresques, 1325~87)가 만든 카탈루냐 지도(Catalan Atlas)였다. 2세기에 작성된 프톨레마이오스(Ptolemaeus, 85?~165?)의 세계 지도가 끼친 영향도 크다. 서쪽으로는 지브롤터 해협까지 동쪽으로는 인도까지 표기되었는데, 경도와 위도의 그물망을 그려넣은 최초의 지도이다. 중세기 내내 잊혔다가 1406년 콘스탄티노폴리스에서 가져온 그리스어 사본에서 처음으로 라틴어로 번역된 이래 다시금 인기를 끌었다. 항해 나침반의 발명과 더불어 새로 발견된 지식을 바탕으로 지속적으로 개선되었다. 1513년의 스

38 Roland S. Love, *Maritime Exploration*, pp. 10~11.

트라스부르판에는 47개의 지도가 포함되어 있는데, 그중 11개가 최초의 근대 지도이다. 이 지도책은 당대 최고로 평가받는다. 15세기 후반에 학문적 지식과 항해 경험이 결합되어 항해와 지도 제작술이 새롭게 발전하면서 탐험가들은 처음으로 자신의 위치를 관찰하고 기록할 수 있게 되었다.

또한 장거리 항해를 가능하게 한 혁신적인 범선이 등장했다. 이 범선은 여러 대의 철제 대포를 탑재할 수 있었고, 선원들은 화기로 무장할 수 있었다. 이렇게 항해하는 요새라고 부를 만한 중무장한 범선은 낯선 지역에서 자신들을 방어할 수 있었다. 그들을 환영하지 않은 곳에서조차도 무력을 앞세워 교역소를 세웠다. 선박과 대포의 우월성과 같은 군사 및 해양 기술 분야의 혁신, 외부 세계에 대한 호기심, 탐험을 추동하는 경제적 욕구, 정치적 야심, 선교를 향한 종교 이데올로기는 신항로 개척의 필요충분조건이었다.[39]

한번도 가보지 않은 곳을 향한 항해는 체계적인 계획과 탁월한 지도력, 그리고 무엇보다 지속적인 후원이 필요했다. 포르투갈의 신항로 개척은 엔히크(Dom Henrique of Portugal, 1394~1460) 왕자에게 맡겨졌다. 서아프리카 연안과 대서양 탐험을 이끌어 항해 왕자로 알려진 그는 1420년 26세의 나이로 교황이 후원하는 그리스도 기사단의 단장으로 선임되었다. 이 기사단의 주요 목적은 이교도들을 그리스도교로 개종시키는 것이었지만, 단장인 그에게 탐험을 위한 큰 자금을 지원했다. 항해 왕자라고는 하지만 실제 그가 항해에 나선 것은 아니었고 해양 탐사를 조직적으로 기획하고 이끌었다. 그는 기사도의 이상과 무슬림 세력에 대한 십자군 정신을 바탕으로 탐사 사업을 이끌었다.[40] 그가 주도한 아프리카 탐사는 결과적으로 유럽이 대서양 노예무역을 본격화하는 촉진제가 되었다. 1444년 포르투갈 항구도시 라구스는 아프리카 노예무역 기

39 Giancarlo Casale, *The Ottoman Age of Exploration*, pp. 5~6.

40 Roland S. Love, *Maritime Exploration*, p. 12.

지가 되었다.

교황 니콜라우스 5세(Nicolaus V, 1397~1455, 재위 1447~55)는 1452년과 1455년 엔히크에게 「포르투갈 제국 헌장」이라고 하는 교서를 발행했다. 이 교서에 따라 포르투갈 왕은 해상 영토에 대한 점유권, 항해, 무역 및 어업에 대한 독점권을 얻었다. 교황 교서에 따르면, 다른 유럽 국가는 포르투갈의 독점권을 침해하거나 간섭할 수 없었다. 포르투갈 교회도 피정복지에 교회와 수도원을 짓고 사제를 제공하는 등 서아프리카 해안에서 인도에 이르기까지 현재 통제하고 있거나 미래에 통제하게 될 모든 지역에 대한 종교 관할권을 인정받았다. 하지만 이 일련의 교서의 가장 논쟁적인 점은 교황이 포르투갈에 무슬림과 이교도들을 공격해 노예로 삼고 재산과 영토를 취할 수 있는 독점권을 부여했다는 데 있다.[41] 이 교황 교서는 가톨릭교회에서 아프리카 노예무역에 정당성을 부여하는 첫 공식 인정이었다. 그리고 점차 포르투갈을 넘어 다른 유럽 국가도 노예무역에 가담하게 되었다. 이때부터 약 400년간 1,200만 명 이상의 아프리카인들이 노예선에 실려 강제로 대서양을 건너는 참혹한 역사가 이어졌다.[42] 가톨릭 교황이 촉발한 이 공인된 광기를 종교적 열정이 빚은 불가피한 부산물이라고 책임을 면해 주는 것은 온당하지 않다.

포르투갈이 인도로 가는 항로와 아시아의 무역로를 발견한 것이 유럽 신항로 개척사의 첫 번째 이정표라면, 스페인이 대서양 서쪽에서 아메리카 대륙으로 간 것은 두 번째 이정표였다. 1492년 그라나다를 함락하고 재정복 전쟁을 마무리한 스페인 공동 통치자 페르난도 2세와 이사벨

41 "〔그러므로〕 우리는 모든 전제와 세부 사항을 진지하게 고려해 앞서 언급한 알폰소 왕에게 모든 사라센인과 이교도, 그리고 어디에 있던 그리스도의 다른 적과 왕국, 공국, 통치권, 소유물, 그리고 그들이 소유한 모든 동산과 부동산을 침략, 수색, 포획, 정복하고 그들을 영원히 노예로 만들도록 허가한다." Frances Gardiner Davenport, ed., *European Treaties bearing on the History of the United States and its Dependencies to 1648*, Washington D.C.: Carnegie Institution of Washington, 1917, p. 23에서 발췌.

42 Ronald Segal, *The Black Diaspora: Five Centuries of the Black Experience Outside Africa*, New York, NY: Farrar, Straus and Giroux, 1995, p. 4.

1세(Isabel I, 1451~1504)의 자신감은 이제 대서양 건너 서쪽을 향했다. 그들은 신항로 개척을 위해 이탈리아 제노바 출신의 크리스토퍼 콜럼버스(Christopher Columbus, 1450~1506)를 후원했다. 탐험의 가장 큰 성취는 아메리카 대륙의 발견이었다. 아시아로 향하는 바닷길을 찾고 있었지만 순전히 우연하게 아메리카 대륙에 도착했다. 콜럼버스는 오늘날 바하마 제도에 상륙해 그곳을 산살바도르(San Salvador)라 이름하고 스페인 왕실의 깃발을 꽂았다. 그는 죽을 때까지 자신이 인도에 도착했다고 믿고 그렇게 주장했다.

포르투갈의 탐험가 바스쿠 다 가마는 희망봉을 거쳐 인도로 항해해 대서양과 인도양을 연결한 최초의 항해사였다. 1497년에 시작해 1499년에 마무리한 그의 첫 탐사의 목적은 인도양에서 이슬람 해상무역을 무력화하고 그 자리를 포르투갈이 차지하기 위한 군사적인 것이었다. 첫 번째 임무에서 다 가마는 희망봉을 돌아 포르투갈의 해군력을 과시했다. 그가 인도 해역으로 처음 항해한 지 불과 40년 만에 포르투갈인들은 해상 아시아 전역을 성공적으로 장악하고 무역로의 통제권을 주장했다.[43]

신항로 개척의 두 주역인 스페인과 포르투갈은 새로 획득한 섬들에 대한 정당한 소유권을 확인하기 위해 교황 알렉산데르 6세(Alexander VI, 재위 1492~1503)에게 중재를 요청해 협상을 시작했다. 스페인 출신 교황의 중재안을 포르투갈이 거부하면서 이베리아의 두 왕국이 직접 협상해 1494년 '토르데시야스 조약'(Treaty of Tordesillas)을 체결했다. 스페인과 포르투갈은 유럽 외의 세계 전체를 분할하기로 합의했으며, 각 측은 자신의 반구 내의 모든 영토를 정복하고 통치하며 항해에 대한 배타적인 통제권과 해상무역권을 가진다고 선포했다. 아조레스 제도와 카보베르데 제도로부터 서쪽으로 각각 370리그(약 1,770킬로미터) 떨어진 지점에서 남북으로 종단하는 가상의 선을 그어 선 동쪽의 모든 땅은 포르투갈, 서쪽의 땅은 스페인이 소유하기로 합의했다.[44] 루터의 종교개혁이 시작

43 Roland S. Love, *Maritime Exploration*, pp. 25~27.

되기 약 20년 전의 일이다. 제한적이기는 했지만 교황은 여전히 정치적으로 무시할 수 없는 역할을 하고 있었다. 종교개혁으로 가톨릭의 그늘에서 벗어난 프로테스탄트 세력의 등장으로 이 모든 것은 어긋났다. 종교개혁 이후, 프로테스탄트 국가들이 이 조약을 인정할 이유는 없었다. 해상 진출의 후발 주자였던 잉글랜드와 네덜란드를 비롯한 프로테스탄트 국가들은 이 조약에 개의치 않고 세력을 확산시킬 수 있었다. 종교개혁이 일어나지 않았다면 가능하지 않을 일이었다. 물론, 아메리카 원주민들을 비롯해 유럽 외 국가들이 이 조약을 인정할 이유도 전혀 없었다.

15세기와 16세기에 유럽인들, 특히 이베리아 반도인들이 해외로 모험을 떠나도록 이끈 다양하고 복잡한 동기 중에서 두 가지는 명백했다. 바로 경제적 욕구와 종교적 열정이었다. 수많은 탐험가와 정복자가 이 두 가지 목적을 분명하게 선언했다. 콜럼버스가 항해한 지 몇 년 후에 인도에 도착한 다 가마는 '그리스도교도와 향신료를 찾으러' 왔다고 말했다. 탐험의 이중적 측면을 완벽하게 표현한 말이다. 액면 그대로 종교적 이유가 앞선 것인지, 아니면 경제적 동기가 우선했는지는 따져볼 일이지만 말이다.

유럽 대부분의 지역에서 부를 얻는 방법은 무역, 특히 장거리 무역에 대한 투자였다. 가장 인기 있는 거래품은 향신료, 비단, 상아, 보석 등과 같은 고가의 상품이었다. 포르투갈은 대서양 연안의 생선이나 소금 무역에서 벗어나 보다 광범위하고 수익성이 높은 금, 향신료, 설탕 무역으로 진출하고자 했다. 이슬람 세력과 충돌해야 하는 지중해가 아닌 대서양과 인도양을 통해 동양의 비단과 향신료를 공급받을 수 있다면 투자가치는 충분했다.

부(富)에 대한 욕망은 종교적 열정으로 적절히 포장할 수 있었다. 탐험가와 정복자들은 대부분 독실한 가톨릭교도였다. 그들은 경제적 욕망을 충동질하기보다 종교적 이유를 들어 통치자와 투자자들에게 호소했다.

---

44 Roland S. Love, *Maritime Exploration*, p. 46.

중세 시대부터 유럽을 동서남북으로 옥죄던 이슬람으로부터 벗어나고자 하는 열망이 컸다. 스페인의 레콩키스타는 종교적 욕구를 더욱 확장했다. 레콩키스타 이후 토착민인 유대인과 무슬림에게 개종과 추방을 선택하도록 강요한 것은 종교적 배타성의 표현이었다. 신항로 개척을 통해 만나는 세력에게도 동일한 개종의 욕망이 투영되었다. 그리스도교의 가르침과 설교를 통해 이교도들을 가톨릭 공동체로 끌어들이고자 했다. 때로는 정치적인 방식으로, 때로는 군사적인 방식을 동원해 자신들의 종교 공동체의 우월성을 과시하고자 했다. 이교도의 공격으로부터 그리스도교도들을 보호하기 위해 이교도를 학살하는 것도 정당화되었다. 탐험가들은 수세기 동안 이어져 왔던 십자군의 정서를 종교적 열정이라는 이름으로 유지하고 있었다.

신항로 개척 이전까지 유럽은 물리적으로 북대서양과 지중해로 둘러싸인 세계의 작은 조각에 갇혀 있었다. 인구 150만 명에 불과했던 포르투갈의 항해자들이 만들어낸 역사는 한편으로는 위대했다고 평가할 수 있지만 그것이 드리운 어두운 그늘 역시 작지 않았다. 이 시기는 식민주의와 노예무역이라는 폭력의 역사가 동시에 진행되었다. 중남미에 도착한 스페인 정복자들이 벌인 탈취와 살육의 역사는 역사 속에서 단 한번도 유럽의 문명권을 진지하게 넘어선 적이 없는 맹목의 탐험가들이 만들어낸 무도한 역사이다. 반면에 오랜 기간 여러 문명권과 갈등과 공존을 경험했던 오스만 제국의 서진은 적어도 종교적 차원에서는 그리스도교에 비해 더 관대했다.

신항로 개척은 또 다른 차원에서 바라볼 수도 있다. 종교개혁기에 위축된 가톨릭 세계화의 단초를 제공했다는 점에서, 그리고 영속적으로 그리스도교가 확장되는 계기가 되었다는 점에서 가톨릭교회에는 더없는 행운이었다. 가톨릭은 안에서 잃은 것을 밖에서 만회했다. 신성 로마 제국 황제와 교황은 그 중심적 역할을 수행했다. 가톨릭은 국제적이었다. 교황은 초국가적인 영향력으로 중재에 나섰다. 갓 태동한 프로테스탄트는 국가 내 조직으로 변신하는 과정이었다. 프로테스탄트의 유럽 외 지역 확장은 상대적으로 느렸다. 잉글랜드와 네덜란드가 해상권 각축에 참여하던 시점부터 서서히 전개되었다. 그러나 교황의 간섭 없이 국가 정책을 효율적이고 신속하게 집행할 수 있게 되면서 진전 속도는 빨랐다. 종교개혁은 이렇게 국가주의가 확산되는 데 중요한 역할을 했다. 1558년 스페인의 펠리페 2세의 무적함대가 잉글랜드를 침공했을 때, 엘리자베스 1세(Elizabeth I, 1533~1603, 재위 1558~1603)는 프로테스탄트 잉글랜드와 가톨릭 스페인의 대립을 강조했다. 국가의 가치와 종교의 가치가 일체화된 근대의 한 상징적 모습이다. 유럽의 해상 통제권은 궁극적으로 서구의 영향력이 지구상 거의 모든 곳으로 확장될 수 있는 길을 열었다. 거기에는 가톨릭과 프로테스탄트라는 종교도 예외는 아니었다. 유럽이 금과 향신료, 설탕 등과 맞바꾼 것에는 공산품뿐만 아니라 천년 이상 숙성해 온 라틴 그리스도교도 포함되었다. 유럽 열강의 세계 진출에 가톨릭 국가가 앞섰던 기간만큼 가톨릭과 프로테스탄트의 시간 차이가 있었을 뿐이다.

낯설게 보기

중세의 중심이 지중해였다면 근대는 지중해에서 대서양으로의 전환과 함께 시작된다. 언뜻 종교개혁과 무관해 보이지만 지중해, 오스만 제국, 신항로 개척 등과 같은 장기 지속의 공간과 중기 지속의 흐름은 각각 종교개혁을 이해하는 데 밀접한 연관이 있다. 종교개혁은 개혁가들의 신학 속에서만 발견되지 않는다. 사회사의 흐름을 알 때 더 제대로 평가할 수 있다. 지중해나 대서양이라는 공간 자체가 역사의 변화를 만들지는 않는다. 하지만 그 공간 속에서 흐르는 아주 느린 시간에 대한 이해가 전제되지 않는다면 변덕스러운 단기적인 시간에 휘둘린다. 사건사로 역사를 바라보면 시간의 밀도를 충분히 읽어낼 수 없게 된다.[45]

종교개혁의 사건을 들여다보기 이전에 거칠지만 느리게 움직이는 시간에 대한 스케치를 한 이유도 동일하다. 하나의 예를 들어 보자. 지리적으로 지중해 지역을 공유하고 사상적으로는 고대 그리스 로마 세계의 공통 유산을 향유하고 있는 오스만 제국은 기존의 시각에서는 전형적으로 동양 혹은 아시아 제국으로 간주되어 오리엔탈리즘 담론에서 흔히 볼 수 있는 왜곡된 시선을 받아왔다. 유럽의 주변을 떠돌며 지켜보는 방관자 내지 방해자였다. 전형적인 유럽 중심주의 시각이다.

중세 말과 근대 초를 특징짓는 르네상스 인문주의 연구에서는 동서양의 지적·예술적·문화적 상호작용에서 오스만 제국의 역할을 새롭게 조명하고 있다.[46] 어떤 문명도 고립되어 형성될 수 없으며, 그리스도교 유럽과 오스만 제국이 종교개혁기에 지중해라는 공간을 공유해 왔음을 담백하게 받아들인다면, 오스만 제국을 종교개혁기의 한 주체로 인정하지 않을 이유가 없다. 한 인물이나 한 사건 중심이 아니라 거의 변하지 않는 공간에서 아주 느리게 전환하는 국면의 흐름을 짚어나갈 때 종교개혁사는 훨씬 낯설고 새롭게 다가온다. 그렇게 될 때 사건사를 이해하는 밀도는 한층 짙어진다.

---

45 Fernand Braudel, *The Mediterranean*, vol. 2, p. 901.

46 유럽 역사에서 오스만 제국과의 상호작용에 대한 개괄적 연구로는 Claire Norton, "Chapter 1: Blurring the Boundaries: Intellectual and Cultural Interactions between the Eastern and Western; Christian and Muslim Worlds", *The Renaissance and the Ottoman World*, eds., Anna Contadini and Claire Norton, London and New York, NY: Routledge, 2013, pp. 3~21 참조.

제2장 흑사병과 중기 지속의 유럽

21세기 코로나19 팬데믹의 경험은 전염병이 인류 역사에 생각 이상으로 큰 변화를 가져올 수 있음을 보여 주었다. 전염병은 길어야 몇 년 지속되지만, 기존의 익숙한 구조를 깨트리고 뒤엎는다는 면에서 그 영향력은 수십 년 혹은 백년 이상 이어진다. 1340년대 후반 유럽 대륙에 상륙해 엄청난 피해를 입힌 흑사병이 그 대표적인 사례이다. 흑사병의 유럽 상륙을 중세의 가치와 단절하고 새로운 급격한 전환을 만들어낸 시점으로 보기도 한다. 흑사병이 역사에 끼친 영향은 사회학, 의학, 경제학, 심리학 등 광범위하게 얽혀 있다. 종교 차원에서도 그 영향력은 절대적이다.

1215년 제4차 라테란 공의회를 기점으로 완성된 가톨릭 신앙 체계는 130년 후 발생한 흑사병으로 인해 뿌리부터 흔들렸다. 전통적인 종교성이 도전받고 사회·경제 질서가 무너진 상황은 중세 구조를 해체하고 르네상스와 종교개혁이 출현할 수 있는 조건을 만들었다. 미국의 역사가 바버라 터크먼(Barbara Tuchman, 1912~89)은 흑사병을 '미처 인식하지 못한 근대의 시작'으로 본다.[1] 그럼에도 200년 가까운 간격이 있는 흑사

1 Barbara W. Tuchman, *A Distant Mirror: The Calamitous Fourteenth Century*, London:

병과 종교개혁의 직접적인 연관성의 고리를 찾으려는 시도는 바람직하지 않다. 오히려 중기 지속의 느린 공간의 변화 인식에 흑사병을 위치시켜 살펴보는 시도가 필요하다. 느리지만 명백하게 장기적으로 이루어진 국면 변화를 흑사병보다 더 잘 보여 주는 사례는 없다. 전쟁과 달리 흑사병은 당대 모든 사람이 경험한 전 유럽적인 현상이었다. 그 경험은 가톨릭 신앙을 고백하고 살아가던 사람들에게 종교에 대한 새로운 관점을 고민하도록 했고, 흑사병으로 인한 노동력 부족은 유럽의 경제 구조도 무너뜨렸다.

앞선 장(章)에서 지중해 세계라는 공간 속에서 종교개혁의 배경을 살폈다면, 이번 장에서는 1340년대부터 1500년대에 이르는 흑사병이 연출한 중기 지속의 흐름 속에서 종교성의 변천을 살펴보고자 한다. 종교개혁의 관점에서 후향적으로 들여다보기보다는 훗날 가톨릭과 프로테스탄트 지역 모두가 공유했던 사건으로 흑사병을 읽어나가야 한다. 종교개혁이라는 사건에 직접 영향을 준 것이기보다는 흑사병이 중세의 종교성에 중기 지속되는 큰 변화의 흐름을 주도했다고 보는 것이 더 적절하다. 종교성은 불가피하게 제도교회와 때로는 우호적으로, 때로는 적대적으로 연동되므로, 흑사병이 빚어낸 변화의 정도를 당대에 생성된 새로운 종교성으로 읽어나가는 것은 중세 말과 종교개혁기의 연속성을 이끌어내는 데 더없이 중요하다.

흑사병, 유럽을 강타하다

13세기 중반, 유럽의 인구 증가는 유럽 대륙에 심각한 문제를 일으키기 시작했다. 중세 후기가 시작할 무렵에는 가용 자원에 비해 유럽 대륙의 인구 과밀도는 위험할 정도였다.[2] 서유럽의 대부분 농경지는 이미 개

The Folio Society, 1997, p. 123.

간된 상태였다. 대륙의 정체된 식량 자원과 인구 증가 사이의 격차를 더욱 확대한 것은 유럽이 중세 식단의 필수품이었던 밀에 대한 과도한 의존 때문이었다. 유럽의 인구와 식량 수요가 급증하면서 점점 더 많은 농민이 밀 재배에 집중했다. 1200년대 후반까지 유럽의 농업 자원과 지속적으로 증가하는 인구 사이의 균형은 점점 더 어려워졌다.

새로운 세기가 시작될 무렵, 대륙의 기후는 더욱 악화되었다. 수십 년간 온화한 겨울과 봄, 비교적 건조한 여름이 지나고, 유럽은 약 1300년부터 1350년까지 계속된 서늘한 기온과 날씨가 불안정한 기간인 '소빙하기'에 진입하고 있었다. 소빙하기는 몹시 추운 겨울과 시원하고 유난히 습한 여름이 이어지는 시기이다. 중세 유럽처럼 농업에 의존하는 사회에 악천후는 재앙을 불러왔다. 기후 순환은 계속해서 사회적·경제적 변화를 주도했다. 온도가 낮아지면서 농장과 정착지는 폐허가 되었다.[3] 작물의 수확량 감소는 대륙의 농민 대중과 경제 전체에 치명적인 결과를 가져왔다. 중세 초기의 경우와 마찬가지로 농노들은 사실상 모든 잉여농작물을 가족을 부양하고 영주와 교회에 빚을 갚는 데 써야 했다. 1315년에서 1322년 사이 북유럽을 강타한 기근은 중세 후기, 그리고 아마도 중세 역사 전체를 통틀어 가장 심각한 경제적 위기를 불러왔다. 유럽 전역에서 생활수준이 급락했고 삶은 점점 더 빈곤해졌다. 14세기 초에 일련의 치명적인 기근이 유럽을 휩쓸기 시작했다. 200년 만에 처음으로 대륙 전체에 기근이 발생했다. 1304년과 1305년에 프랑스 북부와 네덜란드에서 수천 명이 기아로 사망했다. 이어서 결핵, 폐렴 또는 기근 등으로 면역 체계가 약해져 여러 전염병이 발생했다.

1340년대 중반 흑사병이 발생하기 이전까지 간헐적인 기근이 대륙을

---

2 John Kelly, *The Great Mortality: An Intimate History of the Black Death, the Most Devastating Plague of All Time*, New York, NY: HarperCollins Publishers, 2005, p. 16.

3 John Aberth, *From the Brink of the Apocalypse: Confronting Famine, War, Plague, and Death in the Later Middle Ages*, 2nd ed., London and New York, NY: Routledge, 2010, p. 10.

괴롭혔지만, 영양실조와 기아는 특히 1315년에서 1322년 사이에 만연했다. 이 기간은 유럽 역사에서 대기근으로 알려지게 되었으며, 7년간의 대기근 동안 유럽 일부 지역에서는 인구의 최대 20퍼센트가 기아 상태에 있었고 잉글랜드에서만 약 50만 명이 사망했다. 1315~22년 동안의 대기근과 약 30년 후인 1347~53년 사이에 발생한 흑사병과 연관성이 있다는 논쟁이 있다. 어떤 학자들은 기본적으로 기근과 전염병 사이에는 연관성이 없고 기후나 돌연변이와 같은 다른 별개의 원인이 있다고 보는 반면에,[4] 대기근이 14세기 중반에 흑사병이라는 매개를 통해 엄청난 사망률에 이르게 하는 역할을 했다고 주장하는 이들도 있다.[5]

1346년 흑사병이 도래하기 이전, 유럽은 기근뿐만 아니라 전쟁으로 시달렸다. 이탈리아 반도에서는 교황령을 장악하기 위해 교황청과 독일이 이끄는 신성 로마 제국 사이에 싸움이 지속되었다. 14세기와 중세 전체를 통틀어 가장 큰 갈등은 프랑스와 잉글랜드 사이의 백년전쟁이었다. 1337년에서 1453년 사이에 간헐적으로 발생한 이 전쟁은 두 국가 모두에게 엄청난 불행을 가져왔다. 이 전쟁으로 중세에는 희미했던 근대적 의미의 국민국가 의식이 싹텄다고 평가한다.

14세기에 발생한 기근과 전쟁만으로 보더라도 그 세기는 재앙의 세기였다. 하지만 가장 심각한 것은 1347년 말에 유럽 대륙에 도착한 흑사병이었다. 유럽에서는 이탈리아 도시국가들이 상업적으로나 군사적으로 서로 경쟁하며 전체적으로 북유럽과 동부 사이의 중개자 역할을 하는 무역에 깊이 관여했다. 불행하게도 지중해 무역로는 유럽에서 전염병이 확산하는 데 중요한 역할을 했다. 1347년 11월 시칠리아의 메시나에서 처음 보고된 흑사병은 1348년 초 프랑스 남부의 마르세유를 강타한 이후 대륙 전역으로 퍼졌다. 교황청이 있던 프랑스 남부 아비뇽에는 3월에 도착했다. 2월과 5월 사이에 이탈리아에서는 로마와 피렌체로 확산되었

4 John Aberth, *From the Brink of the Apocalypse*, p. 38.

5 John Aberth, *From the Brink of the Apocalypse*, p. 42.

지도 3 흑사병의 유럽 상륙 시점

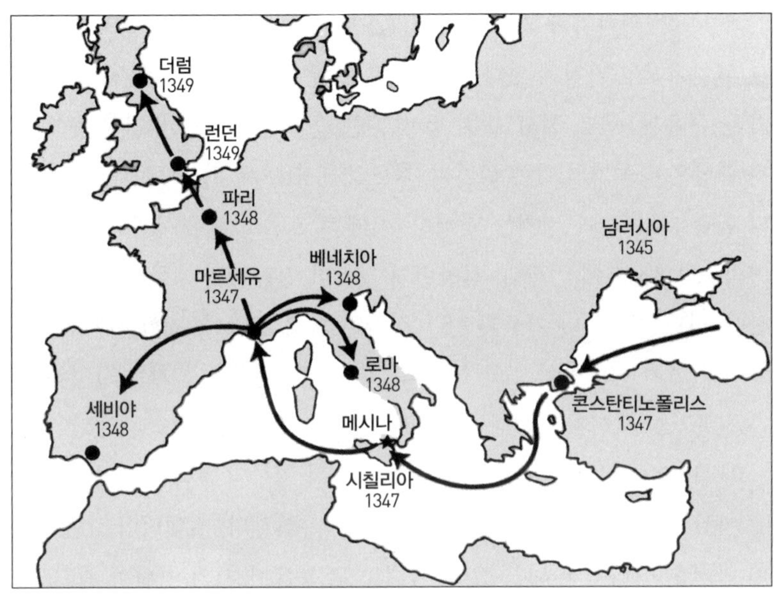

다. 6월과 8월 사이에는 부르고뉴와 노르망디로 퍼져나갔고 노르망디에서 해협을 건너 잉글랜드 남부로 들어갔다. 그해 여름 이탈리아에서 알프스 산맥을 넘어 스위스로 건너갔고 동쪽으로는 헝가리에까지 이르렀다. 1349년 파리에서 다시 확산된 흑사병은 저지대 국가로 퍼졌고 잉글랜드, 스코틀랜드와 아일랜드, 노르웨이, 스웨덴, 덴마크, 아이슬란드를 거쳐 그린란드까지 퍼졌다. 1350년 중반까지 거의 모든 유럽 국가가 흑사병을 겪었다.

물론, 정확한 숫자를 계산하기란 불가능하지만 학자들은 흑사병이 창궐한 지 3년이 채 안 되는 기간에 최대 3,500만 명에 달하는 목숨을 앗아갔다는 데 대부분 동의한다. 유럽 전체 인구의 약 3분의 1에 해당하는 수치이다. 1347~53년 흑사병 초기의 평균 사망률은 약 50퍼센트에 달했다고 본다. 유럽의 인구는 16세기 초에서야 다시 1347년 이전 수준을 회복했다.[6] 인구 밀집 지역에 전염병 확산이 빠르기 때문에 도시 사망률이

가장 높았다.[7]

대부분의 역사가와 과학자는 선페스트(bubonic plague)가 흑사병의 주요 원인이라고 가정해 왔다.[8] 선페스트는 두통, 발열, 극심한 갈증, 정신착란, 근육통, 구토, 설사, 탈진 등 다양한 증상을 나타낸다. 가장 눈에 띄는 증상은 감염자의 안쪽 허벅지, 겨드랑이 또는 목 위 부근에 달걀 모양의 돌출부(bubo)가 생기는 것이다. 제때 치료하지 않을 경우, 사망률은 거의 100퍼센트에 이른다. 전염병의 정확한 진원지에 대한 의견은 분분하다. 다만 지진이나 가뭄과 같은 심각한 환경 교란이 1300년대 초반에 발생해 설치류의 먹이 공급을 파괴했다고 보고, 병을 옮기는 설치류 떼가 전통적인 서식지를 떠나 인간 공동체로 이주했다고 추측한다.[9]

흑사병으로 인한 막대한 인구 손실이 유럽 역사의 흐름에 커다란 영향을 끼쳐 사회적 · 경제적 · 문화적 변화를 가속화했다. 팬데믹이 사람들에게 안겨준 심리적 피해도 컸다. 남녀노소, 부유한 자와 가난한 자, 도시와 농촌 가릴 것 없이 똑같이 잔인하게 덮친 전례 없는 규모의 비극에 사람들은 충격과 공포에 빠졌다. 심지어 대중과 그 종교적 신분상 다른 층위에 속하는 성직자들도 이 재앙에서 비껴가지 못했다. 교황청이 아비뇽에 머물던 시기(1309~76) 정확히 한가운데에 발생한 흑사병은 이 기간

6 John Aberth, *From the Brink of the Apocalypse*, p. 90.

7 Clifford R. Backman, *The Worlds of Medieval Europe*, Oxford: Oxford University Press, 2003, p. 375.

8 질병을 일으킨 박테리아는 숙주인 쥐의 몸에 서식하는 벼룩에 의해 옮아졌다. 그때나 지금이나 쥐 개체군은 인구 중심지에 거주하는 경향이 있기 때문에 전염병은 말 그대로 치명적으로 도시 지역에서 폭발했다. 감염되면 대부분의 희생자는 3일 이내에 사망했다. 많은 동시대인이 그 끔찍한 장면을 목격했다.

9 '흑사병'(mors atra)이라는 표현은 1350년 벨기에 천문학자 시몽 드 코비누스(Simon de Covinus)가 쓴 「토성 축제에서 태양의 심판에 대해」(De Judicio Solis in Convivio Saturni)라는 시에서 사용되었다. 전염병이 목성과 토성의 결합에 기인한다고 생각한 결과이다. 라틴어 'atra'는 '끔찍한'과 '검은'을 모두 의미하지만, 이 문구를 '검은 죽음'(흑사)으로 옮겼다. 질병이 진행됨에 따라 손가락과 다른 사지가 검게 변한다고 보았기 때문인데, 실은 증상에 대한 오해 때문이었다.

아비뇽 추기경단의 3분의 1의 목숨을 앗아갔다. 누구도 이 치명적인 재앙을 막을 방법이 없었다.

흑사병 시대에 쓰인 가장 잘 알려진 문학작품은 조반니 보카치오(Giovanni Boccaccio, 1313~75)의 『데카메론』(*The Decameron*)이다. 병으로 가까운 친구와 가족을 잃은 보카치오는 『데카메론』의 긴 서문에서 고향 피렌체에 퍼진 전염병의 증상과 그로 인한 혼란상을 자세히 설명한다.

> 1348년이 지나 이탈리아의 모든 도시 중 가장 아름답고 고귀한 도시 피렌체에 치명적인 역병이 도래했다. …… 하느님께 드리는 겸손한 기도나 경건한 사람들이 하느님을 부르던 다른 모든 방법 역시 도움이 되지 않았다. …… 남자나 여자 모두 사타구니와 겨드랑이 밑이 붓기 시작했고, 그 부기 중에는 사과만 한 크기의 것이나 달걀만 한 것도 있었다. …… 이 시점에서 질병은 치명적인 성질을 띠기 시작해 몸은 검고 창백한 반점으로 덮여 팔·허벅지·등에 여러 개의 반점이 생겨났다. …… 다가올 죽음의 확실한 징후였다. 이 병을 치료하기 위해서는 의사의 조언도 의학의 힘도 아무 효과도 없는 것 같았다. 아마도 병의 성질상 치료법이 없거나 의사의 무지로 치료법을 몰랐을 것이다. 그 결과 치유된 사람은 거의 없었다. 최초 징후가 나타나고 사흘 안에 대부분 사망했지만 조금 오래 생존한 사람, 조금 더 일찍 사망한 사람, 발열이나 기타 증상이 없었던 사람도 있었다. …… 환자와 이야기를 나누거나 같은 장소에 함께 있는 건강한 사람도 감염될 뿐만 아니라 환자가 먹은 빵이나 기타 물건을 만져도 병이 옮았다.[10]

보카치오의 언급처럼 전염병 환자를 치료하는 데 14세기의 의료 지식

10 Rosemary Horrox, ed., *The Black Death*, Manchester: Manchester University Press, 1994, pp. 26~28에서 인용한 Giovanni Boccaccio, *The Decameron*, trans., G. H. McWilliam, Harmondsworth: Penguin Books, 1972 서문.

은 무력했다. 금욕적인 삶을 실천하거나 성인들에게 간절히 기도하기도 했고, 향이나 약초 등에 의존하는 민간요법과 격리 등을 실천하기도 했다.[11] 누구도 손쉽게 답을 낼 수 없는 상황이다 보니 자연스레 전염병이 인간의 죄에 대한 하늘의 심판이며, 자신의 죄를 회개하는 것 외에는 전염병과 싸울 수 있는 방법이 거의 없다는 것을 대중은 기정사실로 받아들였다.

그렇다고 교회나 국가권력이 속수무책 손 놓고 있던 것은 아니었다. 프랑스 왕 필리프 6세(Philippe VI, 1293~1350, 재위 1328~50)는 파리 대학 교수들을 중심으로 흑사병대책위원회를 운영해 흑사병의 원인과 추이, 해결 방안을 내놓도록 했다. 당시 의사와 학자들은 지상에서 일어나는 일과 밤하늘에서 관찰한 행성과 별 사이에 밀접한 관계가 있다고 확신했다. 천체의 위치 변화를 연구해 자연과 인간에 미치는 영향을 따지는 점성술은 고대 그리스·로마로부터 전승된 과학의 한 분과로 인정받았다. 1348년 10월, 파리 대학 의학부 교수들은 유럽을 괴롭히고 있는 '대역병'의 원인과 치료법에 대한 논문 「전염병에 대한 보고서」(Compendium de Epidemia)를 발표했다. 그들은 전염병의 시작 일시를 1345년 3월 20일 오후 1시라고 했다. 그 순간이 물병자리에서 화성, 목성, 토성 등 세 행성의 궤도가 일렬로 정렬하는 시점이었다. 학자들은 특히 목성과 토성이 결합될 때마다 큰 역병이 발생했다고 주장했으며, 점성술에 근거해 질병을 행성 결합과 관련한 것으로 돌렸다. 행성이 일렬로 정렬하면서 뜨겁고 독한 공기가 지구에 방출되어 땅과 바다로부터 부패한 증기와 대기오염이 발생하는데, 이 부패한 공기를 마시면 필연적으로 폐에 침투해 생명을 앗아간다고 했다. 위원회는 기원전 4세기 그리스 의사 히포크라테스(Hippocrates, 기원전 460?~기원전 377?)의 주장처럼 안개와 습기가 많은 해에 질병이 크게 발생할 수 있다고 했다. 의사들은 이렇게 생긴 독한 공기(miasma, 미아스마)를 전염병의 원인이라고 지목했다.

---

11 Clifford R. Backman, *The Worlds of Medieval Europe*, p. 376.

위원회는 전염병의 원인뿐만 아니라 해독제를 포함한 대처 방안도 제시했다. 전염병이 독성이 있는 공기 때문에 발생했다면, 질병을 피할 최선의 대비책은 오염된 공기를 피하는 것이었다. 파리 대학 교수진은 전염병을 유발하는 증기를 피하는 여러 가지 방법을 제안했다. 남쪽으로 향하는 창문을 단단히 잠가 공기가 집안으로 들어올 수 없도록 해야 한다, 반면에 시원한 북풍이 공기의 불순물을 정화해 주기 때문에 가능한 한 북향 창문을 열어 두어야 한다, 낮잠을 자는 것은 위험하다, 햇빛을 최대한 많이 받아야 한다, 과도한 운동이나 목욕은 위험하다, 성관계도 역병에 치명적이기 때문에 피해야 한다고 주장했다. 무엇보다 그들은 이 모든 역병이 하느님의 뜻에서 비롯되는 것이라고 지적하고는 겸손히 하느님에게 돌아가라고 조언했다.[12]

성직주의의 균열

현대 의학조차도 쉽게 가늠하지 못하는 역병의 성격을 생각할 때 중세 시대 흑사병의 출현과 고통, 그에 따른 교회나 민중의 비이성적·미신적 대응은 충분히 예상 가능하다. 그러나 손쉽게 예상할 수 없는 것은 이 사건이 가져올 느리지만 오래 지속된 변화의 규모이다.

흑사병은 죽음에 대한 공포를 참혹한 현실 속에서 맞닥뜨린 사건이다. 중세인들이 지녔던 죄와 고통, 죽음과 심판, 구원에 대한 고민과 가톨릭교회가 제시한 해법 사이의 틈은 컸다. 그러므로 흑사병의 직접적 심리적 반응과 그것이 가져온 구조적 변화를 함께 살펴야 한다. 흑사병은 의도하지 않았지만 교회 중심에서 국가 중심으로, 제도 종교 중심에

12 파리 대학 의학과 교수들이 작성해 제출한 보고서의 영문 텍스트는 https://sites.uwm.edu/carlin/the-report-of-the-paris-medical-faculty-october-1348/에서 확인할 수 있다(검색일: 2025년 10월 25일).

서 사적 신앙의 추구로 국면 전환이 이어지는 핵심 요소로 역할했다. 중세 시대에 교회는 유럽인들에게 일상의 중요한 요소였다. 1347년부터 1351년까지 유럽을 휩쓴 역병은 가톨릭교회에 대한 대중의 전반적인 신뢰와 믿음을 뒤흔드는 사건이었다. 전염병이 시작되기 이전에 교황청이 로마에서 프랑스 남부 아비뇽으로 옮겨 가는 이른바 아비뇽 유수를 겪으면서 교황청의 위계는 약화되었다. 흑사병은 위신이 꺾인 상태에 있던 가톨릭교회에 치명타였다. 교회가 심각한 사회 변화에 대응할 만한 종교적 · 사회적 · 교육적 능력이 현저히 떨어진다는 사실이 드러났다.[13] 여기에서 분명히 구별해야 할 것은 제도교회의 능력에 대한 불신이 대다수 유럽인이 가졌던 종교성에 대한 쇠퇴는 아니라는 사실이다.

흑사병이 창궐하는 동안 성직자들의 인명 손실도 심각했다. 교회는 개인에게 필요한 사목적 도움을 줄 수 없는 상태였다. 잉글랜드 요크에서 처음으로 전염병이 발생했을 때, 성직자의 사망률은 40퍼센트 정도로 추정된다. 1349년 흑사병이 최고조에 달했을 때 잉글랜드 전역의 10개 교구에서 약 45퍼센트의 신부가 사망했다. 스페인 바르셀로나 교구의 경우, 1348년에서 1349년 사이에 사제의 사망률은 60퍼센트에 달했다. 성직자들이 흑사병에 훨씬 취약했음을 보여 준다.[14] 일반 사회와 격리된 공간인 수도원의 상황도 별반 다르지 않았다.[15] 이 수치는 전염병 앞에서 영혼의 의사인 사제들이 헌신적이었다는 사실을 입증해 준다. 그들은 병자들에게 다가갔고 성찬을 베풀었다. 죽은 이들을 매장하고 장사 지내는 일 역시 기꺼이 감당했다. 하지만 모든 성직자가 그렇게 한 것만은 아니었다. 잉글랜드의 요크 교구와 링컨 교구에서는 본당 신부 중 거의

---

13 Robert S. Gottfried, *The Black Death: Natural and Human Disaster in Medieval Europe*, New York, NY: The Free Press, 1985, pp. 83～84.

14 John Aberth, *The Black Death: The Great Mortality of 1348-1350: A Brief History with Documents*, 2nd ed., Boston, MA: Bedford/St. Martin's, 2017, p. 95.

15 Norman F. Cantor, *In the Wake of the Plague: The Black Death and the World It Made*, New York, NY: The Free Press, 2002, p. 206.

20퍼센트가 흑사병을 피해 도망을 갔다. 이렇게 자리를 버리고 떠나는 사제들로 인해 대중의 두려움과 공포는 가중될 수밖에 없었다. 성직자들이 일반 대중과 마찬가지로 전염병에 대해 무력하다는 점이 부각되었다.

어찌 되었든 절반에 가까운 성직자의 부재는 필연적으로 교회 조직에 큰 부담으로 작용했다. 죽어가는 자의 고해성사를 듣거나 그들에게 성사를 집전하기 위해 사제가 오지 못하는 상황에 대한 문제가 심각했다. 이타심과 자선을 원칙으로 살아야 하는 성직자들이 유럽 그리스도교도의 눈에는 별반 다르지 않았다. 교회가 성사나 성찬, 장례 미사를 제공하지 못할 때, 대중이 제도 종교로부터 버림받았다는 인식은 커질 수밖에 없었다.[16]

그러한 긴급 상황에 대비한 공식 규정이 만들어졌다. 1349년 1월 10일 잉글랜드 바스앤드웰스(Bath and Wells) 주교구의 랠프 슈루즈베리(Ralph Shrewsbury, ?~1363) 주교가 반포한 법령은 교회가 처한 난감한 상황에 대한 자구책이다. 주교는 도처에 퍼지고 있는 전염병으로 인해 교구의 여러 본당 교회에는 성직자들이 없고 책임을 맡아 병자를 방문하고 교회의 성사를 집행할 사람을 찾을 수 없는 상황을 솔직하게 언급했다. 고해할 사제를 만나지 못하고 죽게 될 상황에서 사람들이 겪을 심리적 공포는 심각했다. 이 상황에 대해 주교는 병에 걸린 사람들이 죽게 되었을 때, 합당하게 서품된 사제의 성사를 받을 수 없다면 사도의 가르침에 따라 대중, 심지어 여자에게라도 자기 죄를 고백하도록 했다. 전염병으로 인한 성직자 부족에 대한 주교의 급진적인 해결책을 1349년 3월 교황이 공식 인정해 주었다. 이제 교구민들이 임종 시 고해 신부를 선택할 수 있는 권한을 가지게 되었다.[17] 비록 일시적이기는 하지만 루터의 종교개혁이 발생하기 약 200년 전에, 슈루즈베리 주교와 교황 클레멘스 6세(Clemens VI, 1291~1352, 재위 1342~52)는 구원의 문제를 가톨릭 제

16 Philip Ziegler, *The Black Death*, Glasgow: William Collins Sons & Co., 1969, p. 211.
17 John Aberth, *The Black Death*, p. 271.

도교회의 틀을 넘어 개인의 주체적인 선택으로 남겨두는 실험을 한 셈이다. 전염병이라는 불가항력의 상황에서 비롯된 것이더라도 이 예외적인 상황이 가톨릭 체제를 넘는 또 다른 구조의 가능성을 열었음을 부정할 수 없다.

현실적으로 교회는 사제의 수준보다는 일정한 수의 사제의 수급에 집착할 수밖에 없었다. 보충되는 성직자의 수준 저하는 불가피한 상황이었다. 역병에 쓰러진 사제들을 대신하기 위해 모집된 사람들은 자신의 임무를 제대로 수행할 수 없었다. 성직자의 부족을 채우기 위해 사제 서품에 필요한 기준은 사실상 폐기되었다. 과거에 비해 훨씬 경험이 없고 교육 수준이 낮은 사람들이 들어왔다. 흑사병 이전에 사제 안수는 대체로 25세가 되어야 가능했지만, 흑사병 이후 교황 클레멘스 6세는 서품 연령을 20세로 낮추었다. 수도 서약은 15세까지 낮아졌다. 사제 서품을 위한 교육 요건도 완화되었다. 동시대 잉글랜드 수사 헨리 나이턴(Henry Knighton, ?~1396)은 역병으로 아내를 잃은 수많은 남자가 앞다투어 사제직에 들어왔으며, 그중 많은 수의 사람이 일반인과 다를 바 없는 문맹이라고 한탄했다.[18]

경험과 자질이 부족한 성직자의 유입은 그리스도교 세계가 안정을 찾아가는 데 걸림돌이 되었다. 성직자에 대한 신뢰 약화는 대중 사이에서 교회의 평판을 악화시켰다. 성직자에 대한 신뢰가 떨어진 또 다른 주요 이유는 흑사병의 여파로 인해 성직자들이 지나치게 재물에 집착하게 되었다는 점이다. 흑사병 이후 성직자의 수가 희소해지자, 사제들은 자신들의 직무에 대해 더 높은 사례를 요구하는 것이 일상화되었다. 나이턴은 이 현실을 개탄했다. "10파운드나 10마르크 미만의 비용으로 교회를 맡을 사제를 구하기가 거의 불가능하다. 그리고 전염병 이전에는 사제가 많아 5마르크나 6마르크 또는 2마르크로 사제를 구할 수 있었지만, 이제는 20파운드로도 사제를 구하기 어려워졌다."[19] 1378년 캔터베리 대주

18 John Aberth, *The Black Death*, p. 122.

교인 사이먼 서드베리(Simon Sudbury, 1316?~81)는 성직자들의 탐욕에 대해 런던 주교에게 쓴 편지에서, 사제들이 "게걸스럽게 먹은 다음, 육신의 쾌락으로 음란한 거품을 내뿜다가 마침내는 악의 소용돌이 속으로 끌려들어가는 존재로 대중에게 최악의 본보기"라고 맹렬하게 비판했다.[20]

하지만 성직자 수의 부족 말고 가톨릭 체제 내의 구조적인 문제도 있었다. 성직자들 사이의 급여 차이도 계층 간의 긴장을 증폭했다. 사제들은 '성직록'을 받은 사제와 '일반' 사제로 구분되었다. 성직록 사제와 일반 사제는 서로 다른 삶을 살았다. 대주교나 주교와 같은 고위직 성직자들은 대부분 상류층 출신이었다. 이들은 안정적인 직분을 토대로 수입을 받는 성직록 사제들이었다. 반면에 가난을 서약하고 살아가는 일반 사제들이 있었다. 성직록 성직자는 본당에서 일정 지위를 가지며 고정 수입을 기대할 수 있었다. 전통적인 교구 신부는 지역 주교가 고용했다.[21] 이 구조는 흑사병으로 더 뒤틀려졌다. 성직자 수의 부족으로 인해 한 사제가 한 개 이상의 교회나 교구를 책임지는 사례가 늘어났다. 이를 복수겸직(pluralism)이라고 한다. 한 사제가 두 개의 교회를 겸해 봉사하기 때문에 물리적으로 반드시 부재성직(absenteeism)이 발생한다. 여러 개의 교회로부터 성직록을 받은 성직자는 자신이 부재한 교회를 맡을 사제를 개인적으로 고용한다. 이러한 방식으로 여러 개의 교회로부터 급여를 받고 사제를 고용해 기업처럼 교회를 운영하게 된다. 이러한 구조 속에서는 성직매매와 부패가 퍼지기 십상이다. 흑사병으로 인해 새삼스럽게 생겨난 것은 아니지만 흑사병의 여파로 문제는 더욱 악화되었다. 물론, 이런 일들이 전체 성직자를 대표하지는 않지만 전반적으로 성직자의 부정적인 평판을 피할 수는 없었다.

1309년 교황청의 아비뇽 유수로 인해 유럽에서 그리스도교의 영향력

---

19 Philip Ziegler, *The Black Death*, p. 214.

20 Rosemary Horrox, *The Black Death*, p. 311.

21 Joseph Byrne, *Daily Life during the Black Death*, London: Greenwood Press, 2005, p. 116.

에 균열이 시작되었지만, 흑사병은 엘리트 교회와 일반 대중 사이의 분열을 더욱더 가중시켰다. 죽음이 그 어느 때보다 가까이 있었고, 구원은 그 어느 때보다 절박했다. 이 같은 현실은 성직자들에게 진정한 시험 무대가 되었다. 교회가 이 위기를 책임감 있게 극복하고 사목 활동에서 의미 있는 기여를 한다면 성직자의 지위는 강화될 것이다. 그렇지 않다면 대중은 천국에 이르는 다른 대안을 추구하게 된다.[22] 대중의 사제에 대한 인식은 그리 긍정적이지 않았다. 사제가 되는 서품성사는 사제를 일반인과 다른, 하느님과 인간 사이의 천사에 버금가는 초인으로 자리매김하게 했다(화체설 교리는 사제가 빵과 포도주를 그리스도의 몸과 피로 실제로 변화시킬 수 있다는 것으로 사제직 자체의 신적 권위를 상징한다). 하지만 전염병을 겪으며 사제와 교회 체제가 마주한 취약성이 두드러지면서 사제에게 부여되었던 초월적 존재의 흔적은 서서히 흐려졌다.[23] 이 관점을 넓혀보면 종교개혁은 엘리트 제도교회와 대중 종교 사이의 균열이 확정된 사건이다. 만인사제를 뒤집어 보면 사제의 특권적 지위를 더 이상 인정하지 않는다는 말과 다르지 않다.

챈트리와 종교의 개인화

독일 화가 한스 홀바인(Hans Holbein the Younger, 1497~1543)은 1523~25년 사이, 당시 유행한 '죽음의 무도'(danse macabre) 예술의 전통을 따른 연작 초상화 34점을 그렸다. 교황, 수도원장, 의사, 판사, 점성술사, 상인 등 젊은이부터 노인까지 모두 죽음의 방문을 받는 내용이다. 어떤 인간도 죽음을 피할 수 없는 유한한 존재임을 보여 준다. 죽음은 누구도 피할 수 없기에 가장 공평해 보이지만 실상 거기에도 불공평은 자리한다.

22 Robert S. Gottfried, *The Black Death*, p. 82.

23 Philip Ziegler, *The Black Death*, p. 211.

중세인들의 세계관 속에서 죽음은 끝이 아니고, 죽음 이후 내세에 이루어질 심판과 복락에 대한 굳은 신념이 있었다. 흑사병이라는 치명적인 전염병의 여파로 유럽인들은 이 두려움을 이겨 내기 위해 더욱 강렬하게 하느님과의 개인적 관계를 갈망하기 시작했다.[24]

그 결과 사적 예배를 위한 개인 예배당의 건립이 급증했다. 중세 말 부자들은 회중 없이 사제만을 데리고 가족들의 영적 필요를 위해 미사를 드리기 시작했다. 신부가 미사를 노래하거나 낭송했기 때문에 이 예배당을 챈트리(chantry)라고 불렀다. 이 예배당은 오랫동안 왕실이나 귀족들이 관행처럼 보유하고 있었다. 흑사병 이후인 14세기 말과 15세기 초에 잉글랜드를 비롯한 유럽의 여러 길드가 자원을 모아 회원과 그 가족만이 독점적으로 사용하는 예배당을 지었다. 이제 챈트리를 보유한 집단은 상인, 의사, 변호사 등 부유한 중산층으로 확대되었다. 삶과 죽음, 심판과 구원이라는 지극히 종교적 문제도 결국 물질성으로 환원된 셈이다. 그럼에도 흑사병이 유럽인들로 하여금 신에게 더 가까이 나아가고 개인적 관계를 추구하도록 영감을 주었다는 점은 분명하다.

흑사병 이후 개인 예배 체계는 중세 후기 종교에서 큰 역할을 했고 전통적인 가톨릭교회 예배 독점에 상당한 타격을 주었다.[25] 개인 예배당에서 자신만을 위해 미사를 드리는 것은 연옥에서 머무는 시간을 획기적으로 단축하고자 하는 욕망의 발현이었다. 흑사병이라는 전염병이 닥치자 욕망은 극단적인 방식으로 분출되었다. 누구나 가지고 있는 이 욕망을 실천할 수 있는 이들은 부유한 계급의 사람들뿐이었다. 이로 인해 종교 문제의 해답을 제시하는 로마 가톨릭교회의 권위는 도전받게 되었다. 챈트리가 작동하기 위해서는 세속인에게 고용되는 개인 사제가 필요했다. 이른바 부자들의 종교적 욕망을 충족하기 위해 존재하는 챈트리는 대중이 함께하지 않는 미사(massless Masses)와 개인 사제라는 구조로 짜

---

24 John Kelly, *The Great Mortality*, p. 290.

25 Robert S. Gottfried, *The Black Death*, p. 85.

였다. 부유한 후원자들의 개인 사제로 채용되어 가정 미사를 드리는 고용 사제가 되는 길은 급여가 낮은 사제들이 안정된 생활을 추구하는 방편이었다. 흑사병이 창궐한 즈음에 활발해진 개인 예배당인 챈트리를 통해 부자는 천국으로 가는 더 빠르고 더 확실한 길을 찾았다.[26]

이를 볼 때 사제들에게 성직자의 직분은 그저 하나의 생계 수단에 지나지 않았다. 그랬기에 전염병이 닥치자 다른 이들처럼 교회를 떠나 안전을 추구하는 사람들이 생겼다. 그중에는 적극적으로 탐욕에 눈이 멀어 교회를 떠난 사람들도 있었다.[27] 고용 사제는 대체로 본당 신부보다 급여가 높았다. 전염병의 불확실성으로 인해 개인 사제에 대한 수요가 증가했고 많은 사제가 전통적으로 대중을 상대로 한 사목 활동에서 멀어졌다.[28]

전염병이 휩쓸면서 대중은 자신의 믿음과 구원을 성직자의 손에 맡기기가 점점 어려워졌다. 그 이유는 흑사병으로 인해 교회와 성직자의 무능력과 약점이 드러났기 때문이기도 하고, 필요할 때 적시에 성직자의 조력을 받을 수 없는 한계적인 상황 때문이기도 했다. 대중은 죽음을 면한 성직자들이 역병이 만들어낸 새로운 환경을 이용하는 부도덕성을 개탄했다. 흑사병이 유럽 그리스도교도들의 마음속에 있는 사제의 이미지를 급격하게 변화시켰음은 분명하다. 오로지 후원자의 영적 안녕만을 돌보기 위해 사제를 고용하는 개인 예배당의 존재와 그곳에서 드리는 미사는 개인을 교회라는 제도에서 벗어나게 했다. 흑사병이 발생한 지 100년 후 잉글랜드, 프랑스, 저지대 독일에서는 중세 그리스도교가 사유화되었다고 볼 수 있다. 조직적으로는 부유한 중상류층이 한가족이나 소규모 가족 그룹이 지원하는 개인 예배당인 챈트리를 통해 사유화가 이

---

26 잉글랜드 사례에서 자주 나타나는 이 개인 사제는 오랜 전통이 있다. 제인 오스틴(Jane Austin, 1775~1817)의 『오만과 편견』 같은 소설에는 영지를 소유한 귀족들이 개인 교회당을 갖고 고용 사제를 두고 있는 내용이 나온다.

27 Joseph Byrne, *Daily Life during the Black Death*, p. 122.

28 Joseph Byrne, *Daily Life during the Black Death*, p. 123.

루어졌다. 이 챈트리 체제를 넓게 펼쳐보면, 교회 자체가 아닌 도시나 국가의 통치자를 위해 존재하는 교회 형태인 국교 체제와 맥이 닿아 있다. 챈트리는 아래로부터 생성된 종교적 열망을 받아주는 대안 체제였다. 세속의 지배자를 위해 봉사하는 사제와 교회는 종교개혁이 만들어낸 구조이기도 했다.

잉글랜드 시인 윌리엄 랭랜드(William Langland, 1330?~86?)는 사제들이 급여가 낮은 교구나 본당을 떠나 챈트리의 개인 사제의 길을 찾는 현실을 『농부 피어스』(*Piers Plowman*)에서 비판했다. 그는 이 현실을 자신의 직무를 돈을 주고 얻는 성직매매와 다를 바 없다고 보았다.

> 교구 신부들과 본당 사제들은 주교에게 항의했다.
> 전염병이 돌던 해부터 그들의 본당은 가난하다고.
> 그들은 런던으로 떠나 거기서 사는 허가증을 구걸했고
> 달콤한 돈을 얻기 위해 시편을 낭송했다.[29]

제도교회의 사제 고용이라는 체제 안에서 내세의 안녕을 추구할 수 있는 이들이 챈트리 건립이라는 편법을 택했다면, 그럴 여유가 없는 대중은 제도교회의 경계 안팎을 아슬아슬하게 넘나드는 선택을 했다.

'죽음의 무도'와 대중 신앙

1919년에 요한 하위징아는 중세 후기 서유럽 문화가 죽음에 대한 성찰이 눈에 띄게 증가한 것이 특징이라고 확신했다. 죽음에 대한 의식 강화는 그가 '중세의 가을'이라 불렀던 시기의 예술과 문학에서 표현되었

29 William Langland, *Piers Plowman*, a modern verse trans., Peter Sutton, Jefferson, NC: McFarland & Company, 2014, pp. 23~24.

다. 예컨대, 흑사병으로 인한 죽음을 의연하게 받아들여야 하는가, 아니면 신의 진노를 달래기 위해 애써야 하는가? 흑사병에 대한 대중의 병리적 반응은 죽음의 무도의 등장과 채찍고행단의 활동에서 볼 수 있다. 죽음의 공포가 한편에서는 회화적 해체를 통한 죽음의 수용을, 다른 한편에서는 더 강렬하게 저항하는 종교성의 발현으로 나타났다.

예상할 수 없는 죽음은 공포를 몰고 온다. 14세기 전염병 상황에서 대중은 언제 어느 장소에서 죽음의 사자가 들이닥칠지 모르는 죽음의 일상을 마주했다. 죽음은 먼 데 있지 않았다. 흑사병의 전파 속도는 사람들로 하여금 생명이 언제라도 끝날 수 있다는 사실을 끊임없이 상기시켰다. 그리스도교 전통 속에서 살아가는 이들에게 흑사병은 죽음, 심판, 천국과 지옥에 대한 중세의 선입견을 더욱 강화했다.[30] 역병의 충격은 사람의 죽음에 대처하는 전형적인 관습을 혼란에 빠뜨렸다.[31]

유럽 그리스도교에서는 죽음 이후의 여정을 준비하는 데 도움이 되는 아르스 모리엔디(ars moriendi, 죽음의 기술)라는 전통이 있었다. 죽음을 앞둔 사람들을 위한 성사는 교회가 죽어가는 자나 산 자를 위로하고 진정시키는 데 도움이 되었기 때문에 매우 중요했다. 사제가 고해성사와 종부성사를 거행하는 것이 이 전통의 중요한 축이었다. 죽어가는 이에게 죽음을 두려워하지 말도록 위로하고 죽기 전에 자신의 모든 죄를 고백하도록 독려했다. 이를 통해 그리스도의 구속의 은총을 기대할 수 있다. 이 전통은 죽어가는 사람이나 죽은 사람만을 위한 것은 아니었다. 죽음의 기술은 남겨진 가족과 친구들이 사랑하는 이의 죽음을 받아들이고, 고인의 유지를 받들어 선한 일을 도모해 나가도록 격려하는 것을 포함한다. 죽은 시신을 묘지로 옮겨 장사를 지내면서 떠나 보내는 의식을 통해 살아 있는 자들도 상실의 아픔을 딛고 정신적·사회적 회복을 향해

30 Robert S. Gottfried, *The Black Death*, p. 82.

31 David Herlihy, *The Black Death and the Transformation of the West*, Cambridge, MA: Harvard University Press, 1997, p. 59.

나아간다.[32] 이 의식은 교회가 그리스도교도들 사이에서 죽음에 대한 두려움을 진정시키는 데 중심 역할을 했음을 보여 준다. 전염병으로 인한 사제의 도피 혹은 사제의 부족 때문에 이 의식을 거치지 못하고 죽어가는 상황이 발생하면서 아르스 모리엔디의 위안의 전통은 무너졌다.

교회가 제공한 최소한의 정서적인 안전장치가 해체되었다. 이렇게 일상의 종교 체계가 무너짐으로써 죄와 죽음, 심판의 공포는 더욱더 일상생활에 스며들었다. 죽음의 공포는 예술, 문학, 드라마의 모티프로 활용되었다. 일반적으로 과거 한 시대의 예술 형태는 그 시절의 모습을 들여다보고 재구성하는 창 역할을 한다. 흑사병 시대를 거치면서 남아 있는 예술작품은 그 시대의 일상을 사실대로 재현하기보다는 파괴적인 팬데믹에 대한 사람들의 극단적인 공포와 심리적 반응을 회화나 목판화, 조각 등을 통해 표현한 것이 많다. 도무지 대항할 수 없는 죽음의 이미지가 공포스러운 모습을 하고 중세 후기의 수많은 예술과 문학에서 나타났다. 1400년경 예술과 문학에서 죽음에 대한 개념은 유령과 환상의 이미지를 띤다. 죽음의 공포를 날것 그대로 표현해 전율이 생생하게 더해졌다.

이러한 배경에서 등장한 것이 '죽음의 무도'이다. 죽음의 무도는 우화적 이미지로서 유럽 중세 후기와 근대 초 죽음에 대한 두려움을 표현한 예술작품이다. 교황에서 수사, 왕에서 하인, 귀족에서 농민에 이르기까지 모든 직업과 사회 계층의 사람들이 죽음의 사자인 해골이 웃고 썩어가는 시체가 춤추는 것을 보며 죽음을 맞이한다. 어두운 묘지에서 한꺼번에 솟아오르는 무시무시한 해골이 춤을 춘다. 살아 있는 사람을 베기 위해 칼과 낫으로 무장한 해골 형상과 내장이 썩어 벌레가 들끓는 시체를 소름 돋게 묘사하는 것은 당시 예술작품의 일반적인 모티프였다. 은유적으로 흑사병은 차가운 어둠의 달 또는 혹독한 벌거벗은 가을이 시작되어 겨울로 들어가는 모습으로 나타난다. 죽음의 무도는 14세기 후반에 시작되어 15세기에 유럽 전역으로 빠르게 확산되었다. 죽음의 무

32 David Herlihy, *The Black Death*, p. 60.

도는 1424~25년에 완성된 파리의 생이노상(Saints-Innocents) 공동묘지 벽화에서 최초로 묘사되었다.[33]

죽음의 무도의 메시지는 누구나 죽음을 맞이한다는 죽음의 평준화이다. 부자와 빈자, 귀족과 천민도 예외가 아니다. 인류 역사 이래 죽음이 한번도 새삼스러운 적은 없었지만, 흑사병이라는 정신적 충격 앞에 중세 후기에는 죽음에 집착하는 문화가 생겨났다. 죽음에 대한 집착을 보여 주는 유명한 모티프가 임시 무덤이다. 흑사병이 발생하기 전 약 2세기 동안, 저명한 유럽인들은 자신의 무덤을 장식할 실물 크기의 조각상을 만들도록 조각가들에게 의뢰해 왔다. 그러나 14세기 말에 이르러 기념물 중 상당수는 충격적이고 새로운 형태를 띠었다. 시체를 넣는 관은 시체의 변화나 부패를 끔찍할 정도로 자세하게 묘사했다. 관에 붙은 돌 조각상은 눈이 패이고, 이빨이 드러나고, 갈비뼈가 튀어나온 시체를 생생하게 표현했다. 관에 붙어 있는 비문에는 흙에서 와서 흙으로 돌아가는 인간의 유한성을 엄중하게 경고했다.

하위징아는 예술적 모티프가 사회의 이데올로기적 불안을 투사하는 화면이라고 믿었다. 그에게 죽음의 무도는 삶의 현실에 직면하고 통제할 수 없는 중세 후기 문화의 비관주의와 자신감 상실을 상징했다.[34] 1991년 프랑스 역사학자 장 들뤼모는 1300년 이후 유럽 문화의 특징으로 죄의식과 두려움을 들었다. 전반적으로 14~15세기 르네상스의 낙관주의와 반대되는 극도의 비관적인 죄의 문화가 18세기까지 지속되었다고 보았다. 들뤼모는 중세 작가들이 쓴 저술에서 죽음, 부패, 폭력, 무질서, 어리석음, 인간의 취약성 및 우울증에 대한 진술을 인용해 그 시대에 널리 퍼진 불안과 비관주의를 드러낸다. 특히 중세 말 유럽 문학 담

---

33 Andrea Kiss and Kathleen Pribyl, *The Dance of Death in Late Medieval and Renaissance Europe: Environmental Stress, Mortality and Social Response*, London and New York, NY: Routledge, 2019, p. 19.

34 Johan Huizinga, *The Autumn of the Middle Ages*, trans., Rodney J. Payton and Ulrich Mammitzsch, Chicago, IL: University of Chicago Press, 1996, pp. 164~71.

론에서 주로 다루어진 주제는 세상이 뒤집혀 어리석음이 지배하고 있다는 유럽 문명 전체의 위기와 관련이 있다.[35] 구원을 강조하는 교회는 죄의 교리를 주장하면서 비관주의를 주도했다. 들뤼모는 유럽 문화의 우울감은 주로 인간이 죄인이라는 쓰라린 확인에서 기인한다고 주장했다.[36] 그리 새삼스러워 보이지 않는 그리스도교의 인간관을 설명한 것이지만, 그는 각 시기마다 그 죄의 문화가 어떻게 확대되고 강화되는지 꼼꼼하게 추적했다. 죽음의 무도의 등장과 확산은 유럽 죄의 문화의 한 단면으로 읽을 수 있으며, 그 모티프는 전염병에 노출된 유럽인들을 사로잡은 깊은 두려움과 절망을 증언한다. 들뤼모는 루터를 비롯한 종교개혁가들이 중세인들보다 훨씬 우울하고 비관적인 시선으로 인간을 바라보고 있음을 지적했다. 그리고 16세기 프로테스탄트 신학에서 인간과 세계에 대한 경멸적인 시선이 정점에 도달했다고 보았다. 프로테스탄트의 등장이 근대성의 출현이기보다는 중세적 죄의식 문화의 연장이며, 전형적인 비관적 인간관의 강화인 이유는 어디에 있을까? 종교개혁가들은 원죄에 대한 관념을 잠시 내려놓고 오직 믿음으로 의롭게 되는 가능성을 제시함으로써 낙관적이고 인간 중심적인 관념을 선호한 듯 보인다. 세상과 인간을 화해시키는 신학으로 기능할 수 있지만 근본 교리로 돌아가면 곧 비관주의에 사로잡힌다. 인간은 죄인이며, 세상이 너무 부패해 인간의 의지로 어떤 것도 바꿀 수 없는 절망적 상황에 처해 있다.[37]

한편, 흑사병 시대의 또 다른 예술 주제는 중세 유럽인의 강렬한 신앙을 증언한다. 중세 예술품의 중심은 하늘 높이 치솟고 내부가 화려하게 장식된 고딕성당이었다. 흑사병으로 수많은 예술가와 숙련된 장인이 죽었다. 조각가, 화가, 석공의 길드 전체가 사라지는 경우도 흔했다. 현실적으로 전염병이 도는 기간에 숙련된 석공과 조각가를 잃었기 때문에 정

---

35 Jean Delumeau, *Sin and Fear: The Emergence of the Western Guilt Culture 13th–18th Centuries*, trans., Eric Nicholson, New York, NY: St. Martin's Press, 1990, p. 131.

36 Jean Delumeau, *Sin and Fear*, p. 189.

37 Jean Delumeau, *Sin and Fear*, pp. 21～29, 138.

교하게 장식된 스타일로 대성당을 짓는 것이 기술적으로 불가능해졌다. 화려한 교회 건축 양식에서 1350년대의 단순한 양식으로의 전환을 흑사병의 직접적인 결과라 보아도 무방하다. 예술을 통해 중세인들은 자신들의 필요와 욕망을 투영했다. 특히 전염병으로부터 보호해 준다고 믿었던 가톨릭 성인을 묘사하는 예술작품에서 잘 드러났는데, 이들 예술작품이 좀 더 개인화되고 구체화된 것이다.

루이스 마셜(Louise Marshall)은 흑사병 이후 회화에서 주로 가톨릭 성인들을 묘사하고 있는 현상에 주목한다.[38] 1348년 흑사병으로 인해 그림 의뢰가 지난 25년 전에 비해 두 배 이상 증가했다고 본다. 그림을 요청하는 의뢰인들은 그림 속 이미지가 전염병으로부터 자신을 보호하는 능력이 있다고 믿었다. 때로는 성인과 함께 자신의 모습 역시도 그림 속에 그려 넣어 성인의 보호를 구했다.[39]

흑사병에서 구원해 줄 강력한 천상의 보호자로 유명한 인물은 4세기 로마 순교자 세바스티아누스(Sebastianus, ?~413)였다. 로마 제국의 군인이었던 그가 그리스도교로 개종하자 황제는 그를 나무기둥에 묶어 화살을 쏘아 죽이도록 했다. 그는 쏟아지는 화살을 맞고도 기적적으로 살아남았다. 건강을 회복한 이후 그는 그리스도교를 박해하는 황제를 고발하기 위해 다시 돌아왔는데, 이때 결국 순교를 당했다. 세바스티아누스는 역병을 막는 수호성인으로 인정받았다. 화살은 죄 많은 인간을 처벌하기 위해 하늘에서 내린 역병에 비유된다. 흑사병 시대의 성 세바스티아누스의 그림은 온몸이 화살에 찔린 모습을 보여 준다. 화살은 주로 역병이 발생한 부위인 목, 겨드랑이, 팔, 사타구니에 박혀 있었다. 세바스티아누스는 역병에서 강력한 천상의 보호자로 인식되었다. 성모 마리아에 대한 유사한 그림도 등장했다. 마리아가 망토를 펼쳐 들고 서서 비처럼 쏟아

38 Louise Marshall, "Manipulating the Sacred: Image and Plague in Renaissance Italy", *Renaissance Quarterly* 47, no. 3, 1994, pp. 485~542 참조.

39 Samuel Kline Cohn, *The Cult of Remembrance and the Black Death: Six Renaissance Cities in Central Italy*, Baltimore, MD: Johns Hopkins University Press 1992, p. 248.

지는 화살로부터 인간을 보호하는 모습이다. 마리아의 품에서 피하지 않는 사람들은 무자비하게 화살에 맞았다. 인간이 위험할 때 마리아가 이들을 외면하지 않으리라는 생각이 회화로 표현되었다. 흑사병이 창궐할 때 사람들은 회화라는 예술 장르를 통해 자신들의 종교성을 강화했다.

성화(聖畵)에 주술적인 믿음을 기대하는 현상은 중세 말에 문제가 되었던 성물 숭배와 면벌부 판매 증가와도 무관하지 않다. 더욱이 흑사병 시기에 면벌부에서 '공덕의 보고'(Treasury of Merits)라는 관념이 공식적으로 받아들여졌다는 점은 의미심장하다.[40] 11세기 말엽 십자군 원정 때 등장한 면벌부는 세기를 거듭하면서 교리가 정밀하게 다듬어져 왔다. 공덕의 보고는 그리스도와 성인들, 순교자들이 축적해 놓은 잉여의 공덕이 교회의 보물금고 속에 보존되어 있고, 그 열쇠를 교회가 소유하고 있어 필요할 때 금고를 열어 신실한 자들에게 벌을 경감하거나 면제하는 은총을 베풀 수 있게 한다는 원리이다. 공교롭게도 흑사병 시기의 교황인 클레멘스 6세가 1343년 '공덕의 보고'를 공식적으로 인정하면서 면벌부 이론은 한 단계 도약했다. 공덕의 보고의 개념 이후에 등장한 것이 망자들을 위한 면벌부이다. 중세 말 면벌부가 오남용되는 직접적인 단초가 되었다. 1476년 교황 식스투스 4세(Sixtus IV, 1414~84, 재위 1471~84)가 망자들을 위한 면벌부를 공식 인정했다. 망자를 위한 면벌부는 교회가 죽은 자들에 대한 치리권(治理權)까지 가지고 있으며, 그들에게까지 공덕의 보고를 나눠줄 수 있음이 전제된다. 이 망자들을 위한 면벌부에 대한 비판이 루터의 초기 면벌부 비판의 핵심이었다.

면벌부의 급증은 대중의 아래로부터의 욕구를 제도교회가 긴장 없이 수용하면서 생겨난 상호적인 욕망의 결과물이다. 성인에 대한 그림에서 부적과 같은 효력을 기대하거나 성물 숭배와 면벌부가 폭발적으로 성장한 것은 흑사병으로 인한 충격 속에서 가시적인 보호를 기대한 대중의

40 면벌부 교리의 형성과 발전에 대해서는 최종원, 「천국을 향한 약속어음: 중세 유럽 면벌부 이론의 변화 연구」, 『인문연구』 제56집, 2009, 165~96쪽 참조.

필요의 반영이다. 얼핏 보기에 가톨릭교회가 일방적으로 대중을 선도한 듯하지만 실제로는 민간 신앙이나 미신이 대중의 삶 곳곳에 속속들이 영향을 주었다. 흑사병이라는 공포는 미신적인 성물 숭배, 죽음의 무도, 반성직주의 등 총체적인 사건과 연결된다. 14세기 말엽의 흑사병이라는 전대미문의 역병은 16세기까지 오래 연결된 종교적으로 매우 중요한 인식 고리가 되었다.

채찍고행단과 새로운 드라마

죽음의 무도는 신의 징벌에 대한 순응이었다. 그러나 모두가 수동적으로 받아들이는 데 머물지는 않았다. 신의 징벌로 인해 흑사병이 발생한 것이라면 참회를 통해 그 진노를 잠재우는 것 역시 한 방편이었다. 흑사병이 유행하던 시기에 대부분 남성으로 이루어진 종교적으로 고양된 독특한 집단이 등장했다. 바로 '플라겔런트'(flagellants)라 불리는 채찍고행단이었다. 채찍을 뜻하는 라틴어 'flagellum'에서 유래한 채찍고행단은 도시 광장에 모여 매듭이 얽힌 채찍으로 하루 세 차례 공개적으로 자신과 상대를 채찍질했다. 그리스도가 인류의 죄를 대신 짊어지고 십자가 형벌을 받기 전에 채찍질당한 모습의 모방이었다.

그리스도교에서 채찍질 전통은 낯설지 않다. 영화 「다빈치코드」에 등장하는 오푸스데이 수도회의 킬러 사일러스는 하루 한번씩 자신의 등에 채찍질을 가했다. 자발적인 채찍질 전통은 그리스도교 초기 금욕을 실천하는 수사들을 통해 이어져 왔다. 흑사병이 도래하기 이전인 1260년대 이탈리아 중부 지방에서도 채찍질하는 대중 운동이 일어나 로마와 볼로냐까지 이어진 적이 있었다. 수십 수백의 사람이 광장에서 서로의 몸에 채찍질을 가하는 가학과 피학이 뒤섞인 광경은 종말론적 세계관에 사로잡힌 중세인들에게 공개적인 참회를 통해 종교심을 극한으로 고양시키는 잘 연출된 한 편의 공연이었다.

한동안 뜸했던 채찍질 전통이 유럽 전역을 공포로 몰아넣은 흑사병 때에 다시 되살아났다. 교회마저 안전을 담보하지 못한 상황에서 대중은 스스로 신적인 심판을 누그러뜨릴 방법을 찾았다. 스스로 몸에 잔인하게 채찍질을 가함으로써 자신들의 회개를 보여 주어 신의 진노를 누그러뜨리고자 했다. 정도의 차이가 있기는 하나 교회나 국가권력 모두 흑사병이 인간의 사악함과 죄로 인한 신의 심판이라는 인식을 공유했고, 그 재앙에서 벗어나는 길은 진실한 참회밖에 없다는 데에 동의했다. 참회와 고행의 목적은 죽음의 시간을 멈추어 달라고 간구하는 것이었다.

채찍고행단 운동은 흑사병이 절정을 향해 가던 1348년 말 오스트리아와 헝가리 지역에서 시작되었다. 이듬해 봄 채찍고행단이 독일 중부에 도착했다. 이 시점에서 이 운동은 가장 대중적이고 급진적인 단계에 도달했다. 극단적이고 자극적일수록 대중은 열광했고 그리스도교 세계에서 영향력을 확보했다. 채찍고행단의 소문과 명성은 전염병의 확산만큼이나 빨리 퍼졌다. 지역 인구 규모에 따라 200명에서 많게는 500명 이상이 모이는 대규모 집회가 되었다.[41] 1349년 7월까지 이 운동은 중부 및 서부 유럽에서 100만 명에 달하는 추종자를 모았다고 추산한다.

채찍질에 대한 대중적 이미지는 자신의 몸을 학대하며 세상의 종말을 설교하는 마조히즘의 이미지가 강하다. 아무리 죽음의 공포가 크다고 하지만 이런 자극적 행위에 수많은 사람이 지지하고 동조한 것은 쉽게 이해되지 않는다. 채찍고행단에 참여한 이들은 특정 계층이나 신분의 사람만이 아니었다. 이 운동은 귀족과 시민, 부자와 빈자, 성직자와 일반 대중 모두에게 호소력이 있었다. 그저 집단 히스테리로 여길 수만은 없으며, 그들의 호소가 대중의 심성에 와닿는 지점이 분명했기 때문에 가능했다. 어떤 점에서 이들 고행자는 세상의 죄를 속죄한 순교자들이었다. 방문 지역의 사람들이 대문을 열어 고행자들에게 음식은 물론, 종교의식을 위해 필요한 물품도 제공했다. 독일의 경우, 시의회가 채찍고행단에

41. Rosemary Horrox, *The Black Death*, p. 50.

재정을 지원하는 도시도 있었다.

여기저기를 떠돌며 스스로 몸을 학대하기에 짜임새 없는 무질서한 운동 같지만 꼭 그렇지만은 않았다. 초기 운동이 대중의 외면을 받지 않고 환영을 받은 이유는 그 행위가 단순한 고행이 아닌 일련의 잘 짜인 종교 의식이었기 때문이다. 어쩌면 18세기 영국 대각성 운동 이후 생겨난 대규모 순회집회와 유사하다고 볼 수 있다. 채찍고행단은 추구하는 목적에 맞는 의식을 마련해 먼저 찬송을 부르고 춤을 추며, 죄를 회개하는 흐름으로 진행하다가 점차 사람들의 정서가 고양될 때 의식의 절정인 채찍질이 이어졌다. 그 채찍질은 단순한 몸에 상처 내기가 아니라 몸으로 범한 간음, 살인, 거짓말, 위증과 같은 구체적인 죄를 씻는 의식이기도 했다. 채찍고행단은 공개적으로 스스로를 처벌한 후에 다음 도시로 떠났다. 극적인 방식과 구조로 짜여진 채찍고행단 의식에 사람들은 동조했다. 이 운동 초기에는 엄격한 규율과 질서로 사람들에게 안정감을 제공했기에 대중이나 교회 당국의 견제를 거의 받지 않았다.

종교가 드라마로 구현된다는 사실은 중세인들에게 낯설지는 않다. 가톨릭교회에서 성체성사는 사람들에게 눈앞에서 사제의 선포로 빵과 포도주가 그리스도의 살과 피로 변화하는 기적을 시연하는 공연이었다. 채찍고행단의 행위는 제도교회의 영역을 대체했다. 그리스도의 성체가 사람들을 구원하듯, 채찍고행단이 재연하는 그리스도의 수난을 통해 신의 진노에서 대중이 구원을 받으리라 믿었다. 채찍고행단이 호소한 것은 채찍질 같은 참회 고행만이 아니었다. 그를 통해 하느님과 그리스도, 마리아와 다른 성인들로부터 이끌어내는 자비와 용서였다. 채찍질은 우울한 자기 학대를 넘은 구원의 희망을 노래하는 것이었다. 또한 그 희망은 현재적이었다. 그들은 채찍고행의 행위가 전염병을 피하는 속죄의 힘을 가진다고 공개적으로 주장했다. 채찍고행단이 도시를 한차례 지나가기만 해도 수많은 추종자가 새로 생겨났다. 유럽인들은 전에 없이 경험하는 죽음 앞에 스스로를 보호할 방법을 찾는 데 필사적이었다.[42] 더 이상 교회에 의지할 수도, 의료진에 기댈 수도 없는 상황에서 마을에 찾아온 채찍고행단은 구원과 해방의 사절이었다. 이 현상이 거듭될수록 제도교회는 더 이상 종교적 구원을 줄 수 없다는 암묵적인 메시지를 받았다.

채찍고행단의 인기를 좀 더 다른 차원에서 살펴볼 수도 있다. 그들의 참회 행위는 참가자와 관객 모두에게 정서적 감정을 고양시키고 심지어 히스테리를 불러일으키기도 했다. 눈앞에서 펼쳐지는 참혹한 채찍질을 보며 흐느끼고 울부짖는 사람들이 생겨나는 것은 당연지사이다. 연극이나 콘서트 같은 공연은 관객에게 평소 억눌린 자신의 감정을 표현할 수 있는 기회를 제공한다. 흑사병이라는 우울하고 혼란스러운 상황에서 채찍고행단의 '공연'은 사람들로 하여금 자신의 감정을 표현할 수 있게 해주었다. 그들의 도착은 일상의 단조로운 삶에 일어난 일대 사건이었으며, 축제의 기회이자 억눌린 감정을 해소할 기회였다. 더욱이 교회도 정부도 감히 할 수 없는 분명한 참회의 요구를 대중은 마주했다. 그 점에서 채찍질은 마조히즘이 아니라 스스로의 죄책을 씻어내는 카타르시스였다.[43]

유진 배크먼(Eugene Backman)은 채찍고행단 행진에서 널리 퍼진 종교적인 노래와 춤의 극적인 요소가 유럽 전역의 마을 사람들의 지지를 얻는 데 중요한 역할을 했다고 주장한다.[44] 채찍고행단의 의식 자체는 가톨릭교회의 상징과 이미지를 그대로 재연하고 심지어 기성 제도교회의 의식을 잠식하는 결과도 낳았다. 그들이 옷에 붉은 십자가를 달고 십자가를 지고 가는 행위는 그리스도의 고난을 상징했다. 채찍 역시도 중요한 종교적 상징물이었다. 그리스도가 십자가 형벌을 당하기 전에 채찍질을 당했기 때문이다. 참가자들과 관객이 함께 부르는 친숙한 찬송은 종교적 의미와 결합되어 의식을 절정의 순간으로 이끄는 역할을 했다. 채

42 Norman Cohn, *The Pursuit of the Millennium: Revolutionary Millenarians and Mystical Anarchists of the Middle Ages*, Oxford: Oxford University Press, 1970, p. 125.

43 Richard Kieckhefer, "Radical Tendencies in the Flagellant Movement of the Mid-Fourteenth Century", *Journal of Medieval and Renaissance Studies* 4, 1974, pp. 175~76.

44 Eugene Louis Backman, *Religious Dances in the Christian Church and in Popular Medicine*, Westport: Praeger, 1977, p. 163.

찍고행단의 의식을 감정의 동요나 눈물 없이 지켜보기란 쉽지 않았다. 관객은 이렇게 '직접' 공연에 참여함으로써 구원의 길을 찾을 수 있다는 기대감에 부풀었다. 공개적으로 채찍질당하는 수치와 폭력이 동반된 방식 앞에서 사람들은 가해자와 피해자의 죄의식과 고통을 동시에 경험했다. 종교적 의식의 객체가 아니라 주체가 되는 경험이었다. 이 같은 극적인 경험은 제도교회 구조 속에서는 가능하지 않았기에 대중의 열광은 커질 수밖에 없었다.

그러나 이 현상을 모두 긍정적으로 바라보지는 않았다. 유럽 전역으로 퍼지면서 가톨릭교회와의 긴장은 피할 수 없었다. 대중이 채찍고행단에 동조한 이유는 제도교회에 대한 신뢰 하락에 있었다. 흑사병이 인간의 죄악에 대한 신의 형벌이라면 교회도 그 책임에서 자유로울 수 없었다. 죄악과 심판으로부터의 구원을 위해 자신들의 참회를 더 극적으로 실천할 수 있는 길이 있다면 그것을 찾는 것은 인지상정이다. 제도교회의 권위 약화에서 비롯된 이 운동은 다시 교회가 주장해 온 독점적 권위를 더욱더 추락시켰다.

이 운동은 처음에는 기성 체계에 도전하거나 대체할 의도를 가지지는 않았다. 관습적이고 경건한 종교 집단이었지만 대중의 호응으로 세력을 얻으면서 급진적이 되었다.[45] 그들은 자신들이 죄인을 구원하고 기적을 행할 수 있는 능력을 가졌다고 주장하기도 했다. 성직자에게만 주어진 설교권을 스스로 행사하며 가톨릭교회 및 성직자들과 갈등을 빚었다. 참회의 채찍질을 통해 서로의 죄를 용서해 주는 관행도 제도교회에서는 수용하기 어려웠다. 교회는 이 운동이 제도교회의 감독을 받지 않는 운동이라는 점에서 점차 이단시했다.[46]

이 상황이 이어지자, 1349년 10월 교황 클레멘스 6세는 채찍고행단이 교회의 가르침과 권위를 무시한 것에 대해 공식적으로 비난하고 지

45 Richard Kieckhefer, "Radical Tendencies", p. 158.

46 Richard Kieckhefer, "Radical Tendencies", p. 161.

역 주교들과 정치 지도자들에게 필요한 모든 수단을 동원해 행렬을 즉시 중단시키라고 명령했다.[47] 교황 교서에 따라 세속 군주들은 채찍고행단을 체포하거나 처형하겠다고 위협했다. 한때 엄청난 인기를 끌었던 이 운동은 1350년 말 유럽에서 거의 자취를 감추었다. 급작스럽게 얻은 유명세만큼이나 빠르게 사라졌다.

이 운동이 정점을 향해 가는 짧은 시기, 대중에게 그들은 성직자였고, 그들의 채찍질 의식은 가톨릭 성사를 대체했다. 그 행위가 본질적으로 폭력적이고 가학적인 성격을 띠고 있지만, 이 운동의 유명세는 흑사병으로 인한 혼란에서 제도교회의 역할이 제한적이었음을 일깨워 준다. 알프스 이남 유럽에서 죽음의 무도가 주로 성행했다면, 독일을 비롯한 알프스 이북의 유럽은 극단적인 금욕성으로 반응했다. 어찌 보면 제도교회의 경계를 넘어서는 훨씬 더 강력한 종교성에 기댔다. 16세기 종교개혁도 느슨한 종교성을 더욱 치밀하게 강화하는 기재였다. 그때도 알프스 이북의 독일이 중심이었다.

희생양 유대인

흑사병의 공포는 자신들의 죄를 회개하는 것만으로 충분하지 않았다. 두려움과 미신에 집착한 대중은 늘 그러했듯 희생양 찾기에 나섰다.[48] 흑사병 같은 전염병이 돌 때, 유대인들이 박해를 받은 이유는 일반적으로 르네 지라르(René Girard, 1923~2015)의 '희생양 만들기'와 연결할 수 있다.[49] 전염병 같은 재난은 질병의 원인이 되는 '범인'을 찾아 그 책임

47 Rosemary Horrox, *The Black Death*, p. 96.

48 David Nirenberg, *Communities of Violence: Persecution of Minorities in the Middle Ages*, Princeton, NJ: Princeton University Press, 1996, p. 241.

49 지라르의 '희생양 만들기'에 대해서는 René Girard, "Generative Scapegoating", *Violent Origins: Walter Burkert, René Girard and Jonathan Z. Smith on Ritual Killing*

을 물어야 한다. 그렇게 함으로써 내부의 다툼은 잊히고 동지애와 결속력을 강화해 외부 공격에 대응할 수 있다. 그 재난을 가져온 범인은 늘 곁에 있지만 집단에 속하지 못하는 요주의 인물일 가능성이 높다. 유대인이나 소수자들이 책임을 뒤집어쓴 이유이다. 사회적 위기 때에 유럽 그리스도교 공동체의 결속을 위한 이 같은 시도에서 무슬림이나 유대인들은 손쉬운 표적이었다. 14세기 흑사병 때는 유대인들이 공동 우물을 오염시키거나 공기를 오염시켜 흑사병을 일으켰다는 의심을 받았다. 지나친 공포 앞에서 합리성과 이성은 마비되고 누군가 방아쇠를 당기기만 하면 걷잡을 수 없는 폭력으로 이어졌다.

이 폭력의 가해자는 흑사병의 책임이 자신들에게 있다고 스스로 몸에 채찍질하면서 참회하던 바로 그들이었다. 자신의 죄에 대한 책임으로 괴로워하던 그들은, 한편 자신의 죄책을 떠넘길 대상을 찾았을 때 광기를 품고 유대인들을 공격했다. 스스로에게 가했던 피학적 폭력과 유대인들에게 가했던 가학적 폭력의 차이는 목적성이었다. 채찍고행단은 자신들의 참회 행위로 하느님의 진노를 달랠 것으로 기대했다. 하지만 유대인 학살과 관련한 폭력은 달랐다. 이 폭력에 동참한 유럽인들은 여타 집단행동처럼 구체적인 목적을 가지고 있지는 않았다. 그저 내면의 불안과 두려움, 분노를 이 소수자 집단에 배설하는 것일 뿐이었다.[50]

1348년 흑사병이 유럽에 상륙한 직후부터 1351년 잦아들 때까지 유럽 내 수십 곳에서 유대인 학살이 벌어졌다. 유대인 집단학살을 의미하는 포그롬(pogrom)이 프랑스 남부에서 처음 발생했다. 유대인들은 성난 폭도들에 의해 끌려나와 산 채로 불태워졌다. 반유대주의의 불꽃은 점점 거세게 확산되었다. 전염병 자체로 인해 촉발되기도 했지만, 때로는 전염병이 다가왔다는 소식이 도시 주민들을 폭력적으로 격분시키기에 충

and Cultural Formation, ed., Robert G. Hamerton-Kelly, Stanford, CA: Stanford University Press, 1988, pp. 84~90 참조.

50 Samuel Cohn Jr., "The Black Death and the Burning of Jews", *Past and Present* 196, issue 1, 2007, p. 9.

분했다. 유대인들이 상당한 부와 지위를 누렸던 독일 마인츠에서는 그들의 저항에도 불구하고 3,000명 전원이 살해당했다.[51]

1348년 10월 10일 프랑스와 스위스 국경에 있는 제네바 부근의 한 작은 마을에서 아지메(Agimet)라는 유대인이 마을 우물에 독을 푼 혐의로 체포되어 기소당했다. 법에 따라 고문을 받은 피고인은 자신이 독을 풀었다고 자백하고 몇 명의 공범을 지목했다. 그 결과 제네바 호수 지역과 사부아 지역의 모든 유대인이 화형에 처해졌다. 이후로도 스위스에서 체포, 심문, 고문 및 처형 과정이 반복되었다.[52]

합리성이라고는 찾아볼 수 없는 터무니없는 음모론이 유대인들을 향해 제기되었고 다수의 유대인이 대량 학살의 표적이 되었다. 체포된 유대인들이 자백하면 판결은 신속하게 내려졌다. 자비를 베푸는 경우는 거의 없었으며 대개 화형에 처해졌다. 1351년까지 유럽 전역에서 200개가 넘는 유대인 공동체가 사라졌다.

아마도 흑사병의 책임이 유대인들에게 있다는 대중적 믿음은 유대인 공동체에 흑사병 발병률이 상대적으로 낮았기 때문일 수 있다. 흑사병은 유대인 공동체에도 돌이킬 수 없는 고통을 안겨주었다. 유대인들은 전에 없이 열악한 조건 속에서 유럽 공동체로부터 배제되었다. 이러한 분리와 배제는 종교개혁 한 해 이전인 1516년 이탈리아 베네치아에 공식적으로 생긴 유대인 폐쇄 구역 게토(ghetto)에까지 이어졌다.

51 Robert S. Gottfried, *The Black Death*, p. 74.

52 Jacob Rader Marcus, *The Jew in the Medieval World: A Source Book, 315-1791*, Cincinnati, OH: The Sinai Press, 1938, pp. 44~45. (원문 The Confession of Agimet of Geneva, Châtel, October 10, 1348: "10월 10일 금요일 샤텔 성내에서 우리 주군인 고명한 왕자 사부아 백작 아마데우스와 그 신민들의 법정 명령에 따라 사법 조사가 이루어졌다. 그곳에 남녀 유대인들은 각각 따로 수용되어 있었다. …… 제네바에 살던 유대인 아지메는 샤텔에서 체포되었고 그곳에서 심하지 않은 고문을 받은 후 석방되었다. 그리고 오랜 시간이 흘러 다시 체포되어 고문을 받은 이후, 신뢰할 만한 다수의 사람 앞에서 자백했다. …… 아지메는 독이 든 소포를 들고 …… 근처에 있던 우물과 저수조에 던져 퍼뜨렸다. …… 아지메는 이 일이 끝난 뒤에 시민이나 다른 사람들에게 붙잡히지 않기 위해 곧바로 떠났다. …….")

교황 클레멘스 6세는 유대인에 대한 학살, 재산 약탈과 몰수에 경악했다. 1348년에 그는 악의적이고 불법적인 공격을 금지하는 두 가지 교서를 발표했다. 교황은 특정 인종이 전염병을 발생시킬 수 없으니 이는 음모이며, 자연 현상이거나 신적 의지의 구현일 가능성이 높다고 선언했다. 1348년의 두 번째 교서에서도 유대인에게 책임을 돌리는 것은 '거짓말쟁이 마귀의 유혹'이라고 선언했다. 그러나 교황의 호소에도 불구하고 유대인에 대한 공격은 계속되었다. 제도교회를 대표하는 교황 교서가 반유대주의 히스테리를 진정시키지 못했다는 점은 주목할 만하다. 같은 교황이 같은 시기 채찍고행단에 내린 경고를 유럽의 군주와 대중이 수용했기 때문이다. 그러니 단순히 교회권력의 통제력 상실로만 보는 것으로는 충분하지 않다.

감정적인 공격인지, 사전에 치밀하게 계획된 공격인지 여부는 논란의 여지가 있다. 그만큼 다양한 이유와 방식으로 포그롬이 벌어졌다. 한 가지 일관된 것은 유럽 대중의 오래도록 지속된 유대인에 대한 '증오심'이었다. 유럽에서 유대인을 향한 그리스도교의 적대감은 지속적으로 확대되어 갔다. 종교개혁기에도 크게 다르지 않았다. 『유대인과 그들의 거짓말에 대하여』(*On the Jews and their Lies*)에서 루터는 유대인들이 1,400년 이상에 걸쳐 그리스도교 세계를 경멸했으며 피에 굶주린 살인범이라고 의심했다. 세기가 바뀔 무렵, 셰익스피어의 희극 『베니스의 상인』(1596)에 등장하는 샤일록은 피도 눈물도 없는 유대인 고리대금업자 이미지의 전형으로 자리 잡았다.

유럽인들은 유대인을 포함해 유럽 사회 내에서 소수자들과 함께 살았지만 폭력이 일상적이지는 않았다. 이베리아 반도의 무슬림을 제외하고 유대인은 유럽에서 가장 큰 소수자 집단이었다. 또한 유대인은 로마법과 교회법에 따라 간섭 없이 종교를 실천할 권리를 가졌다. 교황권의 보호 아래 유럽 그리스도교도들과 평화롭게 살 수 있었다. 하지만 11세기 십자군 원정으로 유럽 대륙에 생겨난 반유대주의는 지속되었다. 14세기에 들이닥친 역병은 그 뒤틀어진 관계를 더욱 악화시켰다. 유대인을 향한 오랜 증오심은 그들이 유럽 사회의 경제권을 주도하는 상황에 대한 반감이었다.[53] 대개 유대계 역사가들은 흑사병 때 유대인 대학살이 유럽 내 그리스도교-유대교 관계에서 물질적·문화적·심리적으로 돌이킬 수 없는 분수령이었다고 파악한다.[54]

흑사병 내내 나타난 서로 다른 폭력인 채찍고행단과 유대인 학살은 연동되어 있는 지점이 있다. 채찍고행단이 촉발한 히스테리로 말미암아 일부 도시에서 전염병을 막기 위해 유대인 공동체를 공격하도록 선동한 사례가 있다. 채찍고행단과 반유대주의자들은 별도의 집단이었지만 최소한 유사한 동기를 공유했다. 채찍고행단은 하느님의 진노를 달래기 위해 자신의 죄에 대해 스스로를 처벌했다. 대조적으로 유대인 학살은 역병의 근본 원인이라 판단되는 소수자를 없애 재앙에서 벗어나기를 원했다. 두 집단 모두 신적 진노를 진정시키려는 열망을 품었지만 한 집단은 그 원인을 자신에게서, 다른 집단은 타자에게서 찾았다. 그러나 실상 두 집단은 서로 다른 집단이 아닌 야누스의 두 얼굴을 한 유럽의 그리스도교도들이었다.

53 고리대금업은 흑사병 발생 이전에도 유대인과 그리스도교도 사이의 긴장 요소였다. 그리스도교도가 고리대금업, 즉 대출금에 대해 이자를 받고 돈을 빌려주는 일에 종사하는 것이 교회법상 금지되어 있었기에, 고리대금업은 유대인들이 주로 종사하는 직업이었다. 유대인들에게 열려 있는 몇 안 되는 경제활동이기도 했지만 금융가로서 경제적·정치적 힘이 증가했다. 다수의 유대인이 중세 유럽 전역의 도시에서 성공을 거두었다. 중세 말에는 이탈리아 은행가들의 경제적 역할이 증대되면서 유대인 대금업자의 시장 영향력이 타격을 입었다. 이러한 상황 속에 흑사병은 유대인에 대한 반감과 부정적 평판을 강화하는 단초가 되었다.

54 대표적으로 Anna Foa, *The Jews of Europe after the Black Death*, trans., Andrea Grover, Berkeley, CA: University of California Press, 2000, p. 16. 하지만 적어도 스페인에서 흑사병이 유행한 이후의 유대인 역사는 더 다채롭고 복잡해 보인다. 1391년 박해 이후 유대인 공동체, 특히 콘베르소 공동체는 교회와 군주제의 보호를 받아 1449년까지 번영했다. 이에 대해서는 Angus MacKay, "Popular Movements and Pogroms in Fifteenth-century Castile", *Past and Present* 55, 1972, pp. 33~67 참조.

흑사병과 종교개혁

유럽의 전염병 발생은 1348~50년의 흑사병으로 끝나지 않았다. 중세 내내 간헐적으로 발병이 지속되었다. 14세기에는 1361년, 1368~69년, 1371년, 1375년, 1390년에 역병이 발생했다. 흑사병은 종교개혁기에도 발생했으며 17세기 말까지 이어졌다.

흑사병은 여러 면에서 유럽 사회에 해를 끼쳤으며 교회도 비껴가지는 못했다. 흑사병은 교회 구조의 취약성을 드러냈고 성직자들이 제대로 흑사병에 대처하지 못하는 한계를 보여 주었다. 성직자의 수준 하락, 급진적인 채찍고행단의 출현, 교회의 만류에도 불구하고 걷잡을 수 없이 발생한 반유대주의 폭력은 흑사병으로 인해 변화된 교회의 단면을 보여 주었다. 유럽 대중이 가진 교회에 대한 시각은 흑사병이 사라진 후에도 지속되었다. 그 대중의 심성을 직조하는 세속 군주들이 교회와 관련한 일에 점차 주도권을 잡게 되었다.

1302년 교황 교서 「우남 상탐」(Unam Sanctam)은 보니파키우스 8세(Bonifacius VIII, 1235~1303, 재위 1294~1303)가 프랑스 왕 필리프 4세(Philippe IV, 1268~1314, 재위 1284~1305〔나바라 국왕〕)와 분쟁을 겪으면서 공포한 것이다. 교황은 "우리는 우리 신앙의 힘으로 거룩한 가톨릭교회는 단 하나뿐이고 그 교회는 사도적 교회라는 것을 믿고 유지해야 한다. 우리는 이것을 조건 없이 확고히 믿고 고백한다. 이 교회 밖에는 구원이 없고 죄 사함이 없다"라고 선언했다. 모든 인간 피조물의 구원에 로마 교황에게 복종하는 것이 절대적으로 필요함을 선언했다. 이 선언이 나오고 채 반세기가 안 되어 흑사병이 돌았다. 세속 군주와의 갈등 속에 나온 이 교황 교서는 곧 국가교회로 가는 전혀 다른 결정으로 이어졌다.

흑사병이 끼친 종교적 영향이 프로테스탄트 종교개혁을 일으켰다고 주장할 만큼 직접적인 인과 관계는 없다. 다만 중세 사회가 전염병의 여파로 근본적으로 변했으며, 유럽인들이 교회 구조를 바라보고 성직자를 바라보는 태도가 변했음은 분명하다. 종교개혁으로 등장한 프로테스탄트는 가톨릭 사제직이라는 계급 제도에서 벗어나 교회 구조를 재정의했다. 종교개혁의 원인을 직접적으로 흑사병에 의미 있게 돌릴 수는 없지만, 흑사병은 중세 후기 유럽의 종교적 풍경을 재편성한 변화의 뿌리라고 할 수 있다.[55]

그런 점에서 흑사병은 끝이 아니라 새로운 장의 시작이었다. 종교개혁을 이해하는 데 흑사병을 빼고 그 종교성의 변화를 추적하기란 가능하지 않다. 종교개혁과 연관해서도 제도교회를 통하지 않는 챈트리 같은 신앙의 개인성에 대한 사례, 채찍고행단으로 대표되는 극단적이고 통제되지 않는 종교성의 발현, 유대인이나 농민과 같은 사회적 소수자와 취약 계층에 대한 억압 등은 16세기에도 동일하게 공명된 핵심 주제였다. 챈트리와 채찍고행단은 신앙이 주체적으로 실천할 수 있는 것임을 보여준다. 유대인에 대한 억압은 유럽 그리스도교의 정체성이 포용이 아닌 배제를 중심으로 규정된다는 사실을 웅변한다.

흑사병이 야기한 공포는 대중의 부적절하고 통제되지 않는 열광주의를 낳았으며, 엘리트 제도교회는 설득력 있게 대중을 안내하는 데 실패했다. 종교개혁 전야에도 여전히 흑사병의 공포, 성물 숭배나 면벌부 구매에서 나타나는 죽음과 내세에 대한 미신적 집착 등이 지속되었다. 종교개혁은 다양한 시선으로 기존의 관행을 정화하고 믿음을 재정의하는 시도로 읽어야 한다. 프로테스탄트와 가톨릭 모두 각자의 방식으로 이 작업을 진행했다. 제도화되고 익숙했던 전통은 느리지만 돌이킬 수 없게 균열이 났다. 그 균열이 발생한 곳에서는 더욱 강력한 종파적 일체성이 요구되었다. 흑사병이 가톨릭교회라는 제도를 넘어서는 종교성을 추구했지만 그것이 곧 종교의 개인성과 연결되지는 않는다.

역설적이게도 종교개혁기를 거치며 제도교회가 아닌 세속 권력이 그 믿음을 규정하거나 최소한 추인하는 상황이 벌어졌다. 사적 판단과 경험이 아닌 또 다른 규율이 등장해 종교성을 재배치했다. 이제 신앙의 주관

55 Joseph Byrne, *Daily Life during the Black Death*, p. 126.

성과 선명성은 개인 차원에서 규정되는 것이 아니라 국가 차원에서 직조되는 것으로 보는 게 더욱 타당하다. 에단 섀건(Ethan Shagan)은 16세기 종교개혁기의 프로테스탄트, 가톨릭, 아나뱁티스트의 활동을 '믿는다는 것을 어렵게 만드는'(to make belief hard) 프로젝트라고 했다. 더불어 유럽 그리스도교가 불신앙의 세상에 맞서 신자들의 공동체를 재배치하는 '배제와 규율'의 프로젝트를 수행했다고 평가한 것은 섬뜩할 정도로 예리한 통찰이다.[56] 이 속에 유대교와 같은 다른 신념은 설 자리가 좁아진다. 유럽 사회는 전염병에서 회복되었지만 더 이상 같은 유럽이 아니었다. 인구만 줄어든 것이 아니었다. 보다 중요한 것은 사회 구조의 급격한 변화이다. 느슨한 그리스도교 공동체로서의 하나의 유럽이 해체되고 강력한 배제와 규율로 정체성을 확인해 가는 근대 국민국가로의 변화였다. 종교개혁은 교파적 정체성 강화를 위해 국교에 순응하지 않는 이들을 탄압했고 희생양을 만들었다. 흑사병 시대 유대인이 학살당했다면, 종교개혁기에는 마녀들이 화형에 처해졌다. 마녀사냥이라는 광기는 새롭게 형성되는 종파 중심의 국가 공동체의 내적 일체감 고양을 위한 방편이었다. 세월이 지나도 불안정한 사회 속에서 희생양 찾기의 기본 속성은 변하지 않았다. 종교개혁이 실제 종교적 관용과는 거리가 먼 이유이다.

56 Ethan H. Shagan, *The Birth of Modern Belief: Faith and Judgment from the Middle Ages to the Enlightenment*, Princeton, NJ: Princeton University Press, 2019, p. 4.

제3장 책과 인쇄술

카를로 긴즈부르그(Carlo Ginzburg, 1939~)의 『치즈와 구더기』(*The Cheese and the Worms*)에 등장하는 이탈리아 프리울리 지방의 방앗간 주인 메노키오는 이단 혐의로 재판을 받고 화형에 처해진 비운의 인물이다. 종교개혁이 한창 진행되던 1532년에 태어난 그는 로마 종교재판소에서 이단 사상의 출처를 묻자, 자신의 생각이 베네치아에서 인쇄된 책에서 나왔다고 대답했다.[1] 메노키오는 모국어 성서부터 『데카메론』, 『맨더빌의 여행기』까지 최소 11권의 책을 소유하거나 빌렸다. 대부분의 책이 중세 후기 베스트셀러였다. 성직자가 아닌 사회 하부 계층의 독서 참여의 한 단면을 보여 준다. 저자 긴즈부르그는 메노키오의 독서 활동과 확고한 신념 등을 '두 가지 위대한 역사적 사건, 즉 인쇄술의 발명과 종교개혁'으로부터 유추한다. 메노키오는 인쇄술 덕분에 구전으로 전해지던 책을 접할 수 있었고 자기의 신념이 틀리지 않았음을 책을 통해 확인받았다. 하층 계급이 문화나 종교 생활에 주체적으로 접근할 수 있게 됨으로써 교육받은 중산층과 성직자들이 독점하던 종교 세계에 커다란 균열

1 Carlo Ginzburg, *The Cheese and the Worms: The Cosmos of a Sixteenth-century Miller*, Baltimore, MD: Johns Hopkins University Press, 1980, pp. 44, 60, 117.

을 가져왔다.[2] 그의 증언은 16세기 평범한 사람의 세계관을 드러낸다. 치즈에서 구더기가 나오듯 우주가 탄생했다는 그의 독특한 우주관은 전통적인 그리스도교 세계관과 큰 차이가 있다. 그런 면에서 그는 당대의 전형적인 인간이라고 할 수는 없지만 책을 통해 자신만의 주체적인 생각을 형성했다는 점에서 인쇄술이 끼친 영향력의 단면을 보여 준다.

구텐베르크와 인쇄술의 발전

1439년 독일 마인츠에서 요하네스 구텐베르크가 금속활자 인쇄기를 발명했다.[3] 프랜시스 베이컨(Francis Bacon, 1561~1626)은 유럽이 만든 세 가지 발명품, 즉 인쇄술, 화약, 나침반이 온 세상의 모습과 상태를 바꾸어 놓았다고 평가했다.[4] '유럽'에 금속활자가 등장하고 인쇄기를 발명한 사건이 문명사의 전환을 가져왔다고 인정되곤 한다. 인쇄술의 등장 이전에는 지식은 필사자가 직접 손으로 옮겨 쓴 필사본을 통해 보전되고 전달되었다. 인쇄술 덕분에 지식과 정보 전달이 훨씬 빨리, 쉽게, 경제적인 방식으로 이루어졌다. 인쇄술이 없었다면 종교개혁도 없었을 것이라는 표현은 프로테스탄트 종교개혁과 인쇄술의 관계를 가장 극적이고 상징적으로 보여 준다. 인쇄술 덕분에 작센주의 한 수사가 교황에 대

2 Sabrina Corbellini, Mart van Duijn, Suzan Folkerts, and Margriet Hoogvliet, "Challenging the Paradigms: Holy Writ and Lay Readers in Late Medieval Europe", *Church History and Religious Culture* 93, 2013, p. 176.

3 현존하는 금속활자로 인쇄된 가장 오래된 책은 1377년 제작된 『직지심체요절』인데, 파리에 있는 프랑스 국립도서관이 소장하고 있다. 고려시대 선불교의 가르침을 모은 경전을 인쇄한 것으로 『구텐베르크 성서』(*Gutenberg Bible*) 인쇄본보다 78년이나 앞서 있다. 2001년 유네스코는 『직지심체요절』을 가장 오래된 금속활자 인쇄본으로 인증했다.

4 Elizabeth L. Eisenstein, *The Printing Revolution in Early Modern Europe*, 2nd ed., Cambridge: Cambridge University Press, 2005, p. 13.

향해 작성한 논제가 아주 짧은 시간 안에 유럽 전역에 퍼지고 종교 지형을 영구히 변화시키는 출발점이 되었다.

인쇄술의 발명과 서적 보급의 중요성은 여러 면에서 생각할 수 있다. 인쇄술로 인해 필사본보다 더 저렴한 가격으로 더 많은 서적을 생산할 수 있게 되었으며, 필사본에서는 할 수 없는 수정과 개정이 가능하게 되었다. 아이디어의 누적 발전을 촉진하며 인쇄에 부합하는 새로운 사고방식이 소통 구조와 사회적 관계를 모두 변화시켰을 뿐만 아니라 인쇄 작업 시간이 획기적으로 단축되었다. 이 모든 것이 인쇄술이 혁명적 변화의 힘으로 평가되는 이유이다.[5]

인쇄술의 발전으로 책은 값비싼 장식품의 자리에서 벗어나 하나의 산업이 되었다. 인쇄에는 자본이, 유통을 위해서는 시장이, 판매를 위해서는 글을 읽을 줄 아는 독자들을 대상으로 하는 마케팅이 필요했다.[6] 제한된 독자군을 지닌 라틴어에 비해 문해(文解) 대중을 위한 모국어의 서적 인쇄는 느리지만 꾸준하게 성장했다. 인쇄술로 인한 서적 생산의 확대는 종교 전반에 상당한 활력을 가져왔다. 초기에는 분명 프로테스탄트가 서적을 훨씬 영리하게 활용한 측면이 있다. 인쇄술의 등장으로 서적의 인쇄만 늘어난 것이 아니다. 오히려 인쇄술은 단기적으로는 간단한 팸플릿을 대량 복사·유통해 선전도구로 삼는 데 유용했다. 유럽 인쇄 중심 도시에는 프로테스탄트 지역만이 아닌 이탈리아와 스페인 등 전통적인 가톨릭 지역도 포함된다. 인쇄술은 전통적인 의미의 종교 서적 유통뿐만 아니라 스페인과 포르투갈의 영토 확장기에 지도 및 여행기, 신대륙 종교 전파 등 제국 형성과 확장에 유용한 도구였다. 이뿐만이 아니다. 인쇄술은 적어도 중세 말과 근대 초의 민족의식 형성에 영향을 준 모국어와 문해력 증진과도 잇닿아 있다. 인쇄술을 프로테스탄트 종교개혁과의 관

5 Elizabeth Eisenstein, *Printing Revolution*, p. 14.

6 Lotte Hellinga, "The Gutenberg Revolutions", *A Companion to the History of the Book*, eds., Simon Eliot and Jonathan Rose, Oxford: Blackwell Publishing, 2007, p. 207.

계 속에서만 이해하는 것은 충분하지 않으며, 인쇄술과 관련된 다양한 변수를 먼저 검토해야만 종교개혁과의 관계를 파악할 수 있다. 인쇄술은 프로테스탄트로 전향한 지역에만 영향을 준 것이 아니라 가톨릭으로 남은 지역에도 동일한 강도로 영향을 주었다. 프로테스탄트가 논쟁적인 팸플릿과 서적을 중심으로 인쇄술을 활용했다면, 가톨릭은 전통적인 종교성을 강화하기 위한 방편으로 다양한 기도서와 서적을 인쇄했다. 유럽 역사에서 인쇄라는 매체의 유용성은 최초로 대중 운동을 위해 활용되었다는 데에서 찾을 수 있다. 프로테스탄트 종교개혁의 진행 과정에서 대중은 그 운동의 주체가 아니었다. 종교개혁기에 대중이 주체적·주도적으로 참여한 사례는 1525년 독일 농민전쟁 정도라 할 수 있다. 인쇄술은 종교개혁의 선전가들이 대중에게 자신의 견해를 공유하고 새로운 사상을 주변에 확산시킬 수 있는 기회였다.[7]

인쇄술은 등장 초기부터 초국가적 사업이었다. 유럽 전역의 출판업자들은 다른 지역에서 어떤 서적이 출판되는지, 어떠한 서체와 인쇄 방식을 사용하는지에 대해 잘 알고 있었다. 라틴어라는 동일한 언어를 기반으로 했기 때문에 가능한 일이었다. 인쇄물로 출판되면 텍스트와 이미지는 상대적으로 빠르게 유럽 전역으로, 때로는 그 너머까지 퍼졌다.[8] 라틴어 기반의 초국가적 성격은 곧 한 지역 영토 내의 언어인 모국어를 기반으로 하는 텍스트의 확장과 모국어의 문해력 증진으로 이어졌다. 이 때문에 엘리자베스 아이젠슈타인(Elisabeth Eisenstein)은 인쇄술을 혁명적인 '변화의 주체'로 보았고 오랫동안 이 견해는 권위 있게 수용되었다. 미디어 이론가이자 문화비평가인 마셜 매클루언(Marshall McLuhan, 1911~80)은 인쇄술이 16세기에 개인주의와 민족주의를 만들어냈다고

7 Mark U. Edwards, Jr., *Printing, Propaganda, and Martin Luther*, Berkeley, CA: University of California Press, 1994, p. xi.

8 Anna Dlabačová and Andrea van Leerdam, "Introduction", *Vernacular Books and their Readers in the Early Age of Print(c. 1450-1600)*, eds., Anna Dlabačová, Andrea van Leerdam, John J. Thompson, Leiden and Boston: Brill, 2023, p. 18.

평가했다. 옛 필사본은 인쇄술로 인해 가능하게 된 '통일되고 동질적이며 독서하는' 대중을 창출할 만큼 충분히 강력한 도구가 아니었기 때문이다.[9] 하지만 이 같이 새로운 기술의 발견에 모든 변화의 공로를 돌리는 것은 비판의 여지가 있다.[10] 유럽보다 앞서 인쇄술이 탄생한 지역에서는 유럽과 같은 방식의 전환이 일어나지 않았다. 인쇄술 자체를 다른 사회적 맥락에서 떨어뜨려 독자적으로 접근하는 것보다는 인쇄술의 역할이 극대화될 수 있게 된 당시의 사회적 요인과 상호작용을 탐구하는 것이 필요하다.[11] 인쇄술이 등장해 텍스트의 확산이 일어났다기보다는 이미 인쇄술 이전에 있었던 '필사본'이라는 옛 매체가 두드러지게 활성화되었고, 점차 라틴어 문해력과 모국어 문해력이 증가하는 상황과 맞물린 현상이다. 인쇄된 책이 명성을 얻는 것은 저자, 인쇄업자, 서점 및 독자의 상호 이해가 맞물린 것이라는 점도 지적해야 한다.[12] 또한 유럽을 구술 사회에서 문해 사회로 만든 대규모 변화는 중세에 시작되었으며, 그 최종적인 완성은 인쇄술이 도입된 15~16세기가 아닌 18세기와 19세기에야 분명해졌다.[13] 이렇듯 인쇄술의 발명과 확산이 서구 문명에 끼친 영향의 정확한 성격은 오늘날에도 해석의 여지가 남아 있다. 인쇄술의 역사를 중세 후기와 르네상스 시대의 정치, 문화, 종교, 경제사와 통합해 살펴보아야 하는 이유이다.[14]

인쇄술이 발명되기 이전에 서적 생산은 주로 수도원이나 교회에서 이

---

9 Marshall McLuhan, *Understanding Media: The Extensions of Man*, Cambridge, MA: The MIT Press, 1994, p. 19.

10 Asa Briggs and Peter Burke, *A Social History of the Media: From Gutenberg to the Internet*, Cambridge: Polity Press, 2009, p. 19.

11 Anna Dlabačová and Andrea van Leerdam, "Introduction", p. 20.

12 Daniel Wakelin, *Humanism, Reading, and English Literature, 1430-1530*, Oxford: Oxford University Press, 2007, p. 128.

13 Jean-François Gilmont, *The Reformation and the Book*, trans., Karin Maag, London and New York, NY: Routledge, 2016, p. 13.

14 Rudolf Hirsch, *Printing, Selling and Reading, 1450-1550*, Wiesbaden: Otto Harrassowitz, 1974, p. 2.

루어졌다. 중세 말로 가면서 다양한 종류의 종교 서적이 필사되고 읽혔다. 중세에서 글을 읽을 줄 아는 사람들의 수치에 대해서는 어느 누구도 분명하게 제시할 수 없다. 잉글랜드의 경우, 1500년까지 인구의 절반 정도가 글을 읽을 수 있었을 것이라고 추정된다.[15] 물론, 글을 읽을 줄 아는 것과 쓰는 것은 별개이다. 글을 읽을 줄 아는 이들이 늘었다는 것은 문해력이 전통적인 남성 성직자 중심을 넘어섰다는 의미이다. 직접적인 비교는 불가능하지만 광복 직후 대한민국 남한 지역의 12세 이상 전체 인구의 문맹률을 약 78퍼센트라고 추정한다. 이를 볼 때 중세 말 유럽의 문해력이 그리 낮은 수준은 아니라고 볼 수 있다.

금속활자 인쇄술이 개발되기 이전에 목판인쇄는 이미 존재했다. 15세기 중반까지 유럽 서적 시장은 팽창했다. 서적의 수요는 전통적으로 대학이나 수도원의 학자나 수사들에게 국한되지 않았다. 국가의 행정 기능이 강화되면서 유능한 행정가가 필요했고 학교 설립이 크게 늘었다.[16] 그에 따라 책의 수요도 증가했다. 더불어 서적이라는 물성 자체가 값비싼 장식품이었다. 귀족들은 독자적인 서가를 장식할 서적을 수집했고 이에 따라 도서 유통 시장이 형성되었다. 하지만 인쇄술이 발명되기 전까지 책을 제작하는 데에는 여러 제약이 있었다. 글을 옮겨 쓸 원자재인 양피지는 가격이 비쌌고 공급 시장은 안정적이지 않았다. 양피지보다 더 저렴하고 공급량이 풍부한 대안이 필요했다.

이 점에서 인쇄술 못지않게 종이 만드는 제지술이 도입되어 발전했다는 점에 주목해야 한다. 최초로 중국에서 발명된 종이는 11세기 레반트와 스페인 톨레도 지역을 통해 유럽에 들어왔다. 19세기 목재 펄프로 만든 종이가 도입되기 전까지 종이 원료는 옷에서 추출한 넝마(linen rag)였

---

15 M. T. Clanchy, "Parchment and Paper: Manuscript Culture 1100-1500", *A Companion to the History of the Book*, p. 205.

16 최종원, 「'경건한 설립자들'의 이상: 15세기 옥스브리지의 재속 칼리지 설립 운동」, 『서양중세사연구』 제20집, 2007, 117~52쪽 참조.

다. 종이 제조는 상당한 기술이 요구되는 복잡한 과정이었다.[17] 양피지는 수천 년 동안 용암 속에 묻혀 있거나 항아리에 담겨 있어도 놀라운 보존력을 보여 준다. 반면에 종이는 넝마의 함량이 줄면서 시간이 흐름에 따라 쉽게 찢어지고 부패한다.[18] 종이로 만든 문서는 대부분 보존용이 아닌 서신이나 나중에 펴낼 서적의 초고를 작성하는 용도였다. 종이의 취약성과 부패성 때문에 공문서에는 사용할 수 없었다.[19] 내구성 면에서도 그렇지만 장식성 면에서도 종이로 만든 책이 양피지로 만든 책의 멋을 따라잡기는 어려웠다. 하지만 15세기 들어 고급 천으로 만든 종이가 등장하면서 양피지에 견줄 만한 내구성과 장식성을 갖추게 되었다. 그 이후 종이 제조의 양이 급속하게 늘었다. 값비싼 양피지에 비해 넝마 공급은 사실상 무제한이었다. 양피지를 대체할 종이 질의 개선은 인쇄술의 등장에 필수적인 전제조건이었다.[20] 양피지에서 종이로의 전환이 중요한 전제이기는 했지만 여전히 필사에 의존한다는 점에서 서적 생산량을 늘리는 것과는 무관했다.

금속활자 인쇄 이전에 목판인쇄도 언급할 필요가 있다. 목판인쇄는 책에 삽화를 찍어 넣는 목판화에서 발전했다. 책은 단순하게 글자로만 구성되는 매체가 아니었다. 중세 필사본에는 인간의 상상력을 자극하는 여러 그림이 성서 속 인물의 삶이나 성인들과 관련된 전설을 재현했다. 문장 속 텍스트로 묘사된 것이 아닌, 한 장의 판화 속에서 시각적으로 구현한 채색 삽화는 그 어떤 텍스트보다 강렬하게 대중에게 다가갔다. 금속활자 인쇄술이 발명된 이후에도 목판화는 책의 텍스트를 돋보이게 하는 데 여전히 유용하게 활용되었다. 목판화와 활자인쇄는 전혀 다른 기술

17 Andrew Pettegree, *The Book in the Renaissance*, New Haven and London: Yale University Press, 2010, p. 17.

18 Elizabeth Eisenstein, *Printing Revolution*, p. 88.

19 Lucien Febvre and Henri-Jean Martin, *The Coming of the Book: The Impact of Printing, 1450-1800*, trans., David Gerard, London: NLB, 1976, p. 30.

20 Andrew Pettegree, *Book in the Renaissance*, p. 18.

이지만, 목판인쇄술이 금속활자 인쇄로 인해 사라졌거나 아무런 영향을 주지 않았다는 의미는 아니다. 금속활자로 인쇄한 성서도 목판화가 포함된 정교하고 아름답게 채색된 예술작품이었다. 루카스 크라나흐(Lucas Cranach, 1472?~1553)나 한스 홀바인과 같은 유명 화가들이 성서 본문 삽화를 위한 최고의 목판화 디자인을 제작했다. 이는 텍스트의 의미를 풍성하게 했을 뿐만 아니라 책 가격도 크게 높였다. 목판화와 금속활자가 결합된 서적은 그 자체로 훌륭한 예술작품이었다. 금속활자 서체도 예술성을 갖춘 차별화된 디자인을 선보였다. 활자 디자인과 제작은 극소수만이 가능한 전문 기술이었다. 예를 들어 그리스어 활자는 베네치아의 알두스 마누티우스(Aldus Manutius, 1450?~1515)의 알디네(Aldine) 인쇄소가 개발한 독자적인 기술이었다. 그리스어 활자만이 아니라 히브리어와 아랍어 활자의 개발은 유럽 지역에서 외국어였던 다른 언어에 대한 연구가 활발하게 이루어지게 하는 기회가 되었다.

구텐베르크는 마인츠의 인쇄소에서 기도서, 성인전과 같은 소책자, 면벌부 등을 인쇄했다. 소책자나 면벌부 등은 상대적으로 간단한 작업으로 투자 대비 수익을 빠르게 얻을 수 있는 길이었다. 전통적인 필사본 서적 시장과는 전혀 다른 형태의 잠재적으로 큰 시장 수요가 있었다.

필사본이 고객의 요청에 따라 작업하는 방식이었다면 인쇄술은 제품을 대량생산해 마케팅을 하고 시장을 형성하는 적극적인 형태의 사업이었다. 구텐베르크는 독점적인 기술력을 갖추고 있었고 인쇄물 출판 경험을 통해 시장의 잠재력을 체감하고 있었다. 하지만 그는 공격적인 사업을 시도할 자본이 없었다. 그가 꿈꾼 프로젝트는 성서를 인쇄하는 것이었다. 스트라스부르에 머물다 1448년 마인츠로 돌아온 구텐베르크는 사촌 아르놀트 겔투스(Arnold Gelthus)에게서 돈을 빌렸다. 그리고 계속해서 사업의 후원자를 찾았다. 요한 푸스트(Johann Fust, 1400?~66)는 구텐베르크에게 금리 5퍼센트로 800플로린을 빌려주었다.[21]

---

21 Lucien Febvre and Henri-Jean Martin, *The Coming of the Book*, p. 55.

그렇게 해서 1450년 이른바 『42행 성서』로 알려진 『구텐베르크 성서』가 출간되었다. 서유럽에서 이동식 금속활자로 인쇄된 최초의 책이다. 약 180부가 인쇄된 것으로 추정된다. 145권은 종이에, 나머지 35권은 양피지에 인쇄되었다. 인쇄본 중 현재 49부가 남아 있다. 『구텐베르크 성서』는 엄청난 반향을 불러왔으며, 높은 가격에도 불구하고 전체 물량이 빠르게 매진되었다. 초기 구매자는 대부분 수도원과 교회였고 신성 로마제국 황제에게도 한 부 증정했다. 종이에 인쇄된 성서는 약 20굴덴, 양피지에 인쇄된 성서는 약 50굴덴이었다. 마인츠의 석조 주택 가격이 80~100굴덴 정도이고 장인의 연수입이 20~30굴덴 정도였다고 하니 성서는 상상을 뛰어넘는 고가였다. 하지만 대부분 부유한 귀족이나 교회나 수도원 같은 기관 구매자들이었기 때문에 출판 후 곧 매진되었다.[22]

『구텐베르크 성서』의 성공에도 불구하고, 구텐베르크는 사업에서 실패하고 만다. 사업자금을 제공한 푸스트는 1455년 대출금 반환 소송을 제기했다. 구텐베르크는 법적 다툼 끝에 패소하고 자신의 유일한 자산인 인쇄소를 푸스트에게 넘겨주었다. 구텐베르크는 너무도 빠르게, 아니 허무하게 역사의 뒤안길로 사라졌다. 푸스트와 결별한 이후 구텐베르크의 행적에 대해서는 알려진 바가 거의 없다.[23] 구텐베르크는 인쇄술을 발명한 기여로 높은 존중을 받는 반면에, 푸스트는 인쇄술의 상업적 기반을 다지는 데 중요한 역할을 했다. 푸스트는 나중에 사위이자 후계자가 될 페터 쇠퍼(Peter Schöffer, 1425~1503)와 함께 인쇄소를 운영했다. 쇠퍼는 다소 투박한 서체를 개선해 활자 디자인과 금속활자 주조술을 발전시킨 기술적 천재였다. 이미 푸스트와 쇠퍼의 인쇄소는 표준화된 생산을 목표로 하는 사업을 운영하기 시작했다. 인쇄술이 완성되어 인쇄기의 속도와 생산력이 모두 향상되었다. 저렴한 가격으로 더 많은 책을 출판하기 위

22 현재 남아 있는 49권 중 완전하게 보존된 것은 21권뿐이다. 35권이 인쇄된 양피지 사본은 3부만이 남아 있다. 이 사본은 미국 의회도서관, 프랑스 국립도서관(파리), 영국도서관(런던)에 보관되어 있다.

23 Lucien Febvre and Henri-Jean Martin, *The Coming of the Book*, p. 55.

지도 4 1500년경 출판물 현황

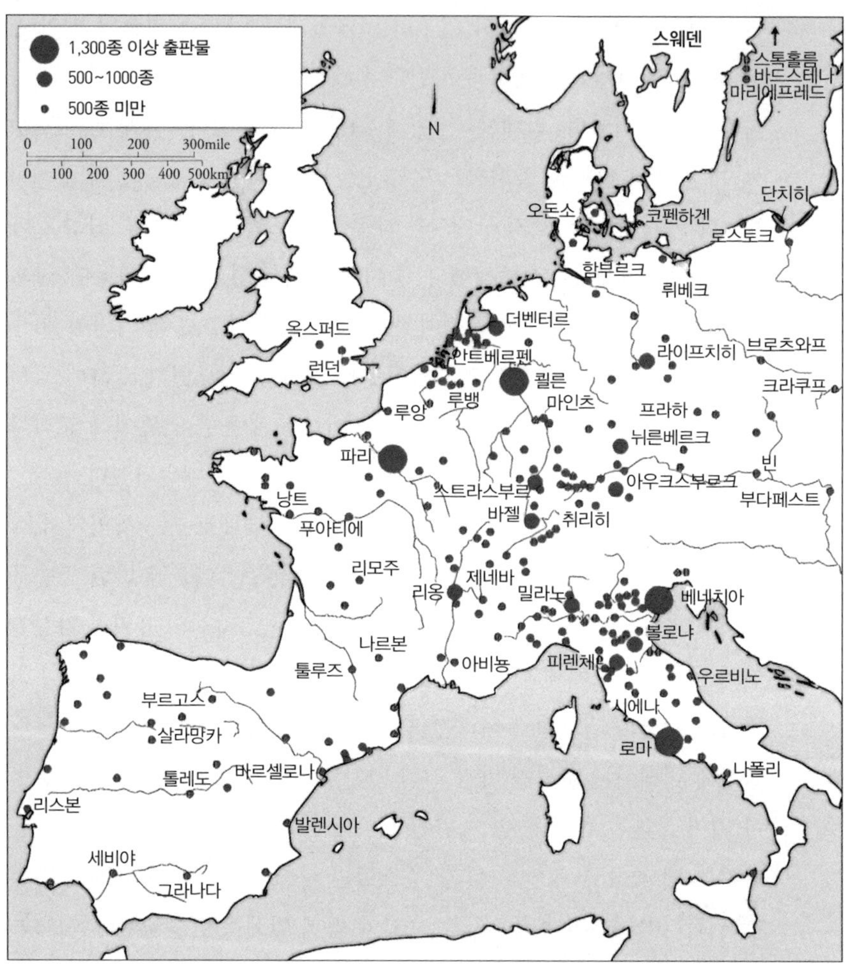

출처: Carlos M. N. Eire, *Reformations: The Early Modern World, 1450-1650*, New Haven and London: Yale University Press, 2016, p. 11.

한 필요성 때문에 생산 방법의 합리화가 이루어졌다. 인쇄업자와 서점은 무엇보다도 처음부터 이윤을 얻기 위해 일했다. 현대의 출판사와 마찬가지로 15세기 출판사들도 합리적인 시간 내에 수익을 낼 수 있을 만큼 충분한 사본이 팔릴 것이라고 확신하는 종류의 책에만 자금을 지원했다. 초기부터 인쇄는 신흥 산업의 가능성을 안고 출발했다.

마인츠에서 시작된 인쇄술은 곧 다른 주요 상업 중심 도시로 확산되었다. 1464년 쾰른, 1466년 바젤, 1467년 로마, 1469년 베네치아, 1470년 파리에 인쇄소가 등장했다. 지그프리드 헨리 스타인버그(Sigfrid Henry Steinberg, 1899~1969)는 대략 1450년에서 1550년까지의 기간을 유럽에서 가장 역동적인 단계인 '창의적인 세기'라고 불렀다.[24] 1480년대에는 110곳이 넘는 도시에 인쇄소가 세워졌다.[25] 그중 약 50개는 이탈리아, 약 30개는 독일, 5개는 스위스, 2개는 보헤미아, 9개는 프랑스, 8개는 네덜란드, 5개는 벨기에, 8개는 스페인, 그리고 4개가 잉글랜드에 세워졌다. 그때부터 유럽에서는 인쇄된 책이 보편적으로 사용되었다고 할 수 있다.

인쇄술이 등장한 1450년경부터 1500년 1월 1일 이전에 인쇄된 책을 '인큐나불라'(incunabula)라고 부른다. '요람'이라는 의미의 라틴어에서 파생한 이 용어는 활자를 사용해 인쇄된 초기 작품을 가리킨다. 현재까지 남아 있는 인큐나불라는 판본으로는 약 3만~3만 5,000개, 인쇄한 사본의 총수는 1,500만~2,000만 부에 이른다.[26] 인큐나불라는 14세기 필사본 생산량의 두 배, 15세기 전체의 필사본 생산량의 약 1.5배에 해당한다.[27] 언어별로 구분하면 인큐나불라의 약 7퍼센트는 라틴어 작품이다.

---

24 Sigfrid Henry Steinberg, *Five Hundred Years of Printing*, Mineola, NY: Dover Publications, 2017, p. 18.

25 R. A. Houston, *Literacy in Early Modern Europe: Culture and Education, 1500-1800*, London and New York, NY: Routledge, 2002, p. 174.

26 Lucien Febvre and Henri-Jean Martin, *The Coming of the Book*, p. 262.

27 Eltjo Buringh and Jan Luiten Van Zanden, "Charting the 'Rise of the West': Manuscripts and Printed Books in Europe, a Long-term Perspective from the Sixth

이탈리아어 작품이 7퍼센트, 독일어가 4~6퍼센트, 프랑스어가 4~5퍼센트 정도 차지한다. 책의 성격별로 구분하면 성서를 포함한 종교 서적이 45퍼센트 정도를 차지한다. 고전 및 중세 문학작품이 약 30퍼센트, 법학과 과학이 각각 10퍼센트 정도이다.[28] 종교 서적은 전문 신학자보다 훨씬 더 다양한 대중 독자를 확보했는데, 신비주의 저작이 전체 생산량의 6분의 1을 차지할 정도로 많았다.

인쇄술이 탄생한 이후 약 30년이 지난 1480년대에 베네치아는 마인츠를 대신해 인쇄의 수도 역할을 했다. 1506년에 유명한 네덜란드 인문주의자 데시데리우스 에라스무스가 베네치아의 인쇄업자 마누티우스를 설득해 자신의 작품을 출판한 것은 유명하다. 1486년 베네치아에서 출판 역사에서 최초로 출판권 및 저작권을 규정했다. 그 이후로 세속 군주들과 교황청은 출판에 대한 권리 보호를 위한 법령을 내렸다. 무면허 인쇄를 금지하고 인쇄업자에게 특권을 부여했다. 국가 기관으로 인쇄청을 설립하기도 했다. 하지만 정치와 종교 권력의 출판 개입은 지금껏 유럽에서 볼 수 없었던 종파적 논쟁과 정치적 폭력의 재생산을 낳기도 했다. 출판 허가를 국가가 관여하면서 검열과 통제가 강화되었다.[29]

초기 인쇄업자들은 중세의 필사본에서 인쇄할 작품을 선택했다. 인쇄업자들은 인쇄술 발명 초기에 서적 생산량의 폭발적인 증가에 대해 초자연적인 개입이 일어난 듯 놀랐다. 유럽 어느 지역에 있든지 균일한 텍스트를 접할 수 있게 되었다. 인쇄술이 발달하면서 텍스트가 표준화되었고 책 판매량을 집계할 수 있었다. 처음으로 인쇄는 각 지역에 동일한 사본을 수백 권씩 유통할 수 있었다. 다양한 필사본 서체가 사라지면서 글자 스타일은 '고딕체'와 '로마체'라는 두 가지 유형의 글꼴로 더욱 뚜렷

---

through Eighteenth Centuries", *The Journal of Economic History* 69, no. 2, Jun. 2009, p. 419.

28 Lucien Febvre and Henri-Jean Martin, *The Coming of the Book*, p. 249.

29 Benedict Atkinson and Brian Fitzgerald, *A Short History of Copyright: The Genie of Information*, New York, NY: Springer, 2014.

하게 양분되었다. 점차 시간이 흘러 독자군이 생기고 광범위하게 책이 유통되면서 새로운 동시대 작가들의 작품이 필요했다. 인쇄술은 곧 작가군의 발굴로 이어졌다. 에라스무스나 루터는 인쇄술 덕분에 베스트셀러 반열에 오른 작가들이다. 인쇄된 책은 단순한 독창적인 기술력의 승리를 넘어 서구 문명 속에 흩어져 있던 사상과 아이디어를 하나로 모을 수 있는 강력한 매개 역할을 했다. 이로 인해 엘리트가 지배하던 사회에 대중의 목소리가 들리고 반영할 기회가 마련되었다.

책의 확산

구텐베르크의 인쇄술이 등장한 이후, 성직자와 평신도 모두 인쇄술의 영향을 받았다. 파리 인쇄업자들은 1520년대 목판화 삽화가 포함된 성무일도서와 미사 전례서 등을 발행했다. 베르길리우스, 오비디우스, 키케로 같은 인기 있는 고전 라틴 작가들의 책이 새롭게 조명되고 대중화되었다. 대중의 문해력 증진에 도움이 되는 문법책과 교육 자료들이 더불어 출시되었다. 에라스무스는 대중을 위한 문법책을 쓰기도 했다.[30] 인쇄술은 독일 땅에서 시작해 먼저 이탈리아로 건너간 다음 유럽 전역으로 확산되었다. 16세기 초까지 인쇄기를 수용한 도시의 수는 240~270곳으로 추정된다. 그중 몇몇 도시가 인쇄의 선두주자로 자리 잡았다. 프랑스에서는 파리와 리옹이 인쇄 중심지였다. 이탈리아에서 생산된 책의 절반 이상이 베네치아에서 인쇄되었다.[31] 루터의 종교개혁이 있기 이전에, 이미 책은 지역적 경계를 넘어 국제적인 성격을 확보했다.

인쇄업자들은 새로운 텍스트에 대한 수요를 끊임없이 창출할 수 있는

30 David J. Shaw, "The Book Trade Comes of Age: The Sixteenth Century", *A Companion to the History of the Book*, p. 221.

31 Jean-François Gilmont, *Reformation and the Book*, p. 12.

능력을 갖추고 있었다. 책의 세계 속에 살면서 작가들과 친분을 쌓아가며 어떠한 책이 수요가 있는지 알 수 있었다. 새로운 아이디어를 적극적으로 출판에 접목했다. 단순한 기술자가 아니라 기업가, 실험가, 혁신가로서 대중의 새로운 취향을 평가하고 형성하는 데 중요한 역할을 했다. 인쇄업자는 콘텐츠가 필요했고, 작가와 번역가는 필요한 콘텐츠를 제공해 인기가 검증된 방대한 양의 작품을 생산할 길을 열었다. 인쇄업자들은 일반적으로 교육을 제대로 받은 박식하며 사업 감각이 있는 지식인들이었다.[32] 15~16세기 인쇄업자는 20세기 초반의 영화 제작자와 유사한 역할을 수행했다.[33] 인쇄술의 사명이 문헌의 가치를 일깨우고 확산시킨다는 점에서 그 어느 시기보다 문헌학이 중요한 자리를 차지했다. 많은 학자와 작가가 출판사의 교정 독자로 활동하거나 인쇄업자로 직업을 전환했다. 에라스무스가 인생의 거의 대부분을 인쇄소에서 보냈다는 사실도 이를 증명한다. 그는 자신의 자질을 인정하는 출판업자나 투자자의 지원을 받으며 새로운 인문주의에 봉사하고 다양한 책을 출판하면서 성공을 거두었다.

인쇄술이 본격화된 16세기는 15세기와는 비교할 수 없는 규모로 인쇄 산업이 성장했다. 16세기 내내 파리에서는 2만 5,000개 이상의 판본이 출판되었다. 리옹에서는 대략 1만 3,000개, 독일에서는 약 4만 5,000개, 베네치아에서는 1만 5,000개, 잉글랜드에서는 약 1만 개의 판본이 인쇄되었다. 이를 합치면 1500~1600년 사이에 약 15만~20만 개의 판본이 인쇄되었다. 한 판본을 평균 1,000부 찍었다고 가정하면 1억 5,000만~2억 부가 출판되었다. 인쇄된 책을 읽을 수 있는 사람이라면 누구나 접근할 수 있을 만큼 충분한 양이 생산되었다. 자연히 고전 문학에 대한 지

32 Robert Scribner, "The Reformation Movements in Germany", *The New Cambridge Modern History: The Reformation 1520-1559*, ed., G. R. Elton, Cambridge: Cambridge University Press, 1990, p. 83.

33 A. E. B. Coldiron, *Printers without Borders: Translation and Textuality in the Renaissance,* Cambridge: Cambridge University Press, 2015, p. 3.

도표 1 독일의 인쇄물 수(1513~23)

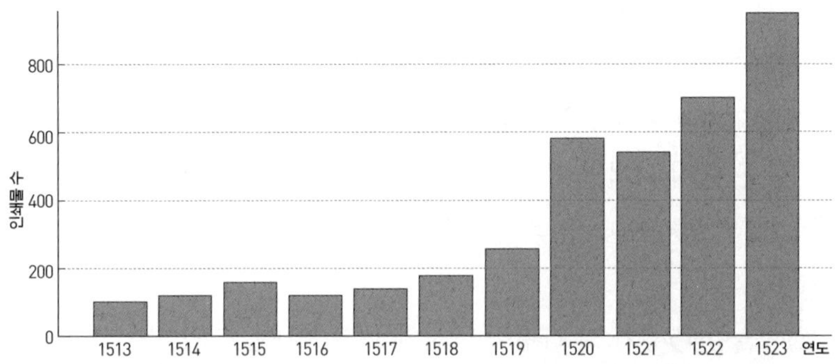

출처: Jean-François Gilmont, *The Reformation and the Book*, trans., Karin Maag, London and New York, NY: Routledge, 2016, p. 66.

식을 확산시키고 종교개혁 교리를 전파하는 데 중심적인 역할을 했다. 모국어의 확산과 민족 문학의 발전을 가져왔다.

루터의 95개조 논제가 처음 인쇄된 이후, 곧이어 라이프치히, 아우크스부르크와 바젤에서 재인쇄되었다. 루터가 촉발한 가톨릭교회 내의 논쟁은 책과 팸플릿이 홍수처럼 쏟아지게 만들었다. 1500년에서 1530년 사이 독일에서는 1만 개가 넘는 팸플릿이 출판되었는데, 그중 4분의 3이 1520년부터 1526년까지 7년 동안 출판되었다.[34]

루터의 종교개혁이 시작된 이후 1년 만에 팸플릿 생산량은 530퍼센트 증가했다. 그 후 1524년까지 6년 동안 거의 매해 여덟 배 증가했다.[35] 인쇄술은 책의 생산 규모와 인쇄물의 분량, 타깃 독자 등을 획기적으로 바꾸어 놓았다. 필사와는 비교할 수 없는 속도로 책을 생산하게 되면서 인쇄 부수는 크게 늘었다. 출판 성과의 엄청난 규모는 그 자체로 새로운 매체의 힘에 대한 웅변적인 증거이다. 1530년까지 독일어로 유통된 팸플

34 Andrew Pettegree, "Books, Pamphlets and Polemic", *The Reformation World*, ed., Andrew Pettegree, London and New York, NY: Routledge, 2000, p. 110.

35 Mark U. Edwards, *Printing, Propaganda, and Martin Luther*, p. 17.

릿은 약 600만 부로 추산된다. 작은 소책자와 같은 팸플릿이 인쇄물의 50퍼센트 이상을 차지한 점이 중요하다. 팸플릿은 대중을 위한 책이다. 이 팸플릿은 라틴어가 아닌 대중의 언어, 즉 모국어로 주로 작성되었다. 책이 성직자와 학자 엘리트의 재산에서 대중의 재산으로 전환된 셈이다. 팸플릿은 당시 사회의 가장 논쟁적인 주제를 대중에게 호소력 있게 제작한 선전선동용이다. 인쇄매체가 효율적인 사회비판을 위한 수단으로 자리 잡았다.

인쇄술이 15세기 말 라틴어 고전의 부흥 시대를 열었지만 그리스어 문헌의 경우에는 상황이 다소 달랐다. 그 요인 중 일부는 그리스어 활자체 디자인의 어려움 탓이다.[36] 또 다른 이유는 라틴어와 비교해 그리스어를 읽을 줄 아는 인구가 훨씬 제한적이다 보니, 수익을 낼 만큼의 그리스어 텍스트의 수요가 많지 않았기 때문이다. 마누티우스는 이 점에서 주목할 만한 인쇄업자이다. 그는 이탈리아 인쇄의 중심 도시 베네치아에서 그리스어 텍스트를 인쇄하는 출판사를 설립하고자 했다. 그는 약 20년 동안 베네치아에서 인쇄업에 종사하면서 그리스어 서체 개발은 물론, 그리스어 텍스트 출판을 거의 독점했다.[37] 마누티우스는 5권짜리 아리스토텔레스 저작을 획기적으로 출간했다. 그리스어 작품은 출간 목록의 핵심을 차지했다. 그가 출판한 고전은 인쇄술과 학문의 이정표로 빠르게 인식되었다. 유럽 전역에서 학자들이 알두스의 책을 구매하려 했다. 더불어 마누티우스는 자신의 그리스어 서체 및 이탤릭체에 대한 저작권을 베네치아 당국에 신청했다. 마누티우스는 '모든 시대의 모든 책 제작자 중 가장 영예로운 인물'이자 '그리스 및 라틴 문학의 구세주'로 평가받는다.[38] 글쓰기로 생계를 꾸린 최초의 작가로 명성을 높인 에라스무스는 1506년 이탈리아를 처음 여행하면서 당시 최고의 명성을 누렸던

---

36 L. D. Reynolds and N. G. Wilson, *Scribes and Scholars: A Guide to the Transmission of Greek and Latin Literature*, Oxford: Oxford University Press, 1991, p. 154.

37 L. D. Reynolds and N. G. Wilson, *Scribes and Scholars*, p. 155.

38 Andrew Pettegree, *Book in the Renaissance*, pp. 60~61.

마누티우스와 연결되어 함께 작업했다. 전체적으로 에라스무스의 저작물은 그의 생전에 100만 부 이상이 유통된 것으로 추정된다.[39]

베네치아는 근대 초 유럽 인쇄 문화의 중심지였다. 베네치아 인쇄 산업은 16세기에만 1만 5,000~1만 7,500판을 발행할 정도로 성장했다. 이 수치는 이탈리아 내에 인쇄된 모든 책의 절반 이상을 차지한다. 다른 인쇄 중심 도시들과 달리, 베네치아는 아랍어 문헌, 역사, 철학, 여행 문학의 출판으로 명성을 얻었다. 인쇄술이 근대 초 지식 전달에 혁명을 일으켰다면, 베네치아의 출판사들은 신세계에 유럽을 수출했다고 평가된다. 베네치아는 이탈리아와 유럽 문학의 중심지인 동시에 아메리카 대륙에 관한 정보가 유입·확산되는 통로였다. 1505년 이후 크리스토퍼 콜럼버스의 항해, 아메리고 베스푸치(Amerigo Vespucci, 1454~1512)의 여행, 유카탄과 멕시코 중부 정복, 프란시스코 피사로(Francisco Pizarro, 1475?~1541)의 페루 정복 등 아메리카 대륙 탐험과 정복에 관한 문헌이 베네치아에서 생산·확산되었다. 베네치아인들은 아메리카 대륙에 대한 정보를 열성적으로 수집하고 이 지식을 이탈리아와 유럽의 나머지 지역에 전파하는 일을 중개했다. 아메리카 대륙에 대한 콜럼버스의 항해를 묘사한 최초의 세계 지도가 베네치아에서 인쇄되었다. 베네치아의 인쇄기는 콜럼버스의 항해에 대한 초기의 가장 중요한 정보를 제공했다. 베네치아 지도는 캐나다와 브라질이라는 지명을 사용한 최초의 지도이다. 피사로의 페루 정복과 페루 쿠스코의 건축 및 도시 계획에 대한 최초의 논의도 베네치아에서 처음 출판되었다. 최초라는 것이 무조건 역사적 중요성을 나타내는 지표는 아니지만, 베네치아에서 이루어진 '최초' 기록은 베네치아가 인쇄 문화, 지도책, 신세계 여행의 담론을 형성하는 데 직접적인 기여를 했음을 보여 준다. 아메리카 대륙에 관해 베네치아에서 인쇄된 텍스트와 이미지의 양과 다양성은 베네치아인들이 지식을 획득한 방식에 대해 여러 궁금증을 남긴다.[40] 성서와 고전 문헌이나 문학 등을 출

39 Andrew Pettegree, *Book in the Renaissance*, p. 84.

판해 인쇄 중심지로 발돋움했던 여타의 도시와는 달리, 베네치아는 항해술, 지도, 신대륙에 대한 정보 등 새로운 지식을 획득·생산·유통하는 등 이른바 미디어로서 인쇄술의 기능을 최첨단으로 활용했다. 인쇄술은 곧 책이라는 도식은 사실상 인쇄술의 가능성과 영향력을 제대로 표현해 내지 못한다. 인쇄술은 적극적으로 여론을 형성하고 직조하는 미디어의 기능을 분명하게 발전시켜 나가고 있었다.

라틴어와 모국어 문해력

16세기 들어 인쇄술과 유럽의 모국어 발전은 공생 관계에 들어섰다. 언어란 국가적 정체성을 포함한 공유된 정체성을 위해 존재한다. 인쇄술 덕분에 한 국가나 영토 내의 여러 지역의 방언을 넘는 공용어 혹은 표준어를 만들었다.[41] 그중에서도 모국어 성서는 흔히 문화적 민족주의라고 일컬을 수 있는 특징을 만들었고 그리스도교도들의 정체성 형성에도 매우 중요한 수단이었다.

16세기 초반 독일의 종교개혁에서 루터의 성서 번역은 핵심적인 자리를 차지한다. 하지만 그 이전에도 유럽 대부분의 국가는 모국어 성서에 대한 애착이 있었다. 잉글랜드의 경우를 보면, 영어가 처음으로 문학 언어가 되었던 14세기에 이미 모국어 성서에 대한 갈망이 있었다. 그 후 영어 성서는 유럽 어느 곳에서도 볼 수 없는 종교개혁의 선구적인 상징물로 간주되었다. 유럽의 다른 나라와 비교해 17세기 중반까지 잉글랜드에서 더 많은 양의 성서가 인쇄·판매되었다. 스웨덴에서는 1526년에 신

40 Elizabeth Horodowich, *The Venetian Discovery of America: Geographic Imagination and Print Culture in the Age of Encounters*, Cambridge: Cambridge University Press, 2018, p. 5.

41 Patrick Collinson, *The Reformation: A History*, New York, NY: Random House, 2004, pp. 41~42.

약성서가 스웨덴어로 번역되었고, 1541년에는 신·구약성서 전체의 번역이 완성되었다. 가톨릭으로 남은 프랑스의 경우, 국가가 공인하는 프랑스어 성서는 없었다. 다만 신성 로마 제국 황제 카를 5세는 안트베르펜에서 프랑스어와 플랑드르어로 된 성서 출판을 허용했다. 1569년 바젤에서 스페인어 성서가 인쇄되었다. 16세기 모국어로 된 서적이 민족의식을 만들었고, 그중에서도 성서는 '국가를 상상하는 주요 렌즈'라는 주장이 전혀 과도하게 여겨지지 않는다.[42]

인쇄술 발명 초기 라틴어 중심의 출판물이 점차 모국어 서적이나 팸플릿으로 확대되면서 인쇄술은 민족의식을 강화하는 중요한 도구로 자리 잡았다. 이는 더불어 중세적 의미의 문해력을 다시 정의하도록 만들었다. 인쇄술로 인한 문화적·지적 혁신이 이루어지기 전까지 유럽 사회는 구술성이 지배하는 사회였다. 읽고 쓰는 능력은 소수가 독점했고 절대 다수의 대중은 눈으로 보고 귀로 듣는 것을 통해 지식을 습득하고 계승해 나갔다. 대표적인 종교의식이라고 할 수 있는 가톨릭 미사가 라틴어로 진행되었다는 점과 미사에서 가장 중요한 순서가 성체성사로서 대중이 그 현장을 '보는' 것을 가장 중요하게 생각했다는 점은 라틴어로 대표되는 엘리트 문해자들과 절대 다수가 문맹인 대중 사이의 간극이 분명했음을 보여 준다.

중세에서 문해자(literatus)란 라틴어 텍스트를 읽을 수 있는 사람이라는 의미였다. 문맹은 영어나 독일어, 프랑스어 등 모국어 해독 능력과 무관하게 라틴어를 읽고 쓸 수 있느냐의 기준에 따라 판단되었다.[43] 읽고 쓰는 능력이 제한되었던 16세기까지도 라틴어 문해력을 갖춘 사람들은 대부분 성직자, 지주, 상인, 전문직 계층의 출신이었다. 모국어 활용에 대한 무시도 한몫하지만 실제로는 모국어 문학이나 서적이 활성화되지 않

42 Patrick Collinson, *The Reformation*, p. 45.

43 Mark Amsler, *Affective Literacies: Writing and Multilingualism in the Late Middle Ages*, Turnhout, Belgium: Brepols, 2011, p. 23.

은 탓도 있다. 중세 말과 근대 초의 문해력에서 점차 라틴어와 모국어 구분이 희미해졌다. 또한 모국어 문해자가 라틴어 해독 능력을 갖춘 사람에 비해 사회적 수준이 낮다는 것도 어떤 면에서는 편견이다. 모국어를 읽고 쓰는 능력은 라틴어를 읽고 쓰는 능력과 동등하게 경쟁했다. 글쓰기는 책이든 기도문이든 일기이든 개인의 사적인 신념을 드러내는 도구였다. 이러한 신념을 표현하는 방식이 점차 라틴어가 아닌 일상의 언어인 모국어가 되었다는 점은 자연스럽게 일상의 종교성을 모국어로 표현하고 실천하는 데로 연결된다. 이는 라틴어로 된 성서나 종교 서적, 기도문 등이 모국어로 '번역'되거나 편집, 요약, 해설, 유통되도록 했다.[44]

인쇄술의 등장으로 라틴어와 모국어 사이의 새로운 역학이 등장했다. 도시민들은 행정이나 무역에 필요한 실용적인 모국어 문해력을 습득했다. 인쇄업자들이 사회 발전과 관련해 개발한 인쇄술과 상업 전략 덕분에 16세기에는 모국어 독자층이 급속하게 늘어났다. 모국어는 예술·과학·상업·종교·문화에서 주도적인 역할을 해나갔다. 모국어는 종이의 품질부터 활자체와 형식에 이르기까지 텍스트 표현에 관한 결정에 영향을 끼치고 밀접하게 얽혀 있다.[45] 모국어는 그 언어를 읽을 수 있는 독자들을 라틴어 독자들과는 비교할 수 없이 늘릴 수 있다. 모국어 문해력이 가지는 특징은 구술 언어와 문자 언어의 일치였다. 자연히 어느 지역에서든 모국어 인쇄물을 읽고 더 다양한 독자가 접근할 수 있게 되었다. 이렇게 되면 라틴어와 모국어는 지적 수준의 차이를 넘어 선호와 사용 목적의 차이로 귀결된다. 중세의 지적·문화적 엘리트 계층이라고 할 수 있는 성직자의 경우에 라틴어 용어 및 문구가 기본적으로 친숙했는데, 기도문이나 전례서 등 모든 종교의식과 실천이 라틴어를 기반으로 형성되었기 때문이었다.[46] 그러나 어디까지나 전문적인 종교인의 경우에 국한

44 Mark Amsler, *Affective Literacies*, p. 3.

45 Anna Dlabačová and Andrea van Leerdam, "Introduction", p. 5.

46 Anna Dlabačová and Andrea van Leerdam, "Introduction", p. 11.

되었다. 일반적으로 가톨릭을 따르는 대중은 자신들의 구술 언어와 문자 언어가 동일할 때 자신들만의 종교적 감수성과 표현력을 풍부하게 높일 수 있었다. 지역별·국가별로 차이가 있기는 하지만 신성 로마 제국의 일부인 독일의 경우에 모국어 성서는 중세 후기부터 활발하게 유통되었고, 인쇄술 덕분에 대중이 성서에 좀 더 쉽게 접근할 수 있었다. 이렇게 되면서 모국어가 라틴어보다 훨씬 뛰어난 가치를 생성해 낼 잠재성을 확보하게 되었다. 모국어는 전통적인 교회나 세속 권력이 승인하는 종교와 별개로 대중적인 문화적 신념과 관습을 포괄하는 언어로 작용했다.[47] 이 지점에서 라틴어와 모국어 사이의 긴장이 생기기 마련이다. 라틴어와 그리스도교는 유럽 세계에서 천년 동안 이어진 강력한 문화적 연결 고리였다. 라틴어는 교육 언어였다.[48] 라틴어는 유럽이라는 다양한 지리적·시간적 층위를 가진 세계를 하나로 묶어내는 통일성과 공동체성을 상징하는 언어였다. 하지만 모국어는 그런 역할과는 분명 거리가 있었다. 모국어 번역과 활성화는 국경을 만들고 차이를 두드러지게 하는 효과가 있었다. 모국어는 그 점에서 라틴어가 담고 있던 국제적인 성격을 국내로 축소했다. 국제적인 엘리트 언어에서 같은 민족을 포용하는 다양한 층의 대중의 언어로 자리매김했다.[49] 종교·사회·정치·교육에서 유럽의 단일한 라틴어 문화는 인쇄기 도입으로 모국어 텍스트가 발전하면서 마침내 해체되었다.

라틴어 문해력을 갖춘 사람들과 사회 주류인 엘리트 계층을 연결하는 것은 자연스럽지만, 모국어를 읽고 쓰는 능력과 사회의 주류성은 반드시 연결되지 않는다. 문해력은 당시의 학교 교육에 대한 접근성, 기본 학습에 대한 요구, 사회 및 문화적 태도에 따라 결정되었다. 일반적으로 남성의 문해력 수준이 여성보다 높았고 사회 계층으로 보면 상류층이 농민,

47 Alastair Minnis, *Translations of Authority in Medieval English Literature: Valuing the Vernacular*, Cambridge: Cambridge University Press, 2009, p. xi.

48 A. E. B. Coldiron, *Printers without Borders*, p. 8.

49 A. E. B. Coldiron, *Printers without Borders*, p. 8.

장인, 노동자보다 훨씬 높은 문해력을 갖추었다. 공간적으로도 지역적·국가적으로 차이가 있는데, 일반적으로 도시가 농촌보다 문해력이 높았다.

16세기 인쇄술은 특정 개별 국가의 정체성 신화를 정교하게 형성하는 데 크게 기여했다. 특히 모국어 문학과 문해력은 독특한 방식으로 민족주의를 만들었다. 어렸을 때 가정에서 쓰는 언어와 동일한 글자를 자연스럽게 배우면서 균질한 언어와 그에 따른 감수성을 갖출 수 있었다. 문법학교에서는 라틴어 대신에 모국어로 읽기 기본 교육을 실시했는데, 그 후 언어적 뿌리와 민족적 뿌리가 서로 얽히게 되었다. 이러한 방식으로 인쇄술은 라틴 그리스도교계를 영구적으로 분열시켰는데, 이는 종교개혁기에 새삼스럽게 등장한 현상은 아니었다. 14세기에 인문주의자 프란체스코 페트라르카(Francesco Petrarca, 1304~74)는 이탈리아어로 글을 썼으며, 제프리 초서(Geoffrey Chaucer, 1342?~1400) 역시 모국어인 영어로 『캔터베리 이야기』(*The Canterbury Tales*)를 썼다.

모국어 활용은 국가 중심의 종교가 형성되는 데에도 일정 부분 기여했다. 대체로 모국어로 번역된 성서를 적극적으로 활용한 프로테스탄트 지역은 라틴어를 포기함으로써 프로테스탄트 영역 내에서 교회와 국가의 전통을 좀 더 밀접하게 결합했다. 인쇄술의 등장과 국민국가의 형성, 더 나아가 국가 주도 교회의 형성은 일련의 흐름으로 묶여 있다. 모국어 성서 번역은 프로테스탄트에만 국한된 것은 아니다. 전반적으로 모국어 성서 번역의 생산과 확산은 사회적·정치적 발전과 밀접하게 연관되어 있다. 프랑스의 경우에는 성서의 모국어 번역 작업은 프랑스어를 '새로운 라틴어'로 홍보하는 국왕의 정치적 의도와 연결된다. 중세 말에 이르러 중앙집권화된 국가 체제를 강화한 프랑스는 국왕 대관식에 구약의 왕과 제사장을 연상시키는 성유를 뿌렸다. 이렇게 함으로써 프랑스 왕들은 정치적 권력을 부여받았을 뿐만 아니라 종교 지도자로서의 정체성을 강화했다. 로마 교회로부터 종교적인 독립도 확장해 국왕이 프랑스 교회를 통제하는 체제를 구축했다. 13세기 초부터 모국어 성서는 프랑스 왕실

의 종교적 위상을 강화하는 데 중요한 역할을 했다.[50]

인쇄술은 근대 유럽 언어를 형성하는 데에도 도움이 되었다. 16세기 초까지 여러 나라에서 서로 다른 시기에 문자 언어로 발전한 서유럽의 민족어는 구어의 발전을 밀접하게 따라가며 계속해서 발전해 왔다. 르네상스에 고전 라틴어 문학의 부흥이 있었지만 전반적으로 라틴어는 16세기에 그 입지를 잃기 시작했다. 여성을 포함한 일반 대중이 모국어를 읽을 수 있게 되면서 라틴어에 대한 필요가 점차 사라졌다. 프로테스탄트 종교개혁가들 역시 모국어로 선전물을 만들고, 심지어 루터의 종교개혁에 반대하는 가톨릭 작가들도 대중을 설득하기 위해 루터의 라틴어 저작을 먼저 독일어로 번역하거나 루터의 주장에 반하는 논쟁서를 모국어로 작성했다.

문해력을 바라보는 교회 당국의 시선은 일관되지 않고 복잡했다. 한편으로 교회는 공식적으로 평신도 신앙을 장려하고 신비주의 서적이나 경건 서적을 읽는 것을 장려했지만, 성직자들이 일반 평신도들의 문해력을 항상 지지하지는 않았다. 평신도들의 문해력이 높아질수록 교회의 종교적 장악력이 약화되었기 때문이다. 예컨대, 발도파가 구약과 신약을 저속한 언어로 번역해 가르치고 배운다는 비판이 이에 해당된다. 교회가 인정하는 라틴어 성서가 아닌 모국어 성서를 읽고 성서를 잘못 해석했다는 이유로 발도파 운동을 이단으로 규정했다. 14세기 말 잉글랜드에서 존 위클리프(John Wycliffe, 1330?~84)와 롤라드파(Lollards)의 등장으로 영어 성서와 신앙서가 대중 속에 파고들자, 캔터베리 대주교 토머스 아룬델(Thomas Arundel, 1353~1414)은 롤라드파뿐만 아니라 일반 대중의 라틴어와 모국어 문해력 확산을 우려하고 통제했다. 모국어에 대한 관심과 확산은 필연적으로 라틴어를 매개로 하는 가톨릭의 통제력 약화로 이어질 수 있다는 우려가 커졌다.

15세기 초 노리치에서의 롤라드 이단 재판은 문해력을 갖춘 평신도들

50 Corbellini et al., "Challenging the Paradigms", p. 187.

이 전통적인 교회 권위를 거부하고 반성직주의에 경도되었음을 보여 준다. 그들은 스스로 경전 읽기를 통해 종교적 자아를 갖추고 성직자 권위에 매이지 않으면서 예배와 설교 등을 직접 수행하며 종교적 삶을 추구했다.[51]

인쇄술 역시 마찬가지이다. 인쇄술은 교회에 도움이 될 수 있지만 오용하면 교회에 해로울 수 있다는 위기의식도 있었다. 성서나 신학 저작물이 모국어로 번역되어 제대로 교육을 받지 못한 평신도의 손에 들어가는 것은 위험할 수 있다는 인식이다. 그들이 사제의 권위를 떨어뜨리고 자신의 이해에 따라 성서 해석을 하고 대중과 토론해 정제되지 않은 가르침을 확산시킬 수 있기 때문이다.

인쇄와 번역은 모국어 어휘와 레퍼토리를 풍부하게 하고 모국어 문학을 발전시키며, 이를 통해 언어를 매개로 한 민족적 정체성을 재형성하는 효과를 가져왔다. 평신도의 문해력 증진은 불가피하게 기존의 성직자들의 라틴어 문해력에 기반한 지적 세계를 재구성했다. 보편적 라틴어 대신에 '지역적' 모국어로 사유하게 되면서부터 '민족' 문학이 형성되고 '민족'의식이 싹텄다. 인쇄술 덕분에 민족주의가 생성되고 국가 중심의 체계가 갖추어졌다는 것은 자연스러운 논리적 귀결이다. 실제로 모국어를 사용하는 대부분의 인문주의자는 국왕이나 귀족 후원자들의 후원 덕분에 활동을 이어갈 수 있었다.

모국어의 문해력 확산과 종교개혁은 밀접하게 연결되어 있다. 중세 후기 모국어 성서의 인기와 배포가 종교개혁을 형성하는 데 도움이 된 일련의 전제조건처럼 간주된다. 그래서 루터의 성서 번역을 종교개혁사에서 하나의 분수령으로 본다. 로마 교회가 지속적으로 모국어 성서에 대해 반감을 보였다는 것이 기정사실처럼 여겨졌다. 종교개혁 역사가인 스티븐 오즈먼트의 주장이 대표적이다. 그는 중세 교회가 종교적 평등주의가 가져올 사회적 결과를 두려워해 평신도들 사이에서 모국어 성서의

51 Mark Amsler, *Affective Literacies*, p. 24.

유통을 금지했으며, 발도파와 롤라드파 같은 집단의 성서 번역을 강력하게 억압했다고 주장한다.[52] 그러나 이에 대해서는 입장이 나뉜다. 중세 유럽에서 가톨릭교회가 모국어로 성서를 읽는 것을 금지했다는 것은 정확하지 않다는 주장이 제기되었다.[53] 프로테스탄트 신학자인 알리스터 맥그래스(Alister McGrath)는 "중세 교황이나 공의회는 성서를 모국어로 번역하는 것에 대해 보편적이거나 절대적인 금지를 내린 적이 없으며, 번역 성서 사용을 금지하는 유사한 조치도 없었다"라고 밝힌다.[54] 교회사가 야로슬라브 펠리칸(Jaroslav Pelikan)은 독일어 성서 번역이 루터와 함께 시작되었다는 것도 신화라고 말했다.[55] 하지만 1229년 툴루즈 공의회는 불가타 성서의 모국어 번역을 금지했다. 1485년 3월 22일 마인츠 대주교 베르톨트 폰 헤네베르크(Berthold von Henneberg)는 마인츠 관할권에 있는 성직자와 평신도 모두에게 그리스어, 라틴어 또는 기타 언어의 책을 모국어로 번역하거나 번역된 작품을 배포하고 구입하는 것을 금지했다.[56] 따라서 금지 조치가 없었다기보다는 그 조치의 실효성이 없었다는 것이 더 타당하다. 중세 후기의 사본과 초기 인쇄본 모두에서 다양한 모국어 성서 번역본과 복음서나 서신서 번역본이 남아 있다. 최근 연구가 보여 주는 것처럼 대중이 모국어 성서에 접근하기 어려운 상황이 아니었다면 루터의 종교개혁이 성서를 통한 양심의 자유를 추구하는

52 Steven E. Ozment, *The Age of Reform, 1250-1550: An Intellectual and Religious History of Late Medieval and Reformation Europe*, New Haven and London: Yale University Press, 1980, p. 202.

53 Andrew C. Gow, *The Contested History of a Book: The German Bible of the Later Middle Ages and Reformation in Legend, Ideology, and Scholarship*, Piscataway, NJ: Gorgias Press, 2012, p. 263.

54 Alister E. McGrath, *The Intellectual Origins of the European Reformation*, New York, NY: Basil Blackwell Publishers, 1987, p. 124.

55 Jaroslav Pelikan, Valerie R. Hotchkiss and David Price, *The Reformation of the Bible, The Bible of the Reformation*, New Haven and London: Yale University Press, 1996, p. 49.

56 Jean-François Gilmont, *Reformation and the Book*, p. 92.

혁명적인 운동이라는 전제는 흔들리게 된다. 특히 종교개혁 역사가 앤드루 고(Andrew Gow)는 중세 후기 독일의 모국어 성서 유통에 관한 이른바 '프로테스탄트 패러다임'에 도전한다. 전통적으로는 일반 대중이 모국어 성서를 읽을 수 있도록 유통이 이루어진 것을 종교개혁 운동의 거대한 전환점으로 본다. 이러한 주장은 실제 루터의 성서에 대한 언급에서 찾을 수 있다. "30년 전에는 성서를 읽는 사람이 아무도 없었고 성서가 아무에게도 알려지지 않았다. 선지자들은 언급되지도 않았고 이해할 수 없는 자들로 여겨졌다. 그리고 나는 스무 살이 될 때까지도 성서를 한 번도 본 적이 없었다. 나는 복음서나 서신서는 주일 독서를 위한 포스트틸(성구집)에서만 찾을 수 있다고 생각했다. 그러다가 처음 수도원에 들어가 도서관에서 성서를 발견한 이후에 그 성서를 여러 번 읽고, 다시 읽고, 또 여러 번 다시 읽기 시작했다."[57] 하지만 주의해야 할 것이 있다. 성서 유통이나 성서의 모국어 번역과 관련해 중세 말 유럽이라는 넓은 시공간에는 일치된 하나의 흐름만 있지 않았다. 예를 들어 1519년 라이프치히 논쟁에서 루터와 논쟁했던 요한 에크(Johann Eck, 1486~1543)는 열 살 무렵에 성서를 거의 다 읽었다고 주장했다.[58] 하지만 독일어 성서에 대한 관심이 14세기와 15세기에 그 어느 때보다 강했다고 해서 루터의 성서 번역의 의의가 줄어들지는 않는다.

국가의 주도적인 간섭이 이루어질 수 있도록 왕권이 강화된 잉글랜드의 경우와 권력이 지역적으로 분산된 신성 로마 제국의 경우는 구분해야 한다. 예를 들어 1479년 쾰른에서 인쇄된 라틴어 성서는 검열관의 승인을 받았다. 잉글랜드 이외의 지역에서 실제 성서를 모국어로 번역하거나 소유하는 것에 대한 교회의 금지는 지역에 따라 산발적으로 일어난 정도였다.[59]

57 Andrew Gow, *Contested History of a Book*, p. 281.
58 Andrew Gow, *Contested History of a Book*, p. 285.
59 Andrew Gow, *Contested History of a Book*, p. 272.

분명 잉글랜드의 경우는 달랐다. 위클리프와 롤라드파의 여파로 인한 것인데, 잉글랜드에서는 '새로운' 번역을 금지하고 위클리프 영어 성서도 금지했다. 1410년부터 1550년대까지 교회 조례에 따르면, 평신도들이 영어 성서를 소유하거나 읽을 수 있는 권리는 없었고 심지어 영어로 된 서적을 소유하는 것만으로도 이단으로 몰릴 수 있었다. 영어 저술을 통해 롤라드를 반박하고자 했던 치체스터 주교 레지널드 피콕(Reginald Pecock, 1395~1461)이 영어로 책을 썼다는 이유로 주교직에서 파면당한 사례는 영어 저술에 대한 잉글랜드의 위기의식을 잘 보여 준다.[60] 반면에 대륙에서는 모국어로 된 성서를 소유하거나 읽는 것을 명시적으로 금지하지 않았다. 물론, 평신도들이 성서를 소유하고 성서에 대한 관심을 갖는 것을 차단하려는 교회 당국의 시도는 광범위한 지역에서 벌어졌지만 효과적으로 통제되지는 않았다.

1519년까지 라틴어로 인쇄된 성서본 151개가 신성 로마 제국, 프랑스, 이탈리아에서 유통되었다. 1522년까지 성서가 독일어 방언(고지 독일어와 저지 독일어)으로 18권, 네덜란드어로 4권이 인쇄되었다. 15세기에 이미 성서 이야기나 주제를 바탕으로 한 수천 권의 신앙 서적이 있었다. 한스 로스트(Hans Rost)는 성서를 기반으로 한 신앙과 성서에 대한 지식은 일반적으로 중세 시대의 상징, 연극, 문학, 음악, 예배 및 건축 문화의 중심이었다고 주장한다. 루터의 주장처럼 성서를 접할 기회가 없었다면, 그것은 1490년대와 1500년대 초 그가 있던 에르푸르트의 지역적 상황 때문일 수 있다. 1505년부터 그의 수도원에서는 라틴어 성서 전체를 접할 수 있었고, 루터는 1513년에 성서를 강의하기 시작했다.[61]

모국어로 된 성서나 종교 서적에 대해 반감을 제기하는 경우도 분명 존재했다. 종교적 언어가 신자들에게 깊은 인상을 주기 위해서는 거리감

60 최종원, 「레지널드 피콕의 속어 저작을 통해 본 15세기 잉글랜드 교회와 반(反)롤라드 담론」, 『한국 서양사연구회』 제37호, 2007, 35~70쪽 참조.

61 Andrew Gow, *Contested History of a Book*, p. 284.

과 신비로움을 유지해야 한다고 느끼는 사람들도 있었다. 대중의 잘못된 해석을 두려워해 성서에 대한 자유로운 접근을 거부하는 것과 비슷한 논리이다. 라틴어는 적어도 안전성을 보장했다. 이에 반해 루터는 모국어로 설교하고 글을 쓰는 것을 부끄러워하지 않았고, 모국어를 사용하는 것이 그리스도교 세계에 더 큰 유익을 가져올 것이라고 보았다. 종교개혁기에 가톨릭 지역에서는 라틴어로, 프로테스탄트 지역에서는 모국어로 교육이 이루어졌다. 성서를 대할 때와 마찬가지로 가톨릭 측은 모국어를 통한 교육에 전반적으로 부정적인 태도를 취했다. 전례에서도 가톨릭은 충실하게 라틴어 미사를 드렸지만 프로테스탄트 종교개혁가들은 점차 라틴어를 버렸다. 하지만 모국어가 라틴어를 완전히 대체하기까지는 오랜 시간이 걸렸다. 가톨릭뿐만 아니라 프로테스탄트 진영에서도 라틴어는 신학 논쟁을 위한 언어였으며, 국제적인 교류와 의사소통에 있어 모국어와 비교할 수 없는 이점이 있었다. 제네바의 칼뱅이 자신의 저술을 라틴어로 작성한 것도 이와 무관하지 않다.

그렇기에 프로테스탄트는 책을 선호하고 가톨릭은 거부한다고 단순화할 수는 없다. 프로테스탄트 종교개혁이 1520년에서 1525년 사이 이른바 팸플릿 전쟁에 기반하고 있지만, 가톨릭 진영에는 중세기 내내 모국어 경건 문학을 통해 축적된 책 읽기 전통이 존재했다. 초기 출판물 제작의 상당 부분은 성서를 포함해 모국어로 된 종교 문헌으로 구성되었다. 모국어 성서와 번역본, 각색본은 15세기 말까지 유럽 전역에 퍼졌다. 인쇄기의 사용은 이미 필사본 전통에서 일어나던 종교 문화의 변화를 가속화했고 이 산업에 평신도의 참여가 확대되었다. 책 문화는 종교개혁 이전에 유럽 지역에 퍼져 있었다. 1522년 9월 루터의 성서가 등장하기 이전에 독일어 성서는 대량으로 보급되어 있었다. 16세기 종교개혁과 인쇄기의 밀접한 연관성은 부인할 수 없다. 인쇄술이 전에 없는 대규모의 텍스트를 생산할 수 있게 해준 덕분에 종교개혁 사상은 확산되었다. 하지만 동일한 강도와 규모로 가톨릭 진영에서도 인쇄매체는 가톨릭 전통 교리와 가치를 확장하는 데 활용되었다. 과도하게 루터와 프로테스탄트 진영의 팸플릿 전쟁을 중심으로 인쇄술의 가치를 주장하는 것은 그리 공정한 평가는 아니다.

종교개혁과 인쇄술

독일은 인쇄와 종교개혁의 요람이었다. 루터는 인쇄술을 하느님이 주신 최고의 선물이라고 했다.

> 인쇄술은 하느님의 궁극적이고 최고의 선물입니다. 사실, 하느님은 인쇄물을 통해 땅끝에 이르기까지 전 세계에 참된 종교의 근원을 전하고 그것을 모든 언어로 전하고 싶어 하십니다. 인쇄술은 이 세상의 종말 앞에 빛나는 마지막 깜빡거리는 불꽃입니다.[62]

마찬가지로 필리프 멜란히톤(Philipp Melanchthon, 1497~1560)은 "인쇄술은 하느님이 인간에게 전해 준 진정한 예술이다"라고 평가했다. 인쇄술이 없었다면 종교개혁은 결코 성공하지 못했을 것이라는 주장이 종종 제기된다. 그 중요성을 무시해서는 안 되지만 인쇄술에 과도한 의미 부여를 하는 것은 신중할 필요가 있다. 프로테스탄트 진영에서 인쇄술은 1517년부터 약 30년간 압도적인 우위를 보였지만 그것이 전부는 아니다. 가톨릭 진영 역시 인쇄술을 적극적으로 활용했고 가톨릭 인쇄업자들의 역할도 평가해야 한다. 그렇지만 우선 프로테스탄트 진영의 인쇄술 활용을 먼저 살펴보는 것은 유의미하다. 루터가 있던 비텐베르크에 인쇄기가 맨 처음 들어온 해는 1502년이다. 그 후부터 17세기까지 비텐베르크는 라이프치히, 예나와 함께 독일의 3대 서적 생산 중심지였다. 루터의 종교개혁 결과가 아니고서는 비텐베르크의 약진을 설명할 길이 없다.

62 Jean-François Gilmont, *Reformation and the Book*, p. 2.

인문주의자들이 고전 라틴어를 부활시켜 인문주의를 활성화했다면, 종교개혁 운동은 모국어를 활용해 대중과의 적극적인 소통을 이루어냈다. 대중을 설득하기 위해서는 라틴어가 아닌 독일어 저술이 필요했다. 루터의 종교개혁에 반대하는 진영에서도 마찬가지였다. 루터 반대파들도 모국어로 대중과 소통하는 것의 중요성을 인식해 루터의 라틴어 소책자를 독일어로 직접 번역하기도 하고, 독일어로 글을 쓰고, 폭넓은 대중에 다가가기 위해 인쇄술을 적극 활용했다.

엄밀하게 말하면, 종교개혁이 인쇄술의 도움을 받은 최초의 종교 운동은 아니다. 루터 이전에 서방 그리스도교 국가들은 투르크에 대항하는 십자군 운동을 위해 인쇄물을 활용했다. 반투르크 십자군은 인쇄술을 활용한 최초의 종교 운동이었다. 프로테스탄트는 대중매체로서 인쇄술의 잠재력을 '완전히 활용한' 최초의 종교 운동이었다. 이는 또한 기존 제도에 대한 노골적인 선전과 선동을 위해 새로운 언론을 활용했다는 점에서 혁신적이었다. 대중의 지지를 불러일으키고 라틴어에 익숙하지 않은 독자들을 대상으로 한 모국어 팸플릿 유포를 통해 개혁가들은 선동가의 자리를 개척했다. 팸플릿은 글자로만 이루어지지 않았다. 시각적으로 잊히지 않고 각인될 만한 삽화를 캐리커처 형태로 넣어 메시지의 효과를 극대화했다.

종교개혁은 최신 발명품인 인쇄기를 사용해 대중 운동을 형성하고 전달하려는 분명한 의식을 가지고 있었다. 인쇄술 덕분에 프로테스탄트 주창자들은 전통 종교를 변화시키기 위해 대중에게 빠르고 효과적으로 다가갈 수 있었다. 종교개혁은 최초의 대규모 미디어 캠페인이었을 뿐만 아니라 루터라는 한 사람이 압도하는 캠페인이기도 했다. 그 어떤 사람보다 루터의 작품이 더 많이 인쇄되고 재인쇄되었다. 1517년에서 1520년 사이에 루터가 출판한 30권의 출판물은 30만 부 이상 팔렸다. 이 시기 루터 저술의 판매량은 독일 도서 전체 판매량의 3분의 1을 차지했다. 유명한 팸플릿인 『독일 민족의 그리스도인 귀족에게 고함』은 나온 지 7일 만에 4,000부가 팔렸고, 그 후 2년 동안 13쇄가 발행되었다.[63] 『그

도표 2 스트라스부르에서 출판된 프로테스탄트 작가들의 작품(1519~60)

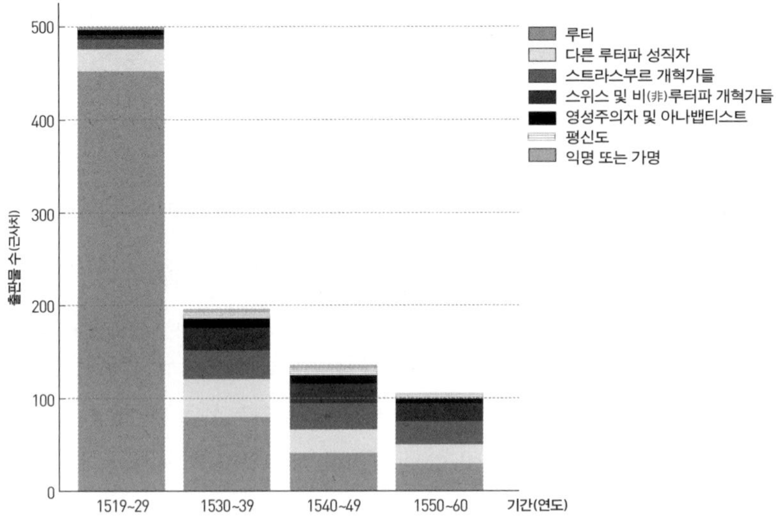

출처: Jean-François Gilmont, *The Reformation and the Book*, trans., Karin Maag, London and New York, NY: Routledge, 2016, p. 255.

리스도인의 자유에 대한 논설』은 1년에 18쇄가 인쇄되었다. 종교개혁기 이후 10년 동안 루터는 수많은 설교와 논쟁서, 경건 서적 등을 출판해 독일의 출판 시장을 완전히 장악했다.[64] 독일어권 지역의 출판사는 중요한 초기(1518~25)에 다른 주요 프로테스탄트 개혁가들의 저작을 모두 합친 것보다 루터의 모국어 작품을 훨씬 더 많이 출판했다. 루터의 생애 동안 그의 독일 저작물은 가톨릭 논쟁가들의 작품을 모두 합친 것보다 다섯 배 가까이 많았다.[65] 인쇄술보다 종교개혁에 더 결정적인 영향을 끼친 발명품은 없다. 출판물이 없었다면 이 정도 규모의 혁명은 완성될 수 없었을 것이다. 롤라드파나 발도파와 달리, 루터교는 처음부터 인쇄된

63 R. A. Houston, *Literacy in Early Modern Europe*, p. 187.

64 Andrew Pettegree, "Books, Pamphlets and Polemic", p. 111.

65 Mark U. Edwards, *Printing, Propaganda, and Martin Luther*, p. 1.

책의 산물이었고 책이라는 매체를 통해 루터는 유럽인들의 정신에 지울 수 없는 인상을 남겼다. 인류 역사상 처음으로 대중은 모국어를 사용하는 대중매체를 통해 혁명적 사상의 타당성을 판단했다. 독일 한 지역의 수사의 행위가 그렇게 광범위한 영향을 끼칠 수 있었던 것은 주로 신학 논쟁의 전통적인 형태가 완전히 새로운 홍보 기술에 의해 변형되었기 때문이다. 책이 한번 출간되면 보름 만에 독일 전역에, 한 달 만에 유럽 전역에 알려지게 되었다. 인쇄기는 커뮤니케이션 분야를 극적으로 변화시켰고 국제적인 저항이 결실을 거두게 했다.[66]

프로테스탄트와 인쇄업자는 가톨릭과 인쇄업자보다 공통점이 더 많아 보인다. 종교개혁은 출간된 인쇄물을 통해 다른 새로운 세력과 상호작용했기 때문에 유럽 사회가 발전하는 데 매우 중요했다. 프로테스탄트가 가톨릭보다 근대화의 흐름에 밀접하게 연관되어 있는 것처럼 보이지만 명확하게 선을 그을 수는 없다. 16세기 프로테스탄트 종교개혁 이전에 가톨릭 지역의 대중도 후에 프로테스탄트로 바뀐 지역의 대중만큼이나 모국어 성서에 관심이 있었다. 가톨릭 인쇄업자들은 인문주의 저술을 출간하면서 사업을 확장했다.

루터의 종교개혁과 인쇄술의 관계에서 가장 항구적인 영향력을 끼친 사건은 루터의 독일어 성서 번역이었다. 루터가 새로운 성서 번역을 시작하기 이전에 이미 고지 독일어로 인쇄된 성서가 14권, 저지 독일어 성서가 4권 있었다. 개혁가들은 대중에게 접근 가능하고 읽기 쉬운 성서 번역본을 제공하는 것이 개혁 운동의 필수라고 인식했다. 루터는 모든 그리스도교도의 궁극적인 권위의 원천이 교회가 아닌 성서에 있다고 강조했기 때문이다. 종교개혁 사상의 원천이 바울 서신의 재해석에서 이루어졌기에 우선 신약성서 번역을 시작했다. 물론, 신약성서가 구약성서보다 번역하기가 수월했던 점도 있다. 멜란히톤이 루터에게 신약성서 번역을 제안한 것이 1521년 12월 초였다. 루터는 바르트부르크성에서 숨

66 Elizabeth Eisenstein, *Printing Revolution*, p. 171.

어 지내는 동안, 단 11주 만인 1522년 2월 말에 신약성서 번역을 완성해 비텐베르크로 보냈다. 루터는 3월 4일에 직접 비텐베르크로 가서 수정을 하고 최종본을 인쇄소에 전달했으며, 도난 및 불법 복제를 피하기 위해 비밀리에 이 작업을 수행했다. 5월 초 첫 교정을 본 이후, 인쇄에 들어갔다. 비텐베르크의 인쇄업자 멜키오르 로터(Melchior Lotter, 1490?~1542?)는 처음에는 한 대의 인쇄기로 작업을 진행하다가 1522년 9월 라이프치히 박람회에 맞추어 책을 내기 위해 3대의 인쇄기를 사용했다. 마침내 『9월 성서』(*September Testament*)라고 불리는 신약성서 초판이 출시되었다. 정확한 인쇄부수는 알 수 없으나 약 3,000~5,000부 정도가 인쇄되었을 것으로 추정된다. 이 성서판은 아름답고 정교했다. 저명한 화가 크라나흐가 성서 본문 삽화를 위한 목판화 디자인을 제작했다. 삽화는 본문의 내용을 풍부하게 했지만 그만큼 가격이 올라갔다.[67] 가격이 높았음에도 약 10주 만에 매진되었다.[68] 1522년부터 1524년까지 2년 동안 비텐베르크에서 14쇄가 인쇄되었고 아우크스부르크, 바젤, 스트라스부르, 라이프치히에서 66쇄를 찍었다. 루터가 번역한 원본은 에라스무스의 신약 그리스어 텍스트였지만, 실제로 루터는 이미 초기 독일어 번역본과 불가타 성서를 활용했다. 루터의 성서에 의미를 부여하기 위해 그의 독일어 성서가 근대 초 독일어의 표준 형식을 형성했거나 발명했다고 주장하지만, 이는 독일의 프로테스탄트 민족주의의 주장이다. 루터의 성서 번역은 14세기와 15세기 출판된 독일어 성서 사본에 상당 부분 의존했다.

1525년 농민전쟁과 이에 대한 루터의 강경한 입장은 개혁 역사의 전환점이 되었으며, 동시에 그의 저작물 수요가 급감하는 계기가 되었다.

67 Andrew Pettegree, "Books, Pamphlets and Polemic", p. 116.

68 판매 통계 기록은 Rudolf Hirsch, *The Printed Word: its Impact and Diffusion: Primarily in the 15th-16th Centuries*, London: Variorum Reprints, 1978; Robert W. Scribner, *For the Sake of Simple Folk: Popular Propaganda for the German Reformation*, Cambridge and New York, NY: Cambridge University Press, 1981 참조.

도표 3 루터 저작의 초판 및 재판 출판물(독일어 사용 지역)

	1516 ~17	1518 ~24	1525 ~29	1530 ~34	1535 ~39	1540 ~44	1545 ~46	합계 (1518 ~44년)	생애 전체 합계 (1516 ~46년)
전체 초판 및 재판									
독일어판	3	1310	560	326	200	155	91	2551	2645
라틴어판	4	266	68	46	73	50	31	503	538
총계(독일어+라틴어)	7	1,576	628	372	273	205	122	3,054	3,183
독일어판 비율 (각 기간별 총계 대비)	42.9%	83.1%	89.2%	87.6%	73.3%	75.6%	74.6%	83.5%	83.1%
반(反)가톨릭 초판 및 재판									
독일어판	0	544	163	159	102	60	53	1,028	1,081
라틴어판	4	164	28	16	26	15	17	249	270
총계(독일어+라틴어)	4	708	191	175	128	75	70	1,277	1,351
독일어판 비율 (각 기간별 총계 대비)	0.0%	76.8%	85.3%	90.9%	79.7%	80.0%	75.7%	80.5%	80.0%

주: 성서 판본은 제외.

출처: Mark U. Edwards, Jr., *Printing, Propaganda, and Martin Luther*, Berkeley, CA: University of California Press, 1994, p. 20.

루터가 농민전쟁에 책임이 있다는 주장은 출판물의 의도된 메시지, 그리고 수신된 메시지의 관점에서 볼 때 타당성을 지닌다. 결과적으로 루터의 메시지는 부메랑이 되어 돌아왔다. 중남부 독일을 휩쓴 폭력적인 농민전쟁은 루터의 일련의 가르침에 영향을 받았다. 『그리스도인의 자유에 대한 논설』에서 루터는 지금까지 영주들이 농민을 재산으로 소유하는 것이 관습이었지만 이는 통탄할 일이며, 가장 비천한 목자이자 가장 위대한 주이신 그리스도가 보배로운 피로 모두를 해방했다고 썼다. 그리고 그는 성서의 권위로 그리스도교도의 자유를 증명했다.[69] 농민들은 이

69 Peter Blickle, *The Revolution of 1525: The German Peasants' War from a New Perspective*, trans., Thomas A. Brady, Jr., and H. C. Erik Midelfort, Baltimore, MD: The Johns Hopkins University Press, 1985, pp. 197~98.

도표 4 가톨릭 논쟁서 출판물(독일어 사용 지역)

	연대 미상	1518 ~24	1525 ~29	1530 ~34	1535 ~39	1540 ~44	1545 ~49	1550 ~55	합계 (1518 ~55년)
독일어판	28	122	188	110	94	34	53	67	696
합계(1518~55년)	4.0%	17.5%	27.0%	15.8%	13.5%	4.9%	7.6%	9.6%	100%
라틴어판	46	174	194	137	142	111	144	119	1,067
합계(1518~55년)	4.3%	16.3%	18.2%	12.8%	13.3%	10.4%	13.5%	11.2%	100%
총계(독일어+라틴어)	74	296	382	247	236	145	197	186	1,763
합계(1518~55년)	4.2%	16.8%	21.7%	14.0%	13.4%	8.2%	11.2%	10.6%	100%
독일어판 비율 (각 기간별)	37.8%	41.2%	49.2%	44.5%	39.8%	23.4%	26.9%	36.0%	39.5%

출처: Mark U. Edwards, Jr., *Printing, Propaganda, and Martin Luther*, Berkeley, CA: University of California Press, 1994, p. 30.

러한 루터의 견해를 토대로 자신들의 사회정치적 자유를 추구했다. 농민 전쟁에서 루터는 강경한 어조로 농민을 비난했지만, 그의 글이 농민의 반란을 조장하는 역할을 했음을 부정할 수는 없다. 종교개혁은 인쇄물을 홍보 수단으로 삼아 가톨릭의 권위를 해체하는 과정을 거쳤다. 하지만 그렇게 각성된 대중은 또 다른 귀족과 지배 계층의 권위를 부정하고 도전하는 길을 걸었다.

프로테스탄트의 확산이 주춤해진 1560년대 말부터는 가톨릭 작가들이 인쇄매체를 장악하고 그 지배력을 지속했다. 특히 트리엔트 공의회가 성공적으로 마무리되면서 얻은 자신감으로 인해 가톨릭 저작이 대중에게 확산되었다. 프로테스탄트 팸플릿의 특징도 큰 변화가 있었다. 예를 들어 루터의 번역 성서나 팸플릿에는 문자뿐만 아니라 삽화와 풍자 만화 등이 들어가 시각적인 효과를 강화했다. 하지만 그 후 40년이 지나자 시각 예술은 변했다. 칼뱅의 가르침을 따르는 이들은 그림과 같은 예술의 역할이 종래 프로테스탄트가 비판하던 가톨릭 성화상처럼 오용될 수 있다는 신중한 견해를 취했다. 점차 프로테스탄트 서적에는 삽화가 빠지기 시작했다.

인쇄술의 그늘

분열의 책임을 인쇄술이라는 기술에 돌리는 것이 부당한 만큼이나 인쇄술에 모든 공로를 돌리는 것 역시 경계해야 한다. 종교개혁이 출판 산업을 창출한 것은 아니다. 15세기 중반 이동식 활자가 발명되기 이전에도 이미 필사본 생산과 도서 거래는 활발했다. 독일의 신비주의자 토마스 아 켐피스(Thomas à Kempis, 1380~1471)의 『그리스도를 본받아』(*De Imitatione Christi*)는 그중 가장 많이 재판(再版)된 책으로 현재까지 800권 이상의 사본이 남아 있다. 이는 인쇄술 등장 이전 도서 시장의 규모와 활력을 짐작게 한다. 가톨릭교회에는 '펜의 사도직'(apostolate of the pen)이라는 개념이 있다. 교회의 사명을 완수하는 수단으로서 글의 효용과 가치를 높이는 말이다. 이런 연장선에서 인쇄술이 처음 등장했을 때, 교회는 인쇄술이 신적 영감을 받은 발명품이라고 환영했다. 교회는 인쇄술을 합법화했을 뿐만 아니라 신생 산업이 성장하는 데 필요한 가장 수요가 큰 시장을 제공했다.

하지만 인쇄술의 역설이 존재한다. 인쇄술은 그 자체로 중립적인 하나의 기술에 불과하지만 결과적으로 그리스도교의 일치를 무너뜨리고 분열을 낳는 데 기여했다. 쏟아지는 책과 팸플릿은 전통적인 그리스도교 유산을 강화하고 전승하는 데도 큰 역할을 했지만 기존의 전통을 무너뜨리고 적개심을 부추기는 역할도 했다. 프로테스탄트 진영이 초반에 인쇄술을 잘 활용한 것은 사실이지만 그것이 가톨릭교회가 신기술을 거부했다고 단정할 근거는 되지 못한다. 구텐베르크의 발명품을 활용해 루터는 프로테스탄트를 형성했고, 이그나티우스 로욜라(Ignatius Loyola, 1491~1556)는 가톨릭 부흥을 촉진했다. 프로테스탄트와 인쇄술을 연결하는 경향이 강하지만 가톨릭과 프로테스탄트 모두가 새로운 인쇄매체를 동일한 방식으로 활용했다.

이들 사항을 고려할 때, 종교개혁과 인쇄술의 관계는 단기적인 성과와 장기적인 영향으로 나누어 생각해야 한다. 단기적으로 인쇄술이 종교개혁을 확산시키는 데 도움을 주었고 다시 종교개혁은 인쇄산업의 활성화에 기여했다. 인쇄술이 대중 선전매체로 활용되면서 대중을 각성시키는 데 중요한 매체가 되었다. 물론, 논쟁서들만 생성한 것은 아니다. 성서와 전례서, 교리서, 기도서 등 전통적이고 일상적인 텍스트도 활성화했다. 인쇄술 덕분에 종교개혁 사상은 단기간에 빠르게 확산되었고 정착할 수 있었다. 그러나 여기에 어두움이 드리워져 있다. 독일 종교개혁 당시, 루터의 저작이 절대 다수를 차지하면서 프로테스탄트의 전투적인 아이디어가 가속화되는 결과를 낳았다. 인쇄술이 새로운 지식이나 사상을 끊임없이 생성해 내기보다는 기존의 관념이나 대항하는 관념을 대중에게 주입하는 경향이 강했다는 점을 지적해야 한다.[70]

인쇄술은 인터넷과 유사한 성격의 미디어라 할 수 있다. 그 미디어를 활용해 대중을 흡인하지만 동일한 성격의 홍보 정보만을 흡수하는 확증 편향을 강화하는 부작용도 배제할 수 없다. 프로테스탄트 종교개혁이 진행되면서 생겨난 개혁 진영의 갈등과 분열 역시 고스란히 지면을 통해 대중에게 중계되었다. 모든 미디어가 그렇듯 인쇄술이라는 매체도 긍정적인 정보만을 확산시키는 것이 아니라 괴담과 거짓 소문이 확산되는 선동 도구로 작동하기도 했다. 인쇄술과 종교개혁의 연관성에 대한 평가에서 놓치고 있는 지점이 여기에 있다. 종교개혁을 성취한 이면에 타자의 악마화, 혐오와 진영 논리 강화, 대중에 대한 맹목적 선동 등이 있었음을 지적해야 한다. 가톨릭과 프로테스탄트 사이의 구도에서만이 아니라 동일한 프로테스탄트 진영 내에서도 인쇄술을 통한 매체 전쟁은 공통의 가치를 붙들기보다는 세력 간의 세부적인 차이를 부각해 분열을 촉발하는 촉매가 되었다. 이는 다시금 한 지역 내에서 다름을 검열하는 언론의 부정적인 메커니즘을 만들어냈다. 인쇄술이 종교개혁에 영향을 주었다는 것 역시 양가적이다. 기존에 저항하는 다른 목소리가 조직적으로 유통될 수 있는 구조를 만든 긍정적인 변화와 더불어 진영 논리가 강

70 Lucien Febvre and Henri-Jean Martin, *Coming of the Book*, pp. 278~79.

화되어 다름을 수용하지 못하고 분열을 영구화했다.

인쇄술은 분열과 통합의 매체였다. 인쇄술 도입 초기에 책이 라틴어로 인쇄되자 유럽 어디에서나 교육받은 엘리트의 지적 생활은 통합되었다. 일상 언어인 모국어로 된 인쇄물이 늘면서 교육받지 못한 대중에게 더 많이 다가갈 수 있었다. 그 결과 아래로부터 하나의 유럽은 무너졌다. 프로테스탄트 종교개혁이 진행되면서 또 다른 형태의 분열과 통합이 이루어졌다. 프로테스탄트는 인쇄물을 통해 천년의 가톨릭 전통에서 벗어난 새로운 종교 전통을 형성했다. 모국어 활용과 깊숙하게 연결된 이 분열의 결과, 민족주의적 가치를 강화한 국민국가에 교회가 종속되었다. 국제성 대신에 국가주의의 가치가 프로테스탄트 내에 자리 잡게 되었다. 반면에 여전히 중세 유럽에서 사용되던 보편적인 라틴어를 활용한 가톨릭 진영은 계속 국제적인 공조를 이어갔고 라틴성을 기반으로 유럽 너머 지역으로 확장을 이어갔다. 프로테스탄트 종교개혁으로 인해 유럽에서 세력을 잃었지만 유럽 이외의 지역으로 가톨릭이 확산되면서 통일된 전례서와 기도서 등이 인쇄됨으로써 하나의 가톨릭이 유지되었다. 이 점에서 가톨릭 세력에게 인쇄매체는 지역적인 분열에도 불구하고 동일한 종교 체계를 종교개혁 이후에도 500년 이상 이어갈 수 있게 해주는 매개 역할을 했다. 장기적으로 볼 때, 인쇄술이라는 미디어가 프로테스탄트에 더 유리했다고 평가하기에는 고려해야 할 변수가 만만치 않다. 그럼에도 프로테스탄트와 가톨릭이라는 종파적 관점을 넘어 15세기 중반 이후 인쇄술이라는 미디어의 도입이 유럽 세계의 지형을 바꾸었다는 것은 이론의 여지가 없다.

제4장 인문주의와 인문주의자들

지금까지는 유럽의 지리적 구조라는 장기 지속에서 시작해 흑사병 같은 중기 지속의 변화와 중세 말 지성사의 전환을 가져온 인쇄술 등을 살피면서 서서히 시선을 좁혀왔다. 이제야 비로소 종교개혁이라는 사건과 직접 연결되는 지적 흐름과 개별 인물이 등장한다. 중세 유럽에서 그리스·로마 고전이나 고대인으로부터 지식과 지혜를 구하는 연구를 스투디아 후마니타티스(studia humanitatis), 즉 '인간에 관한 학문'이라고 불렀다. 풀어 쓰면 '인간이란 어떤 존재인지, 그 인간 존재의 이상을 완성하는 데 필요한 내용은 무엇인지' 궁리하는 학문이다. 스투디아 후마니타티스를 연구하는 사람을 후마니스타(humanista)라고 한다. 인문주의자라 옮길 수 있는 이 용어는 인문학을 연구하는 학자, 교사 또는 학생을 의미한다. 1490년 피사 대학의 한 문서에서 이 용어의 기원을 찾는다.[1]

어쩌면 오늘날 인문학의 이상과 크게 다르지 않지만 몇 가지 두드러진 차이가 있다. 첫째, 교육을 의미하는 그리스어 파이데이아(paideia)의 이상에서 라틴어 후마니타티스는 고전 문법, 수사학, 시, 역사, 윤리 등

1 Paul Oskar Kristeller, *Renaissance Thought: The Classic, Scholastic, and Humanist Strains*, New York, NY: Harper Torchbooks, 1961, p. 111.

을 포함해 고대의 학문을 부활시키려는 집합적인 노력을 나타낸다. '근원으로 돌아가자'라는 의미의 '아드 폰테스'(ad fontes)는 중세 말 유럽 엘리트가 추구했던 인문주의의 본질을 정확하게 표현한 문구이다.[2] 왜 15세기 인문주의자들은 미래 지향적인 태도를 취하기보다는 과거에 가치를 부여했을까? 현재가 아닌 고전 언어, 고전 철학, 고전 예술 등 과거의 성과를 모두가 따를 만한 모범이라고 제시한 이유는 무엇일까? 인문주의는 과거에 대한 지식을 하나로 모아 새로운 학문과 신앙을 체계적으로 제시하는 교육 프로그램이자 미래에 대한 전망이었다. 이 가치를 담보하고 확산시키는 인문주의자 지식인 계층은 중세 스콜라 신학자나 법학자들과 차별성 있는 정체성을 주장했다. 그들 중 다수는 성직자가 아닌 일반 학자였다. 여전히 교회와 신학 중심의 세계관이 지배하던 시기에 인문주의는 기성 체계가 지향하던 정체성과 가치에 반해 새로운 길을 제시했다.

둘째, 고전에 대한 지식을 배우는 것 이상으로 그 지식을 효과적이고 매력적으로 표현하는 방식에 관심이 많았다. 자연히 설득의 기술을 가르치는 학문인 수사학(ars rhetorica)이 그 중심이었다. 웅변술로 대표되는 수사학의 하위 분과에는 글쓰기 기술을 강조하는 작문법(ars dictaminis)이 들어 있다. 현란한 어휘로 대중을 선동하거나 설득하는 등 다소 부정적인 의미를 내포하는 것과는 사뭇 다르다. 고대와 르네상스 시기에는 수사학이야말로 고도로 발전된 연구 가치가 있는 학문으로 평가되었다.

2 '아드 폰테스'는 본래 시편 42편 1절 "사슴이 시냇물을 갈망하듯이 하느님, 내 영혼도 당신을 갈망합니다"(*Quemadmodum desiderat cervus ad fontes aquarum ita desiderat anima mea ad te Deus*)에서 유래된 것으로, 프란체스코 페트라르카가 이 시편을 인용해 인문주의를 설명하면서 알려졌다. 데시데리우스 에라스무스도 "무엇보다도 우리는 그 근원 자체, 즉 그리스와 고대로 돌아가야 합니다"(*Sed in primis ad fontes ipsos properandum, id est graecos et antiquos*)라고 표현함으로써 아드 폰테스를 인문주의의 상징적 문구로 만들었다.

인문주의 정의하기

흔히 르네상스 인문주의는 13세기 말부터 14세기 초 이탈리아에서 시작된 운동으로 본다.[3] 1860년 스위스의 역사학자 야코프 부르크하르트(Jacob Burckhardt, 1818~97)가 『이탈리아 르네상스 문명』(*The Civilization of the Renaissance in Italy*)에서 르네상스 인문주의의 문화적 함의와 역사적 흐름을 제시한 이래 다양한 논쟁이 있어왔다.[4] 대표적인 질문을 몇 가지만 던져 보자. 인문주의는 중세의 지식과 분명하게 결별하고 고대를 향하는 것인가, 아니면 중세에 바탕을 두고 중세의 결실 위에 서서히 형성된 것인가? 이 질문은 또 다른 질문으로 연결된다. 중세 교회의 교리나 신학을 부정하는 세속적인 운동이었는가, 아니면 중세의 흐름을 보완하는 종교적 운동이었는가? 이 질문은 필연적으로 중세가 포괄하는 지역에 대한 차이도 드러낸다. 이른바 르네상스 인문주의는 이탈리아만의 독특한 특징인가, 아니면 프랑스를 포함해 알프스 이북의 다른 유럽 국가들에도 동일한 흐름이 형성되어 있는가?

핵심은 르네상스 인문주의와 중세가 연속적이냐, 단절되어 있느냐에 있다. 이탈리아 학자의 상당수는 중세와 르네상스 사이의 문화적 단절을 인식하고 중세 후기 스콜라주의의 시각과 가치관에 도전하는 인문주의의 독창성을 강조한다.[5] 분명 부르크하르트는 고대의 부흥이 르네상스의 형성에 일정한 역할을 했지만 고대 문명의 부활이 르네상스의 기초라고 생각하지 않는다. 오히려 그 기초는 중세에서 기원한 다른 중요한 문화

---

3 Paul Oskar Kristeller, *Eight Philosophers of the Italian Renaissance*, Stanford, CA: Stanford University Press, 1964, pp. 160~62.

4 부르크하르트부터 1930년대까지 르네상스 인문주의에 대한 중요한 연구로는 Wallace K. Ferguson, *The Renaissance in Historical Thought: Five Centuries of Interpretation*, Toronto, Buffalo, and London: University of Toronto Press, 2006 참조. 이 책은 1948년 처음 출간되었다.

5 대표적으로 Eugenio Garin, *Italian Humanism: Philosophy and Civic Life in the Renaissance*, trans., Peter Munz, Oxford: Basil Blackwell, 1967 참조.

요소, 즉 정치 제도, 대학의 탄생이나 전통적인 가톨릭교회의 역할이 상호 조합되어 유럽의 모범과 이상이 되는 이탈리아의 정신을 낳았다고 본다.[6] 부르크하르트 테제의 핵심 논란은 그가 14세기부터 15세기의 이탈리아를 여타 유럽 민족과 다른 독특한 문화를 낳은 주체로 특정한 것이다. 그 문화적 특징은 실제로는 다른 유럽 국가에도 존재해 왔으며, 이탈리아 르네상스 인문주의의 특징 가운데 대부분은 중세의 유산이라는 점이다. 찰스 호머 해스킨스(Charles Homer Haskins, 1870~1937)는 고전 부흥은 이미 12세기부터 지속된 현상으로 평가한다. 심지어 그 연원을 9세기 카롤링거 시대로 끌어올리는 주장도 있다. 중세사가 요한 하위징아는, 14세기와 15세기의 프랑스와 플랑드르 지방은 그 예술적 우아함과 전체적인 문화 생산에 있어 이탈리아 도시국가에 필적한다고 주장했다.[7]

부르크하르트 테제를 기반으로 이탈리아 현상으로 여겨졌던 르네상스 인문주의는 수사학과 문법 관련 문헌, 역사, 문학, 철학에 관한 저작에 이르기까지 인문주의자의 작품을 아우르면서 재해석되었다. 그 결론은 중세를 탐구하면 할수록 중세 문명 속에서 고대 세계의 흔적이 분명하게 인식된다는 것이다. 인문주의 탄생을 이끈 교수 방법과 사상 및 종교 교리는 다양한 방식으로 전달되었다.[8] 르네상스 인문주의에 대한 선도적 연구자인 폴 오스카 크리스텔러(Paul Oskar Kristeller, 1905~99)는 르네상스 인문주의는 중세의 수사학 전통과 관습에 뿌리를 두고 있다고 단언한다.[9] 그는 르네상스 인문주의는 고전 학문에서 파생된 것이 아니

---

6 Jacob Burckhardt, *The Civilization of the Renaissance in Italy*, trans., S.G.C. Middlemore with an introduction by Peter Burke and notes by Peter Murray, London: Penguin Classics, 1990, pp. 121~22.

7 각각을 대표하는 작품으로 C. H. Haskins, *The Renaissance of the Twelfth Century*, Cambridge, MA: Harvard University Press, 1971; J. Hubert, J. Porcher, W. F. Volbach, *The Carolingian Renaissance*, New York, NY: George Braziller, 1970; Johan Huizinga, *The Autumn of the Middle Ages*, trans., Rodney J. Payton and Ulrich Mammitzsch, Chicago, IL: University of Chicago Press, 1996, Chapter 1, 2 참조.

8 Eugenio Garin, *Italian Humanism*, pp. 11~12.

며, 또한 스콜라학에 도전하기 위한 새로운 철학을 구성하는 것도 아니었다고 주장한다. 오히려 인문주의는 중세의 문법과 수사학 분야에서 발전했다. 인문주의자들은 중세의 수사학 계승자로 그들이 누렸던 것과 유사한 사회적 · 문화적 지위를 가졌다.[10]

그렇다면 여기에서 근본적인 질문이 추가된다. 인문주의는 교육 방식인가, 아니면 사상이나 철학에 가까운 것인가? 크리스텔러는 인문주의가 특정한 철학 사조이기보다는 인간의 존엄성에 천착하는 교육 방식이라고 보았다.[11] 이 교육 방식은 변증을 중심으로 형성된 스콜라학에 대한 반작용이다. 반면에 한스 바론(Hans Baron, 1900~88)은 2세대 이탈리아 인문주의자들을 주로 시민 인문주의, 즉 인간의 자유를 강조하고 군주제보다 공화주의적 이상을 선호하는 정치철학자로 보았다.[12] 이 둘은 불가분의 관계이다. 특정한 사고의 틀을 강조하는 변증보다 수사학적 교육 방식을 채택한 결과, 인간의 주체는 기성의 제도에 얽매이지 않는 이상을 추구하게 되었다. 인문주의자들은 그리스도교 작가들의 작품만이 아니라 이교도 작가들이 남긴 고대 언어와 문헌 연구에 매료되었다. 그리스어는 인문주의 교과 과정의 필수적인 부분이 되었고, 이후에 히브리어에 대한 관심도 추가되었다.

최초의 인문주의자로 불리는 14세기 이탈리아의 페트라르카, 조반니

---

9 John Monfasani, "Toward the Genesis of the Kristeller Thesis on Renaissance Humanism: Four Bibliographical Notes", *Renaissance Quarterly* 53, 2000, pp. 1156~66. 크리스텔러 테제에 대해서는 John Monfasani, "Humanism and Rhetoric", *Renaissance Humanism: Foundations, Forms, and Legacy*, ed., Albert Rabil, Jr., 1, Philadelphia, PA: University of Pennsylvania Press, 1988, pp. 171~235 참조.

10 Paul Oskar Kristeller, *Renaissance Thought*, p. 102.

11 이에 대해서는 Paul Oskar Kristeller, "Humanism", *The Cambridge History of Renaissance Philosophy*, eds., C. B. Schmitt et al., Cambridge: Cambridge University Press, 1988, pp. 113~37 참조.

12 Hans Baron, *The Crisis of the Early Italian Renaissance: Civic Humanism and Republican Liberty in an Age of Classicism and Tyranny*, 2 vols., 2nd ed., Princeton, NJ: Princeton University Press, 1966 참조.

보카치오와 같은 학자들은 영감을 얻기 위해 고전에 눈을 돌렸다. 인문주의는 단순히 고전에 대한 학문적 집착이 아니라 오히려 더 유용한 지식을 갖춘 신지식인을 만들기 위한 실천적인 교육 계획이었다. 인문주의 운동이 고전에 대한 관심을 환기한 데 그치지 않고 비판적으로 성찰하는 역사의식을 발전시켜 온 점이 중세적 지식 사회와 차별되는 지점이다. 크리스텔러는 이탈리아 인문주의 지식인들이 중세 지식인들과는 달리, 고전 학습의 발전을 종교적 또는 신학적 교리에 종속시켜 융합하려는 시도를 하지 않았다는 데서 의의를 찾는다.[13] 신학적 논쟁 대신에 엄밀하게 합리적인 근거를 바탕으로 역사적 사건을 설명하는 경향이 두드러진 특징이었다.

이 관점은 다분히 스콜라학에 대한 대안 내지 대조 운동으로 인문주의를 상정한다. 인문주의와 스콜라학의 관계는 라틴어와 모국어의 관계와도 유사하다. 크리스텔러는 라틴어와 모국어가 평화적으로 공존하며 문학 표현의 대체 양식으로 기능했다고 보았다.[14] 마찬가지로 인문주의와 스콜라학은 서로 다른 분야로 르네상스 시대 이래 줄곧 공존하고 경쟁하며 발전해 왔다고 단언하고 있다.[15] 서로 대조되고 배타적인 라틴어와 모국어가 15세기 이래 공존해 오다가 결국 후자의 승리로 마무리된 것 같이 스콜라학과 인문주의도 그렇다고 추정한다. 스콜라학은 신학자들이 중심이 되지만 인문주의자는 보통 변론술이나 문법 교사로 일하거나 공증인이나 변호사 등 세속 직업에 종사했다.[16]

---

13 Paul Oskar Kristeller, *Renaissance Thought*, p. 7.

14 Paul Oskar Kristeller, "The Origin and Development of the Language of Italian Prose", *Renaissance Thought and the Arts: Collected Essays*, Princeton, NJ: Princeton University Press, 1981, p. 124.

15 Paul Oskar Kristeller, "Humanism and Scholasticism in the Italian Renaissance", *Renaissance Thought and its Sources*, ed., M. Mooney, New York, NY: Columbia University Press, 1979, p. 116.

16 테제에 대한 최초 진술은 Paul Oskar Kristeller, "Humanism and Scholasticism in the Italian Renaissance", pp. 85~105 참조.

인문주의는 학술적 기술, 고대 세계에 대한 찬사, 그리고 날카로운 비판적 태도의 조합이다. 그들은 비판적인 문헌학적 기법을 역사에 적용하려 했다. 15세기 인문주의자들이 오늘날 알려진 고대 문서의 대부분을 복원하고 이 작품들을 비평하고 수정했다. 페트라르카는 스콜라학의 규범화되고 체계화된 권위 구조를 벗어버리고 고대 이교 작가들의 가치를 그리스도교 신앙과 동등한 것으로 간주했다. 이렇듯 인문주의의 첫 번째 요소는 키케로의 편지나 연설 등 중세 학자들이 구할 수 없는 텍스트를 기반으로 한 학습이었다. 고전 라틴어와 그리스어에 대한 관심은 더 나아가 성서에 대한 문헌학적 접근으로 이어졌다. 하지만 인문주의는 학술 방법론 그 이상이었다. 핵심은 기존의 권위 체계에 정면으로 도전할 수 있는 비판 정신의 문화를 발전시킨 것이다. 고대 세계에 대한 고찰을 비롯해 일반적으로 받아들여지고 있는 지식과 가치관을 문헌학적 연구를 통해 재검토하는 등 인문주의는 여러 분야에서 문화 운동의 역할을 했다.

스콜라주의와의 관계

인문주의는 그 자체로 독자적인 학문 추구 방법론이지만, 기존의 지배적인 연구 방법론인 스콜라학에 대응해 등장했다는 점에서 스콜라학과의 관계를 검토할 필요가 있다. 아리스토텔레스 논리학과 중세 주석가들의 논평을 바탕으로 만들어진 변증법은 중세기 동안 스콜라 체계의 중심이었다. 그들은 13세기 초반부터 대학을 지배해 오며 가톨릭 교리를 정밀하게 다듬어 왔다. 가톨릭교회가 받아들인 성찬 교리인 화체설이나 고해성사를 포함한 칠성사의 완성은 변증법의 정점이다. 중세 스콜라학은 가톨릭교회를 지탱해 온 제도적이고 규범적인 가치를 형성한다. 오랜 전통 속에 권위 있는 것으로 받아들여진 가르침과 신학자들의 논쟁 끝에 교회가 합의해 새롭게 제정해 받아들인 교리 등이 스콜라학의 핵심이다. 스콜라학은 안전한 벽을 세우는 과정이었다. '규범적 진리'로 받아들인 유산을 세대 간에 계승해 권위 있는 전통을 형성하는 것이 스콜라학이 추구한 기본적인 태도였다.

인문주의는 스콜라주의에 대한 반대에서 비롯되었다. 14세기 중반 이탈리아에서 인문주의 운동이 대두되던 시점은 전통적인 성직주의 세계가 균열되던 때였다. 스콜라학에서 변증법이 두드러진 역할을 한 것은 여러 다양한 주장 속의 모순을 논리적으로 설득하고 조화시킬 필요가 있기 때문이다. 스콜라학은 그리스도교를 변증하기 위한 지적 정합성을 갖춘 체계를 만드는 조직신학적 작업이었다. 항상 그 안에 통일성과 동질성의 가치가 스며 있었다. 그러나 현실의 교회는 통일성과 동질성을 담보하지 못하고 분열되었다. 특히 14세기 초반부터 약 70년간 지속된 교황청의 아비뇽 유수와 이어진 교회 대분열은 페트라르카와 그 후속 세대 인문주의자들이 전통적인 스콜라주의의 한계를 분명히 인식하게 했다. 그저 단순히 전통이 무너진 데 그치지 않았다. 페트라르카는 중세를 지탱해 온 규범을 중시하는 학문 체계의 본질 자체가 자유로운 사유와 진보를 억압한다고 보았다. 그가 최초로 사용한 '암흑기'라는 표현은 단순한 비유가 아니라 획일화할 수 없는 다양한 가치를 교의의 틀 안에 맞추기 위해 억압하는 시대에 대한 비판이었다. 15세기 이탈리아 인문주의자들은 논리적이고 정합성 있는 해답을 추구하는 변증법의 한계를 비판하고 언어학적·역사적 방법을 사용해 고전 텍스트를 재검토했다. 수사학자들은 전통적으로 사실이라고 공식적으로 인정된 성서 텍스트나 교황 교서 등을 포함한 다양한 문헌의 진실성을 문헌학적으로 검토하기 시작했다. 인문주의는 현재 교회를 지탱하는 데에는 상대적으로 관심이 없었고 오히려 교회가 당연하게 수용하던 것을 하나하나 비판적으로 재검토하는 작업을 수행했다. 인문주의는 전통의 틀이 무너지더라도 정확한 사실을 탐구하는 데 몰두했다.

인문주의자들은 단어의 의미가 시간에 따라 변한다는 점과 텍스트의 역사적 맥락을 이해하는 것이 텍스트의 본래 의미를 파악하는 데 중요하다고 인식했다. 또한 개별 단어와 표현이 의도했던 바를 이해하기 위해서는 번역된 문서가 아닌 원전에 대한 연구가 필요하다는 데에도 마음이 모아졌다. 인문주의자들이 관심을 갖는 원전에는 그리스도교 성립 이전 시대의 고전 사상가들의 저술도 포함되었다. 심지어 가톨릭교회의 전통적인 권위를 대표하는 성서 번역 및 그 해석에 대한 비판적 재검토도 비껴갈 수 없었다. 인문주의자들이 성서 본문에 언어학과 문헌 비평학의 방법론을 적용하기 시작하면서 논쟁은 새로운 국면에 접어들었다. 성서 연구는 전통적으로 스콜라 신학자들의 전유물이었다. 문헌학 훈련을 받은 인문학자들이 성서 연구에 참여하는 것은 전문성 없는 이들의 무모한 도발로 여겨졌다. 교리적 오류를 초래할 가능성도 있었다. 보수적인 신학자들은 전통적으로 수용되어 온 성서 본문을 문헌학이나 본문 비평의 방법론으로 비평하려는 시도에 반대했다. 인문주의자들은 성서를 올바르게 읽기 위해서는 언어학적 도움이 필요하기 때문에 자신들의 역할이 있음을 강조했다.

성서와 권위 있는 문서들을 수사학적 접근으로 이해하는 것과 변증법으로 다가가는 것에는 큰 차이가 있다. 변증법이 자신이 맞고 상대가 틀리다는 것을 입증하는 논쟁술이라면, 수사학은 가치 있는 대의를 위해 사람들을 하나로 묶고 공공의 이익을 창출하려는 화해의 기술이다.[17]

하지만 스콜라학과 인문주의의 관계가 유럽 내에서 항상 일관된 것은 아니다. 이탈리아의 경우, 15세기 중반부터 1545년 트리엔트 공의회가 열리기까지 100여 년 동안 인문주의자와 스콜라학자들 사이의 접점은 크게 없었다. 대부분의 이탈리아 신학자는 중세 수도회 소속이었으며, 인문주의자들은 대부분 대학이나 학교에 소속되어 있었고 세속 국가의 공직에 진출했다. 북유럽의 상황은 많이 달랐다. 1500년경부터 인문주의자와 신학자가 대학 내에 공존하게 되었다. 인문주의자는 교양학부

17 John W. O'Malley, "Theology before the Reformation: Renaissance Humanism and Vatican II", *Theological Studies* 80, no. 2, 2019, p. 260.

에서 가르쳤고 신학자는 상위 학부에서 신학을 가르쳤다. 루터 종교개혁의 진원지인 비텐베르크 대학의 아우구스티누스회처럼 중세 수도회 수사들이 대학 내에서 중요한 역할을 하기도 했다.[18] 신학을 가르치는 수사와 인문학을 가르치는 평신도 인문주의자들은 한 공간에서 때로는 대립하며, 때로는 대화하면서 소통을 이어갔다. 독일에서는 인문주의 세례를 받은 신학 교수들이 프로테스탄트 종교개혁을 일으켰다. 프로테스탄트 대학이나 아카데미에서 신학과 성서 교수로서 학술적 인문주의를 발전시키고 비판 문화를 전개했다. 종교개혁은 인문주의자들이 지성계에서 일정한 목소리를 내면서 그들이 일군 학습과 비판 문화가 다른 신학 분야, 더 나아가 사회 전체에 어떻게 영향을 끼쳤는지를 보여 주는 실증적 사건이다. 인쇄기라는 새로운 매체는 인문주의자들의 사상을 엘리트 집단을 넘어 대중에게 확산시켜 집단적인 영향력을 드러내게 만든 기회를 제공했다.[19]

로렌초 발라, 문헌 비평의 선구자

인문주의 연구의 핵심인 언어학과 문헌 비평학의 방법을 통해 새로운 인식의 지평을 연 인물로 이탈리아 문헌학자 로렌초 발라(Lorenzo Valla, 1406~57)를 꼽을 수 있다. 발라는 언어가 문명의 기초이며 고전 라틴어

---

18 1502년 작센의 프리드리히 선제후와 함께 비텐베르크 대학을 공동 설립한 요한 폰 슈타우피츠(Johan von Staupitz, 1460?~1524)는 탁발수도회인 아우구스티누스회 수사로 이후에 수도회 장상(長上)이 되었다. 이 신생 대학의 핵심 역할을 한 아우구스티누스회는 대학에 도덕철학 교수와 성서 해석학 교수를 제공할 의무가 있었다. 여러 아우구스티누스회 수사들이 비텐베르크에서 가르치고 공부했으며, 수도회는 교수와 학생들에게 생활 공간과 숙소를 제공했다. 종교개혁을 일으킬 당시, 루터는 아우구스티누스회 소속으로 비텐베르크 대학의 성서학 교수였다.

19 Erika Rummel, "Introduction", *Biblical Humanism and Scholasticism in the Age of Erasmus*, ed., Erika Rummel, Leiden and Boston: Brill, 2008, p. 1.

는 언어적 완성도의 극치라고 주장했다. 라틴어가 번성하면 학문도 번창하고 라틴어가 쇠퇴하면 학문도 쇠퇴한다고 보았다. 탁월한 고전 라틴어는 4세기에서 5세기 사이에 사라지고 수준 낮은 라틴어가 중세 시대 내내 사용되었기 때문에, 중세는 더 어둡고 교육은 잘못된 방향에서 벗어나지 못했다는 것이다. 발라는 고전 라틴어의 부활과 수사학 교육의 강화가 새로운 시대를 열 것이라는 것을 의심하지 않았다. 그는 『라틴어의 우아함에 대한 여섯 권의 책』(*Elegantiae Linguae Latinae Libri Sex*)에서 중세 라틴어를 비판하고 고전 라틴어와 문화를 찬양했다. 이 책에서 발라는 동시대인들에게 도움이 되는 고전 작가들의 작품 사례를 다양하게 소개했다. 발라의 라틴어 지식과 비평은 유럽 지식 사회에 큰 반향을 일으켰다. 1577년까지 적어도 67권의 필사본과 151권의 인쇄물이 출판되었다. 에라스무스는 1488년경 발라의 책을 의역하고 요약본을 작성했다. 이것은 1529년에서야 인쇄되었는데, 그 후 1566년까지 60쇄 이상 인쇄되었다. 발라가 죽은 지 100년이 지난 시점인 종교개혁기를 관통해 그의 책이 인쇄될 정도로 그의 영향력은 유럽 전역에 미쳤다.[20]

인문주의자 발라의 가장 두드러진 성취는 가톨릭 교황제의 근간이 되는 문서인 「콘스탄티누스의 기증장」(Donatio Constantini)이 위조 문서라는 것을 주장하고 증명했다는 데 있다. 313년 그리스도교를 공인한 황제인 콘스탄티누스가 콘스탄티노폴리스로 제국 수도를 옮기면서 기존의 통치권과 영토를 로마 교황에게 기증했다는 이 문서는 가톨릭교회에 로마 제국 지배의 정당성을 주었다는 근거였다. 그러나 문서의 진실성은 오랜 기간 의심의 눈초리를 받아왔다. 독일 가톨릭 추기경 니콜라우스 쿠자누스(Nicolaus Cusanus, 1401~64)는 이 문헌이 위작이라고 처음으로 주장했다.[21] 또한 발라와 거의 비슷한 시기 잉글랜드 치체스터 주교 레

20 Paul F. Grendler, "Humanism: Ancient Learning, Criticism, Schools and Universities", *Interpretations of Renaissance Humanism*, ed., Angelo Mazzocco, Leiden and Boston: Brill, 2006, p. 81.

21 Nicholas of Cusa, *The Catholic Concordance*, ed., and trans., Paul E. Sigmund

지널드 피콕도 「콘스탄티누스의 기증장」이 위조임을 논리적으로 증명했다.[22] 1433년 이후 어느 시점에서 발라가 「콘스탄티누스의 기증장」을 언급한 쿠자누스의 글을 접했다고 추정된다. 그리고 1440년 「거짓으로 믿어지고 위조된 콘스탄티누스의 기증장에 관한 논박」(De Falso Credita et Ementita Constantini Donatione Declamatio)이라는 제목의 유명한 논문을 썼다.[23] 발라는 나폴리 왕국의 통치권을 둘러싼 교황 에우게니우스 4세(Eugenius IV, 1383~1447, 재위 1431~47)와 아라곤 왕 알폰소 사이의 분쟁에서 교황의 주장에 반대하고 아라곤 왕의 주장을 지지하기 위해 이 논문을 썼다. 「콘스탄티누스의 기증장」에 근거한 교황의 이탈리아 반도 지배권 주장이 근거 없음을 밝히기 위한 목적이었다.[24] 교황청이 세속 지배자들보다 우위에서 현세적 권력을 행사할 수 있다고 하는 교황청의 권한에 대한 중요한 역사적 근거를 공격했다.

이 논문이 주목받는 것은 위조 여부 자체를 밝혀냈다는 사실 때문만이 아니다. 「콘스탄티누스의 기증장」은 수사학 방법론을 실전에서 연습하는 데 더없이 요긴한 텍스트였다.[25] 발라는 텍스트가 필연적으로 고유한 시간과 장소와 연동되어 있다고 보았다. 콘텍스트에 조응하지 않는 텍스트는 실제 연대를 보여 주지 못하고 시대착오적이 된다. 발라는 「콘스탄

Cambridge: Cambridge University Press, 1991, pp. 216~22.

22 연구 목적이나 접근법, 배경이나 결과적인 영향력 면에서 피콕과 발라는 공통점이 별로 없었다. 피콕의 경우 스콜라 논리학, 발라의 경우 인문주의 문법 및 수사학의 기법을 활용했다. 두 사람의 방법론 비교에 대해서는 Joseph M. Levine, "Reginald Pecock and Lorenzo Valla on the Donation of Constantine", *Studies in the Renaissance* 20, 1973 참조.

23 라틴 텍스트와 영어 번역본은 *The Treatise of Lorenzo Valla on the Donation of Constantine: Text and Translation into English*, ed., and trans., Christopher B. Coleman, Toronto: University of Toronto Press, 1993 참조.

24 C. Matzukis, "The Donation of Constantine: History and Forgery", *Acta Patristica et Byzantina* 18, no. 1, 2007, p. 120.

25 Riccardo Fubini, "Humanism and Truth: Valla Writes against the Donation of Constantine", *Journal of the History of Ideas* 57, no. 1, Jan. 1996, p. 80.

티누스의 기증장」의 라틴어 스타일과 어휘와 내용을 면밀히 조사했다. 분석 결과 「콘스탄티누스의 기증장」의 라틴어 스타일은 다른 4세기 텍스트의 스타일과 일치하지 않았다. 문서에는 4세기에는 아직 존재하지 않았던 단어와 개념이 가득했고 이후에나 등장하는 관습이 제시되었다. 그가 위조를 밝히는 과정에서 활용한 문헌 비평학적 지식으로 유럽 역사는 한걸음 전진하게 되었고 과거의 조작된 신화를 벗겨낼 수 있었다. 이 작품은 논쟁적이고 수사적인 성격을 지닌 당대 최고의 역사비평 논문이었다. 민감한 내용 때문에 빛을 보지 못하다가 마침내 1517년 독일의 인문주의자 울리히 폰 후텐(Ulrich von Hutten, 1488~1523)에 의해 독일에서 출간된 이후 엄청난 반향을 낳았다. 그러니 루터가 프로테스탄트 종교개혁을 추동하면서 이 논문을 가톨릭 교황제를 공격하는 근거로 삼은 것은 그리 놀랍지 않다.[26] 16세기 중반 가톨릭교회는 발라의 논문을 금서 목록에 올렸다.

발라의 비판적 문헌 읽기는 가톨릭교회의 공식 성서인 에우세비우스 히에로니무스(Eusebius Hieronymus, 347?~419?)의 불가타역까지 이어졌다. 그는 불가타 성서에서 그리스어 성서 원문을 잘못 번역해 본래의 의미를 왜곡한 사례를 인지했다. 중세 가톨릭교회와 학자들이 불가타역의 수정에 반대했다고 추정할 수는 없다. 중세에도 히브리어 학자들과 그리스어 학자들이 불가타역에 대한 수정 작업을 진행해 왔다. 발라와 그 이전 학자들과의 차이라면, 발라는 불가타역의 필사 오류를 바로잡는 수준을 넘어 불가타 성서 자체를 바로잡기 원했다는 것이다. 이 점에서 발라는 최초의 르네상스적 성서학자였다. 그는 1435년부터 1448년까지 불가타역을 신약성서 그리스어 원문과 비교하는 작업을 수행했다.[27]

교황 니콜라우스 5세에게 보낸 서문과 독자들에게 보낸 초기 서문에

---

26 Riccardo Fubini, "Humanism and Truth", p. 79.

27 John Monfasani, "Criticism of Biblical Humanists", *Biblical Humanism and Scholasticism in the Age of Erasmus*, ed., Erika Rummel, Leiden & Boston: Brill, 2008, pp. 20~21.

서 발라는 신약성서 라틴어 번역이 불완전하고 손상되었기에 라틴어 본문이 '그리스어 원문성'(Graeca veritas)에 부합하는지 조사하고 싶다고 설명했다. 히에로니무스의 불가타 성서를 공격하고 권위를 훼손하는 것이 아니냐는 비난에 대해 발라는 오히려 그 반대라고 답했다. 발라는 히에로니무스의 불가타 성서에서 단어 대(對) 단어 방식으로 번역된 구절로 인해 발생한 부정확성을 해소해 완전성을 높이고자 했다.

발라는 새로운 신학을 개발했다고 할 만한 인물은 아니다.[28] 그는 전통적인 언어, 스콜라 철학과 변증법, 교황권의 역사성에 대한 주장, 성서의 전통적인 본문과 성서에 대한 정확성에 대해 비판적으로 접근했다. 전통적이지 않은 문헌학적 방법론을 무기 삼아 그는 여러 논란을 불러일으켰다. 이로 인해 한때 종교재판에 회부되기도 했다. 그럼에도 일생 동안 아무런 공식적인 처벌을 받지 않았다. 그 이유는 부분적으로는 발라의 목표가 가톨릭교회의 교리나 의식에 대해 공격하려는 것이 아니라 당대 관행적으로 받아들여져 온 오류 등을 비판적으로 바로잡으려는 순수한 문헌학자로서의 정체성에서 벗어나지 않았기 때문이다. 또한 부분적으로는 15세기 가톨릭교회가 그 앞뒤 시대에 비해 훨씬 더 유연하게 반대 의견을 수용할 수 있는 상태였기 때문이었다. 「콘스탄티누스의 기증장」을 위조라고 비판하고 불가타역의 불완전성을 지적했던 발라는 1448년 교황 니콜라우스 5세의 비서로 임명되었다. 좋은 비평가가 반드시 좋은 개혁가는 아니다. 발라와 같은 초기 인문주의자들과 언어학자들은 당대의 인식과 관념의 변화를 가져왔지만 교회나 사회를 개혁하는 일에 직접적으로 참여하지는 않았다. 그럼에도 그들의 역할은 부정할 수 없다. 그들이 없었다면 16세기의 큰 변화는 문자 그대로 상상할 수 없었을 것이기 때문이다.

---

28 John Monfasani, "The Theology of Lorenzo Valla", *Humanism and Early Modern Philosophy*, eds., Jill Kraye and M. W. F. Stone, London and New York, NY: Routledge, 2000, pp. 1~23.

그리스도교 인문주의

중세 말 인문주의에 대해 제기되는 의문 가운데 대표적인 하나는 인문주의가 세속화를 향해 가는 흐름에서 나온 것인지, 아니면 여전히 그리스도교의 가치를 담보하는 운동인지에 대한 것이다. 미술과 문학 중심으로 펼쳐진 이탈리아 르네상스에서 엿보이는 세속화 흐름을 부정할 수는 없다. 그런데 이탈리아의 인문주의 흐름과 독일로 대표되는 알프스 이북의 흐름은 뚜렷한 차이가 있다고 일반적으로 평가한다. 이탈리아 바깥의 인문주의의 흐름은 프로테스탄트 종교개혁과 연결되는 '종교'적이고 '사회개혁'적인 경향성이 강하다. 그래서 편리하게 이 흐름을 '그리스도교 인문주의'라고 범주화한다. 하지만 이렇게 느슨하게 부르기에는 학자들 사이에 상당한 차이가 있고 누구도 스스로를 그리스도교 인문주의자라 부르지 않았다. 어떤 면에서 그들은 이탈리아의 공화제 전통 속에서 나온 시민 인문주의자에 가까울 수도 있다. 그러므로 인문주의를 단순히 프로테스탄트 종교개혁이라는 흐름만이 아닌, 일반적인 유럽 그리스도교의 구조 속에서 읽어나가는 시도가 필요하고 유용하다.

크리스텔러는 그리스도교 인문주의라는 용어 사용을 선호하지 않았다. 자칫 인문주의에 종교적 이데올로기가 과하게 가미될 수 있기 때문이다. 더욱이 르네상스 시기의 인문주의자들은 모두 그리스도교도였다. 다만 크리스텔러는 그리스도교 인문주의자를 '고전과 수사학적인 인문주의 교육을 받은 학자 가운데 저술의 전부나 일부에서 종교적 또는 신학적 문제를 명확히 논한 학자'라고 하위 범주화할 수 있다고 인정했다. 이런 구분에 따르면, 토마스 아퀴나스(Thomas Aquinas, 1225?~74)와 루터는 인문주의자에 들지 못하며, 에라스무스, 토머스 모어(Thomas More, 1477~1535), 멜란히톤, 장 칼뱅, 그리고 종교개혁 이후에 탄생한 예수회 신부들은 이 범주에 든다고 보았다.[29]

29 Paul Oskar Kristeller, *Renaissance Thought*, p. 86.

'그리스도교' 인문주의가 필요하다면 구별되는 특징은 무엇일까? 르네상스 인문주의자들은 중세를 극복해야 할 '암흑 시대'라고 규정했다. 돌아갈 시절과 대상은 그리스·로마의 언어와 문화, 그리고 역사였다. 하지만 그리스도교 이전의 이교 문화만이 오직 돌아갈 대상은 아니었다. 인문주의자들 중에는 당연히 성서와 초대교회 교부들의 저작물을 집중 연구하고 당대 교회가 잃어버린 가치를 복원하는 그리스도교 갱신(Christianismus renascens)을 집합적으로 추구하는 이들이 있었다. 이것을 시도한 그리스도교 인문주의자들은 지리와 언어를 기준으로 편의상 독일어, 영어, 프랑스어, 스페인어 지역으로 분류할 수 있다. 하지만 지리적으로는 구별되지만 언어와 종교 정체성에서 혼재되는 부분이 있기에, 이 그리스도교 인문주의는 지역성을 넘은 국제적 성격을 지니고 있다.

인문학적 연구의 기원을 이탈리아에 둘 수 있지만, 북유럽 인문주의는 이탈리아와는 매우 다른 환경이었다. 소수 엘리트를 넘어 대중에게 확산되는 하나의 운동이 되기 위해서는 그리스도교와 연결되어야 했다. 그 결과 중세 후기 북유럽에서는 인문주의가 사회 및 교회개혁을 요구하는 대중 운동으로 이어졌다. 이 인문주의의 전통을 대표하는 학자군은 다양한데, 에라스무스나 모어 등이 대표적이다. 그리스도교 인문주의를 정의하는 방식 중의 하나는 이 운동의 핵심 공통 가치를 설정하고 그 흐름을 따라가는 것이다. 여기에서는 '언어학과 성서 번역'을 핵심어로 놓고 그 흐름에 부합하는 인물을 연결한다. 성서에 대한 관심은 프로테스탄트 종교개혁 이전부터 줄곧 이어졌던 흐름이다. 프로테스탄트가 그 흐름을 수렴했다고 결과론적으로 주장할 수는 있지만 항상 그런 것은 아니다. 그들은 종교개혁의 격동기를 관통하는 인생을 살았지만, 특정 종파적 선택에 치우치지 않고 자신들의 신념 체계를 일관되게 지켰다.

요하네스 로이힐린

독일 인문주의자 요하네스 로이힐린(Johannes Reuchlin, 1455~1522)의 삶의 여정을 보면, 동시대 어떤 학자보다 다양한 색깔로 채색되어 있다.

한 사람 속에 무척이나 다양한 궤적을 찾아낼 수 있다. 로이힐린은 에라스무스보다 약 10년 앞선 1455년에 태어났다. 프라이부르크와 바젤에서 그리스 문학을 전공한 이후 오를레앙과 푸아티에에서 법학을 공부했다. 그리고 1502년부터 10년 동안은 신성 로마 제국 황실 변호사로 활동했다. 이미 라틴어와 그리스어에 통달했던 그는 1478년에 라틴어 사전을 출판하고 여러 고전 그리스어 텍스트를 번역했다. 그의 관심은 히브리어 연구에까지 이어졌다.

언어를 습득하려는 동기는 참된 교회로서의 가톨릭교회에 대한 자신의 신념을 오랜 그리스도교 역사와 전통 속에서 확인하는 것이었다. 그는 자신이 신봉하는 종교를 학술적 관심과 연결지었다. 교회가 쓰고 있는 구약성서와 신약성서의 본문이 과연 그리스도교 본연의 가르침을 제대로 구현하고 있는지 해석학적 물음을 가지고 있었다. 이런 태도야말로 진리에 대한 편견 없는 연구자의 자세라고 보았고 히브리어에 관심을 갖게 된 이유였다. 오랫동안 히브리어 스승을 찾았지만 마땅치 않았다. 당시만 해도 히브리어 연구는 그리스도교 유럽에 크게 알려지지 않았다.

스승을 찾는 오랜 기다림 끝에 마침내 로이힐린은 1492년 황제 프리드리히 3세의 궁정에서 일하는 유대인 의사 야코프 벤 예힐 론스(Jacob Ben Jehiel Loans, ?~1506)를 만나 히브리어를 배우게 되었다.[30] 더불어 로이힐린은 황제에게서 12~13세기 타르굼 온켈로스(Targum Onkelos)가 포함된 아람어 성서 사본을 선물로 받았다. 1506년 로이힐린은 『히브리어 기초』(*De Rudimentis Hebraicis*)라는 제목의 히브리어 문법과 어휘집을 출간했다. 라틴어로 출판된 가장 선구적인 히브리어 문법책이었다. 1512년에는 히브리어 본문과 주석, 라틴어 번역본이 실린 일곱 편의 참회 시편을 출간했다. 1518년에는 『히브리어 발음과 철자법』(*De Accentibus et Orthographia Linguae Hebraicae*)을 출간했다. 로이힐린은 잉골

30 Cecil Roth, *The Jews in the Renaissance*, New York, NY: Harper Torchbooks, 1959, p. 128.

슈타트 대학 그리스어 및 히브리어 교수(1520~21)와 튀빙겐 대학 히브리어 교수(1521~22)를 지냈는데, 그의 강의에 엄청난 수의 학생들이 모였다. 지식 사회 내에서 히브리어 연구에 커다란 진전이 있었다.

로이힐린의 히브리어 연구는 인문주의적이거나 언어학적 관심에서만 비롯된 것이 아니다. 오히려 그의 개인적 종교심이 크게 작용했다. 그는 이탈리아에서 인문주의자 조반니 피코 델라 미란돌라(Giovanni Pico della Mirandola, 1463~94)를 통해 카발라(Kabbalah)로 알려진 유대 신비주의를 접하게 되었다.[31] 이 신비주의 경전을 습득하면 그리스도교도 학자들이 히브리어 성서를 더 깊이 이해할 수 있을 뿐만 아니라 신적 계시를 이해하는 새로운 방법을 알게 된다고 전해졌다. 카발라는 오랜 유대교 전통 속에 유대인들만이 간직해 온 신성한 지혜였다. 신지학은 만물이 감각으로 인지할 수 없는 신비스럽고 불가사의한 속성을 갖고 있다고 믿고 있을 뿐만 아니라 히브리어 성서의 모든 단어와 문자에 신비한 비밀이 들어 있다고 믿었다. 로이힐린은 유대 신지학인 카발라에 심취했다. 그는 유대교 카발라를 가톨릭적으로 수용한 최초의 독일인 학자였다.

로이힐린은 학자로서의 경력 내내 반대파들로부터 사상에 대한 비난과 공격을 받았다. 당시 지식 사회는 지배적인 위치를 고수하던 스콜라주의에 대한 인문주의의 투쟁이 진행 중이었다. 스콜라학은 이성과 추론을 통해 종교적 교리와 고대 철학을 조화시키려 시도했다. 스콜라학에 대한 반기로 이성을 통한 신의 체험이 아닌 '신과의 신비적 합일'을 통해 신에게 도달하려는 신비주의가 독일을 중심으로 퍼져 있었다. 독일 신비주의의 직접적인 성과라고 할 수는 없을지라도, 로이힐린은 스콜라학에 반기를 든 신비주의의 거대한 흐름의 한 지류를 형성했다. 스콜라 학자들의 공격이 어쩌면 자연스럽게 보이기도 한다. 하지만 여기에

31 미란돌라는 『인간의 존엄성』(*De Hominis Dignitate*)을 통해 인간의 자유의지를 어떻게 사용하느냐에 따라 신의 경지에 도달할 수도, 동물의 상태로 전락할 수도 있음을 주장한 인문주의자이다. 중세의 부정적 인간관을 긍정적 인간관으로 변화시켰다는 평가를 받는다.

서 또 다른 이유를 배제할 수 없다. 그것은 유럽 내에 만연한 반유대주의였다.

로이힐린을 가장 괴롭힌 적수는 유대교에서 그리스도교로 개종한 유대인 출신 학자인 요하네스 페퍼코른(Johannes Pfefferkorn, 1469~1521)이었다. 개종자가 새로운 공동체에서 받아들여지기 위해 이전의 종교를 강하게 부정하는 것은 자연스러웠지만, 페퍼코른의 유대인에 대한 적대감은 구체적으로 진행되었다. 페퍼코른은 로이힐린이 보이는 히브리어와 카발라에 대한 관심이 그리스도교와는 아무런 관계가 없으며, 다시 유대교로 돌아가는 데에 불과하다고 비난했다. 히브리어에 대한 관심의 제고를 막기 위해 페퍼코른과 그를 지원하는 쾰른의 도미니크회 수사들은 1509년 황제 막시밀리안에게 탈무드를 비롯해 히브리어 서적을 몰수해 불태울 것을 청원했다. 뜻하지 않은 공격에 필생의 업적이 무너질 것을 염려한 로이힐린은 교황 레오 10세(Leo X, 1475~1521, 재위 1513~21)에게 도움을 청했다. 로이힐린은 페퍼코른의 공격에 대항해 성서를 더욱 정확하게 해석하기 위해서는 히브리어 지식이 필수적이라고 주장했다. 언어 능력이 부족할 경우에 신학자들이 터무니없는 해석상의 오류를 범할 수 있기 때문이다.[32]

로이힐린과 페퍼코른은 각각 인문주의와 스콜라주의를 대리해 이른바 문화 전쟁을 벌였다. 인문주의자들은 다양한 방식으로 로이힐린을 옹호했다. 유럽 전역의 주요 인문주의 학자들이 로이힐린을 지지해 『유명인들의 서신』(*Epistolae Illustrium Virorum*)을 썼다. 독일 인문주의자 후텐은 1515년 스콜라 신학을 풍자하는 팸플릿 『무명인들의 서신』(*Epistolae Obscurorum Virorum*)을 출판했다. 이 서신집은 실제가 아닌 가상으로 꾸며진 것이다. 광신적인 신학자들이 유대인들의 책이 불태워져야 하는지에 대해 논의하는 내용으로 구성된 이 모음집은 당시 스콜라 학자들에

---

32 Erika Rummel, *The Case against Johann Reuchlin: Religious and Social Controversy in Sixteenth-century Germany*, Toronto: University of Toronto Press, 2002, p. viii.

대한 인문주의자들의 풍자였다. 이 서신집은 로이힐린 사건이 종교개혁 논쟁의 서곡으로 인식되는 계기가 되었다.[33]

로이힐린 논쟁은 표면적으로는 스콜라주의자들이 인문주의자들의 히브리어에 대한 관심에 시비를 건 것이지만, 그 밑에는 사회적으로 확산된 반유대주의의 편견이 깔려 있었다. 로이힐린은 관용을 바탕으로 유대인의 삶을 옹호했으며, 유대인과 유대교를 호의적으로 수용하는 담론을 주장했다.[34] 이 문화 전쟁 중에 로이힐린 주장의 핵심은 유대인들도 '제국의 일원이자 제국 시민'으로 정당한 대우를 받아야 한다는 것이었다.[35] 로이힐린 사건은 자신을 인문주의자라고 생각하는 사람들에게 유명세를 불러일으켰고 결집하는 계기가 되었다. 로이힐린의 지지자들은 어둡고 음습한 사람들에 대항해 학문의 밝은 빛을 비추는 사람들이라는 대립 구도를 만들었다. 1516년 교황 레오 10세는 로이힐린에게 이단성이 없다고 선포했다. 에라스무스는 로이힐린이 질투의 희생자였으며 모든 독일 지식인이 그로 인해 함께 괴로워하고 있다고 했다. 이 논란 때문에 학자로서의 로이힐린이 학술 활동에 방해받은 사실도 강조했다.[36] 이제 로이힐린이라는 이름은 중세의 시대착오적 선동에 맞서는 상징성을 갖게 되었다. 그럴수록 스콜라주의는 어떠한 대가를 치르더라도 억눌러야 할 구시대의 전형으로 간주되었다.

그렇다면 반동적인 중세 말의 가톨릭에 대응한 로이힐린은 루터의 종

33 Erika Rummel, *The Case against Johann Reuchlin*, pp. 23~26.

34 David H. Price, *Johannes Reuchlin and the Campaign to Destroy Jewish Books*, Oxford: Oxford University Press, 2011, p. 228.

35 로이힐린이 유대인에 대한 만연한 인종주의에 대해 반대하고 유대인들의 권리를 옹호한 것에 대해서는 Nathan Ron, "Renaissance Racism: Johannes Reuchlin (1455-1522) as an Exception", *Wrocławski Przegląd Teologiczny* 30, 2022; Franz Posset, "In Search of an Explanation for the Suffering of the Jews: Johann Reuchlin's Open Letter of 1505", *Studies in Christian-Jewish Relations* 5, no. 1, 2010 참조.

36 Daniel Ménager, "Erasmus, the Intellectuals, and the Reuchlin Affair", *Biblical Humanism and Scholasticism in the Age of Erasmus,* ed., Erika Rummel, Leiden & Boston: Brill, 2008, p. 46.

교개혁을 어떻게 이해했을까? 가톨릭교회에 대한 비판이 곧 프로테스탄트에 대한 옹호로 이어진 것은 아니다. 1517년 루터가 95개조 논제를 게시하고 교황과 대립해 곤경에 처했을 때, 처음에 그는 온정적인 입장을 취했다. 하지만 자신의 제자이자 증조카인 멜란히톤이 루터와 가장 가까운 동지로 종교개혁을 수행하고 있는 상황은 분명 당황스러웠다. 자신과 가까운 여러 사람도 루터에 동조해 로마 가톨릭을 등졌다. 자신에게서 히브리어 연구 방법을 배운 제자로 탁월한 히브리어 학자가 된 콘라트 펠리칸(Konrad Pellikan, 1478~1556)이 대표적이다. 경직된 스콜라학에 대한 거부감이 누구보다 큰 로이힐린이었지만 그것이 곧 프로테스탄트로 전향하는 이유는 되지 못했다. 인문주의는 모든 사람이 전통을 버리게 하는 요인은 아니었다. 로이힐린은 전통에 충실한 가톨릭교도로 남기를 선택했다. 작센의 종교개혁가들과 분명한 거리를 두었다. 1518년 비텐베르크 대학의 초대 그리스어 교수가 된 멜란히톤과도 결국에는 결별했다. 전통 종교에 반기를 든 모든 인문주의자가 반드시 프로테스탄트를 받아들일 이유는 없다. 당연히 로이힐린도 예외는 아니다.

그럼에도 로이힐린의 그리스도교 인문주의는 그의 개인적인 종교적 관심사인 유대 신비주의와 연결지어 추론할 수 있다. 카발라를 학습하는 것은 보다 깊은 종교적 경험을 통해 지적·도덕적·영적으로 우월한 소수가 되기 위한 목적이었다. 로이힐린이 히브리어 성서에 천착한 이유도 그 이름 아래 숨어 있는 비밀을 통찰하고 싶어서였다. 그래서 로이힐린은 인생 후반기에 일반적인 의미에서 인문주의자의 길에서 벗어났다고 평가된다. 에라스무스 같은 이들이 추구했던 윤리적·도덕적 개혁은 관심사가 아니었다. 그는 그리스도의 신비를 더 깊이 탐구해 나가는 여정을 통해 교회의 개혁이 이루어질 것을 기대하는 그리스도교 신비주의자였다.[37]

37 Charles Zika, "Reuchlin and Erasmus: Humanism and Occult Philosophy", *Journal of Religious History* 4, Jun. 1977, pp. 223~46.

그는 흔치 않게 가톨릭이나 프로테스탄트 모두에서 적극 수용된다. 먼저 프로테스탄트 진영에서 보면, 로이힐린은 자신의 증조카 멜란히톤의 펜을 통해 독일 프로테스탄트의 지지자와 후원자의 이미지를 얻었다.[38] 프로테스탄트의 시각으로 로이힐린을 해석하는 가장 두드러진 예는 1868년 세워진 독일의 '보름스의 루터 기념비'에서 엿볼 수 있다. 중앙에 루터의 동상이 높은 단 위에 서 있고, 중세와 종교개혁기 이단 운동으로 핍박을 받은 프랑스의 페트루스 발두스(Petrus Waldus, 1140?~1205?), 잉글랜드의 존 위클리프, 보헤미아의 얀 후스와 이탈리아의 지롤라모 사보나롤라(Girolamo Savonarola, 1452~98)가 단 아래 앉아 있다. 그리고 동서남북 사방에 종교개혁의 지지자 네 사람이 서 있다. 루터의 동료 멜란히톤, 작센의 영주 현명공 프리드리히 3세(Friedrich III, 1463~1525, 재위 1486~1525), 헤센의 영주 필리프 1세(Philipp I, 1504~67, 재위 1518~67), 그리고 로이힐린이다. 루터와 멜란히톤을 인정하지 않고 결별한 로이힐린이 이 자리에 서 있는 것은 전형적인 독일 프로테스탄트 견해의 반영이다.

가톨릭에서는 어땠을까? 로이힐린이 이단 시비로 곤욕을 치르는 중에도 가톨릭교회 내에는 로이힐린을 지지하는 고위 성직자가 다수 있었다. 1516년 교황 레오 10세가 로이힐린에게 제기되었던 이단 혐의를 벗겨 주자, 이듬해인 1517년 로이힐린은 유대 신비주의 카발라에 대해 다룬 자신의 책 『카발라학』(*De Arte Cabbalistica*)을 그에게 헌정했다. 에라스무스는 로이힐린이 사망한 이후, '로이힐린의 승천'이라는 제목으로 추도문을 썼다. 추도문에서 에라스무스는 로이힐린을 '비길 데 없는 영웅'으로 칭송한 다음, 튀빙겐에 있는 독실한 히브리어 학자이자 프란체스코회 수사가 본 로이힐린이 천국에 들어가는 꿈에 대해 언급했다. 이 꿈에

38 Franz Posset, "Johann Reuchlin(1455-1522), Celebrated Hebraist Loyal to the Church: Commemorating the 500th Anniversary of His Death", *Wrocławski Przegląd Teologiczny* 30, 2022, p. 200.

따르면, 프란체스코회 수사가 개울가에 있는 작은 다리 옆에서 기다리고 있는데, 로이힐린이 도착해 히브리어로 평화의 인사를 전했다. 그러자 인문주의자의 수호성인인 성 히에로니무스가 히브리어, 그리스어, 라틴어 글자로 수놓은 밝은색 옷을 입고 나타나 로이힐린을 영접하고 천국으로 이끌었다.[39]

당대 최고의 히브리어 학자, 유대교 신비주의에 심취한 신비주의자, 종교개혁가이자 친척 멜란히톤에게 영향을 끼친 종교개혁 선구자,[40] 그렇지만 그 누구보다 가톨릭교회에 충실했던 '평신도' 가톨릭 신학자, 반유대주의의 긴장 속에서 유대인을 위해 목소리를 낸 진정한 인문주의의 구현자 등이 그를 묘사하는 표현이다. 그는 가톨릭과 프로테스탄트만이 아니라 유대교도들로부터도 존경을 받았다. 로이힐린은 모든 인간의 존재를 인정하고 그 가치 존중을 위해 애써 온 진정한 의미의 인문주의자였다. 그럼에도 가톨릭이든 프로테스탄트이든 간에, 종파적 입장 하나에 굳이 수렴하려는 시도는 로이힐린의 초상을 어그러뜨릴 뿐이다.

자크 르페브르 데타플

프랑스의 초기 인문주의는 이탈리아의 영향으로 주로 심미적이고 세속적으로 발전했다. 그렇다고 반종교적이지는 않지만 독일처럼 교회개혁을 향한 움직임이 두드러지지는 않았다. 그러나 1500년 전후로 일부 인문주의자가 인문 교육을 교회개혁과 연결하기 시작하면서 그리스도교 인문주의는 프랑스에서 발전했다. 그 결과 프랑스 인문주의의 가장 두드러진 특징이 교회개혁과의 연관성이었다. 프랑스 그리스도교 인문주의에 가장 큰 지분을 차지하는 이는 자크 르페브르 데타플(Jacques

39 Franz Posset, "Johann Reuchlin", p. 197.

40 멜란히톤의 로이힐린에 대한 추모연설은 프로테스탄트에서 널리 퍼졌지만, 역사적 사실에 오류가 많고 일방적인 프로테스탄트의 시각만을 담고 있다는 비판을 면하지 못한다. 이에 대해서는 Franz Posset, *Johann Reuchlin(1455-1522): A Theological Biography*, Berlin and Boston: de Gruyter, 2015, pp. 10~18 참조.

Lefèvre d'Étaples, 1453?~1536?)이다. 르페브르는 성서와 교부들의 저작뿐만 아니라 이교 고전 사상을 수용해 그리스도교의 갱신을 바랐다. 그는 유럽의 지적 전통의 중심지인 파리 대학에서 수학한 이후, 1480년부터 1508년까지 그곳에서 교양과목을 강의했다.[41] 이 과목에는 고대 라틴어 문학도 포함되어 있었다. 망명한 그리스 학자 게오르기우스 헤르모니무스(Georgius Hermonymus, 1435~1503) 밑에서 개인적으로 그리스어를 공부했다. 1491년부터 1년간 이탈리아를 여행하면서 아리스토텔레스의 그리스어 문헌을 연구했다. 그는 불완전하고 결함이 많은 중세 라틴어판 대신에 그리스어 원문을 가지고 아리스토텔레스를 재번역하는 일에 집중했다. 아리스토텔레스의 저작 대부분을 개정하면서 아리스토텔레스 권위자로 인정받게 되었다. 그의 관심사는 점차 고전 교부들에게로 옮아갔다. 중세 스콜라학의 사변적이고 합리주의적인 신학보다 더 뛰어난 정신세계를 보여 주었기 때문이다. 르페브르는 적어도 두 차례 정도 수도원 입회를 진지하게 고민했을 정도로 신앙심이 깊었다. 학문을 하는 그의 가장 중요한 목표도 신학 지식의 습득이 아니라 종교적 정신세계를 갱신하는 것이었다. 1499년 초에 발행한 신플라톤주의 신비주의자인 아레오파고스의 디오니시우스(Dionysius the Areopagite)의 저작 서문에서 르페브르는 초대교회의 '근원'으로 돌아가고 싶다는 소망을 공개적으로 표현했다. 그의 관심은 초기 아리스토텔레스 연구에서 시작해 이후 교부들과 중세 신비주의 작가로 연결되었고, 마침내 성서 본문 자체에 대해 관심을 갖게 되었다. 르페브르의 이 여정은 프로테스탄트 종교개혁 전야의 북유럽의 지적·정신적 생활을 지배하는 그리스도교 인문주의의 전형을 보여 준다.

성서 연구에 대한 그의 관심은 1509년 서로 다른 다섯 개의 라틴어 텍

---

41 르페브르의 경력에 대한 간략하지만 유용한 개요는 Philip Edgcumbe Hughes, *Lefèvre: Pioneer of Ecclesiastical Renewal in France*, Grand Rapids, MI: Wm. B. Eerdmans Pub. Co., 1984 참조.

스트를 편집한 『오중 시편』(*Quincuplex Psalterium*)으로 실현되었다. 이 다섯 개 라틴어 버전 중 세 개는 교회에서 일반적으로 사용되던 불가타 성서보다 오래되었다. 그는 원문의 변화 과정을 추적함으로써 성서 원어의 더 깊은 의미에 대해 이해하고자 했다. 1512년에는 신약성서의 그리스어 사본을 바탕으로 자신의 새로운 라틴어 번역본과 주석을 포함한 바울 서신을 출판했다. 그는 "모든 연구가 어느 정도의 즐거움과 유익을 주지만, 신성한 진리에 대한 연구만이 즐거움과 유익만이 아니라 최고의 행복을 약속한다. 영혼의 참된 양식이며, 그로부터 인간의 다른 모든 배움을 넘어서는 빛이 비친다"라고 고백했다.[42] 르페브르의 삶의 가장 큰 관심은 성서를 복원하고 해석하고 전파하는 일이었으며, 이를 그리스도교 학문의 정점으로 여겼다. 르페브르의 성서 출판물은 16세기 전반 프랑스뿐만 아니라 독일·네덜란드·잉글랜드의 인문주의에까지 영향을 준 최초의 결과물이다. 1516년 에라스무스가 『그리스어 신약성서』(*Novum Instrumentum*) 초판을 출간하면서 관심 밖으로 밀려났지만, 르페브르의 이 두 권의 성서는 루터와 울리히 츠빙글리(Ulrich Zwingli, 1484~1531)를 포함한 신진 학자들에게 큰 영향을 끼쳤다.

르페브르가 성서 번역을 하고 출판한 것은 그리스도교 신앙에서 성서의 가르침을 따르는 것이 그 어떤 것보다 필수적이라고 보았기 때문이다. 성서를 무시하면 "종교의 불꽃은 꺼지고, 영적인 보물을 세상의 재화와 맞바꾸게 되고, 하늘의 것을 포기하고 땅의 것을 받아들이는, 상상조차 안 되는 가장 처참한 거래"를 하게 된다고 했다.[43] 프로테스탄트 종교개혁의 목소리와 차이 없는 비판이 독일의 영향과 무관하게 이미 프랑스에서 나왔다. 르페브르는 성인 숭배, 성상 및 성유물 숭배 등이 사람들로 하여금 이 땅의 물질을 가지고 하늘의 보물을 획득하려는 행위라고

42 Philip Edgcumbe Hughes, *Lefèvre: Pioneer of Ecclesiastical Renewal in France*, p. 54.

43 Jacobus Faber Stapulensis, "Introduction to the Commentary on the Psalms(1509)", trans., P. L. Nyhus, *Forerunners of the Reformation*, ed., Heiko Oberman, Cambridge: James Clarke & Co., 1966, p. 297.

비판했다. 성서로 돌아가는 것은 순수한 그리스도교의 정신으로 돌아가는 것이었다. 르페브르는 "하느님의 말씀이면 충분하다. 하느님의 말씀만으로도 영원한 생명을 누리기에 충분하다. 이 법은 영원한 삶의 안내자이다. 하느님의 말씀이 빛 가운데 드러나지 않는다면 그 어떤 것도 의심의 여지없이 불필요"하다고 했다.[44]

르페브르는 정교한 해석학적 방법론을 제시해 성서 해석의 지평을 프랑스 너머의 지역까지 확대했다. 르페브르의 성서 해석이 루터와 칼뱅에게 영향을 주어 전반적인 프로테스탄트 성서 해석의 특징이 되었다.[45] 불가타 성서의 라틴어를 그리스어 원본과 비교해 수정하는 작업을 수행한 르페브르의 바울 서신 주석은 루터 이전에 이미 루터가 추구하던 사상의 원형을 보여 준다. 그래서 필립 휴스(Philip Hughes, 1915~90)는 종교개혁 신학의 특징인 오직 은총으로(sola gratia), 오직 믿음으로(sola fide), 오직 하느님의 영광을 위해(soli Deo gloria)의 원형을 르페브르에서 만날 수 있다고 평가한다.[46] 르페브르는 오직 은총으로, 오직 믿음으로 의로움에 도달한다는 바울의 교리를 망각에서 구원했다. 이 지점이 인문주의자 르페브르가 프로테스탄트 종교개혁가들과 맞닿은 곳이다.

그러나 몇 가지 고려가 필요하다. 르페브르가 설령 종교개혁가들의 신학과 동일한 용어를 사용했다 하더라도 전혀 새로운 것이 아닌, 즉 바울 서신에 들어 있는 표현의 재발견일 뿐이다. 다시 말하자면, 이 발견이 곧 가톨릭 교리를 거부하고 로마 교회와 단절하는 근거가 되지는 않았다. 프로테스탄트 학자들은 르페브르에게 시대를 앞선 프로테스탄트 개혁가의 이미지를 덧씌우고 싶어 하고, 가톨릭 학자들은 르페브르를 그 누구보다 충성스러운 가톨릭교도로 규정하고 싶어 한다. 하지만 르페브르의 인문주의적 성서 해석은 독일의 로이힐린의 경우와 마찬가지로 스

44 Eugene Rice, ed., *The Prefatory Epistles of Jacques Lefèvre d'Étaples*, New York, NY: Columbia University Press, 1972, p. 436.

45 Philip Edgcumbe Hughes, *Lefèvre: Pioneer of Ecclesiastical Renewal in France*, p. 62.

46 Philip Edgcumbe Hughes, *Lefèvre: Pioneer of Ecclesiastical Renewal in France*, p. 97.

콜라 신학자들의 공격을 받고 가톨릭교회와 충돌하게 되었다. 공교롭게도 르페브르에 대한 사상적 의혹은 그가 1514년 파리 대학에서 로이힐린 사건을 우호적인 입장에서 변호하게 되면서 처음 제기되었다.[47] 그것이 촉매가 되어 르페브르에게 신학적 공격이 들어왔다. 그는 불가타역을 그리스어 사본을 기반으로 개정하고 자신의 주석을 달았을 뿐만 아니라 자신의 새로운 번역본도 인쇄했다. 이 일이 불가타 성서의 권위를 훼손했다는 비판을 받았다. 아울러 르페브르는 이른바 '3과 관련한 세 개의 논쟁'(controversy of three three's)이라 불리는 논란에 끌려 들어갔다. 세 명의 마리아, 즉 마르다의 동생 마리아, 막달라 마리아, 예수의 발에 향유를 부은 마리아가 동일인인지, 아니면 다른 인물인지, 그리스도께서 사흘째 되던 날 부활하셨는지, 아니면 사흘 후에 부활하셨는지, 성 안나가 남편이 세 명 있었는지, 아니면 한 명이었는지에 관한 논쟁이다. 이 중에서 르페브르가 세 명의 마리아가 각각 다른 인물이라고 주장하는 논문을 여러 편 발표하면서 곤란에 빠졌다. 천년 이상 가톨릭교회에서는 이 세 사람이 동일 인물이라고 여기고 한 사람의 성인으로 공경했다. 이 전통은 교황 그레고리우스 1세(Gregorius I, 540?~604, 재위 590~604)의 설교에서부터 유래되었다. 그레고리우스는 세 사람을 동일 인물로 보고 마리아를 죄 많은 여인, 즉 창녀였다고 설교해 마리아를 왜곡했다. 상대적으로 크게 중요하지 않아 보이는 것이 논란이 된 이유는 르페브르의 주장이 교회 전통을 무너뜨리고 권위를 부정한다고 보았기 때문이다.

이는 곧 르페브르의 정통성에 대한 공격으로 이어졌다. 전환점은 1520년이었다. 그에게 가해진 혐의는 루터교도라는 것이었다. 루터의 영향력이 독일 지역 너머로 확산되면서 프랑스는 루터교 침투를 우려하기 시작했다. 가해지는 압력을 견디지 못하고 르페브르는 파리에서 북동쪽으로 40킬로미터 정도 떨어진 도시인 모(Meaux)로 터전을 옮겼다.[48]

---

47 Richard Cameron, "The Attack on the Biblical Work of Lefèvre d'Étaples, 1514-1521", *Church History* 38, no. 1, Mar. 1969, p. 9.

그는 모에서 여러 중요한 성서 프로젝트에 참여하면서 프랑스 종교개혁의 필요성을 절감했다. 그곳에서 만난 젊은 개혁가들과 함께 성서에 기반한 교회를 만들어가는 운동을 조직했다. 이 모임에는 이후에 칼뱅에게 제네바에 머물면서 종교개혁을 진행하도록 강권한 기욤 파렐(Guillaume Farel, 1489~1565)도 있었다.

르페브르는 돈을 받고 죽은 자들을 위해 드리는 기도, 연옥에 대한 믿음, 동정녀 마리아에게 드리는 기도를 비판하고, 성서를 읽고 토론하는 것의 중요성을 강조했다. 또한 구원을 위해 공덕을 쌓거나 선행을 행하는 것의 가치를 부정하고 '오직 믿음'이면 충분하다고 강조했다. 그리고 성서의 가르침에 따르는 것만으로도 충분하다고 주장했다. 이러한 가르침은 루터에게서도 찾아볼 수 있었기에 르페브르와 모의 추종자들이 루터교도라는 혐의를 제기할 만도 했다.[49] 르페브르와 루터는 성직자 독신 문제에 대해서도 의견 일치를 보였다. 르페브르 역시 성직자 독신의 가치를 의심했다. 루터와의 유사성에도 불구하고 르페브르가 교리나 실천에 있어 루터교를 추종했다고 볼 수는 없다. 르페브르가 프랑스어로 성서를 번역하고 성서에 기반한 교회개혁을 추구했지만, 그가 단 한순간도 가톨릭교회와 결별하지 않았다는 사실은 명확하다. 뿐만 아니라 르페브르는 교황의 권위를 부정하지 않았고 모든 계층의 성직자들이 교황에게 복종할 의무가 있다고 주장했다.[50]

1523년 파리 대학의 신학과 교수들이 르페브르를 신학적 이단 혐의를 덧씌워 공식 기소했다. 1525년 8월 르페브르의 프랑스어 신약성서 번역본을 불태우라는 명령이 내려졌다. 10월에는 르페브르에 대해 파리 소환령이 내려졌다. 11월 파리 대학에서는 르페브르를 '루터파 이단'이라고 비난했다. 르페브르는 프랑스를 떠나는 것 외에 다른 선택지가 없었

48 Richard Cameron, "The Charges of Lutheranism Brought against Jacques Lefèvre d'Etaples(1520-1529)", *The Harvard Theological Review* 63, no. 1, Jan. 1970, p. 120.

49 Richard Cameron, "The Charges of Lutheranism", p. 132.

50 Richard Cameron, "The Charges of Lutheranism", p. 133.

다. 1530년 12월 안트베르펜에 체류하던 르페브르는 자신과 놀랄 만큼 비슷한 견해를 가지고 있는 한 청년의 방문을 받았다. 바로 칼뱅이었다. 이 연결을 고려하면 프랑스 개혁주의 전통은 루터의 직접적인 유산이기보다는 프랑스의 토양에서 성서를 번역·해석하고 가톨릭 전통을 비판적으로 접근한 르페브르에게서 기원을 찾을 수 있다. 로이힐린의 경우와 마찬가지로 르페브르는 그저 종교개혁 전통을 따라 후향적으로 돌아볼 대상은 아니다. 오히려 중세 말 그리스도교 인문주의자들이 얼마나 다양하게 성서 해석을 해왔는지 보여 주는 여러 사례 가운데 하나이다. 뤼시앵 페브르(Lucien Febvre, 1878~1956)는 그들을 프로테스탄트냐, 가톨릭이냐 가르는 것이 무의미하다고 일갈한다. 그들은 바로 자유로운 영혼이었다.[51]

데시데리우스 에라스무스

로이힐린이나 르페브르가 인문주의자로 유명세를 지니기는 했지만, 개혁을 추구하는 동시대 젊은 인문주의자들 사이에서의 영향력을 볼 때나 역사적인 평가에서는 로테르담의 에라스무스에 미치지 못한다. 에라스무스는 고전 중심의 인문주의를 그리스도교 인문주의로 급속도로 전환한 일종의 인문주의의 회심을 가져온 인물로 평가받기도 한다. 성서 번역과 본문 비평에 대한 그의 명성은 종교개혁가들의 활약에 의해 다소 빛이 바래기는 했지만, 종교개혁가들이 그에게 받은 영향은 지대하다. 성서를 읽는 현대인들도 에라스무스가 성서 번역과 연구를 통해 이룩한 업적에 빚을 지고 있다.[52]

가톨릭교회에 대한 풍자와 비판으로 가톨릭에서는 그를 불쾌하게 여

---

51 Lucien Febvre, "The Origins of the French Reformation: A Badly-put Question?", *A New Kind of History from the Writings of Febvre*, ed., Peter Burke, trans., K. Folca, New York, NY: Harper & Row, 1973, p. 88.

52 Peter J. Goeman, "The Impact and Influence of Erasmus's Greek New Testament", *Unio Cum Christo* 2, no. 1, April 2016, p. 69.

졌으며, 프로테스탄트 진영에서는 루터와의 신학 논쟁으로 갈라서면서 껄끄러워졌다. 탁월한 문헌학자, 번역가, 신학자이자 풍자 작가인 그는 신학적 범주와 무관하게 유럽 전역에 이름을 날린 인물이 되었다. 가톨릭이든 프로테스탄트이든 간에, 어느 한편에 서지 않은 자유인으로서의 모습이 그를 더욱 매력적으로 만들었다. 잉글랜드, 프랑스, 스페인, 폴란드 등 유럽 대부분의 국가로부터 초청받았고 동시대 누구도 갖지 못했던 유명세를 누리고 수많은 추종자가 따르는 하나의 현상을 만들어냈다. 기존 종교 질서에 대한 신랄한 비판과 풍자는 종교개혁이 확산되고 하나의 그리스도교가 분열되는 데 적지 않은 역할을 했다. 그래서 사람들은 흔히 에라스무스가 낳은 알을 루터가 부화시켰다고 생각하게 되었다. 에라스무스는 이러한 평가에 대해 자신이 낳은 알과 루터가 부화시킨 병아리는 전혀 다른 종류였다고 반박하지만,[53] 이러한 평가는 지금껏 종교개혁 역사에서 기정사실처럼 받아들여졌다.

성직자의 사생아로 태어난 에라스무스는 데벤터르(Deventer)의 공동생활형제회(Brethren of the Common Life)에서 교육을 받았다. 공동생활형제회는 1370년대에 헤르트 흐로테(Geert Groote, 1340~84)가 시작해 네덜란드 저지대와 독일 지역에서 번창한 '데보티오 모데르나'(Devotio moderna) 운동의 중심 역할을 했다. 초기에 이 운동이 배출한 가장 대표적인 인물이 『그리스도를 본받아』를 저술한 토마스 아 켐피스이다. 데보티오 모데르나 운동은 그리스도의 종의 모습으로 낮아짐과 비움, 그리고 희생을 추구할 가치로 삼는 수도주의 운동이다. 미사나 고해성사와 같이 조직화된 종교에서 실천하는 신앙의 외적 행위보다는 그리스도의 은총에 기대면서 그의 삶을 따라가는 지속적인 회심을 강조하고 있는데, 이러한 특성은 프로테스탄트 종교개혁가들이 훗날 발전시킨 가치와 부합

53 David M. Whitford, "Erasmus Openeth the Way Before Luther: Revisiting Humanism's Influence on The Ninety-Five Theses and the Early Luther", *Church History and Religious Culture* 94, no. 4, 2016, p. 518.

한다. 중세 말 가톨릭교회에 대한 쇄신을 요구하는 흐름이 이 운동에서 나온 것은 매우 자연스럽다. 루터도 아우구스티누스회에 입회하기 이전에 공동생활형제회에서 교육을 받았다. 신앙의 형식적인 표지를 부정하고 내적 가치에 충실할 것을 강조한 교육을 받은 에라스무스는 일생 동안 그 가치를 실천했다.

에라스무스는 아우구스티누스회 수사로서 1492년 사제 서품을 받아 성직자가 되었다. 하지만 수사로서의 자신의 사명에 의문을 품고 스콜라학 연구를 위해 파리로 갔다. 그곳에서 스콜라학에 환멸을 느낀 그는 고전 연구에서 길을 찾았다. 그 과정에서 자신에게 주어진 길이 수도 생활이나 사제가 아니라 학자의 길이라는 인식을 확고히 했다. 교황청의 허가를 받아 수도 서약에 매이지 않고 주유천하하면서 학문 활동을 이어갈 수 있었다. 그는 고전 연구를 통해 그리스도교 신앙을 개혁하려는 열망에 가득 차 있었다. 발라의 추종자였던 에라스무스는 동시대의 지식인 가운데 가장 뛰어난 그리스어 학자가 되었고 유능한 편집자, 탁월한 성서학자, 그리고 가톨릭교회에 대한 날카로운 비평가가 되었다. 그리스어와 히브리어에 대한 지식을 통해 원시 그리스도교의 순수성을 회복할 수 있다는 굳은 믿음으로 원전 연구에 몰두했다. 에라스무스는 원문의 진정한 의미를 전달하는 데 있어, 번역 성서의 한계를 분명하게 인식했다. 그는 다음과 같이 말했다.

> 라틴어에는 단지 몇 개의 작은 시냇물과 진흙 웅덩이만 있는 반면에, 그리스어에는 금빛으로 빛나는 순수한 샘과 강이 있다. 나는 그리스어 지식도 갖추지 않은 사람이 신성한 신비를 다루는 신학을 작은 손가락으로 건드리는 것은 완전히 정신 나간 짓이라고 생각한다.[54]

---

54 *Opus epistolarum Des. Erasmi Roterodami: denuo recognitum et auctum*, ed., Percy Stafford Allen, Helen Mary Allen and Heathcote William Garrod, Oxford: Clarendon Press, 1906-1958, vol. 2, p. 352; Carlos M. N. Eire, *Reformations: The Early Modern World, 1450-1650*, New Haven and London: Yale University Press,

에라스무스가 고전어와 성서 번역에 관심을 갖게 된 전환점은 1499년 잉글랜드 여행이었던 것 같다. 아직 무명의 학자에 불과했던 그는 잉글랜드에서 존 콜렛(John Colet, 1467~1519)과 모어를 사귀며 그리스어 공부에 자극을 받았다.[55] 콜렛은 이탈리아 유학 중에 접한 인문주의의 방법론으로 성서 본문을 해석하는 데 큰 영향을 끼친 인물이다. 동시에 그는 교회개혁에 대한 강력한 의지를 갖고 당대 가톨릭교회와 성직자들을 비판하기도 했다. 콜렛은 성서 본문을 그리스어 원문의 문법적·역사적 맥락 속에서 해석하는 데 관심을 갖고 연구했다. 1505년 옥스퍼드 대학에서 신학 박사학위를 받은 이후, 1505년 세인트 폴 대성당의 수석사제로 임명되었다. 이곳에서 콜렛은 중세 스콜라의 방법론이 아닌 성서 본문에 충실한 주석과 설교로 큰 명성을 얻었다. 콜렛이 취임한 이후 세인트 폴 대성당은 잉글랜드 내에서 영향력 있는 인문주의 연구의 중심지가 되었다.[56] 반면에 잉글랜드에서만 교육받은 모어는 토착화된 잉글랜드 인문주의의 전형을 만들었다. 그는 학자가 아니라 잉글랜드 왕실의 총애를 받는 정치가로 대법관의 자리에까지 올랐다. 모어 역시 고전 연구와 초기 그리스도교의 원천으로 돌아가는 것이 교회개혁의 열쇠라고 믿었다. 모어는 네덜란드에서 온 촉망받는 젊은 학자 에라스무스에게 초기 교부들과 신약성서 연구에 전념하도록 자극을 주었다. 에라스무스와 모어는 금세 친구가 되었고 다양한 학술 작업에 함께했다. 에라스무스가 쓴 『우신예찬』의 원제인 'Moriae Encomium'은 모어의 이름을 오마주(homage)한 것으로, 에라스무스의 모어에 대한 존경심을 잘 보여 준다. 런던에서 파리로 돌아온 이후 그는 그리스어를 배우는 데 온 열정을 쏟았다.[57] 개인 교사 없이 독학으로 그리스어를 학습했다. 그가 그리스 작

2016, p. 65에서 재인용.

55 Peter J. Goeman, "The Impact and Influence of Erasmus's Greek New Testament", p. 70.

56 John Gleason, *John Colet*, Berkeley, CA: University of California Press, 1989, pp. 217~24.

가들을 연구한 궁극적인 목적은 스콜라적 방법론에 갇혀 퇴보하고 있는 신학을 회복하는 것이었다. 콜렛에게 보낸 편지에서 성서 연구를 평생의 업으로 삼겠다는 에라스무스의 다짐이 나온다.

> 성서를 접한 이후 나는 앞으로 남은 인생을 모두 성서 연구에 쓸 생각이었습니다. 3년 전, 나는 바울의 로마인에게 보내는 서신에 대해 무언가를 하려고 분명하게 생각했습니다. 더 계속할 생각이었지만 모종의 핵심에 집중하기 위해 가장 중요한 것은 모든 면에서 그리스어가 필요하다는 것이었습니다. 따라서 과거 3년 가까이 나는 그리스어에 완전히 빠져 있었습니다. 그리고 내 노력이 완전히 헛수고가 되었다고는 생각하지 않습니다.[58]

이 결심에 대한 첫 결실이 1503년 출간된 『그리스도교 군사의 교범』(*Enchiridion Militis Christiani*)이다. 출판 당시에는 그다지 주목받지 못했지만, 결과적으로 이 책은 에라스무스에게 종교개혁 이전의 가장 위대한 지식인이자 그리스도교 인문주의의 진정한 창시자라는 명성을 가져다주었다. 에라스무스의 가장 대중적인 작품이자 풍자 문학의 걸작인 『우신예찬』이 1511년 초판 발행되면서 『그리스도교 군사의 교범』도 다시 대중의 관심을 끌며 재출간되었다. 라틴어 판본만 무려 29개가 나왔다. 이 책은 다시 프랑스어, 네덜란드어, 스페인어, 독일어, 영어로 번역되어 전 유럽에 걸쳐 베스트셀러가 되었다. 에라스무스는, 진정한 그리스도교 신앙은 추상적인 교리나 순례, 금식 같은 의식에서 찾을 수 있는 것이 아니라 오히려 자신을 하느님에게 완전히 항복하는 데서 비롯된다고

57 James D. Tracy, *Erasmus of the Low Countries*, Berkeley, CA: University of California Press, 1996, p. 32.

58 Desiderius Erasmus, "To John Colet, 1504(Ep. 181)", *Collected Works of Erasmus,* vol. 2: *Letters 112 to 194(1501-1514)*, eds., R. A. B. Mynors and D. F. S. Thomson, trans., Wallace K. Ferguson, Toronto: University of Toronto Press, 1982, pp. 86~87.

했다. 『그리스도교 군사의 교범』에서 에라스무스는 사람들로 하여금 문자나 눈에 보이는 어떠한 것에도 의존하지 말고 "더 깊은 신적 신비에로 나아가라"고 격려했다.[59] 당시 외적인 의식을 중요시하던 전통적인 가톨릭의 종교성이 아닌 개인적이고 정신적인 체험을 강조하고 성직자들의 도덕적 부패와 탐욕에 대해 직설적으로 비판하면서 진정한 종교는 외적인 장식에서 찾을 수 있는 것이 아닌, 윤리적이고 도덕적인 삶 속에서 찾을 수 있다고 주장한 것이 대중에게 큰 호소력이 있었다. 에라스무스는 상아탑의 전통에 갇히지 않고 대중에게 강력한 영향을 끼치는 지식인의 전형이 되었다.

성서 연구에서 중요한 전환점은 1504~05년에 걸쳐 발라의 미출간 『신약성서 주석』(*Notes on the New Testament*)을 출판한 것이었다.[60] 이 주석에서 발라는 그리스어 지식을 응용해 라틴어 성서의 난해한 부분을 설명하고 불가타 성서의 번역상의 오류를 지적했다. 발라의 영향을 받아 에라스무스는 신약성서의 그리스어 원문을 검토하고 성서를 번역하는 고된 작업을 이어갔다. 그는 당시 활용할 수 있던 다양한 그리스어 텍스트를 대조하고 주석을 붙였다. 또한 개선된 라틴어 역본의 필요성을 느낀 에라스무스는 불가타 성서와 다른 새로운 라틴어 번역본을 제시하고 더불어 그리스어 본문도 출판했다.[61] 본래 알두스 마누티우스와 함께 작업을 하고자 했으나, 그의 죽음으로 바젤의 인쇄업자 요한 프로벤(Johann Froben, 1450?~1527)과 협력해 출판을 진행했다. 루터의 종교개혁 한 해 전인 1516년, 마침내 에라스무스는 『그리스어 신약성서』 초판을 출간했다. 에라스무스와 프로벤은 교황 레오 10세의 승인을 받지 않고 신약성

59 Desiderius Erasmus, "Enchiridion", *The Essential Erasmus*, trans., John P. Dolan, New York, NY: New American Library, 1964, p. 38.

60 Peter J. Goeman, "The Impact and Influence of Erasmus's Greek New Testament", p. 71.

61 William W. Combs, "Erasmus and the Textus Receptus", *Detroit Baptist Seminary Journal* 1, Spring 1996, p. 42.

서를 출판하는 모험을 선택했다. 대신에 신약성서를 교황에게 바치는 헌정사를 서문에 실었다. 오류가 많았지만 에라스무스의 신약성서는 출판되자마자 엄청난 반향을 일으키고 곧 재인쇄되었다. 당시 앞서거니 뒤서거니 출판된 다른 성서에 비해 압도적으로 시장의 반응을 이끌어내면서 가톨릭과 프로테스탄트를 포함한 모든 이가 수용하는 텍스트가 되었다.

에라스무스가 신약성서를 새로 번역한 목적은 서신서와 복음서를 불가타역보다 더 나은 고전 라틴어로 소개하는 것이었다. 인문주의 시대에 맞추어 새로운 번역이 필요한데, 그 기준은 더 우아한 고전 라틴어이어야 했다. 하지만 에라스무스는 이 새로운 번역으로 기존의 불가타역을 대체할 생각은 없었다. 그가 의도한 대상 독자층은 이 책을 성서 연구를 위해 사용할 신학자들이었다.[62] 에라스무스는 공적으로 사용하는 공식 텍스트를 변경하는 것과 기존에 사용되는 번역본의 오류를 제거하고 텍스트로 명확히 하는 것은 별개의 문제라고 자신의 작업을 변호했다.[63]

에라스무스는 1516년에 자신의 번역 방법에 관해 여섯 가지 원칙을 언급했다. 첫째, 원칙적으로 그리스어 본문을 참된 해석과 번역의 표준으로 삼는다. 둘째, 좋은 번역은 원문의 각 단어를 번역본의 단어와 일치시키려 시도하지 않는다. 셋째, 번역은 항상 원본 텍스트에 대한 단일한 해석을 제공해야 한다. 넷째, 제공되는 번역은 마치 모든 것이 확실하고 의심할 여지가 없는 것처럼 결정적이고 유일하게 참된 번역이 아니며, 주의 깊은 독자가 주석을 참조할 수 있도록 돕는 용도이다. 다섯째, 신약성서를 적절하게 번역하기 위해 번역자는 그리스어와 라틴어 사본, 그리고 교회의 가장 탁월한 교부들의 본문 비평 및 주석 정보를 수집해야 한다. 여섯째, 번역자는 구두점에 세심한 주의를 기울여야 한다.[64]

하지만 에라스무스의 번역은 문헌 비평의 관점에서 볼 때 불가타역보

62 Henk Jan de Jonge, "Erasmus's Translation of the New Testament: Aim and Method", *The Bible Translator* 67, no. 1, 2016.

63 Henk Jan de Jonge, "Erasmus's Translation of the New Testament", p. 32.

64 Henk Jan de Jonge, "Erasmus's Translation of the New Testament", pp. 35~36.

다 문제가 더 많았다. 그럼에도 16세기의 많은 독자가 에라스무스의 역본에 열광했던 이유는 이 역본이 불가타역보다 신약성서의 메시지를 더 명확하고, 이해하기 쉽고, 매력적인 인문주의 언어로 전달했기 때문이었다. 에라스무스의 신약성서 제2판은 1519년 'Novum Testamentum'이라는 새로운 이름으로 출판되었다. 루터가 신약성서를 독일어로 번역하는 데 활용한 판본으로 유명하다. 그렇지만 에라스무스의 신약성서 출판 시기를 볼 때, 이 성서와 루터의 사상 형성과는 무관하다. 루터의 바울 사상은 불가타역에 근거해 형성되었으며, 1512년 출판된 르페브르의 성서 번역본을 더 많이 참조했다. 그러나 에라스무스를 둘러싼 논쟁은 루터의 사상이 대중의 관심을 불러일으키는 데 일정한 역할을 했다고 추정할 수 있다.

에라스무스는 프랑스의 르페브르와 함께 그리스도교 인문주의의 창시자이자 구현자로 평가된다. 그리스도교 인문주의는 종교개혁 직전에 알프스 이북 유럽의 정신적·지적 토대에서 가장 역동적인 힘을 발휘했다. 그는 동시대 그 누구보다도 추종자가 많았고 명성을 얻었다. 그렇지만 동시에 그의 사상은 엘리트주의의 틀을 넘지는 못했다. 유럽에 종교개혁의 물결이 휘몰아칠 때 전통 종교와는 물론, 그 종교를 갱신하려는 개혁가들과도 분명하게 거리를 두었다. 끝까지 그리스도교의 일치 속에서 교회 갱신을 추구하는, 어쩌면 충분히 모순처럼 보이는 길을 걸었다. 양편 모두로부터 비난과 비판을 받았지만, 에라스무스는 인문주의가 종파적 이해에 구속되지 않고 더 영속적인 방향으로 나아가야 함을 보여준 셈이다.

프란시스코 히메네스 데 시스네로스

책과 인쇄술을 다룬 앞선 장에서 가톨릭교회가 성서 번역을 금지했다는 것이 역사적으로 사실이 아니라는 점은 이미 언급했다. 대표적으로 에라스무스가 신약성서의 새 번역판 작업을 시작하기 60년 전인 1453~55년에 니콜라우스 5세 치세의 교황청에서 활동했던 잔노초 마네티

(Giannozzo Manetti, 1396~1459)가 그리스어 신약성서를 라틴어로, 시편을 히브리어에서 라틴어로 번역한 것을 들 수 있다.[65]

그럼에도 가톨릭이 성서 번역에 부정적이라는 주장이 사실인 양 받아들여진 데에는 적어도 두 가지 이유를 들 수 있다. 첫째, 종교개혁 진영의 목소리가 다수의 목소리로 반영된 탓이 있다. 예를 들어 전통적으로 가톨릭을 고수해 온 이베리아 반도의 스페인과 포르투갈의 경우, 프로테스탄트 역사가들은 포르투갈에는 인문주의자가 거의 없다고 결론을 내렸다. 프로테스탄트가 인문주의의 파생물이라고 보는 데 익숙했고, 스페인이나 포르투갈에는 프로테스탄트가 거의 없었기 때문이다. 유럽에서 가톨릭 프랑스의 경우를 반대의 예로 들 수 있겠지만 적절하지는 않다. 프랑스는 강한 인문주의 전통을 가지고 있는 만큼이나 칼뱅과 같은 개혁가와 위그노 같은 프로테스탄트파가 상당 기간 넓게 뿌리내렸기에 프랑스 종교 전쟁이 발생한 이유가 되었다. 둘째, 루터의 종교개혁이 성서 연구와 번역을 통해 확산된 데 대한 반작용으로 가톨릭교회에서 모국어 성서에 대한 경계가 심했기 때문도 무시하지 못한다. 실제 트리엔트 공의회에서는 전통적으로 교회가 사용한 불가타역만을 공인 성서로 할 것을 재확인했다.

종교개혁으로 인해 예기치 않게 전개된 상황과 달리, 교황청과 가톨릭 교계 전체는 새로운 학문이나 고전어와 성서 및 성서 번역에 대해 반대하지는 않았다. 인문주의가 크게 발달하지 않았다고 여겨지는 스페인에서조차 히브리어 연구 및 성서 번역이 긍정적으로 수용된 상황은 들여다볼 필요가 있다. 중세 말 가톨릭 스페인은 종교재판으로 악명을 떨쳤기에 개혁 사상이 들어가기에는 불모지처럼 여겨졌다. 특히 1588년 스페인의 무적함대와 싸우던 엘리자베스 치세의 잉글랜드 해군은 프로테

65 Paul Botley, *Latin Translation in the Renaissance: The Theory and Practice of Leonardo Bruni, Giannozzo Manetti and Erasmus*, Cambridge: Cambridge University Press, 2004, pp. 82~98.

스탄트 잉글랜드와 가톨릭 스페인이라는 신·구교의 대립 프로파간다를 만들어갔다. 중세 말 종교를 읽어나가는 현대의 시각도 여기에서 완전히 벗어나지는 못한다. 물론, 스페인이 독일, 프랑스, 잉글랜드와 같은 여타 유럽 국가에 비해 엘리트 인문주의가 덜 발달한 것은 대체로 인정되는 사실이다. 그런데 르네상스 인문주의가 고전어에 대한 재발견과 번역과 관계된 것이라면 이야기가 달라진다. 1469년 카스티야 왕국의 이사벨 1세와 아라곤 왕국 페르난도 2세의 결혼으로 스페인 연합 왕국의 역사가 가시화되었다. 1492년 스페인 재정복 전쟁인 레콩키스타가 마무리되고 유럽 대륙에서 무슬림이 공식적으로 떠나게 되었다. 이와 맞물려 스페인의 유대인 정책은 이베리아 반도에 오랫동안 터를 잡고 살던 유대인 공동체에 큰 변화를 가져왔다. 유대인 불관용 정책으로 카스티야와 아라곤의 유대인들은 그리스도교로 개종하거나 아니면 강제 추방당했다. 많은 유대인들이 떠났지만 개종해 남은 이들도 적지 않았다. 개종한 유대인들을 통해 히브리어 연구와 고전 문헌 연구가 스페인에서 번성했다.

이런 정치적 변곡점에서 스페인 성서학의 수준을 한 단계 끌어올린 대표적인 인물이 추기경 프란시스코 히메네스 데 시스네로스(Francisco Jiménez de Cisneros, 1436~1517)이다. 법학자 출신의 시스네로스는 1460년대 로마에서 인문주의를 접한 이후, 거기에 매료되어 스페인으로 돌아와 현지 유대인으로부터 히브리어와 아람어를 배웠다. 이사벨 1세의 고해신부, 카스티야의 섭정, 톨레도 대주교 등 공직과 교회 직책 모두에서 최고의 자리에 올랐던 그는 인문주의 연구와 성서 연구를 통해 카스티야 교회개혁과 성직자 수준을 강화하려는 의지를 보였다. 이런 의지의 하나로 1508년 마드리드 인근 알칼라 데 에나레스(Alcalá de Henares)에 대학을 설립했으며, 스콜라학만이 아니라 인문학 연구를 장려했다. 그리스어와 히브리어 교수직을 마련해 스페인 최고의 언어학자들을 모았다. 여러 고대 성서 사본을 수집하고 학자들에게 성서 출판 프로젝트를 의뢰했다.

그렇게 해서 최초로 인쇄된 다언어 성서인 『콤플루텐시아 다언어 성서』(*Complutensian Polyglot Bible*)가 탄생했다. 시스네로스 추기경의 재정 지원으로 출판된 이 성서는 16세기 스페인의 활판인쇄 수준을 보여 주는 걸작이다. 원본 히브리어와 70인역 그리스어 구약성서 본문, 그리스어 신약성서 본문, 구약 전체 불가타 번역본, 타르굼 온켈로스로 알려진 구약 다섯 권의 책과 그 본문의 라틴어 번역본 및 주석, 히브리어 및 아람어 사전, 히브리어 문법, 그리스어 사전 등이 포함된 엄청난 규모의 작품이다. 『콤플루텐시아 다언어 성서』는 신약이 1514년에, 구약이 1517년에 완성되었다. 1520년 교황 레오 10세의 허가를 받고 배포되었다. 성서는 여러 권으로 나누어져 있으며, 모두 합하면 1,500쪽에 달한다. 600부를 종이에 인쇄하고, 6부를 양피지에 인쇄했다. 현재 123부가 남아 있다. 『콤플루텐시아 다언어 성서』는 인문학과 인쇄술이라는 무형자산과 유형자산이 결합해 만든 걸작이었지만, 비슷한 시기에 나온 에라스무스의 성서에 비해 영향력은 제한적이었다. 그럼에도 『콤플루텐시아 다언어 성서』는 스페인의 높은 인문학 수준을 보여 주는 증거였다. 시스네로스 추기경은 교황에게 바치는 성서 서문에 이 방대한 프로젝트가 절실히 필요한 이유를 잘 설명하고 있다.

> 언어에는 그 자체의 고유한 성격이 있고 아무리 완전하게 언어를 번역한다고 해도 그 의미를 완전히 표현할 수는 없습니다. …… 사실, 하늘의 지혜의 숨겨진 깊은 의미가 그대로 표현되거나 불쑥 튀어나오지 않는 언어나 문자 조합은 있을 수 없습니다. 그러나 뛰어난 학문적인 번역가는 이 중 일부를 제시할 수 있기 때문에, 번역서 전문은 필연적으로 원문 이외의 어떤 출처에서도 이해할 수 없는 다양한 숭고한 진리로 가득 차 현재까지 남아 있습니다. 게다가 여러 라틴어 필사본이 있습니다(우리는 필사자의 무지와 태만 때문에 이런 일이 얼마나 자주 일어나는지 알고 있습니다). 성 히에로니무스와 성 아우구스티누스와 다른 그리스도교 저술가들이 우리에게 권고하듯이, 성서의 원본으로 돌아가 히브리어 본문의 정확성에 비추어 구약성서의 진위를 살피고 그리스어 사

본에 비추어 신약성서의 진위를 검토해야 합니다. 그래서 모든 성서학자가 성서의 원본 자체를 가까이에 두고 영원한 생명을 향해 흐르는 샘에서 갈증을 해소할 수 있도록 우리는 성서의 원본 언어를 인쇄하고 번역본을 첨부해 성하에게 바치고자 했습니다. 먼저 신약성서를 그리스어와 라틴어로 인쇄하고 그 언어를 읽는 사람들에게 도움이 될 수 있는 모든 그리스어 어휘를 함께 인쇄하도록 신경을 썼습니다. 그래서 우리는 그리스어에 대한 지식을 충분히 얻지 못한 사람들을 위한 노력을 아끼지 않았습니다. 그다음 구약성서를 시작하기 이전에, 우리는 구약성서 전체의 히브리어와 칼데아어 사전을 만들었습니다. …… 성하께서 우리가 드리는 이 보잘것없는 선물을 기쁜 마음으로 받으시기를 원합니다. 그리하여 지금까지 잠잠했던 성서 연구가 마침내 되살아나 다시 시작할 수 있도록 말입니다. …… 성하로부터 출판을 허락받을 수 있도록 우리는 성하의 축복을 간청합니다.[66]

『콤플루텐시아 다언어 성서』의 출간은 스페인 인문주의에 강렬한 흔적을 남겼다. 다른 북방 인문주의와 달리, 스페인의 경우에 중세 전통에 기반한 가톨릭교회의 개혁과 인문주의 방식이 대립되기보다는 상호 보완될 수 있다는 가능성을 보여 주었다. 시스네로스가 설립한 알칼라 대학이 주도적인 역할을 했다. 그러나 그 유산에 대한 평가는 여전히 논쟁적이다. 프로테스탄트의 시각과 가톨릭의 시각은 여전히 차이가 있다. 프로테스탄트 역사서에서는 알칼라 대학의 인문주의적 시도가 그저 일시적인 현상에 불과하며, 곧 가톨릭교회에 의해 억압되는 운명에 놓였다고 비관적으로 보았다. 반면에 가톨릭의 시각에서는 알칼라 대학이 16세기 후반 가톨릭 개혁의 중추적 역할을 했다고 높이 평가했다. 이런

66 Complutensian Polyglot Bible(Alcalá, 1514-1517), vol. 1, fol. 3r, "Prologus ad sanctissimum et clementissimum dominum nostrum", *Catholic Reform: From Cardinal Ximenes to the Council of Trent, 1495-1563*, trans., John C. Olin, New York, NY: Fordham University Press, 1990, pp. 62~63.

엇갈린 평가 속에서도 두 가지는 논란 없이 인정된다. 첫째, 16세기 초반 스페인 인문주의는 다른 유럽 지역 못지않게 활발했으며, 둘째, 스페인 인문주의의 후예들이 16세기 후반 트리엔트 공의회에서 가톨릭 내부 개혁을 이끌었다는 사실이다.[67] 그러나 스페인 인문주의의 승리로 보이는 이 성과는 또 다른 억압을 통해 형성되었다는 역설이 있다. 시스네로스는 스페인 종교재판소의 책임자였다. 1499년 스페인에 남아 있는 무슬림에 대한 추방과 강제 개종 정책을 실행한 이가 바로 시스네로스 추기경이었다. 더 나아가 그는 그라나다에서 발견된 모든 아랍어 사본을 공개적으로 불태우도록 명령했다. 아직 개종하지 않은 무슬림이 반란을 일으키자 폭력적으로 진압한 이후인 1500년, 시스네로스는 그라나다에 그리스도교도가 아닌 사람이 한 명도 없으며 모든 모스크는 교회가 되었다고 선포했다.[68] 그의 인문주의적인 관심은 오롯이 학문적인 것이며, 스페인 교회를 갱신하기 위한 것이었다. 그 속에 보편적인 인간애의 공간은 없었다. 파키스탄계 영국인 학자이자 소설가 타리크 알리(Tariq Ali, 1943~)가 쓴 『석류나무 그늘 아래』(*Shadows of the Pomegranate Tree*)는 스페인 제국의 몰락을 추적한 역사 소설이다. 소설은 1499년 이베리아 반도를 회복한 그리스도교 세력이 당시 대주교 시스네로스의 주도 아래 그라나다에 있던 무슬림 도서관의 장서를 불태우는 '불의 성벽' 사건으로 시작한다. 소설에서 무슬림 지도자 우마르는 시스네로스의 책을 불태운 행위에 맞서 다음과 같이 경고했다.

> 당신네 교회는 모든 사람에게 자유로운 그늘을 드리웠던 나무를 도끼로 찍어버렸소. 그게 자신에게 이익이 된다고 생각하는 것이겠지요. 하지만 어느 정도일까요? 아마, 100년? 200년? 그럴 수도 있겠지만, 장

---

67 Carlos M. N. Eire, *Reformations*, p. 99.

68 William Hughes, *Western Civilization: The Earliest Civilization through the Reformation*, New York, NY: McGraw-Hill, 1993, p. 152.

기적으로 볼 때 이 발육 부전의 문명은 파멸하고 말 거요. 다른 유럽 국가들에게 추월당할 것입니다. 당신은 잘려진 이 나무가 이 반도의 미래라는 것을 분명히 알아야 합니다. 책에 불을 지르거나 적대자를 고문하거나 이단자를 불태우는 사람은 결코 기초가 안정된 집을 지을 수 없소. 교회의 저주가 이 반도를 망치고 말거요.[69]

이 경고가 실제 스페인 역사의 쇠퇴와 어떤 인과 관계가 있었는지는 별개로 하더라도, 이 상황은 그리스도교 인문주의가 지닌 한계 역시 곱씹어야 함을 보여 준다.

종교개혁과의 상관성

독일 역사가 베른트 묄러(Bernd Moeller, 1931~2020)의 "인문주의가 없었다면, 종교개혁도 없었을 것"이라는 단언은 인문주의와 종교개혁의 관계를 나타내는 대표적인 표현이다.[70] 종교개혁을 다루는 역사서에서 인문주의자들은 종교개혁의 선구자들로 간주되었다. 그럼에도 흥미로운 지점은 있다. 종교개혁을 기준으로 루터보다 앞선 세대의 인문주의자들인 에라스무스, 모어, 로이힐린, 르페브르 등 대부분은 종교개혁 진행에 우호적이지 않았거나 적극적으로 반대했다. 다음 세대 인문주의자들인 멜란히톤, 츠빙글리, 칼뱅 등은 프로테스탄트 진영의 전면에 나섰다. 인문주의자들과 프로테스탄트 개혁가들이 공유했던 지점은 성직자들이 특권층이 되면서 부패했다는 중세 가톨릭 유산에 대한 비판적 재고였다.

69 Tariq Ali, *Shadows of the Pomegranate Tree*, The Islam Quintet Book 1, London and New York, NY: Verso, 1993, p. 68.

70 Bernd Moeller, "The German Humanists and the Beginnings of the Reformation", *Imperial Cities and the Reformation*, eds., and trans., H. C. E. Midelfort and Mark U. Edwards, Philadelphia, PA: Fortress Press, 1972, p. 36.

그러나 여기에서 놓치지 말아야 할 점이 있다. 종교개혁에 대한 세대 간의 온도 차이로 인문주의와 종교개혁을 연관시키는 것은 인문주의 자체에 대한 오해를 불러일으킬 수 있다. 종교개혁 시대의 인문주의는 현실 참여적인 성격을 띠기보다는 엘리트 세계의 지적 유행이며, 제도권 내의 교육 과정이었다. 참여할 수 있는 사람도 고전 교육을 받은 소수의 남성들이었다. 현실 참여형 내지 지사적 지식인으로서 인문주의자의 존재는 환상에 가까웠다. 그런 점에서 진정한 종교적 신념을 걸고 예언자적 역할을 수행한 유일한 인문주의자는 모어라고 할 만하다. 하지만 그 역시도 자신의 종교적 신념을 걸고 반대파를 잔혹하게 처벌한 이력이 있으니, 그마저도 인문주의적인 가치보다는 종파적인 가치를 우선시했다고 할 수밖에 없다.

초기 종교개혁가들 대부분이 인문주의의 세례를 받았지만, 종교개혁이 인문주의의 가치를 더 제고했는지는 의문이다. 어떤 면에서는 스콜라학에 기반한 전통 종교의 틀을 허물고 새로운 가치를 내세우기 위해 필요한 만큼 활용하는 데 머물렀다. 따라서 인문주의를 수용한 종교개혁 진영의 성과와 한계도 명확히 해야 한다. 종교개혁가들은 인문주의를 통해 히브리어와 그리스어 연구를 부활시키고, 스콜라학의 역사적 편견을 극복하고 새로운 사상의 흐름을 형성한 성과가 있다. 그 대상에 고전 이교 문헌들도 포함되어 있다는 점에서 지적 개방성을 인정할 수 있다. 프로테스탄트 신학자들은 수사학과 언어학을 활용해 차별성 있는 성서학 발전을 이루어냈다. 루터주의와 칼뱅주의가 발전하면서 인문주의에 기반한 대중적인 종교교육 커리큘럼도 형성되었다. 하지만 인문주의의 본질적 가치인 '인간 자체에 대한 이해와 관심'으로 프로테스탄트가 진보했는지는 물음표이다. 오히려 본문 비평과 다양한 관점의 성서 해석에서 출발했지만 '오직 성서'가 대체 불가한 하나의 도그마처럼 되면서 더 좁은 인간 이해를 가져온 측면을 간과해서는 안 된다. 에라스무스와 루터가 벌인 인간의 자유의지에 관한 논쟁이 그 단면이다. 인문주의자들이 주창했던 인간의 자유는 종교개혁가들의 세계 속에 들어오면서 또 다른 모습으로 억압당했다.

오히려 인문주의와 종교개혁은 루터 종교개혁 사상의 지적 계보를 그릴 수 있기 때문에 더 큰 의미가 있는지 모른다. 루터와 인문주의자들의 사상적 지평은 겹친다. 고전 언어와 성서 번역에 대한 관심은 루터 이전부터 있었다. 루터의 해석과 유사한 바울 서신에 대한 재해석과 발견도 이미 르페브르나 콜렛 같은 인문주의자들이 제안했다. 루터가 그것을 수용해 확고한 체계로 발전시켰지만 오롯이 프로테스탄트의 전유물만은 아닌 셈이다. 문헌 비평을 통한 라틴어 번역 수정, 히브리어 관심 제고, 그리스어 원문 연구, 다언어 성서 등 인문주의의 성과는 종교개혁을 '위한' 것이 아닌 중세 말 그리스도교 세계의 '일부'였다. 이 하나의 흐름이 교차점에서 가톨릭과 프로테스탄트의 두 줄기로 갈라졌다. 인문주의가 중세와의 연결성 속에서 나온 것처럼 종교개혁 역시 중세와의 연결성 속에서 나왔다. 뒤집어 말하자면, 이 말은 인문주의가 그리 인간성에 대한 혁명이 아니었던 것만큼이나 종교개혁도 인간 해방의 운동이 아니었다는 것이다. 스페인 인문주의자 시스네로스 추기경이 상징적으로 보여주었던 그리스도교 인문주의의 한계는 곧 이은 종교개혁의 한계이기도 했다. 앞으로 살펴보겠지만 이 인문주의에서 배태된 종교개혁은 곧 유럽의 자국 중심주의, 더 나아가 배타적인 유럽 중심주의의 시각을 강화하는 데 일조했다.

제5장 공의회주의의 탄생

프로테스탄트 진영이 아닌 가톨릭 진영에서 일어난 종교개혁을 현대사가들은 '반종교개혁'이라고 규정했다. 그 후 가톨릭 진영의 개혁을 서구 가톨릭 내의 전통적인 개혁 움직임의 연장선에서 바라보는 가톨릭 종교개혁이라는 용어가 대중화되었지만, 프로테스탄트와 가톨릭의 이항대립 구도는 여전했다. 그러나 종교개혁에 대한 연구가 기존의 종파 중심에서 사회사로 확대되면서 종교개혁의 해석사는 다른 그림으로 전개되었다. 역사가의 관점, 그리고 사건에 대한 접근 방식과 초점에 따라 전혀 다른 해석의 결과물이 나온다. 전통적으로는 교회의 부패와 타락에 대한 대응으로 출현한 것을 종교개혁으로 정의해 왔다. 하지만 16세기 종교에 대한 광범위한 갱신 요구를 다른 방식으로 접근하기도 한다. 교회의 부패와 오남용의 문제를 부정하지는 않지만, 그와 무관하게 이미 그 시대 사회 구조는 거대한 변화에 직면해 있었다고 본다. 교회 자체도 그로부터 비껴갈 수 없었기에 도전에 따른 대응을 할 수밖에 없었다. 이런 관점에서 보자면, 가톨릭의 타락과 개혁 요구라는 측면보다는 변화하는 세상에 대한 적극적인 대응이라는 좀 더 활력 있는 그림 속에 종교개혁을 넣을 수 있다.

가톨릭-프로테스탄트 공동의 유산

프랑스 아날학파를 대표하는 역사가 뤼시앵 페브르는 교회의 부패와 오남용의 문제를 부정하지는 않았지만 그것을 종교개혁의 핵심 원인으로 설명하는 해석에는 반대했다. 그는 종교개혁에 접근하는 새로운 방식을 제시했다. 프로테스탄트와 가톨릭 진영 모두에서 이루어진 종교개혁은 교회 부패와 오남용의 해소라는 수동적인 방식이 아니라 변화하는 시대가 요구하는 새로운 조건과 필요에 적응하려는 적극적인 갱신 행위라는 주장이다. 페브르는 1929년에 쓴 유명한 논문 「프랑스 종교개혁의 기원: 잘못 제기된 질문?」에서 종교개혁의 도래를 교회 내의 오남용을 개혁하려는 것이 아닌, 더욱 활기차고 적실성 있는 그리스도교를 찾는 추구의 결과로 이해했다. 그는 16세기 초 유럽 전 지역에서 도덕적·종교적 갱신에 대한 깊은 욕구를 보았다.

> 우리가 분명히 볼 수 있는 한 가지는, 사실에 눈을 감지 않는 사람이라면 누구나 명백히 알 수 있듯이, 16세기 초반에는 도덕적·종교적 개혁의 깊은 필요성이 있었다. 이 필요성은 유럽의 옛 모든 나라에서 작용하며 그 어느 때보다도 확신을 갈망하는 대중에게 큰 영향을 끼쳤다. 인류가 희망으로 가득 찬 봄날을 살아가고 있다는 확신을 이토록 강렬하게 느낀 경우는 드물었다. 또한 인류가 이상적이면서도 달성하기 어려운 계획을 내적으로 이토록 열정적으로 산출한 경우도 드물었다. 우리가 직면한 상황은 단순히 한쪽은 오래된 교리를 다듬고 재정비하는 가톨릭, 다른 한쪽은 불변의 교리(ne varietur)로 무장한 신학자들을 대표하는 두세 개의 '프로테스탄티즘' 사이의 단순한 대립과는 거리가 멀다. 우리는 이처럼 생동감 있고 풍부한 역사를 축소하거나 왜곡해서는 안 된다. 또한 교회의 좁은 틀을 깨고 그 폐허 위에 무한한 다양성을 지닌 자유로운 종교를 세우려는 그 세기의 웅대한, 때로는 절박한 노력 속에 담긴 엄청난 가치를 인정하지 않으면 안 된다.[1]

페브르는 가톨릭교회의 타락이 종교개혁을 일으켰다는 통설을 터무니없는 것으로 일축했다. 왜냐하면 종교개혁이 단순히 나쁜 관행에 대한 반작용으로만 여기기에는 훨씬 강력한 것이었기 때문이다. 그는 16세기 프랑스의 종교개혁 흐름을 연구하면서 프랑스는 루터의 독일과 달리 교회의 부패 문제가 큰 동인이 되지 않았다고 주장했다. 16세기 프랑스의 대표적인 인문주의자 자크 르페브르 데타플을 종교개혁의 선구자로 여기는 프랑스 해석사에서, 그는 교회의 타락에 큰 관심을 두기보다는 새로운 종교성을 찾아가는 데 집중했다. 종교개혁을 특정 일자에 특정 인물이 주도해 발생한 사건으로 보는 기존의 서술 방식은 종교가 가지고 있는 복잡성을 충분히 반영하지 못한다고 비판했다. 그렇기 때문에 종교개혁의 본질적 의미는 기존의 조직과 다른 새로운 교회를 만든 것이 아니라 대중 속에 숨어 있는 더 깊은 종교적 감성의 변화를 외적으로 표현한 결과물에서 찾을 수 있다. 그래서 페브르는 구조와 제도 변화를 종교개혁의 핵심으로 보지 않고 대중 속에 있는 종교적 정서와 열망 혹은 욕망을 파악하려 했다. 16세기를 이해하려면 교회 제도가 아닌 종교나 종교성을 연구해야 한다는 결론에 도달한다.[2]

페브르는 프로테스탄트에 초점을 맞추어 이 같은 관점을 제시했는데, 가톨릭 역사가들도 유사한 관점을 취한다. 프랑스 역사가 장 들뤼모는 『루터와 볼테르 사이의 가톨릭: 반종교개혁에 대한 새 관점』(*Catholicism between Luther and Voltaire: A New View of the Counter-Reformation*)에서 프로테스탄트와 가톨릭의 두 세력이 광범위한 종교적 갱신과 교회개혁을 위한 상호 보완적인 노력을 수행했다고 보았다.[3] 그는 중세의 이

1 Lucien Febvre, "The Origins of the French Reformation: A Badly-Put Question?", *A New Kind of History from the Writings of Febvre*, ed., Peter Burke, trans., K. Folca, New York, NY: Harper & Row, 1973, p. 85.

2 Lucien Febvre, "Origins of the French Reformation", p. 59.

3 Jean Delumeau, *Catholicism between Luther and Voltaire: A New View of the Counter-Reformation*, London: Burns & Oates, 1977, pp. 160~61.

교적 및 애니미즘적 잔재가 남아 있는 주술 종교가, 초기 근대 사회가 부과하는 새로운 요구에 반응하는 종교로 전환되었다는 관점으로 접근했다. 이 같이 루터의 종교개혁과 로마의 개혁은 대립하는 것처럼 보일지라도 대중을 그리스도교화하고 영성을 강화하는 한 가지 목적으로 수렴되었다. 또 다른 가톨릭 역사가 아우트람 에벤넷(H. Outram Evennett, 1901~64)도 16세기 가톨릭의 지속성과 적응성에 초점을 맞추어 시대 변화 속에서 가톨릭이 취한 긍정적 태도와 성과에 집중한다. 그는 가톨릭과 프로테스탄트 모두 "16세기 초의 열망과 혼란, 그리고 불확실성에서 비롯된 두 가지 다른, 동시대적이며 궁극적으로 독자적인 종교 및 교회개혁 방식"을 취했다고 평가했다.[4] 이러한 일련의 연구는 가톨릭에 반발한 프로테스탄트 또는 프로테스탄트 개혁에 반동적으로 대응한 가톨릭과 같은 대립 구도로 그리기보다는 프로테스탄트와 가톨릭 개혁을 두 개의 평행한 개혁 운동으로 보는 것이다. 16세기를 부패와 타락에 대한 반응이라는 관점에서 바라보지 않고 새로운 종교성에 대응한 두 개의 커다란 줄기라는 관점에서 바라보면, 가톨릭 진영의 개혁 운동은 역사적으로 재평가되어야 한다.

초기 근대 유럽이 "놀라운 종교적 창의성의 시대였으며 성인, 신비주의가, 개혁가, 독창적인 신학자로 가득 차 있었다"[5]라는 유진 라이스(Eugene Rice, 1924~2008)의 평가를 받아들인다면, 프로테스탄트의 출현이나 가톨릭의 갱신을 근대 사회에 적응하려는 종교의 시도로 읽는 것도 지나친 것은 아니다. 프로테스탄트 교회와 가톨릭교회는 자기 방식대로 근대성을 확보해 나갔다. 막스 베버(Max Weber, 1864~1920)가 프로테스탄트주의를 탈주술화한 근대 종교로 파악하거나 '프로테스탄티즘 윤리와 자본주의 정신'의 선택적 친화성(selective affinity)을 제시한 것은

4 H. O. Evennett, *The Spirit of the Counter-Reformation*, Cambridge: Cambridge University Press, 1968, p. 7.

5 Eugene Rice, *The Foundations of Early Modern Europe, 1460-1559*, New York, NY: Norton, 1970, p. x.

프로테스탄트와 근대성의 연결성을 보여 준다. 가톨릭교회 역시 프로테스탄트의 등장에 따른 제한적이고 수동적 의미의 반동이 아닌, 전통적으로 내려온 단일하고 통일된 신학을 형성하는 근대화를 경험했다. 16세기 가톨릭 개혁은 중세 이후 교회가 겪은 내부의 갱신과 변화하는 외부 세계에 적응하는 일련의 과정이다. 개혁은 단순히 과거로의 회귀가 아니라 전통의 동화와 현재의 필요와 문제에 대한 적응이다. 제2차 바티칸 공의회의 모토로서 이탈리아어로 '갱신' 또는 '현대화'를 의미하는 '아조르나멘토'(aggiornamento)는 가톨릭 개혁에 사용되는 적절한 신학적 용어이다.[6] 예수회의 역사를 연구한 존 오말리(John O'Malley, 1927~2022)는 『최초의 예수회』(*The First Jesuits*)에서 16세기 가톨릭교회를 의미하는 용어로 '초기 근대 가톨릭'(Early Modern Catholicism)을 제안했다.[7] 이 명칭은 가톨릭 종교개혁, 반종교개혁 등의 여러 용어를 포괄함과 동시에, 16세기 이후 가톨릭 세계를 확장하는 과정 속에서 유럽을 넘어 아시아와 아메리카의 '타자'를 고려한 용어이기도 하다.

근대화된 종교, 근대성을 담보하는 종교라는 관점에서 프로테스탄트와 가톨릭 지역의 움직임을 탐구한다면 종교개혁에 대한 기본적인 질문이 바뀐다. 종교적인 측면에서는 16세기 들어 결과적으로 가톨릭 진영과 프로테스탄트 진영으로 분리되었지만, 그들 모두 공유하는 밑바닥에 흐르는 정서에 집중해야 한다. 프로테스탄트가 분리되면서 형성한 교리와 예배의식, 가톨릭이 중세의 미신적 틀을 벗어버리고 근대화한 실천적인 종교의 모습 등이 포함된다. 그렇게 된다면 '종교개혁의 원인은 무엇이었는가?', '프로테스탄트 종교개혁이 가톨릭에 끼친 영향은 무엇인가?' 등과 같은 교회의 부패와 오남용에 대한 척결과 갱신에 대한 질문

---

6 John C. Olin, *Catholic Reform: From Cardinal Ximenes to the Council of Trent, 1495-1563: An Essay with Illustrative Documents and a Brief Study of St. Ignatius Loyola*, New York, NY: Fordham University Press, 1990, p. xii.

7 John W. O'Malley, "Was Ignatius Loyola a Church Reformer? How to Look at Early Modern Catholicism", *Catholic Historical Review* 77, 1991, pp. 177~93.

대신에 다음과 같은 새로운 질문을 제기할 수 있다. 프로테스탄트와 가톨릭의 교리적·실천적 차이에도 불구하고, 근대 초 유럽 사회에서 그들이 공유한 종교 정책은 무엇인가? 왜 독일어권과 영어권 지역은 프로테스탄트화되었으며, 프랑스·이탈리아·스페인 등 로망스어 지역은 가톨릭으로 남았는가? 잉글랜드가 교황과 결별하고 성공회에 기반한 국가교회를 만들었는데, 잉글랜드와 대척점에서 가톨릭으로 남은 프랑스의 국가와 교회의 관계는 잉글랜드와 달랐는가? 다르지 않다면 가톨릭교회와 프랑스 국왕의 관계는 어떻게 변화했는가?

여기에서의 핵심은 각 국가 단위로 교회나, 넓게는 종교에 요구되는 시대정신에 관한 것이다. 근대 초에 보이고 있는 공동의 사회 현실은 중앙집권적 국가 체제가 강화되고 민족주의가 두드러진 자리를 찾아가는 데에 있다. 잉글랜드의 튜더 왕조(1485~1603)와 프랑스의 발루아 왕조(1328~1589)는 백년전쟁을 겪으며 중앙집권화를 가속화했다. 1469년 아라곤의 페르난도 2세와 카스티야의 이사벨 1세의 결혼으로 스페인은 통합되고 근대적 국가 체제의 기초를 만들었다. 종교는 모두 두드러진 역할을 했다. 튜더 왕조는 국왕이 교회의 수장이 되는 국교회를 설립했다. 스페인의 경우, 종교재판소의 설립은 종교 문제와 교회에 대한 통제를 교황이 아닌 국가가 주도하는 계기가 되었다. 프랑스의 경우는 어땠을까? 중세 내내 가톨릭 신학의 중심지 역할을 했던 프랑스는 가톨릭 신앙에 더없이 충실한 장녀 역할을 했다. 그렇지만 그것이 곧 교황의 주도권을 인정한다는 의미는 아니었다. 프랑스 교회를 교황의 간섭 없이 국왕이 지배하고 통제하려는 시도는 꾸준히 이어졌다. 14세기부터 종교개혁기까지 교황과 가장 크게 대립한 세속 통치자는 단연 프랑스 왕이었다. 꽤 오랫동안 프랑스 왕이 교황청을 지배하다시피 한 시기가 있었다.

장 칼뱅이나 위그노파를 제외하면 프랑스는 전형적인 종교개혁사에서 한 발 비껴 있는 듯 보인다. 하지만 프랑스는 프로테스탄트 종교개혁이라는 거대한 구조의 변화를 가져오게 만든 사상적 배경을 형성하는 데 가장 큰 역할을 했다. 공의회와 공의회주의(conciliarism)는 프랑스 국가교회 이데올로기라고 할 수 있는 갈리칸주의(Gallicanism)와 직접적인 연결점을 가진다.

교회 대분열과 공의회

프로테스탄트 종교개혁이 하나의 가톨릭에서 각각의 국가가 종교를 선택해 개별적인 국가 종교를 만든 사건이라고 본다면, 중세 말 공의회주의는 그 사상적 기반을 제공한다. 공의회주의는 가톨릭 세계에서 독점적인 권력을 소유하고 행사하는 교황주의(papalism)에 대한 반발과 견제 도구로 등장했다. 초기 프랑스 학자들이 주도해 이론화한 공의회주의는 교황과 가톨릭교회가 동일시되는 권력 집중적 상황을 극복하기 위한 방편이었다. 아울러 공의회주의는 주로 프랑스 국왕이나 신성 로마 제국 황제 등이 소집 요구를 하는 등 영향력을 행사해 가톨릭교회 개혁을 이끈 운동이었으며, 근대 가톨릭교회 구조를 만드는 데 주도적이고 핵심적인 역할을 했다. 고대 교회와 중세 라틴 그리스도교에서 열렸던 공의회가 하나의 교회 정치 이데올로기인 공의회주의로 전환된 역사적 연원부터 시작해 보자.

교황 보니파키우스 8세와 프랑스 왕 필리프 4세 사이의 갈등 결과, 로마에 있던 교황청은 1309~77년에 이르는 약 70년간 프랑스 아비뇽으로 이전하게 되었다. 아비뇽 유수라고 불리는 이 기간은 가톨릭교회 역사에서 중대한 변곡점이었다. 교황청을 아비뇽으로 옮긴 클레멘스 5세(Clemens V, 1264?~1314, 재위 1305~14)부터 아비뇽을 떠나 로마로 돌아간 그레고리우스 11세(Gregorius XI, 1330?~78, 재위 1370~78)까지 총 일곱 명의 교황이 거쳐 갔다. 교황청이 프랑스 왕의 영향 아래 있었던 만큼 이들 모두는 프랑스인이었다. 당연히 국가의 영향력이 강해지면서 교황청은 점차 중앙집권화된 국가 체제에 순응하게 되었다. 로마 교황청은 유럽 국가들과의 관계에서 최상위를 차지하던 위상을 점차 상실하게 되었다. 교황에게도 복종해야 하지만 관료로서 국가에도 충성해야 하는 이중적 지위를 지닌 성직자에게 쉽지 않은 상황이었다. 성직자가 친국가 성향을 띠느냐, 친로마 성향을 띠느냐에 따라 국가와 교회 사이의 균형추가 다르게 움직였다.[8] 교황청의 아비뇽 유수도 따지고 보면 가톨릭교회가 세속 국가의 영향력 아래로 종속되었음을 보여 주는 단적인 사례였다. 유럽에서 서서히 근대적 형태의 국가 체제가 등장하는 흐름과 같이한다.

프랑스 아비뇽에 머물던 교황청을 다시 로마로 복귀시킨 교황은 그레고리우스 11세였다. 그 역시 프랑스 출신이었지만 유럽 내에서 비등하는 교황청의 복귀 요청을 무시할 수 없어 1377년 1월 로마로 복귀했다. 하지만 이듬해 그의 사망으로 교황 선출을 놓고 또다시 혼란에 빠졌다. 로마 시민들이 로마 사람을 교황으로 뽑으라는 시위를 연일 벌였다. 1378년 4월 이탈리아인 우르바누스 6세(Urbanus VI, 1318~89, 재위 1378~89)가 교황으로 선출되었다. 그는 선출된 직후 프랑스로 대표되는 세속 권력으로부터 교회를 구별하고자 분명한 선을 그었다. 프랑스인 추기경들은 이 상황이 달갑지 않았다. 그들은 우르바누스 6세 선출이 로마 사람을 교황으로 뽑으라는 로마 폭도들의 압박 때문에 이루어진 불법적인 결과라고 비판하면서 아비뇽으로 돌아갔다. 이후 1378년 9월 20일 아비뇽 추기경단은 클레멘스 7세(Clemens VII, 1342~94, 재위 1378~94) 교황을 선출했다. 가톨릭교회에 두 명의 교황이 서로 정통성을 주장하며 대립하는 교회 대분열이 일어난 것이다. 이 교회 대분열은 1417년 콘스탄츠 공의회에서 해소되기까지 40년간 지속되었다.

이 분열은 두 명의 교황이 세워진 사건 이상이었다. 대립하는 두 교황 중 누구를 지지할 것인가를 놓고 전 유럽이 분열되었다는 사실이 더 중요하다. 예컨대, 프랑스 아비뇽에 근거를 둔 교황을 지지하는 세력으로

---

8 Faith Thompson, *A Short History of Parliament, 1295-1642*, Minneapolis, MN: University of Minnesota Press, 1953, pp. 34~35.

는 프랑스, 아라곤, 카스티야와 스코틀랜드 등이 있었다. 로마 교황은 신성 로마 제국, 잉글랜드, 덴마크, 헝가리, 포르투갈, 북부 이탈리아 도시국가 등의 지원을 받았다. 공교롭게도 아비뇽 교황 지지파와 로마 교황 지지파는 종교적인 색깔로 구분되기보다는 대부분 정치적 대립 관계에 놓인 국가로 나뉘었다. 프랑스와 신성 로마 제국의 대립, 잉글랜드와 스코틀랜드의 대립, 아라곤, 카스티야와 포르투갈의 대립 등으로 구도가 그려졌다. 교회 대분열로 불리는 이 사건은 여러모로 1517년 종교개혁의 전조였다.

교회 대분열의 핵심은 대립교황이 난립한 가톨릭교회의 타락상이 아니다. 국민국가 형성과 그에 따른 민족의식의 등장이 하나의 유럽을 지탱하는 축이었던 가톨릭교회에 돌이킬 수 없는 위협이 되었다는 것이다. 이 때문에 종교개혁을 바라보는 주된 시각 중 하나가 가톨릭과 프로테스탄트의 분열보다 국가와 교회의 관계 변화이다.[9] 교회 대분열과 이를 해결하기 위한 시도는 이러한 시각이 더 유효함을 보여 준다. 유럽의 교회가 둘로 쪼개진 위기 상황에서 이를 해결하기 위한 방편은 공의회를 소집하는 것이었다. 그런데 문제가 생겼다. 교회법에 따르면 공의회의 소집권자는 교황인데, 대립하는 두 교황이 생긴 상황에서 공의회 소집은 쉽지 않았다. 그래서 피에르 다이(Pierre d'Ailly, 1351~1420)나 장 제르송(Jean Gerson, 1363~1429) 같은 신학자들은 교회법의 문자에 매이지 않고 공의회를 소집할 수 있다는 주장을 펼쳤다. 그 결과 대립하는 양측 추기경들이 서로 합의해 교회 대분열을 해결하기 위한 공의회를 소집했다.

이 공의회는 1409년 이탈리아 피사에서 열렸다. 당시 교황은 아비뇽의 베네딕투스 13세(Benedictus XIII, 재위 1394~1417)와 로마 측 그레고리우스 12세(Gregorius XII, 1327?~1417, 재위 1406~15)였다. 이 공의회에서는 두 교황 모두에게 교회 분열의 책임을 물어 폐위를 결정했다. 그

9 W. J. Sheils, *The English Reformation 1530-1570*, London and New York, NY: Routledge, 2013, p. 68.

리고 양측 추기경단이 제3의 인물을 지명해 알렉산데르 5세(Alexander V, 1339~1410, 재위 1409~10)를 새로운 교황으로 세워 1409년 7월 7일 대관식이 열렸다. 얼마 못 가 그가 사망하자 뒤를 이어 요한네스 23세(Ioannes XXIII, 1370~1419, 재위 1410~15) 교황이 선출되었다. 하지만 이 피사 공의회의 결정은 해결책이 되기보다는 더 큰 문제를 야기했다. 왜냐하면 폐위된 두 교황 모두 물러나기를 거부하고 자신을 따르는 세력을 규합해 여전히 정통성을 주장했기 때문이다. 유럽 교회는 전무후무한 세 명의 교황이 난립하는 시대에 접어들게 되었다.

이 공의회에서 교회 분열 문제의 궁극적 해결책을 제시해야 하는 권한과 책임 소재에 관한 논쟁이 불거졌다. 여기에서 '공의회주의'가 등장한다. 공의회주의는 교회의 최상위 결정권자가 교황이 아니라 교회 대표자들이 모인 공의회라는 것이다. 대립교황으로 교황권의 권위가 추락한 틈을 비집고 등장한 대안적 주장이다. 콘스탄츠 공의회와 후속 공의회에서 교황주의자들과 공의회주의자들 사이의 대립과 갈등, 그리고 그 승부의 끝이 드러났다. 피사 공의회에서 선출된 교황 계열인 요한네스 23세가 1414년 독일 콘스탄츠에서 공의회를 개최했다. 이 공의회의 소집 목적은 교회 대분열 종식, 이단 문제 해결, 교회개혁의 세 가지였다. 대부분의 공의회 소집 목적에 교회개혁과 이단 문제 해결은 빠짐없이 등장하는 것이었기에 대분열 종식이 핵심적 의제라고 할 수 있다. 여기서 주목할 것은 공의회가 결정한 교회개혁의 핵심 방법론이다. 이는 공의회를 정기적으로 개최하는 것이었다. 교회개혁의 주체를 교황이 아니라 공의회로 옮기고자 했기 때문이다. 콘스탄츠 공의회는 교황의 권한보다 주교단의 권한이 더 크다는 공의회주의의 우위성이 압도한 공의회였다.

이 공의회에서는 대립교황들인 요한네스 23세와 로마의 그레고리우스 12세, 아비뇽의 베네딕투스 13세를 모두 폐위하고 새로운 교황을 선출하고자 했다. 이 공의회의 특징은 교황 선출 절차에 있다. 이전까지는 추기경들이 개인 자격으로 투표하던 것을 국민단(nation)이라고 불리는 국가 단위가 투표권을 행사하게 된 것이다. 투표권을 가진 추기경들의 편향된 국적 구성이 가져올 수 있는 표심 왜곡의 여지를 없애기 위해 국가별로 투표권을 나누었다. 총 23명의 추기경과 국가별 대표자인 30명의 국민단이 교황 선출에 참여했다. 1417년 11월 11일, 마르티누스 5세(Martinus V, 1368~1431, 재위 1417~31)가 교황으로 선출되었다. 이 시기는 전 유럽에 영향력을 지니던 교황의 영향력이 이탈리아 반도로 축소된 결정적 시기였다. 1978년 폴란드인 교황 요한 바오로 2세(재위 1978~2005)가 선출되기까지 두 명을 제외하고는 모두 이탈리아 출신의 교황이 선출되었다는 점이 이를 반영한다.

콘스탄츠 공의회에서 이단으로 정죄된 얀 후스와 잉글랜드의 존 위클리프는 훗날 프로테스탄트 진영에서 종교개혁의 선구자로 불린다. 이미 14세기 말 위클리프는 가톨릭 교황제에 반대하고 잉글랜드의 반성직주의를 이끌었다. 그는 잉글랜드 국왕이 교회 문제에 개입해 교회개혁을 이끄는 것을 옹호했다. 국가가 정당하지 못한 교회의 재산권을 박탈할 수 있다는 데에까지 이어졌다. 또한 성찬 시 떡과 포도주가 사제의 축복을 통해 그리스도의 몸과 피로 그 실존 양식이 바뀐다는 화체설을 비판했다. 위클리프 신학 사상의 영향을 받은 후스 역시 가톨릭교회의 부패와 타락을 공격하고 국가가 교회의 재산권을 박탈할 수 있다는 주장을 펼쳤다. 아울러 성찬 시 포도주를 성직자에게만 나누어주는 성직주의의 상징처럼 여겨진 관행을 버리고 평신도들에게까지 포도주 잔을 돌리는 양종성찬(兩宗聖餐)을 시행했다.

왜 후스와 위클리프였을까? 약간의 시차를 두고 발생한 두 개혁가의 주장은 가톨릭교회의 핵심인 성직주의에 대한 정면 도전이었다. 중세 말의 반성직주의의 상징적인 흐름이 이 두 사람을 통해 형성되었다. 그리고 위클리프와 후스 모두 세속 국가가 교회권력을 견제할 수 있다는 세속 지배론을 강조했다. 가톨릭교회보다는 보헤미아나 잉글랜드의 국가 입장을 대변한 것이다. 이 주장은 100년 후에 일어날 사건의 예고편이었다. 루터의 종교개혁은 독일인들의 민족의식에 기대어 반교황주의 전선을 형성했다. 루터 역시 성서 번역을 통해 독일의 민족의식을 일깨웠다.

그래서인지 그는 자신이 후스나 위클리프의 영향을 받았다고 했다. 다른 점이라면 루터 역시 신성 로마 제국 황제가 소집한 제국의회에 소환되었지만 후스와 같은 운명에 처하지는 않았다는 것이다. 그래서 후스와 위클리프의 개혁을 '조산한 종교개혁'(Premature Reformation)이라고 부른다.[10]

짧게는 40년의 대립교황 시대, 더 길게 보자면 1309년에 시작된 아비뇽 교황청 시대부터 100년 이상 지속된 비정상 시대의 교회에 대해 서서히 대안적인 움직임이 자라나기 시작한다. 그 움직임은 콘스탄츠 공의회를 통해 공의회주의 운동으로 결실을 거두었다. 교황청 분열 속 공의회주의자들의 역할은 가톨릭교회 정치에 큰 변화를 가져왔다. 중세 이후 교황은 교회의 수장만이 아니라 세속 정치에서도 주도적인 영향력을 행사하는 가장 강력한 권력이었다. 공의회주의는 고도로 집중화된 교황 권력을 견제하기 위한 체계적인 수단으로 공의회를 제안했다. 교회 대분열이 가져온 혼란상은 이러한 공의회주의자들의 주장을 정당화할 수 있는 절호의 기회였다.[11] 콘스탄츠 공의회의 결과, 항상 교황청이 쥐어온 교회 개혁 운동의 주도권이 공의회주의자들이 주장하는 흐름으로 넘어왔다. 각국 대표들로 구성된 공의회주의자들의 관심은 여전히 하나의 가톨릭교회였기 때문이다. '교황이 곧 가톨릭교회'라는 관념으로 보자면 낯설지만, 역사는 가톨릭교회와 교황 중심제를 분리하는 시기로 접어들었다. 공의회의 강화는 교황의 절대적 권한 약화에 그치지 않았다. 교회 내의 문제에 세속 군주들의 간섭이 강화되면서 교회 문제가 국가 사이의 정치적 역학 관계와 영향력에 좌우되었다. 콘스탄츠 공의회에서 각 나라를 대표하는 국민단이 교황 선출권을 가진 데서 볼 수 있는 것처럼 돌이킬 수 없는 흐름이었다.

---

10 Anne Hudson, *The Premature Reformation: Wycliffite Texts and Lollard History*, Oxford: Clarendon Press, 1988.

11 Paul Valliere, *Conciliarism: A History of Decision-Making in the Church*, Cambridge: Cambridge University Press, 2012, p. 141.

콘스탄츠 공의회에서는 대립교황 문제를 해결하면서 공의회가 교회의 최고 권위이며 교황권보다 우위에 있다는 입장을 담은 교령 「핵 상타」(Haec Sancta)를 반포했다. 더 나아가 지속적인 교회개혁을 위해 콘스탄츠 공의회 폐회 5년과 7년 후에 각각 공의회를 소집하고, 그 후에는 10년 주기로 공의회를 소집할 것을 결정하는 교령 「프레퀜스」(Frequens)를 통과시켰다.

> 공의회를 자주 여는 것은 주님의 유산을 경작하는 탁월한 수단이다. 이단, 오류, 분열의 가시나무, 엉겅퀴를 뿌리째 뽑고, 비뚤어진 것을 바로잡고, 주님의 포도원을 위해 풍부하고 비옥한 작물을 생산할 수 있다. 반면에 공의회를 소홀히 하면 앞서 말한 악이 퍼지고 조장된다. 과거의 기억과 현재 상황에 대한 성찰을 통해 우리가 내린 결론이다. 이를 이유로 우리는 영구적인 칙령으로 앞으로 다음과 같은 방식으로 공의회를 개최하도록 제정·포고·명령한다. 첫 번째 공의회는 이 공의회가 끝나고 5년 후에 바로 이어지고, 두 번째 공의회는 다음 공의회가 끝나고 7년 후에 바로 이어지며, 그 이후로 영구히 매 10년마다 개최한다. 교황은 해당 공의회가 끝나기 한 달 전에 공의회의 승인과 동의를 받아 다음 공의회 개최 장소를 지정한다. 교황이 그렇게 하지 못할 경우에는 공의회가 지명하는 장소에서 개최해야 한다. 따라서 일정한 연속성에 따라 공의회는 주어진 기간에 항상 예정되어 있다.[12]

콘스탄츠 공의회는 소집 의제와 결정 과정, 그 결과적 측면에서 이전과는 매우 다른 상황을 가톨릭교회에 안겨주었다. 몇 가지만 다시 정리해 보면, 각 국가의 대표들이 마르티누스 5세 교황을 선출한 이후, 교황은 거의 모두 이탈리아 출신으로 채워졌다. 이단으로 화형을 당하거나

---

12 *Decrees of the Ecumenical Councils*, ed., Norman P. Tanner, vol. I, London: Sheed and Ward, 1990, pp. 438~39.

부관참시 결정이 내려진 후스와 위클리프의 사상에서 주목할 점은 가톨릭 성직주의를 반대하고 개별 국민국가 군주들에게 교회개혁의 주도권을 넘겼다는 것이다. 이는 중세 말 근대적 군주국가 형성기에 등장하는, 국가가 종교를 지배하는 시대의 도래를 상징적으로 보여 주는 흐름이다. 여러 측면에서 콘스탄츠 공의회는 교회가 다시 돌아올 수 없는 강을 건넌 사건이었다. 그 강은 100년 이후 루터 시대에 이르러 여러 개의 지류로 확정된다. 하나의 가톨릭교회를 해체한 프로테스탄트 종교개혁은 교황주의를 견제하는 공의회의 역할이 가져온 의도하지 않은, 그러나 피할 수 없는 산물이라고 할 수 있다.

공의회주의

제르송이나 다이 등 파리 대학의 신학자들이 콘스탄츠 공의회를 주도한 배경은 교황의 권위로부터 국가교회의 독립을 강조해 온 프랑스의 전통과 맞물려 있다. 콘스탄츠 공의회에서 교황 선출권을 추기경단이 아닌 국가별로 부여한 것은 근대적 형태의 국민국가가 서서히 발전하는 정치 지형 변화를 반영한 것으로 전통적인 가톨릭교회 체제에도 영향을 주었다. 프랑스뿐만 아니라 신성 로마 제국 황제도 공의회만이 교회의 개혁을 이끌 유일한 수단이라고 인식하고 있었다. 변화하는 유럽 정치 구조에서 교황의 독점 체제는 구조적으로 더 이상 작동하기 어려웠다. 여러 대립교황이 세워지던 교회 대분열은 그 상징적인 사례였다.

강력한 한 국가의 영향력에 의해 공의회가 좌우되는 것을 막기 위해 제도적으로 전체 교회를 대표하는 공의회에 최상위의 권위를 부여하는 공의회 우위설이 생겼다. 대립교황이라는 비상 상황을 해결하기 위해 임시 조치였을 듯한 공의회 주도의 교회개혁은 유럽의 정치 지형이 변화하는 속에서 생겨난 공의회주의 운동의 결과였다. 공의회주의자들은 교회의 최종적이고 최고의 권위를 교황이 아닌 신자 공동체를 대표하는 공의회에 두었다. 제르송이나 다이 등의 공의회주의자들은 "신자 공동체의 머리는 그리스도이며 공의회가 신자들을 대표해 권한을 행사해야 한다"라고 주장했다.[13] 공의회주의의 등장은 다양한 층위에서 생각해 볼 수 있다. 초기 그리스도교 형성기에 공의회는 교황이 주도하지 않았다. 당시 교황은 교회를 대표하는 다섯 대주교구 중 하나인 로마 교회의 주교였기에, 그가 교리와 교회 제도에 대한 의사결정을 이끌 권한이 없었다. 초대교회 공의회를 소집한 주체가 교황이 아닌 로마 황제였다는 사실을 다시 상기할 필요가 있다. 중세 교회로 넘어오면서 교황 수위권(papal supremacy) 교리가 정밀하게 다듬어지고 교회 문제에 대한 최고의 권한을 교황이 갖게 되었을 뿐이다. 중세 말 공의회주의자들은 이 교회법 전통에 비추어 교회라는 유기체에서 수장과 그 구성원 사이의 관계를 새롭게 고민했다. 본래 교회의 권위는 교황이라는 한 사람의 수장에게 집중되는 것이 아니라 다양한 교회 구성원에게 분산되어 있었다.

교황의 유일한 권한을 주장하는 교황주의자들은 로마 제국의 군주제 모델을 지향했지만, 공의회주의자들은 근대 세속 국가들이 채택하는 공화제나 의회제와 유사한 구조를 지향했다. 이러한 공의회주의 사고를 형성하는 데에는 중세 말 변화하는 정치 문화가 직접적인 영향을 주었다. 공의회주의자들의 이상은 교회 정부를 분권화하고 지역교회에 적절한 수준의 자율권을 주는 것이었다. 이 이상이 실천된다면 공의회는 각 단계에서 효과적으로 성직자들과 신자 공동체를 대표하게 된다.[14]

그러나 공의회 운동이 탄력을 받고 강화된 데에는 당대의 세속 권력과 교회권력의 관계 변화도 한 축을 차지한다. 이는 교황 한 사람에게 집중된 권력을 성직자 대표인 공의회로 분산해야 한다는 내부적인 동인을 넘어서는 것이다. 한걸음 더 들어가면, 공의회 운동은 당시 세속 국가들

13 Francis Oakley, *The Conciliarist Tradition: Constitutionalism in the Catholic Church, 1300-1870*, Oxford: Oxford University Press, 2003, pp. 76~77.

14 Paul Valliere, *Conciliarism*, p. 147.

이 교회와 관련된 문제에 대해 교황의 간섭을 받지 않고 독자적인 결정권을 취하고자 하는 시도였다. 교회 대분열은 프랑스 왕이나 신성 로마제국 내의 군주들이 교회 문제에 대해 영향력을 확대하는 기회이기도 했다. 공의회에는 성직자뿐만 아니라 세속 군주도 참여했기 때문이다. 교황제의 파행으로 인한 교회개혁의 긴급하고도 강력한 요구는 공의회주의 운동의 추동력이 되었다.

공의회주의의 사상적 배경은 콘스탄츠 공의회 이전, 14세기 유럽의 지성이었던 파도바의 마르실리우스(Marsilius Patavinus, 1275?~1342)와 윌리엄 오컴(William of Ockham, 1285?~1347)에게서 찾을 수 있다. 교황정치에 반대해 세속 통치자의 주권을 주장했던 마르실리우스는 그 사상적 영감을 고대 교회에서 받았다. 황제가 교회 대표 및 시민 대표가 모인 고대 교회의 공의회를 주관했다는 점은 역사적으로 교회 문제의 최종 결정권이 시민 공동체와 그 대표인 세속 통치자에게 있음을 시사했다. 그는 1324년 『평화의 수호자』(*Defensor Pacis*)에서 시민 공동체(universitas civium)가 정치 영역에서 최고의 주권을 가진다고 주장했다. 이를 교회에 적용하면 신자 공동체(universitas fidelium)가 종교 문제에 있어 최종적인 결정권을 가지게 된다.[15] 오컴 역시 공의회는 다양한 계층의 신자들로 구성된 그리스도교 공동체를 대표하는 집합체라고 규정하며, 교황도 공의회에 종속되고 교황권도 제한적으로 수행되는 것이 필요하다고 주장했다.[16] 이 둘의 급진적인 사상은 파문을 당했지만, 공의회주의가 형성되는 데 큰 영향을 주었다.[17]

특히 『평화의 수호자』에서 교황제에 대해 경고하는 것 중의 하나는,

---

15 Steven E. Ozment, *The Age of Reform, 1250-1550: An Intellectual and Religious History of Late Medieval and Reformation Europe*, New Haven and London: Yale University Press, 1980, p. 151.

16 A. S. McGrade, *The Political Thought of William Ockham: Personal and Institutional Principles*, Cambridge: Cambridge University Press, 1974, p. 19.

17 Francis Oakley, *Council over Pope? Towards a Provisional Ecclesiology*, New York, NY: Herder and Herder, 1969, pp. 56~61.

도표 5 마르실리우스의 공의회 제안

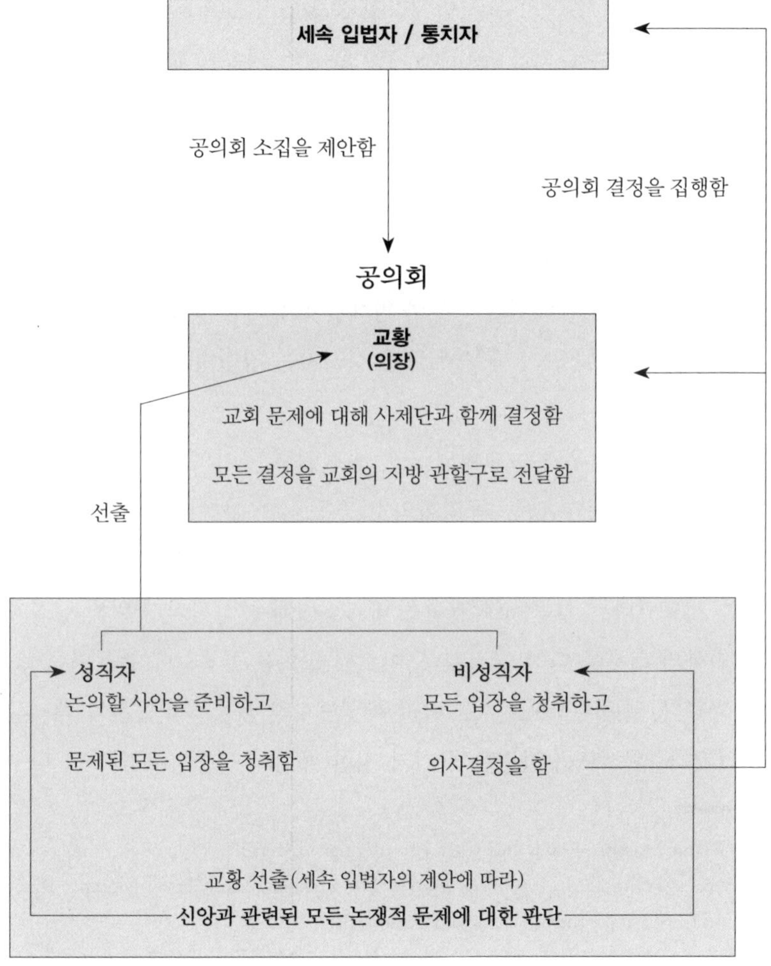

출처: Gerson Moreno-Riaño and Cary J. Nederman, eds., *A Companion to Marsilius of Padua*, Leiden and Boston: Brill, 2011, p. 177.

교황이 세속적 업무에 간섭하는 것이 평화로운 자치 공동체의 행복을 해치는 것이라는 점이다. 그가 다룬 제1담론은 교황청이 세속 문제를 통제하려는 시도를 방지하기 위해 세속 공동체의 안정성과 통일성을 강화하는 것이고, 제2담론은 교황 군주제를 공의회로 대체하는 것이었다.[18]

마르실리우스는 공동체의 덕을 세우고 지속 가능케 하기 위해 가장 중요한 주체가 덕성을 갖춘 시민이라고 보았다.[19] 교황이 황제를 대관할 권리를 주장하는 근거를 무너뜨리고[20] 종교와 세속적 권력 관계의 재설정이 핵심 주제이다.[21] 그는 지금껏 그리스도교도들이 부당한 교황의 전제정에 의해 고통당하고 있으며, 교황청이 행사하는 세속 권력은 불법적으로 빼앗은 것일 뿐이라고 비난했다.[22] 물론, 그도 성직자에게 책임과 권리가 있음을 부인하지 않았지만 세속 문제에 대한 권리가 그들에게 주어지는 것에는 반대했다.[23] 부와 명예를 소유하는 것이 그리스도의 가르침과 양립할 수 없기 때문에 모든 성직자는 청빈하게 살아야 한다고도 했다.[24]

또한 마르실리우스는 교회권력과 세속 권력 사이의 중재자의 권한을 공의회에 부여했다. 그는 공의회의 기능을 국가 아래 통합했다. 이러한 관점은 교회와 국가 사이의 분리가 아니라 세속 국가 속에 교회를 통합하는 시도였다.[25] 그는 교회권력을 국가권력에 종속시키기 위해 성직자의 권한과 의무를 다시 규정했다. 이로써 교회는 공공선에 봉사할 수 있게 되었다. 일반론적으로 마르실리우스는 시민 공동체의 돌봄과 혜택을 누리고자 하는 모든 사람은 국가가 정한 규범에 복종하고 의무를 나누

---

18 Gerson Moreno-Riaño and Cary J. Nederman, "Marsilius of Padua's Principles of Secular Politics", *A Companion to Marsilius of Padua*, eds., Gerson Moreno-Riaño and Cary J. Nederman, Leiden and Boston: Brill, 2012, p. 117.

19 Gerson Moreno-Riaño and Cary J. Nederman, "Marsilius of Padua's Principles of Secular Politics", p. 133.

20 Gerson Moreno-Riaño and Cary J. Nederman, "Marsilius of Padua's Principles of Secular Politics", p. 135.

21 Bettina Koch, "Marsilius of Padua on Church and State", *A Companion to Marsilius*, eds., Gerson Moreno-Riaño and Cary J. Nederman, Leiden and Boston: Brill, 2011, p. 140.

22 Bettina Koch, "Marsilius of Padua on Church and State", p. 142.

23 Bettina Koch, "Marsilius of Padua on Church and State", p. 158.

24 Bettina Koch, "Marsilius of Padua on Church and State", p. 159.

25 Bettina Koch, "Marsilius of Padua on Church and State", p. 171.

어 져야 한다는 원칙을 내세운다. 시민 공동체의 안전과, 안정에 위협이 되는 행동을 한 사제에 대한 규제 권한은 국가가 가진다. 성직자도 국가의 일부이며, 국가의 권리와 의무를 따라야 할 시민이어야 한다. 이제 국가는 중세 내내 가톨릭교회가 수행해 온 무한한 신 의지를 유한한 세속에서 대리하는 공동체로서의 기능을 대체하게 된다. 이탈리아 정치 사상가 에밀리오 젠틸레(Emilio Gentile, 1946~)가 전체주의 국가의 종교적 속성으로 제안했던 '정치의 신성화'(sacralization of politics)의 근대적 기원이다.[26] 교회와 국가의 관계 속에서 종교의 속성이 제거된 것이 아니라 세속 국가 자체가 신성성을 획득해 기성의 교회 권위를 대체한다. 엄격한 의미에서 구원을 베푸는 것은 종교의 목적이지 국가의 목적이라고 할 수는 없지만, 신성한 정치 공동체 안에서 넓은 의미에서 구원도 국가의 목적이 된다. 마르실리우스는 필연적으로 교회권력을 국가에 통합한다. 16세기 프로테스탄트와 가톨릭 진영 모두 신학적·종파적 차이에도 불구하고, 국가를 중심으로 교회를 통합하려는 시도는 동일했다. 아나뱁티스트라는 예외적인 집단을 제외하고 16세기 종교개혁기에 교회와 국가의 분리는 누구도 의도하지 않았다.

근대 국가 체제에 대한 시대를 앞선 담론이었던 마르실리우스의 세속 주권론은 단순한 이론에 그치지 않고 곧 현실 정치에서도 실험 대상이 되었다. 공의회주의 논쟁을 촉발한 교황청의 아비뇽 유수에서 보듯, 공의회주의의 형성과 발전에서 프랑스는 주요한 역할을 했다. 공의회의 역할에 대한 강조는 교황청의 아비뇽 유수와 맞물려 생겨났다. 아비뇽 시절에 선출된 7명의 교황 모두 프랑스인이었고, 그들 모두는 프랑스 정부와 긴밀하게 연결되었다. 아비뇽 시절에 공의회주의의 프랑스판인 갈리칸주의를 구체화했다. 프랑스는 국가와 교황이 교회에 대한 권력을 공유하는 권력 구조를 만들었다. 그리고 그 공유하는 권력 구조 정점에 프랑

26 Emilio Gentile, "Fascism as Political Religion", *Journal of Contemporary History* 25, no. 2, 1990, pp. 229~51.

스 국왕이 있었다. 프랑스 국왕이 교회를 관할하는 통치 이념에 따라 프랑스에서는 이 질서가 자연스러워졌다. 프로테스탄트 종교개혁을 한 국가들이 16세기에 시도했던 국가교회를 프랑스는 이미 오래전에 실천해 오고 있었다.

바젤 공의회

공의회주의자들은 콘스탄츠 공의회에서의 성공을 발판 삼아 정기적인 공의회 개최를 제도화했다. 1431년 2월 교황 마르티누스 5세는 교령 「프레켄스」에 의거해 공의회를 소집했다. 후속적인 교회개혁의 요구는 바젤-페라라-피렌체 공의회라는 다소 긴 이름의 공의회 개최로 이어졌다. 1431년 바젤에서 소집된 공의회는 1438년 페라라로 옮겨 열렸고, 그 후 흑사병으로 인해 피렌체로 장소를 옮긴 후 1445년 마무리되었다. 장소는 바뀌었으나 연속된 의제를 다룬 것이었기에 하나의 공의회로 간주한다. 이 바젤-페라라-피렌체 공의회는 보편 공의회의 권위를 교황의 권위보다 우위에 놓는 공의회주의라는 이념이 공식적으로 등장한 공의회였다.

공의회 장소는 신성 로마 제국 영토 내의 안전한 자유도시 바젤로 정해졌다. 7월 공의회가 개회되었지만 교황 에우게니우스 4세는 공의회주의자들이 주도하는 공의회에 참여할 의지가 없었다. 그러나 프랑스 왕, 신성 로마 제국 황제와 제후들의 압력에 못 이겨 교황은 결국 1433년 12월에 공의회의 정당성을 인정하게 되었다.[27] 콘스탄츠 공의회에서는 개별 국민단에 의사결정권을 일괄적으로 부여한 반면에, 바젤 공의회에서는 하부 위원회를 만들어 그 위원회에 의사결정권을 분산했다. 그러나

27 M. Decaluwe, T. M. Izbicki and G. Christianson, eds., *A Companion to the Council of Basel*, Leiden and Boston: Brill, 2017, p. 251.

여전히 비공식적으로는 국가별로 의사결정을 하는 시스템이 유지되었다.[28] 공의회주의자들이 주도해 소집한 공의회인 만큼 초기에는 파리 대학 출신의 급진적인 공의회주의자들이 주도했다. 공의회주의자들은 교황의 묵인 아래 공의회의 관할권을 실행하고자 했고, 나아가 교황을 교회 통치자 자리에서 제거하고자 했다. 여기에는 이탈리아인 교황과 이탈리아인들이 다수인 교황청에 대응하는, 공의회의 다수를 차지하는 프랑스 공의회주의자들의 민족 감정이 크게 작용했다. 하지만 새로 선출된 교황 사절과 이탈리아 추기경단의 강력한 반발을 샀다. 그들은 비상 상황이 아닌 한 공의회를 소집하고, 주재하고, 해산하고, 소집 장소를 변경할 권한이 교황에게 있음을 주장했다.[29]

1435~38년 공의회에서 제기된 개혁 프로그램에는 성직자들이 교황에게 첫해 소득을 납부하도록 하는 초입세를 없애고 교황의 교회 성직록 지명 권한을 폐지해 성당참사회의 투표로 성직록을 수여하도록 했다. 또한 교황청 재판소에 항소하는 것을 엄격하게 제한하는 조치 등도 포함되어 있다. 요약하면, 교황 중심의 체제를 제한하고 재정을 통제하는 조치였다. 바젤의 공의회주의자들은 개별 국가의 교회에 자율적인 교회 통제권을 분산하고자 했다. 이를 뒷받침하기 위해 정기적으로 지역 교구 회의를 소집하는 내용도 포함시켰다.[30]

교황은 공의회주의자들이 주도하는 바젤 공의회를 지켜보며 공의회의 내부 분열을 도모하는 전략을 세웠다. 그것은 바로 동방교회와의 일치를 모색하는 것이었다. 동방교회와 서방교회의 일치 문제는 교황주의자들과 공의회주의자들의 대립구도나 교회개혁 문제를 한순간에 집어삼킬 만한 파괴력이 있었다. 교황이 동방교회와 공식적으로 교회 일치를 협의하겠다는 문제를 제기했을 때, 바젤 공의회는 급진파와 온건파로 의

28 M. Decaluwe et al., *A Companion to the Council of Basel*, p. 176.

29 M. Decaluwe et al., *A Companion to the Council of Basel*, p. 110.

30 M. Decaluwe et al., *A Companion to the Council of Basel*, p. 296.

견이 나뉘었다. 결국 교황의 의도대로 새로운 안건이 기존의 논의를 압도해 버렸다. 공의회의 주도권을 쥐게 된 교황 에우게니우스 4세는 「프레켄스」와 「핵 상타」를 효과적으로 무력화했다.[31] 교회 일치 문제를 논의하기 위한 동방교회 사절단은 동부 이탈리아를 넘어서까지 여행하기에는 어렵다는 이유를 내세워 공의회 장소 변경을 요청했다. 다수가 프랑스인인 공의회주의자들은 아비뇽에서 개최할 것을 주장했지만, 나머지 참가자들이 동방교회의 의견을 수용함으로써 결국 공의회는 이탈리아 페라라로 장소를 옮겨 열리게 되었다.

페라라-피렌체 공의회

1438년 1월 페라라에서 동·서방교회 일치와 교회개혁 등을 놓고 공의회가 개최되었다. 첫 번째 회기에서는 바젤에서 다루었던 모든 안건을 폐기했다. 동방교회 대표단이 도착할 즈음에 교황 에우게니우스 4세도 직접 공의회 장소에 모습을 드러냈다. 두 번째 회기에서는 여전히 바젤에 머물러 별도의 공의회를 진행하고 있는 참가자들을 파문했다. 그 후 동방교회 사절단이 도착하자 교황은 직접 페라라 성당에서 동·서방교회 대표가 함께 참여하는 회의의 사회를 맡았다. 동·서방교회 일치와 관련해 제기된 안건은 필리오케(Filioque) 논쟁, 연옥 교리, 성찬 시 누룩 있는 빵의 사용 여부와 교회 수위권에 대한 논쟁이었다. 동로마(동방교회) 대표단은 매우 우호적으로 논의에 참여했다. 그럼으로써 1438년 10월 동·서방교회는 지난날 서방교회와 동방교회 분열의 씨앗이 되었던 필리오케 논쟁에 대해 합의했다. 동방교회에서 사도신경에 필리오케를 삽

31 Anne Marie Wolf, *Juan de Segovia and the Fight for Peace: Christians and Muslims in the Fifteenth Century*, Notre Dame, IN: University of Notre Dame Press, 2014, pp. 113~14.

입하는 데 동의한 것이다. 그런데 페라라에서 진행되던 이 공의회는 그 지역에 흑사병이 발생하자 교황의 제안으로 이듬해 1월 피렌체로 장소를 옮겨 계속되었다.

신학적 차이에 대한 합의라고는 하지만 모든 결정은 로마 가톨릭 쪽에 우호적으로 내려졌다. 필리오케와 관련한 논의뿐만 아니라 성찬식 때 사용하는 빵에 누룩을 넣을지 여부에 대해 동방은 서방의 전통을 수용하는 것으로 합의했다. 교황의 수위권 문제에서는 초대교회에 형성된 다섯 개의 총대주교구에서 로마 주교가 수위를 차지한다는 데 어렵사리 합의할 수 있었다. 가장 논란이 된 사안은 '연옥 교리'였다. 왜냐하면 연옥 교리는 서방교회의 전통 안에서 형성되었기 때문이다. 논쟁 끝에 이 역시 동방교회가 수용함으로써 정리되었다.[32]

1439년 동·서방교회는 마침내 400년 만에 교회 일치에 도달하는 듯 보였다. 교황은 동로마 제국 황제의 요청에 따라 동로마에 군사적·재정적 지원을 약속했다. 그러나 동방교회 대표단으로서는 현실적이고 정치적 고려에 따라 이루어진 합의가 못내 부담스러웠다. 가톨릭교회는 교회 일치가 이루어졌다고 선언했지만, 동방교회 대표단은 그 선언이 자신들의 의견일 뿐이며 돌아가 교회 회의에서 추인을 받아야 확정된다며 유보적인 모습을 보였다. 그럼에도 교회 일치를 선포한 공의회는 뒤이어 과거 교리 문제로 분열되었던 여러 다른 동방교회 분파들과 일치를 위한 논의를 진행했다. 그리고 1439년 아르메니아 교회, 1442년 시리아 정교회, 1445년에는 네스토리우스파와 마론교와도 일치를 선언했다.

그러나 동·서방교회 일치는 실질적으로 실현되지 못했다. 동방교회 대표단이 돌아가 발표한 합의문은 합의를 종용한 황제를 제외하고 대부분의 동방교회 성직자와 수사, 그리고 대중의 거센 반발에 부딪혔다. 황제는 이 합의가 실현되지 않으면 서방의 군사적·재정적 지원을 받을 수

---

32 A. E. Siecienski, *The Papacy and the Orthodox: Sources and History of a Debate*, Oxford: Oxford University Press, 2017, pp. 330~33.

없다는 점을 강조하고 오스만 제국의 위협이 사라질 때까지 한시적으로 합의를 수용해 줄 것을 요구했다. 하지만 1453년 이 일치 선언이 동방교회에서 실현되지 못한 채 천년의 비잔티움 제국은 수도 콘스탄티노폴리스의 함락과 함께 역사의 뒤안길로 사라졌다. 합의를 실행할 당사자가 없어진 상황이 된 것이다.

1445년 페라라-피렌체 공의회는 여러 성과를 얻고 마무리되었다. 교황은 콘스탄츠 공의회에서 10년마다 공의회 개최를 결정한 규정을 더 이상 따르지 않게 되었다. 후속 공의회인 제5차 라테란 공의회는 약 70년 후에 열렸다. 역사적인 평가로는, 콘스탄츠 공의회를 거쳐 바젤 공의회까지 이어진 공의회 운동은 실패했다. 공의회를 통한 교회개혁은 실행되지 못했고 공의회를 기대하던 사람들은 실망했다. 중세 말 공의회 운동은 대립교황으로 상징되는 교황권 타락을 견제하고 교회를 정화할 충분히 설득력 있는 대안이었다. 교황과 소수의 추기경단이 아니라 전 유럽의 교회를 대표하는 국민단이 정기적으로 소집되어 중요한 의제를 논의하고 결정한다는 점에서 진일보한 시도였다. 1인 또는 소수에 집중됨으로써 고인 물이 되어 타락하기 쉬운 권력을 골고루 분산한다는 점에서 유의미했다. 국민단을 중심으로 교회 의제를 결정하려 했던 공의회주의자들의 이 실험은 당시 점진적으로 모양을 갖춘 근대 국민국가를 모델로 삼은 것이다.

그런데 이 공의회 운동이 지속적인 호응을 얻지 못하고 끝내 무산된 이유가 무엇일까? 첫째, 이상과 현실의 간격이 컸음을 지적할 수 있다. 공의회주의가 내세운 '권력 분산을 통한 교회개혁'이라는 이상은 현실 세계에서는 교황에게 집중되었던 권력이 국가라는 영토 내의 교회로 전환되는 결과를 낳았다. 권력 분산이 아니라 또 다른 형태로 교회에 권력이 집중되는 것이다. 바로 이 지점에서 공의회주의 운동을 지지하던 한 축인 왕들이나 제후들이 주저했다. 그리고 세속 권력이 공의회 우위설을 내세운 이들에 대한 지지를 거두었다. 둘째, 공의회주의자들이 내세운 개혁 과제들이 세속 통치자들에게 어떠한 유인책도 주지 못했기 때문이다. 교황에게 집중된 권한을 분산해 지역교회에 자치권을 주는 것이 공의회 운동의 목표였다면, 세속 군주들의 관심은 한 발 더 나아가 통치 지역 내의 교회를 국가의 영향력 아래 두어 완벽하게 통제하는 것이었다.

교황권 견제라는 대의는 같았지만 공의회주의자들과 세속 군주들은 저마다 다른 꿈을 꾸고 있었다. 급진적인 공의회주의자들이 바젤 공의회에서 면벌부 판매권 확대 결정을 통해 독자적인 재정 조달을 추진한 것은 교황과 세속 군주 양쪽으로부터 독자적인 교회를 유지하려는 의도로 읽혔다. 그들의 주장에서 이러한 의도가 드러나자 공의회주의 운동은 동력을 상실했다. 교회개혁이라는 대의가 권력 분점으로 비치자 지지를 잃었다. 이 공의회가 끝날 무렵, 교황이 주도권을 장악하면서 공의회주의는 결정적으로 약화되었다. 그럼에도 이 사상은 16세기까지 가톨릭교회에 영향을 주었으며, 특히 프랑스에서 구현되었다.

중세 교회사에서 공의회는 위로부터의 개혁이라는 이름으로 교황, 추기경, 대주교 등을 비롯한 성직 계급의 자기 개혁을 위한 노력의 산물이었다. 공의회주의의 등장은 교황청이 자체 개혁을 할 의지나 능력이 상실된 상황에서 일어난 교회개혁을 위한 조치이기도 했다. 그러나 바젤-페라라-피렌체 공의회에서 드러났듯이, 15세기 중반 공의회주의 운동은 실패했다. 다시 교회는 종교적 갱신 의지가 의심되는 교황권 아래로 들어가게 되었다.

교황은 유럽 전체의 종교 문제를 다루는 일에 우선순위를 두는 개혁적 인물이 아니었다. 이탈리아 귀족 가문 출신인 그들이 추구한 것은 이탈리아 반도 내의 세력 확장이었다. 교황이 선출하는 추기경 역시 주로 이탈리아인으로 구성되었다. 이들 추기경은 이탈리아 내·외부의 여러 교회 직책을 맡으면서 성직자에게 부여하는 은급(恩給)인 성직록을 독차지해 부를 축적했다. 한 사람이 여러 개의 성직을 맡는 복수겸직과 그에 따른 부재성직자 문제는 성직자 개인의 도덕적·윤리적 해이를 낳았을 뿐만 아니라 교회 정치와 행정도 부패하도록 만들었다. 루터의 분노를 자아냈던 마인츠 대주교 알브레히트(Albrecht, 1490~1545)의 성직매매 추문은 당시 부패한 구조를 여실히 보여 주는 사례이다.

제5차 라테란 공의회

1449년부터 1512년 사이 교황청은 법령에 정해진 기간에 따른 공의회를 개최하지 않았다. 교황청은 개혁의 필요성에 대해 공식적으로는 동의했지만 공의회 소집이 가져올 교황의 권위 훼손에 대한 부담 때문에 주저하고 있었다. 공의회주의자들과 교황청 사이의 해결되지 않은 문제는 종교개혁이 일어나고 나서야 마무리되었다.[33] 중세 말 공의회를 통해 개혁을 꿈꾸었던 공의회주의자들이 영향력을 상실하면서 교회개혁은 교황의 의지에 맡겨졌다. 그러나 자신의 정치적 영향력 확대에만 골몰했던 교황이 자체 개혁을 추진할 리 없었다. 1511년의 피사 공의회는 공의회주의자들이 가톨릭교회에서 교황권을 견제하기 위해 시도한 마지막 저항이었다. 프랑스 왕 루이 12세와 신성 로마 제국 막시밀리안 1세의 요구로 제5차 라테란 공의회 개최 1년 전인 1511년에 피사에서 공의회가 열렸다. 율리우스 2세(Julius II, 1443~1513, 재위 1503~13)는 1503년 교황으로 선출되자 공의회를 개최하겠다고 약속한 바 있었다. 그러나 이탈리아 반도에서의 전쟁으로 차일피일 미루어졌다. 이 공의회는 사실상 프랑스 왕과 교황 사이의 대립을 보여 주는 또 다른 국면이었다. 프랑스 왕은 피사 공의회를 통해 교황을 견제하고자 했다. 그러나 공의회주의의 회복을 바라는 프랑스 추기경들이 세속 군주들의 지원을 받아 주도한 이 공의회는 군주들이 지지를 철회하자 흐지부지되었다. 율리우스 2세는 피사 공의회를 이끌었던 네 명의 추기경을 폐위하고 파문했다. 이 공의회는 비공식적인 소공의회를 의미하는 '콘칠리아불룸'(conciliabulum)

33 Hubert Jedin, *A History of the Council of Trent*, trans., Dam Ernest Graf, O. S. B. vol. 1, St. Louis: IL, B. Herder, 1957/1961, p. 32.

이라 불렸다. 이 단어는 '타락한 장소' 또는 '사창가'를 암시하기도 했다.

비록 피사 공의회가 결실 없이 끝났지만, 이 공의회 소집은 여전히 콘스탄츠 공의회에서 결정한 칙령 「프레퀜스」의 유효성을 군주들이 인정하고 있음을 보여 주었다. 1497년 1월, 프랑스 왕 샤를 8세(Charles VIII, 1470~98, 재위 1483~98)는 파리 대학의 신학자들에게 공의회 소집에 관한 의견을 구했다. 그들은 교황이 공의회를 소집하라는 칙령을 거부할 경우에 왕이 대신 소집할 권리가 있다고 조언했다.[34] 대체로 세속 군주의 공의회 소집 요구는 교회개혁과는 무관한 정치적 목적을 위한 악용이라고 평가받아 왔지만, 후베르트 예딘은 이를 지나친 일반화라고 비판한다. 공의회가 오용되기도 했지만 진실된 교회개혁을 원하는 수많은 사람의 의지 때문에 유지될 수 있었다고 했다.[35]

그 후 교황 율리우스 2세는 제5차 라테란 공의회를 소집했다. 교황은 반복적으로 위기를 맞았지만 공의회 개최로 상황을 어느 정도 반전시켰다. 중세 말 이탈리아 반도는 크고 작은 도시국가들이 세력 다툼을 하고 있었다. 프랑스 역시 이탈리아 반도 내에 큰 영향력을 지니고 있었는데, 프랑스 왕 루이 12세는 피렌체 공국에 압력을 가해 충성 서약을 받아내려 했다. 그러자 교황은 프랑스 편에 선 페라라 공작 알폰소(Alfonso I d'Este, 1476~1534)를 파문하는 것으로 대응했다. 벼랑 끝 전술을 편 교황에 맞서 루이 12세는 프랑스 주교회의를 열어 교황이 무력을 행사할 경우 프랑스 교회는 교황에 대한 충성을 거둘 수 있음을 경고하고 공의회 개최를 요구했다. 교황은 이 요구를 수용하는 대신에 반(反)프랑스 동맹을 결성해 대응했다. 그 후 교황은 직접 군대를 이끌고 프랑스 왕 루이 12세의 군대와 전쟁을 치르기도 했다. 외교와 전쟁 등의 책략을 통해 교황령을 보호한 율리우스 2세를 니콜로 마키아벨리(Niccoló Machiavelli, 1469~

34 Norman Housley, "The Papacy, Conciliarism and Crusade, 1449-1517", *Journal of Ecclesiastical History* 72, no. 1, 2021, p. 45.

35 Norman Housley, "The Papacy, Conciliarism and Crusade", p. 42.

1527)는 가장 이상적인 군주라고 호평했다. 반면에 인문주의자 에라스무스는 『율리우스 엑스클루수스』(*Julius Exclusus*)에서 율리우스 2세를 천국 문앞에서 베드로에게 쫓겨나는 부도덕한 인물로 풍자했다. 볼로냐에 체류하던 에라스무스는 1506년 11월 율리우스 2세가 교황청 군대를 이끌고 볼로냐에서 개선식을 하는 광경을 지켜보았다. 그는 이 그리스도의 대리자가 무장한 정복자의 모습을 하고 로마 황제의 개선식을 거행하는 것을 보면서 가톨릭교회의 암울한 종말을 예견했다.[36]

오랜 기간 로마를 떠나 여기저기 전전하며 열리던 공의회가 다시 로마에서 열리게 된 것은 교황의 정치적 권위가 어느 정도 회복되었음을 보여 주는 것이다. 공의회 첫 회기는 1512년 5월 3일 시작되었다. 추기경, 대주교, 주교, 수도원장 등을 포함해 100명 안팎의 성직자들과 신성 로마 제국 황제의 사절, 베네치아와 피렌체 공국의 사절이 참여한 그리 크지 않은 규모였다. 피사 공의회를 주도했던 프랑스 출신의 성직자들과 대표단은 참석하지 않았으니 반쪽짜리였다고 할 수 있다. 공의회 규모와 의제, 결정 사항은 결과론일 수 있지만 왜 종교개혁이 일어났어야만 했는지, 루터의 주장이 전 유럽에 왜 그렇게 큰 파장을 일으켰는지, 왜 가톨릭교회가 제대로 대응할 수 없었는지를 총체적으로 보여 준다. 그렇기 때문에 콘스탄츠 공의회에서 시작한 공의회주의 운동이 무력화되어 교황 중심의 교회 자정을 기대하기 어렵게 되었다는 점은 종교개혁 이후 트리엔트 공의회로 이어지는 공의회 운동에서 되짚어 볼 지점이다.[37]

이 공의회는 율리우스 2세가 교회개혁을 목적으로 소집한 것이라기보다는 프랑스 왕이 대표하는 교황권에 도전하는 공의회주의에 대한 대응으로 시작했다. 그래서 공의회에서 결정한 가장 핵심적인 사항은 피사

---

36 Desiderius Erasmus, *The Correspondence of Erasmus: Letters, 142 to 297, 1501 to 1514*, trans., R. A. B. Mynors and D. F. S. Thomson, Toronto: University of Toronto Press, 1975, p. 125.

37 Francis Oakley, "Conciliarism at the Fifth Lateran Council", *Church History* 41, 1972, p. 452.

공의회의 불법성을 확인하는 것과 거기에 참여했던 추기경을 파문하는 것이었다.

그렇다고 이 공의회를 통한 개혁 열망은 결코 뒤처지지 않았다. 공의회의 개회 설교를 했던 비테르보의 자일스(Giles of Viterbo, 1469~1532)는 공의회에 대한 기대와 열망을 가감 없이 담았다. 여전히 가톨릭교회와 공의회는 대중 신앙을 위해 중요하며, 여러 상실감 속에 있는 이들에게 회복 기능을 줄 수 있다고 기대했다. 그는 지금껏 공의회가 교회 지도자를 정하고, 이단을 물리치고, 교회 성직자들에게 방향을 제시하는 역할을 해왔고, 회복과 통합의 길을 열어주는 등 교회개혁에서 강력하고 효과적인 도구였음을 강조했다.[38]

> 따라서 나는 공의회가 교회에 얼마나 유익한지, 그리고 우리 시대에 얼마나 필요한지에 대해 말하려 합니다. 이때 예언서의 말씀을 감히 변경하지 않고 그것들이 늘 읽히던 그대로의 단어와 표현을 온전히 사용할 것임을 서두에서 밝힙니다. 종교가 사람을 변화시키는 것이지, 사람이 종교를 바꿀 수는 없습니다(homines per sacra immutari fas est, non sacra per homines). 진리의 언어는 직설적이기 때문입니다.[39]

1513년 5월, 레오 10세가 교황직을 승계한 이후 계속된 공의회에서는 몇 가지 법령을 공포했다. 그중 특징적인 몇 가지를 열거하면, 우선 새로운 책을 인쇄하기 전에 반드시 지역 주교의 허가를 받게 한 조항이 있다. 인쇄술의 등장으로 기하급수적으로 늘어난 책의 보급에 대한 교회의 우려를 보여 주는 예이다. 읽고 쓸 줄 아는 대중이 늘어나면서 교회의 통제를 넘어서는 다양한 사상과 사고가 증폭한 것이다. 이 현상은 루터의 저술이 인쇄되어 대중적으로 읽히면서 종교개혁이 빠르게 확산되었다는

38 John C. Olin, *Catholic Reform*, p. 54.

39 John C. Olin, *Catholic Reform*, p. 48.

점에서 확인할 수 있다.[40]

또 하나는 오스만 제국의 서진(西進)에 대한 위기의식이 전 유럽에 고조되면서 전쟁에 대비해 3년간 세금 부과를 결정한 것이다. 1453년 수도 콘스탄티노폴리스의 함락으로 막을 내린 비잔티움 제국의 멸망은 유럽인들에게도 실질적인 공포로 다가왔다. 중세 말 유럽인들에게 가장 현실적이고 급박한 위협 중의 하나가 바로 오스만 제국의 서진이었다. 15세기 말부터 해상권을 장악한 오스만 제국은 1480년 성전 기사단이 방어하던 그리스의 로도스섬을 공략해 1522년에는 그 지역 해상권을 거머쥐었다. 교황청 역시 그리스 앞바다에서 벌어지고 있는 현실을 무시할 수 없는 위협으로 인식했다. 역설적이게도 이 외부의 적인 이슬람의 침입이 루터가 작센 지역에서 실행한 종교개혁을 신성 로마 제국 황제가 무력으로 누르지 못한 하나의 이유이다. 제국이 내분에 휩싸이면 외부의 침략 앞에 속수무책으로 당할 수밖에 없다는 위기의식 때문이었다.

제5차 라테란 공의회의 결정 사항을 보면 이전 공의회에서 주요 안건으로 나왔던 교회개혁 관련 내용이 매우 빈약했다. 공의회를 소집한 교황 율리우스 2세는 대대적인 개혁을 실행할 의지가 애초부터 빈약했고 1513년 사망하면서 동력을 상실했다.

제5차 라테란 공의회에서 교회개혁에 대한 시도가 없었던 것은 아니다. 베네치아 출신의 수사인 파올로 주스티니아니(Paolo Giustiniani, 1476~1528)와 피에트로 쿠에리니(Pietro Querini, 1478~1514)는 공의회 역사상 가장 과감한 개혁 법안이라고 평가받는 『교황 레오 10세에게 보내는 제안서』(*Libellus ad Leonem X*)를 제출했다. 가장 두드러진 제안은 신대륙 발견으로 접촉하게 된 비유럽 민족 선교와 관련된 내용이었다. 그들은 새로운 영토의 발견이 그리스도교 활동에 더 큰 지평이 열렸음을 인식했다. 또한 동·서방교회 일치에 대한 권고, 당시 여러 문제를 안고

40 Christopher Witcombe, *Copyright in the Renaissance: Prints and the* Privilegio *in Sixteenth-century Venice and Rome*, Leiden and Boston: Brill, 2004, p. 69.

있던 탁발수도회의 축소 등도 제안서에 담겼다. 이 개혁안에는 교황청 관리들의 급여 제한, 주교가 교구 관리 상황을 보고하기 위해 3년마다 교황청을 방문하도록 하는 규정 등을 포함하고 있었다. 성서 전체를 읽은 자만이 성직자로 임명되도록 하는 내용을 제안했으며, 평신도의 유익을 위해 성서를 속어로 번역할 것을 권장했다. 교회법, 미사 전례문, 성무일도의 개정을 요구하기도 했다. 이를 통해 교회 전체에 걸쳐 보다 통일성을 갖추려 했던 의도가 보인다. 또한 이 제안서는 5년마다 공의회를 개최하는 것이 교회의 회복과 유지에 필수적이라고 주장하며, 교령 「프레켄스」 준수를 요구하는 군주들과 개혁 주교들의 열망을 담았다.[41]

그러나 제안된 개혁 법안들은 숙고되지 못했고 결과물 역시 획기적인 개혁 조치는 들어 있지 않았다. 오히려 1516년 레오 10세의 교서 「파스토르 에테르누스」(Pastor Aeternus)는 교황권이 공의회에 앞섬을 공식화함으로써 그간 교회권력 핵심부에 대해 제기한 시도가 실패했음이 명백해졌다.[42] 주스티니아니와 쿠에리니의 개혁 안건에 제시된 것처럼 '새로운 것들'(res novae)을 받아들여 개혁해야 한다는 필요성에 대한 가톨릭교회의 공식 반응은 냉담했다.[43] '새로운 것들'이라 함은 기존 제도교회에서 가르치는 교리를 넘어선 가르침을 의미한다. 그런 점에서 주스티니아니와 쿠에리니의 개혁적인 주장은 머지않아 루터가 제기하게 될 교리 개혁과 동떨어진 것이 아니다. 이는 루터의 교리 개혁이 강도나 정도의 차이가 있을지언정 가톨릭교회 내부에서도 지속적으로 고민해 오던 주제임을 의미한다. 가톨릭교회는 제도교회의 틀을 유지하기 위해 완고하게 교리적인 집착만을 강조했다.

제5차 라테란 공의회는 루터의 종교개혁 이전에 열린 마지막 공의회이다. 당대 가톨릭교회의 위기를 극복하기 위해 개최되었지만, 공의회

41 Francis Oakley, "Conciliarism", p. 455.

42 Eric Leland Saak, *Luther and the Reformation of the Later Middle Ages*, Cambridge: Cambridge University Press, 2017, p. 241.

43 Steven E. Ozment, *The Age of Reform*, pp. 401~02.

종료 이후 채 몇 달이 지나지 않아 독일 비텐베르크에서 루터의 종교개혁이 시작되었다. 그러나 제5차 라테란 공의회의 역사적 역할은 분명히 존재한다. 공의회에 제출된 개혁 제안서는 루터의 종교개혁 이후 열린 트리엔트 공의회에서 실행될 개혁안을 상당 부분 예견하고 있다. 교회에는 공동의 문제의식과 개혁 사상이 존재했다. 제5차 라테란 공의회에서는 이를 실행에 옮길 의지가 부족했을 뿐이다. 성공 여부를 떠나 15세기 후반과 16세기 초반에도 다양한 개혁 운동이 교회 내에서 진행되고 있었음을 보여 준다. 잉글랜드에서, 독일에서, 여러 유럽 지역에서 스스로 글을 읽을 수 있게 된 문해자들이 번역 성서와 모국어로 쓰인 경건 서적 등을 통해 독자적인 종교성을 형성하고 있었다. 상당수 서유럽인은 알프스 이남의 이탈리아와 스페인에 머물러 있는 교황청의 영향력에서 벗어난 사고를 할 수 있었다. 루터의 개혁 요구와는 별개로 유럽의 다양한 지역에서 새로운 수도회 설립, 기존 수도회의 개혁 운동의 형성 및 스페인의 프란시스코 히메네스 데 시스네로스 추기경이나 잉글랜드의 존 피셔(John Fisher, 1469~1535) 추기경 등을 통한 적극적인 교회개혁 활동 등이 있었다. 지역별로 분산된 이들 개혁 활동은 루터 종교개혁에 대한 대응으로 열린 트리엔트 공의회를 통해 통합되었다.

제5차 라테란 공의회는 교회란 사람들의 요구에 따라 변화될 성질의 것이 아님을 주장했다. 또한 여전히 자신들의 종교적 틀 속에 사람들을 가둘 수 있다고 생각했다. 사람들이 종교 체제를 변화시키는 것이 아니라 종교 체제 속에 순응하고 맞추어가는 것이 당연하다고 생각했다. 그런데 실제로는 어떻게 되었는가? 변화하는 시대의 틀에 종교가 부응하지 못하자 사람들이 종교의 교리 자체를 바꾸어버렸다. 비테르보의 자일스의 주장과는 정반대의 결과가 유럽에서 생겨났다. 바로 종교개혁이다. 종교개혁이라는 한 시대의 격변의 출발점을 1517년 10월 마지막 날 비텐베르크의 루터가 아니라 그보다 7개월 앞서 마무리된 제5차 라테란 공의회로 본다면 종교개혁을 조금은 다른 관점으로 접근하게 된다.

14~16세기에 이르는 동안 로마 교황청의 독점적 지위가 약화되면서

교회개혁에 대한 요구는 공의회를 통해 분출되었다. 중세에 열렸던 공의회가 교황이 주도했던 것이라면, 교회 대분열 이후 공의회는 세속 군주의 영향력이 압도적이었다. 이는 교황주의와 대비되는 공의회주의라는 교회 정치 이론으로 발전했다. 교회 대분열이 치유된 이후에도 공의회를 정기적으로 개최하는 교령은 지속적으로 교황과 주변 세속 군주들 사이의 긴장을 유발했다. 공의회주의는 국가교회 이데올로기를 만드는 기초로 작동했다. 종교 문제를 처리함에 있어 국가가 교회 통제권을 가지고 있다는 에라스투스주의(Erastianism)의 등장이다. 국가 주도 교회는 프랑스에서는 갈리칸주의로, 잉글랜드에서는 앵글리칸주의(Anglicanism)로 발전했다. 에라스투스주의는 교회에 대한 국왕의 권위가 교황과 동일하다고 주장한다. 특히 프랑스에서 19세기까지 지속된 신학적 갈리칸주의 전통은 콘스탄츠 공의회와 피사 공의회에서 확산된 공의회주의 이론의 상징적 결과물이다. 공의회주의의 등장 이후, 국가는 종교를 통해 국가 정체성을 확보해 나갔다. 스페인이나 프랑스 같은 전통적 가톨릭 국가는 국가에 의한 교회 통제를 강화했다. 교황의 교회 통제를 국가가 차지함으로써 중세와는 다른 형태의 가톨릭을 발전시켰다. 프랑스에서는 프랑스 교회가 교황의 통제를 넘어 독자적으로 운영되며, 공의회에서 주교들이 교황과 함께 종교적 권위를 나눈다는 개념을 지속적으로 발전시켜 나갔다. 프랑스와 교황청은 1516년 '볼로냐 협약'(Concordat of Bologna)을 체결해 프랑스 교회에 대해 왕과 교황이 행사할 수 있는 권한을 나누었다. 왕은 주교, 대주교, 수도원장 등을 지명할 권한을 받았다. 교황은 그들을 그 직책에 임명하는 의식을 수행할 권한이 있었다. 교황이 성직 지명에 대한 거부권을 가지면서 성직 서임의 최종 권한이 교황에게 있음을 확인했지만, 교황의 독점적 권한은 더 이상 유지될 수 없었다. 오히려 프랑스는 교황청에 더 큰 영향력을 행사할 수 있게 되었다. 제5차 라테란 공의회 이후 종교개혁으로 프로테스탄트가 유럽 전역으로 퍼지고 교황청과 관계를 단절하는 국가들이 생겼지만, 프랑스 왕실은 가톨릭을 지지하는 대가로 프랑스 교회의 자치를 확장할 수 있었다. 제5차 라테란 공의회 이후, 루터의 종교개혁에 대한 대응으로 교황이 주도해 트리엔트 공의회를 열었을 때 프랑스의 반응은 분명했다. 프랑스는 트리엔트 공의회의 교령을 비준하지 않았다.[44] 프랑스 갈리칸주의 형성이나 스페인 종교재판소를 통한 국가의 교회 통제는 프로테스탄트 국가에서 일어난 세속 군주에 의한 국교 정립과 비슷한 맥락을 형성했다. 독일 북부 주들, 제네바나 취리히, 잉글랜드 등은 전통적인 가톨릭을 넘어선 프로테스탄트를 바탕으로 정부나 국가, 민족 정체성을 발전시켰다. 그들은 프로테스탄트이든 가톨릭이든 간에, 공의회주의라는 사상적 뿌리는 공유하고 있었다. 공의회와 공의회주의는 종교개혁으로 생성된 국가 주도 교회의 구체적이고 현실적인 예표(豫表)였다.

---

44 Thomas Crimando, "Two French Views of the Council of Trent", *Sixteenth Century Journal* 19, no. 2, 1988, pp. 169~86.

제2부

아래로부터의 개혁

제6장 루터와 독일의 종교개혁

지금까지 루터의 종교개혁 이전까지 이어지는 다양하고 긴 배경사를 살펴보았다. 이제 루터에게 닿기 전에 한 단계 마지막으로 거쳐야 할 질문이 있다. 왜 독일인가? 더불어 왜 프랑스, 스페인, 잉글랜드가 아닌가? 단순한 지정학적 경계의 문제는 아니다. 국민국가의 태동이라는 개념이 적용될 만한 16세기의 개별 국가의 상황을 살펴볼 때, 한 세기 전에 체코의 개혁가 얀 후스가 실패했던 교황청으로부터의 독립을 루터는 어떻게 성취해 낼 수 있었는지에 대한 그림이 더 뚜렷하게 그려진다.

16세기 주요 유럽 국가들은 중앙집권 체제를 강화했다. 그 대표적인 나라가 프랑스이다. 프랑스는 14세기부터 15세기 중반까지 이어진 잉글랜드와의 백년전쟁을 거치면서 대륙 내의 잉글랜드 영토를 수복해 영토의 확장과 더불어 강력한 국왕제를 형성했다. 프랑스 왕들은 스스로를 그리스도교의 군주라고 표방하면서 유럽에서 자신들의 헤게모니를 주장했다. 프랑스는 교황청과 협상해 서로의 이해관계를 넓혔다. 그 대표적인 것이 앞선 장에서 언급한 1516년 프랑스 왕 프랑수아 1세와 교황 레오 10세 사이에 체결된 '볼로냐 협약'이다.

스페인의 경우도 프랑스와 유사하다. 작은 봉건 국가들의 집합체인 중세 스페인은 1469년 아라곤의 페르난도 2세와 카스티야의 이사벨 1세의 결혼으로 하나의 왕국으로 통합되었다. 스페인은 1500년경 다른 유럽 국가들보다 더 포괄적인 중앙집권적 권력을 획득한 나라가 되었다. 가톨릭교회와의 관계에서도 힘의 우위는 뚜렷했다. 통일 스페인을 만든 페르난도 2세와 이사벨 1세는 교황으로부터 '가톨릭 군주'라는 칭호를 받은 충실한 가톨릭교도였지만, 그것이 곧 교황에 대한 배려나 충성과는 무관했다. 공의회 운동을 무력화하고 교황권을 재확보하는 과정에서 15세기 교황들은 교회의 지배권을 놓고 스페인의 왕들과 거래를 했다. 공의회에 반대하는 대가로 교황은 스페인 군주에게 자국의 성직 임명과 교회 수입에 대한 일정한 통제권을 부여했다. 스페인 국왕은 교회에 대한 통제권을 왕권 강화의 수단으로 활용했다. 스페인 영토 내에서 국왕이 주도하는 종교재판을 제도화하고, 1492년에 유대인들을 추방하고, 1502년 스페인 내의 무슬림인 무어인들을 추방하면서 확실한 국가교회의 기틀을 마련했다.

프랑스와의 백년전쟁을 거치면서 잉글랜드 역시 국왕의 권력이 강화되었다. 프랑스와의 전쟁 이후 왕위 계승을 놓고 벌어진 30년 동안의 장미전쟁 이후, 헨리 7세(Henri VII, 1457~1509, 재위 1485~1509)의 즉위와 함께 튜더 왕조라는 새로운 군주제가 시작되었다. 그의 아들인 헨리 8세(Henri VIII, 1491~1547, 재위 1509~47)는 자신의 이혼 문제와 관련한 일련의 사건을 통해 로마 교회와 결별하고 잉글랜드 국교회를 형성했다. 프랑스의 갈리칸주의와 마찬가지로 잉글랜드의 앵글리칸주의는 종교개혁의 결과로 탄생한 것이 아니다. 이미 15세기부터 교황권이 개별 국가의 종교적 지배권을 행사할 수 없는 불능 상태에서 이루어진 자연스러운 결과이다. 이처럼 16세기는 세속 군주들이 왕권을 중앙집권화하면서 교황청의 종교적·정치적 지배력에서 분명하게 독립하는 시기였다.

신성 로마 제국의 분산된 권력

아직 언급되지 않은 한 곳이 있다. 바로 신성 로마 제국이다. 신성 로마 제국은 신왕조의 길을 가지 않은 유럽의 유일한 정치 세력이었다. 프랑스, 스페인, 잉글랜드는 이른바 민족국가를 형성할 수 있지만, 제국은 그 특성상 한 언어나 민족으로 이루어지지 않는다. 신성 로마 제국은 인류 역사에서 흔히 볼 수 있는 제국과는 그 개념이나 특성에 차이가 있다. 제국은 한 민족이나 국가가 아닌 복수의 정치 체제를 통치하는 황제가 다스린다. 그렇기에 제국의 힘은 대체로 군주제보다 훨씬 강력하다. 하지만 15~16세기 신성 로마 제국의 경우는 달랐다. 제국은 황제, 영지, 주권을 가진 황실이 존재하는 중앙집권적 군주제이기도 하지만, 황제는 황제를 선택할 자격이 있는 7명의 선제후로 구성된 선출직이었다. 제국의 기둥이라고 하는 7명의 선제후는 마인츠, 트리어, 쾰른 대주교 등 3명의 대주교와 작센 공작, 브란덴부르크 변경백, 라인 궁중백, 보헤미아 국왕 등 4명의 세속 통치자로 구성되었다. 1356년 신성 로마 제국 황제 카를 4세(Karl IV, 1316~78, 재위 1347~78)가 「금인칙서」(Bulla Aurea)에서 황제 선출 과정을 명문화하면서 자리 잡았다. 이 칙서는 황제 선출 과정에서 교황의 영향력을 차단하기 위한 목적이 있었다. 선거는 프랑크푸르트에서, 대관식은 아헨에서 진행한다. 선거 결과에 대해 교황의 승인은 필요하지 않으며, 선출된 황제는 전통적으로 교황이 대관식을 거행한다. 선출직이라고는 하지만 주로 한 가문에서 일정 기간 황제를 배출했다. 1438년부터 주로 합스부르크 가문에서 황제가 나왔다. 황제 선출은 선제후들 사이의 오랜 협상의 결과였다. 그 와중에 뇌물과 자리 보장에 대한 약속 등이 오가는 것이 일상적이었다.

황제들은 여타 유럽 국가처럼 강력한 중앙집권적 군주제 국가를 시도했지만 그 구조상 용이하지 않았다. 제국의 주요 안건을 결정하는 제국의회가 황제의 권한을 견제하는 역할을 했다. 루터의 종교개혁도 이 제국의회에서 선제후들이 황제의 뜻에 맞섬으로써 이루어질 수 있었다.

지도 5 신성 로마 제국 통치 지역

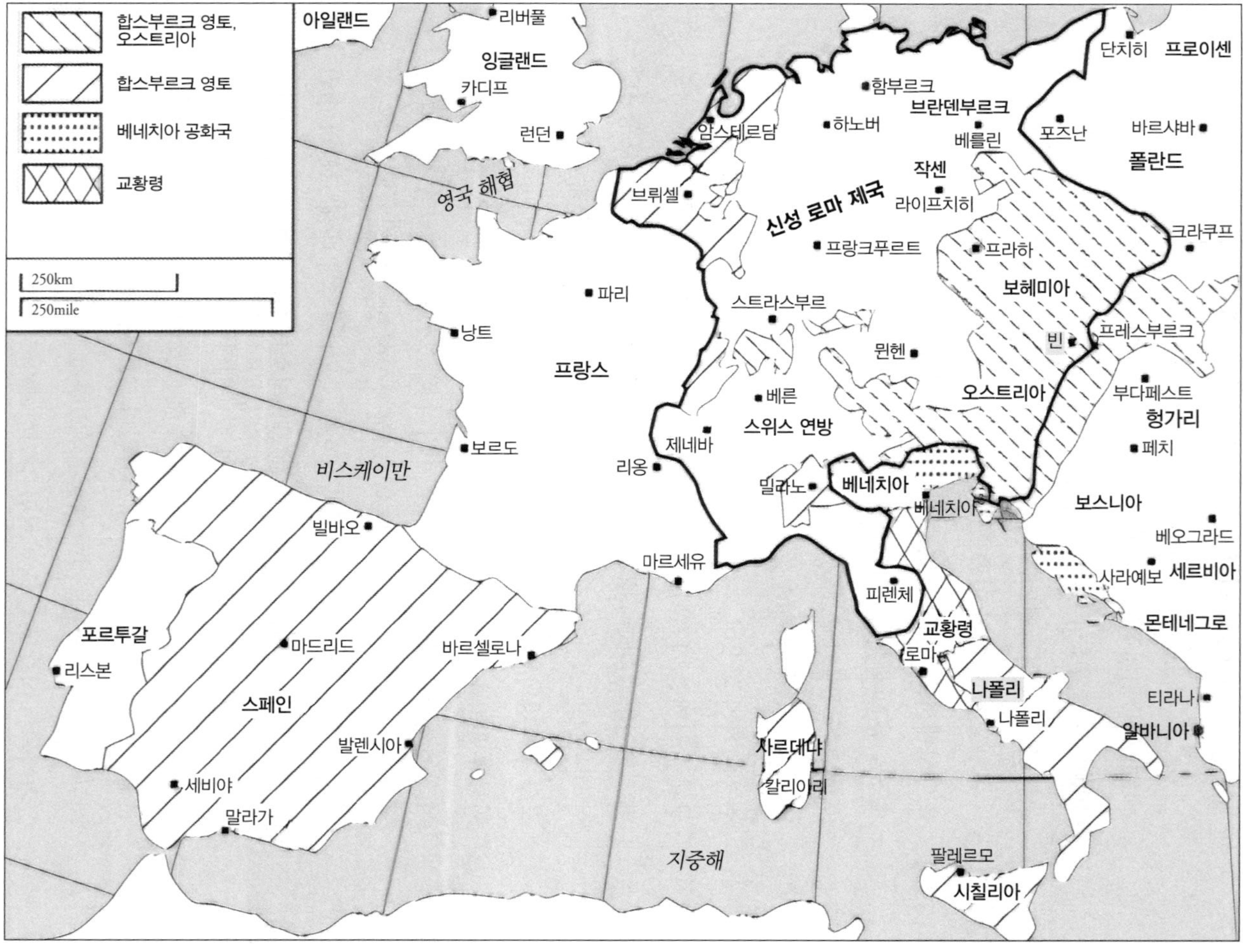

합스부르크 영토, 오스트리아
합스부르크 영토
베네치아 공화국
교황령
250km
250mile

아일랜드
리버풀
잉글랜드
카디프
런던
영국 해협
암스테르담
브뤼셀
함부르크
하노버
브란덴부르크
베를린
작센
라이프치히
신성 로마 제국
프랑크푸르트
프라하
보헤미아
단치히
프로이센
포즈난
바르샤바
폴란드
크라쿠프
파리
낭트
프랑스
보르도
비스케이만
스트라스부르
뮌헨
빈
프레스부르크
오스트리아
부다페스트
헝가리
페치
베른
스위스 연방
제네바
리옹
밀라노
베네치아
보스니아
베오그라드
사라예보
세르비아
몬테네그로
빌바오
마르세유
피렌체
교황령
로마
나폴리
티라나
알바니아
포르투갈
리스본
마드리드
바르셀로나
스페인
발렌시아
사르데냐
칼리아리
세비야
말라가
지중해
팔레르모
시칠리아

출처: Arnaud Blin, *War and Religion: Europe and the Mediterranean from the First through the Twenty-first Centuries*, Berkeley, CA: University of California Press,

한 가지 중요하게 짚고 넘어갈 것이 있다. 독일과 신성 로마 제국은 같은가, 다른가? 15세기의 독일은 국가도 아니었고 정치 체제도 갖추지 못했다. 신성 로마 제국, 독일 민족, 독일은 서로 동일하지 않아 서로 다르게 정의되었다.[1] 15세기 후반 새로운 제국 통치를 시작하면서 '독일 민족'이라는 용어가 등장했다. 현대의 독일 영토를 포괄하지만 당시에 엄밀하게 독일이라는 독립된 왕정은 존재하지 않았다. 신성 로마 제국에 독일이 포함되지만 독일이 곧 신성 로마 제국은 아니었다. 신성 로마 제국은 서쪽으로 게르만어와 로망스어, 동쪽으로 게르만어와 슬라브어 사이의 언어적 경계 지대에 걸쳐 있었다.[2] 신성 로마 제국의 교구를 언어별로 분류해 보면 독일어를 사용하는 교구 외에 6개 교구는 프랑스어를, 3개 교구는 프랑스어와 독일어를 같이 사용했다. 슬라브어와 독일어를 함께 쓰는 교구도 7개나 있고, 3개 교구는 이탈리아어와 독일어를 함께 사용했다.[3] 점차 제국의 핵심 지역은 독일어권 영토로 축소되었다. 제국과 독일 영토가 겹쳐지면서 독일 신성 로마 제국이 형성되었다.

여기서 독일이라는 개념은 신성 로마 제국의 독일어권 영토를 지칭한다. 하지만 여기에서도 독일어를 사용하는 동유럽의 다른 독일어권 지역과 오스트리아의 합스부르크 가문의 영토는 제외된다. 15세기 후반부터 제국의 이름에는 '독일 민족'(nationis Germanicæ)이라는 접미사가 붙기 시작했다. 제국의 복잡한 관계 속에서 독일은 독일어를 사용하는 독일주의 독일 제후를 중심으로 하는 나라가 되었다. 서북쪽으로는 네덜란드 및 플랑드르와 국경을 접하고, 남쪽으로는 알프스까지 뻗어 있고, 동쪽으로는 헝가리 및 폴란드와 국경을 접하고 있다.[4] 독일은 각 제후들과 대

1 Thomas A. Brady Jr., *German Histories in the Age of Reformations, 1400–1650*, Cambridge: Cambridge University Press, 2009, p. 18.

2 Thomas A. Brady Jr., *German Histories*, p. 14.

3 Thomas A. Brady Jr., *German Histories*, p. 15.

4 Thomas Kaufmann, *The Saved and the Damned: A History of the Reformation,* trans., Tony Crawford, Oxford: Oxford University Press, 2023, p. 22.

주교들이 정치적 영향력을 강하게 행사하고 있는 지방 분권형 체제였다. 3명의 대주교가 선제후로 참여하는 등 교회는 분명한 정치적 실체로서 두드러진 역할을 하고 있었다.[5]

루터의 종교개혁은 '독일어'를 사용하는 '독일 민족'이 제국과 교황의 권력에서 독립하려는 움직임이었다. 제국이지만 황제가 강력한 영향력을 가지지 못하는 분열된 정치 구조가 종교개혁이 발생한 중요한 전제조건이었다.[6] 이것이 신성 로마 제국의 종교개혁이 아니라 독일의 종교개혁이라고 하는 이유이다. 편의상 독일 종교개혁이라고 하지만 독일이라는 공통의 개념이 없었기에, 독일 종교개혁은 현대 독일의 관점에서 후향적으로 부르는 이름이다.

그렇다면 독일 지역의 권력 분산과 종교개혁은 어떤 연관성을 가지고 있을까? 교황이 직접적인 통치권을 행사하는 이탈리아를 제외하고 독일 지역은 서유럽에서 여전히 교황의 교회 지배력이 존재하는 유일한 지역이었다. 프랑스와 스페인이 가톨릭교회에 남을 수 있었던 이유는 교황과의 거래를 통해 왕국 내 교회를 국가교회화할 수 있었기 때문이다. 중앙집권적 통제가 가능하지 않은 독일은 교황이 교회 직분을 임명하고 교회 세금을 징수할 권한을 가졌다. 신성 로마 제국의 주교들은 다른 왕국에서처럼 로마 교황을 정점으로 하는 보편교회에 속했지만, 다른 나라의 주교들은 소유하지 않은 현세적 권력을 갖고 지역 통치자의 역할을 했다는 데 큰 차별성이 있다. 10세기에 황제들은 주교들에게 영지를 부여했고 나중에는 제후라는 칭호를 부여했다. 이러한 종교와 정치의 결합은 1803년 제국이 멸망할 때까지 존재한 제국교회의 가장 큰 특징이었다.

제국이 애매한 형태로 구성되어 있기에 효율적인 군주제를 만들 수 없었다. 15세기 후반 독일 영토는 황제가 아닌 제후들이 실질적으로 통치

---

5 Bob Scribner, "Germany", *The Reformation in National Context*, eds., Bob Scribner, Roy Porter, and Mikuláš Teich, Cambridge: Cambridge University Press, 1994, p. 6.

6 Bob Scribner, "Germany", p. 5.

했다. 이를 '특수주의'라고 한다. 이러한 이유로 독일 종교개혁의 특징인 교회와 국가의 융합은 제국 수준이 아니라 각각의 제후의 관할권 내에서 이루어졌다.[7] 세속 통치가 교회 영역으로 확장되기 시작한 것은 종교개혁이 일어나기 수세기 전부터였다. 제후들은 교황권에 도전하지 않았으며, 교회의 관할권 지위가 심각하게 위협받지도 않았다. 교회를 장악할 중앙집권적인 왕권이 부재한 작은 주들의 연합체인 독일에서 교회는 로마 교황의 직접적인 통제 아래 남아 있었다.[8] 교회에 낸 세금이 로마로 직접 전달되었고 교황은 독일 지역의 성직 서임권을 통해 교회를 통제했다. 때때로 임명된 주교나 대주교가 독일인이 아닌 외국인인 경우도 있었다. 대중은 교회를 외국인 주교가 통제하는 상황에 분개했고 제후들은 로마로 흘러가는 교회의 수입을 통제할 방법을 찾기 시작했다. 그 대표적인 저항이 1448년 작성되어 교황에게 보낸「독일 민족의 불만 목록」(Gravamina Nationis Germanicae)이다. 핵심 내용은 교회 성직자 임명에 대한 교황의 권리를 거부하고 독일 교회의 수익이 로마 교황청으로 유출되는 것에 대한 반대였다.[9] 독일 교회를 구성하는 다양한 이해관계를 하나로 묶을 수 있었던 것은 대중의 로마에 대한 분노와 적개심이었다.[10] 교회의 모든 문제를 로마 탓으로 돌렸다. 이런 그들에게 원시 그리스도교로 돌아가자는 개혁에 대한 요구는 자신들의 행위에 정당성을 부여해 주었다. 모두가 교황으로부터 자유를 구하는 듯했다. 1500년경 독일에 반로마주의의 물결이 일어났다는 것은 놀랍지 않다.[11]

루터 종교개혁에 적극 동조했던 독일 기사이자 시인인 울리히 폰 후텐은 교황에 반대하는 반로마주의의 흐름을 선도했다. 그는 이탈리아인 교

7 C. Scott Dixon, "The Princely Reformation in Germany", *Reformation World*, ed., Andrew Pettegree, London and New York, NY: Routledge, 2000, p. 147.

8 C. Scott Dixon, "The Princely Reformation in Germany", p. 148.

9 Thomas Kaufmann, *The Saved and the Damned*, p. 32.

10 Peter Marshall, *The Reformation: A Very Short Introduction*, Oxford: Oxford University Press, 2009, p. 12.

11 Thomas A. Brady Jr., *German Histories*, p. 137.

황에 의해 독일이 희생당한다는 자극적인 민족 담론을 형성했다. 그에게서 독일인이 된다는 것은 억압자인 로마를 미워하고 적대하는 사람이 된다는 것이었다. 그의 목표는 교회 갱신에 있기보다는 독일 전체를 교황권의 영적·재정적 폭정에서 해방하는 것이었다. 그는 화려하고 강렬한 문체로 그 어떤 독일인보다 극단적인 개혁의 목소리를 주창했다. 독일의 이익을 외면하는 이기적인 독일 제후들을 경멸하며 대중의 적개심을 부추겼다. 독일의 반로마주의가 정점에 달한 순간, 제국교회에 대한 개혁 요구는 또 다른 환상을 갖기 시작했다. 이제 그 해방의 혁명을 이끌 누군가가 나타나기만 하면 되었다. 바로 루터였다.

그렇게 루터에게서 시작된 개혁의 흐름은 전 유럽으로 확산되었다. 종교개혁은 단순히 가톨릭교회에 대립한 종교 문제가 아니었다. 종교가 매개가 된 유럽의 정치·사회 변화를 추동하는 운동이었다. 16세기와 17세기 유럽 그리스도교는 교파와 무관하게 각 지역에서 새로운 교회를 만들려는 열정을 공유했다. 종교개혁은 하나가 아닌 프로테스탄트와 가톨릭 지역에서 다양한 방식으로 일어난 복수의 종교 운동이라고 인정할 수밖에 없다. 거기에는 전통적으로 프로테스탄트로 분류되는 국가만이 아닌 가톨릭 국가도 당연히 포함되어야 한다. 로마 교황청의 대응과 변화도 그 안의 중요한 흐름이다. 국왕권의 강화로 인한 가톨릭교회의 분열, 그를 기반으로 한 교회개혁의 움직임, 그것이 넓은 의미의 종교개혁이다.

1517년 이전의 루터

종교개혁이 서구 세계 역사상 획기적인 순간이며, 종교 관행과 더불어 사회·경제·정치·교육·법의 본질까지 변화시켰다는 식의 평가는 너무나 익숙하다. 종교개혁은 루터가 1517년 10월 31일 비텐베르크성 교회 정문에 95개조 논제를 못 박은 것을 '시작'으로 간주하는 것이 일반적이다. 이러한 상징적인 순간을 설정하는 것은 종교개혁의 의미를 이해하는 데 도움이 되지만 그에 따른 위험도 존재한다. 그래서인지 실제 논제를 게시했는지에 대한 논란도 분분할뿐더러, 10월 31일의 논제 게시 사건은 주로 후속 프로테스탄트 신화 만들기의 산물로 평가되기도 한다. 종교개혁은 훨씬 더 복잡하고 다면적인 현상이었다.[12]

프로테스탄트 종교개혁의 시작을 이해하려면 독일 종교개혁을 시작한 루터의 생애를 이해해야 한다. 종교개혁의 배경과 불가피성 등이 차곡차곡 쌓여왔다 하더라도 누군가 뇌관을 격발하지 않았다면 생겨날 수 없기 때문이다. 초기 단계의 종교개혁이 루터라는 한 특별한 개인의 산물이라는 점은 부인하기 어렵다. 루터의 가정사, 개인의 종교적 여정, 그가 속한 공동체와 사회의 지적·정치적 환경 등 이 모든 것이 재료가 되어 교회와 제국에 의문을 품고 있던 여러 세대의 사람들의 마음에 불을 질렀기 때문이다. 그리고 결과적으로 루터는 유럽 종교 지형도를 영구히 바꿔놓았다.

독일 종교개혁의 역사와 다른 지역의 개혁의 역사는 시대가 구획해 놓은 구조를 깨트리고 새로운 지형을 만든 탁월한 이들의 역할이 큰 자리를 차지한다. 동시에 그들이 지닌 시대적 한계 역시 종교개혁의 한계로 오롯이 자리매김되었다. 종교개혁이 개혁을 추구했지만 결국 분열과 대립을 강화한 것은 종교개혁가들의 사고와 실천이 그 시대의 한계 안에서 이루어졌기 때문이다. 이를 보건대, 루터를 비롯한 종교개혁가들 대부분은 그 시대의 개혁가였는지는 모르나 시대의 한계를 넘어 통찰하고 제시한 예언가는 아니었다.

루터는 1483년 아이슬레벤의 농부 가정에서 아버지 한스 루더(Hans Luder, 1459~1530, 후에 '루터'로 성을 바꿈)와 어머니 마르가레테 린데만(Margarete Lindemann, 1459~1531) 사이에서 태어났다. 아버지는 농부의

---

12 Peter Marshall, *1517: Martin Luther and the Invention of the Reformation*, Oxford: Oxford University Press, 2017, pp. 12~16.

아들이었지만 경제성 있는 광산업에 뛰어들어 상당한 부를 축적했다. 루터는 작은 광산 마을인 만스펠트에서 유년기를 보냈다. 아버지 한스는 매우 경건하고 단호하고 엄격했다. 아버지의 엄격하고 가혹한 성격은 루터가 청년기 시절 내내 씨름했던 엄격한 심판자 하나님이라는 개념에 영향을 끼쳤다. 한스의 사업이 성공한 덕분에 루터는 당시 흔치 않은 대학 교육을 받을 기회를 누렸다.

루터는 1501년부터 에르푸르트 대학에서 학부 과정을 마쳤다. 도시 에르푸르트는 1392년에 자체 대학을 설립할 만큼 번성했다. 루터는 그 후 11년 중 10년을 에르푸르트에서 살았는데, 4년은 대학에서, 6년은 수도원에서 살았다. 루터는 아버지의 희망에 따라 학부를 마친 이후, 1505년 5월부터 에르푸르트 대학에서 법학 공부를 시작했다.

1505년 7월 2일 루터는 부모 집으로 돌아오는 길에 만스펠트 인근에서 심한 폭풍우를 만났다. 바로 옆에서 벼락이 떨어지자 그는 몹시 겁을 먹었다. 이 위기의 순간에 루터는 광산 노동자의 수호성인인 성 안나에게 구원의 기도를 드렸다. "성 안나여, 이 폭풍우 속에서 살려주시면 제가 수사가 되겠나이다." 이 폭풍우는 루터의 인생에 전혀 예상치 못한 결과를 가져왔다. 폭풍우가 잦아들자 루터는 하나님에 대한 약속을 마음속에 최우선으로 두고 자신의 길을 떠났다. 집에 돌아와 아버지에게 수사가 되겠다고 말하자 아버지는 크게 화를 냈다. 아버지의 강력한 반대는 수년 동안 루터의 마음을 짓눌렀다. 그러나 단순히 이 사건 하나가 송두리째 루터의 진로를 바꾸었다고 볼 수는 없다. 그 폭풍우를 경험하기 전에도 한동안 구원에 대한 염원으로 수사의 길의 가능성을 열어놓았다고 추측하는 것이 타당하다.[13]

아버지의 반대에도 불구하고 루터는 에르푸르트로 돌아갔다. 1505년 7월 17일 루터는 에르푸르트의 탁발수도회인 아우구스티누스회에 들어갔다. 루터는 엄청난 열정으로 수사로서의 삶을 시작했다. 그의 청년 시

13 Thomas Kaufmann, *The Saved and the Damned*, p. 61.

절을 사로잡은 구원에 대한 두려움은 그가 구원과 영생에 대한 확실한 보증을 얻기 위해 스스로를 채찍질하게 만들었다. 다른 수사보다 더 많이 기도하고 더 많은 금식과 고해성사를 하는 등 극단적인 삶을 살았던 것 같다. 이 시점에서 루터에게 하느님이란 존재는 심판하는 통치자였으며, 자신이 하느님을 기쁘게 할 만큼 선한 일을 충분히 행했다고 느끼지 않았다. 그는 영적으로 불안했다. 이러한 종류의 영적 불안이 중세 후기 사람들이 느낀 공통의 감정이라고 할 수는 있지만, 루터가 점점 더 극단으로 치닫게 되자 수도회 내의 다른 수사들이 그를 걱정하기 시작했다. 루터는 말년에 이 시기를 회고하면서 자신이 책망받을 것 없는 수사로 살아왔지만 여전히 하느님 앞에 극도로 불안한 죄의식을 지닌 채 살아왔노라고 했다. 루터가 소속된 수도원 원장이자 루터의 고해 사제였던 요한 폰 슈타우피츠는 교회 교부이자 수도회 창시자인 성 아우구스티누스(St. Augustinus, 354~430)가 쓴 책들을 건네며 읽으라고 권했다. 루터는 아우구스티누스의 책을 읽으며 개인적인 영적 위기를 해결했을 뿐만 아니라 하느님의 은총에 기반한 새로운 신학 사상을 만들어나갔다.

수사로 서원한 지 2년 후인 1507년 5월 2일 루터는 사제 서품을 받았다. 루터가 드리는 첫 번째 미사에 루터의 아버지를 포함한 여러 친지와 친구들이 넉넉한 선물을 지참해 참석했다.[14] 여전히 아버지 한스는 아들이 수사가 되기로 한 결정에 실망감을 떨쳐내지 못했다.

사제가 된 이후, 그는 신학 공부를 시작했다. 에르푸르트 대학은 아우구스티누스회의 수사들이 대학교수진으로 있는 자체 학교를 운영했다. 1510년 수도회의 일로 잠시 로마를 방문한 것을 빼고는 줄곧 이곳에서 신학 공부를 이어갔다.[15] 1511년 후반에 루터는 비텐베르크에 있는 아우

14 Thomas Kaufmann, *The Saved and the Damned*, p. 63.

15 Thomas Kaufmann, *The Saved and the Damned*, p. 66. 로마에서 4주일 체류하는 동안 루터는 아우구스티누스회 숙소에 묵으며, '광신적인 성인'처럼 '모든 교회와 지하실'을 돌아다니며 고백과 금식을 통해 자신과 가족을 위한 풍성한 은총을 축적했다. 그리고 순교자들의 무덤 위에서 미사를 드렸다. 그렇지만 그는 그리스도교 중심

구스티누스회로 옮기면서 비텐베르크 대학에서 신학 공부를 이어갔다.

비텐베르크 대학은 1502년 작센 선제후 프리드리히가 설립한 대학으로, 루터의 스승 슈타우피츠가 공동 설립자 역할을 했다. 대학 설립 자금은 은광에서 나오는 수익으로 마련했다. 프리드리히는 성물 수집에 열정적인 사람으로 성물을 보러 온 순례자들로부터 얻은 수익으로 비텐베르크 대학에 자금을 지원했다. 최근 가장 권위 있는 루터 평전의 저자인 린들 로퍼(Lyndal Roper, 1956~)는 프리드리히의 성물이 루터의 학술 활동의 재정적인 출처가 되었다는 아이러니한 상황을 지적했다. 1520년까지 프리드리히의 성유물 컬렉션은 117개의 성물함과 성인의 유골 1만 9,013점 등으로 구성되었다. 성유물을 보러 오는 순례객들에게도 면벌부와 마찬가지로 연옥에서 보낼 기간이 단축되는 효과를 준다고 믿었다.[16]

슈타우피츠는 루터가 비텐베르크 대학에서 자신의 후계자가 되기를 바랐다. 그는 루터에게 신학 박사학위를 취득하도록 설득했고, 작센의 프리드리히 선제후가 학업에 필요한 경비를 후원했다. 루터는 에르푸르트에서 취득한 대학 석사 자격을 인정받아 비텐베르크 대학에서 1512년 박사학위를 받았다. 그리고 스승의 바람대로 슈타우피츠의 뒤를 이어 신생 비텐베르크 대학의 교수가 되었다.

1512년에서 면벌부 논쟁이 발생한 1517년까지의 약 5년의 기간은 루터의 사상이 무르익어 가는 시기였다. 이 기간 동안에 성서 연구와 강의에 집중했다. 루터는 프랑스 인문주의자 자크 르페브르 데타플에게 큰 영향을 준 책인 바울의 로마서를 강의하면서 르페브르가 먼저 주장한 '오직 믿음으로, 오직 은총으로' 얻는 구원이라는 결론에 도달했다. 로마서의 핵심 부분인 1장 17절을 해석하면서 하나님 앞에서 벌거벗은 채

지인 로마에서 사제들이 형식적이고 기계적으로 미사를 드리는 것에 충격을 받았던 듯하다. 나중에 회고록에서 그의 인생에서 가장 멀리 여행했던 로마가 악의 소굴이자 불신의 온상으로 보였다고 회상했다.

16 Lyndal Roper, *Martin Luther: Renegade and Prophet*, London: The Bodley Head, 2016, p. 81.

자비를 구할 수밖에 없는 인간의 무력함과 오직 신의 은총을 믿음으로써 구원을 얻을 수 있다는 깨달음을 얻었다. 이 신학적 각성이 수도원 종탑 내 골방에서 이루어졌다고 해서 흔히 '탑 체험'이라 한다. 이 루터의 깨달음은 가톨릭교회의 가르침과 근본적으로 차이가 노정되는 프로테스탄트의 오직 믿음으로 의롭게 된다는 '이신칭의'(以信稱義)로 표현된다. 루터가 처음으로 열심히 성서를 읽게 된 곳은 수도원에서였다. 비텐베르크 대학에서 가르치는 동안에도 루터는 성서 외의 다른 주제는 강의하지 않았다. 삶과 구원에 관한 모든 질문에 대한 답을 찾기 위해 교회 전통이나 권위가 아닌 성서를 탐독하는 것은 동시대인들 사이에서 결코 당연한 일이 아니었다. 구원과 영원한 삶에 대한 실존적 고민에 대한 해답을 루터는 성서 연구에서 찾았는데, 성서의 권위에 기대는 종교개혁 전통은 이때부터 점진적으로 형성되었다.[17]

이른바 오직 성서로(sola scriptura), 오직 은총으로(sola gratia), 오직 믿음으로(sola fide)라고 요약할 수 있는 루터의 신학은 가톨릭교회와 사제의 권위, 칠성사, 선행이나 금욕 혹은 면벌부나 성유물이 구원의 길에 중요한 동반자라고 가르치는 전통적인 관념과는 양립하기 어렵다. 루터 신학의 논리적 귀결은 천년 이상 이어온 가톨릭교회의 정신적·구조적 틀을 거부하는 것이기도 하다. 인간에 대한 낙관적인 견해를 갖고 있던 인문주의자들의 가르침과는 달리, 전적인 타락과 자유의지의 속박을 강조하는 부정적인 인간관이 오직 은총과 믿음에 기대는 루터 사상의 토대였다.

지금은 거의 중심에서 비껴간 주제가 되기는 했지만, 상당히 오랜 동안 루터 연구의 중심 주제 중 하나는 루터의 신학적 돌파가 일어난 탑 체험의 시기에 대한 것이었다.[18] 루터가 언제 그리스도를 믿음으로 인한

17 Thomas Kaufmann, *The Saved and the Damned*, p. 67.

18 Robert Kolb, "Martin Luther and the German Nation", *A Companion to the Reformation World*, ed., R. Po-chia Hsia, Oxford: Blackwell, 2004, p. 40.

구원을 전하는 바울의 가르침을 재발견하고 회심을 경험했는지에 대해서는 학자들 사이에 차이가 있다. 핵심은 탑 체험이 95개조 논제 게시 사건이 발생한 해인 1517년 전인지 후인지에 대한 것이다. 왜 시기가 논쟁거리가 되었을까? 대부분의 프로테스탄트 신학자는 교리에 의한 개혁이라는 프로테스탄트 프로파간다에 부합하기 위해서는 1512년에서 1517년 사이 바울 서신을 연구하던 중에 루터의 탑 체험이 있었으리라 가정한다. 그 결과 개인 루터가 가톨릭교회의 가르침에 회의한 나머지 치밀하게 교황권에 도전할 수 있게 되었다고 본다. 만약 그렇지 않고 탑 체험이 1517년 95개조 논제 게시 사건 이후 있었다고 한다면, 가톨릭교회와의 분열이 신학적·교리적 문제가 아닌 우발적인 사건에 기인한 것에 가깝다.

정작 당사자인 루터는 죽기 전해인 1545년에 남긴 기록에서 자신의 탑 체험이 1519년에 이루어졌다고 밝혔다. 루터는 로마서에 대해 강의한 해인 1515년이나 95개조 논제를 발표한 해인 1517년이 아니라 1519년에 시편을 읽고 바울 서신을 다시 연구하면서 분명한 전환을 경험했다고 묘사한다.

> 그러던 중 같은 해인 1519년에 나는 다시 한번 시편을 해석하기 시작했습니다. 나는 대학에서 로마서, 갈라디아서, 히브리서에 대한 성 바울의 서신을 다루었기 때문에 이제 경륜이 쌓였다고 확신했습니다. 나는 바울이 로마서에서 무엇을 의미하는지 이해하고 싶은 뜨거운 열망을 품고 있었지만, 지금까지 나의 길을 가로막는 것은 …… 1장에 있는 한 단어였습니다. …… 나는 '하느님의 의'라는 단어를 싫어했습니다. …… 그러나 나는 흠 없는 수도자로서 하느님 앞에서는 양심이 극도로 불안한 죄인임을 느꼈습니다. 나는 하느님께서 나를 만족하셨는지 확신할 수 없었습니다. 나는 하느님을 사랑한 것이 아니라 오히려 죄인을 징벌하시는 의로우신 하느님을 미워했습니다. …… 하느님께서는 왜 복음으로 슬픔 위에 슬픔을 더하시고 복음을 통해 위협하시는가? 그의

정의와 진노로 우리를 멸하시는가? 이것이 바로 내가 거칠고 불안한 양심으로 분노한 방식이었습니다. 나는 로마서 1장에 나오는 그 부분에 대해 계속해서 사도 바울을 괴롭혔고 그가 의미하는 바가 무엇인지 알고 싶었습니다. 나는 이 말씀을 밤낮으로 묵상하다가 마침내 하느님의 긍휼하심으로 그 문맥에 주의를 기울였습니다. "하느님의 의가 복음 속에 나타납니다. 이 일은 오로지 믿음에 근거해 일어납니다. 이것은 성서에 기록한 바 '의인은 믿음으로 살 것이다'라고 한 것과 같습니다." 나는 이 구절에서 하느님의 의는 의인이 하느님의 선물, 즉 믿음으로 사는 것임을 이해하기 시작했습니다. …… 문득 나는 다시 태어났고 열린 문을 통해 낙원에 들어선 듯한 느낌을 받았습니다. 즉시 나는 성서 전체를 다른 관점에서 보았습니다. 나는 기억을 더듬어 성서를 샅샅이 훑어보았고 다른 용어도 비슷한 의미를 갖고 있음을 발견했습니다.[19]

학자들은 루터의 분명한 언급에도 불구하고, 그의 신학적 개념은 1517년 이전에 이미 형성되었다고 본다. 필리프 멜란히톤도 믿음으로만 의롭게 된다는 깨달음은 루터가 비텐베르크에 오기 전에 이미 에르푸르트에 있는 동안 형성되었다고 훨씬 이전으로 소급하기도 했다.[20] 또한 1517년에 쓴 『스콜라 신학에 대한 논쟁』(*Disputation against Scholastic Theology*)은 스콜라학에 대한 루터의 가장 가혹한 비판이 담겨 있다. 이 문제의 핵심 역시 율법과 복음의 관계를 이해하는 데, 아우구스티누스의 은총의 교리를 기반으로 함을 보여 준다. 1518년에서 1520년 사이에 비텐베르크의 가장 중요한 학자들이라고 할 수 있는 루터와 안드레아스 카를슈타트(Andreas Karlstadt, 1486~1541)는 '스콜라 신학에 반대'(contra

19 Martin Luther, *Preface to the Complete Edition of Luther's Latin Works*(1545), trans., Andrew Thornton, OSB from the "Vorrede zu Band I der Opera Latina der Wittenberger Ausgabe. 1545", vol. 4 of *Luthers Werke in Auswahl*, ed., Otto Clemen, 6th ed., Berlin: de Gruyter, 1967, pp. 421~28에서 발췌했다.

20 Lyndal Roper, *Martin Luther*, p. 71.

scholasticam theologiam)하는 입장에 동의했다. 1518년 그리스어 교수로 임명된 멜란히톤과 함께 고전어에 기반한 인문주의 교육과 성서 연구 중심의 학부 커리큘럼을 발전시켜 나갔다.[21] 1518년 4월 26일 하이델베르크에서 열린 아우구스티누스회 총회에서 루터는 가톨릭의 스콜라 신학을 '영광의 신학'(theologia gloriae)이라고 규정하고 자신의 신학을 바울과 아우구스티누스에 근거한 십자가의 신학(theologia crucis)이라고 부르면서 자신만의 신학을 공개적으로 제시했다. 당시 하이델베르크에서 공부하고 있던 도미니크회 수사이자 나중에 스트라스부르 개혁가가 된 마르틴 부처(Martin Bucer, 1491~1551)는 이 강의를 듣고 루터의 신학이 에라스무스에게 전적으로 동의하고 있다고 평가했다.

그럼에도 루터가 1519년을 '탑 체험'이 있었던 해로 회상하는 이유는 1519년이 루터 신학의 모든 것이 명료하게 정리된 시점이기 때문일 수 있다. 어쩌면 1519년이 가톨릭 교리와 차이를 분명하게 확정하고 동시에 가톨릭교회와 결별이 불가피하다고 판단한 시점일 수도 있다.

이제 루터 개인으로나 가톨릭교회로 보거나 커다란 분기점인 1517년의 사건으로 들어갈 차례이다. 가톨릭교회의 문제에 대한 루터의 비판이 1517년경부터 급속히 근본적으로 제기되었다. 그 중심에 면벌부 판매가 있었다. 그렇지만 루터는 그때까지는 가톨릭교회 자체나 교황제를 조금도 의심하지 않았다.

95개조 논제

루터의 종교개혁은 만성절(萬聖節) 전날인 1517년 10월 31일 비텐베르크성 교회 정문에 95개 논제를 못 박는 한 젊은 수사로 상징된다. 만성절에 비텐베르크에서 특별 면벌부가 제공되었기 때문에 교회에 많은 방

21 Thomas Kaufmann, *The Saved and the Damned*, p. 70.

문객이 찾아올 것이라 예상해 그렇게 게시했으리라 추측된다. 하지만 정작 루터는 자신이 직접 그 행위를 했다고 언급한 적이 없다. 루터의 논제 게시를 목격한 사람도 없었다. 루터 사후 멜란히톤이 논제 게시에 대해 처음 언급한 이후 기정사실처럼 받아들여졌다. 1961년 가톨릭 역사가 에르빈 이절로(Erwin Iserloh, 1915~96)는 95개조 논제가 실제로 게시된 적이 없다고 주장했다.[22] 사실 여부를 놓고 갑론을박이 지금까지 이어져 오지만[23] 루터의 논제 자체의 중요성에는 의심의 여지가 없다. 적어도 루터가 1517년 10월 31일 브란덴부르크의 알브레히트 대주교에게 논제를 보냈다는 것은 확실하다. 루터가 작성한 논제는 당시에 흔하던 신학 토론을 위한 제안서였다. 95개조 논제가 종교개혁을 촉발한 뇌관이 된 것은 루터의 예상을 뛰어넘어 이 논제가 급속도로 대중 사이에 확산되었기 때문이기도 하지만 알브레히트 대주교가 면벌부 오남용의 상징적인 당사자였기 때문이다. 그런 알브레히트가 오히려 루터의 신학적 정통성을 문제 삼는 오판을 함으로써 독일인들의 민심에 불을 질렀다.[24]

1517년 독일에서 있었던 면벌부 판매는 교회 역사상 가장 큰 사건이었다. 루터가 마주한 면벌부 남용에는 정치적 배경이 있었다. 면벌부 발행의 승인은 교황이 하지만 면벌부가 유통되는 데에는 황제나 제후, 대주교 등 지역 당국의 협력이 필수적이었다. 면벌부는 교황과 세속 군주, 그리고 지역교회와의 협력 속에 유지되는 사업이었다.[25] 브란덴부르크

---

22 Erwin Iserloh, *The Theses were not Posted: Luther between Reform and Reformation*, London: Geoffrey Chapman, 1968. 자세한 논의는 박흥식, 「루터의 95개조 논제는 게시되었는가?」, 『서양사연구』 56, 2017. 5, 4~37쪽 참조.

23 종교개혁 연구 전문가인 앤드루 페테그리(Andrew Pettegree, 1957~)는 95개조 논제가 비텐베르크에서 인쇄한 인쇄본으로 게시되었음은 논란의 여지조차 없다고 주장한다. 논제가 공개적으로 게시되었기 때문에 그 내용이 그 지역에 순식간에 퍼질 수 있었다는 것이다. 그는 루터의 책을 최초로 출판한 인쇄업자인 요한 라우-그루넨베르크(Johann Rhau-Grunenberg)가 게시물을 인쇄했을 것이라고 추측한다. 이에 대해서는 Andrew Pettegree, *Brand Luther: 1517, Printing, and the Making of the Reformation*, New York, NY: Penguin Press, 2015, pp. 51~53 참조.

24 Thomas Kaufmann, *The Saved and the Damned*, p. 73.

선제후 요아힘(Joachim, 재위 1499~1535)의 동생인 브란덴부르크의 알브레히트는 마인츠 대주교로 선출되기를 원했다. 그는 이미 마그데부르크의 대주교직을 차지하고 있었지만 또 다른 선제후인 마인츠 대주교 자리에 욕심이 있었다. 알브레히트마저 선제후의 하나인 마인츠 대주교에 선출되면 제국 내의 권력 관계는 크게 요동치게 된다. 또한 알브레히트의 경우는 중세 말 가톨릭교회에서 늘 문제가 되었던 복수겸직과 성직매매에 해당된다. 심지어 그는 16세로 미성년자에 불과했다. 교황은 마인츠 대주교를 노리는 알브레히트에게 2만 길더(guilder)를 요구했다. 현재 화폐 가치로 환산하면 1길더가 50달러 정도에 해당하니 100만 달러에 상당하는 금액이다. 그만한 금전적 여유가 없었던 알브레히트에게 교황은 거래를 제안했다. 교황이 알브레히트에게 마인츠 주교구 내에서 8년간 면벌부를 판매할 권한을 부여하고 그 수익의 절반을 로마로 상환하는 것이었다.[26] 알브레히트는 아우크스부르크의 거대 금융업자인 푸거(Fugger) 가문으로부터 해당 금액을 빌리고, 면벌부를 판매한 대금으로 교황청과 푸거 은행에 절반씩을 갚아 나갔다. 은행 대리인들이 면벌부 설교자들과 함께 온 나라를 여행하며 대출 상환과 이자 명목으로 들어오는 수익의 절반을 압류했다. 여기에 고용된 면벌부 판매원이 요한 테첼(Johann Tetzel, 1465?~1519)이다. 1517년 루터의 고향에서 멀지 않은 곳에 테첼이 와서 면벌부를 팔았다. 그는 일반 대중에게 연옥에 있는 죽은 친척들을 위해서도 면벌부를 구입할 수 있다고 선전했다. 여기에서 그 유명한 선전문구가 탄생했다. "금고에 동전이 딸그랑 떨어지는 소리와 함께 연옥에 있는 영혼이 천국으로 올라간다."

루터는 민중의 두려움을 볼모로 종교적인 오남용이 발생하는 상황에 깊이 우려했다. 그리고 공식적으로 신학적 문제 제기를 하기로 했다. 그런 이유로 95개조 논제는 라틴어로 작성되었다. 대중을 선동할 의도는

25 Thomas A. Brady Jr., *German Histories*, p. 146.

26 Lyndal Roper, *Martin Luther*, p. 5.

없었다는 말이다. 95개조 논제는 면벌부 제도 자체에 반대하기보다는 테첼이 조장하는 오남용 관행에 대한 비판이 초점이었다. 하지만 루터의 문제 제기는 보다 근본적인 데에 있었다. 가톨릭교회의 면벌부가 대중적으로 엄청난 확산의 근거가 된 1343년의 교황 클레멘스 6세의 교서 「우니게니투스」(Unigenitus)와 1476년 교황 식스투스 4세의 교서 「살바토르 노스테르」(Salvator Noster)의 권위에 대한 도전이었다. 클레멘스 6세의 교서는 '공덕의 보고'라는 관념을 도입했다. 면벌부를 구입하면 이 공덕의 보고에 있는 공덕을 구매해 연옥에 있는 기간을 줄일 수 있다고 주장했다. 식스투스 4세는 면벌부 구매 범위를 이미 죽어서 연옥에 있는 영혼에게까지 확장했다. 루터는 과연 교황이 공덕을 매매할 정당한 권한이 있는지, 죽은 자들에게까지 교회의 통치권이 행사될 수 있는지 신학적인 질문을 던졌다. 이러한 질문으로 구성된 95개의 주장이 종교개혁을 이끈 첫 번째 신호탄이었다.

당시 대학에서 학술적인 토론을 위한 논제 제기가 일반적이었던 것만큼 면벌부에 대한 루터의 문제 제기도 교황의 권위나 가톨릭교회에 대한 부정을 함의한 것은 아니다. 몇 주 만에 95개조 논제는 엄청난 부수가 인쇄되어 퍼졌으며, 곧 독일어로도 번역되었다. 이 논제에 대한 대중의 뜨거운 반응과 관심을 루터는 전혀 예상하지 못했다. 루터가 쏘아올린 작은 신호탄으로 제국 한구석 무명의 비텐베르크 대학은 한순간에 유럽의 모든 이목이 집중되는 곳이 되었다. 비텐베르크 대학에 학생들이 몰려왔고 도시는 순식간에 유럽 인쇄의 중심지가 되었다. 처음부터 루터가 의도하지 않았던 반응이기에 그가 통제할 수도 없었다. 그 이후의 상황은 마치 호랑이 등에 올라탄 것처럼 흘러갔다. 1517년 말부터 1546년 봄 사망할 때까지 루터는 끊임없이 반대파들과 논쟁하며 보내야 했다.

우선 루터의 논제를 전해 받은 알브레히트는 이를 로마 교황에게 전달했다. 그 후 루터를 둘러싼 논란은 매해 숨막히게 전개되었다. 논제 제기 이듬해인 1518년 루터는 교황 대리인인 추기경 토마스 카예탄(Thomas Cajetan, 1469~1534)에게서 조사를 받았다. 1519년에 도미니크회 수사요한 에크와 공개적인 논쟁을 했으며, 1520년에는 교황청으로부터 공식 파문장을 받았다. 1521년 교황의 파문을 세속 법정에서 조치하기 위해 보름스에서 열린 제국의회에서 루터는 황제로부터 '무법자'로 판정받았다. 이렇듯 1518년부터 1521년까지 숨 막히게 이어진 조사와 논쟁, 의회 청문회 등을 거치면서 루터 신학은 형성되어 갔다. 그의 교회론, 성찬론, 성서론, 은총론 등은 모두 이 시기에 뚜렷하게 다듬어졌다. 루터의 사상은 전통적인 가톨릭교회의 가르침과 분명하게 차이를 보이게 되었다. 이 시기 루터 신학은 그가 속한 아우구스티누스회 수사들 사이에 널리 수용되었으며, 당시 신학적으로 경쟁하는 탁발수도회인 도미니크회 수사들과 대립각을 세웠다.[27]

심문, 논쟁, 그리고 파문

1518년 6월 루터에 대한 이단 재판이 로마에서 정식으로 열렸다. 재판은 도미니크회 수사들이 주도했으며, 루터를 로마로 소환하는 소환장이 발송되었다. 하지만 자신이 설립한 대학의 교수를 아낀 프리드리히 선제후의 중재로 아우크스부르크에서 심문받는 것으로 교황청 대리인과 합의했다. 이례적인 요청이 수용된 것은 차기 황제 선거와 관련한 정치적 이해와도 맞닿아 있다. 당시 신성 로마 제국 황제 막시밀리안은 자신의 손자인 스페인 왕 카를로스 1세(Carlos I, 1500~58, 재위 1516~56)를 차기 황제로 추대했지만 교황청에서는 카를로스가 황제가 되는 것에 반대했다. 교황 입장에서는 황제 선출권이 있는 선제후와의 관계가 중요했다. 적어도 1518년의 맥락에서는 독일 한 변방의 대학교수에 대한 이단 재판보다 당면한 황제 선출에서의 정치적 역학 관계가 더 큰 고려 대상이었다.

27 Thomas Kaufmann, *The Saved and the Damned*, p. 73.

도미니크회 신학자이자 추기경인 카예탄이 교황 특사로 아우크스부르크에 와서 루터를 심문하게 되었다. 이때 이미 루터는 이단자로 선언된 것과 마찬가지였다. 루터가 이단 사상 철회를 거부할 경우, 카예탄은 루터를 체포해 로마로 압송할 수 있는 권한까지 부여받았다. 아우크스부르크는 신성 로마 제국의 가장 큰 도시의 하나로 당시 유럽에서 부유한 푸거 가문의 본거지였다. 1518년 10월 7일 루터는 카예탄의 심문을 받기 위해 아우크스부르크에 도착했다. 10월 12일부터 14일까지 푸거 가문의 대저택에서 세 차례 심문이 진행되었다. 사흘간의 심문 동안 둘은 '공덕의 보고'와 죽은 자를 위한 면벌부와 같은 면벌부 남용 논란에 대해, 그리고 성서를 해석하는 교황의 권위에 대해 충돌했다. 첫 번째 문제에서 카예탄은 루터가 '공덕의 보고'를 인정한 교황권에 의문을 제기한 것을 가톨릭교회에 대한 근본적인 공격이라고 받아들였다. 두 번째 문제에서 가톨릭교회는 성서 해석의 최종 권위를 교황에게 주었다. 우선 루터는 교황이나 전통이나 공의회가 아닌 성서가 교회의 최종적인 권위라고 보았다. 성서 해석의 최종 권한은 교황에게 있는 것이 아니라 바로 양심에 달려 있었다. 이후에 보름스 제국의회에서도 루터는 자신의 양심에 반하는 행동을 할 수 없다고 밝혔다. 전통과 교리를 만들고, 최종적으로 성서 해석을 할 수 있는 교황의 권위에 대한 루터의 거부는 구원의 중재자로서의 가톨릭교회의 근본적인 뿌리를 뒤흔드는 것이었다. 비록 루터가 당시 이를 깊이 염두에 두고 있었는지는 분명하지 않지만, 카예탄은 루터 주장의 귀결이 가톨릭 체제의 균열로 이어질 것이라는 점을 분명하게 인식하고 있었다.

카예탄 추기경은 루터에게 그 주장을 철회할 것을 요구했으나 루터는 거절했다. 카예탄은 프리드리히 선제후에게 루터를 넘겨줄 것을 요구했으나 선제후는 거절했다. 루터는 비텐베르크로 피신했다.[28] 아우크스부

28 Carl Truman, "Luther and the Reformation in Germany", *Reformation World*, ed., Andrew Pettegree, London and New York, NY: Routledge, 2000, p. 81.

르크에서 카예탄과의 성과 없는 만남은 종교개혁에서 전환점이 되었다. 루터는 제국의 변두리인 비텐베르크라는 경계를 넘어 독일어권에서 가장 화제가 되는 인물이 되었다.[29] 더불어 이 문제는 교황청과의 종교 문제만이 아닌 세속 정치와도 복잡하게 엮이게 되었다.[30] 아우크스부르크에서 심문을 받은 지 6개월 만인 1519년 1월 신성 로마 제국 황제 막시밀리안 1세가 사망했다. 후임 황제 선임을 놓고 프랑스의 프랑수아 1세와 스페인의 카를로스가 경쟁했다. 이 복잡한 상황은 6월 28일 카를 5세가 황제로 선출되기까지 6개월간 지속되었다. 그 덕분에 1519년 상반기에 루터는 교황청의 압박에서 한걸음 비껴 있을 수 있었다.[31]

황제 선출과 때맞추어 루터에게 또 다른 상황이 기다리고 있었다. 1519년 라이프치히에서 잉골슈타트 대학의 교수인 에크와 95개조 논제에 대한 공개 토론을 갖기로 합의되었다. 이 신학 논쟁은 1518년 루터의 95개조 논제를 읽은 에크가 루터의 면벌부와 성례에 관한 주장에 대해 비판하는 논문을 작성하면서 시작되었다. 루터가 이를 반박하면서 신학계에 긴장이 더해졌다. 양측은 서로의 입장에 대해 토론한 이후, 그 텍스트를 권위 있는 대학의 신학부에 제출해 평가를 받을 수 있도록 하는 데 합의했다. 핵심 의제는 면벌부, 연옥, '공덕의 보고', 인간의 자유의지 등이었다. 장소는 비텐베르크에서 직선 거리로 70킬로미터 남짓 떨어진 독일 남부 도시 라이프치히에서 하기로 합의되었다.

라이프치히 논쟁으로 알려진 이 토론은 1519년 6월 27일부터 7월 15일까지 3주간 이어졌다. 에크는 먼저 루터의 동료 카를슈타트와 토론을 시작했다. 일주일간 지속된 토론은 인간의 자유의지에 대한 논쟁으로 얼마든지 논쟁 가능한 신학적 토론이었다. 한 주가 지난 이후 논쟁은 루터의 예상과는 다르게 흘러갔다. 면벌부나 인간의 자유의지와 같은

---

29 Thomas A. Brady Jr., *German Histories*, p. 147.

30 Lyndal Roper, *Martin Luther*, p. 115.

31 Thomas Kaufmann, *The Saved and the Damned*, p. 79.

교리적 토론만이 아니라 교황권, 공의회의 권위나 성서의 권위에 대한 논쟁으로 번졌다. 교황의 권위에 대한 논쟁은 분명한 정치적 이슈였다. 루터는 교황권의 성서적 기초를 부정했다. 가톨릭 전통에서 마태복음 16장에 나오는 "내가 이 반석 위에 내 교회를 세우리라"는 구절에서 반석은 베드로를 가리키는 것으로 해석되어 왔다. 그것은 곧 로마의 주교였던 베드로가 가톨릭교회의 사도계승설을 정당화하는 근거였다. 하지만 루터는 반석을 베드로가 아닌 그리스도를 의미한다고 해석했다.[32] 에크는 루터의 주장이 잉글랜드의 존 위클리프와 한 세기 전 콘스탄츠 공의회에서 화형당한 보헤미아의 얀 후스의 견해를 부활시킨 것이라고 공격했다. 적어도 이 시점에서 루터는 후스에 대해 정확하게 알고 있지 못한 듯하다. 루터는 에크의 공격을 받은 이후 비로소 후스에 대해 읽게 되고, 그가 교황권을 부정한 이유로 정죄받았다는 사실을 알아챘다.[33]

아우크스부르크에서의 심문에서 카예탄이 예리하게 포착한 것과 마찬가지로 루터 주장의 궁극적이고 논리적인 귀결이 교황권의 부정임을 에크도 알고 있었다. 에크의 칼끝은 루터의 교황권 주장으로 향했다. 준비되지 않은 루터는 허를 찔렸다. 논쟁 중에 루터는 교황이 무류하거나 교황의 권위가 성서보다 우월하다고 믿지 않는다고 인정했다. 자의에 의해서든 아니든 간에 돌이킬 수 없는 강을 건넜다. 이제 루터는 교황권과 타협할 생각이 없었다. 교황도 루터를 교황권에 반대하는 이단자로 간주했다. 논쟁의 승패 여부는 중요하지 않았다. 본래 계획대로 그들의 논쟁을 그대로 기록해 텍스트를 파리 대학과 에르푸르트 대학에 제출해 판단을 받기로 했다. 루터는 그 결정이 자신에게 불리할 것이라는 소문을 듣고 에르푸르트 대학에 편지를 써서 대학이 심사를 거부하도록 요구했다. 에르푸르트 대학의 교수진은 신학적 평가 작업을 거부했다.[34] 파

32 Lyndal Roper, *Martin Luther*, p. 134.

33 Carl Truman, "Luther and the Reformation in Germany", p. 83.

34 Martin Brecht, *Martin Luther*, vol. 1, *His Road to Reformation, 1483-1521*, trans., James L. Schaaf, Philadelphia: PA, Fortress Press, 1985, pp. 337~38.

리 대학은 라이프치히 논쟁이 끝난 지 거의 2년 가까이 된 1521년 4월 15일에 루터의 주장에 대해 104개의 명제를 이단적이거나 오류로 판정했다. 그때는 이미 루터가 교황에게서 파문당한 후였고 보름스 제국의회에서 루터에 대한 청문회가 시작되기 바로 전날이었다.

라이프치히에서 교황권에 반대한 루터의 모습은 독일 대중 사이에서 루터가 압제자에 맞서는 영웅의 모습으로 비치게 했다. 가톨릭교회에 대한 루터의 반대는 교황권에 대한 저항에만 머물지 않았다. 1519년 가을 루터는 성직자가 아닌 평신도들도 두 가지 성찬, 즉 빵과 포도주 모두를 받아야 한다고 공개적으로 주장했다. 평신도에게 포도주 잔을 나누어주어야 한다는 주장은 포도주를 성직자에게만 분배하던 가톨릭 전통에 대한 도전이었다. 한 세기 전에 후스는 가톨릭교회에서 최초로 양종성찬을 주장하고 실천했다. 양종성찬은 라이프치히에서 교황권에 도전한 것 이상의 급진적인 주장이었다. 성혈배령(聖血拜領)이 평신도에게도 주어진다는 것은 성직자와 평신도를 구별짓던 상징을 철폐한 것이며, 동시에 사제 신분인 성직자의 지위에 대한 정면공격이기도 했다.[35] 한번 터진 둑은 다시 되돌릴 수 없었다. 루터는 사제의 특별한 지위를 부정하고 '만인사제주의'에 한발 다가섰다. 라이프치히 논쟁 이후 카를슈타트의 주도로 평신도에게도 성혈배령을 하는 성찬례가 처음 거행되었다. 모든 신자의 제사장직에 대한 루터의 교리는 평신도를 성직화한 것인 동시에 성직자를 평신도화했다. 1520년 이후 루터교회가 형성되면서 사제들은 성직자의 직위 대신에 국가 공무원 신분으로 자리가 바뀌었다. 따라서 교회의 설교자와 교사는 다른 모든 사람과 마찬가지로 시민의 의무를 수행하고 세금을 납부하게 되었다. 그들에게 결혼을 하고 가족을 꾸리는 삶이 허용된 것도 같은 맥락에서 나왔다.[36] 성직자의 결혼이 공개적으로

35 Lyndal Roper, *Martin Luther*, p. 141.

36 자세한 논의는 Steven E. Ozment, *The Reformation in the Cities: The Appeal of Protestantism to Sixteenth-century Germany and Switzerland*, New Haven and London: Yale University Press, 1975, p. 84 참조.

거행되었다. 1522년 1월 비텐베르크 시의회와 대학에서는 시행 중인 양종성찬과 성직자 결혼 등을 성문화했다.[37]

그러나 제도화된 변화가 완성되기 위해서는 루터를 지지하는 지역의 종교가 로마 가톨릭과 공식적으로 결별하는 전제가 필요했다. 다시 말해 파문이었다. 독일 민중의 강력한 지지를 등에 업은 루터를 파문하는 것은 또 다른 문제를 야기할 위험이 있었다. 100년 전의 후스 화형이 그 사례이다. 그 여파로 신성 로마 제국과 보헤미아 사이에는 15년이라는 긴 기간 동안 후스 전쟁이 벌어졌다.

아우크스부르크에서의 심문과 라이프치히 논쟁을 거치면서 루터는 대중의 예언자로 자리매김했다. 이 독일의 떠오르는 예언자는 라이프치히 논쟁 이듬해인 1520년 프로테스탄트 종교개혁의 틀을 형성하는 일련의 책을 출간했다. 그중에서 『독일 민족의 그리스도인 귀족에게 고함』(*An Open Letter to the Christian Nobility of the German Nation*), 『교회의 바빌론 포로에 대하여』(*The Babylonian Captivity of the Church*) 및 『그리스도인의 자유에 대한 논설』(*The Freedom of a Christian*)은 종교개혁 3대 저작으로 불린다.[38]

첫 번째 저작에서 루터는 교황권, 성직자 독신 제도, 죽은 자를 위한 미사, 참회 고행, 성인 숭배, 수도 서약 등 가톨릭교회의 전통적인 관행에 대해 하나씩 비판했다. 그런데 이 작품의 수신인이 독일 귀족들이었다. 수신자에는 새로 선출된 황제 카를 5세도 포함되어 있었다. 세속 통치자들로 하여금 로마에 저항하도록 공개적으로 선동하려는 목적이 분명했다.[39] 루터는 교황을 추종하는 이들을 로마주의자라고 칭하며, 신실한 그리스도교도와 악마적인 로마주의자라는 이분법을 세웠다. 루터는 교황주의자들이 세운 세 개의 장벽이라는 은유를 통해 교황청을 공격했

37 Thomas Kaufmann, *The Saved and the Damned*, p. 92.

38 Thomas A. Brady Jr., *German Histories*, p. 150.

39 Carl Truman, "Luther and the Reformation in Germany", p. 83.

다. 첫째 장벽은 교회의 영적인 힘이 세속의 권력보다 우위에 있다는 주장이다. 둘째 장벽은 교황만이 성서를 해석할 수 있는 궁극의 권한을 가지고 있다는 것이다. 셋째 장벽은 교황만이 공의회를 적법하게 소집할 수 있다는 교황수위설에 대한 것이다. 이 저술의 가장 큰 독창성은 교회 성직자들이 아니라 귀족들을 통해 개혁을 추구하고자 하는 뚜렷한 입장을 밝혔다는 데 있다.[40] 루터는 교회가 스스로 개혁하지 못하는 상황에서 군주들에게 '비상 주교'의 역할을 부여했다. 세속 군주가 신적인 소명을 받아 교회를 통치하는 역할을 하게 되는 것이다.[41] 세속 정부와 교회의 역학 관계는 새롭게 정의되고 세속 통치자들은 교회를 통제할 기회를 얻게 되었다.[42] 교황제에 대한 가장 혁명적인 대안을 제시한 것으로 보이는 이 작품은 루터가 라틴어가 아닌 독일어로 작성한 몇 안 되는 작품 중 하나이다. 그 중요성에도 불구하고 언어적 한계로 인해 상대적으로 독일 너머 유럽 국가들에서는 널리 읽히지 못했다. 하지만 독일 내에서의 반응은 폭발적이었다. 초판 4,000부가 2주 만에 다 팔렸다.

두 번째 『교회의 바빌론 포로에 대하여』는 제목이 말해 주는 것처럼 교회의 부패로 인해 그리스도교도들이 마치 바빌론 포로 생활을 하는 유대인들의 처지처럼 되었음을 암시했다. 여기에서 로마는 바빌론이고 교황은 적그리스도로 간주되었다. 라틴어로 작성된 이 작품의 논조가 지나치게 신랄하고 공격적이어서 평소 루터에게 적대적이었던 신학자 토마스 무르너(Thomas Murner, 1475?~1537?)는 직접 독일어로 번역해 대중에게 공개했다. 루터의 어조에 대중이 반감을 갖게 될 것으로 기대했기 때문이다. 하지만 독일어 번역본은 루터의 가르침이 더 멀리 퍼지게 만들었다. 이 저작에서 루터는 칠성사에 기반한 성례전을 부정하고 새로

---

40 Thomas A. Brady Jr., *German Histories*, p. 151.

41 Martin Luther, *An Open Letter to the Christian Nobility of the German Nation, Luther's Works*, eds., Jaroslav Pelikan et al., St. Louis, MO: Concordia Publishing House, 1955-1986, vol. 44, p. 178(이하 LW로 표기).

42 Thomas A. Brady Jr., *German Histories*, pp. 151~52, 260~64.

운 해석을 제시했다. 그는 성서의 근거가 있다고 판단되는 세례와 성찬만을 인정했다.[43]

마지막 저술인 『그리스도인의 자유에 대한 논설』이 작성되기 전에 로마 교황으로부터 파문 교서가 전해졌다. 1520년 6월 15일 교황은 루터에게 파문 교서 「엑수르게 도미네」(Exsurge Domine)를 공포하면서 공포 이후 60일 이내에 주장을 철회하지 않으면 파문이 확정된다고 위협했다. 교서에서는 루터를 포도원을 망가뜨리는 멧돼지에 비유하며 그의 가르침이 가톨릭 진리에 반한다고 정죄했다.

> 오 주여, 일어나셔서 당신의 뜻대로 심판하소서. 종일토록 어리석은 자들이 비난을 퍼붓는 것을 기억하소서. 우리의 기도를 들어주소서. 여우가 나타나 당신이 만든 포도원을 망가뜨리려고 합니다. 당신이 아버지 품에 오르려고 했을 때, 당신은 승리의 교회의 상징인 포도원의 보살핌, 지배, 관리를 교회의 머리이자 대리자이자 후계자인 베드로에게 맡기셨습니다. 숲속의 멧돼지 한 마리가 숲을 파괴하려 하고 온갖 야수가 그것을 먹고 있습니다.[44]

루터는 자신에게 파문 예고가 이루어진 이 같은 긴박함 속에서 『그리스도인의 자유에 대한 논설』을 썼다. 그는 복음을 통해 발견한 통찰을 담은 이 작품을 교황 레오 10세에게 보냈다. 그리스도를 통해 얻게 된 인간의 자유에 대해 설명하면서 모든 그리스도교도는 만물 안에서 자유인이며 누구에게도 종속되어 있지 않지만 동시에 모두에게 종속되어 섬기는 종이라고 이중 신분을 표현했다.[45] 이 작품과 함께 루터는 교황에게 보

43 Carl Truman, “Luther and the Reformation in Germany”, p. 83.

44 Pope Leo X, *Exsurge Domine: Condemning the Errors of Martin Luther*, Papal bull, June 15, 1520, Papal Encyclicals Online, https://www.papalencyclicals.net/leo10/l10exdom.htm(검색일: 2025년 10월 25일).

45 Martin Luther, *The Freedom of a Christian*, LW, vol. 31, p. 344.

내는 공개 서한을 함께 작성했다. 이 서한에서 루터는 교황에게 충성심을 보이고 화해 의사를 정중히 표현했다. 앞선 저작에서 교황을 적그리스도라고 비판한 그가 갑자기 화해의 표현을 한 것은 화해에 대한 기대보다는 여전히 교황과의 결별에 부담을 갖고 있는 작센 선제후의 기대 때문이라고 보아야 한다.[46] 작센 선제후는 루터의 입장이 급진적이 되어 그의 운명이 후스처럼 될 것을 우려했다. 루터가 마지막으로 손을 내밀었지만 교황청은 반응이 없었다. 추가 협상을 기대했던 루터는 실망했다. 교황이 제시한 60일의 유예기간이 지나자 루터는 교회법상 이단자로 선고되었다. 1520년 12월 10일 루터는 비텐베르크 대학에서 학생들과 함께 교황 교서를 불태우는 행위를 선보임으로써 그 파문에 답했다.[47]

파문이 곧 모든 것의 끝은 아니었다. 교회에서 파문되더라도 제국법에 의해 세속 법정에서 심리를 받을 권리가 남아 있었다. 황제는 대관식에서 제국 신민이 자국 밖에서 재판을 받아서는 안 되며, 또한 정당한 재판 없이 유죄 판결을 받아서는 안 된다는 조항에 서명해야 했다. 이 조항 덕분에 루터는 세속 법정에서 심판을 받았다. 그것도 일반 법정이 아니라 황제가 주재하는 제국의회에서 말이다. 교황청은 파문받은 루터에 대한 세속 통치자의 단호한 행동을 촉구했지만 작센 선제후 프리드리히는 황제와 루터 문제를 두고 협상했다. 프리드리히는 평생 한번도 루터를 개인적으로 만난 적이 없었다. 보름스 제국의회에서 제후석에 앉아 심문받는 루터를 멀리 지켜보았을 뿐이다. 루터와 프리드리히를 이어주는 전령은 게오르크 슈팔라틴(Georg Spalatin, 1484~1545)이었다. 종교개혁의 막후 조정자 역할을 수행했다고 알려진 그는 루터의 친구인 동시에 프리드리히가 신뢰하는 비서이기도 했다. 프리드리히는 자신이 가진 정치적 권력을 적절히 활용해 루터를 보호하고 종교개혁이 중단되지 않고 확산되는 데 기여했다. 그는 자신의 영토 내에 있는 모든 신민이 법의 보호를

46 Thomas Kaufmann, *The Saved and the Damned*, p. 84.
47 Thomas Kaufmann, *The Saved and the Damned*, p. 85.

받아야 한다는 신념으로 루터를 끝까지 지켰다. 그가 없었더라면 루터는 목숨을 부지하기 어려웠을 것이다.[48]

루터, 황제 앞에 서다

때는 1521년 4월, 장소는 보름스였다. 아우크스부르크와 라이프치히에 이어 세 번째 소환 및 토론 같은 공적 자리에 서게 되었다. 루터의 지지자들도 늘었지만 그만큼 목숨에 대한 위협도 커져갔다. 루터의 맞상대는 노회한 교황이 아니라 갓 대관식을 치른 21세의 젊은 황제였다. 전임 막시밀리안 1세의 손자인 카를 5세는 16세까지 프랑스어권 지역에서 보냈고,[49] 1516년에 스페인 왕위를 계승했다. 20세에 제국 선거에서 당선되면서 독일을 포함한 광대한 신성 로마 제국의 지배자가 되었다. 그는 하느님에게는 스페인어로, 여자에게는 이탈리아어로, 남자에게는 프랑스어로, 말에게는 독일어로 말한다고 할 정도로 진정한 코스모폴리탄이었다.[50] 황제는 아헨에서 대관식을 마친 이후 보름스로 이동해 제국의회를 소집했다. 황제 카를 5세와 루터가 처음이자 유일하게 만나는 순간이었다.

루터는 처음에 보름스 소환을 거부했다. 주변에서는 루터도 후스의 운명처럼 될 것이라고 우려했다. 하지만 황제가 안전통행권을 보장하고 난 뒤 참석하기로 동의했다. 비텐베르크에서 보름스로 여행하는 2주 동안 루터는 머무는 지역마다 대중의 열렬한 환호를 받았다. 그가 로마의 멍

---

48 프리드리히는 죽을 때까지 수만 점의 성유물을 간직했을 정도로 전통적인 신심을 붙들고 있었지만, 1525년 종려주일 성찬에서 슈팔라틴이 건네는 빵과 포도주를 모두 받았다. 그가 루터의 성찬에 대한 가르침을 수용했음을 의미한다. 프리드리히는 첫 성혈배령을 받고 몇 달 후 세상을 떠났다.

49 Thomas A. Brady Jr., *German Histories*, p. 152.

50 Thomas A. Brady Jr., *German Histories*, p. 153.

에에 대항해 내세운 대의명분이 대중의 마음을 움직였다.[51]

1521년 4월 17일 루터는 첫 심문에서 그의 책을 갖고 있던 심문관으로부터 두 가지 짧은 질문에 간결하게 답할 것을 요구받았다. 첫 번째는 루터가 책의 저자인지, 두 번째는 루터가 철회할 용의가 있는지 여부였다. 첫 번째 질문에는 바로 답했지만 두 번째 요구에 당황한 루터는 하루의 말미를 요청했다.

이튿날 루터는 황제 앞에서 자신이 결정한 바를 짧은 연설에 담아냈다. 많은 역사가가 종교개혁사에서 가장 상징적으로 꼽는 장면이다.

> 성서의 증언이나 이성의 분명한 논증에 의해 나는 교황이나 공의회만이 증인이라고 믿지 않습니다. 왜냐하면 그들은 종종 오류를 범하고 모순되었기 때문입니다. 나는 이미 말씀드린 대로 성서에 사로잡혀 있습니다. 나의 양심은 하느님의 말씀에 사로잡혀 있기에 아무것도 철회할 수 없고 철회하지도 않을 것입니다. 왜냐하면 인간의 양심에 어긋나게 행동하는 것은 언제나 불안하고 바르지 않으며 위험하기 때문입니다. 하느님이여, 나를 도우소서! 아멘.[52]

루터는 교황권에 반대하는 주장을 철회하지 않았다. 그의 양심은 오직 성서에만 묶여 있다고 고백했다. 황제 앞에서 양심을 걸고 호소했지만 루터에게 불리한 판결이 내려졌다. 황제는 루터를 무법자로 공식 선언하는 「보름스 칙령」에 서명했다. 이제 앞으로 누구든 루터에게 숙식을 제공하거나, 함께 식사하거나, 그의 책을 소유하거나, 인쇄하거나 판매하는 것이 금지되었다. 이 「보름스 칙령」은 1555년 아우크스부르크 화의에 따라 루터교가 제국 내에서 존재를 인정받을 때까지 30년간 유효했다.

이 칙령을 예상하고 루터를 지지하는 작센의 프리드리히 선제후는 루

---

51 Thomas Kaufmann, *The Saved and the Damned*, p. 87.

52 Thomas A. Brady Jr., *German Histories*, p. 154.

터 일행이 집으로 돌아가는 길에 비밀리에 루터를 납치해 바르트부르크성으로 알려진 요새에 안전하게 은신시켰다. 루터는 수염을 기르고 융커 외르크(Junker Jörg)라는 기사로 위장하며 지냈다. 루터가 살해당했다는 소문이 제국 내에 퍼졌다. 루터는 바르트부르크성에서 신약성서를 독일어로 번역했다. 3개월이라는 초단기간 안에 이루어진 번역이다 보니, 직접 헬라어에서 번역한 것인지 초기 독일어 역본을 사용한 것인지에 대한 궁금증도 제기되었다. 에라스무스의 그리스어 성서에 의존했고 불가타에서 직접 번역하기도 했으나, 1477년 자이너(Zainer) 독일 성서와 1483년에 출간된 안톤 코베르거(Anton Koberger, 1440?~1513)의 독일 성서도 참고했다고 본다.[53] 루터의 번역본은 1522년 9월에 출판되자마자 3개월 만에 3,000~5,000부가 팔렸다.

루터의 행방불명에도 불구하고 성서 번역과 저술 활동을 통해 종교개혁은 독자적인 생명력을 확보했다. 독일 전역의 민중이 루터를 지지하는 데 동참했다. 그들은 루터를 교황의 압제에서 독일 민족을 해방할 민족 영웅으로 여겼다. 제후들은 자신들의 통치 영토 내의 교회를 장악할 기회로 삼았기에 루터를 지지했다. 루터의 최측근인 멜란히톤은 1521년 프로테스탄트 개혁 신학을 간결하게 체계화한 『신학총론』(*Loci Communes*)을 저술했다. 최초의 프로테스탄트 조직신학으로 인정되는 책이다. 멜란히톤이 없었다면 루터의 개혁은 안정되기 어려웠을 것이다.[54]

국가교회로 가는 길

16세기 종교개혁 과정은 중세 독일을 초기 근대 국가로 변화시키는

53 William R. Estep, *Renaissance and Reformation*, Grand Rapids, MI: William B. Eerdmans Publishing Company, 1986, p. 137.

54 Thomas Kaufmann, *The Saved and the Damned*, p. 91.

데 도움이 되었다. 역사가들은 이 시기가 근대적 형태의 국가 통치의 전환기로 판단한다. 의회, 성문헌법, 관료제, 표준화된 법률, 고등 교육을 받은 관료들이 등장해 새로운 체제를 형성했다.[55] 국가교회는 교황이 아닌 세속 통치자가 성직자 교육, 성직자 임명, 전례서 작성, 종교예식 제정 등과 같은 종교 생활 전반을 통제하는 구조를 말한다. 루터의 종교개혁이나 이후 취리히의 울리히 츠빙글리, 잉글랜드의 헨리 8세, 제네바의 장 칼뱅이 추구했던 개혁은 모두 시민 당국이 주체가 되어 교회에 영향을 끼치고 통제하는 관 주도의 종교개혁이었다.[56] 이 종교개혁은 도시의 종교개혁이라고도 불린다. 도시에 있는 학자, 인쇄업자, 성직자, 정치가들이 여론을 형성해 대중을 끌어들여 공적 문제로 만들었다.[57] 지역을 불문하고 독일의 크고 작은 도시에서 유사한 유형으로 1520년에서 1535년경 사이에 복음주의 운동이 퍼졌다. 인쇄술로 인해 빠른 속도로 개혁 사상이 대중 사이에 스며들었다. 아우크스부르크, 스트라스부르, 바젤은 루터와 멜란히톤, 카를슈타트의 작품을 인쇄하는 중심 도시였다. 수도원과 수녀원이 강제 해산되고, 미신과 우상 숭배 요소를 없애기 위해 성물이나 성지 파괴와 손상 행위가 발생했다. 예배 개혁을 통해 성직자 특권이 폐지되었다. 도시의 성직자들은 결혼을 하고 시민의 권리를 누렸다. 공공장소에서 활발한 종교 토론이 이어지면서 시민들의 참여가 높아졌다. 도시의 치안판사가 가톨릭 미사를 탄압하고 금지한 것은 복음주의를 받아들인 가장 상징적인 조치였다. 1523년 루터의 미사 개정으로 프로테스탄트 성찬식이 라틴어 대신에 모국어로 거행되었다. 포도주는 사제만을 위한 것이 아니라 평신도들에게도 주어졌다. 이전에 한번도 경험한 적 없는 성혈배령을 받는 것은 평신도 입장에서는 가장 획기적 변화였다.

55 C. Scott Dixon, "The Princely Reformation in Germany", p. 158.
56 Alister McGrath, *Historical Theology*, Oxford: Blackwell Publishers, 1998, p. 159.
57 Bob Scribner, "Germany", p. 16.

다시 말하지만 루터는 가톨릭 체제에서 벗어난 새로운 교회를 시작할 의도가 애초에는 없었다. 오로지 잃어버린 그리스도교 본래의 모습을 회복하는 것이 목표였다. 하지만 루터의 95개조 논제가 촉발한 논란은 걷잡을 수 없이 진행되었다. 루터에 대한 심문과 파문, 제국의회에서의 조치 등 공권력의 개입에도 불구하고, 1530년대 중반까지 종교적 변화와 사회 변화를 위한 복음주의 운동이 빠른 속도로 대부분의 제국도시 및 자유도시를 휩쓸고 지나가 이전과는 전혀 다른 교회를 만들었다.[58]

독일 도시의 종교개혁은 독일 상황만을 들여다봐서는 충분한 설명이 안 된다. 1521년 「보름스 칙령」에서 루터에게 내려진 조치는 실제로 흐지부지되었다. 황제가 내부 문제를 무력으로 해결할 수 없었던 중요한 변수는 발칸 반도를 점령하고 서유럽의 목전까지 치고 들어온 오스만 제국의 서진이었다. 제국 내부의 루터파의 저항을 해결하기 위해 군사적 조치를 도모할 경우에 내전은 불가피해 보였다. 보름스 제국의회에서 루터를 단죄했지만 그를 보호하고 지지하는 제후들과 평화적인 해결을 모색할 수밖에 없는 상황이었다.[59] 또한 1526년에는 프랑수아 1세와 교황 클레멘스 7세의 동맹군이 카를 5세의 제국군과 대치하게 되었다. 이런 상황에서 독일 제후들의 지원이 필요했던 황제는 제1차 슈파이어 제국의회를 개최해 제후들을 회유했다. 그 속에는 루터의 종교개혁 제안을 허용하는 것도 포함되었다. 하지만 오스만 제국의 침공과 프랑스와의 전쟁을 성공적으로 막아낸 이후, 카를 5세는 1529년 제2차 슈파이어 제국의회를 개최해 앞선 1차 의회의 결정을 번복했다. 이미 루터의 개혁안을 받아들인 국가의 기득권을 인정하면서도 공의회에서 결정이 내려질 때까지 모든 새로운 변화를 금지하겠다고 밝힌 것이다. 이에 공개적으로 항의한(protest) 제후들과 독일 도시들은 '프로테스탄트'라는 이름으로

58 Thomas A. Brady Jr., *German Histories*, p. 162.

59 Geoffrey Parker, *Emperor: A New Life of Charles V*, New Haven and London: Yale University Press, 2019, pp. 122~24.

불리게 되었다. 이 프로테스탄트 제후들이 정치적 연합을 모색해 황제에 대항했다.

독일 내 종교 분열은 제국의 힘의 약화로 바로 이어졌다. 종교로 인한 제국의 분열과 집단적 저항 앞에서 황제는 주도적으로 교황과 루터파의 갈등을 중재할 필요가 있었다. 1530년 가톨릭과 프로테스탄트가 서로 타협할 것을 촉구하는 의회를 아우크스부르크에서 소집했다. 이 제국 내 교회 문제의 주도권은 교황도 루터도 아닌 황제와 제후들의 손에 있었다.[60]

에크와 멜란히톤이 가톨릭과 루터파를 대표해 협상에 참여했다. 양 세력은 신학적 견해에서 최대한의 일치를 이루기 위해 우호적인 태도를 취했다. 1530년 6월 25일 멜란히톤이 프로테스탄트 진영을 대표해 아우크스부르크 신앙고백(Confessio Augustana)을 작성해 낭독했다. 루터교회의 교의를 담으면서도 직접적으로 교황을 비난하지 않아 타협의 여지를 남겨두었다.

신앙고백서의 내용은 가톨릭 교리와 어긋나지 않았으며 연옥, 면벌부, 교황 수위권과 같은 민감한 문제를 언급하지 않았다. 사제와 평신도의 구별을 없앤 만인사제주의와 오직 믿음으로만 의에 도달할 수 있다는 이신칭의에 대한 주장을 담았다. 사제의 독신, 개인 미사의 효력, 미사에서 제사적 요소 등을 비판하고 바로잡을 폐단도 열거했다. 신조 마지막 부분에서 멜란히톤은 이 신조가 가톨릭 교리나 성서의 가르침에 단 하나도 어긋나지 않는다고 덧붙였다.

가톨릭 진영에서는 아우크스부르크 신앙고백의 반박서(Confutatio Confessionis Augustanae)를 작성했다. 양 진영은 상호 논의할 쟁점을 좁혀 나갔다. 누구보다 황제가 이 협상을 적극적으로 지원했다. 남은 교리적 쟁점은 평신도에게 포도주를 나누어주는 성혈배령의 허용, 사제의 결혼과 수도서원 폐지, 제후들이 몰수한 가톨릭교회 재산의 반환 및 미사의 제사적 성격에 대한 논의였다. 미사에서 평신도 성혈배령과 사제의 결혼

60 Geoffrey Parker, *Emperor: A New Life of Charles V*, pp. 268~70.

은 루터파에서 시행하기 이전에 이미 가톨릭교회 내에서도 장기간 논의된 것이었다.[61] 가톨릭 대표단은 이 문제의 대부분을 양보할 수 있다는 원칙을 갖고 기다렸지만, 루터는 교황제 폐지가 전제되지 않은 협상에 반대하는 입장이었다. 합의는 실패했다. 카를 5세는 1521년 「보름스 칙령」을 갱신하고 프로테스탄트 제후들에게 가톨릭으로 복귀할 것을 요구했다. 반발한 프로테스탄트 제후들이 1531년 슈말칼덴 동맹을 결성하고 프랑스, 잉글랜드 등과 힘을 모아 황제에 맞섰다. 프로테스탄트는 종교 운동에서 벗어나 국제적인 무력 충돌을 야기하는 정치적 문제로 비화되었다. 분권화된 정치 구조에서 루터파는 중앙 권력을 강화하려는 황제의 시도에 대항하는 무기로 활용되었다.

이제 제국의 시도는 방향이 바뀌었다. 지속적으로 교회 일치를 추구하지만 평화로운 공존 가능성도 배제하지 않았다. 1547년 '무장 제국의회'에서 마련된 잠정안(interim)이 제국 차원에서의 마지막 일치 시도였다. 이 잠정안에서는 미사에서 평신도에게 포도주를 분잔하는 것과 사제의 결혼을 허용했다. 그러나 가톨릭과 프로테스탄트 모두를 만족시키지 못했다. 이 기나긴 분쟁과 일치의 여정은 신성 로마 제국 황제가 된 독일 왕 페르디난트 1세(Ferdinand I, 1503~64, 재위 1556~64)와 프로테스탄트 제후들 사이에 1555년 9월 25일 체결된 아우크스부르크 화의로 마무리되었다. 이 평화협정으로 신성 로마 제국 영토 내에서 루터파가 최초로 합법적인 지위를 얻었다. 아우크스부르크 화의를 상징하는 '통치자의 종교가 그 지역의 종교'(cuius regio, eius religio)가 된다는 명제는 의의와 한계가 분명하다. 루터파는 종교의 자유를 얻었지만 개개인의 종교의 자유는 아니었다. 그럼에도 이 평화협정으로 개인의 신앙이 제후가 선택한 신앙과 다를 경우 이주권을 인정받았다. 또한 가톨릭과 프로테스탄트의 화해와 일치가 아니라 다름의 인정과 공존이 이루어졌다.

---

61 David V. N. Bagchi, *Luther's Earliest Opponents: Catholic Controversialists, 1518-1525*, Minneapolis, MN: Fortress Press, 1991, p. 191.

엄밀한 의미에서 가톨릭 이외의 교파가 유럽에서 인정된 최초의 사례는 아니다. 잉글랜드의 경우, 국왕 헨리 8세의 1534년 「수장령」 선포로 국교회가 설립되었다. 흔히 잉글랜드의 사례가 종교가 정치적으로 이용된 듯 여기지만 대륙의 가톨릭과 프로테스탄트 사이의 상황도 예외는 아니다. 공통점은 국민국가의 성장과 점증하는 세속 군주의 세력 앞에서 교황과 교황청, 심지어 루터파도 휘둘리게 되었다는 사실이다. 국교회 성립이나 아우크스부르크 화의도 모두 이미 기울어진 상황 속에서 생겼다.

루터 이전에도 국가 주도의 종교는 스페인과 프랑스 등 대부분 주요 유럽 국가에서 확립되었다. 그것이 종교개혁의 의미를 퇴색시키지는 않지만 종교개혁이 곧 유럽사의 획기적인 전환을 가져왔다고 여기기에는 곤란한 지점이 있다. 적어도 독일사에서의 무게와 다른 유럽에서의 무게는 확연하게 차이가 있다. 그러나 정치적 종속으로만 루터의 종교개혁을 읽는 것도 충분하지 않다. 진정한 가치는 한 무명의 수사가 그 거대한 변화를 아래로부터 이끌어냈다는 데 있다. 그 점에서 진정한 독일 영웅으로서 루터에게 찬사를 보내는 것은 이해할 만하다. 하지만 여기에서 또 하나 놓치지 말아야 할 지점이 있다. 종교개혁기에 모든 독일어권 지역이 루터교로 전향한 것은 아니다. 여전히 절반 가까운 지역은 가톨릭을 유지했다. 그 결과 독일 내 분열된 가톨릭과 프로테스탄트 사이에 독일 민족, 독일다움이란 무엇인지를 놓고 오래도록 문화 투쟁이 벌어졌다.

루터의 논제 사건 이래 40년 동안 프로테스탄트 종교개혁이 확산되었다. 확산의 두 축은 로마에 대한 적대감과 강렬한 민족주의였다. 종교개혁이 도달한 단계가 기대했던 모든 사람을 항상 만족시키지 못했기 때문에 극단주의 집단이 곧 등장했다. 종교개혁은 그 자체가 자유를 위한 운동은 아니었다. 비록 프로테스탄트 종교개혁이 기존의 전통과 권위를 무너뜨리는 데서 출발했지만 그 자리를 또 다른 권위가 차지했다. 성서를 가장 높은 권위로 삼는 것도 간단하지 않다. 그리스도교의 회복을 위한 지침을 성서 안에서 찾아나갈 수도 있지만 농민전쟁에서 볼 수 있는 것처럼 전복적이고 혁명적인 변화의 정당성도 찾아낼 수 있다. 성서는 세속 권위에 충성을 강조하기도 하지만 어디에도 예속되지 않는 자유로운 해방의 인간상도 노래한다. 그러나 종교개혁은 잃어버린 본질을 회복하기 위한 지향을 가졌다는 점에서 복고적이고 과거지향적인 운동이다. 농민전쟁이나 유대인 문제 등과 같은 현실 문제에 대한 루터의 인식 및 해법, 성서 해석의 기준 등은 모든 것이 보수적이다.

루터는 국가와 교회라는 권위를 두 왕국 교리로 발전시켰다. 두 가지 형태의 통치, 즉 교회의 통치와 국가의 통치가 있다. 교회는 직접 하느님의 말씀이 다스린다. 국가는 타락한 인간 세계에 질서를 부여하기 위해 하느님이 제정한 외적 수단이다. 영혼의 보살핌을 위한 교회의 존재처럼 민중의 안녕과 안전을 보장하기 위해 세속 권력이 존재한다. 교회의 통치 못지않게 국가의 통치도 하느님의 명령이다. 루터의 견해에 따라 세속 세력은 그리스도교 교회의 질서를 유지할 권리를 갖게 되었다. 무질서는 곧 공공의 평화에 위협이 되고 구원에 위험이 되기 때문이다. 평화와 질서를 유지하는 것이 정부의 역할이니만큼 무력 사용도 허용된다. 정부는 하느님이 세상을 지배하는 방법이라는 것이 16세기 개혁가들이 받아들였던 기본적 전제이다. 국가교회의 이론적 기초는 이렇게 만들어졌다.[62]

루터의 추종자들은 여기에서 한걸음 더 나아갔다. 멜란히톤은, 세속 군주는 교회에 개입하고 개혁해야 할 책무를 하느님으로부터 받았다고 말했다. 군주는 '교회의 최고 통치자'(praecipuum membrum ecclesiae)라는 특별한 자리를 차지했다. 성직자의 지위를 가졌기 때문이 아니라 그리스도교 공동체를 다스릴 권력을 부여받았기 때문이다. 가톨릭 구조가 철폐된 루터교 지역에서 제후들은 '비상 주교'(Notbischof)로서 영방 교회의

---

62 Mary Jane Haemig, "The Confessional Basis of Lutheran Thinking on Church-State Issues", *Church and State: Lutheran Perspectives*, eds., John R. Stumme and Robert W. Tuttle, Minneapolis, MN: Fortress Press, 2003, p. 7.

수장(Summus Episcopus) 역할을 실제로 수행하게 되었다.[63] 그는 지상에 있는 하느님의 대리자였으며, 그가 국가를 다스리는 것처럼 교회를 다스릴 권한을 가졌다. 종교개혁은 국왕과 제후 같은 세속 권력의 주도권을 급격히 증가시켰다. 교황권이 저무는 사이 중앙집권화를 강화하는 근대 국가 체제는 서서히, 그러나 견고하게 만들어져갔다.[64]

---

63 Lewis Spitz, "Luther's Ecclesiology and his Concept of the Prince as *Notbischof*", *Church History* 22, 1953, pp. 113~41.

64 C. Scott Dixon, "The Princely Reformation in Germany", p. 151.

제7장 초기의 쟁점들과 루터의 한계

마르틴 루터는 중세인이었을까, 아니면 근대인이었을까? 이 질문은 루터에 대한 평가에서 늘 반복되어 온 핵심적인 주제이다. 루터의 궁극적인 성취를 어떻게 해석하느냐에 따라 그를 근대인으로 이해할 수도 있고, 그의 개인적 성향에 따라 중세인으로 간주할 수도 있다. 그렇다면 이러한 논쟁은 왜 지속되는 것일까? 성서 해석의 주관성과 신학적 다양성이 통합보다는 끊임없는 분열을 초래했기 때문이다. 단기적으로는 분열과 배척이 반복되고 장기적으로는 다양한 방향으로의 신학적 분화로 이어졌다. 루터의 삶은 프로테스탄트 개혁 진영이 분열되는 여정을 응축해 보여 준다.

그렇다면 루터는 왜 이처럼 많은 사람과, 그리고 대부분의 쟁점에서 충돌하고 결별했을까? 단순히 그의 성격이나 기질로만 설명할 수 있는 문제일까, 아니면 보다 근본적인 배경이 있는 것일까? 루터에게 신학 논쟁은 단순한 이론적 토론이 아니라 종교적 신념과 직결된 실존적 문제였다. 따라서 신학적 입장을 굽히는 것은 곧 자신의 신념을 포기하는 것과 다름없었다. 교황이나 황제 같은 당대의 지배 권력에 맞서는 태도는 용기로 평가할 수 있지만, 한때 동지였던 이들과의 결별 과정에서 드러나는 그의 태도는 결국 하나의 확고한 신념으로 수렴된다. 교회개혁이라는 대의명분과 달리, 그의 인간관과 종교관은 전통적이며 중세적이고, 부정적이며 염세적인 면모를 드러냈다.

개혁의 속도에 대한 논쟁

안드레아스 카를슈타트는 1521~22년 겨울, 비텐베르크에서 발생한 초기 개혁과 때로는 폭력 사태로 이어진 사건에서 가장 큰 책임이 있는 인물로 알려져 있다. 그는 1504년 창설된 비텐베르크 대학에서 철학을 강의했으며, 1511년에는 학장으로 취임했다. 1512년에는 루터에게 신학 박사학위를 수여했고, 1515~16년 로마에 체류하면서 교회법과 민법에서 각각 학위를 취득했다. 그러나 곧 스콜라주의와 결별하고 루터의 비판적 시각을 받아들이게 되었다.[1] 루터가 95개조 논제로 인한 일련의 논쟁에 휘말리고 급기야 교황의 파문과 제국의회의 재판으로 비텐베르크를 떠나 있던 시기, 카를슈타트는 비텐베르크의 개혁을 주도했다. 루터가 없는 동안(1521년 4월~1522년 3월) 비텐베르크에서는 개혁 정책에 일관성이 없었다. 1521년 12월 17일, 비텐베르크의 회중은 개혁을 요구하는 6개 조항을 시의회에 제출했다. 그 안에는 평신도에게 두 가지 성찬을 제공할 것, 성유물을 폐지할 것, 미사 강요를 중지할 것 등이 포함되어 있었다. 루터가 부재 중이던 시기에 카를슈타트는 비텐베르크에서의 지도력을 이어갔다.[2]

1521년 성탄절에 약 2,000명이 교회 미사에 참여했는데, 카를슈타트는 사제복이 아닌 평복을 입고 미사를 집전했다. 미사 중 그리스도의 희생을 상기하는 부분은 모두 생략되었다. 시의회의 승인과 대학의 지지

1 Harry Loewen, *Ink Against the Devil: Luther and His Opponents*, Waterloo, Ontario: Wilfrid Laurier University Press, 2015, p. 34.

2 Harry Loewen, *Ink Against the Devil*, p. 35.

를 받은 그는 두 종류의 성체를 분배했고 신도들이 직접 손으로 빵을 집는 것도 허용했다. 이후 미사는 점차 독일어로 진행되었고 죽은 이를 위한 기도는 더 이상 드리지 않았으며, 도시 곳곳에서는 성상 파괴가 자행되었다. 이러한 변화에 대해 모두가 환영한 것은 아니었다. 작센주 경계 너머의 가톨릭 제후들은 비텐베르크의 급진주의에 불만을 제기했고 도시가 무질서해지고 있다는 우려 속에서 선제후 프리드리히에게 조치를 촉구했다. 1522년 2월 13일 프리드리히는 성상 파괴 중지와 미사의 정확한 순서 준수를 명령하면서 혼란의 책임을 물어 카를슈타트에게 설교 금지 조치를 내렸다. 선제후는 개혁에 호의적이었지만 성급한 변화가 '약한' 그리스도교도, 즉 변화를 맞이할 준비가 되어 있지 않은 이들에게 해로울 수 있다고 보았다. 멜란히톤은 프리드리히의 명령을 따랐지만 카를슈타트는 그럴 의사가 없었다.

1521년 10월 비텐베르크의 아우구스티누스회 수사들은 가브리엘 츠빌링(Gabriel Zwilling, 1487?~1558)의 주도로 미사의 폐지를 주장했다. 멜란히톤은 츠빌링을 지지했지만 미사는 프리드리히의 승인이 있어야만 폐지할 수 있었다. 루터 역시 가톨릭 미사의 제사적 측면을 비판하고 개혁에 동조하는 입장이었다. 그럼에도 루터는 카를슈타트와 그의 추종자들이 개혁을 지나치게 급진적으로 추진해 무질서하고 폭력적인 상황을 초래할 것을 우려했다. 그는 도시 개혁가들의 급진성을 억제하기 위해 일련의 소책자들을 집필해 슈팔라틴에게 보냈다. 1521년 11월 라틴어와 독일어로 작성된 미사 남용에 관한 팸플릿은 슈팔라틴과 같은 보수적 개혁주의자들과 비텐베르크의 급진주의 사이의 갈등이 있음을 보여 준다. 루터는 가톨릭 미사의 제사적 성격을 악마로부터 온 것으로 간주하며 반드시 폐지되어야 한다고 주장했다. 그러나 동시에 그는 수도회에서 이루어지는 미사 개혁이 모두 순수한 동기에서 비롯된 것인지에 대해 의문을 제기했다. 그것이 보수적인 대중에게 불안감을 줄 수 있기 때문이었다.[3] 루터의 일관된 태도는 로마 교황과 교황청의 권위에 반발하고 그 대안으로 세속 권력에 힘을 실어주는 것이었다. 루터는 필요하다면 군주들이 무력을 사용해서라도 교황제를 무너뜨려야 한다고 주장했다. 대신에 일반 대중은 하느님이 정하신 세속 권력에 복종해야 한다고 보았다. 그는 비텐베르크의 개혁가들이 세속 권력에 저항하거나 폭력적인 방식으로 변화를 시도하는 것을 중단해야 한다고 강조했다.

바르트부르크의 은신처에 머물던 루터는 비텐베르크에서 일어나고 있는 성상 파괴와 츠비카우(Zwickau) 지역에서 확산된 급진적인 흐름이 비텐베르크로 옮아오는 상황을 우려했다. 루터는 개혁에 대한 통제권을 되찾고 급진적인 움직임을 억제하기 위해 비텐베르크로 돌아가기로 결심했다. 그는 자신이 부재한 사이 악마가 교회 울타리 안으로 침입해 많은 대중이 복음을 오해하고 왜곡해 정당한 세속 권력에 반기를 들 위험이 커졌다고 판단했다. 그가 바르트부르크에서 돌아오면서 개혁의 방향은 다시 조정되었다. 이 시점부터 루터는 지역 영주가 주도하는 종교개혁을 지향하게 된다.

루터는 1525년 겨울 『천상의 예언자들에 대한 반박: 성상과 성체에 대하여』(*Against the Heavenly Prophets in the Matter of Images and the Sacrament*)[4]라는 소책자를 집필해 카를슈타트, 츠비카우의 예언자들, 토마스 뮌처(Thomas Müntzer, 1489?~1525) 등을 강하게 비판했다. 그리스도교도는 자신의 양심과 내적인 확신을 따라야 한다고 조언하면서도 어떤 상황에서도 급진주의나 극단주의는 피해야 한다고 경고했다. 그렇다면 왜 루터는 비텐베르크의 성급한 개혁, 특히 동료 카를슈타트의 행동에 그토록 단호하게 반대했을까? 일부는 루터가 카를슈타트의 인기와 성공을 질투했을 것이라고 보았다. 실제로 루터는 카를슈타트가 자신이 부재한 틈을 이용해 주도권을 쥐고 개혁을 이끌어가는 것에 대해 비판하는 편지를 보내기도 했다.[5] 하지만 이러한 개인적인 감정만으로 그의 대응을 설

---

3 Harry Loewen, *Ink Against the Devil*, p. 39.

4 Martin Luther, *Against the Heavenly Prophets in the Matter of Images and the Sacrament*, LW, vol. 40, pp. 79~223.

5 Franklin H. Littell, *The Anabaptist View of the Church: A Study in the Origins of*

명할 수는 없다. 그보다는 루터 종교개혁의 이중성에 주목할 필요가 있다. 그는 교황에 맞선 혁명을 시도한 인물이었지만 동시에 폭력과 소란을 단호히 거부한 보수적인 인물이기도 했다. 루터는 온갖 형태의 무질서와 사회적 소요를 악마의 활동으로 치환하는 데 매우 익숙했다. 그는 모든 주어진 질서가 신적 재가를 받은 질서라고 생각했다. 악마의 역할은 창조된 세계 속에 내재한 질서를 파괴하는 혼란의 매개자이다. 악의 특징이 본질상 혼돈이며, 목적의 부재라고 규정했다. 악은 민중 소요, 폭력, 전쟁, 반역 등의 형태로 구현된다. 루터는 카를슈타트와 같은 급진적 개혁가들의 활동을 악마적이라고 단정했다. 급진적 개혁가들이 위계질서를 부정하고 폭력적으로 된 것은 '오직 믿음'과 모두가 평등하다는 만인사제직 사상에서 비롯되었다.

비록 루터는 그들이 믿음과 행위를 올바르게 구별하지 못하고 자신의 가르침을 오해했다고 비판했지만, 루터가 기존의 질서를 전복하는 도전적인 사상을 제기했다는 사실은 부정할 수 없다.[6] 그와 교황과의 관계가 아닌, 그와 세속 군주와의 관계에 있어 루터는 기존 질서에 대한 충실한 수호자 입장에 섰다. 카를슈타트나 비텐베르크의 '광신자들'과의 논쟁, 그리고 이후 여러 프로테스탄트 개혁가와 인문주의자와의 관계에서도 루터는 분명한 보수성을 드러냈다. 동시에 주목해야 할 점은 루터의 철저한 현실주의이다. 루터는 자신이 개혁 활동을 시작한 비텐베르크에서 종교개혁을 성공시키기 위해 세속 군주와의 동맹이 필수적이라는 점을 분명히 인식하고 있었다.

카를슈타트와 루터 사이의 복잡한 관계는 종교개혁 초기의 분열을 상징적으로 보여 준다. 함께 개혁의 길을 걷던 비텐베르크의 두 학자는 1520년 성서 정경 문제로 처음 갈등을 빚었다. 루터는 칭의 교리와 상충

Sectarian Protestantism, 2nd ed., Boston, MA: Starr King Press, 1958, p. 7.

6 Harold Ristau, "Against the Heavenly Prophets in the Matter of Images and Sacraments: Martin Luther's Polemical Critique of the 'Demonic', Radical Protestant Soteriology", PhD diss., McGill University, 2007, pp. 28~29.

한다는 이유로 야고보서를 정경에서 제외하려 했고, 이에 대해 카를슈타트는 무책임한 주장이라며 반박했다. 그는 성서의 권위는 교부에 의해 승인된 오랜 전통을 바탕으로 성립된 것이며, 따라서 야고보서의 정경성 시비는 루터의 과도한 신학적 해석이라고 보았다. 루터가 바르트부르크에서 돌아온 이후, 카를슈타트는 자신이 주장한 개혁안이 받아들여지지 않음에 따라 점차 고립되었다. 그는 종교개혁의 급진적 선동가라는 이미지로 굳어졌다. 그는 학위와 사제직, 학자로서의 지위를 모두 포기하고 농민이 입는 회색옷을 걸친 채 스스로를 평신도 '안드레아스 형제'로 불렀다. 카를슈타트는 1524년 9월 말, 선제후로부터 작센을 떠나라는 추방 명령을 받았다. 카를슈타트는 작센에서 추방된 이후 스트라스부르, 바젤, 취리히 등 여러 도시로 옮아 다녔으며 그 기간 내내 루터와 그의 신학, 특히 성찬에 있어 '실재적 임재'를 주장하는 교리에 반대하는 글을 집필했다. '성찬 논쟁'이라 불리는 이 신학적 대립은 프로테스탄트 진영 내에서도 큰 분열을 야기했다.

성찬 논쟁

스콜라학의 성립과 함께 등장한 중세 최초의 신학 논쟁은 성찬 논쟁이었다.[7] 공교롭게도 종교개혁기에도 가톨릭과 프로테스탄트의 분열과 프

7 성체성사는 가톨릭 미사의 핵심적 구성 요소로, 현대까지도 전례의 중심을 차지한다. 중세 이후 그리스도교 예배는 미사 전례를 중심으로 발전했으며, 미사는 실제적인 희생 제사를 수반하지 않으면서 그리스도의 속죄적 죽음을 반복적으로 재현하는 의식으로 이해되었다. 8세기까지 동방교회와 서방교회는 이러한 '무혈 제사' 형태의 미사 전통을 대체로 수용했다. 9세기부터 16세기에 이르기까지 세 차례에 걸친 주요 성찬 논쟁이 발생했다. 첫 번째 논쟁은 833년 코르비 수도원의 원장이었던 파스카시우스 라드베르투스(Paschasius Radbertus, 785~865)가 『주의 몸과 피에 대하여』(*De Corpore et Sanguine Domini*)를 저술하면서 시작되었다. 그는 후대 투르의 힐데베르트(Hildebert of Tours)가 '화체설'(transubstantiation)이라 개념화할 그리

로테스탄트 사이의 분열을 가져온 것 역시 성찬에 대한 이해 차이였다. 로마 가톨릭의 가르침에 따르면, 미사는 그리스도의 십자가 죽음을 기념하는 것을 넘어 반복되는 그리스도의 희생을 상징한다. 미사에서 그리스도의 임재는 단순히 상징이 아니라 물질적·물리적 현존이다. 이것이 가톨릭교회의 공식 성찬 교리인 화체설이다.

루터는 팸플릿 『교회의 바빌론 포로에 대하여』[8]에서 처음으로 미사에 대한 견해를 표명했다. 이 저작에서 루터는 사제의 축성으로 성찬의 빵과 포도주의 물리적 실체가 그리스도의 살과 피로 바뀐다는 물리적 변화에 반대했다.[9] 제단에서 그리스도의 살과 피를 '만드는' 사제의 능력을 전적으로 부정했다. 그는 성찬의 효력은 사제의 권위나 인간의 행위가 아니라 그리스도의 말씀과 약속에 근거했다고 보았다.[10] 그는 빵과 포도주 안에 그리스도가 몸으로 존재한다는 개념은 유지했다. 그러나 가

스도의 실재적 현존을 체계적으로 주장했다. 이 교리에 따르면, 빵과 포도주의 외적 속성(accident)은 축성 후에도 유지되지만 그 본질(substantia)은 그리스도의 몸과 피로 전환된다는 것이다. 라드베르투스의 제자인 라트람누스(Ratramnus)는 실재적 현존에 반대했다. 그는 성찬의 축성된 요소는 객관적이거나 물리적 변화를 수반하지 않으면서도 신자에게 영적 효력을 발휘한다고 주장했다. 그의 견해는 아우구스티누스의 상징적 이해를 계승한 것으로, 성찬의 빵과 포도주는 그리스도의 몸과 피를 표상하는 상징에 불과하다고 보았다. 11세기 중반까지 라드베르투스의 관점이 폭넓게 수용되었으나, 1050년 투르의 베렝가리우스(Berengarius of Tours, 999?~1088)가 이 교리를 비판하면서 두 번째 성찬 논쟁이 촉발되었다. 베크의 란프랑코(Lanfranc of Bec, 1005?~89)와 벌인 이 논쟁에서 란프랑코의 화체설 입장에 반대해 베렝가리우스는 성찬의 성체를 상징적으로 이해해야 한다고 주장했다. 이 주장은 교황 니콜라우스 2세(Nicolaus II, 995~1061, 재위 1058~61)로부터 단죄되었다. 그는 자신의 입장을 고집하다가 1079년 교황 그레고리우스 7세(Gregorius VII, 1015~85, 재위 1073~85) 치하에서 교회와 화해했다. 1215년 제4차 라테란 공의회가 화체설을 공식 교리로 채택하면서 가톨릭의 성찬 교리가 확고히 정착되었다.

8 Martin Luther, *The Babylonian Captivity of the Church*, LW, vol. 36, pp. 11~126.

9 Martin Luther, *The Babylonian Captivity of Church*, p. 27.

10 Martin Luther, *The Babylonian Captivity of Church*, p. 32. "제단의 성례는 다름 아닌 그리스도의 유언이자 약속이다. 그리스도께서는 자신의 죽음을 통해 우리에게 죄 사함을 유증하셨다."

톨릭 미사에서 그리스도의 몸이 반복적으로 희생 제물이 된다는 것을 루터는 부정했다. 이미 그리스도는 십자가에서 단 한번 죽고 영원한 제사를 드렸기 때문에 미사에서 반복되는 희생은 필요없다고 본 것이다. 루터의 성찬론은 가톨릭 진영뿐만 아니라 같은 프로테스탄트 내에서도 논란을 불러일으켰다. 카를슈타트는 성체의 본질에 대해 처음부터 루터와 대립했다. 카를슈타트는 성찬에서 그리스도의 몸과 피는 실제로 육체적·물질적으로 존재하지 않으며, 빵과 포도주는 단지 그리스도를 상징한다고 보았다. 그것을 먹는 행위는 신자들이 십자가 위 그리스도의 죽음을 떠올리고 기념하는 것이며, 기껏해야 그리스도의 영적인 임재를 체험하는 정도라고 주장했다. 그리스도가 "이것은 내 몸이다"라고 했을 때, 빵과 포도주가 아니라 그리스도 자신을 가리킨 것이라고 설명했다.

1525년에 쓴 『천상의 예언자들에 대한 반박: 성상과 성체에 대하여』에서 루터는 성체배령 때 그리스도의 몸이 실질적으로 빵과 포도주 안에 존재한다는 복음서의 가르침을 문제 그대로 믿지 않고 성찬의 신비를 카를슈타트처럼 이성적으로 설명하려는 시도는 악마의 계략이라고 못 박았다.[11] 1526년 『그리스도의 몸과 피의 성찬: 광신자들에 대한 반박』[12]에서 루터는 성찬의 가르침이 그리스도로부터 주어진 분명한 것이

---

11 Martin Luther, *Against the Heavenly Prophets in the Matter of Images and the Sacrament*, LW, vol. 40, p. 194. "이 악마는 외적 말씀을 무시하고 그것이 성령에 앞서는 것을 원치 않는다. 이런 자들을 멀리하라. 그런 자들은 악마로 가득 찬 거짓 예언자들임을 확신하라. …… 그러나 그들이 자신들의 교리와 외적 증언을 성서로 증명하듯 자신들의 영과 내적 증언 또한 표적으로 증명하려 든다. 악마 하나가 또 다른 악마와 다를 바 없다. 카를슈타트와 그의 무리가 그들의 궤변과 합리주의를 포기하기만 한다면 얼마나 좋을까? 그들은 그리스도께서 빵 위에서 말씀하신 "이것은 내 몸이라"는 말씀 때문에 혼란과 불안을 겪는다. 그들은 빵이 여전히 그리스도의 몸일 수 있다는 사실을 이해하지도 받아들이지도 않는다. 그러므로 두 가지 중 하나를 해야 한다. 하나는 비록 이해하지 못하더라도 하느님의 말씀을 옳고 참된 것으로 인정하고 그렇게 말씀하신 하느님을 믿으며 만족하는 것이다. 다른 하나는 정말로 지혜롭고자 한다면 성서의 통상적인 의미와 단순한 언어의 감각을 따르고 그들의 세련된 논리와 교묘한 꾀를 버리는 것이다."

12 Martin Luther, *The Sacrament of the Body and Blood of Christ—Against the Fanatics*,

라고 밝혔다. 이 단순하고 분명하게 진술된 말씀을 믿지 않는 자는 마귀가 꾸민 속임수에 빠진 것이며, '색안경'을 쓰고 왜곡된 관점으로 세상을 바라보는 것이다. 루터가 보기에 이런 주장은 '분열의 영(靈)'이 행하는 방식이었다. 성서 본문은 특별한 경우가 아니라면 문자 그대로 해석되어야 하며, "Hoc est corpus meum"(이것은 내 몸이다)이라는 선언은 곧 빵이 그리스도의 몸과 동일하다는 의미로 이해되어야 한다는 믿음을 고수했다.[13]

프로테스탄트 종교개혁 진영에 속한 거의 대부분의 신학자가 성찬에 관한 논쟁에 관여했다. 성찬 문제에 대한 '복음주의자들' 사이의 다양한 견해는 성서만으로는 모든 교리 문제를 규정하기에 충분하지 않다는 당대 가톨릭의 비판이 일정 부분 정당했음을 보여 준다. 이 성찬 논쟁은 지역에 따라 또 개혁가들마다 입장이 달랐으며, 제국 내 프로테스탄트 분열이 위험한 수준으로 심화되는 데 결정적인 계기가 되었다. 특히 루터와 츠빙글리 사이의 성찬에 대한 견해 차이는 프로테스탄트 진영의 최초 분열을 야기했다. 루터는 성찬에서 빵과 포도주의 실체는 사라지지 않고 존재하면서 그리스도의 몸과 피가 그 안에, 함께, 그 아래에 존재한다는, 흔히 공재설(coexistentialism 또는 consubstantiation)이라고 알려진 주장을 설파했다. 빵과 포도주의 외양은 그대로이지만 실체는 그리스도의 몸과 피로 바뀐다는 화체설과는 차이가 있다. 반면에 츠빙글리에게 성찬의 빵과 포도주는 단순한 상징으로 그리스도의 몸과 피를 기억하기 위한 표징에 지나지 않았다. 츠빙글리는 『성찬에서 그리스도의 몸의 현존』(*On the Presence of the Body of Christ in the Lord's Supper*)에서 연역적 해석학 방법을 사용해 자신의 상징적 성찬론의 전제를 변증법적으로 논증했다. 그는 먼저 로마 가톨릭의 화체설 주장을 소개한 뒤, 그리스도교 세계에서 누구도 반박할 수 없는 두 가지 기본 전제—그리스도의 신성과 인

LW, vol. 36, pp. 329~72.

13 Martin Luther, *The Sacrament of the Body and Blood of Christ*, pp. 335~37.

성—를 들어 화체설의 모순을 드러냈다. 가톨릭의 주장을 반박하는 과정에서 츠빙글리는 십자가에서 고문당하고 채찍을 맞으며 못 박혔고 지금은 하늘에서 아버지 하느님 오른편에 앉아 있는 그리스도의 몸은 그 본질에서 문자적으로나 물리적으로 먹을 수 있는 대상이 아니며, 오직 주의 만찬 성례 안에서 영적으로만 먹을 수 있는 것으로 보았다. 성찬의 빵과 포도주가 축성된 이후에 그리스도의 바로 그 몸과 피로 물리적으로 변한다고 하는 가톨릭 화체설을 경솔하고 어리석을 뿐만 아니라 신성모독적인 것으로 보았다.[14] 츠빙글리는 실제로 성찬에 그리스도가 현존한다는 루터의 견해와도 거리가 멀었다. 프로테스탄트 진영에서 성찬 논쟁은 어떤 방식으로든 합의되거나 해결되어야 할 사안이었다. 루터교로 개종한 헤센의 영주 필리프 1세의 재촉으로 1529년 9월 말부터 10월 초까지 마르부르크성에서 성찬론을 주제로 한 토론이 열렸다. 이 자리에서 루터는 츠빙글리와 처음이자 마지막으로 만났다. 1529년 마르부르크 회담에서 루터와 츠빙글리의 논쟁은 차이를 극명하게 드러냈다. 두 사람은 논의 중인 15개 신앙 조항 가운데 14개 항에는 합의했지만 성찬 해석에 있어 양보할 수 없는 차이를 보였다. 루터와 츠빙글리의 대립은 그들의 상이한 해석학적 접근 방식을 반영한다. 루터는 "받아먹으라, 이것은 내 몸이다"라는 구절을 성서 본문 자체에 근거해 문자적으로 해석한 반

---

14 Ulrich Zwingli, "On the Presence of the Body of Christ in the Lord's Supper", *On Providence and Other Essays*, ed., William John Hinke, Durham: NC, The Labyrinth Press, 1983, p. 248. "내가 여기서 밝히려는 또 하나의 주장은 다음과 같다. 즉 그리스도께서 이 땅에서 고난을 받으시고 이제 하늘에서 아버지의 오른편에 앉아 계신 그 자연적이고 물질적인 몸은 성만찬에서 문자적이거나 본질적으로 먹히는 것이 아니라 오직 영적으로 먹히는 것이다. 그리고 '그리스도의 몸이, 그분이 태어나시고 고난받으시고 죽으셨을 때 가졌던 크기와 성질과 본성을 그대로 지닌 채로 우리가 먹는다'라고 가르치는 교황주의자들의 주장은 단지 경박하고 어리석을 뿐만 아니라 불경하고 신성모독적이기도 하다. 우선 분명한 사실은 그리스도께서 죄의 경향만을 제외하고는 우리와 동일한 몸과 영혼으로 이루어진 참된 인간성을 취하셨다는 것이다. 이로부터 곧 인간의 육체 본성에 속하는 모든 특성과 속성이 그분의 몸 안에 가장 진실하게 존재했다는 결론이 따른다."

면에, 츠빙글리는 "나를 기억해 이를 행하라"는 명령과 더 넓은 성서 문맥 속에서 상징적으로 이해했다. 이는 인문주의 전통의 영향을 받은 해석으로 본문의 문자적 의미보다는 그리스도의 말씀 전체의 맥락 속에서 의미를 규정하려는 시도였다. 루터는 성찬에 관해 가톨릭 전통에 근접한 견해를 유지했다. 루터의 공재설에서 그리스도의 참된 물리적 현존은 성례의 요소 '안에, 아래에, 그리고 주위에' 존재하지만, 그것이 그리스도의 실제 몸과 피로 변형되는 것은 아니다. 루터에게 빵과 포도주의 본질은 여전히 자연적 실체로 남아 있으며, 따라서 성찬의 물리적 실체는 유지된다. 그리스도의 물리적 현존은 성체의 외적 요소와 공존하며, 성찬은 그리스도의 희생을 반복하는 행위가 아니라 믿음을 통해 죄의 용서를 체험하는 은총의 수단으로 이해되었다. 루터와 츠빙글리의 만남의 목적은 서로 수용할 수 있는 공동 신앙고백서를 작성하는 것이었지만 성찬에 대한 이견으로 합의에 이르지 못했다. 둘 사이의 균열은 이후 프로테스탄트가 유럽 여러 지역에서 루터교와 개혁교회로 분열되는 결과로 이어졌다.

지금은 성찬에 대한 견해 차이가 핵심적인 문제로 여겨지지 않는 경우도 많지만, 중세와 종교개혁기를 거치며 성찬 논쟁이 핵심적인 쟁점이었다는 점은 다른 관점에서 재조명될 필요가 있다. 성찬 논쟁의 본질은 교회가 이 땅에서 통치권을 갖는가 하는 지배권 문제이기도 했다. 여기에서 '유한은 무한을 담을 수 있는가?'(finitum capax infiniti)라는 오랜 명제가 등장한다. 가톨릭의 화체설은 이 땅의 유한한 교회가 사제의 성찬 축성으로 무한한 하나님을 '만들고' '담아낸다'는 교리이다. 중세 토마스 아퀴나스 이후의 가톨릭 교리는 '유한한 피조물(빵과 포도주)은 축성의 순간, 본질적으로 변화되어 무한한 하나님의 실재인 그리스도의 몸과 피를 담는다고 인정한다.[15] 유한한 물질이 무한한 실체를 담을 수 있다는

15 Thomas Aquinas, *The Summa Theologiæ of St. Thomas Aquinas*, Second and Revised Edition, trans., Fathers of the English Dominican Province, London: Burns, Oates &

이 명제는 곧 화체설의 형이상학적 근거이다. 그러나 루터는 화체설의 신학적 기초를 거부했다. 유한한 피조물 속에 무한한 신성이 실체적으로 존재할 수 있다는 발상을 철학적 괴물이라 불렀다.[16] 루터의 성찬론은 무한이 유한 안에 실체적으로 들어오는 것이 아니라 유한한 표징 안에, 함께, 그 아래에 임재하는 것이었다.

표면적으로 보면 루터의 성찬 교리는 츠빙글리보다 가톨릭과 가까운데, 왜 이것이 가톨릭과 본질적인 차이를 드러내는지 따져볼 필요가 있다. 무한한 하느님의 실체를 사제가 축성해 교회 안에 모실 수 있다면 그 교회는 신성한 공간이 된다. 신의 임재는 신의 통치를 의미한다. 하느님이 가톨릭교회 안에 실재한다면 가톨릭교회는 신성불가침의 공간이자 통치의 궁극적인 권위를 가진 기관이 된다. 루터는 이 전제를 부정했다. 현세에서 그리스도의 통치를 상징하는 절대 공간인 가톨릭교회의 상대화는 이 땅의 통치권에 대한 근본적인 재고를 가져왔다. 그리스도를 대리하는 주체가 교회가 아니라 세속 군주가 될 수 있는 가능성이 열렸다. 포도주를 성직자뿐만 아니라 평신도인 제후가 차별 없이 받는 것은 화체설이 부여한 사제의 독점적 권한에 대한 명시적인 침해였다. 가톨릭의 화체설과 루터의 성찬 교리가 비슷해 보일 수 있으나, 화체설은 그리스도의 살과 피로 변화시키는 사제의 능력과 가톨릭교회의 권위에 초점을 맞추고 있다는 점에서 작지 않은 차이가 존재한다. 화체설을 부정하는 것은 그리스도의 통치가 교회를 통해서가 아니라 세속 군주를 통해 이

Washbourne, 1920, III, q. 75, a. 4. "축성 후에도 이 성사 안에 빵과 포도주의 실체가 남아 있는가? 나는 이렇게 대답한다. …… 그리스도의 참된 몸이 이 성사 안에 존재하지만, 그것이 장소적 이동에 의해 그곳에 있게 된 것도 아니고 어떤 공간 안에 포함되어 있는 것도 아니라는 점은 앞서 제1문항(반론 2에 대한 답변)에서 분명히 드러났다. 그러므로 빵의 실체가 그리스도의 몸의 실체로 변화(conversio)함으로써 그리스도의 몸이 그곳에 있게 된다고 말해야 한다."

16 Martin Luther, *The Babylonian Captivity of Church*, p. 27. "로마 가톨릭 신학자들은 '화체설'이라는 괴물 같은 단어를 만들어냈다. 그것은 성서에도 이성에도 근거하지 않는다."

루어질 수 있다는 분명한 신학적 방향을 열어준 셈이다. 그러나 그 외의 부분에서 루터의 성찬론은 여전히 가톨릭적 요소를 다수 유지하고 있었다. 반면에 카를슈타트의 성찬론은 비텐베르크의 급진파 개혁가들뿐만 아니라 츠빙글리와 아나뱁티스트에게도 계승되었다. 칼뱅은 영적·상징적 성찬론을 체계적으로 제시했다. 성찬에 그리스도의 물리적 현존을 부정하면서 성찬을 통해 신자가 실제로 그리스도의 은총에 참여하되, 그 참여는 영적 차원에서 이루어진다고 보았다.

성찬 논쟁은 두 층위로 나누어 보아야 한다. 한 층위는 성체 축성 이후의 빵과 포도주의 본질에 대한 철학적·신학적 논쟁이다. 다른 한 층위는 현존하는 가톨릭교회의 권위에 대한 저항을 사상적으로 풀어내는 정치적 층위이다. 루터파와 츠빙글리파는 전자의 입장에서는 나뉘었지만, 후자에서 가톨릭교회의 독점을 깨트리고 국가 통치의 신적 정당성을 가져온 점에서 동일한 결과를 가져왔다.

농민전쟁

독일은 1524년 후반, 이른바 농민전쟁 또는 농민 혁명으로 불리는 격변을 마주하게 된다.[17] 농민전쟁은 종교개혁과 어떤 관련이 있을까? 지난 수십 년간 종교개혁사를 다룬 연구에서 이 질문에 대한 답은 다양하게 전개되어 왔다. 농민전쟁과 종교개혁의 관계는 루터의 직접적인 개입 때문이 아니라 그의 사상이 커다란 영향을 끼쳤기 때문에 주목된다. 더불어 농민전쟁은 종교개혁의 전개 방향에도 전환점을 가져왔다. 종교적 변화는 사회적·정치적 역학에 영향을 받아 발생했으며, 이러한 종교적

---

17 1525년의 '농민전쟁'이라는 용어는 엄밀히 말해 적절하지 않다. 이 사건은 단지 농민에게만 국한된 것도 아니었고 실제 전쟁이라 부르기에는 무리가 있는 측면이 있다. 폭동에 가담했던 농민들은 제대로 된 전투도 치르지 못한 채, 훈련받은 제후들의 군대에 의해 무력하게 진압되고 학살당했다.

변화는 다시금 사회와 경제에 예기치 않은 거대한 파장을 일으켰다.

농민전쟁에 대한 연구는 크게 두 방향으로 전개된다. 하나는 종교적 측면을 강조하면서 루터의 영향을 받았다고 알려진 뮌처와 그가 속한 츠비카우의 예언자처럼 반성직주의에 기반한 급진적 종교 운동의 일환으로 해석하는 관점이다. 다른 하나는 종교는 단지 촉매제였을 뿐이며 농민전쟁은 실질적으로 독일 사회에 오랫동안 누적되어 온 계급 갈등의 산물이라는 사회사적 해석이다. 반성직주의는 종교개혁을 촉진하고 대중의 종교적 저항을 유발하는 데 있어 분명 중요한 역할을 했다. 따라서 농민전쟁이 종교개혁 운동 때문에 일어났다고 단정짓는 것은 과장일 수 있으나 그 영향을 전면 부정할 수도 없다.[18]

이런 다양한 접근법은 가톨릭과 프로테스탄트 역사가들 사이의 해석에도 당연히 영향을 끼쳤다. 19세기 가톨릭 역사학은 프로테스탄티즘을 폭동과 폭력을 유발하는 혁명 신학이라고 비난했다. 그러나 프로테스탄트 진영에서는 루터와 같은 종교개혁가들이 농민 폭동을 조장하기보다는 오히려 농민들을 비판하고 세속 군주의 권위를 지지했다는 점에 초점을 맞추고 있다. 19세기 사회주의 사상가 프리드리히 엥겔스(Friedrich Engels, 1820~95)는 종교개혁을 농민전쟁으로 나아가는 길을 열어준 부르주아적 종교 혁명으로 규정하는 마르크스주의 역사 해석을 제시했다. 그의 해석에 따르면, 이 혁명의 실패는 제후들의 입장을 지지한 루터의 책임이다. 종교개혁과 농민전쟁의 관련성에 대한 종파적이거나 정치적 해석은 여전히, 그리고 앞으로도 하나의 합의에 도달하기 어려울 것으로 보인다. 다만 연구자들이 공통적으로 동의하는 점은 농민들의 개혁 요구가 혁명적인 수준은 아니었다는 것이다. 그것은 중세 말 사회 구조 속에서 제기되어 온 일련의 요구 가운데 하나였다. 이에 대해 제후들은 압도적인 폭력으로 대응했다.

---

18 Bob Scribner, "Germany", *The Reformation in National Context*, eds., Bob Scribner, Roy Porter, and Mikulaš Teich, Cambridge: Cambridge University Press, 1994, p. 17.

1520년대 독일 사회에 만연했던 독특한 사회적·경제적 조건이 농민전쟁을 이해하는 전제가 된다. 신대륙에서 스페인을 거쳐 금과 은이 유입되자, 사회 전반에 광범위한 인플레이션이 발생했다. 통치자들은 무기 구매 비용과 급여 등의 지출이 늘어나 정부 운영에 부담이 가중되자, 농민에 대한 세금을 인상하고 세금 징수를 담당하는 관료의 권한과 중앙 집중화를 강화했다. 독일의 농민들은 '제2 농노제'를 겪었다. 농노제는 중세 사회를 지탱하던 경제 구조로, 농민들은 거주 이전의 자유를 제한당하고 열악한 노동 조건과 무거운 세금에 시달렸다. 농노제는 13세기 인구 증가로 인해 강제노동의 필요가 사라지면서 한때 자취를 감추었으나, 14세기 흑사병으로 인한 노동력 부족을 계기로 독일에서 다시 부활했다. 1460년 이후 인구가 다시 증가했음에도 불구하고, 독일의 귀족들은 농노제를 폐지하지 않았다. 이로 인해 커다란 사회적 긴장이 감돌았다. 농민들은 식량 가격 상승, 세금 인상, 노동력 제공과 신체적 자유의 측면에서 극심한 부담에 직면했다. 사회적 긴장은 1525년 농민 봉기로 이어졌다. 농민 봉기의 목표는 농노제와 지주, 그리고 제후를 타도하고 세제와 십일조를 개혁하는 것이었다. 농민 해방이 궁극적인 목표였으며, 이는 곧 진정한 의미의 사회 혁명이었다. 농민들은 루터 사상을 끌어와 자신들의 봉기를 정당화하려 했다. 그들은 성서가 종교적 진리의 유일한 원천임을 선포함과 동시에 루터의 가르침에 따라 각 개인이 성서를 해석할 수 있다고 여겼다.

농민전쟁이 발발하기 이전, 루터의 저작은 억압적이고 부패한 교회를 신랄하게 비판했고 그리스도교도가 자유를 향해 적극적으로 나아가도록 독려했다. 물론, 루터가 행동을 촉구한 대상은 주로 세속 군주들이었지만 그의 말과 글은 일반 대중을 포함한 사회 각 계층에 폭넓은 공감을 불러일으켰다. 왜냐하면 독일 민중이 종교적으로는 로마 가톨릭 교황청과 교황에게 억압을 받고 있었지만 일상적인 삶 속에서 보다 실질적으로 억압하고 경제적으로 지배한 존재는 독일의 귀족이나 세속 군주들이었기 때문이다. 루터의 비판은 로마를 향했을 뿐만 아니라 독일 내부 지배층을 향해서도 날카롭게 작용했다. 루터의 의도와는 무관하게 그가 농민전쟁에 상당한 영향을 끼쳤다는 평가를 피하기 어렵다. 루터의 종교개혁은 종교 본연의 가치를 회복하려는 근본적 시도이자 이를 위한 기존 권력에 대한 저항이며, 아래로부터 확장되는 '자발적 사회화'라는 요소를 내포하고 있다는 점에서 급진적 성격을 지녔다.[19]

국가권력에 대한 루터의 입장은 처음부터 끝까지 일관되었다. 루터는 국가권력에 복종할 것을 강조하는 고전적 성서 구절인 로마서 13장을 근거 삼아 세속 권력은 하느님에게서 온 것이며, 그 권위에 대해 반역하는 것은 곧 하느님의 심판을 자초하는 것이라는 입장을 견지했다. 1523년 1월 그는 『세속적 권위: 어느 정도까지 따라야 하는가』(*Temporal Authority: To What Extent It Should Be Obeyed*)[20]라는 소책자를 출간했다. 이 책에서 루터는 '신의 나라'와 '이 세상의 왕국'이라는 두 왕국이 존재한다고 설명했다. 신의 나라에 속한 하느님의 자녀에게는 인간의 법이 필요 없지만, 다수의 악인이 사는 세속 세계에서는 법률과 무력을 동원하지 않으면 악을 억제할 수 없고 질서도 유지할 수 없다고 주장했다. 따라서 그리스도교도는 사회질서를 유지하기 위해 모범적으로 세속 권력에 복종하고 세금을 내는 등 시민으로서의 의무를 성실히 이행해야 한다고 보았다. 군주와 신하의 관계에서도 루터는 철저히 군주의 입장을 대변했다. 신하는 군주가 올바른 행동을 하고 악을 피하도록 조언할 수는 있지만 결코 군주를 공격해서는 안 된다고 강조했다.[21]

하지만 루터가 열어놓은 저항의 물꼬는 루터 자신의 힘만으로는 그 경계를 막을 수 있는 것이 아니었다. 루터의 저항은 영적인 것이든 세속적

---

19 Peter Matheson, "Review Essay: Recent German Research on Thomas Müntzer", *Mennonite Quarterly Review* 86, no. 1, 2012, p. 104.

20 Martin Luther, *Temporal Authority: To What Extent It Should Be Obeyed*, LW, vol. 45, p. 81~129.

21 Martin Luther, *Temporal Authority*, vol. 45, p. 91. "네 통치자가 불의하게 행동할 때에는 형제된 마음으로 그에게 권면해야 한다. 그러나 그가 듣지 않는다면 인내로써 그것을 감당해야 한다. 무력으로 그에게 맞서거나 반란을 일으켜서는 안 된다."

인 것이든 모든 권위에 적용될 수 있었기 때문에, 루터가 그 책임에서 완전히 자유로울 수는 없었다. 대중은 루터의 원칙을 자신들이 처한 경제적·사회적 상황에 맞추어 해석했다. 그들은 영적 지배자와 세속 지배자 모두로부터 부당한 대우를 받고 있으며, 그 불공평의 영향 아래 고통받고 있음을 잘 알고 있었다. 잘못된 영적 지도자인 교황과 교회권력에 대한 루터의 반역과 저항은 농민들의 저항에도 정당성을 부여하는 역할을 했다.

종교개혁과 농민전쟁이라는 두 사건 사이의 연결 고리는 뮌처였다. 1521년 '츠비카우의 예언자들'이라 불리는 무리가 비텐베르크에 도착했다. 뮌처는 이 무리를 이끌며 독일 중남부 농민들 사이에 사회적 불만을 고조시켰다. 그는 루터나 카를슈타트처럼 기존 질서에 대해 글로 저항하는 데 만족하지 않았다. 그는 현실 속에서 신의 통치가 실현되어야 한다고 믿었으며, 말과 글로 대중을 자극하며 운동을 확산시켰다. 1522년 뮌처는 유명한 '프라하 선언'을 작성했다.[22] 이 선언은 루터의 성서중심주의에서 한 단계 더 나아갔다. 루터에게 성서는 신자에 대한 하느님의 계시였으며, 기록된 말씀은 영적 문제에 있어 최고의 권위였다. 그러나 뮌처는 성서 본문에 문자적으로 집착하는 것은 성서 숭배와 다를 바 없다고 비판했다. 성령의 가르침을 받지 않는다면 그리스도교도는 성서를 올바로 이해할 수 없으며, 스스로를 속이고 있을 뿐이라는 것이다. 뮌처는 성서의 문자에만 의존하지 않고 신의 직접적인 계시에 의존하는 새로운 교회를 제안하면서 다음과 같이 주장했다.

> 모든 참된 사제는 계시를 가져야 합니다. 그래야 그들이 자신의 메시지를 확신할 수 있기 때문입니다. …… 어떤 이들에게는 복음과 성서가 단지 닫힌 책일 뿐입니다. 그들은 성서를 닫아버리고 하느님께서 사람

22 Thomas Müntzer, "Prague Manifesto", *The Collected Works of Thomas Müntzer*, ed., and trans., Peter Matheson, Edinburgh: T&T Clark, 1988, pp. 352~79.

에게 직접 말씀하지 않는다고 말합니다. …… 좋은 땅에 씨앗이 떨어진다는 것은 곧 하느님을 경외하는 마음으로 가득한 심령을 의미합니다. 그 마음이 바로 하느님께서 참된 영적 말씀을 기록하시는 종이요, 양피지입니다. 하느님께서는 그것을 잉크로 쓰지 않으시고 살아 계신 손가락으로 새기십니다. 이것이 곧 물리적 책인 성서, 곧 문자로 된 성서가 증언하는 바의 실체입니다.[23]

1521년 12월 뮌처는 카를슈타트가 급진적인 개혁을 이끌고 있던 비텐베르크에 나타나 약 1년 동안 개혁 프로그램을 설파했다. 그 후 1523년 봄, 그는 알슈테트의 목사로 임명되었다. 알슈테트는 가난한 광산 노동자들이 거주하는 인구 수백 명 규모의 작은 마을이었다. 뮌처는 독일어로 예배를 드리고 포도주를 평신도에게도 나누어주며, 가톨릭 미사와 유아세례에 반대하는 활동을 벌였다. 1524년 겨울, 뮌처는 알슈테트 동맹(Allstedt League)을 결성했다. 이 동맹은 필요할 경우에 폭력을 동원한 모든 수단을 사용해 프라하 선언을 실행하고자 했다. 알슈테트 동맹을 결성한 이후, 루터와 뮌처의 차이는 더욱 분명해졌다. 뮌처는 루터의 구원관과 만인사제직설에 동조했지만, 독일 신비주의의 영향을 받은 그는 모든 그리스도교도는 직접 하느님과 소통할 수 있다고 믿었다. 뮌처는 14세기 신비주의자 요하네스 타울러(Johannes Tauler, 1300~61)가 강조했던 그리스도를 따르는 삶에 고난이 필연적으로 수반된다는 가르침을 차용했다. 뮌처가 보기에 루터는 사람들에게 그저 믿음으로 충분하다고 해 구원의 길을 지나치게 쉽게 만들었다. 반대로 뮌처의 독일 신비주의 경험은 그를 지나치게 주관적으로 만들었다. 그에게는 사람 안에 거하는 성령이 곧 자신의 구원이 확실하다는 증거였기 때문에 자신의 선택에는 의심의 여지가 없었다. 뮌처는 악한 자에게 칼을 휘두르는 것이 세속 권력자의 의무라고 해석했으나, 동시에 그리스도교 군주가 하느

23 Thomas Müntzer, "Prague Manifesto", p. 365.

님의 말씀에 따라 행동하지 않는다면 그들로부터 칼을 빼앗는 것도 정당하다고 주장했다.[24]

뮌처의 선동적인 설교를 접한 작센 제후들은 루터에게 조언을 구했다. 1524년 8월 14일 루터는 뮐하우젠 시의회에 보낸 서신에서 츠비카우와 알슈테트에서의 뮌처의 활동이 과격한 선동가이자 살인자의 성격을 띠기 때문에 그를 받아들이지 말라고 했다. 뮌처는 뮐하우젠을 떠나 뉘른베르크로 도피했다. 이후 그는 1524년 11월부터 12월까지 남부 독일을 떠돌며 '혁명의 복음'을 전했고 1525년 2월 다시 뮐하우젠으로 돌아갔다. 뮌처는 불만을 품고 있던 농민과 노동자들에게 집단행동을 촉구하는 서신을 보냈으며, 뮐하우젠과 그 주변 지역을 넘어 진정한 정치적·경제적 자유를 가져올 개혁이 확산되기를 원했다.

1525년 3월 독일 남서부의 농민들은 「12개조」라는 문서를 작성해 봉건 영주들에게 제출했다.[25] 「12개조」는 1525년 2월 말에 메밍겐의 제바스티안 로처(Sebastian Lotzer, 1490~1525?)와 츠빙글리파 설교자 크리스토프 샤펠러(Christoph Schappeler, 1472~1551)가 공동으로 작성한 것으

24 Thomas Müntzer, "Sermon to the Princes", *Collected Works of Thomas Müntzer*, pp. 230~52.

25 각 조항을 요약하면 다음과 같다. 제1조. 농민 공동체가 스스로 목사를 선출할 자유를 가져야 한다. 제2조. 성서에 어긋나는 농노제는 폐지되어야 한다. 제3조. 영주가 농민들을 사유재산처럼 다루는 관행은 폐지되어야 한다. 제4조. 사냥과 낚시는 모든 사람에게 허용되어야 한다. 제5조. 과도한 부역과 강제노동은 폐지되어야 한다. 제6조. 성서의 가르침에 따라 십일조는 목사, 가난한 자, 공동체를 위해 공정하게 사용되어야 하며, 영주를 위한 것이 되어서는 안 된다. 제7조. 숲은 공동체의 필요를 위해 자유롭게 이용되어야 한다. 제8조. 영주가 요구하는 부당한 사망세는 폐지되어야 한다. 제9조. 영주가 새로 만든 부당한 벌금과 규정은 폐지되어야 하며, 재판은 옛 법률에 따라 이루어져야 한다. 제10조. 부당하게 빼앗긴 토지는 정당한 매입이 아닌 이상 원래 소유자에게 돌려주어야 한다. 제11조. 과도한 지대는 폐지되어야 한다. 제12조. 만약 이 12개조 중 어느 하나라도 성서에 어긋난다면 농민들은 이를 철회하고 수정해야 한다. 각 조항의 개요에 대해서는 E. Belfort Bax, *The Peasants War in Germany 1525-1526*, London: Swan Sonnenschein & Co., 1899, pp. 65~75 참조.

로 추정된다. 이 문서는 루터의 종교개혁이 만들어낸 역사적 현상과 밀접하게 연결되어 있다. 그들은 루터의 종교개혁 원리인 성서중심주의 규범을 기반으로 자신들의 주장을 펼쳤다. 특히 농촌 지역의 경제적·사회적 문제를 다룬 조항에서 종교개혁 공동체의 이념이 뚜렷하게 드러난다. 농민들의 요구는 어느 날 갑자기 생겨난 것이 아니라 오랜 시간 동안 누적되어 온 구체적인 사회적·경제적·정치적 긴장 속에서 형성된 것이다.

이 「12개조」에는 저항하는 민중의 목소리가 가장 뚜렷하게 담겨 있다. 그 논조와 내용은 전반적으로 매우 종교적이었고 각 조항은 성서 구절을 근거로 제시하고 있었다. 전체적으로 보아도 과격한 표현은 거의 없었다. 이들 조항에는 회중이 사제를 직접 선출할 자유, 십일조 개혁, 농노제 폐지, 사냥과 어업의 자유 보장 등이 포함되어 있었다. 또한 과도한 강제 노역을 부과하지 않고 공정하게 임대료를 매기는 내용도 들어 있었다. 그중에서 가장 급진적인 것은 농노제가 그리스도교 정신에 어긋나므로 폐지되어야 한다는 조항이었다. 농민들은 그 근거로 그리스도께서 고귀한 피로 모두를 속죄하시고 자유롭게 한 것을 들었다. 「12개조」의 저자들은 자신들뿐만 아니라 모든 사람이 계급이나 지위에 관계없이 자유로워져야 한다고 주장했다.[26] 농민전쟁의 「12개조」는 종교개혁의 영향을 받은 종교적 언어와 목표가 사회적·경제적·정치적 불만과 어떻게 결합되었는지를 잘 보여 주는 문서이다. 이 문서는 곧 종교개혁의 사회복음을 담은 선언문이라 할 수 있다.

종교개혁과의 관련은 농민들의 저항에 유례없는 영향을 끼쳤다. 그러나 이 저항은 지역마다 핵심 쟁점이 달랐기 때문에 농민전쟁의 원인을 하나로 특정하기는 어렵다. 신성 로마 제국에서 농민전쟁은 주로 남부 독일 지역에서 시작되었다. 북부나 북동부 지역은 큰 영향을 받지 않았고 바이에른 공국이나 보헤미아 왕국 역시 전쟁에서 비교적 비켜나 있

26 Thomas A. Brady Jr., *German Histories in the Age of Reformations, 1400-1650*, Cambridge: Cambridge University Press, 2009, p. 187.

었다. 북부 지역에서 농민 저항이 두드러지지 않았던 이유는 이 지역에서는 중세식 장원 지배구조가 이미 약화되어 있었기 때문이다. 전쟁으로 비화된 저항 운동은 1524년 6월 슈바르츠발트 남부의 몇몇 마을에서 처음 일어났다. 이후 무장 저항 세력은 제국 남서부의 제후와 제국도시 연합인 '슈바벤 동맹'(Swabian League)을 맺었다. 1525년 3월부터 반란은 급속히 확산되어 4월에는 무려 30만 명의 농민이 이 운동에 참여했다.

남부 독일에서 소요가 거세지자 루터는 『평화를 위한 권고: 슈바벤 농민들의 12개조에 대한 응답』(*Admonition to Peace: A Reply to the Twelve Articles of the Peasants in Swabia*)[27]이라는 소책자를 작성해 귀족과 농민 양측에 보냈다. 그는 먼저 귀족들에게 그들의 태도가 복음에 반하고 농민을 억압하는 것이기에 하느님의 심판을 자초할 것이라고 경고했다. 루터 역시 농민들의 요구가 합리적이라고 보았고 이 소요의 일차적 책임은 귀족들에게 있다고 판단했다.[28] 이어서 그는 농민들을 '가장 사랑하는 친구'이자 '형제들'이라고 부르면서 급진적이고 과격한 행동을 부추기는 광신자들의 설교에 귀 기울이지 말라고 충고했다. 아무리 세속 통치자가 사악하더라도 기존 질서를 부정하는 것은 하느님의 뜻에 어긋난다고 경고했다. 루터는 농민들에게 국가에 반항하지 말 것을 촉구했다.[29]

농민들의 요구 가운데 사제를 직접 선택할 수 있도록 해달라는 요구와 십일조 개혁은 루터도 합리적이라고 보았다. 그러나 농노제 폐지에 대해서 루터는 그리스도 안에서 인간이 누리는 자유는 영적인 자유이지 육체적인 자유는 아니라고 단호히 선을 그었다. 그 밖의 조항에 대해서는 자신이 조언할 입장은 아니라고 밝혔다. 중재를 위해 선의로 쓰인 이 소책자는 모호한 논조 때문에 귀족과 농민 양측에서 각자의 입장에 유리하게 해석되었다. 농민들의 요구가 타당하다고 인정한 것은 그들의 저

27 Martin Luther, *Admonition to Peace: A Reply to the Twelve Articles of the Peasants in Swabia*, LW, vol. 46, pp. 3~43.

28 Martin Luther, *Admonition to Peace*, pp. 8~15.

29 Martin Luther, *Admonition to Peace*, pp. 16~20.

항에 정당성을 부여한 것처럼 보였지만, 동시에 귀족들의 지배권을 인정함으로써 기존 질서를 수호하는 데 가치를 두어 결과적으로는 귀족들이 반란 세력을 무력으로 진압하는 것을 정당화했다.

1525년 5월 6일 루터는 『약탈하고 살인하는 농민 무리들에 반대하여』(*Against the Robbing and Murdering Hordes of Peasants*)[30]라는 제목의 책에서 농민들이 하느님이 세우신 정당한 정부에 저항했기 때문에 불법을 저지르고 있다고 비판했다. 반란이 격화되자 루터는 '검을 잡은 자는 검으로 망한다'라는 성서 구절을 인용하며 제후들에게 무력 사용을 촉구했다. 강도와 살인을 자행하는 이들의 행위는 사형에 처해 마땅하다고 주장했다. 그는 악마가 농민들 속에 들어가 부정한 일을 저지르고 있다고 말하면서 농민들과 싸우다 죽은 귀족들을 순교자로 표현했다. 루터는 귀족들에게 농민을 찌르고, 때리고, 목을 조르라고 호소했고, 그렇게 해서라도 질서를 조속히 회복해야 한다고 촉구했다.[31]

하지만 루터의 발언은 정당하다고 보기 어렵다. 당시 제후들에게 맞선 농민들의 무기라고는 고작 호미와 괭이뿐이었다. 전투라고 할 수도 없는 거의 일방적인 학살이 벌어지고 있던 상황이었다. 루터의 반응은 두 가지로 해석할 수 있다. 하나는 루터가 농민전쟁의 책임에서 벗어나고자 하는 부담감을 느꼈다는 점이다. 초기의 소책자에서 농민들을 친구이자 형제로 부르던 루터는 귀족들이 이 때문에 자신과 그의 개혁을 지지하지 않게 될까 봐 두려워했던 것으로 보인다. 또 다른 하나는 루터가 보기에 급진파의 견해는 성서에 위배될 뿐만 아니라 전통적으로 수용되어 온 봉건 질서에 반하는 것으로 용납할 수 없다는 확신에서 나온 것이었다. 루터는 농민반란이 기존 사회질서에 가하는 위협을 당시 유럽을 위협하던 오스만 제국의 침공에 버금가는 것으로 여겼다.

---

30 Martin Luther, *Against the Robbing and Murdering Hordes of Peasants*, LW, vol. 46, pp. 45~55.

31 Martin Luther, *Against Robbing and Murdering Hordes*, pp. 50~52.

1524년 독일 남부와 남서부 지역에서 시작된 민중의 산발적인 소요와 반란은 1525년 4월까지 전면전으로 확대되었다. 그러나 제후와 그들의 용병으로 구성된 무장 연합군은 제대로 된 장비도 조직력도 갖추지 못한 약 30만 명의 농민과 민중을 상대로 전례 없는 무력을 행사했다. 제후들은 도망치는 농민들을 끝까지 추격하며 가차 없이 살육했다. 1525년 5월 15일 프랑켄하우젠 근처에서 귀족군과 농민군의 전투가 벌어졌지만 결과는 뮌처가 이끄는 농민군의 완패였다. 이 전투에서 무려 5,000명의 농민이 학살당한 반면에, 귀족군의 전사자는 단 6명에 불과했다. 이 수치는 농민들이 전투의 주체가 아니라 사실상 희생자였음을 보여 준다. 1525년 5월 27일 뮌처와 그의 지지자 53명은 뮐하우젠에서 체포되어 고문을 당한 후 참수되었다. 그리고 그해 말까지 주요 반란은 대부분 잔혹하게 진압되었다.

뮌처와 농민들의 실패는 신의 심판처럼 보였지만 그들이 꿈꾸었던 새로운 사회에 대한 열망은 꺾이지 않았다. 1530년대 후반 이후에도 뮌처의 가르침, 곧 '알슈테트의 정신'은 사람들에게 지속적인 영향을 주었다. 뮌처가 죽은 이후, 루터는 독일 민중을 대상으로 『토마스 뮌처에 관한 끔찍한 역사와 하느님의 심판』(*A Terrible History and Judgment of God on Thomas Müntzer*)을 출간했다. 루터는 이 책을 통해 하느님이 어떻게 올바르게 심판하시는지를 보여 주고, 여전히 반역을 꾀하는 사람들에게 경고하며 두려움을 일으키고 훈계하려 했다고 밝혔다.[32] 루터는 뮌처가 악인

---

32 Martin Luther, *D. Martin Luthers Werke: Kritische Gesamtausgabe*, Bd. 18, Weimar: Hermann Böhlau, 1888, pp. 362~74. 이 저술은 영어판 Luther's Works(LW)에는 포함되어 있지 않다. 영어 번역본은 https://www.andydrummond.net/muentzer/PDFs/luther_terrible_history.pdf 참조(검색일: 2025년 10월 25일). "뮌처의 이 오만한 말에 가난한 농민들은 제정신을 잃고 성령께서 뮌처를 통해 말씀하신다고 믿었다. 그리하여 그들은 미혹되어 불행하게도 5,000명이 넘는 자가 단 한순간에 육체와 영혼을 함께 잃었다. 오, 얼마나 비참하고 비통한 일인가! 이것이 바로 악마가 원하던 것이며, 지금도 다른 모든 농민 폭도 가운데에서 찾고 있다. …… 이제 하느님의 분명한 심판을 보고도 회개하지 않거나 배우지 않는 자는, 하느님께 대항하며 거

이며 정당한 신적 심판을 받은 것이라고 진심으로 믿었을지도 모른다. 그러나 동시대인들과 후대의 모든 이가 뮌처를 종교적 광신자이자 혁명가로만 보지는 않았다. 아나뱁티스트 역사가들은 뮌처가 비록 무력이라는 적절하지 않은 수단을 선택하기는 했지만 그를 경건한 신앙인이자 사상가로 평가했다. 그가 지녔던 급진성은 가난하고 억압받는 당시의 노동자와 농민 등 피지배 계층을 향해 있었기 때문이다. 이 예언자는 시대를 초월해 박해받은 이들의 후손들로부터 공감을 얻고 있다.

엥겔스는 『독일 농민전쟁』(*The Peasant War in Germany*)[33]에서 종교개혁을 신흥 자본주의에 맞서 쇠퇴하는 봉건주의를 지지한 운동으로 설명했다. 종교는 단지 물질적·경제적 원인을 둘러싼 갈등을 가리는 표지에 불과하다고 보았다. 마르크스주의 역사학자들은 뮌처의 종교적 측면보다는 그가 꿈꾸었던 사회에 대한 열망에 주목해 그를 공산주의 원시 혁명가로 간주했다. 뮌처는 종말론적 신비주의자이자 선견지명을 지닌 인물로, 민중과 함께 이 땅에서 하느님의 나라를 실현하고자 했던 비극적인 혁명가였다. 루터는 농민전쟁의 혁명적 목표를 좌절시킨 반동적 인물로 그려지고, 급진적 개혁가였던 뮌처는 그 시대의 진정한 영웅으로 인정된다. 이러한 해석은 독일 통일 이전, 1970년대 동독의 역사 해석과도 밀접하게 연결되어 있다. 전례 없는 규모의 농민전쟁에 대해 당시의 루터와 뮌처를 포함한 비텐베르크의 급진파에게 어느 정도까지 책임을 물을 수 있을까? 근본적으로 이 전쟁을 지나치게 종교적인 사건으로만 해석하는 것은 무리가 있다. 과거에도 유사한 시도는 있었고, 종교적인 외양을 띠

짓을 일삼은 반역의 영으로 인해 세상에 드러난 그 진노를 보면서도 방탕하게 살며, 스스로 미혹되고 결국 멸망할 것이다. …… 내가 이것을 기록하고 인쇄하려는 이유가 다른 사람의 불행을 기뻐해서가 아니다. 그것이 나에게 무슨 유익이 있겠는가? …… 다만 나는 다른 모든 반역자에게 경고하기를 원할 뿐이다. 그들이 동일한 하느님의 심판과 진노를 겪지 않도록 하며, 해로운 거짓 예언자를 멀리하고 평화와 순종으로 자신을 돌이키기를 바라는 것이다."

33 Friedrich Engels, *The Peasant War in Germany*, trans., Moissaye J. Olgin, New York, NY: International Publishers, 1926.

고 있었을지언정 본질적으로는 정치적·사회적·경제적인 성격을 지닌 사건이었다. 마치 1894년 전라도 고부에서 동학(東學) 접주 전봉준이 주도한 동학농민혁명이 동학이라는 '종교'를 바탕으로 일어난 것처럼 보이지만, 실제로는 농민의 저항이 핵심이었던 것과 유사하다.

루터의 종교개혁과 민중 사이의 관계는 밀접하게 얽혀 있지만, 루터가 민중의 삶과 현실에 깊은 관심을 가지고 종교개혁을 이끌었다고 보기는 어렵다. 그는 교황의 면벌부 발행이 민중을 기만한다고 비판했을 뿐이었다. 하지만 종교개혁 진영 내부에서 농민과 민중의 삶에 관심을 둔 급진파들이 등장하면서 종교개혁의 구도는 로마 가톨릭과 독일 민중이라는 이분법에서 독일 귀족과 독일 민중의 대립으로 전환되었다. 농민전쟁 이전까지 루터는 농민이나 장인 등 사회 하층민에 대해 직접적인 관심을 보이지 않았다. 오히려 농민전쟁에서 드러난 그의 태도와 발언은 종교개혁의 명분을 크게 훼손했다.

일부 가톨릭 논쟁가들은 농민들의 소요를 루터가 의도적으로 부추겼을 가능성을 비판했다. 종교개혁에 강력히 반대한 가톨릭 사상가 히에로니무스 엠저(Hieronymus Emser, 1477~1527)와 요한 코클라에우스(Johann Cochlaeus, 1479~1552)는 루터가 주장한 그리스도교도의 자유와 만인사제주의가 대중의 종교성을 무너뜨리는 결과를 낳았다고 지적했다. 그러나 이들은 루터가 세속 정부에 대한 충성과 복종을 가르쳤다는 사실은 간과했다.[34] 루터가 반란을 의도하지 않았다는 점은 분명하다. 그의 사상은 본질적으로 혁명적이었지만, 루터의 관점에서 보면 자신의 저작과 팸플릿은 잘못 이해되고 오용된 것이었다.

『그리스도인의 자유에 대한 논설』[35]은 루터의 본래 의도와 달리, 농민과 저항 세력이 자신들의 목적을 정당화하는 데 이용했다. 『독일 민족의

---

34 Mark U. Edwards Jr., *Printing, Propaganda, and Martin Luther*, Berkeley, Los Angeles, London: University of California Press, 1994, pp. 149~62.

35 Martin Luther, *The Freedom of a Christian*, LW, vol. 31, pp. 327~77.

그리스도인 귀족에게 고함』[36] 역시 그 수신자가 독일 귀족들이었음에도 불구하고, 민중은 이를 모든 형태의 억압에 맞서는 근거로 받아들였다. 루터가 말한 '그리스도교 자유에 대한 복음'은 그가 의미했던 내적이고 영적인 자유를 넘어 사회적 부정의와 봉건제의 경제적 억압으로부터의 자유로 해석되었다. 농민전쟁 이후 루터는 정치 전면에서 사라지고 대신에 루터교회 형성에 집중했다. 1525년 이후 독일은 더 계층적이고 통제된 사회로 들어섰으며, 귀족과 제후들의 사회적·교회적 통제가 더욱 강화되었다.[37]

농민들의 패배 이후 종교개혁은 대중 운동과는 확연히 멀어졌다. 전쟁이 가장 격렬했던 남부 독일에서는 민중이 대부분 로마 가톨릭 신앙에 남거나 아니면 아나뱁티스트로 개종했다. 아나뱁티스트는 1525년 이후 더욱 빠르게 확산되었다. 농민 운동의 실패가 일부 민중을 아나뱁티스트로 이끌었다는 사실은 분명하다. 이 점에서 농민전쟁이라는 민중 운동은 종교개혁의 일부로 간주할 수 있다. 농민전쟁은 초기 아나뱁티스트 지도자들에게 본질적으로 형성적인 경험이었고 장기적인 결과를 낳았다. 그 결과 중 하나는 일부 집단, 특히 평화주의적 아나뱁티스트 내부에서 종교적·경제적·정치적 성격에도 불구하고 갈등이나 차이를 해결하는 데 있어 폭력이 아닌 보다 평화적인 수단이 필요하다는 믿음이 생겨났다는 점이다. 1525년에 패배한 이들은 그 실패를 통해 미래에 대한 귀중한 교훈을 얻었다. 아나뱁티스트는 농민전쟁에 연루되어 혹독한 박해를 받으면서도 평화로운 공동체와 교회를 발전시켰고 근대 자유교회(Free Church) 운동의 기반을 마련했다.

---

36 Martin Luther, *An Open Letter to the Christian Nobility of the German Nation*, LW, vol. 44, pp. 115~217.

37 Euan Cameron, "The Turmoil of Faith", *The Short Oxford History of Europe: The Sixteenth Century*, ed., Euan Cameron, Oxford: Oxford University Press, 2006, p. 159.

에라스무스와의 자유의지 논쟁

1525년은 여러모로 루터에게 상징적인 해였다. 그와 민중 사이의 차이가 분명히 드러난 농민전쟁이 있었고 전직 수녀 카타리나 폰 보라(Katharina von Bora, 1499?~1552)와 결혼도 했다. 같은 해 루터는 인문주의자 로테르담의 데시데리우스 에라스무스와도 결별했다. 루터의 갈등은 전방위적이었다. 교황과의 갈등은 불가피한 것이었다고 하더라도, 카를슈타트와 츠빙글리 등 종교개혁 동반자들과의 신학적·정치적 분열은 루터에 대한 동정적인 시선을 거두게 만드는 요소였다. 루터의 사상에 영향을 받았다고 자처한 이들이 일으킨 농민전쟁 또한 루터에게는 매우 고통스러운 결말이었다. 이외에도 1520년대 중반 루터는 또 하나의 중요한 갈등에 휩싸였다. 한때 루터의 사상 형성에 상당한 영향을 끼쳤던 인문주의의 거장 에라스무스와의 갈등이었다. '인문주의의 왕자'로 불린 에라스무스는 신약성서를 그리스어 원문으로부터 번역해 종교개혁가들에게 커다란 영향을 끼쳤다. 분명 루터는 에라스무스보다 후세 인물이었지만 사상적으로 에라스무스보다 중세적인 성향을 강하게 보였다.

그렇다고 그리스도교 인문주의가 루터의 사상에 준 영향은 결코 과소평가할 수 없다. 루터가 면벌부를 비판하며 95개조 논제를 발표하기 이전, 에라스무스는 이미 『우신예찬』(*Moriae Encomium*)을 통해 면벌부를 비판하고 교황청을 신랄하게 풍자했다. '근원으로 돌아가라'는 인문주의의 모토는 루터의 사상 형성에도 직접적인 영향을 주었다. 루터는 아우구스티누스와 같은 교부의 저작과 고대 언어 연구를 통해 자신만의 독창적인 개혁 신학을 세워갔다. 에라스무스와 루터는 직접 만난 적은 없었다. 오로지 서신 교환을 통해 교회개혁에 대한 의견을 나누었을 뿐이었다. 루터가 자신의 개혁을 에라스무스가 지지해 주기를 바랐던 것은 매우 자연스러운 기대였다. 에라스무스는 루터의 논제를 칭찬했고, 1518년 3월에는 자신의 잉글랜드 친구 존 콜렛과 토머스 모어에게 그 사본을 보냈을 정도였다.

루터가 다양한 저작 활동을 통해 교회개혁을 이끄는 동안에 에라스무스는 루터처럼 급진적인 주장을 내세우기보다는 교황과 추기경들의 선의에 기대어 교회가 개혁되기를 바랐다. 루터로 인해 갈등이 격화되던 시기에도 에라스무스는 양측이 목소리를 낮추기만 하면 교회의 일치를 회복할 수 있으리라는 희망을 버리지 않았다. 1519년 2월 에라스무스는 바젤의 출판업자 프로벤에게 루터의 저술이 지나치게 선동적이므로 더 이상 출판하지 말라고 권고했다. 같은 해 5월, 에라스무스는 루터에게 장문의 서신을 보내 루터의 개혁 방향에 대해 우려하는 마음을 전했다. 그는 루터의 정신의 날카로움과 그리스도교를 회복하려는 열정을 인정하면서도 그의 책과 설교가 야기하는 혼란과 소란에 대해 더욱 신중해야 한다고 충고했다. 에라스무스의 걱정은 루터의 가르침이 군중의 흥분과 성급한 행동을 부추길 수 있다는 데에 있었다.

루터와 가톨릭교회 사이에서 중재자 역할을 자처했던 에라스무스의 시도는 여기서 멈추지 않았다. 그는 1519년 10월 19일 마인츠 대주교에게 보낸 서신에서 루터에 대한 애정과 신뢰를 드러냈다. 인문주의자이자 개혁가로서 에라스무스는 많은 가톨릭 신학자가 루터나 자신과 같은 학자의 책은 읽어보지도 않고 무작정 공격하고 있다고 안타까움을 토로했다. 그는 루터를 이단으로 규정하고 고발하려는 이들의 주장을 뒷받침할 만한 신학적 근거나 증거가 없다고 비판했다. 그러나 1521년 보름스 제국의회 이후, 에라스무스의 태도는 점차 달라지기 시작했다. 1521년 5월 10일 그는 에르푸르트 대학교수이자 루터의 열렬한 지지자였던 유스투스 요나스(Justus Jonas, 1493~1555)에게 보낸 서신에서 루터의 완고한 태도와 로마에 대한 적대감에 실망감을 드러냈다. 루터의 언행은 그리스도나 바울, 아우구스티누스, 그리고 다른 교부와는 도저히 비교할 수 없을 만큼 격렬하고 미성숙하다고 평가했다. 에라스무스는 자신이 교회개혁을 위해 제기한 모든 의미 있는 노력이 루터의 지나친 급진성과 선동성 때문에 물거품이 되었다고 한탄했다.[38]

1520년대 중반 루터와 에라스무스의 신학적 차이는 결정적인 전환점을 맞는다. 에라스무스는 루터의 신학에서 자유의지 문제가 핵심이라는 사실을 인식하고 있었다. 만약 인간이 자유의지를 전혀 가지지 못한 존재라면, 인간의 행위는 아무런 의미가 없고 그에 따라 책임도 물을 수 없기 때문이다. 인간에게 자유의지가 없다면 도덕도 무너지고 그리스도교 윤리도 설 자리를 잃는다. 자유의지를 둘러싼 신학적 논쟁은 이미 오래전부터 이어져 온 것이었다. 5세기에는 아우구스티누스와 브리튼 출신의 수사 펠라기우스(Pelagius, 354?~420?)가 이 문제로 충돌했다. 아우구스티누스는 구원은 전적으로 하느님의 은총에 달려 있다고 주장했지만, 펠라기우스는 인간이 구원의 은총을 받기 위해 일정 부분 하느님과 협력해야 한다고 보았다. 초대 교부 리옹의 이레네우스(Irenaeus of Lyons, 130?~202?) 역시 인간은 하느님이 부여한 이성을 통해 하느님의 뜻에 따를 수 있다고 보았으며, 알렉산드리아의 클레멘트(Clement of Alexandria, 150?~215?)도 구원은 하느님의 은총을 자발적으로 받아들이는 선택에 달려 있다고 보았다. 테르툴리아누스(Tertullianus, 160?~220?)는 인간이 하느님에 의해 자유의지를 가진 존재로 창조되었으며, 하느님을 따를지 거부할지는 스스로 결정할 수 있다고 했다. 이러한 전통 위에서 에라스무스는 구원에 있어 최소한 제한된 자유의지는 반드시 존재해야 한다고 주장했다. 중세 스콜라 신학자들 또한 인간이 원죄를 지니고 있더라도 이성과 자유의지를 통해 하느님을 찾으려는 노력을 할 수 있으며, 그러한 노력에 하느님이 응답해 은총을 베푸신다고 믿었다. 이것이 중세 스콜라주의의 전통적 입장(via antiqua)이었다.

하지만 루터의 신학은 아우구스티누스의 예정론을 계승하면서 구원은 전적으로 하느님의 선택과 은총에 달려 있다고 강조했다. 그는 토마스 아퀴나스를 비롯한 스콜라학이 인간의 이성을 지나치게 긍정했다고 비판하면서 인간의 선한 행위나 이성이 구원에 어떤 기여도 할 수 없다

---

38 Erika Rummel, ed., *The Erasmus Reader*, Toronto: University of Toronto Press, 1990, p. 213.

고 주장했다. 인문주의자들 입장에서 보면, 루터의 주장은 성서나 르네상스 인문주의의 정신과는 맞지 않았다.

1524년 에라스무스는 『자유의지에 대하여』(*On the Freedom of the Will*)라는 책자를 통해 루터의 신학을 비판했다. 에라스무스는 루터의 칭의론에 대해 직접적으로 비판했다. 인간은 궁극적으로 자신의 구원을 이룰 수 없으며 전적으로 하나님의 은총에 의존해야 한다는 루터의 주장에 대해, 에라스무스는 그것이 성서에 근거한 내용이라 보기 어렵고 오히려 교회의 전통과 명백히 충돌한다고 보았다. 이에 루터는 『의지의 속박에 대하여』(*The Bondage of the Will*)[39]로 대응했다. 루터는 에라스무스의 주장을 조목조목 반박했지만 대응 방식은 지나치게 거칠고 조롱조였으며, 격한 어조로 일관되었다. 루터는 자신의 교리가 성서에 근거한 것이라 확신하며 강력히 옹호했다. 에라스무스는 루터가 주장을 펼치는 태도에 더 큰 피로감을 느꼈다. 이 두 저술이 출간되자 독자들은 두 진영으로 갈라섰다. 둘 사이의 감정적 골이 깊어지면서 체제 내 개혁을 추구하던 가톨릭교도들과 루터의 추종자들이 기대했던 화해의 가능성은 사실상 사라졌다. 루터가 제시한 인간관은 종교개혁의 진로를 결정짓는 데 결정적인 영향을 끼쳤다.

가톨릭 신학은 종교와 문화의 진보를 위해 하나님과 인간 사이의 협력이 필요하다고 보며, 인간의 자유의지의 역할을 인정한다. 루터파를 포함한 대부분의 프로테스탄트 진영은 오직 믿음에 의해서만 의롭게 된다는 교리를 수용해 인간의 자유의지를 철저히 부정한다. 하지만 루터 이후의 루터교는 『의지의 속박에 대하여』에서 보였던 루터의 극단적인 주장으로부터는 조금씩 거리를 두기 시작했다. 멜란히톤은 1535년 『신학총론』 개정판에서 1524년 에라스무스가 처음 주장했던 일부 입장을 다시 수용하며 좀 더 온건한 태도를 보였다.[40] 인간 이성과 신적 섭리에 대한

---

39 Martin Luther, *The Bondage of the Will*, LW, vol. 33, pp. 3~295.

40 Carl Truman, "Luther and the Reformation in Germany", *Reformation World*, ed.,

멜란히톤의 관점은 후일 루터파 정통주의자들에게 비판을 받게 되지만, 이는 당시 프로테스탄트 내부에서조차 루터의 견해가 모두 그대로 계승된 것은 아니라는 점을 보여 준다. 루터의 교리는 루터파가 아니라 칼뱅에 의해 보다 정교하고 일관된 체계로 발전하게 된다.[41] 루터의 뒤를 이은 칼뱅은 루터 안에서 예정론과 선택, 그리고 유기(遺棄)에 대한 교리를 발견하고 이를 체계적으로 발전시켰다. 칼뱅의 예정론은 프랑스, 네덜란드, 스코틀랜드, 잉글랜드를 거쳐 신대륙 아메리카에까지 퍼져 나갔다.

가톨릭교회와 다수의 급진적 개혁가는 대체로 에라스무스 편에 섰다.[42] 에라스무스는 『의지의 속박에 대하여』를 읽고 자신은 루터를 따르기보다 기존의 교회 안에 머물러야 한다고 확신하게 되었다. 루터가 교회의 오랜 전통을 단절하고 마침내 올바른 복음을 재발견했다고 주장하는 태도를 교만으로 여겼다.[43] 인문주의자와 종교개혁가들은 모두 교회를 바르게 만들고자 했지만 인간 존재에 대한 근본적인 관점은 크게 달랐다. 인문주의자들은 인간 이성과 지성의 가능성을 긍정하며, 종교적 사고조차도 보다 합리적이고 세속적인 틀 속에서 하려 했다. 반면에 루터는 초월적인 하느님, 죄와 죄책감, 내면의 불안과 구원이라는 실존 문제를 깊이 천착했다. 루터에게 에라스무스는 충분히 종교적인 인물로 보이지 않았다. 에라스무스의 개혁 방향은 루터와 달랐다. 그는 개혁 진영과 가톨릭 진영 사이의 평화적 공존을 모색했다. 황제에게도 프로테스탄트에 대해 관용적인 태도를 취할 것을 권고했다. 성직자의 결혼을 인정하거나 평신도에게 포도주를 제공하는 양종성찬(utraquism)을 허용하는 등 교회 내부의 점진적인 개혁 역시 필요하다고 보았다. 에라스무스는 루터에게 이렇게 말했다.

Andrew Pettegree, London and New York, NY: Routledge, 2000, p. 90.

41 Cornelis Augustijn, *Erasmus: His Life, Works, and Influence*, trans., J. C. Grayson, Toronto: University of Toronto Press, 1991, p. 145.

42 Harry Loewen, *Ink Against the Devil*, p. 105.

43 Harry Loewen, *Ink Against the Devil*, p. 106.

나는 가톨릭교회를 떠난 적이 한번도 없습니다. 당신이 '교황주의자 교회'라고 부르는 이 교회에는 나를 탐탁지 않게 여기는 이들이 많은 줄 압니다. 하지만 당신의 교회에도 그런 이들은 존재합니다. 사람은 익숙한 악에 더 잘 견딜 수 있습니다. 그러므로 나는 더 나은 대안을 보기 전까지는 이 교회에 머물 것입니다. 그리고 두 악 사이에서 나는 그 중간을 향해해 나갈 것입니다.[44]

에라스무스와 루터의 논쟁은 끝내 봉합되지 않았다. 시간이 흐를수록 두 사람의 관계는 악화되었으며, 그들의 신학적 입장은 더 이상 서로를 이해하거나 수용할 수 없는 지점에 이르게 되었다. 에라스무스는 루터의 예정론적 주장이 16세기 사회에 '운명론적인 무책임과 도덕적 해이'를 초래했다고 비판했다. 그는 1525년 농민전쟁의 참혹한 양상이야말로 그러한 신학이 가져온 사회적 폐해를 증명하는 사례라고 보았다. 에라스무스와의 논쟁과 결별은 루터에게 도움이 되지 않았다. 농민전쟁이라는 커다란 사건과 맞물리면서 에라스무스와의 논쟁은 루터가 더 이상 반가톨릭의 영웅이나 존경받는 설교자, 저술가로만 간주될 수 없게 만든 계기가 되었다. 그는 지나치게 많은 갈등을 일으키고 때로는 스스로조차 제어할 수 없는 인물로 비쳐지기 시작했다. 루터의 영향력도 약해지기 시작해 1525년을 기점으로 루터의 저작 판매량 역시 눈에 띄게 줄었다.

최고의 인문주의자와 가장 영향력 있는 종교개혁가의 갈등과 결별이 유독 아쉽게 느껴지는 이유는 두 사람이 서로 보완적인 관계를 이루면서 교회개혁이라는 시대적 요청에 성실히 응답해 왔기 때문이다. 둘 사이의 결별은 개인 사이의 의견 차이를 넘어 종교개혁 전체 흐름에 파장을 남겼다. 이 결별의 원인은 여러 층위에서 살펴볼 수 있다. 인문주의가 인간성에 대한 근본적인 긍정을 바탕에 두고 있다면, 루터의 종교개혁은 인간을 철저히 부패하고 무력한 존재로 보는 데서 출발했다. 인간 이

44 Harry Loewen, *Ink Against the Devil*, pp. 107~08.

해에 대한 인문주의자와 종교개혁가들 사이의 이러한 시각 차이는 쉽게 좁혀지기 어려운 것이었다. 가톨릭교회의 부패와 권력 남용에 대한 비판을 공유하고 있는 것처럼 보이지만 그 비판의 깊이나 방향은 달랐다. 에라스무스가 교회의 외적 부패와 타락을 풍자와 문학적 표현으로 고발했다면, 루터는 교황제의 정당성 자체를 공격하고 칠성사와 같은 가톨릭 신학의 핵심 교리를 정면으로 부정했다. 95개조 논제를 발표했을 때만 해도 루터의 태도는 비교적 온건했다. 하지만 시간이 흐르면서 그는 교황제 자체를 철폐하지 않고서는 교회의 개혁은 불가능하다고 결론짓게 되었다.

그렇다면 에라스무스가 말한 '중도'란 실현 가능한 길이었을까? 시간이 지남에 따라 가톨릭과 프로테스탄트 양측 모두 에라스무스를 멀리하게 되었다. 자유의지 논쟁 이후, 인문주의와 종교개혁은 보다 명확하게 구별되기 시작했다. 처음에는 상호 보완적인 운동처럼 보였던 이 두 흐름은 근본적으로 서로를 향해 적대적인 방향으로 나아갈 수밖에 없다는 사실을 루터나 에라스무스도 뚜렷하게 인식하게 되었다. 에라스무스를 비롯한 인문주의자들 중에는 루터처럼 기성 교회에 비판적인 입장을 가진 이들이 적지 않았다. 이들은 초기 종교개혁에 대해 우호적인 시선을 보이기도 했다. 하지만 대부분의 인문주의자는 가톨릭교회와의 완전한 결별을 원하지 않았다. 그들은 루터처럼 기존 권력에 정면으로 맞서는 인물이 아니라 체제 내부에서 점진적인 개혁을 추구하는 학자들이었다. 루터의 저술과 행동은 그들에게 분명한 자극이 되었지만 점차 모든 것을 공격하는 듯한 루터의 태도는 부담으로 작용했다.

에라스무스와 비슷한 이유로 루터와 결별한 또 다른 대표적인 인물로 인문주의자 코클라에우스가 있다. 그는 처음에는 루터 편에 섰지만 1522년 이후에 결별했다. 그는 『성찬의 은총』(*De Gratia Sacramentorum*)이라는 저술을 통해 가톨릭교회에 대한 루터의 비판을 반박하면서 루터의 칭의론과 자유의지 부정론을 공격했다.[45] 그가 비판한 것은 루터의 신학적 주장만이 아니었다. 그는 루터가 논쟁에서 사용한 과격한 표현과 언행에도 깊은 실망을 나타냈다. 코클라에우스는 루터가 반그리스도적이며 때로는 악마적인 인물이라고 간주했다. 한때 기대했던 것만큼이나 루터에게 실망한 이후 그의 비난에 가까운 비판은 거침없었다. 『루터가 잉글랜드 국왕 헨리 8세에게 보낸 답신에 대한 소고』(*A Brief Discussion of Luther's Response to the Royal Letter*)는 인신공격 수준의 비난으로 가득 차 있다.[46]

> 루터의 입장은 시대와 상황에 따라 끊임없이 변했다. …… 교리적 일관성을 그의 사상에서 찾기란 거의 불가능할 정도였다. 이러한 변덕은 그에게서 새삼스러운 것이 아니었다. …… 루터는 타인의 의견이나 조언을 들으려 하지 않는 완고하고 오만한 성격을 지녔으며, 사람을 칭찬하다가 곧 저주로 돌변하는 일이 결코 드물지 않았다. 그는 같은 책 안에서도 서두에서는 에라스무스를 하늘까지 높여 찬양하다가 몇 쪽 지나지 않아 그를 지옥으로 내던지는 표현을 서슴지 않았다. …… 그러나 이러한 비방과 저주, 아첨과 찬양의 양극적 언어는 단순히 개인적 기질의 문제로 환원될 수 없다. 루터의 파괴적이고 선동적인 언설은 독일 사회 전체를 뒤흔들었고 혼란과 분열을 초래했으며, 마침내 말로 다할 수 없는 비극과 학살로 이어졌다.[47]

---

45 Johannes Cochlaeus, *De Gratia Sacramentorum Libellus*, Strassburg: J. Grieninger, 1522, fol. 42v. "그러므로 성례는 루터가 주장하듯 단순한 표지가 아니라 실제로 은총의 도구이다. 교회와 사제직의 행위, 제단의 희생 없이는 결코 구원으로 인도되지 않는다."

46 Johannes Cochlaeus, "Johannes Cochlaeus's Brief Discussion of Luther's Response: A Brief Discussion of Luther's Response to the Royal Letter, Addressed by Johannes Cochlaeus to That Noble and Valiant Man, Sir Hermann Rinck of Cologne, King's Counsellor and Knight of the Golden Spur, etc.", *Henry VIII and Martin Luther: The Second Controversy, 1525-1527*, ed., Richard Rex, Woodbridge: Boydell & Brewer, 2021, pp. 226~65.

47 Johannes Cochlaeus, "Brief Discussion of Luther's Response", pp. 237~49.

루터의 인격적 문제는 비판의 일부였다. 인문주의자들이 보다 심각하게 우려한 것은 종교개혁이 일어난 독일 지역에서 도덕과 윤리 의식이 눈에 띄게 저하되었다는 점이었다. 그들은 이러한 도덕성의 저하가 기존의 전통과 권위를 무너뜨린 결과로 나타났다고 보았다. 또한 루터가 인간의 전적인 타락을 강조하면서 인간이 마땅히 실천해야 할 선행조차도 부정한 데 그 원인이 있다고 보았다. 루터의 사상을 수용한 독일 지역에서는 실제로 도덕적 혼란이 일어났다. 대표적인 예로 헤센의 영주 필리프 1세는 1526년부터 중혼을 허용해 달라는 요구를 루터에게 전달했다. 그는 구약성서에 나오는 족장들의 일부다처제 전통을 근거로 삼아 결국 1539년 비밀리에 중혼을 실행했다. 이는 루터와 멜란히톤 모두를 곤란하게 만들었다.

유대인 문제

1525년 무렵 독일 개혁 진영은 각자의 속도로 나아가고 있었지만, 루터는 개혁의 속도와 방향에 실망했고 그의 어조는 점차 거칠어졌다. 자신만이 정당하다는 확신은 점점 강해졌고 가톨릭뿐만 아니라 아나뱁티스트와 다른 개혁 진영까지도 인정하지 않게 되었다. 특히 루터의 유대인에 대한 부정적이고 편협한 시각은 동시대 개혁 진영 내부에서도 부담이 되었다. 그것은 단지 당대 종교 문제에 그치지 않았고 독일과 유럽 전반에서 반유대주의 정서의 확대로 이어졌다. 그 영향은 훗날 20세기 홀로코스트와의 연관성까지 논의되기에 이르렀다.

유럽에서 반유대주의는 수세기 동안 지속된 오래된 문제였다. 1215년 제4차 라테란 공의회 이후, 유럽 가톨릭 지역에서 유대인은 신분 표식을 부착해야 했으며, 이는 유대인과 그리스도교도의 세계를 분리했다. 서로 간의 결혼도 금지되었다. 15세기 초 신성 로마 제국의 도시들에서는 유대인들에게 노란색 표식을 달도록 해 구별했고, 중세 후반기 독일 도시

들에서는 유대인 추방이 이어져 그들은 동유럽으로 이주하게 되었다.[48]

루터가 일생 동안 유대인을 바라본 시각이 일관되었는지 혹은 말년에 급격히 바뀌었는지는 평가가 엇갈린다. 동시대 교회 역시 유대인에 대해 다양한 시각을 가지고 있었다. 1539년 프랑크푸르트 제국의회에서 멜란히톤은 1530년에 추방된 유대인을 다시 받아들일 것을 요청했으며, 루터파인 우르바누스 레기우스(Urbanus Rhegius, 1489~1541)는 세속 통치자들에게 유대인에 대한 관용을 요구했다. 루터와 논쟁을 벌였던 에크조차도 유대인에게 관용을 베풀고 유럽 내에 거주할 수 있게 해야 한다고 주장했다. 종교개혁가 루터는 유대인에 대해서도 일생 동안 폭넓게 글을 썼다. 정작 루터가 활동했던 아이제나흐, 에르푸르트, 비텐베르크는 유대인의 출입이 금지된 도시였기에 그가 유대인들을 자주 만났을 가능성은 별로 없다.[49] 초기에는 유대인에 대해 비교적 유연하고 관용적인 태도를 보였다. 그의 편지나 초기 저작에서는 유대인을 비난하기보다는 그들의 개종 가능성을 언급하며 설득과 교육을 강조하는 모습이 보인다.

루터는 1523년 저술한 『예수 그리스도는 유대인으로 나셨다』(*That Jesus Christ was Born a Jew*)[50] 서문에서 자신의 믿음을 설명하면서 그리스도는 동정녀에게서 태어난 유대인이라고 언급했다. 유대인이 그리스도의 혈통에 속해 있는 반면에, 그리스도교도의 지위는 이방인, 외국인, 친척, 사촌이자 형제에 불과하며, 유대인이 그리스도와 혈통상 더 가깝다는 것은 부인할 수 없다고 했다.[51] 루터는 유대인들을 친절하게 대하고 성서를 이용해 가르치기를 요청했다. 그렇게 할 경우, 그들 중 일부가 그리스도의 복음으로 돌아올 수 있기 때문이다. 그리스도교도와 유대인 사이의 사업이나 인간적 교류를 막는 것은 아무런 유익이 없다.[52] 이때

48 Thomas Kaufmann, *Luther's Jews: A Journey into Anti-Semitism*, trans., Lesley Sharpe and Jeremy Noakes, Oxford: Oxford University Press, 2014, p. 14.

49 Thomas Kaufmann, *Luther's Jews*, p. 26.

50 Martin Luther, *That Jesus Christ was Born a Jew*, LW, vol. 45, pp. 199~229.

51 Martin Luther, *Christ was Born a Jew*, p. 201.

의 루터는 당시 유대인에 대한 고정관념에 도전하고 있다. 이 견해는 루터의 종말론과도 연결된다. 그는 교황을 적그리스도로 상정하며, 마지막 날이 더 가까워지고 있다고 믿었다. 이 마지막 때에 유대인이 그리스도에게로 돌아오는 것은 성서가 약속한 중요한 종말의 현상이었다. 루터의 초기 설교나 강의, 인쇄물에서 유대인에 대한 비난은 전혀 언급되어 있지 않다. 오히려 그리스도교 사회 내에서 유대인을 용인하려는 의지는 분명했다. 그의 저작 전반에 걸친 다양한 논평은 필연적으로 그를 '유대인의 친구'로 보이게 만들었다.[53]

1530년대 후반부터 루터의 유대인에 대한 태도가 점점 적대적으로 바뀌었다. 1543년에 쓴 『유대인과 그들의 거짓말에 대하여』(*On the Jews and their Lies*)[54]는 그 정점이었다. 루터는 이 글에서 유대인을 개종시키려는 시도는 불가능하기 때문에 개종 논의는 관심이 없다고 했다. 20년 전에 쓴 글에서 유대인의 개종이 마지막 때의 진정한 희망이라고 보았지만 20년이 지난 후 루터는 완전히 포기했다. 루터는 중세 시대에 유대인들에 대해 제기된 여러 근거 없는 비난을 반복했다. 그들을 "피에 굶주린 사냥개이자 모든 그리스도교 국가의 살인자들"이라고 공격했다. "그들은 개울물과 우물에 독을 뿌리고, 어린이를 납치하고, 송곳으로 뚫고, 조각조각 난도질하고, 비밀리에 그리스도교도의 피로 그들의 분노를 삭이는 자들"이라고 했다.[55] 마지막으로 루터는 동시대 유대인들을 어떻게 대우해야 할지에 대한 권고 사항을 제시했다. 그는 세속 주권자들로 하여금 회당이나 학교에 불을 지른 후 타지 않고 남은 것은 무엇이든 흙으로 덮어 아무도 다시는 볼 수 없게 해야 한다고 촉구했다. 유대인의 집을 파괴하고, 탈무드를 포함한 종교 서적을 압수하고, 랍비들의 가르침을 금지할 것을 요구했다. 유대인들에게 더 이상 대로에서 안전 통행을

---

52 Martin Luther, *Christ was Born a Jew*, p. 200.

53 Thomas Kaufmann, *Luther's Jews*, p. 60.

54 Martin Luther, *On the Jews and their Lies*, LW, vol. 47, pp. 137～306.

55 Martin Luther, *On the Jews and their Lies*, pp. 264～65.

허용해서는 안 되며, 대부업을 금지하고 육체노동을 하도록 요구해야 한다고 거칠게 주장했다.[56] 루터의 유대인에 대한 비판은 유대인과 신앙에 대한 부정뿐만 아니라 그리스도교 사회에서 그들의 존재 자체를 지워버리려는 공격으로 연결되었다.

> 그러므로 자비를 베풀고 그들의 행동을 용인하는 것은 잘못된 것이다. …… 우리는 그들을 미친개처럼 쫓아내야 한다. 그래서 우리가 그들의 가증스러운 신성모독과 다른 모든 악행에 참여해 하느님의 진노를 불러일으키고 그들과 함께 저주를 받는 일이 없도록 해야 한다.[57]

과거 루터는 가톨릭교회가 유대인을 가혹하게 대우하는 것을 비난했지만 이제 그는 훨씬 더 거친 접근 방식을 옹호했다. 그리스도교도들이 유대교로 개종할지도 모른다고 오히려 염려했다. 루터의 유대인에 대한 부정적인 인식은 술레이만 대제가 이끄는 오스만 제국의 서진으로 유럽이 위협을 받는 상황에서 더 두드러졌다. 무슬림 통치 아래 수세기 동안 살았던 유대인들이 그리스도교 세계를 무너뜨리기 위해 오스만 제국과 비밀 협정을 맺고 자금을 조달했다는 의심을 받았다.[58] 1530~40년대 신성 로마 제국을 포함한 그리스도교 유럽은 그들이 처한 내부 조건이나 외부 상황 탓에 유대인들에게 호의적이지 않았다.[59]

생애 말년에 종교개혁기에 등장한 가장 공격적인 반유대주의 저작을 쓴 루터를 어떻게 해석해야 할지는 현실적으로 많은 고민을 안겨 주었다.[60] 루터가 『예수 그리스도는 유대인으로 나셨다』를 저술한 이후, 기

56 Martin Luther, *On the Jews and their Lies*, pp. 268~70.

57 Martin Luther, *On the Jews and their Lies*, p. 292.

58 Thomas Kaufmann, *Luther's Jews*, p. 79.

59 Thomas Kaufmann, *Luther's Jews*, p. 86.

60 유대인에 대한 루터의 저작을 다른 주요 저작과 분리해 보아야 한다는 주장도 있다. 이에 대해서는 John T. Pawlikowski, "Martin Luther and Judaism: Paths Towards Theological Reconciliation", *Journal of the American Academy of Religion* 43, no. 4,

대만큼의 변화가 나타나지 않아 실망한 것이 유대인들에 대한 적대감으로 작용했다고 보기도 하고 건강이 좋지 않은 루터의 개인적 상황이 점점 더 완고한 입장을 강화한 것으로 설명하기도 한다. 토마스 카우프만(Thomas Kaufmann)은 루터가 말년에 앓은 두통과 신장결석 같은 신체 질환과 더불어 비관주의와 회의주의 같은 '노인성 우울증'이 유대인에 대한 이유 없는 적대감을 키운 원인으로 보았다.[61] 그러나 그 어떤 것도 루터의 저작에 대한 책임을 면제해 주지는 못한다.

『유대인과 그들의 거짓말에 대하여』에 대한 동시대인들의 반응은 어땠을까? 루터의 모든 글 중에서 반응이 가장 미미했다. 두 권의 독일어 인쇄본과 한 권의 라틴어 번역판만 나왔는데, 루터의 동료 멜란히톤과 슈팔라틴은 이 책을 프로테스탄트 제후들에게 보냈다. 이들이 루터의 관점을 지지했기 때문에 그런 것인지는 분명하지 않다. 말년의 루터를 존중하는 의미에서 작품을 제후들에게 보냈을 수도 있다. 그럼에도 이러한 조치는 유대인을 향한 프로테스탄트의 합의된 시각이라는 인상을 주기에 충분했다. 실제로 프로이센의 알브레히트는 이 책을 읽은 후에 유대인 정책의 지침으로 삼았다.[62] 독일 내 유대인 공동체의 대표였던 요젤 폰 로스하임(Josel von Rosheim, 1480?~1554)이 스트라스부르 의회에 제출한 청원서에 따르면, 『유대인과 그들의 거짓말에 대하여』가 출간된 이후 마이센 및 브라운슈바이크 등 여러 도시에서 유대인 보호 조항이 중단되었다. 요젤은 루터로 인해 유대인의 인명이나 재산에 피해가 갈 수 있다고 제국의 법에 호소했다. 그는 스트라스부르 의회를 설득해 루터의 저작 출판을 금지하는 데 성공했다. 1546년 루터가 죽은 직후, 카를 5세는 요젤의 청원을 받아들여 유대인 보호 조치를 재확인했다. 유대인에

1975, p. 681 참조. 또한 반유대주의가 루터 사상의 핵심이 아니라고 변호하는 입장에 대해서는 Ken Schurb, "Luther and the Jews: A Reconsideration", *Concordia Journal* 13, 1987, pp. 307~30 참조.

61 Thomas Kaufmann, *Luther's Jews*, p. 96.

62 Thomas Kaufmann, *Luther's Jews*, p. 121.

관한 루터의 후기 저작물은 프로테스탄트 세계의 유대인 정책에 결정적인 영향을 끼치지 못했다.

마르틴 부처는 비록 유대인에 대해 호의적이지 않았으나 루터를 변호하는 어떤 대응도 하지 않았다. 스위스의 신학자 하인리히 불링거(Heinrich Bullinger, 1504~75)도 루터의 유대인에 대한 인식에 반대했다. 불링거는 루터처럼 탁월한 신학자가 인생 말년에 이런 끔찍한 내용의 책을 썼다는 것에 충격을 받았다. 그는 루터도 문제지만 루터에게 직언을 하기보다 에워싸고 숭배하는 데 급급한 이들의 탓도 있다고 주장했다. 루터의 반유대주의는 당시에는 정치적으로 대중에게 큰 관심을 끌지 못했다.[63]

루터가 남긴 유산은 의외의 현장에서 불씨가 다시 붙었다. 20세기 들어 독일 제3제국 초기에 나치 정부는 반유대주의자 루터를 다시 소환해냈다. 1930년대 후반에는 나치 인종 정책의 연속성을 루터로부터 찾으려는 시도가 있었다. 루터파 교회 내에서도 반유대주의자 루터의 유산을 부인하는 세력과 나치의 반유대주의 신학을 지지하는 세력으로 분열되었다. 대다수 독일 프로테스탄트 지도자는 제3제국의 반유대 정책에 저항하지 않았다. 1938년 11월 9일과 10일 이틀 동안 나치 돌격대와 독일인들이 유대인 상점과 회당을 습격하는 '수정의 밤'(Kristallnacht) 사건이 발생했다. 이 사건으로 최소 1,000명의 유대인이 사망하고 1,500곳 이상의 유대교 회당이 약탈되거나 파괴되었다. 3만 명 이상의 유대인이 강제수용소로 이송되었다.

이 사건은 유대인에 대한 차별이 적극적인 박해와 추방으로 이어지는 신호탄이 되었다. 이 사건 이후 루터교회는 루터를 나치 국가에서 유대인의 권리를 제거한 수호성인이라고 선언했다. 포그롬이 발생한 지 불과 며칠 후인 11월 15일 튀링겐 주교 마르틴 사세(Martin Sasse, 1890~1942)는 『유대인과 그들의 거짓말에 대하여』에서 발췌하고 서문을 추가해

63 Thomas Kaufmann, *Luther's Jews*, p. 124.

10만 부를 인쇄했다. 루터의 유대인에 대한 태도를 명확하게 보여 준 이 책은 유대인과 관련한 어떤 대중매체나 출판물보다도 단기간에 가장 큰 영향을 끼쳤다. 사세는 교회에서 유대인을 쫓아내라고 촉구했다. 유대인 목사, 종교 교사, 오르간 연주자들이 해고당하고 세례받은 유대인들이 교회에서 추방되었다. 사세 주교는 1932년 결성된 독일 그리스도교 운동의 선도적 인물로 아돌프 히틀러(Adolf Hitler, 1889~1945)를 지지하고 나치의 기치 아래 통일된 독일 프로테스탄트를 만들려고 노력했다. '수정의 밤'에 나치가 촉발한 폭력에 대해 프로테스탄트 지도자들은 경고하기는커녕 루터를 소환해 유대인들에 대한 폭력을 정당화하는 야만을 저질렀다. 수정의 밤 발생 일주일 후, 메클렌부르크 주교인 발터 슐츠(Walter Schultz, 1900~53)는 목사들에게 보낸 '유대인 문제'에 관한 권고에서 이 사건이 루터 유산의 성취라고 판단했다. 나치 국가의 반유대주의를 지지하기 위해 루터를 전유하는 행위가 다양하고 광범위하게 실행되었고 언론도 이를 부추겼다.[64] 물론, 20세기의 사건에 16세기 맥락의 루터를 소환하는 것은 시대착오적이다. 하지만 그에 대한 반성은 늦어도 너무 늦게 시작되었다는 점에서 여전히 현재적 사건일 수 있다. 베를린-바이센제(1950)에서 열린 독일 프로테스탄트 총회(EKD, Evangelische Kirche in Deutschland)는 하느님이 택한 백성 이스라엘에 대한 하느님의 약속이 여전히 지속된다는 신학적 교리를 믿는다고 공언했다. 루터 탄생 500주년이 되는 1983년, 독일 프로테스탄트 총회는 유대인에 관한 루터의 후기 저서를 '재앙'이라고 선언했다. 2000년에는 프로테스탄트가 나치 국가의 유대인 대상 범죄에 연루된 것을 공개 사과했다. 역사의 증거는 이 판단을 뒷받침한다.[65]

1984년 루터교세계연맹(LWF, Lutherischer Weltbund) 제7차 총회는 다음과 같은 성명을 발표했다.

---

64 Thomas Kaufmann, *Luther's Jews*, p. 149.

65 Thomas Kaufmann, *Luther's Jews*, p. 151.

루터교는 그 명칭과 그리스도교 이해의 상당 부분을 마르틴 루터에게서 받았습니다. 그러나 우리는 이 개혁가가 유대인을 향해 쏟아놓은 과격한 언어적 공격을 수용하거나 용납할 수 없습니다. …… 우리는 루터가 인종적·민족주의적·정치적 반유대주의를 지지했다고는 생각하지 않습니다. 비록 루터의 공격이 큰 역할을 했던 16세기의 안타까운 종교적 반유대주의조차도 현대 사회의 상황에 그대로 적용한다면 끔찍한 시대착오일 뿐입니다. 그렇지만 우리는 나치 시대에 루터의 이름과 저술이 그러한 반유대주의를 정당화하는 데 악용되었던 사실을 매우 유감스럽게 인정합니다. 유대교와 그리스도교 신앙에는 여전히 상충되는 전제가 존재하지만, 이러한 차이가 루터가 유대인을 대했던 적대감과 폭력으로 이어질 필요는 없으며 그래서도 안 됩니다. …… 루터의 반유대적 발언과 유대인에 대한 폭력적 공격은 깊은 애통 속에서 인정해야 할 죄악입니다. 그리고 현재나 미래에 유사한 죄악이 발생할 수 있는 모든 가능성을 교회 안에서 철저히 제거해야 합니다.[66]

신과 악마 사이에 선 루터

루터는 인간 이성과 인간 존재에 대해 깊은 불신과 염세적 관점을 지닌 인물이었다. 인간의 자유의지를 부정하고 신의 은총에만 전적으로 기대야 한다는 사상은 분명 전근대적이다. 그는 하느님과 악마의 실재에 대한 민감한 인식을 가지고 세계를 선과 악의 이분법으로 바라보았다. 루터를 독일 민족의 영웅으로 보는 시각은 있을 수 있지만, 그가 근대를 연 인물이라는 평가는 지나친 해석이다. 루터를 '근대적 인간'으로 재구성하려는 시도는 독일의 민족주의적 필요에서 비롯된 신화적 서사일 가

66 https://ijcic.net/wp-content/uploads/2025/06/lutheranism.pdf(검색일: 2025년 10월 25일).

능성이 크다. 그는 자신도 모르게 국가주의의 문을 열었고 종교의 국가 예속을 앞당긴 인물이기도 했다. 물론, 그 어떤 평가도 루터의 진면모를 충분히 담아낼 수는 없다. 그만큼 다면적이고 다층적이며 논쟁적 인물이다.

루터의 가장 가까운 동시대인이자 친구였던 멜란히톤 역시 이러한 논쟁적 평가를 잘 알고 있었다. 그는 루터의 결함과 약점을 시대적 맥락 속에서 해명하며 옹호했다. 멜란히톤은 루터 장례식 추모사에서 다음과 같이 말했다.

> 그러나 악의가 전혀 없는 이들조차 루터가 지나치게 격렬하게 대처했다는 의심을 품곤 합니다. 제가 그 주장을 단호히 부정하지는 않겠습니다. 다만 에라스무스의 말을 빌리면 "하느님께서는 이 종말의 때에 만연한 병폐가 너무나 심각하므로 '난폭한 의사'를 보내셨다"라고 했습니다. …… 하지만 열정적인 기질을 가진 인물을 보다 평범한 이들이 못마땅해하는 것은 흔한 일입니다. …… 저도 열정적인 인물이 때로 지나친 성급함에 빠지곤 한다는 점을 부인하지는 않겠습니다. 인간 본성에 내재한 약점에서 완전히 벗어난 사람은 아무도 없기 때문입니다. …… 그러므로 교회 안에서 사도 바울은 '믿음과 선한 양심을 지키며 선한 싸움을 치른' 이들에 대해 말합니다. 그들은 하느님께서 기뻐하시며, 경건한 사람들 사이에서도 존중받는 이들입니다. 마르틴 루터는 바로 그러한 인물이었습니다. 그는 그리스도교의 순수한 교리를 끊임없이 수호하는 동시에 양심적이고 진실된 인격을 끝까지 유지했습니다.[67]

그로부터 500년이 지난 오늘, 루터 평전의 권위 있는 저자 린들 로퍼

---

67 Philip Melanchthon, "Funeral Oration on Martin Luther", *Masterpieces of Eloquence: Famous Orations of Great World Leaders from Early Greece to the Present Time*, ed., Mayo Williamson Hazeltine, vol. 4, New York, NY: P. F. Collier & Son, 1905, pp. 1336~37.

의 평가는 또 다른 각도에서 훨씬 더 예리하게 루터를 비춘다.

> 종교개혁은 흔히 근대의 도래, 개인의 자유 혹은 종교적 정체성과 정치적 정체성을 결합한 교파적 세계의 탄생으로 찬양받아 왔다. 그러나 나는 이 어떤 해석도 루터나 그가 일으킨 운동을 제대로 설명하지 못한다고 본다. 루터는 '근대적' 인물이 아니었다. 우리가 그의 사상을 낯설고 때로는 불편한 그 고유한 맥락 속에서 이해하지 않는다면, 오늘날 그가 우리에게 제시할 수 있는 바를 보지 못할 것이다. 루터가 말한 '자유'와 '양심'은 오늘날 우리가 사용하는 의미와 전혀 다르다. 그것은 개인이 자신의 양심을 따를 자유가 아니라 하느님과 함께할 때만 얻을 수 있는 인식, 곧 그가 객관적 진리라 믿은 지식을 의미했다. 루터는 교회를 분열시키고 종파의 시대를 열었지만 도덕적 규율을 법정에서 강제하는 것을 믿지 않는 외골수 사상가였다. 그는 또한 이성을 '매춘부'라 부르며, 이성에 대한 깊은 불신을 드러낸 인물이기도 했다.[68]

이 두 평가에서 분명한 사실은 루터가 자신이 속한 시대의 한계를 오롯이 간직한 '시대의 아들'이었다는 점이다. 루터에 대한 진실은 아마 멜란히톤과 로퍼 사이 어딘가에 존재할 것이다. 하이코 오베르만(Heiko A. Oberman, 1930~2001)의 책 제목처럼 루터는 평생 '신과 악마 사이'에서 종말론적 긴장 속에 살았던 인물이다.[69] 루터에 대한 평가의 간극은 500년의 시간만큼이나 메우기 어렵고 앞으로도 그럴 것이다. 루터는 흔들림 없는 영웅이나 단호한 혁신가가 아니었다. 그는 신과 악마에 대한 두려움, 그리고 끊임없는 내면의 영적 싸움을 견뎌야 했던 중세적 인간이었다. 하늘과 땅, 신과 악마 사이에서 긴장하며 살아야 했던 영원한 방

---

68 Lyndal Roper, *Martin Luther: Renegade and Prophet*, London: The Bodley Head, 2016, p. 422.

69 Heiko A. Oberman, *Luther: Man between God and the Devil*, trans., Eileen Walliser-Schwarzbart, New Haven and London: Yale University Press, 1989.

랑자였다. 실제로 루터는 1521년 「보름스 칙령」으로 인해 제국에서 추방을 당한 이후, 죽을 때까지 25년 동안 지속적인 위협 속에 살았다. 제국 정치의 역학 때문에 암살이나 체포로 이어지지는 않았지만, 그는 언제나 불안한 망명자적 존재였다.

루터는 영웅이기를 거부한 인물이었다. 그는 자기 소명에 충실했지만 동시에 자신의 한계와도 싸워야 했다. 때로 그 무게를 감당하지 못해 취약한 면모를 드러내기도 했다. 어쩌면 루터는 95개조 논제가 '난쟁이가 쏘아 올린 작은 공'에 불과하다고 느꼈을지도 모른다. 그 공은 그의 손을 떠나 통제할 수 없는 역사적 궤도로 나아갔다. 루터의 한계와 약점을 지적하는 것이 그의 성취를 훼손하지는 않는다. 오히려 그의 불완전함과 한계, 그리고 내적 갈등 자체가 종교개혁을 다층적이고 복수적인 서사로 읽게 만드는 근거가 된다.

제8장 독일 종교개혁 연구사

16세기 종교개혁 이래 500년간 종교개혁에 대한 다양한 해석사가 존재해 왔다. 그 해석은 두 가지 기본 갈래인 사상사와 사회사로 단순하게 분류할 수 있다. 전자의 주체는 주로 교회사가와 신학자이고, 후자의 주체는 사회사가와 문화사가이다.

현재 가장 일반적인 종교개혁의 정의에 따르자면, 1517년 가을 마르틴 루터의 면벌부 거래에 대한 비판으로 시작된 교회와 사회의 변화로 인해 로마로부터 프로테스탄트 교회가 독립해 로마 가톨릭교회가 여러 교파로 분열된 사건을 의미한다. '종교개혁'이라는 용어는 이 복잡한 과정을 설명하는 데 사용한다. 종교개혁이 16세기 독일의 루터로부터 시작된 한 종교적 사건을 의미하지만 교회사의 특정 시기를 종교개혁기라고 부르기도 한다. 필리프 야코프 슈페너(Philipp Jacob Spener, 1635~1705)와 같은 17세기 독일 경건주의자들이 종교개혁을 16세기 교회사의 일정한 시기를 의미하는 단어로 사용하기 시작했다. 그들은 종교개혁을 해석할 때 교리적 특성보다는 윤리적 측면을 강조했다. 권위주의를 내세운 17세기 말에서 18세기 초반, 독일 루터교회의 경직성에 반발하며 경건주의자들은 역사 속에서 자신들의 입장을 지지해 줄 루터를 소환했다. 그들은 젊은 시절의 루터와 노년의 루터를 구별해 젊은 루터를

진정한 종교의 자유를 이끈 해방자로 찬양했다.[1]

흔히 그리스도교 역사에서 예수 그리스도 다음으로 연구가 많이 진행되었다고 하는 루터의 초상과 해석은 너무나 다양하다. 독일의 교회사학자 하인리히 뵈머(Heinrich Boehmer, 1869~1927)는 1914년에 "루터에 관한 책의 수만큼의 다양한 루터가 있다. …… 루터는 악마의 후손, 아돌프 히틀러와 반유대주의의 선구자, 한편으로는 제5복음서 저자"라고 한 바 있다.[2] 당연하게도 종교개혁사 서술에서 루터와 독일 종교개혁에 대한 해석은 시대에 따라 상당한 변화가 있었다. 그 변화는 16세기를 바라보는 역사가가 처해 있는 사회적·국가적 맥락이나 역사가 자신의 종교적 신념과 밀접하게 연결되어 있었다. 어느 시점에서는 루터 종교개혁의 신학과 교리적 측면을 강조하기도 했고 특정 시점에서는 루터의 정치적 입장에 초점을 두기도 했다.

루터의 종교개혁뿐만 아니라 16세기 유럽 각 국가들의 종교개혁 흐름의 서술에서 전통적인 종파적 역사 서술의 경직성을 넘어서려는 시도는 역사가들 사이에서 꾸준하게 이어졌다. 특히 사회사가와 정치사가들은 종교개혁을 더 넓은 유럽적인 현상으로 이해하려 했다. 국가적 맥락 내에서는 종교개혁에 대한 지역사 연구가 활기를 띠었다. 그 결과 일반적이고 보편적인 특성을 추출하기가 거의 불가능할 정도로 세부적이고 전문적인 연구가 급증했다.[3] 18세기 이래 독일에서 루터 연구사의 흐름이 어떻게 독일 종교개혁의 성격을 규정해 왔는지, 어떻게 독일 종교개혁에 대한 해석이 변화되어 왔는지 살펴보자.

---

1 A. G. Dickens and John Tonkin, *The Reformation in Historical Thought*, Cambridge, MA: Harvard University Press, 1985, p. 116.

2 Thomas Kaufmann, *The Saved and the Damned: A History of the Reformation*, trans., Tony Crawford, Oxford: Oxford University Press, 2023, p. 14.

3 Bob Scribner, "Germany", *The Reformation in National Context*, eds., Bob Scribner, Roy Porter, and Mikuláš Teich, Cambridge: Cambridge University Press, 1994, p. 2.

종교개혁의 신화적 이미지 형성

루터와 독일 종교개혁은 16세기 중반부터 독일 역사 서술의 가장 중요한 주제로 남아 있다. 주로 독일 근대 역사, 사회와 문화의 행동 및 특성 형성에 있어 루터와 루터교의 역할에 긍정적인 가치를 두는 경향이 있다.[4] 종교개혁이 가톨릭 지배의 중세를 극복하고 개인에 대한 발견과 근대의 출발이라는 관념은 오랫동안 프로테스탄트 교회사 속에서 형성되어 왔다. 종교개혁은 주로 신학적 측면에서 질문이 다루어진 것에 비해 사회적·정치적 측면에는 거의 관심이 없었다. 종교개혁 연구에 사회사가들이 참여하기 시작하면서 독일 민족주의와 자유주의 사상과의 인과 관계를 밝히려는 시도가 꾸준하게 이어졌다. 특히 19세기 초 독일 민족주의 생성기에 종교개혁에 대한 새로운 관점이 제시되었다.

18세기에 등장해 프랑스혁명과 나폴레옹 전쟁의 결과로 대중화된 유럽 민족주의의 대두는 루터 종교개혁 300주년을 기념하는 1817년 전후 독일에도 뚜렷한 자취를 남겼다. 요한 고트프리트 헤르더(Johann Gottfried Herder, 1744~1803)는 루터를 독일 영웅, 고귀한 과거의 보고이자 독일 민족을 위한 미래의 선지자로 묘사했다. 그는 "다시 한번 〔루터가〕 독일의 교사, 선지자, 목사가 되어야 한다"라고 주장했다.[5] 헤르더는 각 민족마다 독자적인 '영혼' 혹은 '정념'을 가지고 있다는 낭만주의 개념을 고취했다. 19세기 독일에서는 루터와 종교개혁에 대한 수많은 기념비가 건립되었다. 루터 조각상 중 첫 번째 초석은 1817년 프로이센의 왕 프리드리히 빌헬름 3세(Friedrich Wilhelm III, 1770~1840, 재위 1797~1840)에 의해 비텐베르크에 놓였다. 그의 후계자인 프리드리히

4 Zachary Purvis, "Martin Luther in German Historiography", Oxford Research Encyclopedias, Religion, https://doi.org/10.1093/acrefore/9780199340378.013.379 (Published online: 22 November 2016), p. 2.

5 Ernst Walter Zeeden, *The Legacy of Luther*, trans., Ruth Mary Bethell, London: Hollis & Carter, 1954, p. 137에서 재인용.

빌헬름 4세(Friedrich Wilhelm IV, 1795~1861, 재위 1840~61)는 1856년 비텐베르크성 교회를 개조할 때 루터의 95개 논제가 새겨진 청동문을 세웠다. 루터는 종교적 진리를 회복하는 종교적 초상에서 독일 국가의 영웅이자 독일인의 전형으로 등장하게 되었다. 16세기 루터가 성취한 종교개혁을 유럽 역사의 특정 역사적 현상과 역사적 시대를 의미하는 것으로 규정하는 것은 본질적으로 프로테스탄트가 지배한 19세기 독일 역사학의 결과이다.[6]

근대 역사학의 아버지라 불리는 레오폴트 폰 랑케도 16세기 정치적 발전과 종교적 발전 사이의 상호작용의 중요성을 강조하면서 역사적으로 독립된 종교개혁기(1517~55)라는 구분을 역사학에 도입했다. 독일인 루터의 초상에 대한 이상은 랑케의 『종교개혁 시대의 독일사』(1839~47)에서 잘 드러난다. 그는 종교개혁을 처음으로 독일 역사를 형성하는 민족적 사건으로 규정했다. 로마 교황청과 신성 로마 제국과 독일 영토 사이의 긴장을 바탕으로, 종교개혁 운동을 교황과 황제권으로 대표되는 외부의 압제에서 독일 민족의 단결을 이끌어낸 정치적 사건으로 그렸다. 독일 종교개혁은 사회적·경제적·지적 격변과 방향 전환을 이끈 중심 사건이었다. 19세기 독일은 문화적 프로테스탄티즘의 정신을 바탕으로 독일 민족의 사회적·경제적 단결을 추구하던 시기였다. 이러한 이유로 근대 국가의 발전을 위해 종교개혁의 중요성을 다시 한번 강조했고 루터는 민족해방을 이끄는 주체가 되었다. 루터를 매개로 한 독일의 국가 발전이 역사 연구의 주제가 되었다.

19세기 프로이센 역사가들은 지금껏 성취되지 않은 독일 통일이라는 민족적 목표를 위해 루터의 종교개혁을 끌어들였다.[7] 랑케와 프로이센

6 Thomas Kaufmann, *The Saved and the Damned*, p. 4.

7 H. C. Erik Midelfort, "The Reformation and the Early Social Sciences(Marx, Weber, Durkheim, Freud) Toward a Cultural Epidemiology", *Politics and Reformations: Histories and Reformations*, eds., Christopher Ocker, Michael Printy, Peter Starenko and Peter Wallace, Leiden and Boston: Brill, 2007, p. 35.

역사가들은 독일 내에서 가톨릭과 프로테스탄트의 분열을 인식하고 하나의 종교로 통일하는 것이 독일다움을 성취하는 것으로 보았다.

이 같은 독일 상황은 오토 폰 비스마르크가 촉발한 문화 투쟁과 연결된다. 문화 투쟁은 프로이센 제국 내 로마 가톨릭교에 반대해 순수한 프로테스탄트 독일을 만들려는 시도 속에서 이루어졌다. 16세기 종교개혁 이래 북부 독일인의 대다수는 루터교도였다. 반면에 35퍼센트 정도의 독일인은 여전히 가톨릭교도였고 주로 남부 독일 지역이 가톨릭으로 남아 있었다. 비스마르크는 독일 내 로마 가톨릭을 통일 독일에 실존적 위협이 되는 이질적 존재로 여겼다. 무엇보다 1870년 끝난 제1차 바티칸 공의회에서 교황 무류성(papal infallibility)이 발표되면서 비스마르크는 독일 가톨릭교도들이 국가 대신에 교황에게 복종하는 사태가 올 수 있다는 우려를 표했다.

국가의 보수적 철학이 비스마르크 제국에 스며들기 시작했다. 모든 피조물의 뿌리 깊은 죄성(罪性)에 대한 루터의 확신과 악의 세력을 통제하려면 채찍이 필수적이라는 루터의 믿음에서 파생된 것은 비관주의였다. 독일인들은 수세기 동안 정치적으로나 교회적으로 미성숙한 상태로 남아 있었으며, 평생 동안 규율을 지키는 것으로 유명했다. 학교, 군대, 교회는 그들에게 권위를 존중하고 순종 정신을 기르도록 가르쳤다. 루터의 인간 이해의 원형은 국가 이해 및 정치적 태도 사이를 연결하려는 시도로 나타났다. 예컨대 칼뱅주의가 민주주의의 성격을 띠는 반면, 루터교는 독일의 보수적 사고방식을 지니고 있다고 구분했다.[8]

독일 제국이 수립되고 1871년 제국 총리가 된 비스마르크는 1873년 「5월법」을 제정해 종교에 대한 국가 통제를 강화했다. 이 법에 따라 성직자 임면권을 국가가 가지게 되었다. 뒤이은 조치로 가톨릭 수도원이 폐쇄되고 예수회원들이 독일에서 추방되었다. 가톨릭교회는 이 문화 투쟁

8 Karl Kupisch, "The Luther Renaissance", *Journal of Contemporary History* 2, no. 4, 1967, pp. 39~49.

에 맞서 가톨릭 중앙당(Catholic Centre Party)—독일어로는 독일 중앙당(Deutsche Zentrumspartei)—을 결성해 저항했다. 1874년 총선에서 가톨릭 중앙당이 제국의회 의석의 4분의 1을 차지하는 성과를 거두자, 제국 정부는 가톨릭교회와 화해하고 문화 투쟁은 미완의 성과로 마무리되었다. 문화 투쟁은 종교가 매개가 되어 독일인들의 민족주의 감정을 자극했다. 문화 투쟁의 구도는 16세기 로마 가톨릭에 저항한 프로테스탄트의 그것과 정확하게 일치했다.

19세기 초에 이르러 루터는 독일 민족주의와 결합해 새로운 신화적 인물로 탈바꿈했고 독일인들에게 민족 정체성을 규정하고 강화하는 중심 인물이 되었다. 1920～30년대 이러한 루터의 이미지는 독일에서 인종적 민족주의의 정당화에 활용되었으며, 중산층 프로테스탄트 교도들 사이에서는 권위주의 체제 복종에 대한 종교적 정당성의 근거로 작용했다.[9]

19세기 초반의 이런 민족주의적 감정은 프로이센 민족주의 역사가 하인리히 폰 트라이치케(Heinrich von Treitschke, 1834～96)가 다름슈타트에서 행한 '루터와 독일 민족'이라는 연설에서 분명하게 드러났다. 그는 비스마르크의 문화 투쟁을 적극 옹호하면서 루터를 문명을 위한 투쟁을 상징하는 인물로 다시 불러냈다.[10] 민족주의자 트라이치케는 독일 가톨릭이 루터의 유산을 올바로 평가하지 않는다고 비판했다. 그는 루터를 '전(全) 독일 민족의 선구자', '독일 민족을 대표하는 독립적인 사상의 소유자', '독일의 꺼지지 않는 저항의 불길을 지닌 사람'으로 그렸다. 트라이치케의 루터는 통일 독일을 추구하는 민족주의자의 면모가 강조되었다.[11]

19세기 말 출판된 루터 전기(초판 1883년, 제2판 1887년)의 저자인 막스

---

9 Patrick Hayden-Roy, *The Luther Myth: The Image of Martin Luther from Religious Reformer to Völkisch Icon*, Oxford: Oxford University Press, 2024, pp. 1～2, 27.

10 Zachary Purvis, "Martin Luther in German Historiography", p. 5.

11 Thomas Albert Howard and Mark A. Noll, eds., *Protestantism after 500 Years*, Oxford: Oxford University Press, 2016, p. 44.

렌츠(Max Lenz, 1850~1932)는 루터를 통해 프로이센 제국의 프로테스탄트적 성격을 확고하게 정착시키고자 했다. 그는 로마 교황청에 우호적인 독일의 가톨릭 세력이 국가 통일을 위협하고 있다고 비판했다. 이 관점에서 렌츠는 16세기와 19세기에 독일이 놓여 있는 국제정치적 맥락에서 놀라운 유사성을 추출해 냈다. 자연스럽게 루터가 주도한 독일 종교개혁은 근대의 시작을 이끈 획기적인 전환점으로 평가되었다. 1883년 독일의 프로테스탄트는 루터의 유산이 다름 아닌 독일 통일의 완성이라고 보았다. 그래서 1883년을 '새 독일 제국의 뒤늦은 생일'이라고 평가하기도 한다.[12]

물론, 모든 독일 학자가 루터를 근대인으로 그리는 데 동의한 것은 아니다. 사회학자 에른스트 트뢸치(Ernst Troeltsch, 1865~1923)는 루터와 독일의 민족주의와 근대를 연결하는 시도와는 대조적으로 종교개혁의 뿌리를 다른 곳에서 찾았다. 그는 종교개혁이 중세 후기의 종교 권위의 문화에 바탕을 두고 "교회의 구원과 교육 제도에 있어 절대적이고 즉각적인 하느님의 계시라는 신앙에 근거하고 있다"라고 보았다. 루터가 개인의 양심과 신앙의 자유를 추구했기보다는 국가와 종교의 결합이라는 점에서 형태는 다르지만 여전히 중세의 권위주의적 문화와 연관된다고 본 것이다. 트뢸치는 종교개혁과 근대 세계의 발전을 동일시하는 관점에 반대했다. 트뢸치에 따르면, 궁극적인 독일의 근대는 종교와 정치가 최종적으로 분리된 계몽주의에 의해 시작되었다. 그가 보기에 루터는 정치질서에 관한 한 여전히 중세의 가부장제 사고방식에 깊이 집착한 인물이었다.

트뢸치의 해석은 프로테스탄트 종교개혁을 근대의 시작으로 보는 역사적 해석에 근본적인 문제를 제기한다. 트뢸치는 동시대의 프로이센 제

12 Thomas A. Brady, Jr., "The Protestant Reformation in German History", *Occasional Paper no. 22 of the German Historical Institute*, Washington D.C.: German Historical Institute, 1998, p. 15.

국의 관심인 제국과 국가 통일의 정당성을 위해 종교개혁 사건이 해석되는 것에 동의하지 않았다. 그는 루터의 종교개혁은 오롯이 중세의 연장에서 종교적 경건과 교회 공동체의 회복, 그리고 그리스도교의 근원으로 돌아가는 것으로 보았다.[13]

트뢸치의 이러한 해석은 보수 프로테스탄트에서뿐만 아니라 베를린대학 신학교수 카를 홀(Karl Holl, 1866~1926)이 대표하는 자유주의 프로테스탄트의 반발을 샀다. 홀은 루터 르네상스로 알려진 교회사의 방향 전환을 가져온 루터 연구가이다. 교부학을 전공한 홀은 1906년 베를린대학에 부임한 이후 루터에 관심을 갖고 연구하기 시작했으며, 1917년 루터 종교개혁 400주년 기념 강연에서 자신의 생각을 발표했다. 그는 종교개혁 운동과 루터는 16세기의 상황 속에서 분석해야 한다는 방법론을 가지고 연구했다. 홀은 교회 역사와 신학적 측면에 엄정하게 초점을 맞추어 종교개혁의 신학을 검토해 왔다. 트뢸치와 반대로 홀은 루터의 경건성뿐만 아니라 중세적 관점을 극복한 종교개혁 운동의 새로운 관점을 강조했다. 그는 루터 신학이 중세의 스콜라학과 어떠한 차별성이 있는지

13 가톨릭의 관점에서 본 종교개혁 연구는 주로 루터에 대한 신학적 연구에 머물러 있다. 프로테스탄트 연구와 마찬가지로 루터라는 인물에 중점을 두었지만 요한 코클라에우스가 부정적으로 그린 루터에 대한 이미지는 근대까지 이어졌다. 종교개혁과 종교개혁가에 대한 좀 더 객관적인 평가는 1871년 프랑스와의 전쟁 이후 생겨났지만, 프로테스탄트 지향의 정부가 주도하는 문화 전쟁 분위기 속에서 루터와 프로테스탄트에 대한 가톨릭의 시각은 큰 틀에서 변하지 않았다. 가톨릭 역사가 요하네스 얀센(Johannes Janssen, 1829~91)은 『독일 인민의 역사』(1876)에서 종교개혁에 대한 가톨릭의 보편적 입장을 재차 강조했다. 그는 종교개혁이 중세부터 근대까지 전적으로 부정적 결과를 가져왔다고 분석했다. 중세 후기의 지적·문화적 전성기가 종교개혁의 분열과 파괴적인 흐름으로 인해 꺾이게 되었다고 보았다. 얀센의 주장은 프로테스탄트 종교개혁 연구자들의 거센 비판을 받았다. 현대 연구자들은 종교개혁이 독일의 교회 문화를 분열시키고 발전할 기회를 지연시켰다는 얀센의 평가를 19세기 동시대의 연구자들보다는 더 공정한 평가라고 수용하고 있다. 가톨릭 신학자 후베르트 예딘은 루터의 개혁을 혹독하게 비판했다. 전통적으로 가톨릭 역사학에서는 종교개혁을 주로 루터의 정신적이고 개인적 차원으로 축소해 보는 경향이 있다.

를 검토하면서 루터의 종교개혁이 1517년 10월 95개조 논제로 시작된 것이 아닌, 훨씬 정밀한 신학적 논증의 결과라고 해석했다.

홀은 신학적 입장에서 출발했지만 동시대 역사가들처럼 루터가 국가와 사회를 연결해 독일 국가를 통합할 힘이 있다고 강조했다. 홀은 루터가 근대적 의미의 양심의 자유를 주창하고 국가를 문화 공동체(Kulturstaat)로 발전시키는 데 결정적인 자극을 주었다고 주장했다.[14] 또한 종교개혁은 독일 계몽주의의 완성에 기여했다고 보았다.[15] 반면에 트뢸치는 루터가 그리스도교도들로 하여금 불의를 용인하게 만들었으며, 그가 가진 국가에 대한 생각을 "그리스도교적 의미에서 초현실적이고 유토피아적"이라고 규정했다.[16] 트뢸치는 루터를 바라보는 홀의 관점에 동의하지 않았다. 트뢸치는 칼뱅주의 사회 사상이 저항의 정치신학을 탄생시킨 반면, 루터의 종교개혁은 독일 프로테스탄트를 권위주의 권력에 복종하는 기제로 만들었다고 보았다. 또한 독일의 정치적 상황으로 인해 독일 프로테스탄트는 '국가사회주의 공격에 특히 취약'했고 교회는 민족주의적이고 반동적인 정신에 묶여 있다고 비판했다.[17] 홀과 트뢸치 사이의 논쟁은 다음 세대의 루터학자들에게도 연결되었다. 홀과 그의 제자들은 루터를 진보적인 사람으로 여겼지만, 트뢸치와 트뢸치주의자들은 루터를 중세 교리의 퇴행적인 옹호자로 간주했다.

프로테스탄트 역사가들은 지속적으로 루터를 국가적 영웅과 근대 독일을 만든 선구자로 격상했다. 제1차 세계대전 이전까지 루터는 독일에서 신화적인 지위를 누렸다. 랑케가 시작한 정치와 교회의 결합은 16세기 루터의 메시지가 19세기와 20세기 독일에 여전히 유효하다는 함의를

---

14 Karl Holl, *The Cultural Significance of the Reformation*, trans., Karl and Barbara Hertz and John H. Lichtblau, New York, NY: Meridian, 1959, p. 53.

15 Karl Holl, *The Cultural Significance of the Reformation*, p. 97.

16 Ernst Troeltsch, *The Social Teaching of the Christian Churches*, trans., Olive Wyon, New York, NY: Macmillan, 1931, II, p. 552. 홀과 트뢸치 사이의 논쟁은 Karl Holl, *The Cultural Significance of the Reformation*, pp. 49~51 참조.

17 Zachary Purvis, "Martin Luther in German Historiography", p. 10.

주었다. 빌헬름 1세(Wilhelm I, 1797~1888, 재위 1871~88)를 도와 독일 제국의 통일을 이끌어낸 재상 비스마르크는 루터의 종교 운동이 추구한 가치를 비로소 문화적·정치적으로 구현해 낸 인물로 평가받았다. 루터는 종교인을 넘어 독일인이 되었으며, 종교개혁은 종교적 사건이 아니라 민족해방의 사건이었다. 이러한 관점을 염두에 둘 때, 1900년대 홀이 재발견해 구축한 루터와 종교개혁, 곧 '루터 르네상스'는 독일 종교개혁의 역사적 해석 추이를 살피는 데 불가결한 요소이다.

카를 홀과 루터 르네상스

1517년 10월 31일 촉발한 면벌부 논쟁과 더불어 루터 종교개혁을 대표하는 가장 상징적인 내러티브가 있다. 바로 루터가 로마서와 갈라디아서를 연구하며 믿음으로 의롭다 함을 얻는다는 '이신칭의'를 깨달은 신학적 체험이다. 16세기 맥락에서 루터는 개혁가의 이미지는 있었지만 조직신학적 체계를 갖춘 인물로 그려지지는 않았다. 루터교회의 신학을 만든 이는 필리프 멜란히톤이었다. 루터 르네상스는 루터 사상에 대한 조직신학적 체계를 만들어간 일련의 연구를 가리킨다. 구체적으로는 1910년대부터 1960년 초까지 독일, 스칸디나비아, 핀란드 등 루터교 지역에서 이루어진 루터 연구 국제 네트워크이다. 루터의 인격과 경험에 초점을 맞추어 종교개혁 사상의 일관된 통일성을 신학적으로 구축하려는 시도였다.

루터 르네상스는 1910년 루터의 첫 번째 로마서 주석에 대한 홀의 해석으로 시작되었다. 이 주석은 루터 개혁 사상의 돌파구를 형성한 핵심 사건으로 연결되었다. 아우구스티누스회 수사 루터가 1515년부터 1516년까지 쓴 로마서 주석이 재발견되어 1908년 새롭게 편집되었다. 1910년 홀은 이 루터의 강의를 바탕으로 종교개혁 신학의 중심을 탐구했다. 홀은 루터가 로마서 강의를 하면서 극적인 종교 체험을 겪었다고 주장했다. 이 극적인 회심과 변화는 항상 하느님에 대해 회의하고 반역하던 루터가 마침내 하느님의 뜻을 이루기 위해 희생할 준비가 된, 다시 말해 하느님의 뜻을 이 땅에서 구현할 도구가 되는 시점이었다. 홀에게 있어 구원의 확실성은 불안한 영혼에 대한 위로의 문제를 넘어 공동체를 향한 하느님의 뜻을 확실하게 깨닫는 것이었다. 이 구원의 경험이, 곧 종교적으로 압제하는 로마 교황의 불법과 타락에 정면으로 맞설 힘을 주었다. 따라서 루터의 이 거듭남의 경험과 종교적 돌파구에 대한 신학적 각성은 반드시 1517년 95개조 논제 게시 이전에 있어야만 했다. 앞선 제6장에서 살펴본 대로, 말년의 루터는 자신이 로마서를 통해 각성한 '탑 체험' 사건이 1519년의 일이라고 밝혔다. 그럼에도 루터 역사가들이 루터가 직접 언급한 시점이 아닌, 그보다 앞선 시점으로 소급하는 이유이다.

'종교개혁의 돌파구'라는 문제는 1970년대까지 학자들을 사로잡았다. 학자들은 1509년부터 1521년까지의 루터 저작을 정리하면서 하느님의 은총으로 의롭게 된다는 칭의를 개혁의 중심 사상으로 구축하고 정리해 나갔다.[18] 루터 르네상스는 루터의 이신칭의를 루터 사상의 핵심으로 놓고 이 칭의 문제를 '근대성'을 지향하는 종교적 경험으로 해석하기 시작했다. 루터의 재발견은 1920년대의 중요한 신학적 흐름이었다. 이 새로운 관심은 루터에 대한 역사적 연구와 루터 개혁 사상의 신학적 핵심에 집중했다.[19] 홀의 루터 해석은 부르주아적 해석에서 벗어나는 것이었다. 대신에 홀은 칭의 교리를 루터 신학의 중심으로 전환했다.

1917년 10월 31일 베를린 대학에서 홀은 '루터가 말한 종교란 무엇인가?'(What did Luther understand by Religion?)라는 제목의 연설을 했다. 이 시기 중심 주제는 루터의 종교적 체험에 대한 역사적 연구였다. 이렇게

---

18 Christine Helmer, "Introduction", *Luther Renaissance: Past and Present,* eds., Christine Helmer and Bo Holm, Bristol: Vandenhoeck & Ruprecht, 2015, p. 13.

19 Christine Helmer, "Introduction", p. 11.

만들어진 '독일인 루터'는 제1차 세계대전 전후 독일의 애국심이 고조된 데 대한 국민적 영웅으로 칭송받았다. 전쟁 이후인 1921년 내용을 확대하고 주석을 달아 책으로 출간된 홀의 강연은 루터에 관한 첫 번째이자 가장 중요한 작품이 되었다. 홀은 루터의 신학과 철학에서 특정 문제를 선택하고 관련 자료를 철저히 재검토했다. 그는 종교적 양심의 위기에 대한 루터의 해결, 도덕에 대한 해석, 성서에 대한 해석, 교회의 역할에 대한 개념을 독특하게 조명했다. 신앙에 대한 자신의 경험에서 비롯된 세계, 국가, 사회, 노동에 대한 루터의 견해는 전후 프로테스탄트 자유주의 중산층이 겪는 집단 정체성 위기를 극복할 돌파구를 제시했다.

홀과 그의 학파는 젊은 시절 루터의 신학과 저작물을 16세기의 역사적·지적 맥락에서 분석했다. 반면에 후기 저작물은 원래 종교개혁 정신에서 벗어난 것으로 보았다. 루터에 대한 홀의 견해는 루터 작품에 대한 전통적인 신학적 해석보다는 역사적 맥락에 초점을 맞추는 쪽으로 진화했다. 제1차 세계대전 전후, 홀의 연구는 그에게 루터 르네상스의 창시자라는 명성을 안겼다. 루터 르네상스는 루터 신격화를 지속한 것이라고 할 수 있다. 프로이센 제국의 '루터에서 비스마르크까지'라는 슬로건은 역사적 발전에서 신의 섭리를 확인하는 방식이었다. 제국은 프로테스탄트가 지배적이었다. 제국 내 가톨릭에 대한 비스마르크의 문화 투쟁을 자유주의자들은 열정적으로 지지했다. 루터에 대한 열광은 종교개혁 400주년이 되는 1917년 정점에 달했다. 여전히 전쟁이 한창이던 시기였다. 독일 신학자들과 역사가들은 이제 비텐베르크와 보름스를 영적 저항의 상징적 보루로 만들었다.

이렇게 형성된 독일의 루터 르네상스에는 홀과 그의 동료인 에마누엘 히르슈(Emanuel Hirsch, 1888~1972), 루돌프 헤르만(Rudolf Hermann, 1887~1962), 파울 알트하우스(Paul Althaus, 1888~1966), 한스 요아힘 이반트(Hans Joachim Iwand, 1899~1960) 등이 포함되어 있다. 그리고 젊은 신학자 디트리히 본회퍼(Dietrich Bonhoeffer, 1906~45)도 이후에 이 연구에 참여하게 된다.

전쟁 이후에 홀은 점점 더 보수적인 민족주의 관점을 취하게 되었다. 제1차 세계대전 상황에서 독일 학자들은 루터의 칭의 개념을 독일 민족 종교의 기초로 삼았다. 1914년 직전에 나타난 공동체에 대한 강조는 독일 루터교 공동체를 영미 프로테스탄트의 과도한 종교적 개인주의와 대조시켰다. 홀이 이해하는 바, 루터에게 있어 개인의 종교는 공동체를 위해 봉사하는 외향적인 것이었다. 개인 종교가 이웃에 대한 봉사보다 내적인 경건 행위에만 초점을 둔다면 자기 중심적인 굴레에서 벗을 수 없다. 초기 종교개혁의 이상은 미사나 성물 숭배 등을 통해 개인의 구원을 담보하려는 시도를 포기하는 것이었다. 1914년 이후 홀은 정치적 보수주의를 발전시켰다. 홀은 강력한 유일신 신앙, 칭의에 대한 역사적인 루터교 가르침에 대한 존중, 독일 문화의 도덕적 우월성에 대한 믿음이 있었다.

후기 독일 빌헬름 시대의 정치적 맥락에서 형성된 루터 르네상스는 루터에 대한 연구에서 독특한 정치적 입지를 마련했다. 20세기 초 독일 신학자들의 정치적 선언은 국민 정서를 형성하는 데 결정적인 역할을 했다. 정치적 통치의 본질에 관한 홀과 트뢸치 사이의 격렬한 논쟁은 학문적 논쟁이 대중에게 큰 영향을 끼친 사례이다. 트뢸치는 나중에 바이마르 공화국에 의해 제도화된 민주주의 입장을 지지한 반면에, 홀은 군주제 편을 들었다. 홀은 3,000명의 다른 독일 교수들과 함께 제1차 세계대전을 지지하는 연대 서명을 했다.[20] 이후에 나치 독일의 반유대주의자들은 루터를 정치적 동맹자로 명시적으로 언급했다.[21] 루터 르네상스에 속한 많은 신학자가 독일의 민족주의적 가치를 장려했지만 모두가 그런 것은 아니었다. 본회퍼는 자신의 박사학위 논문 『성도의 교제』(*Sanctorum Communio*)를 쓰면서 홀의 신학에 큰 영향을 받았지만 독일 민족주의를 강조하는 것과는 정반대의 길을 걸었다.[22]

---

20 Christine Helmer, "Introduction", p. 14.

21 Christine Helmer, "Introduction", p. 12.

1917년까지 루터에 대한 역사 서술은 주로 독일 국가 형성, 반가톨릭주의, 독일 문화, 교육, 언어 발전에 있어 루터의 역할을 중심으로 계속해 이루어졌다. 그러나 제1차 세계대전과 그 여파로 상황이 바뀌었다. 1918년 제1차 세계대전에서 독일의 패배는 '루터-비스마르크 내러티브'의 타당성을 빼앗았다.[23] 그러나 1925년부터 제2차 세계대전 직후까지 이어진 루터 연구는 지속적으로 보존해야 할 독일인 루터의 유산을 강조했다. 종교개혁은 독일 정신의 성취이며, 그것은 특정한 교회사나 정치사의 영역으로 축소될 수 없는 보편적인 역사학의 대상이라고 보았다.[24]

루터는 제1차 세계대전 패전 이후 독일인이 겪은 수모와 고난, 그 여파로 1933년 권력을 장악한 히틀러의 등장과 함께 재해석된다. 히틀러가 권력을 장악하고 수상이 된 1933년은 루터 탄생 450주년이었다. 이 우연의 일치를 기회 삼아 역사적·정치적 의식을 가진 동시대인들이 루터와 히틀러 사이의 연관성을 만들어낸 것은 우연이 아니다.[25]

홀과 히르슈가 주도한 루터 르네상스에서 루터와 종교개혁 연구는 순수하게 학술적 차원에서 시작되었다.[26] 그런데 제1차 세계대전이 끝난 1919년부터 히틀러 집권 이전인 1933년까지의 시기는 이른바 바이마르 공화국이라고 불리는 시기이다. 이때와 정확히 겹치는 시기에 루터 르네상스가 펼쳐졌다는 것은 학술적 연구가 당시의 정세와 무관하게 이루어

---

22 Christine Helmer, "Introduction", p. 15.

23 Thomas A. Brady, Jr., *Protestant Reformation*, p. 18.

24 Zachary Purvis, "Martin Luther in German Historiography", p. 8.

25 루터와 히틀러의 연관성에 대해서는 William Montgomery McGovern, *From Luther to Hitler: The History of Fascist-Nazi Political Philosophy*, Boston, MA: Houghton Mifflin, 1941; William L. Shirer, *The Rise and Fall of the Third Reich: A History of Nazi Germany*, New York, NY: Simon & Schuster, 1960 참조.

26 James M. Stayer, *Martin Luther, German Saviour: German Evangelical Theological Factions and the Interpretation of Luther, 1917-1933*, Montreal: McGill-Queen's University Press, 2000, p. xii.

질 수는 없음을 보여 준다.[27]

1933년 히틀러의 전체주의 체제 등장과 민주주의 파괴 당시, 히르슈와 루터 르네상스 학자들이 보여 준 태도는 큰 논란을 야기했다. 흠잡을 데 없는 루터 해석가로서 종교개혁 학풍을 만든 홀의 제자들은 튀빙겐, 하이델베르크, 뮌스터 같은 주요 대학에 자리를 잡았다. 그들 대부분은 독일 민족주의를 주장하는 히틀러의 메시지에 열렬한 지지를 보냈다.[28] 히르슈는 히틀러 지지를 공개적으로 표명했다. 그는 신학자인 자신의 역할을 나치 선전 운동가의 사명과 연결지었다.[29] 히틀러는 정권을 잡고 며칠 후에 독일 국가의 도덕적 기반인 그리스도교를 보호할 것이라고 선언했다. 바이마르 시대 독일 프로테스탄트는 루터교와 개혁파 등 크고 작은 교파로 나뉘어 있었다. 나치 정권은 독일 그리스도교를 나치의 우산 아래 하나로 모으고자 했다. 분열된 그리스도교를 종교개혁이라는 공통의 양보할 수 없는 기초 위에 통합하기를 원했다.[30] 이 시기 프로테스탄트의 창시자 루터는 반유대주의자이자 정치적 권위에 절대적으로 복종하는 애국자로 자리매김되었다. 독일에서 유대인을 제거하고자 한 히틀러에게 루터의 주장은 좋은 역사적 선례였다. 루터의 반유대주의는 문자 그대로 4세기 후에 히틀러, 헤르만 괴링(Hermann Göring, 1893~1946), 하인리히 힘러(Heinrich Himmler, 1900~45)가 따랐다.

1933년 이후 루터 르네상스 내의 국제협력은 군국주의, 인종주의, 전체주의와 함께 독일 나치당의 교회 정치에 부역하는 모순된 신학적·교회적·정치적 입장으로 인해 붕괴되었다. 독일 루터 르네상스는 1930년대 말에 국제적 성격을 상실했다. 제2차 세계대전 이후 학계는 트뢸치의 루터 비판의 기조를 받아들였다. 라인홀드 니부어(Reinhold Niebuhr, 1892~

27 James M. Stayer, *Martin Luther*, p. 3.

28 Heiko A. Oberman, Donald Weinstein, *The Two Reformations: The Journey from the Last Days to the New World*, New Haven and London: Yale University Press, 2003.

29 James M. Stayer, *Martin Luther*, p. 125.

30 James M. Stayer, *Martin Luther*, p. 126.

1971)는 기퍼드 강연(Gifford Lecture)에서 루터가 '이상하고 비뚤어진 도덕성'을 가지고 있다고 비판했으며,[31] 자크 엘륄(Jacques Ellul, 1912~94)은 루터의 정치 윤리를 이원론적이고 중세적인 것으로 일축했다.[32]

홀의 학문적 영향으로 한때 루터 르네상스에 참여했던 본회퍼는 독일 민족주의와 결합되어 이데올로기로 변질된 루터의 일그러진 모습을 보았다. 홀의 루터 르네상스는 종교개혁을 여러 우발적 사건에도 불구하고, 종교적 각성을 경험한 인간 루터에서 비롯한 본질적이고 본원적인 것으로 격상했다. 신적 소명에 기반한 흔들림 없는 신념과 굳은 의지, 지칠 줄 모르는 실행력이 루터의 이미지로 굳어져 독일 민족의 정신이 되었다. 한때 루터 르네상스를 옳다고 믿었던 본회퍼는 그런 심상이 만들어낸 참담한 현실을 몸으로 겪으면서 독일 민족주의에 반대하는 다른 길을 걸었다. 그가 히틀러 암살 모의로 체포되어 수감 생활하면서 1943년 10월 31일 부모에게 보낸 편지에서 언급한 홀에 대한 소회는 새겨볼 필요가 있다.

> 오늘은 종교개혁 기념일입니다. 이날은 우리 시대에 여러 깊은 성찰을 하게 합니다. 루터의 행동이 왜 그의 의도와 정반대의 결과를 낳았는지, 그 결과가 그의 여생을 어떻게 어둡게 했는지 궁금합니다. 그는 스스로 자신의 일이 정말 가치 있었는지 종종 의심했습니다.
>
> 루터는 교회와 서방 그리스도교 국가의 진정한 일치를 원했지만, 결과는 교회의 분열과 유럽의 해체였습니다. 그는 '그리스도교도의 자유'를 외쳤지만 결과는 무관심과 방종이었습니다. 그는 성직자 특권에서

31 Reinhold Niebuhr, *The Nature and Destiny of Man*, 2 vols., New York, NY: Scribner, 1953, II, pp. 194~95. "그(루터)는 완벽주의적 개인 윤리를 냉소적이기는커녕 현실적인 공공 윤리와 나란히 배치한다. 그러한 윤리의 불가피한 결과는 폭정을 조장한다."

32 Jacques Ellul, *Violence: Reflections from a Christian Perspective*, trans., Cecilia Gaul Kings, New York, NY: Seabury Press, 1969, p. 25.

자유로운 세속 질서를 꿈꾸었지만 결과는 농민전쟁과 함께 사회질서의 붕괴를 가져왔습니다.

학창 시절에 홀과 아돌프 폰 하르나크(Adolf von Harnack, 1851~1930)가 '본질적 동기'(primary motive)와 '부수적 동기'(secondary motive) 중 무엇이 역사 운동을 이끄는지 논쟁했던 일이 생각납니다. 당시에는 본질적 동기가 중요하다는 홀의 주장이 옳다고 믿었습니다. 그러나 지금은 그가 틀렸다고 봅니다. 쇠렌 키르케고르(Søren Kierkegaard, 1813~55)가 "오늘 루터가 살아 있다면 예전과 정반대의 말을 할 것"이라고 한 지 100년도 넘었지만 몇 가지 유보를 전제로 그 말이 옳다고 생각합니다.[33]

독일 민족주의자 홀과 나치 추종자 히르슈가 주도한 루터 르네상스는 동시대의 정치적 격변을 겪으며 저물어 갔다. 20세기의 정치적 논란과 별개로 홀과 히르슈가 루터 저작을 분석한 신학적 유산은 주류 교회사에서 오래도록 수용되었다. 독일의 맥락에서 독일인 루터는 부패한 가톨릭에 맞선 프로테스탄트의 정당성을 부여한 프로테스탄트의 선지자로 자리매김되었다. 이 그림에서 루터 르네상스가 재구성한 루터의 신학 사상은 적확했다. 이 관점에 따르면, 종교개혁은 1517년 면벌부 논쟁으로 인한 우발적인 사건이 아니다. 이미 루터는 그 사건 몇 해 전에 로마 가톨릭의 신학과 전혀 다른 새로운 신학적 돌파를 이루었다. 이렇게 루터의 칭의론은 프로테스탄트 교회사에서 중심적인 자리를 차지했다. 이후에 가톨릭 교회사가들이 연대에 대해 문제 제기를 하기 전까지 루터의 '탑 체험'은 1517년 이전에 일어났다는 것이 사실처럼 굳어진 것도 루터 르네상스의 영향이다.

독일 민족주의의 관점으로 루터를 이해한 루터 르네상스가 끝난 이후,

33 Dietrich Bonhoeffer, *Letters and Papers from Prison*, ed., Eberhard Bethge, rev. ed., New York, NY: The Macmillan Company, 1967, pp. 52~53.

종교개혁 연구는 다양한 갈래로 분화되었다. 특히 제2차 세계대전 이후 동·서독으로 분단된 상황에서 동독과 서독은 각자 서로 다른 종교개혁사 연구를 발전시켰다. 1945년 이후 마르크스주의 역사 해석과 사회사적 방법론이라는 큰 두 갈래로 종교개혁이 재구성되었다. 그 재구성 속에서 루터는 민족 영웅이 아닌 민중의 배신자로, 역사의 영웅이나 주체가 아닌 거대한 사회사의 그림 속에서 객체로 축소되었다.

마르크스주의 '초기 부르주아 혁명'

독일이 제2차 세계대전에서 패망한 이후, 루터와 종교개혁을 바라보는 시선에도 근원적인 변화가 불가피했다. 히틀러의 제3제국에서 독일 루터교회의 역할과 역사적 루터의 소환은 루터를 나치의 영적인 뿌리로 인식하도록 만들었다. 루터에 대한 비판자들은 루터의 종교개혁이 종교가 국가에 예속되는 데 도움을 주었고 그 결과 제3제국이 탄생했다고 주장했다.[34] 스위스의 신학자이자 고백교회 운동을 주도한 카를 바르트(Karl Barth, 1886~1968)는 이미 1939년에 '프랑스에 보내는 편지'에서 "독일 국민은 가장 위대한 독일 그리스도교도의 유산으로 고통받고 있다"라고 말했다. 전체주의 흐름으로 치닫는 독일 역사의 잘못된 길에 대해 루터의 책임을 물은 것이다.[35]

하지만 제3제국 등장 이전에도 독일에서 루터에 대한 재평가는 이미 존재했었다. 전 유럽을 휩쓴 1848년 혁명의 소용돌이 속에서 독일 역시 봉건제를 타파하고 근대 민주정을 시도했지만 보수적인 구체제에 의해 무산되었다. 이 유럽 혁명에서 루터는 독일의 정치적 반동자이자 계급

34 W. M. McGovern, *From Luther to Hitler*, 1941 참조.

35 Jan Herman Brinks, "Luther and the German State", *The Heythrop Journal* 39, no. 1, 1998, p. 1.

반역자로 묘사되었다. 그에 관한 대표적인 저술이 독일 사회주의 혁명가이자 이론가인 프리드리히 엥겔스가 1850년 쓴 『독일 농민전쟁』이다. 이 책에서 엥겔스는 루터를 '세속 군주의 하수인'이자 '농민의 도살자'라고 비판했다. 반면에 토마스 뮌처는 봉건 영주들의 무도한 권력에 맞서 농민을 대신해 싸우다 잔혹하게 죽음을 맞이한 순교자요, 사회정의를 위한 투쟁에서 대중을 이끈 선지자로 끌어올렸다.[36]

트라이치케 같은 19세기 민족주의 역사가들이 루터와 비스마르크를 직선으로 연결했지만, 사회민주주의자들은 루터를 가혹하게 비판했다. 엥겔스의 관점에 맞추어 농민전쟁에서 독일 민중의 자유를 향한 투쟁이 좌절됨으로써 그 후 300년 동안 독일 역사는 반동적인 암흑으로 점철된 것으로 해석되었다. 1871년 문화 투쟁기에 혁명적 사회민주주의자인 아우구스트 베벨(August Bebel, 1840~1913)은 민족주의적 관점에서 루터를 바라보기를 거부했다. 그는 루터만큼 열정적으로 군주제 권위에 대한 절대적 순종의 교리를 옹호한 사람은 없었으며, 루터야말로 절대 왕정의 토대가 되는 왕권신수설(Gottesgnadentum) 교리의 진정한 창시자였다고 보았다. 베벨은 농민전쟁기에 루터가 학대받고 억압받는 민중에게 저항하지 말고 인내해야 한다고 가르친 것과 농민전쟁 참가자들을 폭도로 규정하고 무참하게 살육하라고 한 가르침이 반역죄에 해당한다고 일갈했다.[37] 민족주의자들과 달리, 혁명적 사회민주주의자들은 루터를 새로운 사회를 막아서는 구체제의 옹호자요 반동적인 인물로 보았다.[38]

제2차 세계대전 이후 분단 독일에서 동독은 마르크스주의 역사 해석을 발전시켜 왔다. 종교개혁은 독일 이외의 다른 사회주의 국가에서는 중요한 역사적 역할을 하지 않았다. 마르크스주의 역사가들은 종교개혁을 '초기 부르주아 혁명'으로 해석했다. 마르크스와 엥겔스의 사적 유물

36 Zachary Purvis, "Martin Luther in German Historiography", p. 11.

37 Jan Herman Brinks, "Luther and the German State", p. 3.

38 Jan Herman Brinks, "Luther and the German State", p. 4.

론에 근거해 역사를 바라보는 보편주의적 역사 이해가 16세기 종교개혁에도 적용되었다. 즉 종교개혁과 농민전쟁을 독일의 봉건제가 자본주의로 이행하는 단계에서 중요한 출발점으로 보았다. 1850년 출판된 농민전쟁에 관한 엥겔스의 저작은 이후 100년에 걸쳐 루터와 종교개혁에 대한 마르크스주의의 관점을 대표했는데, 엥겔스는 16세기 사회를 세 그룹으로 나누었다. 첫째 그룹은 존재하는 모든 것을 보존하고 싶은 보수적 기득권 그룹이다. 가톨릭교회와 신성 로마 제국이 여기에 속한다. 둘째 그룹은 제국과 교회의 온건한 개혁으로부터 혜택을 기대하는 부르주아 온건 그룹이다. 여기에 루터가 포함된다. 마지막 셋째 그룹은 농민과 평민이 단결해 혁명을 추구한 제3그룹이다. 농민전쟁의 지도자 뮌처가 대표한다.

엥겔스는 종교개혁의 첫 단계를 긍정적으로 평가했다. 이 단계에서 독일 종교개혁은 사적 유물론의 전형적인 형성을 보여 준다. 부르주아 종교 혁명으로서의 종교개혁은 봉건제의 힘을 해체하기 시작했고 자본주의를 기반으로 하는 다음 단계의 사회 형성으로의 이행을 시작했다. 여기에서 루터의 역할은 긍정적으로 평가된다. 루터가 성서를 민중의 손에 쥐어줌으로써 민중이 강력한 저항 수단을 가지게 되었기 때문이다.[39] 이 단계에서 루터의 지지로 이루어진 제후들의 종교개혁은 뮌처가 주도한 민중의 종교개혁과 대비되었다. 루터는 민중 종교개혁을 극렬하게 반대하고 민중을 억압했다. 이로 인해 종교개혁과 농민전쟁은 완전히 성숙하지 못한 조산한 초기 부르주아 혁명에 그쳤다. 이 시점에서 비텐베르크의 개혁가는 절대군주제를 지지하고 민중의 배신자가 되었다.

마르크스주의 역사 해석은 궁극적으로 종교개혁을 기존 국가권력에 저항하는 운동으로 보았다. 그들은 아나뱁티스트도 평화주의자가 아니라 1525년 반란을 일으킨 농민들의 이념적 동지로 간주했다. 독일의 민족 영웅으로 묘사하던 오래된 민족주의적 루터 해석과 달리, 마르크스주

39 Jan Herman Brinks, "Luther and the German State", pp. 33~34.

의 역사 해석은 루터를 사회적·경제적·신학적 틀 속에 있는 한 요소로 위치시켰다. 이러한 해석에 따라 유럽과 북미의 종교개혁 연구는 지난 25년간 지속되어 왔다. 마르크스주의 역사 해석을 옹호하든 그렇지 않든 간에, 종파적·민족적 관점을 넘어 종교개혁을 바라보는 근본적인 낯선 시각을 제시해 주었다는 점에서 마르크스주의 역사학의 기여는 두드러진다.

사회사로 본 독일 종교개혁

종교개혁은 제2차 세계대전 직후에는 중요한 연구 대상이 아니었다. 전례 없는 탈그리스도교화와 정치의 세속화에도 불구하고, 이 상황은 1960년대 이후 극적으로 바뀌었다. 종교개혁사가 20세기 후반만큼 대중의 관심을 끌었던 적은 없었다. 심지어 종교개혁 주제에 대한 강조점은 1970년대, 1980년대, 1990년대로 10년 단위로 명확하게 구분할 수 있다고 할 정도이다. 19세기 루터 해석과 마찬가지로 1960년대 이후의 독일 종교개혁에 대한 해석사는 당시의 국제적 정세의 영향을 받았으며, 역사·신학·심리학을 포괄하는 인문학과 사회과학 방법론에 따라 이루어졌다.[40]

독일 종교개혁의 경우, 루터 사상 중심의 연구에서 한 시대로서 종교개혁기 자체를 사회사의 방법으로 접근하기 시작했다. 대표적인 연구는 괴팅겐의 종교개혁사가 베른트 묄러가 1962년 쓴 『제국 도시와 종교개혁』(*Imperial Cities and the Reformation*)이라 할 수 있다. 이 연구는 기존 교회사에 한정되었던 종교개혁의 개념을 확대했다. 종교개혁은 근대 도시

40 Peter Blickle, "The Reformation in Post-war Historiography: An American Contribution", *Politics and Reformations: Histories and Reformations: Essays in Honor of Thomas A. Brady, Jr.*, eds., Christopher Ocker, Michael Printy Peter Starenko and Peter Wallace, Leiden and Boston: Brill, 2007, p. 11.

의 개혁이라는 정식화가 이 연구를 통해 제기되었다. 그 이후 토머스 브래디(Thomas Brady)와 밥 스크리브너(Bob Scribner, 1941~98) 같은 역사가들은 도시 사회의 성격을 갖춘 프로테스탄트 공동체의 모델을 제시했다. 프로테스탄트 종교개혁의 도시와의 친화성은 도시의 종교로서 프로테스탄트를 재설정하도록 했다. 이러한 접근법은 중세 말의 사회적 위기 속에서 도시를 중심으로 활성화된 프로테스탄트라는 도식을 형성했다. 종교개혁은 루터나 멜란히톤, 츠빙글리나 칼뱅과 같은 사상가들의 사상으로 형성되었기보다는 유럽의 각 국가들이 처해 있는 종교 지형에 따라 매우 다른 방식으로 이루어졌다는 것이다. 이제 종교개혁에서 국가적 초점이 맞추어지기 시작했다.[41] 종교개혁이 사회적·정치적 해석에 기울게 되면 루터와 같은 종교개혁가의 사상이나 신학사는 부차적으로 밀리게 된다. 반세기 전 루터 르네상스가 취했던 접근법과 정반대되는 입장이다.

곧 종교개혁사 연구는 영미권과 독일권에서 사회사라는 하나의 거대한 흐름에 합류했다. 점점 더 많은 학자가 종교개혁을 신앙고백화라는 주제로 교파적이거나 일반적 의미에서 종교적으로 보는 관점에서 벗어나는 연구 성과를 내기 시작했다.[42] 종교개혁의 사회사는 몇 가지 특징을 갖고 나타났다. 우선 종교개혁과 농민전쟁을 별개가 아닌 16세기 독일의 사회경제적 맥락에서 읽어내는 시도이다.[43] 독일 종교개혁의 사회사는 1960년대 후반과 1970년대에 영어권 지역 연구로 확대되면서 도시 개혁과 농민전쟁이 활발한 두 연구 분야로 자리 잡았다. 이 해석 방식

---

41 대표적인 연구로 Bob Scribner, Roy Porter, and Mikuláš Teich, eds., *The Reformation in National Context*, Cambridge: Cambridge University Press, 1994를 들 수 있다.

42 대표적인 작품이 Steven Ozment, *The Reformation in the Cities*, 1975이다.

43 Robert Walinski-Kiehl, "Reformation History and Political Mythology in the German Democratic Republic 1949-89", *European History Quarterly* 34, 2004, pp. 43~67; Laurenz Müller, "Revolutionary Moment: Interpreting the Peasants' War in the Third Reich and in the German Democratic Republic", trans., Thomas A. Brady, Jr., *Central European History* 40, 2007, pp. 1~26.

은 프로테스탄트 교파가 형성된 특정한 시기로 종교개혁을 마무리하지 않고 일련의 지속된 사회 변화의 흐름 속에 종교개혁을 자리매김한다. 1520년대와 1530년대 초반을 중심으로 기술되어 1555년 아우크스부르크 화의로 마무리된 종교개혁이 이제는 30년전쟁이 끝나는 1648년까지 연장된다. 이른바 '장기 종교개혁'이라는 관점으로 확장되었다.

최근 수십 년 동안 종교개혁 연구의 최첨단은 사회사였다. 사회사는 지성사와는 달리, 주로 지역 역사, 사회집단, 경제 및 도시 역사, 권력 관계, 문화인류학, 대중문화 연구에 중점을 둔다. 전통적인 신학적 입장은 종교개혁가들의 신학적 지향이 유럽 사회의 사회적·정치적 변화를 가져왔다고 보았다. 사회사적 관점은 이를 뒤집어 대중의 집단행동을 자극하는 국가나 지역 공동체의 사회적·정치적·경제적 원인 분석에 초점을 두었다.

종교개혁의 대표적 사회사가인 브래디는 종교개혁의 신학적 접근을 넘어 정치적·사회적·도덕적 틀로서 도시 공화국을 그렸다. 그는 종교개혁으로 형성된 시민사회는 합리적인 공적 담론을 통해 개인의 인권과 공민권을 실현하는 그리스도교 전통의 재발견이라고 평가했다.[44] 페터 블릭클레(Peter Blickle, 1938~2017)는 민중 혁명의 해석에 사회사를 활용했다. 핵심은 귀족으로부터 지방 정부로의 정치적 권한의 이전이며, 따라서 이 과정은 자치 단체화라고도 해석할 수 있다. 블릭클레는 이것이 독일 의회주의를 만든 전통이라고 보았다.

이렇듯 16세기 종교개혁에 대한 신학 및 교회사의 헤게모니는 최근 들어 비판적으로 다루어지기 시작했다. 종교개혁가들은 자신들의 주장의 근거를 성서에 호소하고 교부 및 사도 전통에 근거한 것이라고 보았다. 16세기 종교개혁으로 인해 다양하게 분열된 프로테스탄트 교파는 모두 각자가 초대교회의 충실한 회복과 동시대 교회 혁신의 주체라고 보았다. 모든 교회는 그 주장을 정당화하고 강화하기 위해 역사를 끌어

44 Peter Blickle, "The Reformation in Post-war Historiography", p. 19.

들였다.[45] 그렇기에 여전히 종교와 신학이 종교개혁을 이해하는 데 핵심을 이룬다. 다만 이것을 사회적·문화적 맥락에서 읽어야 한다. 전통적으로 종교개혁은 낡은 신학과 교회 제도에 적응할 수 없었던 프로테스탄트라고 불리는 복음주의 그리스도교의 등장을 의미한다. 최근 들어 종교개혁에 대한 '전통적인 의미'가 루터교, 가톨릭, 개혁파, 아나뱁티스트 등이 상호작용하는 복수의 종교개혁이 있었다는 인식으로 바뀌었다. 역사적·정치적·사회적·경제적 맥락이라는 복잡한 관계망을 놓치면 종교개혁 자체에 대한 개념과 평가를 지나치게 단순화할 수 있다. 신학이 그토록 큰 영향을 끼친 이유는 역사 속에 복잡하게 얽혀 있기 때문이다.[46]

그렇지만 전통적인 지성사의 관점이 사그라진 것은 아니다. 독일 프로테스탄트 종교개혁을 중세 후기의 사상적 발전과 연결하는 작업이 엇비슷하게 1960년대 초에 시작되었다.[47] 하인츠 실링(Heinz Schilling, 1942~)이 '고백화(confessionalization) 테제'라고 한 이 접근은 여전히 루터 르네상스의 지적 연장선상에 있는 독일 역사가들이 형성·발전시킨 개념이다.[48] 이 고백화 테제는 루터가 죽은 해인 1546년부터 약 100년 동안 형

---

45 Carter Lindberg, "History, Historiography, and Interpretations of the Reformations", *The European Reformations*, ed., Carter Lindberg, Oxford: Wiley-Blackwell, 2021, p. 5.

46 Carter Lindberg, "History, Historiography, and Interpretations of the Reformations", p. 8.

47 이러한 시도가 있기 전에 종교개혁가를 중심으로 전통적인 지성사와 사상사의 흐름을 살핀 대표적 작품은 미국 종교개혁사가 롤런드 베인턴(Roland H. Bainton, 1894~1984)이 1950년 쓴 『마르틴 루터』(*Here I Stand: A Life of Martin Luther*)로부터 시작되었다. 베른트 묄러는 이러한 신학적 접근을 '호고적 운동'(antiquarian exercise)으로 여겼다. 이에 대해서는 Bernd Moeller, *Imperial Cities and the Reformation: Three Essays*, trans., H. C. Erik Midelfort and Mark U. Edwards, Jr., Philadelphia, PA: Fortress Press, 1972, pp. 3~4 참조.

48 Thomas A. Brady, Jr., "Confessionalization-The Career of a Concept", *Confessionalization in Europe, 1555-1700: Essays in Honor and Memory of Bodo Nischan*, eds., John M. Headley, Hans J. Hillerbrand, and Anthony J. Papalas, London and New York, NY: Routledge, 2004, pp. 1~20. 고백화 테제에 대해서는 이 책

성된 종교의 '근대화' 과정을 다루면서 종교개혁의 사회적·사상적 영향력을 재평가한다. 근대 세계에 접어들면서 국가와 교회가 어떻게 종교적·사회적·정치적 규율을 사용해 국가와 종교가 정치적·사회적·문화적으로 근대성을 성취할 수 있었는지에 대한 연구이다. 사회사와의 균형 속에 사상사의 관점을 대표하는 연구가 다양하게 등장했다. 종교개혁을 사상사의 관점에서 다룬 대표적인 학자는 하이코 오베르만이다. 그는 루터 르네상스와 함께 진행된 독일의 '문화제국주의'를 체계적으로 반박하고 비판했다. 그리고 종교개혁의 전통을 중세 말 공의회주의 운동과 데보티오 모데르나 운동의 연장에서 생성된 가톨릭 종교개혁, 루터와 츠빙글리의 제후 종교개혁, 칼뱅의 난민 종교개혁으로 구분했다.[49]

오베르만은 사회적·정치적 요인이 프로테스탄트의 대중적 확산에 끼치는 영향을 부정하지 않았다. 다만 그는 이 영향을 과대평가하거나 종교개혁의 기본 전제나 원인으로 보는 것은 적절하지 않다고 주장했다. 오베르만은 루터를 비롯한 사상가들의 중요성을 다음과 같이 담백하게 표현했다.

> 제국과 제후 없이는 종교개혁도 없다.
> 사회적 위기 없이는 종교개혁도 없다.
> 도시가 없으면 종교개혁도 없다.
> 반면에 우리는 다음과 같은 자명한
> 사실도 근본적으로 받아들여야 한다.
> 개혁가들 없이는 종교개혁도 없다.[50]

일정 부분 사상사와 사회사 사이의 긴장은 불가피하다. 사상사가와 교

제22장에서 자세히 다룬다.

49 Heiko A. Oberman, *The Reformation: Roots and Ramifications*, pp. 201~20.

50 Heiko A. Oberman, *The Reformation: Roots and Ramifications*, p. 8.

회사가들은 종교적·사상적 동기를 배제하고 사회사만을 강조할 경우, 종교개혁이 실제 사회 문제와는 무관한 사적인 영역으로 오해받을 수 있다고 우려한다. 세속 군주가 종교개혁을 정치적 유용성 때문에 수용한 것일 뿐이라면 개혁가들의 사상은 항상 사회 속에서 권력자들의 정치적 사리사욕을 위한 것처럼 해석될 수 있다. 그러나 그것은 지나치게 단순화한 것이다. 프로테스탄트 제후들은 루터교의 가르침에 따라 전통적인 장자상속제를 포기하고 부를 모든 아들에게 동일하게 분배했다. 계속해서 장자상속제를 지킨 가톨릭 지역의 제후들과 비교해 프로테스탄트 지역에서 영토와 권력이 분산되었다.

이러한 사례는 사회사로만 읽어낼 수 없는 종교개혁의 사상적·신학적 역할의 한 단면이다. 종교개혁을 받아들인 제후들에게는 정치적 유불리를 떠나 종교개혁의 이념을 위해 적극적인 희생과 헌신이 요구되었다. 따라서 종교개혁을 이해하기 위한 신학적 접근 방식과 사회학적 접근 방식을 무조건 상호 배타적인 것으로 보고 논쟁하는 것은 핵심을 비껴간다.[51] 이는 특히 1989년까지 동독을 중심으로 제도화되어 있던 마르크스주의 역사가들이 마주한 한계이기도 했다. 종교개혁의 사회적·경제적·정치적 동기가 다양하지만, 종교개혁은 세속 사회에서 종교심이 가지는 폭발력을 보여 준다. 이러한 일련의 연구는 '종교개혁의 문화' 연구로 불렸다. 거기서 다루어지는 종교적 가치관이나 사고의 영향은 정치적 관계에도 실증하기는 어렵지만 영향을 준다. 이 때문에 종교개혁에 관한 연구에서 교회사를 포함한 사상사와 사회사 연구의 긴밀한 협력이 점점 중요해진다.

덧붙여 오베르만은 루터 개인에게 초점을 맞추는 종교개혁사 연구가 갖는 한계 역시 절감했다. 이는 그의 개인적인 여정과 무관하지 않다. 네덜란드에서 태어나 나치의 박해로 인한 고통을 직접 경험했던 그에게 루터 르네상스를 형성한 독일 학자들과 함께 루터를 연구하는 것은 심

51 Carter Lindberg, "History, Historiography, and Interpretations", p. 19.

각하고도 모순된 경험이기도 했다. 그는 옥스퍼드 대학 및 하버드 대학 학자들의 영향을 받아 루터에 대한 고정관념을 깨트렸고 루터 연구의 중심지인 독일 튀빙겐에서 연구를 이어갔다. 독일 학자들과의 교류와 토론을 통해 큰 학문적 유익을 경험했지만, 여전히 학술 강연과 연구가 정치적 플랫폼과 여론 형성의 수단으로 남아 있는 독일 학계의 현실에 비판적이었다. 그는 특히 학문적으로 학파가 분포되어 있기보다는 어떠한 권위를 특정한 영웅에게 돌리는 독일 학계의 특이한 경향을 보았다. 루터가 그 사례였다. 독일에서 루터는 종교적 충성심과 국가적 열망이 결합되어 최초의 프로테스탄트 교도이자 세계적 위상을 지닌 독일의 예언자가 되어 있었다. 오베르만은 루터에 대해 만들어진 신화를 다음과 같은 예화를 통해 풍자적으로 고발한다.

> 종교개혁사의 여러 부분에서 진리의 핵심이 신화에 의해 어떻게 억눌려 왔는지는 1943년 2월 어린 소녀로서 아버지와 함께 아우슈비츠행 기차에 몸을 실은 홀로코스트 생존자의 다음 회상에서 드러난다. 기차가 비텐베르크를 지나갈 때, 아버지는 딸이 '역사상 가장 위대한 자유의 대변인의 도시'를 볼 수 있도록 딸을 번쩍 들어올렸다.[52]

제2차 세계대전이 끝나고 루터 르네상스를 이끈 학자들이 물러나면서 민족주의자 루터를 강조하던 움직임은 사라졌다. 이제 새로운 독일 학자 집단이 비교사 및 사회사의 방법을 이용해 종교개혁을 재정립해 오고 있다. 루터가 독일 교회를 로마 교황의 폭정에서 탈출시키고 암울한 중세에서 벗어나게 해주었다는 관념은 유럽 전역에 퍼져 있었다. 이 흐름이 근대의 국민국가를 만들어가는 세속 군주들 사이에서 정당화될 수는 있지만 더 이상 균형 잡힌 시각은 아니다. 16세기의 독일 종교개혁과 루터를 들여다보려는 시도는 이러한 신화로 인해 방해를 받았다. 이

---

52 Heiko A. Oberman, Donald Weinstein, *The Two Reformations*, p. xvi.

제 루터와 종교개혁 연구는 유럽 역사에서 새로운 시대에 접어들었다. 프로테스탄트 승리주의라고 일컬어지는 19세기의 해석을 넘어서고 있다. 브래디와 오베르만은 종교개혁이 추구하는 신념을 루터 사상에 머물지 않고 자립적이고 자율적인 시민의식의 형성에 초점을 맞추었다. 종교개혁이 이웃, 공동체, 공화주의 정신을 강화하거나 특징짓는 한, 근대화를 향한 한 단계로 보아야 한다는 것이다. 따라서 종교개혁은 시민사회의 시작이다.[53] 그렇지 않고 종교개혁을 신앙고백의 과정에만 머물게 할 경우, 실링의 주장처럼 종교개혁은 중세 시대의 연장일 뿐이며, 그 역사적 중요성을 실질적으로 잃게 된다.[54]

---

53 현재 종교개혁사 연구에서는 기존의 종교개혁과 근대성 해석에 대한 비판적 재고가 이루어지고 있다. 이와 관련해서는 이 책 제22장에서 다룬다.

54 Peter Blickle, "The Reformation in Post-war Historiography", p. 18.

제9장 취리히 종교개혁

프로테스탄트 종교개혁사는 독일 지역의 루터 개혁 다음에 스위스로 이동한다. 왜 스위스인가? 중세 유럽 역사에서 오늘의 스위스 지역은 거의 언급되지 않는 매우 낯선 곳이다. 그런데 그 언급되는 대표적인 지역이 루터의 종교개혁이 있기 정확히 한 세기 이전에 공의회를 개최했던 콘스탄츠와 그 후 역시 공의회를 개최했던 바젤이다. 콘스탄츠는 스위스와 붙어 있지만 스위스에 속하지는 않는 독일 도시이다. 하지만 콘스탄츠 주교구가 스위스의 대부분 독일어권 지역의 교회를 관할하기 때문에 스위스와 분리할 수 없다. 콘스탄츠 공의회(1414~18)는 이탈리아 지역이 아닌 알프스 이북에서 개최되어 새 교황을 선출한 유일한 공의회이기도 하다. 세 명의 대립교황 문제를 해결하고 보헤미아의 후스 문제를 해결하기 위해 열린 이 공의회에서 마르티누스 5세를 선출했는데, 그 방식은 전통적으로 추기경단이 선출하는 콘클라베가 아니라 각 국가의 대표단이 교황 선출에 참여했다. 이 시점이 상징적으로 교황주의와 공의회주의가 대립하는 지점이었다. 전체 교회를 대표하는 것이 교황이 아니라 공의회라는 주장이다. 더불어 이 공의회에서 화형당한 후스는 체코 국민교회를 대표하는 상징성을 지녔으며, 같은 공의회에서 부관참시 판결을 받은 잉글랜드의 위클리프 역시 14세기의 대표적인 반교황주의자로 잉글랜드 국왕이 교회를 통제하는 국가교회의 지지자였다. 콘스탄츠 공의회 이후 공의회주의가 세력을 잡게 되면서 세속 군주와 교황 사이의 정치적 지형 변화가 일어났다.[1] 파도바의 마르실리우스가 『평화의 수호자』(1324)에서 교회가 아닌 시민 공동체(universitas civium)가 종교 문제의 최종 결정권을 가진다고 주장한 이래, 교황의 권한을 제한하려는 다양한 이론이 등장했다.[2] 1431년 개최된 바젤 공의회 역시 공의회주의가 주도해 열린 것으로 국가별 의사결정 체제를 유지했다.[3]

중세에 상대적으로 미미한 영향력을 지녔던 스위스였지만, 이렇듯 반교황주의와 세속 권력이 교회 문제를 주도하는 전통을 만들어냈다는 점에서 중세와의 연속성에서 종교개혁을 읽어나가는 중요한 사례가 된다. 이 지점이 스위스 종교개혁을 취리히의 개혁가 츠빙글리에서 제네바의 칼뱅으로 연결하는 전통적인 흐름을 재고(再考)하게 만든다. 스위스 종교개혁은 루터와의 연관성 속에서 읽어갈 수도 있고 제네바의 전조로 읽어갈 수도 있지만 독자적인 흐름 속에서 읽어야 한다.

스위스 종교개혁의 기본 문제들

취리히에서 시작된 스위스 연방의 종교개혁은 같은 독일어권인 바젤, 베른과 같은 도시에서 형성되어 지방으로 확산되었으며, 이후 프랑스어권 지역으로도 파급되었다. 스위스의 프로테스탄트 종교개혁은 남부 독일과 맞닿아 있는 도시 중심의 주에서 이루어졌고, 루체른(Lucerne), 우리(Uri), 슈비츠, 운터발덴 등 산악 지역의 주들이 가톨릭 동맹을 형성해

1 최종원, 『공의회 역사를 걷다』, 파주: 비아토르, 2020, 153쪽.

2 박경자, 「마르실리우스 파도바의 정치철학에 드러난 권력과 평화」, 『철학논총』 제55집, 2009, 147~64쪽.

3 M. Decaluwe, T. M. Izbicki and G. Christianson, eds., *A Companion to the Council of Basel*, Leiden and Boston: Brill, 2017, p. 251.

저항했다. 1500년 무렵 스위스 인구는 대략 80만 명 정도로 추산된다. 취리히는 5,000~6,000명, 바젤과 제네바는 9,000~1만 명, 베른은 약 5,000명, 루체른, 졸로투른, 샤프하우젠은 3,000~3,500명 정도로 보며, 추크는 인구가 약 400명에 불과한 작은 주였다.[4]

스위스 종교개혁은 일반적으로 츠빙글리의 취리히 개혁, 급진파로 분류되는 아나뱁티즘의 스위스 기원, 그리고 칼뱅의 제네바 개혁이라는 세 가지 범주로 분류된다. 16세기 당대의 중요성과 다소 무관하게 현대의 스위스 종교개혁사 연구는 압도적으로 칼뱅과 제네바 종교개혁에 대한 연구를 중심으로 이어졌다. 취리히 종교개혁은 루터의 종교개혁과 제네바 칼뱅의 종교개혁의 중간 연결점 정도의 인식이 지배적이었다. 하지만 스위스 종교개혁을 츠빙글리의 카리스마에 기대어 취리히에서 발생한 종교적 혁명에 집중하는 것은 스위스 개혁의 다양성을 놓치게 한다. 그도 그럴 것이 취리히 종교개혁을 이끈 츠빙글리는 종교개혁을 이끈 지 채 10년이 안 된 1531년 전사했기 때문이다. 종교개혁 서술의 권위자들이라고 할 수 있는 루이스 스피츠, 윌리엄 에스텝(William Estep, 1920~2000), 후스토 곤살레스(Justo Gonzalez, 1937~) 등의 취리히 종교개혁 서술은 모두 츠빙글리의 전사에서 서둘러 마무리짓고 급진파와 제네바로 넘어간다. 츠빙글리의 후임자로 취리히 개혁교회를 44년간이나 이끈 하인리히 불링거는 스치듯 한두 차례 언급된 것이 전부이다. 최근에는 츠빙글리와 취리히 종교개혁에 대한 연구에 덧붙여[5] 종교개혁 전통에 대한 불링거와 그의 동료들의 기여에 대한 평가도 강조되었다. 브루스 고든(Bruce Gordon)의 『스위스 종교개혁』(*Swiss Reformation*)은 취리히 종

---

4 Kaspar von Greyerz, "Switzerland", *The Reformation in National Context*, eds., Bob Scribner, Roy Porter and Mikulas Teich, Cambridge: Cambridge University Press, 1994, p. 30.

5 1984년 츠빙글리 탄생 500주년을 기념해 영국과 북미의 학자들도 츠빙글리 연구에 기여했다. 여기에는 대표적으로 G. R. Potter, *Zwingli*, Cambridge: Cambridge University Press, 1976; W. Peter Stephens, *The Theology of Huldrych Zwingli*, Oxford: Clarendon, 1986 등을 들 수 있다.

교개혁을 다룸에 있어 츠빙글리 사망으로 불링거가 등장하는 시점부터 불링거가 사망한 1575년까지가 내용의 절반 이상을 차지한다.[6] 칼뱅주의 개혁 신학의 역사를 다룬 필립 베네딕트(Philip Benedict)도 츠빙글리뿐만 아니라 불링거 등의 독자성을 훨씬 강조하고 있다.[7] 취리히 대학의 스위스 개혁사 연구소가 다양한 문헌을 편집하고 독일어권 스위스 개혁 전통에 대한 연구를 지원해 온 결과라고 할 수 있다.[8]

1960년대 이후 사회사가들이 종교개혁사 연구에 주도적으로 참여하면서 스위스 종교개혁사 연구도 지난 반세기에 걸쳐 크게 변했다. 스위스라는 지역이 가지고 있는 개혁 전통에 대한 인식이 자연스럽게 커졌다. 우선 제네바를 '스위스 종교개혁'에 연결하지만, 제네바는 16세기에 독립된 도시 공화국으로 스위스 연방에 소속되지 않았다. 제네바 시의회와 교회의 관계는 스위스 연방 속에서 실질적으로 중요했지만 스위스 종교개혁의 중심적인 흐름 속에 위치할 수는 없다. 더욱이 제네바 종교개혁을 칼뱅의 사상과 리더십을 출발점으로 삼기에는 제네바 종교개혁의 설립과 그 과정에서의 취리히의 영향력은 무시할 수 없을 정도로 크다. 스위스의 전반적인 종교개혁의 흐름은 단선적으로 이어지기보다 로마 가톨릭과 경쟁하면서 몇 세기 동안 점진적으로 스위스의 종교·사회·문화·정치에 영향을 주었다.

최근의 연구는 16세기에서 17세기까지 확장된 종교적·제도적·정치적 변화를 장기적 관점에서 이해하는 데 집중되어 있다. 공간적으로 취리히를 넘어 스위스 다른 주들과의 종교적 변화의 맥락을 이해하고, 시간적으로는 1531년 10월 이후부터 1560년대까지 이어진 스위스를 '장

6 Bruce Gordon, *Swiss Reformation*, Manchester: Manchester University Press, 2003.

7 Philip Benedict, *Christ's Churches Purely Reformed: A Social History of Calvinism*, New Haven and London: Yale University Press, 2004.

8 2004년 불링거 탄생 500주년, 2009년 장 칼뱅 탄생 500주년, 2005년 테오도르 드 베즈(Théodore de Bèze, 1519~1605) 사망 400주년 기념일은 스위스 종교개혁사 연구의 르네상스를 촉진했다고 평가받는다.

기 종교개혁'의 맥락에 위치시킨다.[9] 이 관점에서 취리히 종교개혁은 츠빙글리 사후의 취리히 교회의 발전과 유럽에 끼친 영향력에 대해 비중있게 다루고 있으며, '제네바 학파'와 별개로 '취리히 개혁신학파'에 대한 인식을 발전시켰다.[10]

루터가 프로테스탄트 종교개혁의 불씨를 점화했지만 모든 것이 그로부터 시작된 것은 아니었다. 유사한 전통을 상당 부분 공유하고 있지만 독자적으로 종교개혁을 진화시킨 흐름이 비텐베르크에서 남서쪽으로 약 750킬로미터 떨어진 스위스 취리히에서 시작되었다. 루터의 종교개혁이 신학적 논쟁 및 문제에 맞추어져 있었다면 취리히의 종교개혁은 정치와 사회 구조를 포괄한 체계적이고 총체적인 것으로, 공의회주의 이래 교회와 세속 권력과의 관계에 대해 훨씬 진전된 국가교회의 이념을 발전시켰다.[11] 종교개혁 사상의 빠른 성장의 공을 루터에게 맞추는 것은 지나치게 단선적으로 보는 것이다. 오히려 루터를 종교개혁이라는 무대의 단독 주연이기보다는 여러 주인공 중의 한 사람으로 보아야 한다. 프로테스탄트 종교개혁의 분출은 하나의 뿌리에서 나온 것이 아니라 여러 지역과 다양한 방향에서 종교적 에너지가 폭발하듯 분출된 것이다. 종교개혁사에 대한 이해도 여러 공존하는 시간과 공간에서 평행적으로 발생한 상호성으로 해석해야 한다. 스위스 연방에서 일어난 사건은 그에 대한 가장 적실한 사례이다.

개혁가들의 사상 및 전통과 결별한 새로운 종교 제도의 수용은 특정한 인물이나 신학사조가 만들어내지 못한다. 오히려 그 결정권은 교회와 신학이 형성된 해당 국가나 도시의 지역적 관심사와 상황에 달려 있다. 스

---

9 Mark Taplin, "Switzerland", *The Reformation World*, ed., Andrew Pettegree, London and New York, NY: Routledge, 2000, p. 169.

10 Amy Nelson Burnett, "'It Varies from Canton to Canton': Zurich, Basel, and the Swiss Reformation", *Calvin Theological Journal* 44, 2009, p. 251.

11 Carlos M. N. Eire, *Reformations: The Early Modern World, 1450-1650*, New Haven and London: Yale University Press, 2016.

위스 종교개혁을 이해함에 있어서도 스위스의 지정학적 맥락에 대한 이해는 필수적이다.[12] 16세기 스위스 연방은 중앙집권적인 국민국가의 초기 형태가 아니라 각각의 주가 독립적이고 자치적인 영주권(lordship)을 가지고 느슨한 형태로 동맹을 맺고 있었다. 종교 문제에 있어서도 연방 기관이 아니라 각 회원주의 지역 공동체와 교구(Gemeinde)가 결정권을 가지고 있었다. 1520년대 중반부터 스위스에 등장한 프로테스탄트 교회는 공유하는 특징도 있었지만 교리와 신학, 교회 조직은 각 주마다 특성 있게 발전했다. 스위스 모든 주가 일사불란하게 프로테스탄트를 받아들인 것이 아니기 때문에 가톨릭과 프로테스탄트 주들 사이의 사회정치적 갈등이 연방의 결속을 위협했다.

이러한 배경 아래 스위스 종교개혁을 살펴보자. 스위스의 경우, 루터의 종교개혁처럼 종교개혁이 시작되었다고 할 만한 특정한 일자를 지목하기는 쉽지 않다. 좀 더 넓은 맥락 속에서 반교황주의의 결실을 종교개혁이라고 본다면 1415년 콘스탄츠 공의회까지 소급할 수도 있다. 하지만 여전히 교황과의 관계는 유지되었기 때문에 현실적이지 않다. 이와 달리, 스위스 종교개혁의 특징인 인문주의 관점에서 보자면 1514년 데시데리우스 에라스무스가 바젤로 이주한 시기를 들 수도 있다. 에라스무스의 인문주의 영향은 스위스인들이 점차 로마 교황청의 권위를 부정하고 결별하게 되는 계기가 되었다. 좀 더 좁혀 보면, 취리히 개혁가 츠빙글리가 취리히 대성당(Grossmünster)의 인민사제(Leutpriester)직을 수행한 1519년 1월 1일을 시작점으로 볼 수도 있다. 혹은 취리히에서 츠빙글리가 사순절 금식을 의도적으로 깨뜨린 이른바 '소시지' 사건이 발생한

12 츠빙글리에 대한 최신의 해석에 대해서는 Peter Opitz, "Problems and Challenges of the Modern Historiography of the Zwinglian Reformation", *Journal of Early Modern Christianity* 7, issue 2, 2020, pp. 229~46; Jerry Pillay, Catherine McMillan, "Huldyrch Zwingli's Contribution to the Reformation", *HTS Teologiese Studies*, ISSN: (Online) 2072-8050; Roger Porter, "What did Huldrych Zwingli Achieve for the Swiss Reformation?", *American Journal of Biblical Theology* 5, no. 1, 2021, pp. 192~204 참조.

1522년도 가능하다.

종교개혁 이전의 스위스 연방

스위스는 알프스 산맥으로 다른 유럽 지역으로부터 상대적으로 고립되어 있다. 라인강, 론강, 티치노강, 포강 등이 알프스에서 발원해 북해, 지중해, 아드리아해, 다뉴브강과 흑해로 흘러들어 간다. 스위스 연방이라고 불리는 영토 안에서 인구의 약 70퍼센트는 주로 북동부에 거주하며 독일어를 사용했다. 서쪽 지역에서는 프랑스어, 남부에서는 이탈리아어를 사용했다. 명목상으로는 신성 로마 제국에 속했지만 스위스 연방을 구성하면서 14세기부터 자치권을 행사했다. 스위스 연방은 신성 로마 제국 합스부르크 가문의 지배력 강화 시도에 대응해 13세기 말경 우리(Uri), 슈비츠, 운터발덴으로 최초로 구성되었다. 스위스가 합스부르크 가문의 잔혹한 통치로부터 자유를 쟁취한 전설을 다룬 희곡 「빌헬름 텔」의 배경이 되는 주가 '우리' 주이다. 1350년대 베른, 취리히, 루체른, 추크와 글라루스가 연방에 가입했다. 이들 8개의 주가 '구 오르테'(Old Orte)로 불렸다.[13] 그 후 1481년부터 1513년 사이에 프리부르, 졸로투른, 바젤, 샤프하우젠, 아펜첼 등 5개 주가 추가적으로 가입해 13개 주가 연방을 구성했다.

이 과정에서 스위스의 정체성에 대한 인식이 생겨났다. 스위스인은 고대 헬베티아인의 직계 후손이라고 주장하면서 스위스인을 정통 게르만인과 로망스어를 말하는 민족과 구별지었다. 슈비츠 주민을 지칭하던 '슈바이처'라는 명칭은 15세기 초부터 스위스인 모두에게 적용되었다. 연방에 가입한 주들은 자신들이 통치하는 위임 영토에 대해 교대로 집행관(Vögte)을 파견해 통치하는 공동 영주권(gemeine Herrschaften)을 행

13 'Orte'는 문자적으로 '장소'라는 의미인데, 흔히 '캔톤'이라고 번역한다.

사했다. 그들의 정기적인 협의체는 점차 스위스 의회(Tagsatzungen)로 발전했다.

15세기 말 신성 로마 제국 황제 막시밀리안 1세가 스위스 연방의 자치권을 위협하면서 1499년 슈바벤 전쟁(Swabian War)이 발발했다. 이 전쟁에서 스위스 연방이 승리해 같은 해에 바젤 조약을 체결하면서 스위스는 마침내 하나의 국가로 인정받았다.

스위스는 지역 및 지방 수준에서 선출된 대표로 구성된 의회가 통치했다. 스위스인들은 황제, 왕, 왕자, 공작 등 귀족 직위가 없었다. 더불어 교황의 영향력으로부터도 독립되어 있었다. 도시 및 주의회에서 교회와 성직자를 관리·감독하고 세금을 부과하는 등 교회에 대해 상당한 권한을 가졌다. 16세기 초에 형성된 대부분의 유럽 근대 국민국가에서는 왕과 귀족 중심으로 권력이 집중되어 있던 반면, 스위스는 권력이 공동으로 행사되었다. 스위스 종교개혁이 시의회와 밀접한 연관성 속에 시행되었던 것은 독일이나 잉글랜드와 다른 정치 체제 속에 있었기 때문이다. 이렇듯 스위스 개혁가들의 사상이나 개혁의 방향과 목표는 그들이 터를 내리고 있던 스위스 연방의 제도적·사회적·경제적·문화적 틀에서 기인한 것이다. 16세기 스위스의 프로테스탄트 사상과 정치에 대한 지지는 스위스 연방 역사에 대한 지지와 궤를 같이한다.[14] 이 연방 구조 속에서 새로운 정치 및 종교 엘리트가 중세 교회를 스위스의 정치 체제와 사회 구조에 맞게 개조하기 시작했다.

신학은 종교성뿐만 아니라 일상생활과 특정 사회적·문화적·정치적 환경의 규범의 영향을 받는다. 루터의 사상과 마찬가지로 츠빙글리 사상도 그가 학교에서 습득한 모든 보편적인 그리스도교 원리와 특별한 신학적·철학적 전통만큼이나 그의 정치적·사회적 환경에 의해 형성되었

14 스위스 종교개혁의 정치적 역학에 대해서는 Regula Schmid, "The Politics of History in the Swiss Reformation", *The Politics of Reformation. Studies in Honor of Thomas A. Brady, Jr.*, eds., Christopher Ocker et al., 2 vols., Leiden and Boston: Brill, 2007, pp. 317~43 참조.

다.[15] 요컨대, 츠빙글리는 스위스인이었고 루터와 츠빙글리의 사상적 차이는 고유한 개인성의 차이만이 아니라 사회적·정치적·문화적 요인의 영향에서 비롯되었다. 결국 루터와 츠빙글리의 차이는 토착화와 상황화의 차이라고 할 수 있다. 스위스의 독특한 사회적·언어적·문화적·정치적 규범이 스위스의 개혁 사상을 만들었다.

스위스 연방의 독특한 구성은 장기간에 걸친 스위스 종교개혁 과정을 설명하는 데 여러 단서를 제공한다. 스위스 연방은 상호 공동 운명체라는 이데올로기, 그를 지켜가기 위한 무장 형제애의 전통, 그 결과로 얻는 지역 자치와 자유의 이상에 뿌리내리고 있었다. 그들을 하나로 묶어준 것은 특정한 신학 전통이 아니었다. 그들은 새로운 종교성을 스위스 연방이라는 공동체의 역사성과 결합해 종교적 분열을 극복하고 통일성을 만들어가고자 했다. 그럼에도 지역 사이의 정치적·지리적·경제적 차이가 개혁 운동에 대한 대응에 끼친 영향은 지대했다. 연방이 공동 영주권을 행사하던 지역은 종교개혁 이후 가톨릭과 프로테스탄트 지역이 자신들의 세력권 아래에 두려 하면서 중요한 갈등의 원인이 되었다. 이런 지역적 차이 속에서 스위스 교회는 16세기 말까지 독자적 교리와 신학, 행위 규범을 갖춘 뚜렷한 개혁교회의 정체성을 만들어갔다.

15세기의 사회적·제도적 변화는 스위스 연방의 종교적·지적 발전에 영향을 끼쳤다. 우선 스위스 연방은 제국으로부터 정치적으로 독립했지만 연방 내 교회 구조는 전혀 달랐다. 스위스는 바젤, 쿠어, 콘스탄츠, 제네바, 로잔, 시텐의 6개 교구로 나뉘었는데, 시텐을 제외하고 나머지 지역은 외국 영토의 관할과 겹쳐 있었다. 예를 들어 독일어를 사용하는 대부분의 스위스 지역은 독일 남서부를 관할하는 콘스탄츠 주교구에 속했다. 교회의 관할권을 행사하는 주교들은 스위스인이 아니었다. 정치적

---

15 'Lex orandi, lex credendi, lex vivendi'는 '기도의 법칙은 믿음의 법칙으로 이어지며 생활의 법칙으로 이어진다'라는 뜻의 오래된 라틴어 격언이다. '예배하는 방식'은 우리가 믿는 것과 사는 방식에 직접적으로 영향을 주고받는다는 함의를 갖는다.

경계와 교회 관할이 일치하지 않았기에 교회 통치는 효율적으로 이루어지지 않았다. 로잔과 제네바와 같이 주교가 세속 통치자의 통제를 받거나 콘스탄츠나 바젤과 같이 강력한 시민 정부와 갈등을 겪는 상황에서는 주교의 권한에 제약이 따를 수밖에 없었다. 바젤의 크리스토프 폰 우텐하임(Christoph von Utenheim, 1450?~1522), 콘스탄츠의 휴고 폰 호엔란덴베르크(Hugo von Hohenlandenberg, 1460~1532), 로잔의 아이몽 드 몽팔콩(Aymon de Montfalcon, 1443~1517) 같은 주교들은 교회 내에 만연해 있는 복수겸직, 성적 부도덕, 성직자의 태만과 같은 문제를 해결하기 위해 노력했다. 바젤 공의회(1431~43) 이후 콘스탄츠 주교는 성직자들의 문제에 대해 주교의 시정명령과 징계 권한을 가지고 교구 내 문제를 해결하려 했다. 하지만 이런 시도는 대체로 실패했다. 오히려 세속 통치자들은 교회 문제에 대해 전혀 다른 접근법을 가지고 있었다. 교회에 십일조 납부를 거부하고 주교 법원의 관할권을 거부하는 방식으로 대응했다. 취리히와 베른 같은 도시의 행정관들은 성직자를 포함한 시민들의 종교 생활을 직접 통제하려 시도했다. 중세기 내내 성직자들이 누렸던 교회법상의 특권, 즉 세속 법정에서의 면책특권을 없앴다. 14세기 초 취리히에서는 성직자와 평신도가 관련된 형사 사건을 처리하기 위해 사제 법원을 만들었다. 15세기 후반에는 성직자에 대한 통제권이 대부분 세속 당국에 넘어갔다.

이 시기 동안 스위스 대부분의 지역에서 주교권이 지속적으로 축소되었다. 교회의 파문 및 성무정지권이 오남용되었다는 인식에 따라 콘스탄츠에 있는 주교 법원의 관할권이 적용되는 지역을 축소하려 했다. 슈비츠 지역의 수도원들은 수도회와 지역 주민들 사이의 분쟁을 주교 법정이 아닌 세속 법정에서 처리하는 데에 동의했다. 교회 관할권의 변경은 교회가 평신도들에게 충분한 목회적 돌봄을 제공하지 못하는 한계를 시민 공동체와 지역 행정관이 바로잡는 것이 목적이었다.

하지만 이것이 당시의 전통적인 종교성의 변화를 의미하지는 않았다. 그 어디에서도 가톨릭의 전통적인 신앙이 도전을 받거나 쇠퇴하고 있다는 징후는 발견할 수 없었다. 일상적으로 죽은 자를 위한 미사가 행해졌고 성찬은 미사에서 가장 중요한 역할을 유지했다. 유럽 내 다른 지역과 마찬가지로 성지순례, 성물 숭배, 면벌부 구매 등은 전통적인 대중 신앙의 활력을 웅변한다. 15세기 후반 스위스에서는 정부가 후원하는 교회 건축이 활발하게 이루어졌다. 인구 4,500명에 불과했던 베른시에만 70개가 넘는 제단이 있었다. 슈비츠의 아인지델른(Einsiedeln)에 있는 마리아 성지는 대표적인 순례지였다. 1439년 6월 12일 바젤 주민 1,000여 명은 도시에 발생한 전염병에서 벗어나도록 기원하기 위해 아인지델른으로 순례를 떠났다.[16]

이러한 전통적인 종교성은 양가적 측면이 있다. 한편으로 가톨릭 주들이 종교개혁에 맞서 대중을 이끄는 데 큰 역할을 했지만, 다른 한편으로 대중의 신앙심은 중세 대중 신앙 운동에서 흔히 발견되는 것과 마찬가지로 강력한 반성직주의 정서를 담고 있었다. 하지만 대중의 반성직주의만을 종교개혁의 동력으로 보기에는 충분하지 않다. 교회 내 윤리적 문제와 종교적 오남용에 대한 비판에 균형을 잡아준 것이 새로운 학문에 대한 열정이었다. 여기에 스위스 종교개혁에서 독특한 지형을 차지하는 인문주의의 역할을 찾을 수 있다.

그 중심에는 바젤이 있었다. 바젤 공의회를 통해 인문주의적 사고가 스위스에 전파되면서 대중의 전통적인 경건과 함께 그리스도교 인문주의적 이상에 깊은 영향을 받은 신흥 지식인들이 등장했다. 1459년 바젤시의 요청에 따라 교황 피우스 2세(Pius II, 1405~64, 재위 1458~64)가 바젤 대학의 설립 허가를 내주었다. 스위스 최초의 대학인 바젤 대학은 15세기 말 스위스에서 가장 앞선 문화와 지식의 요람으로 발전했다. 프로테스탄트가 취리히(1525), 베른(1528), 로잔(1537), 제네바(1537)에 아카데미를 설립하기 전까지 스위스 전역을 아우르는 유일한 고등 교육 기관이었다. 바젤이 지닌 지적 영향력은 15세기 후반 등장한 인쇄술의

16 Mark Taplin, "Switzerland", pp. 172~73.

출현으로 가속되었다. 1470년에 두 곳에 불과하던 인쇄소가 1500년에는 70곳으로 늘면서 바젤은 유럽 출판산업의 중심지가 되었다. 대학과 인쇄술의 연결은 다양한 수준에서 인문주의 활동에 참여하는 학술 네트워크를 스위스 전역에 확장했다. 바젤로 이주한 인문주의자 에라스무스와 바젤의 인쇄업자 요한 프로벤이 협력하면서 바젤은 국제적 위상을 갖춘 지식 도시로 변모했다. 에라스무스는 교부 저작의 발굴, 성서 본문 비평 및 교회 부패에 대한 비판 등 다양한 지점에서 스위스 인문주의자들의 구심점 역할을 했다. 독일에서는 루터와 에라스무스가 결별해 독일 종교개혁에 끼친 직접적인 영향은 제한적이었지만 스위스의 경우는 달랐다. 에라스무스에 매료되어 바젤로 이주한 수많은 인문주의자는 후에 에라스무스가 개혁 진영과 결별한 이후에도 인문주의를 기반으로 종교개혁을 이어갔다. 그중에는 취리히 종교개혁을 이끈 츠빙글리도 있었다.

취리히의 츠빙글리

취리히의 라틴어 명칭은 레스푸블리카 티구리나(Respublica Tigurina)이다. 이 도시 공화국은 츠빙글리와 불링거라는 두 명의 걸출한 개혁가의 주도로 종교개혁이라는 거대한 격변을 겪으면서 유럽의 중심무대에 등장했다. 1218년부터 지방 영주나 주교의 통제를 받지 않고 신성 로마제국 황제의 직속 관할을 받는 자유 제국 도시의 지위를 확보한 취리히는 8개 주가 참여한 스위스 연방에 속했다. 종교개혁 직전에 취리히는 활력 넘치는 종교성을 자랑했다. 취리히의 대표 성당인 그로스뮌스터와 도미니크회, 프란체스코회, 아우구스티누스회 등 탁발수도회가 운영하는 세 곳의 수도원과 도미니크회가 운영하는 두 곳의 수녀원이 있었다. 다른 스위스 도시와 마찬가지로 면벌부, 성유물 숭배, 마리아 신심 등은 대중에게 일상이었다. 종교개혁 직전 취리히에는 대략 200명의 성직자가 있었는데, 전체 인구의 15퍼센트에 해당하는 수치였다. 종교개혁 당시 취리히시를 관할하는 콘스탄츠 주교는 휴고 폰 호엔란덴베르크(Hugo von Hohenlandenberg)였다. 그는 자신의 교구에서 교회의 부패를 척결하고 바로잡으려는 노력과 함께 에라스무스 같은 저명한 인문주의자들과의 연결도 모색했다. 중세 도시들과 마찬가지로 취리히에서도 행정관이 시민들의 신앙과 교회의 질서를 확보하는 종교적 돌봄(cura religionis)에 대해 책임을 지고 있었다. 행정관은 주교의 권리를 제한하고 직접 개혁의 주체가 되어 교회 문제에 영향력을 행사했다. 시의회는 십일조와 결혼에 관한 교회의 관할권을 제한하고, 성직자의 도덕적 행위를 감독하고, 성직 임명을 주도하고, 수도회에 대한 재정 감사를 시행하고, 예배 문제를 규제하는 조치를 취했다. 시의회와 교구 사이의 긴장이 형성되었지만 콘스탄츠 주교는 츠빙글리가 시의회와 같은 세속 권력과 협력해 로마 교황과 결별하고 새로운 개혁교회를 세우는 것을 무력하게 지켜보았다. 종교개혁이 추진되면서 콘스탄츠 주교의 관할권은 영구히 폐지되었다. 개혁가인 츠빙글리는 시에서 지정하는 위원회에서 선출되어 활동하면서 자문 역할을 했다. 사제로서 세속 정치 활동에 깊숙하게 관여한 츠빙글리의 활동은 이후 제네바의 칼뱅의 활동과 더불어 신권정치 이상과 연결되어 다양하게 연구되었다.

츠빙글리는 1484년 1월 1일 스위스 북동쪽 토겐부르크(Toggenburg)주의 작은 마을 빌트하우스(Wildhaus)에서 태어났다. 루터보다 약 6주일 늦게 태어났다. 부유한 집안의 아들이었던 츠빙글리는 10세에 이미 바젤과 베른에서 라틴어 학교를 다녔다. 1498년에는 고등 교육을 위해 빈 대학에 입학했다. 그곳에서 토마스 아퀴나스의 전통적인 스콜라 신학을 접했다. 1502년 다시 바젤로 돌아와 바젤 대학을 다녔다. 인문학의 중심지인 바젤에서 그는 바젤 대학 교수 토마스 비텐바흐(Thomas Wyttenbach, 1472~1526)와 울리히 주르간트(Ulrich Surgant, 1450?~1503)로부터 큰 영향을 받았다. 츠빙글리는 1504년에 학사학위를, 1506년에 석사학위를 받았다. 공부를 마치자마자 콘스탄츠 주교 호엔란덴베르크에게서 사제 서품을 받고 1506년 글라루스 교구의 사제로 임명되었다.

글라루스에 있는 동안 츠빙글리는 두 개의 커다란 전환점을 겪었다. 첫째, 글라루스에서 보낸 10년(1506~16) 동안 츠빙글리는 인문주의에 기반해 개혁 사상을 발전시켜 나갔다. 1513년부터 그리스어를 배우기 시작해 오리게네스(Origenes, 185?~254?)와 에우세비우스 히에로니무스 등 교부들의 사상을 연구했다. 독자적으로 인문주의를 연구해 다양한 스위스 인문주의자와 접촉을 넓히던 중 1514년 무렵부터는 에라스무스의 저술을 집중적으로 연구했다. 글라루스에서 에라스무스의 저작을 탐독하면서 성서에 나타난 그리스도의 가르침을 중심으로 하는 교회개혁에 매료되었다. 우연하게도 이때가 루터에게도 가장 중요한 인생의 영적 변화를 마주한 시기였다. 그는 비텐베르크 수도원의 공부방에서 성서와 씨름하며 회심을 경험했다. 반면에 츠빙글리는 1515~16년 겨울 에라스무스를 만나기 위해 바젤로 갔다. 일종의 순례였다. 에라스무스와의 교류를 통해 츠빙글리는 인문주의에 기반한 가톨릭 교회개혁이라는 대의를 확고히 받아들였다. 십 수년 전 바젤에서 당시 인문주의자들과 교류를 시작한 츠빙글리는 마침내 에라스무스주의자로 분명하게 개종했다. 에라스무스주의자가 된 츠빙글리는 성서를 최고의 권위로 받아들이고 고대 교회 교부들의 성서 해석으로 관심을 돌렸다. 그는 당시 가톨릭 신앙에서 대중화된 성인 숭배, 면벌부, 성유물 숭배 등이 성서적 근거가 없음을 인식하고 가톨릭교회의 가르침을 성서적 전거와 비교해 비판적으로 판단해 나갔다. 츠빙글리는 인문주의라는 또 다른 자신만의 연구 방법론을 활용해 비텐베르크의 루터와 유사한 결론에 도달했다. 물론, 츠빙글리는 루터만큼 죄와 칭의, 구원이라는 오롯이 신학적인 문제를 천착하지는 않았다. 오히려 현실의 교회를 어떻게 성서에 기반하도록 갱신해 나갈 것인가 하는 실천적 문제에 집중했다. 글라루스에 있는 동안 츠빙글리는 스위스 인문주의의 대표적인 인물로 명성을 얻게 되었다.

둘째, 스위스의 용병제에 대해 분명하게 반대했다. 츠빙글리는 글라루스에서 사목하면서 글라루스 군대가 북이탈리아에서 교황청의 용병으로 전투를 벌이는 동안 군목으로 용병부대와 두 차례 동행했다. 그러나 츠빙글리는 마리냐노 전투(Battle of Marignano, 1515)에서 스위스 용병들이 프랑스군에 의해 학살당하는 끔찍한 상황을 목격했다. 이 사건으로 그는 스위스 용병에 대해 근원적으로 비판하고 반대하는 입장에 섰다. 츠빙글리는 스위스인들이 외국의 전쟁에 계속 얽히게 된다면 국제사회에서 정치적 독립은 불가능하며, 용병 자체가 야기하는 윤리적 문제도 심각하다고 여겼다.

용병은 스위스 경제에 중요한 수입원이었기에 츠빙글리의 이런 태도는 글라루스에서 호의적인 반응을 얻지 못했다. 그로 인해 그는 글라루스를 떠나게 되었고 1516년 4월 아인지델른의 베네딕트회 수도원 사제로 전근했다. 츠빙글리는 용병으로 참여한 공로로 교황청으로부터 성직록을 받았지만 1520년 그 성직록을 포기했다. 로마의 성직록을 포기했다는 것은 로마 가톨릭교회와 결별했다는 분명한 의지를 드러낸 것이다.

아인지델른에 머무는 짧은 기간 동안에 그는 수도원 사목직을 수행하면서 수도원 도서관에서 교부들의 저작을 연구했다. 특히 에라스무스가 1516년 펴낸 『그리스어 신약성서』를 기반으로 복음서와 바울 서신을 연구했다. 얼마 지나지 않아 츠빙글리는 취리히로 옮길 기회를 갖게 되었다. 취리히와 아인지델른은 가까운 하루 거리에 있었고 두 도시는 활발하게 교류가 이루어졌다. 아인지델른에서 인문주의 설교자로 명성을 쌓아가고 있던 츠빙글리를 관심 있게 지켜본 그로스뮌스터의 참사회원이 1518년 공석이 된 그로스뮌스터 인민사제직에 츠빙글리를 추천했다. 그로스뮌스터는 취리히를 대표하는 교회였고 인민사제의 주된 임무는 설교였기에 츠빙글리에게는 매력적인 제안이었다. 최종 두 명의 후보에 츠빙글리도 올랐을 즈음, 뜻밖에도 츠빙글리의 개인사가 발목을 잡았다. 글라루스에서 츠빙글리가 독신 서약을 어기고 성적 부도덕을 범했다는 소문이었다. 츠빙글리는 소문이 사실임을 인정하고 사죄했다. 그런데 경쟁 후보는 사실혼 아내를 두고 있는 데다 여섯 명의 사생아까지 있었다. 교회는 츠빙글리를 최종 선택했다.

1519년 1월 1일, 35번째 생일에 츠빙글리는 그로스뮌스터 인민사제로 정식 취임했다. 그는 그로스뮌스터 강단에서 전통적으로 교회력에 따라 설교하는 방식 대신에 성서를 연속적으로 강해(lectio continua)하는 방식을 선택했다. 그리스도의 삶에 초점을 맞추어 마태복음부터 설교를 해나갔다. 교회 전통보다 성서를 앞세웠다는 점이 대중에게는 신선한 충격이었다. 그로스뮌스터에서 그의 설교는 대중과 인문주의 집단 사이에서 큰 호응과 지지를 받았다. 초창기 취리히 시절 츠빙글리는 대중 가톨릭의 미신적인 측면을 비판하면서 전형적인 에라스무스주의자의 맥락에서 설교했다. 교회가 관행적·전통적으로 해오던 연옥, 미사, 금식, 성유물 숭배 등이 적절한지 성서에 비추어 검토한 이후, 아무런 성서적 근거가 없다고 비판했다. 성서만이 모든 교회개혁의 척도가 되어야 한다는 츠빙글리 가르침의 핵심을 취리히 교회는 점진적으로 받아들였다. 하지만 츠빙글리는 여기에 머물지 않았다. 그는 개혁을 시민 공동체 전체의 변화로 이해했다. 따라서 그 개혁의 주체는 세속 권력, 곧 취리히시의 경우 행정관(magistrate)이었다. 만약 시민 공동체가 성서의 가르침에 따라 개혁을 선택했다면, 그 시민사회에 하느님의 율법과 가르침이 구현되어야 한다. 그 역할은 성직자의 몫이 아니었다. 이러한 관념은 츠빙글리가 독창적으로 만들어낸 것이 아니다. 이미 스위스 대부분의 주에서는 세속 통치자가 교회와 관련한 문제에 중요하게 간섭하고 영향력을 행사하는 구조를 갖추고 있었다. 한 시민 공동체의 사회적 삶과 종교는 분리되지 않았다. 교회와 국가는 자연히 같은 목표를 향해 갔다. 사제가 성서적인 방향을 제시하면 행정관은 그 가르침을 현실에서 구현하고 집행할 책임을 지닌다.[17] 그리스도교 유럽에서 속권과 교권 사이의 주도권 논쟁은 중세기 내내 이어졌다. 취리히의 사례와 이어지는 제네바의 사례는 종교적 권위와 정치적 권위가 경쟁하기보다는 세속 권력을 중심으로 하나로 수렴하는 국가교회의 전형을 제시했다. 이 지점에서 영적 왕국과 세속적 왕국을 엄격하게 구별하는 루터의 두 왕국 사상과 차이가 나타난다.[18]

17 Bruce Gordon, "Switzerland", *A Companion to the Swiss Reformation*, pp. 76~77.

츠빙글리는 종교의 목적이 내세의 구원에 호소력을 갖는 것이 아니라 현실 사회 속에서 지속적으로 사회를 변화시키고 공공선에 봉사하는 데 있어야 한다고 보았다. 그 점에서 경건한 세속 통치자의 역할이 강조되는 것은 자연스러웠다. 취리히 종교개혁 초기의 가장 결정적인 사건으로 알려진 1522년의 취리히 논쟁은 시의회 행정관이 주관했다. 이 논쟁에서 츠빙글리는 설교, 성상, 세속 통치자의 권한 등에 대한 문제를 토론했다. 이 논쟁을 거치면서 츠빙글리는 시의회 중심의 교회 정부 모델을 만들어갔다. 세속 권위와 교회 권위가 협력해 개혁을 추진하게 되자, 종교개혁은 스위스 연방 전역으로 빠르게 확산되어 갔다.

지금까지 거의 5세기 동안 제기되는 질문이 있다. 1518년의 츠빙글리는 루터의 영향을 어느 정도 받았는가? 인문주의자에서 개혁가로의 사고방식의 변화가 루터의 글에 대한 그의 집중적인 독서와 연관된 것인지, 아니면 츠빙글리 자신의 주장처럼 이미 1516년에 성서에 대한 연구를 통해 독립적으로 시작되었는지 여부는 학자들 사이에서 오래된 논쟁거리였다. 동시대인들 중에는 츠빙글리에 대해 "당신은 루터교도임에 틀림없다. 당신은 루터가 쓴 것과 똑같은 방식으로 설교하기 때문이다"라고 주장한 이들이 있었다. 종교개혁사가 유언 캐머런(Euan Cameron)은 "만약 츠빙글리가 정말로 루터와 동시에, 그러나 완전히 독립적으로 믿음을 통해 이해된 값없는 용서에 의한 구원이라는 독특한 '종교개혁' 메시지를 발전시켰다면, 그것은 16세기의 가장 기막힌 우연의 일치"일 것이라고 꼬집었다.[19] 루터 사상의 영향 없이 츠빙글리가 독창적으로 자신의 개혁 사상을 발전시킬 수는 없었다는 것이다.

츠빙글리는 루터의 저작을 읽고 루터를 '로마의 멧돼지를 죽인 헤라

---

18 루터의 두 왕국 이론에 대해서는 D. Vandrunen, "The Two Kingdoms Doctrine and the Relationship of Church and State in the Early Reformed Tradition", *Journal of Church and State* 49(4), 2007, pp. 743~63 참조.

19 Euan Cameron, *The European Reformation*, Oxford: Oxford University Press, 1991, p. 182.

클레스'로 인정했다. 그렇지만 그는 자신의 사상과 사회 윤리, 신학의 독창성을 주장하면서 루터로부터 영향받았다는 사실을 부인했다. 츠빙글리는 이미 바젤에 체류하던 1500년대 초 인문주의자 토마스 비텐바흐로부터 면벌부에 대한 비판적 견해를 배운 후 받아들였다. 아우구스티누스를 직접 읽었으며, 자크 르페브르 데타플이나 에라스무스와 같은 동시대 인문주의자들에게 교회개혁의 사상을 흡수했다. 츠빙글리에게는 루터의 95개조 논제가 나오기 전에 이미 자신의 사상이 그리스도와 성서에 따라 형성되었다고 주장할 만한 근거가 있었다.[20] 더불어 루터와 츠빙글리가 서로 신학적 차이를 해소하지 못하고 결별한 사건은 츠빙글리가 루터로부터 그리 큰 영향을 받지 않았으리라 짐작게 한다. 누군가 루터에게 츠빙글리가 그의 제자라고 말할 때마다 불편한 감정을 숨기지 않았다. "나는 바울이 쓴 것과 똑같은 방식으로 설교한다. 그러면 왜 나를 '바울주의자'라고 부르지 않는가? 그렇다. 나는 그리스도의 말씀을 전한다. 그러면 왜 나를 '그리스도주의자'라고 부르지 않는가?"[21]

평생 동안 루터가 실존적 고민을 통해 '오직 믿음으로 값없이 의롭게 됨'을 얻었던 것과 같이, 츠빙글리도 1519년 흑사병에 걸리는 실존적 위기를 통해 인간의 무력함과 오직 하느님의 은총으로 인한 구원을 더욱 깊이 체험했다. 36세에 겪은 이 경험은 「역병의 노래」라는 시 속에서 강렬하게 표현되었다. 츠빙글리는 병을 이겨내고 그 후 12년 더 취리히에서 개혁교회를 이끌었다. 츠빙글리에 대한 루터의 사상적 영향력에 대해서는 어떤 합의된 결론이 나오기 어렵겠지만, 루터의 교황청에 대한 항의와 독일 종교개혁의 진행이 츠빙글리로 하여금 교회개혁의 필요성을 강화하고 그를 실천해 나가도록 추동했다는 점을 부정할 수는 없다.

종교개혁사에는 에라스무스가 알을 낳고 루터가 부화했다는 말이 있

---

20 Diamaid MacCulloch, *The Reformation, A History*, New York, NY: Penguin Books, 2005, p. 175.

21 Carlos M. N. Eire, *Reformations*, p. 324.

다. 그러나 이 표현은 에라스무스도, 루터도 동의하지 못하는 것이다. 오히려 에라스무스가 낳은 알을 부화한 이는 츠빙글리였다. 인문주의자 에라스무스의 교회개혁에 대한 관심은 그를 루터처럼 자유의지, 칭의나 성찬 논쟁 등에 과도하게 매몰되지 않게 했다. 그는 제도교회의 관행과 의식을 비판적으로 검토하고 재구성하려는 데까지 나아갔다. 그 점에서 루터에 비해 츠빙글리는 에라스무스와 더욱 가까웠다.

취리히 종교개혁의 시작

그로스뮌스터 설교자로서 성서에 근거해 비성서적 관행을 비판하고 고쳐 나가면서 츠빙글리의 개혁 실천은 훨씬 급진적으로 변해 갔다. 그때는 독일의 루터가 보름스 제국의회 이후 바르트부르크성에 은둔하던 시기였다. 그사이 비텐베르크는 안드레아스 카를슈타트가 전례 개혁과 성상 파괴 등을 통해 프로테스탄트의 정체성을 만들어갔다. 그 영향은 곧 취리히에도 끼쳤다. 1522년 사순절에 츠빙글리의 친구인 인쇄업자 크리스토프 프로샤우어(Christoph Froschauer, 1490~1564)의 집에서 사순절 금식을 깨트린 유명한 '소시지 사건'(Wurstessen)이 발생했다. 사순절 동안 고기를 먹는 것이 금지되었지만 일단의 사람들이 인쇄업자의 집에 모여 소시지를 먹었다. 그들은 교회가 정한 금식 규정이 불법적이라고 보고 스스로 법을 어기는 방식을 통해 문제를 공론화했다. 취리히 교구의 관할권을 가지고 있던 콘스탄츠 주교청에서는 시의회에 범죄자들을 처벌할 것을 촉구했다. 츠빙글리는 소시지를 먹지 않았지만 실질적인 변화를 끌어내기 위해 평신도들의 그러한 행동을 허용하고 동조했다. 뿐만 아니라 '음식의 선택과 자유에 관하여'라는 제목의 설교를 통해 금식을 위반한 이들의 행동을 공개적으로 지지했다. 일부러 사건을 키운 것이다. 사순절 금식이 성서적이지 않다는 주장을 펼친 츠빙글리파의 요구대로 시의회는 소시지를 먹은 모든 사람에게 무죄 선고를 내려 중요한 법적 판례를 세웠다. 시 당국은 '오직 성서'라는 원칙에 따라 종교 문제에 대해 판결했다.

한번 자신들의 입장이 수용되자, 사순절 소시지 사건을 일으켰던 이들이 마리아와 성인 공경을 옹호하는 취리히 수도원 설교자들을 비난하면서 그들의 설교 활동을 금지하도록 시의회에 청원했다. 이 문제를 해결하기 위해 시의회는 1522년 7월 중순, 츠빙글리와 취리히의 수도회 신학자들을 토론 자리에 초대했다. 이 논쟁 이후에 취리히 시장 마르크스 뢰이스트(Marx Röist, 1454~1524)는 탁발수사들에게 앞으로는 "둔스 스코투스와 토마스 아퀴나스 대신에 오직 복음과 바울과 선지자들, 곧 성서만 설교해야 한다"라고 선언했다.[22] 다시 한번 이렇게 츠빙글리가 이끄는 개혁 진영은 개혁의 이정표를 만들었다. 츠빙글리의 설교는 금식, 마리아와 성인 숭배, 성직자의 독신, 수도회와 같이 가톨릭교회의 전통과 관행에 문제 제기를 했고 많은 지지자를 확보했다.

취리히의 종교적 관할권을 갖고 있던 콘스탄츠 주교 호엔란덴베르크는 취리히의 상황이 곧 로마 가톨릭과의 결별로 이어질 것을 우려했다. 그는 그로스뮌스터에 경고 서한을 보냈고 스위스 연합 의회를 소집할 것을 촉구했다. 하지만 츠빙글리는 주교에게 비성서적 설교를 금지하고 사제 독신주의를 폐지할 것을 공개적으로 요구해 교회 권위에 도전했다. 취리히 시민들은 로마 교황과 콘스탄츠 주교로부터 스위스 성직자들을 보호해 줄 것을 스위스 행정 당국에 요청했다. 주교의 서신을 받기 몇 달 전, 이미 츠빙글리는 안나 라인하르트(Anna Reinhard, 1484~1538)라는 미망인과 비밀 결혼을 했다. 콘스탄츠 주교는 취리히 행정 당국에 기존의 종교 전통과 질서를 회복할 것을 촉구했지만, 츠빙글리는 주교가 그런 명령을 할 권한이 없기에 무효라고 선언했다. 콘스탄츠 주교가 대표하는 가톨릭교회와의 갈등은 선을 넘었다. 취리히의 츠빙글리와 동료들

22 Emidio Campi, "The Reformation in Zurich", *A Companion to the Swiss Reformation*, eds., Amy Nelson Burnett & Emidio Campi, Leiden: Brill, 2016, p. 71.

이 성상과 미사를 비성서적인 것으로 보고 공격을 강화해 나가면서 가톨릭 신학과 취리히 시민들의 종교 실천 사이에는 메울 수 없는 간극이 생겼다.

1523년 1월 취리히시 당국은 콘스탄츠 주교와 연방과의 긴장 관계를 풀어가기 위해 종교개혁에 대한 공개 토론을 개최했다. 이것이 제1차 취리히 논쟁으로 알려진 사건이다. 콘스탄츠 주교구에서 요하네스 파브리(Johannes Fabri, 1478～1541)가 대표단을 이끌고 참여한 이 논쟁에는 약 400명의 성직자와 200명의 시의회 의원이 참관했다. 츠빙글리와 파브리 사이의 논쟁에서 츠빙글리에 대한 어떤 이단성을 밝혀내지 못했기 때문에 성서를 기반으로 복음을 설교할 수 있도록 허용되었다. 다시 한 번 시의회는 교회의 교리 문제를 결정할 권한을 행사했다. 시의회의 결정이 콘스탄츠 주교구로부터 공식 탈퇴도 아니었고 새로운 교회를 만든 것도 아니었지만, 이 제1차 취리히 논쟁은 가톨릭교회와 되돌릴 수 없는 단절을 가져왔다. 그럼에도 변화는 더디게 진행되었다. 츠빙글리는 계속 성서에 기반해 설교할 권한을 유지했고 그에 따른 명성을 얻었다. 취리히 종교 문제의 최종 책임은 여전히 취리히 행정관에게 있었다. 행정관은 종교개혁을 성공적으로 이행하기 위한 여러 조치를 취했고 교리와 예배 문제에 대해 효과적으로 중재했다. 이듬해 1월에 시의회가 교회 문제의 결정을 위한 절차를 진행하면서 향후 유럽 전역의 여러 국가에서 채택하게 될 종교개혁의 모델이 마련되었다.

한번 시작된 개혁은 결국 속도와 방향의 문제에 직면한다. 작용은 곧 반작용을 낳는다. 츠빙글리는 복음주의에 기반한 개혁을 지속할 명분은 얻었지만 취리히시는 그에 대한 지지자와 반대자로 양분되었다. 중간에서 멈추는 것은 불가능했다. 성서적 가르침과 설교에도 불구하고 근본적인 예배 개혁은 아직 이루어지지 않았고 전통적인 미사 형식은 유지되었다. 츠빙글리와 그의 추종자들이 반대한 성상은 여전히 제거되지 않았다. 취리히 도시 내에서 종교로 인한 긴장은 높아졌다. 특히 성상 반대자들이 성상을 폭력적으로 파괴하기 시작하면서 도시의 불안 요소로 작용했다. 성상 파괴는 16세기 들어 처음 나타난 현상은 아니었다. 그리스도교 역사 내내 성상과 관련한 찬반 논쟁이 있었고 때로 심각한 폭력으로 이어지기도 했다. 8세기 비잔티움 교회는 오랜 동안 성상과 관련해 갈등을 겪기도 했다. 종교개혁기에는 비텐베르크에서 루터가 떠나 있던 1518~22년 사이에 급진적 개혁가 카를슈타트가 성상 파괴 운동을 시작했다. 츠빙글리는 성상 파괴를 지지하고 교회에서 성상을 제거할 것을 요구했지만 루터는 교회에서 성상의 존재를 부정하지 않았다. 종교 예술의 문제에서 루터는 교회의 미술이나 예술작품, 교회 음악이 창조의 아름다움을 증언하고 성서의 내러티브를 상기시키는 힘이 있다고 보았기 때문에 긍정했다.[23]

츠빙글리와 같은 생각을 가진 개혁가 동료들이 많았다. 그중 레오 유트(Leo Jud, 1482~1542), 오스발트 미코니우스(Oswald Myconius, 1488~1552), 불링거 등이 츠빙글리 사후에도 취리히의 개혁을 이끌었다. 1523년부터 츠빙글리와 유트의 성상 숭배에 반대하는 설교가 행해지면서 일부 시민들이 취리히시에서 성상을 파괴하는 집단행동을 시작했다. 이번에도 취리히시 당국은 성상과 미사와 관련한 분쟁을 해결하기 위한 토론회를 열었다. 사순절 금식 사건에서처럼 성서적 근거에 따라 결정을 내려야 했기 때문이다.[24] 고조되는 긴장을 풀기 위해 1523년 10월 말에 제2차 취리히 논쟁이 열렸다. 350명의 성직자를 포함해 약 900명이

23 Margaret Aston, *England's Iconoclasts*, vol. 1, *Laws against Images*, Oxford: Clarendon Press, 1988, pp. 39~43.

24 Lee Palmer Wandel, *Voracious Idols and Violent Hands: Iconoclasm in Reformation Zurich*, Strasbourg, and Basel, Cambridge: Cambridge University Press, 1999. 성상 파괴, 즉 종교적 이미지의 파괴는 16세기 종교개혁 배후에 있는 대중적 에너지가 분출된 가장 두드러진 분야이다. 성상 파괴는 부분적으로 종교개혁 신학자들의 가르침에 의해 지지되었는데, 그들은 성상을 제거하기를 원했지만 질서 있고 합법적인 방식으로만 원했다. 궁극적으로 성상 파괴는 진정한 그리스도교에 대한 논쟁의 여지가 있다. 대부분은 시민 질서 유지에 더 관심이 있는 통치 권력에 의해 마지못해 합법화되었다. 따라서 성상 파괴는 익명의 '평범한 사람들'이 신학 및 정치 엘리트에게 압력을 가하고 상호작용한 결과물이기도 했다.

참여한 이 논쟁의 주제는 성상과 미사 폐지에 관한 것이었다. 논쟁 결과 성상 파괴론자들의 주장이 승리했다. 개혁교회 설립을 향한 두 번째 단계가 시작되었다. 그럼에도 시 당국은 전향적으로 성상 제거를 시도하지 못했다. 여전히 성상 제거와 미사 폐지를 반대하는 가톨릭교도들이 상당수 있었기 때문이다. 그 후로도 두 차례 성상 및 미사와 관련한 논쟁을 통해 이전의 결과를 재확인했지만 문제는 해결되지 않았다.

성상이 체계적으로 제거되기까지는 7개월이 소요되었으며, 미사가 성찬으로 대체되기까지는 또 1년 6개월이 걸렸다. 1524년 6월 취리히 시 의회는 종교 예술품을 철거하고 교회의 파이프오르간의 해체를 요구했다. 취리히 교회가 수세기 동안 축적해 온 모든 예술품은 순식간에 사라졌다. 석재·유리·석고로 만든 예술품이 우상 혐의를 받아 파괴되었다. 제단과 조각된 형상은 불태워졌고, 벽화와 스테인드글라스는 벗겨지고, 벽은 흰색으로 칠해졌다. 취리히시에 더 이상 우상 숭배의 대상이 되는 성화상은 남지 않았다.

성상 파괴 논쟁은 1525년 봄 독일 농민전쟁과도 연결되어 반성직주의와 반봉건 감정을 자극했다. 취리히에서 시작된 성상 파괴 행위가 투르가우를 포함한 스위스 시골 지방으로 확산된 것은 이와 무관하지 않다. 투르가우 지역의 성상 파괴에서 가장 눈에 띄는 사건 중 하나는 성 안나의 동상 파괴였다. 성 안나의 동상은 순례자들에게 인기가 있었고, 따라서 종교와 관련한 관광업을 통해 주변 지역은 경제적으로 도움을 받았다. 이 성상 파괴는 농민들이 교회의 부와 토지 소유가 확대되는 데에 불만을 품고 있었음을 보여 주는 동시에 가능한 가장 강력한 방식으로 새로운 질서를 받아들인다는 신호였다. 지역에서 가장 존경받는 성상을 공개적으로 파괴함으로써 투르가우 지역 사람들은 옛 질서를 거부하고 가톨릭교회로부터 독립을 주장했다.[25]

25 John P. Maarbjerg, "Iconoclasm in the Thurgau: Two Related Incidents in the Summer of 1524", *The Sixteenth Century Journal* 24, no. 3, 1993, p. 585.

스위스 종교개혁의 진행 과정은 성상 파괴의 흔적을 따라가면 추적할 수 있을 정도로, 취리히 종교개혁의 특징은 성상 파괴와 연결되어 있다. 1528년 베른과 장크트갈렌에서 성상 파괴가 있었고 이듬해인 1529년에는 콘스탄츠, 바젤, 샤프하우젠에서, 1530년에는 뇌샤텔에서 성상이 파괴되고 전통적인 미사가 폐지되었다.

취리히의 경우에 복음주의자들이 시의장과 시장을 비롯한 주요 공직을 맡고 시의회를 지배했지만, 미사 폐지를 위한 중요한 투표는 근소한 차이로 겨우 통과되었다. 1525년 부활절에는 복음주의를 받아들인 도시에서 미사가 공식 폐지되고 새로운 형태의 성찬이 도입되었다. 더 이상 성만찬이 예배에서 중심적이고 독립적인 역할을 수행하지 않고 설교와 연결되었다는 점이 특징이다. 제단이 아니라 천으로 덮인 테이블 위에 빵이 담긴 그릇과 컵을 놓았으며, 전례는 모국어로 거행되었다. 목사들이 빵과 포도주를 참석자들에게 나누어주었다. 신학자 츠빙글리가 주의 만찬을 이해함에 있어 가장 중요한 것이 감사로 드리는 기념 식사라는 점이다. 성찬은 1년에 네 번, 즉 성탄절, 부활절, 오순절, 그리고 신학적으로는 가장 비논리적이지만 실용적으로는 가장 자연스러운 날인 취리히의 수호성인인 펠릭스와 레굴라의 축일인 9월 11일에 행하도록 했다. 다른 주에는 설교만 있었다. 예배에서 회중 찬송은 없었다. 1527년에는 파이프 오르간이 교회에서 철거되었다. 구원을 중재하고 죄를 용서하고 미사에서 그리스도의 몸과 피를 만들던 사제는 사라지고, 복음을 전하는 설교자들이 그 자리를 대신했다. 성직자의 화려한 예복 대신에 학자들이 입는 검정색 가운이 설교자의 복장이 되었다. 설교자는 하느님의 말씀을 공부하고 전하는 학자의 정체성을 갖게 되었다.

그렇다고 취리히의 개혁이 아무런 저항 없이 진행된 것은 아니었다. 취리히시가 주도적이고 자율적으로 이 문제를 다루었지만 가톨릭과 개혁교회 지지자들 사이의 잠재적 갈등은 남아 있었다. 스위스 연방 전체로 확대해도 마찬가지였다. 모든 주가 복음주의 교회를 받아들인 것은 아니었다. 우리, 슈비츠, 운터발덴 등 산악 주들과 페이드보와 같은 프랑스어권 도시에서 저항이 이어졌다. 스위스를 하나로 묶어주었던 연방의 정치·사회 구조가 종교적 차이로 무너지기 시작했고 군사적 충돌마저 예견되었다.

개혁 진영의 분열과 전쟁

취리히 종교개혁에서 미사를 폐지하고 새로운 예배가 시작된 상징적인 해인 1525년을 전후로 스위스 종교 진영은 세 갈래로 나뉘었다. 우선 스위스 연방 중 가톨릭 주에서 취리히가 착수한 개혁에 대한 반발이 일어났다. 1524년 4월 8일에 5개 주(우리, 슈비츠, 운터발덴, 추크, 루체른)가 연합해 가톨릭 신앙을 재확인하고 츠빙글리의 개혁에 반대했다. 여기에는 정치적·경제적·신학적·교회적 원인이 모두 있었는데, 정치적 반대는 용병 지지자들과 교황 성직록 수혜자들로부터 나왔다. 주로 산악지대에 있는 가톨릭 주들은 용병 산업이 무너진다면 경제적 기반의 상당 부분을 상실하게 된다. 1525년에는 복음주의 급진파인 아나뱁티스트 운동이 공식적으로 시작되어 츠빙글리의 관 주도 종교개혁에서 벗어났다. 이처럼 취리히 개혁은 가톨릭 전통주의자뿐만 아니라 츠빙글리 추종자들 가운데 급진주의자들의 공격도 받았다. 한쪽이 변화를 거부했다면, 다른 한쪽은 변화가 충분하지 않다고 비판했다. 제2차 취리히 논쟁에서 미사의 즉각 폐지가 실패하면서 급진주의자들은 세속 당국에 의존하는 츠빙글리의 국가교회 정책에 의문을 제기했다. 그들은 교회가 세속 행정관의 관할권에서 분리되어 오로지 신앙에 기초해 형성되어야 한다고 보았다. 그것이 신약 교회의 모델이라고 본 것이다. 그들은 태어나면서 유아세례를 받아 자연히 국가교회의 일원이 되는 구조는 성서적인 가르침에서 벗어난 것으로 보고 유아세례를 거부했다. 아나뱁티스트 운동의 주동자 중에는 츠빙글리의 열성 지지자였던 콘라트 그레벨(Konrad Grebel, 1498?~1526)과 펠릭스 만츠(Felix Manz, 1498?~1527)가 있었다. 16세기 신자세례의 발상지 중 하나가 취리히로, 1525년 1월 21일 만츠의 집에서 그레벨이 전직 사제 게오르크 블라우록(Georg Blaurock, 1491?~1529)에게 세례를 주면서 아나뱁티스트 운동이 공식적으로 시작되었다. 그 원인은 츠빙글리의 개혁이 갈수록 세속 권력과 결탁해 이루어지는 것에 대한 실망이었다. 이런 문제의식에 공감하는 평신도들 사이에서 이 운동은 놀랍게 퍼져나갔다. 그러나 취리히와 베른의 시의회는 스위스 형제단이라 불리는 이들을 혹독하게 탄압했다. 츠빙글리와 후계자인 불링거는 아나뱁티스트의 확산을 저지하고 그들의 오류를 반박하기 위한 작업에 많은 공을 들여야 했다. 아나뱁티스트에 반대하는 신학 논문과 설교를 통해 아나뱁티스트를 비판했을 뿐만 아니라 취리히 시의회에 아나뱁티스트를 체포해 처벌하도록 압력을 넣었다. 아나뱁티스트는 오직 성서의 가르침에 따른다는 취리히 개혁가들에게서 개인의 자유를 억압해 세속 권력에 종속되도록 하는 모순적 현실을 보았다. 츠빙글리는 시민 영역과 종교 영역이 공존하는 통일 그리스도교의 이념을 더욱 확고히 했다. 무질서와 급진주의가 복음주의 개혁의 산물이라는 것이 명확해지자 보수 세력의 저항은 더욱 명분을 갖게 되었다. 1526년 스위스의 가톨릭 세력이 프로테스탄트 개혁에 반대해 효과적으로 결집했다. 그들에게 츠빙글리는 처단해야 할 이단자였고 취리히는 스위스 연방 정신을 훼손하는 적이었다.

스위스에서 취리히는 영원히 홀로 설 수는 없었다. 취리히의 대의를 따르는 다른 연방의 주들이 필요했다. 정치적으로 큰 지분을 가지고 있는 베른과 바젤은 복음주의 종교개혁에 신중한 입장을 취했다. 베른의 경우 서쪽의 프랑스어권에 속하다 보니 친프랑스 정책을 유지했다. 이 때문에 취리히에 우호적이었지만 가톨릭 전통을 포기하기는 쉽지 않았다. 베른 시의회는 1528년 1월 6일부터 26일까지 토론을 통해 복음주의 교회를 받아들이기로 결정했다. 1528~29년 바젤, 장크트갈렌, 샤프하우젠 등의 도시가 베른의 뒤를 따랐다. 베른과 같은 강력한 도시가 프로테스탄트 종교개혁을 채택한 것은 스위스 종교개혁의 확산에 중요한 변곡점이었다. 가톨릭과 프로테스탄트 사이의 무장 대결의 가능성을 인식했던 츠빙글리는 종교개혁을 채택한 지역들이 그리스도교 시민연합(Christliche Burgrecht)을 통해 서로의 연결을 강화하도록 끊임없이 노력했다. 1527년 12월 취리히는 처음으로 종교개혁을 채택한 콘스탄츠시와 방위 조약을 체결했는데, 이는 베른, 장크트갈렌, 바젤, 샤프하우젠, 비엘, 뮐하우젠, 스트라스부르, 울름, 아우크스부르크 등으로 확대되었다.

복음주의를 채택한 연합과 가톨릭 주들 사이의 갈등이 증폭되었는데, 가톨릭 주들은 취리히, 베른, 바젤이 중심이 된 그리스도교 시민연합에 위협을 느꼈다. 이렇게 해서 5개 가톨릭 주(루체른, 우리, 슈비츠, 추크, 운터발덴)는 그리스도교 연맹(Christliche Vereinigung)이라는 군사 동맹을 체결해 개혁의 확산에 저항했다. 언제든 무력 충돌이 일어나도 이상하지 않은 상황이었다. 제1차 카펠 전쟁으로 알려진 무력 충돌이 발생한 곳은 투르가우에서였다. 취리히와 베른 사이에 끼어 있는 이 작은 지방에서는 이미 1524년 전통 신앙에 맞서 성상 파괴가 일어난 바 있다. 이 지역은 공동 영주권이 실행되던 지역으로 복음주의자들은 가톨릭교회의 권위를 억제하고, 가톨릭 주들에서는 복음주의를 전파하는 목회자들의 시도를 저지했다.

취리히와 슈비츠가 도화선이 되었다. 투르가우의 가톨릭 집행관인 막스 베를리(Max Wehrli)가 프로테스탄트 교도들에 의해 참수되고, 슈비츠와 글라루스의 가톨릭 당국에 의해 복음주의 목사인 야코프 카이저(Jacob Kaiser)가 화형당하는 사건이 발생했다. 무력 충돌은 불가피했다. 1529년 6월 개혁파 군대와 가톨릭 군대가 카펠(Kappel)에서 대치했다. 하지만 군사행동에 소극적이었던 취리히 동맹국인 베른의 중재로 극적인 화해가 이루어졌다. 1529년 6월 26일 이른바 제1차 카펠 화의가 체결되었다. 양측은 화해의 표시로 '우유 수프'를 끓여 함께 나누어 먹었다. 이 평화 조약으로 가톨릭 주들은 개혁파 교회가 스위스 연방 내에서 우세하다는 현실을 받아들여야 했다. 가톨릭 주들은 위임 영토가 독자적으로 자신들의 신앙을 선택할 수 있도록 선택권을 내주어야 했고 신앙을 강요할 수 없었다. 그러나 가톨릭 주들의 패배가 명확한 것은 아니었다. 취리히는 공동 영주권 아래 있는 주들이 프로테스탄트를 수용하기를 원했지만, 스위스 연방 내에서 두 개의 종교가 존재한다는 것을 인정해야 했다. 프로테스탄트 주들이 선택할 수 있는 것은 산악 지역의 가톨릭 주들에 대한 경제적 제재를 통해 항복을 끌어내는 것이었다. 결과적으로 츠빙글리는 종교개혁을 스위스 내륙 지역으로 확산시킬 기회를 잃었고, 가톨릭 주들은 정치적 불이익과 경제적 제재를 감수해야 했다.

평화 조약은 츠빙글리와 취리히가 추구했던 전체 연방의 개혁 계획과 카를 5세에 맞서 제국 내 프로테스탄트 운동과 동맹을 결성하려던 시도에 차질을 가져왔다. 신성 로마 제국 내에서 스위스와 동맹하려는 시도는 필리프 1세가 주도했다. 루터파와 츠빙글리파 사이의 교리적 일치와 연합을 위해 1529년 마르부르크에서 처음이자 마지막으로 루터와 츠빙글리가 만났다. 하지만 이 두 명의 개혁가는 성찬론에 대한 이견으로 인해 서로를 이단으로 간주하며 일치에 실패했다. 취리히는 동맹을 확장하지 못해 연방의 가톨릭 주들을 무력으로 압도할 기회를 상실했다. 1531년 5월 베른과 취리히는 가톨릭 주들에 대한 식량 봉쇄를 실시했다. 식량 부족으로 압박을 받은 5개 주는 취리히에 전쟁을 선포했다. 1531년 10월 11일 제2차 카펠 전쟁에서 취리히 군대는 대패했다. 약 500명의 취리히인이 사망했다. 그중에는 취리히 개혁가 츠빙글리도 있었다. 그로부터 2주일 이후, 취리히 군대는 구벨(Gubel) 전투에서 또다시 패배했다. 이때 취리히인의 사망자 수는 600명에 달했다.

1531년 11월 24일에 제2차 카펠 화의가 체결되었다. 이 조약에 따라 각 주가 종교를 스스로 결정할 수 있도록 허용하며, 다른 주에 신앙고백을 강요하는 것은 금지되었다. 복음주의를 채택한 주들은 가톨릭 주에서 복음주의 목회자들을 배치할 수 없었고 공동 영주권을 행사하는 영토는 가톨릭으로 되돌아갔다. 이 조약을 통해 '의심할 여지없는 참된 그리스도교 신앙'으로 묘사된 가톨릭이 특권적인 지위를 갖게 되었다. 종교개혁을 수용한 곳에서 가톨릭으로 돌아가는 것은 허용되었지만, 그 반대는 허용되지 않았다. 개혁파가 지배하는 지역에서도 가톨릭교도들이 독자적인 건물을 갖고 예배를 드릴 수 있도록 허용했다. 이처럼 승리한 가톨릭 연맹이 부과한 조건은 온건했다. 취리히를 다시 가톨릭으로 환원하려는 요구는 없었다. 그렇지만 츠빙글리가 주도했던 개혁파 교회가 다시 가톨릭으로 돌아가는 현상은 있었다. 예를 들어 장크트갈렌의 수도원장 디텔름 블라러(Diethelm Blarer, 1503~64)는 그 지역의 재가톨릭화를 주도했다. 개혁파 도시였던 졸로투른도 다시 가톨릭으로 돌아갔다. 개혁파 노선을 걷던 아펜첼과 글라루스에서도 가톨릭 세력이 복원되었다. 가장 큰 피해를 입은 것은 취리히였다. 공동 영주권에 대한 영향력도 대부분 상실했다. 취리히와 달리, 베른은 1531년의 패배 이후에도 여전히 개혁파가 주도했고 1536년에는 제네바의 개혁과 협력했다.

스위스 종교개혁 형성기인 1520년대는 취리히가 주도하는 개혁파 주와 가톨릭 주들 사이의 갈등이 첨예했다. 제2차 카펠 전쟁에서 츠빙글리의 전사로 지금껏 쌓아왔던 개혁교회의 유산이 물거품이 될 수 있는 상황이었다. 10년 동안의 불안한 팽창주의는 카펠 전쟁을 끝으로 멈추었다. 취리히는 외부와 타협하고 내부의 개혁을 다지는 선택을 해야 했다. 그렇게 프로테스탄트 주의 종교개혁이 강화된 이후에, 신흥 프로테스탄트 세력인 제네바와 새로운 동맹을 형성했다. 이 과정에서 취리히에서 츠빙글리 후계자로 불링거가 등장해 뛰어난 역량을 보여 주었다. 그는 1530년대의 절박한 시기에 취리히와 개혁파 스위스 주를 이끌었다. 불링거는 스위스 종교개혁 진영의 숨은 영웅이었다.

불링거와 새로운 조직화

츠빙글리의 죽음은 취리히 개혁교회가 마주한 절체절명의 위기였다. 개혁교회의 구심점이 사라진 현실에서 가톨릭 주들을 비롯한 다른 스위스 연방의 정치적 압력이 거셀 것은 분명했다. 이뿐만이 아니었다. 취리히 도시 내부에서도 군사적 수단을 사용해 교회개혁을 시도하려던 츠빙글리에 대한 비판적인 목소리가 나왔다. 츠빙글리는 교회개혁을 위해 기꺼이 자신에게 주어진 권력을 사용했고 그것을 하느님의 뜻이라고 믿는데 주저함이 없었다. 심지어 개혁을 전파하기 위해서는 칼과 창 같은 무력 사용도 불가피하다고 역설했다. 그러던 그가 죽었다. 독일의 개혁가 루터는 츠빙글리의 죽음을 "칼로 선 자, 칼로 망한다"라는 성서 구절을 인용해 차갑게 말했다. 교회개혁을 내건 정당성은 인정한다 하더라도 결과적으로 빚어진 것은 연방의 분열이고 취리히의 고립이었다. 누군가는 희생양이 되어야 했다. 츠빙글리와 그의 지지자들에게 비난이 쏟아졌고 취리히 시의회에서는 급진적 개혁주의자들을 제거하고 의회가 교회에 더 엄격한 감독권을 가져야 한다는 주장이 나왔다. 성직자들이 정치사회적인 문제에 대해 츠빙글리처럼 간섭하고 주도하는 것을 경계하는 조치가 실행되었다.

논쟁적인 삶만큼이나 논쟁적인 죽음을 맞은 츠빙글리에 대한 동시대의 기억은 각 사람이 선 자리만큼이나 다양하고 논쟁의 여지가 있었다. 츠빙글리는 스위스 교회를 교황과 성직자의 속박에서 해방하고 성서의 가르침으로 돌아가 교회를 회복한 진정한 개혁가였다. 하지만 동시에 그는 자신의 신념이 과한 나머지 스위스 연방의 전통적인 신앙을 폄하하고 자신의 가르침에 종속시키려 했다. 하느님의 뜻이라는 확고한 신념으로 인해 인문주의의 세례를 받았다고 자부하는 츠빙글리는 크게 인문주의자다운 모습을 보여 주지 못했다. 그랬기에 그는 루터와도 결별하고 급진적인 가치를 제시하는 아나뱁티스트를 배척하고 탄압하는 것이 정당하다고 주장했다. 에라스무스가 인문주의에 기반한 코스모폴리탄의 가치를 추구했다면, 츠빙글리는 뼛속까지 스위스인이었다. 이 때문에 종교개혁 진영은 독일과 스위스에서 연합하지 못하고 분열되었다.[26]

---

26 Bruce Gordon, *Zwingli: God's Armed Prophet*, New Haven and London: Yale University Press, 2021, p. 254.

츠빙글리가 죽고 두 달 후에 취리히 시의회는 그의 후임자를 선출했다. 취리히 개혁교회를 이끌어갈 책임은 27세의 불링거에게 맡겨졌다. 1504년 7월 18일 취리히 인근의 작은 마을 브렘가르텐(Bremgarten)에서 태어난 그는 1519년 여름 쾰른 대학에서 공부를 시작해 3년 후 문학 석사학위를 받았다. 그 시기는 비텐베르크의 루터 종교개혁이 독일 교회와 신학계에 큰 파장을 일으키던 때였다. 가톨릭 세력이 주도하던 쾰른 대학의 신학자들은 루터의 신학에 비판적이었다. 이 시기는 젊은 청년 불링거가 프로테스탄트 개혁을 처음 접하고 신학적 고민을 발전시켜 나간 때이다. 1523년 2월 불링거에게 의외의 기회가 찾아왔다. 그는 취리히에서 남쪽으로 약 20킬로미터 떨어진 카펠 암 알비스(Kappel Am Albis)에 새로 설립된 시토회 수도원의 원장으로 임명되었다. 그는 수도원에서 수사들과 대중에게 문법·수사학·논리학 등 교양학을 가르치며, 자신의 신학을 발전시켜 나갔다. 츠빙글리가 그랬던 것처럼 불링거도 교부학 연구와 성서 주석 연구에 몰두했다. 불링거는 카펠 암 알비스에 도착한 직후 츠빙글리를 만나 교류하면서 개혁에 대한 이상을 함께 실천해 나가는 동지가 되었다. 아나뱁티스트와의 논쟁에 불링거는 개혁교회 대표로 참여하기도 했다. 하지만 제2차 카펠 전쟁 이후에 불링거의 입지도 불안정해졌다. 그는 자신이 머물던 브렘가르텐이 전쟁 직후 재가톨릭화의 길을 가면서 도시에서 추방될 위기를 맞았다. 그는 하루아침에 종교 난민이 되어 취리히로 도망하는 신세가 되었다.

취리히 시장 하인리히 발더(Heinrich Walder, 1460?~1542)는 츠빙글리 후임으로 만장일치로 불링거를 그로스뮌스터의 안티스테스(Antistes)로 선출했다고 발표했다. 안티스테스는 그로스뮌스터의 최고 종교 지도자로 가톨릭교회로 치면 주교에 해당했다. 하지만 시의회가 내건 조건이 있었다. 설교자는 평화를 지향해야 하며 어떠한 세속적인 문제에도 개입하지 않는다는 것이었다.

시의회는 불링거가 츠빙글리의 종교개혁을 지속적으로 이어나갈 것을 기대하면서도 성직자가 정치 문제에 깊숙하게 개입하는 것을 미리 차단하고자 했다. 이 조건에 불링거의 반응이 주목을 받았다. 그가 자신의 전임 사제인 츠빙글리에 대해 어떤 평가를 내리고 어떤 입장에 설 것인가는 이 점에서 매우 중요했다. 불링거는 츠빙글리를 '스위스의 사도'라고 선언했다. 앞선 취리히 개혁가가 닦아놓은 길을 충실하게 이어가겠다는 의지의 표현이기에 충분했다. 그러나 동시에 불링거는 자신이 목사와 설교자로서 할 일과 하지 않을 일에 대해 명확하게 설명했다. 그는 우선 시 당국이나 연방 정치에 간섭하지 않을 것을 약속했다. 동시에 성서의 가르침에 따라 어떤 고려나 치우침 없이 설교해야 하는 설교자의 의무를 강조했다. 전임인 츠빙글리와 달리, 그는 자신의 역할 범위를 교회 안으로 축소했다. 스위스 종교개혁을 이끈 민족 영웅이자 투사로 자리매김한 츠빙글리와 달리, 불링거는 취리히를 거점으로 자신이 형성한 지역적·국제적·정치적 네트워크 속에서 안티스테스의 역할을 충실하게 수행했다. 불링거는 츠빙글리가 거칠게 조직해 놓은 개혁교회를 기능적으로 성숙하게 자리매김하도록 했다. 스위스 종교개혁은 불링거 시대에 교리적·제도적 틀을 형성해 실질적으로 결실을 맺었다. 거기에는 츠빙글리가 시작해 놓은 것을 정착시킨 것도 있었고, 불링거가 주도적으로 만든 것도 있었다.

1520년대 후반에는 개혁을 이끌기 위한 주요 기관이 설립되었다. 그중 한곳이 콘스탄츠의 주교 법원이 행사한 권한을 인수한 결혼 법원(Ehegericht)이었다. 또 취리히 성직자들의 교육적·도덕적·목회적 수준을 높이기 위한 방편으로 1년에 두 번 열리는 목회자 모임인 시노드가 조직되었으며, 목회자들의 학습 및 연구 모임인 프로페차이(Prophezei)도 설립되었다. 이 연구 모임은 본격적인 개혁 아카데미인 카롤리눔(Carolinum)으로 발전해 베른, 로잔, 제네바 지역 등에서 활발하게 역할을 했다. 콘라트 펠리칸, 콘라트 게스너(Konrad Gessner, 1516~65), 피에트로 마르티레 베르미글리(Pietro Martire Vermigli, 1499~1562)와 같은 명사의 역할로 취리히는 유럽 프로테스탄트 신학 발전의 토대를 형성했다. 이러한 조직들이 영구적으로 뿌리내릴 수 있게 된 것은 츠빙글리 사후 그 역할을 이어받은 불링거와 그 동지들의 역할이 컸다.

그러나 프로테스탄트적인 것이 항상 바른 것은 아니었다. 사회 속에서 구현되면서 여러 논란도 불가피했다. 취리히에서 생겨난 여러 기관은 개혁교회의 토대 위에 도시 전체를 변화시키려는 시도였다. 이는 교회와 사회가 분리되지 않고 연결되어야 한다는 츠빙글리의 공동체에 관한 신념이 반영된 것이다. 그중 가장 대표적인 것이 1525년 신설된 '결혼 법원'이었다. 결혼은 가톨릭 신학의 반영인 칠성사에 들어가는 것으로 교회가 관장해 왔다. 16세기 초 종교개혁가들은 성사로서의 결혼을 거부하고 성서의 가르침에 따라 결혼의 가치 규범이 재해석되어야 한다고 했다. 성사의 지위를 벗어났기에 결혼과 관련한 분쟁은 민사상 행위였고 가톨릭교회에서 부정하는 이혼도 가능해졌다. 결혼 문제의 타당성과 이와 관련한 윤리 도덕 문제는 세속 정부의 판단 대상이 되었다.

결혼 법원의 설립은 결혼 문제가 콘스탄츠 주교의 관할에서 벗어난다는 상징성도 있었다. 취리히 시의회는 1525년 5월 10일 콘스탄츠 주교 법원으로부터 독립된 「결혼 법원 조례」를 발표했다. 이 법원은 2인의 목사와 대시의회와 소시의회에서 지명한 각 2인의 회원으로 구성된 총 6인의 집합체였다. 결혼의 적법성, 이혼 및 그와 연관된 간음 같은 도덕 문제, 위자료 등 경제적 문제를 규제했다. 1526년에 결혼 법원은 '결혼과 도덕 법원'으로 확대되었다. 결혼과 도덕 법원은 프로테스탄트의 가르침과 윤리에 기반한 사회규범을 만드는 데 기여했다. 도덕 문제 관할까지 법원의 소임이 확대되면서 일요일 예배 참여, 신성모독 범죄 등 종교적 문제뿐만 아니라 과도한 음주가무, 성적 부도덕 문제까지도 이 법원에서 다루었다. 징계 수준은 경고, 성찬 참여 금지부터 투옥이나 유배, 심지어 사형까지도 가능했다.

취리히에서 시작된 이 법원은 바젤, 베른과 제네바를 포함한 스위스 주요 도시에 설립되었다. 이 제도로 인해 종교개혁을 받아들인 주에서는 사람들의 도덕적 행동을 공권력이 통제하고자 했고 사생활 침해 문제도 발생할 수밖에 없었다. 교회와 세속 당국은 공동으로 여관이나 술집 등에서 발생하는 성매매나 미풍양속을 해치는 행위, 과도한 음주 행위 등에 대한 적발과 처벌을 강화했다. 종교개혁은 전통적으로 용인되어 오던 대중문화를 억압하게 되었다. 중세 사순절 기간 직전에 벌어지던 축제인 사육제는 방탕하고 천박하다는 비판을 받았다.

그렇다면 세속 법정에서 도덕적 문제를 판단하는 조치에 따른 대중의 반응은 어떠했을까? 종교개혁의 이념은 설교자들에 의해 도시에서 지방으로 확산되어 나가면서 전통적인 신앙과 생활 양식에 익숙하던 대중에게 혼란과 갈등을 야기했다. 종교개혁 초창기에 개혁의 지지자와 반대자 사이의 대립이 주로 사순절 금식, 성상이나 성인 숭배, 면벌부와 같은 종교적 주제였던 데 비해 음주 같은 일상의 문제를 건드리는 것은 훨씬 더 민감한 반응을 불러올 수밖에 없었다.[27]

스위스 개혁교회의 대중문화에 대한 태도는 제네바와 그 영향을 받은 잉글랜드의 청교도에게도 이어져 프로테스탄트와 전통적인 민중 문화 사이의 갈등과 대립을 낳았다. 민중 문화에 대한 공격은 16세기 후반에서 18세기 초반까지 발생한 극단적인 박해인 마녀사냥으로까지 이어졌다. 물론, 마녀사냥은 프로테스탄트 지역에서만 이루어진 것이 아니고 가톨릭 지역에서도 같은 강도로 이루어졌지만, 제도교회의 규율에 복종하지 않는 개인이나 집단에 대한 탄압이라는 점에서는 유형이 유사하다. 프로테스탄트 진영에서 마녀사냥은 국가와 교회가 중심이 되어 새로운 집단 윤리와 규율을 형성하려는 시도에서 나온 하나의 사례이다.

불링거는 1532년 10월 시의회에서 새로운 교회 조례를 작성해 발표했는데, 조례는 시노드 구성에 대한 것이었다. 모든 목회자는 자동적으로 시노드 회원이 되며, 8명의 시의회 의원도 들어갔다. 목사와 시의원이 각 1명씩 2인 대표를 맡았다. 불링거가 발표했지만 시노드는 취리히 시의회가 목회자들을 감독하기 위해 조직한 것이었고, 1년에 두 차례 열리는 시노드도 행정관이 직접 감독했다. 시노드의 역할은 목회자의 행

27 Kaspar von Greyerz, "Switzerland", p. 40.

동을 조사하고 필요한 경우 징계하는 것이었다. 목회자들은 교회 문제에 대해 세속 당국의 권위를 수용했고 민사 문제에는 간섭하지 못했다. 1532년 시의회는 교회를 시찰하고 목회자를 평가하는 교회 집사직을 신설해 목회자 통제를 확대했다. 교회의 권리 행사가 남용되지 않고 목회자가 세속 법 아래 있도록 했다. 이렇게 국가 중심의 교회의 틀은 서서히 정밀하게 만들어져갔다.

프로테스탄트 목회자는 종교개혁기에 새로 등장한 개념이다. 중세 성직자 중심주의에 대한 반발로 성직의 지위가 사라졌다. 그렇다고 목회자가 무조건 세속 권력의 통제와 관리의 대상으로만 전락한 것은 아니다. 교회와 시 당국 모두 새로 등장한 이 집단의 전문성을 높이고 프로테스탄트 종교개혁을 뿌리내리도록 할 적극적인 조치가 필요했다. 그 대안으로 등장한 것이 목회자 평생 교육 프로그램이라 할 수 있는 프로페차이였다. 1523년 9월 시의회는 그로스뮌스터에 신학 교육 기관을 세워 취리히 목회자들을 훈련하도록 했다. 기본적으로 정기적 성서 연구 모임이라고 할 수 있는 이 프로그램은 일주일에 5회 목회자와 목회 후보생들을 모아 라틴어, 그리스어, 히브리어로 된 성서를 읽고 토론하며 공부했다. 이 모델은 네덜란드 출신의 인문주의자 히에로니무스 판 뷔슬레이던(Hieronymus van Busleyden, 1470?~1517)의 후원으로 에라스무스가 루뱅에 설립해 라틴어, 그리스어, 히브리어를 교육한 콜레지움 트릴링구에(Collegium Trilingue)에서 영감을 받았다. 참가자들은 라틴어 학교 상급반 학생들, 참사회원, 취리히의 목사들 및 외부 학자들이었다. 그들은 금요일과 일요일을 제외하고 주 5일 모였다. 라틴어로 진행된 이 프로그램에서 불가타 성서, 히브리어 원문 및 70인역 구약성서를 읽었다. 참가자들은 세 가지 번역본을 비교하며 신학적·언어학적 분석과 토론을 했다. 그 결과는 청중을 대상으로 하는 설교로 이어졌다. 이 성서 연구 집단은 불링거가 그로스뮌스터에서 활약하던 시기, 스위스 전역과 독일 지역에 상당한 영향력을 가지게 되었으며 개혁주의 아카데미의 원형적 역할을 했다.

중세 시대 가톨릭교회와 수도원은 국가나 지방 정부가 제공하지 못하는 공공복지 정책을 수행하는 사회안전망 역할을 했다. 성상 숭배와 면벌부 판매와 같은 관행이 폐지되면서 자발적인 기부에 의존해 시행되던 복지 정책의 재원이 끊겼다. 취리히가 로마로부터 분리되면서 이루어진 수도원의 해체로 기존의 지역 공동체를 돕는 조직의 재편이 불가피했다. 취리히에서는 1525년 1월부터 가난한 사람들을 위한 구호 기구인 무샤펜(Mushafen)을 비롯해 여러 조직이 세워졌다. 중세 교회는 그리스도교 정신에 따라 성스러운 공동체를 만드는 것이 목표였다. 당연히 그 주체는 교회였다. 하지만 종교개혁기에 접어들면서 그 이상을 실현할 권한은 상당 부분 세속 당국으로 이관되었다. 교회가 담당해 오던 모든 자선 업무를 시 당국이 감독해 중앙집권화되었다. 취리히는 모든 시민이 경건한 행동을 실천함으로써 도시 전체를 그리스도교의 이상이 구현되는 그리스도교 도시로 만들고자 했다. 이러한 전통은 스위스 연방을 넘어 스트라스부르와 제네바로 확산되었고 프랑스, 네덜란드, 스코틀랜드 및 잉글랜드의 프로테스탄트 교회에도 교회와 국가의 협력이라는 독특한 전통이 뿌리내리게 되었다. 신학과 그리스도교적 삶이 분리될 수 없는 새로운 형태의 그리스도교 공화국이 실천되었다. 중세 유럽에서는 그 실천 주체가 교황이었다면 이제는 국왕과 제후, 시장과 같은 세속 통치자에게로 넘어갔다. 취리히는 그를 위한 새로운 패러다임을 제시했다.

비텐베르크의 루터가 자신의 지역 통치자 프리드리히 선제후를 한번도 대면해 만난 적이 없다는 사실은 세속 권력과 교회 사이의 긴장을 대변한다. 하지만 취리히의 경우는 그렇지 않았다. 세속 권력과 종교 권력은 취리히에서 긴밀하게 연결되어 있었다. 츠빙글리의 죽음을 "칼로 흥한 자는 칼로 망한다"라고 비평한 루터의 언급은 어쩌면 종교가 세속 권력과 그에 따른 애국주의와 무한대의 친화성을 지닐 위험을 경고한 것일 수도 있다. 츠빙글리의 뒤를 이은 불링거도 마찬가지였다. 그는 시의회를 '교회의 권위'라고 불렀다. 1532년 후반에 목회직은 교회의 직분일 뿐만 아니라 공무원과 같은 공적인 직분이기도 했다. 취리히 시의회는 이 공무원들에 대한 모든 징계권을 가졌다. 불링거 시대, 취리히시 공동체는 행정 당국이 완전히 통제하도록 제도화되었다.[28]

헬베틱 신앙고백서와 취리히 종교개혁의 유산

츠빙글리의 종교개혁이 성찬 문제로 루터교회와 분열되었기 때문에 취리히는 정치적으로 고립될 위험에 처했다. 츠빙글리 사후에도 그 위험은 높아졌다. 그러던 중 1535년 초에 결정적인 전환이 일어났다. 교황 파울루스 3세(Paulus III, 1468~1549, 재위 1534~49)가 만토바에서 공의회를 소집할 준비를 한다는 소식에 프로테스탄트 교도 사이에 동맹의 필요성이 제기되었다. 그렇게 하여 취리히, 베른, 바젤, 샤프하우젠, 장크트갈렌, 뮐하우젠, 콘스탄츠 행정관과 주요 신학자들이 바젤에 모였다. 거기에서 작성한 공동 신앙고백서가 제1차 헬베틱 신앙고백서이다. 총 27개 조항으로 독일어와 라틴어로 기초한 이 문서는 프로테스탄트 내부에서 합의의 여지를 남겼다. 츠빙글리와 루터파 사이의 분열 원인이 된 성찬 진술은 여전히 예민한 문제였다. 루터파의 성찬 이해를 충분히 담았기에 합의가 이루어질 만도 했지만 비텐베르크와 취리히는 미세한 차이점을 극복하지 못했다. 루터는 1535년 『갈라디아서 주석』에서 츠빙글리의 성찬론을 비판했다.

루터교와 화해하지 못했지만 1536년 제1차 헬베틱 신앙고백서를 스위스 프로테스탄트 지역이 수용함으로써 스위스 종교개혁의 신학화가 완료되었다. 이 신앙고백서는 성찬에 대해서는 해석의 여지를 두었지만 아나뱁티스트에 대해서는 입장이 분명했다. 세속 행정관에게 아나뱁티스트를 억제하고 처벌할 의무를 부과했다. 이 신앙고백서에 종교적 관

28 J. Wayne Baker, "Church, State, and Dissent: The Crisis of the Swiss Reformation, 1531-1536", *Church History* 57, issue 2, July 2009, pp. 136~37.

용의 자리는 없었다. 교회가 이단이나 반대파에 대해 징계를 할 수 있으며, 그 징계 수단이나 방식에 대한 의견 차이는 없었다. 신앙고백에 대한 교회 규율, 교회와 국가의 분리, 반대자에 대한 관용은 1530년대 중반에는 실질적인 문제가 아니었다.[29] 취리히는 전통적으로 이탈리아, 프랑스, 독일, 잉글랜드, 헝가리, 폴란드 등 유럽 각지에서 온 종교 난민에 대해 개방적인 태도를 취하고 있었다. 하지만 그들은 아나뱁티스트에 대해서는 철저하게 무관용 원칙을 지켰다. 아나뱁티스트는 종교적 소수자의 보호 대상에 들지 않는 무정부주의자로 간주되었다. 취리히에서는 아나뱁티스트가 공식적으로 금지되었다. 불링거는 「아나뱁티즘의 기원에 대하여」(On the Origins of Anabaptism)라는 논문을 통해 아나뱁티스트 운동의 역사를 고찰하고 그 가르침을 반박했다. 특히 아나뱁티스트를 초대교회의 도나투스파와 비교하면서 아우구스티누스의 정당성을 주장했다. 불링거는 스위스 아나뱁티스트인 그레벨과 만츠를 독일 농민전쟁을 이끈 급진파 개혁가 뮌처와 연결해 이 사상의 위험성을 경고했다.

제1차 헬베틱 신앙고백서가 나온 이후 30년 만인 1566년 작성된 제2차 헬베틱 신앙고백서는 취리히 종교개혁 신학의 정수로 평가된다. 그 구조는 대략 사도신경의 구조와 일치한다. 이는 보편교회에서 벗어나는 것이 아니라 오히려 보편교회를 강화하는 데 기여하려는 의도이다. 이 고백서는 '하느님의 참된 말씀인 성서'라는 제목으로 시작하는데, 성서가 그리스도교도의 신앙과 삶의 모든 문제에 대한 전적인 권위(auctoritas sufficiens)를 갖고 있다고 보았다. 성서의 말씀은 구약과 신약 모두에 해당되며, 하나의 동일한 하느님의 말씀이 성서 전체에 걸쳐 구원에 대한 하느님의 뜻을 밝히고 있기 때문에 '오직 성서'로는 성서 전체(tota scriptura)라는 것과 연결된다. 여기에서 주목할 만한 내용이 '하느님의 말씀을 선포하는 것이 곧 하느님의 말씀이다'(Praedicatio verbi Dei est verbum Dei)라는 진술이다. 기록된 하느님의 말씀인 성서에 대한 선

29 J. Wayne Baker, "Church, State, and Dissent", p. 141.

포는 성령의 내적 조명을 통해 오늘날에도 사람들에게 여전히 말씀하는 하느님의 방식이라는 것이다. 이러한 성서 이해는 개혁교회 전반으로 확산되어 프로테스탄트 예배와 가르침의 중심에는 성서에 대한 선포인 설교가 차지하게 되었다. 이 신앙고백서는 1566년 3월 취리히에서 라틴어와 독일어로 출판되었고 제네바에서 프랑스어로 번역되었다. 루터교의 영향을 받고 있던 바젤을 제외하고 연방 내의 모든 개혁교회는 이 신앙고백서를 채택했다. 스위스를 넘어 프랑스, 루마니아, 보헤미아, 슬로바키아, 네덜란드, 헝가리와 폴란드, 스코틀랜드 등에서도 인정받는 가장 권위 있는 신앙고백서로 자리매김되었다.

취리히는 개혁 프로테스탄트의 발생지이자 16세기 이래 개혁파 전통을 공유하는 인재들이 모인 거점 도시였다. 그 영향력은 1523년에서 1575년 사이에 출판된 엄청난 양의 서적에서도 알 수 있다. 츠빙글리와 불링거가 활동하던 56년 동안 취리히에서는 1,000종 이상의 책이 출판되었다. 성서 주석, 교부 저작, 신학 논문 등이 높은 비중을 차지하고 히브리어 및 그리스어 문법 등 언어학 분야의 저작도 다수를 차지했다. 불링거가 조성한 지적 환경과 인쇄업자 프로샤우어의 사업 수완에 힘입어 취리히 인쇄술 역사상 최고의 황금시대를 열었다. 불링거의 이름으로 출판된 작품만 120종이 넘었다. 그의 저작에는 로마 가톨릭주의, 아나뱁티스트, 루터교에 반대하는 논쟁서, 성서 주석, 설교집 및 신학서 등이 있었다. 불링거가 사망한 이후 25년 동안 취리히의 서적 생산량은 약 3분의 1로 줄어들었다.

취리히 종교개혁의 광범위한 영향은 문학작품의 보급뿐만 아니라 교회정치 영역에서의 외교적 노력에도 기인한다. 불링거의 지도력 아래 스위스 프로테스탄트는 더욱 동질화되고, 이후에는 제네바의 칼뱅주의와 긴밀하게 통합되었다. 프랑스에서 헝가리에 이르기까지 개혁교회들이 제2차 헬베틱 신앙고백서를 받아들인 것은 국제적 관계의 중요성을 반영한다. 취리히 신학자들과 유럽 전역의 프로테스탄트 집단 및 학자들의 서신 교환은 취리히 종교개혁이 확산된 이유를 말해 준다. 불링거의 서신은 약 1만 2,000통에 달하는데, 이는 루터, 츠빙글리, 칼뱅의 서신을 합친 것보다 많은 수이다. 그렇게 불링거는 안티스테스로서 44년을 봉사한 이후, 1575년 9월 17일 71세로 사망했다. 츠빙글리의 예기치 않은 죽음으로 취리히와 스위스 종교개혁에 위기가 드리워진 것 같았지만, 불링거는 츠빙글리가 시작해 놓은 건물을 견고하게 완공했다. 스위스 종교개혁의 한 시대는 츠빙글리의 죽음이 아니라 불링거의 죽음과 함께 막을 내렸다. 불링거는 츠빙글리의 유산을 보존하고, 현실 사회와 교회 속에 구현하고, 여러 외교적 노력을 통해 확산시켜 취리히를 유럽 프로테스탄트의 중심지로 만들었다.

이는 불링거가 그로스뮌스터의 안티스테스로 직무를 시작할 때만 해도 기대하지 못했던 일이었다. 츠빙글리 죽음 이후 스위스 연방 개혁에 대한 사람들의 반응은 비관적이었다. 불링거조차도 1532년 9월에 "우리(스위스)는 더 이상 과거처럼 단일한 신앙을 갖고 있지 않다. 우리를 하나로 묶을 만큼 강력한 동맹이 없으며, 모든 일에서 분열을 초래한다"라고 우려 섞인 진단을 했다.[30] 그렇게 시작해 25년이 지난 이후에도 불링거는 여전히 종교개혁의 진행 과정에 대해 우울하고 비관적인 평가를 내놓았다. 1557년 종교개혁 과정을 회고하면서 그는 하느님께서 독일 민족에게 자신의 진리를 계시하셨지만 그들이 받아들이지 않았고, 그러한 불신앙의 결과가 황제와 프로테스탄트 사이의 끔찍한 전쟁으로 나타났다고 평가했다. 종교 문제로 인해 프랑스, 독일, 이탈리아는 끊임없는 분쟁에 휘말렸다. 불링거의 조국인 스위스에서 남자들은 여전히 용병으로 외국 영토에서 죽어나갔다. 스위스 내에서도 프로테스탄트 도시인 바젤과 베른은 교리와 정치 문제를 놓고 칼뱅의 제네바와 오랜 논쟁을 벌였다. 그사이 가톨릭교회는 트리엔트 공의회를 개최해 유럽 도처에서 가톨릭이 부활했다. 스위스 종교개혁은 츠빙글리나 취리히가 열망했던 것처럼 복음주의 주들의 동맹을 이끌어 스위스 연방을 종교로 하나 되게

30 Mark Taplin, "Switzerland", p. 184.

하는 데 실패했다. 연방의 절반은 가톨릭으로 남았고 프로테스탄트를 표방한 주마저 종교 행태나 실천에서 합의에 실패했다. 스위스 종교개혁은 절반의 승리였다. 종교개혁 확산의 한계를 지적하면서 페터 블릭클레는 프로테스탄트 종교개혁이 1525년 이후 지나치게 하향식 권위주의적으로 흘러 민중의 지지를 얻지 못했다는 평가를 내렸다. 특히 독일과 스위스에서 발생한 농민반란이 진압된 이후, 사회개혁과 종교개혁을 연계하던 대중의 관심이 현저히 줄었다. 개혁가들은 분명하게 세속 통치자의 편에 서서 개혁을 진행해 왔기 때문이다.[31]

그러나 스위스 종교개혁은 또 다른 시각에서 접근할 수 있다. 복음주의 신앙이 스위스인들을 하나로 묶는 이데올로기 역할을 하지 못했다는 것, 연방 내의 정치적·역사적 긴장이 하나의 통일 스위스를 만들지 못했다는 것이 실패라고 할 수 있을까? 오히려 종교적 신념이 크게 다른 주들이 그 차이에도 불구하고 협력할 수 있다면 그것이 더 바람직한 것은 아닐까 하는 질문을 던질 수 있다. 스위스인들은 외부 중립 정책과 복잡한 공동 영주권을 통해 안전한 사회질서를 유지할 길을 모색했다. 스위스 개혁은 주로 공동체 개혁에 관한 것이었으며, 스위스인들은 공동체가 안전하다면 연방이 존속할 수 있다는 것을 알았다. 스위스 종교개혁을 구성한 세력의 결합은 유럽 전역의 이제 막 시작된 개혁 운동에 막대한 영향력을 행사한 최초의 프로테스탄트 조직을 탄생시켰을 뿐만 아니라 프로테스탄트와 가톨릭 국가가 함께 공존할 정치적·종교적 구조를 확립했다. 종교개혁가로서의 노력을 스스로 평가하면서 취리히의 불링거는 실패로 여겼지만, 스위스 종교 지형은 의도하지 않은 종교적 관용을 확보하는 길을 열었다.[32]

31 Heiko A. Oberman, "The Impact of the Reformation: Problems and Perspectives", *Politics and Society in Reformation Europe: Essays for Sir Geoffrey Elton on his Sixty-Fifth Birthday*, eds., E. I. Kouri and Tom Scott, New York, NY: St. Martin's Press, 1987, pp. 3~31.

32 Kaspar von Gordon, "Switzerland", p. 92.

지도 6 스위스 연방의 종교 분열

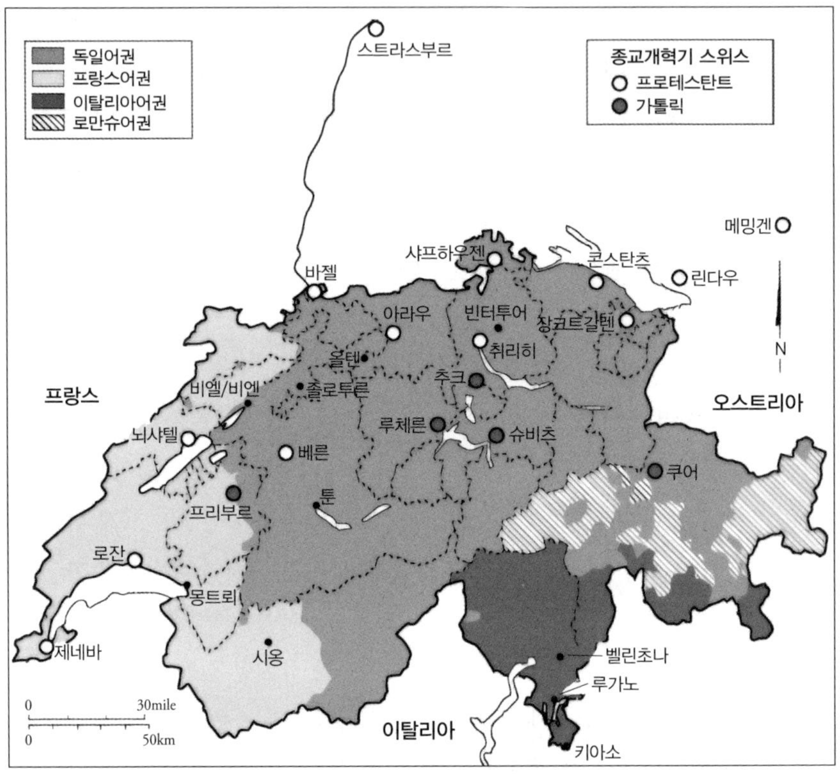

출처: Carlos M. N. Eire, *Reformations: The Early Modern World, 1450-1650*, New Haven and London: Yale University Press, 2016, p. 222.

15세기에 등장한 스위스의 정체성은 종교개혁이 만들어낸 새로운 신앙고백으로 대체되지는 않았다. 스위스 가톨릭교도와 프로테스탄트 교도 사이의 관계는 우호적이었다. 16세기 중반까지 가톨릭과 프로테스탄트의 경계는 생각만큼 완고하지 않고 상대적으로 유동적이었다. 가톨릭과 프로테스탄트 사이의 교회 공간 공유도 있었다. 한 교회에서 격주로 가톨릭 미사와 개혁파 예배가 드려지기도 했다. 개혁교회에 성찬 제대가 남아 있는 곳도 있었고 프로테스탄트 교도들이 가톨릭 교육 기관에 다니는 경우도 흔했다. 1550년경부터 연방과 지방 모두에서 종교적 긴장이 눈에 띄게 증가했다. 이러한 긴장은 가톨릭 진영과 프로테스탄트 진영 양측 모두에서 종파적 정체성을 강화해 나가면서 높아졌다. 가톨릭의 경우 트리엔트 공의회로 정체성을 강화했고 그것이 스위스 지역에까지 영향을 주었다. 1547년에 루체른에 예수회 대학이 설립되었고 가톨릭교회의 전투성이 드러났다. 1580년대에는 바젤 주교구에서 프로테스탄트 예배를 탄압했다.

이렇게 종교개혁으로 인한 혼란과 긴장은 한때 정치적 실체로서의 스위스 연방의 존속 자체를 위협했다. 대부분의 스위스 지역은 비교적 초기 단계에서 스위스 연방의 정치적 통일 의무를 부과함으로써 종파 간의 차이로 인한 위험을 회피했다.[33] 다시 말하자면, 스위스 연합의 정치적 존속이라는 대의 앞에서 가톨릭과 프로테스탄트의 종파 간 차이는 대립으로 이어지지 않았다. 이 합의의 가장 중요한 기본 원칙은 각 주가 스스로 종파를 결정할 수 있도록 자치권을 준 것과 종파 간 상호 평등의 원칙이었다.[34] 따라서 스위스 종교개혁은 종교적인 사건인 만큼이나 정치적인 사건이었다.[35]

취리히 종교개혁은 독일 종교개혁과 공통점이 많다. 그러나 몇 가지 중요한 차이도 있다. 취리히 종교개혁의 독창성은 중세 말 콘스탄츠 공의회, 후스, 위클리프, 파도바의 마르실리우스 등이 제기한 국가와 교회와의 관계 설정, 반교황주의, 반성직주의 흐름 속에서 생성된 독자적인 측면에서 파악하는 것이 타당하다. 종교개혁은 사상적인 틀로만 접근할 수 없다는 것이 취리히와 스위스 종교개혁이 보여 준 결과이다. 후스와 위클리프 모두 국가교회의 원시적 모델을 제시했다. 흔히 루터의 종교개혁이 순전히 신학적 문제에서 출발한 반면에, 츠빙글리는 정치적·사회

---

33 Kaspar von Greyerz, "Switzerland", p. 43.

34 Kaspar von Greyerz, "Switzerland", p. 31.

35 Regula Schmid, "The Swiss Confederation before the Reformation", *A Companion to the Swiss Reformation*, eds., Amy Nelson Burnett & Emidio Campi, Leiden and Boston: Brill, 2016, p. 14.

적 문제에서 개혁을 시도했다고 본다.[36] 일면 타당한 평가이기는 하지만, 츠빙글리나 불링거는 신학을 도외시했다기보다 그들에게 종교적 경건과 사회적·정치적 정의는 분리될 수 없는 하나였다. 그러나 이것이 일부 역사가들이 평가하는 것처럼 츠빙글리가 의도한 공동체가 신정 정치와 연결되는지는 의문이다.[37]

취리히뿐만 아니라 스위스의 다른 주에서도 성직자들이 세속 정부를 주도한 적은 없었다. 대신에 교회와 국가는 독점적 우월성을 주장하기보다는 긴밀하게 협력하는 쪽으로 방향을 잡았다. 개혁교회 공동체에서는 성서의 가르침을 시민법과 일치시켰으며, 세속 정부는 교회를 관할할 권한을 가졌다. 개혁교회 목회자들은 예언자적 설교라는 도구로 강단에서 목소리를 낼 수 있었지만 도시의 다른 주민들과 마찬가지로 세속 통치자의 권위 아래 있었다. 종교개혁 초기 스위스인들은 종교와 정치적 통합을 동시에 만들어나갔다. 이것이 루터 종교개혁과의 두드러진 차이점이다.

그러나 취리히의 종교개혁에는 여전히 여러 질문이 남아 있다. 인문주의자라는 자의식을 가지고 성상 파괴나 교회 음악에 대한 거부 등 문화적 근본주의의 추구가 가능할까? 스위스 용병제에 극도의 반감을 보이면서도 스스로 전장의 군인이 되어 전사한 모순도 쉽사리 간과할 수 없다. 더욱이 코스모폴리탄을 추구하는 에라스무스의 제자가 어떻게 아나뱁티스트에 대한 종교적 강압을 옹호하고 피비린내 나는 박해를 용인할 수 있었을까? 종교가 지나치게 국가가 추구하는 이념과 가까워질 때 국가를 넘어서는 가치를 추구할 수 없는 국가주의에 매몰된다. 종교가 정치와 적절한 거리두기에 실패할 때, 자신들이 설정한 이념의 테두리에 들지 못하는 존재는 배제와 박해의 대상이 된다.

---

36 Gottfried W. Locher, *Zwingli's Thought: New Perspectives*, Leiden and Boston: Brill, 1981, p. 34.

37 츠빙글리의 정치 사상을 신정 정치와 연결짓는 논의는 Robert C. Walton, *Zwingli's Theocracy*, Toronto: Toronto University Press, 1967 참조.

제10장 급진파 종교개혁

프로테스탄트 종교개혁이 가톨릭에 반대해 출현한 이후, 개혁 진영은 다양하게 분화되었다. 개혁의 속도와 방향에 대한 이견이 나오는 것은 당연했다. 가톨릭에 맞선 프로테스탄트 개혁의 속도와 방향이 충분하지 않다는 문제의식에서 급진파가 나왔다. 일반적으로 급진파 종교개혁은 종파적 목적을 달성하기 위해 무정부적 혼란을 마다하지 않는 폭력적 집단과 종교적 신념을 위해 기꺼이 순교를 감당하는 비폭력 평화주의자라는 두 극단적 모습을 떠올린다. 이 모순된 그림이 아나뱁티스트로 알려진 '급진파' 종교개혁에 접근하는 데 일차적 장애물이다. 기존의 주류 종교개혁 진영에서 부정적으로 그리던 극단적 이미지는 아나뱁티스트 배경의 신학자와 역사가들이 참전하면서 정반대의 그림이 그려졌다. 1970년대부터 수정주의 사회사가들은 농민전쟁과 관련된 사회정의에 대한 요구와 경제적 불안의 기원에 아나뱁티스트 운동을 위치시킴으로써 새로운 관점을 제시했다. 이제는 주류의 관점, 아나뱁티스트의 관점 및 사회사의 관점 등 세 가지를 종합하는 시도가 이어지고 있다.[1]

---

1 종합적인 해석에 대한 시도는 James M. Stayer, "The Anabaptists", *Reformation Europe: A Guide to Research*, ed., Steven E. Ozment, St. Louis, MO: Center for

아나뱁티스트 유형론

급진파, 아나뱁티스트 등과 같은 용어는 스스로의 자의식을 규정한 것이 아니라 부과된 정체성이라고 할 수 있다. 루터는 자신을 반대하는 이들을 통틀어 슈베르머(Schwärmer), 즉 악마에 사로잡힌 광신자로 지칭했다. 독일 농민전쟁을 이끈 토마스 뮌처, 안드레아스 카를슈타트나 신비주의 전통의 츠비카우의 예언자들, 관 주도 종교개혁을 넘어선 교회의 독립성을 강조하는 스위스 아나뱁티스트 세력 등이 모두 여기에 속했다. 20세기의 대표적인 종교개혁사가 중 한 명인 롤런드 베인턴(Roland Bainton, 1894~1984)은 아나뱁티스트 운동을 '좌파' 종교개혁으로 규정했다. 급진주의자들이 추구하는 정치적·종교적 자유주의를 좌파라고 규정함으로써 전통적인 신학적·사회학적 접근이 아닌 정치적 영역으로 전환했다.[2] 그렇게 함으로써 그간 분열과 이단을 암시하는 분파라는 경멸적인 꼬리표를 떼어낼 수 있었다. 역사가들은 아나뱁티스트가 신자의 자발성, 공동체의 규율성, 외부의 간섭으로부터 자유로운 자율성 등을 기반으로 한 뚜렷한 교회론을 가지고 있다고 평가했다.[3] 아나뱁티스트는 자유교회 운동의 선구자로 재평가되었다.

오랫동안 아나뱁티스트는 가톨릭과 프로테스탄트와 구별되는 제3지대로 분류되었다. 그들은 세상이 악하기 때문에 교회는 악으로부터 분리되어야 한다고 믿고 세상과 섞인 모든 교회, 즉 시민 권력에 의존하는 교회를 거부했기 때문이다. 하지만 동시에 그들은 로마 가톨릭에 반대한다는 점에서 '제3의 종교개혁'이라는 범주로 프로테스탄트 종교개혁으로

Reformation Research, 1982, pp. 135~59 참조.

2 Roland H. Bainton, "The Left Wing of the Reformation", *The Journal of Religion* 21, no. 2, 1941, pp. 124~34.

3 Cornelius Krahn, *Dutch Anabaptism: Origin, Spread, Life and Thought, 1450-1600*, The Hague: Martinus Nijhoff, 1968; Leonard Verduin, *The Reformers and their Stepchildren*, Grand Rapids, MI: Wm. B. Eerdmans Publishing Co., 1964.

묶이기도 한다. 오늘날 이 세력은 '급진파'라고 대체로 범주화된다. 이 범주 규정은 1962년 조지 윌리엄스(George Williams, 1914~2000)의 규정에 따른 것이다.[4] 가톨릭, 루터파, 츠빙글리파, 칼뱅파, 성공회 등 주류 종파에 포함되지 않는, 종교개혁 당시의 정치사회적 격동기에 발생한 다양한 성격의 개혁 운동을 급진파라는 우산 아래 모았다. 이질적이고 광범위한 급진파 집단을 아나뱁티스트, 신령주의자, 복음적 합리주의자라는 세 가지 범주로 세분했다.[5] '급진'이라는 말은 역사가들마다 서로 다른 의미로 접근할 수 있지만, 적어도 윌리엄스는 '급진적'이라는 말을 관주도 개혁을 거부하고 국가와 얽히지 않은 고대 교회의 독립성으로 돌아가는 것으로 이해했다.[6] 급진은 곧 좌파를 대체했다. 이 유형론에는 아나뱁티스트로 대표되는 급진파가 종교개혁 역사에서 결코 주변적인 현상이 아니며, 그 역할과 역사적 가치를 재평가해야 한다는 함의가 담겨 있다. 급진주의는 주류 종교개혁가들의 보수적 충동을 뛰어넘어 종교개혁을 올곧은 방향으로 추진하려는 신학적 의지를 의미했다.

종교개혁기의 급진적 성격을 띤 독일 농민전쟁과 스위스 아나뱁티스트와의 연관성은 초창기부터 찾을 수 있다. 1524년 9월 농민전쟁 직전에 스위스 아나뱁티스트 지도자가 된 콘라트 그레벨은 뮌처에게 편지를 보내 그의 사상에는 동의하지만 그 목적 달성을 위해 무력을 사용하는 것에는 반대한다고 밝혔다. 이후 아나뱁티스트 비폭력 무저항의 최초 진술로 여겨진 진술은 다음과 같다.

---

4 George Hunston Williams, *The Radical Reformation*, London: Weidenfeld and Nicolson 1962.

5 급진파 종교개혁 분류에 대한 역사학적 연구에 대해서는 James R Coggins, "Toward a Definition of Sixteenth-century Anabaptism: Twentieth-century Historiography of the Radical Reformation", *Journal of Mennonite Studies* 4, 1986, pp. 183~207 참조.

6 Sigrun Haude, "Anabaptism", *The Reformation World*, ed., Andrew Pettegree, London and New York, NY: Routledge, 2000, p. 237.

> 진정한 그리스도교도는 늑대 가운데 있는 양이며, 도살장의 양으로서, 고통과 고난과 박해 속에서 세례를 받아야 합니다. 그들은 불로 재판을 받아야 하며, 육체는 죽일 수 있지만 영(靈)은 해할 수 없는 대적을 수치스럽게 함으로써 영원한 안식의 땅에 도달해야 합니다. 그들은 세상의 칼이나 전쟁을 사용하지 않습니다. 왜냐하면 모든 살인이 그들과 함께 그쳤기 때문입니다.[7]

하지만 평화의 진술이 때로는 호전적인 행동으로 모순적으로 나타나는 경우가 있다. 평화를 추구하는 아나뱁티스트는 농민전쟁과 연관이 깊다. 농민전쟁 이후 아나뱁티스트 운동은 스위스 북동부 지역으로 널리 퍼졌다. 신자들의 세례를 시작하면서 아나뱁티스트는 취리히 종교개혁에 분열을 가져왔다. 취리히 교회의 관리자가 된 정부에 저항했다. 아나뱁티스트 교회는 국가 주도의 제도교회와 세속 국가 권위에 대한 저항에서 시작되었다. 물론, 카를슈타트, 뮌처, 츠비카우의 예언자들 등은 종교개혁 초기부터 관 주도 종교개혁가들의 권위에 도전해 보다 근원적인 변화를 제안한 초기 사람들이었다. 그들 가운데 누구도 재세례를 시작하거나 실행하지 않았기 때문에 문자적 의미에서 아나뱁티스트는 아니다. 그들을 통해 두 가지 급진적 전통이 진화했다. 하나는 사회정의 추구에 관심이 많아 폭력을 통해서라도 그 목적을 관철하려는 집단으로 신비주의의 영향을 많이 받았다. 다른 한 집단은 똑같은 사회 문제에 대한 접근이 평화주의적이며, 때로 사회와 분리되는 분리주의적 성격을 띠었다. 중세적 맥락에서 보자면 전자는 제도교회와의 관계에서 이단 운동으로, 후자는 수도회 운동으로 연결하는 것도 크게 무리는 아니다.

급진주의자들이 보기에 관 주도 종교개혁의 가장 큰 문제는 제도의 변

---

7 Leland Harder, ed., *The Sources of Swiss Anabaptism: The Grebel Letters and Related Documents, Classics of the Radical Reformation*, vol. 4, Scottdale, PA: Herald Press, 1985, pp. 290, 293.

화가 그리스도교도의 행동 변화를 이끌어내지는 못한 점이다. 그들은 교회나 국가 공동체에 속하는 개인이 곧 그리스도교도는 아니며, 참된 그리스도교도가 되기 위해서는 그들 삶에 실질적인 변화가 있어야 한다고 주장했다. 개인의 종교적 회심과 변화는 제도교회가 제시하는 구조를 통해서는 성취될 수 없다고 보고 개별 그리스도교도의 자의식과 정체성에 대한 강조가 두드러졌다. 그리스도교 신앙의 뿌리(radix)로 돌아가고자 하는 열망으로 모였다는 점에서 그들은 급진적(radical)이었다. 그들이 공유하는 가치는 첫째, 참된 교회가 그리스도교 역사에서 어느 순간 무너졌다는 믿음, 둘째, 그리스도교도와 세상 사이에 본질적이고 메울 수 없는 간극이 있다는 믿음, 셋째, 교회는 순전히 자발적인 그리스도교도로만 구성되어야 한다는 믿음, 넷째, 유아세례를 강제적이고 타락한 영토 교회의 표식으로 거부하는 것, 다섯째, 인간의 자유의지와 구원을 향한 인간의 행위에 대한 믿음 등이다.[8] 이 다섯 가지 가운데 참된 교회가 사라졌다는 것에 대한 믿음은 공유하지만, 교회 구성원과 유아세례에 대한 반대 및 인간의 자유의지에 대한 옹호 등은 주류 종교개혁과 분명한 차이점이다. 이는 한편으로는 루터와 츠빙글리 등이 주도한 개혁을 불완전하고 불충분하다고 거부하는 것이지만, 교회와 세상을 이분법적으로 바라보고 인간의 자유의지와 구원을 위한 인간 행위에 대한 믿음을 강조한다는 점에서는 중세 전통의 연장이다.[9]

---

8 Carlos M. N. Eire, *Reformations: The Early Modern World, 1450-1650*, New Haven and London: Yale University Press, 2016, p. 250.

9 Kenneth R. Davis, *Anabaptism and Asceticism*, Scottdale, PA: Herald Press, 1974, pp. 296~97. 아나뱁티스트 기원에 대해 그리스도를 따르는 제자도(弟子道)를 강조하는 중세 후기 신비주의에서 파생되었다는 관점이 제기되기도 했다. 케네스 데이비스(Kenneth Davis)는 『아나뱁티즘과 금욕주의』(*Anabaptism and Asceticism*)에서 아나뱁티즘이 영성파 프란체스코회에서 유래했다고 주장했다. 즉 아나뱁티즘의 제자도 사상을 중세 금욕주의와 연결했다. 데보티오 모데르나의 단순함, 평신도 운동, 금욕주의 개혁 원칙이 그리스도교 에라스무스주의에 이어졌고 그레벨, 만츠, 후프마이어 등에게 영향을 주었다는 것이다. 데이비스는 공동생활형제회를 거쳐 에라스무스 인문주의, 마지막으로 아나뱁티스트에 이르는 계보를 설정했다. 결론으로 아나뱁티

급진파, 그중에서도 구체적인 실체로 아나뱁티즘의 정체성을 따져보면, 그 혼란의 핵심이 무엇인지 알 수 있다. 아나뱁티스트는 교회론과 성례전에서는 개혁주의보다 더 나아갔지만, 자유의지에 대한 인정과 그리스도교도의 삶에서 행위의 중요성에 대한 관점에서는 가톨릭에 보다 가까웠다. 유아세례를 반대한다는 점에서 가톨릭과 다른 프로테스탄트 진영 모두와 대립했다. 신자의 세례를 주장하면서 유아세례를 반대하는 것이 급진파를 포괄하는 핵심이 되었다. 아나뱁티스트는 그들을 통칭하는 이름이다. 아나뱁티스트는 '재세례자'를 뜻하지만, 정작 그들은 유아세례의 정당성을 인정하지 않았기 때문에 자신들을 '다시' 세례를 받았다고 생각하지 않았다. 이 용어는 그들의 반대파가 사용했다. 초기 아나뱁티스트들은 스스로를 대개 '형제'(Brüder) 또는 '그리스도의 형제'(Brüder in Christo)라고 불렀으며, 아나뱁티스트라고 부르지 않았다.[10] 재세례라는 것은 16세기에 국한된 개념이다.[11] 그렇다면 '세례파'라는 명칭은 어떨까? 실제로 스스로 신앙을 고백할 수 있는 성인의 세례(혹은 침례)가 중요한 가치였기에 독일에서는 그들을 'Wiedertäufer'(재세례파) 대신에 'Täufer'(세례파)라고 표현하기도 한다. 하지만 이 단어는 영어권에서는 앵글로색슨 전통에서 생성된 침례교(Baptist)와 혼동을 야기한다. 침례교는 아나뱁티스트와 매우 다른 정체성을 가지고 있다. 이런 문제에도 불구하고 다양한 계통을 아우르는 명칭으로서 아나뱁티스트를 대

즘이 아시시의 프란체스코(Francesco of Assisi, 1182~1226), 헤르트 흐로테, 에라스무스의 프로테스탄트화(Protestantization)라고 주장한다. 하지만 이 테제는 금욕주의, 데보티오 모데르나, 에라스무스주의 등 다양한 운동을 아나뱁티즘과 부당하게 동일시했다. 이 연결 고리 안에 있는 다양한 집단 사이의 실질적인 연관은 확인되지 않는다. 따라서 데이비스의 이 테제는 널리 수용되지 않는다.

10 Fritz Blanke, *Brothers in Christ: The History of the Oldest Anabaptist Congregation, Zollikon, near Zurich, Switzerland,* reprinted edition, Eugene, OR: Wipf and Stock Publishers, 2005.

11 J. Denny Weaver, *Becoming Anabaptist: The Origin and Significance of Sixteenth-century Anabaptism*, Waterloo: Herald Press, 1987, pp. 18~19.

체할 만한 것은 없다. 따라서 아나뱁티스트 전통을 따르는 계열의 신학자들도 불가피하게 '아나뱁티스트'라는 용어를 사용한다. 아나뱁티즘을 어떻게 정의해야 하는지에 대해서는 의견 차이가 있다. 아나뱁티스트가 유아세례를 거부하고 신자의 세례를 '실천'한 사람이라고 한다면, 급진적으로 유아세례를 반대했지만 신자의 세례를 시행하지 않았던 뮌처나 카를슈타트는 아나뱁티스트가 아니다. 하지만 성인의 세례 여부가 지표가 아니라 그들이 지향하는 교회론에 대한 동의 여부에 초점을 둔다면 아나뱁티스트의 범위는 그들에게까지 확대될 수 있다. 이 범주론은 아나뱁티스트의 두 가지 기원에 대한 논의로 다시 확대된다.

취리히 기원의 아나뱁티스트

역사적으로 아나뱁티즘은 스위스를 지역적 기반으로 형성되었다. 이른바 스위스 아나뱁티즘은 취리히 종교개혁가 츠빙글리의 열렬한 추종자였던 이들이 급진적인 개혁을 추구하며 떨어져 나와 형성되었다. 나중에 아나뱁티스트가 된 여러 사람이 인쇄업자인 프로샤우어의 집에서 열린 상징적인 소시지 먹기에 참여했다. 반성직주의와 성상 파괴 활동에 주도적으로 참여한 사람들이 이후에 아나뱁티스트로 전향한 경우가 많다.[12] 취리히에서 개혁 운동이 생성되었을 때, 그들은 시 당국을 중심으로 개혁을 하려는 다소 온건한 츠빙글리에 맞서 츠빙글리와 취리히 당국과 대립하게 되었다. 급진성을 띠게 된 이유는 어느 시점부터 그들이 독일 종교개혁의 급진파인 카를슈타트나 농민전쟁을 주도한 뮌처의 사상에 영향을 받았기 때문이다.[13]

12 Andrea Strübind, "The Swiss Anabaptists", *A Companion to the Swiss Reformation*, eds., Amy Nelson Burnett & Emidio Campi, Leiden and Boston: Brill, 2016, p. 391.

13 J. Denny Weaver, *Becoming Anabaptist*, pp. 27~28.

취리히에서 시작된 독립적인 성서 연구 모임은 아나뱁티스트의 교회론 형성에 중요한 역할을 했다. 아나뱁티스트 운동의 선두에 선 그레벨과 만츠는 츠빙글리가 운영하는 이 연구 모임에 활발하게 참여한 제자였다. 그들은 성상, 미사 및 성인 숭배를 반대하고 폐지하는 움직임에 주도적인 역할을 했다. 그레벨과 만츠는 츠빙글리의 개혁 속도가 너무 느리고 모든 것을 교회가 주도하지 않고 세속 권력의 승인을 받아야 하는 상황에 문제의식을 느꼈다. 개혁의 성과가 지지부진한 이유는 중세 가톨릭교회와 완전히 단절하지 못했기 때문이라고 보았다. 특히 유아세례를 고수하는 것은 진실한 그리스도교도들로 구성된 교회를 만드는 데 걸림돌로 간주했다. 급진적인 생각을 주장하는 이들은 루터와 츠빙글리의 개혁의 시작은 정당했지만 곧 그들이 중간에 이 사명을 포기하고 타협했다고 비판했다.

1523년 츠빙글리와 시몬 슈툼프(Simon Stumpf, 1485?~1546?), 그레벨, 만츠 사이에 토론이 벌어졌다. 그레벨을 비롯한 급진파는 시의회 승인 없이 미사를 즉각 중단할 것을 요구했다. 하지만 츠빙글리는 취리히 시민들이 이를 수용할 수 있을 때까지 기다려야 한다는 유보적인 입장이었다. 이 시점에서 그레벨과 만츠 등이 츠빙글리 노선에서 벗어나 더 즉각적인 변화를 시도했다. 이 원시 아나뱁티스트가 카를슈타트와 뮌처 같은 급진적 개혁가들과 연결된 것도 이 시점이다. 그레벨은 뮌처와 카를슈타트와 서신 교환을 시작해 신학적 조언을 구했다. 서신 교환과 교류는 그레벨과 만츠를 비롯한 아나뱁티스트가 츠빙글리의 보수적인 개혁에서 벗어나 급진적인 방향으로 나아가는 계기가 되었다.

이 상황에 대해 츠빙글리는 이 토론 때부터 스위스 아나뱁티스트가 분리 교회 설립을 의도했다고 보았다.[14] 슈툼프와 그레벨이 사제들이 필요

14 아나뱁티스트 역사에서 '분리 교회' 설립에 대해서는 C. Arnold Snyder, "The Birth and Evolution of Swiss Anabaptism, 1520-1530", *Mennonite Quarterly Review* 80, Oct. 2006, pp. 520~24 참조.

하지 않으며 십일조를 낼 필요가 없다고 주장하면서 바른 그리스도교도만 포함하는 교회 설립을 주장했다는 것이다.[15] 그렇지만 이 토론에 대한 기록은 츠빙글리의 증언만을 통해 확인된다. 이 기록은 토론이 있은 지 약 4년 후인 1527년 7월 말에 작성되었다.

그렇다면 분리된 교회의 본질은 무엇이었을까?[16] 여기에는 해석의 영역이 존재한다. 한편의 해석은 그레벨, 만츠, 슈툼프가 설립을 제안했던 특별한 교회는 사회와 세계에 등을 돌린 종파적이고 분리주의적인 교회가 아니라 정치적으로 새로운 의회를 구성해 정치권력을 교회가 장악함으로써 세속 정치에 방해받지 않는 성서적 개혁을 시작할 '다수'의 교회로 볼 수 있다. 개혁의 지도자 츠빙글리에게 이런 제안을 했다는 점은 급진주의자들과 츠빙글리 사이에 확실한 단절이 일어나지 않았음을 보여주는 것이기도 하다. 제임스 스테이어(James Stayer, 1935~2025)는 급진주의적 분리주의에 대한 츠빙글리의 설명에 의문을 제기하면서 급진주의자들의 제안은 교회의 구조적 변화를 가져오는 것이지만 대중과 분리된 분파를 세우려는 것은 아니라고 주장했다. 마찬가지로 한스 위르겐 괴르츠(Hans Jürgen Goertz)도 급진주의자들의 의회 선출 제안은 '분파주의'가 아니라 츠빙글리처럼 전체 공동체를 개혁하려는 의지였다고 주장한다.[17] 반면에 안드레아 스트뤼빈트(Andrea Strübind)는 급진주의자들이 처음부터 '모든 신자가 사제인 자율적인 공동체'를 세우려고 했으며, 그것이 츠빙글리에게 한 제안에서 드러난다고 했다.[18] 급진파들이 분리된 교회 설립을 의도했는지 여부를 떠나 1523년의 논쟁은 급진파들이 분리주의 교회를 설립하는 것으로 이어졌다.

1524년 취리히가 성상 폐지를 선포하자, 이제 유아세례 문제는 두 개

---

15 C. Arnold Snyder, "Birth and Evolution", p. 521.

16 C. Arnold Snyder, "Birth and Evolution", p. 521.

17 James M. Stayer, "The Swiss Brethren: An Exercise in Historical Definition", *Church History* 47, June 1978, p. 183.

18 C. Arnold Snyder, "Birth and Evolution", p. 522.

혁 진영 사이의 논의에서 전면에 등장했다. 신약 교회를 회복하려는 그레벨은 교회는 오직 참된 신자들로만 구성되어야 한다고 했다. 태어나면서부터 누구나 세례를 받고 구성원이 되는 교회가 아니라 오직 믿는 자들만으로 구성되는 교회이다. 때마침 뮌처는 유아세례에 반대하고 성인세례의 필요성을 암시하는 글을 썼다. 1524년 9월 그레벨은 뮌처의 유아세례 반대글에 고무되어 더 많은 가르침을 구하는 서신에서 "세례에 대한 설명과 어떤 유아도 세례를 받지 않았다는 역사적 기록을 통해 결론을 내립니다. 유아세례는 성서에 어긋나는 무의미하고 우상 숭배적인 가증함입니다"라고 썼다.[19] 유아세례는 그들이 확신을 가지고 없애야 할 핵심문제가 되었다.

만츠는 자신들의 입장을 담은 '변론서'(Schutzschrift)를 취리히 시의회에 제출했다.[20] 변론서에는 유아세례를 반대하는 주장과 성서적 근거를 제시했다. 세 가지로 요약하자면, 첫째 그리스도는 아이들이 세례를 받도록 가르치지도 명령하지도 않았으며, 둘째, 세례 요한에게서 세례를 받은 이들은 회개할 의지를 갖고 개인적으로 세례를 받고자 했으며, 마지막으로 외적 세례는 하느님의 역사인 내적 세례가 이미 성취한 것을 보여 주는 의식이라고 보았다.[21] 그들의 영향으로 부모가 태어난 자녀들에게 세례 주기를 거부하는 일이 벌어졌다.

1525년 1월 17일에 최초의 공식적인 세례 논쟁이 벌어졌다. 이번 논쟁은 당국의 입지를 강화하려는 목적으로 이루어졌다. 논쟁 끝에 유아세례는 성서적이라고 판결되었고 시의회는 모든 유아에게 8일 이내에 세례를 주라는 명령을 내렸다. 그레벨과 만츠의 모임을 금지하고 취리히 거주자가 아닌 유아세례 반대자들을 취리히에서 추방했다. 츠빙글리가

19 Peter Matheson, *The Collected Works of Thomas Müntzer*, Edinburgh: T&T Clark, 1988, pp. 121~29.

20 Michael G. Baylor, ed., *The Radical Reformation*, Cambridge: Cambridge University Press, 1991, pp. 95~100.

21 Andrea Strübind, "Swiss Anabaptists", p. 403.

주도하는 종교개혁을 포기한 급진주의자들은 유아세례에 관한 의회의 판결에 대한 직접적인 대응으로 성인에 대한 재세례를 실시했다. 의회의 명령이 내려진 직후, 아마도 1525년 1월 21일에 일행은 무엇을 해야 할지 의논하기 위해 만츠의 집에 모였다. 그레벨이 게오르크 블라우록에게 세례를 주었고, 블라우록은 그레벨에게 다시 세례를 베풀었다. 그리고 이 두 사람은 그곳에 모인 모든 사람에게 세례를 베풀었다. 이 단순한 의식을 통해 최초의 아나뱁티스트 교회가 설립되었다. 1525년은 아나뱁티즘 운동이 공식적으로 관 주도 종교개혁의 진로에서 벗어난 해이다. 이 성인세례는 전통적으로 아나뱁티스트 운동의 출발점으로 이해되었으며, 츠빙글리의 개혁교회와 구분되는 새로운 교회가 성립된 표지로 여겨져 왔다.[22] 그렇지만 엄밀하게 말하면 교회의 분열은 아니었다. 의회가 내린 유아세례 명령에 따라 급진파가 내세운 대의명분이 범죄가 되면서 시 당국의 일방적인 박해 대상이 되었기 때문이다.

만츠는 다시 세례받은 성인들에게 사도행전 2장의 사도들처럼 사랑과 연합과 공동체를 실천하도록 가르쳤다. 그는 또한 어떤 그리스도교도도 정부의 관리가 되어서는 안 되며, 칼로 재판을 해서도 안 되며, 누구도 죽이거나 처벌해서는 안 된다고 최초로 선언했다. 만츠와 동료들은 취리히 교회가 신약성서, 특히 사도행전과 바울 서신에 기술된 내용과 모든 면에서 일치해야 한다고 주장했기 때문에 이단자로 간주되었다. 만츠와 재세례를 실천한 이들은 아나뱁티스트(그리스어: ana, '다시', baptizo, '세례를 주다'), 즉 재세례파로 알려지게 되었다. 일부는 그들을 카타뱁티스트(그리스어: kata, 'down, away'), 즉 반세례주의자라고 부르기도 했다.

22 William R. Estep, *Anabaptist Beginnings, 1523-1533*, Nieuwkoop: B. de Graaf, 1976, p. 2.

탄압과 확산

취리히 주변에는 상당수의 아나뱁티즘 신봉자들이 생겼다. 공통적으로 츠빙글리의 개혁에 대한 실망과 더불어 세속이 주도해 이루어지는 종교개혁에 대한 반감이 겹쳤다. 이 운동의 놀라운 확산 속도만큼이나 취리히 시의회에 의한 탄압도 혹독하고 잔인하게 이루어졌다. 1525년 1월의 명령에 따라 아나뱁티스트 운동에 대한 조직적인 박해가 시작되었다. 1526년 통과된 법에 따라 아나뱁티스트는 사형에 처해졌다. 그 법에 따르면 아나뱁티스트에 대한 처벌은 '재세례', 즉 익사형이었다. 그래서 아나뱁티스트에 대한 익사형은 '세 번째 세례'라고 불렸다. 그레벨, 만츠, 블라우록 등 아나뱁티스트 지도자들이 체포되었다. 사형선고의 수를 과장해서는 안 되지만 가혹한 박해가 이루어졌음을 부정할 수는 없다. 1527년 1월 5일, 만츠는 체포된 이후 취리히의 한 항구에서 배에 태워져 리마트강 한가운데로 끌려갔다. 손과 발이 묶인 채 만츠는 물속에 던져져 익사했다. 만츠는 다른 프로테스탄트 교도의 손에 죽은 최초의 프로테스탄트 순교자가 되었다. 취리히시 당국은 강력하게 아나뱁티스트를 탄압했지만 박해에도 불구하고 다양한 지역에서 살아남았다. 아나뱁티스트 운동은 취리히에서 추방된 사람들에 의해 바젤, 베른, 장크트갈렌, 아펜첼 등으로 확산되었다. 가톨릭과 프로테스탄트 진영 모두에게서 박해를 받은 아나뱁티스트는 현재의 스위스에서 남부 독일, 오스트리아에 이르는 넓은 지역에 걸쳐 추종자들을 확보했다. 이 운동은 급진적 개념을 전파하는 카리스마적 지도자들에 의해 확산되어 수많은 변종이 생겨나 서로 영향을 주고받았다. 넓은 의미에서 공유하는 공통점은 신자의 세례를 실천했다는 점이다. 이는 사회와 분리된 진정한 그리스도교도의 공동체를 세우려는 시도를 상징한다.[23] 그들은 츠빙글리나 루터보다

23 Hermann von Kerssenbrock and Anne MacKay, *Narrative of the Anabaptist Madness: The Overthrow of Münster, the Famous Metropolis of Westphalia*, Leiden and Boston: Brill, 2007, p. 10.

지도 7 1525~60년 스위스 아나뱁티즘 확산 경로와 중심지

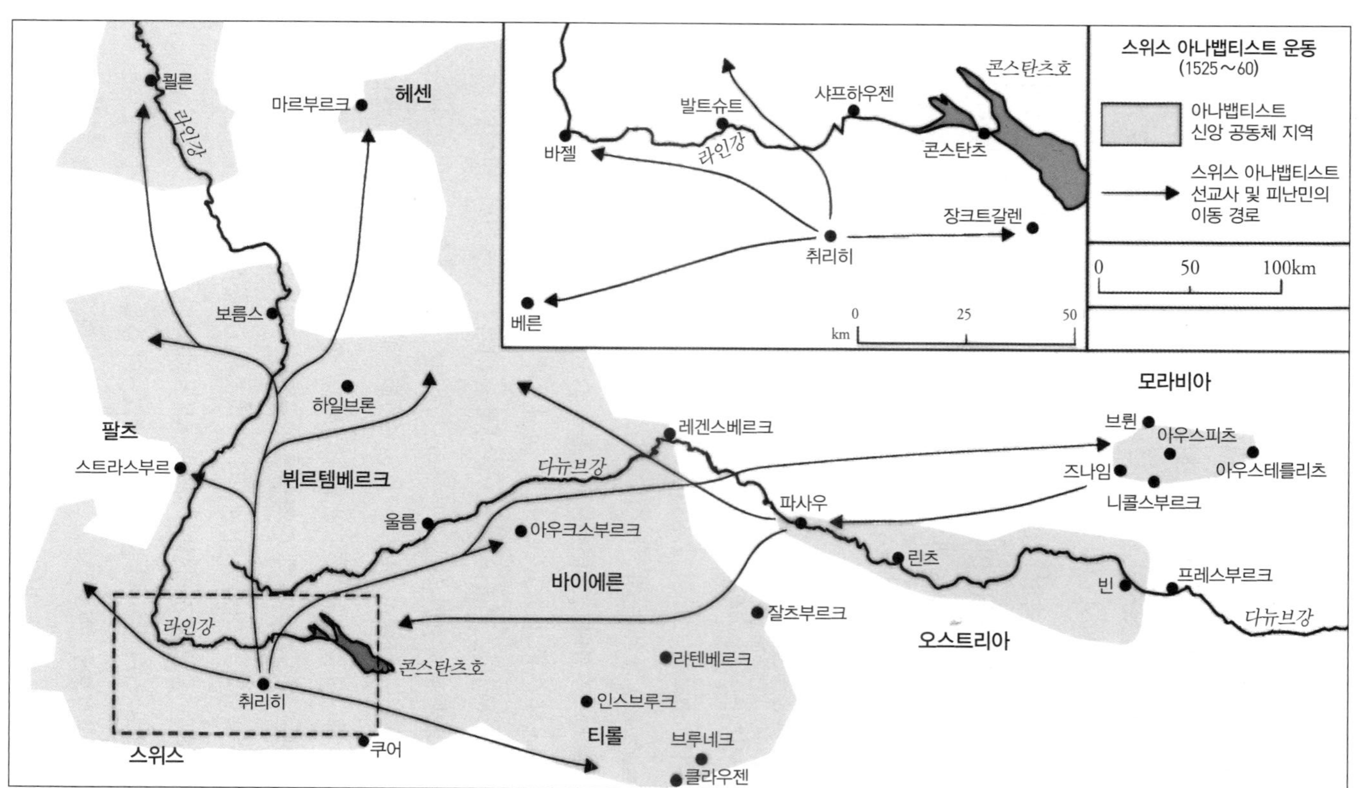

출처: Arnold C. Snyder and Linda A. Huebert Hecht, eds., *Profiles of Anabaptist Women: Sixteenth-century Reforming Pioneers*, Waterloo, ON: Wilfrid Laurier University Press, 1996, p. 40.

훨씬 더 철저하게 성서적 모델을 따르고 이 땅에서 사라진 참된 교회를 회복하려는 복원주의자들이었다. 신약성서에 대한 그들의 문자적 해석은 '오직 성서'라는 개혁 원칙을 따랐지만 결국에는 츠빙글리나 루터 모두에게서 받아들여지지 않았다. 스위스 지역의 아나뱁티즘은 초기 츠빙글리주의에서 출발했지만 차이를 극복하지 못하고 분리된 종교 운동이었다. 성서의 가르침에 대한 근원적이고 급진적인 이해는 국가나 제도교회와 같은 권력에 예속되지 않는 자유교회의 뿌리를 내렸다. 결과적으로 세상과 교회를 분리하는 이 급진적인 이원론적 세계관은 성속을 하나로 잇고자 했던 루터의 주장과는 양립할 수 없었다. 스위스 아나뱁티즘은 독일어권의 스위스에만 한정되고 프랑스어권에는 뿌리를 내리지 못했다. 여기에는 스위스의 프랑스어권 지역에서 발생한 칼뱅주의의 영향도 일부 있었다.

아나뱁티스트의 이원론적 사회 윤리와 타협을 꺼리는 태도로 인해 세속 권위가 주도하는 교회에 참여할 가능성이 원천적으로 배제되었다. 아나뱁티스트 공동체는 자신들이 기성 교회 및 기성 사회 구조와 대조되는 존재라고 여겼다. 분리주의 교회론은 스위스 아나뱁티스트에게 다양한 수준에서 수용되었다. 스스로의 정체성과 그들에게 덧씌워진 사회적 낙인은 아나뱁티스트를 사회적·종교적 소외자로 만들었다. 하지만 지속적인 박해에 직면했음에도 불구하고 여전히 동정심을 불러일으킬 수 있었던 이유는 그들의 신앙적·윤리적 태도에 기인한다. 아나뱁티스트가 다른 사람들을 대할 때의 말투나 태도 등 신념이 남긴 인상은 종종 박해자들에게조차 신비감과 존경심을 불러일으켰다. 그들에게 있어 종교란 교회 제도나 사회에서의 지위에서 비롯된 것이 아니라 오직 자신들이 신봉하는 종교적 진리를 실천하는 장(場)이었다.[24]

초기부터 스위스 아나뱁티즘의 성격은 다양했다. 그레벨이 이끈 운동은 본질적으로 평화주의적이었지만, 샤프하우젠의 빌헬름 뢰블린

24 Andrea Strübind, "Swiss Anabaptists", p. 442.

(Wilhelm Röblin, 1484~1559?), 아펜첼과 장크트갈렌에서 한스 크뤼시(Hans Krüsi, ?~1525)가 이끈 운동은 십일조 반대 폭동을 지원함으로써 사회경제적인 요소와 결합되기도 했다. 그러나 이 운동이 지닌 급진성이 필연적으로 사회적 무질서를 가중시켰다. 보수적 정치 세력과 종교 세력이 탄압을 강화한 것은 불가피했다. 특히 1525년 독일 농민 봉기가 진압되자 행정관들은 점점 더 엄격한 반아나뱁티스트 법안을 통과시켜 자신들의 영토에서 종교적 통제를 강화했다. 취리히나 샤프하우젠 같은 도시에서는 아나뱁티스트로 사는 것이 사실상 불가능했다. 그들은 일부 제국 도시로 흩어져 뿌리내리기도 했고 종교적 관용을 베푼 대표적인 지역인 모라비아로까지 이주했다.[25]

초기 스위스의 아나뱁티스트는 이후 네덜란드의 메노나이트파나 후터파가 누린 종교적 관용을 누리지 못했다. 네덜란드와 모라비아의 관용은 초기 아나뱁티스트가 흘린 피의 희생을 자양분 삼아 형성되었다. 스위스와 남부 독일에서는 1520년대 후반에 큰 박해가 있었다. 1529년 슈파이어 제국의회는 아나뱁티스트에 대한 사형을 선포했다. 전통적으로 아나뱁티스트의 순교자 수를 수만 명에 이른다고 보았다. 19세기 말과 20세기 초반에 활동한 미국 퀘이커 배경의 역사학자 루퍼스 존스(Rufus Jones, 1863~1948)는 "교회 역사상 영적 자유를 위한 다른 어떤 운동도 이렇게 엄청난 순교를 당한 적이 없다"라고 썼다.[26] 하지만 최근의 연구는 그 수치를 대폭 수정한다. 클라우스 피터 클레센(Claus-Peter Clasen)의 1972년 사회사 연구는 아나뱁티즘에 대한 박해로 인한 실제 피해 건수를 훨씬 적게 잡았다. 그는 1525~29년 스위스와 독일 남부에서는 약 4,400명이 처형되었다고 본다. 1525년에서 1618년 사이에 중부 유럽에서는 약 1,000명의 아나뱁티스트가 처형되었는데, 그중 80퍼센트가

25 C. Arnold Snyder, "Birth and Evolution", p. 581.

26 James M. Stayer, "Radical Reformation", *Handbook of European History, 1400-1600: Late Middle Ages, Renaissance, and Reformation*, vol. 2. eds., Thomas A Brady, Jr., Heiko A. Oberman, James D. Tracy, Leiden and Boston: Brill, 1994, p. 259.

1527~33년에 사망했다고 추정했다.[27] 클레센은 아나뱁티스트 운동이 양적으로나 질적으로나 '16세기 독일 사회 역사의 작은 사건'이라고 축소했다.[28]

인구통계로 보면, 독일과 스위스 아나뱁티스트는 북유럽과 모라비아로 대거 이주했다. 아나뱁티스트가 남동부 모라비아 인구의 약 10퍼센트를 차지했다고 추정되며, 네덜란드 북부에서는 인구의 20~30퍼센트를 차지한다고 본다. 교파의 관용이 있던 지역에서 아나뱁티즘이 증가했다는 점은 확인된다.[29] 아나뱁티스트 급진주의자들은 특정 사회 전체를 개혁하려는 시도를 포기하는 대신에, 기존의 영토 교회에서 분리될 소수의 믿는 사람들로 구성된 공동체를 세웠다. 이 새로운 형태의 교회에서 성인세례는 옛 교회를 떠나 참된 분리 교회에 합류하는 중요한 상징이 되었다. 가톨릭, 루터파나 츠빙글리파와 구별되는 교리적 정체성보다는 예수 그리스도의 삶을 모방하고 따르는(Nachfolge) 삶의 윤리가 아나뱁티스트를 규정하는 핵심이 되었다. 분리주의적 공동체 의식을 강조하는 취리히 아나뱁티스트의 교회 모델은 윤리적 생활 방식을 통해 신앙을 증명하고 공동체의 순수성을 유지하려는 시도였다. 아나뱁티스트의 성인세례가 주장하는 교회론은 그들이 추구하는 윤리적 생활 방식을 보여 준다. 초대교회에서 그러했듯이, 세례를 받는다는 고백적 의미를 알고 세례 후에 마주하게 될 국가권력의 박해를 기꺼이 받아들일 준비를 했다. 여기에서 발전한 비폭력 평화주의와 순교 의지 등을 초기 아나뱁티스트에게서 찾아볼 수 있다. 반대로 이런 그들에게 가해지는 큰 비판은 기존의 사회질서를 무시하고 철저히 분리된 종파적인 공동체를 만든

---

27 Claus-Peter Clasen, "Executions of Anabaptists 1527-1618: A Research Report", *Mennonite Quarterly Review* 47, 1973, pp. 118~19.

28 Claus-Peter Clasen, *Anabaptism: A Social History, 1525-1618: Switzerland, Austria, Moravia, South and Central Germany*, Ithaca, NY: Cornell University Press, 1972, p. 428.

29 Sigrun Haude, "Anabaptism", p. 248.

지도 8 급진파 디아스포라

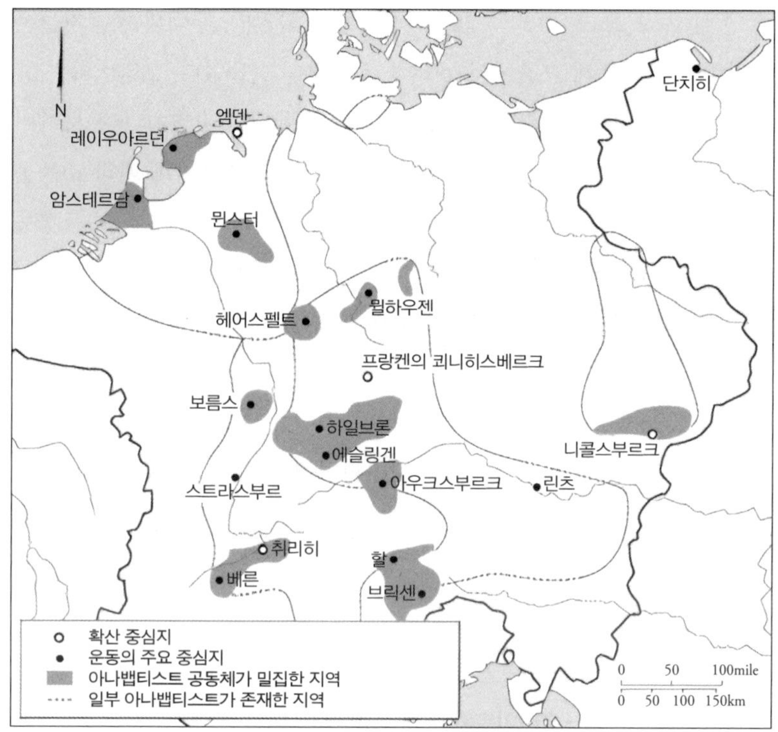

출처: Carlos M. N. Eire, *Reformations: The Early Modern World, 1450-1650*, New Haven and London: Yale University Press, 2016, p. 263.

데에 있다. 자신들의 신앙고백의 실질적 결과로 아나뱁티스트들은 더 이상 지역교회에 참석하지 않았다. 목회자의 설교가 성서에 근거하지 않는다는 이유로 교회 출석 거부를 정당화했다. 1525년 후반기에 아나뱁티스트 운동과 농민의 사회정치적 요구는 취리히 민중의 상당한 지지를 받았다. 이에 맞서 세속 당국은 아나뱁티스트 운동에 관여하지 않는다는 증명을 위해 지역교회의 전통 예배에 출석 의무를 부과했다.[30]

블라우록과 뢰블린은 초기 아나뱁티스트 공동체인 오스트리아의 티

30 Andrea Strübind, "Swiss Anabaptists", p. 413.

롤 형제단을 만들었다. 1529년 블라우록이 체포되어 처형된 이후, 야코프 후터(Jacob Hutter, 1500~36)가 지도자가 되었다. 후터와 추종자들은 모라비아로 이주해 그곳에서 독특한 공동체를 만들었다. 모라비아는 종파적 다원주의를 법적으로 보장하는 유럽 내 유일한 지역이었다. 모라비아에서 형제단은 신약성서에 나와 있는 그리스도교 관습에 따라 소유물을 공유하기 시작했다. 사유재산 거부는 사회적·정치적·경제적 불평등에 관한 문제의식에서 평등주의를 확산시키는 상징이었다. 계속되는 이주 압력에도 불구하고 이 공동체는 살아남아 후터파(Hutterites)로 알려지게 되었다. 준수도원적 이상과 생활 방식을 고집하며 꾸준히 성장하고 발전했다. 전쟁과 박해의 와중에 흩어진 이 공동체는 슬로바키아와 우크라이나로 진출했고 일부는 북아메리카에 자리 잡았다.

세 가지 흐름

분리주의 공동체 - 슐라이트하임 신앙고백서

박해가 지속되면서 아나뱁티스트 운동의 취약성이 드러났다. 특히 1526년 가을에 그레벨이 사망하면서 운동 자체가 붕괴되거나 지나치게 분산될 위험에 직면했다. 아나뱁티스트 운동의 성격의 교집합을 찾아 하나로 묶어줄 무엇인가가 필요했다. 그레벨이 사망한 이듬해 아나뱁티스트 지도자들이 독일과 국경을 마주하고 있는 스위스의 작은 도시 슐라이트하임에 모인 이유였다. 슐라이트하임에서 아나뱁티스트 지도자들은 서로 다른 신학적 입장을 조율하고 정리했다. 아나뱁티스트 운동이 가톨릭과 루터파 및 다른 프로테스탄트파와 다른 자신들만의 독특한 신앙고백을 체계화했다. 신앙고백서라는 이름으로 발표되었지만 아나뱁티스트가 공유하는 교리적 신앙고백이 아니었다. 그들이 사회 속에서 마주한 문제에 대해 어떤 입장을 취해야 하는지에 대한 해결책이었다. 슐라이트하임에 모인 아나뱁티스트의 관심은 교리적 정통성보다는 성서의 가르침에 부합하는 바른 행동에 있었다. 그들은 복음의 진리에 따라 어떻게 살아야 할지에 대한 실천적 문제에 대해 논의했으며, 현실에서 마주한 문제에 대한 구체적인 지침을 제시하기 위해 신앙고백서를 작성했다.

미하엘 자틀러(Michael Sattler, 1490~1527)는 슐라이트하임에서 열린 모임의 의장으로서 토론을 이끌고 신앙고백서를 기초했다.[31] 이 회의 결과는 슐라이트하임 신앙고백서(1527)로 출간되었다. 이 문서는 평화주의 아나뱁티스트의 발전에 지대한 영향을 끼쳤으며, 아나뱁티스트뿐만 아니라 주류 종교개혁가들 사이에서도 널리 유포되었다. 2,000단어 남짓한 분량의 이 신앙고백서는 체계적인 교리 진술이 아니라 신약성서의 서신서와 같은 구조 속에 자신들이 추구하는 가치를 담았다.[32] 사도 바울이나 베드로가 로마 제국 전역에 흩어진 그리스도교도들에게 서신으로 신앙의 삶을 격려한 것과 같이, 슐라이트하임 신앙고백서는 세속 정부를 거부한 이유로 탄압을 받아 여러 곳으로 흩어진 나그네와 같은 아나뱁티스트들에게 신적인 위로와 보호를 구한다. 이 신앙고백서는 세상과 분리된 공동체가 초대교회 성도들이 인식했던 것과 마찬가지로 종말론적인 환난을 겪고 있다고 보았다.[33] 그들은 모든 면에서 세상과 분리되었고 앞으로도 그 분리된 삶을 유지할 것이라고 서문에 명시하고 있다. 그 세상은 마귀가 지배하는 가증한 세상이다.

> 형제자매 여러분, 슐라이트하임 경계의 주 안에서 모인 우리는 하느님을 사랑하는 모든 이에게 알립니다. 우리는 하느님의 순종하는 자녀들, 곧 하느님의 아들과 딸로서 주 안에 머물기를 한마음으로 결심했으

---

31 George Hunston Williams, *The Radical Reformation*, 3rd ed., Kirksville, MD: Truman State University Press, 1992, p. 288.

32 슐라이트하임 신앙고백서의 전문은 Hans J. Hillerbrand, ed., *The Protestant Reformation*, New York, NY: Harper Perennial, 1968, pp. 129~36 참조.

33 Andrea Strübind, "Swiss Anabaptists", p. 415.

며, 모든 면에서 세상과 분리되어 완전한 평화를 이루었습니다. 오직 하느님께 찬양과 영광이 있기를 바라며 어떤 형제도 이를 반대하지 않기를 소망합니다. 이를 통해 우리는 아버지의 영과 우리와 함께하시는 그리스도의 하나 됨을 깨달았습니다. 주님은 다툼의 주가 아니라 평화의 주이심을 바울이 지적한 바 있습니다.[34]

이러한 분리된 공동체의 정체성에 기반해 1. 세례, 2. 징계(출교), 3. 성찬, 4. 분리, 5. 목회자, 6. 칼, 7. 맹세 등 일곱 가지 조항을 제시했다. 이 신앙고백서에서 가장 중요하게 여기는 것은 역시 첫째로 명시된 세례였다. 세례는 곧 교회를 구성하는 구성원의 자격과 관련된다. 첫째 조항인 세례는 자신을 돌이켜 회개하고 그리스도의 사죄와 십자가와 부활을 믿고 고백하는 자가 요청할 경우에만 주어야 한다. 이 기준에서 유아세례는 제외된다. 이 신앙고백서에서는 유아세례가 교황제가 만든 최악의 가증한 제도라고 비판했다. 태어나면서부터 누구나 속하게 되는 중세 형태의 가톨릭교회나 종교개혁기에 등장한 국가교회에 대한 비판이자 거부라고 할 수 있다.

둘째 조항은 분리된 교회를 순수하게 유지하는 방식에 대한 것이다. 교회 유지에서 중요한 것은 규율과 그에 따른 징계이다. 오류에 빠지거나 죄를 범하는 이들은 공동체의 훈계를 통해 돌이켜야 하며, 받아들이지 않을 경우 공개적으로 파문의 징계를 받을 수 있다.

셋째 조항인 성찬은 그리스도와 한몸이 되는 것을 기념하는 행위이다. 성찬에 참여한다는 것은 마귀와 세상을 따르지 않고 그리스도를 따르며, 그의 잔을 마시는 분리된 공동체의 중요한 의식이다.

넷째 조항은 마귀가 심어놓은 세상의 악과 떨어진 분리주의의 삶이다. 악인과 교제하지 않고 그들의 가증스러운 행위에 동참하지 않는 것이다. 아나뱁티스트 공동체가 지향하는 엄격한 이원론의 세계관이 여기에 반

34 Hans J. Hillerbrand, *The Protestant Reformation*, p. 129.

영된다. 이 조항에는 세상의 모든 피조물을 선과 악, 믿는 자와 믿지 않는 자, 빛과 어둠, 세상에 속한 자와 그렇지 않은 자, 하느님의 성전과 우상, 그리스도와 마귀의 두 종류로 구분한다.

다섯째 조항은 교회 공동체를 이끄는 목회자의 선출에 대한 것이다. 교회 공동체가 평판이 좋은 사람을 목회자로 선택·선출해 그리스도의 몸인 공동체를 돌보고 발전시키도록 해야 한다. 필요한 경우에는 교회가 목회자를 징계하거나 해임하고 새로운 목회자를 선출할 수 있다.

여섯째 조항인 칼에 대한 거부에는 아나뱁티스트의 이원론적 세계관이 가장 극단적으로 반영되어 있다. 그저 무력이나 폭력을 거부하는 평화주의의 고백만은 아니다. 칼이란 사악한 자를 벌하고 선한 자를 보호하기 위해 정해진 세상의 권력이다. 이 조항에서 아나뱁티스트는 공권력을 지닌 세상의 공직을 맡아서는 안 된다고 분명하게 선언했다. 아나뱁티스트는 의도적으로 사회적 관습을 거부하고 기존의 국가 및 도시 공동체로부터 자신을 분리했다. 국가의 간섭만이 아니라 보호도 거부했다. 하지만 이 조항을 모든 아나뱁티스트 공동체가 수용하지는 않았다. 국가 공권력의 불가피성을 인정하는 분파들은 국가와 우호적인 관계를 맺고 공직 진출을 수용했다.

마지막 일곱째 조항에서는 맹세를 금했다. 그 이유로 맹세를 하더라도 실제로 그 약속한 것을 지킬 능력이 없음을 들었다. 그 근거 구절로 맹세를 금지한 산상수훈의 가르침을 인용했다. 맹세는 법정이나 행정 당국에서 행하는 법률적 행위이다. 군인 서약이나 공직자 서약도 맹세에 속한다. 맹세를 금지함으로써 그들이 속한 사회 공동체와 유의미한 관계 맺기를 차단했다. 이제 그들과 사회는 메울 수 없는 간극이 확정되었다.[35] 그래서인지 이 조항에 대한 츠빙글리의 번역본에는 "맹세하는 것이 나

35 Edmund Pries, "Oath Refusal in Zurich from 1525 to 1527: The Erratic Emergence of Anabaptist Practice", *Anabaptism Revisited*, ed., Walter Klaassen, Scottdale, PA: Herald Press, 1992, pp. 85~97.

쁘다면 혹은 진리를 확증하기 위해 주님의 이름을 사용하는 것이 잘못이라면, 사도 베드로와 사도 바울도 죄를 범한 것이 된다. 이들도 맹세했기 때문이다"라는 주장을 주석해 비판하고 있다.[36]

일관되게 전개되는 슐라이트하임 신앙고백서의 핵심은 '가증스러운 세상으로부터의 분리'이다. 일곱 가지 조항은 모두 교회와 국가의 결합을 거부하고, 국가나 기성 교회를 폄하하고, 최종 권력을 성직자나 행정관이 아닌 회중에게 주는 것으로 귀결된다. 그렇기에 진정한 그리스도교도라면 세상 법정에 소송을 하거나 군대에 복무해도 안 된다. 이 고백서의 내용대로라면 그들은 전통적으로 그리스도교도들이 사회와 교회와 관계를 맺고 살아왔던 모든 관계를 스스로 단절하는 것이다. 불가피하게 이들 삶의 궤적은 중세 가톨릭교회로부터 핍박을 받아 집단 생활을 영위하며 자급자족 공동체를 이루었던 이단 무리와 큰 차별이 없어 보인다. 국가권력이나 시의회에서는 아나뱁티스트를 거짓 가르침으로, 사회질서와 평화를 무너뜨리는 이단자로 간주했다. 더욱이 그들이 볼 때 아나뱁티스트가 평화주의자는 아니었다. 1524~25년의 농민전쟁과의 연관이나 그로부터 10년 후 아나뱁티스트가 뮌스터시를 점령하고 새 예루살렘 왕국을 선포했을 때, 유럽 세계는 충격에 빠졌다. 보다 수용적인 관점에서 본다면, 세상에서 벗어나 수도 공동체의 울타리 안으로 스스로를 분리한 수도회의 16세기 재현이라고 할 수도 있다. 아나뱁티스트 형제단은 수세기 동안 수사들이 해왔던 것처럼 도덕적 완전성을 추구하고 부와 권력 같은 모든 세속 가치를 거부할 것을 요구했다. 그리스도교도라는 신앙적 자의식을 교리가 아닌 삶 속에서 실천하고자 하는 모습은 박해자들이 볼 때에도 윤리적·도덕적으로 흠이 없었던 듯하다. 츠빙글리는 "그들의 삶과 행동을 조사해 보면 흠잡을 데 없고, 경건하며, 겸손하고, 매력적이다. 그렇다. 그들의 삶은 이 세상의 기준보다 더 높은 수준에 있다. 비판적인 경향이 있는 사람들조차도 그들의 삶이 훌륭하다고

36 박경수, 「슐라이트하임 신앙고백(재세례파, 1527)」, 『칼빈연구』 제11집, 2014, 267쪽.

인정할 수밖에 없다"라고 평가했다.[37]

이단 집단으로 보든 수도 공동체로 보든지 간에, 그들의 행동이 아무리 사회에 모범적으로 보인다 하더라도 자발적인 성인세례자로 구성된 교회는 전통적인 그리스도교 사회에 균열을 가져올 위협이라고 해석되었다. 칼과 맹세를 거부한다는 것은 스위스이든 독일이든 그들이 속해 있는 세속 권력에 스스로 결속되지 않겠다는 다짐인 동시에, 세속 권력이 요구하는 의무에 반응하지 않겠다는 무정부주의적인 거부로 읽히기도 한다. 슐라이트하임 신앙고백서는 초기의 다양한 아나뱁티스트 그룹에 신학적 통일성을 제공했다. 자틀러가 정리한 공동체의 방향에 대한 진술은 신앙의 확신 위에 굳게 서서 세상의 종말을 기다리고 순교에 대비하라는 당부에 다름 아니었다. 슐라이트하임 신앙고백서가 나온 이듬해에는 아나뱁티스트 공동체의 또 하나의 특징인 공동 생활과 재산 공유가 추가되었다. 모든 물건을 서로 공유했던 사도행전 2장의 초대교회 공동체가 그 모델이었다. 사도행전을 모델로 기존 사회와 분리된 자급자족 공동체라는 급진적인 실험은 현재까지도 일부 아나뱁티스트 분파의 전통 속에 이어지고 있다. 이 공동체주의 사상이 초기 아나뱁티즘의 공통된 특징 중 하나이다.[38]

명료하게 설명되어 있지만, 이 공동체 신앙고백을 수용한다면 그들의 선택 영역은 극히 제한된다. 마지막 날의 구원을 기대하며 박해를 견디다 순교하거나 자신들의 종교적 이상에 관용을 베푸는 지역으로 이동하는 선택지가 있다. 슐라이트하임 신앙고백서를 작성한 자틀러도 박해를 비껴가지 못했다. 그는 이 회의 이후 얼마 지나지 않아 체포되어 고문을 받고 화형당했다. 며칠 후에 그의 아내는 익사형을 당했다.

독일과 스위스 아나뱁티스트에 대한 박해는 1527년과 1528년에 특히 심했다. 문서 증거에 따르면, 1527년부터 1533년까지 스위스와 남부 독

37 Carlos M. N. Eire, *Reformations*, p. 262.

38 Sigrun Haude, "Anabaptism", p. 252.

일 지역에서 679명의 아나뱁티스트가 처형되었다. 이 수치는 1525년부터 30년전쟁까지 스위스와 독일 남부 지역에서 확인된 아나뱁티스트 순교자의 80퍼센트를 차지한다.[39] 그렇지만 대개 프로테스탄트 통치자들은 아나뱁티스트가 피를 흘리는 것을 꺼렸다.[40] 오히려 가톨릭 지역에서의 아나뱁티스트에 대한 조치가 더욱 가혹했다. 독일과 스위스의 경우, 클레센의 증거에 따르면 프로테스탄트 당국에 의해 아나뱁티스트가 81건 처형된 반면에 가톨릭 정부는 709건을 처형했다.[41] 프로테스탄트 당국은 가톨릭교도보다 아나뱁티스트에 대해 보다 관대한 정책을 취했다.[42] 박해 결과, 중부 독일에서 아나뱁티스트는 1540년경에 들어 독자적인 운동성을 상실했다. 스위스, 독일, 네덜란드에서 출발한 아나뱁티즘은 주로 박해를 통해 유럽 다른 지역으로 확산되었다. 다수의 아나뱁티스트 추종자는 루터파나 칼뱅파 프로테스탄트에 합류했다(칼뱅의 아내도 아나뱁티스트 출신이었다). 박해 분위기 속에서 독일과 스위스의 아나뱁티스트가 종교적 관용을 허용하고 있는 모라비아를 중심으로 또 다른 운동을 형성했다.

비분리 공동체 – 후프마이어

슐라이트하임 신앙고백서에 표현된 교리가 모든 아나뱁티스트를 포괄하는 유일한 흐름은 아니었다. 아나뱁티스트를 크게 나누면 분리주의 스위스 형제단, 모라비아를 중심으로 한 비분리주의 아나뱁티스트 및 종말론적인 남부 독일 아나뱁티스트 등으로 구분된다. 그중 비분리주의 공

39 James Stayer, "The Anabaptist Revolt and Political and Religious Power", *Power, Authority, and the Anabaptist Tradition*, ed., Benjamin W. Redekop, New York, NY: Johns Hopkins University Press, 2001, p. 57.

40 James Stayer, "The Anabaptist Revolt", p. 57.

41 Claus-Peter Clasen, *Anabaptism: A Social History, 1525-1618: Switzerland, Austria, Moravia, South and Central Germany*, Ithaca, NY: Cornell University Press, 1972, p. 373.

42 Sigrun Haude, "Anabaptism", p. 248.

동체는 세상에서 물러나기보다는 세상과 직접적으로 소통하면서 그 안에서 사회를 변화시키려 노력했다. 신성 로마 제국에 속했지만 독립성을 누리고 있던 모라비아에서 상대적으로 정치적 자유를 누리던 아나뱁티스트 중에는 행정관, 군인이나 세속 영주들이 있었다. 그들은 자틀러의 분리주의 교회론과는 다른 아나뱁티스트의 흐름을 만들었다. 한동안 그들은 평화롭게 공존하며 신학적 차이를 좁히려 애썼지만, 슐라이트하임 신앙고백서의 여섯 번째 조항인 '칼'을 드는 것에서 차이를 좁히지 못했다. 아나뱁티스트는 슈테블러(Stäbler, 지팡이를 잡은 자)와 슈베르틀러(Schwertler, 검을 잡은 자)로 분열되었다. 슈테블러는 슐라이트하임 정신에 따라 칼과 창을 소지하지 않고 군복무를 거부했다. 반면에 슈베르틀러는 아나뱁티스트 정부와 시민이 무기를 소지할 권리가 있다고 믿었다. 이들은 아나뱁티스트 계열에서 상당한 추종자를 확보한 온건파라 할 수 있다. 이 비분리주의 운동을 이끈 주동자는 필그람 마르펙(Pilgram Marpeck, 1495?~1556)과 발타자르 후프마이어(Balthasar Hubmaier, 1480?~1528) 등이었는데, 그들은 신자의 세례와 기성의 시민 질서에 참여해야 할 필요성을 인정했다는 점에서 분리주의자들과 분명하게 구별된다.

마르펙은 관료 출신으로 1527년경 오스트리아 라텐베르크에서 아나뱁티스트에 합류했다. 이듬해인 1528년에 스트라스부르로 이주했다가 체포되어 투옥되었다. 1530년에 풀려난 그는 급진 종교개혁의 여러 유형론을 담은 책을 출간해 아나뱁티스트 그룹을 분류하고 공통점과 차이점을 설명했다. 세상과의 분리라는 정체성을 강조한 자틀러와는 달리, 마르펙이 보기에 흩어진 아나뱁티스트가 두드러지게 공유한 가치는 사회정의에 대한 관심과 경제적 불평등 해소라는 평등사회에 대한 열망이었다. 그들은 사회에서 벗어난 분리된 공동체가 아닌 사회 속에서 정의가 실현된 공동체를 추구했다. 마르펙에게 있어서 사회 구성원으로 무기를 들거나 맹세를 하는 등 기존 정부에 복종하고 시민정치에 참여하는 것은 아무런 문제가 되지 않았다. 그것은 시민의 의무였다. 마르펙과 그 추종자들의 온건한 관점은 장기적으로는 아나뱁티스트 분파들에게 폭넓게 수용되었고, 특히 20세기 메노나이트파에게 영향을 끼쳤다. 다른 많은 아나뱁티스트 지도자와는 달리, 마르펙은 순교하지 않고 1556년 아우크스부르크에서 평화로운 죽음을 맞았다.

모라비아로 이주한 아나뱁티스트 형제단의 지도자 후프마이어는 한 걸음 나아가 평화주의를 전적으로 받아들이기를 거부했다. 후프마이어는 농민전쟁 동안 반란에 가담했다. 그는 모라비아에서 교회 지도자들과 마을 영주들의 후원에 기반해 보수적이고 온건한 아나뱁티스트 개혁이라는 독특한 실험을 시작했다. 그는 그리스도교도가 시민 생활을 거부할 필요가 없으며, 자기 방어를 위한 무력 사용이 필요하다고 했다. 후프마이어는 초창기 아나뱁티스트 중 한 사람으로 그레벨 세대가 아닌 츠빙글리 세대에 속한다. 루터의 적수였던 저명한 가톨릭 학자 요한 에크 아래에서 신학 박사학위를 받은 사제였다. 그는 1516년부터 1521년까지 레겐스부르크 성당 설교자로 봉사한 이후, 1521년 스위스와 독일을 연결하는 거점 도시인 독일 남부 발트슈트 시의회에 의해 교구 사제직에 선출되었다.

취리히에서 약 50킬로미터 떨어진 이 도시에 머무는 동안, 후프마이어는 바젤 등지의 인문학자들과의 접촉을 통해 프로테스탄트 인문주의자로 전향했다. 스위스 개혁주의자들과 관계를 형성하면서 취리히의 츠빙글리와도 접촉했다. 그는 유아세례를 반대하고 성인세례를 주장하는 아나뱁티스트를 받아들였다. 그렇지만 그는 유연했다. 발트슈트에서 일선 사목을 경험한 그는 부모의 신심이 약하고 여전히 세례의 필요성을 확신한다면 유아에게 세례를 주겠다고 했다. 이는 연약한 사람을 포용하는 태도였다. 그는 모두에게 의무적으로 성인세례를 요구하거나 특정 교파에 속하지 않을 경우 불이익을 암시하지 않았다. 심지어 가톨릭이나 개혁파 신앙을 유지하고 세례를 원하지 않는 이들도 도시 내에 머무르는 것이 허용되었다. 대체로 이상에 경도된 아나뱁티스트와 달리, 후프마이어는 현실 문제를 외면하지 않았다. 유아세례를 거부하고 성인에 대한 세례를 주장할 경우 경험할 사회적 불관용에서 공동체를 지킬 책임을 강조했다. 후프마이어의 생각을 접한 또 다른 아나뱁티스트 지도자 한스 후트(Hans Hut, 1490?~1527)는 후프마이어를 세속과 손잡은 사악한 타협자라고 비난했다. 그러나 후프마이어는 아나뱁티스트 교회 정치를 강하게 옹호하고 아나뱁티스트가 주도하는 국가교회의 가능성도 열었다. 세속 군주의 권력에 대해 루터보다 훨씬 긍정적이었으며, 행정관의 사형 집행 권리를 인정했다.[43] 세속과 분리된 교회를 주장하는 취리히의 아나뱁티스트와는 달리, 후프마이어는 그리스도교도 행정관이 직접 교회개혁을 추진하고 감독해야 할 의무가 있다고 믿었다. 신자세례를 받은 사람들로 구성된 가시적 교회는 당연하게 그들이 속한 사회의 개혁을 추진하고 보호하는 세속 권력과 연결되어 있기에, 진정한 개혁은 교회와 세속 권력의 협력을 통해 성취할 몫이었다.[44]

그는 아나뱁티스트의 세례 교리와 교회론의 틀을 마련한 탁월하고 독창적인 신학자였지만 아나뱁티스트의 실천적 급진성과는 일정한 거리를 두었다.[45] 츠빙글리파의 관 주도 개혁과 분리주의 아나뱁티스트 사이의 어디쯤에 위치한 그는 모라비아에 불어닥친 정치적 격변 속에서 과거 발트슈트에서 농민 반군을 도운 혐의로 유죄 판결을 받고 1528년 3월 화형당했다. 그의 아내는 며칠 후 다뉴브강에서 익사형을 당했다. 리히텐슈타인에서는 후프마이어의 추종자들을 포함한 아나뱁티스트를 관용했다. 그곳에서 그들은 온건한 평화주의를 실천했다.

종말론적 아나뱁티스트

분리주의가 아나뱁티스트를 아우르는 단 하나의 공통점이 아닌 것처럼 평화주의도 마찬가지이다. 아나뱁티스트의 모든 분파가 평화주의를

43 George Huntston Williams, *Radical Reformation*, pp. 218~27.

44 C. Arnold Snyder, "Birth and Evolution", p. 556.

45 Andrea Strübind, "Swiss Anabaptists", p. 410.

받아들이지는 않았다. 초기 지도자 그레벨과 만츠는 비폭력을 옹호했지만, 발트슈트의 개혁가 후프마이어는 농민전쟁에 참여했다. 농민전쟁의 실패와 1527년의 박해로 인해 아나뱁티스트 지도부가 실질적으로 전멸된 이후에는 여러 그룹에서 다양한 목소리가 나왔다. 분리주의와 평화주의에 이은 또 하나의 특징이 형성되었다. 바로 묵시론적 종말론을 주창하는 이들의 출현이다. 논란의 여지는 있지만 독일 농민전쟁의 지도자 뮌처는 급진적인 묵시론을 내세운 최초의 인물로 간주될 수 있다. 임박한 세상의 종말과 그 안에서 '선택된 자'가 행할 역할에 대한 뮌처의 집착은 성서주의와 중세 신비주의 및 천년왕국주의의 요소를 결합한 급진적 프로테스탄트의 흐름을 만들었다. 그는 사회적·정치적·경제적 불평등을 강도 높게 비판했다. 뮌처가 성인세례를 받거나 주지 않았지만 아나뱁티스트와 분리할 수 없는 이유이다. 뮌처의 제자로 농민전쟁에 가담해 그와 함께 싸웠던 후트는 뮌처와 남부 독일 아나뱁티스트를 직접적으로 연결하는 가교 역할을 했다. 독일 중부의 하이나(Haina) 출신인 후트는 남부 독일, 오스트리아, 북쪽으로는 비텐베르크까지 담당하는 서적상이었다. 후트는 농민들이 패배한 이후 활동적인 아나뱁티스트 선교사가 되었다. 그 역시 유아세례를 거부하고 신자의 세례를 옹호했지만 그의 신학은 성령에 대한 강조가 두드러졌다. 열렬한 신비주의와 종말론을 조장하면서 그는 세상의 종말이 가까웠다고 믿었다. 종말론에 심취한 그는 활발하게 선교 활동을 이끌었다. 후트와 추종자들이 전한 종말론적 메시지가 농민전쟁의 생존자들에게 전해졌고 그들은 이 운동의 추종자가 되었다.

후트는 강력한 혁명적 수사를 포함하는 최후 심판의 메시지를 통해 사람들을 끌어모았다. 스테이어는 후트가 전한 메시지를 "농민전쟁에 대한 묵시적인 복수"라고 해석했다.[46] 스위스 아나뱁티스트가 이해하는 방

46 James M. Stayer, *The German Peasants' War and Anabaptist Community of Goods*, Montreal: McGill-Queen's University Press, 1994, p. 123.

식과 달리, 후트에게 세례란 선택된 자로 확정하는 의식이었다. 세례를 받은 사람들은 마지막 날에 선택받은 소수였다. 후트는 1528년 여름 세상의 종말이 올 것이라고 전파했으며, 억압받는 자들이 하느님의 선택을 받은 자들이라고 주장했다. 다가올 종말은 경제적·계급적 차별을 없애고 선택된 자들이 믿지 않는 자들을 심판하는 사회 혁명의 성격을 지녔다. 1527년 8월 남부 독일 아나뱁티스트 지도자들은 아우크스부르크에서 모여 후트의 종말 예측에 대해 논의했다. 이 회의는 당국에 아나뱁티스트를 추적하고 체포할 수 있는 완벽한 기회를 제공했다. 후트는 다른 사람들과 함께 체포되어 감옥에 갇혀 고문받고 사형을 선고받았다. 그러나 형이 집행되기 이전, 후트는 1527년 12월 질식사했다. 이 모임 이후 많은 참석자가 신앙을 위해 목숨을 바쳤기 때문에 '순교자 대회'로 불렸다. 성령을 강조하고 임박한 종말을 기대했기 때문에 이 운동은 조직성과 통일성이 거의 없었다. 1527년 이후 지도력을 잃고 후트의 예언이 실현되지 않자 남부 독일의 아나뱁티스트는 더 많은 그룹으로 분열되었다.[47]

후트가 죽은 이후 또 다른 카리스마 넘치는 지도자가 자리를 대신했다. 바로 슈바벤의 모피 상인 멜키오르 호프만(Melchior Hofman, 1500?~43)이다. 호프만은 북유럽에서 평신도 설교자로 종교개혁 사상을 전파했다. 루터의 사상보다는 루터의 급진파 동료인 카를슈타트 사상에 더 심취했다. 그가 가는 곳마다 소요가 발생했다. 발트해 동부 해안에서는 그의 설교를 들은 사람들이 성상 파괴 폭동을 일으켰다. 스톡홀름에서 설교자로 일하던 1527년에도 그의 설교가 소요를 일으켜 도시를 떠나야 했다. 스트라스부르로 이동한 이후 호프만의 교리는 훨씬 더 급진적이 되었다.

강력한 반성직주의와 성인세례로 구성된 신자 공동체를 추구한다는 점에서 자틀러와 후프마이어의 가르침과 공통되지만 몇 가지 두드러진 특징이 있다. 바로 그리스도의 임박한 재림과 지상에서 천년간 그리스도

47 Sigrun Haude, "Anabaptism", p. 243.

의 통치가 이루어질 것이라는 천년왕국 사상, 그리고 예언적 계시에 대한 강력한 믿음이다. 그리스도가 실제로 육신이 되지 않았다는 초기 그리스도교 이단인 가현설(Docetism)도 호프만의 가르침에서 발견된다. 그는 그리스도의 재림 이전에 세상이 불경건한 자들로부터 정결하게 될 것이라고 설교했지만, 호프만은 선택된 사람들이 칼을 드는 것을 허락하지 않는 평화주의를 지향했다. 스스로를 하느님의 선지자라고 여긴 그의 가르침은 독자적 아나뱁티스트 운동인 멜키오르파의 형성으로 이어졌다. 호프만은 스트라스부르에서 하느님으로부터 환상을 받았다고 주장하는 일군의 무리와 어울리게 되었다. 그는 1533년에 지구의 종말이 올 것이라고 예언했으며, 스트라스부르가 선택받은 14만 4,000명이 종말을 맞이하기 위해 모일 새 예루살렘이 될 것이라고 선언했다. 최후의 날을 맞기 위해 1533년 스트라스부르에 온 그는 체포되어 10년 동안 옥살이를 하다 죽었다.[48] 호프만의 묵시론적 설교와 독일 및 네덜란드에서의 활동은 뮌스터가 아나뱁티스트(1534~35)를 수용하는 데 중요한 역할을 했다.

뮌스터 사태

종교개혁사에서 호프만의 추종자들이 1534년부터 1년 이상 네덜란드 국경 근처 독일 도시인 뮌스터를 장악하고 벌인 소동만큼 경악스러운 사건도 드물다. 뮌스터는 대부분 독일 도시처럼 가톨릭 주교가 통치했지만 의회와 행정관도 역시 통치권을 행사하던 지역이었다. 이 지역은 1532년부터 가톨릭 신부 출신 루터파 설교자인 베른하르트 로트만

48 Christopher Mackay, *False Prophets and Preachers: Henry Gresbeck's Account of the Anabaptist Kingdom of Münster*, Kirksville, MO: Truman State University, 2016, p. 18.

(Bernhard Rothman, 1495?~1535?)의 영향으로 루터교로 변모해 왔다. 도시에서는 어떤 개혁에도 반대하는 전통적인 생각을 가진 가톨릭, 제한적인 개혁을 원하는 루터파, 훨씬 더 광범위한 개혁을 염두에 둔 아나뱁티스트 사이의 노선 투쟁이 이어졌다. 1533년 여름에 일부 급진적인 멜키오르파 설교자들이 도시에 들어왔다. 호프만의 영향을 받아 세상의 종말이 가까웠다는 천년왕국 사상이 이 지역까지 퍼졌다. 로트만을 포함해 뮌스터의 많은 사람이 멜키오르파 아나뱁티스트(Melchiorite Anabaptists)가 되었다. 노선 투쟁에서 아나뱁티스트가 1533년 여름 합법적 투표를 통해 권력을 잡았다. 1534년 1월 5일, 로트만은 제빵사 출신의 암스테르담 아나뱁티스트 지도자인 얀 마티스(Jan Matthys, 1500?~34)로부터 재세례를 받았다. 일주일 후에 성인 1,400명이 세례를 받았다. 뮌스터가 아나뱁티스트를 받아들이자 네덜란드 아나뱁티스트 이민자들이 뮌스터로 몰려들었다. 급진적인 설교자들도 참여하면서 뮌스터의 급진주의가 강화되었다. 그중에는 마티스의 후계자가 된 얀 판 레이던(Jan van Leyden, 1509~36)이 있었다. 1534년 2월 시행된 지방 선거에서 마티스가 이끄는 급진파가 시의회를 장악했다. 시의회는 재세례를 거부하는 사람들을 도시에서 추방했다. 마티스는 스트라스부르가 아닌 뮌스터가 새 예루살렘이라 선포하고 1534년 부활절에 그리스도의 재림이 이루어진다고 예언했다. 그리고 재림을 기다리는 신자들이 뮌스터에 모이도록 촉구했다. 새 예루살렘 건설을 위한 전투를 앞두고 성인세례를 거부하는 모든 사람을 도시에서 추방했다. 이때 약 2,000명이 추방되었다. 그와 동시에 약 2,500명의 열성적인 멜키오르파가 도시로 밀려들어 왔다. 1534년 3월 초 이제 뮌스터는 재세례를 받아 스스로 성도라고 부르는 사람들로만 구성된 새 예루살렘이 되었다.

새 예루살렘 뮌스터는 사도 시대의 예루살렘 교회를 따라 성도의 사유재산을 없애고 모든 재화를 균등하게 공유하게 되었다. 법원 기록, 소유권 증서, 장부 및 시민 특권 문서 등 정치적 관할권을 입증하는 문서를 파기했다. 성서를 제외한 모든 책은 불태워졌다. 교회 예술품에 대한 성상 파괴가 이루어졌다.[49] 극단적이고 비현실적 통치 실험이 지속되었다. 종교적 이상이 광신으로 바뀌는 것은 순간이었다. 아나뱁티스트에 대한 외부의 가톨릭과 다른 프로테스탄트의 우려가 현실이 되었다.

뮌스터 주교 프란츠 폰 발데크(Franz von Waldeck, 1491~1553)는 아나뱁티스트 세력에 대한 전복을 시도했다. 포위군은 가톨릭과 루터파에서 소집되었다. 1534년 부활절 기간에 벌어진 전투에서 연합군은 뮌스터 함락에 실패했지만 아나뱁티스트파는 지도자 마티스를 잃었다. 그를 대신해 레이던이 지도자가 되고 스스로를 왕이라 선포했다. 1534년 7월에 아나뱁티스트 지도부는 일부다처제를 도입했다. 레이던은 마티스의 미망인을 포함해 16명을 아내로 삼았다.

뮌스터 민중은 제국 연합군에 맞서 16개월간 도시를 방어했지만 포위 공격이 지속되면서 더 이상 버틸 수 없는 상황이 되었다. 식량 부족으로 급기야 식인 풍습에 대한 소문까지 퍼졌다. 1535년 6월 25일, 루터파와 가톨릭 연합군은 뮌스터 성벽을 무너뜨리고 도시를 장악했다. 레이던과 시장 베른하르트 크니퍼돌링(Bernhard Knipperdolling, 1495~1536) 등이 체포되었다. 이듬해인 1536년 1월 22일 뮌스터 시장에서 레이던과 크니퍼돌링은 처형되어 시신이 교회탑에 내걸렸다.[50] 또 다른 지도자 로트만의 생사는 확인되지 않았다.

뮌스터를 함락한 이후 뮌스터 주교는 도시를 가톨릭으로 되돌렸다. 아나뱁티스트 도시 뮌스터의 처참한 실패로 가톨릭교회는 독일에서 가장 상징적인 반종교개혁을 성취했다. 가톨릭과 프로테스탄트 할 것 없이 대부분은 아나뱁티스트 운동이 초래할 수 있는 모든 부정적이고 위험한 요소를 뮌스터에서 볼 수 있었다. 뮌스터는 유럽 프로테스탄트 운동에 큰 경각심을 불러일으켰다. 이 뮌스터를 반면 교사로 삼은 대표적인 이

49 Hermann von Kerssenbrock and Anne MacKay, *Narrative of the Anabaptist Madness*, p. 1.

50 Sigrun Haude, "Anabaptism", p. 245.

가 제네바의 칼뱅이었다. 칼뱅의 제네바 개혁은 아나뱁티스트의 재판이 되리라는 우려를 누그러뜨리는 데 집중되었다. 촘촘한 관리 구조, 규율과 징계 등은 혼란을 최소화하기 위한 불가피한 조치였다. 그렇다고 멜키오르파가 완전히 흩어지지는 않았다. 뮌스터에서 살아남은 아나뱁티스트는 급진적 방향 전환을 이루어냈다.

뮌스터 함락 이후 독일과 네덜란드 아나뱁티스트는 여러 교파로 분열되었는데, 북부 독일과 네덜란드의 아나뱁티스트는 묵시론에 바탕을 둔 뮌스터의 극단적 노선과는 완전하게 결별했다. 멜키오르파는 압도적으로 평화주의를 채택했다. 여기에서 가장 영향력 있는 인물이 메노나이트파 창시자인 메노 시몬스(Menno Simons, 1496~1561?)이다. 가톨릭 사제 출신의 시몬스의 신학 노선은 슐라이트하임 신앙고백서의 노선에 가깝다. 엄격한 윤리의식을 가지고 살아가며 세상과의 분리를 강조했다. 이를 통해 추종자들에게 확고한 공동체 결속력과 박해받는 소수자라는 독특한 정체성을 지속적으로 강화했다. 또한 그가 채택한 평화주의 노선은 내부 결속뿐만 아니라 외부에서 아나뱁티스트에 대한 신뢰를 회복하는 데도 도움이 되었다.

시몬스는 그리스도교도의 삶의 변화를 강조했다. 다른 프로테스탄트 노선과는 다르게 '구원'은 믿음의 문제가 아닌 실질적인 행위와 성화를 요구한다고 했다. 도덕적·윤리적으로 고결한 삶에 대한 요구는 초창기 아나뱁티스트 운동이 지녔던 도덕적 엄격함과 완전성에 대한 갈망을 다시금 강조했다. 서서히 아나뱁티스트 운동은 신비주의적 급진성에서 탈피하고 가톨릭이나 주류 프로테스탄트와는 또 다른 온건한 신학적 정체성을 발전시켰다. 교리적 색채가 두드러진 여타 프로테스탄트와 달리, 신자들의 삶을 개선하고 변화시키는 데 초점이 있기 때문에 오히려 가톨릭 전통에 가까웠다. 시몬스의 독특한 신학적 주장은 호프만과 마찬가지로 '그리스도의 천상의 육체'(celestial flesh of Christ)에 대한 믿음이었다.[51] 그리스도가 마리아의 육체를 취하지 않았다고 주장하는 것으로 초대교회의 가현설과 유사한 입장이다. 가톨릭이나 종교개혁 신학자들은 물론, 주류 아나뱁티스트와도 대립되는 독특한 견해였다. 이러한 입장은 결국 메노나이트 회중이 아무런 흠이 없는 완전한 공동체가 되기 위해 육신적이고 세상적인 모든 것을 거부하는 태도를 취한 근거로 작동했다. 현실의 국가 제도를 거부한 메노나이트는 유럽 내에 완전히 뿌리내리지 못했다. 1532년부터 1535년까지 네덜란드에서 일어난 박해로 잉글랜드에 아나뱁티즘이 전파되었다.[52] 박해 앞에서 아나뱁티스트는 무력이 아닌 평화주의 가치를 붙들며 인내했다. 국가주의와 민족주의가 종교와 결합해 개인의 신앙의 자유를 억압하는 유럽의 상황에서 메노나이트파는 이전처럼 적극적인 저항 공동체가 아닌 수동적 은둔 공동체로 살아가면서 오롯이 신앙의 개인성을 유지하는 매력적인 집단으로 자리매김했다. 메노나이트는 17세기까지 유럽에서 살아남은 유일한 아나뱁티스트 분파였다. 그들 중 다수는 네덜란드와 독일을 벗어나 우크라이나와 러시아로 갔다. 또 다수의 사람이 아메리카 대륙으로 이주했다.

그들은 현대 '자유교회' 운동의 뿌리를 형성했다. 콘스탄티누스 황제의 그리스도교 공인 이후 1,200년 이상 이어져 온 국가와 종교의 긴밀한 관계 속에서 국가와 별개의 자율적인 교회를 추구했다. 16세기 아나뱁티스트 맥락에서 이어진 자유교회는 국가의 간섭 없는 교회의 행정적 자치라는 소극적 자유에 머물지 않는다. 자유교회의 적극적 정체성을 파악하는 리트머스지는 전쟁과 평화에 대한 교회의 태도이다.[53] 평화주의의 전통은 뮌스터 사건에서 급진주의자들이 만들어낸 혼란에 대한 반작용이라는 역설 속에서 강력하게 자리 잡았다.

---

51 이는 그리스도교 초기 이단으로 정죄된 가현설과 유사하다. 18세기까지 메노나이트 사이에 받아들여진 교리였다. 이와 관련해서는 Egil Grislis, "The Doctrine of Incarnation according to Menno Simons", *Journal of Mennonite Studies* 8, 1990, pp. 16~33 참조.

52 Sigrun Haude, "Anabaptism", p. 253.

53 A. James Reimer, Paul G. Doerksen and P. Travis Kroeker, *Toward an Anabaptist Political Theology: Law, Order, and Civil Society*, Eugene, OR: Wipf and Stock Publishers, 2014, p. 58.

급진 종교개혁의 계보학

급진적 종교개혁의 개념은 1962년 윌리엄스가 소개한 이후 계속해서 재정의되었다. 아나뱁티스트가 급진주의 운동으로 알려진 이유는 역사적 맥락에서 유추할 수 있다. 그 중심에는 아나뱁티스트와 농민전쟁과의 연관성이 놓여 있다. 대부분의 학자는 이 두 현상 사이에 중요한 연관성이 있다고 판단한다. 하지만 그 선후 관계를 따져보는 것도 매우 중요하다. 사회사가 스테이어는 아나뱁티즘과 농민전쟁이 양방향으로 서로 얽혀 있다는 종래의 관점을 수정한다. 분명히 초기 아나뱁티스트 지도자 일부가 반란에 참여했지만 아나뱁티즘이 농민전쟁을 부추긴 것이기보다는 농민전쟁에 참여했던 이들이 전쟁의 부정적인 결과에 실망한 이후 아나뱁티즘 운동으로 연결되었다고 보았다. 아나뱁티스트 운동이 종교적 측면에서 중대한 역할을 했지만 그 자체로 농민전쟁의 주요 원인으로 보기는 어렵다는 해석이다.

반면에 농민전쟁은 급진적 종교개혁의 흐름을 이해하는 데 중요한 배경을 제공한다. 봉기 이후에도 변함없는 사회 구조에 대한 실망은 대안 공동체를 제공했다. 농민전쟁이 낳은 결과가 남부 독일과 스위스의 초기 아나뱁티즘을 확산시켰다. 아나뱁티스트 운동이 내세운 비판은 종교적인 것에 머물기보다는 사회·경제 구조에 대한 대중의 불만과 합쳐졌다. 사도행전 2장과 4장에 따른 공유재산 공동체의 관행은 사회적 착취에서 스스로를 지켜내기 위한 아나뱁티스트의 대응이었다. 스테이어의 평가를 따르면, 아나뱁티스트 운동이 급진적이고 혁명적인 이유는 농민전쟁이라는 급진적인 격변과의 연관성 때문이 아니다. 그 이후 사회적·정치적·경제적 구조 속에서 성서의 가르침을 근본적으로 적용하는 선택을 실천하는 급진성이 나왔다.[54]

그렇다면 아나뱁티스트가 뮌스터를 통치하던 기간(1534~35)에도 같

54 Sigrun Haude, "Anabaptism", p. 246.

은 맥락을 적용할 수 있을까? 뮌스터 아나뱁티스트는 기존 질서에 대한 종교적 반문화만이 아닌 사회적·정치적·경제적 반문화를 빠른 기간 안에 구체적으로 실행했다.[55] 그들 역시 공유재산제와 심지어 성서적 근원을 배경 삼은 일부다처제를 실시하기도 했다. 급진과 폭력을 연결하느냐, 아니면 급진을 근원에 대한 추구라는 맥락에서 보느냐에 따라 그림이 사뭇 달라진다. 하지만 그 어떤 측면에서 보더라도 직접 아나뱁티스트가 일으켰던 뮌스터 통치는 해석이 간단하지 않다. 뮌스터와 현대 아나뱁티스트에 분명한 거리를 두는 관점도 나온다. 뮌스터의 멜키오르파 아나뱁티스트는 종교개혁에서 불편한 존재였다. 한편에서는 뮌스터 사태를 북부 독일 지역의 급진 종교개혁의 정상적인 과정에서 벌어진 단순한 일탈로 본다. 가톨릭 관점에서 보자면, 뮌스터는 종교개혁이 교회와 국가가 유지했던 조화로운 구조를 무너뜨린 이후 생성된 프로테스탄트 혼란상의 궁극적 귀결이었다. 주류 프로테스탄트는 무정부적인 결과를 낳은 멜키오르파를 프로테스탄트 전통 바깥으로 밀어냈다. 그래서 멜키오르파가 실제로 '적법한' 아나뱁티스트가 아니라고 평가하는 경향이 있다. 스테이어는 "호프만에서 오베[오베 필립스(Obbe Philip, 1500?~68?)]와 메노[메노 시몬스]로 이어지는 계통(즉 네덜란드 아나뱁티스트의 평화적 형태로 이어지는 계통)은 합법적인 계통이고, 호프만에서 마티스, 레이던, 얀 반 바텐베르크를 거치는 계통은 사생아 계통이다"라고 평가했다.[56]

아나뱁티스트가 주류 프로테스탄트 학자 및 종교적 선입견이 없는 세속 사회사가들로부터 호의적인 관점에서 연구되고 있기는 하지만, 뮌스터 사건을 적자와 사생아로 분류하는 분석은 여전히 편파적일 따름이며 초기 종교개혁 전개에 대한 중립적인 평가는 아니다. 뮌스터 이후의 아나뱁티스트 운동의 방향 전환에 대한 긍정적인 평가와는 무관하게 뮌스

55 Sigrun Haude, "Anabaptism", p. 240.

56 James M. Stayer, *Anabaptists and the Sword*, new ed., Eugene, OR: Wipf and Stock Publishers, 2002, pp. xxv~xxviii.

터 사건 역시 아나뱁티스트의 정체성을 표현한 극적인 사건이라는 사실이 부정되어서는 안 된다. 그런 점에서 아나뱁티스트를 뚜렷하게 구별짓는 것은 유아세례라는 의식 거부가 아니다. 교리적 스펙트럼은 다양하지만 성서의 가르침을 문자적으로 해석해 기존의 질서와 충돌하는 결과로 나타나는 것이 핵심이다. 아나뱁티스트가 주장한 평화주의는 초기 아나뱁티스트 운동에서는 지배적이지 않았다.[57]

아나뱁티스트가 추구한 성서적 교회론은 가톨릭교회가 형성한 위계적 교회, 즉 성직주의를 부정하는 데 바탕을 둔다. 괴르츠는 일반적으로 종교개혁 시대, 특히 아나뱁티스트의 반성직주의의 중요성을 강조했다. 루터와 츠빙글리 등 프로테스탄트 개혁가들이 교황권을 비판하기는 했지만 아나뱁티스트 시각에서 그 한계는 뚜렷했다. 교황권의 거짓과 허위를 폭로하는 데는 성공했지만 그 이전의 교회 모습으로 돌아가거나 더 나은 교회로 발전하는 데는 실패했다.[58] 주류 프로테스탄트에 대한 아나뱁티스트의 비판은 이들이 가톨릭과 완전하고 급진적인 단절을 이루지 못했다는 데 있다. 아나뱁티스트는 자신들이야말로 고대 교회의 삶을 실천하는 진정한 상속자라고 이해했다.[59]

하지만 가톨릭 시각에서는 아나뱁티스트가 크게 낯설지 않다. 아나뱁티스트는 중세 내내 이어져 온 합법적인 교회개혁 운동으로 연결하기보다는 카타리파와 발도파 같은 이단 운동의 변형이었다. 교리적 관점을 중요하게 여기는 관 주도 종교개혁가들이 볼 때, 아나뱁티스트는 여전히 가톨릭에 머물고 있었다. 그들은 구원을 오직 하느님의 은총에 기대어 성취하는 것으로 간주하는 개혁가들과 달리, 인간의 의지와 선행을 세례와 구원의 조건과 결부시켰기 때문이다. 바른 교리보다 바른 행위를 강조하는 아나뱁티스트는 주류 개혁가들이 쌓아온 그간의 노력을 허무는

57 무력 사용에 대한 아나뱁티스트 사상의 맥락에서 멜키오르파에 대한 논의는 James M. Stayer, *Anabaptists and the Sword*, pp. 205~80 참조.

58 Sigrun Haude, "Anabaptism", p. 239.

59 Sigrun Haude, "Anabaptism", p. 240.

것으로 보였다.

급진의 기준이 광범위한 신학적 혁신이라면, 루터의 종교개혁 신념이 중세 신비주의 요소를 유지하는 아나뱁티스트보다 훨씬 급진적이었다. 그렇게 되면 급진적 종교개혁가로 분류되는 이들은 중세 전통에 훨씬 더 가까운 종교개혁 우파가 되고 만다. 급진성에 대한 이 상대적 개념화는 그간 배제되어 왔던 아나뱁티즘을 넓은 종교개혁 스펙트럼 안에 유기적으로 통합했고, 16세기 아나뱁티스트의 급진성을 약화하는 데 유용한 틀이 되었다.[60]

아나뱁티스트는 신학적 일치를 찾기 쉽지 않게 느슨하게 분산되어 있었다.[61] 4세기 그리스도교 공인으로 인한 국가와의 결탁으로 생긴 성직 위계질서, 정교한 전례, 화려한 사제복, 칠성사 등의 형식을 버리고 그 이전의 박해받는 교회로 돌아가자는 가치를 공유했다. 아나뱁티스트의 공통된 특징은 '제자도'(弟子道)로 표현할 수 있는 초기 그리스도교 정신의 복원이었다. 그리스도에 대한 자발적이고 진실한 헌신을 위해서는 스스로 신앙의 자의식을 갖추어야 했다. 이것이 유아세례를 거부하는 행위로 표현되었다. 천년 이상 이어온 성직 체계를 부정하고 무너뜨렸다는 점에서 급진성을 제기할 수 있으나, 이 경우 급진성은 어디까지나 기존의 권력을 갖고 있는 기득권의 시각이다. 종교개혁의 급진주의자들은 사회적으로 급진적인 사람들이기보다 전통적인 성직주의를 반대하는 평신도주의(laicism) 또는 반성직주의(anticlericalism)를 지닌 사람들이었다.[62] 이 아나뱁티스트 운동은 루터 전통과의 급진적인 단절로 시작되었고 나중에 제도화되고 확립되는 과정에서 온건하게 바뀌었다. 여기에서 급진파라는 것은 또 다른 관점에서 생각할 여지를 준다. 급진파 종교

60 최근의 연구 동향에 대해서는 John D. Roth, "Recent Currents in the Historiography of the Radical Reformation", *Church History* 71, no. 3, Sep. 2002, pp. 523~35 참조.

61 Hans-Jürgen Goertz, *The Anabaptists*, London and New York, NY: Routledge, 1996, p. 112.

62 James M. Stayer, "Radical Reformation", p. 249.

개혁 운동은 종교와 정치권력이 뒤섞인 역사적 교회와 단절을 추구했지만, 그들 역시 세속적인 권력을 버리지 못했다는 역설을 마주한다. 뮌스터 사건이 혁신과 급진을 표방했지만 더 나쁜 권력이 교회 안에 작동했다는 점에서 급진적이기보다는 '마키아벨리즘'과 더 연관될 수 있다는 지적은 신랄하다.[63]

탈급진주의 해석사

20세기 초부터 기성 프로테스탄트 종교개혁 중심의 해석에 반대하는 연구 흐름은 독일, 네덜란드, 스위스, 영국, 미국 및 캐나다에서 활발하게 이어졌다. 처음에는 1960년대까지 주로 종교개혁 비주류에 대한 긍정적인 재평가를 목표로 했다. 이는 종교개혁 시대의 비국교도의 후손이거나 이와 관련된 교파의 학자들로부터 나왔다. 최근에는 종파적 특성과 무관하게 세속 사회사가들이 종교개혁의 사회적 맥락에 초점을 맞추어 주류 종교개혁과 급진 종교개혁을 재해석했다. 과거에 비해 신학적·종파적 관점에서 훨씬 더 융통성이 있었다.[64] 수정주의적 해석이 종교적 동기의 무게와 독립성을 과소평가했다는 비판도 있으나, 신학자들과 역사가들은 과도하게 이념적인 자세를 피하고 서로에게서 배우려는 태도로 우호적으로 담론을 형성해 왔다. 급진파로 불리는 아나뱁티스트 운동에 대한 연구 역시 넓게는 이 흐름 안에 놓여 있다. 20세기 아나뱁티스트 역사 서술은 기존의 주류적 해석이라고 할 수 있는 프로테스탄트-마르크스주

63 Benjamin W. Redekop, *Power, Authority, and the Anabaptist Tradition*, New York, NY: Johns Hopkins University Press, 2001, p. vii.

64 '탈종파주의'(post-confessional) 역사가들의 연구 목적은 종교적 대의를 발전시키기 위한 데에 있지 않다. 그들은 개인적 신념이 아니라 학문성을 엄격하게 적용해 연구에 접근한다. 그들 중에는 특정 종파에 소속되어 있거나 활발하게 활동하는 연구자도 있다.

의 명제, 그에 대한 메노나이트 학자들의 수정주의, 최근에 사회사가들이 이 두 논점을 종합하려는 시각이 맞물려 어느 정도 헤겔의 변증법적 성격을 보인다. 아나뱁티스트 운동의 지리적 기원, 지적 기원, 운동성의 본질이 핵심 논쟁이다.

벤더의 단일 기원론

제1차 세계대전 직후까지 아나뱁티스트 역사를 포함해 종교개혁사 연구는 유럽 학자들이 대부분 주도했다. 1943년 12월 28일 컬럼비아 대학에서 열린 미국 교회사학회 제55차 학회에서 행한 헤럴드 벤더(Harold Bender, 1897~1962)의 강연 '아나뱁티스트 비전'은 아나뱁티스트 역사 서술의 새로운 시작을 알렸다.[65] 주류 교회사에서 무시되어 온 아나뱁티스트 연구가 아카데미에서 자리를 차지하는 상징적 순간이었다. 이 강연은 또한 비마르크스주의 역사 서술의 신호탄이었다. 신자들의 세례를 아나뱁티즘의 본질이 아닌 상징으로 인식한 그는 취리히 프로테스탄티즘을 아나뱁티즘의 지리적·사상적 기원으로 정의했다. 그 모체가 된 운동이 독일, 모라비아, 네덜란드로 퍼졌다. 루터와 츠빙글리가 완수하지 못한 개혁의 이상을 소수 아나뱁티스트가 완성했다고 평가한다. 아나뱁티즘은 본래의 신약 교회를 재창조하려는 타협 없는 시도였다.

벤더가 파악한 아나뱁티즘의 핵심은 제자도, 자발적인 교회, 무저항에 대한 믿음이다. 그에 따라 아나뱁티즘 역사에서 불온한 사람과 사건은 효과적으로 배제되었다. 유아세례를 반대했지만 신자세례를 한 적이 없는 뮌처나 직접 재세례를 받지는 않았다고 알려진 호프만은 아나뱁티즘 역사에서 지워졌다. 취리히 프로테스탄트의 성서적 가르침에서 출발했기에 신령주의자들도 배제되었다. 무저항 운동에 대한 지향은 농민전쟁

---

65 벤더의 회장 연설문 '아나뱁티스트 비전'은 *Mennonite Quarterly Review* 18, 1944과 *Church History* 13, 1944에 게재된 이후, *The Anabaptist Vision*, Scottdale, PA: Herald Press, 1944라는 단행본으로도 나왔다.

과의 연관성이나 뮌스터 사태도 제외할 수 있었다.

이런 분류에 따라 벤더는 '복음주의 아나뱁티즘'이라는 용어를 만들었다. 복음주의 아나뱁티스트에는 스위스와 남부 독일의 스위스 형제단, 모라비아의 후터파와 네덜란드의 메노나이트파만이 포함된다.[66] 아나뱁티스트 역사학자의 정체성을 가진 벤더는 아나뱁티스트가 남긴 긍정적 유산을 당대의 미국 프로테스탄트 안에 통합하려 했다. 그의 판단에 따르면, 양심의 자유, 교회와 국가의 분리, 종교의 자발성이라는 원칙은 따로 국교를 정하지 않은 미국의 민주주의 이념과도 부합되고, 그러한 정신은 종교개혁기 아나뱁티스트에서 유래한다고 강조했다.[67]

벤더의 복음주의 아나뱁티스트는 몇 가지 함의를 가진다. 우선 복음주의를 보면, 전통적인 의미의 프로테스탄트 교회(Evangelische Kirche)를 유추할 수도 있지만 벤더 당시의 미국 복음주의를 지칭할 수도 있다. 벤더가 이 강연을 행한 시기에는 에른스트 트뢸치 등 유럽 학자들의 선구적인 작업의 결과, 전통적인 종파주의적 해석의 틀을 넘어 종교개혁을 더 넓은 일반 역사에 통합하려는 움직임이 있었다. 이 흐름 속에서 벤더는 아나뱁티스트 운동을 주변부에서 역사의 중심으로 끌어들였다. 전통적으로 급진적으로 평가되던 16세기의 한 종파적 흐름을 20세기에 편안하고 명확하게 받아들일 수 있는 규범인 복음주의 아나뱁티즘이라고 규정함으로써 아나뱁티즘의 경계만이 아니라 역사적 평가 자체가 완전히 바뀌었다. 벤더는 자신의 강연을 아나뱁티즘을 명확하게 정의한 존스를 인용하면서 다음과 같이 시작한다.

> 로마 가톨릭과 프로테스탄트 국가 모두에서 교회와 국가의 권력자들이 행한 대우로 판단할 때, 아나뱁티스트 운동은 그리스도교 역사상 가

---

66 한스 뎅크(Hans Denck, 1495~1527), 후트, 후프마이어, 호프만과 그 추종자 등 대부분의 독일인들이 무시되었다. 이들은 아나뱁티스트라는 지위도 부정당했다.

67 Harold S. Bender, *The Anabaptist Vision*, Scottdale, PA: Herald Press, 1944, p. 3.

장 비극적인 운동 중 하나였다. 하지만 이 경멸적인 별명을 가진 사람들이 실행에 옮긴 원칙을 가지고 판단할 때, 이 운동은 진실을 추구하는 인간의 다사다난한 종교 투쟁에서 가장 획기적이고 중요한 과업의 하나라고 선언되어야 한다. 이 운동이 초기에 성취해 낸 결과는 모든 비국교도 종파가 싹튼 정신적 토양이다. 그리고 현대 세계, 특히 미국과 영국에서 절대적으로 자유롭고 독립적인 종교 사회를 실현하고 모든 사람이 인간다운 처우를 받는 교회와 국가를 형성하는 데 자신의 몫을 점진적으로 구현해 온 그리스도교 사회 프로그램에 대한 근대 역사 최초의 명백한 선언이다.[68]

벤더에게 아나뱁티즘은 종교개혁의 절정이며 루터와 츠빙글리가 꿈꾸었던 비전의 성취였다. 신약 교회에서 사도들과 신자들이 세속에 타협하지 않고 일관되게 추구했던 제자의 삶을 복음주의 프로테스탄트가 일관되게 추구할 가치로 만들었다. 이렇듯 제자도를 기반으로 그리스도교도의 실제적인 회심과 성화를 강조한다. 아나뱁티스트는 국가교회에 형식적으로 속한 신자들이 아니라 진정한 그리스도의 가르침에 따라 참된 교회를 만들고자 했다.[69]

벤더가 제시한 무저항 정신과 현대 메노나이트의 '역사적 평화 교회'라는 정의는 맞닿아 있다. 16세기 아나뱁티스트는 국가로부터 분리된 교회를 강조했다. 20세기는 국가 제도를 부정하지는 않지만, 국가가 주도하는 전쟁을 반대함으로써 전쟁으로부터 교회를 분리하는 평화주의를 지향한다. 아나뱁티스트는 전쟁, 분쟁 및 인간의 생명을 빼앗는 모든 폭력에 반대한다. 전쟁에 대한 아나뱁티스트의 전통적인 평화주의적 관점은 양극단의 해석 앞에 놓인다. 제2차 세계대전 당시, 미국의 아나뱁티스트 분파인 메노나이트와 아미시(Amish)는 징집을 거부했다. 종교적

68 Harold S. Bender, *The Anabaptist Vision*, p. 3.
69 Harold S. Bender, *The Anabaptist Vision*, p. 13.

신념에 따랐지만 매국노라는 비판을 비껴갈 수 없었다. 그런데 아나뱁티스트의 종교적 신념에 따른 태도는 독일 전체주의의 등장과 함께 역사적으로 재평가받는 역설적인 상황을 맞았다. 독일의 루터교는 나치 정권에 적극적으로 부역했다. 애국적인 루터교가 전체주의와 민족주의에 무릎을 꿇었을 때, 본회퍼는 히틀러에 대한 저항의 근거를 그리스도의 제자도에서 찾았다. 아나뱁티스트의 제자도는 본질적으로 국가주의에 저항하는 미국 정신의 대변인으로 변했다.[70] 또한 그것은 교회와 국가의 분리, 양심의 자유, 종교적 관용을 내세우는 미국 민주주의의 역사적 계보 안에서 자리를 찾았다. 아나뱁티즘은 가장 미국적인 정신을 드러내는 집단으로 재해석되었다. 아나뱁티스트 연구자 윌리엄 에스텝은 벤더의 관점에 기반해 "아나뱁티스트 유산은 20세기의 모든 선진 문명의 소중한 자산"이라고 했다.[71]

메노나이트 전통 내에서 벤더와 그의 제자들은 사도 시대의 교회로 완벽하게 돌아가려는 진지한 추구를 성서 문자주의와 연결해 설명하며, 아나뱁티스트를 다소 협소하게 규정했다. 스위스 종교개혁의 정신에서 파생된 것으로 파악하는 벤더의 이 단일 기원론은 종교개혁 정신의 완성된 형태로서 아나뱁티즘을 역사 속에서 재평가하려는 의도를 담고 있다. 그것은 양차대전을 겪은 20세기 미국의 사회정치적 배경 속에서 아나뱁티스트를 정치적으로 복원하려는 시도라는 점을 외면할 수는 없다. 역사는 과거의 사실에 대한 것이기도 하지만 현재의 맥락에서 재구성하고 재해석되기도 한다. 벤더의 관점에 대해 역사적 상대주의라는 비판을 제기하기도 한다. 그러나 기존의 주류의 관점에 대한 저항과 반응이라는 점도 외면할 수는 없다. 벤더의 연구는 아나뱁티스트를 역사적으로 복원했다. 동시에 그의 연구의 진정한 기여는 아카데미 안으로 아나뱁티즘의

70 William Klassen, "History and Theology: Some Reflections on the Present Status of Anabaptist Studies", *Mennonite Quarterly Review* 53, 1979, p. 198.

71 William R. Estep, *The Anabaptist Story*, Nashville, TN: Broadman Press, 1963.

논의를 끌어들여 다양한 수정주의가 나올 토대를 마련한 것이다.

다중 기원론

벤더의 가정에 따라 역사학자들은 아나뱁티즘이 스위스 취리히에서 유래했다는 단일 기원을 오랫동안 유지했다. 윌리엄스의 『급진 종교개혁』은 아나뱁티스트를 다른 비주류 개혁 운동과 함께 '급진' 개혁 안에 범주화했다. 이 연구가 직접적으로 아나뱁티스트 개혁의 기원을 다중 기원으로 전환한 것은 아니지만, 벤더가 가정해 온 스위스 아나뱁티즘을 넘어선 다양한 흐름을 급진이라는 이름 아래 한데 묶었다. 윌리엄스는 가톨릭, 프로테스탄트, 좌파(아나뱁티스트 포함)라는 범주 대신에 가톨릭과 프로테스탄트 종교개혁이라는 두 가지 범주로 좁혔다. 그리고 프로테스탄트 종교개혁을 루터교, 개혁파, 성공회, 급진파(아나뱁티스트 포함)로 나누었다. 아나뱁티즘이 프로테스탄트의 한 분파라고 주장했던 벤더학파의 관점을 통합했다. 프로테스탄트 진영에 아나뱁티스트를 포함시킴으로써 급진 종교개혁의 역사적 중요성을 증대시켰다. 베인턴이 쓴 '좌파'라는 용어가 1950년대 무신론적 공산주의라는 혐의와 연결되었기에 급진파는 적절한 대체 용어였다. 윌리엄스는 아나뱁티스트, 신령주의자, 복음적 합리주의자들이 서로 다른 정체성을 가지지만 암묵적인 종파적 동질성을 공유한 집단으로 파악했다. 그 기준은 신학적이었다. 신자들의 세례, 교회와 국가의 분리, 예정론을 반대하는 자유의지 강조 등이 포함된다. 그렇지만 모든 급진파가 이 가치를 공유하지 않기에 작위적이라는 비판에서 자유롭지 않다.[72] 윌리엄스의 재규정은 벤더의 '복음주의 아나뱁티스트'라는 좁은 범주를 넘어 다른 급진적 그룹과의 관계 형성을 가능하게 했다.

본격적으로 아나뱁티즘 운동의 다중 기원을 제시한 연구는 1970년대 초 스테이어로부터 나왔다. 그는 단일 기원(monogenesis)보다는 다중 기

72 James M. Stayer, "Radical Reformation", p. 249.

원(polygenesis)을 설득력 있게 주장했다. 벤더학파는 아나뱁티즘을 수용 가능한 단일한 규범 아래 놓으려 시도했다. 적법한 아나뱁티즘을 찾기 위해 폭력에 연루된 집단은 배척했다. 스테이어의 연구는 아우르는 표준 규범을 찾기보다는 운동 내의 다양성을 강조했다. 『아나뱁티즘과 검』(*Anabaptism and the Sword*)에서 스테이어는 "16세기에는 진정으로 단결된 무저항 아나뱁티스트 운동"이라고 할 만한 것이 없었음을 입증한다. 그리스도교도의 저항 방식으로 폭력을 사용할 수 있는지 여부를 탐구한 연구에서 이미 폭력에 대한 다양한 관점이 그 시기에 퍼져 있었다고 결론을 내린다. 16세기 아나뱁티스트의 전형은 폭력이나 비폭력 여부가 핵심이 아니라 기존 정부와 교회를 거부하는 태도였다.[73] 유아세례를 부정하고 성인세례를 지지하는 것을 제외하고는 공통점을 찾을 수 없을 정도로 신학적으로 분열되고 지리적으로도 서로 연결되지 않았다. 클레센은 다중 기원에서 파생된 아나뱁티스트가 단일한 가치를 공유한다는 것을 부인했다. 처음부터 분리된 상태로 남아 있었고 서로를 인정하기를 거부했다고 보았다. 그는, 후터파는 다른 아나뱁티스트와 너무 다르기 때문에 아나뱁티스트에서 배제해야 한다고 했다.[74] 일관된 특징을 찾으려던 기존 연구에 반해 1970년대 후반 사회사가들이 제시한 것은 해체주의적 수정주의였다.

1995년 아널드 스나이더(Arnold Snyder)는 『아나뱁티스트의 역사와 신학』(*Anabaptist History and Theology*)에서 다시금 급진 개혁 운동의 다중 기원 문제를 제기했다.[75] 그는 아나뱁티스트가 여러 기원을 가지고 있다는 주장인 다중 기원에 이의를 제기하지 않으면서 아나뱁티스트 그룹 사이의 상호작용과 연결성을 강조했다. 우선 그는 아나뱁티즘 운동이 초기부

---

73 James M. Stayer, *Anabaptists and the Sword*, p. 334.

74 James M. Stayer, "The Swiss Brethren" p. 193.

75 James M. Stayer, Werner O. Packull and Klaus Deppermann, "From Monogenesis to Polygenesis: The Historical Discussion of Anabaptist Origins," *Mennonite Quarterly Review* 49, 1975, pp. 83~122 참조.

터 매우 유동적인 성격을 띠고 있었다는 사실에 주목했다. 스위스 형제단은 성서주의를 강력하게 주장했고, 남부 독일 아나뱁티스트는 신비주의 색채가 강했지만 그 경계선이 아주 뚜렷하지는 않다는 유보적인 입장이었다. 벤더의 견해와 달리, 수정주의 연구는 공통의 유산을 지닌 아나뱁티스트 운동이 차이로 인해 분열되었다고 보기보다는 본래부터 다양한 기원을 가진 서로 다른 운동이라 전제한다. 현대의 연구자들은 스위스 형제단, 남부 독일 및 오스트리아 아나뱁티스트, 북부 독일 및 네덜란드 아나뱁티스트 등 적어도 세 가지 뚜렷한 운동이 서로 다른 출발지에서 기원했다는 데 동의한다.

최근에는 아나뱁티즘 연구가 그 운동의 역동적인 전개에 관심을 갖기보다는 기원 논쟁에만 몰두한다는 비판 아래, 아나뱁티스트 연구의 초점이 기원론을 넘어 다시 전환되고 있다. 아나뱁티즘의 이질성을 인정하면서 다양한 운동 사이의 통일된 주제를 찾는 통합적 논의가 시작되었다. 스테이어는 공유재산제에 대한 지향이 각 분파의 경계를 넘어 실천되고 있다고 파악했다. 발터 클라센(Walter Klaassen, 1926~)은 남부 독일과 네덜란드 아나뱁티스트에게만 강조된 듯 보인 묵시론적 지향이 스위스 형제단에게도 중요한 문제라고 제시했다. 스나이더는 다양한 기원을 가진 '초기 아나뱁티즘이 내부적으로 상당한 수준의 신학적 합의와 일관성을 지닌 운동'이라고 보고 각 분파를 통합적으로 바라보는 관점을 지지했다.[76]

해석 다양성의 함의

가톨릭교회는 자신들을 보편교회로 간주했다. 16세기 프로테스탄트는 타락한 로마 가톨릭을 대신해 스스로를 개혁된 보편교회에 속했다고 믿었다. 이 두 집단은 자신들에게 속하지 않은 이들을 이단으로 분류

76 C. Arnold Snyder, *Anabaptist History and Theology: An Introduction*, Kitchener: Pandora Press, 1995, p. 97.

했다. 16세기 맥락에서 '그' 이단은 대부분 아나뱁티스트라고 규정했다. 가톨릭과 주류 프로테스탄트가 구획해 놓은 국가와 교회와의 관계의 근간을 부정했기 때문이다. 당시 프로테스탄트는 아나뱁티스트가 뮌처와 츠비카우의 예언자들과 함께 작센에서 시작되어 스위스와 북유럽으로 퍼졌다고 보았다. 루터파는 가톨릭이나 루터파에 속하지 않는 그들을 광신자라 불렀다. 가톨릭에서는 츠비카우의 예언자들을 후스파의 영향을 받은 중세 이단의 흐름과 연결했다.

프로테스탄트에서는 아나뱁티스트의 궁극적인 근원을 마귀라고 보았기 때문에 그들의 특징이나 본질에 큰 관심을 두지 않았다.[77] 그럼에도 몇 가지 공유하는 특징을 규정했다. 첫 번째는 신비주의였다. 성서나 교회 전통을 궁극의 권위로 삼지 않고 성령의 내적 음성에 의존했다는 것이다. 두 번째 특징은 천년왕국 묵시론의 맥락에서 정치적 권위를 거부하거나 폭력적 혁명을 옹호하는 것이었다. 1524~25년의 농민전쟁과 아나뱁티스트가 뮌스터시를 점령한 것은 아나뱁티스트 교리의 전형적인 결과로 여겨졌다. 때로는 세 번째 특징으로 무질서와 성적 방종을 추가했다. 1534~35년 뮌스터에서 보인 것처럼 아나뱁티스트 공동체의 한 특징으로 간주했다.[78] 이데올로기적 해석이 종교적·정치적·사회적 측면을 압도했다. 이러한 프로테스탄트적 평가는 16세기 이래 400년 동안 이어졌다. 프로테스탄트 학자들의 관점은 쉽게 접근 가능했지만 아나뱁티스트의 소리는 도무지 찾을 수 없었다.

아나뱁티즘에 대한 마르크스주의 견해는 프로테스탄트와 큰 차이가 없었다.[79] 마르크스주의자들도 아나뱁티스트를 뮌처로부터 파생된 것으

77 John S. Oyer, *Lutheran Reformers against Anabaptists: Luther, Melanchthon and Menius and the Anabaptists of Central Germany*, The Hague: Martinus Nijhoff, 1969, pp. 250~51 참조.

78 프로테스탄트는 아나뱁티스트가 아내와 재산을 공유하는 것을 비판했다.

79 에이브러햄 프리센(Abraham Friesen)은 마르크스주의를 자유주의 프로테스탄트 이단이라고 판단했다. Abraham Friesen, *Reformation and Utopia: The Marxist Interpretation of the Reformation and its Antecedents*, Wiesbaden: Franz Steiner Verlag,

로 보았다. 주류 프로테스탄트 해석의 신령주의와 주관주의에 대한 강조와는 달리, 마르크스주의는 아나뱁티즘의 혁명적이고 공동체주의적인 측면을 강조했다. 그 결과 아나뱁티즘을 실패한 초기 프롤레타리아 혁명으로 해석했다.[80] 프로테스탄트가 아나뱁티즘을 이데올로기로 정의한 반면에, 마르크스주의자들은 사회 계급 갈등의 산물로 이해했다. 아나뱁티스트는 '광신자 아니면 혁명가'로 그려졌다. 전형적인 승자의 관점이자 관찰자의 관점이다.

하지만 역사는 어떤 집단의 직접적인 후계자로 자처하는 사람들에 의해서도 쓰이기 마련이다. 아나뱁티스트의 주류 계승자인 메노나이트 계열의 학자들은 광신의 혐의를 벗어나기 위해 그리스도의 모범을 따르는 삶의 실천을 특징으로 강조했다. 아나뱁티스트의 무저항주의도 혁명을 위한 것이 아닌 제자도의 실천으로 보았으며, 아나뱁티스트와 뮌처 사이에 거리를 두었다. 그들은 아나뱁티스트 역사에서 메노나이트의 해석과 마르크스주의 관점을 조화시키려고 시도하는 통합주의자들(syncretists)이다.[81]

급진적인 종교개혁에 대한 통합주의적 견해는 다음과 같이 요약할 수 있다. 아나뱁티즘의 시작은 다양했지만 그중에서도 뮌처가 두드러졌다. 중세 신비주의도 뮌처에게 영향을 주었을 가능성이 높지만 농민전쟁의 사회적 경험이 더 큰 원인이다. 또 다른 통합주의자인 스나이더도 슐라이트하임 신앙고백서의 작성자인 자틀러를 가톨릭 수도회에서 불러내 아나뱁티스트의 길로 인도한 것은 프로테스탄티즘이 아닌 농민전쟁이었다고 주장했다.[82] 베르너 패컬(Werner Packull, 1941~2018)은 아나뱁티

1974 참조.

80 프롤레타리아가 종교개혁이나 농민전쟁 같은 부르주아 혁명에 협력한 것처럼 보였기에 이 같은 판단이 가능하다.

81 Hans-Jürgen Goertz, "Introduction", *Profiles of Radical Reformers: Biographical sketches from Thomas Müntzer to Paracelsus*, English ed., Walter Klaassen, Scottdale, PA: Herald Press, 1982, p. 15.

82 C. Arnold Snyder, "Revolution and the Swiss Brethren: The Case of Michael

즘의 공통 분모를 반성직주의라고 보았다.[83] 공통 분모는 기존 질서에 대한 불만과 사회변혁에 대한 열망, 대중의 삶의 개선에 대한 관심이었다.

16세기 급진 종교개혁을 하나의 운동으로 보는 단일주의라는 프로테스탄트의 이전 견해는 폐기되었다. 농민전쟁과 뮌스터 사건 이후에 시간이 지나면서 점차 아나뱁티즘의 상징이 분리주의, 평화주의, 성서주의로 수렴되었다. 여기에 또 하나의 질문이 파생된다. 아나뱁티스트는 프로테스탄트였는가, 아니면 가톨릭이었는가? 한스 힐러브란트(Hans Hillerbrand)는 "아나뱁티스트가 그 자체로 하나의 전통이라고 가정할 때, 우리 문제에 대한 답이 나온다"라고 결론지었다.[84] 제3의 대안이라는 접근을 여러 학자가 수용했다. 이 관점이 잘 표현된 책이 클라센의 『아나뱁티즘: 가톨릭도 아니고 프로테스탄트도 아니다』(*Anabaptism: Neither Catholic nor Protestant*)이다.[85]

이 관점은 어떤 의미에서는 벤더와 윌리엄스 이전의 전통으로의 회귀였다. 급진적인 종교개혁은 로마 가톨릭과 관 주도 종교개혁 모두를 반대했다. 동시에 가톨릭과 루터파는 급진파를 광신자와 이단으로 규정했다. 이런 전통적인 관점을 넘어 벤더는 아나뱁티스트가 더 나은 프로테스탄트라고 주장해 1940년대와 1950년대에 아나뱁티스트를 종교개혁

Sattler", *Mennonite Quarterly Review* 55, 1981, pp. 208~28. 이것은 벤더학파가 주장하는 아나뱁티즘의 프로테스탄트 기원에 대한 또 다른 공격이다. 스나이더는 *The Life and Thought of Michael Sattler*, Scottdale, PA: Herald Press, 1984에서 자틀러의 아나뱁티스트 신학의 여러 측면이 가톨릭 수도주의에서 파생되었다고 주장했다.

83 Werner O. Packull, "The Origins of Swiss Anabaptism in the Context of the Reformation of the Common Man", *Journal of Mennonite Studies* 3, 1985, pp. 36~59; "The Image of the 'Common Man' in the Early Pamphlets of the Reformation (1520-1525)", *Historical Reflections* 12, no. 2, 1985, pp. 253~78; "In Search of the Common Man in the Ideology of Early South German Anabaptism", *Sixteenth Century Journal* 17, issue 1, 1986, pp. 51~67.

84 Hans J. Hillerbrand, "Anabaptism and the Reformation: Another Look", *Church History* 29, no. 4, 1960, p. 418.

85 Walter Klaassen, *Anabaptism: Neither Catholic nor Protestant*, Waterloo: Conrad Press, 1973, revised ed., 1981.

범위 안에 두었다. 더 완전한 프로테스탄트로 가는 진보로서의 급진성이 강조되었다. 클라센의 주장은 아나뱁티스트가 가톨릭과 프로테스탄트의 중도(via media)를 걸었다는 관점에서 볼 수도 있다. 그들은 성서적 프로테스탄트와 만인사제론이라는 프로테스탄티즘의 핵심 가치를 받아들였다.

동시에 구원론에서는 루터보다는 가톨릭의 관점을 수용했다. 아나뱁티즘은 프로테스탄트와 로마 가톨릭 사이의 중간 길을 걸었다. 흥미롭게도 아나뱁티즘은 또 다른 '중도'를 내세운 잉글랜드 국교회와 극적인 대비를 이룬다. 국교회는 구원론에서 루터파의 신학적 영향을 받았지만 프로테스탄트가 추구하는 만인사제론을 택하지는 않았다. 그들은 세속 군주가 교회의 수장이 되는 완전한 국가교회를 택했다. 잉글랜드 국교회는 가톨릭에 경도된 중간 길을, 아나뱁티즘은 그 반대의 중간 길을 걸었다.

아나뱁티즘은 재세례 여부가 중심 교리라고 단순하게 정의할 수는 없는 역동성을 지닌 운동이었다. 그중에서도 국가와 교회의 분리라는 명제를 붙들고 고민하는 모습은 그저 무정부적 혼란이라고 평가절하할 수는 없다. 아나뱁티스트를 탄압하고 이데올로기로 규정한 세력은 이교(異教) 제국 로마가 아니라 프로테스탄트와 가톨릭을 신봉하는 국가들이었다. 그들을 폭력과 광신이라고 규정하는 주류의 시각은 400년 동안 이어졌다. 20세기 들어 아나뱁티스트들은 국가주의를 넘어서는 종교와 양심의 자유, 평화와 무저항이라는 또 다른 이미지로 다가온다. 여전히 국가주의에 경도된 근현대 교회의 경험은 아나뱁티스트를 통해 성찰을 요구한다.

급진 종교개혁에 대한 연구는 국가와 종교의 밀착을 넘어서는 초국가성을 강조하고 종파적 차이에 대한 관용을 고민할 관점을 준다. 아나뱁티스트에 대한 박해와 흩어짐의 역사는 유럽의 불관용의 모습을 보여주고 관용을 향해 한걸음 다가가게 하는 기제가 되었다. 그리스도교도란 어떤 존재이어야 하는가라는 근원에 대해 근본적인 고민을 한 집단이 아나뱁티스트라는 데에는 의문의 여지가 없다.

국가주의와 민족주의에 치우친 종교에 대해 아나뱁티스트가 던진 질문은 미국의 맥락 속에서 '시민 불복종'(civil disobedience)을 옹호한 19세기 사상가 헨리 데이비드 소로(Henry David Thoreau, 1817~62)의 질문에서 다시금 공명된다.

> 시민은 단 한순간이라도 또는 아주 작은 정도라도 자신의 양심을 입법자에게 맡겨야만 하는가? 그렇다면 왜 모든 사람에게 양심이 있는가? 나는 우리가 먼저 사람이 되고 그다음에야 국가의 국민이 되어야 한다고 생각한다. 법에 대한 존경심을 기르기보다는 옳음에 대한 존경심을 기르는 것이 바람직하다. 내가 스스로 맡을 수 있는 유일한 의무는 언제나 내가 옳다고 생각하는 일을 하는 것이다.[86]

86 Henry David Thoreau, *Civil Disobedience*, Lehi, UT: Libertas Press, 2014, p. 3. 소로는 미국-멕시코 전쟁과 노예제에 반대하고 국가의 부당한 간섭에 대해 개인의 양심에 따라 저항할 권리를 옹호한 비폭력 저항 운동가이다.

제11장 칼뱅과 제네바 종교개혁

프로테스탄트의 2세대 종교개혁가 장 칼뱅은 제네바에서 거의 30년 동안 활동하며 도시를 이상적인 그리스도교 사회로 만들고자 노력했다. 칼뱅주의 정치에 대한 이 모델이 어떻게 만들어졌는지를 이해하려면 칼뱅과 칼뱅주의 모델의 탄생지인 제네바 사이의 관계를 먼저 살펴야 한다.[1] 칼뱅의 제네바 종교개혁은 여러모로 다른 지역의 개혁 운동과 몇 가지 두드러진 차이점이 있다. 우선 칼뱅은 제네바 출신이 아닌 프랑스 난민인 국외자였다. 칼뱅이라는 한 국외자 난민의 주도로 틀을 갖추어간 제네바시의 프로테스탄트 전향은 칼뱅의 사상과 시도가 제네바에 머물지 않고 가깝게는 프랑스와 멀게는 동유럽과 스코틀랜드에 이르는 광범위한 지역으로 확산되는 단초가 되었다. 칼뱅의 제네바 종교개혁은 초기부터 국제적인 성격을 띠었다. 제네바시는 20세기 초반까지도 프로테스탄트가 주류를 이루고 있었지만, 지금은 프로테스탄트 인구가 10퍼센트 언저리에 불과한 반면에 이탈리아 지역의 이민자들이 유입되면서 가톨릭이 주류를 이룬다. 프로테스탄트 개혁이 일어났던 다른 지역에서는 쉽

1 William G. Naphy, "Calvin and Geneva", *The Reformation World*, ed., Andrew Pettegree, London and New York, NY: Routledge, 2000, p. 309.

게 찾아볼 수 없는 현상이다.

제네바의 상황

제네바 종교개혁을 이해하는 첫걸음은 도시 제네바의 지정학적 위치를 살피는 것이다. 종교개혁 당시 제네바는 스위스 연방 회원이 아니었다. 프랑스어권에서 스위스 연방에 가입한 주는 프리부르가 유일했다. 제네바는 프로테스탄트 종교개혁 초기인 1530년대에 인구가 약 1만 명에 달하는 스위스 프랑스어권 지역의 가장 큰 도시였다. 그러나 스위스의 다른 도시인 취리히나 베른보다는 컸지만 16세기 유럽의 대도시와는 크기 면에서 비교할 수 없는 규모였다. 제네바 호수로도 불리는 광대한 크기의 레만 호수 남서쪽 끝에 위치한 제네바는 호수를 이용한 교역과 육상 교역이 모두 가능한 교통의 요지였다. 영토는 현재 스위스 제네바 주와 남서부 프랑스 대부분을 포함할 정도로 광범위했다. 스위스인들은 제네바를 거쳐 리옹, 사부아와 프랑스 남부 지역을 향해 갔다.[2] 중세기에 제네바는 국제박람회를 개최할 정도로 상업 도시로 유명해 경제 중심지 역할을 했지만 주변의 강력한 세력의 압박을 받았다. 프랑스는 제네바의 경제적 우위를 약화하기 위해 리옹에 광범위한 특권을 부여했다. 그래서 제네바 국제박람회는 리옹 박람회가 생기면서 위축되었다. 제네바 서쪽에서부터 가해진 프랑스의 위협과 동시에 제네바 동쪽으로부터는 베른과 프리부르가 확장해 왔다. 제네바는 서쪽과 동쪽에서 동시에 위협에 직면하게 되었다.[3] 1528년 베른이 프로테스탄트로 개종하면서 상황은 더욱더 복잡해졌다.

---

2 Michael W. Bruening, "Francophone Territories Allied to the Swiss Confederation", *A Companion to the Swiss Reformation*, eds., Amy Nelson Burnett, Emidio Campi, Leiden and Boston: Brill, 2016, p. 362.

3 William G. Naphy, "Calvin and Geneva", p. 309.

1300년대부터 제네바는 사부아 공작, 제네바 주교, 제네바 시의회라는 세 세력이 정치적으로 다투고 있었다. 그중에서도 제네바에 영향을 끼치는 가장 강력한 세속 권력은 프랑스와 이탈리아 국경을 가로지르는 사부아 공국이었다. 정치적으로 제네바와 사부아는 밀접하게 연결되어 있었다. 제네바는 사부아 공국과 체결한 콤부르주아지(Combourgeoisie) 조약으로 공국의 영향력 아래에서 독립적인 지위를 유지하게 되었다. 콤부르주아지 조약이란 서로 다른 지역의 도시와 개인이 상호 권리와 의무를 공유하는 일종의 시민권인 콤부르주아지를 부여하는 것을 말한다. 이 조약을 체결한 도시들은 외부의 세력으로부터 독립을 강화하고 상호 단결을 추구하게 되었다. 콤부르주아지 조약으로 사부아 공국은 제네바의 상업과 군사적 안전을 보장받게 되었다. 이 조약은 제네바가 후에 프로테스탄트로 전환하는 중요한 배경이 되었다.[4]

종교개혁 이전 제네바는 주교제후(bishop-prince)가 통치하는 도시였다. 따라서 주교가 제네바의 행정을 관할하는 세속 권력을 가졌다. 1400년대에는 사부아 가문이 주교좌도 장악하면서 제네바 주교는 대대로 사부아 통치 가문과 연관된 귀족 출신이 차지했다. 사부아 공국에서 임명한 관리가 제네바에 거주하며 도시의 형사·사법·행정을 감독했다. 주교는 교구 교회의 감독자였으며, 주교 법원은 결혼 관련 사건을 포함한 특정한 사건에 대한 관할권을 행사했다. 덧붙여 주교는 외교 정책이나 화폐 주조 등에 대한 사법권을 가졌다.[5] 도시 정부는 중산층 시민들로 구성된 시의회가 담당했으며, 시민들을 대표하는 행정관인 '생딕'(syndics)이 주교와 협상을 담당했다. 시의회는 주교와 협력해 상업, 도덕 및 민사, 형사 사건에 대한 재판권을 행사했다. 정치적 영향력에서는 공작이나 주교에 미치지 못하지만 제네바 시의회를 이끄는 그룹인 '제네

4 Michael W. Bruening, "Francophone Territories", p. 366.

5 Robert M. Kingdon, "Calvin and Geneva", *A Companion to the Reformation World*, ed., R. Po-chai Hsia, Oxford: Blackwell, 2004, p. 105.

바의 아이들'(Enfants de Genève 또는 Eidguenots)은 수적으로 가장 우세했다. 그들은 사부아 공국과 주교의 통제로부터 독립을 추구했다. 독립을 얻는 데에는 다른 스위스 연방인 베른의 군사적 지원이 필요했기에, 제네바는 프로테스탄트가 된 베른과 동맹을 체결했다. 그 결과 베른시의 정치적·군사적 지원에 힘입어 사부아 공작과 제네바 주교의 영향력에서 벗어나 독립을 쟁취했다. 프로테스탄트가 된다는 의미는 특정한 프로테스탄트 교리를 수용한다는 것이 아니었다. 도시가 가톨릭 주교제후를 지원하는 사부아 공국으로부터 독립한다는 의미였다. 제네바는 사부아 공국으로 대표되는 가톨릭에서 '제네바의 아이들'이 선택한 프로테스탄트로 종교적 전환을 이루었다. 제네바가 프로테스탄트를 선택한 것은 종교적 선택 이전에 사부아로부터 독립을 위한 정치적 선택에 가까웠다. 프로테스탄트 도시인 베른 모델에 따라 프로테스탄트를 받아들였지만 프로테스탄트 도시가 된다는 것이 무엇인지는 모호했다. 독립된 도시국가였지만 프랑스도 아니고 스위스 연방도 아닌 상태에서 혼란스럽고 불안정한 정치 상황에 놓였다.

제네바 사회의 정치적 현실을 간략하게 설명할 필요가 있다. 사부아로부터 독립한 제네바 시민(citizen)은 도시 내에 여러 기관을 만들고 독자적인 혁신안을 만들어냈다. 시의회는 제네바 내의 국외자와 이민자들의 불만을 해소하고 정당한 권리를 향유할 수 있도록 '부르주아'(bourgeois)라는 범주를 만들었다. 제네바는 시민 또는 부르주아의 자녀인 시민, 귀화 이주자인 부르주아, 제네바의 정치적 권리가 없는 거주 외국인(resident alien)의 세 범주로 구성되었다. 칼뱅은 제네바의 새로운 고등 교육 기관인 제네바 아카데미를 설립한 1559년에야 비로소 이 부르주아 신분을 획득했다. 당시 그의 나이는 49세였다.[6]

제네바의 정치 체제는 직접 민주제는 아니었다. 모든 성인 시민과 부

6 Diarmaid MacCulloch, *The Reformation: A History*, New York, NY: Penguin, 2005, p. 232.

르주아는 총회(Conseil Générale)에 참석하고 투표할 수 있었다. 대략 성인 남성의 약 10퍼센트 정도가 시의회 행정에 관여했다. 또한 200인 위원회(Conseil des Deux Cents)로 알려진 하원과 시의 법률을 제정하고 정부를 감독하고 중요한 외교 문제를 다루는 60인 위원회(Conseil des Soixante)가 있었다. 이 60인 위원회에서 선출된 24인이 상원(Petit Conseil)을 구성했다. 시민과 부르주아는 모두 공직에 나설 수 있지만 상원은 오직 시민권이 있는 사람만이 선출될 수 있었다.[7] 민주주의 체제는 아니었지만 연례 선거를 통해 시의회는 빠르게 변할 수 있었다. 부르주아는 귀화하는 순간부터 시민권을 행사할 수 있었다. 도시가 재정적인 이유이든 정치적인 이유이든 간에, 갑자기 많은 수의 부르주아를 받아들이게 되면 도시 내의 정치 역학 변화도 즉각 나타났다. 그렇기 때문에 제네바는 여론에 매우 민감하게 반응했다.

여기에서 제네바를 종교의 관점으로 그림을 좁혀 보자. 제네바의 종교개혁은 가톨릭 주교 정권의 몰락을 의미했다. 주교와 성직자, 사부아 공국의 대리인의 재산은 몰수되고 그들은 도시 밖으로 추방되었다. 시의회가 주권을 행사하고 주교제후가 다스리던 지역을 관할하기 시작했다. 궁극적으로는 종교개혁으로 전환되었지만 정치 혁명으로 촉발된 이러한 정치적·종교적 변화는 외세 지원에 힘입었다. 그 중심에는 베른 시의회가 있었다. 베른은 군대를 파견해 사부아 공국을 축출하는 정치 혁명을 감행했다. 이 정치 혁명은 베른이 채택한 프로테스탄트 체제와 맞물려 발생했다. 베른은 취리히에서 츠빙글리가 주도한 개혁교회를 수용해 프로테스탄트가 되었다. 베른 시의회는 1528년 1월 논쟁 끝에 미사를 폐지하고는 빠르게 프로테스탄트화를 추진했다. 프로테스탄트 도시 베른의 정치적 영향력은 제네바와 같은 프랑스어권 지역이 프로테스탄트를 받아들일 때 확대될 수 있다는 점에서 프로테스탄트 전파는 필수적이었다. 본질적으로 새로운 개종자들인 베른인들은 프로테스탄트 신앙에 대

---

7 William G. Naphy, "Calvin and Geneva", p. 312.

해 열성적이었다. 그들은 어둠 속에 있는 사람들에게 참된 믿음을 전해야 한다는 사명감에 불탔다.

베른은 프랑스어를 구사할 수 있는 프로테스탄트 목회자를 제네바로 파견했다. 주교에 대항한 정치적 혁명을 위해 프랑스와 알프스 출신의 프로테스탄트 교도 기욤 파렐을 선택했다. 그는 1524년부터 프랑스와 스위스 여러 도시에서 개혁 사상을 전파하고 있었다. 특히 베른 논쟁에 참여하면서 그 논쟁 과정에 대한 내용을 프랑스어로 번역해 소개했다. 파렐은 베른을 넘어 다른 지역의 프로테스탄트화에 대한 열망에 불타는 인물이었다. 시의회의 요청에 따라 파렐이 베른을 넘어 제네바에서 일정 역할을 하게 된 것은 자연스러웠다. 그의 열정적인 설교는 대중을 자극했다. 파렐의 역할에 힘입어 1536년 제네바는 미사를 폐지하고, 주교를 추방하고, 프로테스탄트를 선택했다. 베른은 프랑스어권 영토에서 미사를 폐지하는 칙령을 발표했다. 제네바가 프로테스탄트를 받아들인 결과, 스위스 연방 내에 프로테스탄트 인구가 눈에 띄게 증가했다. 제네바를 통과하는 주요 거점에 프로테스탄트 베른의 통제가 확보되었다. 베른은 자신의 동맹국들에 프로테스탄트 교도들의 설교권을 보장하도록 정치적 압력을 가해 종교개혁의 확산을 지원했다. 독일어권인 베른을 넘어 프랑스어를 사용하는 제네바가 프로테스탄트가 되어 베른과 연결됨으로써 베른은 프랑스어권 지역의 종교 문제에 직접 간섭할 수 있게 되었다.

칼뱅의 지적 여정, 망명, 그리고 『기독교 강요』

베른에서 제네바로 넘어간 파렐이 제네바를 프로테스탄트로 변화시키기 위한 선동이 한창일 때, 프랑스의 한 젊은 변호사가 스트라스부르로 가는 길에 전쟁으로 길이 막혀 우연히 제네바를 우회하게 되었다. 그는 『기독교 강요』(*Institutio Christianae Religionis*)라고 불리는 프로테스탄트 핵심 교리를 담은 신학 서적을 출간해 유명세를 얻은 전도유망한 인물이었다. 파렐은 프로테스탄트를 받아들인 제네바인들에게 새로운 종교를 적절하게 소개할 적임자로 이 젊은 프랑스인을 추천했다.[8] 바로 칼뱅이었다. 본명이 장 코뱅(Jean Cauvin)인 그는 1509년 7월 10일 파리에서 북동쪽으로 100킬로미터 남짓 떨어진 피카르디의 누아용에서 태어났다. 루터가 1517년 가톨릭에 맞서 95개조 논제를 발표했을 당시 그는 8세였다. 아버지 제라르 코뱅(Gerard Cauvin, ?~1531)은 누아용 성당의 평신도 행정관이었다. 칼뱅이 12세가 되자 제라르는 아들을 위해 누아용 성당의 성직록을 얻었다. 장 코뱅은 이 성직록으로 학업 비용을 충당했다. 1523년 14세의 나이에 칼뱅은 교육을 위해 파리로 갔다. 마르슈 대학(Collège de la Marche)에서 잠시 머문 이후에 몽테귀 대학(Collège de Montaigu)으로 옮겼다. 에라스무스도 몽테귀 대학에서 공부했으며, 나중에는 가톨릭 개혁가이자 예수회 창설자인 이그나티우스 로욜라도 머물렀던 신학으로 유명한 대학이었다. 본래 아버지 제라르는 아들이 성직자로서 훈련받기를 원했지만 1527년 갑작스레 상황이 변했다. 제라르가 누아용 성당에서 분쟁에 휘말려 파문을 당했다. 그 후 아버지는 아들이 성직자가 아닌 변호사의 길을 가도록 종용했다. 아버지의 요청에 따라 젊은 칼뱅은 1528년경 오를레앙에서 법학 공부를 시작했다. 하지만 1531년 5월 아버지의 사망 이후 오를레앙에서의 공부를 끝내고 인문주의 학자로 연구하기 위해 다시 파리로 돌아갔다. 이때까지도 그는 아버지가 얻은 성직록을 통해 교육비를 충당했다.

칼뱅은 프랑수아 1세가 1530년 설립한 명문 콜레주 루아얄(Collège Royal)에 입학해 이곳에서 라틴어, 그리스어 및 히브리어를 공부하고 고전을 연구했다. 칼뱅은 신학적 기초를 쌓은 이후 법학을 통해 법률가 훈련을 받고 마지막으로 인문학 연구까지 이어갔다. 파리에서 칼뱅은 에라스무스와 당대 프랑스 최고의 인문주의자 자크 르페브르 데타플에게

8 Robert M. Kingdon, "Calvin and Geneva", p. 105.

큰 영향을 받았다. 그는 1532년 『세네카의 관용론 주석』(*Commentary on Seneca's* De Clementia)을 써서 인문주의자로 학계에 첫발을 내디뎠다. 파리에서 칼뱅은 인문주의자이자 종교개혁의 지지자가 되었다. 교회개혁에 대한 관심은 자연스럽게 독일 개혁가 루터에 대한 관심으로 이어졌다. 그러나 언제 칼뱅이 프로테스탄트 교도가 되었는지에 대해서는 분명한 시점을 특정할 수 없다. 1534년 5월 인문주의자들이 그리스어와 라틴어로 이름을 짓는 유행에 따라 요아네스 칼비누스(Ioannes Calvinus)라고 하고는 장 칼뱅으로 개명했다. 이와 비슷한 때에 칼뱅은 교황에게서 받던 성직록을 포기했다. 대체로 칼뱅의 개명과 성직록을 포기한 1533~34년 동안을 프로테스탄트로의 개종을 확정한 시점으로 본다.[9] 그는 자신이 받은 교육을 통해 프로테스탄트 종교개혁을 받아들이는 데 필요한 지적 토대를 형성했다.[10]

하지만 가톨릭 프랑스의 맥락에서 프로테스탄트를 받아들인다는 것은 단순한 일이 아니었다. 프로테스탄트 교도가 되고 오래 지나지 않아 평생 동안 이어진 도주와 망명의 길이 칼뱅 앞에 던져졌기 때문이었다. 인문주의자이자 종교개혁을 적극 지지하는 니콜라 코프(Nicolas Cop, 1501~40)와의 연관성은 직접적으로 칼뱅에게 위협이 되었다. 1533년

---

9 대부분의 역사가는 1533~34년 칼뱅의 프로테스탄트 회심이 있었다고 보지만, T. H. L. 파커(Parker)는 그보다 이른 1529년이나 1530년에 전향이 일어난 것으로 보았다. 이에 대해서는 T. H. L. Parker, *John Calvin: A Biography*, Louisville, KY: Westminster John Knox Press, 2006, pp. 162~65 참조.

10 칼뱅은 자신의 생애에 대한 기록을 그리 많이 남기지 않았는데, 그가 남긴 유물 목록(The Inventory of Relics)에서 어린 시절 고향인 누아용의 가톨릭 신심에 대해 다음과 같은 기록을 남겼다. "나는 어렸을 때 우리 본당에서 그들이 우상(마무셋)에게 행한 일을 본 것을 기억한다. 성 스테파노의 축일 전날 밤, 그들은 순교자와 같은 방식으로 그를 돌로 쳐죽인 살인자들(또는 일반적으로 '폭도'로 알려져 있음)의 화환과 목걸이로 모든 형상을 장식했다. 불쌍한 여인들은 살인자들이 이런 식으로 꾸민 것을 보고 그들을 스테파노의 동료로 착각하고 그들에게 자신의 촛불을 바쳤다. 더 나쁜 것은, 그들은 성 미카엘과 맞서 싸운 악마에게도 똑같은 일을 했다." John Calvin, "Inventory of Relics", *Tracts Relating to the Reformation*, vol. 1, trans., Henry Beveridge, Edinburgh: Calvin Translation Society, 1844, pp. 289~336 참조.

파리 대학의 학장이 된 코프는 학장 취임 연설에서 가톨릭교회를 비판하고 종교개혁을 강력하게 지지했다. 이 연설은 큰 논란을 불러일으켰고 프랑수아 1세의 박해를 피해 코프는 파리를 떠나야 했다. 1534년 10월 프랑수아 1세가 프로테스탄트에 대한 최초의 대규모 박해를 시작했다. 이는 이른바 벽보 사건(Affaire des Placards)으로 촉발되었다. 1534년 10월 18일 일요일 아침, 파리·루앙·투르·오를레앙 등 도시 곳곳에 가톨릭 미사를 우상 숭배와 미신으로 조롱하고 가톨릭교회를 비난하는 벽보가 나붙었다. 이 벽보는 심지어 프랑수아 1세 왕실 내부에도 부착되었다. 여러 도시에서 동시다발적으로 발생했다는 점에서 사전에 치밀하게 계획된 조직적 사건이었음이 분명했다. 놀란 프랑수아 1세는 프로테스탄트에 대한 관용을 접고 관련자를 신성모독으로 처벌할 것을 촉구했다. 체포된 프로테스탄트 교도들은 화형에 처해졌다. 프랑수아 1세의 박해와 더불어 코프와 같은 프로테스탄트 인문주의자들과의 접촉이 드러나면서 칼뱅도 신변의 위협을 받았다. 그는 파리를 떠나야 했다. 코프와의 연관과 벽보 사건은 칼뱅을 전혀 다른 역사 무대 앞으로 이끌었다.

프랑스 내에서 인문주의자로 학문 활동을 시작한 칼뱅은 자신의 의지와 무관하게 파리를 떠나 종교 난민이 되었다. 처음에는 스트라스부르에 머물다가 1534년 가을 바젤로 떠났다. 가톨릭 프랑스의 모습에 실망한 칼뱅은 가톨릭을 거짓 종교라고 보고 참된 그리스도교를 회복하고 방어하고 보호해야 할 사명감을 느끼게 되었다. 그 사명감은 칼뱅 인생의 역작을 넘어 프로테스탄트 역사의 불멸의 작품으로 남은 저술로 나타났다. 바젤에 도착한 지 2년 만인 1536년에 프로테스탄트 신앙의 핵심적인 부분을 간추린 『기독교 강요』 초판을 출간했다.[11] 이 책 초판을 쓸 당시에 칼뱅의 나이는 25세였다. 1536년 초판은 라틴어로 출판되었다. 1541년에 프랑스어 판이 나왔다. 초판 발행 이후 1539년, 1543년, 1550년,

11 John Calvin, *Institutes of the Christian Religion*, ed., John T. McNeill, trans., Ford Lewis Battles, 2 vols., Philadelphia, PA: Westminster Press, 1960, vol. 1, pp. 9~31.

1559년에 확대 개정되었다. 최종판의 경우도 1559년 라틴어로 나온 이후에 이듬해 프랑스어로 출판되었다. 최초의 영어판은 1561년 런던에서 출판되었다. 네 차례의 개정으로 새로운 주제가 추가되고 내용이 확대되면서 전체 분량은 초판에 비해 네 배 늘었지만 초판의 기본 골격은 바뀌지 않았다. 우선 1536년 초판은 십계명, 사도신경, 주기도문, 세례와 성만찬에 기초해 총 여섯 장으로 구성된 일종의 교리문답집이었다. 1539년 판은 17장으로 늘어났고, 최종판은 사도신경의 구조에 맞추어 총 4권 80장으로 마무리되었다. 초판이 나오자마자 프로테스탄트 교도들 사이에서 큰 주목을 받았다. 종교개혁 신학을 질서 있고 체계적으로 제시한 이 책은 종교개혁 이후에 나온 가장 영향력 있는 신학서로 평가된다. 『기독교 강요』는 명료하게 글을 쓰는 법학자의 성향과 인문주의자로서 우아한 시적 표현과 수사학적 수려함이 어우러진 책이다. 루터가 '오직 성서로'만을 외쳤다면 칼뱅은 『기독교 강요』를 통해 프로테스탄트 교도들이 어떠한 방식으로 성서를 이해해야 할지에 대한 지침을 제시했다. 칼뱅의 저술 목적은 프로테스탄트 독자들로 하여금 하느님의 말씀을 체계적으로 올바로 이해할 수 있도록 안내하는 것이었다.

> 이 책의 집필 목적은 성서를 읽고자 하는 신학 후보생들에게 준비와 지침을 제공하는 데 있다. 이를 통해 그들이 성서에 쉽게 접근할 수 있게 하고 걸림 없이 그 내용을 깊이 탐구해 나갈 수 있기를 바란다. 나는 이 책에서 종교의 모든 부분을 종합적으로 다루고 이를 특정한 순서로 배열했다. 만약 누군가 이 내용을 올바르게 이해한다면, 성서에서 특히 무엇을 추구해야 하고 그 내용을 어떤 목적에 연결해야 할지를 쉽게 판단할 수 있을 것이다.[12]

12 John Calvin, "Preface to the 1559 edition", *Institutes of the Christian Religion,* vol. 1, p. 4.

칼뱅의 『기독교 강요』에 대한 가치 평가는 어떻게 내리는 것이 적절할까? 칼뱅 저작의 탁월함은 별개로 두더라도 우선 종교개혁이 시작되고 20년이 지난 이후에 나온 책이라는 점에 유의해야 한다. 칼뱅은 그 이전에 루터, 츠빙글리, 하인리히 불링거, 마르틴 부처, 요하네스 외콜람파디우스(Johannes Oecolampadius, 1482~1531) 등 프로테스탄트 신학자들이 풍성하게 때로는 산발적으로 제시한 사상과 각 진영 사이의 논쟁적인 사안을 자신만의 정밀한 시각과 언어로 풀어냈다. 칼뱅이 프로테스탄트 신학을 집대성할 수 있었던 것은 그의 탁월성도 있었지만, 이전의 개혁가들과 프로테스탄트 사상가들이 쌓아놓은 신학적 역량 덕분임을 외면할 수 없다. 칼뱅이 더 멀리 더 잘 볼 수 있었던 것은 거인의 어깨 위에 올라탔기 때문이다.

이 책은 내용상의 탁월성에 덧붙여 몇 가지 주목할 점이 있다. 우선 칼뱅은 프랑수아 1세에게 『기독교 강요』를 헌정했다. 칼뱅은 원래 이 책을 프랑스 국왕에게 헌정할 의도는 없었고 순수하게 종교에 대한 열정을 가진 이들이 경건하게 성장하는 데 필요한 기본 교리를 제공하는 것이라고 저술 의도를 밝혔다. 그런데 갑자기 칼뱅이 마음을 바꾸게 된 데에는 프랑스에서 오해받고 있는 프로테스탄트의 가르침에 대해 변호해야 할 필요가 생겼기 때문이다.

> 폐하의 나라에서 일부 악인들이 선동하는 분노가 너무 극심해져 건강한 교리가 자리 잡을 곳이 없다는 것을 알게 되었습니다. 그래서 이 책을 통해 그들에게 가르침을 전하고 동시에 폐하 앞에서 신앙고백을 하는 것이 의미 있다고 생각했습니다. 이를 통해 오늘날 폐하의 나라를 불과 칼로 어지럽히는 자들이 어떤 교리에 분노하고 있는지 알게 되실 것입니다. 실제로 저는 이 책에 그들이 감옥, 추방, 금고형, 화형, 심지어 바다와 육지에서 근절해야 한다고 외치는 바로 그 교리가 요약되어 있다는 사실을 인정하는 데 두려움이 없습니다. 저는 그들이 폐하의 귀와 마음에 얼마나 끔찍한 보고를 퍼부었는지 잘 알고 있습니다. 그들의 보

> 고가 폐하께 우리 교리에 대해 가능한 한 혐오감을 심어주려는 의도라는 것도 잘 알고 있습니다. 하지만 폐하께서는 단지 고발만으로는 어떤 말이나 행동도 유죄가 될 수 없다는 사실을 너그러이 헤아려 주시기를 간청합니다.[13]

칼뱅은 프랑스 군주가 탄압하는 프로테스탄트 교도들이 선동적인 도당이 아니라 오히려 '순결, 관대함, 자비, 절제, 인내와 겸손과 미덕을 갖춘' 이들이라고 변호한다.[14] 칼뱅은 오히려 가톨릭교회와 성직자들이 그리스도의 본래 가르침에서 벗어나 탐욕과 도덕적 타락에 빠졌다고 비판했다. 교회를 정화하고 본래의 목적을 회복하기 위해 개혁이 필요하다는 점에 초점을 두었다. 프로테스탄트 운동이 그리스도교 전통의 정통성과 성서의 가르침을 회복하는 것이지 어떠한 급진적 이탈이 아니라는 것이다. 가톨릭교회의 문제를 예리하게 짚으면서 칼뱅은 프랑수아 1세에게 프로테스탄트에 대해 공정하게 고려하고 평가해 줄 것을 요청했다. 칼뱅은 프랑스 왕의 신실한 신하로서 진실을 말하는 것이 자신의 의무라고 말했다. 왜냐하면 가톨릭교회의 거짓과 우상 숭배가 제거되지 않는다면 프랑수아 1세에게도 신적인 진노가 내려질 수 있기 때문이었다. 가톨릭 국가에서 태어나 가톨릭 신학 교육을 받고 교황의 성직록을 받은 그였지만, 칼뱅주의로 알려진 그의 사상은 가톨릭을 우상 숭배의 거짓 종교라고 확신하게 되었다. 칼뱅의 정치 사상과 신학은 가톨릭에 대한 저항과 반대라는 도식으로 설명할 수 있다. 이 저항은 프랑스에서처럼 박해받는 소수인 프로테스탄트 교도들이 자신들의 정체성을 굳건하게 만드는 기제로 작용했다. 칼뱅은 구약성서와 베드로 서신에 나타난 대로, 여러 이민족 중에서 하느님의 택함을 받은 이스라엘이 제사장 역할을 했다는

13 John Calvin, "Prefatory Address to King Francis I of France", *Institutes of the Christian Religion*, vol. 1, p. 9.

14 John Calvin, "Prefatory Address to King Francis I of France", *Institutes of the Christian Religion*, p. 30.

유비를 적용했다. 한걸음 더 나아가자면 가톨릭교회와 가톨릭교도들은 하느님의 선택을 받은 자들이 아니며, 하느님의 선택은 오히려 참된 종교를 지키기 위해 박해를 경험하고 흩어진 난민의 삶을 경험하는 이들에게 향한다는 믿음을 강조했다. 이렇듯 칼뱅은 구약의 이스라엘 백성과 신약의 흩어진 그리스도교도들의 정체성과 하느님의 선택 사이의 관계를 밀접하게 여겼다. 이 땅을 살아가는 하느님 나라의 시민권자들은 거짓 종교를 배제하고 순전하고 참된 종교를 위한 삶을 헌신적으로 살아갈 것을 권고했다. 비록 그 삶에 박해와 고난이 따르더라도 말이다.

한편으로 칼뱅은 프랑스와 유럽의 프로테스탄트 교도들이 오직 신의 뜻에 복종하는 모범 시민이라는 것을 밝히고 프랑수아 1세를 설득하려 노력했다. 다른 한편으로 이를 실천하려는 자들이 신의 선택을 받은 자라는 칼뱅의 '예정론'은 그러한 가치 위에 굳게 선 개인이 연합하는 공동체를 만드는 데 기여했다. 칼뱅의 예정론은 단순하게 이 세상이 존재하기 이전부터 신의 선택을 받은 자와 그렇지 않은 자로 나뉜다는 기계적이고 도식적인 것이 아니었다. 이 예정론이 강조하는 시대적 맥락은 종교적 진실에 충성하다가 박해받고 흩어진 이들에게 그들의 압제자가 하느님의 이름으로 억압할지라도, 그것은 신의 뜻이 아니라는 것과 자신들이 어떠한 상황에서도 신실하게 살아가는 것이 선택을 받은 증거라는 것이었다. 흩어진 그들에게 이 예정론은 그 자체로 희망이었다. 신의 선택에 대한 이 믿음은 칼뱅주의자들이 역경에 직면했을 때 버텨낼 수 있는 힘을 주었다. 그래서 칼뱅은 그의 청중이 마치 선택된 자인 것처럼 말하고 글을 썼다. 여기에는 적어도 두 가지가 전제한다. 첫째는, 자신이 하느님께 선지자로 부르심을 받았다는 확신이다. 구원의 문제에서 칼뱅에 동의하는 모든 사람이 이미 선택의 은총을 받았다고 가정했다. 둘째는, '남은 자'로서의 헌신이다. 칼뱅은 회중이 배교한 가톨릭교회에 물들지 않은 남은 자로서 선택받았다고 믿고 하느님의 대리인으로 합당하게 살아가도록 독려했다.[15]

여기에 무시할 수 없는 한 가지 지점이 더 있다. 프랑스 왕 프랑수아

1세에게 헌정한 목적은 프로테스탄트의 가르침에 대한 옹호와 가톨릭의 가르침에 대한 비판에만 머물지 않는다. 칼뱅은 프랑스의 프로테스탄트 교도들을 무정부적인 반국가 세력과 동일시하는 현실을 넘어서고 싶었다. 여기에는 넘어야 할 장벽이 존재한다. 제도교회에 소속됨으로써 형성되는 정체성이 아니라 개별적으로 신의 택함을 받았다고 의식해 얻어진 정체성은 전통적인 가톨릭 제도교회에서 벗어날 위험성을 내포한다. 이 주제는 16세기 당시 유럽 종교 지형에서 가장 긴박한 문제인 아나뱁티스트와 연결되는 것이 불가피하다. 1534년 2월부터 1535년 6월까지 약 16개월 동안 아나뱁티스트가 뮌스터를 점령하고 행한 파괴적인 모습은 프랑스에도 충격을 주었다. 가톨릭교회의 미사와 의식에 저항해 벽보 사건을 일으킨 프랑스의 프로테스탄트와 뮌스터의 급진파를 연결하는 것은 자연스러웠다. 칼뱅은 프랑스 프로테스탄트 교도들은 파괴적인 소동을 일으키는 자들이 아니라 오히려 엘리야처럼 하느님의 능력에 힘입어 우상 숭배와 맞서 싸우는 자들이라고 보았다.[16] 칼뱅은 아나뱁티스트와 다르다고 주장했지만 외부자의 시선, 특히 가톨릭의 시선에서 바라보면 큰 차이가 없었다. 참된 교회는 하느님의 선택받은 자들의 모임이며, 그들은 고난받는 공동체라는 칼뱅의 주장은 아나뱁티스트의 주장과 다르지 않았다. 이후의 칼뱅의 신학 사상은 아나뱁티스트와의 차별성을 도드라지게 하는 것에 집중했다.[17] 제네바에서 그가 로마 가톨릭 체제에 대응하는 교회 체계를 만들어 세속 당국과 교회 사이의 관계의 연속성을 만든 것 역시 이 같은 시도의 결과이다.[18] 『기독교 강요』가 바젤에서 출판된 해를 1536년 8월로 보는 것이 정설이지만 서문의 출판연도

15 Jon Balserak, *Establishing the Remnant Church in France: Calvin's Lectures on the Minor Prophets, 1556-1559*, Leiden and Boston: Brill, 2011, p. 3.

16 John Calvin, *Institutes of the Christian Religion*, vol. 1, p. 12.

17 John Calvin, *Institutes of the Christian Religion*, vol. 2, pp. 1493~95.

18 Diarmaid MacCulloch, *All Things Made New: The Reformation and its Legacy*, Oxford: Oxford University Press, 2016, p. 59.

는 1535년 8월로 되어 있다. 이 연도 표기는 오류로 본다. 그러나 디아메이드 맥클로흐는 1535년 8월이 16세기 유럽을 충격으로 몰아넣었던 뮌스터 사태가 끝난 상징적인 시점이라는 점에서 의도한 것일 수 있다며 의미를 부여하기도 했다.[19]

아나뱁티스트가 뮌스터에서 새로운 종교 실험을 했다면, 칼뱅은 이후 제네바에서 프로테스탄트 사회 건설을 위한 실험을 했다. 뮌스터에서 아나뱁티스트가 합법적으로 시의회를 장악했다면, 제네바에서도 시의회 세력이 전통적인 주교 통치를 거부하고 종교개혁을 일으켰다. 두 지역 모두 같은 이념적 지향을 지닌 이민자 세력이 개혁을 주도했다. 이렇듯 외국인 지도자가 시의 헌정적 변화를 추구한 도시 종교개혁이라는 유사점이 있다. 시작은 같았지만 그 끝은 달랐다. 제네바는 아나뱁티스트 뮌스터의 학습 효과도 있겠지만 그 차이를 만든 핵심은 『기독교 강요』의 존재이다.

제네바에서 칼뱅의 개혁

칼뱅이 스트라스부르로 가는 길에 우회해 제네바에 들른 때는 1536년 7월이었다. 이때는 제네바가 파렐과 피에르 비레(Pierre Viret, 1511~71)의 지원으로 사부아 공국에서 독립하고 프로테스탄트를 받아들인 지 2개월이 지난 시점이었다. 또한 이 시점은 칼뱅의 『기독교 강요』가 바젤에서 출판된 때와 일치한다. 칼뱅은 제네바에 머물거나 제네바에서 종교개혁을 이끌 아무런 동기가 없었다. 그런데 칼뱅이 제네바에 도착한 것

19 Diarmaid MacCulloch, *All Things Made New*, p. 58. 1536년 3월 출판된 칼뱅의 초판 책 끝에는 국왕에게 드리는 헌정사가 8월 23일자로 되어 있고 연도는 표시되어 있지 않다. 1541년과 1545년 프랑스어 판본에는 '1535년 8월 23일'로 기재되어 있다. 그러나 1539년 라틴어 판본에서는 서문 날짜를 8월 1일로 표기했고, 이후 라틴어 판본은 이 날짜를 헌정문에 적용했다. 또한 1536년이라는 연도가 추가되었다.

을 알게 된 제네바 설교자 파렐은 칼뱅이 제네바 종교개혁에 적임자임을 알아챘다. 파렐은 하느님이 칼뱅이 이 일을 돕기 위해 제네바에 남아 있기를 원한다고 주장했다. 칼뱅은 자신은 학자일 뿐이라고 고사했다. 이에 파렐은 칼뱅이 하느님의 뜻을 외면하고 학자의 길을 선택하면 신의 심판이 임할 것이라고 위협 아닌 위협을 했다. 칼뱅은 이후에 "나는 마치 하늘에서 하느님이 나를 체포하기 위해 그의 강력한 손을 내게 얹으신 것 같은 느낌이 들었다"라고 회고했다.[20]

파렐은 왜 이렇게 칼뱅에게 강권했을까? 파렐은 기존의 틀을 무너뜨릴 수는 있지만 새로운 교회를 세워나가는 창의성은 없었다. 그의 부족한 부분을 메워줄 사람이 칼뱅이었다. 파렐의 강력한 요구는 그가 주도한 제네바의 프로테스탄트 정착이 순탄하지 않았음을 보여 준다. 제네바에서는 프로테스탄트 종교개혁을 받아들인 이후, 이에 동의하지 않는 모든 성직자를 추방하기로 결의했다. 도시는 소란스러웠다. 제네바에서 프로테스탄트 개혁을 제도화하고 엄격한 교회 규율을 적용하자 제네바 시의회와 시민들이 강하게 반발했다. 개혁 도시가 된다는 것에 대해 목회자의 입장과 시의회의 입장, 그리고 시민들의 입장이 모두 달랐다. 칼뱅은 이 조율되지 않은 유럽의 낯선 도시 한가운데에 갑작스럽게 내던져졌다. 그는 제네바와 어떤 연고도 없었고 제네바 통치 가문과의 아무런 연줄도 없었다. 실제 칼뱅이 제네바에 머무는 초기에 아무도 그의 존재를 의식하지 않았다. 제네바인들은 칼뱅을 'ille Gallus'(그 프랑스인)라고 불렀다.

제네바는 애국심에 사로잡힌 시민들의 혁명적 열정이 불타오르는 도시였다. 시의회의 결정으로 많은 시민이 도시를 떠나 망명했고 정치 구조도 혼란에 빠졌다. 기존의 사부아 공국 세력을 축출했지만 기존 체제를 대체할 체제가 들어서지 않았다. 종교적으로 보더라도 가톨릭의 유물을 찾아 불태우는 일에는 능숙했지만 그렇다고 대안의 종교성이 제시

---

20 T. H. L. Parker, *John Calvin*, pp. 51~53.

되지는 않았다. 이 시기의 제네바는 미증유의 혼란 속에 있었다. 1537년 1월 '질서 있고 규율잡힌 교회'를 확보하기 위한 개혁의 의미와 방향을 시민들에게 설명했다. 파렐과 칼뱅은 새로운 예배 순서, 성찬 및 교리 교육, 파문 등의 징계를 집행하는 교회 재판소 등을 마련했다. 칼뱅은 제네바에서 처음으로 성서 교사로 직무를 시작했으며, 제네바에 도착한 이후 1년이 지나 설교자로 공식 임명되었다. 파렐과 긴밀히 협력하면서 칼뱅은 자신이 꿈꾼 그리스도교 왕국에 대한 이상이 제네바에서 구현되도록 노력했다. 제네바시가 원한 개혁은 사부아 공국과 주교 세력을 몰아내는 것이 핵심이었다. 그러나 파렐과 칼뱅은 거기에 그칠 생각이 없었다.

교회가 제시하는 방향은 혼란을 가중했고 시의회 행정관이 저항했다. 갈등의 정점은 행정관의 뜻에 반해 목사들이 파문권을 가지고자 했던 이른바 성직자와 시의회 사이의 권력 투쟁이었다. 시의회 입장에서는 억압적인 가톨릭교회를 몰아낸 이후, 더 억압적인 프로테스탄트 폭정이 생겨날 것을 두려워했다. 반면에 칼뱅과 파렐은 세속 행정관에게 교회의 통제 없이 종교적 결정을 내릴 권리를 위임하기를 거부했다. 칼뱅이 제시한 교리문답 교육에 대한 시의회의 저항이 촉발되어 1538년 5월 칼뱅과 파렐은 도시에서 추방되었다. 칼뱅과 파렐은 제네바의 불안정한 정치 헤게모니 싸움의 패배자였다.

제네바를 떠난 칼뱅은 한편에서는 홀가분했다. 그는 제네바를 떠나 스위스 일대를 여행한 후에 원래 가고자 했던 스트라스부르에 정착했다. 제네바의 혼란 속에서 외국인 목회자로서의 어려움에서 해방된 칼뱅은 스트라스부르에서 프랑스 망명자들로 구성된 회중을 대상으로 목회 활동을 했다. 또한 라틴어 『기독교 강요』 제2판을 인쇄소에 보냈고 1541년에 프랑스 판을 출판했다. 스트라스부르에서의 3년은 그 어느 시기보다 풍성한 결실을 맺은 시기였다. 1540년 칼뱅은 아내를 맞았다. 칼뱅은 두 자녀를 둔 아나뱁티스트 출신의 미망인 이델레트 드 뷔어(Idelette de Bure, 1500~49)에게 첫눈에 반해 결혼했다. 칼뱅은 '내 인생 최고의 동반자'라고 고백했다. 둘 사이에서 아이 하나가 태어났지만 출생 직후에 죽었다. 결혼하고 9년 만에 칼뱅은 배우자를 잃었다. 그 후 재혼하지 않았다.

칼뱅이 스트라스부르에서 행복한 시기를 보내는 동안에 칼뱅을 쫓아낸 제네바시의 혼란은 지속되었다. 1538년 칼뱅이 추방당한 이후 제네바는 정치적으로 혼란을 겪었고 종교적 분열로 인해 도시 내에서 갈등이 심화되었다. 칼뱅과 파렐이 떠난 이후 앙투안 마르쿠르(Antoine Marcourt, 1490~1561)와 장 모랭(Jean Morin, 1591~1659)이 교회개혁을 이어받았는데, 그 후 교회와 시의회 사이에서는 여러 변화가 있었다. 교회는 종교적 직무를 포함해 제네바 정치에서 세속 권력의 우선권을 인정했다. 시의회를 중심으로 진행되었던 취리히 츠빙글리의 종교개혁 모델과 같은 방식이었다. 그러나 그들은 제네바의 안정을 이끌어내는 데는 실패했다. 1540년 선거 이후 혼란한 도시 분위기 속에서 마르쿠르와 모랭은 제네바에서의 목회를 지속할 수 없다고 판단하고 떠났다.

이 혼란한 틈을 이용해 가톨릭교회가 파고들어 왔다. 제네바 인근 프랑스령 카르펜트라스 교구에 거주하던 가톨릭 추기경 야코포 사돌레토(Jacopo Sadoleto, 1477~1547)는 제네바 시민들에게 가톨릭교회로 돌아갈 것을 촉구하는 공개 서한을 보냈다. 사돌레토는 제네바가 겪고 있는 정치적·종교적 분열의 책임을 프로테스탄트 개혁가들에게 돌렸다. 추방된 목사들이 오랜 교회 전통을 버리고 그리스도교의 일치를 훼손한 책임이 있는 분열론자라고 비판했다. 제네바가 이 제안을 수용하면 다시금 자신들이 주교의 정치적 영향력 아래 종속되는 상황을 맞게 된다. 지루한 분열에 지친 제네바 시민들이 동요하는 상황에서 시의회는 칼뱅에게 다가갔다. 그들은 칼뱅을 설득해 사돌레토에게 반박 서한을 보내도록 했다. 칼뱅은 사돌레토에 대한 반박서를 통해 제네바 시민들에게 자신의 역량을 아낌없이 보여 주었다. 결국 제네바 시의회는 칼뱅을 다시 제네바에서 개혁교회를 이끌도록 초청했다. 약간의 망설임 속에 칼뱅은 귀환 협상을 진행했다. 이때의 칼뱅은 이전의 칼뱅과 달랐다. 그는 귀환 협상에서 분명한 주도권을 쥐었다. 그리고 제네바를 떠난 지 3년 후에 칼뱅은 제네바로 돌아왔다. 그러나 파렐은 다시 제네바로 돌아가지 못했다.

제네바 시의회 선거 이후 새로 선출된 시의회의 초청을 받았을 때, 칼뱅은 "내 의지에 반해 강요된" 복귀 요청에 "슬픔에 젖어 얼마나 많은 눈물을 흘리며 얼마나 불안해하며 갔던가?"라고 회고했다. 제네바로 다시 돌아가기로 결정하기란 쉽지 않았다.[21] 칼뱅은 이전의 실패를 반복하고 싶지 않았다. 다시 제네바의 초청을 받은 칼뱅은 이전 추방의 경험에서 제네바 개혁의 성패에 대한 분명한 입장을 갖게 되었다. 취리히처럼 시의회가 주도하는 상황에서는 제네바가 온전한 개혁 도시가 될 수 없다고 판단했다. 칼뱅은 시의회에 분명한 요구 조건을 제시했다. 제네바로 돌아온 칼뱅은 「제네바 교회 조례」(Ordonnances Ecclésiastiques)라는 종교 헌법을 작성하는 위원회와 시 당국의 헌법 초안을 작성하는 위원회에 배치되었다. 1541년 교회 조례는 칼뱅주의 교회 정치 구조와 철학을 담은 핵심 문서이며, 이후 칼뱅주의를 따르는 유럽에서 채택한 모델이었다. 교회 조례는 칼뱅에게 제네바시에 대한 더 큰 통제권을 부여했다. 제네바의 목회자들은 시의 공동 행정 책임자로서 "공적이든 사적이든 가르치고, 훈계하고, 권면하고, 견책하고, 성례전을 집전하고, 장로와 동료들과 함께 형제적 교정을 명령하는" 특권적인 역할을 받았다.[22] 시의회의 헌법 초안 작성에서 칼뱅은 법률가로서의 전문성을 발휘했다. 주교제후의 추방 이후 변화된 정부 구조를 반영하는 데 새로운 헌법이 필요했다. 이 헌법은 공작과 주교가 가졌던 권한을 시 행정관이 받아 도시가 공작 영주권 아래의 주교제후 관할권에서 독립 공화국으로 전환하는 것을 확정했다.

칼뱅의 노력으로 제네바는 독특한 정치적 · 교회적 구조를 갖추게 되

21 John Calvin, "Preface to the Commentary on Psalms", *Calvin: Commentariess*, ed., Joseph Haroutunian, trans., Ford Lewis Battles, Philadelphia: Westminster Press, 1958, p. 32.

22 Draft Ecclesiastical Ordinances, 1541, *Calvin: Theological Treatises*, ed., J. K. Reid, Philadelphia, PA: Westminster Press, 1954, p. 58.

었다. 이 체제를 칼뱅주의를 따르는 유럽 내 다른 그리스도교 공동체가 채택했다. 칼뱅은 교회 직책과 기능을 목사, 교사(박사), 장로, 집사라는 네 가지로 나누었다. 칼뱅은 이 구조가 신약성서에 근거한 것이라고 보았다. 이는 칼뱅 이전에 부처가 제시한 주장이었는데, 칼뱅은 이를 그대로 수용했다. 목사는 복음을 전파하고 모든 규율을 집행하는 책임을 맡았다. 목회자 후보는 시의회의 승인을 받아 선발했다. 그들은 가톨릭 체제의 본당 신부와 주교들이 수행한 일반 사역을 수행했다. 교사 또는 박사는 성서를 연구하는 학자의 역할을 하는 자로 교회에서 가르치는 일을 담당했다. 그들은 '무지나 악한 견해로 인해 복음의 순수성이 훼손되지 않도록 참된 교리로' 신자들을 가르치는 직분이다.[23] 교회에서 가르치는 역할을 하기 위해 대학에서 해당 교육을 받아야 했다. 사제나 목사가 된 적이 없는 칼뱅은 자신을 교사라고 밝혔다. 장로는 사람들의 삶을 보살피고, 무질서한 생활을 하고 있는 이들을 훈계하고, 비행자들을 목사에게 신고하는 임무를 맡았다. 장로는 시의회에서 선발했다. 집사는 자선 사업이 공정하게 집행되도록 제네바의 가난한 사람과 병자들을 돌보는 역할을 맡았다. 중세 수도회가 종교개혁으로 인해 해체되면서 그들이 지탱했던 사회 안전망 및 자선 역할을 집사들이 떠안았다.

칼뱅은 개혁 교리를 따르는 사람들의 믿음과 삶이 일치되도록 하기 위해 교회의 역할을 크게 강화했다. 그는 진정한 교회개혁을 위해 교리와 규율(권징)을 두 가지 필수조건으로 삼았다. 칼뱅은 그리스도교도들이 신뢰하고 따를 교리에 대한 이해를 강조했으며, 사람들의 삶을 변화시키기 위한 교회의 본질적인 기능으로 규율을 들었다. 칼뱅은 교회나 사회의 제반 문제에 대해 행정관의 간섭에서 벗어나 교회의 목소리와 역할이 강화될 때 진정한 개혁을 성취할 수 있다고 보았다. 이를 위해 목회자들의 단결이 중요했다. 이는 시의회가 주도하려는 도시 종교개혁에서 세속 정치의 분파주의를 극복하기 위한 강력한 권력 기반을 목회자들이

23 Draft Ecclesiastical Ordinances, 1541, p. 62.

가져야 한다는 것으로 이어졌다.[24] 칼뱅은 목사들에게 시 행정관과 동등한 권위를 부여하는 데 성공했다. 본래 행정관은 파문에 대한 절대적인 권한을 주장했지만 칼뱅은 이에 반대했다. 종교와 관련한 직무에서 목사들을 행정관의 감독으로부터 해방했다.[25]

교회와 목사가 가지는 강력한 권력 기반의 근본은 성서와 교리에 대한 독점적인 해석 권한에 있었다. 이것이 루터와 같은 초기 종교개혁가나 아나뱁티스트와 차이를 보이는 지점이었다. 루터는 성직자이든 평신도이든, 남자든 여자든 간에, 성서를 읽을 수 있고 성서가 자신들에게 어떤 의미인지 이해할 수 있다고 했다. 하느님의 뜻을 대변해 줄 교황이나 교회 전통, 신학 전문가가 필요하지 않다는 논리적 결론에 도달했다. 성서를 읽고 스스로 해석할 수 있다는 말은 매우 과격한 결과를 낳았다. 저마다 성서가 무엇을 의미하는지에 대해 다른 답을 내놓기 시작했다. 성서에 근거해 유아는 세례를 받아서는 안 되며, 오직 신앙을 고백한 어른만 세례를 받아야 한다고 주장하는 사람들도 있었다. 뮌스터의 아나뱁티스트는 1534년부터 1535년까지 이른바 성서에 근거한 급진적 공동체를 설립했다. 사유재산을 폐지하고, 일부다처제를 도입하고, 뮌스터 시민들의 삶에 엄청난 통제권을 행사했다. 저마다 다른 성서 해석은 혼돈으로 이어졌다. 종교적·정치적·사회적 질서에 반항하는 급진적 공동체가 여기저기에서 터져나왔다.

칼뱅은 성서 해석에 대해 훨씬 더 전통적인 관점을 취했다. 루터가 주장한 만인사제라는 평등주의적 개념을 일축하고 오직 훈련받은 목회자들만 성서를 읽고 그것이 진정으로 무엇을 의미하는지 이해할 수 있다고 했다. 사회법이 하느님의 뜻을 반영해 형성된다면, 하느님의 뜻은 어떻게 알 수 있을까? 이는 훈련된 목회자의 말을 통해 구현된다. 목회자들이 성서 본문을 읽고 시 당국과 시민들에게 필요한 규칙을 제시했다.

24 William G. Naphy, "Calvin and Geneva", p. 313.
25 William G. Naphy, "Calvin and Geneva", p. 314.

아나뱁티즘으로 인한 혼란의 경험은 신적 가치를 대변하는 예언이 무엇인지, 예언이 어떻게 이해되어야 하는지에 대해 깊은 트라우마를 남겼다. 예언이 중세기의 선지자 및 여성 신비주의자들에게 의미했던 것과는 확연히 다른 의미를 가진다는 것이 점차 분명해졌다. 종교개혁가들은 자신들이 새로운 선지자라는 자의식을 형성했다. 그들의 예언적 권위는 신비주의에 기반한 것이 아니라 하느님이 승인한 성서 해석에 기초를 두게 되었다. 구약의 선지자들이 우상 숭배에 빠진 이스라엘을 책망하고 하느님에게로 돌아오게 했다는 점에서 종교개혁가들의 역할과 동일했다. 이 두 집단 모두 성서를 해석하고 적용하는 데 초점을 맞춘 사역을 수행했다. 선지자는 율법의 해석자라는 점을 칼뱅은 강조했다. 선지자는 율법에 아무것도 덧붙이지 않았다. 종교개혁 시대의 목회자들은 성서 해석자로서 성서 이외에 아무것도 더하지 않고 오직 성서에서 발견되는 내용을 전하는 사람들이었다. 그들은 스스로를 성인 숭배, 죽은 자를 위한 기도, 성직자 독신, 성상 숭배 등을 강요해 성서에서 벗어난 가르침을 주는 가톨릭과 분명히 대조된다고 여겼다. 칼뱅은 율법이 하느님의 영원한 법칙이며, 성서가 하느님의 완전한 가르침(totam dei doctrinam)이라고 정의했다. 칼뱅에게 목회자란 하느님의 완전한 가르침를 전하는 선지자라는 것이 명확했다.[26]

제네바의 교회는 급진적인 구조 조정이 이루어졌다. 1536년 제네바의 가톨릭교회의 성직자 수는 약 400명이었다. 그런데 칼뱅이 재편한 제네바는 3개 교회에 10명의 목사로 축소되었다. 그러나 이 목사들은 훨씬

26 Jon Balserak, *John Calvin as Sixteenth-century Prophet*, Oxford: Oxford University Press, 2014, pp. 59~60. 발세락은 칼뱅의 선지자 관념에 대한 이해를 위해 두 가지 전통을 제시한다. 첫째, 고대 교회나 중세 교회의 관념에서 예언의 초자연적인 성격을 강조했다. 둘째, 예언에 대한 또 다른 전통에서는 성서를 해석하는 사람들을 선지자로 부른다. 두 번째 전통을 고수하는 사람들에게 가장 중요한 것은 선지자가 무엇을 하도록 부름을 받았는지에 대한 관심이다. 그것은 성서에서 발견된 신비를 밝히는 일인 동시에 성서의 가르침을 선포하고 적용하는 것이다. 칼뱅은 박사가 바로 이 선지자의 역할을 하는 직책이라고 보았다.

더 강력한 권한을 갖게 되었다. 월요일, 수요일, 일요일에 예배가 있었고, 목사들은 한 주에 최대 17회의 설교를 했다. 성찬은 1년에 네 차례 행했다. 목회자를 선택하는 주도권을 목사들이 가지고 있었다. 제네바의 목사들은 하느님이 자신들을 선택했다는 강력한 인식을 가졌다. 이런 인식 속에 그들은 시 당국의 관할과 통제에서 벗어나 주도적인 역할을 했다. 루터의 종교개혁과 초기 종교개혁가들은 가톨릭이 드리운 성직주의에서 벗어나는 길을 택했지만, 칼뱅의 제네바에서는 중세 가톨릭 성직주의가 더욱 강력한 형태로 재현되었다.[27]

칼뱅은 가톨릭교회의 제도적 구조를 차용해 프로테스탄트화한 컨시스토리를 설립했다. 컨시스토리는 제네바인들의 행동을 감독해 그리스도교 신앙의 순수성을 보장하고 위반자를 처벌하는 위원회였다. 법적으로 시정부의 상임위원회의 하나인 컨시스토리는 가톨릭 주교가 담당했던 주교 법정의 역할을 수행했다.

컨시스토리는 시의회에서 1년 임기로 선출된 목사와 장로 12인으로 구성되었다. 매주 소집되는 회의에서는 신성모독, 미신, 주술, 우상 숭배와 같은 종교적 위반뿐만 아니라 간음이나 음란, 중상과 같은 도덕적 문제도 다루었다. 사람들에게 매우 높은 기준을 적용해 제네바 시민들의 삶을 미시적으로 통제했다. 교리와 가르침에 대해 충분히 알지 못하고 가톨릭 관행을 습관적으로 행했기 때문에 도덕 위반과 교리 위반이 잦았다. 매년 도시 전체 성인 인구의 약 7퍼센트가 컨시스토리에 소환되었다.[28] 일반적으로는 벌금과 투옥형의 처벌이 내려졌는데, 위반 정도가 심한 경우에는 제네바에서 추방되었다. 컨시스토리는 사형을 부과할 권한은 없었다. 그 권한은 세속 행정관에게 있었다.

칼뱅과 컨시스토리가 실질적으로 도시를 장악하고 주도했다. 독일 같은 지역에서는 프로테스탄트 공동체가 정치적 권위의 지배 아래 있었다.

---

27 Diarmaid MacCulloch, *The Reformation*, p. 233.

28 Robert M. Kingdon, "Calvin and Geneva", p. 108.

하지만 제네바에서는 교회가 세속 정치를 지배했다. 칼뱅의 제네바 교회가 이러한 반전을 만들어낸 것은 유럽에서 독보적인 성취이다. 이를 통해 칼뱅은 유럽 전역의 프로테스탄트 공동체가 경험한 분열을 피하고 주도적으로 교회 체제를 세속 사회 속에 구현해 나갈 수 있었다. 칼뱅의 제네바는 그 이전에 유럽인들이 경험했던 뮌스터의 사례와 정반대의 사례를 제공했다. 유럽 프로테스탄트는 뮌스터에서 일어난 일이 프로테스탄트를 대표하지 않으며, 질서 있게 조직된 완벽한 공동체를 만들어낼 수 있다는 사례를 보여 주어야 했다. 칼뱅이 컨시스토리를 통한 하향식 규제에 집착한 것은 뮌스터에 대한 기억 때문이다.

여기에서 더 들여다볼 것은 이 소수의 목회자 그룹이 제네바시를 통제할 수 있던 밑바탕의 힘이 어디에 있었느냐, 그 결과가 무엇이냐, 이 흐름에 저항하는 세력을 어떻게 제압했느냐 하는 점이다. 제네바시 당국과의 갈등에서 이미 한차례 실패한 전력이 있던 칼뱅은 두 번째 시도에서는 실패를 반복하지 않았다. 제네바 사례는 일반성을 넘어 제네바의 특수성에 주목해야 한다.

칼뱅과 시의회, 컨시스토리는 서로 협력해 제네바를 강력한 종교 공동체로 만들려고 시도했다. 그러나 칼뱅이 이끄는 종교 엘리트들은 1540년대부터 1555년까지 거센 반대에 직면했다. 칼뱅은 자신의 지향을 반대하는 이들을 '리베르탱'(Libertines, 자유주의자)이라고 부르면서 방종한 옛 제네바의 관습을 고수하려는 자들이라고 비판했다. 칼뱅과 컨시스토리는 종교개혁을 시행하면서 이들 리베르탱과 곳곳에서 부딪혔다. 칼뱅과 목회자들은 수적으로는 적었지만 모든 사람에게 종교적 엄격함을 부과하는 영향력이 있었다. 리베르탱은 정치적 영향력은 지녔지만 칼뱅과 컨시스토리를 당해 내지 못했다. 소수 이민자 칼뱅이 제네바의 종교 상황을 주도할 수 있었던 힘은 어디에서 나왔을까? 제네바시 당국은 제네바 태생의 귀족 엘리트가 주도한 반면에, 교회는 다수의 외국인의 지지를 받은 프랑스 망명 엘리트들로 구성되었다. 그들은 대부분 종교 난민으로 제네바에 왔다. 유럽 전역에서 프로테스탄트 종교 난민들이 자신의 종교적 피난처를 찾아 이주하는 것이 일반적이었다. 프로테스탄트를 받아들인 제네바도 도시에 정착하거나 거쳐가는 외국인들로 넘쳐 났다. 이 속에서 제네바 원주민들과 이주자들 사이의 종교로 인한 갈등은 불가피했다.[29] 종교로 인한 난민은 그 숫자만으로는 설명할 수 없는 종교적 열광으로 가득한 사람들이었다. 그들은 시 당국과 교회의 세력 균형을 맞추는 중요한 역할을 했다. 제네바의 목사들은 대부분 프랑스 이민자였다. 그들은 권위 있는 성서 해석과 적용을 통해 교회개혁에 부름받은 선지자로 여겨졌다.[30] 1540년대와 1594년 사이에 제네바 목회자회에는 제네바 원주민이 단 한 사람도 없었다.

제네바 원주민과 통치 귀족은 이민자 세력을 견제하고 그들에게 저항했다.[31] 대다수 시민은 칼뱅이 부과하는 엄격한 종교 규칙을 부담스러워했다. 그들은 칼뱅이 제네바의 전통과 유산을 무시한다고 격분했다. 그 갈등은 제네바에서 세례를 받는 유아들에게 성서에 나오지 않는 가톨릭 성인을 세례명으로 하는 것을 금지하면서 커졌다.[32] 1542년 8월에 이 금지법이 처음으로 시행되자 한 목사가 클로드(Claude)라는 이름으로 세례 주기를 거부하고 아브라함이라고 이름을 지었다. 성 클로드의 성지가 근처에 있어 클로드는 제네바에서 가장 인기 있는 이름이었다. 화가 난 부모는 세례받기를 거부하고 아이를 집으로 데려가 클로드라는 이름으로 세례를 주었다. 시의회에 이 문제가 제기되었고 행정관들은 클로드를 우상 숭배자의 이름이라고 금지했다. 이로 인한 대립이 오래 지속되었다. 칼뱅이 강조한 신앙관이 시민들에게 끊임없이 주입되었다. 인쇄된 텍스트와 서신 검열은 일상적이었다. 제네바 밖을 여행한 사람들과 이

29 Esther Chung-Kim, "Aid for Refugees: Religion, Migration, and Poor Relief in Sixteenth-century Geneva", *Reformation & Renaissance Review* 20, no. 1, 2018, p. 7.

30 Jon Balserak, *John Calvin as Sixteenth-century Prophet*, p. 13.

31 Diarmaid MacCulloch, *The Reformation*, p. 232.

32 William G. Naphy, "Baptisms, Church Riots and Social Unrest in Calvin's Geneva", *Sixteenth Century Journal* 26, no. 1, 1995, pp. 87~97.

웃하는 가톨릭교도들과 접촉한 사람들도 감시당했다. 제네바는 외부 가톨릭 세력으로 둘러싸였기 때문에 칼뱅은 제네바인들의 가톨릭 우상 숭배의 개연성을 의심했다. 의심스러운 사례들은 컨시스토리에 보고되었다. 컨시스토리는 성지 방문, 미사, 묵주 사용, 가톨릭 기도문 사용, 성인 기도 등의 사례를 처리했다. 종교 난민으로 들어온 이주자들은 기꺼이 칼뱅의 조치를 따랐지만 제네바 원주민들은 칼뱅주의에 환호하지 않았다. 칼뱅의 반대파들은 주로 오랫동안 제네바를 이끌고 있던 귀족 가문에서 나왔다. 그중에서도 아미 페랭(Ami Perrin, 1500?~61)은 제네바에 프로테스탄트를 수용하는 데 중요한 역할을 했고 칼뱅을 제네바로 초청한 당사자이기도 했다. 1550년대 초 제네바로 난민들이 쏟아져 들어오자 칼뱅과 반대파 사이의 갈등의 골은 깊어졌다. 일부 제네바 원주민들은 외국인들이 자신들의 도시를 점령했다고 느꼈다. 페랭이 이끄는 리베르탱은 칼뱅과 컨시스토리가 커지는 것을 막으려 했으나 실패했다.

그렇다면 왜 페랭과 제네바 원주민들은 시 정치의 주도권을 이민자에게 내주어야 했을까? 단순한 종교 난민의 유입으로 설명하기는 어렵다. 1540년대 중반 유럽 대륙과 브리튼 제도에서 난민이 들어오자 제네바시 당국이 재정 충당을 목적으로 부르주아 지위를 팔기로 했다. 종교 난민의 유입은 경제적 갈등과 민족적 긴장을 초래했다. 가난한 종교 난민뿐만 아니라 프랑스나 이탈리아의 부유한 사람들도 부르주아 권리를 얻기 위해 제네바에 도착했다. 1540~50년대 제네바는 도시의 경제적 적자를 메우기 위해 부유한 외국인을 끌어들였다.[33] 제네바 원주민들은 외국인들의 정착에 큰 거부감을 보였다. 그러나 행정관들은 부유한 외국인들이 시민권을 구입할 수 있도록 허용했다.[34]

이민 정책은 지금처럼 과거에도 민감한 문제였다. 제네바인들은 외국

33 William G. Naphy, *Calvin and the Consolidation of the Genevan Reformation*, Manchester: Manchester University Press, 1994, p. 126.

34 Esther Chung-Kim, "Aid for Refugees", p. 7.

인들이 늘어나는 것을 반기지 않아 부르주아 지위나 시민권을 부여받은 이민자의 수를 제한해야 한다고 했다. 파렐과 칼뱅을 초기에 지지했던 많은 제네바인은 컨시스토리를 통한 도덕과 행동의 규제에 이 외국 설교자들이 관여한 것을 원망하게 되었다.[35] 이민 정책에 대한 찬성파와 반대파의 충돌로 제네바는 얼룩졌다. 그 긴장은 1555년 폭동으로 이어졌고 리베르탱이 패했다. 시정부의 통제권을 획득한 칼뱅과 지지자들은 페랭 세력을 반역죄로 기소했다. 일부는 처형되고 많은 사람이 추방되었다. 페랭과 가족은 재산을 몰수당하고 제네바를 떠나야 했다. 아이러니하게도 칼뱅의 조치는 제네바 시민 다수를 종교로 인한 난민으로 만들었다. 페랭 가문에서 몰수한 재산은 1559년 개교한 학교인 제네바 아카데미를 세우는 데 쓰였다. 관용받지 못한 사람들이 관용을 찾아 모여든 제네바였지만, 관용할 수 있는 것과 관용할 수 없는 것은 뚜렷하게 나뉘었다. 제네바에서는 관용이 중요한 문제가 되었다.

제네바에서의 칼뱅의 실험은 유럽 프로테스탄트 역사에서 제네바를 두드러진 자리에 위치시켰다. 1550년대에 제네바는 종교적 열정을 가진 사람들을 한데 모으는 국제적 중심지가 되었고 '프로테스탄트의 로마'라는 칭호를 얻었다. 제네바는 사도 시대의 모습을 재현한 관행과 종교를 실천한다고 보았다.[36] 뮌스터파와 달리, 칼뱅의 제네바는 이 땅에서 진정한 새 예루살렘의 모습을 구현했다. 제네바의 명성이 높아질수록 칼뱅의 영향력은 커졌다. 그러나 칼뱅과 제네바에 대한 평가는 어떤 입장에 서 있느냐에 따라 극과 극으로 나뉘었다. 칼뱅의 제네바가 추종자들에게는 매력적이었지만, 반대파에게는 소름 끼치는 폭정의 경험이었다. 그런 사람들에게 칼뱅은 냉담, 편협, 우울, 잔인함의 대명사였다.

종교의 관용을 찾아왔기에 제네바 이민자 공동체의 사상적 스펙트럼

35 Esther Chung-Kim, "Aid for Refugees", p. 9.

36 D. Laing, ed., *The Works of John Knox*, 6 vols., Woodrow Society, 1846-1864, vol. 4, p. 240.

은 넓을 수밖에 없었다. 칼뱅의 입장에서는 제네바 역시 다양한 급진주의자들의 도전에 맞서야 했다. 필연적으로 수용할 수 없는 사람이 존재했고 어떤 이들의 이념은 관용의 범주에서 벗어났다. 칼뱅이 콜레주 드 주네브(Collège de Genève)의 초대 총장으로 임명했던 세바스티앵 카스텔리옹(Sébastien Castellion, 1515~63)이 대표적이었다. 그는 신학적으로 폭이 넓은 실력 있는 성서학자였다. 그는 구약성서의 아가서를 '정경'의 일부로 받아들이기를 거부했다. 반면에 칼뱅은 모든 성서가 하느님의 계시된 말씀이라는 원칙에 따라 아가서의 정경성을 옹호했다. 제네바를 떠난 카스텔리옹은 칼뱅과 제네바 교회를 공개적으로 비판했다.

제롬 볼섹(Jérôme Bolsec, ?~1584?)은 전직 수사로 프로테스탄트로 전향하고 제네바로 이주했다. 하지만 1551년 목사회에서 행한 강연에서 칼뱅이 강조하는 구원과 유기(저주)에 대한 이중 예정을 부정했다. 이 예정론이 하느님을 폭군이자 죄의 창시자로 만드는 것이라고 비판했다. 그는 제네바에서 추방되었다가 가톨릭으로 돌아갔다. 볼섹은 칼뱅이 자신에게 행한 일을 용서할 수 없었다. 그는 남은 인생을 예정론과 칼뱅을 공격하는 데 바쳤고 칼뱅을 비판하는 전기를 썼다. 칼뱅의 가르침에 저항하거나 비판적인 사람은 누구도 제네바에서 관용을 누릴 수 없었다.

제네바의 어두움의 절정은 스페인 아라곤 출신의 의학자이자 신학자인 미카엘 세르베투스(Michael Servetus, 1511?~53) 화형에서 찾을 수 있다. 세르베투스가 왜 제네바로 갔는지는 확실하게 알려져 있지 않다. 세르베투스는 1546년경부터 칼뱅과 서신을 주고받기 시작했으며, 자신의 책 『기독교 복원』(*Christianismi Restitutio*)의 초고를 보냈다. 칼뱅의 『기독교 강요』를 대담하게 뒤집은 이 책을 칼뱅은 혐오했다. 그 후에도 칼뱅에게 여러 저작물을 보냈지만 칼뱅은 일관되게 그 저작들을 비난했다. 어떠한 이유인지는 명확하지 않지만 1553년 8월 세르베투스가 제네바로 왔다. 칼뱅이 설교하던 교회에 나타난 그를 알아본 누군가의 신고로 체포되어 재판을 받았다. 제네바는 세르베투스에게 신성모독 혐의를 덧씌웠다.[37] 1553년 10월 27일 세르베투스는 산 채로 화형을 당했다. 칼뱅은 처형에 반대하지는 않았지만 좀 더 자비로운 방식의 참수를 제안했다. 하지만 제네바시 당국은 이단자에 대한 전통적인 처벌 방법인 화형을 택했다. 아나뱁티스트의 사례에서 보듯이, 이단자를 처형하는 것은 드물지 않았지만 이 사건의 파장은 컸다. 세르베투스는 제네바 시민이 아니라 단지 도시를 거쳐가는 사람이었다. 그러나 종교적 박해를 피해 제네바에 온 종교 난민인 칼뱅이 세르베투스를 처형한 것은 칼뱅의 잔인함과 위선을 보여 주는 증거라는 비판이 제기되었다. 한편에서는 세르베투스에 대한 처형을 제네바의 소름끼치는 신정 정치의 일단을 보여 주는 사건으로 보기도 했다. 칼뱅은 시의회에 사형을 권고하기 이전에 국내외 프로테스탄트의 다양한 의견을 들었다. 대부분은 신중하게 칼뱅을 지지했지만 실망감을 드러내는 이들도 적지 않았다. 프로테스탄트는 가톨릭으로부터 이단자로 몰려 핍박을 받았다. 그러한 현실을 모르지 않은 종교 난민인 칼뱅이 다른 사람을 이단이라는 이유로 처형했다는 것에 대해 아나뱁티스트와 루터교도들이 비판했다. 또한 한때 칼뱅의 동료였던 카스텔리옹도 칼뱅과 제네바의 선택을 비판했다. 이미 몇 해 전 칼뱅과 결별한 카스텔리옹은 세르베투스가 화형에 처해지고 1년 후인 1554년에 출판된 저작 『이단자들은 박해받아야 하는가』(*De Haereticis, An Sint Persequendi*)에서 세르베투스의 처형과 이단자들이 박해받는 현실을 비판했다.

> 우리의 삶은 다툼과 온갖 종류의 죄 가운데 소비된다. 우리는 삶을 바로잡기 위해 그리스도께 나아갈 수 있는 방법에 대해 논쟁하는 것이 아니라 오히려 …… 삼위일체, 예정, 자유의지, 그 밖에 이와 같이 믿음으로 구원을 얻기 위해 알 필요가 없는 것들로 논쟁한다. 사람 수만큼이나 다양한 의견이 존재하지만 다른 모든 사람을 비난하지 않고 스스로 통제하려는 종파는 거의 없다. 그러므로 추방, 사슬, 투옥, 화형, 교수형이

---

37 L. W. Levy, *Treason against God: A History of the Offense of Blasphemy*, New York, NY: Schocken Books, 1981, pp. 135~47.

있으며, 수세기 동안 논쟁 중에 있지만 아직 해결되지 않은 지금까지 알려지지 않은 문제에 대해 힘 있는 자가 다른 사람들에게 매일 형벌을 가하는 이 비참한 상황이 발생한다.[38]

돌이켜보면, 다름이 틀림으로 처벌받아야 했던 분위기 속에서 다름에 대한 관용을 강조한 카스텔리옹의 항의는 훨씬 의미심장하다. 그렇지만 그의 주장은 크게 관심을 받지 못했다. 오히려 제네바에서는 카스텔리옹을 개혁주의 대의를 저버린 반역자로 낙인찍었다. 제네바는 그를 침묵시키고 명성을 무너뜨리기 위해 엄청난 에너지를 쏟았다.[39] 카스텔리옹은 시대에 비추어볼 때 지나치게 합리적인 나머지 종교적 회의주의자로 비추어졌다. 그는 시대를 앞서간 대부분의 사람처럼 죽은 이후에 더 높은 평가를 받았다.

그러나 16세기의 사건은 16세기의 시대정신과 맥락 속에서 이해해야 한다. 당시 모든 군주와 교회는 신성모독자와 이단자를 처형할 권리를 갖고 있다고 믿었다. 칼뱅도 그 시대의 사람이었다. 교회의 교리를 지키고자 하는 종교적 순수성과 그에 따른 폭력성은 비껴가기 어려운 시대의 그림자였다. 그럼에도 부정할 수 없는 사실은 종교의 관용이 칼뱅주의를 따르는 사람에게만 적용되었다는 점이다. 칼뱅이 한계와 모순의 시대를 살았음을 제네바는 웅변한다. 그래서 칼뱅주의자들의 시각과 일반인의 칼뱅을 바라보는 관점은 서로 조화되기 어려울 만큼이나 나뉘어 있다. 그렇지만 칼뱅의 가르침 대부분을 우호적으로 긍정하는 칼뱅주의자들에게도 세르베투스의 화형은 두고두고 부담이 되는 사건이었다. 세

---

38 Sébastien Castellion, *Concerning Heretics, Whether They Are to Be Persecuted and How They Are to Be Treated*, trans., Roland Bainton, New York, NY: Columbia University Press, 1935, pp. 122~23.

39 H. R. Guggisberg, "Tolerance and Intolerance in Sixteenth-century Basel", *Tolerance in the Reformation*, eds., Ole Peter Grell and Bob Scribner, Cambridge: Cambridge University Press, 2002, pp. 145~63.

르베투스에 대한 태도 변화는 1903년 제네바에 세르베투스에 대한 속죄 기념비를 세운 데서 엿볼 수 있다. 비문에서는 '양심의 자유'가 '개혁주의 복음의 기초'와 양립할 수 없다고 생각한 칼뱅의 오류를 지적했다.

> 위대한 종교개혁가 칼뱅의 충실하고 감사한 신봉자로서 우리는 그 시대의 잘못을 반성하고 그의 종교개혁과 복음의 진정한 원칙에 따라 양심의 자유를 지지하며 이 속죄 기념비를 세운다.
>
> 1903년 10월 27일.

난민의 종교개혁

칼뱅의 제네바 종교개혁은 난민의 종교개혁이었다. 칼뱅은 종교 박해를 피하기 위한 망명자로서 제네바에 왔다. 칼뱅이 구성한 제네바 교회의 목사회 역시 프랑스 프로테스탄트 교도들로 채워졌다는 점에서 난민으로서의 칼뱅의 정체성은 제네바 개혁교회 형성과 발전에 중심적인 역할을 했다. 고대 이스라엘 백성들이 바빌론으로 강제 이주했을 때, 그들은 자신들의 종교와 민족적 정체성을 지켜가야 하는 고된 시련에 노출되었다. 제네바로 이주한 프랑스와 다른 유럽 지역의 프로테스탄트 교도들은 자신들의 이주와 정착에 대해 다양한 종교적 의미를 부여했다. 본국에서 종교 소수자로 살아가면서 받는 박해를 피해 자신들의 종교적 삶을 실천할 수 있는 곳으로 이주해 왔지만, 이주민으로서 주변과 경계의 삶은 그들에게 또 다른 '박해의 신학'을 형성하도록 했다. 칼뱅의 제네바에서 그들은 종교적 가치를 서로 북돋우며 걸어가는 공동체 형성에 집중했다. 신적인 예정을 받은 자로 살아가면서 겪는 시련을 동일한 가치를 공유하는 공동체 안에서 극복해 나가야 했다.[40] 제네바 입

40 Esther Chung-Kim, "Aid for Refugees", p. 10.

장에서는 이들 외부인의 유입이 또 다른 도시 일체성에 대한 위협이었다. 칼뱅이 제네바로 온 이후, 프랑스 국내의 박해를 피해 제네바로 이주한 프로테스탄트 교도들의 물결이 이어졌다. 1540~50년대에 대략 3,000~5,000명의 난민이 들어왔다. 전체 인구 1만 명의 제네바시에 이 정도 규모의 난민이 유입된 것은 도시의 통합과 일체에도 위협이 되었을 뿐만 아니라 도시 구조 자체를 흔들 만했다. 제네바 원주민들 사이에 난민과 외국인 혐오증이 생긴 것은 당연했다. 종교 난민의 유입은 좁은 제네바의 경제를 혼란에 빠트렸다. 부동산 가격도 상승했다. 상당한 경제적 능력을 갖추거나 귀족 출신의 일부 이민자들은 부르주아 지위를 사고 시민권을 획득해 제네바시에서 정치적 영향력을 확대했다. 도시는 이 새로운 부르주아를 사회 속에 통합하는 숙제를 안고 있었다.[41]

제네바 원주민들은 프랑스에서 건너온 외국인들이 도시를 점령하고 자신들의 전통과 관습을 무너뜨린다는 위기의식을 느꼈다. 대표적인 스위스 토착 귀족 가문으로 친스위스, 반프랑스 성향의 페랭 가문은 제네바를 스위스 연방에 가입시키려 노력했지만, 프랑스 난민의 유입으로 그들은 정치적 입지를 상당 부분 잃어버렸다. 제네바 시민도 아니고 부르주아도 아닌 칼뱅이 견고한 정치적 입지를 확보할 수 있었던 것은 제네바로 쏟아져 들어오는 프랑스 종교 난민들 때문이었다. 제네바에서 종교개혁이 시작된 이후 가톨릭 성직자들과 지지자들이 도시를 떠나면서 인구는 8,000명까지 줄었다. 그러나 칼뱅이 지지하는 프로테스탄트 정권이 들어서자 외부 인구 유입으로 인구는 크게 증가했다.

기존 원주민과 이주민 프로테스탄트 교도와의 갈등은 제네바를 둘러싼 스위스 연방과의 관계도 어긋나게 만들었다. 제네바에 칼뱅을 소개해 주고 종교개혁을 이끌도록 한 세력인 베른시는 칼뱅과의 관계를 단절했다. 베른시는 칼뱅이 지나치게 영향력을 행사하려 한다고 생각해 1555년 1월 칼뱅주의를 금지했다. 베른 시민들이 성찬을 받기 위해 제

41 William G. Naphy, "Calvin and Geneva", p. 316.

네바로 가는 것도 금지했다. 칼뱅 가르침의 핵심인 예정론을 설교하는 것도 허용되지 않았다. 스위스 프로테스탄트의 중심인 베른과 칼뱅이 결별하면서 스위스 전체를 개혁교회로 만들고자 한 칼뱅의 희망은 물거품이 되었다. 1555년 이후 칼뱅은 스위스 대신에 모국 프랑스로 시선을 돌리고는 프랑스의 프로테스탄트화에 전념했다.[42] 프랑스 내의 프로테스탄트 종교개혁을 지원하는 역할로 전환한 이후 칼뱅은 모든 시간과 열정을 고국 프랑스 복음화에 바칠 수 있게 되었다.[43] 여기에서 한걸음 더 나아갔다. 제네바에는 프랑스뿐만 아니라 잉글랜드와 네덜란드 등지에서 온 망명자들도 있었다. 그들은 자신들의 언어를 사용하는 독자적인 교회 설립을 허가받았다.[44] 명실상부하게 제네바는 프로테스탄트 신앙에 대한 박해를 피해 몰려온 여러 국가의 망명자를 위한 종교 망명 정부의 본부가 되었다.

이주자 공동체가 원주민 페랭 가문을 몰아낸 이후, 칼뱅은 제네바를 본부 삼아 공식적이고 체계적인 유럽 선교 활동을 시작했다. 1555년 4월 처음으로 공식 선교사를 보낸 이후 선교사 숫자는 꾸준히 증가했다.[45] 1555년에서 1563년 사이 프랑스에 88명의 목회자를 파송했다. 그 결과 프랑스에 비록 법적으로 인정되지는 않았지만 공개된 교회(églises dresses)가 세워졌다. 1559년 프랑스 개혁교회의 첫 전국대회(synod)가 파리에서 열렸다. 1560년에는 인구의 10퍼센트에 해당하는 200만 명이 프로테스탄트 교도가 되었다. 이때가 역사상 프랑스에서 프로테스탄트 숫자가 정점을 이룬 시기였다.[46]

칼뱅은 프랑스 전체가 참된 종교로 개종되리라는 희망을 품고 프랑

42 Michael Bruening, "Francophone Territories", pp. 380~81.

43 Robert Kingdon, *Geneva and the Coming Wars of Religion in France, 1555-1563*, Genève: DROZ, 1956, p. 2.

44 Robert M. Kingdon, "Calvin and Geneva", p. 110.

45 Jon Balserak, *Establishing the Remnant Church in France*, p. 5.

46 Patrick Collinson, *The Reformation: A History*, New York, NY: Random House, 2004, p. 97.

스 프로테스탄트 교도를 돕는 일에 특별히 관심을 가졌다. 비밀 네트워크를 구성한 프랑스에서 프로테스탄트 교도로 산다는 것은 정부의 공식적인 탄압 앞에 놓인다는 말이다. 프랑스 내에서 사는 한 박해는 피할 수 없었다. 프로테스탄트 교도들은 박해 앞에서 어떻게 할 것인지 제네바에 여러 조언과 지원을 요청했다. 박해를 피하기 위한 명시적인 대응은 두 가지였다. 하나는 칼뱅처럼 제네바나 다른 관용을 허용하는 지역으로 이주하는 것이었다. 다른 하나는 자신의 프로테스탄트 정체성을 위장하고 프랑스 내에서 살아가는 것이었다. 이들을 일컬어 니고데모주의자(Nicodemians)라고 한다. 요한복음서에 보면 의로운 바리새인 니고데모는 예수를 따랐지만 유대교 안에서 자신의 지위를 잃지 않기 위해 밤에 은밀하게 예수를 만나러 온 인물이다.[47] 16세기 프랑스 맥락에서 니고데모주의자들은 프로테스탄트 교도이지만 박해를 피해 가톨릭교도로 위장하며 살아갔다. 그들은 내면의 종교적 정신이 순수하다면 외적인 행동은 용인될 수 있다고 주장했다. 그러나 그들이 유럽 전역에 어떤 국제적인 네트워크를 형성한 집단이었는지 여부는 분명하지 않다.[48] 칼뱅은 모국에서 형성된 니고데모주의자들의 존재를 알고 있었다. 칼뱅은 그들의 관행에 대해 비판적이었고 심지어 혐오감을 나타내기까지 했다. 칼뱅은 제네바 활동 시기 대부분을 설교, 서신, 저작 등을 통해 니고데모주의를 비판하며 지냈다. 자신의 신앙을 드러내지 못하고 위장하는 행위는 죄와 신성모독이었다.

칼뱅은 냉정했다. 프랑스에서 탄압으로 흩어진 공동체로부터 조언을 구하는 수많은 서신을 받았지만 한 치의 타협도 없었다. 탄압받는 그곳에서 신실하게 공동체를 지키거나 그것이 도저히 가능하지 않다면 자유롭게 신앙을 실천할 수 있는 곳으로 이주하도록 했다. 순교 아니면 망명이

47 요한복음 3:1-9.

48 Carlos M. N. Eire, "Calvin and Nicodemism: A Reappraisal", *Sixteenth century Journal* 10, no. 1, Spring 1979, pp. 44~69.

라는 이 대안은 프랑스 내의 프로테스탄트 교도들이 받아들이기에는 너무 가혹했다. 칼뱅의 조언에 따라 박해와 심지어 순교를 각오하고 프랑스에 남아 프로테스탄트 공동체를 세우는 사람들이 늘었다. 프랑스 개혁교회 공동체의 일체성과 결속력은 대단했다. 그들을 하나로 묶어준 것은 하느님의 택하심을 받은 자들이라는 자부심과 소명의식이었다. 기존의 가톨릭 전통을 전면 부정하고 칼뱅이 제시한 교리적인 기준이 옳고 그름에 대한 판단 기준이었다. 그들이 프랑스 내 프로테스탄트인 위그노를 형성했다. 또한 많은 프로테스탄트 교도가 자발적인 망명길을 떠났다.

박해와 순교의 위협 앞에서도 타협하기를 거부하라는 가르침에 기반해 프랑스와 유럽 전역에 우상 숭배하는 교회에서 벗어나 참된 교회를 세우려는 필요와 움직임이 활발했다. 이것은 또 하나의 딜레마를 던져주었다. 제네바처럼 개혁교회의 가르침을 수용한 지역에서 프로테스탄트 교도로 살아가는 것은 자연스럽다. 그런데 한 도시나 국가의 종교가 그들이 터를 내리고 있는 사회정치적 구조와 불가분이었던 16세기에 참과 거짓 사이의 선택을 요구하는 것은 기존 정부에 대한 부정이었다. 달리 말하자면 혁명을 요구하는 것이었다. 이것은 과장이 아니다. 칼뱅의 완고한 가르침이 제네바 내에서 다름을 용인하지 못한 것처럼 개혁교회는 주류가 아닌 지역에 기성 종교의 정당성을 인정하지 않았다. 칼뱅은 프랑스에서 활동할 목회자를 교육할 때에도 교황제와 우상 숭배에 대한 독설과 선동적인 논쟁으로 일관했다. 그는 심지어 프랑스 내에서 전쟁도 불사해야 한다고 보았으며, 전쟁을 프랑스를 참된 교회로 돌이키기 위한 합법적인 행위이자 신성한 소명으로 묘사하기도 했다. 칼뱅주의에 평화의 언어는 없었다.[49]

칼뱅주의가 담고 있는 이런 반국가적이고 저항적인 가치는 프랑스에서 심각한 종교 문제를 야기할 것이라는 통찰력 있는 예측도 있었다. 니고데모주의에 대한 칼뱅의 비타협적인 입장은 필연적으로 종교로 인해

49 Jon Balserak, *John Calvin as Sixteenth-century Prophet*, p. 116.

시민들 사이의 분쟁으로 이어질 수밖에 없었다. 프랑스에서는 칼뱅주의로 인한 종교 전쟁을 겪었다. 똑같이 비타협적인 태도를 종파적 가치로 여겼던 잉글랜드, 스코틀랜드, 네덜란드의 칼뱅주의도 내전과 같은 분란을 경험했다. 잉글랜드의 청교도는 기성 종교를 거짓으로 여기고 자신들의 가치만을 참종교로 일체화했다. 잉글랜드는 이로 인해 오랜 내전의 소용돌이에 빠졌다. 가톨릭 입장에서는 참과 거짓이라는 명백한 이분법으로 모든 것을 재단하는 칼뱅은 대화의 여지가 없는 선동가와 다름없었다. 동시대의 한 프랑스인은 칼뱅의 가르침을 '반역의 씨앗'이라 보았다.[50]

1555~59년 제네바는 유럽 전역의 칼뱅주의자들의 모델이 되었다. 프랑스인이 아닌 난민들(특히 잉글랜드인과 스코틀랜드인) 가운데 다수가 1555년 최악의 위기 이후에 도착했다. 반대 세력이 완전히 사라지고 오직 열정적인 난민으로만 가득 찬 도시가 되었다. 제네바는 칼뱅주의자들에게 열정과 배움, 헌신과 결단의 장소였다. 칼뱅이 제네바인들을 칼뱅주의 공동체로 개종을 주도한 것이 아니라 제네바시를 전 유럽에서 몰려든 칼뱅주의 난민으로 채웠다는 평가는 의미심장하다.[51] 결과적으로 제네바의 칼뱅주의는 한편에서는 순수하고 열정적인 신앙 공동체를 만들었다고 볼 수 있지만, 다른 한편에서는 타협하지 않는 배타적이고 편협한 세계관을 갖춘 공동체를 만드는 결과를 낳았다.

제네바를 넘어 세계로

1555년 페랭 가문이 주도한 쿠데타 실패는 제네바의 칼뱅에게 '결정

50 Donald Kelley, *The Beginning of Ideology*, Cambridge: Cambridge University Press, 1981, p. 89.

51 William G. Naphy, "Calvin and Geneva", p. 320.

적인' 순간을 만들었다. 칼뱅이 제네바 경계 너머로 눈을 돌릴 수 있는 자유를 얻은 해가 바로 1555년이다. 칼뱅의 인생 마지막 10년은 거칠 것이 없었다. 1559년 그는 비로소 제네바에서 부르주아 신분을 획득했다. 그해 주목할 만한 변곡점이 생겼다. 페랭 가문에서 몰수한 재산으로 제네바 아카데미라는 고등 교육 기관이 설립된 것이다. 칼뱅이 아카데미 설립을 주도했고 같은 프랑스 망명자이자 핵심 참모였던 테오도르 드 베즈(Théodore de Bèze, 1519~1605)를 초대 총장으로 임명했다. 아카데미는 교회의 통제를 받는 중세 대학과는 다르게 개혁교회를 위해 필요한 설교자와 목회자를 양성하는 교육 기관이었다.

칼뱅이 세운 아카데미는 제네바를 넘어 전 세계로 확산되었다. 일차적으로는 제네바 시민들을 대상으로 했지만 곧 유럽 전역에서 학생들이 몰려왔다. 첫해 등록 학생이 600명이었다. 프랑스, 스코틀랜드, 잉글랜드, 네덜란드, 헝가리, 폴란드 등 유럽 각국에서 온 외국인의 유입으로 숫자가 크게 증가했다. 얼마 지나지 않아 아카데미는 프로테스탄트 목회자를 배출하는 중요한 산실이 되었다. 학업을 마친 졸업생들은 개혁 신학에 투철한 선교사가 되어 제네바 모델을 자신의 출신 지역에 이식했다. 제네바는 유럽 프로테스탄트 공동체에 큰 영향을 끼칠 교육받은 개혁 엘리트의 산실이었다.

알프스 기슭의 한 도시의 영향력이 이른바 '칼뱅주의'라고 부를 국제적 운동이 되었다. 이는 종교개혁기 내내 전무후무한 일이었다. 예를 들어 1520년대 대중의 열광이 처음으로 폭발한 루터교는 세속 당국의 주도로 루터교를 받아들인 독일과 스칸디나비아 지역에 국한되었다. 츠빙글리파는 독자적인 교파를 형성하지 못했다. 뒤이어 등장하는 잉글랜드 국교회도 잉글랜드라는 영토적 범위를 넘어서지 못했다. 그 성격이 칼뱅주의와 유사한 국제성을 띠었던 아나뱁티스트의 경우, 급진성이라는 장애를 극복하지 못하고 유럽 어디에서도 뿌리내리는 데 실패했다.

오직 칼뱅주의만 언어와 문화와 지역을 넘어 국제적인 교파를 형성하는 데 성공해 제네바를 넘어 국제적으로 주목할 만한 세력이 되었다. 칼뱅주의는 강력한 지지자들의 열정과 주도성에 기반한 아래로부터의 확산이었다. 그들은 자신들이 신의 선택을 받은 사람들이라는 예정론에 깊이 경도되었다. 비록 박해 속에 흩어져 불확실한 삶을 살고 있지만 선택받은 자신들을 끝까지 책임지는 신적 은총에 대한 굳건한 믿음으로 어려움을 이겨낼 수 있었다. 제네바에서 칼뱅의 성공은 곧 신적 조력의 결과로 인식되었고 망명자들은 각자의 출신지에서 칼뱅의 위업을 그대로 구현해 내려 시도했다. 1550년대에 가톨릭 여왕 메리의 박해를 피해 온 잉글랜드 망명자들은 칼뱅주의에 깊은 감화를 받아 잉글랜드 내의 가톨릭의 흔적을 없애고 제네바의 가치를 도입하고자 시도했다. 칼뱅주의의 영향을 받아 이후에 청교도로 알려지게 된 잉글랜드 칼뱅주의자들은 국교회와의 갈등으로 내전을 일으킬 정도로 강력한 세력이 되었다. 그중 일부는 신대륙으로 건너가 칼뱅주의 교리에 기반한 강력한 종교 국가를 건설했다. 스코틀랜드의 존 녹스(John Knox, 1514?~72)는 제네바 칼뱅주의를 스코틀랜드 국가 차원에서 수용해 프로테스탄트로 전환하는 데 성공했다. 유럽에서 칼뱅주의가 확산된 지역 중 하나는 놀랍게도 무슬림 지배 지역이었던 헝가리이다. 제네바와 직접적인 접촉이 많지는 않았지만 가톨릭 지역에서 박해받던 프로테스탄트 교도들이 자신들을 관용한 헝가리에 집결해 세력을 형성했다.

독일의 경우에는 팔츠 지역이 칼뱅주의를 받아들여 국제 칼뱅주의의 지적 중심지 역할을 했다. 팔츠 선제후 프리드리히 3세가 칼뱅주의를 수용해 1620년까지 지속되었다. 팔츠 내의 신학적으로 권위 있는 대학인 하이델베르크 대학은 하이델베르크 교리문답을 작성했다. 이 교리문답은 향후 수세기 동안 일치된 교리와 신앙고백을 가진 국제 칼뱅주의를 형성하는 데 지적 토대가 되었다.

제네바는 프랑스 프로테스탄트 네트워크의 수원지 역할을 했다. 선교사로 훈련받은 프랑스인들은 프랑스로 다시 파송되었다. 제네바 아카데미 출신의 목회자들을 통해 프랑스 전역에 위그노 교회가 세워졌다. 1550년대부터 칼뱅은 프랑스를 프로테스탄트 국가로 전환하려는 계획을 실천했다. 칼뱅은 프랑스 프로테스탄트 교도들에게 박해 앞에서 인내할 것을 촉구했지만 점차 정치적으로 유력한 귀족 계급과 손잡고 프랑스의 개종을 시도했다. 하지만 이러한 정치적 개혁 추구 전략은 효과적이지 못했다. 프랑스 프로테스탄트 교회의 세력이 강화되면서 종교로 인한 갈등은 걷잡을 수 없었다. 프로테스탄트 교도들의 시위와 성상 파괴, 가톨릭 성직자에 대한 공격이 일상화되면서 점차 내전과 같은 상태로 접어들었다.[52] 프랑스 내 칼뱅주의와 가톨릭은 양립할 수 없었다. 프랑스 개혁교회 회중은 이미 가톨릭 국가 및 군주와 전쟁을 불사하게 되었다. 실제 제네바에서 가장 많은 선교사를 파송한 국가인 프랑스는 1562년부터 1598년까지 종교 전쟁에 휘말렸다.[53]

칼뱅주의 확산으로 인한 종교적 긴장은 다음 세기에도 이어졌다. 네덜란드도 유럽 내 칼뱅주의의 핵심 지역이다. 1568년부터 80년간 스페인 통치에 맞서 전개된 네덜란드 독립 전쟁은 칼뱅주의를 받아들인 지역을 중심으로 이루어졌다. 칼뱅주의를 받아들인 지역의 대중적 저항 운동은 1581년 네덜란드 혁명으로 이어져 공화정을 수립했다. 공화국은 종교적 관용과 상업적 번영을 중시하면서 유럽에서 새로운 정치 체제를 발전시켰다.

칼뱅주의가 국제적인 운동으로 성공할 수 있었던 중요한 요소로 교회 조직을 들 수 있다. 칼뱅의 제네바 교회 조직은 칼뱅의 역량과 경험, 법률가로서의 교육 등이 결합된 산물이다. 제네바를 직접 체험한 녹스는 제네바를 '가장 완벽한 그리스도의 학교'라고 했다. 1564년 칼뱅이 사망할 무렵에는 종교 질서와 규율에 대한 엄격한 적용으로 법치국가의 틀을 놓았다. 제네바는 칼뱅주의 추종자들이 따를 완벽한 모범이었다.[54] 구

52 Andrew Pettegree, "The Spread of Calvin's Thought", *The Cambridge Companion to John Calvin*, ed., Donald K. McKim, Cambridge: Cambridge University Press, 2004, p. 213.

53 Jon Balserak, *John Calvin as Sixteenth-century Prophet*, p. 14.

54 Andrew Pettegree, "The Spread of Calvin's Thought", p. 216.

조는 지역에 맞게 유연하고 탄력적으로 적용되었지만 칼뱅주의 교리에 대한 강조와 열심은 타협할 수 없는 요소였다. 대체로 칼뱅주의는 중앙집권제가 발전하지 않고 정치적으로 분열된 지역에 침투했다. 칼뱅주의는 아래로부터 파고들어 정치권력의 박해를 비껴갈 수 있었다. 그 후 세력을 확보해 무력으로 국가권력에 저항하거나 종교 분쟁을 야기하는 유형을 보였다. 칼뱅주의에서 저항은 거짓 종교의 우상 숭배와 타협하지 않는 정치적 신념으로 발전했다. 하느님의 영광을 훼손하는 세속 통치자에 대항해 궁극적인 충성을 하느님에게 바쳐야 한다는 생각이었다. 저항은 칼뱅주의를 규정하는 중요한 용어이다. 프랑스 내에서 박해받던 프로테스탄트 교도들에게 순교 아니면 망명이라는 극단적인 선택을 제안한 칼뱅의 입장과는 모순된다. 실제로 칼뱅은 시민들의 국가권력에 대한 저항은 중요하게 언급하지 않았다. 칼뱅에게 우상 숭배가 가득한 세상에서 그리스도교도가 해야 하는 최선의 저항은 거짓 예배를 드리지 않고 순교할 수 있는 소극적인 것이었다. 하지만 스코틀랜드 종교개혁가 녹스의 경우는 우상 숭배를 강요하는 통치자에게 적극적으로 거역하는 저항 이론을 발전시켰다.

퀜틴 스키너(Quentin Skinner, 1940~)는 칼뱅의 『기독교 강요』가 명확한 혁명 이론을 제시하지는 않지만 적극적인 저항을 정당화할 수 있는 가능성을 열었다고 본다.[55] 아나뱁티스트가 시민 정부에 저항하는 실험이 실패한 2년 후에 『기독교 강요』가 출판되었다는 점에 유의해야 한다. 칼뱅은 신성한 정부의 질서를 뒤집는 것이 불미스럽고 야만적인 행동이라고 비판했다. 그러나 1559년 마지막 판본에서는 잘못된 세속 행정관에 적극적으로 저항할 수 있는 가능성을 부정하지 않았다. 저항에 유보적인 칼뱅주의의 가르침을 달리 해석한 녹스는 우상 숭배적인 통치자에 저항하는 것이 정당할 뿐만 아니라 저항하는 것이 의무라고 주장했

55 Quentin Skinner, *The Foundations of Modern Political Thought*, vol. 2: *The Age of Reformation*, Cambridge: Cambridge University Press, 1978, pp. 192~200.

다. 그리고 이 저항은 국가 행정관뿐만 아니라 시민들도 동참해야 하는 성격의 것이라고 보았다. 칼뱅주의자 중에 저항 이론을 공식화한 사람은 비레였다. 1536~59년 로잔의 개혁교회를 이끈 비레는 프랑스의 위그노가 우상 숭배하는 정권에 대해 저항해야 한다는 논문을 여럿 출판했다. 비레는 불경건하고 불법적인 세속 통치자의 명령은 무효라고 주장했다. 그렇지만 녹스처럼 모든 시민의 저항권을 옹호하지는 않았다. 칼뱅과 무관하게 이후의 칼뱅주의자들은 거짓 종교를 옹호하는 통치자들을 전복할 신학적·사회적·정치적 이데올로기를 만들어냈다. 그 결과 제네바를 넘어 프랑스·네덜란드·잉글랜드·스코틀랜드 등에서 칼뱅의 추종자들은 기성의 국가 종교에 적극적으로 저항해 분쟁을 야기했다. 이것이 다른 종파와 달리, 칼뱅주의가 지나친 호전성의 혐의를 벗지 못하는 이유이다. 칼뱅주의의 국제적 확장은 칼뱅의 교리를 전투적으로 현지 교회에 적용하려는 갈등 속에 이루어졌다. 저항과 내분, 내전은 칼뱅주의에 피할 수 없는 요소였다.

칼뱅은 제네바에서 활동하면서 바쁜 목회와 수많은 설교 활동 중에도 여러 권의 책을 집필하고 『기독교 강요』를 확장하고 다듬었다. 이후에는 제네바 아카데미를 통한 목회자 훈련에 집중했다. 서양 전통에서 가장 영향력 있는 종교인의 하나가 된 칼뱅은 55세에 사망했다. 그가 종교적인 천재성을 통해 큰 영감을 준 인물임을 부정할 수가 없다. 제네바에서 시작해 국제적으로 확장된 칼뱅주의는 칼뱅이 탁월한 정치적 역량을 지닌 정치가였음도 여실히 보여 준다.[56] 제네바는 칼뱅 덕분에 루터교회와 구별되는 개혁교회라는 이름을 확보했다. 그러나 칼뱅주의는 칼뱅 한 사람에게 의존한 운동이 아니다. 칼뱅이 시도한 대부분은 그의 사후에 꽃을 피웠고 그 운동력은 세대를 넘나드는 유산으로 이어졌다.[57] 칼뱅의

---

56 Michael Walzer, *The Revolution of the Saints*, Cambridge, MA: Harvard University Press, 1965 참조.

57 Robert M. Kingdon, "Calvin and Geneva", p. 117.

방대한 신학 체계와 교회 정치 구조는 이론과 실천을 겸비한 자산이었다. 칼뱅과 그의 지지자들은 16세기 제네바에서 칼뱅주의라는 우산 아래 다양한 유럽 지역에서 찾아볼 수 있는 공통의 교리와 신앙 체계를 성공적으로 형성했다.

현재의 시각에서 뮌스터와 제네바를 비교하는 것은 적절하지 않을 수 있지만, 16세기 제네바는 뮌스터의 재현이 될 수 있다는 혐의를 짙게 받았다. 유럽 각지에서 뮌스터로 몰려온 이들이 1533년과 1534년에 무정부와 무질서의 끝을 만들었던 데 비해, 칼뱅은 유럽에서 온 종교 난민을 조직화하고 동력화해 제네바 모델이 유럽으로 다시 확산되도록 만들었다. 제네바의 정치적 상황의 특수성에서 발생한 칼뱅의 독립적인 교회는 유럽 전역에서 따를 기준이 되었다. 맥클로흐는 칼뱅이 구현한 교회에 대해 필요할 경우 국가를 비판할 권리도 가지면서도 여전히 국가가 관리하는 모든 시민을 통제하기를 열망하는 전투적 가톨릭의 프로테스탄트 판이라고 평가했다.[58] 루터 이래 개혁교회를 개별 국가에 어떻게 실현할 것인가 하는 통일된 그림은 없었다. 칼뱅이 제시한 답은 가톨릭교회의 형태와 구조를 유지하고 그 내용을 프로테스탄트적인 것으로 채우는 것이었다. 루터를 포함한 프로테스탄트 개혁가 중 누구도 성취하지 못한 유럽 전역을 아우르는 '보편적' 프로테스탄트를 형성했다. 16세기 초반까지 유일무이한 것으로 존재하던 로마 가톨릭을 유럽 내에서 대체하는 구조로 키웠다. 칼뱅은 제네바를 프로테스탄트의 로마로 만들었다.

58 Diarmaid MacCulloch, *The Reformation*, p. 233.

제3부

위로부터의 개혁

제12장 잉글랜드 종교개혁

종교개혁 해석사가 워낙 다양하기는 하지만 잉글랜드 종교개혁만큼 복잡하게 얽힌 것도 드물다. 종교개혁이 아래로부터 혹은 위로부터, 단기간에 혹은 장기간에 펼쳐졌다는 다양한 주장이 제기된다. 심지어 잉글랜드 종교개혁은 현실적으로 일어나지 않은 '신화'일 수도 있다는 문제 제기도 있다.[1] 잉글랜드 종교개혁이 무엇인지 묶어줄 단일한 개념은 존재하지 않는다. 물론, 앞으로도 그럴 가능성은 없다. 새로운 문서가 발견

1 Diarmaid MacCulloch, "The Myth of the English Reformation", *Journal of British Studies* 30, 1991, pp. 1~19. 잉글랜드 종교개혁에 대한 신화는 일어나지 않았거나, 우연히 일어난 것이거나 또는 가톨릭과 프로테스탄트 사이에서 어중간한 선택을 했다는 것이다. 이 주장은 주로 국교회파에서 교회의 '가톨릭'(catholic) 연속성을 강조하려는 동기에서 나온 것이다. 국교회가 로마 교황에게 충성하는 교회가 아니라 잉글랜드 내에서 보편교회를 대표하는 교회라는 것이다. 잉글랜드 국교회를 일컫는 성공회를 문자 그대로 옮기면 'Holy Catholic Church'이다. 이 교회가 이후 국교회 내의 가톨릭적 성격을 강화한 고교회파가 되었고, 19세기에 존 헨리 뉴먼(John Henry Newman, 1801~90)이 이끈 옥스퍼드 운동과 연결되어 이들을 앵글로-가톨릭이라고 부른다. 뉴먼은 "우리는 '개혁된' 교회이지 '프로테스탄트' 교회가 아닙니다. …… 엘리자베스와 제임스 시대에는 청교도 정신이 퍼졌고, 그것은 이후 메소디스트로 이어졌습니다. …… 우리는 그동안 초대교회가 가지고 있었던 하나의 목소리를 가졌습니다. …… 우리 교회는 가톨릭과 프로테스탄트의 중도의 길을 선택해 왔습니다"라고 '비아 메디아'를 보편교회의 연속성으로 설명했다.

되고 가설이 형성되면서 한때 권위 있게 받아들여지던 결론이 도전받고 폐기되기도 한다. 표면적 사실보다 그것을 가능케 한 힘에 대한 분석과 해석이 더 중요하다. 잉글랜드 종교개혁은 드러난 사실과 해석사가 극단의 불일치를 보이는 예외적인 사례이다.[2] 그래서 일어난 사건과 사실로서의 역사와 그 해석사를 구분해 살피는 것이 때로 필요하다.

아래로부터의 혹은 위로부터의

몇 가지 기본적인 전제를 잡아보자. 대륙의 여러 종교개혁과 달리, 잉글랜드 종교개혁은 군주의 강력한 압박에 따른 국가적 행위로 이루어진 사건이다. 강력한 잉글랜드 군주제가 있었기에 가능한 것이다. 헨리 8세(Henry VIII, 1491~1547, 재위 1509~47)는 루터의 종교개혁을 반대했고 그의 최측근 토머스 울지(Thomas Wolsey, 1473~1530) 추기경은 루터의 책을 압수해 공개 소각했다. 헨리 8세는 1521년 루터에 반대해 「칠성사를 옹호함」(Assertio Septem Sacramentorum)이라는 논문을 작성해 교황에게 헌정했는데, 토머스 모어의 신학적 조력을 받아 쓴 것으로 추정된다. 이 논문에서 헨리 8세는 가톨릭교회에 대한 루터의 태도를 맹렬히 비난했다.

> 다른 사람은 물론, 심지어 자기 자신과도 의견이 맞지 않는 사람과 논쟁하는 것이 무슨 소용이 있을까? 한곳에서는 긍정하는 것을 다른 곳에서는 부정하고, 지금 긍정한 것을 곧 부정하는 사람과 말이다. 믿음을 들이대면 이성으로 반박하고, 이성을 건드리면 믿음을 핑계 삼는 사람. 철학자를 인용하면 성서로 도망가고, 성서를 제시하면 궤변으로 장난

2 Patrick Collinson, *The Reformation: A History*, New York, NY: Random House, 2004, pp. 123~44.

치는 사람. 부끄러움을 모르고 누구도 두려워하지 않으며, 자신이 어떤 법도 따를 필요가 없다고 생각하는 사람. 교회의 고대 교부들을 멸시하고 새로운 교부들을 조롱하며, 교회의 제일 높은 주교를 맹비난하는 사람. 결국 그는 교회의 관습, 교리, 태도, 법률, 명령, 믿음 나아가 교회 자체를 하찮게 여기며, 교회의 존재를 거의 부인할 정도이다. 어쩌면 자신과 두세 명의 이단자로 이루어진 교회, 그중 자신이 우두머리인 교회만을 인정할지도 모르겠다.[3]

1521년 10월 교황 레오 10세는 이에 대한 보답으로 그에게 '신앙의 수호자'(Fidei Defensor)라는 명칭을 수여했다. 여기에서 신앙은 가톨릭이다. (가톨릭과 결별한 지금도 잉글랜드 군주들은 이 명칭을 여전히 사용하고 있다.) 강력한 군주와 가톨릭교회가 있는 잉글랜드는 종교개혁과는 분명 거리가 멀었다. 만약 1529년 후계자를 얻기 위해 국왕이 첫 번째 부인과의 결혼 무효 소송을 교황에게 제기하지 않았다면, 교황과 대립하고 결별할 이유는 없었을 것이다.[4] 하지만 헨리 8세의 이혼 문제 때문에 잉글랜드는 로마 교황청과 결별했다. 잉글랜드 종교개혁은 초대교회나 사도교회로 돌아가자는 근원에 대한 추구와는 달리, 국왕 헨리 8세가 안정적인 후계 구도를 만들려는 시도의 결과물이다.

그래서 역사가들은 잉글랜드 종교개혁 초에 '프로테스탄트'라는 단어를 사용하기를 주저했다. 그들은 루터처럼 교황이나 가톨릭 신학에 대해 저항하지 않았다. 그들은 '복음주의'라는 용어를 사용했다. 이 용어는 전통 교회에 대한 저항에 초점을 두기보다는 전통 안에서 새로운 교회를 만들고자 한 잉글랜드 교회의 연속성에 초점을 둔 것이다. 14세기 말 존 위클리프의 추종자들인 롤라드파와의 연결성이 강조된다.

---

3 "The Defense of the Seven Sacraments", *English History in the Making*, ed., William L. Sachse, vol. 1, Walthan, MA: Blaisdell Publishing, 1967, pp. 182~83.

4 Diarmaid MacCulloch, "England", *The Early Reformation in Europe*, ed., Andrew Pettegree, Cambridge: Cambridge University Press, 1992, p. 166.

일반적으로 잉글랜드 종교개혁은 두 가지 질문으로 나누어진다. 종교개혁은 위에서 부과된 것인가, 아래에서 요구된 것인가? 이 질문은 다음 질문으로 연결된다. 잉글랜드의 프로테스탄트화는 자연스러운 순응의 결과인가, 아니면 강압의 결과인가? 그렇다면 프로테스탄트화는 빠르게 이어졌는가, 느리게 진행된 과정인가? 종교의 격변은 로마와의 관계에 대한 잉글랜드 법을 재규정하고 교리, 전례 양식 및 건축 양식 등 문화적 변화를 가져왔다. 수도원 해산 및 몰수로 인해 잉글랜드 내 토지가 재분배되는 사회 구조의 변화도 나타났다. 다양한 자료와 문헌을 읽어내지만 이런 학문적·해석적 불일치는 좁혀질 여지가 없다. 이는 근원적으로 종교개혁의 결과로 만들어진 국교회 성격의 애매함 때문이다. 중도의 길을 내세운 국교회는 오롯한 국교회만의 독창성도 있지만 가톨릭적인 요소와 루터교적인 요소, 칼뱅주의의 요소도 담고 있다. 이 네 가지 틀에서 바라보면 어느 입장도 선뜻 만족시킬 수 없는 한계가 뚜렷하다.

이 복잡한 논의를 끌어가기 위한 가장 편리한 방식은 아서 제프리 디킨스의 『잉글랜드 종교개혁』(*The English Reformation, A General History*, 1964, new edition 1989)을 기준점으로 삼는 것이다. 1964년 출판된 이 책은 잉글랜드 종교개혁에서 가장 표준적인 해석서로서 전문성과 대중성 모두를 확보했다. 디킨스의 관점은 가장 전통적인 잉글랜드인의 역사 인식을 보여 주고 있다. 그는 종교개혁이라는 변화를 만들어낸 근본적인 원인이 헨리 8세와 국가가 주도한 정치적·헌정적 압력이 아니라 잉글랜드 전통 속에 형성되어 온 복음주의 이데올로기의 역할이라고 주장했다. 이러한 관점은 존 폭스(John Foxe, 1517~87)가 쓴 『행적과 기념물』(*Acts and Monuments*)에서 전개한 입장을 따른 것이다.[5] 『순교자 열전』으로 더 잘 알려진 이 책은 중세 가톨릭교회의 부패와 미신적 종교성에 저항해 참된 교회를 만들어가려는 사람들의 경건한 삶을 그렸다. 이 전통적인 견해는 수세기 동안 자연스럽게 수용되어 왔다. 그러나 모두 동의하는 것

5 A. G. Dickens, *The English Reformation*, London: Batsford, 1964, p. v.

은 아니었다. 잉글랜드는 충분히 자신들의 전통 종교에 만족했으며, 헨리 8세의 갑작스러운 개혁에 많은 저항이 있었다는 반론이 제기되었다.[6]

이들을 수정주의 사가로 분류한다. 그들의 등장으로 종교개혁 해석사는 새로운 단계에 접어들었다. 수정주의는 청교도혁명으로 알려진 잉글랜드 내전의 기원에 대한 전통적인 해석에 반기를 든 학자들이 등장하면서 나왔다. 그들은 진보 이데올로기로 역사를 파악하고자 했던 휘그파 프로테스탄트 중심의 역사관을 비판했다. 의회 청교도주의는 혁명일 수 없으며, 정치적 갈등에 따른 내전이었다는 관점이다. 군주제의 권력과 권위를 강화하는 이 역사관은 16세기 종교개혁을 읽어나가는 데도 영향을 주었다. 수정주의 역사가들은, 잉글랜드의 근대성은 급진주의와 혁명이 아닌 보수적 연속성에 훨씬 더 많은 빚을 지고 있다고 주장했다. 자연스럽게 16세기 잉글랜드의 종교 격변에 대해 청교도를 중심으로 해석되던 역사도 뒤집었다. 꼭 전복이라 하지 않더라도 이제 잉글랜드 종교개혁은 어느 누구도 깔끔하게 정리할 수 없는 대상이 되었다.

수정주의의 대표적 역사가의 한 사람인 크리스토퍼 헤이(Christopher Haigh, 1945~)는 "잉글랜드인 대부분이 이해하지 못했고 소수만이 원했으며, 아무도 그것이 영속적일 것이라고 알지 못했던 어설프고 혼란스러운 종교개혁을 겪었다"라고 폄하했다.[7] 전통 종교의 건강성과 대중성은 급작스럽게 제시된 새로운 종교에 거부감을 가져왔다. 종교개혁은 실제로는 존재하지 않고 사산했거나 기껏해야 '병든 아이'였다는 것이

6 Christopher Haigh, *English Reformations: Religion, Politics and Society under the Tudors*, Oxford: Oxford University Press, 1993; *The Reign of Elizabeth I*, London: Macmillan, 1984; Jack Scarisbrick, *The Reformation and the English People*, Oxford: Blackwell, 1984; Eamon Duffy, *The Stripping of the Altars: Traditional Religion in England, 1400-1580*, 2nd ed., New Haven and London: Yale University Press, 2005; Eamon Duffy, *The Voices of Morebath*, New Haven and London: Yale University Press, 2001.

7 Christopher Haigh, *English Reformations*, p. 14.

다.[8] 또 다른 수정주의 역사가 잭 스카리스브릭(Jack Scarisbrick, 1928~)도 "전반적으로 잉글랜드 대중은 종교개혁을 원하지 않았으며, 종교개혁이 이루어졌을 때 대부분 천천히 점진적으로 받아들였다"라고 평가했다.[9]

종교개혁 범위에 대한 의견도 분분하다. 잉글랜드 교회가 로마 가톨릭과 결별한 시점을 잡는다면 이혼 문제가 대두된 1529년이나 수장령을 선포한 1534년을 종교개혁 시작으로 볼 수 있지만, 영속적으로 확립된 해가 1559년이니 최소 30년 정도 잡아야 한다. 그동안 종교 정책도 격변을 겪었지만 메리 튜더의 가톨릭 복귀를 반동으로 보기보다는 '튜더 개혁'이라는 연속선 내에 위치시키는 관점도 가능하다.[10] 잉글랜드 종교개혁을 반가톨릭이라는 한 가지 등식이 아닌 국왕에 의한 국가적 행위라는 공통점을 추출한다면 설명 가능하다. 메리의 가톨릭 복귀 정책이 단순한 강압으로 여겨지지 않고 여전히 잉글랜드 대중이 수용할 수 있는 오래되고 익숙한 전통이었기 때문이다. 종교개혁을 한 국가의 종교 문화의 재구성이라고 본다면 그 시작은 위클리프의 반교황주의가 이단으로 선언된 1378년으로, 그 끝은 종교의 관용이 국교회 내에 수용된 1688년으로 보아야 한다는 주장도 타당하다.[11] 이 300년은 가톨릭도 아니고 대륙의 프로테스탄트와는 또 다른 잉글랜드 교회가 형성되는 긴 과정이다.[12] 그렇다면 헨리 8세 치하에서 프로테스탄트가 되었는지, 그

---

8 Christopher Haigh, "The English Reformation: A Premature Birth, a Difficult Labour and a Sickly Child", *Historical Journal* 33, 1990, pp. 449~59.

9 Jack Scarisbrick, *Reformation and English People*, p. 1.

10 Ronald Hutton, "The Local Impact of the Tudor Reformations", *The English Reformation Revised*, ed., Christopher Haigh, Cambridge: Cambridge University Press, 1987.

11 Patrick Collinson, "England", *The Reformation in National Context*, eds., Bob Scribner, Roy Porter, and Mikulas Teich, Cambridge: Cambridge University Press, 1994, pp. 107~29.

12 David Cressy, *Bonfires and Bells: National Memory and the Protestant Calendar in Elizabethan and Stuart England*, London: Weidenfeld and Nicolson, 1989.

아들 에드워드 6세 치하에서 프로테스탄트가 되었는지, 아니면 딸 엘리자베스 1세 때 되었는지 질문하는 것은 크게 중요하지 않아 보인다.

그럼에도 헨리 8세의 종교 정책은 중요했다. 지금껏 이어지는 잉글랜드 교회에 영속적 변화의 단초를 제공했기 때문이다. 이혼 문제라는 한 우연한 사건이 매개가 되어 잉글랜드의 법률 체계의 변화는 물론, 종교 문화에 근원적인 변화를 가져왔다. 본질적으로 그 사건은 '국가'의 행위였다. 잉글랜드 종교개혁은 입법적인 개혁과 신학적 개혁이 구분되어 진행되었다. 종교개혁이 위로부터 강제되었든 아래로부터 자발적으로 진행되었든 간에, 새로운 종교의 도입이 자리 잡기까지는 아주 오랜 기간이 걸렸다.[13] 국교회가 정착되기까지는 끊임없는 협상과 타협, 후퇴와 전진이 반복되었다.

튜더 종교개혁

잉글랜드 종교개혁이 혼란을 야기한 파괴적인 것으로 보는 시각은 대부분 중세 말의 다분히 건강하고 활발하게 이어진 잉글랜드 가톨릭 신심을 전제로 한다. 종교개혁기 이전에 헌신적인 대중의 참여로 많은 교회가 수리되고 성상이 활발하게 세워졌다.[14] 종교개혁은 항상 타락한 가톨릭교회에 대한 저항이라는 경직된 구도를 잉글랜드에 적용하는 것은 쉽지 않다. 잉글랜드의 종교개혁은 왕과 의회가 주도했기 때문에 교회를 개혁하려는 이상보다는 왕위 계승 문제와 연관된 정치적 욕망의 결과물로 읽혔다. 하지만 이 전제는 종교개혁에 대한 절반의 진실을 담고 있을 뿐이다. 루터의 종교개혁을 비롯해 교회개혁이라는 대의명분을 내건 대

---

13 Christopher Haigh, "The Recent Historiography of the English Reformation", *The English Reformation Revised*, Cambridge: Cambridge University Press, 1987.

14 Helen Parish, "England", *The Reformation World*, ed., A. Pettegree, London and New York, NY: Routledge, 2000, p. 233.

부분의 관 주도 개혁은 로마 교황청의 자국 내 간섭에서 벗어나려는 국가주의 강화와 맞물려 있다. 가톨릭 주교의 간섭에서 벗어나고자 개혁교회를 선택했던 취리히나 제네바 종교개혁의 경우도 그와 같다. 독일 종교의 격변을 초래한 것은 작센 인근 지역의 면벌부 판매였다. 면벌부의 정당성에 대한 신학적 거부일 수도 있지만, 현실적으로는 독일에서 거둔 수익이 로마로 흘러들어 가는 것에 반대한 민중의 정치적 저항도 무관하지 않다.

잉글랜드도 마찬가지이다. 헨리 8세의 개혁이 신학적 이상에서 출발하지 않고 상속 문제에서 출발한 것이지만, 오랜 동안 잉글랜드에서는 반교황 정서가 자리 잡고 있었다. 1370년대 위클리프도 잉글랜드에서 면벌부 판매 수익이 로마로 흘러가는 것에 대해 반대하면서 교황을 적그리스도라고 비난했다. 역사를 훨씬 이전으로 되돌려 보면, 잉글랜드 교회(Ecclesia Anglicana)의 전통은 교황 그레고리우스 1세가 597년 잉글랜드에 선교사를 보내면서 시작된 것이 아니다. 이미 훨씬 전에 그리스도교를 수용하고 켈트 영성에 기반한 독자적인 잉글랜드 교회 전통을 형성했다. 664년 가톨릭교회와 잉글랜드 교회가 휘트비에서 만나 로마 가톨릭을 수용하기로 합의하면서 두 전통이 합쳐졌다. 그래서 로마 가톨릭과 잉글랜드 교회의 관계는 수직적이기보다는 가톨릭과 동방정교회와의 관계처럼 수평적이라고 보기도 한다. 이 관점을 수용하면 헨리 8세의 종교개혁은 그 원래의 자리로 잉글랜드 교회를 되돌린 결정이다. 우여곡절 끝에 시작하고 진행된 잉글랜드 개혁은 잉글랜드 교회의 상태나 대중의 종교성과 무관하게 시작했으나 대중의 반응과 서로 조정해 경로가 정해진 양 방향성을 갖고 있다고 볼 수 있다. 헨리 8세(재위 1509~47)로부터 에드워드 6세(재위 1547~53), 메리 1세(재위 1553~58)를 거쳐 엘리자베스 1세(재위 1558~1603)에 이르는 시기는 외형적으로는 프로테스탄트, 가톨릭, 다시 프로테스탄트의 형식을 취했지만, 시계추가 좌우로 넓게 흔들리면서 잉글랜드 대중의 성향에 맞는 교회를 합의해 가는 데 필요한 기간이었다.

다분히 후향적으로 짚어보는 결과론적인 해석이지만 잉글랜드 국교회는 이 전통을 고수한다. 지나친 단순화일까? 꼭 그렇지는 않다. 프랑스의 경우는 칼뱅주의의 영향으로 한때 프로테스탄트 국가가 될 상황이었지만 결국 가톨릭으로 남았다. 그러나 그 속에서 프랑스는 프랑스 교회의 주권을 교황이 아닌 프랑스 왕이 행사하는 국가교회 이데올로기인 갈리칸주의를 만들었다. 중요한 지점은 결과적으로 만들어진 종교 형태가 무엇이냐보다 국왕과 의회가 교회 문제를 주도하는 시대로 모든 유럽이 접어들었다는 것이다. 그렇다면 잉글랜드 종교개혁이야말로 근대 국민국가와 맞물려 형성된 교회의 전형을 만들어낸 것으로 평가받아야 한다.

1415년 콘스탄츠 공의회 이후 교황청은 분열을 닫고 재통합되었다. 그 이후 교황은 거의 전적으로 이탈리아인들이 차지했다. 세속 군주들은 이론적으로 교황의 권위를 인정했지만, 이미 교황청 법정과 세속 법정은 어느 정도 분리되어 군주들은 자국의 법률에 따라 관료주의를 정착시켰다. 튜더 왕조를 이룩한 헨리 7세와 아들 헨리 8세는 대외적으로는 로마에 대한 충성을 선언하면서 조용히 잉글랜드 의회의 주권을 강화하며, 교회가 가진 법적 특권을 지속적으로 축소해 왔다. 교황청의 권위는 유지되는 듯하지만 실제 권력은 잉글랜드 통치자에게로 넘어왔다. 유럽 대부분 국가도 유사한 유형을 경험했다. 루터의 종교개혁은 다소 허상의 권위를 부여잡고 있던 교황에 대해 유럽 군주들이 어떠한 선택을 할지 선택지를 제공한 사건이었다. 잉글랜드 튜더 왕조가 시행한 종교개혁은 이런 유럽의 정치 역학의 산물이었다.

헨리 8세, 로마와 결별하다

정치와 종교가 혼재하고 왕실과 교회가 맞물려 돌아간 16세기라는 맥락 안에서 종교개혁의 단초가 직접적으로 종교 문제였는지 여부에 과도하게 초점을 맞출 필요는 없다. 핵심은 국왕이 천년 이상 내려온 종교 전통을 허물 수 있을 정도의 강력한 왕권을 형성했다는 데 있다. 왕위 계승을 둘러싼 장미전쟁이라 불리는 내전은 대립 가문이 혼인해 화해하면서 마무리되었다. 그렇게 헨리 7세로부터 시작된 튜더 왕조는 원활한 왕위 계승을 위해 적법한 상속자를 얻는 것이 큰 과제였다. 헨리 7세의 맏아들이자 왕위 계승자인 아서 튜더(Arthur Tudor, 1486~1502)가 1502년 사망하면서 뜻밖의 위기가 닥쳤다. 아서와 결혼했다가 과부가 된 아라곤의 캐서린(Catherine of Aragon, 1485~1536)은 신성 로마 제국 카를 5세의 고모였다. 외교 관계가 껄끄러워질 것을 우려한 잉글랜드 의회는 로마 교황에게 아서와 캐서린의 혼인 무효 소송을 제기했다. 병약한 아서와 캐서린이 동침해 혼인 관계를 완성한 적이 없기 때문에 결혼이 무효라는 이유였다. 소송이 받아들여져 1509년 헨리 8세는 한때 형수였던 캐서린과 결혼했다. 튜더 왕조의 안정적인 미래는 논란의 여지가 없는 승계자에 달려 있었다. 그렇지만 둘 사이에 낳은 자녀 중 유일하게 살아남은 것은 딸 메리였다. 헨리 8세는 이 상황을 형수와 결혼한 데 대한 하느님의 저주라고 해석하고는 1527년 캐서린과의 결혼을 무효화해 달라고 로마에 청원했다.

당시 카를 5세는 로마를 약탈하고 교황청을 병사들의 숙소와 마구간으로 쓰면서 교황 클레멘스 7세를 실질적인 포로로 잡고 있던 상황이었다. 토머스 울지 추기경이 헨리 8세의 대리인으로 교황과 협상을 벌였지만 교황은 감히 황제 고모의 혼인 무효를 승인할 수는 없었다. 지지부진한 상황에 격분한 헨리 8세는 1529년 울지에게 반역죄 혐의를 덧씌웠다. 울지 추기경에게 제기된 구체적인 조항은 「교황존신죄법」(Praemunire) 위반이었다. 14세기 에드워드 3세(Edward III, 1312~77, 재위 1327~77) 때 제정된 이 법은 잉글랜드인이 교황청의 법적 관할권을 인정하거나 교황청에 제소하는 것을 금지하는 법안이다. 1530년에는 모든 잉글랜드 성직자가 같은 법에 따라 교황에게 불법 동조한 혐의를 받고 기소되었다. 국왕이 이 법을 소환한 이유는 역사적으로 잉글랜드가 교회 문제에 대해 독립적인 권한을 행사했음을 보여 주기 위한 것이다. 이 법에 따르자면, 국왕의 혼인 무효 여부에 대한 판단은 교황이 아닌 잉글랜드 국왕에게 달려 있다.[15] 이론적으로 가능하지만 실제로 실행하는 것은 별개이다.

캐서린과의 소송이 지지부진하게 정리되지 않은 때에 국왕 헨리 8세는 궁정 시녀 앤 불린(Anne Boleyn, 1507~36)을 연인으로 맞았다. 1532년 12월 불린의 임신이 알려졌고 1533년 1월 비밀 결혼을 했다. 캐서린과의 혼인 상태에서 이 결혼은 법적으로는 중혼이었다. 더 이상 시간을 끌 수 없었다. 교황이 캐서린과의 혼인 무효 문제에서 양보할 기미를 보이지 않자 헨리 8세는 위험한 도박을 시도했다. 여기에는 또 다른 두 명의 토머스가 조력자로 등장한다. 1530년 울지가 실각하자 토머스 크롬웰(Thomas Cromwell, 1485~1540)이 추밀원 고문 자리를 차지했다. 그는 울지 추기경의 총애와 신뢰를 받던 인물로 치밀한 전략을 통해 마침내 로마 교회와의 단절을 이루었다. 한편으로는 성직자들을 압박하는 일련의 법안을 통과시켜 국왕에게 저항하는 것을 막았다. 1533년 「교황상소금지법」(Act in Restraint of Appeals)이 제정되었다. 이 법은 결혼, 이혼, 유언 등에 대해 국왕이나 의회가 내린 결정을 로마에 항소할 수 없도록 했다. 이 법으로 로마 교황이 행사하던 교회 관할권을 국왕이 접수했다. 잉글랜드 교회 문제에 대한 법적 관할을 교황이 아닌 국왕이 가지고 있다면 혼인 무효를 결정할 권한도 국왕에게 귀속된다. 다른 한편으로는 1532년 8월 사망한 캔터베리 대주교의 후임에 국왕의 이혼 문제에 우호적인 입장에 섰던 토머스 크랜머(Thomas Cranmer, 1489~1556)를 임명했다.[16] 케임브리지 대학 교수였던 크랜머는 1520년대부터 루터 종교개

15 Eric Kemp, "The Spirit of the Canon Law and its Application in England", *Ecclesiastical Law Journal* 1, no. 1, 1987, pp. 9~10.

16 Paul Ayris and David Selwyn, *Thomas Cranmer: Churchman and Scholar*, Rochester: Boydell Press, 1999, p. 148. 에드워드 6세 통치기인 1552년 크랜머는 다른 31인의 성직자 및 변호사와 함께 발의한 교회법 개혁(*Reformatio Legum Ecclesiasticarum*)

혁에 큰 관심을 보였던 루터파였다. 신임 캔터베리 대주교는 헨리 8세의 요청을 기꺼이 받아들였다. 일은 일사천리로 진행되었다. 1533년 5월, 크랜머는 캔터베리 성직자 회의를 소집해 헨리 8세와 아라곤의 캐서린의 혼인 무효를 선언했다. 캐서린은 왕비 지위를 박탈당했고 딸 메리는 사생아로 선포되었다. 1533년 6월 불린이 왕비로 대관되었다. 3개월 후인 9월 7일에 왕비는 딸 엘리자베스를 출산했다.

캔터베리 대주교가 주관한 왕비의 대관식은 종교개혁 시대의 정점이었다. 표면적으로는 혼인 무효에 따른 결혼이지만 실질적으로는 재혼해 왕비를 맞은 이 사건은 로마와 단절하고 새로운 잉글랜드 국교를 설립했음을 상징적으로 보여 준다. 이것이 출발점이 되어 왕은 정치적으로 중앙집권화를 강화하고 가톨릭 수도회를 해체해 경제적으로 부를 공고히 했다. 교황을 배신하고 국왕에게 충성을 맹세한 크랜머는 자신이 지닌 신학적·정치적·법률적 재능을 이용해 국교회의 정체성의 기초를 다졌다. 교황은 헨리 8세를 파문했다. 이에 아랑곳하지 않고 잉글랜드 의회는 1534년 헨리 8세를 잉글랜드 교회의 최고 수장으로 선언하는 「수장령」을 통과시켰다.

동시대의 요크셔 성직자 로버트 파킨(Robert Parkyn, ?~1569)은 이 사건의 전개를 다음과 같이 묘사했다.

> 헨리 8세는 재위 24년 그의 합법적인 아내였던 고귀한 캐서린 왕비와 부당하게 이혼한 이후 앤 불린과 결혼했으며, 그녀는 성령강림절에 잉글랜드의 왕비로 즉위했다. 그러나 이듬해인 1533년 로마 교황의 권위와 권한이 이 왕국에서 완전히 박탈되었다. 그 후 국왕은 하느님 바로 아래에서 잉글랜드와 아일랜드 교회의 최고 수장으로 선포되었다.[17]

이라는 법안에서 적법한 이혼 사유를 명시했는데, 여기에는 간통이나 학대뿐만 아니라 불임 문제도 포함되었다. 그렇지만 이 법안은 국왕의 섭정인 존 더들리(John Dudley, 1504~53)와의 갈등으로 인해 의회에서 통과되지는 못했다.

17 A. G. Dickens, ed., "Robert Parkyn's Narrative of the Reformation", *Reformation*

대중은 헨리 8세의 캐서린과의 이혼 및 불린과의 결혼이 부당하다는 사실을 인식하고 있었다. 그리고 이 사건이 직접적으로 국왕이 수장이 되는 국교회를 세운 계기임을 보여 준다. 종교가 아닌 정치가 잉글랜드의 종교개혁을 일으켰다.[18] 정치적 목적에 의해 시작되었지만 필연적으로 대중의 종교적 정체성과 관습을 바꾸는 문화적 변화가 뒤따랐다. 1534년 의회에서 통과된 「통일령」(Act of Uniformity)은 잉글랜드 교회에 대한 전적인 통제권을 국왕에게 부여했다. 성직 임명권은 물론, 국왕이 교회 재산과 수입의 최종 관리자가 되었다. 교회 수장으로서 국왕의 권위를 인정하지 않는 경우에 반역죄로 사형에 처해졌다. 저항이 없을 수 없었다. 튜더 왕조의 정당성을 확보하기 위한 무리한 선택에 반대하고 교황의 권위를 옹호한 성직자들과 관리들이 처형당했다. 그중에는 왕과 교황에게 모두 충실했던 케임브리지 대학 총장이자 로체스터 주교를 지낸 존 피셔와 대법관 모어도 있었다. 피셔가 1535년 6월 22일에, 모어는 그 보름 후에 반역 혐의로 각각 참수되었다.

잉글랜드 국교회는 전통적인 가톨릭 교리나 예배의식에 대한 문제와는 무관했으며, 그것은 오롯이 교회에 대한 법적 관할권에 대한 문제였다. 그러나 동일한 신학이나 의식이 유지되지는 않았다. 크롬웰과 크랜머는 확실하게 개혁을 지지했다. 그리고 새 왕비 불린도 프로테스탄트 개혁의 지지자였다. 그들에게는 로마와의 결별을 활용해 잉글랜드 교회를 좀 더 대륙의 프로테스탄트적인 특성을 받아들이게 하려는 의지가 있었다. 가톨릭에서 일상화된 성상의 미신적 활용과 성인 숭배 등의 행위를 거부하고 절기를 폐지했다. 1538년에는 전통 종교의 관행인 순례, 성인 및 성유물 숭배 등을 교회의 큰 위협과 저주를 초래하는 것으로 보고 금지했다.

미신과 주술로 가득한 교회를 개혁하고 사도교회의 원형을 회복할 주

Studies, London: Hambledon Press, 1982, p. 293.

18 Helen Parish, "England", p. 225.

체이자 교회개혁가로서 국왕의 이미지가 만들어졌다. 교회를 국가의 지배 아래 두기 위한 변화는 국왕의 절대적 총애를 받은 캔터베리 대주교 크랜머와 추밀원 고문 크롬웰이 속도감 있게 전개했다. 1536년 개혁주의 노선을 담은 「10개 신조」를 발표했다. 같은 해 의회는 잉글랜드에서 연수입 200파운드 미만의 소규모 수도원을 해산하고 재산을 국고로 귀속시켰다. 잉글랜드 전역에서 300곳 이상의 수도원이 폐쇄되었다. 이는 대부분의 주교와 귀족들에게 큰 충격을 안겼다. 그들은 왕위 계승이라는 대의를 위해 일시적으로 로마와 결별했지만, 결국 다시 로마와 화해할 것이라고 기대하고 있었기 때문이다. 당혹스러운 변화는 1536년 10월 잉글랜드 북부에서 '은총의 순례'(Pilgrimage of Grace)라는 이름의 민중 봉기로 이어졌다. 봉기는 잔인하게 진압되었다. 그 후 대규모 수도원도 점차 폐지되어 1540년에는 한 곳도 남지 않았다. 1539년 발행된 『대성서』(*Great Bible*) 표지는 하느님의 말씀으로 교회를 다스리는 프로테스탄트 통치자 헨리 8세를 묘사했다. 왕좌에 앉은 그는 크랜머와 오른쪽의 주교들에게 성서를 나눠주고 크롬웰과 왼쪽의 의원들에게 '하느님의 말씀'을 건네고 있다. 그리스도는 구름 위에서 이 모습을 내려다보고 있다. 헨리 8세는 잉글랜드에 참종교를 가져오는 하느님의 대리인이자 이스라엘 왕 중 가장 존경받는 다윗의 재현이었다.[19]

하지만 일련의 프로테스탄트화 작업은 몇 가지 사건으로 급속히 꺾였다. 잉글랜드 북부의 민중 봉기는 모든 잉글랜드인이 종교 변화를 기꺼이 받아들인 것이 아니라는 단적인 증거였다. 프로테스탄트화의 속도에 또 다른 제동이 걸렸다. 프로테스탄트의 강력한 지지자인 왕비 불린이 아들을 낳지 못하고 몰락한 것이다. 왕비는 간통 혐의를 받아 1536년 5월 19일에 참수형을 당했다. 그로부터 2주일 후에 헨리 8세는 불린의 시종이었던 제인 시모어(Jane Seymour, 1508?~37)와 세 번째 결혼을 했

19 Richard Rex, *Henry VIII and the English Reformation*, Basingstoke: Macmillan Education, 1993, p. 174.

다. 이듬해 시모어는 바라던 아들 에드워드를 낳았다. 왕비는 출산 중 사망했다. 왕이 아들을 얻음으로써 로마와의 결별을 무릅써야 했던 이유가 사라졌다. 보수적인 성직자들과 의원들은 로마와 화해할 필요성을 제기하고 잉글랜드에 급진적인 프로테스탄트가 스며들 수 있는 위험을 지적했다. 당시 잉글랜드 아나뱁티스트는 그런 위험성의 신호로 비춰질 수 있었다. 실제로 헨리 8세는 1535년과 1539년 두 차례에 걸쳐 잉글랜드에서 아나뱁티스트를 추방하는 칙령을 내리기도 했다.

갈수록 헨리 8세는 자신이 복음주의자가 아니라는 것을 명확히 드러냈다. 이단 재판을 통해 복음주의자들을 화형에 처하기도 했다. 독일 루터교도들과의 협상이 결렬되자 전통 교리로 돌아갔다. 1539년 헨리 8세는 「10개 신조」를 폐기하고 화체설 수용, 평신도 양종성찬 금지, 사제 독신, 수도 서약 준수, 개인 미사, 고해성사 인정 등 정통 가톨릭 교리를 반영한 「6개 신조」를 제정했다. 이는 잉글랜드 내 프로테스탄트, 특히 루터파의 억압으로 이어졌고 저항하는 개혁가들은 대륙으로 망명했다. 그들이 주로 츠빙글리와 칼뱅의 개혁교회를 지지하는 지역으로 갔다는 점이 두드러진다. 프로테스탄트 개혁이 좌초된 계기는 크롬웰의 실각과 연결된다. 그는 헨리 8세의 네 번째 아내인 독일 루터파 안나 폰 클레베(Anna von Kleve, 1515~57)와의 혼인을 주선하다가 왕의 미움을 샀다. 헨리 8세는 한스 홀바인이 그린 초상화의 아름다움을 보고 결혼에 동의했지만 실제 모습이 너무 달랐다. 실망한 왕은 안나를 받아들이지 않았고 결혼은 무효가 되었다. 이 사건에 책임을 물어 1540년 7월 크롬웰이 처형되었다. 울지와 모어에 이어 또 한 명의 반역자 토머스가 나왔다. 정략결혼을 통해 교회개혁을 연결하려는 시도는 좌절되었다. 넓게 보자면, 크롬웰의 실각은 종교 정책을 두고 보수적인 정치가들과의 노선 투쟁에서 패배했기 때문이다. 1541년 국왕은 국제적 고립에서 벗어나기 위해 로마와의 화해 가능성도 고려하고 있는 상황이었다.

나이 든 왕은 보수적인 목소리에 귀를 기울였지만 여지가 없지 않았다. 왕의 크랜머에 대한 신뢰는 끝까지 이어졌고 크랜머는 대학과 교회로부터 강력한 지지를 받았다. 이 와중에 헨리 8세는 1540년 다섯 번째 아내로 캐서린 하워드(Catherine Howard, 1523~42)를 얻었지만 1542년 간통 혐의로 처형했다. 1543년 프로테스탄트 지지자인 캐서린 파(Catherine Parr, 1512~48)가 헨리의 여섯 번째 아내가 되었다. 그녀는 어린 에드워드와 엘리자베스를 프로테스탄트 교도로 양육했다. 헨리 8세는 1547년 56세의 나이로 사망할 때까지 자식들을 프로테스탄트 교도로 양육하는 것에 눈감아주었다. 그는 개혁가는 아니었다. 누구도 왕의 보수성과 자기 중심성을 무너뜨리지 못했다. 이혼이 빌미가 된 종교개혁이 잉글랜드인들의 심성에 어느 정도까지 침투했는지도 미지수이다.[20] 교리적으로 가톨릭에 우호적인 「6개 신조」였지만 교황과의 재결합을 시도하지는 않았다. 로마로 복귀하기를 희망했던 전통주의자들도 실망하기는 마찬가지였다. 하지만 잉글랜드 내에서 성인과 성유물 숭배는 줄고, 연옥 교리와 수도원은 사라지고, 영어로 된 성서와 예배서를 사용하는 새로운 종교 문화가 생겨났다. 헨리 8세의 치세에서 잉글랜드 교회는 교리적으로는 가톨릭적 요소를 고수하면서 예배와 실천에서는 독특한 잉글랜드 요소를 발전시켰다. 이러한 과정을 거쳐 튜더 종교개혁 1기는 마무리되었다.

에드워드 6세, 실패한 요시야의 꿈

헨리 8세의 통치 말엽에 잉글랜드 교회의 방향을 어떻게 이끌어갈지를 놓고 치열한 암투가 벌어졌다. 캐서린 파가 왕비가 되면서 복음주의 진영에 희망이 보이는 듯했지만, 왕이 죽기 3개월 전에 복음주의자 4명에 대한 화형이 이루어지면서 한치 앞을 예상할 수 없었다. 왕의 죽음 이후 계승자가 된 에드워드는 10세에 불과했다. 잉글랜드 의회는 1533년

20 Helen Parish, "England", p. 227.

「왕위 계승령」(Act of Succession)을 제정해 앤 불린의 자녀를 왕위 계승자로 확정했으며, 에드워드가 태어난 후에는 1543년 「왕위 계승령」을 통해 에드워드를 1순위, 메리와 엘리자베스를 2순위와 3순위 계승자로 각각 인정했다.

왕의 섭정(Protector of the Realm)으로 시모어 왕비의 오빠이자 서머싯 공작 에드워드 시모어(Edward Seymour, 1500~52)가 등장했다. 그는 왕실 내에서 확실한 실권을 장악하기 위해 헨리 8세의 종교 정책과 분명한 차별성을 두고 프로테스탄트에 우호적인 정책을 폈다. 캔터베리 대주교 크랜머도 가세했다. 그들은 잉글랜드 교회를 더욱 분명하게 복음주의 방향으로 이끌어 가고자 했다. 대관식 설교에서 크랜머는 왕의 의무와 소명을 구약시대 요시야 왕의 개혁 정책에 빗대어 강조했다.

> 폐하께서는 하느님의 대리자이자 폐하의 영토 안에서 그리스도의 대리자이십니다. 폐하는 선왕 요시야처럼 하느님께 참된 경배를 드리고 우상을 제거하고 로마 주교들의 폭정이 폐하의 백성들로부터 사라지게 해야 합니다. 이러한 행위들은 하느님의 교회를 개혁한 제2의 요시야의 증표입니다. 폐하께서는 덕을 보상하고 죄를 응징하며, 죄 없는 자에게 정의로운 판결을 내리고 가난한 이를 돕고 평화를 이루며, 폭력을 억제하고 폐하의 영토 전역에서 정의를 실행해야 합니다. 이러한 일을 행하지 않은 왕들에게 구약은 주님께서 그분의 분노를 어떻게 갚으셨는지 보여 줍니다. 반대로 이를 충실히 이행한 왕들에게는 풍성한 축복을 내리셨습니다. 예를 들어 열왕기서에는 요시야에 대해 이렇게 기록되어 있습니다. "요시야처럼 마음을 다하고 혼을 다하며, 힘을 다해 모세의 율법대로 주님께 돌아간 왕은 그 이전에도 없었고 그 이후에도 없었다." 이는 그 왕에게 영원히 남을 존귀한 명예로 세상 끝까지 기억될 것입니다.[21]

---

21 *Writings of Edward the Sixth, William Hugh, Queen Catherine Parr, Anne Askew, Lady*

요시야는 어린 나이에 왕위에 올라 우상 숭배했던 선왕 아몬의 길을 버리고 종교적 개혁을 단행해 유다를 하느님께로 돌이켰던 인물이다. 크랜머의 권면은 향후 두 번째 튜더 종교개혁의 방향을 제시하는 것이었다. 시모어와 크랜머는 의회의 실권을 장악한 이후 신속하게 개혁 과제를 처리했다. 우선 「이단법」과 「6개 신조」를 폐지했다. 1548년에는 평신도들에게도 포도주를 주는 양종성찬을 허용했다. 성직자라는 특별한 구분 속에 독신 의무가 부과되었던 사제의 결혼도 허용되었다. 가톨릭 관행으로 뿌리 뽑히지 않고 남아 있던 성지순례, 성상 숭배와 다른 종교적 기념물을 제거하는 조치를 취했다. 교회에서도 조각상이 파괴되고 십자가가 치워졌다. 어린 왕의 섭정과 실권자들이 잉글랜드에 확고한 프로테스탄트화를 진행시켰다.[22] 크랜머는 1522년 프로테스탄트적인 특성을 담은 『공동기도서』(*Book of Common Prayer*)를 만들었다. 여기에서 죽은 자를 위한 기도를 없애고, 화체설을 부정하고, 가톨릭을 상기시키는 예복이나 제단을 없앴다. 헨리 8세의 개혁 때와 마찬가지로 크고 작은 저항이 없지 않았다. 잉글랜드 남서부에서 『공동기도서』에 반대하는 반란이 일어났다. 이 반란을 진압하는 과정에서 대량 학살이 자행되었다. 그에 대한 책임이 서머싯 공작에게 전가되었고 섭정의 권력은 노섬벌랜드 공작 존 더들리에게로 넘어갔다. 그러나 종교 정책은 변하지 않았고 더들리와 크랜머는 개혁의 고삐를 늦추지 않았다. 1553년에는 프로테스탄트 신학을 명확히 담은 「42개 신조」를 반포해 잉글랜드 교회의 방향을 제시했다. 그는 루터교 독일의 모델보다 취리히나 제네바의 개혁주의 모델을 적극 수용했다. 소년 왕 에드워드 6세의 섭정 아래에서 프로테스탄트 개혁은 6년 동안 빠르고도 놀랍도록 순조롭게 진행되었다. 1553년까지 잉글랜드 국교회는 교리와 예배 형태에서 분명 프로테스탄트화되었다.

Jane Grey, Hamilton, and Balnaves, vol. 3, London: The Religious Tract Society, 1831, pp. 5~6.

22 Helen Parish, "England", p. 228.

그만큼 성직자들은 새로운 종교 정책을 기꺼이 수용했던 것일까, 아니면 병약한 어린 왕의 죽음과 그 이후의 또 다른 격변을 예감했던 것일까? 에드워드 6세가 오래 살았다면 잉글랜드 국교회는 확고한 프로테스탄트 신앙고백과 예배 질서가 흔들리지 않았을 수 있었을 것이다. 하지만 모두들 왕에게 남은 시간이 그리 많지 않으리라 예상했다. 헨리 8세의 경험에서 보듯이, 왕이 바뀌고 정책이 바뀌면 한순간 위로부터의 변화는 아래를 뒤흔들 수 있다는 예감을 누구나 했을 법하다. 1553년 말 어린 왕의 건강이 급속도로 나빠지자 잉글랜드 교회는 또다시 긴장했다. 에드워드 6세 이후의 적법한 왕위 승계자는 메리였기 때문이다. 에드워드 6세는 「42개 신조」가 반포된 지 불과 한 달 만에 사망했다. 섭정인 노섬벌랜드 공작 더들리는 권력을 유지하기 위해 레이디 제인 그레이(Jane Grey, 1537~54)를 여왕으로 선포하는 무리수를 던졌지만 이스트앵글리아에서 은둔 생활을 하던 메리는 군대를 편성해 런던으로 이동했다. 노섬벌랜드는 군대를 해산하고 항복했다. 어떻게 메리가 이스트앵글리아에서 군대를 모집하고 광범위한 지지를 얻을 수 있었을까 하는 의문이 남는다. 종교 여부와 무관하게 튜더 혈통의 적법한 직계 상속자라는 이유 때문에 대중의 지지를 얻었을까? 아니면 메리가 신실한 가톨릭교도라는 사실이 대중의 마음을 사로잡았기 때문일까?

이 주제를 그저 해석의 여백으로 남겨두기에는 메리 1세 치세의 강력한 종교 정책의 실행이 선뜻 설명되지 않는다. 그저 프로테스탄트 프로파간다에서 등장하는 것처럼 '메리의 반동'이라고 치부하는 게 적절할까? 확실히 메리는 신실한 가톨릭교도였다. 메리는 어머니 캐서린이 왕국에서 내쳐지면서 사생아로 자란 깊은 트라우마를 경험했다. 잉글랜드가 부모의 이혼 문제로 프로테스탄트화되면서 메리의 존재는 사라졌다. 가톨릭은 메리의 정체성의 일부일 수밖에 없었다. 그녀가 왕이 된다면 어머니의 종교를 따라 가톨릭으로 돌아갈 것이 분명했다. 잉글랜드 프로테스탄트 교도들이 느끼는 그 두려움은 현실이 되었다. 크랜머가 추진해 왔던 모든 것은 메리 1세의 통치와 함께 재앙처럼 무너져 내렸다. 튜더 개혁 2기는 훨씬 급속히 프로테스탄트 신학을 기반으로 방향을 전환했지만, 잉글랜드 대중의 삶과 문화 속에 견고하게 뿌리내리기에는 시간이 부족했다. 갑자기 불어닥친 돌풍 앞에 허망하게 뿌리가 뽑혔다. 반면에 전통적인 종교를 기꺼이 받아들이던 잉글랜드인들에게 옛 종교는 오랜 정체성의 일부였다. 그 정체성을 흔든 사건이 누군가에게는 일생의 트라우마로 작동했다. 에드워드 6세와 메리 1세의 종교 정책은 어떤 교리와 신앙고백을 채택하느냐의 표면적인 것을 넘어선다. 프로테스탄트 정책을 수립했든 가톨릭으로 복귀하는 시도를 했든 간에, 중요한 것은 이 단계에서 잉글랜드라는 한 국가가 종교로 인해 크게 분열되었다는 사실이다.

메리 1세, 회복과 반동 사이에서

기껏 수립한 종교 정책이 국왕이나 실권자의 교체나 정치적 입장에 따라 수시로 바뀌는 현실은 메리가 여왕으로 오른 뒤에도 이어졌다. 메리 1세의 즉위로 헨리 8세가 시작한 종교 변화가 중단되고 가톨릭으로 돌아갈 것이라는 기대가 있었지만 어떤 과정과 방식으로 진행될지에 대해서는 아무도 알 수 없었다. 예상처럼 1553년에서 1558년까지의 짧은 재위기 동안에 메리 1세는 선왕들의 프로테스탄트 정책을 폐기하고 가톨릭으로의 복귀를 선택했다. 왕위에 오르자마자 메리는 통일된 프로테스탄트 예배를 강제했던 에드워드 6세의 정책 폐기를 의회에 요구했다. 프로테스탄트를 폐기하고 가톨릭으로 복귀하고자 하는 선명한 의지의 표현이었다. 하원 의원의 4분의 1에 해당하는 80여 명이 반대했고 일주일 동안 토론이 이어졌다. 그러나 신임 여왕의 의지를 꺾기에는 부족했다. 하지만 20년 동안 잉글랜드인들의 예배 형식이나 신앙 방식에 영향을 주었던 프로테스탄트로의 변화는 단기간에 쉽게 역전시킬 수 없었다. 수도원의 경우도 그랬다. 중세 신앙의 한 핵심이던 수도원은 이미 폐쇄되고 수사와 수녀들은 흩어졌다. 수도원을 복원하기 위해서는 헨리 8세가 몰수한 땅과 재산을 귀족에게서 다시 돌려받아 환원해야 했지만 실현 가능한 선택은 아니었다. 잉글랜드의 가톨릭 복원을 위한 메리 1세의 정책은 크게 두 가지로 집약된다. 하나는 가장 열렬한 가톨릭 군주인 스페인 왕가와 결혼하는 것이었다. 다른 하나는 프로테스탄트 교도들을 잔혹하게 박해해 20년의 흔적을 지우는 것이었다. 박해받던 당시의 프로테스탄트 교도들은 여왕을 '피의 메리'(Bloody Mary)라고 불렀다.

메리 1세는 가톨릭 스페인의 왕자 펠리페 2세(Felipe II, 1527~98)와의 결혼을 통해 잉글랜드에 가톨릭 복귀를 공고히 하고자 했다. 이번에도 의회는 주저했지만 여왕의 의지를 꺾을 수는 없었다. 여왕이 장차 스페인 왕이 될 왕자와 결혼하면 잉글랜드의 미래는 스페인에 종속되리라는 우려가 있었다. 이 결혼을 반대하는 반란이 토머스 와이엇(Thomas Wyatt, 1503?~42)의 주도로 일어났다. 켄트에서 군사를 모집해 런던으로 진군했지만 런던 시민들이 동조하지 않아 반란은 손쉽게 진압되었다. 1554년 가을 잉글랜드 교회는 다시 교황이 관할권을 행사하는 가톨릭으로 돌아갔다. 에드워드 6세의 종교 정책에 동의하지 않아 이탈리아로 망명했던 레지널드 폴(Reginald Pole, 1500~58) 추기경이 잉글랜드로 돌아와 캔터베리 대주교에 임명되었다. 에드워드 6세 치하에서 자리를 잃었던 주교들도 복원되었다. 에드워드 6세의 통치 아래 프로테스탄트 성직자들도 메리 1세의 가톨릭 복원을 묵인하고 가톨릭으로 자발적으로 복귀했다. 이때 결혼한 성직자의 거취 문제는 아주 현실적인 문제로 드러났다. 메리 1세는 의회를 통해 성직자 결혼 금지를 해제한 1549년 법안을 폐기하고 기혼 성직자의 성직을 박탈하도록 명령했다. 대상은 약 2,000명 정도였다. 그런데 대부분 명령에 따라 아내를 버리고 가톨릭 사제로 재임명되었다. 성직자들은 헨리 8세에서부터 엘리자베스 1세에 이르는 30년 동안의 종교적 혼란에서 자신의 이익을 우선하는 편의적인 선택을 했다.

메리 1세의 치하 초기에 잉글랜드는 로마 가톨릭으로 손쉽게 돌아갔

도표 6 잉글랜드의 프로테스탄트 교도 화형 집행 건수(1555~58)

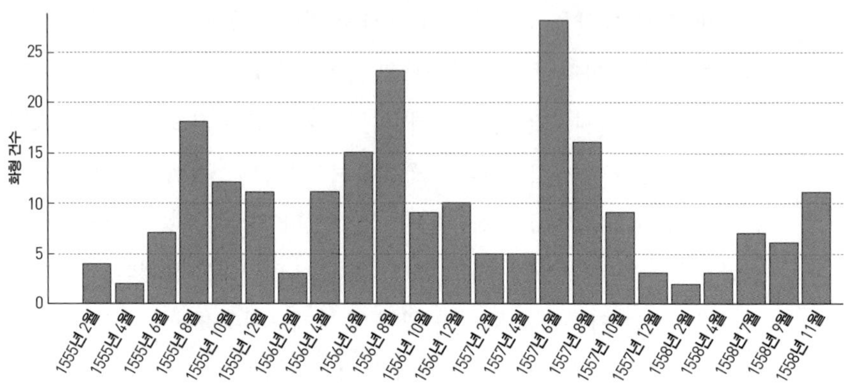

출처: Eamon Duffy, *Fires of Faith: Catholic England under Mary Tudor*, New Haven and London: Yale University Press, 2009, p. 129.

다. 교구 단위에서는 자발적으로 라틴어 예배가 복원되었고 교회는 빠르게 가톨릭 체제로의 변화에 착수했다. 다시금 미사 제단이 교회 중앙에 세워지고 십자고상(十字苦像)이 걸렸다. 대중 차원에서의 가톨릭으로의 복귀는 메리의 왕위 계승이 의회와 주류 권력 엘리트로부터 상당한 지지를 받았기 때문에 가능한 일이었다. 메리 1세의 종교적 경향성과 무관하게 그녀는 튜더 가문의 적법한 후계자였다. 이것이 다른 어떤 것보다 중요했다. 에드워드 6세의 개혁이 빨리 지워질 수 있었던 것은 그 개혁이 취약하다는 증거이기도 하지만, 잉글랜드 가톨릭의 뿌리가 그만큼 견고하게 대중의 삶과 문화 속에 남아 있다는 증거였다. 메리의 왕위 계승이 반동이 아니라면, 여왕의 종교 정책도 반동일 수는 없다. 그렇다면 메리 1세의 가톨릭 정책도 메리 1세의 종교개혁이라 불리지 말아야 할 이유는 없어 보인다.

그렇다면 왜 메리 1세의 종교 정책은 '메리의 반동'으로 인식되었을까? 에드워드 6세의 정책에 반대해 가톨릭으로 복귀했을 때, 반드시 거쳐가야 할 과정은 '과거 청산'이었다. 가톨릭과의 전격적인 화해 이후에 메리 1세 통치 아래 전례 없이 가혹한 종교 박해가 자행되었다. 1555년 폴 추기경은 폐지되었던 「이단법」을 부활시켰다.[23] 그해 2월 성서를 번역했던 존 로저스(John Rogers, 1505?~55)가 반역죄 혐의로 화형당했다. 메리 1세 통치 아래에서 일어난 종교 박해의 첫 희생자였다. 메리 1세와 종교적으로 반대 방향을 걸었던 크랜머가 살아남을 수 있는 여지는 없었다. 그는 한때 프로테스탄트를 철회했지만 그 철회를 뒤집고 새로운 종교에 대한 충성을 공개적으로 선언한 이후, 1556년 옥스퍼드에서 화형당했다. 울지, 모어, 크롬웰에 이어 네 번째 토머스가 반역 혐의로 처형당했다. 박해는 메리 1세가 원하는 가톨릭의 공고화라는 결과를 낳기보다는 잉글랜드의 종교적 분열을 강화할 뿐이었다. 일부 가톨릭교도는 박해의 불길을 환영했을지 모르지만 메리 1세에 대한 대중의 혐오도 커져갔다.

1554년 부활절 즈음, 잉글랜드 성직자의 약 3분의 1이 쫓겨나거나 사임하거나 투옥되었다. 종교의 분열은 지속되었다. 일부 복음주의자들은 비밀리에 지하 교회를 형성했다. 1555~58년 프로테스탄트 교도 300명 이상이 화형당했다. 그들 대부분은 런던과 남동부 출신의 상인과 장인 계급이었다. 성직자는 10분의 1이 채 되지 않았다. 나이도 대부분 30세 미만이었다. 그들은 새로운 종교에서 태어나 자랐고 그 종교를 위해 기꺼이 목숨을 버릴 준비가 되어 있었다.

잉글랜드에서 가톨릭교도로 산다는 것은 익숙한 전통과 문화를 갈등 없이 수용하는 것이었다. 반대로 잉글랜드에서 복음주의자가 된다는 것은 편리한 자리에서 벗어나 자신만의 독특한 종교적 정체성을 찾고 받아들였다는 의지적인 선택이었다. 그렇기에 그들은 자신들만의 타협 없

23 잉글랜드의 「이단법」(De Heretico Comburendo)은 1401년 헨리 4세 통치기에 교회 교리에 반대하는 롤라드파를 대상으로 입안된 이단을 화형에 처하도록 한 법이다. 헨리 8세의 종교개혁기에는 가톨릭을 탄압하기 위해 활용되었다가 에드워드 6세 때 폐지된 이후, 가톨릭으로 복귀한 메리 1세가 즉위하면서는 프로테스탄트 개혁가들을 탄압하기 위해 다시 활용되었다. 1677년 찰스 2세(Charles II, 1630~85) 때 폐지되었다.

는 확고한 가치를 가지고 있었다. 그런 확신은 메리 1세 통치기에 이단자에 대한 화형으로 이어졌다. 정부는 이런 탄압이 복음주의에 대한 충성을 무너뜨릴 것으로 기대했지만 복음주의자들은 전향하거나 침묵하지 않았다. 그들은 언제든 글과 설교로 무엇이 참교회이고 무엇이 거짓교회인지 논쟁할 준비가 되어 있었다. 그렇기에 복음주의자로의 전향은 극단적인 경우에 순교로 이어지지만, 망명 생활을 통해 적극적으로 거짓 종교의 우상 숭배를 비판하고 그런 거짓을 추종하는 군주에 대한 저항을 정당화하는 변증서를 쏟아낼 수 있었다. 약 800명에서 많게는 1,000명으로 추산되는 프로테스탄트 교도가 박해를 피해 해외로 망명했다. 대학에 가해진 숙청을 피해 케임브리지 대학과 옥스퍼드 대학의 학자들도 100명 이상 망명했다. 대륙에 망명한 프로테스탄트 교도들이 쏟아내는 라틴어와 영어로 된 책과 팸플릿은 잉글랜드 내에서 지하 교회를 이루고 저항하는 복음주의자들과 대륙의 망명객들을 심정적으로 견고하게 연결해 주는 매개가 되었다. 그중에서도 폭스의 『행적과 기념물』이 절대적인 존재감을 가졌다. 메리 1세 통치기를 반동적이고 잔혹한 박해기로 규정한 전형적인 인식이 바로 폭스에게서 나왔다. 1553년 망명 중에 초판이 발행된 이후, 메리 1세 통치 아래의 순교자들에 대한 기록을 포함하는 것으로 확장되어 1563년 엘리자베스 1세에게 헌정되었다. 그는 이 책을 통해 잉글랜드 교회사를 규정하는 전형을 만들었다. 폭스는 카인과 아벨 시대 이후 나뉜 참교회와 거짓교회와의 갈등 속에 거짓교회의 박해에 대한 참교회의 대응이라는 관점으로 교회사의 구도를 설정했다. 폭스의 작업은 메리 1세 통치기의 박해를 자세하게 기록해 대중화되었다. 이 기록은 잉글랜드 프로테스탄트의 정체성을 형성하는 데 중요한 요소가 되었다. 폭스는 극적인 문학적 표현과 생생한 삽화를 통해 대중의 종교 정서를 직관적으로 건드린 탁월한 프로파간디스트였다. 그는 프로테스탄트 신앙을 철회하고 가톨릭을 인정하는 서약에 서명했던 한 연약한 인간 크랜머를 담백하게 설명한다.

그러나 이 대주교의 위대한 미덕에 대해 아무런 흠이 없어 우리가 지나치게 감복하지 않도록 혹은 이러한 방식으로 로마 가톨릭 세대의 거짓됨이 더 분명히 드러나도록, 아니면 우리 자신의 능력에 대한 신뢰를 줄이기 위해 그 안에서 인간의 연약한 무능함의 본보기가 나타나도록 하는 것이 하느님의 뜻이었다.[24]

그리고 마침내 자신의 신앙을 위해 의연하게 순교하는 한 영웅의 모습을 대조적으로 묘사한다. 이런 방식의 서술은 대중에 대한 호소력과 집중도를 높이는 데 단연 압권이다.

나무가 불타기 시작해 불길이 그에게 가까워지자, 그는 팔을 뻗어 자신의 오른손을 불 속에 넣었고, 그 손이 몸에 닿기 전에 불태워지는 것을 모든 사람이 볼 수 있도록 흔들림 없이 굳건히 유지했다. 그는 한번 그 손으로 자신의 얼굴을 닦은 것 외에는 조금도 움직이지 않았다. 그의 몸은 화염을 견디며 항상 한자리에 서서 묶인 말뚝만큼도 움직이지 않는 것처럼 보였다. 그의 눈은 하늘을 향해 들려 있었고, 그는 종종 '부끄러운 오른손'이라는 말을 목소리가 허락하는 한 되풀이하며, 스테파노의 말을 인용해 "주 예수여, 내 영혼을 받아주소서"라고 외쳤다. 그리고 불길 속에서 그는 마지막 숨을 거두었다.[25]

폭스의 순교사화는 펜이 칼보다 강하다는 것이 허언이 아님을 상징적으로 보여 준다. 그의 책은 잉글랜드 복음주의자들, 특히 칼뱅주의 신앙심을 유지한 사람들에게 성서 다음으로 중요했다. 칼뱅주의가 강조하는 거짓교회 로마 가톨릭과 참교회로서의 프로테스탄트의 대립항을 만드

---

24 John Foxe, *The Acts and Monuments of John Foxe,* ed., Rev. George Townsend and Rev. Stephen Reed Cattley, London: R. B. Seeley and W. Burnside, 1837, vol. 8, p. 82.

25 John Foxe, *The Acts and Monuments*, vol. 8, p. 88.

는 데 이 책만큼 기여한 작품은 드물다. 특히 폭스의 문학은 엘리자베스 1세 통치기인 1588년 스페인 무적함대와의 전투에서 프로테스탄트 프로파간다를 형성하는 중요한 도구가 되었다. 즉 부패한 가톨릭의 상징 스페인과 맞선 프로테스탄트 잉글랜드의 일체감을 고양시켰다. 잉글랜드의 승리는 곧 사악한 교황의 무리를 심판한 신의 은총이라고 해석했다. 엘리자베스 1세 통치의 신성성을 강조하는 데 큰 역할을 했다.

그렇지만 여기에서 분명히 짚고 넘어가야 할 한 가지가 있다. 폭스의 기록이나 잉글랜드 프로테스탄트의 정체성 문제는 결과적으로 적용한 것이다. 수정주의 역사가들은 메리 1세의 통치를 회고적으로 돌아보았기에 예외적인 것으로 보인다고 평가한다는 점을 지적하고 있다. 메리 1세에게 엘리자베스 1세만큼의 충분한 시간이 주어졌다면 어떤 일이 일어났을지는 아무도 모른다. 잉글랜드는 돌이킬 수 없는 가톨릭 국가가 되었을 수도 있다. 그러니 메리 1세 사후에 가톨릭 복원이 좌절된 결과를 놓고 메리 1세를 비극적인 실패자로 묘사하는 것은 역사적인 평가라 하기 어렵다. 적어도 당시 가톨릭 신앙에 대해 우호적이었던 대중에게 메리 1세의 치세는 암울하지 않았을 수 있다.

비교해 보자면, 인구 약 2만 명의 제네바에서 1545년 전염병으로 20명 이상이 마녀사냥이라는 음모로 화형에 처해졌다. 1542년에서 1546년까지 58건의 사형 판결과 76건의 추방령이 내려졌다. 메리 1세의 통치 5년 동안 화형자 수는 300명, 추방자 수는 많게 잡아 1,000명으로 추산된다. 단순 비교가 적절한지는 차치하고 잉글랜드 인구가 300만 명 정도이고 제네바 인구가 2만 명 정도라고 볼 때, 메리 1세 통치기의 박해가 숫자적으로 무시무시한 것은 아니다. 같은 튜더 왕조인 헨리 8세 때나 엘리자베스 1세 때 진행되었던 가톨릭교도에 대한 박해와 비교해도 결코 압도적인 숫자가 아니다.

수정주의 역사가들은 메리 1세 통치기 당시에 가톨릭으로 복귀한 것이 강압에 의한 것이기보다 잉글랜드가 프로테스탄트가 될 충분한 준비가 되어 있지 않았던 증거로 본다. 5년이란 짧은 기간 동안에 가톨릭이 재건된 메리의 잉글랜드는 유럽 가톨릭 종교개혁의 성공 사례가 되었다. 완전히 사라진 듯 보였던 가톨릭 잔재들이 되살아났으며, 크랜머의 영어 『공동기도서』는 자연스럽게 라틴어 미사 전례서와 성무일도로 대체되었다. 가톨릭 지지자들은 메리 1세 통치기의 교회가 중세의 주술적 관행과 대중적 미신에 의존하지 않고 성서와 올바른 성찬 신학에 근거해 전통 종교를 정화한 진일보한 것으로 평가했다. 가톨릭으로 돌아갔지만 성서 활용에 대한 논의는 진지하게 진행되었다. 성서가 평신도들에게 딱딱한 음식일지라도 소화할 수 있게 잘 훈련된 성직자를 통해 제공되어야 한다는 제안이 나오고 영어 성서 번역에 대한 논의도 학문적으로 확대되었다. 이탈리아 망명 당시 이탈리아어 성서에 익숙했던 폴 추기경은 영어 성서 금지가 스스로를 고립시키는 시대에 뒤떨어진 것으로 보았다. 추기경은 트리엔트 공의회 초기에 제기된 대로 각 나라의 실정에 부합하는 모국어 성서 번역을 승인하자는 의견에 동조했다. 강조점은 평신도들이 직접 성서를 읽게 하기보다는 성직자들을 훈련해 평신도들을 교육하도록 한 것이다. 가톨릭 사제에게 교리 교육과 설교는 매우 중요한 의무가 되었다. 성직자 양성을 돕기 위해 인쇄물이 적극 활용되었다. 화체설 교리를 지지하고 칠성사를 설명하는 저작을 출판해 성직자들이 신학적으로 안전하게 대중을 설득하고 교육할 수 있도록 했다. 교회는 출판물의 가치를 잘 이해하고 활용했다.[26] 1557년과 1558년에 사제직 지원자가 1520년대 이후 처음으로 크게 늘었다. 이런 변화를 그저 박해와 강압이 낳은 결과라고만 할 수는 없다.

메리 1세가 즉위하기 한 해 전에 끝난 트리엔트 공의회 제2회차(1551년 5월~1552년 4월)는 그간 루터파와 칼뱅파가 제기해 온 신학을 구체적으로 반박하면서 성례전의 중요성을 다시금 강조했고 미사에서 성체의 화체설을 확정했다. 고해성사를 포함해 루터파와 칼뱅파가 거부

---

26 J. Loach, "The Marian Establishment and the Printing Press", *The English Historical Review* 101, no. 398, Jan. 1986, pp. 138~41.

한 칠성사를 재확정해 가톨릭 교리를 공고하게 한 것도 이때의 성과였다. 적어도 가톨릭교도들에게 메리 1세의 통치는 전통의 회복과 갱신의 시간이라 평가할 수 있다.[27]

메리 1세(재위 1553~58)의 치세는 길지 않았다. 왕위에 오른 지 5년 만인 1558년 11월 17일 42세로 사망했다. 그녀의 개혁 역시 물거품이 되었다. 엎친 데 덮친 격으로 메리 1세가 죽은 지 몇 시간이 채 안 되어 충복인 캔터베리 대주교 폴도 세상을 떠났다. 프로테스탄트 교도들에게 이 두 사람의 죽음은 신적 개입의 증거였지만 가톨릭교도들에게는 재앙이었다. 헤이는 메리 1세의 죽음을 잉글랜드 종교개혁에서 발생한 또 다른 우발적인 사고였다고 담백하게 표현한다.[28] 재앙이든 신적 개입이든 우발적인 사고이든 간에, 메리 1세의 죽음과 엘리자베스 1세의 즉위는 대다수 잉글랜드인에게 재앙은 아니었다. 잉글랜드 종교개혁의 전통적 해석을 제시한 디킨스는 메리 치세의 종교 정책을 완전한 실패로 간주했다.

> 메리 자신의 이상에 비추어 보더라도, 그녀의 통치는 여전히 엄청난 실패일 뿐만 아니라 시간이 지남에 따라 더욱 기념비적인 실패로 여겨질 가능성이 높다. 모든 문제를 편견과 교리로 공격한 메리는 가장 존경받는 고문인 〔신성 로마 제국〕 카를 황제와 〔프랑스〕 필리프 왕이 신중할 것을 촉구했을 때에도 유연성을 보이지 못했다. 오늘날 우리는 그녀를 아르미니안으로 발전할 가능성이 있는 인물 혹은 국가를 통합할 수 있는 전망을 가진 잠재적인 앵글로-가톨릭교도, 혹은 적어도 온건파 프로테스탄트 교도들에게는 예배의 자유를 부여했을지도 모르는 자유주의 로마 가톨릭교도라고 상상할 수 없다.[29]

---

27 Christopher Haigh, "The Reformation in England to 1603", *A Companion to the Reformation World*, ed., R. Po-chia Hsia, Oxford: Blackwell, 2004, p. 143.

28 Christopher Haigh, "The Reformation in England to 1603", p. 144.

29 A. G. Dickens, "The Early Expansion of Protestantism in England 1520-1558", *The*

반면에 수정주의 사가들은 프로테스탄트 교도인 엘리자베스 1세에게 왕위가 돌아갔다는 이유 외에는 메리 1세가 수행한 종교 정책 전반이 역전되어야 할 본질적인 이유가 없다고 평가한다.[30] 엘리자베스 1세의 프로테스탄트화가 에드워드 6세 때처럼 강력한 개혁교회로 나아가지 못한 이유도 여기에서 찾아야 한다. 대중의 안정된 종교 심성을 또다시 완전히 흩트릴 수는 없었다. 중도는 불가피하게 신학적·예전적·실천적 타협을 요구했다.

위로부터의 개혁이라는 튜더 왕조의 종교 정책의 연장선에서 보더라도 메리 1세가 남긴 흔적은 사라지지 않았다. 메리 1세 때 회복한 풀뿌리 가톨릭은 비록 로마와의 관계는 영구히 끊겼지만 교회의 신학, 예배 형태, 성직자의 복장 등에서 살아남았다. 이제 잉글랜드 교회는 로마 가톨릭이 아닌 거룩한 가톨릭교회(聖公會)가 되었다. 튜더의 종교개혁이라는 일관성 있는 흐름이 엘리자베스 1세 때에 드디어 완성태로 정착되었다. 메리 1세의 종교 정책이 엘리자베스의 비아 메디아를 만드는 토대가 되었다. 만약 메리 1세 통치기 없이 에드워드 6세의 프로테스탄트 정책이 지속되었다면, 잉글랜드는 루터파나 칼뱅주의를 받아들여 전형적인 대륙 프로테스탄트의 길을 걸었을 가능성이 높다.

엘리자베스 1세, 국교회를 정착하다

왕위 계승령에 따라 여성도 왕위에 오를 수 있는 길이 열린 이후, 메리 1세에 이어 또다시 여왕이 탄생했다. 엘리자베스를 지지하는 세력이든 반대하는 세력이든 간에, 엘리자베스가 여왕이 되는 것에 대해서는 저항

Reformation to Revolution, ed., Margo Todd, London: Routledge, 1999, pp. 157~78.

30 Ronald Hutton, "The Local Impact of the Tudor Reformations", *The English Reformation Revised*, ed., Christopher Haigh, pp. 128~31.

이 없었다. 엘리자베스가 왕위에 오르면 또 다른 종교 변화가 일어날 것이라는 것도 예상 가능했다. 다만 두 선왕과 달리, 45년이라는 긴 기간 동안 통치할 것이라고는 누구도 예상하지 못했다. 1558년 11월 여왕으로 선포되었을 당시, 그녀는 25세였고 70세인 1603년까지 통치했다. 엘리자베스 1세의 종교 정책은 결과적으로는 1527년 아버지 헨리 8세의 종교 정책을 재도입했다. 극단으로 치닫던 종교 문제를 부분적으로 타협할 필요가 분명히 있었고 우연적 요소가 이를 뒷받침했다. 우선 앤 불린의 딸로서 엘리자베스 1세는 프로테스탄트 교도로 교육을 받으며 자랐다. 어머니 불린의 결혼 문제 때문에 잉글랜드가 로마 교황과 결별했기에 엘리자베스 1세의 정체성과 교황 권위 거부는 모두 밀접하게 연결되어 있다. 정치적 이유로 자신의 종교적 신념을 드러내지 않고 살아야 했지만, 여왕이 된 이후 엘리자베스 1세는 몇 가지 상징적 사건을 통해 신앙의 정체성을 드러냈다. 1558년 즉위한 해에 열린 성탄 미사에서 성체거양 시점에 교회를 유유히 떴다. 1559년 1월 대관식 때에는 선물로 받은 영어 성서를 런던 시민을 향해 들었다. 물론, 개인적 종교 성향만이 다시 프로테스탄트로 돌이킨 이유의 전부는 아니다. 교황 파울루스 4세(Paulus IV, 1476~1559, 재위 1555~59)는 메리 1세를 지지했지만 종교 성향이 분명히 드러나지 않은 엘리자베스 1세가 합법적인 가톨릭 군주로 즉위하는 것을 달가워하지 않았다. 엘리자베스 1세에게는 교황을 무시하고 프로테스탄트 국왕으로 즉위하는 것이 더 나은 선택이었다. 국내에서도 에드워드 6세 때 망명했거나 실각했던 인물들이 속속 의회로 복귀하면서 프로테스탄트로 돌이킬 기회를 노렸다.

1559년 의회는 「수장령」(Act of Supremacy)을 선포해 엘리자베스 1세를 잉글랜드 교회의 수장으로 선언했다. 또한 「통일령」(Act of Uniformity)을 통과시켜 독자적인 잉글랜드 국교회 체제를 완비했다. 이제 잉글랜드는 로마 가톨릭과 영구히 결별했다. 『공동기도서』를 복원해 국교회 교리와 신학을 제시했다.

「수장령」은 잉글랜드의 모든 성직자가 종교와 교회에 관련된 모든 일에 잉글랜드 군주에게 복종하도록 명령했다. 1559년 엘리자베스 1세는 교회의 수장(Supreme Head)이 아니라 교회의 최고 통치자(Supreme Governor)라는 공식 직위를 받았다. 로마와의 단절과 잉글랜드 국교회의 확립을 재확인했지만 가톨릭과 보수적인 프로테스탄트 세력 양쪽을 달래기 위한 목적도 있었다. 엘리자베스 1세는 통치자라는 직위를 사용함으로써 교회 업무를 감독하는 역할을 강조했다. 전통적으로 교황의 교회 보편의 역할에 대해 도전한다는 인식을 주지 않기 위해 수장이라는 용어를 피했다. 교회의 수장이 로마 교황이라고 생각하는 사람들을 향한 일종의 암묵적 합의안이었다. 그런 노력 끝에 「수장령」은 상원에서 세 표 차이로 겨우 통과되었다.

잉글랜드 통치자로서 엘리자베스 1세에게 종교는 더 이상 분열의 기제가 되어서는 안 된다는 인식이 있었다. 튜더 왕조의 정치적 이해로 시작된 잉글랜드 종교개혁은 끝까지 정치적 협상과 타협을 통해 국교회를 세웠다. 귀족과 가톨릭 주교로 구성된 상원의 반대 앞에 신학적 타협안을 제시했다. 로마와 결별한 프로테스탄트 국가를 천명하면서도 교리는 전통적인 가톨릭 요소를 수용했다. 국교회 교리는 오롯이 신학적 결정이라기보다는 불가피한 정치적 편의주의의 산물이었다. 『공동기도서』는 가톨릭 교리를 상당히 수용했다.

1559년 의회에 제출된 『공동기도서』의 성찬 진술은 당시 잉글랜드 종교개혁의 절충적 성격을 잘 보여 준다. 1549년 『공동기도서』는 성찬에서 그리스도의 실재적 임재를 강조하는 가톨릭적 요소를 담고 있었으나, 1552년 『공동기도서』는 성찬을 단순히 그리스도의 몸과 피를 기념하는 상징적 행위로 간주하며 츠빙글리의 신학적 입장을 반영했다. 이에 비해 1559년 『공동기도서』는 이 두 관점을 절충해 모호한 방식으로 성찬에 대해 진술했다.

빵을 나눌 때 사용된 문구는 다음과 같다. 먼저 1549년에 나온 "우리 주 예수 그리스도의 몸이 당신을 위해 주어졌으니, 당신의 몸과 영혼을 영생으로 보존하기를 원하노라"는 표현과 함께 1552년에 정의된 "받아먹으라. 이는 그리스도께서 당신을 위해 죽으셨음을 기억하며, 믿음과 감사로 당신의 마음에 그분을 영접하는 것이니라"는 이 두 가지 표현을 함께 사용했다.

각 개인이 자신의 신학적 이해에 따라 성찬을 해석할 수 있도록 열어 두었다. 이러한 방식은 엘리자베스 1세 때 국교회의 통합적 접근 방식을 보여 주는 대표적 사례이다. 이것이 맥클로흐의 주장처럼 '신학적 공학의 걸작'[31]인지 혹은 문제의 핵심을 회피한 결과인지는 모르나 잉글랜드 국교회는 어떠한 종류의 극단도 거부했다. 이러한 전략적 모호성은 한편으로 잉글랜드 교회의 완전한 개혁을 추진한 이들에게는 실망으로 다가왔다. 다시 성직자의 결혼을 허용하고, 성서를 연구하고 설교하는 의무를 강조하고, 성서에서 가르치지 않는 순례나 성유물 숭배 등 미신을 조장하는 일이 금지되었다.[32] 그러나 여전히 성직자의 의복과 교회의 장식품이나 예배의식에 대해서는 전통 가톨릭의 특성이 유지되었다. 프로테스탄트 교도들이 볼 때, 이러한 것들은 교황제의 잔재였다. 그들은 『공동기도서』를 가톨릭의 쓰레기더미에서 골라낸 가증스러운 것으로 가득 찬 책이라고 비난했다.[33] 대다수 사람의 몸은 국교회에 속해 있었지만 마음은 옛 신앙을 고수하는 '교회 교황주의자'(Church-papists)로 남았다. 헤이는 이들을 외적으로는 국교회를 따르지만 은밀하게 라틴어 미사를 드리는 전례적 양성인간(liturgical hermaphrodites)이라고 했다.[34] 교회 신학이나 의식은 양극단을 피하고 다양한 계층과 종교적 지향을 아우르는 중도의 길을 열었다. 1563년 국교회 총회에서 이른바 '복식 논쟁' 때 엘리자베스 1세의 입장은 명확했다. 급진적 프로테스탄트 교도들이 예배

---

31 Diarmaid MacCulloch, *The Later Reformation in England*, London: Palgrave Macmillan, 1990, p. 30.

32 Newton Key and Robert Bucholz, eds., *Sources and Debates in English History, 1485-1714*, Oxford: Blackwell, 2009, p. 74.

33 W. H. Frere and C. E. Douglas, eds., *Puritan Manifestoes*, London: Society for Promoting Christian Knowledge, 1907, p. 21.

34 Christopher Haigh, *English Reformations*, p. 253.

때 사제가 입는 전통 복식을 '로마의 누더기'라고 비판하며 없앨 것을 요구했다. 엘리자베스 1세는 이 요구를 받아들이지 않았다. 여왕에게 중요한 것은 가톨릭이냐 프로테스탄트냐가 아니었다. 여왕은 누군가에게는 열렬한 프로테스탄트 교도로, 누군가에게는 비밀리에 가톨릭을 따르는 교황주의자로 보였다. 또 다른 누군가에게는 자신의 정치적 입지를 위해 종교를 활용한 마키아벨리주의자였다. 그러나 종파적 차이로 인한 종교 갈등을 피하고 튜더 왕가와 잉글랜드의 주권을 지키는 것이 그 어떤 것보다 앞서 있다는 데에는 이론의 여지가 없었다. 누구나 원하는 방식으로 『공동기도서』를 읽고 해석할 수 있었다. 모두 「통일령」에 복종하고 평화를 지키기만 하면 되었다. 1560년대 국교회는 여왕의, 여왕에 의한, 여왕을 위한 종교였다.

1571년 제정된 「39개 신조」(Thirty-Nine Articles of Religion)에서 국교회가 연옥 교리를 공식적으로 부정한 것은 가톨릭 교리와의 분명한 차별점이었다. 제22조는 "연옥에 관한 로마 교회의 교리는 성서에 근거하지 않은 헛된 것"이라 선언하면서 면벌부와 죽은 자를 위한 기도도 부정했다. 엘리자베스 1세는 즉위 이후 가톨릭 체제를 폐지하고 프로테스탄트 국가를 재정립하는 과정에서 연옥 교리 거부를 핵심 정책으로 추진했다. 하지만 대중 차원에서 죽은 자를 위한 기도의 관습은 오래 이어졌다. 국교회는 연옥을 신학적 · 제도적 · 정치적으로 철저히 배제함으로써 프로테스탄트 정체성을 강화했으나, 민중의 전통적 신앙은 점진적으로만 사라지는 양상을 보였다.[35]

국교회 확립 이후에도 잉글랜드는 종교로 인한 내전을 포함해 120년 동안이나 갈등을 겪었다. 여기에는 가톨릭과 극단적 프로테스탄트파 청교도가 참전했다. 이 두 세력은 각각 새로운 종교에 적응하거나, 수용하거나, 타협하면서도 은밀하게 새로운 기회를 기다리고 있었다. 우선 가

35 Peter Marshall, *Beliefs and the Dead in Reformation England*, Oxford: Oxford University Press, 2002, pp. 132~41.

톨릭교도들에 대한 조치를 살펴보자. 「통일령」은 모든 잉글랜드 민중이 국교회 의식에 참여할 것을 요구하고 이를 거부(recusare)하는 것에 대해 범죄로 규정했다. 이를 거부하는 가톨릭교도들을 불참자(recusant)로 불렀다. 그들은 개종, 추방, 저항, 순교의 선택지가 있었다. 그러나 엘리자베스 1세는 드러내놓고 저항하지 않는 한 가톨릭교도들의 존재를 눈감아 주었다. 국교회 정착 이후 10년 동안은 법 집행이 아주 엄격하지 않았다. 많은 전통주의자가 가톨릭 신앙을 유지하면서도 국교회가 요구하는 새로운 예배에 참석했다.

잉글랜드 전역에 분포된 교회 교황주의자들에게도 여전히 한줄기 희망은 있었다. 1568년 5월 스코틀랜드 여왕 메리 스튜어트(Mary Stuart, 1542~87, 재위 1542~67)는 폐위되어 잉글랜드로 피신해 가택 연금 상태로 지냈다. 그녀는 엘리자베스 1세의 가장 가까운 친척이자 가톨릭교도였다. 결혼하지 않은 엘리자베스 1세의 뒤를 이을 왕위 계승 1순위였다. 가톨릭교도들은 스코틀랜드 여왕 메리를 석방해 은밀한 가톨릭교도였던 노퍽 공작(Thomas Howard, 4th Duke of Norfolk, 1538~72)과 결혼시킨 이후, 네덜란드 주둔 스페인 군대의 도움을 받아 왕에 복위시키고 엘리자베스 1세를 폐위하려는 뜻을 세웠다. 1570년 교황은 칙서를 발표해 엘리자베스 1세를 파문하고 이단자이자 이단자를 선동하는 자라고 비난했다. 또한 잉글랜드에서 엘리자베스 1세에게 복종하는 가톨릭교도는 누구나 자동으로 파문될 것이라 위협했다. 교황은 프로테스탄트 여왕을 무너뜨리기 위해 잉글랜드 가톨릭교도들에게 반역을 부추겼다. 그러나 반란은 실패했고 1572년 노퍽 공작은 처형당했다. (스코틀랜드 여왕 메리는 그로부터 한참 후인 1587년 결국 참수당했다.) 1572년은 프랑스 파리에서 성 바르톨로메오 축일에 프로테스탄트 교도에 대한 대학살이 있던 해였다. 정부는 가톨릭교회가 국가에 어떤 위협이 될지를 생생하게 지켜보았다.

잉글랜드 가톨릭교도들은 다른 어떤 급진 종파보다 엘리자베스 1세에게 위협적이었다. 왜냐하면 그들은 적그리스도라 불리는 로마와 유럽 가톨릭 국가들과 동맹을 맺고 있었기 때문이었다. 1588년 엘리자베스의 잉글랜드와 스페인의 펠리페 2세가 이끄는 무적함대와의 전쟁은 잉글랜드의 가톨릭교도들이 잠재적인 반역을 꾀하고 스페인의 편을 들 수 있는 현실적인 위기였다. 패트릭 콜린슨(Patrick Collinson)의 표현을 빌리면, "교황이 적그리스도라는 공식 주장에 근거한 반가톨릭주의가 잉글랜드 민족주의의 핵심"이 되었다.[36]

잉글랜드에서 가톨릭교도로 사는 한 반국가 세력이나 반역 세력의 혐의를 벗을 수 없었다. 대륙의 사제들이 파견되어 잉글랜드의 지하 교회로 숨어든 가톨릭교도들을 도왔다. 엘리자베스 1세 치세 말기에 약 600~800명의 가톨릭 신부가 잉글랜드로 몰래 들어왔다. 약 300명이 잡혀 투옥되었고 그중 130명이 처형되었다. 그들과 함께 60명 이상의 평신도도 처형되었다. 1581년에는 가톨릭의 신봉을 반역죄로 규정하는 법령을 통과시켰다.[37] 메리 1세의 통치 아래 프로테스탄트 순교자들이 경험한 것과 동일한 공포를 엘리자베스 1세 통치기의 가톨릭교도들이 겪었다. 엘리자베스 정부는 메리 치세 때만큼이나 많은 수의 가톨릭교도를 처형했다. 하지만 엘리자베스를 '피의 베스'로 부르지 않는다. 그 결정적인 차이는 엘리자베스 시대의 가톨릭교도들이 종교적 이단이 아닌 국가적 반역자로 인식되었기 때문이다. 그들의 죽음은 종교로 인한 순교가 아니라 스페인과 교황이라는 외세를 등에 업고 잉글랜드의 국왕을 제거하려는 범죄자에 대한 정당한 처벌로 인식되었다.[38] 교황 피우스 5세(Pius V, 1504~72, 재위 1566~72)의 공공연한 반란 조장은 엘리자베스 1세의 가톨릭교도 탄압을 법적·윤리적으로 정당화해 주었다. 중도와 중용은 어

---

36 Patrick Collinson, *The Birthpangs of Protestant England: Religious and Cultural Change in the Sixteenth and Seventeenth Centuries*, London and New York, NY: Routledge, 1988, p. 10.

37 Patrick McGrath, *Papists and Puritans under Elizabeth I*, London: Eyre & Spottiswoode, 1967, p. 177.

38 Margo Todd, "England after 1558", *The Reformation World*, ed., Andrew Pettegree, London and New York, NY: Routledge, 2001, p. 370.

디까지나 국가와 군주에게 위협이 되지 않을 때까지만 허용되는 것이었다. 「가톨릭 해방령」(Catholic Emancipation Act)으로 가톨릭교도에 대한 실질적 차별을 없앤 것이 1829년이니, 무려 250년 동안 가톨릭 공동체는 잉글랜드 내에서 설 땅이 없었다.

또 다른 극단에는 이른바 개혁파 복음주의자와 칼뱅주의자들이 있었다. 그들은 처음에는 엘리자베스 1세의 즉위를 섭리적 사건으로 바라보았다. 그들의 기대가 무너지는 데는 1년밖에 걸리지 않았다. 국교회 정착 과정에서 개혁파 복음주의자들은 국교회 정책에 충분히 만족하지 않았다. 그들은 비국교도(nonconformist)가 되어 더 확고하게 잉글랜드 교회를 개혁교회로 만들고자 했다. 가장 급진적인 세력에게 '청교도'(puritan)라는 이름이 붙었다. 1566년 복식 논쟁에서 캔터베리 대주교 매튜 파커(Matthew Parker, 1504~75)의 명령을 거부한 37명의 목사가 직무정지를 당했다. 논쟁이 격화되면서 개혁파는 주교제 자체에 반기를 들어 장로회 정치를 들고 나오기도 했다. 국교회의 가톨릭적인 성격을 반대한 비국교도들은 엘리자베스 1세에게 잉글랜드 교회에서 모든 로마의 흔적을 없애고 신약성서의 순수성을 회복할 것을 요구했다. 여왕은 이 요구를 받아들이지 않았지만 그렇다고 청교도들을 박해하지도 않았다. 1575년 파커의 죽음 이후 후임 캔터베리 대주교에 비국교도인 에드먼드 그린달(Edmund Grindal, 1519~83)을 임명했다. 그는 온건한 청교도였지만 여왕은 자신의 결정을 후회해야 했다. 청교도들은 더욱 급진적인 관점을 가지고 교회개혁을 촉구했다. 특히 1570년대에 등장한 젊은 청교도들은 칼뱅의 후계자인 테오도르 드 베즈의 신학을 따랐다. 그들은 취리히와 제네바의 전례를 따라 목회자들이 설교와 토론을 통해 성서를 연구하는 프로페차이를 만들었다. 순수한 연구 모임의 성격은 아니었다. 이 모임을 통해 교회에서 어느 정도 지지와 입지를 확보한 그들은 잉글랜드 국교회 구조를 공식적으로 변경하고 『공동기도서』에 나타난 가톨릭의 잔재를 제거하려 시도했다. 국왕의 간섭을 받는 주교제를 없애려는 움직임도 터져나왔다. 청교도 정서가 지나치게 확산되는 것을 두려워한 여왕이 모임 중단을 명령하자, 그린달 대주교는 오히려 교회 업무에 세속 군주가 간섭하는 것에 항의했다. 여왕은 대주교의 직무를 정지하고는 죽을 때까지 정직을 풀어주지 않았다. 청교도들은 선택받은 자와 그렇지 않은 자, 참교회와 거짓교회에 속한 자 등 모든 것을 이분법적으로 바라보았다. 자신들의 근본적인 추구가 신의 영광을 위하고 진리를 수호하기 위한 일종의 사명이라고 여겼기에 갈등은 해소될 여지가 별로 없었다. 이로 인한 갈등을 심하게 겪은 여왕은 그린달 후임으로 반청교도인 존 휘트기프트(John Whitgift, 1530?~1604)를 임명했다. 비국교도를 몰아내고 교회를 통제하려는 시도였다. 휘트기프트는 청교도들이 제기한 교회의 구조 변화를 강력하게 반대하고 엘리자베스 1세의 국교회 정착을 지지했다.

45년의 통치기 동안 엘리자베스 1세는 가톨릭도 아니고 프로테스탄트도 아닌 오직 여왕 자신이 주도하는 교회를 유지하려 노력했다. 그 기간 동안 가톨릭교도들보다 프로테스탄트 교도들과 더 많은 갈등을 겪었다. 프로테스탄트 교도들이 볼 때, 엘리자베스 1세의 정책은 지나치게 가톨릭적이었다. 여왕의 양보와 타협 때문에 잉글랜드가 진정한 개혁교회로 가기에는 갈 길이 멀어 보였다. 1567년 국교회에서 완전히 이탈한 분리주의 교회가 런던에서 비밀리에 결성되었다. 그들 중 일부는 잠재적인 박해를 피해 네덜란드로 이주했다. 분리파 지도자 중 한 명인 존 스미스(John Smyth, 1554?~1612)와 추종자들은 네덜란드로 이주해 그곳의 아나뱁티스트 공동체와 연대해 침례교를 결성했다.

청교도의 공격으로부터 엘리자베스 1세의 국교 정착을 옹호한 이들은 가톨릭과 급진적 프로테스탄트 사이의 중도적 길의 가치를 인정하기 시작했다. 국교회가 전통 구조를 유지하는 것이 정치적 편의주의가 아니라 정당한 프로테스탄트적 대안이라는 시각이었다. 잉글랜드 국교회는 초기 사도 계승 전통을 유지하면서도 로마 가톨릭에 드리워진 부패를 정화한 교회였다. 맥클로흐는 "혼란 속에 탄생한 국교회는 스스로를 프로테스탄트나 가톨릭으로 명확히 규정하는 데 나서지 않았으며 …… 아마도 국교회가 그리스도교 역사에 기여한 선물은 어쩔 수 없는 상황을 긍정적인 덕목으로 전환한 능력일 것"[39]이라고 평가했다. 국교회가 스스로를 명확히 프로테스탄트나 가톨릭으로 규정하지 못하는 것을 약점으로 여기는 대신에 포용과 다원성을 강조하는 미덕으로 승화시켰다는 것이다.

그렇다면 가톨릭교도도 아니고 급진적인 청교도도 아니고 국교회 성직자도 아닌 잉글랜드 대중은 이 본질적으로 모호하고 혼란스러운 상황에서 어떤 선택을 했을까? 대부분은 엘리자베스 시대의 종교개혁에 순응적으로 침묵했다. 권위에 압도당한 침묵일 수도 있고 사회의 갈등을 해소하기 위해 공개적으로 목소리를 내지 않았을 수도 있다. 크리스토퍼 마시(Christopher Marsh)는 이에 대해 대중은 평화를 지켰다고 표현했다. 16세기 잉글랜드 대중은 근원적으로 '종교'에서 어떠한 교리나 실천이 더 나은지를 판단할 수 없었기 때문에 우열을 두지 않았다.[40] 수정주의 역사가들이 잉글랜드 대중 대부분은 전통주의자로 남았다고 평가한 지점과 연결된다. 전통주의자들은 고집스럽게 전통에 집착하는 사람들이 아니다. 새로 제기되는 변화에 그다지 반응을 보이지 않고 국가 권위에 복종해 변하는 체제에 스스로를 맞추어 살아가는 사람들이다. 그들은 헨리 8세, 에드워드 6세, 메리 1세 당시, 종파적 이해가 가져오는 갈등 양상을 고스란히 지켜보았다. 그런 대중에게 덜 선명하고 더 모호한 여지가 남아 있는 엘리자베스 1세의 선택은 환영받았다.

다만 여기서 파생되는 문제는 명확하다. 전략적 모호성과 침묵은 다수를 끌어안을 수 있지만, 도저히 받아들일 수 없는 분명한 종교 정체성을 가진 누군가에게는 지속적인 저항의 빌미를 주게 된다. 잉글랜드에서 가시적인 가톨릭의 위협은 크게 없었다. 반면에 청교도들은 대중에게 진정

39 Diarmaid MacCulloch, *Later Reformation*, p. 172.

40 Christopher Marsh, *Popular Religion in Sixteenth-century England: Holding their Peace*, New York, NY: St. Martin's Press, 1998, p. 6.

한 종교개혁이 여전히 이어져야 한다는 인식을 불어넣었다. 그들은 강단에서의 설교와 인쇄소의 팸플릿을 통해 가장 진지하고 가장 활동적으로 대중의 종교 문제에 관여했다. 케임브리지 대학은 엘리자베스 1세의 즉위 이후 450명의 설교자를 양성했다. 옥스퍼드 교구의 경우, 1580년대에는 성직자 절반이 대학 졸업자였다. 엘리자베스 여왕이 사망할 무렵에는 잉글랜드 성직자의 약 40퍼센트가 대학 교육을 받았다.[41] 청교도 성향의 대다수 성직자에게 국교회 정착은 완성이 아니라 더 완벽한 개혁을 향한 중간 단계에 불과했다. 그들은 지속적으로 기성의 '중도' 체제에 도전했다. 특히나 엘리자베스 1세 통치 마지막 20년 동안 국교회에 대한 청교도의 도전은 쉽사리 꺾이지 않았다. 청교도의 도전은 국가 주도로 벌어진 일련의 튜더 종교개혁에 대한 도전이었다. 엘리자베스 1세의 후계자인 제임스 1세(James I, 1566~1625, 재위 1603~25)와 그 아들 찰스 1세(Charles I, 1600~49, 재위 1625~49) 때, 청교도와의 갈등은 단순한 종교 갈등의 차원을 넘어섰다. 급기야는 내전과 왕정의 몰락으로 이어졌다. 교회가 국가에 독립적이어야 하는지, 종속되어야 하는지는 종교개혁에 예민한 문제였다. 취리히는 의회 주도의 종교개혁을 인정했다. 칼뱅의 제네바는 교회가 세속 권력으로부터 훨씬 독립적이고 독자적인 역할을 해야 한다고 주장했다. 잉글랜드의 종교 갈등은 제네바라는 한 도시에서 실행했던 것을 더 큰 국가 차원에서 적용하려던 데서 비롯된 것이기도 하다. 하지만 튜더 왕조를 신학적·정치적으로 압도할 만한 칼뱅 같은 인물이 잉글랜드에는 없었다.

41 Christopher Haigh, *English Reformations*, p. 271.

제13장 잉글랜드 종교개혁 연구사

종교개혁사는 주로 종교적 배경을 가진 역사가들이 특정한 종파적 가치를 지지, 옹호 또는 배격하기 위한 특정한 목적론적(teleological) 방식으로 기술되어 왔다. 그러나 이제 종교개혁사는 더 이상 이렇게 규정한 가치에 기반하지 않고 정치적·사회적·문화적 맥락 속에서 다루어지고 있다. 종교개혁은 이데올로기에 기반해 갈등과 분열을 정당화하는 읽기에서 벗어나 역사적 사건과 과정에 대한 이해의 깊이를 더하는 읽기로 변화하고 있다. 여기에서 한 가지 근원적인 문제가 제기된다. 종교개혁이 가져온 개인의 종교적 신념과 실천에 대한 변화, 즉 개종이라고 표현할 수 있는 이 사건을 단순하게 정치적·사회적 맥락 속에서만 읽는 것이 어느 정도까지 가능하냐 하는 점이다. 잉글랜드의 경우, 국왕의 정치적 선택에 따른 위로부터의 개혁이라는 그림과는 별개로 종교개혁의 궁극은 개인의 종교성의 변화를 이끌어낼 내적인 동기가 전제되어야 하기에 이를 외면하고 종교개혁의 실체에 접근하는 것은 가능하지 않다. 그래서 종교개혁은 아래로부터의 개혁이어야 한다고 주장한다.

국왕의 개혁 대(對) 대중의 개혁

정책으로서 국가의 종교를 바꾸는 것은 가능하지만 어렵다. 헨리 8세로부터 엘리자베스 1세에 이르기까지 긴 기간 동안의 종교적 격변을 볼 때, 위로부터의 개혁이 대중의 종교적 신념을 빠르게 바꾸지 못했다는 점이 이를 뒷받침한다. 여러 역사학자는 잉글랜드의 프로테스탄트, 즉 복음주의의 기원과 발전을 가톨릭교회의 구조에 대한 불만이나 중세의 교리적 전통에 대한 반감을 근거로 하여 설명하려는 방식이 적절치 않다고 지적한다. 초기 잉글랜드 복음주의자들은 중세 후기 가톨릭교도였다. 이 명제를 단순하게 수용한다면 대중적으로 잘 운영되던 종교 체제의 급속한 변화에 반대하는 사람들이 생겨난 것은 지극히 당연하다. 현대의 사회학 연구에서는 종교적 개종이 거부, 비판, 혐오, 실망을 포함한 자기 변화의 과정이라고 말한다. 개종은 과거의 자신과 과거의 가치를 버리는 것이다. 개종은 개종자가 가진 진리나 의미에 대한 기존의 생각과 사회적·문화적 맥락과 맞아떨어지는 과정이다. 레베카 색스 노리스(Rebecca Sachs Norris)는 새로운 종교로의 개종이 개종자의 기존 생각이나 정서에 부합하기 때문에 일어난다고 설명한다.

> 개종은 단순히 특정 사상적 체계를 채택하는 데에 그치지 않고 체화된 세계관과 정체성의 변화를 포함한다. 모든 종교의 상징과 실천은 특정한 역사적 맥락에서 발전해 왔기 때문에 본래 신자와 개종자 모두에게 동일한 의미를 전달할 수 없다. 문화적 신념과 관습이 경험을 형성하고 종교적 언어와 의례의 의미가 체화된 경험에 기반을 두고 있다는 점에서 개종자는 자신이 새로 수용한 종교의 상징과 언어를 본래의 언어와 세계관을 통해 여과해 이해한다.[1]

1 Rebecca Sachs Norris, "Converting to What? Embodied Culture and the Adoption of New Beliefs", *The Anthropology of Religious Conversion*, eds., Andrew Buckser and

잉글랜드 복음주의자들의 종교성은 중세 후기 가톨릭 문화 속에서 형성되었으며, 가톨릭의 개념과 문화적 상상력을 활용했다. 그들이 중세 가톨릭의 세계관을 가졌다고 해서 종교개혁이 일어나지 않았거나 중요하지 않다는 주장이 아니다. 그보다는 종교개혁의 시작에 대해 이야기할 때, 역사적으로 확정된 사실이 아닌 회고적이며 목적론적 해석일 수 있다는 점을 인정해야 한다는 것이다. 그러할 때 역사적 변화의 역학에 대해 더 깊이 이해할 수 있다.

목적론적으로 종교개혁을 읽어나가면 설명이 상대적으로 명확하다. 16세기 초 교회는 부패하고 성직자들은 탐욕스러웠다. 교회의 화려한 의식과 성례 속에 그리스도교의 참된 메시지는 사라졌고 모든 사회 계층에서 반성직주의가 확산되었다. 이에 대항해 위클리프와 롤라드 운동은 성서의 가르침에 따라 고대 교회의 가르침으로의 회복을 주장했다. 에라스무스와 같은 인문주의자의 태도와도 흐름을 같이했다. 종교개혁은 이러한 기존 제도교회에 대한 불만과 그리스도교 본질의 회복에 대한 열망으로 탄생한 자명한 진보 운동으로 묘사되었다.

전통적으로 20세기 초반까지는 프로테스탄트의 성립을 옹호한 휘그파 역사학이 주류였다. 그들은 종교개혁을 하나의 큰 사건으로 보았다. 그 사건은 우연이 아닌, 그에 걸맞은 원인이 존재해야 했다. 종교개혁은 진보 운동의 결과였다. 근대 국민국가의 등장, 중앙집권적 왕조, 인문주의와 중산층의 부상, 반성직주의의 강화, 수도원과 성직 권력의 부패 등이 원인으로 제기되었다. 휘그파의 역사 해석은 결과에 대한 원인을 찾는 목적론적 해석이다. 그에 따라 미신적인 가톨릭이 해체되고 진보적이고 합리적인 프로테스탄트가 등장했다. 휘그파 역사 해석은 진보와 개혁을 같은 선상에 놓고 낡은 것을 폐지하고 새로운 제도를 도입했다. 토머스 크롬웰은 교황과 수사들을 몰아내고 영어 성서를 도입했다. 토머스 크랜머는 성인 숭배와 연옥 교리를 없애고 『공동기도서』를 도입했다. 메

Stephen D. Glazier, Oxford: Rowman & Littlefield Publishers, 2023, p. 171.

리 1세 때 잠시 퇴보하기도 했지만 엘리자베스 1세 통치기에 다시 회복했다. 따라서 종교개혁은 필연적이고 정당했다.[2]

하지만 최근 연구는 중세 말 가톨릭 신앙의 문제를 보다 복잡하게 들여다본다. 1990년대 초반 크리스토퍼 헤이, 잭 스카리스브릭, 이먼 더피(Eamon Duffy, 1947~) 등과 같은 수정주의자들의 저작이 등장하면서 기존의 정통주의 해석은 큰 도전을 받았다. 수정주의자들은 중세 후기 가톨릭의 대중성과 유연성을 주장하면서 교회는 공동체의 정서적·종교적 욕구를 충족하는 데 충분한 역할을 했다고 주장했다. 그들은 롤라드 운동, 인문주의나 반성직주의 등 대중적 종교개혁을 정당화해 주던 요인을 축소하거나 재구성했다. 종교개혁 당시에 롤라드는 실질적으로 아무런 실체를 가지지 못했으며, 오로지 문헌으로만 영향력을 끼칠 뿐이었다. 인문주의도 가톨릭 신앙과 양립 가능했으며, 그들은 루터주의에 반대해 가톨릭교회를 옹호했다. 대중에게 반성직주의가 확산되었다는 것은 진실이 아니다.

수정주의는 종교개혁이 잉글랜드에서 시작된 이유에 대한 기존의 설명의 한계를 제시했지만, 그렇다고 설득력 있는 대안을 제시해 주지도 못했다. 수정주의는, 단순화하자면 헨리 8세가 자신의 혼인 문제를 해결하기 위해 국가적 차원에서 잉글랜드 종교개혁이 일어났다는 주장을 반복한다. 수정주의는 후기 중세 가톨릭이 활력이 넘쳤다면 왜 잉글랜드 종교개혁이 대중에게 수용되었는지에 대해서는 답을 주지 못한다.

그렇다면 종교개혁의 기원과 영향에 대해 어떻게 평가해야 할까? 잉글랜드 종교개혁은 중세 가톨릭교회를 외부에서 공격한 것이 아니라 16세기 초 가톨릭의 지적·상상적 차원에서 나온 강력한 내부 비판이었다는 점에서 출발해야 한다. 앞서 언급한 대로 역사가들은 잉글랜드 종교개혁에서 프로테스탄트라는 단어 대신에 복음주의라는 용어를 선호

---

2 Christopher Haigh, ed., *The English Reformations Revised*, Cambridge: Cambridge University Press, 1987, p. 15.

했다. 복음주의는 가톨릭교회의 연장으로 해석될 여지도, 잉글랜드의 자생적인 롤라드 운동이나 대륙의 루터파로 해석될 가능성도 존재한다. 잉글랜드 종교개혁에서 복음주의 내지 복음주의자라는 용어는 점차 가톨릭이나 이단 혹은 루터파와 같은 특정 종파적 경향성을 배제하고 오로지 하느님의 말씀, 즉 복음의 가르침에 대한 헌신을 표현하기 위한 지극히 잉글랜드적인 표현으로 쓰이고 있다.

잉글랜드 종교개혁은 조기에 정착되었다는 견해와 늦게 정착했다는 두 극단적 견해가 공존한다. 종교개혁의 빠른 변화도 두 가지로 나누어진다. 제프리 엘턴은 크롬웰이 주도한 개혁 프로그램의 결과, 1553년에 이미 잉글랜드가 프로테스탄트 국가로 되었다고 주장했다. 헨리 8세의 종교개혁이 시작되기 불과 5년 전만 해도 잉글랜드가 로마와 단절하리라고 상상하기란 불가능했다. 왕의 이혼이라는 정치적 이유가 빌미가 되기는 했지만 은밀한 루터교 신자였던 크랜머 대주교, 왕의 고문 크롬웰, 왕비 앤 불린 등은 로마와 단절하고 독일과 같은 종교개혁을 기대했다. 그래서 잉글랜드는 빠르게 로마와 결별하고 프로테스탄트 국가를 선택했다. 이는 잉글랜드의 엘리트 인문주의와 연결된다. 빠른 변화는 아래로부터 이루어졌다는 주장도 나온다. 아서 제프리 디킨스는 잉글랜드가 대중적으로 빠르게 아래로부터 프로테스탄트화를 성취했다고 본다. 에드워드 6세 사후 시작된 메리 1세 통치기의 '가톨릭 반동'도 이미 시작된 흐름을 뒤바꾸지 못하고 실패했다.[3] 이 아래로부터의 빠른 변화의 핵심은 잉글랜드 후기 롤라드 운동과 초기 프로테스탄트 운동과의 연관성에서 찾을 수 있다. 디킨스가 주장한 이래, 주류 고전적인 해석으로 자리잡은 이 견해는 중세 말 반성직주의의 흐름과 연결된다.

무엇에 저항한(protest) 개념으로 시작된 종교개혁이 아니었다면, 잉글

3 G. R. Elton, *Reform and Reformation: England, 1509-1558*, London: Edward Arnold, 1977, p. 37; A. G. Dickens, "The Early Expansion of Protestantism in England 1520-1558", *The Impact of the English Reformation 1500-1640*, ed., Peter Marshall, London: Bloomsbury Publishing, 1997, p. 109.

랜드 종교개혁은 시작점을 정확히 제시할 수 있는 특정 사건이 아니라 길고 복잡한 과정으로 보는 것이 타당하다. 표면적으로 로마 교황과의 단절을 이끈 1534년 헨리 8세의 「수장령」이 시작이라고 할 수 있다. 세속 통치자의 교회 통제, 수도원 해체, 가톨릭 예배 금지 등 세속 권력의 주도와는 별개로 잉글랜드의 종교성 변화는 단시간에 이루어지지 않았다. 지역마다 종교개혁 수용 여부도 달랐고 변화의 속도에도 차이가 있었다. 위로부터의 개혁이 효과적으로 왕국 전역에 확산되지는 않았다. 1980년대 이래로 학자들 사이에서 이에 대한 논쟁이 심화되었다. 잉글랜드 대중은 얼마나 오랫동안 옛 믿음을 고수했을까? 만약 종교개혁이 느리게 이루어졌다고 한다면, 잉글랜드가 프로테스탄트 국가로 확립된 시점을 언제로 보아야 할까?

16세기 이래 잉글랜드 종교개혁의 역사학은 이 같은 질문에 답하기 위해 여러 경로를 거치면서 여러 상황에 대한 반응으로 형성되었다. 잉글랜드 종교개혁은 크게 국왕의 개혁(Official Reformation)이었는지, 아니면 대중의 개혁(Popular Reformation)이었는지로 나뉜다. 전자는 종교개혁을 군주의 권한에 의거해 잉글랜드 정치 체제의 변화를 추구하는 개혁 흐름으로 본다. 반면에 후자는 종교개혁의 핵심을 교회 갱신이라는 종교성 회복에 초점을 두었다. 이 두 가지를 구별하는 것이 중요하다.[4] 그러나 이 두 가지 서술의 대립에도 불구하고 15세기 후반과 16세기 잉글랜드 역사 서술에서 민족주의적 성격의 강화는 공통적으로 드러난다. 초기 종교개혁가라고 할 수 있는 윌리엄 틴들(William Tyndale, 1494?~1536)은 성서 번역을 통해 복음주의 그리스도교의 역사적 혈통이 잉글랜드를 통해 이어졌음을 증명하고자 했다. 틴들은 종교개혁이 잉글랜드 군주와 성직자 사이의 갈등의 결과라는 롤라드의 해석이 지나친 단순화라고 여겼다. 잉글랜드의 종교개혁은 헨리 8세에서 시작된 것이 아니라

4 Rosemary O'Day, *The Debate on the English Reformation*, Manchester: Manchester University Press, 2014, p. 8.

루터와 에라스무스에 빚을 지고 있었다. 틴들은 헨리 8세의 공식적인 종교개혁을 오히려 교회를 억압하는 행위로 보고 회의적이었다. 그 행위는 신의 진노를 피할 수 없다는 것이었다. 이러한 틴들에게 잉글랜드의 종교개혁은 진정 아래로부터 형성된 것이라고 선언하는 것이 타당했다.

종교개혁에서 세속 군주의 권위에 대한 문제는 간단치 않았다. 국왕의 공식적 종교개혁을 지지하는 이들은 군주에 대한 복종 의무와 하느님에 대한 복종을 일치하고자 했다. 헨리 8세는 성직자들이 동의하든 그렇지 않든 간에, 자신을 거짓교회인 로마의 지배에 대항해 참된 고대 교회를 수호하는 다윗으로 내세웠다. 헨리 8세의 종교개혁을 진두지휘했던 고문 크롬웰은 잉글랜드 종교개혁을 고대 이스라엘의 회복이라는 역사적 배경에 연결했다. 헨리 8세의 고문들은 왕의 권위가 하느님으로부터 유래한다는 견해를 지지할 텍스트를 성서에서 찾았다. 왕이 지상에 있는 교회에 대한 하느님의 계획을 성취하는 데 중심적인 역할을 하며, 교회의 수장으로 인정받을 권리가 있다고 주장했다.[5] 헨리 8세의 고문은 영적 문제에 대한 왕의 관할권은 하느님으로부터 직접 유래한다고 주장했다.

잉글랜드 종교개혁의 역사학

16세기 종교개혁을 이 같이 프로테스탄트적 민족주의 해석과 연결지은 사례는 존 폭스에서 절정에 달한다. 폭스는 특히 엘리자베스 1세로 대표되는 군주제에 섭리적 역할이 있음을 주장했다. 그에 대한 견해가 담긴 『행적과 기념물』은 17세기 후반까지 약 1만 부가 팔렸다. 성서를 제외한 어떤 책보다도 널리 유통되었다. 군주제를 비롯해 종교와 관련해 『행적과 기념물』은 중요한 시사점을 제시했다. 폭스는 프로테스탄트 순교자들의 영웅적인 삶과 죽음을 프로테스탄트 여왕 엘리자베스 1세의

5 Rosemary O'Day, *The Debate on the English Reformation*, p. 18.

즉위와 국교회 정착으로 연결했다. 오늘날 일반적인 의미에서 역사라고 할 수는 없는 섭리적 관점으로 역사를 기술했다. 잉글랜드 프로테스탄트 역사에 대한 옹호는 근본적으로는 성 베드로에서부터 직접 이어졌다고 하는 로마 교회의 권위에 대한 반발이었다.

잉글랜드 군주제가 선택한 교회는 전혀 새로운 것이 아니라 잃어버린 고대 그리스도교를 회복하는 것이었다. 폭스의 서사는 지상 교회의 몰락과 회복이라는 틀로 설정되었다. 이 틀은 요한의 묵시록적 비전에 묘사된 그리스도와 적그리스도 사이의 투쟁 과정이었다. 동시대에 이 투쟁에서 군주는 적그리스도에 대항해 국가를 보호하기 위해 십자군을 이끌었다. 폭스는 헨리 8세의 둘째 딸 엘리자베스 1세가 두 번째 드보라(Deborah)로서 적그리스도로부터 나라를 구하고 그리스도의 통치를 회복했다는 점을 중요하게 여겼다. 폭스는 에드워드 6세가 사망하기 1년 전인 1552년에 잉글랜드에서 이 책을 저술하기 시작했다. 저술 목표는 잉글랜드 프로테스탄트가 루터와 함께 시작된 것이 아니라 롤라드파로 대표되는 잉글랜드의 토착적 운동임을 제시하는 것이었다. 1554년 8월에 초고가 완성되었다. 교회 역사에 대한 해설과 위클리프 시대부터 동시대까지 유럽 전역에서 일어난 박해에 대한 설명을 담아 1554년 스트라스부르에서 『교회 사건에 대한 논평』(*Commentarii Rerum in Ecclesia Gestarum*)이라는 제목으로 인쇄되었다. 1559년 폭스는 여섯 권으로 된 라틴어판을 출판했다. 제1권은 1554년 출판된 판에 몇 가지 추가한 것이었다. 제2권은 헨리 8세와 에드워드 6세의 통치를 다루었다. 제3권에서 제6권까지는 메리 1세의 박해를 다루었다. 메리 1세의 사후에 폭스는 잉글랜드로 돌아와 개정판을 영어로 출간할 생각이었다. 이 작업은 1563년 마무리되어 1,800쪽이 넘는 대작이 되었다. 그 안에는 50점 이상의 목판화가 실려 있어 시각적 효과를 극대화했으며, 순교자의 달력도 들어 있었다.

이 책은 일반적인 교회 역사를 확대해 프로테스탄트가 진정한 원시 교회의 계승자임을 보여 주었다. 종교개혁기 대륙의 순교자들에게 지면을 할애해 잉글랜드의 반가톨릭 전선이 유럽 전역에서 적그리스도에 대한 일반적인 투쟁의 한 양상이었음을 밝혔다. 교황으로 대표되는 적그리스도와의 싸움에서 프로테스탄트 군주의 국가 지도자로서의 역할이 강조되었다. 폭스의 저술에서 지배적인 주제는 잉글랜드와 엘리자베스 1세가 교회를 회복하기 위해 하느님의 택함을 받았다는 것이었다. 17세기 전반기 동안 폭스의 저술은 단순한 인기 도서가 아니라 가장 권위 있는 저작으로 인정되었다. 그가 제시한 프로테스탄트에 대한 신학적 변증과 정치적 지지는 그 후로도 몇세기 동안 지배적인 관점으로 자리 잡았다. 대중적 호소력을 지닌 책이 거의 없던 시대에 이 작품은 접근성이 높았다.

현대의 독자들에게는 비판적으로 읽히는 책이지만, 1560년대를 살아가는 당대 독자들에게 폭스의 저술은 성서의 역사가 여전히 잉글랜드를 통해 이어지고 있음을 동시대의 종교적·정치적 사건을 통해 이해할 수 있는 유일한 책이었다. 청교도가 주도해 벌인 잉글랜드 내전을 겪고 나서야 폭스의 저술은 영향력을 잃어버렸다. 하지만 폭스의 잉글랜드 종교개혁에 대한 관점은 19세기까지 지배적 지위를 유지했다.

폭스가 오랫동안 차지하고 있던 주류 종교개혁 해석은 1829년 통과된 「가톨릭 해방령」 이래 큰 변화를 가져왔다. 잉글랜드와 스코틀랜드에서 소수로 핍박을 받던 가톨릭교도들에 대한 차별이 마침내 끝나면서 종교개혁을 바라보는 시선도 크게 영향을 받았다. 가톨릭 역사가들은 잉글랜드에서 가톨릭교도들의 과거 행동을 옹호하면서 종교개혁에 대한 전통적인 프로테스탄트 해석에 도전했다. 가톨릭교도들은 반역자였을까? 가톨릭교도들은 프로테스탄트 교도들보다 더 잔혹했을까?

이러한 질문에 대답하려는 시도는 종교개혁의 기원과 본질에 대한 역사적 논쟁을 심각하게 제기했다. 가톨릭 역사가들은 가톨릭이 잉글랜드에서 결코 반역적인 세력이 아니라고 주장했다. 메리 1세가 보였던 불관용이 특이한 것이 아니라 프로테스탄트 통치자들도 마찬가지였다는 것이다.

정통주의 잉글랜드 종교개혁에 대한 19세기 가톨릭 역사가들의 수정주의 도전은 종교개혁을 중세 가톨릭교회의 부패를 정화하고 원시적 순수성으로의 복귀로 묘사한 프로테스탄트 해석을 재평가하는 것으로부터 출발했다. 19세기 초 가톨릭 역사가들은 종교개혁이 영적 정화와는 거리가 멀었으며, 수도원을 포함해 교회의 재산을 노린 세속 군주의 탐욕과 이에 동조한 관료들이 벌인 행위라고 규정했다. 잉글랜드의 수도원이 타락했다는 전제를 반박하면서 수도원 폐쇄가 가져온 사회적 결과에 대해 비판했다. 수도원은 자선과 교육이라는 사회 안전망 역할을 했지만 수도회 해산으로 이 역할은 돌이킬 수 없게 손상되었다는 것이다.

1820년대에 출간된 윌리엄 코벳(William Cobbett, 1763~1835)의 『잉글랜드와 아일랜드 프로테스탄트 개혁사』는 부제가 '그 사건이 어떻게 그 나라 국민의 주류를 빈곤하게 만들었는지 보여 주는 것'이었다. 코벳은 종교개혁으로 인한 수도원 해체가 잉글랜드 사회에 빈곤과 사회적 불평등을 강화했다고 주장했다. 개혁이라는 미명 아래 '짐승 같은 욕망, 위선과 배신, 약탈과 파괴' 등이 자라났다. 코벳의 관점에서 종교개혁이 잉글랜드에 가져온 것은 가톨릭 조상이 수세기 동안 풍성하게 누렸던 편안함과 행복과 조화와 그리스도교 자선의 파괴였다.[6] 그는 종교개혁의 사상적 구심점이었던 크랜머를 '영원히 저주받을 만한 이름'이자 '냉혈하고, 가장 반역적이고, 불경스럽고, 신성모독적인 사기꾼'이라고 비난했다. 폭스의 『행적과 기념물』은 '거짓말쟁이 폭스의 프로테스탄트 순교자에 대한 거짓의 책'이었다. 아라곤의 캐서린은 거의 성인으로 묘사된 반면에, 프로테스탄트 여왕 엘리자베스는 '역겹고, 음탕하고, 못되고, 뻔뻔스러운' 노파로 그려졌다.[7] 결국 메리 1세가 박해자가 된 것은 가톨릭 교리 때문이 아니라 그녀가 경험했던 프로테스탄트의 호전적 행위와 선동에 대한 방어적 대응이었다. 불관용은 특정 교파에서 두드러

6 William Cobbett, *A History of the Protestant Reformation in England and Ireland*, London: Burns Oates & Washbourne Ltd, 1824-1827, p. 4.

7 William Cobbett, *A History of the Protestant Reformation*, pp. 37, 39, 245.

진 것이 아닌 16세기라는 시대의 산물일 뿐이었다. 종파적 차이에 대한 반감이나 배제가 당시의 전반적인 종교 문화의 특징이었다는 점을 인정한다면, 폭스의 선과 악, 그리스도와 적그리스도의 투쟁이라는 이분법적 프로파간다는 정당성을 잃는다.

잉글랜드 종교개혁에 대한 논쟁의 핵심은 공식적 종교개혁에 대한 헨리 8세의 주도권에 관한 것이다. 전형적인 위로부터의 종교개혁에 대한 이 논의는 필연적으로 앨버트 폴러드(Albert Pollard, 1869~1948)의 작업에서 출발해야 한다. 그는 종교개혁에서 헨리 8세의 역할을 강조했고, 이후 역사가들이 이에 대해 지지하거나 반박하면서 논쟁을 이어갔기 때문이다. 헨리 8세의 전기를 쓰면서 폴러드는 종교개혁 정책 입안자들보다 헨리 8세가 실제로 종교개혁을 통제하고 주도했다고 강조했다. 이 관점에 따르면, 종교개혁은 본질적으로 교리적인 운동이 아니라 교회와 국가 사이의 영원한 분쟁의 한 사건이 된다.[8] 공식적 종교개혁을 주장하는 역사가들은 로마와의 단절이 헨리 8세의 이혼과 합법적 상속자에 대한 욕구, 강력한 중앙집권 국가에 대한 필요성 및 국가 개혁에 대한 계획 등 세속적인 관심사에서 비롯되었다고 본다. 폴러드의 관점에서 아라곤의 캐서린과의 이혼 문제는 로마와의 결별을 일으킨 불꽃이었지만 가연성 물질은 오랫동안 존재했다. 그렇다면 이혼은 종교개혁의 계기였지 원인이 아니었다.[9] 잉글랜드 종교개혁의 원인은 강력한 튜더 군주제를 형성하고자 한 헨리 8세의 의지였다. 잉글랜드 군주제를 강화하려는 일련의 방침으로 잉글랜드 교회를 로마로부터 빼앗아 국왕 아래 두었다. 폴러드의 관점을 따르면, 종교개혁은 잉글랜드 민족주의가 고조된 결과이다. 강화된 민족주의의 결과, 잉글랜드의 성직자들이 로마 교황에게 충성하는 분열을 용납할 수 없었고 종교 체계마저 보편적 국가 이념 아래 두고

---

8 Albert Frederick Pollard, *Henry VIII*, London: Longmans, Green, and Co., 1966, p. 187.

9 Albert Frederick Pollard, *Henry VIII*, pp. 186~87.

자 했다. 종교개혁은 시민 권력인 국왕과 의회가 강요한 결과였다. 그렇기 때문에 잉글랜드 종교개혁의 창시자는 헨리 8세였다. 역사의 낙관적 진보를 믿고 의회정치의 우월성을 특징으로 하는 휘그파 역사가인 폴러드는 헨리 8세를 중세의 모호한 길을 넘어 근대 세계로 이끈 강력한 개혁가로 보았다. 1950년대까지 이 해석은 널리 받아들여졌다.

잉글랜드 종교개혁이 강력한 군주제를 실현하고 로마에 충성하는 반역자들을 몰아내고자 한 헨리 8세의 욕망에서 비롯되었다는 폴러드의 명제는 1950년대에 접어들면서 새로운 도전에 직면했다.

첫 도전은 엘턴이 제기했다. 그는 헨리 8세를 폴러드의 책이 비추는 일반적인 관점과는 매우 다른 시각을 보여 주었다.[10] 그는 종교개혁을 주도한 이는 헨리 8세가 아니라 그의 고문인 크롬웰이라고 보았다. 엘턴은 헨리 8세가 정부 정책을 완전히 통제했다는 폴라드의 견해에 반대했다. 오히려 헨리 8세는 정부의 일상적인 업무에는 무관심했다. 토머스 울지나 크롬웰에게 조종당한 면이 있었다. 최대한 긍정적으로 표현하자면, 헨리 8세는 크롬웰의 창의적인 정치 수완을 믿고 그에게 권력을 위임했다. 크롬웰은 잉글랜드 종교개혁의 실질적인 설계자요 건축가였다. 엘턴에 따르면, 크롬웰은 국왕과 의회가 주도하는 입헌군주제를 수립하고자 했다. 크롬웰의 이러한 설계는 본질적으로 세속적이었다. 로마와의 단절을 가져온 종교개혁은 교리적 차원이 아닌 정치적 행위였다. 엘턴은 종교개혁을 잉글랜드에 대한 교황의 관할권을 무너뜨려 독립적인 국가 주권을 성취한 사건으로 보았다. 로마와의 단절로 교회에 대한 교황의 권한은 국왕에게 넘겨졌다. 크롬웰이 주도한 정책의 결과, 종교개혁이 위로부터 빠르게 진행되고 확산되었다.[11] 1553년경 잉글랜드는 다른 어떤 나라보다 더 프로테스탄트 국가에 가까웠다고 평가했다.[12] 위로부

10 G. R. Elton, *Henry VIII, An Essay in Revision*, London: The Historical Association, 1962, p. 1.

11 Christopher Haigh, *The English Reformation Revised*, p. 19.

12 G. R. Elton, *Reform and Reformation*, pp. 157~200, 273~95.

터의 개혁이 매우 성공적이었기 때문에 이는 곧 아래로부터의 개혁으로 자연스럽게 연결될 수 있었다.[13]

디킨스의 『잉글랜드 종교개혁』은 잉글랜드 종교개혁에서 왕의 이혼 문제를 해결한 크롬웰의 역할을 강조한다.[14] 엘턴과 디킨스가 공유하는 관점은 잉글랜드 군주제에 대한 신념을 왕이 아닌 크롬웰에게 둔 것이다. 그러나 잉글랜드 종교개혁 해석사에서 디킨스의 영향력은 다른 데 있다. 디킨스는 대부분의 역사가가 정치적으로 종교개혁을 해석하느라 외면했던 종교개혁 저변에 자리 잡은 종교적 감성에 초점을 맞추었다. 가톨릭교회의 고위 성직자들은 지나치게 정치적이었고, 반면에 일반 사제들은 가난하고 교육을 받지 못해 일반 대중의 종교적 욕구를 충족해 주지 못했다. 롤라드파로 대표되는 성서에 기반한 복음주의의 역동성에 맞설 수 없었다는 것이다. 그랬기에 개혁은 쉽고 빨랐다. 위로부터의 정책 변화로 개혁 분위기가 조성된 것과 더불어 하위 성직자, 순회 설교자, 반성직주의 젠트리 등의 노력으로 프로테스탄트가 지역으로 확산되면서 종교개혁은 위로부터의 강압이 아닌 아래로부터의 자발적인 개종이 되었다.

엘턴이 프로테스탄티즘이 위로부터 정책적으로 제기된 강압의 역할이 있었다고 판단한 반면에, 디킨스는 새로운 종교가 사람들 사이에서 개종을 통해 퍼졌고 정치적 개혁과는 독립적인 힘을 가졌다고 주장했다. 이는 종교적 변화의 속도에 대한 논쟁으로 연결되었다. 디킨스는 프로테스탄트가 매우 일찍 침투해 1553년경에는 강력한 세력이 되었다는 견해를 가지고 있지만, 헤이와 스카리스브릭 등 수정주의자들은 엘리자베스 여왕의 통치 이전에는 프로테스탄트로의 항구적인 변화가 거의 일어나지 않았다고 보았다. 잉글랜드 종교개혁이 빠르게 대중적으로 확산되었다는 주장은 새로운 종교가 장인과 농민들에게 수용되었음을 가정하지

13 Christopher Haigh, *The English Reformation Revised*, p. 20.

14 A. G. Dickens, *English Reformation*, London: Batsford, 1964, p. 115.

만, 성서 읽기와 설교를 강조하는 '말씀의 종교'인 프로테스탄트가 문맹률이 높은 시골 교구에서 확산될 가능성은 높지 않았다.[15]

디킨스의 해석처럼 종교개혁이 국가의 공적인 행위보다는 대중 운동의 성격이 강하다면, 종교개혁의 시작점과 종착점은 어디로 잡아야 하는지 분명하지 않다. 교리적·정치적·제도적 변화와 잉글랜드 교회 및 대중의 종교성 변화 사이의 상관성도 따져보아야 한다. 디킨스는 15세기 롤라드파가 가톨릭교회를 비판하며 프로테스탄트 개혁의 발판을 제공하고, 잉글랜드 내에 루터파를 수용할 수 있는 공간을 마련했다고 판단했다.[16] 아래로부터의 개혁을 강조한 디킨스의 해석은 일반 대중이 변화의 주체였다고 주장하지만 그의 명제는 여러 가지 도전을 받았다.

수정주의 해석의 등장과 발전

스카리스브릭의 『종교개혁과 잉글랜드 국민』(*The Reformation and the English People*, 1984)은 잉글랜드 종교개혁이 강제된 종교개혁이며 잉글랜드 국민이 원하지 않은 것이었다고 주장한 대표적인 수정주의 작품이다. 그는 디킨스의 테제를 정면으로 거부했다. 가톨릭 질서에 대한 대중의 반감이 커졌고 가톨릭교회는 대중의 종교성을 충족하지 못했다는 주장은 입증되지 않았다는 비판이다.[17] 오히려 스카리스브릭이 내세운 전제는 잉글랜드 종교개혁이 일련의 과정이기보다는 고위 공직자들의 정책적 판단에 따른 단일한 사건에서 비롯된 강압적 사건이었다는 것이다. 헨리 8세는 잉글랜드를 로마 공동체와 결별케 하고 잉글랜드 국민의 동

15 D. Cressy, *Literacy and the Social Order: Reading and Writing in Tudor and Stuart England*, Cambridge: Cambridge University Press, 1980, pp. 146, 152.

16 A. G. Dickens, *English Reformation*, p. 36.

17 Jack Scarisbrick, *The Reformation and the English People*, Oxford: Blackwell, 1984, p. 1.

의 없이 교회 생활의 규범을 바꿀 만큼 강력한 군주였다. 그렇지만 대중은 종교개혁에 적극적으로 반대했다. 대부분은 종교개혁을 매우 느리게 수용했다. 다시 말하자면, 스카리스브릭은 잉글랜드 국민이 가톨릭교회에 만족했다고 판단했다. 늘 그렇듯이 어떤 것에 불만이 있다는 것이 반드시 그 제도를 없애는 요구로 이어지지는 않는다. 스카리스브릭의 핵심 주장은 다음과 같다.

> 사람들은 여전히 천국, 지옥, 연옥, 성도의 교제, 속죄의 필요성과 가능성을 믿었거나 그럴 가치가 있다고 여겼다. 미사의 효력, 죽은 이를 위한 기도, 성인 공경, 제단, 촛불, 오르간, 교회 건축 등에 대한 기부를 통해 이루어지는 다양한 중재와 속죄의 방식을 받아들였다. …… 옛 질서는 여전히 사회 구조의 일부였고 사람들이 호흡하던 공기의 일부였으며, 태양과 달처럼 당연하게 받아들여진 질서의 일부였다. …… 나는 모든 것이 좋았다고 말하는 것이 아니다. 종교개혁 이전의 잉글랜드가 열정적이고 경건한 그리스도교도들로 가득 찬 땅이었다고 주장하는 것도 아니다. …… 내가 말하고자 하는 바는, 옛 질서가 아무리 불완전하고 보통 사람들의 그리스도교 신앙이 아무리 불완전하더라도 전통 방식에 대한 신뢰가 상실되었거나 대중적 환멸이 있다는 증거는 없다는 것이다.[18]

이 주장은 중세 후기의 영적 빈곤에 대한 디킨스의 관점에 대한 반박이다. 디킨스는 대중이 모국어로 성서 읽기를 원하고, 성직자의 특권에 반대하고, 수도원과 관련된 부패를 혐오했다고 보았지만, 스카리스브릭은 성직자가 아닌 일반 대중은 수동적인 2등 시민이 아니었다고 주장한다. 평신도들은 교회의 전례 생활과 지역교회의 공동체 생활에 밀접하게 관여했으며 전통적인 사제직과 교회 제도에 대해 반대하지는 않았

18 Jack Scarisbrick, *Reformation and English People*, p. 12.

다.[19] 헨리 8세를 비롯해 주요 관료와 성직자들을 중심으로 일으킨 종교개혁은 기득권층의 개혁이었다. 대중은 대부분 가톨릭에 익숙했고 종교개혁을 원하지 않았다. 16세기 잉글랜드에서 발생한 일련의 프로테스탄트 종교개혁은 무질서했고 부분적인 성공만을 거두었다. 잉글랜드 종교개혁은 루터 때문에 일어난 것이 아니었고 일반적인 대륙적 유형을 따르지 않았다. 잉글랜드의 가톨릭교회는 독일처럼 부패하고 세속적이지 않았다. 헨리 8세의 조치가 있기 전까지 루터의 사상이 잉글랜드에 끼친 영향은 미미했을 뿐이다.[20] 그러나 이 같은 스카리스브릭의 주장이 정당하다 할지라도 프로테스탄트는 도입되고 정착되었다. 대중이 원치 않는 입법적으로 강제된 종교개혁이 어떻게 대중 종교의 모습을 갖추게 되었을지에 대한 근원적 의문은 남는다.

정리하자면, 디킨스는 15세기 후반과 16세기 초반에 롤라드와 종교적 불만이 마련한 토대 위에 빠른 종교개혁이 있었다고 믿는 역사가들의 학파를 이끌었다. 이에 대한 수정주의자들의 견해는 종교개혁이 위에서 부과되었고 일반 대중이 프로테스탄트로 개종하는 것 자체가 느린 과정이었다는 것이다. 종교개혁의 확립에서 에드워드 6세보다 엘리자베스 1세의 역할이 훨씬 중요하다고 파악했다. 교황의 권위와 결별했다는 점에서 프로테스탄트로 묘사할 수 있지만 교리적으로는 주로 가톨릭으로 남았다. 1540년대 후반까지 잉글랜드인들은 프로테스탄트에 대한 관심이 거의 없었고 엘리자베스 여왕 통치기에 비로소 복음주의가 확립되었다. 전임 메리 1세 치세에서 전통적인 가톨릭이 큰 저항 없이 부활한 것이 그 증거였다. 프로테스탄트는 1559년까지 거의 지지를 얻지 못했다. 엘리자베스 1세 통치기에 국교회가 정착하기까지 지속적이고 강압적인 프로테스탄트 프로파간다가 있었다.[21]

---

19 Jack Scarisbrick, *Reformation and English People*, pp. 43~48.

20 Christopher Haigh, *English Reformations: Religion, Politics and Society under the Tudors*, Oxford: Clarendon Press, 1993, p. 10.

21 Christopher Haigh, *Reformation and Resistance: Essays in Honour of Geoffrey Elton*,

초기 종교개혁 역사가들은 종파적으로는 주로 프로테스탄트 배경을 가지고 있었고 역사 해석에 있어서는 진보주의를 표방하는 휘그파 역사학의 영향을 받았다. 1970년대부터 시작된 수정주의는 이 휘그파 정통주의 해석에 대한 반발이다. 스카리스브릭, 헤이, 패트릭 콜린슨 등은 1960년대 이래 다양한 역사학자의 연구를 종합한 결과물을 출간했다. 공통적인 핵심은 잉글랜드에서 복음주의는 16세기 후반까지 거센 저항을 받아 안정되지 않은 소수의 운동에 머물렀다는 것이다. 그들은 잉글랜드 종교개혁이 아래로부터 빠르게 진행되었다는 디킨스의 해석에 반기를 들면서 느리고 인기 없고 논란만 남은 종교적 변화를 추구했다고 주장한다. 잉글랜드 종교개혁이 성공한 이유는 에드워드 6세와 메리 1세의 때이른 죽음과 엘리자베스 1세의 장수라는 '우연성' 때문이었다. 우연성이란 종파적으로 프로테스탄트의 정당성을 추구하고 역사의 진보라는 목적론적 해석에 기반한 전형적인 해석에 대한 근원적인 부정이다. 그런데 수정주의자 모두는 아니지만 대부분은 가톨릭의 배경을 가지고 있다. 그들이 종교개혁을 역사의 진보로 보는 관점을 거부한 것은 20세기 초반 가톨릭 역사가들의 시각과 매우 유사하다.[22]

헤이는 디킨스의 관점을 대체할 서사를 제시했다. 우선 헤이는 잉글랜드 종교개혁을 '위로부터의', '아래로부터의', '빠르게 진행된' 또는 '느리게 진행된' 개혁이라는 네 가지 관점으로 분류했다. 그중에서 헤이는 위로부터 느리게 진행된 개혁이라는 입장을 취한다. 그는 중세 말 잉글랜드의 가톨릭을 매우 호의적으로 그렸다. 1520년에서 1580년에 이르는 튜더 왕조 주도의 종교 변화와 무관하게 잉글랜드의 종교성은 거의 변화가 없었으며, 진정한 변화는 엘리자베스 1세 통치기 중반을 넘어서는 1580년 이후에 비로소 일어났다고 결론내렸다. 헤이의 주장은 프로

Manchester: Manchester University Press, 1987, p. 225.

22 Nicholas Tyacke, *Aspects of English Protestantism, c. 1530-1700*, Manchester: Manchester University Press, 2001, pp. 37~38.

테스탄트 설교자들의 설교를 통해 복음주의가 널리 퍼졌다는 반박에 부딪히기도 했지만,[23] 디킨스가 강조한 인문주의자들의 역할, 롤라드파의 기여, 루터파 신학의 영향 등 사상적 측면에는 크게 관심을 두지 않았다.[24] 롤라드의 문헌이나 루터의 저작은 실제로 대부분 문맹이었던 잉글랜드 대중에게 접근성이 현저히 제한적이라고 보았다.

종교 정체성에서 기존의 가톨릭 세계관이 중요하게 유지되었다고 주장한 가톨릭 사가가 이먼 더피이다. 그의 저서 『제단의 탈취』(*The Stripping of the Altars*)는 잉글랜드 대중 대부분이 전통적인 신앙을 지켰고 급진적인 종교 변화에 거부했다는 관점을 취한다. 중세 후기 가톨릭은 대중에게 그 어느 때보다 강력한 영향력을 끼쳤고, 전통 종교는 어떤 시점에서도 쇠퇴한 흔적을 찾아볼 수 없었다고 주장하며 기존 종교의 대중성과 건강성을 내세웠다. 종교개혁은 대중 종교인 가톨릭의 활기 차고 대중적인 경건과 종교적 실천을 파괴한 사건이었다.[25] 엘리자베스 1세 통치기에 정착한 프로테스탄트는 대중 종교의 건강성을 회복할 수 없었다. 더피는 2001년 모어배스 지역에 대한 미시적 연구 사례인 『모어배스의 목소리: 잉글랜드 마을의 종교개혁과 반란』(*The Voices of Morebath: Reformation and Rebellion in an English Village*)에서 종교개혁에 저항했던 한 시골 마을의 사례를 제시했다.[26] 더피는 모어배스에 대한 미시적 연구를 잉글랜드의 전형적인 사례라고 주장하지는 않았지만, 종교개혁을 평범한 대중이 순응적으로 수용했다는 기존의 주장에 대한 반례(反例)로 제시하기에 충분했다.[27] 모어배스는 국가의 행위에 순응한 마을이 아니라

23 Nicholas Tyacke, *Aspects of English Protestantism*, p. 41.

24 Nicholas Tyacke, *Aspects of English Protestantism*, pp. 139~47; Anne Hudson, *The Premature Reformation: Wycliffite Texts and Lollard History*, Oxford: Clarendon Press, 1988.

25 Eamon Duffy, *The Stripping of the Altars: Traditional Religion in England 1400–1580*, New Haven and London: Yale University Press, 2002, p. 4.

26 Eamon Duffy, *The Voices of Morebath: Reformation and Rebellion in an English Village*, New Haven and London: Yale University Press, 2001.

1549년 도입한 국교회 『공동기도서』 제정에 반대한 반란에 참여할 정도로 가톨릭에 대한 충성심을 보였다.[28]

독실한 가톨릭 배경의 역사학자 더피는 20세기 역사학을 지배했던 메리 1세의 종교 정책에 대한 평가를 수정했다. 더피는 "메리 튜더의 치세를 지지하는 역사가들은 별로 없었고 정권의 종교 정책은 대부분 부정적인 평가를 받아왔다. 비교적 최근까지 메리의 교회는 과거를 회상하고, 상상력이 결여된, 반동적이며, 여왕의 과거에 대한 씁쓸한 집착과 비극적인 불임을 공유하고 있다는 점에 거의 모두가 동의"했다는 점을 우선 지적한다.[29] 하지만 더피는 잉글랜드에서 메리 1세의 가톨릭 종교개혁이 회고적인 조치가 아니라 1562년 트리엔트 공의회에서 제시한 '가톨릭의 가장 독특한 조치와 강조점을 위한 영감'을 제공했다고 긍정적으로 평가했다. 메리 1세의 개혁 조치는 엘리자베스 시대에도 가톨릭 신앙을 지키는 잉글랜드 가톨릭주의자들의 중추를 형성했으며, 가톨릭 종교개혁의 역사적·신학적 방향을 형성하는 데 기여했다고 보았다.[30] 더피는 헨리 8세 이래 억압받았던 가톨릭을 다시 복원하고자 했던 메리 1세의 종교적 활력을 논의하면서 일반적으로 받아들여진 것보다 훨씬 더 긍정적으로 메리 1세를 평가했다. 그는 메리 1세 통치기에 가톨릭으로의 회복이 더 광범위한 유럽 가톨릭 종교개혁의 일부라고 설득력 있게 분석했다.[31]

헤이, 더피, 스카리스브릭, 피터 마셜(Peter Marshall, 1964~) 등의 작품은 종교개혁기 잉글랜드 대중에 대한 이해를 더없이 풍부하게 했다. 그들의 영향으로 잉글랜드 프로테스탄트가 대중적 지지를 받았다고 하는

27 Eamon Duffy, *The Voices of Morebath*, p. xv.

28 Eamon Duffy, *The Voices of Morebath*, p. xiv.

29 Eamon Duffy, *Fires of Faith: Catholic England under Mary Tudor*, New Haven and London: Yale University Press, 2009, p. 1.

30 Eamon Duffy, *Fires of Faith*, p. 8.

31 Eamon Duffy, *Fires of Faith*, pp. 188~207.

전통적 견해를 재평가하는 저작이 다수 출판되었다.[32] 1970년대 후반 이후 발전한 수정주의의 핵심으로 16세기 잉글랜드의 종교적 정체성 설정에 대한 강조점 변화를 들 수 있다. 일반적으로 어떻게 복음주의 프로테스탄트의 정체성이 형성되었는지에 집중되었던 관심이 전통 가톨릭의 정체성이 어떻게 유지되었는지로 연결되었다. 가톨릭 신앙과 의식에 대한 집착은 국가의 탄압에도 불구하고 살아남았고 대중의 종교적 전통주의는 엘리자베스 1세의 통치기에도 강력했다. 의식적인 가톨릭의 헌신은 잉글랜드의 많은 지역에서 확고하게 자리 잡았고 일부 지역에서는 프로테스탄트 교리에 대한 완강한 저항이 있었다. 종교개혁은 프로테스탄트 잉글랜드를 탄생시키지 못했고 잉글랜드를 분열시켰을 뿐이었다. 프로테스탄트는 가톨릭을 물리쳤지만 대중을 사로잡는 데는 실패했다.

대륙의 종교개혁과 달리, 수정주의 해석이 잉글랜드에서 두드러진 이유는 무엇일까? 일차적으로는 수정주의 사가들이 제시하는 것처럼 잉글랜드에서 가톨릭이 대중적으로 큰 반감 없이 수용되었기 때문일 수 있다. 또 다른 개연성 있는 설명은 다소간 대립되는 시각인데, 잉글랜드인들은 다른 유럽의 동시대인들만큼 종교적으로 헌신적이거나 열정적이지 않았기 때문이라는 가정이다. 그랬기 때문에 잉글랜드인들은 국가의 정책에 따라 순종적으로 프로테스탄트가 되기도 했고, 가톨릭 통치자가 등장했을 때는 라틴어 미사, 연옥에 대한 믿음, 성인 숭배 등을 다시금 쉽사리 수용했다. 그럼에도 수정주의 연구에 제기되는 지속적인 혐의는 여전히 기존 프로테스탄트의 성공에 대한 설득력 있는 해석을 제시하지는 못한다는 점이다.[33] 종교개혁은 비록 인기가 없었고 느리게 진행되

---

32 관련한 대표적 저작으로 Peter Marshall, ed., *The Impact of the English Reformation, 1500-1640*, Manchester: Manchester University Press, 1997; Peter Marshall and Alec Ryrie, eds., *The Beginnings of English Protestantism*, Cambridge: Cambridge University Press, 2002; Ethan H. Shagan, *Popular Politics and the English Reformation*, Cambridge: Cambridge University Press, 2003 등이 있다.

33 20세기 후반 종교개혁에 대한 정통주의 해석을 담아내는 연구도 꾸준히 나오고 있다. 최근의 저작으로 Martha C. Skeeters, *Community and Clergy: Bristol and the*

었다 하더라도 실제로 정착되었다. 스카리스브릭이 언급한 것처럼 종교개혁이 시행되었다는 것은 튜더 왕조가 강력한 군주제를 형성했음을 보여 준다.[34] 그럼에도 종교개혁은 대중의 보편적인 적대감을 거스르며 시행될 수는 없었고 성공을 거두기 위해서는 강력한 개혁가와 지지자들이 필요했다. 하지만 잉글랜드는 루터와 칼뱅 등이 건너와 개혁을 시작하지 않았다.

재검토되는 전제들

인문주의

위로부터 이루어진 종교개혁의 빠른 전개는 고위 공직자나 학자들 사이의 인문주의 네트워크에 빚을 졌다. 종교개혁 이전에도 잉글랜드는 대륙 인문주의 운동의 영향을 받았다. 15세기 말 옥스퍼드 대학과 케임브리지 대학은 대륙에서 벌어지는 고전 문예 부흥에 관심을 가지고 참여했다. 에라스무스는 수차례 잉글랜드를 방문해 동시대 학자들과 인문주의의 관심을 공유하며 깊은 유대를 맺었다. 잉글랜드 인문주의자들이 주도한 교육과 학문 개혁은 튜더 잉글랜드의 성직자 및 관료들 사이에서 교육 혁명을 주도했다.[35] 런던 세인트폴 대성당 사제 존 콜렛과 대법관

Reformation c.1530-c.1570, Oxford: Clarendon Press,1993; Caroline Litzenberger, *The English Reformation and the Laity: Gloucestershire, 1540-1580*, Cambridge: Cambridge University Press, 1997; Muriel C. McClendon, *The Quiet Reformation: Magistrates and the Emergence of Protestantism in Tudor Norwich*, Ithaca, NY: Cornell University Press, 1999; Muriel C. McClendon, Joseph P. Ward and Michael Macdonald, eds., *Protestant Identities: Religion, Society, and Self-fashioning in Post Reformation England*, Stanford, CA: Stanford University Press, 1999; Helen L. Parish, *Clerical Marriage and the English Reformation*, Aldershot: Ashgate, 2000 등이 있다.

34 Jack Scarisbrick, *Reformation and English People*, p. 81.

35 Diarmaid MacCulloch, "England", *The Early Reformation in Europe*, p. 169.

토머스 모어가 대표적이다. 모어가 1516년 쓴 『유토피아』(*Utopia*)는 당대 그리스도교 인문주의자들의 이상을 그렸다. 현실에서 존재하지 않는 상상의 땅에 단순하고 순수하게 거대한 수도 공동체를 이루고 사는 사람들의 이야기이다. 그들은 미신적인 신앙보다 학문, 정의, 자선을 중요하게 여긴다. 유토피아와 같은 이상향에 대한 희구는 당시 그리스도교 인문주의자들이 꿈꾼 교회의 모습이기도 하다.

이러한 위로부터의 개혁의 모습은 1514년부터 1529년까지 헨리 8세를 대신해 잉글랜드의 실질적인 통치자가 되었던 울지에게서도 찾을 수 있다. 입스위치(Ipswich)의 정육점 아들로 태어나 추기경 자리까지 오른 울지는 1518년 잉글랜드 교회를 재편할 수 있는 폭넓은 권한을 가진 교황 특사로 임명되었다. 그는 인문주의 정신에 근거해 잉글랜드 교회를 개혁하려는 의지가 분명했다. 울지는 잉글랜드 교회를 재건하기 위해 수도원 부지를 광범위하게 재편할 계획을 세우면서 무너진 수도원을 수리·개혁하고 신학 교육에 많은 자금을 투자했다. 그 자원을 대중을 위해 사용해 그리스도교 인문주의 강국의 발판을 마련하고자 했다. 울지는 잉글랜드를 가톨릭 세계의 쇄신을 이끄는 최전선으로 삼았는데, 그의 이러한 야심찬 기획은 크롬웰의 지원으로 구현되었다. 크롬웰은 잉글랜드인으로는 드물게 이탈리아에서 군인과 상인으로서 경력을 쌓았다.

14세기와 15세기 이탈리아에서 일어난 고대 그리스와 로마 세계의 문화와 예술에 대한 재발견은 잉글랜드 튜더 왕조에게도 이어졌다. 헨리 8세의 이혼 문제와는 별개로 잉글랜드에서는 새로운 형태의 종교 혁신이 생겨났을 수 있다고 가정한다. 그것이 모어가 꿈꾼 것처럼 기존의 가톨릭 잉글랜드의 전통 내에서 이루어진 것인지, 크롬웰이 시작했듯이 로마와의 결별 속에서 이루어진 것인지는 손쉽게 예단할 수 없다. 분명한 것은 잉글랜드 내의 인문주의자들이 기존 수도원의 막대한 부를 교육기관 설립과 같은 중요한 목적으로 재분배하려 시도한 점이다. 옥스퍼드와 케임브리지 중에서 케임브리지 대학은 에라스무스와 독일 루터주의의 영향을 받아 훨씬 더 대담하게 혁신을 추구했다.

그 중심에는 대륙에서 역수입된 영어 성서와 루터가 쓴 소책자의 유입이 있었다. 많은 젊은 인문주의자가 영어 성서를 통해 루터의 '오직 성서로'의 메시지를 수용하는 데 큰 역할을 했다. 잉글랜드 인문주의에서 영어 성서 번역을 뺄 수 없다. 루터의 초기 지지자 중에는 옥스퍼드 출신의 틴들이 있었다. 그는 헨리 8세의 종교개혁이 진행되기 훨씬 이전에 영어 성서 번역을 통해 잉글랜드에 프로테스탄트의 씨앗을 심었다. 틴들은 에라스무스의 『그리스도교 군사의 교범』(*Enchiridion militis Christiani*)을 영어로 번역하기도 했다. 그는 런던 주교 커스버트 툰스톨(Cuthbert Tunstall, 1474~1559)에게 영어 성서 번역 허가를 청원했다. 이 청원이 거절되고 신변의 위협을 느낀 그는 망명객이 되어 비텐베르크로 피신했다. 그리고 그곳에서 신약성서를 영어로 번역했다. 1525년 틴들은 독일 보름스에서 번역본을 출판했다. 이렇게 출판된 성서는 잉글랜드로 밀수되어 읽히기 시작했다. 잉글랜드에서는 불법 유통되는 성서였지만, 틴들의 신약성서는 종교적·언어학적으로도 매우 탁월해 『킹제임스 성서』(*King James Bible*, 1611)를 포함해 이후에 나온 대부분의 성서 번역은 틴들의 성서에 큰 빚을 졌다. 신약성서 번역을 마무리한 이후 구약성서 번역을 시작해 모세오경까지 번역했지만, 1536년 가톨릭 당국에 이단 혐의로 체포되어 브뤼셀 인근에서 산 채로 화형에 처해졌다. 그는 잉글랜드에서도 환영받지 못했고 대륙에서도 이단이 되었다. 틴들의 화형으로 잉글랜드에 머물던 그의 지지자와 친족들 일부도 루터교도라는 혐의를 쓰고 모어에 의해 조사를 받았다. 모어는 루터교에 대해 반대하는 수많은 논문을 작성하고 루터교를 추종한다는 혐의를 지닌 프로테스탄트 교도들을 가혹하게 기소하고 처형하는 일을 주도했다.

모어의 사례에서 보듯이, 인문주의가 곧 프로테스탄트 개혁과 연결되는 사안은 아니다. 헨리 8세의 종교개혁에 반대했던 모어나 존 피셔, 툰스톨 등 가톨릭 인문주의자들은 에드워드 6세와 엘리자베스 1세 때 프로테스탄트에 경도된 성직자와 정치인들과는 궁극적인 지향이 달랐다. 인문주의는 특정한 가치 체계와 사고 체계를 대변하지 않았다. 종교개혁 이전에 인문주의자들 사이에는 깊은 차이가 있었다. 스콜라주의로 대표되는 중세의 지적 체계에 의문을 제기했다고 해서 모두 다 종교개혁의 어젠다를 수용한 것은 아니었다. 1530년대 인문주의가 곧 잉글랜드 프로테스탄트 개혁을 지지한 세력이라고 볼 수는 없다.

롤라드

아래로부터 빠른 종교개혁이 있었다고 주장한 디킨스는 종교개혁은 초기 노리치에서 출발해 템스 계곡을 따라 이어진 잉글랜드 남부 저지대와 브리스틀, 글로스터, 코벤트리와 같은 특정 지역에서 대중적으로 빠르게 수용되었다고 했다. 이 지역은 1500년경 롤라드에 대한 박해가 발생한 지역과 겹친다. 잉글랜드 종교개혁은 잉글랜드 내에서 광범위하게 퍼져 있던 롤라드 운동의 영향과 반성직주의에 기반한다. 그는 롤라드 운동의 대중적 확산이 프로테스탄트 설교자들이 빠르게 지지세를 얻을 수 있는 근거라고 생각했으며, 화체설을 반대하는 롤라드의 반가톨릭 성찬 견해가 개혁가들의 신학에 영향을 끼쳤다고 보았다.[36] 따라서 아래로부터의 종교개혁에서 롤라드에 대한 역사적 평가는 매우 중요하다. 잉글랜드 교회는 대중의 영성을 장려하기 위해 모국어를 사용하는 것이 중요하다는 점을 인식했다. 위클리프 이전에도 신약성서의 대부분이 정통 가톨릭교도들에 의해 영어로 번역되었다. 그러나 15세기 문맹률의 감소는 종교 교육이 교회 밖으로 이동할 가능성을 열었다.[37] 이러한 측면에서 롤라드파는 잉글랜드 교회와 사회에 불편한 존재였으며, 전통적 종교 가치와 문화에 도전하고 사회 불안을 일으키며 평신도들에게 호소력을 발휘했다. 롤라드파의 등장 이후 교회 당국의 평신도 경건에 대한 지원과 모국어 문헌의 유포 장려는 점점 더 신중해졌으며, 1407년과

---

36 A. G. Dickens, *English Reformation*, pp. 33~37; J. F. Davis, *Heresy and Reformation in the South-East of England, 1520-1559*, Atlantic Highlands, NJ: Humanities Press, 1983, pp. 41~65.

37 Eamon Duffy, *The Stripping of the Altars*, p. 69.

1409년 토머스 아룬델 대주교의 「헌장」(Constitutions) 발표로 정점에 이르는 엄격한 종교 규제가 도입되기 시작했다. 롤라드로 알려진 위클리프의 제자들은 1414년 존 올드캐슬(John Oldcastle, ?~1417)의 봉기가 실패한 이후에는 대중 운동의 성격을 잃고 주로 장인과 상인, 일부 성직자 사이에서만 은밀하게 살아남았다.

그런데 이 롤라드가 16세기 종교개혁을 규정하는 데 다시 등장했다. 주로 롤라드 활동에 대한 서사의 대부분은 폭스의 『행적과 기념물』에 근거한다. 그러나 명확하게 프로테스탄트 프로파간다를 목적으로 저술된 동시대의 저술에 대해 어느 정도까지 역사적 신빙성을 부여할 수 있느냐의 문제가 대두된다.[38] 롤라드파는 루터의 이름이 잉글랜드에 전해지기 이전에 이미 반교황주의, 반성직주의, 성서중심주의, 성상파괴주의 등을 실천한 집단으로 알려졌다.[39] 역사적으로 14세기와 15세기 롤라드파를 정의하는 것은 오랫동안 치열한 논쟁의 주제가 되어온 중요한 문제이다.[40] 종교개혁기까지 100년의 기간 동안 그들은 어떻게 살아남았으며 어떠한 영향력을 가지고 있었는지에 대한 실체 판단 여부에 따라 디킨스의 아래로부터의 종교개혁의 타당성은 인용될 수도, 기각될 수도 있다. 롤라드파의 기원, 확산, 소멸, 생존(또는 부흥)에 대한 논쟁에 완

---

38 John A. F. Thomson, *The Later Lollards, 1414-1520*, Oxford: Oxford University Press, 1965, pp. 226~30.

39 A. G. Dickens and Dorothy Carr, eds., *The Reformation in England to the Accession of Elizabeth I*, London: Edward Arnold, 1967, pp. 26~27.

40 역사적으로 '롤라드'는 원래 특정한 일관된 신념을 가진 집단을 가리키는 용어였으며, 1382년 처음으로 옥스퍼드 대학의 헨리 크럼프(Henry Crumpe, ?~1401)가 사용했다. 이후에는 '이단자'와 동의어로 발전했다. 롤라드파의 지적 정체성에 대해서는 A. E. Larsen, "Are All Lollards Lollards?", *Lollards and their Influence in Late Medieval England*, eds., Fiona Somerset, Jill C. Havens, and Derrick G. Pitard, Woodbridge: Boydell Press, 2003, p. 59; 최종원, 「위클리프와 옥스퍼드의 롤라드파: 그 지적 정체성 1377-1415」, 『한국교회사학회지』 제22집, 2008, 195~229쪽; 최종원, 「1414년 이후 후기 롤라드파 사상의 몇 가지 쟁점 연구」, 『서양중세사연구』 제24집, 2009, 155~80쪽 참조.

전한 합의가 이루어질 가능성은 크지 않지만,[41] 두 가지 별개의 접근법으로 관찰하고 있다. 하나는 롤라드파의 분포 양상과 이단 재판, 즉 교회 당국이 취한 입장을 포함한 롤라드파의 기본적인 역사가 다수 연구되었다. 다른 하나는 문학사가들이 주로 시도한 15세기에 은밀히 퍼졌던 롤라드파의 모국어 저작에 대한 조사이다. 이들 접근법은 15세기 롤라드파의 역사적 실체와 관련해 종종 상반된 결과에 도달하게 된다.[42] 논의는 주로 롤라드파의 역사적 실체, 즉 위클리프와 초기 롤라드파 사이의 실제적 연관성, 롤라드파 내부에서의 사상적 연속성과 일관성, 그리고 이들이 종교개혁에 끼친 실질적 영향에 집중되어 왔다. 롤라드파 연구의 대표적 문학사가인 앤 허드슨(Anne Hudson, 1938~2021)은 롤라드파를 위클리프 시대부터 종교개혁기까지 지속적으로 이어진 유산과 일관된 신념을 가진 운동이라고 주장했다.[43]

그러나 허드슨의 이러한 관점은 텍스트 분석에 주로 의존한 결과이므로 '실제' 롤라드파를 반영했는지에 대해 논란의 여지가 있다.[44] 반면에 15세기 이단과 롤라드 연구의 전문 역사가인 존 톰슨(John A. F. Thomson)은 롤라드파를 하나의 교리 집합으로 보기보다는 "믿음이 진화된 일련의 태도"로 간주했다.[45] 한걸음 더 나아가 로버트 스완슨

---

41 J. F. Davis, "Lollardy and the Reformation in England", *Archiv für Reformationsgeschichet* 78, 1982, pp. 217~36; J. F. Davis, *Heresy and Reformation in the South-East of England, 1520-1559*, London: Royal Historical Society, 1983; Margaret Aston, "Lollards and the Reformation: Survival or Revival", *Lollards and Reformers: Image and Literacy in Late Meadieval Religion*, London: The Hambledon Press, 1984, pp. 219~42.

42 John A. F. Thomson, "Knightly Piety and the Margins of Lollardy", *Lollardy and the Gentry in the Later Middle Ages*, eds., Margaret Aston and Colin Richmond, Stroud: Sutton, 1997, pp. 95~111.

43 Anne Hudson, *The Premature Reformation*; Anne Hudson, "A Lollard Sermon-cycle and its Implications", *Medium Aevum* 40, 1971, pp. 142~56.

44 R. G. Davies, "Lollardy and Locality", *Transactions of the Royal Historical Society*, 6th series 1, 1991, pp. 191~212. 데이비스는 롤라드 운동이 '개인적 접촉과 상호 의존'을 통해 장기적 연속성을 유지했다는 유사한 견해에 도달했다.

(Robert Swanson)은 "롤라드 '운동'은 단지 역사가들이 만들어낸 역사의 구성물일지도 모른다"라고 주장했다.[46] 이와 비슷하게 리처드 렉스(Richard Rex)도 "롤라드의 존속은 종교개혁 이후 롤라드 유산의 체계적 보존을 더 잘 보여 주는 것이지, 그때까지 이 이단이 활발했음을 보여 주는 것은 아니"라고 했다.[47]

롤라드 사이에서 일관되고 통일된 특징을 찾기 쉽지 않기 때문에 롤라드파를 식별하는 것은 어려운 문제이다. 다양한 신념 체계는 롤라드파의 경계를 확장했지만 결과적으로 롤라드라는 용어와 정체성은 왜곡되기 쉽다. 따라서 기본 논점에 주목할 필요가 있다. 역사적 롤라드파의 실제 존재 여부를 떠나 롤라드파의 특징은 당대 권위자들의 이익에 따라 만들어지고 재형성되었으며, 때로 심각하게 왜곡되었다. 15세기 잉글랜드 교회를 이해함에 있어 롤라드파가 역사적 구성물이라는 관점을 수용한다면, 변화하는 사회적 상황 속에서 당대인이 롤라드파를 어떻게 '발명'했는지를 파악하는 것이 핵심이다. 이 발명에는 폭스의 역할이 지배적이다. 폭스는 방대하고 화려한 롤라드 서사를 재구성해 동시대 독자들에게 깊은 인상을 남겼다. 특히 메리 1세 치세에서 순교한 대중이 가졌던 성서에 대한 믿음은 이미 전 세기에 전해진 롤라드와 순교자들을 일체화했다. 폭스가 묘사한 롤라드는 100년 이후 등장한 프로테스탄트의 선구자들이었다. 교리적으로도 놀랄 정도의 일관성이 있었다. 따라서 가톨릭 주교들은 옛 이단인 롤라드와 새 이단인 프로테스탄트가 동일하다고 판

---

45 John A. F. Thomson, *Later Lollards*, p. 244. 톰슨은 롤라드 활동을 '운동'으로 규정하면서도 그들 사이에 중앙 조직이나 통일된 신념이 없었다는 점을 인정했다. 그러나 그는 잉글랜드 남부 전역에 걸쳐 광범위한 롤라드 네트워크의 존재를 입증해 냈다. 이러한 발견에도 불구하고 톰슨은 1414년과 1431년의 봉기 실패 이후 롤라드가 사회에 끼친 위협을 과소평가했으며, 롤라드가 헨리 8세 종교개혁의 토대를 마련했을 수는 있어도 이를 예견하거나 영감을 준 것은 아니라고 주장했다.

46 R. N. Swanson, *Church and Society in Late Medieval England*, Oxford: Blackwell, 1993, pp. 335, 343.

47 Richard Rex, *The Lollards*, London: Palgrave Macmillan, 2002, p. 143.

단하고 이들을 화형에 처했다. 그렇지만 롤라드가 종교개혁 시점에서 재확산되고 있었던 것인지, 프로테스탄트 옹호자들과 롤라드를 단순하게 동일시해 생긴 착시인지는 구별해야 한다. 폭스의 경우에 프로테스탄트 종교개혁의 궁극적 성공은 잉글랜드 내에서 이어져 온 내재적인 반교황주의 및 반성직주의 움직임을 롤라드라는 관념으로 '재창조'해 낸 것으로 보아야 한다. 롤라드를 종교개혁에 대한 증거라고 주장하기에는 증거가 지나치게 빈약하다.

20세기 역사가들의 평가대로 롤라드 운동이 이미 15세기 들어 지적인 뿌리를 잃어버렸다면 종교개혁 당시 그들의 역할은 상당히 제한적이라고 볼 수밖에 없다. 그렇다면 디킨스의 아래로부터의 빠른 확산은 정당성을 상당히 상실한다.

반성직주의

전통적으로 종교개혁과 반성직주의는 떼려야 뗄 수 없는 관계로 간주되었다. 대중의 종교적 기대 수준을 충족해 주지 못하는 성직자들의 낮은 수준에 대한 불만과 적대감이 가톨릭교회를 거부한 근거라는 것이다. 종교개혁이 일어났다는 것은 중세 후기 교회의 문제와 결함에 대한 정당한 저항으로 여겨졌다. G. G. 콜턴(G. G. Coulton, 1854~1947)은 중세 말 성직자들이 인기가 없었으며, 그렇지 않았다면 종교개혁은 설명할 수 없었을 것이라고 주장했다.[48] 잉글랜드 종교개혁을 설명할 때, '반성직주의'는 종교 변화의 원인이자 그 수용 이유를 찾는 데 주로 언급된다. 평신도들의 불만은 자연스럽게 로마와의 단절, 수도원 탄압, 성직자 권력을 지탱하던 미신에 대한 공격으로 이어졌다. 20세기 잉글랜드 종교개혁 연구에서 가장 영향력 있는 학자라고 할 수 있는 디킨스는 16세기 초 잉글랜드에서 반성직주의가 임계점에 달했다고 믿었으며, 그 반성

48 G. G. Coulton, *Ten Medieval Studies*, Cambridge: Cambridge University Press, 1930, pp. 137~38.

직주의가 모든 것을 휩쓴 진정한 조류가 되었다고 보았다.[49] 잉글랜드의 반성직주의는 종교개혁이 무르익었고 프로테스탄트 등장에 반응할 준비가 된 증거였다.

반성직주의의 범위와 개념은 최근 잉글랜드 종교개혁에 대한 설명에서 무척 혼란스럽게 적용되었다. 동일하게 사용되는 반성직주의는 단어의 분류법에도 여러 문제가 있으며, 지나치게 포괄적이고 선언적인 단어가 되었다. 반성직주의에 대한 정통주의와 수정주의의 평가가 극단적으로 나뉘지만, 디킨스와 헤이가 합의한 한 가지는 중세 말 반성직주의가 교리에 의해 '요구'되고 '강화'되었다는 점이다.[50] 하이코 오베르만은 반성직주의에 관해 국제 학술회의에서 발표한 41편의 논문을 검토한 이후 반성직주의를 세 시기로 나누었다. 첫째, 종교개혁 이전 시기에는 중세를 비판하는 전통이 오랫동안 이어졌고, 둘째, 종교개혁기에는 성직자 개혁을 목표로 하는 프로그램이 있었으며, 셋째, 종교개혁 이후에는 성직자들이 국가와 결합해 대중을 순종적인 신민으로 만들려 하면서 새로운 형태의 반성직주의가 등장했다.[51] 스카리스브릭은 헨리 8세 통치기에 반성직주의를 첫째, 단순히 이기적 욕망에 기반한 거친 파괴적 형태, 둘째, 교회의 재산을 이타적인 목적으로 사용하려고 했던 크롬웰로 대표되는 긍정적이고 세속적인 형태, 셋째, 성직자의 전통적 개혁을 원했던 잉글랜드 인문주의에 의해 촉진된 긍정적이고 종교적인 형태, 넷째, 롤라드 운동에서 시작되어 잉글랜드 루터파에서 새 생명을 얻은 '이단적 반성직주의' 등 네 가지 유형으로 구분했다.[52]

---

49 A. G. Dickens, *Lollards and Protestants in the Diocese of York 1509-1558*, Oxford: Oxford University Press, 1959, p. 12.

50 A. G. Dickens, "The Shape of Anti-clericalism and the English Reformation", *Politics and Society in Reformation Europe*, eds., E. I. Kouri and Tom Scott, London: Macmillan, 1987, pp. 392, 403.

51 Heiko A. Oberman, "Anticlericalism as an Agent of Change", *Anticlericalism in Late Medieval and Early Modern Europe*, eds., Peter Dykema and Heiko A. Oberman, Leiden and Boston: Brill, 1993, p. x.

일반적으로 수정주의자들은 잉글랜드에 반성직주의는 존재하지 않았고 대중은 평화로운 종교를 원했다고 판단한다. 종교개혁 이전 교회의 종교적 신념과 관행이 오늘날의 시각에서는 주술과 미신으로 보일 수 있겠지만, 전통적인 종교는 사회적 화해와 종교적 구원의 기제로 잘 작동한 사례로 간주할 수 있다.[53] 한 사람의 미신은 다른 사람의 영성이다. 종교개혁 전야의 여러 주교는 성직자 감독과 사목 활동에 진정한 관심을 보였다. 1510년대에는 사제 모집이 전에 없는 수준으로 이루어졌으며, 가톨릭 서적 시장이 활기를 띠었다. 교회에 점점 더 많은 제단과 성상이 들어섰고 미사는 대중에게 인기가 높았다. 한마디로 가톨릭 신앙은 번성하고 있었다.[54] 성직자와 평신도 사이에 갈등이 있었지만 대부분 큰 문제없이 타협해 해결되었다.[55] 종교개혁은 성직자와 평신도라는 두 세력 사이의 충돌의 결과는 아니었다. 성직자 집단 전체에 대한 반대나 성직자 제도를 폐지하려는 움직임은 없었다. 대신에 성직자들 사이에서 보이는 성직매매, 복수겸직, 부재성직과 같은 권력 오남용에 대한 비판이 있었다. 모어 같은 인문주의자의 비판도 한 맥락에서는 반성직주의라고 볼 수 있지만 제도적으로 반성직주의라고 할 수는 없다.[56] 대체로 사제와 교구민 사이의 관계는 조화로웠고 직접적으로 사제에 대해 불만을 제기하는 일은 드물었다.

15세기 잉글랜드의 종교적 태도는 전통적이고 보수적이며 경건주의

---

52 Jack Scarisbrick, *Henry VIII*, Berkeley, CA: University of California Press, 1968, pp. 243~44.

53 Keith Thomas, *Religion and the Decline of Magic: Studies in Popular Belief in Sixteenth-and Seventeenth-century England*, London: Penguin Books, 1971, pp. 27~188; John Bossy, *Christianity in the West, 1400-1700*, Oxford: Oxford University Press, 1985, pp. 1~75.

54 Christopher Haigh, *The English Reformation Revised*, pp. 70~71, 115~16.

55 Christopher Haigh, "The Reformation in England to 1603", *A Companion to the Reformation World*, ed., R. Po-chia Hsia, Oxford: Blackwell, 2004, p. 135.

56 Peter Marshall, *The Catholic Priesthood and the English Reformation*, Oxford: Oxford University Press, 1994, pp. 214~15.

적이었다는 점에 역사가들 사이에 어느 정도 합의가 존재한다.[57] 더피는 "사회 전반에 걸쳐 종교적 상상력의 놀라운 일치가 존재했다"라고 주장한다.[58] 대중 사이에서 영적 문제에 대한 강한 관심이 있었다는 것은 주목할 만하다.[59] 교회의 전통성이 대중 사이에서 종교적 열정이 쇠퇴했다는 것을 의미하지는 않는다. 교회 당국은 본당 신부들이 교구민들에게 가톨릭 신앙과 관행을 가르칠 수 있도록 사목 지침서를 제공함으로써 대중의 종교 실천에 긍정적인 역할을 했다.[60]

니콜러스 러브(Nicholas Love, 1608~82)의 『예수 그리스도의 복된 생애에 대한 거울』(*Mirror of the Blessed Life of Jesus Christ*)은 『그리스도의 생애에 대한 묵상록』(*Meditationes Vitae Christi*)의 영어 번역본이다. 대주교 아룬델은 이 책을 대중 사이에 널리 유포되도록 권장했다. 14세기와 15세기 리처드 롤(Richard Rolle, 1300?~49), 월터 힐턴(Walter Hilton, 1340?~96), 노리치의 줄리언(Julian of Norwich, 1342?~1416), 마저리 켐프(Margery Kempe, 1373?~1438) 등 잉글랜드 신비주의 작가들의 저작도 널리 읽혔다. 모국어를 읽을 줄 아는 대중을 위한 이들 저작은 종교의 사회적·공적 측면을 지탱했다.[61] 따라서 중세 시대에 성직자에 대한 증오나 경멸이 있었다고 해서 그것이 곧 사람들이 교회를 거부했다거나 성

57 예를 들어 R. M. Haines, "Church, Society and Politics in the Early Fifteenth Century as Viewed from an English Pulpit", *Studies in Church History* 12, 1975, pp. 152~56.

58 Eamon Duffy, *The Stripping of the Altars*, p. 3.

59 John A. F. Thomson, *The Transformation of Medieval England, 1370-1529*, London and New York, NY: Routledge, 1983, p. 360.

60 구어체 교육 자료의 역할에 대한 자세한 설명은 H. L. Spencer, *English Preaching in the Late Middle Ages*, Oxford: Oxford University Press, 1993, pp. 6~7; R. N. Swanson, *Church and Society*, Chapter 5; Eamon Duffy, *The Stripping of the Altars*, pp. 53~57 참조.

61 잉글랜드 신비주의에 대한 개괄은 Marion Glasscoe, *English Medieval Mystics: Games of Faith*, New York, NY: Longman Publishing Group, 1993; Nicholas Watson, "The Middle English Mystics", *The Cambridge History of Medieval Literature*, ed., David Wallace, Cambridge: Cambridge University Press, 1999, pp. 539~65.

직자를 거부한 것으로 읽힐 수는 없다. 수정주의자들은 대부분의 교구민은 지역 성직자들에게 만족했으며, 반성직주의는 실체가 없다고 주장했다. 잉글랜드에서 반성직주의는 '미묘하고 복잡한 문제'였다.[62]

16세기 상반기의 유언장 약 2,500개를 분석한 수정주의자 스카리스브릭의 연구에 따르면, 유언자의 최소 60퍼센트가 교회에 특정 목적의 기부를 했다.[63] 링컨 교구의 3개 카운티에서 유언장을 살펴본 마거릿 바우커(Margaret Bowker)는 유언자의 약 85퍼센트가 1520년대에 본당 교회에 유산을 남겼으며, 종교개혁이 일어난 1530년대 중반에도 약 75퍼센트가 유산을 남겼다고 보고한다.[64] 전통 종교에서 행해지던 성인과 성상에 대한 숭배나 연옥과 죽은 자를 위한 기도도 쉽사리 사라지지 않았다. 유언자들은 교회에 기부금을 남겨 사제들로 하여금 연옥에 있을 자신의 영혼을 위해 정기적으로 미사와 연도를 바치도록 했다.[65]

헤이는 종교개혁을 반성직주의적 관점에서 이해하는 것을 '허구'라고 지칭하면서 기존의 정통주의 역사 서술을 전복했다. 그는 반성직주의는 "간단히 말해 종교개혁의 원인이 아니라 결과였다"라고 결론지었다.[66]

메리 1세의 초상

수정주의 연구에서 부딪치는 난제는 가톨릭으로 복귀한 메리 1세 통치기의 잔혹한 프로테스탄트 탄압에 대한 평가이다. 1563년 첫 출판된 폭스의 『행적과 기념물』은 메리 1세 치세의 프로테스탄트 순교자들에 대한 목판화를 통해 악하고 무능한 통치자로 인한 현실이 어떠한지를

62 Judith Maltby, *Prayer Book and People in Elizabethan and Early Stuart England*, Cambridge: Cambridge University Press, 1998, pp. 228~29.

63 Jack Scarisbrick, *Reformation and English People*, pp. 3~6.

64 M. Bowker, *The Henrician Reformation: The Diocese of Lincoln under John Longland, 1521-1547*, Cambridge: Cambridge University Press, 1971, pp. 48, 148.

65 Christopher Haigh, *The English Reformations Revised*, pp. 69~70.

66 Christopher Haigh, "Anticlericalism and the English Reformation", *History* 68, no. 224, 1983, pp. 391~407.

보여 주었다. '피의 메리'라는 악마화는 폭스 이래 꾸준히 지속되었고 프로테스탄트 종교개혁의 정당성을 담보해 주는 도구가 되었다. 근대의 역사가들도 폭스의 견해를 충실하게 반영했다. 디킨스는 메리 1세와 캔터베리 대주교 레지널드 폴을 '인간에 대한 본능, 현실 세계에서의 가능성에 대한 감각'이 부족했다고 평가하면서 그들이 주도한 가톨릭 반동을 '예외적인 종교적·문화적 불모성'으로 특징지었다.[67] 엘턴도 유사한 판단을 내렸다. '메리는 꽤나 어리석었으며' '폴은 행정적 경험과 …… 능력이 부족'했다고 평가했다.[68] 메리 1세의 통치에 대한 이런 평가는 잉글랜드 종교개혁 해석에서 일종의 기본값으로 여전히 대중성을 강력하게 확보하고 있다.[69] 그렇지만 폭스류의 종파적 해석에 대한 영향이 약화되면서 메리 1세 치세의 가톨릭에 대한 좀 더 긍정적인 그림이 그려지기 시작했다. 그들은 메리 시대의 가톨릭교회가 훨씬 더 역동적이고 강력한 성격을 지녔다고 재평가하기 시작했다.

표면적으로 이러한 역사가들의 재평가는 유럽기록보관소에서 나온 새로운 자료, 특히 폴 추기경이 남긴 서신 자료와 함께 법률 및 행정 기록의 발굴에서 비롯된 것으로 볼 수 있다.[70] 그러나 무엇보다 메리 1세에 대한 재평가는 수정주의 역사 해석의 산물이라는 점을 간과할 수 없다. 수정주의자들은 기존의 폭스나 디킨스의 해석을 뿌리 깊은 목적론적·고백적 편견의 산물로 간주했다. 그들은 잉글랜드 종교개혁이 종교적 정신을 변화시키는 데 실패했다고 보았으며, 중세 가톨릭이 엘리트와 대중을 막론하고 잉글랜드 대중에게서 상당한 존중을 받는 활기차고 유연하며 강력한 구심점이었다고 주장했다. 심지어 메리 시대에 부활한 이런 가톨릭의 역동성은 메리 1세가 더 오랜 기간 통치했다면 잉글랜드가 가톨릭으

67 A. G. Dickens, *English Reformation*, p. 281.

68 G. R. Elton, *Reform and Reformation*, pp. 376, 384.

69 Frederick E. Smith, "Reinventing the Counter-Reformation in Marian England, 1553-1558", *The Historical Journal* 64, no. 6, 2021, p. 1106.

70 Frederick E. Smith, "Reinventing the Counter-Reformation", p. 1107.

로 남았을 것이라는 '가정'의 가능성을 제기하기까지 한다.

그러나 메리 1세 치세의 종교 정책에 대해 '가톨릭' 수정주의자들이 풀어야 할 숙제는 간단치 않다. 더피는 메리 1세 치세의 '프로테스탄트 이단'에 대한 척결 시도가 폴이 기획하고 지역의 치안판사와 성직자 네트워크를 통해 효과적으로 수행되었다고 주장했다.[71] 일방적인 박해이기보다는 인쇄물과 설교라는 미디어를 통해 설득의 노력이 수반되었다고 보았으며, 피해자에 대한 동정은 일부 지역에 국한된 것이라고 보고 종교적 불만이 확산되지는 않았다고 했다. 더 나아가 더피는 메리 통치가 끝날 무렵에는 화형 건수가 감소했다는 것을 근거로 처음 의도했던 정화의 목적이 달성되었다는 논쟁이 될 만한 평가를 내리기까지 했다.[72] 대표적인 가톨릭 수정주의자 더피는 메리 1세의 종교 정책이 일방적 박해가 아닌 제도적·정책적 정통성을 기반으로 많은 이의 협력 속에 수행되었다고 평가했다.

메리 1세의 종교 정책에 대한 수정주의적 재평가는 여기에서 그치지 않는다. 수정주의가 제기하는 가장 논쟁적인 주장은 메리 1세의 종교 정책의 시작과 진행이 트리엔트 공의회의 개혁과 평행을 이룬다는 주장이다. 더피는 메리 1세의 종교 정책이 트리엔트 공의회의 마지막 단계에 결정적인 영향을, 그리고 트리엔트 공의회를 통해 가톨릭교회 전체에 영향을 끼쳤으며, 사실상 '반종교개혁을 발명'했다는 주장까지 제시했다.[73] 호고적이고 역동성 없는 것으로 여겨지던 메리 1세의 종교개혁은 동시대에 진행된 트리엔트 공의회에서 생성된 '가톨릭 반종교개혁 정신'이 구현된 사례가 된 셈이다. 더피에게는 폴 대주교가 메리 1세의 가톨릭 복고를 실현한 '보이지 않는 인물'로 보였다.[74] 에드워드 6세 통치기에 이탈리아에서 활동했던 대주교 폴은 가톨릭 복고에 필요한 행정

71 Eamon Duffy, *Fires of Faith*, Chapter 4–6.

72 Eamon Duffy, *Fires of Faith*, p. 7.

73 Eamon Duffy, *Fires of Faith*, pp. 204~05.

74 Eamon Duffy, *Fires of Faith*, p. 29.

적·법적 체계를 세웠다. 그는 이탈리아에서의 경험을 통해 잉글랜드 가톨릭의 쇄신과 개혁에 대한 밑그림을 성숙하게 그렸다. 또한 그는 가톨릭 잉글랜드와 대륙의 트리엔트 공의회의 통로 역할을 했다. 대주교는 1546년 1월 트리엔트 공의회 개막 연설에서 주교가 가톨릭 개혁의 최전선에 있어야 한다는 신념을 밝히면서 이상적인 주교를 사목과 설교에 전념하는 모습으로 그렸다. 폴을 비롯한 일부 주교들이 트리엔트 가톨릭을 직접 경험했다는 점은 주목할 만하다. 그들은 이 경험을 바탕으로 잉글랜드 가톨릭을 개혁하고자 시도했다. 한때 잉글랜드의 인쇄술은 프로테스탄트 프로파간다의 전형으로 알려졌고, 가톨릭은 미디어에 무관심했다고 평가되었다. 그러나 인쇄술은 트리엔트 공의회에서 결정된 해외의 가톨릭 신학, 영성, 경건의 새로운 흐름이 잉글랜드로 유입되는 통로 역할을 했다. 신학교 설립을 통해 미래 세대의 성직자를 양성하도록 하는 트리엔트 공의회의 교령은 잉글랜드에서도 그대로 구현되었다. 메리 1세 치하에서 고등 교육을 받은 가톨릭 성직자와 신학자를 배출할 수 있는 신학 교육 기관의 설립이 실제로 이루어졌다.

반종교개혁을 통해 회복된 가톨릭 전례를 잉글랜드에 도입하고 그리스도의 몸을 강조하는 성사주의를 재천명한 것이 메리 1세 종교개혁의 뚜렷한 특징이다. 중세의 미신적 성인 숭배에서 벗어나 그리스도에 대한 복음적 강조로 재조정된 것은 대륙의 반종교개혁 영성의 특징이었다. 메리가 주장한 가톨릭이 그저 단순한 과거로의 회귀라고 할 수 없는 이유이다. 메리 1세의 가톨릭은 반동적으로 볼 수 없는, 잉글랜드인들에게 그리스도 중심의 경건성을 되살리는 역동적이고 진보적인 트리엔트 정신의 구현이라고 평가했다. 수정주의자들은 메리 1세의 가톨릭이 지금까지 평가받은 것보다 훨씬 창의적이고 미래 지향적이라고 주상했다.

1560년대의 잉글랜드 가톨릭이 지금까지 상상했던 것보다 강력했다면, 엘리자베스 1세 때의 프로테스탄트와 가톨릭도 역사적 재평가의 대상이 되는 것은 지극히 자연스럽다. 위로부터의 공식적인 종교 정책의 변화가 대중의 심성에 그대로 전달되었을까? 마셜은 잉글랜드의 반복된 종교개혁이 궁극적으로 더 종교적으로 자각하고 식별력 있는 대중을 일깨웠다는 가설을 제기한 바 있다.[75] 그렇다면 엘리자베스 1세 당시의 국교회 정착 이후 1530년과 1560년 사이에 가톨릭에서 프로테스탄트로의 공식적인 종교 정책의 극적인 변화는 대중으로 하여금 종교 문제에 대해 스스로 선택권을 갖게 했을 것이라고 추정할 수 있다. 실제로 메리 1세와 폴 대주교가 회복한 가톨릭 대성당은 엘리자베스 1세 때 '반항의 온상'으로 자리 잡았다. 직위를 박탈당한 가톨릭 성직자들이 엘리자베스 1세의 즉위 이후 가톨릭 저항을 조직적으로 이끄는 주동자가 되었다.[76] 그 후 지속적으로 잉글랜드에는 독자적인 종교 자의식과 정체성을 지닌 가톨릭교도들이 살아남았다.

익숙한 평가라도 아무런 도전 없이 지속되지는 않는다. 잉글랜드 종교개혁에 대한 재해석에서 메리 1세에 대한 평가만큼 극단적인 재해석의 대상이 되는 사례도 드물다. 메리 1세 당시의 교회는 반동적이었다는 기존의 평가를 넘어 트리엔트 공의회로 대표되는 가톨릭의 반종교개혁의 '성공적' 예시라는 데까지 나아갔다. 수정주의자들이 제시하는 핵심은 가톨릭이 건강했다거나 메리 1세 치세가 이상적이었다는 데 있지 않다. 더 이상 종교개혁을 성공과 실패, 승자와 패자의 관점에서 바라보지 말아야 한다는 것이다. 이러한 질문은 대개 고백적·종파적 시각에서 벗어날 수 없는 질문이다. 그 대신에 메리 1세의 종교개혁을 잉글랜드에서 벗어나 가톨릭의 장기적 발전과 유럽 그리스도교 세계 내에서 위치시키는 것의 의미를 탐구하는 것이 필요하다. 이 영향력이 결국 엘리자베스 1세 통치기에 확정된 '가톨릭'도 아닌, 그렇다고 대륙의 '프로테스탄트'도 아닌, 잉글랜드만의 독특하고 중도적인 국교회 예식과 신학, 교리를 만드는 데 상당 부분 기여했기 때문이다. 그렇다면 엘리자베스 1세의 기

75 Peter Marshall, "(Re)defining the English Reformation", *Journal of British Studies* 48, 2009, pp. 585~86.

76 Frederick E. Smith, "Reinventing the Counter-Reformation", p. 1124.

여는 메리 1세가 설정해 놓은 교리와 신학 체계에 근거해 단지 가톨릭교회의 수장을 교황에게서 잉글랜드 국왕으로 변화시킨 것에 불과할 수도 있다.

그럼 어떻게 볼 것인가

16세기 잉글랜드의 종교적 변화는 너무 복잡해 하나의 종교개혁으로 묶기 어렵다. 수정주의자들의 견해에 따르면, 잉글랜드는 대부분의 사람이 이해하지 못하고 지속되기를 원하는 사람도 거의 없는 미련한 종교개혁을 감행했다.[77] 독일에서와 마찬가지로 영미권에서도 종교개혁사 연구는 전통적인 종파 중심의 종교사가 주류 사회 및 정치사에 통합되었다. 20세기 중후반부터 잉글랜드 종교개혁 연구사는 개혁의 속도와 방향에 대립되는 구도를 설정했다.[78] 16세기 잉글랜드 종교개혁에 대해 상충되는 해석은 다음처럼 흥미롭게 묘사할 수 있다.

> 옛날 옛적에 잉글랜드인들은 행복한 중세 가톨릭교도였다. 그들은 신성한 우물을 방문하고 미사에 즐겨 참석하며, 연옥을 깊이 받아들이고 지옥을 두려워했다. 그러던 어느 날, 정욕에 가득 찬 헨리 왕이 그들에게 종교를 버리라고 강요했다. 잉글랜드는 다시는 즐거운 나라가 되지 못했다. 혹은 옛날 옛적에 잉글랜드인들은 부패한 성직자들에게 억압을 받고 있었다. 그들은 복음이 주는 자유를 갈망했다. 그러던 어느 날, 선량한 헨리 왕이 그들에게 그토록 갈망하던 프로테스탄트 국가를 선사했다.[79]

---

77 Christopher Haigh, *The English Reformations Revised*, p. 14.

78 최근의 잉글랜드 종교개혁사 연구 동향에 대한 개관은 Diamaid MaCculloch, Mary Laven and Eamon Duffy, "Recent Trends in the Study of Christianity in Sixteenth-century Europe", *Renaissance Quarterly* 59, no. 3, Fall 2006, pp. 697~731 참조.

79 Eamon Duffy, "Recent Trends in the Study of Christianity", p. 721.

이렇게 완벽한 대조는 현실성이 없다. 종교개혁에 대한 정통주의 해석이나 수정주의 해석 모두 일정 부분 역사적 상상력에 근거한 비판적 구성물일 뿐이다. 수정주의로 인식되는 연구는 새로운 지방사나 미시적 연구의 결과물이라고 할 수 있지만, 최근 종교개혁에서 중세 후기 종교성에 대한 긍정적인 재평가는 반드시 새로운 사료 발굴과 해석에 따른 것만은 아니다. 그러나 종교개혁에서 놓치지 말아야 할 것은 '사람'이다. 그들이 종교에 대해 어떤 생각을 하고 어떤 신앙을 실천했느냐 하는 점이다.

가톨릭이나 프로테스탄트는 모두 사람을 돌볼 방식을 고민하고 실행했다. 그 사람이 항상 수동적으로 국가의 정책에 대응하지는 않았다. 아무리 국왕이라 하더라도 관료나 귀족들의 대응을 염두에 두지 않을 수 없었다. 모어 같은 고위 관료는 왕의 정책을 거부해 처형을 당하는 길을 선택했다. 국왕에 저항하는 지방 세력 일부는 종교 정책에 불만을 품고 봉기했다. 종교 정책에 저항한 봉기가 적어도 1536년, 1549년, 1554년, 1569년에 발생했다.[80] 종교적 변화는 정치적 엘리트 일부의 책략으로 이루어진 것이다. 프로테스탄트는 오랫동안 생존이 보장되지 않을 정도로 병약했고, 가톨릭은 지속적으로 그 힘을 유지했다. 튜더 시대 종교에 대한 논쟁은 두 가지이다. 종교개혁 직전까지 교회 건축이나 교회에 대한 기부 사항 등을 보면 가톨릭이 활발했다는 확실한 근거가 된다. 성직자들의 수준도 높았다. 반성직주의는 지나치게 과장된 것이며, 종교개혁 직전까지 대중은 가톨릭에 충성심을 보여 주었다. 수정주의자들은 종교개혁을 본질적으로 프로테스탄트적이고 그 이후의 사건에 대한 승리주의적 이야기라고 보기를 거부하는 대신에 튜더 정치의 우연한 부산물로 묘사한다. 극단적인 사례이기는 하지만 수정주의 역사가 스카리스브릭은 잉글랜드 종교개혁에서 루터를 한번도 언급하지 않았다. 헤이는 디킨스의 아래로부터의 종교개혁에 대한 대안으로 위로부터의 종교개혁을

80 Christopher Haigh, *The English Reformations Revised*, p. 19.

명확하게 제시했다.

1980년대 이후 종교개혁 역사학은 학계 자체의 변화와 주제에 대한 접근 방식이 바뀌면서 다양하게 분화되었다. 1960년대 초부터 종교개혁 연구자의 수가 증가했다. 이전에 신학자와 교회사가가 주도하던 종교개혁사 연구는 이제 정치사와 사회사가 주도하는 상황이 되었다. 종교개혁이 있었다는 전형적인 해석을 넘어 이제는 종교개혁이 무엇인가라는 정의의 문제부터 재검토되었다. 과연 잉글랜드에서 종교개혁이 일어났는지뿐만 아니라 잉글랜드인들이 종교개혁을 원했는지 아닌지 묻는 것에서부터 가톨릭과 프로테스탄트 사이의 갈등이 일상생활에서 있었는지에 대한 의문도 제기한다.

잉글랜드 종교개혁 논쟁이 학계의 엄정한 역사학 방법론과 기준에 따라 이루어졌다는 점은 인정할 만하다. 종파성을 벗어나 대부분 출처와 증거가 객관적으로 증명되는 사료에 기반해 해석했다고 믿기 때문이다. 하지만 동시에 수정주의 학파가 내세운 주장이 결론적으로는 19세기 이래 가톨릭 사가들의 주장을 그대로 반복한 것이고, 또한 대다수 수정주의자가 가톨릭의 배경을 가졌다는 점은 여전히 종교개혁사 연구의 한계를 뚜렷하게 보여 준다.

종교개혁을 바람직한 현상으로 간주한 휘그적 인식과 가톨릭 잉글랜드의 이상한 죽음, 즉 부정적이고 정치적이며 대중성이 없는 과정으로 제시해 가톨릭에 동정적인 수정주의 내러티브는 쉽게 구별된다. 수정주의 입장에서 보자면, 휘그파의 해석은 결과적 정당성을 바탕으로 잉글랜드 종교개혁을 지나치게 단순화해 균형을 잃어버린 것이다.[81]

종교개혁을 정치적으로 해석하면, 잉글랜드에서 가톨릭을 공식적으로 몰아내기는 했지만 본질적으로 가톨릭과 차이 나는 프로테스탄트의 삶의 방식이나 교리에 대한 대중의 애착을 형성하지는 못했다.[82] 이처럼

81 Christopher Haigh, *The English Reformations Revised*, p. 15.

82 Christopher Haigh, *The English Reformations Revised*, p. 289.

수정주의자들은 종교개혁이 가져온 사상적 영향력을 지나치게 과소평가하는 경향이 있다. 전반적으로 아래로부터의 종교개혁의 가능성을 배제하고 위로부터 느리게 이루어졌다는 주장에서 일관된 체계를 만들기는 쉽지 않다. 수정주의자들은 보통 잉글랜드 종교개혁에 대한 설명을 의회 입법의 역사라는 관점에서 표현하지만 이 역시 왜곡된 그림을 만들어낼 여지가 충분하다. 기존의 틀을 허물기는 했지만 그를 대체할 일관된 체계를 만들지는 못했다. 물론, 그런 것이 반드시 있어야 하는 것은 아니다. 느리지만 견고하게 형성된 국교회 체제와 신학, 교리 등을 설득력 있게 설명해 낼 방식은 수정주의자들의 시각에는 존재하지 않는다. 하지만 역사가 어떠한 목적을 명확하게 보여 주고 체계적인 설명을 제공해야 한다는 것은 지나치게 자신이 선 자리를 기반으로 한 정파적이거나 회고적 주장이다. 그 점에서 수정주의자 헤이의 견해는 곱씹을 만하다.

> 이들은 전체적으로 '느린 종교개혁'에 대한 '반(反)휘그적' 해석을 구성하는 요소의 일부이지만 종합적인 수정판을 만들어내기는 어려울 것이다. 잉글랜드 종교개혁의 속도와 일방성을 강조하는 견해의 큰 장점은 이 주제를 다루기 쉽게 만든다. 서사적 기법은 진보주의자들이 정책을 단계적으로 실행해 나가면서 사건을 휘그적으로 해석하는 데 용이하다. 그러나 프로테스탄트 교도와 가톨릭교도, 무지한 자와 신학자 모두에게 공정하며, 중앙과 지방 세력 사이의 상호작용을 밝히고, 국가 내 여러 지역에서의 여론 변화를 추적하는 연구서를 쓰기란 훨씬 어려운 작업이 될 것이다. 그러나 역사는 역사가의 형편에 맞게 만들어져서는 안 되며, 하물며 출판업자의 요구에 맞게 만들어져서는 더더욱 안 된다. 비록 예술성이 희생되더라도 우리는 정확성을 위해 과거의 다양성과 환원할 수 없는 복잡성 모두를 보여 주어야 한다.[83]

83 Christopher Haigh, *The English Reformation Revised*, p. 33.

그렇다면 수정주의의 가장 큰 미덕은 역사가 항상 특정한 목적을 위해 존재한다거나 달려왔다고 '믿고 싶은' 강박적 전제를 해체한 것이 된다. 역사가 항상 정합적이고 종합적인 체제로 기술될 필요는 없다. 정파적·종파적 배경이 강하게 강요될 수밖에 없는 종교개혁사의 서술에도 이는 예외가 될 수 없다.

제14장 스코틀랜드 종교개혁

1560년 8월 17일 스코틀랜드 의회는 프로테스탄트 신앙고백서를 통과시켜 전통적인 국가 종교인 가톨릭 신앙(fides catholica)과 공식적으로 결별했다. 교황의 권위는 부정되고 가톨릭 미사는 폐지되었다. 이 같은 방식으로 프로테스탄트를 받아들인 스코틀랜드는 유럽에서 프로테스탄트 종교개혁이 일어난 마지막 지역이었다. 가톨릭에서 프로테스탄트로의 공식적인 제도 변화가 1560년에 일어났으니, 루터의 종교개혁이 시작되고 43년이 지난 후였다. 스코틀랜드와 국경을 맞대고 있는 잉글랜드 헨리 8세의 종교개혁이 일어나고도 26년이 지난 시점이었다. 프로테스탄트 종교개혁이 늦게 일어났다는 점을 통해 몇 가지 함의를 유추할 수 있다. 종교개혁이 늦은 자체가 느리게 진행되었다거나, 예정에 없던 급작스러운 변화임을 명시적으로 말하지는 않는다. 다만 긴 기간 동안 대륙과 잉글랜드의 선례를 지켜볼 기회가 있었다는 점에서, 느리면서 오랜 기간에 걸쳐 일어난 것으로 볼 수 있다. 스코틀랜드는 한 세대 넘는 기간 동안 다른 지역에서 발생한 종교개혁을 지켜보면서 여러 가지 시행착오를 줄일 수 있었다. 스코틀랜드 종교개혁도 독일·프랑스·잉글랜드 등 다른 지역과 마찬가지로 오롯이 종교적 목적으로만 이루어진 것이 아닌, 내전과 혁명이라는 정치적 성격을 강하게 띠고 있다. 특히 유럽에서 대립하던 프랑스와 잉글랜드의 정치적 역학 관계 속에서 가톨릭 프랑스와의 관계를 끊고 프로테스탄트 잉글랜드와 연합했다는 점이 이 사실을 보여 준다.

그럼에도 스코틀랜드에서 프로테스탄트의 정착은 다른 지역에 비하면 놀라울 정도로 안정적으로 이루어졌다. 종파적 입장에 따른 재판이나 처형이 훨씬 적었다. 가톨릭 미사를 집전하면 사형을 선고하는 법이 있었지만 극형을 받은 사람의 수는 외국인 두 명에 불과하다고 알려졌다. 잉글랜드처럼 프로테스탄트, 가톨릭, 다시 프로테스탄트로 전환되는 과정에서 어김없이 발생했던 대규모 화형이나 단두대 처형도 없었다. 옛 가톨릭 구조도 완전하게 제거되지 않았고 개혁교회와 함께 존속했다. 또한 대륙에서 종교개혁을 거치면서 경험했던 개혁 신학이나 개혁 원리에 대한 논의도 크게 거치지 않았다. 이미 신학적 불안정성을 극복하고 안정된 개혁 신학을 형성한 시기였기 때문에 스코틀랜드에서 신학 논쟁은 불거지지 않았다. 스코틀랜드 종교개혁을 대표하는 인물로 그려지는 존 녹스도 독창적인 사상가나 신학자는 아니었다. 일반적으로 알려진 것처럼 그는 스코틀랜드 종교개혁의 주체라고 할 수 없다. 또한 스코틀랜드만의 독자적인 교회 정치를 만들지도 않았다. 교회 정치는 이미 칼뱅의 제네바에서 시행되었던 공통의 자산을 스코틀랜드라는 특수 상황에 맞게 적용했을 뿐이다.

그렇다면 스코틀랜드 종교개혁의 역사적 의미를 어디에서 찾을 수 있을까? 우선 스코틀랜드는 가장 철저하게 프로테스탄트가 뿌리내린 지역이라고 할 수 있다. 알렉 라이리(Alec Ryrie)가 지적했듯이, 어느 지역보다 스코틀랜드에서 개혁 프로테스탄트는 더 명확하고 지속적인 성공을 거두었다. 칼뱅이 인구 1만 명의 도시에서 개척했던 종교 생활 모델이 도시와 농촌을 포함한 인구 100만 명의 스코틀랜드 전 지역으로 확산되었다.[1] 1560년의 사건은 스코틀랜드의 국제 관계뿐만 아니라 북서 유럽 전

1 Alec Ryrie, *The Origins of the Scottish Reformation*, Manchester and New York:

체의 역사에 급격하고 영구적 변화를 만들었다. 유럽 정치사와 종교사에서 스코틀랜드의 성공은 전례 없이 철저했다. 스코틀랜드 개혁가들은 자신들이 칼뱅의 가르침에 근거한 최고의 개혁교회라는 이상을 가지고 있었다. 이 이상은 세속화와 근대화 혹은 탈근대화의 변주 속에서도 스코틀랜드 문화에 지대한 영향을 끼쳤다.[2]

둘째, 프로테스탄트가 지리적 확산에만 그친 것이 아니라 '프로테스탄트 문화'라 일컬을 수 있는 지속적이고 독자적인 가치를 만들어냈다. 스코틀랜드의 프로테스탄트화 과정은 문화적 변화와 사고방식의 변화 과정을 거쳤다. 이를 통해 혁명적이라고 여겨질 만큼 독특하고 심오한 종교 문화를 만들어냈다. 단순히 스코틀랜드가 가톨릭에서 벗어나 프로테스탄트화되었다는 것보다 훨씬 복잡한 문화화 과정을 거쳤다. 중세 가톨릭의 종교 관행과 문화와는 다르게 일요일(주일)을 엄격하게 지켜 모이고 설교가 예배의 중심이 되며, 일상생활에서 종교적 규율을 중시하는, 현재까지 이어진 프로테스탄트 정체성의 핵심이 스코틀랜드에서 형성되었다.

마지막으로 스코틀랜드는 국왕의 종교와 국가의 종교가 다르게 오랫동안 유지된 독특한 지역이다. 루터의 프로테스탄트 종교개혁으로 지역적 종파 분열과 갈등이 심해지자, 1555년 아우크스부르크 화의로 통치자의 종교가 그 지역의 종교(cuius regio, eius religio)라는 원칙이 세워졌다. 신성 로마 제국 내에서 적용되기는 했지만, 국왕이나 제후가 자기 지역의 종교를 선택하면 그것이 곧 국가의 종교가 됨을 인정한 것이었다. 잉글랜드의 사례가 바로 그 경우였다. 하지만 스코틀랜드의 경우 1560년 의회는 프로테스탄트를 수용하는 종교개혁을 결정했지만, 스코틀랜드 여왕 메리 스튜어트(재위 1542~67)는 이를 거부하고 가톨릭 신

Manchester University Press, 2006, p. 3.

2 Michael. F. Graham, "Scotland", *The Reformation World*, ed., Andrew Pettegree, London and New York, NY: Routledge, 2000, p. 411.

앙을 고집했다. 프로테스탄트 세력을 등에 업은 의회와 국왕권 사이의 갈등은 오래 지속되었다. 누구도 의도한 것은 아니었지만, 교회 권력과 국가권력이 긴장하고 견제하고 때로 갈등하는 이른바 '두 왕국론'이 구현된 지역이다. 다른 지역과 달리, 의회를 장악한 프로테스탄트 귀족들이 가톨릭 국왕을 견제하면서 국가의 간섭을 받지 않는 독립적인 교회의 위상을 만들어냈다. 그 토대 위에서 국왕이 주교를 선출해 교회를 장악하는 전형적인 위계제인 주교제를 거부하고 목회자의 독립적이고 평등한 직분을 지향하는 장로회 정치 체제를 만들어냈다. 익숙한 방식대로 종교개혁가들의 계보를 따라 스코틀랜드의 종교개혁의 흔적을 따라가는 대신에 스코틀랜드의 사회적·정치적 배경 속에서 추적해 보면, 종교개혁을 이해하는 또 다른 낯설지만 신선한 시각을 만들어낼 수 있다.

스코틀랜드의 사회적·종교적 배경

16세기 스코틀랜드 인구는 약 100만 명으로 추정되며, 90퍼센트는 시골 지역에 살았다. 스코틀랜드를 대표하는 동부 도시 에든버러의 인구는 1560년경 약 1만 2,000명이었다. 대학이나 주교좌는 없었지만 정치적·경제적 영향력의 중심지였다. 세인트앤드루스는 주교좌와 대학이 있는 가톨릭 신앙의 수도이자 종교개혁의 상징적 무대 역할을 했다. 서쪽의 글래스고는 주교좌 성당이 있는 곳으로 상공업이 발달한 교역 중심지였다. 북부의 애버딘은 중요한 항구이자 대학 도시, 주교좌 소재지였으며 정치적으로나 종교적으로 보수적인 지역이었다. 스코틀랜드 남동부 지역인 퍼스와 던디는 잉글랜드와 지리적으로 가까웠던 탓에 일찍부터 프로테스탄트 사상을 받아들였다. 이 두 도시는 1560년 스코틀랜드 의회가 공식적으로 가톨릭교회와 결별하기 이전에 이미 교황의 권위를 부정하고 그 통제에서 벗어난 지역이었다.[3] 던디는 '스코틀랜드의 제네바'라고 불릴 정도였다.

스코틀랜드와 잉글랜드는 지정학적으로 얽혀 있었기 때문에 이들의 관계는 항상 긴장 상태에 있었다고 볼 수 있다. 영화 「브레이브하트」(Braveheart, 1995)로 잘 알려져 있는 스코틀랜드 독립 전쟁(1296~1357)은 스코틀랜드가 잉글랜드의 지배에 저항해 독립을 쟁취한 사건이다. 스코틀랜드 왕조와 잉글랜드 왕조가 서로 얽혀 있어 완벽하게 나눌 수는 없지만, 스코틀랜드는 이 전쟁을 치르면서 스코틀랜드의 민족정신을 한껏 고양했다. 잉글랜드는 그 후 오랜 기간 숙적과 같았다. 덕분에 스코틀랜드는 잉글랜드와 백년전쟁을 거치며 대립한 프랑스와 오랜 기간 우호적인 관계를 형성해 왔다. 대표적으로 14세기 교황청의 아비뇽 유수 이후 교회 대분열기에 잉글랜드가 로마 교황청을 지지한 반면에, 스코틀랜드는 프랑스가 장악한 아비뇽 교황청을 지지했다. 잉글랜드의 잠재적 무력 도발에서 스코틀랜드의 독립을 확보하기 위해서는 프랑스와의 동맹이 그 무엇보다 중요했다. 이러한 정치적인 배경에서 보면, 1560년 스코틀랜드가 프로테스탄트를 받아들였다는 것은 프랑스와의 동맹을 통해 나라를 유지하는 것이 가능하지 않다는 판단에서 생겨난 불가피한 선택이었다. 스코틀랜드는 프랑스와의 관계가 더 이상 평등한 동맹이 아니라 식민지화되었다는 불만을 가지고 있었다. 이 틈을 이용해 잉글랜드는 스코틀랜드를 제국주의적 야망으로 삼키지 않겠다는 설득을 이어갔다. 결과적으로 스코틀랜드의 친잉글랜드파는 대중을 설득해 잉글랜드 편에서는 정치적 전환을 했다. 이 결정은 정치적 문제일 뿐만 아니라 종교적 문제이기도 했다. 스코틀랜드에서 프랑스와 잉글랜드 가운데 하나를 선택하는 것은 가톨릭과 프로테스탄트 가운데 하나를 선택하는 것이기도 했다.

스코틀랜드 종교개혁을 정치적 문제가 아닌 종교적 문제로 접근하기 위해서는 몇 가지 질문에 대한 해답이 제시되어야 한다. 스코틀랜드인들

---

3 Ian B. Cowan, *Regional Aspects of the Scottish Reformation*, London: Historical Association, 1978, pp. 14~15.

지도 9 종교개혁기 스코틀랜드의 주요 도시

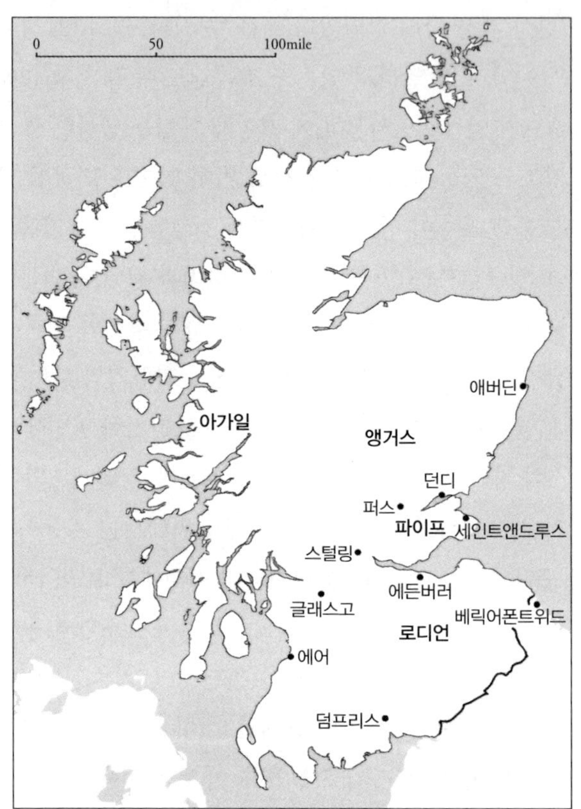

에게 가톨릭은 무엇이었는가? 교황권의 영향력이 스코틀랜드에 끼친 범위는 어느 정도였는가? 스코틀랜드는 가톨릭에서 벗어나 프로테스탄트로 전환한 토대를 어떻게 마련했는가?

첫 번째 질문에 대한 가장 고전적인 답변은 독일이나 여타 대륙 지역과 마찬가지로 종교개혁 이전의 스코틀랜드 교회는 도덕적으로 부패했으며, 프로테스탄트 개혁가들이 등장하고 나서야 이 부패를 척결했다는 것이다. 그러나 여러 수정주의 연구에서 드러나듯이, 중세 후기 교회를 부패라는 단어로만 규정해 쉽게 무시할 수는 없다. 개혁 운동은 대부분 성직자, 학자, 상인이 주도한 엘리트 운동으로 대중의 참여는 제한적이었다. 종교개혁 이전의 가톨릭교회에 대한 재평가는 스코틀랜드에도 적용된다. 15세기 스코틀랜드 교회의 부패와 쇠퇴가 1560년의 종교개혁으로 이어져 가톨릭교회가 몰락했다고 평가하지만, 그것이 후대 프로테스탄트의 당파적 견해가 아닌 당시 대중의 보편적 정서였는지는 명확하지 않다.[4] 스코틀랜드 종교개혁에 대한 전통적인 기록은 옛 가톨릭교회에 만연했던 부패와 남용을 강조하지만 전반적으로 교회는 무난하게 작동했다.[5] 스코틀랜드의 세속 성직자들이나 수도회 수사들은 자신들에게 주어진 교회와 수도회의 역할을 활발하게 수행해 나갔다고 평가받는다. 16세기 스코틀랜드 교회는 2명의 대주교와 11명의 주교로 구성된 위계질서 속에서 약 3,000명에 이르는 성직자가 대중의 종교적 필요를 충족시키기 위해 노력했다.[6] 16세기 초 스코틀랜드는 유럽의 대부분 지역과 다름없는 충실한 가톨릭 국가였다.

하지만 이미 가톨릭교회에 대한 장악력이 교황에게서 국왕과 의회 권력 등 세속 권력으로 상당 부분 넘어왔다는 데 차이가 있었다. 지리적으로 교황청과 아주 멀리 떨어져 있는 만큼이나 교황청의 간섭에서도 자유로웠다. 다른 유럽 대륙 지역보다 왕과 귀족의 압력이 교회에 거셌다. 교황의 권위를 부정하는 종교개혁이 발생했지만 교황청의 개입도 활발하지 않았으며, 스코틀랜드 내에서도 그다지 반발이 없었다.[7] 이미 교회를 장악하고 있는 왕, 특히 귀족 세력의 입장에서는 가톨릭에서 벗어나느냐 여부가 핵심은 아니었다. 뒤집어 보면, 종교개혁으로 인해 가톨릭에서 프로테스탄트 국가가 되었다고 해서 국왕이나 귀족 등 세속 세력의 교회 장악력이 줄어든 것도 아니었다. 스코틀랜드는 어떤 의미에서

---

4 Ian B. Cowan, *The Scottish Reformation: Church and Society in Sixteenth Century Scotland*, New York, NY: St. Martins's Press, 1982, p. 27.

5 Ian B. Cowan, "Some Aspects of the Appropriation of Parish Churches in Medieval Scotland", *Records of the Scottish Church History Society* 13, 1957-59, pp. 203~22.

6 Ian B. Cowan, *Scottish Reformation*, p. 1.

7 Michael F. Graham, "Scotland", p. 410.

이미 세속화된 국가였다. 명목상으로는 교회가 토지를 보유했지만 그 토지를 관리하는 주체는 성직자가 아니라 지역의 토호 가문이었다. 그 가문 출신이 주교 등 고위 성직자가 되고 명목상의 수도원장이 되었다. 수도회의 수장을 수도원 내부의 수사가 맡지 않고 지역의 유력 가문 출신의 세속 성직자나 평신도가 맡게 되는 관행이 15세기 들어와 형성되었다. 수도원은 가문의 재산 증식과 같은 이익을 추구하는 목적으로 활용되었다. 이러한 관행은 교황의 특전 없이는 불가능했다. 1487년 교황 인노켄티우스 8세(Innocentius VIII, 1432~92, 재위 1484~92)는 스코틀랜드 제임스 1세(James I, 1394~1437, 재위 1406~37)에게 고위 공직자의 공석이 발생할 경우, 국왕이 후임자를 추천할 수 있도록 추천권을 부여했다.[8] 성직 수여에 대한 왕실의 권고는 대부분 수용되었다. 성직 임명권에 대한 교황청과 스코틀랜드 왕실의 타협은 세속 권력이 교회를 장악하게 되는 근거가 되었다. 제임스 4세(James IV, 1473~1513, 재위 1488~1513)는 자신의 동생과 이후에는 11살배기 사생아를 스코틀랜드 교회를 대표하는 세인트앤드루스 대주교로 임명했다.

수도원의 경우도 사정은 다르지 않았다. 제임스 5세(James V, 1512~42, 재위 1513~42)는 교황에게 서신을 보내 자신에게 있는 세 명의 사생아에게 수도원장직을 허락해 줄 것을 요청했다. 교황 클레멘스 7세는 제임스 5세에게 스코틀랜드에서 가장 부유한 수도원의 원장직을 사생아들에게 분배하도록 재량권을 주었다.[9] 이 같이 1560년 종교개혁 이전까지 이들 수도원은 왕실 재산의 일부로 취급되었다. 1560년 이전 몇 년 동안 왕실은 수도원과 주교직의 재산을 모두 마음대로 처분할 수 있다고 여겼다.[10] 귀족의 행태도 마찬가지였다. 국왕이 성직에 대한 교황권을 대체하는 것이 강화되면서 점차 종교 기관이 세속화되는 현상이 벌어졌

8 Ian B. Cowan, *Scottish Reformation*, p. 29.

9 Gordon Donaldson, *The Scottish Reformation*, Cambridge: Cambridge University Press, 1960, pp. 18~19.

10 Gordon Donaldson, *Scottish Reformation*, p. 37.

다. 대부분의 수도원장직을 특정 귀족 가문이 상속해 승계하는 구조가 이미 일반화되었다.[11] 이 같은 현상은 대륙의 종교개혁을 거치면서 더 심화되었다. 종교개혁기에 교황이 자신 몫의 재량권을 포기하고 교회에 대한 국왕의 통제권을 인정한 이유는 1530년대 잉글랜드 헨리 8세의 배신의 기억과 무관하지 않다. 교황은 스코틀랜드에서의 자신의 권위를 사실상 포기하는 대가를 치르더라도 스코틀랜드를 충성스러운 가톨릭 국가로 남겨두려 했다. 심지어 1535년에는 공석인 교구 주교를 추천할 뿐만 아니라 임명할 수 있는 국왕의 권리도 인정했다.

애초부터 스코틀랜드 종교개혁은 이 같은 세속과 종교의 결탁을 뿌리 뽑기 위해 시작한 것이 아니었다. 의회 권력을 잡은 귀족 세력이 의회의 권한으로 국왕이 지지하는 가톨릭과 결별하고 프로테스탄트를 선택한 것이었다. 그렇기에 종교개혁 이후에도 성직 임명과 재산을 둘러싼 구조적 폐해는 사라지지 않았다. 개혁교회가 교회 재산이나 성직 권력을 인수한 것도 아니다. 종교개혁 이후에도 여전히 세속 귀족이 교회 위계 내에 굳건하게 자리를 잡아 교회의 재산과 권력을 쥐고 있었다. 스코틀랜드는 국왕이 나서서 로마와 공식적으로 관계를 정리할 만한 유인이 크지 않았다. 잉글랜드의 헨리 8세처럼 이혼이라는 복잡한 정치적 상황이 없었을뿐더러 종교개혁 이후 수도원 해산과 재산 몰수 같은 조치가 필요 없었다. 왜냐하면 이미 스코틀랜드는 교회의 재산을 국가가 충분히 소유하고 관리하고 있었기 때문이었다. 스코틀랜드 국왕은 형식적인 차원에서만 교황의 수위권을 인정하고 재정적 측면에서 교회에 대한 실질적인 통제력을 행사하는 데 만족했다. 그렇기에 1560년 종교개혁이 예기치 않은 갑작스러운 사건으로 보이기도 한다.

그러므로 스코틀랜드 종교개혁을 다룰 때에는 정치적 층위와 종교적 층위 두 가지를 각각 들여다볼 필요가 있다. 정치적 차원에서 보자면, 프로테스탄트에 힘입은 스코틀랜드 지방 귀족 세력들이 왕권을 견제하기

11 Gordon Donaldson, *Scottish Reformation*, p. 39.

위한 오랜 투쟁의 산물이다. 종교적 차원에서 보면, 종교개혁가들은 이런 귀족들의 저항에 사상적 뒷받침을 해준 셈이다. 어느 모로 보나 스코틀랜드 종교개혁에서 교황청과 가톨릭교회는 주체가 아니었고 저항도 미미했다. 오히려 저항은 가톨릭을 신봉하는 국왕에게서 나왔다. 그렇기 때문에 스코틀랜드 종교개혁은 하루아침에 갑작스럽게 이루어진 사건으로 여길 수도 있지만 국왕권과 의회 권력이 교회 통제를 두고 벌인 오랜 각축의 결과이다.

어떻게 종교개혁이 가능했을까

이때 제기되는 문제는 또 다르다. 가톨릭교회와 스코틀랜드 사회의 주요 세력이 긴밀하게 연관되어 있다면 왜 종교개혁이 일어나야 했을까? 왜 사회 지배층은 옛 종교를 버리고 프로테스탄트를 받아들이는 변화를 선택했을까? 몇 가지 답을 유추할 수 있다. 첫째, 잉글랜드와 스코틀랜드에 15세기부터 영향을 주었던 토착 개혁 운동인 롤라드 운동의 영향을 들 수 있다. 후스와 위클리프의 가르침을 따르는 사람들은 소수로서 강력한 세력을 형성하지는 못했지만, 이 운동을 프로테스탄트 개혁가들은 프로테스탄트 스코틀랜드라는 어젠다를 형성하는 데 중요한 틀로 삼았다.[12] 둘째, 토착 귀족층이 교회를 장악하고 있었기 때문에 가톨릭교회가 세속의 영향력을 거부할 정도의 독자적인 목소리를 낼 수 없었던 것도 중요한 이유가 된다. 그렇기 때문에 정치적 요인으로 인해 귀족 계급이 프로테스탄트의 대의를 따르는 것이 유리하다고 판단하자, 그들은 가톨릭교회를 버리는 데 큰 주저함이 없었다.[13] 권위 있는 스코틀랜드 종교개혁사를 서술한 고든 도널드슨(Gordon Donaldson)은 스코틀랜드 종

12 Ian B. Cowan, *Scottish Reformation*, p. 89.

13 Michael F. Graham, "Scotland", p. 412.

교개혁의 성격을 개혁가들이 주도한 개혁이 아닌, 귀족들이 주도한 의회 권력과 국왕 권력 사이의 충돌이 빚은 위로부터의 정치적 개혁으로 규정하고 있다. 다시 말하자면, 의회 권력이 가톨릭 국왕의 종교를 인정하지 않았다는 점에서 개혁이기보다는 혁명이다. 이 개혁 또는 혁명의 순간에 종교개혁가 녹스가 두드러진 역할을 했지만 스코틀랜드 종교개혁 전반을 이끈 것은 아니다. 녹스를 내세운 프로테스탄트 귀족 세력의 지지와 협력이 없었다면 애초부터 종교개혁은 가능하지 않았다. 스코틀랜드의 사례는 프로테스탄트 국왕이 가톨릭 귀족과의 갈등 속에 결국 가톨릭으로 복귀했던 프랑스 사례의 반례라고 할 수 있다. 이 점에서 스코틀랜드 종교개혁 역시 '예외적인' 종교개혁이다.[14]

가톨릭교회와 불가분의 관계에 있던 주요 귀족 가문들이 교회를 안정적으로 장악했지만 스코틀랜드도 1520년대 대륙에서 형성된 루터파 사상의 영향을 비껴가지는 못했다.[15] 또한 후속적으로 발생한 취리히와 제네바의 종교개혁 여파도 스코틀랜드에서 확인되었다. 대륙에서 시작된 종교개혁 사상이 스코틀랜드에 직접적인 영향을 끼쳤다는 증거는 1525년 의회가 루터교 서적의 수입과 유통을 금지한 법령에서 확인된다. 스코틀랜드 종교개혁은 유럽 대부분 지역과 마찬가지로 기본적으로 서적 유통을 매개로 신학자, 성직자와 수사 같은 지식인과 상인 네트워크를 통해 이루어졌다. 초기 기원은 모두 독일에서 찾았다. 특히 스코틀

14 Patrick Collinson, *The Reformation: A History*, New York, NY: Random House, 2004, pp. 123~43 참조.

15 초창기에 스코틀랜드에서 루터파가 활동한 증거는 모두 외국에서 직접적으로 이식되어 온 것으로 알려져 있다. 최초의 기록에 따르면, 1524년 이전으로 거슬러 간다. 올버니 공작의 측근이었던 한 프랑스 군인이 스코틀랜드에 루터교를 전파한 혐의로 파리에서 처형당했다. 제임스 5세는 외국 상인들로부터 이단이 왕국에 유입되어 혼란을 초래하고 있다고 언급했다. 녹스도 스코틀랜드에 복음주의에 대한 관심이 늘어난 것이 상인과 선원들 때문이라는 데에 동의했다. 그들이 가장 직접적인 통로였지만, 도미니크회나 프란체스코회 탁발수사들을 통한 유입도 있었던 것으로 보인다.

랜드 동부 해안 항구들이 독일과 저지대 국가와 소통하고 있었기 때문에 확산의 거점이 되었다. 애버딘 주교는 낯선 사람들이 이단 서적을 소지하고 루터파를 전파하고 있다는 이유로 자신의 교구에서 이를 금하는 법령을 선포했다. 몇 해 후에는 반대편 해안의 글래스고 대주교도 자신의 교구에서 루터교의 견해가 공개적으로 전파되고 대중도 영어 성서를 읽는다는 사실을 알게 되었다.

스코틀랜드의 경우, 프로테스탄트 종교개혁의 영향을 받았던 여타 국가와 비교해 볼 때 종교적 강압과 폭력은 상대적으로 적었다. 하지만 루터파를 받아들였던 학자 패트릭 해밀턴(Patrick Hamilton, 1504~28)에 대한 1528년 세인트앤드루스에서의 화형은 상징적인 박해 사건이었다.[16] 세인트앤드루스 대학 시절에 루터파 사상을 접했을 것으로 추정되는 해밀턴은 유럽 대륙에서 공부하면서 루터와 멜란히톤을 만났다. 루터교 도시 마르부르크에 머무는 중에 오직 믿음으로 의롭다 함을 얻는다는 루터교 교리를 간결하게 요약한 『교리 요약』(*Loci Communes*)을 집필했다. 그는 독일에서 스코틀랜드로 돌아온 이후 이단 혐의로 소환되어 1528년 1월 세인트앤드루스에서 처형되었다. 그의 저작은 사후 영어로 번역되어 잉글랜드에서 상당한 반향을 일으켰다.[17] 가톨릭 연대기 작가 존 레슬리(John Leslie)는 해밀턴이 "독일에서 매우 치명적인 독을 루터에게서 빨아들였다"라고 했다.[18] 이 처형이 당시 프로테스탄트 지지자들에게 큰 반향을 낳은 것은 분명하다. 녹스는 해밀턴을 처형한 광적인 횡포와 그에 반해 의연하게 순교한 그의 태도를 보며, 해밀턴이 왜 화형을 당해야 했는지 모든 사람이 의문을 가질 정도였다고 주장했다.[19] 그러나 1525년

---

16 Gordon Donaldson, *Scottish Reformation*, p. 29.

17 영어로 번역된 제목은 "Patrick's Places: or the Axioms of Divinity"이고, 존 폭스의 『행적과 기념물』에 수록되어 후대에 전해졌다.

18 Alec Ryrie, *Origins of Scottish Reformation*, p. 68.

19 John Knox, *The Works of John Knox*, ed., David Laing, 6 vols., Edinburgh: Wodrow Society, 1846-1864, vol. I, p. 36.

스코틀랜드 의회에서 제정한 루터교 금지 법령은 실제로 당시 루터파의 존재를 제거할 목적이기보다는 예방 차원의 성격이 강했다. 유사한 조치가 지속적으로 이어졌다. 1535년 「이단법」이 제정되었다. 그리고 1540년에는 성례전에 대한 강조와 자격을 갖춘 신학자만 성서에 대해 논쟁할 수 있도록 허용하고 이단 혐의를 받는 사람들이 신학적 주제에 대해 토론하는 것을 금지하는 일련의 법안이 통과되었다. 그러나 적어도 1539년 이전에는 프로테스탄트의 성장이 큰 문제가 아니었다. 동시대인이면서 스코틀랜드 종교개혁사를 저술한 녹스도 인정할 정도로 이는 명백해 보인다.[20] 초기 루터파의 영향을 제외한다면, 스코틀랜드 프로테스탄트의 확산과 전파는 오롯이 잉글랜드의 헨리 8세의 종교개혁과 연동되어 있다. 잉글랜드의 프로테스탄트 개혁의 여파로 스코틀랜드에서 프로테스탄트 세력이 성장했을 가능성을 엿볼 수 있다. 따라서 헨리 8세와 에드워드 6세와 달리, 가톨릭으로 돌아간 여왕 메리 1세의 즉위가 끼친 영향은 스코틀랜드도 비껴갈 수 없었다. 잉글랜드에서 일어난 종교적 격변은 스코틀랜드 내의 정치적·종교적 관계와도 직접적으로 연동되어 있었다.

스코틀랜드 개혁의 핵심은 어떻게 성직자와 상인의 네트워크에서 시작된 개혁이 지주와 귀족 계급으로 확산되어 초기의 지지를 확보할 수 있었는가에 있다. 이 질문에 명확하게 답하기는 쉽지 않다. 현상적으로 그들은 강력한 기득권을 거머쥔 집단이었지만 초기부터 개혁 운동의 중추였다. 정치적으로 보자면, 프로테스탄트에 우호적인 귀족들은 주로 친잉글랜드 정책을 지지하는 입장을 취했다. 물론, 정치적 이유가 전부는 아닐 터이다. 국왕은 루터를 이단 분파로 묘사했지만 복음주의자들은 신학적·교리적 옹호보다는 모국어로 된 성서를 읽는다는 것에 더 큰 매력을 느낀 듯하다. 교회 당국은 번역본의 이단적 출처와 잉글랜드와 스코틀랜드를 휩쓸었던 롤라드파의 모국어 성서 읽기의 관행이 이단과 얽힌

20 Ian B. Cowan, *Scottish Reformation*, p. 90.

것으로 우려했다. 스코틀랜드 종교개혁의 두 번째 순교자인 헨리 포레스트(Henry Forrest, ?~1533?)는 영어로 된 신약성서를 소지했다는 이유로 화형당했다.[21]

스코틀랜드는 1543년 귀족 세력이 주도해 프로테스탄트 개혁을 추진하다 무르익지 못하고 무산된 적이 있다. '애런의 경건한 열풍'(Arran's Godly Fit)이라고 부르는 사건이다. 1542년 12월 스코틀랜드 국왕 제임스 5세의 갑작스러운 사망이 사건의 직접적인 원인이었지만 그 이전부터 조짐이 있었다. 프로테스탄트 운동을 주도한 핵심인 친잉글랜드 귀족들은 잉글랜드인의 지지를 얻기 위해 프로테스탄트적 대의를 내세웠다. 이들이 주도해 1541년 의회에서 이단에 대한 반대 조례와 성화상 철거에 대한 조례가 마련되었다. 제임스 5세는 신념에 따라 프로테스탄트 이단에 반대했지만 온건한 개혁가들에게 어느 정도 관용을 베풀었다. 따라서 그가 죽을 무렵에는 프로테스탄트가 스코틀랜드에서 어느 정도 발판을 마련하게 되었다. 그의 죽음은 스코틀랜드를 심각한 정치적 위기에 빠뜨렸다. 어린 여자아이가 왕위를 계승했는데, 바로 스코틀랜드 여왕 메리 스튜어트였다.[22] 미성년 여왕의 섭정을 놓고 친프랑스파와 친잉글랜드파가 대립했다. 프랑스인 메리 스튜어트의 어머니 마리 드 기즈(Marie de Guise, 1515~60)는 세인트앤드루스 대주교 데이비드 비턴(David Beaton, 1494?~1546) 추기경과 손을 잡고 프랑스와의 동맹과 가톨릭 정통성을 지지했다. 반면에 애런 백작 제임스 해밀턴(James Hamilton, 1537~1609)으로 대표되는 친잉글랜드파는 프로테스탄트 성향을 보였다. 친잉글랜드파인 애런 백작 해밀턴이 섭정이 되면서 헨리

21 John Knox, *Works*, I, pp. 52~53.

22 녹스가 여성 통치자에 대한 비판적인 글을 쓸 때, 그 대상은 누구나 짐작할 수 있는 것처럼 스코틀랜드 여왕 메리 스튜어트, 그 어머니 마리 드 기즈, 그리고 잉글랜드 가톨릭 여왕 메리 1세였다. 하지만 스코틀랜드에서 여성 군주제가 정당하냐는 논란거리가 아니었다. 1542~43년 메리 스튜어트의 왕위 계승권에 대해 이의를 제기하는 목소리는 전혀 없었다.

8세의 잉글랜드와 동맹을 맺고 잉글랜드 방식으로 스코틀랜드 교회를 개혁하려 했다. 이 시점에서 스코틀랜드 프로테스탄트가 누렸던 몇 달간의 관용은 프로테스탄트 운동이 새로운 지지층을 확보하는 데 기여했고 프로테스탄트 개혁에 대한 기대감을 높였다. 그 여파로 1543년에 스코틀랜드는 잠시 동안 '애런의 경건한 열풍'으로 알려진 프로테스탄트 개혁을 공식적으로 추진했다. 애런 백작 해밀턴도 연옥과 교황의 권위에 대해 의구심을 가지고 있었기에 종교개혁에 대한 열망이 있었다. 친잉글랜드주의 정책의 일환으로 섭정 정부는 1543년 3월 영어로 된 성서의 소지를 허용하는 법안을 통과시켰다. 이 사건에 대해 녹스는 "모든 신사의 책상에 놓여 있는 성서를 통해 잉글랜드에서 온 것 외에도 우리 자신의 언어로 쓰여진 저작물에서 로마 적그리스도의 교만, 술수, 폭정, 학대가 드러난 것에 감사하다"라고 평가했다.[23] 모국어 성서의 허용에 대한 대중의 지지가 있었다. 조지 위샤트(George Wishart, 1513~46) 같은 개혁가가 설교 허가를 받아 활동하면서 상당수의 스코틀랜드인들이 프로테스탄트를 받아들였다. 급진적인 대중 사이에서 가톨릭 전통에 대한 거부도 이어져 퍼스와 던디의 수도원은 성상 파괴를 주장하는 폭도들의 공격을 받았다.[24]

1543년 스코틀랜드에서 일종의 종교개혁이 일어난 것처럼 보였지만, 정치적 이유로 애런 백작 해밀턴의 친프로테스탄트 정책은 채 1년을 넘지 못했다. 나이 어린 여왕의 결혼 문제로 정치권은 혼란에 빠졌다. 어린 여왕과 결혼하는 세력이 곧 스코틀랜드를 흡수할 수 있기에 스코틀랜드 입장에서는 매우 불안정한 상황이었다. 여왕의 잠재적 배우자에 대한 소문이 들끓었다. 가장 먼저 행동에 나선 것은 잉글랜드였다. 헨리 8세의 아들 에드워드 6세가 스코틀랜드 여왕과 결혼해 자녀를 낳는다면 잉글

23 John Knox, *Works*, I, pp. 100~101.

24 Julian Goodare, "Scotland", *The Reformation in National Context*, eds., Robert Scribner, Roy Porter, Mikuláš Teich, Cambridge: Cambridge University Press, 1994, p. 95.

랜드와 스코틀랜드는 영구적인 통합이 가능하다. 잉글랜드는 이 잠재적 이득을 노리고 제임스 5세의 사망 소식을 듣자마자 왕위 계승에 대한 조치를 시작했다. 잉글랜드는 이른바 '거친 구애'(rough wooing)라는 군사적 수단을 통한 강제 결혼을 시도했다. 이 조치는 스코틀랜드인들의 거센 반발을 불러일으켰다. 강한 저항에 놀란 애런 백작 해밀턴은 프로테스탄트를 옹호하는 자신의 뜻을 접고 여왕의 어머니 마리 드 기즈 편에 섰다. 보수적인 친프랑스파로 권력의 중심이 이동하면서 프로테스탄트 설교자이자 녹스의 스승인 위샤트는 1546년 이단으로 화형당했다. 분노한 군중은 이에 대한 복수로 세인트앤드루스 대주교 비턴을 살해했다. 스코틀랜드와 잉글랜드와의 전쟁이 이어졌고 1547년 핑키 전투(Battle of Pinkie)에서 스코틀랜드는 크게 패했다. 스코틀랜드는 프랑스의 지원을 요청할 수밖에 없었다. 어린 여왕을 프랑스로 보내는 대가로 1548년 프랑스군이 도착해 1550년에는 잉글랜드군을 몰아내는 데 성공했다. 프랑스 궁정에 보내진 어린 여왕은 도팽 프랑수아(1544~60)와 결혼했다. 마리 드 기즈는 해밀턴 가문을 계속 지지함으로써 친프랑스파를 결집했다. 그녀는 프랑스의 힘을 이용해 로마에 영향력을 행사해 암살당한 대주교 비턴의 후임으로 애런 백작의 동생 존 해밀턴을 세인트앤드루스 대주교로 임명하고, 또 다른 이복형제 제임스 해밀턴을 글래스고 대주교로 임명하도록 했다. 스코틀랜드 프로테스탄트는 잉글랜드 침략군과 협력한 배신자라는 낙인이 찍히고 스코틀랜드인들의 신뢰를 잃었다. 프로테스탄트 지지 귀족들은 자신의 입장을 철회하지 않으면 재산을 몰수당했고 프로테스탄트 설교자들은 추방당했다. 1552년 무렵, 프로테스탄트는 거의 뿌리 뽑혔다.[25] 그러나 열풍의 불씨까지 완전히 사그라진 것은 아니었다. 애런의 경건한 열풍이 의도했던, 실패로 끝난 프로테스탄트 스코틀랜드는 스코틀랜드 애국주의 프로테스탄트 운동의 한 사례였다.[26] 정

25 Julian Goodare, "Scotland", p. 95.

26 Alec Ryrie, *Origins of Scottish Reformation*, p. 68.

치적 지형 변화에 따라 언제든 잉글랜드와 프로테스탄트의 연합 가능성은 남아 있었다. 스코틀랜드는 불가피하게 프랑스 아니면 잉글랜드를 선택해야 하는 입장이었기 때문이다.

프로테스탄트 개혁 흐름의 형성과 성취

1548년 이후, 어린 여왕이 프랑스에 머물게 되자 스코틀랜드는 사실상 프랑스의 속국이 되었다. 프랑스 국왕 앙리 2세는 스스로를 스코틀랜드의 실질적인 군주로 여기고 스코틀랜드 내정에 간섭했다. 1553년에는 메리 1세가 잉글랜드 왕위에 오르고, 1554년 4월 애런 백작 해밀턴 가문과 모후인 마리 드 기즈가 스코틀랜드 섭정을 맡으면서 프로테스탄트 운동의 흐름은 사그라진 듯 보였다. 이에 대해 전통적인 프로테스탄트 역사가들은 1550년대의 수면 위의 잔잔함과 달리, 수면 아래에서 새로운 흐름이 꿈틀대고 있다고 보았다. 1560년 사건을 향해 나가는 과정에 프로테스탄트 개혁가들의 활동이 비로소 직접 등장한다. 1543년 애런 백작의 잠깐 동안의 프로테스탄트 우호 정책은 정치적 선택에 가까웠기에 정치 지형이 변화한 이후 프로테스탄트 설교가나 사상가들의 역할은 지극히 제한적이었다. 그러나 프로테스탄트 설교자들과 지지자들은 이 외적으로 잠잠한 기간 동안 물밑 소용돌이를 형성하고 있었다. 급진파 프로테스탄트 교도들 가운데 일부가 무장 저항을 결정하면서 스코틀랜드 가톨릭교회의 지지 기반이 크게 흔들렸다. 가톨릭 마리 드 기즈 섭정 통치는 스코틀랜드인들에게 폭정이라는 비난을 받았다. 프로테스탄트 설교자들은 서서히 그러나 지속적으로 개혁 신앙을 스코틀랜드 전역에 확대해 가는 데 전념했다. 그 대표적인 것이 프로테스탄트 지지자들 사이에서 조직된 '사설 교회'(privy kirks)였다. 프로테스탄트 세력이 공식화되기를 기다리며 준비하는 지하 프로테스탄트 교회 네트워크였다.[27] 사설 교회는 에든버러, 세인트앤드루스, 던디, 퍼스, 스털링, 에어 등 대표적인 스코틀랜드 도시에 세워졌다. 가톨릭 예배의식을 버리고 죄의 고백, 성서 강해와 설교, 공동기도로 구성된 개혁 예배를 발전시켰다. 개혁된 예배의식이 1560년까지 스코틀랜드 여러 지역에서 자리 잡아갔다. 이러한 대안적 움직임 덕분에 1560년의 혁명 같은 변화 이후에 개혁교회가 기존의 가톨릭교회를 압도하는 존재감을 드러낼 수 있었다. 이 변화의 중심에 선 인물이 녹스이다.

1909년 제네바 종교개혁가 칼뱅 탄생 400주년을 기념해 세워진 '종교개혁 기념비'에는 칼뱅, 테오도르 드 베즈, 기욤 파렐과 함께 녹스의 동상이 세워져 있다. 당시만 해도 녹스는 전 세계 장로교 전통에 큰 영향을 준 개혁적 영웅임이 자명해 보였다. 그러나 그가 동시대의 종교개혁가와 어깨를 나란히 할 만한 업적을 성취해 낸 인물인지에 대한 역사적 평가는 엇갈린다. 루터나 칼뱅과는 달리, 녹스는 신학서를 쓴 적이 없었다. 스승인 위샤트나 츠빙글리처럼 신념을 위해 순교하거나 싸우다 전사하지도 않았다. 마르틴 부처나 베즈처럼 프로테스탄트 교회를 조직하고 세운 업적 역시 없었다. 19세기까지 녹스는 스코틀랜드 개혁교회의 영웅이자 민족적 정체성을 세운 인물로 칭송받았으나, 20세기 이후 역사학계는 그의 협소한 시각과 여성 혐오, 폭력적 언설을 강하게 문제시했다. 이 같은 역사적 평가에 따라 스코틀랜드 사회에서는 그를 국가 정체성의 아버지로 보는 시각과 억압적 종교 지도자로 보는 시각이 공존하고 있다. 그럼에도 최소한 그의 두 가지 업적은 인정할 수 있다. 하나는 개혁가로서의 모습이다. 1559년에서 1560년 사이의 사건에서 그의 역할은 자명하다. 그의 설교를 통한 선동과 독려가 내전 당시의 프로테스탄트 진영을 하나로 묶어주었다. 다른 하나는 그가 겪은 동시대의 역사를 기록하고 해석하고 종교개혁이라고 제시한 역사가로서의 모습이다.

---

27 사설 교회의 형성과 분포에 대해서는 Alec Ryrie, "Congregations, Conventicles and the Nature of Early Scottish Protestantism," *Past and Present* 191, no. 1, May 2006, pp. 45~76 참조.

후대가 1560년을 스코틀랜드 종교개혁이 발생한 해로 기념하는 서술 방식을 수용하고 프로테스탄트 정체성을 형성하는 데에는 녹스의 영향력이 절대적이다.

1514년경 스코틀랜드 해딩턴(Haddington)에서 출생해 세인트앤드루스에서 신학과 철학을 배운 사제 녹스가 스코틀랜드의 역사 전면에 나선 때는 1546년 프로테스탄트 설교자 위샤트가 화형당한 이후이다.[28] 자신의 스승이 처형당한 이후, 녹스는 스코틀랜드 민중 운동의 새로운 지도자로 나섰다. 위샤트 처형에 대한 복수로 대주교 비턴을 죽인 암살자들이 세인트앤드루스성을 함락시킨 이후 수비대를 조직해 저항했다. 1547년 7월 성이 프랑스군에 함락되자 수비대는 체포되었고, 녹스는 프랑스로 끌려가 갤리선 노예로 2년 가까이 생활했다. 그에게 이 경험은 프랑스에 대한 증오심을 갖게 만들었고 스코틀랜드 민족주의자로 거듭나는 계기가 되었다. 이 기간 동안 개혁가로서 자신의 정체성을 형성했다. 석방 이후 잉글랜드로 건너가 프로테스탄트 왕 에드워드 6세 치하에서 종교개혁을 지지하는 설교자로 활동했다. 하지만 1553년 에드워드 6세가 죽고 메리 1세가 즉위하면서 상황이 달라졌다. 메리 1세의 프로테스탄트 박해를 피해 1554년 잠시 스코틀랜드로 돌아갔다가 유럽으로 망명했다. 그는 제네바와 프랑크푸르트에서 망명 프로테스탄트 공동체와 교류했다. 특히 제네바에서 칼뱅과 교제하며 큰 영향을 받았다. 녹스는 브리튼 제도와 유럽 전역에 걸쳐 개혁파를 대표하는 인물이 되었고 광범위한 인적 네트워크를 구축했다. 그는 설교와 글을 통해 스코틀랜드의 정치와 종교에 직접적인 영향을 주었다. 그가 남긴 문서들은 칼뱅으로부터 받은 개혁주의 사상을 스코틀랜드라는 토양에 적용해 독특한 종교적·국가적 정체성을 형성하는 데 토대가 되었다.

그는 망명 생활 중이던 1555년 가을, 자신의 신분을 숨기고 스코틀랜

28 녹스의 초기 생애와 이력에 대해서는 Jane Dawson, *John Knox*, New Haven and London: Yale University Press, 2015, pp. 11~108 참조.

드에 몰래 들어왔다. 이 기간 동안 녹스는 10년 전 프랑스 갤리선에 포로로 끌려갔을 때와 비교해 스코틀랜드의 정치적·종교적 분위기가 사뭇 바뀌었음을 알게 되었다. 그는 스코틀랜드 프로테스탄트 지지자들의 헌신과 열정에 놀랐다. 이때의 경험을 녹스는 "그들의 열정이 나를 사로잡아 내 냉담함을 비난하고 경멸하지 않을 수 없었다"[29]라고 고백했다. 녹스는 자신을 지지하는 귀족과 상인들의 보호를 받으며 비밀리에 활동했다. 스코틀랜드를 떠난 10년 동안 노련하고 영향력 있는 설교자로 자리매김한 그는 스코틀랜드 설교 여행에서 프로테스탄트 교도들을 향한 뚜렷한 개혁주의 메시지를 전했다. 기존 가톨릭교회의 미사를 혐오스러운 우상 숭배라고 비판하면서 미사에 참여하지 말고 가톨릭교회와 절연할 것을 촉구했다. 이는 칼뱅이 프랑스 내의 니고데모주의 위그노에게 던진 도전과 유사했다. 가톨릭 미사 참석이 대중을 종교적으로 오염시킨다는 명분 아래, 거짓예배로부터 벗어난 참예배를 가르치고자 했다. 그래서 그는 자신의 처소에 머물면서 개혁파 방식으로 예배와 성찬을 집전했다. 모두가 이 지침에 동의하지는 않았지만 적어도 스코틀랜드 종교개혁에서 예배를 최우선의 쟁점으로 만드는 데 성공했다.

녹스의 비밀 활동은 점차 확산되었고 그를 따르는 젊은 귀족 집단이 미사 거부에 대한 녹스의 권면에 대해 의논했다. 스코틀랜드 여왕 메리 스튜어트의 이복남매이면서 젊은 시절부터 프로테스탄트 종교개혁을 지지했던 머레이 백작 제임스 스튜어트(James Stuart, 1531?~70)는 프로테스탄트 귀족 집단을 이끄는 중심 인물이었다. 녹스는 귀족들에게 프로테스탄트에 대한 헌신을 강조하며, 가톨릭에 맞서 구체적으로 행동하도록 끊임없이 동기를 부여했다. 이렇게 형성된 이들이 이른바 '회중의 귀족들'(Lords of the Congregation)이다. 그들은 1559~60년 종교개혁기에 핵심을 형성했고, 그 후 형성된 개혁교회 초기에 중심적 지도자가 되었다. 이렇게 강력한 결속력을 지닌 귀족 집단의 형성으로 프로테스탄트

29 John Knox, *Works*, IV, p. 217.

지지자들은 계속해서 정치적·군사적 압력을 행사할 수 있었다. 그렇게 함으로써 섭정과 가톨릭교회의 종교적 양보를 얻어내고자 했다. 1550년대 후반 스코틀랜드의 프로테스탄트 운동은 급성장하던 프랑스 개혁파인 위그노의 성장에 견줄 수 있을 만한 영향력을 확보했다.

하지만 녹스는 계속 고국에 머물지 않았다. 1556년 초여름, 스코틀랜드를 떠나 제네바로 가서 그곳에서 결혼하고 영어권 망명 교회 회중을 돌보았다. 그저 멀리서 스코틀랜드의 상황을 예의주시했다. 어느 시점이 되어 녹스는 고국에서 자신이 필요하다는 것을 알고는 그 부름에 응답했다.[30] 제네바의 칼뱅은 스코틀랜드의 종교 지형을 보면서 개혁교회의 미래에 스코틀랜드가 중요한 역할을 할 것이라는 사실을 인지했다. 공동목회했던 망명 교회에서 녹스는 장차 스코틀랜드 개혁교회에 적용할 수 있는 예배 순서와 전례 형식을 만들었다.[31] 역동적인 영어권 교회에서 생성된 예배의식과 교회 정치 및 규율 체계는 잉글랜드와 스코틀랜드 개혁교회의 토대가 되었다. 그들은 잉글랜드 국왕 에드워드 6세의 죽음을 잉글랜드 국교회가 완전하고 신속한 개혁을 이행하지 못한 데 대한 신의 징벌이라고 주장했다. 예배는 가톨릭 요소를 완전히 제거하지 못해 여전히 정화되지 않았고 교회 규율도 느슨했으며, 정치권력을 지닌 자들은 종교적이지 못하고 지나치게 세속적이라고 비판했다. 그들은 제네바에서 실천했던 개혁교회의 모습을 스코틀랜드 본토에 이식해 완전한 개혁 프로테스탄트를 만들고자 했다. 잉글랜드의 경우는 가톨릭으로 복귀

30 Jane Dawson, *Knox*, pp. 128~36.

31 제네바에서 활용하던 텍스트가 스코틀랜드에 들어와 온전하게 개혁 예배 순서에 도입되었다. 칼뱅의 전례에 기초한 『기도서』(*Forme of Prayers*)는 녹스가 스코틀랜드에 머물던 1556년 제네바에서 처음 출판되었다. 회중 찬송이 예배의 중심 요소의 하나였기 때문에 새로 번역한 시편의 곡조도 포함되었다. 이렇게 형성된 것이 『스코틀랜드 예배 규범서』(*The Book of Common Order*)이다. 예배에서 1560년 영어로 번역된 『제네바 성서』(*Geneva Bible*)가 공식적인 성서로 사용되었다. 좀 더 자세한 내용은 Jane Dawson, "Scotland and the Example of Geneva", *Theology in Scotland* 16, 2009, pp. 55~73 참조.

한 메리 1세의 치세로 이 이상이 실현될 가능성은 없었다. 녹스는 잉글랜드인들에게 박해를 가하는 가톨릭 여왕을 제거하도록 설득하기 위해 1558년 『여성 괴물 통치자에 대한 첫 번째 나팔 소리』를 출판했다.[32] 잉글랜드의 메리 1세라는 대상을 특정했지만 이 주장은 모든 여성 통치자에 반대하는 것으로 일반화되었다. 여러모로 적대적인 반응이 나왔다.

그런데 1558년 11월, 메리 1세의 죽음과 이복자매 엘리자베스 1세의 즉위로 상황은 급변했다. 엘리자베스 여왕의 즉위에 고무된 프로테스탄트 설교자들은 스코틀랜드에서 다시 프로테스탄트 동조자들을 조직적으로 형성했다. 새로운 프로테스탄트 회중 사이의 적절한 질서를 유지하기 위해 장로와 집사를 임명했다.[33] 녹스는 이 상황이 스코틀랜드와 잉글랜드를 프로테스탄트 국가로 탈바꿈할 기회로 여겼다.

여기에는 또 다른 상황이 맞물렸다. 스코틀랜드 여왕과 프랑스 왕위 계승자의 결혼으로 스코틀랜드가 더 크고 강력한 프랑스 왕국에 흡수될 우려가 제기되었다. 스코틀랜드 여왕 메리 스튜어트가 결혼한 이후 후사 없이 사망할 경우, 프랑스 왕에게 왕국을 양도한다는 비밀 각서의 존재가 알려지면서 스코틀랜드인들은 섭정이 프랑스에게 끌려다니는 상황에 분개했다. 일련의 사건으로 인한 불안정한 정치 상황은 1558년 내내 지속되었다. 수많은 귀족과 지주가 친잉글랜드 개혁파에 동조했다. 스코틀랜드 혁명의 가능성이 자연스럽게 생겨난 시점이다. 프랑스가 스코틀랜드 국가권력을 장악하고 스코틀랜드를 잉글랜드와의 전쟁에 끌어들이려는 욕망을 드러내면서 스코틀랜드의 반프랑스 감정은 고조되었다. 1550년대 후반에는 친잉글랜드와 반프랑스 정서가 형성되면서 예상치 못한 프로테스탄트 동맹이 가능해졌다.

종교 망명자들이 잉글랜드로 돌아오기 시작했다. 프랑크푸르트와 제네바에서 영어권 회중을 대상으로 목회했던 녹스는 잉글랜드 프로테스

32 John Knox, *Works*, IV, pp. 363~420.

33 Ian B. Cowan, *Scottish Reformation*, p. 111.

탄트 운동의 재건에 동참하고자 했다. 하지만 녹스의 여성 통치자에 대한 저서를 못마땅하게 여긴 엘리자베스 여왕의 반대로 귀환은 지연되었다. 1559년 5월 녹스는 스코틀랜드로 귀국했다. 스코틀랜드 역사에서 1559년은 운명적인 해였다. '거지 소환장'이라는 익명의 게시문이 왕국 전역의 수도원 정문에 나붙어 수사들에게 성령강림절 이전에 가난한 사람들에게 재산과 토지를 양보하고 수도원을 떠나라고 촉구했다. 성령강림절이 다가오자 퍼스 및 던디 자치구 의회는 종교개혁을 지지한다고 선언했고 녹스는 두 자치구에서 공개적으로 설교했다. 1559년 5월 11일 퍼스에서 녹스는 스코틀랜드 프로테스탄트 개혁의 시작으로 알려진 설교를 했다. 마태복음 21장에서 그리스도가 성전을 정화하는 장면을 본문으로 한 이른바 '퍼스 설교'에서 그는 우상 파괴가 불가피하다고 주장했다. 설교를 들은 군중은 수도원과 퍼스 카르투시오 수사들의 본거지인 차터하우스에서 폭동을 일으켰다. 군중은 인근 자치구민들과 연합해 이른바 '회중 군대'를 결성했다. 1559년 5월 수일간 이어진 폭동은 회중의 귀족들이 주도하는 프로테스탄트 무장 반란으로 변모했다. 반란군이 놀라울 정도로 폭넓은 지지를 확보하면서 상황은 빠르게 내전으로 치달았다. 내전은 종교적인 성격도 있었지만 프랑스 지배에 저항하는 정치적인 성격이 분명했다. 프랑스 패권에 대한 두려움으로 친가톨릭 귀족조차 회중 군대에 합류하게 되었다. 10월 21일 반란군은 여왕의 어머니 마리 드 기즈를 섭정직에서 물러나도록 했다.

이듬해인 1560년 3월 엘리자베스 1세는 잉글랜드 군대를 스코틀랜드에 파견해 내전에 참전했다. 잉글랜드와 프랑스 원정군 사이의 치열한 전쟁이 벌어졌다. 잉글랜드의 승리는 곧 스코틀랜드 프로테스탄트 반란군의 승리였다. 새로운 친잉글랜드, 프로테스탄트 스코틀랜드가 탄생했다. 이 와중에 마리 드 기즈는 중병에 걸려 같은 해 6월 11일에 사망했다. 그 후 일주일 만에 휴전에 합의했다. 7월 6일에는 프랑스군과 잉글랜드군이 군대를 철수하고 스코틀랜드에 독자적으로 종교 문제를 결정할 권한을 부여하는 에든버러 조약이 체결되었다. 그해 8월 의회는 새로운 잉글랜드 동맹을 재확인하고 개혁 프로테스탄트를 스코틀랜드의 공식 종교로 정하는 일련의 법안을 통과시켜 승리를 마무리지었다.

녹스는 이 일련의 전개를 지켜보면서 스코틀랜드인들이 가장 암울했던 시기에 하느님의 구원의 손길이 임했다고 선포하고는 잉글랜드와 스코틀랜드 두 왕국이 하나의 신앙으로 연합해 굳건한 동맹으로 남아야 한다고 주장했다.[34] 왜냐하면 스코틀랜드의 프로테스탄트 교도들의 힘만으로는 결코 이길 수 없는 전쟁이었기 때문이다. 종교적 차원에서도 1560년은 극적인 변화를 경험하는 해였다. 정치적 반란이 진정한 개종으로 연결되었다. 활력 넘치는 조직 체계였던 스코틀랜드 가톨릭은 갑작스럽고 완벽하게 무너져 내렸다. 다른 지역에 비해 스코틀랜드 프로테스탄트 종교개혁은 늦게 이루어졌다. 그러나 그 응축된 힘은 단기간에 폭발력 있게 분출되어 스코틀랜드의 종교 지형을 되돌릴 수 없을 정도로 결정적으로 바꿔 놓았다. 이 갑작스러운 종교적 힘의 분출은 스코틀랜드 민족주의의 자극에서 기인한 것이기도 하다. 1559~60년 반란이 진행되는 중에 회중 군대의 성격은 종교적 색채에서 더욱 민족주의적 색채로 변했다. 종교적 문제가 반란의 핵심이라는 사실은 변함이 없지만, 반프랑스 정서가 프로테스탄트라는 종교 정체성보다 앞서 사람들을 단결시켰다. 그래서 친가톨릭 귀족들도 프로테스탄트 회중의 군대를 지지했다. 회중은 한때 단호하게 거부했던 잉글랜드와의 동맹을 수용하는 데 있어 주저함이 없었다. 이 점에서 스코틀랜드 종교개혁은 대륙의 프로테스탄트 개혁의 이식이 아니라 독자적인 민족적·종교적 정체성과 문화를 만든 스코틀랜드만의 종교개혁이다. 종교개혁보다 스코틀랜드의 변화가 우선이라는 민족주의적 특성이 잘 반영된 것으로, 스코틀랜드 종교개혁은 근대 민족주의 형성과 맞물린 대륙의 가톨릭과 프로테스탄트 지역의 종교 격변과 흐름을 같이한다. 1557년부터 1560년까지 스코틀랜

34 John Knox, *The History of the Reformation in Scotland*, ed., W. C. Dickinson, 2 vols., London: Nelson, 1949-1964, vol. I, pp. 332~34.

드의 종교적·정치적 발전에 대해 알렉 라이리는 반란 초기에는 종교에 중점이 있었지만 반란 마지막 해에 이르러서는 정치적 운동으로 전환되었다고 보았다. 그는 스코틀랜드의 정치, 문화, 사회 구조, 국제적 위상의 변화를 이끈 스코틀랜드 종교개혁을 '최초의 근대 혁명'이라고 일컬었다.[35]

1560년 8월 17일 스코틀랜드 의회는 전통적인 국가 종교인 가톨릭 신앙고백서와 다른 프로테스탄트 신앙고백서를 비준했다. 그로부터 일주일 후인 8월 24일에 스코틀랜드에서 교황의 권위가 부정되고 라틴어 미사가 폐지되었다. 이로써 스코틀랜드에서 가톨릭교회는 공식적으로 금지되었다. 의회가 라틴 전례 거행을 금지했기에 주교들의 미사 집전도 금지되었다. 하지만 주교들이나 가톨릭 사제 누구도 새로운 신앙고백서에 서명할 것을 강요받지는 않았다.[36] 나흘 후에 개혁교회의 교리적 입장을 정의한 스코틀랜드 신앙고백서가 승인되었다. 여러 차례 논의를 거쳐 제1규율서(First Book of Discipline)를 1561년 겨울 상임위원회에 제출했다. 신앙고백서와 규율서는 스코틀랜드 개혁교회를 위한 청사진을 제시하고 세부적인 계획 및 조직을 명시했다. 녹스는 자신의 『종교개혁사』에 전체 내용을 실어 이 내용이 잊히지 않고 후대 사람들에게 알려지도록 했다.[37] 그는 1559년에서 1560년 사이에 벌어진 일련의 사건을 '스코틀랜드 종교개혁'이라고 규정했다. 스코틀랜드의 종교개혁은 취리히, 제네바나 잉글랜드에서 이루어진 개혁 절차와 유사했다. 그 특징은 프로테스탄트를 수용한 것이 대중 여론에 따른 결정이기보다는 통치자와 성직자가 협력해 개혁교회를 형성한 하향식 관 주도 개혁이라는 점이다.

하지만 1559년에서 1560년 사이에 일어난 프로테스탄트 혁명은 시작되자마자 좌초될 위기에 처했다. 스코틀랜드의 새로운 국교 제도는 가

35 Alec Ryrie, *Origins of Scottish Reformation*, p. 1.

36 Gordon Donaldson, *Scottish Reformation*, p. 55.

37 John Knox, *History*, I, pp. 338, 374; II, pp. 257~72, 280~324.

톨릭 군주 메리 스튜어트가 동의하지 않아 정착이 지연되었다.[38] 1560년 가톨릭교도인 스코틀랜드 여왕 메리 스튜어트가 남편 프랑수아 2세가 죽자 프랑스에서 스코틀랜드로 돌아온 것이다. 녹스는 메리 스튜어트의 로마 가톨릭 신앙과 왕실의 종교 정책에 대해 비판적으로 언급했다. 녹스는 가톨릭 여왕 메리 스튜어트가 한때 잉글랜드의 메리 1세처럼 스코틀랜드를 박해하는 폭군이 될 것이라고 확신했다.[39] 그래서 여왕이 자신의 예배당에서 미사를 드리는 것을 완강히 반대했다. 여왕이 가톨릭 군주와 재혼할 것을 우려해 여왕을 여러 차례 만나 격정적으로 비판하기도 했다.[40] 스코틀랜드는 특이하게도 통치자의 종교가 국가의 공식 종교와 상당 기간 충돌했던 사례로 남아 있다. 비록 종교개혁 의회는 여왕의 인정을 받지 못해 합법화되지는 않았지만 의회 자체는 개혁 스코틀랜드 형성에 중대한 영향을 끼쳤다. 군주의 지원 없이 이루어진 스코틀랜드 초기의 종교개혁은 종교적 사건일 뿐만 아니라 정치적 사건이었다. 모든 혁명의 속성이 그렇듯, 혁명은 그 남긴 유산으로 평가된다. 메리 스튜어트의 귀환으로 무산된 듯 보이는 종교개혁은 수세대에 걸쳐 스코틀랜드만의 독특한 정치·종교·사회·문화의 변화를 만들어냈다. 전통적인 가톨릭 권위 구조를 무너뜨린 터 위에 새로운 스코틀랜드가 창조되었다. 개혁가들이 그렸던 청사진은 스코틀랜드의 종교 관행과 사상을 변화시켰고, 이후 수십 년 동안 그 토대 위에서 독특한 프로테스탄트 문화를 발전시켜 나갔다.[41]

---

38 William Ian P. Hazlett, "Introduction", *A Companion to the Reformation in Scotland, ca. 1525-1638: Frameworks of Change and Development*, ed., William Ian P. Hazlett, Leiden and Boston: Brill, 2022, p. 7.

39 Jane Dawson, *Knox*, pp. 317~18.

40 Jane Dawson, *Knox*, pp. 213~16.

41 Kristen Post Walton, "Scottish Religious and Political Transformations, 1557-1567", *A Companion to Reformation in Scotland,* ed., William Ian P. Hazlett, p. 82.

프로테스탄트 규율 문화의 형성

스코틀랜드 종교개혁의 시작을 알리는 1560년 8월 의회에서는 교황의 권위와 미사, 가톨릭 세례를 불법화하는 동시에 개혁 신앙고백서를 승인했다. 프로테스탄트를 수용하기로 한 의회에서는 존 더글러스(John Douglas, 1500?~74), 존 로(John Row, 1525?~80), 존 스포티우드(John Spottiswoode, 1510~85), 존 윌록(John Willock, 1515~85), 존 윈람(John Winram, 1492~1582), 존 녹스로 구성된 '6인의 존'이 스코틀랜드 신앙고백서와 제1규율서를 작성했다. 스코틀랜드 신앙고백서 대부분이 전통적인 칼뱅주의를 담고 있다. 스코틀랜드 신앙고백서는 단 4일 만에 초안이 작성되어 교리문답위원회가 1560년 스코틀랜드 의회에 제출해 통과되었는데, 칼뱅보다 더 '칼뱅주의적'이었다.[42] 칼뱅주의의 대표적 신앙고백서인 1559년 프랑스 개혁 신앙고백서처럼 스코틀랜드 신앙고백서는 설교와 세례, 성찬을 프로테스탄트 성례의 두 가지 핵심으로 삼고 있다. 일곱 가지 가톨릭 성사는 세례와 성찬으로 축소되었으며, 두 가지 성사보다 설교가 앞섰다.

1560년 당시 스코틀랜드인들에게 익숙했던 교회 정치 개혁에 대한 제안은 대체로 성서 본문을 바탕으로 논증된 것이 아니라 반박할 수 없이 자명하다고 여겨진 몇 가지 공리에서 출발했다. 그 공리 가운데 첫 번째는 '말씀'의 설교였다. 설교의 필요성은 모든 측면에서 인식되었고 보수

42 Alec Ryrie, *Origins of Scottish Reformation*, p. 201. 칼뱅은 지나치게 엄격한 기준을 설정해 다른 개혁교회와의 대화 통로를 단절하고 싶지 않았다. 그래서 그는 최종적인 제재인 파문과 함께 규율을 참교회의 세 번째 표지라고 선언하기를 주저하면서 아우크스부르크 신앙고백서에서와 같이 설교와 성례전의 집행만으로 충분하다고 생각했다. 그러나 개혁가들 사이의 신앙고백의 차이가 심화되면서 국제 칼뱅주의 공동체는 규율을 중요한 제3의 표지로 삼기를 주저하지 않았다. 1559년 프랑스 개혁 신앙고백서와 1560년 스코틀랜드 신앙고백서는 진정한 참교회는 회중에게 규율을 부과해야 한다고 명시했다. 교회 규율을 엄격하고 정직하게 집행할 때, 악덕이 억제되고 올바른 신앙이 함양된다는 것이 이유였다.

적인 개혁가들뿐만 아니라 급진주의자들까지도 설교를 늘릴 것을 제안했다. 목사들은 성서 본문을 해설하는 한 시간 이상의 긴 설교를 기반으로 가톨릭과는 전혀 다른 유형의 예배를 진행했다. 말씀의 설교와 함께 성례전 집행이 이루어졌다. 스코틀랜드인들과 서유럽의 개혁가들은 가시적 교회의 필수적인 표징은 말씀의 설교와 성례전 집행이라는 데에 대체로 동의했다.

그런데 스코틀랜드 개혁교회는 이 두 가지 외에 참된 교회의 지표로 한 가지를 추가했는데, 바로 규율이었다. 칼뱅은 규율을 교회의 '힘줄'이라고 묘사한 바 있다.[43] 스코틀랜드 신앙고백서는 '하느님의 말씀이 규정한 대로 악을 억제하고 바른 신앙을 키우는 올바른 교회 규율'을 참된 교회의 세 번째 특징이라고 보았다.[44] 스코틀랜드에서 교회 규율은 칼뱅이 애초 생각했던 것보다 더욱 근본적인 중요성을 띠게 되었다. 16세기 후반과 17세기 초에 발전한 교회 치리회(治理會, Kirk session)와 장로회 조직을 통한 정교한 도덕적·종교적 통제는 그 이전의 어떤 교회 전통에서 알려진 것보다 치밀하고 철저했다.[45] 칼뱅주의의 엄격함은 수세기 동안 스코틀랜드 사회에 뚜렷한 흔적을 남겼다. 교회 법원의 설립과 활동은 규율이 발전하는 데 매우 중요했다.[46] 이 규율서의 틀을 만든 신학은

---

43 John Calvin, *Institutes of the Christian Religion*, ed., John T. McNeill, trans., Ford Lewis Battles, 2 vols., Philadelphia, PA: Westminster Press, 1960, vol. 2, p. 1230.

44 Michael F. Graham, *The Uses of Reform: 'Godly Discipline' and Popular Behavior in Scotland and Beyond, 1560-1610*, Leiden, New York, Köln: Brill, 1996, p. 39.

45 'Kirk session'은 현대 장로교의 당회(堂會)로 옮길 수도 있지만, 일종의 교회 법정의 기능을 담당하는 등 지금의 당회보다 포괄하는 영역이 넓기 때문에 교회 치리회로 한다.

46 '오직 성서로만'이라는 종교개혁의 기치에 따라 개혁교회의 규율은 마태복음 18장 15~17절을 성서적 근거로 삼았다. "네 형제가 죄를 짓거든, 가서 단 둘이서 그를 타일러라. 그가 말을 들으면, 너는 그 형제를 얻은 것이다. 그러나 그가 말을 듣지 않거든, 다른 사람 한두 명을 데리고 가거라. 두세 증인의 입으로 모든 사실을 확증케 하려는 것이다. 그래도 그가 말을 듣지 않거든, 교회에 말해라. 교회의 말도 듣지 않거든, 그를 이방 사람이나 세리처럼 여겨라"(표준새번역).

칼뱅주의 교리였다. 제1규율서에는 루터교 교리 내용을 거의 포함하지 않았다. 제1규율서는 새로운 법질서에 대한 선언이기도 했다. 여기에는 다음과 같은 지침이 나와 있다.

> 어떤 국가도 좋은 법률과 그 엄격한 집행 없이는 번영하거나 오래 지속할 수 없듯이, 하느님의 교회도 교회 규율의 질서 없이는 순수함에 도달하거나 유지될 수 없다. 교회 규율은 시민의 칼이 무시하거나 처벌하지 않는 잘못을 책망하고 바로잡는 역할을 한다. 신성모독, 살인, 위증과 같은 사형에 처해지는 범죄가 교회의 징계 대상이 되어서는 안 되는데, 이는 하느님의 법을 공적으로 어긴 자는 시민의 칼로 제거되어야 하기 때문이다. 그러나 술 취함, 과도한 치장, 향락적 소비, 음행, 가난한 사람을 착취하고 억압하는 것, 거짓 측량과 계량으로 사고팔 때 속이는 행위, 속된 말과 중상모략으로 이어지는 방탕한 생활은 공개적으로 하느님의 교회가 바로잡아야 할 책임이 있다.[47]

규율 도입의 가장 강력한 원동력은 사회가 지나치게 무질서해졌기에 질서를 회복해야 한다는 관념이었다. 무질서는 사회적 문제이기도 했지만 신적 질서를 따르지 않는 데서 오는 종교적 문제이기도 했다. 하느님의 뜻을 따르지 않는 세속적인 집단에 있어 개혁주의 규율 체계는 변화의 동력을 끌어오는 데 필요한 역할을 했다. 규율의 시행은 목사와 경건한 평신도로 구성된 교회 치리회에서 다루어졌다. 제1규율서는 장로 선출을 매년 시행하도록 규정했으며, 회중의 부정 행위를 가려내고 처벌하는 것은 장로의 역할로 맡겨두었다. 징계 문제는 주로 장로들이 관심을 기울여야 했고 필요할 경우에는 집사들이 이를 도왔다.[48] 선출된 사람은

---

47 *The First Book of Discipline*, ed., James K. Cameron, Edinburgh: St. Andrew Press, 1972, pp. 165~67.

48 *First Book of Discipline*, p. 179.

"하느님의 말씀에 대한 최고의 지식과 가장 깨끗한 삶을 사는 사람, 교회에서 찾을 수 있는 가장 충실하고 정직한 행실을 가진 사람"이어야 했다.[49] 파문권은 교회 치리회의 상위 기구인 노회에 이관되었는데, 파문은 최후의 수단으로 자주 사용되지 않는 조치였다. 파문으로 인한 개인의 사회적·경제적 배제를 쉽사리 결정하기에는 그 개인이나 그 가족과의 관계를 고려할 때 강제하기가 쉽지 않았다. 성찬 참여 정지가 가장 보편적인 징계였다. 스코틀랜드 그리스도교 공동체에서 한 개인의 평판을 가늠하는 시금석은 성찬의 참여 여부였다.

제1규율서에서 공명하는 것은 집단적 책임이라는 관념이다. 규율을 적용하고 징계하는 관행을 게을리할 경우, 공동체 전체에 하느님의 진노를 초래할 수 있다고 믿었다. 징계는 죄인들이 자신의 잘못에도 불구하고 하느님의 택함을 받은 자들임을 증명할 기회를 제공하는 것이었다. 필요할 경우에 공개적으로 행해지는 회개는 대중의 행동을 개혁하는 주요 무기 중 하나였다. 회개에 따르는 굴욕은 죄를 방지하는 역할을 했다. 더 나아가 공개적으로 회개를 내보임으로써 방탕한 자들은 의식을 통해 자신의 행동이 용납될 수 없음을 인정할 수 있었다. 이 의식의 궁극적인 목표는 공동체에서 자신의 자리를 되찾고 자신의 잘못으로 인해 생겨난 상처를 치유하는 것이었다. 모든 죄를 교회의 공개적인 자리에서 다루어야 했던 것은 아니다. 그러나 널리 알려진 죄는 교회를 더럽히는 소문을 씻어내기 위해 공개적인 속죄가 필요했다. 스코틀랜드 교회에서는 규율 제도가 처음 도입되었을 당시 성적인 죄를 처벌하는 것이 가장 핵심적이었다. 교회 치리회의 규율은 모든 성서적 위법 행위를 포괄했지만 실제로는 혼외정사에 압도적으로 집중되었다.[50] 간음죄의 경우에 죄를 저지른 사람은 3주일 연속으로 거친 베옷을 입고 교회에 출석해야 했다. 두 번째 위반은 여섯 번, 간통죄는 스물여섯 번 교회에 모습을 드러내야

---

49 *First Book of Discipline*, pp. 174~75.

50 *First Book of Discipline*, pp. 193~94.

도표 7 세인트앤드루스 교회 치리회의 징계 사례 세부 내역(1559~81)

범죄(위반) 유형	사례 수	남성	여성	불출석자
성 관련 문제	437(58%)	231	205	93(21%)
종교적 이탈/실천 문제	89(12%)	82	7	15(17%)
안식일 위반	66(9%)	62	4	1(2%)
가족 내 분쟁	34(5%)	16	18	7(21%)
결혼 관련 문제	29(4%)	18	11	2(7%)
성찬 불참	27(4%)	23	4	9(33%)
비방/말다툼	16(2%)	7	9	6(38%)
합계	751	479	271	145(19%)

출처: Michael F. Graham, *The Uses of Reform: 'Godly Discipline' and Popular Behavior in Scotland and Beyond, 1560-1610*, Leiden, New York, Köln: Brill, 1996, p. 87.

했다. 또한 5파운드에서 40파운드의 벌금이 부과되었다. 17세기 초 스코틀랜드에서 혼외자 비율을 줄이는 데 큰 성공을 거두면서 스코틀랜드 프로테스탄트는 성적 절제의 대명사가 되었다. 두 번째로 중요한 것은 안식일을 어기는 죄였다. 1579년 스코틀랜드 의회는 안식일에 시장을 열고, 놀이를 하고, 선술집에 들나들고, 설교나 기도 시간에 고의로 참여하지 않는 안식일 위반을 비판하면서 안식일에 박람회를 금지하는 법률을 비준했다. 또한 안식일에 일하거나 교회에 가지 않는 사람들에게 벌금을 부과하는 규정도 만들었다.[51] 세 번째로 중요한 것은 술 취함과 대중적인 축제 같은 활동에 참여하는 것을 다루는 것이었다.

전통 종교인 가톨릭을 신봉하는 이들에 대한 조치도 이어졌다. 스코틀랜드 종교개혁 이후 수십 년에 걸쳐 스코틀랜드 의회는 가톨릭교도와 가톨릭 종교 활동을 금지하는 일련의 형법을 통과시켰다. 1560년에 이미 미사 금지령이 내려졌고 1567년에는 사제뿐만 아니라 미사 참석자까지 처벌할 수 있도록 했다. 1581년에는 교황을 찬양하고 옹호하는 서적의 수입과 배포를 금지하는 법안이 통과되었다. 또한 순례, 성인 축일 기

51 Michael F. Graham, *Uses of Reform*, p. 47.

념, 캐럴 연주를 구체적으로 금지하는 법안을 제정했다.[52] 1594년 법령은 교회 치리회가 관할 구역 내 가톨릭교도로 의심되는 사람을 프로테스탄트로 개종하도록 하는 역할을 요구했다. 또한 고의로 미사에 참여한 초범에게까지 사형에 처할 수 있도록 했다. 그러나 스코틀랜드인이 미사에 참석해 처형된 사례는 없다. 교회 치리회는 스코틀랜드 가톨릭을 탄압하는 데 일정 역할을 했다. 가톨릭교도를 개종할 목표로 전국적인 교회 치리회 네트워크를 활용했다. 1560년 프로테스탄트가 승리한 지 몇 달 만에 칼뱅의 제네바 컨시스토리를 본떠 교회 치리회가 만들어져 간통, 가톨릭 신봉, 그리고 기타 위법 행위로 매년 인구의 약 15분의 1을 소환했다.[53] 가톨릭교도들을 개종하려는 교회의 사명은 스코틀랜드 종교개혁 초기부터 분명하게 드러났다. 종교적 획일성을 목표로 한 이 계획을 이루기 위해서는 목사들이 교구민의 일상에 전례 없는 방식으로 개입해야 했다. 세인트앤드루스 교회 치리회는 1560년 2월, 즉 회중의 귀족들이 도시를 장악한 지 불과 7주 만에 처음으로 가톨릭교도로 의심되는 사람을 소환했다. 그 후 며칠 동안 치리회는 29명을 소환해 스코틀랜드에서 여전히 공식적으로는 합법적인 신앙을 철회하도록 했다.[54] 이 기간 동안 회개를 강요받은 사람들은 대부분 사제였는데, 모두 회중의 귀

52 Michael F. Graham, *Uses of Reform*, p. 48.

53 Michael F. Graham, *Uses of Reform*, p. 37.

54 신앙 철회 요구와 새로운 종교에 대한 복종 서약은 승리한 측이 패배한 측에 요구하는 것이 일반적이었다. 헨리 8세가 잉글랜드에서 종교개혁을 할 당시, 주요 가톨릭교도들이 교황의 권위를 부인하고 군주를 교회의 최고 통치자로 인정하는 수장 서약을 해야 했다. 하지만 스코틀랜드의 경우에는 차이가 있었다. 가톨릭교도들은 교황권과 가톨릭 교리를 부정해야 했을 뿐만 아니라 그 교리를 고수한 것을 공식적으로 회개해야 했다. 이런 회개는 프로테스탄트 공동체로 들어가는 데 필수적이었다. 가톨릭 사제는 프로테스탄트 목사로 전환하기 위해 이 절차를 밟아야 했다. 하지만 이것은 또 다른 논란거리이기도 했다. 프로테스탄트 종교개혁이 통과되기 전에 탄압의 위험을 감수하고 프로테스탄트를 받아들였던 개종자와 달리, 1560년 이후에 프로테스탄트를 수용한 가톨릭 사제는 기회주의자라는 비난을 받았다. 그랬기에 교회 치리회에서 시행하는 공개적인 참회와 사죄는 회심의 진정성을 가시적으로 보여 주도록 한 의도된 조치였다.

족들이 도시를 장악했을 당시 가톨릭 기득권을 옹호한 사람들이었다.[55] 이러한 정화의 결과, 스코틀랜드 성직자들은 저항 없이 빠르게 개종했다. 교회 치리회는 엄격한 규정에 맞춰 시민들을 감독하기 시작했다. 우선은 일요일 예배 불참자를 파악해 정당한 사유 없이 불참한 경우 질책했다. 또한 가톨릭 축일에는 각 가정을 수색해 가톨릭 축일을 몰래 지켰는지에 대한 흔적을 찾아내고자 했다. 아울러 스코틀랜드 곳곳에 퍼져 있는 유명한 순례지를 폐쇄해 남아 있는 우상 숭배의 잔재를 뿌리 뽑고자 했다.[56] 교회 치리회의 수색에서 적발된 가톨릭교도들은 엄격하게 짜인 공개 참회의식에 참석해 속죄해야 했다. 흰 천을 길게 두르고 맨발로 교회에 들어가 회개 의자에 앉아 가톨릭의 오류에 대해 설교하는 목사의 설교를 들어야 했으며, 스코틀랜드 개혁교회의 교리를 지키겠다는 맹세를 해야 했다. 이러한 참회의식을 거친 후에야 그들은 공동체의 구성원으로 받아들여졌다. 대부분의 가톨릭교도는 국가의 새로운 질서에 도전하지 않았다. 아마도 직접적인 신체적 박해보다는 이웃 앞에서 수치심을 느끼게 하는 심리적 박해가 더 고통스러웠을 것이다. 그리고 프로테스탄트 목사들은 이런 공개적인 참회를 유도하는 것이 다른 어떤 것보다도 개종을 이끌어내는 데 유용한 도구라고 판단했다.[57] 심리적 수치심을 통한 강제 개종은 또 다른 의미에서 개인의 정화를 통한 교회 공동체의 정화였다.

그렇다면 구체적으로 교회에서 시행하는 규율은 어떻게 가시적인 효과를 가져올 수 있을까? 공개적인 참회의식은 당사자에 대한 처벌뿐만 아니라 그것을 지켜보는 이들에게 경고와 본보기로 삼으려는 목적이 동시에 있었다. 이런 참회를 위해 교회에 배치된 상징적인 가구가 회개 의자였다. 참회자들은 예배 시간에 회개 의자에 앉아 대중의 시선을 한몸

---

55 Ryan Burns, "Enforcing Uniformity: Kirk Sessions and Catholics in Early Modern Scotland, 1560-1650", *Innes Review* 69, issue 2, 2018, p. 114.

56 Ryan Burns, "Enforcing Uniformity", p. 120.

57 Ryan Burns, "Enforcing Uniformity", p. 130.

에 받는 굴욕을 당했다.[58] 중세 가톨릭이나 프로테스탄트 교회에서 공적인 회개 공간의 마련은 결코 드문 일이 아니었다. 중세기에 참회자들은 미사가 진행되는 동안 제단 아래에 서 있었다. 프로테스탄트 교회도 설교단 아래에 참회자의 자리를 마련해 두었다. 개혁 스코틀랜드 교회도 회개 의자를 마련해 참회자들을 앉히는 방식을 취했다. 명패를 붙여 놓는 경우도 있었다. 이는 공개적으로 지은 죄는 공개적으로 비난받아야 한다는 제1규율서의 가르침을 실천하는 것이었다. 안식일을 어긴 사람에게 회중의 본보기로 온 교회가 볼 수 있는 공공장소에 앉게 한 것이다. 하지만 이것이 조롱을 위한 구경거리는 아니었다. 회개 의자는 가장 경건한 교회 공동체에서도 죄가 비집고 들어올 수 있음을 회중에게 상기시키고 각성하게 하는 더없이 진지한 자리였다.[59] 하지만 대개 부유한 사람들은 공개적인 굴욕을 면했고 벌금형으로 대체되었다. 대부분의 일반인은 규율에 복종하는 것 외에는 다른 선택의 여지가 없었다. 자신의 잘못을 인정하거나 지시를 따르기를 거부하는 경우에 파문과 추방의 처벌을 받았다.[60]

전통적인 종교 관행과 대중 신앙에는 여전히 이교적 요소가 가득했다. 16세기와 17세기에 가톨릭과 프로테스탄트 개혁가들은 이러한 관행과 신앙을 우상 숭배나 사탄 숭배로 규정하고 척결하려 시도했다. 16세기 프로테스탄트 종교개혁은 감각적이고 의례적인 종교적 경험에서 벗어나 성서와 설교를 통한 말씀의 지배로 급진적인 전환을 가져왔다. 스코

58 Margo Todd, *The Culture of Protestantism in Early Modern Scotland*, New Haven and London: Yale University Press, 2002, p. 130.

59 Margo Todd, *Culture of Protestantism*, p. 133. 회개 의자는 두 가지 종류가 있었다. 하나는 다리가 네 개이고 등받이와 팔걸이가 없는 의자이다. 다른 하나는 벤치 형태로 되어 있어 여럿이 앉을 수 있는 길다란 의자로 높은 등받이에는 '회개'라는 글자가 써 있었다. 시간이 지나면서 의자 디자인도 정교해졌다. 술주정뱅이나 싸움꾼 등 경범죄자는 '낮은 의자'에, 상습적으로 간음이나 간통을 저지른 자는 중범죄자로 분류되어 '높은 의자'에 앉아 참회해야 했다.

60 *First Book of Discipline*, p. 167.

틀랜드에서는 다른 어떤 국가의 칼뱅주의 종교개혁과도 비교할 수 없는 규모의 개혁이 일어났다. 성탄절과 부활절이 공식적으로 폐지되고 일요일 예배 참석 의무가 엄격하게 시행되었다. 장 들뤼모가 서유럽 인구의 상당수가 이 시기에 비로소 진정한 그리스도교화를 이루었다고 한 주장은 스코틀랜드에서 정점에 이른다.[61]

마고 토드(Margo Todd)는 스코틀랜드 종교 문화가 얼마나 독특하게 발전했는지를, 스코틀랜드 출신으로 잉글랜드 국왕이 된 제임스 1세와 에든버러 서점 주인 제임스 캐스킨 사이의 대화를 사례로 들어 흥미롭게 보여 준다. 대화 주제는 축일 참석에 관한 것이었다. 캐스킨은 자신이 왕과 같은 종교를 갖고 있지만 성탄절 예배에 참석하지 않는 이유는 축일을 지키는 것이 미신적이라는 설교를 들었기 때문이라고 답했다. 스코틀랜드 개혁주의자들에게 교육받고 자란 제임스 1세는 결코 같은 종교가 아니라고 부정했다. 스코틀랜드 프로테스탄트 교도는 투르크인과 유대인보다 더 악하다고 일갈했다. 그리고 그들의 영혼과 육신은 모두 지옥에 던져질 것이라고 악담과 저주를 퍼부었다. 스코틀랜드 프로테스탄트 교도들은 잉글랜드에도 같은 종교성이 전파되기를 기대했지만, 잉글랜드는 스코틀랜드에서 일어난 사건을 마치 문화 혁명처럼 인식했다. 얼핏 큰 차이가 없어 보일 두 프로테스탄트 사이의 균열은 쉽게 해소될 수 없는 성격의 것이었다. 스코틀랜드인들의 종교적 정체성은 유대인이나 투르크인의 그것에 비길 만큼이나 낯선 것이었다.[62]

잉글랜드와 스코틀랜드 종교성의 차이를 만들어낸 요인은 무엇일까? 다시 말하자면, 왜 잉글랜드는 스코틀랜드인들이 이루어낸 것을 성취하지 못했을까? 잉글랜드에는 교회 치리회가 없었기 때문이라는 것이 답이다.

---

61 Jean Delumeau, *Catholicism between Luther and Voltaire: A New View of the Counter-Reformation*, London: Bums and Oates, 1977, pp. 172, 175~77.

62 Margo Todd, *Culture of Protestantism*, p. 407.

교회 치리회는 가톨릭 체계를 무너뜨리고, 종교 관행을 근본적으로 재편하고, 새로운 규율을 체계적으로 집행하는 데 효과적인 지역 네트워크였다. 교회 치리회의 설치는 사회가 전례 없는 무질서에 시달린다는 위기의식 때문이었다. 스위스 종교개혁가 칼뱅은 당시 사회를 하느님과 불화하고 서로 반목하는 사람들로 가득 찬 세속화된 사회로 보았다. 아이들은 부모를 존경하지 않았고, 주인은 하인을 통제할 수 없었으며, 만연한 불륜은 결혼 제도를 위협했다고 불평했다. 한마디로 시민사회나 교회의 통제에서 벗어나 저속한 본능만이 지배하는 사회였다. 칼뱅은 이러한 원시적인 교회를 개혁해야 할 필요를 느꼈으며, 그에 동조한 교회들은 자신들을 '개혁교회'라고 불렀다. 개혁교회는 교회 법원을 통해 개별 교회 구성원의 행동을 규율하고 교정하려는 제도를 마련했다. 스코틀랜드에서 시민 법정과 독립적인 교회 법원, 즉 교회 치리회가 설립되었다.

개혁교회의 규율 제도와 그 실행은 교회가 스스로 개혁 교리를 실천에 옮기고 신학과 예배의 영역에서 일어나는 종교적 변화를 일상생활의 영역으로 옮기려는 노력의 결과였다. 목회자뿐만 아니라 장로가 함께 참여해 회의를 주도한다는 점이 종교개혁 이전의 가톨릭교회 법정과 구별되는 특징이었다. 권위 있는 자리에 앉은 명망 있는 경건한 장로와 목사는 간통자, 음행자, 신성모독자, 도박꾼, 살인자, 안식일을 어긴 자, 술주정뱅이, 마녀, 싸움꾼의 행렬을 지켜보았다. 그 어느 시기에도 유럽의 선술집과 거리, 그리고 개인의 거실과 침실이 이처럼 감시를 받은 적은 없었다. 개혁교회의 규율 노력은 사회적 규모로 시민 통제를 시도한 최초의 사례이다.[63] 결과적으로 교회 법정은 서로 다른 평가를 받을 수밖에 없었다. 칼뱅이 만든 교회 법정을 청교도 행동 규범을 발전시킨 고전적 제도로 칭송하는 이들이 있는 반면에, 또 다른 편에서는 일종의 '빅 브라더'와 같은 존재라고 비판했다. 스티븐 오즈먼트는 컨시스토리나 교회 치리회를 통해 이루어진 개혁교회 통제의 확산을 '새로운 교황청'이

63 Michael F. Graham, *Uses of Reform*, p. 1.

생긴 것이라고 꼬집었다.[64] 윌리엄 바우스마(William Bouwsma, 1923~2004)는 "종교심 깊은 칼뱅에게 교리는 일종의 권력이었고 그는 적어도 마키아벨리 못지않게 권력이 세상을 바꿀 수 있는 방식에 관심을 가졌다. 그가 제네바에서 만들어 유럽과 신대륙의 대부분 지역으로 수출한 규율 기구는 이러한 것의 대표적인 사례"라고 일갈했다.[65] 분명히 스코틀랜드 종교개혁의 가장 유의미한 업적은 교회 치리회의 규율 체계를 강화한 데 있었다. 교회 법정의 권한을 강화할수록 국왕이 주교 임명을 통해 교회를 간섭하려는 시도는 효과적으로 저지되었다. 종교적으로 더욱더 강력한 경건한 프로테스탄트 국가를 건설하기 위해 중앙 권력을 장악하려는 시도에까지 이어졌다. 한때 청교도혁명으로 불렸던 잉글랜드 내전은 개혁교회의 힘이 어느 정도였는지 보여 주는 사례이다. 스코틀랜드 개혁교회는 왕이 임명하는 주교 제도를 따르지 않았기에 개혁교회의 정치 형태는 교회의 선택과 상황에 따라 탄력적으로 바뀔 수 있었다. 스코틀랜드 교회는 엄격한 위계질서가 존재하는 주교 체제를 버리고 회중교회 목회자보다 상위의 성직 계급이 존재하지 않는 수평적인 교회 체제인 장로회 체제를 발전시켜 나갔다. 초기에는 주교에 해당하는 책임자로 감독관(superintendent)을 임명하는 과도 단계를 거쳤다. 제1규율서는 지역의 주요 도시를 기반으로 교회 감독관을 지정해 '교회를 세우고, 목사를 임명하고, 조직하는 일'을 맡겼다. 감독관 제도는 영속적으로 이어지지 않았다.[66]

1560년대 수립된 체제를 완전한 형태의 장로회로 보기에는 충분하지

64 Michael F. Graham, *Uses of Reform*, p. 5.

65 Michael F. Graham, *Uses of Reform*, p. 20.

66 초기 스코틀랜드 교회 정치 체제가 주교제를 지지했는지, 장로회를 지지했는지에 대해서는 견해가 나뉜다. 주교제를 지지했다는 입장은 초기 스코틀랜드 종교개혁가들이 주교에게 지도적 역할을 부여했다는 주장으로 대표적인 지지자가 도널드슨이다. 이와 반대되는 입장은 초기에 감독관직을 만든 것은 정부에 대한 스코틀랜드 교회의 전술적 양보였으며, 영구적 제도로 의도한 것이 아니라는 입장이다. 이 입장의 지지자는 제임스 커크(James Kirk) 같은 장로교 역사학자들이다.

않다. 현재 장로회 체계는 스코틀랜드 종교개혁 이후 약 20년이 지나 제정된 제2규율서(Second Book of Discipline)에서 정해졌다.[67] 장로회 체제를 만들었다고 알려진 제2규율서는 앤드루 멜빌(Andrew Melville, 1545~1622)이 주도적인 역할을 했다. 1560년대 파리와 제네바에서 몇 년간 지내면서 개혁 신학을 공부한 그는 1574년 스코틀랜드로 돌아와 글래스고 대학 학장을 맡았다. 에든버러와 동부 저지대 지역에 집중된 2세대 개혁파 목회자들이 멜빌을 추종했다. 그들은 정화된 개혁교회에는 왕이 임명한 주교를 포함할 수 없으며, 국왕을 포함한 세속 관리들은 성직자들의 설교단 발언에 대한 관할권이 없다고 주장했다. 1570년대 후반 멜빌을 포함한 위원회가 초안을 작성하고 1581년 총회에서 공식 승인한 제2규율서는 성직자가 교인들의 행동까지도 감시해야 한다는 새로운 성직주의 사상을 제시했다. 감독관이 주교처럼 더 우월한 직분처럼 인식될 수 있기 때문에 감독관 제도를 없애고 교회의 네 가지 직분을 목사·교사·장로·집사로 규정했다. 장로들은 이제 연임제가 아닌 종신제로 선출되었고 그 자체로 준성직자로 간주되었다. 제2규율서는 교회 치리회와 지방 회의 사이의 새로운 권한 계층인 지방 장로직을 신설해 목회자의 자격을 검토하고 권징을 지원할 것을 요구했다. 제2규율서의 최종 초안에서 실제로 사용된 용어는 '공동 장로회'(common eldership)였다. 그에 따르면, 이 모임은 서너 개 교회의 목사와 장로로 구성되며, 교구 구조가 취약한 시골 지역에서 특히 필요하다고 제안했다.[68]

하지만 장로회 체제 선택을 국왕이 반길 리가 없었다. 종교개혁가들은 법원 구조를 갖춘 개혁교회가 가톨릭교회를 대체해야 한다고 보았지만, 종교개혁 이전 주교의 권한과 의무는 헌법적 의미에서 폐지되지 않았다.[69] 그렇기 때문에 국왕의 의지 여하에 따라 주교제의 부활은 가능했

67 Gordon Donaldson, *Scottish Reformation*, pp. 147~48.

68 *The Second Book of Discipline*, ed., James Kirk, Edinburgh: Saint Andrew Press, 1980, p. 231.

69 Michael F. Graham, *Uses of Reform*, p. 71.

다. 스코틀랜드의 어린 국왕 제임스 6세의 섭정인 애런 백작 제임스 스튜어트는 의회를 움직여 장로회 정치를 반대하고 주교 중심의 왕권 교회를 천명한 「흑법」(Black Act)을 제정했다. 장로회 정치를 부정하고 교회를 사실상 국왕의 직접 통제 아래에 두는 주교제를 재정립했다.[70] 이를 통해 국왕의 권위가 교회의 영적·세속적 문제 전반에 미친다는 점을 법적으로 밝혔는데, 교회의 독립을 주장하던 멜빌파 장로교의 이상과 정면으로 충돌해 수많은 장로교 지도자가 잉글랜드로 망명하는 결과를 낳기도 했다. 현실을 고려한 상당수 목사는 주교제와 왕권 강화가 불가피하다고 인정하기도 했다. 「흑법」은 기존의 왕권과 주교제의 연속선상에 있었지만 교회와 국가의 관계에서 왕권의 우위를 가장 강력하게 주장한 법이다. 이로 인해 독립적인 장로회 교회와 주교 중심의 왕권 교회라는 양립할 수 없는 두 노선이 명확하게 갈라졌다. 그러나 이후 정치적 변화에 따라 애런 백작이 실각하고 멜빌이 망명에서 귀환하면서 새로운 타협이 모색되었다. 1580년대 후반에는 노회가 제도적으로 자리 잡기 시작하면서 주교의 권한을 잠식해 나갔다. 1592년 제정된 「황금법」(Golden Act)은 이 흐름 속에서 장로교 제도를 사실상 합법화하면서 노회가 교회 행정의 중심이 되도록 인정한 법이다. 총회의 소집권을 국왕에게 둔 제한적인 것이기는 하지만 결과적으로 주교제는 축소·약화되었고 장로회 제도가 우위를 확보했다. 이는 스코틀랜드 교회 정치가 안정기에 접어들게 된 전환점이 되었다.[71]

스코틀랜드 종교개혁의 성격

스코틀랜드 역사가 마이클 린치(Michael Lynch, 1946~)는 2001년 출

70 Gordon Donaldson, *Scottish Reformation*, p. 212.

71 Ian B. Cowan, *Scottish Reformation*, p. 133.

간한 『옥스퍼드 편람 스코틀랜드사』에서 "여러 세대의 스코틀랜드인들에게 1560년은 스코틀랜드 역사에서 가장 중요한 해였다"라고 언급했다.[72] 이전 세대의 많은 이가 스코틀랜드 종교개혁이란 1560년에 열린 단 한번의 의회 회의에서 신속하게 제정되어 하루아침에 성공한 것으로 이해했다. 그리고 모든 스코틀랜드인이 종교개혁을 환영했다는 생각을 강조했다. 하지만 신속하고 완전한 종교개혁의 성공은 신화적인 관념이다. 종교개혁은 서로 다른 의제, 가정, 그리고 기대를 가진 개인과 집단에 의해 형성된 불균등한 과정으로 재평가되었다. 여기서 중요한 것은 스코틀랜드 사회 지도자들의 입장이었다. 스코틀랜드에서 일어난 일은 '행정관의 개혁'이었으며, 이 개혁에서 재산을 소유한 엘리트의 기득권은 대체로 그대로 유지되었다.

이제 강조해야 할 점은 그 시작의 무결성 여부가 아니다. 유럽의 종교개혁사에서 스코틀랜드 종교개혁이 갖는 독특한 점은 프로테스탄트 개혁이 일어났다는 사실에 있는 것이 아니라 그 이전의 전통과 다른 새로운 문화를 스코틀랜드인의 삶 속에 치밀하고 밀도 있게 뿌리 내리게 했다는 것이다. 한편에서는 계몽적이고, 다른 한편에서는 억압적으로 보일 수 있는 것이었다. 그러나 콜린슨은 "스코틀랜드가 잉글랜드보다 아동 교육에 더 뛰어나다는 사실이 그 재편의 장기적 결과 가운데 하나"라고 주목했다.[73] 장로교 체제를 발전시킨 스코틀랜드는 가장 완벽한 형태의 개혁교회를 세웠다는 자부심이 있다. 그들은 유럽 체제 내에서 주로 통치자의 종교가 국가의 종교가 되는 일반적인 현상에서 벗어나 교회와 국가라는 두 권력이 서로 견제하고 때로 대립하는 구도를 항구적으로 만들어냈다. 프로테스탄트 개혁가 녹스가 가톨릭 군주 메리 1세를 심하게 질책해 눈물을 흘리게 만들었다는 일화는 이 관계를 상징적으로 보

72 Michael Lynch, "Reformation", *The Oxford Companion to Scottish History*, ed., Michael Lynch, Oxford: Oxford University Press, 2001, pp. 500~04.

73 Patrick Collinson, *The Reformation*, p. 143.

여 준다. 그뿐만이 아니다. 토드의 논지와 같이 프로테스탄트 스코틀랜드는 열정적인 개혁 지지자들이 주도해 복잡하고 다양한 프로테스탄트 하위 문화를 만들었다. 그렇게 만들어진 문화는 종교적 정체성을 스코틀랜드 국가 정체성과 연결해 스코틀랜드 민족주의를 강화했다. 독특한 규율을 강조하는 엄격한 프로테스탄트 문화의 정서는 고스란히 장로회 교회 전통을 계승한 북미와 현대 한국 교회에 이어졌다는 점에서 역사적 중요성을 짐작할 수 있다.

이렇게 보자면, 스코틀랜드 종교개혁사를 전통적인 종파적 관점에서만 바라보는 것은 충분하지 않다. 여느 대륙의 종교개혁에 대한 연구사와 마찬가지로 스코틀랜드 종교개혁사는 학문적 연구보다는 당파적 견해가 우세한 경우가 많았다. 지배적인 해석은 녹스를 통해 이루어진 영웅적인 서사였다. 종교개혁이 일어난 근본적인 답 역시 하느님의 뜻이 담겨 있다는 결정론적 시각이었다. 그 전제가 되는 원인은 스코틀랜드 가톨릭교회의 심각한 타락과 돌이킬 수 없는 부패였다. 그 현상을 타개하기 위해 종교개혁가들이 개혁의 씨를 뿌리고 박해의 시기를 견뎌 내며, 마침내 1560년에 프로테스탄트의 채택이라는 결과를 얻었다는 서사였다.[74] 열광적인 종교적 해석에 따르면, 1560년은 바빌론과 같은 프랑스의 속박에서 벗어나 복음의 빛 아래 구원을 얻고 스코틀랜드가 약속의 땅으로 나아간 해방의 해였다. 이러한 관점은 스코틀랜드를 칼뱅주의 요새로 보는 서술로 이어져 스코틀랜드 민족주의 서사와도 연결되었다. 스코틀랜드 종교개혁을 반계몽주의에서 문명화된 근대를 만들어나가는 디딤돌이 되었다는 휘그식 역사 해석이 그것이다.[75] 그래서 스코틀랜드 역사가들은 종교개혁을 스코틀랜드 역사에서 가장 중요한 사건으로 인식해 왔다. 종교적 관점에서 보자면, 가톨릭의 예속에서 벗어나 자유를

74 이러한 관점을 대표하는 저작이 David Hay Fleming, *The Scottish Reformation: Its Epochs, Episodes, Leaders, and Distinctive Characteristics*, London: Oliphant, Anderson & Ferrier, 1901이다.

75 William Ian P. Hazlett, "Introduction", pp. 1~2.

획득하는 순간이었다. 정치적 관점에서는 프랑스의 정치적 굴레에서 벗어나 독립하는 과정이었다. 그렇기에 1560년의 격변은 그 자체로 상징성을 띠었다. 그러나 스코틀랜드 종교개혁에 대한 견해는 20세기 중반 이후 크게 변화했다.

그 해석사의 전환을 가져온 시점은 통상 스코틀랜드 종교개혁 400주년을 맞은 1960년 도널드슨의 저서 『스코틀랜드 종교개혁』의 출간으로 잡는다. 이 책은 스코틀랜드 칼뱅주의 전통에서 벗어난 반칼뱅주의 관점으로 읽을 수 있다. 따라서 이 책은 스코틀랜드 종교개혁사 연구가 당파성에서 벗어나 새로운 차원으로 들어간 연구서로 평가받는다. 도널드슨은 이 책에서 스코틀랜드 개혁가들의 주체성을 강조하기보다는 잉글랜드 튜더 왕조가 스코틀랜드 종교개혁을 위해 주도적으로 수행한 노력을 강조했다.[76] 그에 따르면, 스코틀랜드 종교개혁은 잉글랜드의 종교개혁과 매우 유사하게 위로부터 부과된 개혁으로 장기적으로 지속되었다. 그는 다음과 같이 평가했다.

> 여러 관점에서 볼 때, 스코틀랜드 종교개혁의 전통적 기점으로 간주되는 1560년은 그다지 결정적인 해가 아니었으며, 교과서적 서술과 달리 동시대인의 눈에는 훨씬 덜 명확하게 인식되었다. 실제로 1560년 이전에도 이미 많은 변화가 진행되고 있었으며, 1560년에 법적으로나 헌정적으로 어떠한 변화가 있었는지를, 만약 있었다면 그것이 정확히 무엇이었는지를 동시대인들이 규정하기는 어려웠다. 또한 1560년 이후에도 공직과 수입은 여전히 상당 부분 기존 수혜자의 손에 남아 있었다.[77]

76 당연한 이야기이지만 종파성을 넘어선 선구적 연구로 평가받는 도널드슨의 연구도 당파적·정파적 한계는 존재한다. 그는 런던역사연구소에서 존 닐(John Neale, 1890~1975)의 지도 아래 박사 연구를 진행했는데, 닐은 휘그파 역사학의 저명한 근대주의자였다. 도널드슨도 확고한 영국 연합주의자일 뿐만 아니라 스코틀랜드 국교회에 소속된 독실한 장로교인이었다. 그랬기에 그 역시 종교적·정치적 편향성에서 온전히 자유로울 수는 없었다.

77 Gordon Donaldson, *Scottish Reformation*, p. 74.

스코틀랜드 종교개혁이 부패한 교회를 정화하기 위한 시도였다면, 종교개혁이 이루어진 이후에는 그에 대한 결과가 있어야 한다. 그렇지만 1560년 이후에도 교회 재산에 대한 귀족의 통제는 변함이 없었다. 프로테스탄트 영주들이 성직 임명 방식에 불만을 표했지만 그것은 자신들에게 돌아올 몫을 프랑스인들에게 빼앗기고 있다는 비난일 뿐이었다. 개혁파가 교리 개혁을 추진했지만 스스로가 누리던 기득권을 내려놓는 방식을 선택한 것은 전혀 아니었다. 잉글랜드가 국왕의 주도로 의회에서 종교개혁을 이룬 것이나 스코틀랜드가 프로테스탄트 귀족들의 주도로 의회에서 종교개혁을 이룬 것은 그 면에서 큰 차이를 찾기 어렵다. 녹스와 같은 종교개혁가의 존재감은 대륙의 종교개혁가에 비해 압도할 수 없는 구조였다. 그 결과 스코틀랜드 종교개혁의 초점은 기존의 정치질서나 지배 구조가 아니었다. 기득권이 주도해 바꾸어 놓은 구조 안에 대중을 설득하고 때로 압박해 순응하게 만드는 것이었다. 그리고 이 역할은 생각이상으로 큰 변화를 가져왔다. 근대 초 유럽의 어느 국가보다 강력한 하향식 변혁을 이루어냈다. 표면적으로 종교 갈등으로 인한 시작이었지만 스코틀랜드의 정치 문화와 사회 구조는 돌이킬 수 없는 변화를 경험했다.[78] 스코틀랜드의 종교 전환이 대륙의 프로테스탄트의 영향을 받은 종교개혁(Reformation in Scotland)에 강조점이 있는지, 스코틀랜드라는 지역의 독특한 사회 구조와 문화의 산물(Scottish Reformation)인지에 따라 평가가 달라진다. 전자의 경우에 신학 사상이나 종교적 비전, 교회 구조와 예전과 같은 신앙 형식이 우선적으로 고려되어야 한다. 그렇지 않고 후자의 경우라면, 스코틀랜드의 교회와 그 교회를 포괄하는 더 넓은 구조인 사회를 형성하는 세력의 역할이 더 강조된다.[79]

---

78 Alec Ryrie, *Origins of Scottish Reformation*, p. 1.

79 동시대 다른 유럽사 연구처럼 스코틀랜드 종교개혁 연구는 종교개혁이라는 단일 범주로 묶이기보다 근대 초 종교(early modern religion) 연구의 하위 분야에 자리하게 되었다. 그 안에서 교리사와 교회사의 전통적 관점에서 벗어나 정치사와 연결되었으며, 신앙고백적 편향성과 당파성에 대한 혐의를 극복했다. 이제 연구 초점은 정

스코틀랜드 종교개혁은 국가 행위의 산물이다. 종교적 이해가 깊숙하게 연결된 만큼이나 1559~60년의 사건은 민족주의와도 관련이 있다. 교회가 주도한 것 같지만 결과적으로는 교회가 세속 권력의 손에 좌우되었다. 교회의 개혁과 변화는 의회와 시민 권력이 주도했다. 16세기 맥락에서 고려해야 할 점은, 국가와 교회는 동일한 경계를 공유하고 있는 하나의 사회의 또 다른 두 측면이다. 달리 말하자면, 가톨릭과 교황의 권위를 부정하고 프로테스탄트로의 전향을 선택한 것은 의회 권력을 장악한 귀족들이 기꺼이 그것을 수용했기 때문에 가능했다. 스코틀랜드 개혁가들과 칼뱅 추종자들이 주장하는 교회의 자율성과 질서에 대한 이해는 잉글랜드에서 주장하는 군주의 교회적 우월성과 본질적으로 충돌하지 않았다. 흔히 칼뱅주의가 반국가권력이라고 인식되곤 하지만 당시 정치적 맥락에서 비롯된 역사적 우연이었다. 스위스나 프랑스와 같은 대륙에서는 가톨릭에 우호적이었던 군주권과 개혁가들이 충돌할 수밖에 없었지만, 이는 칼뱅주의가 권력에 대항하는 본성을 가졌기 때문이 아니라 특정한 정치적 조건의 산물이었을 뿐이다. 오히려 개혁가들은 원칙적으로 경건한 군주가 교회의 순수성을 보존하고 종교를 정화하는 역할

치적·사회적 구조에서 심성사적인 접근에 기반한 대중의 종교적 신념과 종교 관행을 미시적으로 다루는 것으로 또다시 이동하고 있다. 즉 스코틀랜드 종교개혁을 스코틀랜드의 독특한 심성 형성이라는 틀로 그려내게 되었다. 스코틀랜드 개혁의 원인을 찾기보다는 역사의 우연성과 상황의 특수성에 주목하는 연구이다. 토드의 저작 외에 Elizabeth Ewan and Janay Nugent, eds., *Finding the Family in Medieval and Early Modern Scotland*, London and New York: Routledge, 2018; Michelle D. Brock, *Satan and the Scots: The Devil in Post-Reformation Scotland, c.1560-1700*, London and New York, NY: Routledge, 2016이 있다. 하지만 모든 연구가 당파성에서 벗어나 흐름을 탄 것은 아니다. 프로테스탄트 당파성에 대한 반작용으로 1950년 스코틀랜드 가톨릭 역사학회(Scottish Catholic Historical Association)는 *The Innes Review*라는 학술지를 발행하기 시작했는데, 스코틀랜드 내의 반가톨릭 편견을 넘어 가톨릭 역사의 정당성을 위한 것이다. 이에 대해서는 David Manning, "History, Historiography, and 'the Scottish Reformation'", *A Companion to the Reformation in Scotland ca. 1525-1638: Frameworks of Change and Development*, Leiden and Boston: Brill, 2022, pp. 689~721 참조.

을 맡을 수 있다고 여겼다. 따라서 군주에게 일정한 교회적 권위를 인정했다. 스코틀랜드 개혁가들은 자신들이 군주의 본연의 책무로 이해했던 '종교의 보존과 정화'와 엘리자베스 옹호자들이 여왕에게 부여한 교회적 기능이 충돌한다고 보지 않았다. 이 점에서 프로테스탄트 종교개혁, 특히 스코틀랜드 종교개혁도 세속 권력이 주도한 교회의 한 형태라고 볼 수 있다.

앞서 언급한 대로 스코틀랜드 종교개혁은 신앙을 위한 순교자의 수가 극소수였다. 종교개혁 과정에서 신앙으로 인한 희생자들이 소수였던 이유는 종교가 초점이기보다는 국가적·정치적 행위였기 때문임을 유추할 수 있다. 녹스나 멜빌과 같은 몇몇 개혁가를 제외하고 두드러진 인물이 없었던 것도 그 때문이다. 다만 그것이 개혁 이후의 진행이 아무런 문제없이 순조로웠음을 의미하지는 않는다. 정치권력의 조치로 인한 강제력이 부과될 때, 자발적인 종교적 결단이나 헌신을 넘어서는 복종을 대중에게 요구한다. 그에 따르지 않을 경우의 제재는 훨씬 강력하다. 자연스럽게 따라오는 질문이 있다. 그렇다면 이 결과를 들뤼모나 스콧 헨드릭스(Scott Hendrix)가 의미하는 '재그리스도교화'의 성취라고 보는 것이 어디까지 타당할까? 이렇게 되면 재그리스도교화는 다른 의미의 억압 사회의 탄생이 된다.

의회 권력과 같은 정치권력이 주도해 국가 차원의 종교적 정화와 프로테스탄트 문화의 정체성 만들기를 시도한 사건은 의도하지 않은 또 다른 폭력을 낳았다. 스코틀랜드는 같은 시기 유럽 어느 지역보다 더 광범위한 마녀사냥을 경험했다. 새로운 종교적 가치를 설정하고 복종을 요구하며, 그에 미치지 못하는 이들에 대한 규율은 한계를 넘었다. 스코틀랜드 의회에서 1563년 「마녀법」(Witchcraft Act)이 제정된 이후에 1590년대부터 1600년대 중반까지 마녀사냥이 지속적으로 벌어졌다. 마녀사냥이 가장 극심했던 해인 1597년에만 약 400명 이상이 재판을 받았는데, 그중 200명 정도가 처형되었다. 잉글랜드보다 규모가 훨씬 작은 국가인 스코틀랜드에서 마녀재판의 수나 희생자 수가 압도적으로 높았다. 여기에는 또 다른 아이러니가 숨어 있다. 스코틀랜드의 제임스 6세는 칼뱅파의 종교적 신념을 매우 불편해하고 극도로 비판했던 인물이다. 그런데 그가 바로 스코틀랜드 마녀사냥을 대대적으로 주도했다. 칼뱅파 교회의 규율과 무관한 듯하지만 국가의 공권력이 마녀라는 종교적 박해 대상을 설정하고 압박해 국가적 정화를 시도한 사건은 서로 닿아 있다. 이 역시 스코틀랜드 종교개혁이 개혁가들이 이끈 오롯이 종교적인 성격보다는 국가적 이해가 깊숙하게 얽힌 사건임을 간접적으로 보여 준다. 국가와 종교 정체성을 위한 국가 차원의 폭력적 정화는 프로테스탄트 개혁을 수용했든 그렇지 않든 간에, 모든 유럽 국가에서 나타나는 공통된 병리 현상이었다.

제15장 스페인 종교재판

스페인이 사랑하는 작가 미겔 데 세르반테스(Miguel de Cervantes, 1547~1616)는 직접 종교재판을 받은 적은 없지만, 그의 삶은 종교재판 체제가 일상에 어떻게 침투했는지를 생생하게 보여 준다. 당시 스페인에서 공직 진출을 위해서는 유대인이나 무슬림 개종자의 혈통이 없음을 증명하는 '혈통의 순수성' 심사를 받아야 했는데, 세르반테스와 그의 누이가 이 조사를 받았다고 알려져 있다. 또한 모든 출판물은 출판 전에 종교재판소의 검열을 반드시 받아야 했다. 세르반테스의 대표작 『돈키호테』(*Don Quixote*)도 1605년과 1615년에 각각 검열을 통과한 이후에 제1부와 제2부가 출간되었다. 16세기 스페인에서 종교재판은 그렇게 일상적인 일이었다.

종교개혁을 중세 가톨릭교회의 학대와 부패에 대응해 순수한 신앙과 단순한 공동체를 추구하는 운동으로 묘사한다면 종교개혁에서 '정화'라는 단어는 매우 중요해진다. 종교개혁에서 교리적 차이가 아닌 정화를 공통의 목표로 설정한다면 좀 더 다른 그림이 그려진다.

가톨릭에 대한 확고한 충성심을 보인 가톨릭 스페인은 프로테스탄트의 길과는 다른 방식으로 교회와 국가적 정화의 길을 걸었다. 낡은 것을 허물고 부패한 것을 정화하려는 움직임은 근대 초에 걸쳐 유럽과 세계를 재편성했다. 정화의 주체는 국가였다. 국가는 정화를 반대하는 이들을 국가의 적으로 악마화했다. 국가적 관점에서 보면, 종교개혁은 국가 내 불순 세력을 없애고 민족적 통일성을 확고히 하는 정화의 한 방편이었다. 이 관점에서 이베리아 반도의 가톨릭 국가 스페인을 보자면, 15세기와 16세기 스페인의 종교 정책도 넓은 의미의 종교개혁에 포함시킬 수 있다. 그래서 국가적 차원의 정화를 종교개혁의 이상과 연결시킨 니콜러스 터프스트라(Nicholas Terpstra)는 1492년 스페인에서 유대인을 추방한 사건을 종교개혁의 시작을 알리는 사건이라고 제시했다.[1]

종교개혁은 교황이 주도하는 교회에서 국가가 주도하는 교회로 지배권을 변경한 것이라고 할 수 있다. 이 현상은 가톨릭 지역에서도 동일하다. 교황이 아닌 국왕이 주도하는 국가교회를 강화하기 위한 현상을 스페인은 잘 보여 준다. 프로테스탄트 지역에서 성서와 교리에 대한 재해석을 통해 이를 이끌어냈다면 스페인에서는 국왕이 주도하는 종교 정책을 통해 구현되었다.

중세 유럽에서는 정부와 종교의 구조에 대한 사상이 황제가 이끄는 보편적 정부와 교황이 이끄는 단일 교회의 이념으로 정립되어 있었다. 하지만 중세 후반으로 접어들면서 교황과 황제 사이의 권력 투쟁으로 인해 신성 로마 제국의 영향력은 약화되고 교황권 또한 이전만큼 강력하지 않았다. 이때 프랑스와 잉글랜드, 그리고 카스티야와 아라곤의 통합으로 탄생한 스페인 등의 강력한 중앙집권제 국가가 출현했다. 스페인 종교재판은 이러한 중앙집권적 국가 체제의 도구로 사용된 것이다. 일반적으로 종교재판소로 알려진 성무청(Holy Office)의 설립은 국가 주도의 종교 정책을 상징적으로 보여 주는 사례이다. 정화를 빌미로 국가의 불관용과 폭력을 정당화한 것이라면 스페인 종교재판 사례만큼 적절한 것이 없다.

스페인 종교재판은 흔히 프로테스탄트의 정당성과 가톨릭의 불의를

1 Nicholas Terpstra, *Religious Refugees in the Early Modern World: An Alternative History of the Reformation*, Cambridge: Cambridge University Press, 2015, p. 2.

상징하는 것으로 설명되곤 한다. 스페인 종교재판을 바라볼 때, 이 시기 프로테스탄트 종교개혁과 관련한 영어권 역사 해석이 지닌 편견과 선입견을 염두에 두어야 한다. 대중문화에서도 스페인 종교재판의 역사는 영어권과 독일어권 프로테스탄트 시각에서 타자화해 소비된다. 그러나 스페인의 종교 정책은 동시대 여타 유럽 국가의 정책에 비해 더 잔인하다고 볼 수는 없다. 이른바 반유대주의를 표상하는 스페인 종교재판이지만 반유대주의는 독일의 루터 종교개혁에서도 빼놓을 수 없는 요소이다. 유럽 대륙에서 유대인 추방은 스페인에 앞서 서유럽 여러 나라에서 먼저 일어났다. 가톨릭과 프로테스탄트의 구별이 무색하게 종교개혁이 내포하는 함의는 국가적·민족적 '정화'의 이름으로 빚어진 공권력 주도의 배제이다. 스페인을 반종교개혁의 사례로 보는 프로테스탄트적 편향을 넘어 스페인의 종교 정책이 여타 프로테스탄트 국가의 종교 정책과 연결된 것으로 보는 시각도 유의미하다.

스페인의 지리적 배경과 통일

15세기 이베리아 반도는 오늘날 우리가 알고 있는 스페인이 아니었다. 북쪽은 아라곤, 카스티야, 나바라 같은 그리스도교 왕국으로 나뉘어 있었으며, 남쪽은 무슬림의 거점 그라나다가 무어인의 지배 아래 있었다. 스페인은 통일되지 않았고 카스티야인, 갈리시아인, 카탈루냐인, 발렌시아인, 안달루시아인 등 다양한 민족이 소왕국을 이루고 있었다. 1,000년 이상 다양한 인종이나 언어 및 문명이 복합적으로 존재했다. 그리스도교도, 무슬림, 유대인은 이베리아에서 수세기 동안 함께 살아왔다. 그리스도교도는 무슬림 통치 아래 모사라베(Mozárabe) 문화라는 독특한 그리스도교 문화를 유지한 반면에, 무슬림은 그리스도교 통치 지역에서 '무데하르'(Mudéjar)라는 문명을 만들어냈다. 그들은 서로 배타적이지만은 않은 공존과 다양성을 허용했다. 이런 공존 문화를 콘비벤시아(convivencia)라고 불렀다. 그들은 혼인을 통해 이어지기도 했고 사상과 언어를 주고받으면서 서로의 문명을 이해하고 발전시켰다. 콘비벤시아 공존 문화는 여타 유럽 국가에서 경험한 적이 없는 문화적 다양성을 만들어내면서 교육·예술·과학·의학 분야에서 성과를 일구었다. 1230년부터 1252년까지 카스티야를 통치했던 페르난도 3세(Fernando III, 1199?~1292)는 자신을 '세 종교의 왕'이라고 부르며 관용과 다문화적 특성을 자랑스러워했다.

물론, 현대적 의미에서의 '관용'은 1400년대 그리스도교 유럽 어느 지역에도 존재하지 않던 개념이다. 종교적 소수자에게 합법적 권리를 보장한 이베리아 반도의 관용의 실천은 이념이나 철학에 기반한 것이 아니었다. 관용이라는 철학적 문제가 제기되기 이전부터 경제적·정치적 이유로 다양한 종교 문화 공동체가 공존했다. 당시 관용은 이념의 문제가 아니라 사회적 문제였다. 한편으로 그리스도교·이슬람교·유대교 등 3대 종교가 함께 모여 있는 동안에 박해나 차별이 덜했다는 것은 공적 종교에 대한 믿음이 두텁지 않던 이들이 상당히 있었다는 것의 반증이기도 하다.[2]

이베리아 반도가 인종과 종교를 넘어 공존의 문화를 이룰 수 있었던 것은 반도의 독특한 지역적 특성의 영향을 적지 않게 받았기 때문이다. 스페인은 피레네 산맥이라는 천연 장벽으로 다른 유럽 지역과 고립된 반도였다. 그러나 공존의 문화가 늘 평화와 직결되는 것은 아니었다. 피레네 산맥 너머 프랑스의 가톨릭 통치자들은 이베리아 반도의 무슬림을 축출하기 위한 재정복 전쟁인 레콩키스타를 700년에 걸쳐 진행했다. 루터의 종교개혁이 일어나는 시점까지 스페인은 서유럽의 나머지 지역과는 매우 다른 경험을 했다. 대부분 척박한 땅에 천연자원은 거의 없었지만 그들은 16세기 들어 통일 왕국을 건설하고 해외 진출을 통해 거대한

---

2 Henry Kamen, *The Spanish Inquisition: A Historical Revision*, 4th ed., New Haven and London: Yale University Press, 2014, pp. 9~11.

식민지를 형성해 막강한 제국이 되었다.[3]

다양성의 공존은 이상적이기는 하지만 실상은 서로 다른 역사와 전통, 가치 및 사상 체계로 인해 끊임없는 갈등과 반목이 이어지게 된다. 스페인이 역사 전면에 등장할 수 있었던 것은 위태로운 공존을 포기하고 하나의 제국 안에 일치된 가치를 추구하는 강력한 국가 정체성을 강조했기 때문이다. 스페인의 새로운 역사는 카스티야의 여왕 이사벨 1세와 아라곤의 국왕 페르난도 2세가 1469년 결혼하면서 시작되었다. 이렇게 이루어진 두 왕국의 연합은 근대 스페인을 탄생시켰다. 이베리아 반도에서 수백 년 동안 이루어졌던 서로 다른 인종과 종교 사이의 공존의 시대는 페르난도 2세와 이사벨 1세 통치기에 종식되었다. 카스티야와 아라곤의 권력 안정을 위해 그들은 귀족과 가톨릭 성직자들과 동맹을 맺었다. 스페인 내의 무슬림과 유대인은 사회 안정을 해치는 불안 요인으로 점차 인식되었다. 이질적이지만 서로 관용하고 공존하던 전통은 점차 약화되고 가톨릭 군주 아래에서 그리스도교만 독점적 권리를 누리게 되었다. 이들 통치기에 유대인과 무슬림은 스페인에서 추방되었다.[4]

흔히 프로테스탄트 종교개혁은 근대 국민국가의 형성과 흐름을 같이 한다고 전제한다. 그런데 이 전제는 스페인과 같은 가톨릭 국가에서도 예외는 아니다. 15세기 후반과 16세기 초반은 일반적으로 '신군주제'의 시대로 묘사된다. 잉글랜드의 헨리 7세나 프랑스의 루이 11세 같은 강력한 군주들이 왕권을 강화하려 시도했던 시대에 붙여진 것이다. 이들은 국왕이 통제하는 중앙집권적 국가를 건설하고 강화했다. 페르난도 2세와 이사벨 1세도 이베리아 반도의 왕국을 통일하고 일체화된 국가 정체성을 위해 하나의 종교를 추구했다. 페르난도 2세와 이사벨 1세의 스페인은 프랑스나 잉글랜드에 버금가는 강력한 군주제를 원했다. 이를 성취

---

3 A. Gordon Kinder, "Spain", *The Early Reformation in Europe*, ed., Andrew Pettegree, Cambridge: Cambridge University Press, 1992, pp. 215~16.

4 Anne J. Cruz and Mary Elizabeth Perry, eds., *Culture and Control in Counter-Reformation Spain*, Minneapolis, MN: University of Minnesota Press, 1992, p. xii.

하는 데는 교회 권력에 대한 세속의 통제가 필수적이었다. 스페인은 잉글랜드처럼 교황과 반목해 독자적인 국교회를 설립하지는 않았지만 교황을 외교적으로 압박해 자신들이 원하는 방식으로 교회를 통제할 수 있었다.

스페인 제국주의의 출발점으로 삼을 수 있는 해가 1492년이다. 그해 마침내 무슬림 통치 지역인 그라나다 왕국을 무너뜨리고 이베리아 반도에서 레콩키스타를 완수했다. 이 시점에서 페르난도 2세와 이사벨 1세는 자신들이 이슬람 세력으로부터 위협받는 반도를 구하는 가톨릭의 수호 군주라는 믿음을 가졌다. 스페인은 이 두 왕의 공동 통치기에 '하나의 군주, 하나의 제국, 하나의 종교'를 강력하게 이끌었다. 이 구호는 페르난도 2세와 이사벨 1세의 정치적·종교적 통합 정책을 상징적으로 나타낸 것이다. 페르난도의 능력은 현실주의적인 정치적·외교적 기민함, 군사적 결단력, 그리고 목적을 위한 수단의 정당화에서 뚜렷하게 드러난다. 마키아벨리는 『군주론』(*The Prince*)에서 '위대한 사업과 훌륭한 모범'을 보여 주어 존경받는 군주로 아라곤의 페르난도 2세를 지목했다. 마키아벨리는 페르난도 2세를 시작은 평범했지만 그리스도교 세계에서 가장 뛰어난 통치자로 떠오른 '새로운 군주'라고 불렀다.[5] 마키아벨리는 페르난도 2세의 기만적인 행위나 신성을 가장한 잔인함을 비판하면서도 바로 이러한 특성이 그가 권력을 유지하고 확장하는 데 필수 요소였다고 인정한다. 마키아벨리는 군주의 궁극적 목표는 도덕적 미덕이 아니라 정치적 결과로 평가받는다고 믿었다.

교황 알렉산데르 6세는 페르난도와 이사벨 부부에게 1494년 '가톨릭 군주'(Reyes Católicos)라는 칭호를 부여했다. 가톨릭 군주라는 칭호는 스페인의 통일, 가톨릭 신앙의 강화, 제국의 확장 및 이교도 축출에 대한 공로를 인정한 데서 나왔다. 가장 먼저는 1469년 페르난도 2세와 이

---

5 Niccolò Machiavelli, *The Prince*, trans., with introduction and notes by James B. Atkinson, Indianapolis, IN: Hackett Publishing, 2008, p. 331.

사벨 1세가 결혼해 아라곤과 카스티야 왕국을 통합해 근대 스페인의 기틀을 마련했다. 그들은 개종한 유대인과 무슬림의 종교적 신념을 감시하고 가톨릭 신앙을 강화하기 위해 종교재판소를 설치했다. 1492년 그라나다를 정복해 스페인에서 무슬림 지배를 끝내고 700년에 걸친 레콩키스타를 완수했다. 스페인의 종교적 통일을 위해 1492년 「알함브라 칙령」(Alhambra Decree)을 통해 유대인을 추방했다. 역시 같은 해인 1492년 크리스토퍼 콜럼버스의 항해를 후원해 아메리카 대륙의 발견을 이끌었고 가톨릭의 영향력을 세계적으로 확장했다. 스페인의 통일은 단순히 정치적·군사적 측면뿐만 아니라 종교적 통합과 연결되어 있었다. 오래전부터 시작된 해외 식민지화를 통해 제국의 팽창주의 정책이 자연스럽게 확대되었다. 그래서 페르난도 2세와 이사벨 1세의 통치는 스페인 연대기에서 '가장 영광스러운' 황금시대로 묘사된다.

스페인과 유대인 문제

강력한 제국 스페인의 황금시대는 그간 이베리아 반도에서 실천하던 종교적 관용과 공존의 전통을 폐기한 대가를 통해 얻어진 산물이다. 그중에서도 유대인 문제가 핵심이다. 종교적 일체성을 위해 설립한 종교재판소는 그리스도교로 개종한 유대인인 콘베르소(converso)라고 알려진 특정 집단을 다루기 위한 것이었다. 수세기 동안 유대인들은 스페인 인구의 상당 부분을 차지했다. 13세기 후반에서 14세기 중반에 걸쳐 서유럽의 다른 지역에서 박해를 받고 추방당한 유대인 공동체는 스페인의 관용 분위기 속에서 집단 거주촌으로부터 분리되어 안진하게 거주할 수 있었다. 공직 진출은 금지되었지만 스페인 사회에서 의사, 금융가, 장인과 상인 등 전문직 분야에서 일했다. 하지만 14세기 후반부터 반유대주의 광풍이 불어 유대인들은 가톨릭 열광주의자들의 공격 대상이 되었다. 그 분기점은 1391년 6월 6일 세비야에서 발생한 반유대인 폭동이다. 세비야 대성당의 대주교 페랑 마르티네스(Ferran Martínez)는 유대인들을 가톨릭으로 강제 개종해야 한다고 설교하면서 지속적으로 반유대주의를 선동했다. 이 폭동으로 세비야에서는 수백 명의 유대인이 살해당했다. 유대인들을 향한 폭력 행위는 반도 전역으로 퍼졌다. 발렌시아에서는 7월에 약 250명이 살해당했다. 이어 8월에는 바르셀로나에서 약 400명이 사망했다. 이 폭동으로 약 4,000명의 유대인이 살해되고 그들 삶의 터전이 파괴되었다. 죽음을 모면한 유대인들은 그리스도교 세례를 강요당했다. 스페인 내 유대인 공동체에 대한 인종 학살에 대한 두려움 때문에 유대인들의 대량 개종이 시작되었다. 1391년 스페인의 유대인에 대한 포그롬 이후 30년 동안에 스페인 유대인의 3분의 1 이상이 그리스도교로 개종했다. 약 20만 명의 유대인이 그리스도교로 개종했는데, 이는 스페인 사회에도 큰 영향을 주었다. 1391년 포그롬 이후 그리스도교로 개종한 유대인을 콘베르소 또는 신그리스도교도(New Christian)라고 부르고 기존의 스페인 그리스도교도를 구그리스도교도(Old Christian)라고 불렀다. 그런데 강제적인 대량 개종이라는 성격을 감안할 때, 콘베르소 중 많은 사람이 진정한 그리스도교도가 아니었음을 추론할 수 있다. 이런 혐의를 받는 유대계 그리스도교도를 '돼지'를 뜻하는 모욕적인 단어인 '마라노'(Marrano)라 불렀다.[6] 또한 비밀리에 유대교를 실천한다는 혐의로 '암호 유대교도'(crypto Jews)로 불리기도 했다. 이들은 더 이상 유

6 마라노는 15세기와 16세기에 자발적으로 혹은 스페인이나 포르투갈 왕실의 강요에 의해 그리스도교로 개종한 스페인과 포르투갈의 유대인을 지칭하는 용어로, 이들은 비밀리에 유대교를 계속 실천했거나 그럴 것이라는 의심을 받았다. 모욕적이고 경멸적인 표현으로 여겨질 수 있음에도 불구하고, 일부 학자들은 이 용어를 '콘베르소'나 '암호 유대교도'와 혼용해 사용하기도 한다. 현대 스페인어로 마라노는 '돼지' 또는 '더러운 사람'을 의미한다. 최근 학계에서는 '마라노' 대신에 '암호 유대인'이라는 용어를 점점 더 선호하고 있다. 마라노는 비밀 유대교 실천이라는 혐의와 관련된 특정 개념을 지칭하는 반면에, 콘베르소는 유대교 의식을 비밀리에 실천했는지 여부와 상관없이 가톨릭으로 개종한 유대인 전체를 아우르는 훨씬 광범위한 개념으로 사용된다.

대교도가 아니었음에도, 계속해서 구그리스도교도들로부터 의심을 받았다. 1391년의 대량 개종으로 많은 공동체가 무너졌다. 1391년 이후 유대교도의 수는 감소했지만 문화적으로 유대인의 정체성이 해체되거나 쇠퇴하지는 않았다. 공동체는 자신들의 정체성을 보존했다.[7]

유대인 집단 개종이 가져온 또 다른 변화가 있었다. 그리스도교로 개종한 유대인들은 기존 유대교 공동체와 구그리스도교 공동체에 비해 유리한 입장에 있었다. 유대교도와 달리, 신그리스도교도인 콘베르소는 상업적인 제한을 받지 않았다. 오히려 그리스도교도가 됨으로써 구그리스도교도와 동등한 법적 지위를 가지고 자신의 직업에 종사할 수 있었다. 유대 금융 및 상업계에서 중요한 인맥을 가지고 있었기 때문에 구그리스도교 공동체와의 경쟁에서 유리한 지점을 확보했다. 이는 집단 개종의 예기치 않은 부산물이었다. 새로운 개종자들 중 다수가 막대한 재산을 축적했으며, 도시 내에서 사회적 지위가 크게 향상되었다.[8] 그들은 축적한 부를 발판 삼아 궁정과 귀족 가문과 연결되었다. 일부 명망가 콘베르소 가문은 카스티야 고위 귀족 가문과 혼인을 통해 인맥을 쌓았다. 자발적이지는 않았지만 뜻하지 않은 개종으로 이전에 누리지 못했던 권력과 명예의 자리에 오를 기회를 얻었다. 콘베르소에게 법적·사회적 차별이 있기는 했지만 다양한 직종에 종사할 수 있었다.[9] 개종한 유대인들에 대해 기존의 구그리스도교도들은 질투와 분노를 표출했다. 유대인 개종자들이 새로운 도시 중산층으로 자리 잡고 상업과 무역, 금융 등의 전문 직종에서 두드러진 영향력을 보였으니, 구그리스도교도들은 자신들이 신흥 세력에 의해 밀려난다고 느꼈다. 이 질투와 분노는 여러 갈래로 표현되었다. 첫째는, 그리스도교로 개종한 유대인들에게 기존의 그리스도교

7 Henry Kamen, *Spanish Inquisition*, pp. 15～20.

8 Kevin Ingram, ed., *Conversos and Moriscos in Late Medieval Spain and Beyond*, vol. 1: *Departures and Change*, Leiden and Boston: Brill, 2009, pp. 2～3.

9 Helen Rawlings, *The Spanish Inquisition*, Oxford: Blackwell Publishing, 2006, pp. 48～49.

도들과 동등한 권리를 부여하지 않도록 차별을 법제화하는 것이었다. 둘째는, 개종한 콘베르소의 진정성에 대한 의혹 제기였다. 구그리스도교도들은 콘베르소 공동체의 수많은 이가 표면적으로는 개종했지만 유대교 전통을 계속해서 실행하는 유대주의자(Judaizers)라고 주장했다. 콘베르소 공동체는 하나의 정체성만을 가지지 않았다. 콘베르소는 유대교화한 사람, 신실한 그리스도교도, 종교적 실천에 대체로 무관심한 그룹 등 세 가지로 분류할 수 있다.[10] 가톨릭 입장에서뿐만 아니라 스페인 유대 공동체에서도 콘베르소의 입지는 복잡했다. 가톨릭에서도 충분히 수용되지 못하고 유대 공동체에서도 배신자의 낙인을 안고 살아야 했다. 그렇기 때문에 콘베르소에 대해서는 매우 다양한 견해가 상존한다. 여전히 유대교도의 관습과 정체성을 암암리에 실천하는 암호 유대교도가 다수를 차지했다고 보기도 하며, 정반대로 암호 유대교도는 가톨릭의 종교재판관이나 구그리스도교도들이 만들어낸 허상이라는 시각이 있다. 그러나 어느 것도 완전한 실상을 반영한다고 할 수는 없다.[11] 이 논란의 핵심은 유대인 강제 개종이 하나의 종교로 수렴되는 듯 보였지만 오히려 두 집단 사이의 적대감을 강화했다는 데 있다.

그리스도교도로 세례를 받고 가톨릭 전례의식을 준수하는 한에서 종교 영역에서는 콘베르소에게 차별을 할 여지가 크게 없다. 구그리스도교도들은 이 시점에서 또 하나의 장벽을 만든다. 유대인과 유대교가 불가분의 관계에 있듯이, 혈통과 그리스도교를 연결하는 것이다. 즉 그리스도교로 개종했다 하더라도 그들의 혈통이 유대인이라면 순수한 그리스도교도가 될 수 없다는 주장이다. 이러한 순수 혈통과 그리스도교를 연결하는 관점은 스페인 사회의 내부 긴장을 반영한다. 스페인에서의 인종적 순수성 운동은 스페인 민족의식의 형성으로 힘을 얻기 시작했다. 이

10 Stephen Haliczer, *Inquisition and Society in the Kingdom of Valencia, 1478 to 1834*, Berkeley, CA: University of California Press, 1990, p. 212.

11 Mary Elizabeth Perry and Anne J. Cruz, eds., *Cultural Encounters: The Impact of the Inquisition in Spain*, Berkeley, CA: University of California Press, 1991, p. 129.

제 개종의 문제보다 더 모호한 혈통의 문제가 스페인 종교 정책에서 중요한 역할을 했다. 16세기 중반까지 스페인에서 정통 그리스도교도란 정통 신앙을 고백할 뿐만 아니라 엄격한 정통 혈통을 소유하는 것을 의미하게 되었다. 종교적 순수성에 더해 인종적 순수성을 추구하는 유럽의 오랜 인종주의의 한 단면이 여기에서 출현했다.

1449년 톨레도에서 반유대주의적 긴장이 더욱 고조되었다. 한때 다양한 문화가 공존하는 대표적인 도시였던 톨레도는 개종자와 비개종자 사이의 갈등과 함께 개종자와 구그리스도교도 사이의 권력 투쟁이 촉발되었다. 유대인 개종자들이 공직을 독점하고 경제적으로 성공해 구그리스도교 공동체의 안정을 위협했다는 이유로 반감을 샀다. 이 반감은 「톨레도 조례」(Sentencia Estatuto)라고 불리는 법률 제정으로 이어졌다. 「톨레도 조례」는 세속 기관이나 종교 기관에 적용될 중요한 차별을 규범화했다. 아무리 진실하고 오래전부터 그리스도교로 개종했더라도 조상이 유대계인 사람은 톨레도에서 공직을 맡는 것이 금지되었다. 이 조례는 「순수 혈통법」(Limpieza de Sangre)으로 불리기도 한다. 이 법률을 통해 콘베르소는 그리스도교도라 하더라도 스페인 사회에서 2등 시민에 불과하다는 사실을 확정했다. 조상이 순수한 그리스도교도라는 것이 곧 사회 진출과 인정을 받는 데 필수적인 전제조건이 되었다. 혈통에 기반한 배제라는 이 명확한 선례는 이후 종교재판소 설치의 중요한 전거가 된다.[12] 「톨레도 조례」는 의심스러운 콘베르소가 끼치는 사회적 해악을 묵과할 수 없다고 선언하고 그들이 증인이 되거나 공적인 직책을 맡는 것을 금지했다.

> 페드로 사르미엔토(Pedro Sarmiento), 톨레도에서 가장 고귀하고 충성스러운 도시의 왕실 총독이자 사령관, 그리고 도시의 모든 의원과 임원, 귀족, 시민, 주민 등 우리는 교회법과 민법에 따라 유대교에서 그리

12 Helen Rawlings, *Spanish Inquisition*, p. 50.

스도교로 개종한 유대계 혈통의 개종자들을 그들의 그리스도교 신앙에 대해 의심하고 있으며, 유대주의화를 남용하고 가볍게 여기기 때문에 순수한 혈통의 구그리스도교도들에게 해를 끼치거나 다른 부패를 저지를 수 있는 공적 또는 사적 직책이나 성직을 가질 수 없으며, 그들을 상대로 증언할 수 없도록 한다. …… 톨레도의 많은 개종자가 유대인 혈통에서 내려온 사람들로 거룩한 가톨릭 신앙에 있어 매우 의심스럽고, 거룩한 가톨릭 신앙 교리에 반하는 심각한 오류를 믿고 있으며, 옛 율법의 예식과 의식을 지키며, 예수 그리스도를 자신들의 혈통에서 태어난 사람으로 간주하고, 그가 십자가에 못 박혔으며 그리스도교도들이 그를 신으로 숭배한다고 말하며, 하늘에는 신과 여신이 있다고 주장하는 것으로 드러났다. 또한 성 목요일에 톨레도 교회에서 성유를 축성하고 구속자의 성체를 제단에 올릴 때, 그들은 양을 잡아먹고 다른 종류의 희생과 제사를 행하며 유대적 행위를 한다는 점이 밝혀졌다. …… 따라서 우리는 유대인 혈통에서 내려온 모든 개종자가 이 도시 톨레도와 그 영토에서 공적 또는 사적 직책을 맡아 구그리스도교도들에게 해를 끼치거나 손해를 입히지 못하도록 선언하고 공증인이나 증인으로서 증언할 자격이 없음을 선언한다.[13]

「톨레도 조례」의 제정에 이어 다른 유사한 법률이 제정되었다. 유대계 출신 콘베르소는 2등 그리스도교도라는 이유로 시의회, 대성당 지부, 대학, 수도회에 들어가는 것이 금지되었다. 이와 함께 암호 유대교도로 의심받는 개인과 공동체에 대한 국가 차원의 조사의 필요성이 제기되었다. 이는 1480년 스페인 종교재판소 설립으로 연결되었다. 세비야에 처음 설치된 종교재판소는 콘베르소 공동체에서 은밀하게 퍼져 있는 유대교를 근절하는 역할을 수행했다.[14]

13 Kenneth B. Wolf, "Sentencia-Estatuto de Toledo, 1449", *Medieval Texts in Translation*, 2008, Web. 22 May, 2009. canilup.googlepages.com.

1478년 그라나다를 정복했지만 스페인의 그리스도교 재정복은 완성되지 않았다. 여전히 그곳에는 무슬림과 유대인들이 그리스도교도들 사이에 흩어져 살고 있었다. 1492년은 중요한 전환점이 되는 해였다. 그라나다가 정복되면서 스페인의 마지막 이슬람 국가가 카스티야의 이사벨 여왕과 아라곤의 페르난도 왕의 정복으로 사라졌다. 이 지역은 700년경부터 이슬람 지배 아래 있었으며, 이곳에 그동안 많은 이베리아인이 이슬람으로 개종해 살거나 다른 지역에서 이슬람 신자들이 유입되었다. 또한 스페인 전역에는 오랜 세월에 걸쳐 거대한 유대인 공동체가 형성되어 있었다. 그들에 대한 새로운 종교 정책이 1492년에 내려졌다. 1492년 유대인 추방령은 페르난도 왕과 이사벨 여왕이 그리스도교의 신앙 보호를 명분으로 발표한 칙령이다. 스페인 내의 위축된 유대인 공동체는 그리스도교로 세례를 받거나 또는 추방이라는 선택권을 받았다. 1492년의 추방 목표는 스페인을 도덕적·인종적으로 더 순수한 국가로 만들려는 것이었다. 유대인들의 그리스도교도로의 개종이 완전한 해결책이 아닌 것이 드러났기에, 이제는 추방을 통해 순수한 그리스도교 국가를 만들려는 시도가 생겨났다. 1492년 3월 30일 스페인 국왕은 유대인 추방령에 서명했다. 유대인 추방령은 종교재판의 도입과 함께 시작된 정책의 정점을 이루었다. 그것은 콘베르소 공동체에도 자신의 신앙 정체성을 재점검할 수 있는 기회이기도 했다. 추방령 이후 여러 콘베르소 공동체가 그리스도교를 포기하는 대가로 스페인을 떠나기로 결정했다. 그들은 스페인 북부의 나바로 왕국, 프랑스, 이탈리아, 북아프리카 등지로 흩어졌다. 그 수치를 정확히 알 수는 없지만 스페인 전역에 대략 20만 명의 유대인 공동체가 있었으며, 그중 15만 명이 카스티야에 살았던 것으로 추정된다. 칙령이 발표되자 대략 12만~15만 명이 스페인을 떠났다.[15] 그라나다 정

14 Kervin Ingram, *Conversos and Moriscos*, p. 4.

15 실제 이주자 수는 이보다 적었고 훨씬 많은 유대인이 개종했다고 보는 연구 결과도 있다. 헨리 카멘(Henry Kamen)의 계산에 따르면, 추방 직전 스페인에는 약 8만 명의 유대인이 있었으며, 1492년 3월 말에서 7월 말 사이에 약 4만~5만 명의 유대인

복과 유대인 추방으로 스페인은 15세기 말의 상황에서 단일 국가의 토대를 마련했다. 적어도 페르난도 2세와 이사벨 1세의 입장에서 보면, 이 추방령을 통해 행정적 · 언어적 · 문화적 장벽을 극복하고 모든 스페인 민족을 하나로 묶는 국가 정체성의 단결을 가져왔다.

> 우리는 이 모든 피해와 불편에 대한 진정한 해결책은 유대인과 그리스도교도 사이의 모든 상호작용을 금지하고 그들을 우리 왕국에서 추방하는 것임을 알고 있었지만, 그들에게 안달루시아의 모든 도시와 마을에서 가장 큰 피해를 입힌 것으로 보이는 곳에서 떠나라고 명령하는 것으로 만족하고자 한다. 그렇게 하면 우리 왕국과 영주권의 다른 도시와 마을 사람들이 앞서 언급한 행위를 중단하고 저지르지 않을 것이라고 믿기 때문이다. 그러나 우리는 그러한 범죄와 우리의 거룩한 가톨릭 신앙에 대한 범죄에 가장 큰 죄를 지은 유대인들에 대한 〔유죄 판결〕 선고가 신앙과 그리스도교에 대한 그토록 큰 모욕을 피하고 바로잡기에 충분한 구제책이 아니라는 것을 알고 있다. 유대인들이 살고 모이는 곳마다 그들의 사악한 행위가 매일 드러났다. 그들이 우리의 거룩한 신앙을 더 이상 모욕하지 못하도록 하며, 지금까지 하느님께서 가장 보존하기를 원했던 사람들과 타락했지만 회개해 거룩한 모교회로 돌아온 사람들을 타락시키지 못하게 할 것이다. 우리 인간성의 약함과 악마적인 생각이 우리에게 끊임없이 전쟁을 벌이기에 그러한 일이 쉽게 발생할 수 있다. 원인을 제거하기 위해서는 유대인을 우리 왕국에서 추방해야 한다.[16]

이 스페인을 떠났다. 또한 이와 비슷한 수의 유대인이 그리스도교 세례를 받았다. 추방령은 스페인 사회 내의 개종자 문제를 해결하지 못하고 악화하는 역할을 했다. 공식적으로 유대교는 스페인에서 금지되었지만, 유대인의 영향은 여전히 스페인 사회에 깊이 뿌리 박혀 있었고 이를 근절하는 것은 간단한 일이 아니었다. 추방령 이후 스페인 내의 유대인 문제에 대해서는 Henry Kamen, "The Expulsion: Purpose and Consequences", *Spain and the Jews: The Sephardi Experience, 1492 and After*, ed., Elie Kedourie, London: Thames and Hudson, 1992, pp. 74~91 참조.

페르난도 2세와 이사벨 1세가 유대인을 스페인에서 추방한 정책은 과거 잉글랜드, 프랑스, 신성 로마 제국에서 유대인을 추방한 것과 유사했다. 유대인과 그리스도교도의 교류가 가톨릭 신앙에 해롭다고 판단한 왕실은 초기의 분리 조치가 실패하자 유대인을 스페인 전역에서 추방하기로 결정했다. 유대인은 1492년 7월 말까지 스페인을 떠나야 했으며, 이를 어길 경우에는 재산 몰수와 사형에 처해졌다. 추방 과정에서 재산 정리를 허용했으나 금과 화폐의 국외 반출은 금지되었다. 유대인 고위층의 대표단이 이사벨 1세와 페르난도 2세에게 절박하게 추방령을 취소해 달라고 호소했다. 그들은 왕과 왕비에게 이베리아에서의 유대인 1,500년 역사와 유대인들이 어떻게 왕실 군대에서 무슬림과 싸웠으며 전쟁을 재정적으로 지원했는지를 일깨웠다. 그러나 페르난도 2세와 이사벨 1세는 물러서지 않았다. 그들은 새로운 국가를 그리스도교로 통합된 가톨릭 국가라고 정의했다. 그로 인해 유대인의 존재는 사실상 종말을 맞이하게 되었다. 추방은 인종 청소의 한 형태였다. 한 집단이 사회에서 점점 소외되고 배척받으면서 경제적·정치적으로 생존하기 어렵게 만드는 과정이기도 했다. 유대인 추방령은 스페인이 경험하고 있는 종교적·정치적 문제의 근본 원인을 유대인들에게 덮어씌우면서 왕국에서 몰아내는 것을 정당화했다. 국외 추방은 국내에 남아 있는 유대계 그리스도교도를 향한 '정화'와 맞물렸다. 바로 종교재판이다.

국가가 주도한 스페인 종교재판

페르난도 2세와 이사벨 1세의 통치 초기, 무어인을 축출하는 오랜 투

---

16 Nicholas Terpstra, ed., *Global Reformations Sourcebook: Convergence, Conversion, and Conflict in Early Modern Religious Encounters*, London and New York, NY: Routledge, 2021, pp. 48~50.

쟁에서 막 벗어나 정치적·종교적으로 가톨릭의 지배력을 강화하고자 한 국가 정책에 개종 유대인은 잠재적 위협으로 여겨졌다. 이 두 군주는 콘베르소 공동체의 신앙심을 감시하고 통제하기 위한 목적으로 특별 기관인 종교재판소인 성무청을 설치했다. 1478년 이사벨 1세 치하에서 카스티야 왕국에 종교재판소가 처음 설치되었으며, 2년 후 교서가 발효되어 1480년 9월 17일에 두 명의 도미니크회 수사가 심문관으로 임명되었다. 아라곤 왕국에서는 1483년 10월 17일에 대심문관을 임명하는 칙서를 발행하면서 종교재판이 공식적으로 시작되었다.[17] 이 종교재판소는 350년 이상 존속했다. 1818년 종교재판에 마지막 콘베르소의 기소가 있었고 1826년 마지막 처형이 있었다. 1834년 이사벨 2세(Isabel II, 1830~1904, 재위 1833~68) 여왕 치하에서 종교재판소가 폐지되었다.

본래 종교재판소는 12세기에 로마 가톨릭교회가 이단을 근절하고 그리스도교 세계의 통일을 보호하기 위해 교황청에 설립한 종교 기관이었다. 중세 시대에 교황의 종교재판소가 스페인에도 들어왔지만, 스페인에서 종교재판소의 역할은 크지 않았다. 스페인에는 다른 유럽 국가들에 나타났던 두드러진 이단의 움직임이 없었기 때문이다. 그래서 프랑스, 독일, 이탈리아 지역에서 활동하던 교황의 종교재판은 이베리아 반도의 왕국에는 필요하지 않았다. 유럽의 다른 지역에서 실행된 화형은 스페인에서는 거의 없었다. 스페인은 완전하게 그리스도교로만 구성된 나라가 아닌 이슬람과 유대교가 공존했기에, 다른 신앙을 가진 적들로부터 영토를 회복해야 하는 과제가 우선이었던 점도 이유였다.

그런데 스페인에 종교재판소가 설립되었다는 것은 유대계 그리스도교도로 인한 문제를 심각하게 인식했다는 것이다. 종교재판소의 설립은 일차적으로 신앙의 순수성을 유지하기 위한 종교적 조치였지만, 그렇다고 종교 영역에만 국한하지 않았다. 스페인처럼 정치적 통일성이 취약한 국가에서는 가톨릭 신앙이라는 종교 정체성이 각 지방의 다양성을 하나

17 Henry Kamen, *Spanish Inquisition*, pp. 181~82.

로 묶는 역할을 했다. 공통의 종교에 대한 충성심이 정치적으로 영향을 끼칠 수 있다는 것을 인지한 페르난도 2세와 이사벨 1세는 종교를 국가 정책에 빠르게 활용했다. 정치와 종교의 상호작용 속에서 전국에 종교재판소를 설립한 것은 중앙집권적 통제 강화를 위한 정치적 승부수이기도 했다. 스페인 종교재판소의 설치와 활동은 단순히 종교적 순수성을 추구하는 것이 아니라 복잡한 사회적·정치적·문화적 배경 속에서 이해해야 한다.

스페인에 설치된 종교재판소는 중세와 비교해 한 가지 면에서 근본적인 차이가 있었다. 종교재판소에 대한 책임과 권한은 교황이 아닌 국왕에게 있었으며, 왕권은 국가를 통합할 목적으로 종교재판을 활용했다. 처음부터 페르난도 2세와 이사벨 1세는 중세의 종교재판소와 달리, 교황의 지배를 받지 않고 스페인 군주의 통제를 받도록 했다. 교황 식스투스 4세는 종교에 대해 국가가 막강한 권한을 갖는 데에 우려를 하고 반대했지만, 결국 종교재판소 설치를 허가했다. 스페인 군주들은 '절대 권력을 얻을' 목적으로 종교재판소를 설립했다. 중세에 종교재판소가 유명무실했던 스페인은 15세기 말에는 이단 근절을 위해 국가 기관을 소유한 유일한 유럽 국가가 되었다.[18]

가톨릭 군주가 자체적인 종교재판소를 설치한 이유에 대해서는 논란이 있다. 종교재판소가 개종 유대인들이 비밀리에 자신들의 종교 전통을 지키는 유대주의화를 근절하기 위해 만들어졌는지, 아니면 또 다른 사회적·경제적 이유가 있는지가 핵심이다. 이사벨 1세의 신실한 신앙심이 종교재판을 지지했다는 데는 의심의 여지가 없어 보인다. 또한 페르난도 2세의 경우, 유대인의 재산을 탈취하려는 구실이 작용했을 것이라는 의구심이 짙다. 우선 유대주의화 문제가 심각해 종교재판소를 열었다는

18 J. Contreras, "The Impact of Protestantism in Spain", *Inquisition and Society in Early Modern Europe*, ed., S. Haliczer, London: Croom Helm, 1987에서는 종교재판이 사회 통제를 유지하기 위해 이단의 위협을 의도적으로 과장했다고 판단한다.

지도 10 스페인 종교재판 구역(1570~1820)

출처: Henry Kamen, *The Spanish Inquisition: A Historical Revision*, New Haven and London: Yale University Press, 1997, p. 143.

주장에 대해서도 의견이 나뉜다. 유대계 역사학자 벤지온 네타냐후(Benzion Netanyahu, 1910~2012)는 15세기 중반까지 콘베르소 공동체 내에 암호 유대교도의 수는 매우 적었으며, 유대주의화 문제는 콘베르소 공동체를 공격하고 경제적·정치적 지위를 떨어뜨리기 위한 구실에 불과했다고 주장한다.[19] 그러나 안달루시아의 콘베르소 공동체의 유대주의화가 만연했다는 사실도 부정하기는 어렵다. 종교재판소는 처음에는 수십 만 명의 유대인 개종자가 세례를 받은 후 초래한 문제에 초점을 두었지만, 곧 유대계 그리스도교도뿐만 아니라 다양한 이단과 사회의 수많은 도덕 범죄로 범위를 확대했다. 스페인 군주의 주도 아래 그들이 직접 선출한 심문관이 이끄는 스페인 종교재판은 교회 내·외부의 다양한 문

19 Benzion Netanyahu, *The Origins of the Inquisition in Fifteenth Century Spain*, New York, NY: Random House, 1995, p. 930.

제를 통제하고 처리해 왕권을 효율적으로 대리하는 강력한 역할을 했다.

주요 도시에 상설 재판소가 설치된 종교재판소는 왕국 내 대부분의 지역사회 조사를 수행하는 최초의 대규모 관료 조직이었다. 그들은 대중의 공적 영역뿐만 아니라 사생활까지도 촘촘하게 감시할 수 있게 되었다.[20] 그런데 종교재판이 시작되어 작동하는 방식과 절차는 매우 편의적이었다. 누군가의 고발만 있으면 조사에 착수할 수 있었다. 대부분 친척, 이웃, 지인 또는 종교재판소가 전략적으로 곳곳에 심어놓은 파밀리아르(familiar)로 알려진 정보원이 고발인이나 증인이 되었다. 누군가의 고발로 체포되어도 고발인의 신분은 공개되지 않으며, 무죄 입증의 책임은 피고발인에게 있었다. 고발 자체로 피고발인은 유죄로 추정되는 것이다. 체포되면 판결 전까지 감옥에 갇힐 수도 있고 재산이 압류당할 수도 있다. 현대 사법 체계로는 이해되지 않는 이러한 불합리한 체계는 사람들 사이의 두려움과 의심의 분위기를 확산시켰다. 고발인과 증인의 신분을 숨김으로써 누군가를 음해하기가 쉽고 안전했다. 대개 심문관들이 결정한 문제는 유무죄에 대한 판단이 아니라 유죄 정도였다. 피고발인은 스스로를 방어할 수 있는 수단이 극도로 제한된 반면에, 심문관은 자백을 얻어내기 위해 고문을 할 수 있었다. 그래서 종교재판에 고발당할 때의 출구는 거의 하나였다. 심문관이 원하는 대로 혐의를 자백하고 회개하고 뉘우치도록 하는 참회(reconciliation)의 선고를 받는 것이다. 그렇지 않은 경우, 종교재판은 이단자에게 처해지는 불에 의한 정화 형벌인 화형으로 마무리되었다. 종교재판소 활동이 시작된 지 40년 동안 적게는 2,000명에서 많게는 3,000명의 콘베르소가 유대교 신앙을 실천했다는 혐의로 화형에 처해졌다. 그보다 많은 수가 징역형을 선고받고 재산을 몰수당했다. 경미한 처벌인 '참회' 선고를 받은 이들의 숫자는 1만 5,000명 정도

20 종교재판은 이후 신대륙으로 이주한 스페인과 포르투갈의 유대인 콘베르소 문제를 다룰 때, 그리고 가톨릭과 아메리카 원주민의 신앙의 충돌을 다룰 때에도 중요한 역할을 했다. 신대륙의 종교재판에 대해서는 서성철, 「신세계에서의 포르투갈 유대인과 종교재판」, 『아베로 아메리카』 제17권 제1호, 2015, 61~91쪽 참조.

로 추산한다.[21] 1520년 이후에는 기소율이 크게 감소했다. 처형은 산발적이었다. 카멘은 종교재판 전체 기간 동안에 처형의 4분의 3 이상이 최초 30년 동안 이루어졌다고 본다.[22] 16세기 중반에는 콘베르소 공동체가 가톨릭 종교와 문화에 상당히 동화되었을 것이라고 판단할 수 있다.

스페인 종교재판은 중세 종교재판의 연장선상에서 사법 체계를 정립하려는 시도였다. 중세 종교재판은 당시 일반 법정에서 사용되던 시련재판(trial by ordeal)이나 결투 재판(trial by combat)과 같은 비합리적 절차를 억제하는 대신에, 합리적이고 체계적인 사법 절차를 도입하고자 했다. 그래서 증언과 선서를 기반으로 사실을 조사하는 방식으로 진행되었다. 스페인 종교재판도 이 같은 규칙에 따라 진행되었다. 물론, 종교재판의 결과와 맥락을 고려할 때, 결코 그 끔찍한 박해와 비인도적 행위를 정당화할 수는 없지만, 당시 유럽 전역에서 널리 퍼져 있던 법적 혼란 속에서 비교적 진일보한 시도로 평가할 수도 있다.

종교재판은 대개 실체적 진실을 찾는 것이기보다는 유죄 판결을 내리기 위한 자백을 얻어내는 것이 목적이었다. 이를 위해 고문이라는 야만적이고 잔인한 방식을 사용한 것으로 악명이 높았다. 그럼에도 종교재판에 가해지는 '고문'과 같은 잔혹함에만 몰두한다면 종교재판의 실체적 역할을 왜곡할 수 있다. 고문은 스페인 종교재판만의 특징이 아니었다. 스페인 종교재판에서 흔히 떠올리는 고문대는 존재했다. 그러나 고문은 고대 로마 시대 이전부터 존재해 왔으며 모든 법정에서 사용되던 일반적인 사법 절차였다. 잉글랜드와 스코틀랜드 같은 프로테스탄트 국가의 세속 법정에서도 증거 수집과 자백을 위해 관례적으로 사용했다.

론 해스너(Ron Hassner)는 스페인 종교재판에 관한 세 가지 신화를 제시하고 반박했다. 첫째, 종교재판이 무분별하게 고문했다는 신화이다. 그러나 스페인 종교재판의 규칙 중 하나는 고문을 사용할 수 있는 경우

---

21 Helen Rawlings, *Spanish Inquisition*, pp. 11~15.

22 Henry Kamen, *Spanish Inquisition*, pp. 67~68.

도표 8 스페인 종교재판(1540~1700)에서 다루어진 범죄 유형과 피고인 수

	아라곤		카스티야		범죄 유형별 총계	
	건수	백분율	건수	백분율	건수	백분율
주요 이단						
유대교	942	3.6	3,455	18.4	4,397	9.8
이슬람교	7,472	28.8	3,345	17.8	10,817	24.2
루터교	2,284	8.8	1,219	6.5	3,503	7.8
일루미나티	61	0.2	82	0.4	143	0.3
소계	10,759	41.5	8,101	43.1	18,860	42.2
경미한 이단						
신학적 명제 관련	5,888	22.7	6,229	33.2	12,117	27.1
중혼	1,591	6.1	1,054	5.6	2,645	5.9
성적 유혹(고해소 내 유혹 등)	695	2.7	436	2.3	1,131	2.5
종교재판에 대한 반항 행위	2,139	8.3	1,232	6.6	3,371	7.5
미신	2,571	9.9	961	5.1	3,532	7.9
기타	2,247	8.6	771	4.1	3,018	6.7
소계	15,131	58.4	10,683	56.9	25,814	57.7
총 재판 건수	25,890	100	18,784	100	44,674	100
사형 선고						
실제 처형된 자	520	2.0	306	1.6	826	1.8
인형(상징물)으로 처형된 자	291	1.1	487	2.6	778	1.7

출처: Helen Rawlings, *The Spanish Inquisition*, Oxford: Blackwell Publishing, 2006, p. 13.

를 엄격히 제한한 것이다. 예를 들어 피고의 유죄 가능성이 이미 충분히 입증된 경우에만 고문이 허용되었다. 이는 여러 사람의 고발을 통해 피고가 유죄일 가능성이 높다고 판단된 경우에만 추가 자백을 얻기 위해 고문이 사용될 수 있음을 의미한다. 또한 고문에 앞서 가능한 모든 다른 방법을 통해 피고를 설득하려는 노력이 선행되어야 했다. 둘째, 고문 자체가 처벌이라는 신화이다. 고문은 정보를 끌어내기 위한 수단이지 판결로 인한 처벌 방식은 아니었다. 셋째 신화는 종교재판에서 심문관이 자백을 유도했다는 것이다. 심문관이 피고인에게 자백 내용을 지시하고 앵무새처럼 따랐다는 것은 오해이며, 법원은 자백의 신뢰성을 확인하기 위

해 필요한 수단을 사용했다.[23]

오히려 스페인 종교재판은 고문 사용에 엄격한 규칙을 적용해 세속 법정보다 덜 가혹했다. 왕실 법정에서는 신체를 영구적으로 훼손하는 고문이 빈번히 이루어졌다. 예를 들어 혀를 자르거나 뼈를 부러뜨리는 등의 고문이 가해졌다. 종교재판에서는 신체적 훼손이나 영구적 장애를 초래하는 고문은 금지되었다. 또한 어린아이, 노인, 임산부 등은 고문할 수 없도록 규정했다. 이 규칙이 항상 철저히 지켜졌는지는 알 수 없지만 적어도 종교재판은 고문 사용에 있어 일정한 규칙을 두고 있었다.

종교재판의 힘을 보여 주는 가장 큰 행사는 공개 참회의식인 아우토데페(auto de fe, 신앙 행위)였다. 광장에서 웅장하게 거행된 이 의식은 종교적인 열정이나 호기심 또는 참석만 해도 40일의 면벌부를 받게 되는 유인책이 있기에 군중이 엄청나게 모였다. 일반적으로 이날을 공휴일로 정하고 한 달 전에 선포한다. 실제로는 희생 제물을 바치는 듯한 끔찍한 형벌 집행의식이지만 보기에 따라서는 축제나 종교의식처럼 느낄 수도 있다. 아우토데페는 정밀하게 기획된 연극 행사였다. 광장 인근 교구 교회에서 미사를 거행하면서 의식은 시작되었다. 이른 아침부터 피고인들이 줄을 지어 거리를 지나 무대가 설치된 광장까지 행진했다. 피고인들은 수치스러운 옷인 산베니토(San Benito)를 입고 기다란 원뿔 모양의 모자 코로차(Coraza)를 썼다. 경미한 범죄를 저지른 사람이 앞섰고 처형 대상자들이 마지막으로 행렬했다. 그들을 보며 흥분한 군중이 야유와 함성을 질렀다. 심문관은 높은 단상에 앉아 유죄 선고를 받은 피고인들에 대한 처벌을 한 사람씩 집행했다. 가장 낮은 단계의 참회에서 일부에게는 추방령이, 일부는 갤리선의 노예로 보내졌다. 그리고 적지 않은 수의 혐의자가 국가권력에 의해 공개 처형을 당했다.

---

23 Ron E. Hassner, "The Cost of Torture: Evidence from the Spanish Inquisition", *Security Studies* 29, no. 3, 2020, pp. 463~68.

톨레도에서 열린 아우토데페(1486년 2월 12일 일요일)

참회한 모든 사람은 남녀를 포함해 총 750명에 달했다. 그들은 행렬을 이루며 성 베드로 순교자 교회에서 다음과 같은 방식으로 행진했다. 남자들은 모두 한 무리를 이루었고 머리에 아무것도 쓰지 않았으며 맨발이었다. 날씨가 매우 추웠기에 맨발로 걷는 대신에 발바닥 아래 깔창을 착용하라는 지시를 받았다. 그들 손에는 불을 켜지 않은 촛불이 들려 있었다. 여자들 또한 한 무리를 이루어 함께 행진했는데 머리에는 아무것도 쓰지 않고 얼굴을 드러낸 채 남자들처럼 맨발로 촛불을 들고 있었다. 고위직에 있는 저명한 인사도 다수 포함되어 있었다.

매우 추운 날씨와 수많은 관중 앞에서 겪은 수치심과 굴욕감으로 인해 그들은 거리에서 소리치고 울며 머리카락을 잡아 뜯었다. 이는 자신들이 하느님께 저지른 죄 때문이라기보다는 치욕적인 상황 때문인 듯했다. 그들은 성체 행렬이 지나가는 길을 따라 고통 속에서 행진하며 대성당에 도착했다. 교회 문앞에서는 두 명의 사제가 각 사람의 이마에 십자가 표시를 그리면서 "당신이 부인하고 잃어버렸던 십자가 표시를 받으십시오. 이는 당신이 속임을 당해 잃었던 것입니다"라고 말했다.

그 후 그들은 교회 안으로 들어가 새로 세워진 문 옆에 설치된 단상에 도착했고 그곳에는 종교재판관이 자리하고 있었다. 가까운 곳에는 제단이 설치된 또 다른 단상이 있었으며, 그곳에서 미사가 봉헌되고 설교가 행해졌다. 설교가 끝난 후 공증인이 단상에 올라 각 사람의 이름을 부르며 "여기에 X가 있습니까?"라고 물었다. 참회자는 자신의 촛불을 들어올리며 "예"라고 대답했다. 그러면 공개적으로 그가 유대교로 돌아가 행했던 모든 행위가 낭독되었다. 같은 절차가 여자들에게도 진행되었다.

모든 절차가 끝난 이후에 그들은 공개적으로 고행을 부과받았으며, 여섯 번의 금요일 동안 행렬을 이루고 맨발과 맨머리 상태로 삼베 밧줄로 만든 채찍으로 자신을 때리면서 참회할 것을 명령받았다. 또한 그들은 여섯 번의 금요일 동안 단식할 것도 지시받았다. 그들은 평생 동안 시장, 치안관, 시의원, 판사와 같은 공직을 포함해 공증인이나 전령이 될 수 없었고, 이미 이러한 직위를 가지고 있던 사람들은 박탈당했다. 또한 환전업자, 상인, 식료품점 주인 등 어떤 공식적인 직업도 가질 수 없었다. 비단, 주홍색이나 색깔 있는 옷감, 금, 은, 진주, 산호나 기타 어떤 보석류도 착용할 수 없었으며, 증인으로 서는 것조차 허용되지 않았다.

만약 이들이 다시 같은 잘못을 저지르고 앞서 언급된 행위 중 어느 하나라도 행한다면, 화형에 처해질 것이라는 명령이 내려졌다. 모든 절차가 끝난 이후, 그들은 오후 2시에 자리를 떠났다.[24]

연극적이고 오락적인 요소도 있었지만 대중에게 공포감을 심어주어 경각심을 불러일으키는 것이 아우토데페의 본질적 목적이었다. 가장 혐오스러운 범죄를 처벌해 가톨릭교회를 정화하고 신앙의 순수성을 높이는 것이다. 아우토데페는 문자 그대로 죄인과 신자가 함께 참여하는 '신앙 행위'였다.[25] 그것은 공개 처형을 통해 대중의 공포심을 극대화해 정통 신앙을 강화하는 역할만을 한 것은 아니었다. 아우토데페는 현재 대중이 겪고 있는 재난이나 고통, 고난에 대한 희생양 만들기로도 연결된다. 아우토데페의 이러한 역할에 대해 볼테르는 풍자 소설 『캉디드』에서 신랄하게 비판한 바 있다.[26] 대지진이나 전염병 같은 사회적 참사나 불

---

24 Henry Kamen, *Spanish Inquisition*, pp. 255~56.

25 Helen Rawlings, *Spanish Inquisition*, pp. 37~39.

26 "지진으로 리스본의 4분의 3이 파괴된 이후, 그 나라의 현자들은 사람들에게 숭고한 아우토다페(auto-da-fé)를 여는 것이 완전한 멸망을 막는 가장 효과적인 방법이라고 말했다. 코임브라 대학에서는 다른 큰 의식을 거행하는 것보다 몇몇 사람을 천천히 산 채로 불에 태우는 것이 지진을 막는 확실한 비법이라고 결정했기 때문이다. 그 결과 그들은 대모와 결혼했다는 혐의로 유죄 판결을 받은 바스크인 한 명과 먹고 있던 닭고기에 기름 바른 베이컨을 거부한 포르투갈인 두 명을 붙잡았다. 저녁 식사 후, 그들은 팡글로스 박사와 그의 제자 캉디드를 붙잡았다. 한 명은 자신의 생각을 말하고, 다른 한 명은 찬성하는 듯한 태도로 경청했다는 이유였다. …… 8일 후, 그들은 산베니토를 입고 머리에는 종이 미트레가 씌여졌다. 캉디드의 미트레와 산

행의 원인에 대해 특정 개인이나 집단에게 책임을 지우는 목적으로 아우토데페가 활용되기도 했다.

종교재판소가 16세기 스페인에서만 세워진 유일한 국가 공권력에 의한 폭력 사례이거나 완전히 새로운 제도라고 가정할 수는 없다. 일반적인 규범에서 벗어난 사람들에 대한 경계와 의심은 모든 유럽 국가의 공통된 특징이었다. 유대인에 대한 루터의 시각에서 확인할 수 있듯이, 종교적·인종적 편견이 대중적 사고방식에서 쉽게 확인된다. 이러한 강박은 16세기 중반 가장 극심하게 진행되었다. 스페인의 종교재판이 활발하던 비슷한 시기, 잉글랜드와 독일 등에서도 3만 명에서 6만 명 정도가 마녀로 몰려 처형당했다. 프로테스탄트와 가톨릭 세계 모두에서 비슷한 요인이 작용하고 있었음을 보여 준다. 유럽은 점점 더 불관용의 사회로 변모했다. 특정 사회 내 모든 사람이 '우리'로 분류되기를 요구했고 그렇지 않은 사람은 이단과 마녀 같은 존재로 낙인찍었다.

초기 종교재판은 유대주의화로 의심받는 콘베르소 공동체에 주로 이루어졌다. 콘베르소에 대한 대대적인 정화가 진행된 이후에는 피고발인에 대한 처형 집행 건수도 주목할 정도로 줄었다. 1540~1700년 동안 처형 건수는 826건이었으며, 재판을 받은 비율은 1.8퍼센트에 불과했다. 1560년에서 1614년 사이에는 약 58퍼센트의 피의자들이 경미한 범죄로 재판을 받았다. 그리고 그들 대부분은 구그리스도교도들이었다.[27]

시간이 지나면서 종교재판은 제도와 절차적 측면에서 상대적으로 안정을 찾아갔다. 종교재판이 안정을 찾아갈 무렵, 북유럽에서는 프로테스탄트 운동이 시작되었다. 당장은 아니었지만 프로테스탄트는 스페인 교

베니토는 뒤집힌 불꽃 모양과 꼬리와 발톱이 없는 악마로 칠해졌다. …… 그들은 이렇게 차려입고 줄을 지어 행진했고 매우 애처로운 설교를 들었는데, 그 뒤에 훌륭한 교회 음악이 이어졌다. 그들이 노래하는 동안 캉디드는 박자에 맞추어 채찍질을 당했다. 바스크인과 베이컨을 거부한 두 남자는 화형을 당했고, 팡글로스는 일반적인 관례는 아니지만 교수형에 처해졌다. 그날 지구는 격렬하게 진동했다"(볼테르, 『캉디드』 제6장).

27 Mary Elizabeth Perry and Anne J. Cruz, *Cultural Encounters*, p. 229.

회에 가해지는 잠재적 위협이 되었다. 그렇게 종교재판 범위에 프로테스탄트 교도가 들어갔고 가톨릭 신앙에 대한 도덕, 윤리 및 교리적 차원의 문제가 포함되었다. 종교재판소는 1545년부터 시작된 트리엔트 공의회와 보조를 맞추어 가톨릭의 자체 개혁 운동에 적극적으로 참여했다. 신앙과 교리를 개혁하고 그리스도교도의 삶에 필요한 도덕과 윤리를 점검하는 역할에 스페인 종교재판이 큰 몫을 담당하게 되었다. 심문관들은 트리엔트 공의회의 개혁 이상을 지역 단위에서 실천했다. 트리엔트 공의회가 열리던 시기에 종교재판소가 다룬 사건은 유대계 신그리스도교도보다는 구그리스도교도가 저지른 윤리적 범죄인 중혼, 남색, 성적 방종, 미신적 행위 등이었다. 프로테스탄트의 도전에 맞서 가톨릭 교리와 체계의 정당성을 확보하고 교육하는 것이 중요한 목적이 되었다.

종교재판 해석사

스페인 종교재판의 해석사는 수세기 동안 다양한 요인에 의해 형성되었다. 학자들의 정치적·사회적·이념적 관점, 사료에 대한 접근이나 해석, 그리고 역사가 쓰인 동시대의 분위기 등도 무시할 수 없는 요소이다. 종교재판은 과거의 역사에 그치기보다는 하나의 현상이 되어 여러 해석상의 학파를 형성했다. 정통주의 해석은 종교재판이 종교 소수자를 권위주의 국가의 공권력으로 박해한 야만의 결과로 해석하면서 스페인의 정치적·문화적·경제적 쇠퇴에 기여했다고 평가했다. 스페인의 종교재판 해석사는 스페인 역사가와 영미권 역사가들의 대립으로도 읽을 수 있다. 스페인이 아닌 여타 유럽인에게 스페인 종교재판은 인간의 존엄성에 반하는 잔인함이 스며 있다. 스페인과 정치적 적대 관계에 있던 잉글랜드는 종교재판을 지구상의 가장 야만적인 행위로 비판하는 등 반스페인 정서를 잉글랜드의 정치적 단결을 위해 적극 활용했다. 반면에 스페인의 저명한 학자인 마르셀리노 메넨데스 이 펠라요(Marcelino Menéndez y

Pelayo, 1856~1912)는 스페인 종교재판을 박해라는 관점에서 바라보지 않고 가톨릭 국가의 종교적 통일성과 안정을 공고히 하는 도구로 보았다. 그는 스페인의 모든 병폐를 종교재판소와 동일시하는 시각을 자학적으로 풍자했다.

> 이 두려운 이름인 종교재판은 유아들에게는 공포의 대상이고 어리석은 자들에게는 위협이며, 많은 이에게는 모든 문제를 해결해 주는 '데우스 엑스 마키나'(deux ex machina)로 여겨진다. 위험한 상황에서 뜻밖에 등장하는 해결책처럼 말이다. 스페인에 왜 산업이 없는가? 종교재판 때문이다. 나쁜 습관은 왜 생기는가? 종교재판 때문이다. 왜 우리 스페인 사람들은 게으른가? 종교재판 때문이다. 왜 스페인에 투우가 있는가? 종교재판 때문이다. 왜 우리는 낮잠을 자는가? 종교재판 때문이다.[28]

그는 스페인 종교재판을 분석하면서 종교재판이 스페인의 쇠퇴를 촉진한 원인이라는 시각은 지나치게 단순하고 과장된 것이라고 주장했다. 하지만 스페인어권의 내부적인 평가와는 달리, 서유럽과 아메리카 식민지의 종교재판에 대한 견해는 부정적이다. 이 관점의 가장 고전적인 연구는 미국 학자 헨리 찰스 리(Henry Charles Lea, 1825~1909)의 『스페인 종교재판사』(*A History of the Inquisition of Spain*)이다. 1870년대부터 스페인 문서고에서 역사 자료를 수집해 1906년 총 4권으로 출간된 총 2,400쪽이 넘는 이 연구서는 인류 역사에서 가장 어두운 일탈의 하나라고 알려진 종교재판의 역사를 깊이 있게 다루었다. 스페인 역사의 중요한 부분을 차지한 종교재판에 대한 면밀하고 정교한 연구로 오랫동안 가장 정통적인 해석으로 자리매김했다. 스페인 역사의 한 장면에 대한 가장 권위 있는 저술이 영어로 나왔다는 것은 그만큼 스페인 학자들에

28 Douglas W. Foard, "The Spanish Fichte: Menéndez y Pelayo", *Journal of Contemporary History* 14, no. 1, 1979, p. 89.

게는 불편한 주제였음을 보여 준다. 이 책이 스페인어로 번역된 것은 초판이 출간된 이후 약 80년이 지나서였다. 리는 그동안 피상적이고 파편적으로 전해졌던 종교재판에 대한 그림을 정밀하고 거대하게 그렸다. 또한 종교재판을 경험한 스페인은 정치적·도덕적·경제적으로 심각한 쇠퇴를 경험했다는 비관주의를 유지했다. 종교재판이 가져온 검열 문화로 스페인은 지적으로 고립되고, 학문이 쇠퇴하고, 과학과 인문주의가 몰락했다고 평가했다.[29] 스페인의 학문과 예술은 종교재판의 연기 속에 질식되었다는 것이다.

예수회 역사가 베르나르디노 요르카(Bernardino Llorca, 1898~1985)를 포함한 스페인 사가들은 리의 평가를 신랄하게 비판했다.[30] 스페인 사가들이 볼 때, 종교재판과 관련한 역사는 16세기부터 외국인들에 의해 가장 먼저 '식민화'된 스페인 역사 분야였고 이 해석을 벗어나는 것이 시급했다. 스페인 종교재판 500년을 기념해 그동안 상대적으로 미약했던 종교재판에 대한 연구 성과가 다양한 형태로 출현했다. 그리고 1970년대와 1980년대는 종교재판에 대한 선입관을 무너뜨렸다. 새로운 역사학파가 보다 객관적이고 다학제적인 관점에서 종교재판소를 조사해 정통주의 해석에 도전했다. 스페인 종교재판 기록에 대한 목록이 작성되고 기록보관소에 폭넓게 접근할 수 있게 되면서 종래의 해석을 극복하려는 수정주의가 본격적으로 등장한 것이다. 그에 따르면, 종교재판은 지금까지의 평가와는 달리 훨씬 덜 억압적인 통제 수단이었고 고문과 사형의 비율이 매우 낮았다.[31] 아우토데페에 회부된 5만 건의 사건 가운데 처형된 사람은 775명(1.6퍼센트)에 불과했다. 전체 기간으로 보면 처형 건수는 연평균 다섯 건에 불과하기에 피해자 규모는 상당히 적었다. 전반적으로 종교재판소 판결의 상대적 온건함을 강조했다.[32] 분명 종교재판이

29 Henry C. Lea, *A History of Inquisition of Spain*, vol. 4, London: MacMillan, 1922, p. 528.

30 Helen Rawlings, *Spanish Inquisition*, p. 7.

31 Helen Rawlings, *Spanish Inquisition*, p. 1.

끔찍하고 잔인한 역사임을 부정할 수 없지만 동시대 유럽 다른 나라도 유사한 방식으로 이단자를 기소하고 처벌했다. 잉글랜드에서는 1401년 이단자를 처형하는 특별법이 제정되었다. 수치상으로 보더라도 유럽 다른 나라도 스페인만큼의 사례는 찾을 수 있었다. 실제로 1560년대에는 스페인이 종교적 이유로 사형을 집행하는 비율이 가장 낮았다.[33]

스페인 종교재판에 대한 가장 주목할 만한 수정주의의 도전은 잉글랜드 역사가 카멘의 『스페인 종교재판: 역사적 수정』(*The Spanish Inquisition: A Historical Revision*, 1965 초판)으로 촉발되었다. 초판 발행 이후 수십 년간 개정을 거듭해 최종 4판으로 마무리된 이 연구는 종교재판소에 대한 가장 권위 있는 연구서이다. 카멘은 종교재판을 도입한 페르난도 2세나 이사벨 1세가 반유대주의자도, 반이슬람주의자도 아니었다고 주장한다.[34] 카멘은 종교재판소가 개종자 계층의 확대로 인해 발생한 특정한 사회적·종교적 문제를 해결하기 위해 설치되었으며, 반유대주의적 성격을 띠지 않았다고 보았다. 종교재판소 설치 무렵, 유대인 개종자의 다수가 비밀리에 옛 신앙을 실천하고 있었기 때문에 심문관들이 개종자들을 유대주의자로 간주한 것이 정당하다고 보았다. 그러니 종교적 획일성을 강요하지도 않았고 종교재판의 폭력성은 다른 나라의 종교 박해에 비하면 '거의 인도적'이었다고 결론지었다. 검열 및 상호 불신의 문화를 조장했다는 혐의에 대해서도 스페인 종교재판만이 그런 역할을 한 유일한 기관은 아니라고 변호했다.[35] 프로테스탄트 종교개혁으로 인한 갈등이 심화되면서 16세기 중반에는 종교로 인한 사형 건수가 가장 많았다. 그러나 수치로 환산하면 스페인에서 1559년과 1563년 사이에 종교재판소에 의해 처형된 사람은 83명에 불과하다고 추산한다. 반면에 잉글랜

---

32 E. William Monter, "The New Social History and the Spanish Inquisition", *Journal of Social History* 17, no. 4, Summer 1984, pp. 705～13.

33 Henry Kamen, *Spanish Inquisition*, p. 253.

34 Henry Kamen, *Spanish Inquisition*, p. 31.

35 Henry Kamen, *Spanish Inquisition*, p. 152.

드의 메리 여왕 치하에서 1559년 이후 몇 년 동안 이단자로 처형당한 수는 스페인에서 죽은 사람들보다 거의 네 배 많았다. 앙리 2세 치하의 프랑스는 스페인보다 최소 세 배 많은 수의 이단자가 목숨을 잃었다.

16세기 가장 강력했던 스페인 제국이 17세기 들어 급격하게 쇠퇴한 원인이 종교재판 때문이었다는 혐의도 오랫동안 이어졌다. 스페인 종교재판을 스페인의 자유를 억압하고 쇠퇴를 초래한 원인으로 묘사하는 흐름은 오랜 기간 형성된 것이다. 인종적·종교적 편협함의 상징이자 야만적이고 억압적인 도구인 종교재판은 여러 세대에 걸쳐 스페인의 지적 발전을 심각하게 저해한 원인으로 지목되었다. 종교재판의 엄격함은 스페인 사람들을 편협한 광신도로 묘사하는 반스페인 정서를 낳았다. 주로 외부의 프로테스탄트 국가의 반대자들에 의해 대중화된 이 정서는 종교재판소가 최종적으로 폐지된 후에도 이어졌다.[36] 스페인은 억압, 잔학 행위, 종교적 무관용, 지적·예술적 후진성의 상징이 되었다. 이 과정에서 형성된 이미지를 '검은 전설'(Black Legend)이라 부른다. 이러한 부정적 전설을 전파하는 데 가장 큰 영향을 끼친 작품은 세비야의 루터파로 추정되는 필명 작가 레지날두스 몬타누스(Reginaldus Gonsalvius Montanus, 1520?~94)의 『스페인 종교재판사』(*Sanctae Inquisitionis Hispanicae Artes*)였다. 종교재판의 잔혹한 절차를 자세히 묘사한 이 책이 1567년 하이델베르크에서 라틴어로 출판된 이후, 여러 언어로 번역되면서 거의 400년 동안 유럽 지역에서 반스페인 및 반종교재판 프로파간다가 지속되는 데 큰 기여를 했다.[37]

그런데 '검은 전설'이라는 용어는 16세기에 등장한 개념이 아니다. 1914년에 카스티야 민족주의 작가 훌리안 후데리아스(Julián Juderías, 1877~1918)가 처음 사용했다. 그는 영미권 중심의 역사 서술이 담고

36 Helen Rawlings, *Spanish Inquisition*, p. 1.

37 Gordon A. Kinder, "Spain's Little-Known 'Noble Army of Martyrs' and the Black Legend", *Faith and Fanaticism in Early Modern Spain*, ed., Lesley K. Twomey, Aldershot: Ashgate Publishing, 1997, pp. 75~76.

있는 반스페인과 반가톨릭 편견을 이른바 검은 전설이라고 표현했다. 16세기 종교개혁 이후 스페인과 대립하던 네덜란드와 잉글랜드의 프로테스탄트가 스페인 제국과 그 문화를 악마화하고자 퍼뜨린 일종의 흑색선전이다. 17세기에는 신대륙으로 이동한 스페인 종교재판소의 행위를 과장해 고발하기 위해서도 이 개념은 유용했다. 북유럽의 프로테스탄트 팸플릿 제작자들은 인쇄기를 통해 스페인의 야만적인 이미지를 적극 홍보했다. 종교재판의 이미지는 검은 옷을 입은 사악한 스페인 사제들이 개혁가들을 상대로 음모를 꾸미는 것이었다. 스페인은 무지의 땅, 미신이 지배하는 땅이었다.[38] 스페인은 종교재판 이후 거의 4세기 내내 잉글랜드와 네덜란드, 그리고 신대륙에서 지속적으로 다른 국가에 비해 열등한 타자로 간주되는 프로파간다에 노출되었다.

스페인의 편협함에 대한 전설은 네덜란드와 잉글랜드의 관용에 대한 전설의 반대 개념이다. 스페인 지배에 대항한 네덜란드 반란은 이미 16세기에 종교적 자유를 위한 싸움이며, 종교 반체제 인사들의 피난처로서의 네덜란드의 이미지는 17세기에 유럽 전역에 퍼졌다. 또한 엘리자베스 시대에 잉글랜드에서는 가톨릭교도와 비국교도가 종교적 신념 때문에 처벌받지 않았고 양심의 자유라는 개념이 잉글랜드 내전 이후 주목받았다는 관용의 신화가 만들어졌다.[39]

스페인의 악행과 불법적 행위를 주로 드러내는 것이 '검은 전설'이라면, 북아메리카에 새로운 정착지를 건설하려는 잉글랜드의 노력을 정당화하고 옹호하면서 스페인의 '어두운' 관행과는 완전히 대조되는 잉글랜드의 이미지를 그리는 '하얀 전설'도 있다. 하얀 전설은 잉글랜드의 식민지화가 스페인보다 우월하다는 주장이다. 잉글랜드 식민주의자들

38 William S. Maltby, *The Black Legend in England: The Development of Anti-Spanish Sentiment, 1558-1660*, Durham, NC: Duke University Press, 1971, p. 4.

39 Juan Pablo Domínguez, "Apologists for Spanish Intolerance and the Dawn of the 'Black Legend', 1556-1665", *Journal of Iberian and Latin American Studies* 30, no. 1, 2024, pp. 20~21.

은 검은 전설을 확산시키면서 동시에 자신들만의 하얀 전설을 만들어냈다. 하얀 전설은 잉글랜드가 스페인과 달리, 원주민을 학대하지 않고 인류애를 보여 주었다는 주장이다. 하얀 전설을 창조한 핵심 문서는 『서부 식민지화에 대한 논고』(*Discourse on Western Planting*)이다. 이 문서에 따르면 스페인의 폭정으로 인해 모든 사람은 자유를 갈구하고 있지만, 엘리자베스 여왕은 자비로워서 원주민들에게 예의를 갖추어 인도적으로 대한다고 했다.[40] 이 문서는 잉글랜드와 스페인의 식민지화를 가톨릭과 프로테스탄트의 대결로 그렸다. 하지만 이 두 주장 모두 원주민에 대한 학대를 충분하게 인정하지 않은 식민주의자의 시각을 담은 것일 뿐이다. 원주민에 대한 침략, 정복과 지배는 잉글랜드라고해서 결코 덜한 것이 아니었다. 본질적으로 잉글랜드와 스페인의 식민지 정책은 유사했고 그 결과 또한 마찬가지였다.

그렇지만 잉글랜드와 프로테스탄트 진영이 만들어낸 검은 전설은 오래 지속되었다. 스페인 종교재판에 대해 굳어진 심상은 1880년 표도르 도스토옙스키(Fyodor Dostoevskii, 1821~81)의 소설 『카라마조프가의 형제들』에 나오는 「대심문관」에서 다시 한번 극적으로 재현된다. 도스토옙스키는 러시아 출신 정교회 신자였지만, 소설의 백미라고 할 수 있는 대심문관 이야기의 배경을 종교재판이 한창인 16세기 스페인의 세비야로 삼았다. 무자비한 화형을 일삼던 곳에 조용히 재림해 기적을 베풀던 예수를 절대 권력을 쥔 대심문관이 체포해 '나약한 인간이 감당하지 못할 자유를 주어 영원한 시험의 고통을 겪게 만든' 죄목으로 화형을 위협한다. 세기를 넘어 스페인은 이단 심문, 종교적 편견, 프로테스탄트와 유대인에 대한 박해와 동일시되었다. 스페인의 미개성으로 스페인의 경제는 약화되고 정치는 독재와 전체주의로 흘렀다는 것이 검은 전설의 본질이다.

40 Richard Hakluyt, *Discourse on Western Planting*, written in 1584, ed., Charles Deane, Portland, ME: Maine Historical Society, 1877, p. 159.

스페인에 제기된 검은 전설의 허위를 고발하는 이들은 스페인이 저지른 폭력의 수위를 과장하고 다른 프로테스탄트 유럽이 저지른 유사한 행위는 눈 감는 이중잣대를 비판한다. 스페인 종교재판의 등장이 스페인 경제에 전반적으로 부정적인 영향을 끼치지는 않았다. 오히려 스페인이 가장 부유했던 시기는 종교재판이 가장 활발했던 시기와 일치했다. 15세기 말의 유대인 추방이나 16세기 프로테스탄트에 반응한 캠페인도 17세기 스페인의 경제적 어려움의 근본 원인이라고 할 수는 없다.[41] 스페인 종교재판과 이를 둘러싼 역사적 흐름은 스페인 민족 문화의 다양성이 사회·정치·종교 속에서 어떻게 전개되었는지를 보여 주는 사례이다. 스페인의 검은 전설을 나타내는 선언 중 하나인 "스페인에서는 종교재판이 시작되면서 글쓰기가 멈췄다"라는 것도 사실이 아니다. 16~17세기 스페인의 고전 문학은 절정에 달했다. 풍요롭고 독창적이며 뛰어난 연극이 존재했고 단순함과 절제와 영감이 넘치는 서정시가 넘쳤다. 이 시기는 스페인에서 가장 많은 글이 쓰였고 훌륭한 작품이 쏟아진 스페인 문학의 황금 세기였다.[42]

영미권을 중심으로 진행된 선정적인 스페인 종교재판소의 이미지는 피에 굶주린 살인 기계의 무자비한 처형이다. 하지만 20세기 후반의 연구 결과는 실상과는 정반대일 수 있다는 대담한 가능성을 제기한다. 유럽의 여타 국가가 수행한 유사한 종교재판과 비교해 봐도 스페인의 종교재판이 두드러지지는 않았다. 사람들은 중세 시대에 독일과 프랑스에서 활발하던 종교재판이 스페인에는 존재하지 않았으며, 잉글랜드가 이단 박해에서 스페인보다 더 관용적이지 않았다는 사실은 쉽게 망각한다. 오해는 그것으로 그치지 않는다. 무엇보다 종교개혁이 어둠과 미신에서 인간을 해방한다는 선전의 반대 맥락에서, 어둠과 무지에 감염된 이베리

41 Joseph Pérez, *The Spanish Inquisition: A History*, trans., Janet Lloyd, New Haven and London: Yale University Press, 2005, pp, 177~79.

42 Henry Kamen, *Spanish Inquisition*, p. 142.

아의 스페인이라는 프로파간다는 정치적 갈등의 맥락에서 놀라울 정도로 효과적이었다.[43] 스페인의 종교재판이 자비로웠다고 책임을 면해 줄 수는 없지만, 수정주의는 영미권을 중심으로 오랫동안 제시되어 온 가정에 정면으로 의문을 제기하고 다소간 스페인을 역사의 오명으로부터 해방했다.[44]

프로테스탄트 종교개혁과의 상관성

스페인과 프로테스탄트 종교개혁 사이에는 어떤 관계가 있었을까? 일반적으로 스페인에는 루터파와 다른 프로테스탄트파의 활동이 활발하지 않았다. 스페인과 프로테스탄트의 관계는 주로 외교 정책과 정치 영역에서 대립하는 과정에서 형성되었다. 독일에서 루터파가 등장하고, 프랑스와 네덜란드에서 칼뱅파가 영향력을 확대하고, 잉글랜드에서는 국교회가 성립되어 가는 동안, 스페인은 전통적인 가톨릭교회의 수호자로서 역할을 했다. 잉글랜드와 네덜란드의 군사적 대립은 프로테스탄트와 가톨릭의 프로파간다가 서로 충돌하는 현장이었다. 또한 스페인은 1545년에 시작된 트리엔트 공의회에 사절단을 파견해 가톨릭의 정통성을 확립하고 강화하는 데 기여했다. 종교개혁으로 분열된 유럽에서 정치적·군사적·신학적으로 스페인은 가톨릭을 옹호하고 프로테스탄트에 대응하는 반종교개혁을 주도한 가장 거대한 세력이었다.[45]

반종교개혁의 선봉장에 선 스페인이라고 해서 북유럽에서 제기되었던 성직자의 부패 등으로 인한 교회개혁의 요구에서 비껴간 것은 아니

43 Henry Kamen, *Spanish Inquisition*, pp. 181~82.

44 Carlos M. N. Eire, *Reformations: The Early Modern World, 1450-1650*, New Haven and London: Yale University Press, 2016, p. 614.

45 Michael Mullett, *The Catholic Reformation*, London and New York, NY: Routledge, 1999, p. 181.

었다. 15세기부터 16세기까지 스페인에서도 성직주의로 인한 사회적 문제인 복수겸직, 부재성직, 축첩 관행 등이 있었다. 무엇보다도 성직자의 축첩은 중세기 내내 관행처럼 이루어졌고 성직자의 사생아는 아버지의 재산을 상속받을 수 있었다. 수도회의 수준 저하와 윤리 문제로 인한 대중의 혐오도 존재했다. 세속 군주들은 주교와 성직자들이 대중의 눈높이에 맞는 수준을 갖추도록 하기 위한 개혁 시도를 이어갔다. 그 중심에는 프란체스코회 출신의 프란시스코 히메네스 데 시스네로스 추기경이 있었다. 페르난도 2세와 이사벨 1세는 시스네로스를 톨레도 대주교(재위 1495~1517)로 임명하고 수도회 개혁과 교회개혁의 임무를 맡겼다. 열정적인 추기경의 개혁 노력으로 대중의 신앙심이 높아지고 교회 규율이 강화되었다. 시스네로스는 모국어 경건 문학을 장려하고 다언어 성서 출간을 통해 북유럽 프로테스탄트의 교리 개혁을 기반으로 한 개혁과는 별개의 전통적이고 보수적인 교회개혁의 기틀을 마련했다.

반종교개혁을 이끈 가톨릭 스페인의 힘은 어디에서 비롯되었을까? 북유럽 종교개혁이 진행되던 1520~30년대에 스페인에는 두 가지 두드러진 사조가 지배했다. 하나는 에라스무스 인문주의였다. 이들은 제국의 궁정과 알칼라 대학을 중심으로 영향력을 확대한 엘리트 운동이었다. 또 다른 하나는 스페인 신비주의의 한 흐름인 알룸브라도스(Alumbrados)였다. '깨달은 자들'이라는 의미의 알룸브라도스는 교회라는 매개를 통하지 않고 직접 그리스도와 연결될 수 있으며, 더 이상 죄를 짓지 않는다고 믿는 무리들이었다. 일루미나티(Illuminati)라고도 불리는 이 집단은 스페인 종교재판 도입 초기에 박해 대상이기도 했지만 대중 신앙 운동으로 뿌리를 내렸다.

1520년대에 저명한 네덜란드 인문주의자 에라스무스의 사상이 스페인에 최초로 전해진 것은 루터의 종교개혁 한 해 이전인 1516년이다. 그의 저술은 스페인 국왕이자 신성 로마 제국 황제인 카를 5세의 후원 아래 스페인의 종교적·지적 삶에 큰 영향을 주었다. 황제는 에라스무스가 추구하는 수도회 개혁이나 교회 내 성적 부도덕, 미신과 이교주의에 대한 비판에 크게 공감했다. 그리스도교 인문주의자로서 에라스무스의 지적인 사유와 포용성은 제국의 보편교회를 통치하며 보편 황제를 지향하는 카를 5세의 가치에 부합했다. 개혁적이고 비판적인 태도에도 불구하고 가톨릭교회의 전통을 조화시키고자 하는 그의 태도는 제국이 지향하는 가톨릭 개혁의 길이었다. 1526년 에라스무스의 『그리스도교 군사의 교범』은 스페인어로 번역되자마자 베스트셀러에 올랐다. 톨레도 대주교인 시스네로스의 후계자인 알론소 데 폰세카(Alonso de Fonseca, 1475?~1534)와 성무청 대심문관인 알론소 만리케(Alonso Manrique de Lara, 1471?~1538) 등 두 명의 고위 성직자가 그의 열렬한 지지자였다. 1525년에서 1529년 사이에 라틴어와 스페인어로 에라스무스 작품 전체를 스페인의 출판사에서 출판할 정도로 폭발적인 인기를 얻었다. 대학의 지식인 사회에도 에라스무스 인문주의가 활발하게 유통되었으며, 스페인에서 출판되는 출판물은 에라스무스의 영향력이 압도적이었다. 인쇄 매체를 통한 에라스무스 인문주의의 전파는 일루미나티 운동과 공통점을 공유하면서 이 운동에 활력을 주었다.

에라스무스의 지적 영향력은 종교개혁이 전 유럽에 급속히 전파되던 시기에 스페인 지식인들이 루터파에 경도되지 않고 가톨릭교회에 남아 있도록 하는 구심점이 되었다. 그러나 스페인에서 에라스무스주의의 성공은 오래가지 못했다. 루터파 서적과 사상의 위협이 가시화되면서 1530년대에는 에라스무스주의도 경계 대상이 되었다. 루터 저술이 스페인에 처음 들어온 것은 1521년이었는데, 이때 교회는 루터의 라틴어 서적을 금지하는 최초의 금지령을 내렸다. 종교개혁이 진행되면서 드러나는 에라스무스의 반교황주의적인 태도는 루터파에 못지않은 잠재적 위험이 될 수 있음을 시사했다. 탁발수도회인 프란체스코회와 도미니크회가 에라스무스주의에 대한 반대를 이끌었다. 그들은 에라스무스가 보이는 반수도회적 태도와 스콜라 신학에 대한 공격이 전통적 그리스도교 가치를 훼손한다고 보았다. 1527년 에라스무스 지지자 만리케 대주교는 에라스무스 문제를 처리하기 위해 바야돌리드에서 성직자 회의를 개최했다. 반에라스무스파는 회의에서 '에라스무스의 22가지 오류'를 공개적으로 제기했다. 스페인 교회는 에라스무스로 인해 분열되었다. 논란이 이어지자 만리케 대주교는 2개월 만에 성직자 회의를 일방적으로 중단했다. 에라스무스에 대한 제재는 이루어지지 않았지만 교회 내 전통주의자들이 결집했다.

1529년 만리케 대주교가 실각하고 세비야 대교구로 은퇴하자 보수 전통주의자들이 종교재판소를 장악하면서 에라스무스주의에 대한 탄압이 이어졌다. 종교재판소는 알칼라에서 에라스무스의 작품을 인쇄한 미겔 데 에귀아(Miguel de Eguía, 1495~1546)를 에라스무스 추종자로 체포해 심문했다. 1533년 6월 후안 데 베르가라(Juan de Vergara, 1492~1557)는 루터교, 일루미나티, 에라스무스 동조자로 고발당해 종교재판에 넘겨졌다. 종교재판소는 스페인 내의 주요 에라스무스 지지자들에게 루터파와 알룸브라도스라는 혐의를 씌웠다. 에라스무스주의가 루터파 이단과 연관되어 있다는 혐의는 사람들에게 효과적으로 파고들었고 스페인 에라스무스주의 운동은 가파르게 확산된 만큼이나 빠르게 사그라들었다.

에라스무스주의의 갑작스러운 쇠퇴는 루터파 사상의 확산 위협에 대한 반작용 때문이다. 에라스무스와의 싸움을 끝낸 스페인 가톨릭교회는 프로테스탄트 세력의 침투를 막기 위한 조치에 나섰다. 유럽에서 가톨릭 정통성을 지키려는 목적으로 종교재판소라는 강력한 수단을 보유한 유일한 나라인 스페인에서 종교개혁은 자리 잡을 기회가 거의 없었다. 스페인으로 프로테스탄트 사상을 처음 전파한 사람들은 프랑스와 네덜란드의 인쇄업자로, 스페인으로 일하러 가는 여행자들이었다. 종교재판 기록에 등장하는 인쇄 노동자들은 출신이나 전문적 자격, 경험이 다양했지만 대부분은 외국인이었다. 일부는 전문 학술 서적을 인쇄하고 라틴어를 포함한 다양한 언어를 교정할 수 있는 교육받은 사람들이었고, 나머지 사람들은 문해력을 제대로 갖추지 못한 일용직이었다.[46] 1524년과

46 Clive Griffin, *Journeymen-Printers, Heresy, and the Inquisition in Sixteenth-century*

1525년에 플랑드르와 베네치아 등에서 독일 상선이 루터 저작을 밀수하다가 적발되었다. 책은 압수되어 불태워졌지만 프로테스탄트 서적을 스페인으로 밀수하려는 시도가 이어졌다. 루터 서적이 스페인으로 계속 유입되었지만 스페인어로 번역되었다는 확실한 증거는 1530년대 이후에 나타났다. 더욱이 의심스러운 서적을 압수해도 그것을 읽을 능력이 있는 전문 인력이 부족해 조사가 제대로 이루어지지 않았다.[47] 종교재판소 검열은 1551년 스페인 최초의 금서 목록 출판으로 공식화되었다. 루터와 칼뱅의 작품과 에라스무스의 저작도 일부 포함된 그리스도교 인문주의 저술과 스페인의 전통적인 모국어 문학 등도 들어 있었다.

스페인 종교재판소에 루터파의 위험이 처음 포착된 것은 1520년대 초였는데, 1528년 디에고 데 우세다(Diego de Uceda)가 스페인에서 최초로 루터파로 체포되어 재판에 넘겨졌다.[48] 1520년대와 1530년대에 스페인 종교재판소에서 유죄 판결을 받은 프로테스탄트 교도는 소수였다. 1550년대 후반 세비야와 바야돌리드 등의 도시에서 개혁파 모임이 적발되었다. 1559년 5월 바야돌리드와 9월 세비야에서 프로테스탄트 교도로 고발된 이들에 대한 아우토데페가 열렸다. 재판받는 피고인들은 교리적 차원에서 북유럽 프로테스탄트가 가진 공통의 흔적을 분명히 보여주었다. 그리스도가 인간의 구원을 위해 필요한 모든 것을 성취했기 때문에 인간의 행위가 구원에 무익하다는 신앙 교리를 진술했다. 종교적 형상은 우상에 불과하며 연옥 교리는 성서적 근거 없이 인간이 만들어 낸 것이라고도 했다. 참된 그리스도교도는 사제가 아닌 그리스도에게만 죄를 고백하면 된다고 주장했다.[49] 그렇지만 신과의 직접적인 교감을 강

Spain, Oxford: Oxford University Press, 2005, p. 156.

47 Henry Kamen, "Spain", *The Reformation in National Context*, eds., Bob Scribner, Roy Porter, Mikulas Teich, Cambridge: Cambridge University Press, 1994, pp. 208~09.

48 Wayne Bowen, *Spain and the Protestant Reformation: The Spanish Inquisition and the War for Europe*, London and New York, NY: Routledge, 2002, pp. 36~38.

49 Daivd Coleman, "Spain", *The Reformation World*, ed., Andrew Pettegree, London and New York, NY: Routledge, 2000, p. 301.

조하고 사제의 중재를 부정하는 신비주의자들인 일루미나티와의 연관성도 무시할 수 없기 때문에 그들이 진정한 프로테스탄트 교도인지 여부에 대한 논란은 남아 있다.[50]

1540~59년 종교재판에 기소된 루터파는 전체의 31퍼센트였다.[51] 그들은 주로 북부의 로그로뇨(Logroño), 사라고사, 바르셀로나와 남부의 세비야 같은 무역이 활발한 개방된 국경 지대에서 붙잡혔다. 스페인에서 루터파로 체포된 이후 처형을 당한 수는 매우 적었다. 카멘은 1558년 이전에 확실한 루터파로 처형된 스페인인은 단 한 명에 불과하다고 분석했다.[52] 1560년대에 들어오면서 스페인의 프로테스탄트는 거의 완전히 소멸되었다.

전반적으로 볼 때, 루터의 저술을 통해 그의 사상이 스페인에 끼친 영향은 미미하다. 가톨릭 국가의 검열과 종교재판의 노력도 있었지만, 그리스도교 세계에서 보편적인 관심사가 아닌 문제에 대한 루터의 지나친 '게르만적' 어조는 스페인인들에게 큰 공감을 얻지 못했다. 1517년 이후 처음 수십 년 동안은 신성 로마 제국 밖에서 프로테스탄트 교도는 독일인과 거의 동일시되었다. 마찬가지의 이유로 칼뱅의 프랑스어와 라틴어 저술도 스페인 독자들에게 크게 다가가지 못했다.[53] 피레네 산맥 이북과 이남의 종교 맥락은 큰 간격이 있었다. 스페인은 16세기 중반에 프로테스탄트 국가가 될 위험이 거의 없었다. 이단으로 고발된 모든 스페인인을 프로테스탄트 교도라고 가정하더라도 가톨릭의 균형을 깨뜨릴 만큼은 되지 못했다.[54]

종교개혁이 일어난 16세기 스페인은 유럽의 다른 대부분의 지역과 마찬가지로 극적인 종교적 변화와 영적 동요의 시기였다. 다른 유럽과 종

50 Clive Griffin, *Journeymen-Printers, Heresy, and Inquisition*, pp. 2~4.

51 Mary Elizabeth Perry and Anne J. Cruz, *Cultural Encounters*, p. 229.

52 Henry Kamen, "Spain", p. 204.

53 Wayne Bowen, *Spain and the Protestant Reformation*, pp. 34~35.

54 Henry C. Lea, *Inquisition of Spain*, vol. 3, p. 411.

교적으로 유사한 상황을 공유하고 있었다고 할 때, 스페인에서 강력하고 지속적인 프로테스탄트 운동의 부재는 놀랍다. 가톨릭의 장녀라고 하는 전통의 프랑스조차도 위그노로 인해 오랫동안 갈등을 겪었다. 역사가들은 스페인에 프로테스탄트가 진출하지 못한 이유를 크게 두 가지 정도 제시했다. 첫째는, 프로테스탄트 개혁이 필요하지 않을 정도로 스페인은 건전한 대중 영성과 수준을 갖춘 성직자의 역동성이 있었다고 주장한다. 반면에 두 번째 주장은 종교재판소가 보여 주는 본질적인 억압적 성격에 기댄다. 스페인에 프로테스탄트가 들어오지 못한 이유는 견고한 가톨릭의 역량 때문이 아니라 이단을 국가 폭력으로 뿌리 뽑으려는 스페인 종교재판소 때문으로 보았다.[55] 대개 박해는 이단을 없애기보다는 이단을 자극해 동조자들이 확산되는 역할을 했는데, 스페인의 아우토데페는 효과적으로 루터파를 방어했다. 데이비드 콜먼(David Coleman)의 평가에 따르면, 비록 스페인이 16세기 유럽 국가들에 비해 더 심한 종교적 박해와 불관용을 보였다고 할 수는 없지만 종교재판의 존재와 힘은 스페인에 들어오려 시도한 프로테스탄트를 저지했다. 루터와 칼뱅의 사상과 지적 흐름을 토대로 산발적으로 자리 잡은 프로테스탄트 운동은 1559~62년 세비야와 바야돌리드의 아우토데페로 인해 완전히 파괴되었다.[56]

종합해 볼 때, 중세 내내 다양한 이단과의 갈등을 빚고 그 연장에서 종교개혁을 마주한 서유럽 국가들에 비해 스페인의 가톨릭교회는 제도적·구조적으로 견고했다. 스페인 교회는 로마 가톨릭에 충성했으며, 견고한 교구, 효과적인 수도회, 종교재판이라는 공권력을 갖춘 기관을 통해 이단에 대한 빈틈없는 방어벽을 형성했다. 또한 스페인 교회는 1563년 트리엔트 공의회가 끝난 이후에 지역 차원에서 종교 교육을 장려하고 강화했다. 1600년 스페인은 다른 모든 유럽 지역을 합친 것보다 더 많은 주교구를 갖춘 강력한 가톨릭 국가가 되었다.[57]

55 David Coleman, "Spain", pp. 296~98.

56 David Coleman, "Spain", p. 305.

상상된 공동체의 현실

스페인 종교재판에서 주목해야 할 또 다른 지점을 찾아보자. 그저 스페인만의 독특한 특징이라고 하는 단순한 평가로는 충분하지 않다. 종교재판이 추구한 '순수한 가톨릭과 순수한 스페인'은 근대 민족주의가 꿈꾼 '상상된 공동체'의 이상이었다. 유대인과 무슬림을 축출하면서 얻어지는 민족적 순혈주의는 배타와 차별로 이어지는 근대 유럽 국민국가의 중요한 특징의 하나였다. 스페인의 특수성이기보다는 유럽의 당시 민족주의적 인식을 대표하는 가장 적절한 사례일 수 있다. 중앙집권화를 향해 가던 대부분의 유럽 국가는 종교적·정치적 불관용에 앞장섰다. 프로테스탄트를 채택한 나라에서는 가톨릭교도가 난민이 되었고, 가톨릭 국가에서는 프로테스탄트 교도가 박해를 피해 망명했다. 프랑스의 위그노, 헨리 8세가 다스리던 잉글랜드의 가톨릭교도, 메리 1세 치세의 프로테스탄트 교도, 독일과 스위스의 아나뱁티스트 등 종파를 가리지 않은 현상이다. 스페인의 '검은 전설'과 같은 사례를 민족성이나 그들만의 특성인 양 타자화하는 것은 다른 유럽 국가들의 책임을 회피하는 태도이다. 헨리 찰스 리의 설명처럼 교회의 지속적인 설교가 국민성을 바꾸어 스페인을 유럽에서 가장 관용적 국가에서 가장 배타적 국가로 만들었다는 주장이 과연 정당한가? 이 점에서 "스페인 종교재판의 독특한 발전을 이해하기 위해서는 그들의 국민성을 깊이 이해해야 한다"라는 그의 제안은 설득력을 잃는다. 리는 종교재판을 철저하게 프로테스탄트적 관점에서 해석했다.

> 결국 종교재판의 역사가 우리에게 가르쳐준 위대한 교훈은 인간이 동료의 양심을 통제하려는 시도가 자신에게 반작용을 일으킨다는 점이다. 그는 타인에게 고통을 안겨줄 수 있지만 때가 되면 그 고통은 그 사

---

57 Wayne Bowen, *Spain and the Protestant Reformation*, p. 167.

람이나 그의 후손에게 되돌아가며, 그 대가는 이자와 함께 철저히 치러진다. 스페인에서처럼 철저하고 지속적이며 성공적인 방식으로 이러한 시도가 이루어진 적은 없었으며, 그에 따른 보복이 이토록 뚜렷하고 가혹했던 경우도 없었다. 아버지의 죄는 자녀에게 되돌아갔으며, 그 끝은 아직 보이지 않는다.

이로부터 도출할 수 있는 결론은, 16세기에 정치가와 성직자 모두의 이상이었던 신앙의 일치가 도덕적·물질적 진보를 촉진하는 건강한 경쟁에 치명적이었다는 점이다. 교황청이 구원의 독점권을 쥐고 있는 한 개선은 불가능했다. 종교개혁 이후 경쟁으로 인해 생긴 증오와 갈등이 아무리 비참하더라도 양측의 도덕적 기준을 높이고 보수주의의 완고함을 무너뜨리며 발전을 가능케 하는 데 헤아릴 수 없는 이익이 있었다. 루터교의 반란 이후 벌어진 종교 전쟁이 아무리 끔찍했더라도 종교재판으로 인해 스페인에서 지속된 침체보다는 나았다.

인간 본성이 변하지 않는 한 평범한 사람이 내적 자극뿐만 아니라 외적 자극을 필요로 하는 한, 그리고 진지한 노력의 대가로 진보가 성취되는 한 경쟁이 발전의 선행조건이며, 선행을 위해 경쟁하는 인간 활동이 가장 유익하다는 점을 인정해야 한다.[58]

분명 부인할 수 없는 지적이다. 그리고 이것은 동시대 다른 유럽 국가에도 동일하게 적용해야 한다. 아나뱁티스트를 제외하고는 16세기 프로테스탄트 개혁가 누구도 정치가 종교와 분리될 수 있다는 생각을 하지 않았다. 국가에 대한 충성을 신앙고백과 동일하게 여겼다. 작은 단위인 시의회에서부터 큰 단위로는 영방이나 국가를 특정한 신앙고백으로 한데 통합하고자 했다. 개혁가와 세속 통치자들의 이해관계에 따라 주도권 다툼이 이어지기는 했지만 국가와 종교의 긴밀한 협력은 예외가 없었다. 국가가 승인하지 않는 신학이나 교리, 전례의식을 따르는 것은 자유의

58 Henry C. Lea, *Inquisition of Spain*, vol. 4, p. 534.

영역에서 벗어난 반역 행위였다. 대부분의 서유럽 국가는 이들을 반역죄로 처벌했다. 신앙 수호는 민족주의를 형성하는 프로젝트였다.[59]

독일·잉글랜드·프랑스·스위스 등이 프로테스탄트로 인한 국가적 혼란을 겪은 데 반해 스페인은 그 위협을 그다지 경험하지 않았다는 것은 스페인 성무청이 효과적으로 국가 종교를 안정시켰다는 뜻이기도 하다.[60] 프로테스탄트 지역도 종교재판은 아니었지만 강력한 종교 규율을 도입해 단일한 신앙을 통한 단일한 국가 정체성을 추구했다. 헨리 8세 치하에서 제정된 1534년 「반역법」(Treason Act), 1547년 폐지되었다가 다시 메리 1세 때에 제정된 1554년 「반역법」, 이후 프로테스탄트 엘리자베스 여왕이 등장하면서 다시 도입된 1571년 「반역법」은 정치적·종교적 갈등 속에서 국왕의 권위를 강화하고 체제를 보호하기 위한 법적 장치였다. 그러나 이들 법은 모두 프로테스탄트 도입, 가톨릭 복귀, 다시 프로테스탄트 확립 등 종교를 통해 국가를 통일하고자 하는 의도의 반영이었다. 제네바 칼뱅의 컨시스토리도 종교재판의 일종이다. 가톨릭과 프로테스탄트 국가 모두 신앙 공동체 정화를 위해 여러 방법을 고안했다. 그들을 하나로 묶어주는 것은 국가 일체성에 대한 신화였다.[61] 종교 문화에 대한 통제는 프로테스탄트 종교개혁이나 스페인의 종교재판기에 가장 중요한 문제였다. 국가의 종교 정책은 프로테스탄트나 가톨릭 신앙 아래 '질서를 추구하는' 것이었으며, 관료들은 바람직한 종교 문화를 정의하고 그 다양성을 어디까지 허용해야 할지를 놓고 고민했다. 16세기 중앙집권화를 추진한 국가들은 좀 더 동질적인 문화를 형성하기 위해 신앙과 민족의 동질성을 강조하면서 단일 문화, 단일 민족, 단일 신앙을 위협하는 요소를 통제하기 위한 수단을 만들었다.

인류학자 클리퍼드 기어츠(Clifford Geertz, 1926~2006)는 문화의 형성

59 Nicholas Terpstra, *Religious Refugees*, pp. 12~16.

60 Wayne Bowen, *Spain and the Protestant Reformation*, p. 171.

61 Nicholas Terpstra, *Religious Refugees*, p. 99.

은 일련의 '통제 메커니즘' 또는 '의미 체계'를 통해 이루어진다고 했다. 생물학적인 요인을 중요시하는 전통적인 견해에 반대해 문화를 인간 사회가 진화하는 데 핵심 요소로 여기고 그 문화를 만들어가는 '상징'을 사회적 존재의 전제조건으로 삼았다. 기어츠는 19세기 발리(Bali)의 '극장 국가'(theatre state)에 내포된 '권력의 기호학'(semiotic of power)을 다음과 같이 서술했다.

> 수백, 수천 명의 사람과 엄청난 재화를 동원하는 장대한 화장, 치아 절삭의식, 사원 헌정, 순례, 그리고 피의 제물은 정치적 목적을 위한 수단이 아니었다. 그것은 목적 그 자체였으며 국가의 존재 이유였다. 궁정 의례주의는 궁정 정치의 동력이었으며, 대규모 의례는 국가를 지탱하기 위한 장치가 아니라 국가 자체였다.[62]

스페인의 아우토데페나 잉글랜드의 화형식은 모두 두려움을 매개로 개인의 사회적 행동을 제한하고 국가 정책에 순응하게 만드는 '극장 국가'의 사례이다. 국가의 힘을 강화하고 개인성을 제한하기 위해 고안된 수단이 종교재판이었다. 국가의 영향력이 강화될수록 '하나의 군주, 하나의 제국, 하나의 믿음'을 위해 점점 편협한 통제 사회로 들어갔다. 국가 폭력의 희생자는 때로는 반역자, 때로는 순교자가 되었다. 그 취약 세력이 거꾸로 권력을 잡았을 때 순교자는 박해자로 돌변했다. 종교재판과 종교개혁의 이야기는 국가 폭력의 재생산에 대한 것이다.

베네딕트 앤더슨(Benedict Anderson, 1936~2015)의 '상상된 공동체' 유형론은 19세기와 20세기에 민족주의가 어떻게 형성되고 자리 잡았는지 설명하는 것을 목표로 했다. 그는 상상된 민족주의 공동체를 형성하는 것으로 첫째, 인쇄 자본주의: 책, 신문, 잡지와 같은 대중매체의 대량생

---

62 Clifford Geertz, *Negara: The Theatre State in Nineteenth-century Bali*, Princeton, NJ: Princeton University Press, 1980, p. 13.

산, 둘째, 모국어: 종교개혁 이후 문맹 퇴치와 모국어 문해율 증가, 셋째, 언어적 다양성: 다양한 언어의 존재, 넷째, 민족의식: 공유된 가치에 기반한 민족 정체성 발전, 다섯째, 모국어 인쇄: 각 민족에 고유한 언어의 창조를 제시했다. 이들 테제를 단순하게 종교개혁기에 적용할 수는 없지만 민족 공동체의 인식 출발은 16세기부터 추적할 수 있다. 근대 초 스페인과 독일에서 유대인 추방은 유럽 전역에서 종교적으로 순수하게 통일된 상상된 공동체를 만들려는 국가 행위였다. 스페인의 경우, 그리스도교도를 유대인이나 무슬림과 구별했다. 그리스도교로 개종한 유대인과 무슬림에게도 혈통에 따라 2등 시민의 차별을 두었다. 프로테스탄트를 받아들인 국가에서는 가톨릭교도가 국가 공동체성을 무너뜨리는 민족 반역자로 변했다. 종교개혁은 종교적 불순물을 제거하고 순수한 신앙을 회복하는 구호를 내세웠다. 불순물의 대상은 유대인과 타 종파 지지자가 포함되었다. 이는 나와 타자를 구별하려는 시도를 정당화했다. 잉글랜드 순교사가 존 폭스는 순교자 공동체를 상상된 공동체로 만들었다. 앤더슨은 "무명용사의 묘비와 무덤보다 더 강렬한 현대 민족주의 문화의 상징은 없다"라고 했다.[63] 순교자 무덤과 기념비는 잔인한 종교적 폭력과 박해를 이겨내고 거짓 가톨릭교회에 맞서는 참프로테스탄트 교회와 타락한 교황과 무도한 스페인 제국에 맞서는 국가 공동체를 상상하고 상징한다. 그렇게 민족주의 공동체는 형성되었다. 그런데 폭스가 만들어낸 거짓교회와 참교회, 박해자와 순교자, 가해자와 희생자의 이분법은 실상 거울로 비추는 것처럼 닮아 있으며 밀접하게 연결되어 있다.

> 한때 그리스도의 진정한 친구로 보였지만 때로는 변신한 악마였고, 한때 하느님의 아름다운 성전이었지만 때로는 사탄의 냄새나고 더러운 짐승이었고, 한때 그리스도의 순결한 아내였지만 때로는 적그리스도의

---

63 Benedict Anderson, *Imagined Communities: Reflections on the Origin and Spread of Nationalism*, London and New York, NY: Verso, 2006, p. 9.

부끄러움 없는 애인이었고, 한때 나의 충실한 형제였지만 때로는 낯선 자이자 배교자였다.[64]

가톨릭 스페인의 종교재판과 프로테스탄트의 종교개혁이 사뭇 다른 듯하지만 공유하는 공통점이다. 내적 경건, 영적 완전성, 인류애, 정의와 같은 긍정적 가치를 제고한 종교개혁이 동시에 규율, 차별, 고발, 탄압 등과 같은 종교재판이 가졌던 수단도 강화했음을 부정할 수 없다.[65] 종교는 근대로 접어들면서 개인의 신념 문제에서 국가 정체성과 연결되는 주요 의제로 전환되었다. 국민국가 형성과 민족주의 강화라는 유럽적 현상에서 종교는 두려움과 본보기 처벌을 매개로 개인의 일탈을 방지하는 유용한 수단으로 작용했다. 그렇게 만들고자 했던 순결하고 순수한 믿음과 민족으로 구성된 '상상된 공동체'는 현실에서는 억압의 공동체로 실현될 뿐이었다.

---

64 John Foxe, *The Acts and Monuments of John Foxe*, ed., Rev. George Townsend and Rev. Stephen Reed Cattly, London: R. B. Seeley and W. Burnside, 1837, vol. 8, pp. 287~89.

65 Nicholas Terpstra, *Religious Refugees*, p. 76.

제16장 새로운 가톨릭

1517년 제5차 라테란 공의회가 종료되고 몇 개월 지나지 않아 루터의 95개조 논제가 게시되면서 유럽은 종교개혁이라는 소용돌이로 빨려들어 갔다. 14세기 초 교황청의 아비뇽 유수 이래, 가톨릭교회는 여러 차례 분열을 경험했다. 루터의 종교개혁과 이후 일련의 프로테스탄트 교회의 등장은 이 흐름의 연장선이라 할 수 있다. 지금까지는 루터가 시작한 종교개혁과 가톨릭의 개혁 움직임을 별개로 보아왔다. 프로테스탄트 종교개혁이 완성된 이후에 되짚어 그 흐름을 개괄하다 보니 불가피했다. 그러나 당시 루터파 교회나 가톨릭교회, 그리고 유럽을 지배하던 세력인 신성 로마 제국 황제나 프랑스 국왕의 인식은 오늘과는 달랐을 것이다.

프로테스탄트 학자들은 트리엔트 공의회로 대표되는 가톨릭의 종교개혁을 오랫동안 반종교개혁이라는 틀 안에서 이해하려 했다. 가톨릭 교황은 교회개혁에 대한 인식과 의지가 없었다가 루터의 종교개혁 때문에 수동적으로 개혁에 나섰다는 시각이다. 그런데 이제 종교개혁사 연구에서는 가톨릭교회의 개혁을 이러한 틀에서 바라보려 하지 않는다. 가톨릭교회 내부에서 개혁에 대한 열망과 요구가 지속적으로 나오고 있었다고 보는 견해가 종교개혁사 연구에서 주된 흐름이다. 만약 루터의 종교개혁과 트리엔트 공의회를 전혀 별개 사안이 아니라 교회개혁이라는 명제를 두고 벌어진 일련의 흐름 속에 놓는다면, 종교개혁이 시작된 1517년과 트리엔트 공의회가 마무리된 1563년 사이의 40여 년을 한 흐름으로 바라볼 수 있을 것이다.

그 전제는 루터나 혹은 루터파로 대표되는 프로테스탄트 진영이 처음부터 가톨릭과 완전한 결별을 의도하지는 않았다는 것이다. 교회가 나누어진 역사를 이미 알고 있는 우리는 각 종파의 정당성을 부여하기 위해 역사를 종파적 시각으로 해석한다. 그러나 종교개혁이라고 부르는 이 사건은 단순한 종교 문제를 넘어 유럽의 정치 지형 안에서 이해해야 할 정치적 성격을 갖는다.

트리엔트 공의회는 프로테스탄트의 거센 확산으로 한동안 수세에 몰리던 가톨릭교회가 전열을 가다듬고 적극적으로 방어한 동시에 자체적인 개혁을 통해 전에 없는 가톨릭의 갱신을 가져온 '사건'이다. 후베르트 예딘은 이를 '트리엔트 종교개혁'이라고 표현하고 존 오말리는 '초기 근대 가톨릭'을 만들었다고 선언했다. 프로테스탄트 개혁과 가톨릭 반종교개혁이라는 고정관념을 넘어 가톨릭 진영에 대한 더욱 긍정적인 방식의 전개가 이루어졌다. 중세 천년 동안 내려오던 오랜 대중 신심과 종교 관행이 공의회를 통해 정리되었으며, 가톨릭을 신봉하는 지역이 모두 공유할 수 있는 종교 교리, 신앙 실천과 전례 개혁 등이 이루어졌다. 이 변화를 직접적으로 가능케 한 것은 트리엔트 공의회이다. 위로부터 아래로의 하향식 개혁을 의미하는 '머리와 지체의 개혁'(reformatio in capite et in membris)이 공의회를 통해 이루어졌다. 그러나 이 변화는 구조의 변경을 통해서만 가능해진 것이 아니다. 대중 차원의 아래로부터의 개혁 전통과 실천 토대가 마련되었기에 전향적인 변화가 자리 잡을 수 있었다. 가톨릭 개혁은 루터, 츠빙글리, 칼뱅과 같은 이른바 영웅적인 개혁가를 통해 이루어지지 않았다는 특징이 있다. 이와 유사한 역할을 한 인물로 예수회 설립자 이그나티우스 로욜라를 들 수 있지만 로욜라 개인보다는 예수회라는 신생 수도회의 집단적 역할이 오래도록 두드러졌다. 프로테스탄트 종교개혁보다 역동적이지도 않고 느리게 진행되었지만 가톨릭

교회는 전통에 기반해 안정적이고 지속적인 변화를 생성해 낼 수 있었다. 트리엔트 공의회는 교리적으로도 일곱 가지 성사를 재확인했고 종교개혁 교리의 핵심인 루터의 칭의 교리를 수용하지 않았다. 물론, 전혀 다른 평가도 가능하다. 트리엔트 공의회는 가톨릭 교리를 지키는 데 성공했지만 하나의 가톨릭교회의 영구적인 분열을 막지 못했다. 더 무너지지 않게 지켜낸 절반의 성공에 불과한 것이기도 하다.

가톨릭 종교개혁은 중세적 전통을 기반으로 이루어졌다. 그 뿌리는 수도회 정신이다. 중세기 동안 가톨릭교회가 보여 준 교회개혁의 현상과 특징은 시대정신을 반영한 새로운 수도회의 출현을 통해 교회를 갱신하고 견인해 왔다는 점이다. 중세 초 클뤼니 개혁 운동이나 시토 수도회 개혁 운동, 중세 전성기에 등장한 프란체스코회나 도미니크회와 같은 탁발수도회 운동이 대표적이다. 16세기에 상대적으로 덜 주목받아 왔지만 스페인과 이탈리아 등 전통적인 가톨릭 국가에서 발생한 신비주의 운동이나 새로운 수도회 설립이 가톨릭 종교개혁을 가능케 했다.

종교개혁기에 수도회에 관한 프로테스탄트와 가톨릭의 관점은 일치하지 못하고 평행선을 달렸다. 가톨릭 진영과 프로테스탄트 진영 모두에서 환영받았던 에라스무스가 가톨릭으로부터 의혹의 눈초리를 받게 된 계기는 수도원에 대한 부정적인 관점 때문이었다. 루터와 마찬가지로 에라스무스는 수도회 영성을 부정하고 그리스도에 대한 내적 회심을 강조하면서 현실의 삶 속에서 경건을 실천해 나가야 함을 강조했다. 그는 "수사가 된다고 해서 경건한 것은 아니다"(monachatus non est pietas)라고 함으로써 당대 수도주의의 현실에 대해 날카롭게 비판했다. 그럴수록 에라스무스의 반대자들은 그를 프로테스탄트에 경도된 위험인물로 여겼다. 이것은 어디까지나 프로테스탄트의 시각이었다. 루터의 개혁 열풍이 유럽을 분열시켜 나갔을 때, 이와 별개로 가톨릭교회 내에서는 전통적인 영적 쇄신 운동이 나타났다. 신비주의나 수도회 같은 아래로부터 형성된 영성이 트리엔트 공의회라는 위로부터의 개혁을 가능케 한 내적인 힘이었다.

수도회와 신비주의

가톨릭 종교개혁은 16세기 가톨릭교회 내에서 일어난 자정과 갱신 운동이다. 수도회나 신비주의 전통과 16세기 가톨릭 개혁을 연결할 출발점으로 삼을 수 있는 상징적인 해는 1495년이다. 1495년 1월 13일, 도미니크회 산 마르코 수도원장인 지롤라모 사보나롤라는 피렌체 두오모에서 '개혁 설교'(Renovation Sermon)를 전했다. 물질적 풍요와 쾌락의 추구가 진정한 종교의 길을 방해한다고 주장한 사보나롤라는 신의 진노가 이탈리아와 이탈리아 군주, 그리고 성직자들에게 다가올 것이라고 경고했다. 이탈리아 교회의 부패와 르네상스 문화의 세속화를 강하게 비판하고 회개와 도덕 개혁을 촉구한 것이다. 그는 곧 다가올 심판을 예언했지만 회개하고 돌이킬 때 회복될 교회도 예언했다.

> 오 이탈리아여, 이탈리아의 군주들이여, 교회의 지체 높은 성직자들이여, 하느님의 진노가 당신들 위에 있으며 회개하지 않고는 구원받을 길이 없도다! "그리고 내 성소에서 시작하리라"〔에스겔 9:6〕. 오 이탈리아여, 오 피렌체여, 네 죄로 인해 재앙이 네게 닥치리라! 오 귀족들이여, 오 권세자들이여, 오 민중들이여, 하느님의 손이 당신들 위에 있으며, 권력도 지혜도 도피도 저항할 수 없도다! 이는 그대들이 질서의 원리를 알지 못하기 때문이 아니리라. 이탈리아의 군주들이여, 북방의 땅에서 도망하라! 칼이 아직 칼집에서 나오지 않았을 때, 피로 물들기 전에 회개하라! 로마에서 도망하라! 오 피렌체인들이여, 피렌체에서 도망하라, 곧 회개를 통해 죄에서 도망하고 악한 자들에게서 떠나라![1]

1 *Selected Writings of Girolamo Savonarola: Religion and Politics, 1490-1498*, trans., and ed., Anne Borelli and Maria, New Haven and London: Yale University Press, 2006, p. 75.

예언적 메시지를 담은 강력한 카리스마를 지닌 설교자 사보나롤라는 프랑스 샤를 8세의 침공으로 메디치 정권이 붕괴되고 혼란에 빠진 도시에 대해 예언했다. 그의 극단적인 금욕주의, 그리고 예술이나 인문주의적 가치를 부정한 도덕주의는 초기에 대중의 폭발적인 반응을 이끌어냈다. 사보나롤라의 급진적 도덕주의와 종말론적인 관점으로 인해 그를 광신자로 평가하기도 한다. 반면에 당시 가톨릭교회에 만연한 도덕적 부패에 대한 냉철한 비판과 피렌체 시민들의 대중적 지지는 그를 진정한 종교개혁의 선구자라고 보게 하는 또 다른 극단의 평가도 있다. 사보나롤라의 목표는 악이 지배하는 시대에 그리스도교의 가치와 신앙을 회복하는 것이었다. 그는 교황 알렉산데르 6세(재위 1492~1503)와의 갈등으로 이단 혐의로 기소되어 1498년 5월 23일 처형당했다. 피렌체의 사보나롤라의 삶은 비극으로 끝났지만 그가 주장했던 개인 삶의 덕성과 윤리 회복은 더 큰 교회와 국가의 제도적 개혁을 이끄는 힘이기도 했다. 고위 성직자를 비롯해 수사와 세속 통치자들에게 원시 교회로의 회복을 위한 제도적 개혁을 촉구하는 촉매제 역할을 했다. 수도회나 교구 단위에서 새로운 형태의 종교적 삶을 추구하는 자발적 활동을 이끌어냈다. 도덕 개혁은 프로테스탄트 종교개혁이 주로 추구했던 교리 개혁과는 다른 가톨릭교회만의 독특성을 만들었다. 사보나롤라의 광신적 열광주의를 대표하는 것은 피렌체 시민들에게 사치품과 세속적 예술작품 등을 불태울 것을 요구한 '허영의 소각'(Folò delle vanità)이라고 불리는 사건이다. 수많은 르네상스 예술작품이 이 사건으로 인해 불태워졌다. 타협 없는 종말주의자의 시각이지만 트리엔트 공의회에서는 성화상의 사용과 예술작품에 대해 신중한 결정을 내렸다. 트리엔트 공의회 제25차 회기 중에 가톨릭교회는 허용 가능한 예술작품의 수위에 대해 다음과 같이 규정했다.

> 모든 음란함을 피해야 한다. 즉 인물이 욕정을 자극하도록 아름답게 그려지거나 장식되지 않아야 하고, 성인들의 축일이나 유물 참배가 사

치와 방탕으로 왜곡되어 즐기거나 술에 취하는 방식으로 진행되지 않도록 해야 한다. 성인들의 명예를 위한 축제가 사치와 방탕으로 이루어져서는 안 된다.[2]

르네상스 예술의 인간중심주의와 심미적 화려함이 종교적 경건과 배치되지 않도록 했다. 예술이 지나치게 선정적이거나 경박해서는 안 되며, 보는 사람의 정욕을 자극하지 않아야 했다. 가톨릭 개혁은 성직자와 시민들의 세속성과 부도덕을 고발하면서 도덕적·정신적 개혁에 주로 관심을 두었는데, 이는 수도회 금욕주의의 재발견과 강조로 이어졌다.

1517년 이후 수많은 수도회가 새로 생겨났다. 가톨릭교회에서 16세기와 17세기에 생긴 수도회가 1세기~15세기 동안 설립된 수도회를 합친 것보다 더 많았다.[3] 신생 수도회의 설립은 수도회의 폐단을 이유로 수도회를 폐지한 독일의 루터나 잉글랜드 헨리 8세의 정책과 비교할 때, 가톨릭교회만의 독특하고 지속적인 성격이었다. 이들 신생 수도회는 한편으로 가톨릭교회의 내적 활력의 증거였으며, 또 다른 한편으로 루터의 개혁 운동에 대응한 강력한 가톨릭 개혁 운동의 도구 역할을 했다. 특히 스페인이나 포르투갈이 아메리카와 아시아 등지의 선교 활동을 확대하고 강화하는 역할을 했다. 또한 잉글랜드와 같이 가톨릭 신앙이 금지되고 지하 운동으로 접어들었을 때, 비밀리에 가톨릭교회를 설립하고 입지를 유지하는 데에도 이들 수도회가 앞장섰다.

---

2 트리엔트 공의회 제25차 회기, 제2차 교령(http://traditionalcatholic.net/Tradition/Council/Trent/Twenty_Fifth_Session,_Second_Decree.html, 검색일: 2025년 10월 25일). (모든 미신적 관행은 근절되어야 하며, 부정한 이득을 추구하는 행위 또한 폐지되어야 한다. 마지막으로 음란한 행위를 경계해야 한다. 색욕을 자극할 수 있는 방식으로 인물을 묘사하거나 꾸며서는 안 되며, 성인의 축일과 성유물의 참배가 어떤 형태로든 흥청거림과 술주정으로 변질되어서는 안 되며, 성인을 기리는 축제가 사치와 방종의 장이 되어서는 안 된다.)

3 Carlos M. N. Eire, *Reformations: The Early Modern World, 1450-1650*, New Haven and London: Yale University Press, 2016, p. 424.

15세기 후반과 16세기 초반 이탈리아와 스페인을 중심으로 가톨릭 수도회 설립이 활발하게 이어졌다. 신애회(Oratories of Divine Love, 1497), 테아틴회(Theatines, 1524), 카푸친회(Capuchins, 1528), 바르나바회(Barnabites, 1530), 소마스코회(Somaschi, 1534), 우르술라회(Ursulines, 1535), 예수회(Societas Iesu, 1540) 등 새로운 수도 공동체가 생겨났다. 이들 수도회를 통한 아메리카와 아시아 지역의 선교 활동도 활발해졌다. 이탈리아의 신비주의자 제노바의 성녀 캐서린(Catherine of Genoa, 1447~1510), 아빌라의 성녀 테레사(Teresa of Ávila, 1515~82), 십자가의 성 요한(John of the Cross, 1542~91) 같은 신비주의 작가들이 다수 배출되었다. 가톨릭교회의 개혁 운동을 단순히 프로테스탄트 개혁 운동에 대한 반동이라고 하기에는 충분하지 않은 훨씬 다양하고 광범위한 개혁 운동을 목격할 수 있다. 프로테스탄트 개혁가들이 교회의 문제점을 도덕적 해이 때문만은 아니라고 교리와 구조 개혁에 힘을 기울이는 동안에, 가톨릭 개혁가들은 금욕, 경건, 도덕적 삶을 실천하는 등 신앙 쇄신을 도모했다.

또한 이탈리아 제노바의 신비주의자 성녀 캐서린에게 영감을 받아 1497년 설립된 제노바의 '신애회'는 평신도로 구성된 수도회로 종교적 헌신, 자선 및 자비를 실천해 영적인 삶을 고양했다.[4] 신애회는 로마와 다른 여러 이탈리아 도시에 세워지면서 아래로부터의 가톨릭 영성 개혁을 이끌었다. 테아틴회는 사목 및 자선 활동을 목적으로 구성된 사제 단체로, 규칙에 따라 공동체 생활을 하고 사도직을 수행했다. 그들은 곧 이탈리아에서 엄격한 사도적 삶을 추구하는 성직자의 대명사가 되었다. 교회 규율의 느슨함과 무질서, 이단 및 미신의 확산 등에 대해 우려한 그들은 사목 활동과 수도 생활의 쇄신을 이끌었다. 1532년 교황 클레멘스 7세에게 설립 허가를 받은 테아틴회는 신생 수도회로 규모는 작았지만 영향

4 John C. Olin, *Catholic Reform: From Cardinal Ximenes to the Council of Trent, 1495-1563, An Essay with Illustrative Documents and a Brief Study of St. Ignatius Loyola*, New York, NY: Fordham University Press, 1990, p. 12.

력 있는 수도회로 성장했다. 이탈리아 사제직에 대한 새로운 기준을 정립했고 사제를 많이 배출해 교회의 사목적 활동에 활력을 불어넣었다.[5]

1528년 이탈리아에서 설립된 카푸친회는 성프란체스코 규칙에 따라 은둔 생활과 엄격한 금욕을 실천하는 수도회였다. 프란체스코가 강조한 단순하고 청빈한 삶과 복음 전파에 헌신하는 사도적 삶의 전통을 회복하려는 시도는 16세기 가톨릭 수도 전통의 부흥기를 이끌었다. 1536년 약 700명의 회원이 가입했는데, 교황 파울루스 3세(Paulus III, 1468~1549, 재위 1534~49)의 승인을 받아 회칙을 확정했다. 주로 은둔하며 엄격한 금욕적 삶을 실천했지만 병자와 가난한 자들을 돌보는 구제에도 힘썼다. 이 수도회는 성서 연구를 통한 복음 전파의 사명에도 충실했다.

대부분의 수도회는 동시대 프로테스탄트 개혁가들이 추구한 교리적 혁신 등은 포함하고 있지 않아 전통적·보수적·복고적이라고 할 수 있다. 새로운 제도나 규칙, 구조를 만드는 방향을 선택하기보다는 수백 년간 이어져 온 과거의 가치를 복원하는 데 힘썼기 때문이다. 개인적인 종교적 열정과 신과의 신비로운 합일, 가난한 이웃과 병자들을 돌보는 그리스도의 삶을 추구하는 것은 중세적 영성의 전통을 고스란히 담아냈다. 그들에게 그리스도교적 것은 이상은 새로운 종교 사상의 혁신을 통해 이어지는 것이 아니었다. 1497년부터 1540년까지 40년 남짓한 시기에 새로운 수도회가 집중적으로 생겼다. 예수회를 제외하고 모든 신생 수도회는 이탈리아에서 생겨났다. 그런데 역설적이게도 로마 교황은 이들 수도회 설립에 어떤 주도적인 역할도 하지 않았다. 사보나롤라의 수도회 전통이 도시국가 피렌체에서 한때 대중을 모은 것처럼 르네상스의 중심지 이탈리아의 종교적 열정은 다른 유럽 국가보다 결코 덜하지 않았다.

루터를 비롯한 프로테스탄트 개혁가들이 수도회를 비판하는 핵심 중 하나는 선행의 공로에 의지해 구원을 추구하는 삶이었다. 루터는 오직 믿음과 오직 은총으로만 가능한 구원을 주장했다. 하지만 이 시기의 신

---

5 John C. Olin, *Catholic Reform*, pp. 13~14.

생 수도회는 프로테스탄트에 대항하기 위해 세워진 것이 아니었다. 오직 자신들의 성화와 하느님, 이웃, 교회에 대한 봉사와 같은 전통적인 가치를 실천하기 위한 것이었다. 또한 가톨릭 진영에는 루터나 칼뱅과 같이 개혁적 열정과 신학적 천재성을 지닌 인물도 없었다. 몇 명의 영웅적인 개인에게 의존하는 대신에 새로 설립된 종교 단체와 일련의 신비주의자들이 종교적 갱신을 끌어냈다.

수도적 이상에 대한 프로테스탄트 개혁가들의 비판이 16세기 수도 생활을 모두 규정할 수 있는 것은 아니다. 오히려 프로테스탄트의 흐름과 무관한 이탈리아와 스페인의 사회적 상황이 수사의 사도적 삶을 다시 강조하고 유럽이라는 경계를 넘어 가톨릭교회의 세계 확산에 기여했다. 이들은 모두 전통적 신앙과 실천이 여전히 유효함을 증명했다. 서유럽에 증가하는 교회 비판과 반성직주의에 대한 가톨릭의 해답은 새로운 정신으로 종교 실천을 복원하는 수도회였다. 이 아래로부터 지체(肢體)의 요구가 머리의 반응을 이끌어냈다. 새로운 수도회 설립이 설립자들이 읽어낸 대중의 시대정신이었다고 한다면, 1545년 트리엔트 공의회의 소집은 아래로부터의 요구에 대한 교황의 극적인 응답이었다.[6]

대체로 16세기 가톨릭 종교개혁을 이끈 두 축으로 예수회와 트리엔트 공의회를 든다. 예수회가 16세기의 유일한 신생 수도회는 아니지만 가장 주목할 만한 수도회라는 데에는 이의를 제기하기 어렵다. 예수회는 설립 초기부터 악마나 분열자라는 극단적인 비난을 받기도 했고, 16세기 가톨릭의 진정한 구원자로 칭송받기도 했다. 가톨릭교회 외부에서는 물론, 가톨릭교회 내부의 시기, 견제와 비판이 끊이지 않았다. 1773년에는 전투적 교황주의자로서 국가 정치에 개입하고 반체제를 부추긴다는

6 Elisabeth G. Gleason, "Catholic Reformation, Counter-Reformation and Papal Reform in the Sixteenth Century", *Handbook of European History 1400-1600: Late Middle Ages, Renaissance and Reformation*, volume II: *Visions, Programs, Outcomes*, eds., Thomas Brady, Oberman and James D. Tracy, Leiden and Boston: Brill, 1995, p. 318.

이유로 스페인, 프랑스, 포르투갈 등에서 공식적으로 해체되고 재산이 몰수되는 경험도 했다. 19세기에 근대 역사학의 도입 이후에도 예수회에 대한 지식인들 사이의 평가는 양분되었다.[7] 초기 예수회에 드리워진 가장 큰 혐의는 궁지에 몰린 교황을 지켜내기 위한 친위부대로서 프로테스탄트에 맞서 싸우기 위해 설립되었다는 것이었다. 수세에 몰린 가톨릭교회의 회복을 위해 트리엔트 공의회가 주도적인 역할을 하고, 예수회는 공의회의 개혁 교령을 실행하는 데 앞장섰다. 하지만 그것은 예수회의 여러 활동 가운데 하나에 불과했으며, 가장 중요한 단 하나의 관심사라고 할 수는 없다. 경과와 평가가 어찌 되었든 간에, 16세기 가톨릭교회의 개혁 운동에 예수회를 떼어놓고 생각할 수는 없다.

귀스타브 르 봉(Gustave Le Bon, 1841~1931)은 『군중심리』(*The Crowd*)에서 진정한 카리스마적 지도자는 반드시 광기에 사로잡혀 있어야 한다고 했다.[8] 예수회 설립자의 인격은 이를 완벽하게 입증한다. 예수회 역사는 스페인 귀족 로욜라의 이야기에서 시작된다. 설립자 로욜라는 1491년 카스티야 왕국의 바스크 귀족 가문에서 태어났다. 그는 기사도 소설을 몹시 좋아했는데, 여러 면에서 세르반테스의 소설 『돈키호테』의 주인공을 연상케 하는 인물이기도 했다. 어린 시절 왕실에서 시종으로 근무하고, 그 후에는 스페인 국왕의 군대에 복무했는데, 군인으로 살아가던 그의 인생에 전환점이 찾아왔다.

1521년 스페인은 프랑스와 전쟁 중이었는데, 로욜라는 장교로 참전한 팜플로나성 방어전에서 다리에 심각한 부상을 입었다. 부상 치료를 위해 고향으로 돌아와 몇 달을 보내면서 깊은 마음의 변화를 경험했다. 기사도 소설을 읽고 싶었으나 성인전과 신학 서적밖에 없었던 그는 종교 서적에 심취하면서 점차 천사와 성인들이 자신에게 말을 거는 듯한 신비

---

7 John W. O'Malley, *Saints or Devils Incarnate? Studies in Jesuit History*, Leiden and Boston: Brill, 2013, p. 1.

8 Gustave Le Bon, *The Crowd: A Study of the Popular Mind*, London: T. Fisher Unwin, 1896, p. 115.

적 체험을 했다. 그는 이전까지는 거의 종교에 관심이 없는 냉담한 사람이었다. 그러던 그가 성서와 성인전을 읽고 영적 깨달음을 얻어 세상의 명예와 부를 포기하고 성인의 자취를 따르는 삶을 살기로 결심했다. 단식과 기도와 참회를 극단적으로 실천하는 금욕주의자가 되었다. 1522년 초 카탈루냐의 몬세라트에 있는 성모 마리아 성지를 순례한 이후, 그는 인근의 만레사에서 몇 달을 머물렀다. 만레사에서 그는 자신의 인생의 소명에 대한 새로운 통찰을 얻고 그리스도의 군사로 삶을 사는 것이 무엇인지에 대한 명확한 그림을 그릴 수 있었다. 그는 1523년 예루살렘으로 순례를 떠나 프란체스코회에 입회하고자 했으나 거절당했다.

이 사건을 통해 그는 학업으로 방향을 돌려 1524년부터 1535년까지 10년 이상 학업에 몰두했다. 스페인 인문주의자 시스네로스 추기경이 세운 알칼라 대학에서 공부한 이후, 살라망카 대학으로 옮겨 공부를 계속했다. 1528년에는 파리 대학에서 공부해 6년 후인 1534년 석사학위를 받았다. 전 유럽이 루터의 종교개혁 영향으로 분주하던 때, 그가 추구한 해답은 영성 수련이었다. 그는 자신이 쌓은 영성 수련을 토대로 명상, 수도 규칙 및 생활에 대한 책자를 만들었다. 그는 종교 수행에서 윤리와 자선, 타인을 위한 봉사, 선교에 대한 열정 등을 중요한 가치로 포착했다. 그는 "사랑은 말보다는 행동으로 나타나야 한다"라고 썼다. 자신을 비우고 타인을 위한 삶을 지향하는 그의 가르침은 새로운 가톨릭 영성의 본질이라고 요약할 수 있다. 영적 수련과 선교 활동 등을 통해 자신의 가르침을 실천해 16세기 내내 가톨릭교회에 새로운 활력을 불어넣고 영적 쇄신을 이끌었다.

파리 시기 그의 카리스마는 숨길 수 없을 만큼 강력하게 드러났다. 로욜라는 1534년 8월 파리에서 동지 여섯 명과 함께 훗날 예수회로 불리게 될 조직을 만들었다. 그들은 투르크인들의 개종을 위해 예루살렘으로 가기로 서약했다. 1538년 그들은 로마를 방문해 교황 파울루스 3세를 만났다. 1539년 여름에는 교황청의 수도회 설립 승인을 받기 위해 수도회의 목적과 조직을 명시한 회칙을 작성했다. 회칙에서 그들은 교황에 대한 절대적 순종, 선교 및 교육 활동에 대한 헌신을 약속했다. 이듬해인 1540년 9월 교황 파울루스 3세는 칙령 「전투하는 교회의 통치」(Regimini militantis ecclesiae)를 내려 예수회 설립을 승인했다. 예수회의 설립은 로마에서 세력을 모아가고 있던 '개혁 운동의 첫 번째이자 가장 큰 성공'이라고 할 만했다.[9] 또한 이 시점은 반종교개혁의 시작점으로 볼 수 있을 만큼 결정적 순간이었다. 공식적으로 설립된 이후, 여러 지원자가 예수회에 합류했다. 그들은 처음부터 교육 활동에 중점을 두고 가는 곳마다 학교와 교육 기관을 설립했으며, 종교 학술 활동을 통해 가톨릭의 대의를 전파했다. 그들은 교황이 보내는 곳이면 어디든 가겠다는 서약을 통해 가톨릭이 세계화하는 데 주축 역할을 했다. 예수회는 선교 활동을 통해 아메리카와 아시아 같은 새로운 땅에 가톨릭을 전파하고 잉글랜드나 독일과 같이 가톨릭이 취약한 곳에 가톨릭 공동체를 복원하는 데 앞장섰다. 1556년 7월 로욜라가 사망할 당시, 1,000명이 넘는 예수회원이 여러 국가에서 활동하고 있었다.

예수회는 은둔이나 관상 생활에서 하느님을 찾는 전통적인 옛 수도회주의와는 전혀 다른 성격의 조직이었다. 중세 수도회의 공동체적이고 관상의 영성과는 대조되는 개인주의적이고 활동적인 성격을 띠었다. 기존 수도회와 달리, 공동체성을 보여 주는 수도복도 채택하지 않았고 수도회의 독자적인 전례 관행도 채택하지 않았다. 예수회원들은 사제의 모든 권한을 가졌지만 전통적인 수도자의 의무는 최소화했다. 대신에 예수회원들에게 요구된 것은 군대에 가까운 철저한 규율이었다. 입회하고자 하는 자는 교황과 수도회 상급자에게 절대적 복종을 맹세해야 했다. 로욜라는 상급자의 명령에 저항하지 않고 마치 시체처럼 움직여야 한다는 '시체의 복종'(obedience of the corpse)을 요구했다. 또한 로욜라는 예수회에 들어오려는 자에게 자신이 직접 체험하고 발전시킨 '영성 수련'(spiritual exercises)을 추천했다. 현실 세계에서 신적 현존을 경험하는 활

9 John C. Olin, *Catholic Reform*, pp. 23~25.

동적인 영성이 예수회 운동의 두드러진 특징이었다. 중세 수도회의 두 전통인 관상과 활동의 전통을 예수회는 통합했다. 로욜라는 이를 '행동하는 관상'(contemplative in action)이라고 불렀다. 그에게는 행동하는 것이 기도이고, 기도는 곧 행동이었다.[10] 로욜라를 비롯해 프란시스코 사비에르(Francisco Xavier, 1506~52), 페트루스 카니시우스(Petrus Canisius, 1521~97), 에드먼드 캠피언(Edmund Campion, 1540~81), 로베르투스 벨라르미노(Robertus Bellarmino, 1542~1621), 알로이시우스 곤자가(Aloysius Gonzaga, 1568~91) 등 여러 명의 초기 회원이 성인으로 시성되었다. 근대 초 가톨릭 영성의 형성과 발전에 예수회는 단일 종교 단체로는 가장 큰 역할을 했다. 예수회는 프로테스탄트 확산에 맞서기 위해 설립된 것도 아니고 가톨릭교회 내 이단 척결을 위한 운동에서 비롯되지도 않았다. 그들은 전통적인 가톨릭의 영성을 실천하면서 그리스도의 신비로운 몸인 가톨릭교회와 그리스도의 이 땅의 대리자 교황에 대한 절대 복종을 통해 위기에 처한 가톨릭교회를 지켜나갔다. 이 운동이 자체적인 동력을 확보해 나가던 어느 순간, 로욜라는 루터에 필적할 만한 가톨릭의 영웅이 되었고 예수회는 프로테스탄트에 맞서 가톨릭을 수호하는 전위부대라는 상징성을 확보했다.

예수회는 유럽 전역에 학교를 설립하고 교육을 통해 가톨릭 가치를 확산시켰다. 예수회에서 교육을 받은 학생들 가운데 많은 이가 수도회에 가입하거나 가톨릭으로 개종했다. 교육은 예수회의 가장 강력한 무기였다.

1548년 시칠리아의 메시나에서 최초의 예수회 대학을 설립한 이래, 1615년까지 예수회는 372개의 대학을 운영했다. 17세기 초 프랑스에만 36개의 예수회 대학이 있었으며, 독일 지역에서도 50개 이상의 대학이 있었다. 예수회원들은 당시로서는 최고의 교육을 제공했으며, 이는 이념

---

10 H. Outram Evennett, *The Spirit of the Counter-Reformation*, ed., John Bossy, Cambridge: Cambridge University Press, 1968, p. 75.

적 차이보다 더 중요한 요소로 평가되었다. 그들은 프로테스탄트와 가톨릭의 갈등 속에서 신학적·논리적으로 프로테스탄트 신학자들을 압도할 수 있는 탁월한 학자들을 길러내는 데에 그 중요성을 인식했다. 예수회원들이 제공하는 최고 수준의 교육은 국왕이나 귀족과 같은 국가의 특정한 지도층을 설득하는 데 주효했다. 왕과 권력자들은 자녀들의 교육을 위해 예수회원을 고용했다. 예수회는 '왕을 개종시키면 왕국 전체를 개종시킬 수 있다'는 전략으로 사회 지도층을 파고들어 갔다. 이러한 방식으로 예수회원 지식인과 선교사들은 종파와 무관하게 비폭력과 평화를 강조하며 스스로를 무력과는 거리가 먼 평화로운 집단으로 보이게 만들었다.

또한 스페인과 포르투갈 같은 가톨릭 국가들이 식민지화한 전 세계 여러 지역에서 가톨릭화를 주도했다. 예수회로 인해 가톨릭은 유럽에서 프로테스탄트 종교개혁으로 잃어버린 영토를 외부에서 회복할 수 있었다. 또한 잉글랜드와 스웨덴 같이, 가톨릭 국가에서 프로테스탄트로 전환한 국가를 가톨릭으로 되돌리기 위한 유럽 내 선교 활동을 했다. 예수회는 가톨릭 내의 갱신을 넘어 강력한 개혁 도구가 되었다. 이러한 수도회의 활력이 마침내 외부적으로 강렬하게 표출된 계기가 트리엔트 공의회였다. 루터의 종교개혁을 해결하기 위해 열린 이 공의회에서 가톨릭교회는 오랜 기간의 분열을 극복하고 내부의 위기를 극복하기 위한 집합적인 행동을 시작했다. 트리엔트 공의회의 과정과 결과, 그 실행에서 로욜라가 세운 예수회의 역할은 지대했다.

트리엔트 공의회가 열리기까지

루터의 '종교개혁' 문제를 해결하기 위해 교황과 신성 로마 제국 황제에게 공의회 소집 요구가 있었지만 개최는 여의치 않았다. 마지막 주요 시도는 1541년 레겐스부르크에서 열린 회담이었으나 역시 실패로 끝났다. 왜 공의회가 소집되지 않았는지에 대한 이유는 다양했다. 첫째, 카를 5세는 정치적 상황과 외적 위협 때문에 신속하게 종교적 해결을 추진할 수 없었으며, 둘째, 교황은 자신의 권위가 훼손될 수 있다는 우려 때문에 공의회를 소집하기를 주저했다. 셋째, 루터파와 교황청 사이의 갈등은 이미 종교적 대립의 차원을 넘어 정치적·사회적 문제로 격화되어 있었기 때문에 단순히 신학적 논의로 해결할 수 없었다. 1530년대에 들어서면서 종교개혁을 막을 수 없다는 사실이 명백해졌다. 교황청은 공의회 소집에 매우 신중했으며, 특히 그들이 통제하지 못할 공의회에 대해 불안해했다. 그럼에도 공의회 요구를 교황과 황제는 외면할 수 없었다. 그들은 각각 다른 이유로 공의회의 필요성을 인식했다. 때문에 공의회는 교황 파울루스 3세의 관점과 신성 로마 제국 황제 카를 5세의 관점에서 각각 살펴볼 필요가 있다.

먼저 교황의 입장을 보자. 파울루스 3세는 교황청 개혁을 위해 1536년 교황청 내에 추기경과 고위 성직자들로 구성된 위원회를 만들었다. 교회개혁을 위해 시급하게 수행해야 할 안건을 논의함으로써 외부로부터 강제될 수 있는 개혁 요구를 무마하고자 했다. 약 4개월간의 논의 끝에 위원회는 1537년 3월 교황에게 공식 보고서를 제출했다. 이 문서는 16세기 교회개혁과 관련해 가장 중요한 문서로 평가받는 「교회개혁에 대한 의견서」(Consilium de Emendanda Ecclesia)이다. 이 보고서는 교황과 그의 관리들의 부패와 잘못된 관행을 지적하면서 교황청에 대한 매우 직설적이고 강력한 비판을 담고 있었다. 교회의 사목 사역이 적절하게 수행될 수 있도록 여러 구체적인 시정을 요구했다. 주교와 사제직 선발 기준을 강화하고, 부재성직을 금지하며, 규율이 해이해진 수도회를 폐지할 것을 제안했다. 아울러 교황 임명과 성직 수여에 관련된 성직 매매를 금지해야 한다고 주장했다. 「교회개혁에 대한 의견서」는 교황청에 대한 냉정한 비판도 가감없이 하고 있다. 교회의 모든 문제의 근원이 교황 권력에 대한 지나친 주장과 오용에 있다고 신랄하게 지적하면서 로마가 모든 이에게 모범이 되어야 함을 강조했다. '로마가 정화되어야 세상이 정화된다'(purga Romam, purgator mundus)는 문구처럼 비대해진 교황청 구조와 대중의 개혁을 문제의 해결책으로 제시했다.[11] 그러나 교황청이나 추기경단 내에서 이를 실행할 압력 집단이 부재했다.[12] 이 제안은 보수적인 추기경들의 반대로 실행되지 못했다. 실현되지는 않았지만 파울루스 3세의 시도는 중요한 시사점이 있다. 역사는 그를 대개 마지막 르네상스 교황이자 반종교개혁의 첫 번째 교황으로 규정한다. 완전한 개혁 교황이라고 간주할 수는 없지만, 그 길을 열었다는 점은 높은 평가를 받는다. 프로테스탄트의 부상은 종교적 문제일 뿐만 아니라 정치적 문제였다. 독일의 프로테스탄트 종교개혁, 잉글랜드 헨리 8세의 가톨릭과의 결별, 예측할 수 없는 프랑스 왕의 간섭, 이탈리아 내부의 불만 등 종교 문제를 빌미로 가톨릭교회의 지위는 지속적으로 위협을 받았다. 따라서 교황청의 권위를 회복하기 위해서는 내부 개혁이 필수적이었다. 파울루스 3세의 해법은 공의회 소집이었다. 공의회 소집을 요구하는 목소리에 대한 방어적 차원이 아니라 공의회가 주도적으로 긴급한 문제를 다루어야 함을 알았다. 이 점에서 파울루스 3세는 근대 가톨릭 개혁의 초석을 다진 인물이다.[13] 그는 개혁적 성향을 지닌 추기경과 주교들을 승진시켜 중요한 직책에 배치했다. 이들 중 베네치아 출신의 가스파로 콘타리니(Gasparo Contarini, 1483~1542) 같은 인물이 트리엔트 공의회 초기에 중요한 역할을 했다. 교황청 자체 내 구조 개혁에는 실패했지만 교황청에서 새로운 인물을 발탁해 적재적소에 배치함으로써 트리엔트 공의회에서 변화와 성과를 이끌어낼 수 있었다.

교황과 별개로 신성 로마 제국 황제도 공의회의 필요를 긴박하게 느끼

11 John C. Olin, *Catholic Reform*, p. 21.

12 Elisabeth G. Gleason, "Catholic Reformation, Counter-Reformation and Papal Reform in the Sixteenth Century", *Handbook of European History 1400-1600: Late Middle Ages, Renaissance and Reformation*, volume II: *Visions, Programs, Outcomes*, eds., Thomas Brady, Oberman, and James D. Tracy, Leiden and Boston: Brill, 1995, p. 323.

13 Elisabeth G. Gleason, "Catholic Reformation", p. 324.

고 있었다. 루터의 종교개혁으로 인한 유럽의 분열 상황에 가장 민감하게 반응한 군주는 당시 유럽의 실권자인 신성 로마 제국 황제 카를 5세였다. 종교개혁기의 가톨릭과 프로테스탄트 양편에 실질적인 영향력을 주도적으로 행사하고 문제 해결을 시도한 이는 교황도 루터도 아닌 바로 카를 5세였다. 종교개혁은 신성 로마 제국의 다수를 차지하는 독일 제후들이 루터를 지원하면서 시작되고 확산되었다. 황제는 제국 내부로 확산되는 프로테스탄트를 저지해야 하는 동시에 교황에게 압력을 가해 교회 분열의 문제를 해결하도록 종용했다.[14]

신성 로마 제국 황제가 제국 내부의 문제를 무력으로 해결할 수 없었던 결정적인 한 가지 변수는 발칸 반도를 점령하고 서유럽의 목전까지 치고 들어온 이슬람의 서진이었다. 1529년에는 술탄 술레이만 1세(1494~1566)가 이끄는 오스만 제국이 신성 로마 제국 수도 빈을 포위해 합스부르크 왕조는 술레이만 1세와 평화협정을 맺어야 했다. 카를 5세가 제국 내부의 프로테스탄트 문제를 해결하기 위해 군사적인 도모만을 할 경우, 제국은 불가피하게 내전에 휩싸이고 외부의 적인 오스만 제국의 위협에 더 크게 노출될 수밖에 없었을 것이다.

황제는 1521년 보름스 제국의회에서 루터를 단죄했지만, 그 뒤로도 루터를 보호하고 지지하는 제후와 제국의회를 통해 평화적인 해결을 모색했다. 제국의 분열은 곧 제국의 약화와 오스만 제국의 공세 앞에 무력해질 위험을 의미했기 때문이다. 카를 5세는 유럽 내에서의 전쟁과 외부의 위협 속에서 프로테스탄트의 협력이 여전히 필요했다. 루터가 단죄된 이후에 교회개혁을 위한 공의회의 요구가 독일 전역에서 빗발쳤다. 루터도 공의회에 항소하겠다며 공의회 개최를 요구했다.[15] 신성 로마 제국 내 독일 주교들도 루터 문제를 공의회를 통해 해결하고자 했다. 1520년

14 Geoffrey Parker, *Emperor: A New Life of Charles V*, New Haven and London: Yale University Press, 2019, pp. 268~70.

15 *Documents of the Christian Church-Fourth Edition*, eds., H. Bettenson and C. Maunder, Oxford: Oxford University Press, 2011, p. 203.

대와 1530년대 황제와 제국의회는 루터와 개혁 문제를 해결하기 위해 여러 차례 회의를 열었다. 1522년 뉘른베르크 제국의회에서 독일의 제후들은 '독일 땅에서의 자유로운 공의회'를 요구했다.

여기서 자유로운 공의회란 교황의 간섭 없이 독립적으로 운영되는 공의회이다. 교황이 공의회를 주재하면 공정성과 독립성이 훼손될 것이라는 우려가 있었다. 독일 땅에서 열려야 한다는 요구는 교황청이 위치한 이탈리아를 배제하려는 의도였다. 이 요구는 교황청과의 갈등을 심화시켰고 제국의 분열을 가속화했다. 제후들은 황제와 교황의 권위를 동시에 경계하며 독립적인 권력을 유지하려 했기 때문에 종교개혁 문제는 신학 논쟁을 넘어 정치적·사회적 긴장을 야기하는 복잡한 문제로 발전했다.

1524년 제2차 뉘른베르크 제국의회에서는 다시 독일 주교들만의 전국 공의회를 요구했으나 카를 5세는 거부했다. 1530년대 들어 독일 프로테스탄트들은 가톨릭과 결별하고 교황권이 미치지 않는 새로운 교회를 공고히 구축했다. 프로테스탄트 지역에서는 교황권이 미치지 못했다. 이런 상황에서 독일 주교들이 자체적으로 공의회를 열어 분열을 공식화할 가능성도 제기되었다. 교황은 카를 5세의 요구에 따라 독일의 가톨릭과 프로테스탄트 신학자들 사이의 회담에 교황 특사를 파견했다. 이 회담은 1541년 레겐스부르크 제국의회와 함께 열렸다. 양측의 노력에도 불구하고 구체적인 성과는 없었다. 가톨릭 측은 의화, 성사의 본질, 교황 권위와 같은 문제에서 자신들과 프로테스탄트 측 사이의 신학적 차이가 얼마나 큰지를 확인했을 뿐이었다.

여기에 더해 유럽의 헤게모니를 놓고 쟁탈을 벌이던 카를 5세와 프랑스 왕 프랑수아 1세의 갈등도 공의회 개최 지연에 한몫했다. 1542년에는 다시 한번 공의회 소집 시도가 있었지만 프랑스와 신성 로마 제국 사이의 전쟁으로 인해 무산되었다. 프랑스에 승리한 카를 5세는 1544년 크레피 조약(Treaty of Crépy)을 체결하고 공의회 개최에 동의하도록 압박했다. 1545년 프랑스 왕이 공의회 소집과 대표단 파송에 동의하면서 공의회가 열릴 수 있게 되었다. 이토록 지난한 과정을 거치며 소집된 공의회는 교황과 세속 통치자들 사이의 이해관계가 합해진 결과물이었다. 1541년 레겐스부르크 제국의회에서 프로테스탄트와의 화해 시도에 실패하고 프로테스탄트가 교황이 주도하는 공의회 참여를 거부했기 때문에 가톨릭 진영의 공의회로 축소되었다.

공의회 개최와 세 시기

교황 파울루스 3세는 지금은 이탈리아에 속한 지역이지만 당시에는 신성 로마 제국에 속했던 트리엔트에서 공의회를 소집했다. 종교개혁이 시작된 지 거의 30년 만이었다. 카를 5세의 압박으로 우여곡절 끝에 소집된 공의회는 1545년 12월 13일 열렸다. 대부분 이탈리아인으로 구성된 31명이 참가하면서 공의회는 공식적으로 시작되었다.[16] 공의회는 프로테스탄트 개혁에 대한 가톨릭교회의 가장 포괄적이고 권위 있는 대응이었다. 1545년부터 1563년까지 18년간 지속되었지만 중간중간에 긴 공백기가 있었다. 공의회는 1차로 1545~47년, 2차로 1551~52년, 3차로 1562~63년에 각각 열렸다. 세 차례로 나누어진 기간에 25개의 공식 회기가 진행되어 주교와 신학자들의 위원회가 열렸다.

공의회에서 제기된 초기 논란은 공의회와 교황 사이의 관계였다. 교황에 종속될 것인지, 아니면 독립적인 것인지는 이해관계에 따라 해석이 달랐다. 신성 로마 제국과 프랑스 대표단은 공의회주의의 입장을 취한 반면, 교황에게 공의회주의는 폐기된 유산에 불과했다. 하지만 이는 실질적 문제를 야기했다. 결의안에 투표할 수 있는 사람들은 주교와 수도회의 대표만이었다. 반면에 공의회주의가 주도한 콘스탄츠 공의회의 경우, 개별 성직자가 투표권을 가진 것이 아니라 국가별로 투표권이 주어

16 Hubert Jedin, *Ecumenical Councils of the Catholic Church: A Historical Outline*, trans., Ernest Graf, New York, NY: Herder and Herder, 1960, p. 155.

졌다. 교황은 트리엔트 공의회에서 이 방식을 폐지했다.

이렇게 위태롭게 출발한 공의회였기에 대다수는 공의회가 크게 성공할 것이라고 믿지 않았다. 그렇지만 1563년 12월 3~4일 폐회 회의에서 교령에 서명한 이들은 250명에 이를 정도로 예상치 못한 큰 성공을 거두었다. 교황은 공의회에 두 가지 목표를 제시했다. 하나는 이단을 근절하고 가톨릭 교리를 명확히 확립하는 것이었으며, 다른 하나는 교회의 머리, 즉 교황청과 주교들을 개혁하는 것이었다.[17] 황제는 프로테스탄트와의 일치를 가장 큰 목적으로 두었다. 이와 반대로 교황은 프로테스탄트의 도전 앞에서 가톨릭 교리를 재확인하는 것이 핵심이었기 때문에 공의회 시작부터 황제와 교황 사이의 긴장이 있었다.

제1차 트리엔트 공의회

제1차 트리엔트 공의회는 제1~8회기로 이루어졌다. 이 회기 동안 전통의 수용, 원죄 교리, 의화론, 성례전 교리 등이 정해졌다. 제1차 회기에서 가장 주목할 만한 성과는 의화론에 관한 교령이었다. 루터는 인간이 행위로 구원받는 것이 아니라 죄인에게 의를 값없이 베푸는 자비로운 하느님에 대한 믿음으로 구원받는다고 가르쳤다. 루터가 제시한 프로테스탄트 핵심 교리인 '오직 믿음으로 의롭게 된다'는 주장에 대해 가톨릭교회는 큰 혼란을 겪었다. 또한 콘타리니 같은 일부 가톨릭 신학자는 인간이 얻은 내적 의화는 하느님이 부여한 의화로 보완되어야 구원받을 수 있다는 이른바 '이중 의화'(duplex iustitia)를 제기했다. 루터 신학과 가톨릭 신학의 절충 내지 타협안이라고 할 수 있다. 이 공의회에서 믿음으로만 의로워진다고 하는 루터교의 교리와 '이중 의화' 개념은 모두 거부되었다. 1547년 1월 제6차 회의에서 만장일치로 수용된 교령에서는

17 *Compendium of Creeds, Definitions, and Declarations on Matters of Faith and Morals*, eds., H. Denzinger and P. Hünermann, 43rd edition, San Francisco, CA: Ignatius Press, 2012, p. 369.

'의화'란 '인간 내면의 성화와 갱신'이며, 믿음과 더불어 선행과 하느님의 계명을 준수하는 것이 구원의 조건이라고 정의했다.

이 시기에 다루어진 안건은 진리의 이중적 근원인 성서와 전통의 타당성, 일곱 가지 성례와 미사, 연옥의 존재, 성인의 기도 등이었다. 성서와 전통에 대한 교령은 1546년 4월 제4차 회기에서 처음으로 채택되었으며, 프로테스탄트의 '오직 성서로만'의 원칙을 거부했다. 트리엔트 공의회에서는 "구원의 진리와 행동 규범은 …… 우리에게 내려온 기록된 책과 기록되지 않은 전통에 담겨 있다"라고 정의함으로써 계시의 두 가지 원천으로 성서와 교회 전통을 보는 가톨릭의 믿음을 재확인했다.[18]

1547년의 제5차 회기에서는 원죄에 관한 결의안이 통과되었다. 이 결의안은 원죄 교리를 수용하면서 동시에 인간 본성의 선함도 재확인했다. 칼뱅주의가 주장하는 '전적 타락'의 개념은 거부했다. 제6차 회기에서는 교회에서 큰 비판 대상인 '부재성직'의 문제를 다루었다. 대다수 주교는 여러 개의 성직록을 받아 물리적으로 자신이 맡고 있는 교구에 거주하지 않았다. 그러면서 여러 교구로부터 수익을 얻는 방식으로 부를 축적해 비판 대상이 되었다. 공의회는 이 부재성직을 금했다. 마지막 회기에서는 성사의 수에 대해 결의안을 통과시켰다. 프로테스탄트 개혁가들이 주장한 두 개의 성사가 아니라 일곱 개의 성사를 모두 인정했다.

제1차 공의회는 대체로 프로테스탄트의 주장에 반박해 가톨릭의 입장을 재확인하고 재천명하는 데 주력했다. 이는 신성 로마 제국 황제가 원하는 충분한 결정은 아니었다. 황제는 교리보다는 교회개혁이라는 제도적 측면에서 더 활발한 논의가 이루어지기를 원했다.

제2차 트리엔트 공의회

제1차 공의회는 트리엔트에 황열이라는 전염병의 발생으로 중단되었다. 공의회는 트리엔트에서 볼로냐로 옮겨져 제9~10회기가 열렸다. 공

---

18 *Compendium of Creeds*, p. 370.

의회 장소 이전이 문제를 일으켰다. 카를 5세와의 합의에 따라 공의회는 트리엔트에서 열리는 것으로 했기 때문이다. 이미 트리엔트 공의회 기간에 교황 사절과 황제 사절 사이에 첨예한 긴장이 있었기 때문에 이탈리아의 볼로냐로 옮길 경우, 공의회가 교황의 영향을 크게 받을 것이라는 우려가 높아졌다. 1547년 카를 5세는 교황 파울루스 3세에게 공의회 장소를 트리엔트로 복귀시킬 것을 요청했다. 교황의 거부로 이후 공의회는 4년간 중단된다. 1549년 파울루스 3세가 사망한 이후, 후임 교황 율리우스 3세(Julius III, 1487~1555, 재위 1550~55)가 다시 공의회를 소집해 1551년부터 1552년까지 약 1년 동안 제2차 회의가 열렸다. 공의회는 열세 차례에 걸친 회의에서 여러 가지 교리적 결정을 통과시켰다. 교리 문제에 대해서는 큰 갈등이 없었고 대부분 동의가 이루어졌다. 실제로 중요한 갈등은 개혁 문제에서 발생했다. 1551~52년 공의회는 유일하게 프로테스탄트 대표들을 초대하려 시도했다. 제2차에는 일부 프로테스탄트 대표가 안전을 보장받은 이후 공의회에 참여했다. 카를 5세가 가톨릭과 프로테스탄트 사이에 화해할 수 있는 여지를 기약한 것이다. 프로테스탄트 대표단은 도착하자마자 자신들의 요구를 제시하면서 교황이 주도하는 공의회의 권위를 거부했다.[19] 공의회 우위설을 주장하며 교황이 주재하는 회의에 반대하면서 논의가 진척되지 못했다. 결과적으로 프로테스탄트와 가톨릭이 마주 앉은 마지막 회기가 되었다. 이제 황제 역시 현실을 받아들였다. 1555년 아우크스부르크 화의는 이 현실을 인정한 데서 나온 결과물이다. 가톨릭교회의 병폐와 고통을 치유하고 분열된 교회의 연합과 일치를 추구했지만 진전이 없었다. 프로테스탄트와 가톨릭 사이의 종교적 분열은 너무 깊어 공의회에서 해결하기가 쉽지 않았다. 공의회 개최에 정치적 이유와 교리적 이유가 공존하는 것처럼 교회의 일치와 개혁에 대해서도 참가자들은 서로 상충된 개념을 가지고 있었다. 공의회는 더 이상 화해나 재결합의 도구가 아니라 가톨릭에 남아

19 *Compendium of Creeds*, p. 337.

있는 사람을 위해 필요한 교령과 교리를 입법하고 정의하는 기능을 수행했다.

제1차가 교리를 확정하는 역할을 했다면, 제2차에서는 교회개혁에 대한 논의가 이루어지고 두 가지 개혁 교령이 발표되었다. 제13차 회기에 발표된 첫 번째 교령은 부재성직을 금지하고 주교의 교구 상주를 정했다. 이 교령은 주교가 다스리는 자가 아니라 교회의 목자로서 신자들을 자녀와 형제처럼 사랑하고 권면해야 한다고 강조했다.[20] 또한 이 교령은 주교에게 죄를 범한 사제나 성직자에 대한 처벌 권한과 의무를 부과했다.[21] 두 번째 「개혁 교령」(Decretum de Reformatione)도 '부적합하고, 훈련되지 않고, 무지하고, 무능력하다고 주교가 거부한' 자를 사제로 서품하는 것에 대해 경고했다.[22] 사제와 수도자의 수준을 유지하기 위한 제반 규정이 이 교령에 담겼다.[23] 제2차에서 확정된 교령의 특징은 교회개혁의 주체로서 주교와 사제의 역할에 대한 강조이다. 얼핏 보기에 당연해 보이는 성직자의 역할에 대한 강조와 재확인은 세속 통치자와 의회가 교회개혁을 주도해야 한다고 주장하고 실천하고 있는 프로테스탄트 진영에 대한 대응적 성격이 강했다. 짧은 회기에 통과된 의제는 많지 않았지만, 제1차에서 결정한 교리적 틀 위에 기존의 가톨릭 구조 개혁을 시도할 수 있는 토대를 마련했다. 제2차 공의회는 1552년 독일에서 발생한 카를 5세와 소수파 동맹 사이의 전쟁으로 다시 중단되었다. 율리우스 3세가 통과된 개혁과 교리들을 시행하도록 지시하는 교황 칙서를 발표하려 했지만 공포하기 전에 사망했다. 이로 인해 공의회에서 통과된 개혁 조치를 교구에서 시행하는 데에 제동이 걸렸다.

---

20 *Decrees of the Ecumenical Councils*, ed., Norman P. Tanner, vol. 1, London: Sheed and Ward, 1990, p. 698.

21 *Decrees of the Ecumenical Councils*, p. 701.

22 *Decrees of the Ecumenical Councils*, p. 715.

23 *Decrees of the Ecumenical Councils*, p. 716.

제3차 트리엔트 공의회

1552년 4월 28일 공의회가 중단된 이후 공의회가 다시 재개되기까지 10년의 공백이 있었다. 1555년 율리우스 3세가 사망한 이후 교황이 된 파울루스 4세(Paulus IV, 1476~1559, 재위 1555~59)는 공의회에 대해 부정적인 입장을 가졌다.[24] 공의회 개최가 큰 실수라고 생각하고는 오히려 로마 주교회의를 통해 교황이 주도하는 개혁을 시행하려고 했다. 그래서 1556년 로마에서 주교회의를 소집했지만 스페인과의 전쟁으로 무산되었다. 로마 주교회의 소집은 트리엔트 공의회를 무효화하려는 의도였다. 그는 교황청에서 새로운 공의회를 소집해 필요한 개혁을 주도하는 것이 효율적이라고 생각했다.[25] 그래서 공의회의 재소집은 파울루스 4세의 후계자인 피우스 4세(Pius IV, 1499~1565, 재위 1559~65)에게 맡겨졌다. 그는 공의회를 다시 소집하기로 결정했다. 이 공의회가 이전 공의회의 재소집인지 아니면 새로운 공의회인지에 대한 논란이 있었다. 10년이 지나면서 상황이 많이 달라졌기 때문이다. 1562년 다시 모인 제3차 공의회는 여러 교황과 추기경들이 사망하고 개혁 성향을 가진 신임 추기경들이 주도하게 되었다. 제2차 공의회가 중단되고 10년이 지난 후에 다시 트리엔트에서 공의회가 열렸지만, 개혁 공의회라는 큰 흐름을 이어갔기 때문에 연속성을 지닌 하나의 공의회로 인정받았다. 1562년 초에 다시 모였을 때에는 113명의 추기경을 비롯해 주교와 수도원장들이 모였는데, 마칠 즈음에 참석자는 거의 200명에 가까웠다. 참석자 숫자만큼이나 공의회에서 중요한 결정이 많이 내려졌다.

마지막 회차에서도 교회개혁 논의가 주된 안건이었다. 교회개혁에 대한 핵심은 교황청 내의 개혁 요구와 교구 주교들에 대한 개혁 요구였다. 이 공의회에서 개혁적인 주교와 보수적인 주교들 사이에서 의견 차이가

---

24 율리우스 3세 사망 이후, 교황 마르첼루스 2세(Marcellus II, 1501~1555, 재위 1555. 4. 9~5. 1)가 1555년 4월 9일 선출되었으나, 즉위 22일 만인 1555년 5월 1일 병사해, 파울루스 4세가 같은 해 교황직을 이어받았다.

25 Hubert Jedin, *Ecumenical Councils*, p. 172.

발생했다. 개혁적인 주교들과 점차 신중한 보수적인 입장으로 변한 주교들과의 충돌이 빚어졌다. 이 공의회에서 논의되었지만 합의에 도달하지 못한 중요한 문제 가운데 하나가 주교 권위의 본질에 관한 것이었다. 개혁 주교들은 주교 권위를 교황권에 의해 제한받지 않는 독립적이고 신성한 권리라고 정의하려 했다. 주교들이 자신의 교구에서 더 나은 사목자로서 역할을 하려는 의도로 제기되었지만 교황의 권위에 도전하는 것으로 해석될 수 있다는 점에서 논란이 되었다.

마지막 세 차례의 회기인 제23, 24, 25차 회기에서 참가자들은 몇 가지 중요한 개혁 교령을 승인했다.[26] 개혁적인 주교와 보수적인 주교들 사이의 타협 끝에 주교들이 자신들의 교구에 거주해야 하며, 여러 교구를 동시에 맡지 않도록 했다. 복수겸직과 부재성직의 문제를 원천적으로 금지한 것이다. 이와 동시에 주교들에게 더 큰 권한을 부여하는 결정도 내렸다. 주교는 매년 사제들을 방문해 직무 수행을 점검하는 시찰권을 가지게 되었다. 또한 교구 내 하위 성직자들이나 수도회에서 로마에 직접 상소할 수 있는 제도로 인해 주교의 권위가 세워지지 못한 문제가 있었다. 트리엔트 공의회는 사제나 수사가 교구 내에서 발생한 문제를 로마로 상소하는 것을 제한해 주교들이 교구 문제에 포괄적 권한과 통제권을 가지도록 했다. 이 교령은 트리엔트 공의회가 가톨릭 개혁에 기여한 핵심으로 주교의 역할과 책임에 초점을 맞추었다. 아우트람 에벤넷은 이 조치를 "도덕적으로나 행정적으로 주교직을 회복하는 데 집중되었으며, 모든 면에서 주교직을 강화하는 것이 개혁의 핵심이자 반종교개혁 교회의 초석"이라고 평가했다.[27]

공의회의 조치는 단순히 주교 권한 강화에 국한되지 않았다. 1563년 7월 제23차 회기에서 채택된 교령은 각 주교에게 교구의 미래 사제 교

---

26 *Canons and Decrees of the Council of Trent*, trans., H. J. Schroeder, O. P., St. Louis, MO: B. Herder, 1941, pp. 164~79, 190~213, 217~53.

27 H. O. Evennett, *Spirit of the Counter-Reformation*, p. 97.

육 및 훈련을 위한 대학이나 신학교를 설립할 것을 지시했다. 트리엔트 공의회에서 결정된 신학교와 같은 교육 기관의 창설은 가장 중요한 개혁이라고 할 수 있다. 당시에는 신학생 교육의 중요성을 제대로 인식하지 않았다. 사제 교육을 위한 교육 기관의 설립은 중세 후기 교회의 가장 심각한 결함이라고 여겨지던 사제의 수준과 자격 문제를 해결하는 조치였다. 이 조치는 메리 튜더 잉글랜드에서 레지널드 폴 추기경이 시도한 유사한 교육개혁에서 영감을 받았다. 또한 유럽 전역에서 생겨난 예수회 학교의 사례도 이 교육개혁을 이끈 중요한 요인이었다. 예딘은 "트리엔트 공의회가 사제를 위한 교구 신학교 설립 외에 교회 쇄신을 위해 아무것도 하지 않았어도 큰 성과를 거둔 것"이라고 높이 평가했다.[28] 성직자 교육과 임명 과정에서의 개혁은 교회 내의 부패를 막고 교회의 본질적 가르침을 유지하는 데 중요한 역할을 했다. 성직자들의 교육 수준을 높이고 선출 과정의 공정성을 강화한 것은 이후 가톨릭교회의 지속적인 강화와 회복을 이끌었다.

교리에 관해서는 전통적인 가톨릭교회의 핵심 교리인 칠성사를 다시 확정했다. 트리엔트 공의회는 루터와 프로테스탄트 진영이 제기한 새로운 교리에 대한 수용을 전면 거부하고 제4차 라테란 공의회 이후 형성된 가톨릭 교리들을 재확인했다. 제22차 회기에서 통과된 미사 희생에 대한 교령은 의화에 대한 교령과 함께 공의회의 가장 중요한 두 가지 신학적 결정이다. 프로테스탄트는 미사를 가증스러운 우상 숭배로 거부했으며, 미사 폐지는 가톨릭과의 단절의 상징이었다. 하지만 공의회에서는 미사를 갈보리에서의 그리스도의 희생을 기념하는 것으로 정의하면서도 그리스도의 희생을 '재현'하는 미사의 제사적 성격을 인정했다.[29]

가톨릭의 성찬 교리인 화체설을 재확인했을 뿐만 아니라 성찬식에서

28 Hubert Jedin, *A History of the Council of Trent*, trans., Dam Ernest Graf, O. S. B. vol. 2, St. Louis, MO: B. Herder, 1961, p. 69.

29 *Canons and Decrees*, pp. 144~45.

평신도에게 포도주를 나누어주는 후스파와 루터파 등 프로테스탄트의 관행을 거부했다. 프로테스탄트 지역에서 인정하던 사제의 혼인 역시 트리엔트 공의회에서는 수용하지 않았다. 심지어 종교개혁의 도화선이 된 면벌부 교리 역시 현금으로 매매하는 것을 금지했을 뿐 교리 자체는 폐기하지 않았다. 연옥 교리도 인정하고 성인 공경이나 성물이나 성화상 사용에 대한 관행도 원칙적으로 유지되었다.[30] 트리엔트 공의회는 전통의 교리를 재확인하는 동시에 교회의 제도적 개혁을 통해 사제권의 오남용을 막고 사제의 도덕과 윤리를 개혁하는 선택을 했다. 이런 결정은 이전의 가톨릭 공의회와 유사하게 위로부터 시도하는 개혁이었다.[31] 트리엔트 공의회는 가톨릭교회의 교리와 실천을 재확인하고 교회의 위계구조 개혁을 위한 중요한 초석을 놓았다. 가톨릭 교리를 명확히 해 종교개혁의 영향을 받은 지역에서 대중이 가톨릭 교리를 정확히 이해할 수 있도록 도왔다. 대다수의 사람이 교리적 차이를 제대로 이해하지 못했기 때문에 공의회의 교리적 명확성은 종교적 분열을 피하고 교회의 일관성을 유지하는 데 필요했다. 비록 공의회가 모든 것을 이루지는 못했지만, 이미 종교개혁으로 인해 분열된 교회 내에 남아 있는 신자들에게 명확한 신앙 방향을 제시했다고 평가할 수 있다.

그러나 긍정적인 조치만 나열할 수 있는 것은 아니다. 제3차 트리엔트 공의회에서 주목할 것은 교회가 금지해야 할 도서 목록을 지정한 것이다. 1550년에 들어서자 로마 교황청에서는 인쇄물에 대한 태도가 좀 더 적대적으로 바뀌었다. 공의회의 금서 목록도 이러한 불관용의 연장에서 나왔다. 트리엔트에서는 '거룩한 공의회는 그리스도교 진리의 알곡을 잡초와 같은 다양하고 이상한 가르침과 분리하기 위한 조치를 고려해야

30 Steven E. Ozment, *The Age of Reform, 1250-1550: An Intellectual and Religious History of Late Medieval and Reformation Europe*, New Haven and London: Yale University Press, 1980, pp. 407~09.

31 William E. Phipps, *Clerical Celibacy: The Heritage*, London and New York, NY: Continuum, 2004, pp. 160~61.

한다'는 명분으로 「교황청 금서 목록」(Index Librorum Prohibitorum)을 지정하기로 결정했다.[32] 1557년 최초로 인쇄된 금서 목록에는 '카스티야 로망스어나 다른 속어로 된 성서'가 포함되었다. 또한 에라스무스와 마키아벨리, 라블레 등 중세 말 인문주의자들의 책과 중세철학자 윌리엄 오컴의 책도 금서 목록에 들어 있었다. 루터, 칼뱅, 멜란히톤 같은 프로테스탄트 신학자들의 저작도 당연히 모두 포함되었다.[33] 교황은 1564년 3월 24일 교령 「주님의 양떼를 보호함」(Dominici Gregis Custodiae)을 내려 금서 목록을 승인했다. 금서 목록은 1966년 6월 14일 폐지될 때까지 유지되었다. 금서 목록에 대한 추적으로 수백 명의 인쇄업자가 박해를 피해 스위스와 독일 등지로 도피했다.

종료와 그 이후

이 마지막 회기에서 굵직굵직한 개혁 조치들이 통과된 이후에 18년간 이어진 공의회는 종료되었다. 공의회 마지막 회기에 이루어진 개혁은 단순히 프로테스탄트에 반대하는 것을 넘어섰다. 교황 주도로 이루어진 개혁은 반종교개혁을 넘어 더 엄격한 도덕 윤리를 사제들에게 부과하고 신학 교육의 체계화를 통해 사제의 수준을 높여 결과적으로 더 건강하고 지속 가능한 가톨릭교회를 만들어가는 토대가 되었다. 트리엔트 개혁은 수세적이거나 과거에 머물기보다는 미래에 초점을 맞추었다. 혁신에 대한 요구는 교회에 위협이 아니라 필요조건이자 기회로 여겨졌다. 트리엔트가 집합적인 노력으로 형성한 가톨릭 개혁의 상상력과 지평은 프로테스탄트의 공세를 막는 데 그치지 않고 문자 그대로 유럽과 전 세계로

32 금서 목록에 대해서는 Gigliola Fragnito, ed., *Church Censorship and Culture in Early Modern Italy*, trans., Adrian Belton, Cambridge: Cambridge University Press, 2001 참조.

33 Paul F. Grendler, "Printing and Censorship", *The Cambridge History of Renaissance Philosophy*, ed., Charles B. Schmitt, Cambridge: Cambridge University Press, 1988, pp. 45~46.

확대되었다. 유럽 내에서 프로테스탄트 지역이 된 가톨릭 지역에서 재가톨릭화가 활발하게 이루어졌으며, 새로 발을 딛게 된 해외 영토에서 가톨릭의 선교가 크게 증가했다.

1563년 열린 최종 회기에 참가한 모든 추기경과 주교, 그리고 수도원장들이 공의회 결정 사항에 서명하고 교황에게 재가를 요청했다. 1564년 교황 피우스 4세는 교령 「찬미받으실 하느님」(Benedictus Deus)을 반포해 트리엔트 공의회 교령을 승인하고 공포했다. 모든 가톨릭 주교에게 회람하도록 하고 여덟 명의 추기경으로 구성된 위원회를 만들어 교령의 해석과 시행을 감독하게 했다. 공의회는 시작부터 끝까지 정치적 역학 관계로 시달렸고 예상치 못한 전염병과 전쟁 등으로 여러 차례 중단되면서 방향이 바뀌기도 했다. 그렇지만 공의회는 일관되게 교리와 개혁에 대한 시급한 문제들을 해결하고 수많은 교리 및 개혁 법률을 만들어냈다.

한편, 공의회를 주도한 또 다른 축인 신성 로마 제국 황제 카를 5세는 어땠을까? 교황이 공의회에서 기대하는 것이 교리와 교회개혁이었다면, 황제가 공의회에서 의도했던 것은 가톨릭과 프로테스탄트 분열을 끝내고 연합하는 것이었다. 트리엔트 공의회는 황제의 의도와는 무관하게 유럽 교회의 분열을 확정하는 것으로 마무리되었다. 제국의 평화와 일치를 추구하는 것이 목적이었다면 카를 5세는 실패했다. 그의 통치 아래 유럽의 종교 지형도는 분열을 확정지었기 때문이다. 그럼에도 가톨릭과 프로테스탄트 분열의 파열음이 지나치게 커지지 않고 잦아질 수 있었던 것은 그의 공로이다. 그는 제국 내에서 프로테스탄트와 협상하면서 그들의 지위를 인정하는 한편, 교황과 교섭하면서 공의회를 통해 가톨릭교회가 다시금 안정을 찾아갈 수 있는 장(場)을 열어주었다. 현실적으로 따져보면, 트리엔트 공의회의 주역은 교황이 아니라 공의회 소집을 지속적으로 요구한 카를 5세와 가톨릭교회에 피할 수 없는 개혁 의제를 던진 루터였던 셈이다. 카를 5세는 아우크스부르크 화의 이듬해인 1556년 퇴위한 이후, 스페인의 한 수도원에서 말년을 보내다가 1558년 사망함으로써 역사의 무대에서 조용히 사라졌다.

루터나 프로테스탄트 개혁에 비해 수동적으로 이루어진 개혁이라고 폄하되던 트리엔트 공의회는 예상을 뛰어넘는 성공을 거두었다. 이는 가톨릭교회가 세속 군주들과 각축을 벌이며 넓히고자 했던 세속의 영향력 확대를 포기하고 가톨릭교회 본연의 가치를 붙들고자 했기 때문이다. 교황의 선택은 이미 이탈리아 반도 전체가 유럽 세속 군주들의 각축장이 되어버린 상황에서 불가피한 측면이 있었다. 하지만 교황의 자의에 의한 것이든 타의에 의한 것이든 간에, 가톨릭교회는 여전히 가톨릭에 충성하는 유럽인들에게 호응할 수 있는 체제를 다시 만들었다. 장 들뤼모는 가톨릭교회가 "거의 믿을 수 없을 정도로 개혁"되었다고 평가했다.[34] 때로 중단되기도 하고 느리기도 했지만 제3차 트리엔트 공의회에서는 신속하고 명확한 변화의 흐름을 만들어냈다.

트리엔트 공의회는 변화의 끝이 아니라 시작이었다. 변화는 극적이었고 거대했다. 그 변화는 1215년 제4차 라테란 공의회에서 대체로 확정된 가톨릭 교리를 모두 재확인한 복고적인 것인 동시에, 변화한 세계 속에서 적극적으로 교회개혁을 실행한 전향적인 것이기도 했다. 이 변화를 이끈 주인공이 교황 피우스 5세이다. 그는 공의회가 계획한 작업을 완료했을 뿐만 아니라 통일된 가톨릭 전례를 제정하는 전례 개혁을 주도했다. 지역교회 단위에 영향을 준 교리적 · 전례적 혁신은 공의회의 성과와 정신이 대중적으로 확산하는 데 기여했다. 1564년에는 기본적인 가톨릭 신앙을 담은 「트리엔트 신앙고백」(Professio fidei Tridentina)이 완성되었다. 1566년에는 신자들의 신앙 교육을 위해 「로마 교리서」(Catechismus Romanus)가 발간되었다.[35] 1570년에는 통일된 「로마 미사경본」(Missale Romanum)을 제작했다. 「로마 미사경본」은 1962년 제2차 바티칸 공의회

---

34 Jean Delumeau, *Catholicism between Luther and Voltaire*, London: Bums and Oates, 1977, p. 33.

35 Elisabeth G. Gleason, "Catholic Reformation", p. 338.

에서 새로운 미사 형식이 제정되어 대체될 때까지 400년 동안 가톨릭교회의 표준 미사 지침으로 자리를 지켰다. 1962년의 미사와 구별하기 위해 구미사(Old Mass)라고 불리는 이 트리엔트 미사(Tridentine Mass)는 전례에서 여러 미신적 요소를 없애고 형식을 재조정했다.[36] 트리엔트 미사의 도입은 새로운 종교(New Tridentine Religion)를 만들어냈다고 평가받을 정도로 가톨릭교회 역사에 항구적인 변화를 가져왔다. 트리엔트 미사는 종교개혁으로 인해 분열된 가톨릭을 하나로 묶는 데 중요한 역할을 했다. 프로테스탄트가 원문인 히브리어와 그리스어 성서를 강조한 데에 반해 라틴어 불가타 성서의 특권적 지위를 재확인했다.

트리엔트 공의회는 지역마다 통일되지 않고 미신적 요소가 많던 전통 전례를 개혁해 미사와 전례 음악에 대한 구체적인 규정을 마련했다. 당시 프로테스탄트 교회들이 라틴어가 아닌 모국어로 예배를 드린 것과 달리, 트리엔트 미사는 라틴어로만 진행되었다. 몇 가지 특징을 들자면, 사제는 동쪽을 향해 전례를 수행하며 회중은 사제 뒤에 서 있는다. 엄격한 지침에 따라 모든 순서를 수행하고 회중은 미사에서 그 어떤 중요한 역할도 맡지 않는다. 어느 지역에서나 동일한 언어와 형식으로 예배를 드릴 수 있다는 것은 분열된 유럽에서 하나의 가톨릭이라는 정체성을 형성하는 데 매우 중요한 역할을 했다. 트리엔트 미사는 유럽의 경계를 넘어 예수회 선교사들을 통해 중남미에도 정착했다. 이전 공의회와 달리, 트리엔트 공의회는 교황의 권위를 약화시키지 않았다. 교황 피우스 5세가 중세 말과 근대 초 교황으로는 드물게 성인으로 시성된 점은 공의회에 끼친 그의 역할을 단적으로 보여 주는 것이다.

트리엔트 공의회를 기점으로 교황은 가톨릭에 우호적이던 나머지 유럽 국가들을 자신의 우산 아래 하나로 묶는 데 성공했다. 1560년대에 형성된 종교적·정치적 지형에서 보면 가톨릭은 수세에 몰려 있었다. 하지

36 Violet Soen et al., eds., *The Council of Trent: Reform and Controversy in Europe and Beyond*(1545-1700), Göttingen: Vandenhoeck & Ruprecht, 2018, pp. 179~81.

만 그 후 100년 가까이 이어진 종교 전쟁 속에서 가톨릭은 효과적으로 반등했다. '30년전쟁'(1618~48) 이후에 맺어진 1648년 베스트팔렌 조약 결과, 유럽의 모든 프로테스탄트 국가의 영토보다 가톨릭 국가의 영토가 더 넓었다.

트리엔트 공의회는 다음 공의회인 제1차 바티칸 공의회까지 300년 동안 공의회가 열리지 않았을 정도로 가톨릭교회에서 안정적이고 항구적인 변화를 이루어냈다. 여러 가지 이유가 있겠지만, 교황이 더 이상 유럽 세속 군주의 위상을 추구하지 않고 교회개혁에 집중했다는 것 역시 지적할 만하다. 이처럼 가톨릭 종교개혁을 가능하게 한 큰 축은 가톨릭 전통의 영성을 지켜 온 로욜라의 예수회 같은 수도회의 역할이 크다. 아래로부터 대중의 신심을 새롭게 하는 선행 작업이 트리엔트에서 기존의 가톨릭 교리를 수정 없이 유지할 수 있게 한 토대였다. 교황이나 제도교회가 담보하지 못했던 내적이고 정신적인 개혁과 변화라는 종교성을 그들이 뒷받침했기 때문에 가톨릭은 상당 부분 회복되었다. 이 시기를 반종교개혁이라고 부르든 가톨릭 종교개혁이라고 부르든 간에, 트리엔트 공의회 자체가 새로운 운동의 시작점은 아니다. 트리엔트의 역할은 다양한 개혁 운동을 통합하고 가톨릭교회 전체의 통일된 방향성을 제공하는 데 있었다.

공의회 평가와 역사적 공헌

트리엔트 공의회는 근대 초 가톨릭의 갱신에 교황청, 예수회와 더불어 한 축을 담당했다.[37] 트리엔트 공의회의 활동에 대한 판단은 시각에 따라 다양한 분석이 가능하다. 여러 프로테스탄트 역사가는 공의회가 루터

---

37 John W. O'Malley, *Trent and All That: Renaming Catholicism in the Early Modern Era*, Cambridge, MA: Harvard University Press, 2000, p. 56.

와 칼뱅 같은 종교개혁가들의 교리적 관심사를 포용해 내지 못했기 때문에 실패한 것이라고 평가한다. 가톨릭교회 내부의 영적·교리적 쇄신에 크게 기여하고 성직자의 부패와 부도덕을 해결해 가톨릭 영성에 도움을 준 공헌에도 불구하고, 공의회는 프로테스탄트 교회와의 분열을 해결하지 못한 것은 주지의 사실이다.

하지만 공의회는 16세기 격동하는 시대 속에 가톨릭 신앙을 지키고 갱신해야 하는 절박함 속에서 시작되었음을 전제해야 한다. 프로테스탄트의 현실적인 위협 속에 가톨릭 교리를 명확히 재정의했으며, 교회개혁을 위한 조치를 입법해 가톨릭교회의 제도적·실천적 취약성을 보완했다. 교리가 프로테스탄트 종교개혁에 대한 가톨릭교회의 답변이라면, 교육개혁과 같은 더 중요한 조치도 마련되었다. 보전하는 것과 미래를 향해 나아가는 이 두 가지 성격이 공존한 공의회의 성과를 과소평가할 수는 없다. 공의회는 종착점이 아니라 16세기 후반과 17세기 이후 가톨릭 부흥을 이끈 출발점 역할을 했다. 미국의 역사학자 에릭 코크런(Eric Cochrane, 1928~85)은 '트리엔트 종교개혁'(Tridentine Reformation)이라는 용어가 '반종교개혁'을 대체해야 한다고 제안했다. 이 용어는 반종교개혁이 담고 있는 부정적인 함의를 벗고 16세기 후반 유럽의 가톨릭 문화를 훨씬 더 중립적으로 바라볼 수 있는 장점이 있다.[38] 공의회는 새로운 가톨릭 신심과 신비주의, 스콜라 신학의 부흥, 바로크 예술과 문화 형성, 교회 생활의 갱신에 큰 역할을 했다.

이에 반해 브래드 그레고리(Brad Gregory)는 트리엔트 개혁의 한계도 분명히 지적했다. 우선은 세속 통치자들이 교회에 대해 지나치게 통제하고 간섭하는 현실 속에서 생성된 결과물이었다. 가톨릭교회는 가톨릭 통치자들을 적대시하면 잉글랜드의 헨리 8세처럼 가톨릭에서 떨어져 나

38 Eric Cochrane, "Counter-Reformation or Tridentine Reformation? Italy in the Age of Carlo Borromeo", *San Carlo Borromeo: Catholic Reform and Ecclesiastical Politics in the Second Half of the Sixteenth century*, eds., John M. Headley, John B. Tomaro, Washington D.C.: Folger Books, 1988, pp. 31~46.

갈 위험이 있다는 현실에 영향받지 않을 수 없었다. 스페인과 이탈리아에서는 공의회의 결정이 신속히 실행되었지만 신성 로마 제국이나 프랑스에서는 저항을 받았다. 초기부터 그리 협조적이지 않았던 프랑스는 트리엔트 공의회 교령을 공식적으로 승인하지 않았다.[39] 교리와 일치된 교회 구조라는 내적인 통일성에도 불구하고, 가톨릭교회는 근대 초 등장한 민족주의의 움직임을 극복할 만한 힘이 없었다.

유럽 내에서 부딪친 이 한계는 아메리카와 아프리카, 아시아 등지로 가톨릭교회가 확산될 때에는 그리 문제가 되지 않았다. 트리엔트 공의회는 단일하고 통일된 교회를 만들어냈으며, 이 개혁의 영향은 세계적으로 확장되었다. 이 공의회의 결정은 라틴아메리카, 아프리카의 콩고, 인도까지 전파되었고 가톨릭교회는 세계화된 종교로 향후 수세기 동안 주도권을 잡았다. 이 때문에 트리엔트 공의회는 가톨릭교회 역사상 가장 성공적인 개혁 공의회의 하나라고 해도 지나치지 않다. 공의회에서 형성한 교리적·실천적 통일성을 기반으로 가톨릭은 세계화된 종교로 빠르게 확산되었다.

16세기에는 두 개의 가톨릭이 만들어졌다. 한 모델은 스페인과 프랑스가 만든 국가교회의 모델이다. 프랑스의 갈리칸주의나 스페인의 종교재판으로 대표되는 국가에 종속된 종교로서의 가톨릭이 한 형태이다. 스페인이나 프랑스는 강력한 가톨릭을 형성했지만 교황의 영향력은 제한적이었다. 다른 하나는 로마 교황이 여전히 중심에 서 있는 가톨릭이다.

1563년까지 간헐적으로 열린 트리엔트 공의회는 가톨릭이 마주한 프로테스탄트 종교개혁의 교리적 도전에 대한 가톨릭교회의 공식 답변을 제시했다. 트리엔트 공의회는 초기 근대 가톨릭주의를 형성했다. 그때부터 가톨릭교회는 '로마 가톨릭'과 동일시되었다. 가톨릭 군주의 영향력과 교황의 권한 사이에서 생긴 견제와 균형, 그 속에서 파생된 절충적 모

---

39 Brad G. Gregory, *The Unintended Reformation: How a Religious Revolution Secularized Society*, Cambridge, MA: Belknap Press of Harvard University Press, 2012, p. 152.

습이 가톨릭의 특징이 되었다. 이 근대 초 가톨릭을 만든 공의회는 성공이냐 실패냐의 단선적 차원에서 접근할 수는 없다. 중세 말 공의회주의의 실패는 프로테스탄트라는 국민국가 주도의 근대 종교를 탄생시켰다. 반면에 트리엔트 공의회가 유럽에서 주도권을 상당 부분 잃어버린 오래된 종교인 가톨릭을 유럽을 넘어 전 세계의 종교로 만들었다는 것에 누구도 이의를 제기할 수 없다.

제17장 프랑스 종교개혁과 위그노 전쟁

프랑스는 유럽에서 단연 가톨릭을 대표하는 국가였다. 그 역사적 기원은 5세기 프랑크족의 위대한 정복자이자 메로빙거 왕조의 창시자인 클로비스 1세(Clovis I, 466?~511, 재위 481~511)까지 거슬러 올라간다. 게르만족의 이동으로 유럽이 형성되던 시기에 그리스도교는 주도적인 역할을 수행하고 있었는데, 다수의 게르만인은 니케아 공의회에서 이단으로 규정된 아리우스파를 신봉하고 있었다.[1] 삼위일체를 부정하는 아리우스파가 유럽을 장악하는 상황에 로마 교황청은 난감할 수밖에 없었다. 그런데 로마로부터 멀리 떨어진 프랑크족의 지도자 클로비스가 496년 삼위일체를 따르는 가톨릭으로 개종했다. 이후 프랑스 교회는 교황청으로부터 '가톨릭의 장녀'라 불리게 되었으며, 프랑스 군주는 유럽 가톨릭 세계에서 특별한 지위를 차지한다는 자긍심을 가졌다. 국왕은 대관식에

1 게르만족에 대한 그리스도교 선교는 콘스탄티노폴리스에서 울필라스(Ulfilas, 311?~82?)를 선교사로 파견하면서 시작되었다. 당시 콘스탄티노폴리스 교회는 아리우스파가 지배하고 있었다. 아리우스파 주교인 니코메디아의 유세비우스(Eusebius of Nicomedia, ?~341)가 울필라스를 사제로 서품한 후에 선교사로 보냈다. 이로써 게르만족에게 아리우스파 그리스도교가 전해졌다. 울필라스는 성서를 최초로 고트어로 번역한 인물이기도 하다.

서 이단과 맞서 싸울 것을 교회와 국가 앞에서 엄숙히 선서했으며, 이교도와 이단을 배격하고 심판하는 신의 대리자로서의 권력을 행사했다.

이 같은 역사적 배경을 가진 프랑스 역시 프로테스탄트 종교개혁의 파도를 피할 수는 없었다. 아니 유럽의 어느 지역 못지않게 그 흔적이 강력했다. 통치자의 종교가 곧 국가의 종교라는 아우크스부르크 화의의 선례를 프랑스에 적용한다면(물론, 신성 로마 제국 영토에 한정된 원칙이었으나), 프랑스도 한때 프로테스탄트 국가였다고 말할 수 있다. 이단과 맞서 싸워야 할 가톨릭 군주가 프로테스탄트 신앙을 가졌기 때문이다. 그 프로테스탄트 군주가 다시 가톨릭으로 개종함으로써 이 상황이 지속되지는 못했다.

이러한 전개 속에서 자연히 제기되는 물음이 있다. 어떻게 이 같은 프랑스의 역사적·종교적 맥락 속에서 프로테스탄트가 빠르게 확산될 수 있었을까? 반대로 그 확산은 왜 갑작스럽게 꺾였을까? 아래로부터 시작된 프로테스탄트의 흐름이 중산층과 귀족, 심지어 왕비와 국왕까지도 포섭하게 된 배경은 무엇이며, 그 자발적인 확산이 급속도로 위축된 이유는 무엇일까? 프랑스 프로테스탄트 전통에 대한 연구는 오늘날에도 여전히 중요한 주제로 남아 있다.

프랑스 아날학파 역사가 뤼시앵 페브르는 「프랑스 종교개혁의 기원: 잘못 제기된 질문?」이라는 논문에서 19세기 중반부터 본격화된 프랑스 프로테스탄트 종교개혁 연구 논쟁사를 다음과 같이 요약한다.

> 프랑스 종교개혁은 처음부터 다른 모든 종교개혁과 구별할 수 있는 독자적 특징을 지니고 있었는가? 만약 프랑스 종교개혁이 존재했다면, 그 시작은 루터의 종교개혁 이전으로 소급되어야 하는가? 그것은 프랑스라는 민족 공동체 내에서 자생적으로 형성된 운동인가, 아니면 독일의 루터로 대표되는 외부 세계로부터 수입된 사상적 씨앗에서 비롯된 결과인가? 일반적으로 말해 이 논의에는 프랑스 종교개혁의 특수성과 연대기, 그리고 국적이라는 세 가지 근본 문제가 얽혀 있다. 이들 문제

에 대해 역사가들은 수년 동안 때로는 생명을 걸고 논쟁해 왔다. 그리고 그러한 논쟁의 양상은 미슐레가 남긴 유명한 문장에서 묘사한 스콜라 철학자들의 그것을 연상케 한다. 긍정 다음에는 부정이 오고, 다시 부정 다음에는 긍정이 이어지며, 계속된 반박은 피곤한 불모의 논쟁을 낳는다. 이처럼 텍스트에 몰두하는 사람은 세대를 거쳐 반복되어 온 생명력을 잃은 논쟁 외에는 아무것도 발견할 수 없다.[2]

프랑스 종교개혁은 루터의 영향 없이 독자적으로 일어났고 자크 르페브르 데타플을 '최초의 프로테스탄트주의 창시자'로 간주해야 한다는 주장과 '루터의 종교개혁과 별개로 그보다 앞선 프랑스 종교개혁은 존재하지 않았으며, 이제는 이 신화를 폐기해야 한다'는 주장 사이의 대립이 지속되어 왔다. 그러나 페브르는 인문주의자 르페브르가 '프로테스탄트'였는지 혹은 진정한 의미의 '가톨릭'이었는지를 묻는 것 자체가 무의미하다고 지적한다. 프랑스 종교개혁의 특수성이나 민족성을 내세우려는 시도는 일정한 틀 속에 가두는 것에 불과했다. 그는 종교개혁을 제도 변화의 차원을 넘어 프랑스인들의 심성, 종교적 불안, 구원에 대한 갈망 등과 같은 복합적 층위에서 접근할 것을 제안했다. 이미 16세기 유럽의 여러 국가는 서로 다른 역사적 전통과 제도, 그리고 삶의 조건 속에서 뚜렷하게 구별되고 있었기 때문에 신앙의 모습, 성직자의 사회적 역할, 국가권력과 교회 제도의 관계나 교회개혁의 요구는 지역마다 서로 다른 양상으로 표출되었다. 예컨대, "프랑수아 1세의 신하들이나 프랑수아 본인에게 있어 '로마의 교황'은 헨리 8세의 충성스러운 신하의 눈에 비친 교황이나 제국 내 제후들에게 속한 작센이나 헤센의 주민의 눈에 비친 교황과는 전혀 다른 존재"였다.[3] 프랑스는 전통적으로 갈리칸주의를 내

2 Lucien Febvre, "The Origins of the French Reformation: A Badly-Put Question", *A New Kind of History from the Writings of Febvre*, ed., Peter Burke, trans., K. Folca, New York, NY: Harper & Row, 1973, p. 44.

3 Lucien Febvre, "The Origins of the French Reformation", pp. 80~81.

세워 왔으며, 군주는 교황과 교회에 대해 훨씬 더 강력한 주도권과 통제권을 행사할 수 있었다.

그러나 프랑스의 종교사를 다룰 때에는 다른 도시나 국가에서의 종교개혁 논쟁과는 달리, 한 가지 중요한 특성을 고려해야 한다. 16세기 프랑스에서는 종교개혁이 개혁으로 종결되지 않고 '위그노 전쟁'이라 불리는 종교 내전으로 귀결되었다는 사실이다. 국가 단위에서 종교를 둘러싸고 본격적인 내전이 벌어진 최초의 사례가 바로 위그노 전쟁이었다. 한 국가, 그리고 한 도시 내부에서조차 종교적 신념의 차이를 이유로 30년이 넘는 기간 동안 내전이 이어졌다. 전례 없는 현상이었다. 이단을 척결하려는 일방적 박해도 존재했지만 양측이 어느 정도 엇비슷한 군사력을 갖추고 충돌한 첫 사례라는 점에서 이전의 박해와는 성격을 달리한다. 도대체 종교적 신념의 차이가 무엇이었기에 하나의 공동체 내부에서 민중이 양분되어 서로를 죽이는 사태로까지 비화할 수 있었는가? 단순한 연대기적 서술을 넘어 종교와 폭력이 어떻게 연결되었는지를 읽어내는 집단 심성에 대한 분석이 필수적인 이유이다. 16세기 프랑스를 논할 때에는 종교개혁과 위그노 전쟁을 개별적 사건으로 구분해 접근할 필요가 있지만 종교적 신념과 폭력의 표출이라는 측면에서 두 사건은 깊이 맞물려 있다. 따라서 가톨릭과 위그노 사이의 대립을 단순한 종파 간의 긴장으로 해석하기보다는 위그노에 대한 최근의 역사 해석의 틀 속에서 새롭게 조명할 필요가 있다.

인문주의, 루터, 프랑스 프로테스탄트

프랑스 종교개혁의 형성은 제도적 차원과 사상적 차원의 두 층위에서 접근할 수 있다. 먼저 제도적으로 볼 때, 14세기 교회 대분열 이후 교황에서부터 성직 계층 전부를 위에서부터 아래로 개혁하려는 하향식 개혁 시도가 실패하면서 등장한 공의회주의 운동과 연결된다. 공의회는 세속 군주들의 강한 영향력 아래 놓이게 되었고 국가교회 이데올로기의 기초가 되었다. 특히 프랑스의 갈리칸주의와 잉글랜드의 앵글리칸주의가 그 대표적인 예이다.

사상적 측면에서는 스콜라학의 교조주의와 성직자들의 부패 등을 비판하면서 새롭게 등장한 인문주의를 들 수 있다. 에라스무스를 앞세운 그리스도교 인문주의자들의 영향력은 프랑스에도 전해졌다. 그리고 프랑스에는 이미 르페브르라는 당시 가장 위대한 인문주의자, 고전학자, 성서학자가 있었다. 그는 1509년 시편을 시작으로 라틴 불가타 성서를 편집하고 해설을 썼다. 1523년에는 신약성서를 프랑스어로 번역하고, 1528년에는 구약성서 번역을 완료했다. 스콜라 신학자들은 르페브르와 같은 인문주의자의 성서 번역 작업이 불가타 성서의 권위와 교회의 전통 교리를 약화시킨다고 비난했지만,[4] 프랑스 인문주의는 동시대 대부분의 사람에게 영향을 주었고 개혁 사상의 전달자로 기능했다.

루터의 개혁 사상은 에라스무스와 르페브르의 저작을 통해 더욱 깊숙이 프랑스 내부로 침투했다. 1518년 루터 사상이 프랑스에 전해지자 교리적으로 긴장을 야기했다. 인문주의자들뿐만 아니라 소르본의 신학자들까지도 루터의 서적을 탐독했다. 르페브르는 1519년 프랑스에서 종교개혁을 진행한다면 국가권력과 관계를 어떻게 설정할 것인지, 정통 신앙을 어떻게 재정립할 것인지에 대해 논의하는 서신을 루터에게 보내기도 했다.[5] 1518년 기욤 브리소네(Guillaume Briçonnet, ?~1534) 주교는 파리 근처 모(Meaux) 교구에서 새로운 개혁을 시작했다. 성직자들의 교육 개선을 목표로 그는 1521년 파리에서 르페브르와 그의 제자들을 불러 집중적인 설교 운동을 이끌게 했다. 여기에는 이후에 칼뱅을 제네바 개혁 운동에 동참시킨 기욤 파렐도 포함되어 있었다. 이로 보건대, 동시대의

4 Jonathan A. Reid, "France", *The Reformation World*, ed., Andrew Pettegree, London and New York, NY: Routledge, 2000, p. 211.

5 Jonathan A. Reid, "France", p. 212.

잉글랜드와 비교해 개혁 사상에 대한 프랑스의 대응은 훨씬 유연했다. 헨리 8세의 통치 아래 잉글랜드에서는 프로테스탄트 서적이 엄격히 금지되었고 프로테스탄트 사상의 유입을 막기 위한 조치가 적극 시행되었다. 반면에 프랑스 국왕 프랑수아 1세는 스스로를 인문주의 군주로 인식하고 프로테스탄트에 대한 강경한 탄압보다는 관용을 보였다. 프랑수아 1세의 누이인 마르그리트 드 나바르(Marguerite de Navarre, 1492~1549)는 프로테스탄트에 우호적이었으며, 프로테스탄트 교도들이 국가로부터 박해받지 않도록 보호하는 역할을 했다. 이 환경은 프랑스 내에서 프로테스탄트 신앙의 확산을 촉진하는 요인으로 작용해 지식인과 귀족 계층이 프로테스탄트에 관심을 가지는 계기가 되었다.

그러나 수용적인 태도는 오래가지 않았다. 대중적으로 확산되는 루터교 사상은 국왕과 정통 교리를 수호하려는 세력을 하나로 결속시켰다. 1521년 소르본의 신학자들이 루터의 저서를 이단으로 규정했다. 프랑스 법정은 루터 추종자를 종교적 일탈을 한 이단자로 간주하고 기소하기 시작했다. 프랑수아 1세는 인문주의를 보호하기 위한 명분으로 이단 규정을 주저했지만 프랑스 고등법원인 파를르망(Parlement)의 보수적인 판사들은 성인 숭배, 마리아 신심, 연옥, 면벌부 등을 비판한 혐의로 루터파를 기소했다. 프랑스에서 프로테스탄트 탄압의 강도는 점차 더해 갔다. 1522년 메츠에서 두 명의 남성이 신성모독 혐의로 고문을 받고 화형당했다. 1523년 아우구스티누스회 수사였던 장 발리에르(Jean Vallière, ?~1523)는 루터의 저작을 읽고 논평했다는 이유로 파리에서 처형당했다. 1525년 봄에 독일 농민전쟁이 접경인 로렌 지역으로 확산되자, 루터파의 침공이 있을 것이라는 소문에 파리 시민들은 공포와 불안에 떨었다.[6] 교회 당국에서는 루터교의 위협을 과장함으로써 대중이 프로테스탄트에 대한 우호적인 관심을 가지는 것을 막으려고 시도했다.[7] 국왕이 어떠

6 Jonathan A. Reid, "France", p. 213.

7 David Nicholls, "France", *The Early Reformation in Europe*, ed., Andrew Pettegree,

한 결정을 하느냐가 가장 중요했다. 프랑수아 1세는 즉위식에서 자신이 다스리는 영토에서 교회가 지목해 고발한 모든 이단을 소멸하고 몰아내기로 맹세했지만 섣부르게 프로테스탄트 사상을 적으로 돌리지 않았다. 개혁파가 공개적으로 가톨릭을 공격하지 않는 한 왕은 대응하지 않았다. 그는 신학자들이 에라스무스, 르페브르, 루터의 추종자들을 구별 없이 신앙의 적으로 묶어버리는 정의를 받아들일 수 없었다. 그래서 일종의 공존 체제가 유지되었다. 개혁 사상의 확산을 완전히 차단하기란 불가능했다. 루터 사상은 대학의 학자들 사이에서 확산되고 해외와 교류가 활발한 상인 및 장인 계층에서도 퍼져 나갔다. 인쇄술 덕분에 금서로 지정된 서적도 은밀한 경로를 통해 유통되었다.

1520년대와 1530년대 초반까지 프랑스에서 프로테스탄트 운동은 거의 눈에 띄지 않게 조용히 진행되었다. 프랑스 종교개혁은 국가 차원의 개혁을 경험한 나라들의 그것과 성격이 달랐다. 또한 루터나 츠빙글리 같은 개혁자들이 주도하지 않았다는 점에서도 양상이 달랐다. 프랑스의 프로테스탄트 교도들은 자신들의 종교와 생활 방식을 가톨릭교도들에게 드러내거나 강요할 수 없는 처지였다.[8] 초기 프랑스 프로테스탄트 신앙은 조직화되지 않은 비밀 운동으로 시작되었다. 그리고 어느 순간 임계점을 지나 프랑스 프로테스탄트 운동은 급격하게 확산되었다. 이때 이 운동은 기존의 가톨릭교회를 의식적으로 부정하고 더 나아가 가톨릭을 신봉하는 국가 체제에 대한 저항으로까지 이어졌다.[9]

그 전환점은 언제, 어떻게, 어디에서, 어떤 사건을 통해 형성되었을까? 1534년의 '벽보 사건'이 프랑스 개혁 운동에서 전환점을 이루었다. 1534년 10월 17일부터 18일까지의 밤사이에 파리와 여러 지역 도시에서 미사를 신성모독이라 조롱하고 화체설을 악마의 교리라고 비난하는

Cambridge: Cambridge University Press, 1992, p. 125.

8 David Nicholls, "France", p. 120.

9 David Nicholls, "France", p. 120.

격한 내용의 벽보가 다수 부착되었다. 누군가 이 벽보를 프랑수아 1세의 침실문에도 부착해 사태를 더욱 키웠다. 프로테스탄트 세력이 가톨릭 군주에게 직접적인 위협이 되는 반역 행위로 해석될 만한 사건이었다. 프로테스탄트에 대해 관대한 입장을 취하고 있던 국왕의 태도는 급변했다. 사건에 연루된 혐의로 24명이 처형되었다. 이 사건 이후 일부 프로테스탄트 교도들은 스위스로 도피했다. 남아 있는 일부는 신앙을 숨기고 가톨릭교도로 위장하며 살았다.

이 사건 이후 프랑수아 1세는 모든 서점을 폐쇄하고 출판 활동의 중단을 명령했다. 프랑스 정부가 내린 '가장 터무니없는 칙령'[10]이라고 교회사가 오언 채드윅(Owen Chadwick, 1916~2015)이 평가한 이 칙령은 정부가 언론의 힘을 얼마나 심각하게 인식하고 있었는지 보여 준다. 1530년대 파리는 베네치아와 안트베르펜과 경쟁하며 연간 300종에 가까운 인쇄물을 출판하는 인쇄 산업의 중심지였다. 하지만 벽보 사건 이후 고등법원은 검열 체계를 강화했으며, 소르본 대학에서는 허가 없이 유통되거나 위험한 서적으로 분류된 서적들을 공개 소각했다.

이 벽보 사건은 프랑스 종교개혁가 칼뱅이 모국을 떠나 스위스로 이주하게 된 직접적인 계기가 되었다. 사건이 발생하고 10개월이 지난 1535년 8월 23일, 26세의 칼뱅은 자신의 첫 신학 서적인 『기독교 강요』 서문을 망명지 스위스 바젤에서 집필했다. 국왕 프랑수아 1세에게 헌정한 서문에서 프랑스 권력자들에게 프로테스탄트 교도들이 반사회적 혁명가들이 아니며, 뮌스터의 아나뱁티스트와도 아무런 관련이 없다는 사실을 알리고자 했다. 칼뱅이 프랑수아 1세에게 헌정한 것을 두고 그가 진심으로 국왕의 후원을 기대했는지, 아니면 정치적 수사에 불과한 것인지 의견이 나뉘지만, 전자의 가능성을 배제할 수는 없다. 그는 작센 선제후 프리드리히를 비롯한 독일의 제후들과 잉글랜드 국왕이 로마 가톨릭

10 Owen Chadwick, *The Early Reformation on the Continent*, Oxford: Oxford University Press, 2001, p. 7.

과 결별하고 독자적인 프로테스탄트를 세우는 것을 보았다. 따라서 프랑스의 왕이 프로테스탄트 신앙의 정당성을 인정하기만 한다면 종교개혁이 신속히 진행될 것이라고 생각했을 개연성은 충분하다. 결과적으로 그 꿈이 실현되지는 않았지만, 그러한 기대 때문에 칼뱅은 국가권력에 대한 저항을 명시적으로 용인하지 않았다.

> 우리는 직무를 올바르고 충실하게 수행하는 지도자에게만 순종적으로 행동해야 할 뿐만 아니라 권력을 남용하는 자의 통치도 법적 명령에 의해 그들의 멍에에서 해방될 때까지 견디는 것이 합당합니다. 선한 통치자는 인간의 복지를 보존하기 위한 하느님의 은총의 증거이지만, 사악한 통치자는 백성들의 범죄를 징계하기 위한 하느님의 채찍입니다.[11]

이런 태도는 칼뱅이 프랑스 프로테스탄트가 주도하는 아래로부터의 개혁이 아닌, 국왕이 주도하는 위로부터의 개혁에 여전히 기대하고 있었음을 보여 준다.

칼뱅주의와 프랑스 개혁교회의 형성

1540년 이후 프랑스 개혁교회는 칼뱅과 파렐 등 스위스 망명 개혁가들의 노력으로 하나로 결집되었다. 칼뱅의 영향력은 1541년 『기독교 강요』의 프랑스어판 출판으로 분명해졌다. 이 책이 엄청난 반향을 불러일으키자, 같은 해 프랑스에서 출판을 금지하는 왕령이 발표되었다. 프랑수아 1세와 후임 앙리 2세(1519~59, 재위 1547~59)는 프로테스탄트를 사회질서를 위협하는 명백한 요소로 간주하고 강경한 조치를 취했다.

11 John Calvin, "Catechism"(1538), *Calvin's First Catechism: A Commentary*, ed., I. John Hesselink, Louisville, KY: Westminster John Knox Press, 1997, p. 38.

1544년 소르본 대학 신학부가 발표한 금서 목록에도 칼뱅의 저작이 포함되었다. 제네바 망명가에 불과한 칼뱅이 왜 그리 프랑스 교회와 왕실에 위협적인 존재가 되었을까? 프랑스 칼뱅주의 개혁은 망명자들의 몫이었다. 훈련된 목회자들이 제네바에서 프랑스로 은밀하게 끊임없이 숨어들어 왔다. 프랑스 내부에서 형성된 것이 아니라 외부에서 유입된 것이다. 칼뱅과 제네바 망명 공동체의 지원 덕분에 프랑스에는 프로테스탄트 교리로 훈련된 선교사들이 넘쳐났다. 그들은 밀반입된 프로테스탄트 서적을 읽고 비밀리에 모임을 조직했다. 프랑스 내 프로테스탄트 교도들은 제네바에서 칼뱅이 확립한 교회 조직과 예배 방식을 이상적인 모델로 삼았다. 그들도 언젠가 신앙의 자유를 허락받고 자유롭게 예배드릴 수 있기를 바라면서 현실을 인내했다. 칼뱅은 프랑스 프로테스탄트 공동체가 겪어야 할 내부 분열의 위험과 외부의 박해에서 개혁교회를 지켜낼 수 있도록 지원했다. 프랑스 왕실과 가톨릭교회는 눈에 보이지 않는 적과 싸우는 게릴라전을 하는 셈이었다.

근대 초 프랑스 프로테스탄트 교도들을 흔히 '위그노'라고 부른다. 이 단어의 어원은 분명하지 않지만 대개는 독일어 'Eidgenossen'(맹세한 동지들)의 변형으로, 정치적·종교적 이유로 사부아 공작과 싸운 프로테스탄트 도시 베른과 제네바의 동맹에서 유래된 것으로 본다.[12] 이 과정에서 프랑스에는 두 가지 프로테스탄트 흐름이 형성되었다. 하나는 로마 가톨릭과 단호하게 결별한 강경 프로테스탄트 세력이었으며, 다른 하나는 가톨릭교회를 점진적으로 개혁하려 했던 다수의 프로테스탄트 교도였다. 강경파는 내적으로는 프로테스탄트 신앙을 따르면서도 겉으로는 가톨릭을 유지하는 사람들을 개혁 운동에 큰 걸림돌이라고 여겼다. 그들

12 단어의 어원에 대한 논의는 Janet G. Gray, "The Origin of the Word Huguenot", *Sixteenth Century Journal* 14, 1983, pp. 349~59 참조. 재닛 그레이(Janet Gray)는 이 단어가 프랑스에서 일반적으로 사용되기 위해서는 프랑스어에서 기원해야 한다고 보고 비프랑스어 기원설에 동의하지 않는다. 위그노가 프랑스 국왕 위그 카페(Hugues Capet)에서 유래했다고 보는 '위그(Hugues) 가설'도 있다.

때문에 프랑스에 개혁교회 설립이 지연된다고 보고는 그들을 니고데모주의자라고 비판했다. 칼뱅도 프랑스 프로테스탄트 교도들에게는 두 가지 선택지밖에 없다고 단언했다. 가톨릭교회의 미사 참석을 거부하거나 망명하는 것이었다. 칼뱅의 권고에 따라 제네바로 이주한 이들도 있었지만 대다수는 경제적·사회적 이유로 프랑스를 떠날 수 없었다. 그들은 프랑스에 남아 가톨릭교회와 대립하면서 프랑스 개혁교회를 형성하는 데 큰 역할을 했다.

프랑스에서 위그노가 확산되던 초기에는 귀족 계층의 적극적인 참여가 두드러졌다. 귀족 프로테스탄트 세력은 전국적으로 광범위하게 퍼져 있었다. 위그노 귀족들은 자신들의 영지를 주변의 위그노파들에게 피난처와 예배처로 제공하기도 했다. 그들이 위그노가 된 이유는 명확하게 파악하기 어렵다. 특정 귀족 가문에 대한 충성심이나 단순한 종교적 신념만으로는 이를 설명하기 부족하다고 보고 귀족 계급이 사회의 물질적 성장의 혜택을 충분히 누리지 못한 경제적 이유를 동기로 추정하기도 한다. 이른바 이단 운동에 귀족 계급이 다수 참여했다는 의외성은 여기에서 그치지 않는다. 프랑스 프로테스탄트 운동은 기본적으로 도시의 현상이었다.

종교개혁 이전 프랑스에서 존재했던 이단은 거의 전적으로 농촌 지역에서 나타났다. 12~13세기 카타리파나 발도파 이단은 모두 농촌 운동으로 귀결되었다. 카타리파는 가톨릭교회와의 갈등 속에서 교회의 통제가 약한 랑그도크(Languedoc) 지역으로 숨어들어 연명하다가 완전히 소멸했다. 발도파는 교황청의 탄압을 피해 프로방스의 외딴 지역으로 숨어들었으며, 단순한 생활 방식, 설교, 사도적 청빈, 모국어 성서를 읽는 전통을 유지했다. 그들은 프랑스 종교개혁의 역사에서 주변이었다.

그런데 프랑스 프로테스탄트는 도시와 경제적으로 연결된 마을을 중심으로 확산되었다. 에마뉘엘 르 루아 라뒤리(Emmanuel Le Roy Ladurie, 1929~2023)는 '도시의 프로테스탄트 장인'과 '시골의 가톨릭 농민'이라고 고전적으로 구분했다. 근대 초 프랑스의 종파적 분열을 지나치게 단순하게 묘사한 것일 수 있지만 전반적인 흐름은 부정하기 어렵다. 도시는 프로테스탄트의 심장이자 동력이었다. 장인 계층과 사업가, 법률가, 의사 등 전문가 집단이 프랑스 프로테스탄트의 중추를 이루었다. 1562년 프랑스에서 약 3분의 1의 법률가가 프로테스탄트 교도로 추정된다. 1560년 몽펠리에에서는 프로테스탄트 예배에 참석한 사람 중 장인 계층이 69퍼센트, 법률가 및 의사 같은 전문가 계층이 15.4퍼센트, 상인 계층이 4.3퍼센트를 차지했다.[13] 프랑스 전체를 놓고 보면, 프로테스탄트 교도 중 약 40퍼센트가 상인 및 전문직 엘리트 계층이고 귀족 계층이 약 40퍼센트를 차지했다. 법조계는 가톨릭과 프로테스탄트 종교 활동에 적극적으로 참여하는 이들이 많은 대표적인 계층이었다. 그들은 프로테스탄트와 가톨릭 진영에서 각각 자신들의 종파적 입장을 대변하고 이론화하는 데 기여했다.[14] 다만 고위직 판사의 경우는 사정이 달랐다. 파리의 고등법원이나 기타 최고 법원에 근무하는 고위 판사 중에 프로테스탄트 신앙을 고백한 사람은 극소수였다. 대부분의 판사들은 프랑스 국왕이 주도하는 갈리칸주의 가톨릭에 충실했다.

프랑스 전역에 칼뱅주의자들이 나타났으며, 프로테스탄트 공동체는 부르봉 가문을 포함한 귀족 후원자들의 강력한 지지를 받았다. 프로테스탄트 교도들의 다수가 장인인 것은 그들이 도시 인구의 대다수였기 때문이다. 도시의 유력 인사와 장인 및 서민 계층 사이에서 프로테스탄트가 확산되는 방식을 보면, 국가 주도의 종교개혁에서 이루어진 강제적 개종이나 교리 주입과는 거리가 있었다. 그들은 자발적으로 일요일 아침 설교 예배에 참석했으며, 저녁에는 시편을 부르고 성서를 읽는 등 가정에서 정기적으로 개인 예배를 드렸다. 프로테스탄트가 그들의 사회 생활 조건과 잘 맞았다는 추정이 가능하다. 새로운 직업군 중에 인쇄업자들이 프로테스탄트에 우호적이었다. 인쇄술은 프로테스탄트 운동이 급속도

13 David Nicholls, "France", p. 132.

14 David Nicholls, "France", p. 131.

로 빠르게 전파되는 데 핵심적인 수단이었다. 프로테스탄트가 대부분 사회 계층에서 신자들을 확보했지만 빈곤층만큼은 거의 프로테스탄트로 편입되지 않았다. 그들은 종파와 무관하게 종교 구조의 바깥에 있었다.[15]

위그노의 교세는 1572년 위그노 대학살이 일어나기 전까지 꾸준히 성장했다. 전체적으로는 소수였지만 잘 조직되어 있고 헌신적인 사람들이었다. 위그노 귀족들은 스스로 상당한 규모의 군사력을 동원할 수 있었기 때문에, 프랑스 종교 전쟁이 극심한 폭력적 대립으로 치닫는 중요한 요인으로 작용했다는 점도 언급해야 한다. 그렇지만 절대 다수의 가톨릭 교회와 비교해 보면 프랑스의 프로테스탄트 교도들이 근본적으로 종교 소수자였음을 기억해야 한다. 그들은 정치적·종교적 반향을 불러일으켰지만 공권력의 박해 앞에서 취약할 수밖에 없었다.

저명한 16세기 위그노파 연구가 바바라 디펜도르프(Barbara Diefendorf, 1946~)의 고백을 들어보면, 프랑스에서 위그노의 길을 선택하는 것은 정치적·경제적 이유로 단순화할 수 없는 진지한 종교적 선택의 결과임을 새삼스레 보여 준다.

> 종교 전쟁을 완전히 무시한 것은 아니었지만 파리가 워낙 가톨릭이 확고한 도시였기 때문에, 내가 연구한 사회적 변혁 과정에는 종교적 갈등이 상대적으로 큰 영향을 끼치지 않았다고 믿었다. 그러나 책을 마무리하면서 내가 얼마나 순진했는지를 점점 더 깨닫게 되었다. 무엇보다도 내가 '굳건한 가톨릭'이라 여겼던 엘리트층이 이단으로 심각하게 물들어 있었다는 사실을 알게 되었다. 종교적 이탈을 본격적으로 조사하지 않았음에도, 내가 연구 대상으로 삼았던 90명의 시의회 의원 중 19명이 아내, 아들, 형제 또는 가까운 친척 중에서 프로테스탄트로 개종한 사람이 있다는 사실을 확인했다. 이후 추가 조사에서 또 다른 11명이 프로테스탄트 교도 친척을 두고 있었음을 발견해 총 30명, 즉 전체

15 David Nicholls, "France", pp. 130, 133.

의 3분의 1이 프로테스탄트와 직간접적으로 연관이 있었다는 사실을 알게 되었다. 그래서 나는 이 가톨릭 신앙의 요새에서 프로테스탄트가 실제로 어떤 역할을 했는지 궁금해져 개별 사례를 곱씹어 보게 되었다. 왜 이단자들을 박해하기로 유명했던 샤틀레 법원 관리의 딸 마리 모랭은 프로테스탄트로 개종했을까? 20년 동안 시청에서 근무했던 시의회 의원 피에르 크로케는 자신의 프로테스탄트 교도 딸과 자신의 형제가 실제로 시청 앞 광장에서 교수형을 당하는 것을 지켜보면서 무엇을 느꼈을까?[16]

굳이 위험을 감수하지 않고 '굳건한 가톨릭'으로 남아도 될 그들의 종교적 선택은 교수형이라는 비극으로 끝나기도 했다. 일방적인 박해뿐만 아니라 피의 보복으로 연결되었다. 그렇다면 질문이 덧붙여진다. 개종이 정치적·경제적 이유가 아닌 개인의 신앙에 따른 선택이었다면, 그것이 왜 피비린내 나는 종파 간 갈등과 충돌로 이어져야만 했을까? 위그노와 가톨릭 사이의 갈등의 기원은 무엇인가? 이 종파적 대립은 어떻게 형성되었는가? 질문은 더 늘어난다. 위그노와 가톨릭 엘리트는 도시에서 반복적으로 발생하는 폭력 사태를 어떻게 인식하고 어떤 역할을 했을까? 이 질문은 잠시 접어두자.

위그노로 대표되는 프랑스 개혁교회에는 강력한 종교 지도자가 없었다. 그 정도로 프랑스 개혁교회의 형성은 전적으로 칼뱅의 개인적 역량에 의존했다. 제네바의 칼뱅의 저술과 지도력 덕분에 프랑스에 가톨릭에 대항하는 교회가 형성될 수 있었다. 프랑스에서 최초로 프로테스탄트 교회가 설립된 해는 1555년이다. 그 후 불과 4년 만인 1559년 프랑스 개혁교회 시노드가 열렸는데, 프랑스 전역의 72개 개혁교회 대표들이 참석했다. 시노드에 참여한 목사와 장로 대표자들은 프랑스 개혁교회의 규율

16 Barbara B. Diefendorf, *Beneath the Cross: Catholics and Huguenots in Sixteenth-century Paris*, Oxford: Oxford University Press, 1991, p. 3.

과 규정을 정했다. 프랑스 개혁교회는 우열을 가릴 수 없는 수평적 조직으로 구성되었다. 총 42개 조항으로 구성된 규율은 제네바 개혁교회의 규정을 모방해 결정했다. 교회의 통치 기구는 장로와 집사로 구성된 컨시스토리였다. 컨시스토리가 목사를 선출하면 회중이 최종 승인했다. 목사는 설교와 성찬 집례를 담당하고 영적인 문제에 절대적 주도권을 가졌다. 목사만이 성찬 배제나 출교 같은 징계 절차를 개시할 권한이 있었다. 장로는 존경받는 시민 가운데에서 선출하며 목사를 도와 신자들의 도덕적·종교적 생활을 감독했다. 집사는 병자와 가난한 이들을 돌보는 역할을 맡았다.

목회자 수급이 여의치 않은 경우, 개별 교회에서 자체로 목사를 선출하거나 초빙했다. 이렇게 선출된 목사들은 단기간 제네바에서 교육을 받기도 했다. 1556년 파리 교회는 제네바에서 목사를 초빙한 이후, 자체 신학교를 설립해 목사를 양성하기 시작했다. 때에 따라서는 개종한 가톨릭 사제들이나 신학적 소명을 느낀 평신도들이 목회자로 임명되는 경우도 있었다. 목회자와 평신도 대표로 구성된 전국 시노드는 개별 교구와 교회의 규율을 감독했다. 신앙고백서나 교회 규율의 변경은 시노드를 통해서만 가능했다. 시노드는 공통의 규율을 통해 일치된 신앙을 유지하게 함으로써 개혁교회의 질서 있는 확장의 기반을 마련했다. 1555년 설립 이후부터 40년에 걸친 종교 내전을 거치면서 위그노 교회는 프랑스 내에서 안정적인 자리를 확보할 만큼 강력하게 커졌다. 제네바에서는 주로 프랑스 개혁교회에 필요한 목회자 수요를 공급하는 역할을 했다. 원칙적으로 칼뱅의 신학을 공유했지만 프랑스 프로테스탄트 교회와 제네바 개혁교회 사이의 관계는 어디까지나 비공식적이었다. 제네바는 가톨릭의 로마처럼 중앙집권적 체계로 비추어지기를 원하지 않았다. 프랑스의 프로테스탄트를 공식 지원할 경우, 제네바가 가톨릭 국가의 공격에 노출될 것을 염려한 탓이다.

초기 프랑스 개혁가들은 기존의 교회 구조를 흔들었다. 가톨릭 체제 내의 개혁을 니고데모주의라고 비판한 칼뱅의 영향으로 프랑스 개혁교회는 전통적인 가톨릭 미사와 전례적 관습을 폐기하고 전혀 새로운 교회를 설립하는 실험을 했다. 교회는 종교개혁의 핵심 교리를 칼뱅주의를 통해 체계화했다. 또한 국가에서 인정되지 않는 상황에서 은밀한 방식으로 새로운 교회 구조, 성직자, 규율 기관, 의식 및 사상을 만들고 위그노 공동체만의 독자적인 종교관, 도덕관, 생활양식, 국가관을 주도적으로 형성했다. 다양한 신앙적 실험을 통해 신학적·교회적 틀을 갖추었다. 이 점에서 프랑스 위그노들은 다른 지역의 프로테스탄트 교도들에게는 주어지지 않는 이중적 임무를 수행했다.[17] 1555년 첫 모습을 드러낸 이후에 개혁교회의 확산은 눈부셨다. 1560년에서 1570년 사이에 프랑스 왕국 내에 약 1,000~1,200개의 개혁교회가 설립되었으며, 같은 시기 프로테스탄트 교도 수는 적게는 150만 명에서 많게는 200만 명으로 추정된다.[18] 프랑스 전체 인구의 약 10퍼센트 수준이다.[19] 분명 프랑스 프로테스탄트의 절정기였다.

칼뱅과 프랑스 위그노들은 새로운 목표가 생겼다. 그것은 참된 교회를 확산시키고 프랑스를 복음화하기 위해 프랑스 국가 전체를 프로테스탄트화하는 것이었다. 이 목표를 위해 저명한 귀족들과 지방의 엘리트들을 위그노로 개종시키고자 시도했다. 이런 목표를 설정한 이후 1562년 내전 발생 전까지 위그노의 정치 세력화는 발빠르게 이루어졌다. 1550년대 말에 귀족들 사이에서 칼뱅주의로의 개종이 대대적으로 이루어졌는데, 이는 개혁 운동이 정치화되는 결정적 계기가 되었다.

칼뱅이 꿈꾼 프랑스 종교개혁은 아래로부터의 개혁이 아니었다. 궁극적인 목적이 프로테스탄트 교도를 국왕으로 세워 프랑스를 프로테스탄트 국가로 만드는 하향식 개혁이었다. 목표가 명확한 이상 가톨릭교회와의 갈등은 피할 수 없었다. 특히 1559년의 전국 시노드는 국왕의 뜻을

---

17 Jonathan A. Reid, "France", p. 211.

18 Mark Greengrass, *The French Reformation*, Oxford: Basil Blackwell, 1987, p. 43.

19 Mack P. Holt, *The French Wars of Religion, 1562-1629*, Cambridge: Cambridge University Press, 1995, p. 30.

정면으로 거스르며 개최된 것이었다. 칼뱅주의 신자들의 신앙을 공개적으로 표현하는 행위는 가톨릭교도들의 반발을 불러왔다. 불법적인 조직화는 곧 프랑스 정부 당국의 대대적인 박해로 이어졌다. 위그노들은 자신들을 방어하기 위해 무장하기 시작했다. 가톨릭에 대한 부정은 미사 방해와 성상 파괴, 더 나아가 성직자에 대한 신체적 공격으로도 이어졌다. 위그노 군중은 성상 파괴를 진행하면서 프랑스 종교개혁의 유산 중 하나인 시편 찬송을 불렀다. 그들은 기존 질서를 무너뜨리는 행위가 신의 섭리가 실현되고 있음을 보여 주는 증거라고 믿었다.

프랑스 왕권과 가톨릭 세력의 대응

전통적으로 프랑스에는 국왕이 교황권의 영향을 받지 않고 교회를 통제하는 갈리칸주의라는 독립적 전통이 있어왔다. 이론적으로는 프랑스 국왕이 잉글랜드의 헨리 8세처럼 로마 교황과 단절을 시도했다면 프랑스 교회 성직자들이 동조했을 가능성이 높다. 칼뱅이 아래로부터의 개혁이 아니라 위로부터의 개혁에 의지하는 이유도 여기에 있었다. 프랑스 프로테스탄트의 운명은 처음부터 국왕의 태도에 달려 있었다. 핵심은 프랑스 국왕이 잉글랜드 헨리 8세처럼 국가교회의 수장이라고 선포할 '이유'와 '명분', 그리고 '실리'가 있느냐 여부이다. 프랑수아 1세의 경우에 프로테스탄트 교도들에게 동정심을 가졌지만 교황권과 충돌해 가톨릭의 울타리에서 벗어날 동기는 존재하지 않았다.[20]

20 프랑스 국왕이 로마와의 관계를 단절하고 루터교나 잉글랜드 국교회 방식의 종교개혁을 수용할 여지가 있었던 순간은 바로 1551년이다. 당시 앙리 2세는 여러 문제로 인해 교황청과 갈등을 빚고 있었는데, 트리엔트 공의회 제2차 회기의 재소집을 둘러싼 갈등이 주요 쟁점이었다. 프랑스 국왕은 이 공의회가 신성 로마 제국의 이해관계에 따라 진행되는 데 반감을 가졌다. 왕은 로마에 있던 프랑스 추기경들을 소환하고 주교들에게는 국가교회 회의(National Council)를 준비할 것을 지시했다. 이 회의가 실제로 개최되었다면 프랑스 교회 내에서 전통적으로 강한 입지를 지녀온

프랑스 군주제의 제도와 운영 방식은 본질적으로 전통적인 종교를 쉽게 포기할 수 없는 구조를 지니고 있다. 프랑스 군주제는 중세를 거치며 16세기에는 이미 신성한 제도로 인식되고 있었는데, 왕권의 권위와 정당성은 가톨릭 의식과 전통에 뿌리를 두고 있었다.[21] 국왕은 미사에서 두 종류의 성찬, 즉 빵과 포도주를 함께 받았다. 성직자에게만 허락된 포도주 잔을 왕에게도 준다는 것은 왕권 자체가 이미 신성한 사제의 권능을 받았음을 의미한다. 국왕은 세례식, 대관식, 장례식 등 왕실 의례에서 교황청이 인정해 준 명칭인 '가장 가톨릭적인 왕'(Roi Très-chrétien)으로 불렸다. 대관식은 왕권이 단순한 세속 권력이 아니라 가장 신성한 종교 권력이라는 것을 보여 주었다. 랭스 대성당에서 열린 대관식에서 대주교는 성직자를 성별하듯이 왕에게 기름을 바르고 성유로 십자가 모양의 도유를 행했다. 왕은 엄숙하게 교회법상의 특권과 정당한 법과 정의를 보호할 것이며, 하느님의 도움으로 자신에게 맡겨진 각 주교와 교회를 최대한 보호할 것을 약속했다. 그리고 국왕에게 복종하는 그리스도교도들에게는 하느님의 교회를 위한 진정한 평화를 유지하며, 하느님의 교회가 지명한 모든 이단자에 대해서는 프랑스 영토에서 추방하는 데 최선을 다할 것을 맹세했다. 대관식에서 국왕의 신성성을 상징하는 '왕의 안수'라 불리는 치유의식도 행해졌다. 국왕이 병을 고치는 신성한 능력을 가졌음을 시연하는 이 의식은 하느님으로부터 권능을 받은 신성한 통치

갈리칸주의가 더욱 힘을 얻는 계기가 되었을지도 모른다. 교황 율리우스 3세는 자칫 잉글랜드의 상황이 재연될 수 있는 위기를 직감하고 앙리 2세를 달랬다. 프랑스 추기경들은 프랑스 내의 위그노 이단의 위협을 강조하면서 국왕을 설득했다. 앙리 2세는 프로테스탄트를 탄압하는 「샤토브리앙 칙령」(Edict of Chateaubriant)을 공포했다. 이 시점에서 칼뱅은 프랑스 군주제가 종교개혁을 지지할 수 있으리라는 희망을 완전히 접었다. 하지만 이 시기는 아직 프랑스에 개혁교회가 설립되기 이전이며, 잉글랜드의 크롬웰이나 크랜머와 같이 개혁을 주도할 왕실 인물이 존재하지 않았기에 국가 차원의 종교개혁이 진지하게 고려할 문제였다고 할 수는 없다.

21 Barbara B. Diefendorf, "The Religious Wars in France", *A Companion to the Reformation World*, ed., R. Po-chai Hsia, Oxford: Blackwell, 2004.

자로서의 국왕의 이미지를 완성했다.[22] 이 같은 의식을 통해 국왕과 프랑스 국민은 같은 신앙 안에서 통치하고 복종하는 신비로운 연합체라는 인식을 강화했다. 따라서 하나의 신앙을 훼손하는 이단자로 인해 발생하는 종교적 혼란을 잠재울 최종적인 책임은 국왕이 져야 했다. 프랑스 왕실이 섣부르게 프로테스탄트를 수용할 수 없는 이유를 여기서 찾을 수 있다.

칼뱅주의 종교개혁은 가톨릭교회가 형성한 신성에 대한 개념을 파괴하고 주술화된 신앙을 해체하는 과정이었다. 칼뱅은 가톨릭의 성찬 교리인 화체설을 부정했다. 화체설 거부는 이 교리가 기반하고 있는 사제의 신성한 권능이 교회 안에서 이루어진다는 근본적인 믿음을 거부한 것이다. 성체성사에서 빵과 포도주가 그리스도의 몸과 피로 실제로 변하는 것을 부정하는 칼뱅이나 츠빙글리 같은 개혁가들은 성례전파(sacramentarian)라고 불리며 이단시되었다. 칼뱅과 위그노파는 미사의 절정인 성찬대의 기적을 부정했으며, 교회 안에 있는 성상을 미신이라 여기고 파괴했다. 가톨릭교회의 신성성을 부정하는 칼뱅주의를 국왕이 수용한다고 가정하면, 신성한 군주로서의 권력 기반은 무너진다. 국왕과 백성 사이의 신비로운 결합을 통한 통치와 복종의 개념도 유지될 수 없다. 따라서 프랑스 군주제는 칼뱅주의를 받아들이기 쉽지 않았다.

이론은 이렇지만 비슷한 상황에서 가톨릭을 버리고 국교회를 세운 잉글랜드의 선례를 본다면, 프랑스의 경우 적절한 정치적 여건이 조성되지

---

22 왕의 안수(royal touch)는 유럽 군주제, 특히 프랑스와 잉글랜드에서 국왕이 병을 치유할 수 있는 신성한 능력을 가졌다고 믿는 전통이다. 일명 '왕의 악'(King's Evil)이라 불리는 연주창(scrofula)을 치료하는 국왕의 능력과 관련이 있었다. 대관식이나 특별한 종교 행사에서 왕은 환자에게 손을 얹고 축복하는 의식을 수행했는데, 왕권의 신성함을 강화하는 상징적 의미였다. 중세에 시작된 전통이지만 종교개혁기에 가장 활발했다. 절대 왕정 시기까지 유지되다가 프랑스혁명 이후 사라졌다. 이 주제에 대한 대표적인 고전적 연구로 Marc Bloch, *The Royal Touch: Sacred Monarchy and Scrofula in England and France*, trans., J. E. Anderson, London and New York, NY: Routledge & Kegan Paul, 1973을 들 수 있다.

않았기 때문에 프로테스탄트 수용이 어려웠다고 평가할 수도 있다. 당시 프랑스 상황은 헨리 8세의 경우와 유사하기보다는 잉글랜드 내전 전야의 국교회와 청교도의 관계에 훨씬 가깝다. 마치 청교도들이 국왕의 통치를 부정하고 혁명이라는 방식으로 사회질서를 뒤집으려고 했던 것처럼 프랑스 칼뱅주의는 단순한 종교 운동이 아니라 기존 사회질서 전체를 위협하는 반체제 세력으로 인식되었다. 왕권과 프로테스탄트 세력 사이의 대립은 더욱 심화되었다. 잉글랜드 청교도의 사례처럼 위그노가 직접적으로 프랑스 왕권을 무너뜨리고 공화제를 꿈꾸었던 것은 전혀 아니다. 다만 칼뱅주의 사상이 프랑스 사회 전체에 끼치는 영향력이 너무나 강력했다. 칼뱅주의는 궁극적으로는 프랑스 군주제의 신성성에 대한 도전이었다.

위그노가 초래한 사회 불안은 종교적이며 동시에 정치적이었다. 프랑스 가톨릭교도들은 위그노 이단으로 인해 신성한 국가 공동체를 부정하게 되었다고 보았다. 이러한 신앙의 오염을 회복하는 방법은 처벌이었는데, 단순한 처벌이 아니라 오염된 것을 제거하고 부정한 것을 깨끗하게 정화하는 방식이어야 했다. 가톨릭교도들이 위그노 신자들을 체포하고 종교적인 정화의식을 빙자한 폭력을 행사하기도 했다. 반면에 위그노파는 가톨릭 공동체가 근본적으로 미신적이며 주술에 사로잡힌 상태에 있다고 보았다. 그들은 더럽혀진 공간을 깨끗하게 하기 위한 목적으로 성당에 들어가 성상을 파괴하고 기물을 부쉈다. 미사를 조롱하고, 성체를 훼손하고, 가톨릭 축일의 행렬을 공격하는 등 가톨릭교도들이 신성모독으로 간주하는 행위를 자행했다. 지속적으로 성장하며 영향력을 키우고 있던 위그노파 공동체로 인해 가톨릭 공동체가 느끼는 압박감은 더욱 컸다. 위그노의 존재는 프랑스의 국론을 양분했다. 위그노 지도부는 이런 도발적인 행동과 거리 두기를 했지만 쉽사리 통제되지 않았다. 프랑스에서의 프로테스탄트 투쟁은 예배와 신앙의 자유를 위한 싸움이 아니라 기존 가톨릭 신앙 체제 전반에 대한 구조적인 도전이었다. 사회적·정치적 갈등은 이미 국가의 통제 범위를 넘어섰다.

프랑스는 표면적으로는 중앙집권화된 국가였지만, 왕족과 귀족 가문 사이의 주도권 다툼이 치열했다. 주요 가문의 이해관계가 충돌하면서 귀족 엘리트는 여러 경쟁적인 세력으로 나뉘었다. 특히 위그노파가 점차 세력을 키워가고 대도시의 귀족, 전문직 및 장인 계층을 포섭하게 되면서부터 신앙적 분열이 곧 심각한 정치적 분열로 연결되었다. 각 가문의 정치적 입장은 그들이 대변하는 종파의 이해와 맞물렸다. 각축하는 대표적인 세 가문을 살펴보자.

우선 발루아(Valois) 가문은 프랑스 왕가의 직계 혈통이다. 전통적으로 가톨릭을 신봉했지만 국가의 통합을 위해 위그노파에 대한 강경한 탄압 요구를 수용하지 않고 관용적인 태도를 취했다. 기즈(Guise) 가문은 유력한 귀족 가문이기는 했지만 왕실 가문은 아니었다. 이들은 강경하게 가톨릭 신앙의 수호자 역할을 자임했다. 가톨릭 수호를 위해 프로테스탄트를 박해하고 없애야 한다고 주장하는 극심한 적대감이 있었다. 기즈 가문의 수장인 기즈 공작 프랑수아와 로렌의 샤를 추기경은 이어지는 어린 왕의 짧은 재위기 동안에 큰 정치적 영향력을 행사했다. 마지막으로 부르봉 가문은 발루아 가문에 이어 왕좌를 이어받는다. 신학적으로 칼뱅주의의 영향을 받아 점진적으로 프로테스탄트로 전향하고 실제로 프로테스탄트 진영을 이끌었다.

이들 세 가문이 16세기 프랑스의 정치적·종교적 격변의 중심에 서게 되었다. 위그노의 운명도 스스로 주도할 수 없는 정치 갈등과 권력 투쟁에 좌우될 수밖에 없었다. 프랑스 위그노와 가톨릭 사이의 갈등이 광범위한 무력 충돌로 전개된 것은 1560년대 초였다. 그 도화선은 1559년 7월 국왕 앙리 2세의 갑작스러운 사고사였다. 앙리 2세는 딸 엘리자베트와 스페인 국왕 펠리페 2세의 결혼을 기념하는 기사 시합 중 창에 찔려 사망했다. 이 예상치 못한 죽음으로 왕위 승계가 준비되지 않은 권력 공백이 생겼다. 앙리의 어린 아들 프랑수아 2세(François II, 1544~60, 재위 1559~60)가 즉위했다. 실질적인 국가권력은 왕비 메리 스튜어트의 외삼촌들인 기즈 공작 프랑수아와 로렌의 샤를 추기경에게 넘어갔다.[23] 이들

강경파 가톨릭의 통치 아래 프로테스탄트 탄압은 심해졌다.

귀족 가문 사이의 갈등은 내전으로 이어질지 모른다는 불안을 키웠다. 그 첫 번째 징후는 1560년 3월에 나타났다. 기즈 가문의 영향력을 견제하려던 일련의 프로테스탄트 교도가 프랑수아 2세가 머물고 있던 앙부아즈성에서 왕을 납치하려고 한 것이다. 부르봉 가문이 주도한 이 사건은 어린 왕을 보호한다는 명목으로 프로테스탄트 세력의 영향력을 확대하려던 시도였다. 앙부아즈 음모(Conspiracy of Amboise)라고 불리는 이 납치 시도는 실패해 수많은 공모자가 반역죄로 처형되었다. 프로테스탄트와 가톨릭 사이의 근본적인 대립을 상징하는 이 사건은 반복되는 폭력 사태를 낳고 내전을 촉발했다. 프랑스 내의 보수적인 가톨릭교도들은 프로테스탄트의 선동적인 음모를 불안하게 지켜보았다. 국왕과 기즈 가문의 귀족들은 이 불안정한 정치적 상황을 진정시키지 못했다.[24] 1560년 12월 프랑수아 2세가 갑작스럽게 병사하면서 아홉 살배기 동생 샤를 9세(Charles IX, 1550~74, 재위 1560~74)가 즉위했다. 이로 인해 기즈 가문의 왕실에 대한 영향력이 약화되었다.

14세 미만인 미성년 국왕의 경우 반드시 섭정의 보호를 받도록 규정되어 있었다. 선례를 비추어보면 가장 유력한 섭정 후보는 나바르 왕 앙투안 드 부르봉(Antoine de Bourbon, 1518~62)이었다. 그는 프랑스 프로테스탄트를 이끈 인물이다. 칼뱅은 그에게 편지를 보내 섭정의 권리를 주장할 것을 조언했다. 하지만 그가 우유부단하게 처신하는 사이 국왕의 어머니 카트린 드 메디시스(Catherine de Médicis, 1519~89)가 섭정을 자처했다. 프로테스탄트 세력이 왕실에 영향력을 행사할 수 있었던 다시 오기 어려운 결정적 순간을 놓쳤다. 카트린은 남편 앙리 2세가 사망한 후부터 발루아 왕가의 운명을 책임진 현실 정치인이 되었다. 격변의

---

23 Raymond A. Mentzer, "The French Wars of Religion", *The Reformation World*, ed., Andrew Pettegree, London and New York, NY: Routledge, 2000, p. 323.

24 Raymond A. Mentzer, "The French Wars of Religion", p. 326.

시대에 남편과 두 아들 프랑수아 2세(재위 1559~60)와 샤를 9세를 먼저 떠나 보냈으니 비운이라 할 만하다. 막내 아들 앙리 3세(Henri III, 1551~89, 재위 1574~89)마저도 카트린과 같은 해 사망했다. 카트린은 스페인 국왕 펠리페 2세(재위 1527~98)와 결혼한 딸 엘리자베트 외에 프랑스 국왕이 된 앙리 드 나바르(재위 1589~1610)와 결혼한 딸 마르그리트를 두었다.

혼란한 시기에 섭정이 된 카트린은 주도면밀한 정치 감각을 보여 주었는데, 종교적 긴장을 완화하기 위한 온건한 정책을 펼쳤다. 막강한 권력을 거머쥔 기즈 가문을 견제하고 정치적 균형을 유지하기 위해 다른 귀족 가문의 인물을 등용했다. 카트린은 경쟁하던 부르봉 가문의 나바르의 왕 앙투안 드 부르봉을 프랑스 군대 총사령관으로 임명했다. 또한 프로테스탄트 교도인 가스파르 드 콜리니(Gaspard de Coligny, 1519~72)를 왕실 의회에 포함시켰다. 이로써 프로테스탄트 교도들은 처음으로 프랑스 정치에 직접적인 발언권을 가지게 되었다. 종파 간의 무력 충돌을 피하고자 타협과 종교적 관용을 최대한 시도했다. 카트린 드 메디시스가 내린 첫 번째 정치적 결정 중 하나는 1561년 1월과 4월 두 차례의 칙령으로 종교적 이유로 개인에게 위해를 가하는 행위를 금지한 것이다.

프랑스는 1559년 앙리 2세의 죽음 이후 계속된 섭정 정치를 거치면서 왕권의 공백, 국가 재정 파탄, 파벌 싸움 등으로 왕권이 급속도로 흔들리게 되었다. 이 시기 프로테스탄트의 숫자가 폭발적으로 늘었다. 역설적이게도 내전 직전인 1561~62년은 프랑스 종교개혁의 절정기였다. 고위 귀족층에서도 절반 가까운 사람이 위그노파 지지자였다. 프랑스 프로테스탄트 운동이 대중적인 개혁 운동으로 발전할 가능성도 있었다. 섭정 카트린의 종교적 태도도 바꿀 수 있을 것이라는 기대가 있었다. 그러나 카트린의 종교 관용 정책 혹은 프로테스탄트 우대 정책에 반발해 가톨릭 세력이 결집하게 되었다. 민중 사이에서 프로테스탄트에 대한 적대감은 여전했다. 가톨릭 귀족과 평민들은 동맹을 결성해 평화 대신에 대립을 선택했다. 1561년 말 프랑수아 기즈 공작은 가톨릭 군사 동맹을 조직해 정부에서 프로테스탄트 세력을 몰아낼 것을 공개적으로 주장하면서 왕실에 압박을 가했다. 이제 내전은 점점 피할 수 없는 현실이 되어갔다.

학살, 종교 전쟁, 그리고 「낭트 칙령」

종교개혁이 발생한 이후 한세기 동안 유럽 전역에서 크고 작은 종교 분쟁이 발생했지만, 그중에서도 프랑스에서 벌어진 전쟁은 가장 파괴적이었다. 그 출발 지점으로 가보자. 1562년 1월 샤를 9세의 섭정 카트린은 「1월 칙령」을 통해 위그노를 공식적으로 인정하고 제한된 범위 내에서 종교의 자유를 실천할 수 있는 관용을 허용했다. 위그노들이 도시 밖에서 예배를 드리는 것도 허용되었다. 그러나 무장을 하는 것은 엄격히 금지되었다. 국가의 관심은 공공질서를 유지하는 것이었다. 위그노에게는 충분하지 않을지라도 이제 그들은 공개적으로 평화롭게 예배를 진행할 수 있게 되었다.[25]

예상대로 이 칙령은 가톨릭 동맹에 참여한 성직자과 파리 고등법원 판사들의 거센 반대에 직면했다. 파리 고등법원은 칙령을 등록하는 것을 거부하다가 국왕의 명령이 있은 이후 마지못해 승인했다. 도시 곳곳에서 프로테스탄트 교도들과 가톨릭교도들이 충돌했다. 1562년 2월에는 위그노 중 몇몇이 미사를 거부하라는 요청을 무시한 가톨릭교도를 살해했다. 다음 달에는 가톨릭교도들이 설교 예배를 드리던 프로테스탄트 교도 수십 명을 살해했다. 산발적으로 일어나던 폭력 사태의 결정적인 방아쇠를 당긴 사건이 3월 1일 발생했다. 기즈 공작과 무장 추종자들이 샹파뉴 지역을 여행하던 중 바시에서 예배를 드리고 있던 위그노 회중을 목격했다. 이들에게 해산 명령을 내렸으나 거부당했다. 공작의 부하들이 예배드리던 헛간 안으로 진입하려 하자 돌멩이가 날아들었고 그중 하나가

---

25 Raymond A. Mentzer, "The French Wars of Religion", p. 328.

공작에게 명중했다. 격분한 기즈는 즉각 탄압을 결정하고 예배에 참여했던 프로테스탄트 교도들을 학살했다. 이 과정에서 최소 80명에서 많게는 200명이 학살되고 100명 넘는 사람이 부상당했다. 1562년 3월 6일 벌어진 바시 학살(Massacre of Vassy) 사건은 프랑스 종교 전쟁의 방아쇠를 당겼다. 학살 이후 프로테스탄트들은 자기 방어를 위해 무장을 시작했다. 프랑스 전역에서 위그노 반란이 벌어졌다. 왕권 붕괴 가능성을 염려한 카트린은 전쟁을 결정했다.

1562년 4월 위그노들은 루이 드 부르봉(Louis de Bourbon Condé, 1530~69) 공에게 오를레앙에서 열리는 프랑스 개혁교회 전국 시노드에 참여하는 위그노 신자들을 보호할 군대를 조직해 줄 것을 요청했다. 프랑스 내에 지역교회, 지방 시노드, 전국 시노드 등으로 구성된 강력한 교회 조직을 갖추고 있던 프랑스 개혁교회는 그해 봄에 프랑스 전역에서 군자금과 병력을 모집했다. 위그노가 이렇게 무장 대응하자, 기즈 공작과 가톨릭 강경파들은 저항을 명분 삼아 위그노를 제거하려는 계획을 세웠다. 그러나 왕권은 이 내전을 통제할 의지와 능력이 없었다. 바시에서 발생한 최초의 대량 살상이 벌어진 이후, 35년간 유사한 방식으로 아홉 차례의 기나긴 전쟁이 이어졌다. 살인과 복수, 복수에 대한 또 다른 피의 보복의 악순환이 이어졌다. 힘의 균형이 어느 한쪽으로 쏠리지 않았기 때문에 지루한 소모전이 이어졌다. 이 전쟁은 프랑스만 관련된 것이 아니었다. 가톨릭 진영과 프로테스탄트 진영 모두 외국의 동맹을 찾아 자금과 군사 지원을 받았다. 가톨릭 진영은 스페인의 펠리페 2세의 지원을 받았다. 잉글랜드의 엘리자베스 1세와 독일의 프로테스탄트 제후들은 위그노파를 지원했다. 그래서 프랑스 종교 전쟁은 유럽 열강이 프랑스 영토에 몰려와 벌인 종교 대립의 현장이었다.

첫 번째 종교 전쟁은 1563년 2월에 오를레앙 공성전 중 프랑수아 기즈 공작이 암살되면서 전환점에 도달했다. 더 이상 충돌이 확대되는 것을 막기 위해 카트린은 중재를 주선했고 가톨릭 세력도 평화 협상에 동의했다. 그 결과 1563년 3월 「앙부아즈 칙령」(Edict of Amboise)이라는 평화 조약이 체결되었다. 이 평화 조약은 군대의 무장 해제가 전제되지 않은 임시방편이었다. '무장 평화'(armed peace)라고 의미가 축소되었다. 한 해 전의 「1월 칙령」과 마찬가지로 프로테스탄트 교도들에게 신앙과 양심의 자유를 보장했다. 예배의 자유는 사회적·지리적 조건에 따라 제한적으로 허용되었다. 여전히 기존의 제한적인 종교 관용 정책과 마찬가지로 한계가 명백했다. 법원은 계속해서 이단 서적의 유통, 반가톨릭 언행, 가톨릭 축일 방해나 성상 파괴 등과 같은 행동을 반역 혐의로 기소할 수 있었다.[26] 「앙부아즈 칙령」이 발표된 직후 왕실은 전국 각지를 순회하는 대규모 행차를 시작했다. 불안정한 국내 정세를 안정시키고 왕권의 존재감을 확립하기 위한 조치였으나 결과는 기대에 미치지 못했다. 기즈 공작 사망 이후에도 그의 동생들인 오말 공작 클로드와 로렌의 샤를 추기경이 이끄는 가톨릭 강경파는 여전히 궁정 내에서 막강한 정치적 영향력을 유지하고 있었다.

1567년 9월 두 번째 전쟁이 시작되어 약 6개월간 지속되었다. 프로테스탄트 교도들은 스페인 군대가 네덜란드 반란 진압을 명목으로 프랑스 동부 국경을 따라 이동하는 것을 보고 프랑스와 스페인 연합군이 위그노를 공격하는 것이라 판단했다. 위그노의 군사 지도자 콜리니 제독과 콩데 공은 선제공격으로 왕실을 장악하려 했지만 실패했다. 이후 전쟁은 교착 상태에 빠지고 이듬해인 1568년 3월 「롱쥐모 칙령」(Edict of Longjumeau)을 체결해 휴전했다. 평화는 오래가지 못했다. 로렌의 샤를 추기경이 주도한 가톨릭 강경파는 왕실 의회를 압박해 콩데 공과 콜리니 제독의 체포를 시도했다. 두 위그노 지도자는 라로셸로 피신하면서 1568년 9월 세 번째 내전을 촉발했다. 1569년 3월 자르낙 전투에서 콩데 공이 전사하는 등 위그노 측이 큰 타격을 입었으나, 콜리니 제독의 지도력 아래 재정비된 군대는 가톨릭 군대의 공격을 저지했다. 결국 1570년 8월 생제르맹 조약(Treaty of Saint-Germain)이 체결되어 세 번째

26 Barbara Diefendorf, "The Religious Wars in France", p. 153.

전쟁이 종식되었다. 지루하게 반복되는 내전이었지만 종교적 열정이 고조되는 만큼 폭력도 더욱 조직화되었다. 양측의 불신과 적대감만 쌓여갔고 진정한 화해의 길은 보이지 않았다.[27] 보다 근본적인 문제 해결을 위한 정치적 해법이 필요했다.

세 차례의 종교 전쟁에서 주요 파벌 지도자들이 모두 사망했다. 왕의 섭정 카트린은 불안정한 휴전을 영구적 평화로 돌리려는 해법을 강구했다. 끝이 보이지 않는 파벌 가문 사이의 갈등의 궁극적 해결책은 정략결혼이었다. 장미전쟁(1455~87)으로 불리는 잉글랜드의 요크 가문과 랭커스터 가문의 내전은 결국 두 가문이 결혼해 통합하면서 종결되었다. 그렇게 잉글랜드의 튜더 왕조가 수립되었다. 유럽 왕가의 익숙한 선례대로 카트린은 자신의 딸 마르그리트와 앙투안 드 부르봉의 아들인 위그노 지도자 나바르 왕 앙리 드 나바르(Henri de Navarre) 사이의 혼인을 추진했다. 가톨릭 발루아 가문과 프로테스탄트 부르봉 가문은 혼인을 통해 오래된 적대감을 청산하고 프랑스의 항구적 평화를 이루고자 했다.

1572년 8월 18일 양 가문의 주요 인물들이 파리에서 열린 결혼식에 참석했다. 가톨릭과 이단의 결합이라는 비난과 교황의 반대에도 불구하고 결혼식은 노트르담 대성당에서 진행되었다. 아마 이 갈등이 대중의 이해와 무관한 것이었다면, 혼인 동맹은 순조롭게 진행될 수 있었을 것이다. 하지만 대중은 이미 가톨릭과 프로테스탄트라는 두드러진 정체성을 간직하고 서로에 대해 감출 수 없는 적개심을 갖고 있었다. 지도층의 선택은 이들의 입장을 고려하지 않은 순전히 정치적인 것이었다. 대다수의 시민은 이 같은 방식으로 문제가 해결되는 것을 원하지 않았다. 더욱이 파리는 가톨릭교도의 수가 여전히 압도했고 프로테스탄트는 왕실의 관용 정책에 의해 보호받고 있는 불안정한 상황이었다.

역사는 또 한번의 사건으로 전혀 다른 경로로 접어들었다. 결혼식 며칠 후인 8월 22일 금요일, 프로테스탄트 군사 지도자 콜리니가 거리에서

---

27 Raymond A. Mentzer, "The French Wars of Religion", p. 330.

총격을 받고 중상을 입었다. 예기치 않은 암살 시도는 가톨릭 강경파인 기즈 가문에서 모의한 것이었다. 파리는 일촉즉발의 위기 속으로 빨려들어 갔다. 도시 전체가 긴장했다. 왕실에서는 8월 23일 토요일 루브르 궁전에서 비상 회의를 열었다. 왕실은 도시가 폭발 직전 상태라는 점을 인지했고 프로테스탄트 지도자들이 파리에 있는 것이 위험하다고 생각했다. 왕의 섭정 카트린은 평화 정책을 포기할 시점이라고 판단했다. 가톨릭교도들 사이에서는 위그노의 군대가 쿠데타를 시도해 왕실을 장악할 것이라는 소문이 돌았다. 이 소문은 왕실이 신속하게 조치를 취해야 한다는 압박을 가중시켰다. 8월 23일 토요일 밤, 왕실 친위대와 기즈 가문의 군대가 위그노 지도부를 겨냥한 공격을 동시다발적으로 진행하기로 결정했다.

결혼식 일주일 만에 그 축제는 악몽으로 변했다. 8월 24일 일요일, 이날은 성 바르톨로메오 축일(Saint Bartholomew's Day)이었다. 왕실 친위대가 콜리니의 숙소에 침입해 치료 중이던 콜리니를 살해했다. 기즈 공작이 콜리니가 살해된 집 밖으로 나와 위그노 지도부에 대한 공격을 명령하면서 "왕의 명령이다!"(Le roi le veut)라고 외쳤다. 극도로 예민해 있던 파리 시민들은 즉각 반응했다. 열렬한 가톨릭 지지자들에게는 이 외침이 억눌려 있던 감정을 폭발하는 계기가 되었다. 국왕의 관용 조치 때문에 이단 프로테스탄트의 오염을 정화하지 못했던 시민들은 마침내 행동에 나서는 공식 허가를 받았다고 판단했다. 애초부터 전면적인 학살을 계획한 것은 아니었지만 곧이어 무차별적인 학살과 대규모 정화 운동으로 이어졌다. 분노한 가톨릭 폭도들이 거리로 뛰쳐나와 위그노들을 죽였다. 희생자의 수에 대한 의견은 분분하지만 8월 24일 성 바르톨로메오 축일과 그 후 2~3일 동안 파리에서만 3,000명의 위그노가 살해되었다. 목격자들은 센강이 피로 붉게 물들었다고 전했다. 학살은 9월과 10월 동안 리옹과 툴루즈 등 여러 도시로 확산되면서 연쇄적으로 이어졌다. 많은 지방 관료는 파리에서 벌어진 학살을 정당화하거나 모방했다. 프랑스 전역의 사망자 수를 합치면 1만 명 가까이 될 것으로 추정된다.

학살에 가담한 군중은 자신들을 단순한 폭도가 아니라 국왕과 신의 명령을 수행하는 존재로 인식했다. 그들의 행위는 폭력이 아니라 질서를 바로잡고자 취한 준사법적 조치였다. 폭도들은 콜리니의 시신을 절단해 재판한 후에 강에 내다버렸다. 강에 던지는 것은 물로 씻어내는 정화를 의미했다. 또한 어린아이를 발가벗겨 살해당한 부모의 피에 담그는 일도 벌어졌다. 이는 일종의 반(反)세례의식이었다. 아이들의 생명을 보전하기 위해 위그노의 부정한 것을 씻어내야 했다. 이렇게 학살은 단순한 폭력 행위를 넘어 종교의식처럼 진행되었다. 국왕이 공개적으로 승인한 적이 없다는 점에서 책임의 귀속이 불명확한 사건으로 보일 수 있다. 그러나 많은 가톨릭교도는 이를 신의 섭리에 따른 정화 행위로 간주하며 축하했다. 교황 그레고리우스 13세(Gregorius XIII, 1502~85, 재위 1572~85)는 학살 소식을 접한 이후 감사 미사를 명했으며 기념 메달을 제작하기도 했다. 또한 화가 조르조 바사리(Giorgio Vasari, 1511~74)에게 대학살을 기념하는 대형 벽화를 의뢰했다(이 작품은 현재 바티칸 사도궁에 전시되어 있다).

1572년 가을, 파리와 지방에서 연쇄적으로 발생한 학살은 프랑스 종교 전쟁의 종파적 긴장과 군주제 위기가 한꺼번에 분출된 사건이다. 대학살이라는 부정할 수 없는 참사에도 불구하고 여전히 종파적으로 논란 중에 있다. 가톨릭 진영에서는 콜리니 암살과 뒤이어 벌어진 사건이 군주제의 정당한 자기방어라고 주장했다. 이미 프로테스탄트 교도들이 왕을 암살하고 사회질서를 전복하려는 반역을 꿈꾸었기 때문이다. 반면에 프로테스탄트 측은 위그노들이 지속적인 박해와 도발에도 불구하고 왕권에 충성을 다했으나 결국 배신당했다고 본다. 왕권은 이제 폭군적으로 변질되어 더 이상 충성을 바칠 가치가 없는 존재가 되었다. 위그노 운동의 지도부는 적어도 1569년 콩데 공이 사망할 때까지는 군주제를 전복하려는 것이 아니라 왕권을 방어하려는 운동임을 강조했다. 위그노 운동의 지도자들이 왕족이었기 때문에 그 누구보다도 왕권을 보호할 정당한 이유가 있었다. 그러나 이런 위그노의 충성심이 1572년의 학살로 무너졌다. 상상할 수 없는 규모의 잔학 행위를 방조한 왕권에 철저히 환멸을 느낀 프랑스 프로테스탄트 교도들은 반(反)군주제 정서를 더욱 강하게 표출하며 다양한 저항 이론을 제시했다. 프랑스 종교개혁에서 전에 없던 군주 저항론(monarchomach)이 본격적으로 등장했다.[28]

대학살은 프랑스 개혁교회에게는 돌이킬 수 없는 악몽이었다. 프랑스를 참된 신앙으로 개종시키려던 프로테스탄트 교도들의 자신감과 희망은 철저하게 부서졌다. 많은 위그노 교도가 자신과 가족을 보호하기 위해 가톨릭 세례를 받았다. 내전 이후 빠르게 성장하던 위그노 공동체는 대학살을 기점으로 정체되었다. 다수의 도시 위그노는 가톨릭교도들과의 평화로운 공존을 원했으며, 종교적 관용과 법적 권리의 확보를 궁극적 목표로 삼았다. 강경파 위그노들은 프로테스탄트 공동체의 권리를 지속적으로 주장하며 가톨릭과의 타협을 거부했다. 강경파와 온건파 사이의 갈등은 결국 위그노 내부에서도 분열을 초래했다.

성 바르톨로메오 축일의 대학살은 종교적 증오에서 비롯된 일련의 집단적·개별적 살해 사건 중 가장 광범위하고 비극적인 사례였다. 양측은 전쟁을 재개했다. 프로테스탄트 교도들은 정치적·군사적 세력을 유지하고 무장 저항을 이어갔다. 1574년 5월 샤를 9세가 사망하고 그의 동생

28 군주에 대한 저항 이론 발전에 대한 칼뱅의 영향력은 모순적이다. 칼뱅은 권력 분산과 법의 지배를 강조했지만 칼뱅주의자들에게 군주에 대한 저항을 가르치지는 않았다. 칼뱅이 주장한 내용이나 제네바에서 발전한 사상 가운데 프랑스 왕권을 직접적으로 훼손한 것은 거의 없었다. 그는 루터파보다 더 신중하게 '수동적 복종'(passive obedience) 교리를 표현했다. 통치자가 하느님의 뜻에 의해 세워졌기에 반드시 복종해야 하며, 성서는 왕을 하느님처럼 존경해야 한다고 가르쳤다. 통치자가 폭군이라 할지라도 그것이 통치의 정당성을 부정하는 근거는 되지 않았으며, 폭정에 대한 유일한 대응책은 고통을 감내하고 신에게 구원을 기도하면서 자발적으로 망명하는 것이었다. 하지만 1541년 『기독교 강요』 개정판 이후, 하급 관료가 합법적 권위를 바탕으로 폭군에 맞설 수 있다는 주장을 조심스럽게 수용하기 시작했다. 이 때문에 칼뱅이 절대군주제에 반대해 저항 이론의 문을 열었다고 긍정적으로 평가하는 주장도 있다. 관련 논의는 Scott M. Manetsch, "John Calvin, the Monarchomachs, and the Biblical Warrant for Political Resistance", *Calvinus Frater in Domino* 65, March 8, 2020, pp. 13~36 참조.

도표 9 1572년 성 바르톨로메오 축일의 대학살의 남성 희생자 신분 및 직업 분포

도시	귀족	법률가, 관리	상인	교사, 목사	장인	비숙련 노동자, 하인	직업 불명	합계
부르주	—	7	6	—	8	—	2	23
모	—	5	13	—	10	1	—	29
트루아	—	1	11	—	22	2	—	36
오를레앙	2	15	50	2	47	11	15	142
루앙	3	9	18	3	119	3	31	186
리옹	—	6	34	3	88	5	5	141
파리	36	14	13	5	40	2	11	121

출처: Natalie Zemon Davis, *Society and Culture in Early Modern France*, Stanford, CA: Stanford University Press, 1975, p. 177.

앙리가 폴란드 왕을 잠시 지낸 이후 프랑스 왕위에 올라 앙리 3세가 되었다. 그러나 그의 즉위는 혼란스러운 정국을 더욱더 악화시켰다. 국가를 통합하고 질서를 회복할 만한 지도력과 경험이 부족했다. 그가 왕위에 오른 이후에도 세 차례의 종교 전쟁이 추가로 발생해 프랑스는 혼돈 속에서 헤어날 기미가 없었다.

1576년 2월 성 바르톨로메오 축일 대학살 당시, 목숨을 부지하기 위해 가톨릭으로 개종했던 앙리 드 나바르가 왕실을 탈출했다. 그는 프로테스탄트 신앙으로 돌아와 세력을 결집했다. 독일 라인란트 지역의 칼뱅주의자였던 팔츠 선제후의 군사적 지원을 받아 세력을 강화했다. 이에 맞서 급진 가톨릭파는 기즈 공작 앙리의 지도 아래 가톨릭 동맹(Catholic League)을 조직했다. 그들은 앙리 3세가 가톨릭교회를 배신하고 왕권을 약화시키고 있다고 비난했다. 1584년 6월에 프랑스의 정치적·종교적 위기는 더욱 심화되었다. 국왕 앙리 3세의 동생이자 후계자였던 앙주 공작 프랑수아(François, duc d'Anjou)가 갑작스럽게 사망했다. 그의 죽음이 파장을 불러온 까닭은 앙리 3세에게 자녀가 없었기 때문이다. 프랑스 왕위 계승법인 「살리카법」(Salic Law)에 따르면, 가장 가까운 남성 혈족인 프로테스탄트 교도 앙리 드 나바르가 프랑스 왕위 계승자가 되어야 했다. 가톨릭은 반발했다. 프랑스 국왕이 '가장 가톨릭적인 왕'으로 불려왔기 때문에 가톨릭 신앙이 살리카법보다 우선해야 마땅하다고 주장했다.[29] 오히려 군주 저항론을 내세우던 프로테스탄트 진영은 입장이 바뀌게 되었다. 칼뱅주의의 공화주의적 이상과 저항권 개념 대신에 강력한 프로테스탄트 국왕 중심의 군주제를 그리게 되었다. 그야말로 칼뱅이 꿈꾸었던 위로부터의 개혁이 아니었던가! 가톨릭과 프로테스탄트 모두 셈법이 복잡해졌다.

가톨릭 동맹은 더 과격하고 광신적인 성격을 띠고 재결성되었다. 1589년 1월 초에 소르본 신학자들은 국왕 앙리 3세의 폐위를 선언하고 가톨릭 신앙을 지키기 위해 왕에 맞서 싸우라고 가톨릭교도들을 선동했다. 가톨릭 선전가들은 앙리 3세를 폭군으로 묘사하면서 그를 폐위하고 처형하는 것이 정당하다고 주장했다. 이런 위협에 앙리 3세는 위그노 지도자 앙리 드 나바르를 합법적 왕위 계승자로 인정하고 그와 동맹을 맺었다. 이 둘의 연합군이 가톨릭 동맹이 장악한 파리를 향해 진군했다. 프랑스 국가 전체가 이단으로 넘어간다는 가톨릭교도들의 위기의식은 곧 현실이 될 상황이었다. 프랑스 가톨릭교회는 급기야 국왕 살해를 실천에 옮기고 말았다. 1589년 8월 1일 도미니크회의 한 광신적 수사 자크 클레망(Jacques Clément, 1567~89)이 왕의 야영지에 침입해 앙리 3세를 칼로 찔러 살해했다.

국왕 앙리 3세의 암살은 가톨릭교도들이 볼 때는 신의 심판이었다. 파리와 가톨릭 동맹 도시에서는 축하 행사가 벌어졌다. 이런 복잡한 종교적·정치적 갈등이 앙리 4세로 즉위한 앙리 드 나바르 앞에 놓여 있었다. 그는 위그노들의 지지와 충성으로 왕위에 올랐다. 그러나 가톨릭 세력의 지지 없이는 분열된 왕국에서 온전하게 통치력을 행사하기가 불가능했다. 그는 자신이 프로테스탄트 교도이기 때문에 왕실의 충성을 받는 것

---

29 Raymond A. Mentzer, "The French Wars of Religion", p. 335.

이 어렵다는 사실을 알고 있었다. 전임자인 앙리 3세의 군대조차도 프로테스탄트 이단에 반대해 절반 이상이 이탈한 상태였다. 1589년 8월 즉위 직후, 앙리 4세는 프랑스의 왕권과 가톨릭 전통을 인정하고 그 증거로 6개월 내에 가톨릭으로 개종할 것을 약속했다. 그렇게 해서 조건부로 고위 성직자들과 왕실 관리들의 충성 서약을 받았다. 그렇지만 이 약속을 지키지 않고 4년간 무력으로 프랑스를 정복하려 지속적으로 시도했다. 프랑스는 1589년부터 1593년까지 5년 동안 프로테스탄트 군주가 통치하는 나라였다. 그러나 실제 왕국의 절반도 앙리 4세에게 충성하지 않았다. 프랑스 군주로 살아가기 위해 앙리 4세에게는 개종 말고는 다른 선택지가 없었다.

1593년 5월 중순, 앙리 4세는 가톨릭으로 개종하기로 결정했다. 같은 해 7월 25일 파리 외곽의 생드니 대성당에서 '개종과 사죄의식'이 거행되었다. 생드니 대성당은 국왕들의 묘소가 있는 곳으로 왕권의 신성성을 상징하는 장소였다. 1594년 2월 가톨릭 동맹이 통제하는 랭스 대성당이 아닌 샤르트르 대성당에서 성대한 대관식을 거행하고 프랑스 국왕으로 즉위했다. 다음 달에 국왕 지지자들이 파리의 성문을 몰래 열어 그를 맞았다. 앙리 4세는 노트르담 대성당으로 가서 미사를 드렸다. 1594년 4월 소르본 대학의 신학자들은 앙리 4세가 진실한 가톨릭교도임을 인정하고 그를 프랑스 국왕으로 공식 승인한 데 이어 1595년 9월에는 교황 클레멘스 8세(Clemens VIII, 1536~1605, 재위 1592~1605)가 앙리 4세의 파문을 철회했다. 앙리 4세의 개종과 파리 입성은 정치적으로 신중하게 계산된 결정이었다. 이 과정을 지나 30년이 넘게 지속된 기나긴 종교 전쟁은 마침내 끝났다. 이 정치적 접근이 모두에게 만족스러울 수는 없었다. 위그노들은 왕이 칼뱅주의 신앙을 버리고 변절했다는 반감을 가졌다. 가톨릭 진영에서도 그의 개종이 참된 신앙심에서 비롯된 것이 아닌 정치적으로 목적이 있다는 의구심을 가졌다. 그럼에도 앙리 4세는 오랜 종교적 대립을 종식하고 국가 통합을 이루는 것이 그 어떤 것보다 우선되는 가치라고 판단했다. 모두에게 아쉬움이 있지만 모두가 이해할 수밖에 없는 결정이었는지 모른다. 위그노에게는 비록 개종한 왕이기는 하지만 자신들을 보호해 줄 안정적이고 강력한 보호자를 확보한 성과가 있었다. 대부분의 가톨릭교도도 왕국의 통합과 안정이라는 앙리 4세의 대의를 기꺼이 받아들였다. 앙리 4세는 "파리는 미사 한번쯤 드릴 가치가 있다"라고 했다.[30] 가톨릭 개종이 파리를 장악하고 왕좌를 얻기 위한 정치적 선택이었음을 은연 중 내비친 것이다. 그렇다면 그 의도는 정확히 적중했다.

마침내 1598년 앙리 4세는 「낭트 칙령」(Edict of Nantes)을 발표하며 프랑스 종교 전쟁을 끝냈다. 이 칙령이 반포되기 전까지 프랑스는 위그노와 가톨릭의 갈등 속에서 심각한 분열을 경험했다. 앙리 4세는 종교 전쟁으로 황폐해진 프랑스 왕국의 재건을 위한 법적·정치적 틀을 마련해 종교적 공존을 조성하는 갈등의 조정자 역할을 했다. 「낭트 칙령」으로 프랑스의 위그노들은 공식적으로 종교적 자유를 보장받았다. 가톨릭교도들은 프랑스를 부정하게 오염시키는 프로테스탄트의 존재를 인정하는 것 자체가 그리 내키지 않았다. 위그노 진영에서는 정치적 현실 때문에 자신들이 꿈꾸었던 신앙적 이상을 타협하고 포기한다는 갈등이 없을 수 없었다. 가톨릭과 프로테스탄트 교도들은 여전히 서로에 대한 불신이 깊었지만 전쟁과 학살, 암살이 종교적 갈등을 해결하는 적절한 수단이 될 수 없다는 인식으로 모아졌다. 프랑스 사회는 종교적 차이를 수용하는 현실적인 방향으로 나아가고 있었다.[31] 앙리 4세는 평화 회복에 있어 핵심적인 역할을 담당했다. 그런 면에서 누가 뭐래도 「낭트 칙령」의 승자는 앙리 4세였다. 오랜 전쟁을 끝내고 종교 평화를 가져왔다는 것은 프랑스에서 왕권이 그만큼 힘을 회복했다는 의미였다. 프랑스는 여전히 신성한 프랑스 군주제를 지켜나갔고 절대 왕정을 향한 길이 크게 열렸다.

30 이 말을 앙리 4세가 직접 했는지는 분명하지 않다. 오히려 가톨릭 동맹의 반대파들이 앙리 4세를 위선자로 비난하기 위해 만들어낸 문구였다는 주장이 더 설득력을 얻는다.

31 Raymond A. Mentzer, "The French Wars of Religion", p. 341.

칙령의 조항과 절차는 매우 복잡하고 다층적이었다. 「낭트 칙령」은 프랑스 개혁교회의 법적 존재를 공인하고 프로테스탄트 교도들에게 가톨릭교도들과 동일한 시민권을 보장했다. 위그노 예배가 허용되는 지역과 조건을 명확히 규정했으며, 군사적·종교적 자치권도 부여했다. 위그노의 권익 보호를 위해 왕실은 '칙령재판소'를 설치했다. 가톨릭과 프로테스탄트 판사들이 공동으로 재판을 담당해 프로테스탄트 교도가 당사자인 민·형사 사건에 있어 공정한 재판을 받도록 했다.

프로테스탄트 교도가 가톨릭교도와 완전히 동등한 지위를 얻지는 못했지만, 공무원이 되는 길을 열어 놓고 고등 교육 기관에 진학할 기회를 부여했다. 그를 통해 종파 간의 평화로운 공존을 위한 제도적 틀이 마련되었다. 칙령 이행을 보장하기 위해 감독관도 임명했다. 이 칙령은 '영구적이고 불가역적인' 법령이라고 명시했다. 그러나 어디까지나 문자적인 표현일 뿐, 언젠가는 프랑스가 하나의 가톨릭으로 통합되리라는 기대가 있었다.

1610년 5월 앙리 4세가 암살되면서 그가 추진했던 안정적인 종교 정책은 무너졌다. 그러나 왕비 마리 드 메디시스(Marie de Médicis, 1575~1642)가 아들 루이 13세의 섭정을 맡게 되면서 왕실 내 권력 구조는 급격히 흔들렸다. 독실한 가톨릭교도였던 마리는 강경 가톨릭 세력을 지지하고 프로테스탄트를 탄압했다. 후임 국왕 루이 14세 때에는 강제 개종 정책을 펼쳐 개종을 거부한 칼뱅주의자들은 망명하거나 지하로 숨어들 수밖에 없었다. 1685년 앙리 4세의 손자인 루이 14세는 프랑스가 완전히 가톨릭으로 통합되었다고 선언하면서 「낭트 칙령」을 공식 폐지했다.

'폭력의 의례'

일반적으로 1550년대에서 1650년대에 이르는 100년을 '종교 전쟁의 시대'(Age of Religious Wars)라고 부른다. 타락한 종교성의 갱신, 신앙심의 회복, 고대 교회로의 복귀 등을 목표로 출발했던 다양한 종교개혁의 흐름이 그 의도와 무색하게 유럽을 전에 없는 폭력의 수렁에 빠트렸다. 종교개혁이 촉발한 신앙적 긴장은 유럽 전역에서 반란과 폭동, 잔혹한 대학살, 수십 년간 이어지는 전쟁 등으로 표현되었다. 개혁, 갱신, 정화의 자리에 다름에 대한 관용, 타자에 대한 긍정과 수용, 타협은 원천적으로 자리가 없어 보였다. 어긋난 것을 바로잡고자 시도했던 그 움직임이 왜 매번 폭력으로 귀결될까? 이유를 찾기란 간단하지 않다. 천년 이상 하나로 유지되던 가톨릭 신앙을 거부하고 새로운 교회로 재편하고자 한 시도는 순탄하지 않았다. 그 과정 자체가 불확실했고 불화와 갈등, 민족 간, 종파 간, 계층 간 갈등을 부추겼다.

16세기 유럽의 종교 갈등에 대해 많은 학자가 종교적 갈등과 경제 문제가 서로 연결되어 있다는 점을 강조한다. 중세 말 대부분의 민중 봉기나 1520년대 독일 농민전쟁 등이 경제적 요인과 밀접한 것은 분명하다. 그래서 곡물 가격 상승이 민중 소요를 촉발했고 성 바르톨로메오 축일의 대학살도 가난한 가톨릭 민중 계급이 부유한 위그노에 대한 분노를 폭력적으로 표현한 '계급 범죄'라고 설명하는 방식도 있다. 하지만 위그노 전쟁은 계급 갈등이나 경제 문제에서 원인을 찾기보다는 '종교적' 이유가 두드러진 폭력으로 이해된다.

종교 논쟁에서는 자신이 서 있는 자리와 정체성이 신적인 감화로 형성된 타협 불가능한 절대성을 가진다. 경제적 이유를 매개로 한 농민전쟁이나 정치적 요구를 담은 민중 폭동은 요구 사항이 수용될 경우 마무리될 수 있었다. 적어도 중간에 타협의 여지가 있었다. 그러나 종교 분쟁은 서로가 지목하는 부정하게 만드는 근원이나 우상 숭배의 원인이 사라지지 않는 한 해결될 여지가 없었다. 어쩌면 루터가 '근원으로 돌아가자'고 열어젖힌 것은 판도라의 상자와 같았다. 가톨릭교도와 프로테스탄트교도, 심지어 프로테스탄트 내에서도 따라야 할 종교의 본질과 실천에 대한 차이를 손쉽게 극복하지 못했다.

찰스 킴볼(Charles Kimball)은 『종교가 악해질 때』에서 "종교의 이름으로 인류 역사상 다른 어떤 제도적 힘보다 더 많은 전쟁이 벌어지고, 더 많은 사람이 죽고, 요즘은 더 많은 악행이 저질러지고 있다고 말하는 것은 다소 진부하지만, 슬프게도 사실"이라고 했다.[32] 그는 종교가 악해지는 다섯 가지 경고 신호를 지적했다. 그것은 절대적 진실 주장, 맹목적인 복종, 이상적인 시대의 수립, 수단을 정당화하는 목적, 성전의 선포이다.[33] 어떤 폭동도 종교가 유일한 원인은 아니지만 모든 것을 삼킬 정도의 파괴력이 있음은 부정하기 어렵다. 당시의 정치·사회·문화·경제 등 사회의 모든 역학이 맞물려 생성된다. 그렇다고 종교의 책임이 덜해질 수는 없다. 종교가 정치와 분리될 수 있는 것으로 여겨지지 않는다. 종교를 국가에서 분리하는 것은 의미가 없다. 16세기 종교개혁과 폭력을 연결하는 이유는 "맹목적인 종교적 열광은 제한 없는 민족주의와 비슷하다"라는 킴볼의 주장과 잇닿아 있기 때문이다. 분명 종교는 정치에 기여하지만 해악을 끼칠 수도 있다. 종교가 추구하는 절대성은 독선과 오만을 부추겨 비이성적으로 작동해 사회와 정치의 불안과 혼란을 일으킬 수 있다. 종교와 종교 또는 종파와 종파 간에 갈등이 생길 경우는 더 말할 것도 없다.[34] 칼뱅은 종교 박해를 피해 제네바로 망명한 경우이지만, 그가 과연 종교의 자유나 관용에 열린 입장이었던가? 역사학자 베인턴은 칼뱅이 "종교의 자유를 옹호하는 글을 썼다면 그것은 인쇄상의 오류일 것"이라고 냉소적으로 평가한 바 있다.[35] 그 정도로 그는 자신의 입장에 조금의 타협도 없었다.

16세기 유럽에서 일어났던 대부분의 폭력은 본질적으로 '종교적'이었다. 그런데 고등 종교가 폭력을 정당화하는 이 모순적인 상황은 쉽게

---

32 Charles Kimball, *When Religion becomes Evil: Five Warning Signs*, New York, NY: HarperCollins, 2002, p. 1.

33 Charles Kimball, *When Religion Becomes Evil*, p. 38.

34 Bhikhu Parekh, "The Voice of Religion in Political Discourse", *Religion, Politics, and Peace*, ed., Leroy Rouner, Notre Dame, IN: University of Notre Dame Press, 1999, p. 72.

35 Scott M. Manetsch, "John Calvin, the Monarchomachs", p. 13.

납득되지 않는다. 특히 그리스도교는 유대교와 로마 제국의 박해를 견디며 생존해 낸 평화의 종교라는 자부심이 강했기 때문이다. 그러니 현상만을 놓고 단선적으로 종교와 폭력을 연결짓는 것으로는 충분하지 않다. 종교와 폭력의 상호 연관에 대해 좀 더 설득력 있는 설명을 찾아가는 것이 필요하다.

16세기 위그노와 가톨릭 사이의 폭력에 나타난 종교성을 고찰한 역사학자 나탈리 제먼 데이비스(Natalie Zemon Davis, 1928~2023)는 '폭력의 의례'라는 해석을 제안했다.[36]

> 종교 폭력이라는 극단적인 사례에서도 군중은 무분별하게 행동하지 않는다. 이들은 어느 정도 자신들의 행동이 정당하다고 느끼며, 그 계기는 자신들이 옹호하는 대의를 방어하려는 목적과 어떤 식으로든 연결되어 있고, 그 폭력적 행동은 일정한 구조를 갖는다. 이 경우에는 극적이고 의례적인 구조이다.[37]

폭력의 의례란 종교 폭도들의 잔혹한 행위가 무질서하게 충동적으로 벌어진 것이 아니라 특정한 의례적 구조를 가지고 있다는 것이다. 폭력 가담자들의 행위는 단순한 예외나 비정상적인 것이라고 여길 수만은 없는 그리스도교 신앙 전통과 깊이 연관되어 있었다. 가톨릭교도들은 프로테스탄트가 교회의 신성성을 파괴하고 거룩한 것을 부정하게 만드는 오염의 원인이라고 비판했다. 그들에게는 모국어로 전해지는 설교와 시편 찬송은 대중 사이의 적개심을 부추기는 행위였다. 공동체를 오염에서 보호하기 위해서는 오염원을 완전히 제거해야 했다. 가톨릭교도들이 죽은 시신을 강에 던지거나 희생자의 집을 불태우는 행위는 부정한 것을 물

---

36 Natalie Zemon Davis, "The Rites of Violence: Religious Riot in Sixteenth-century France", *Society and Culture in Early Modern France*, Stanford, CA: Stanford University Press, 1975, pp. 152~87.

37 Davis, Natalie Zemon, "The Rites of Violence", p. 187.

로 씻거나 불로 태워 없애는 오랜 정화의 관습이었다.[38]

학살에 가담한 사람들은 자신들의 행위가 폭력이 아니라 신의 뜻을 수행하는 정당한 행위라고 여겼을 가능성이 높다. 가톨릭 설교자들은 종교전쟁 중에 하느님이 평범한 민중을 신적 정의를 실현하는 도구로 사용할 수 있으며, 실제로 그렇게 한다는 믿음을 퍼뜨려 왔다. 하느님이 이단자들을 용인한 프랑스에 분노하고 있다면, 성 바르톨로메오 축일의 학살은 그 끔찍한 죄를 돌이켜 신의 뜻을 실현할 기회였다.

데이비스는 종교 폭동을 "정치적 · 교회적 권위로부터 공식 대리인으로 지명받지 않은 사람들이 종교적 대상을 상대로 말이나 무기를 사용해 수행하는 모든 폭력적인 행동"이라고 정의했다.[39] 종교 폭동은 법적으로 누군가를 처벌하고 고문하고 처형할 수 있는 정치적 권력의 행동이 아니다. 또한 합법적으로 무력을 사용해 누군가를 죽일 수 있는 군인의 행동도 아니다. 국왕이나 관료들이 공권력을 사용해 마땅히 해야 할 일을 하지 않아 정의 실현이 지체될 때, 종교 폭동은 정당성을 주장하게 된다. 그때는 이미 폭력이 아니라 신적 의무를 수행하는 거룩한 행위가 된다. 16세기 프랑스에서는 민중이 교리 수호나 종교 공동체의 정화를 위해 사제, 목사 또는 재판관의 역할을 맡기도 했는데, 이는 신앙 공동체를 지키기 위한 정당한 목적이었다. 종교 폭력은 군중의 집단 정체성으로부터 정당성을 부여받을 수 있었다.

이는 위그노파의 종교 폭력에도 동일하게 적용된다. 데이비스는 종교 폭동에서 반복적으로 나타나는 특징으로 '성상 파괴'(iconoclasm)를 꼽았다.[40] 프로테스탄트 교도들은 가톨릭교회가 실천하는 미사와 성인 및 성유물 숭배를 성서적 근거가 없는 우상 숭배로 거부했다. 가톨릭의 신심 실천이 교회 공간을 우상으로 채워 신성을 훼손하고 공동체를 부정

38 Natalie Zemon Davis, "The Rites of Violence", p. 179.
39 Natalie Zemon Davis, "The Rites of Violence", p. 153.
40 Natalie Zemon Davis, "The Rites of Violence", p. 166.

하게 했다. 성물을 제거하지 않으면 그 존재를 인정하는 것과 같다. 우상 파괴는 의식의 차원이었다. 프로테스탄트들은 성모 마리아의 조각상을 없애기도 했지만 코만 깨뜨리는 경우도 있었다. 중세 유럽에서는 코가 함몰되는 것을 매독의 증거라고 보았다. 마리아 조각상의 코를 깨부수는 것은 마리아를 부패한 성적 타락의 상징으로 조롱하는 행위였다.

프랑스 종교 전쟁도 이 공식에서 벗어나지 않는다. 양측 모두 타협적인 신앙은 용납할 수 없었다. 이단자를 제거하는 것이든 성상을 파괴하는 것이든 간에, 그 행동은 정치적 행위가 아닌 영적 투쟁의 필수불가결한 부분이었다. 위그노들은 그저 복음의 열정에 사로잡힌 순수한 프로테스탄트 교도들이었으며, 무자비한 국가 공권력에 의한 피해자라고만 할 수 있을까? 그들은 칼뱅을 통해 가톨릭 종교의식이 그리스도교 정신에 어긋나는 우상 숭배라고 배웠다. 그들의 소명은 자신들의 공동체를 이루고 예배의 자유를 누리는 데 머물지 않았다. 우상 숭배의 근원이 되는 성상, 십자고상, 성유물 등을 파괴하고 미사를 없애고 정결하게 만드는 것까지가 소명이었다. 위그노가 가톨릭 성사에서 그리스도의 신비로운 몸을 만든다는 것을 부정한 것은 가톨릭 신앙의 핵심을 부정하는 것이었다. 그들은 예수 그리스도의 몸과 피가 성체 안에 실재한다는 신앙을 표현하는 가톨릭의 가장 중요한 종교 축제인 '성체성혈 대축일'(Corpus Christi)을 혐오했다. 성체를 모시고 행진하는 성체행렬을 훼방하고 공격했다.

가톨릭교도들에게는 바로 동일한 이유로 위그노파가 부정한 사람들로 여겨졌다. 위그노의 존재는 거룩한 신비 공동체를 오염시키는 전염병 같았다. 공동체를 부정하게 만드는 이들이 사라지지 않는다면 공동체는 신의 진노를 피할 길이 없었다. 가톨릭교도들은 프로테스탄트에 의한 성상 파괴 같은 사건이 발생할 때마다 왕의 명령에 따라 속죄 행렬과 정화 의식을 진행했다. 프랑스 내에서 이런 관점의 차이가 좁혀지지 않는 한, 신학적 대립이 평화롭게 해결되기는 어려웠다. 가톨릭과 프로테스탄트 폭도들은 자신들의 판단이 신앙적으로 옳다는 확신에 차 있었다.[41] 종교 일탈자들을 진정시키는 것은 정치적·경제적 이유로 발생한 폭동을 멈추는 것보다 더욱 힘들다. 폭력을 의례로 분석하는 데이비스의 방식은 근원적인 질문을 남긴다. 폭력이 만들어내는 공동체의 응집력과 폭력의 정당성에 초점을 맞춤으로써 폭력 사건에서 나타나는 비합리성과 우발성, 피해자의 고통 같은 핵심 요소를 간과할 위험이 있다. 의례적 해석은 폭력이 특정 집단에 의해 기존 권력 구조에 맹목적으로 도전하는 수단으로 활용될 수도 있다. 의례는 단순히 민중 공동체의 자발적 정체성을 강화하는 도구의 측면만 있는 것이 아니라 종교 엘리트에 의한 통제 수단이기도 했다. 이 경우 의례가 왜곡되거나 파괴되면서 오히려 공동체 분열을 초래하는 역설적인 결과를 낳기도 한다.[42] 데이비스의 분석이 의도하는 바는 폭력의 정당화에 초점을 두고 있기보다는 의례화된, 다시 말해 스스로 정당화를 만드는 폭력은 그만큼 통제하기 어렵다는 데 있다. 데이비스는 그 해법이 단순히 폭도들을 통제하고 진정시키는 것이 아니라고 한다. 그렇다면 해법은 어디에 있을까? 데이비스는 다음과 같이 제안한다.

> 그러나 폭력의 의례(rites)는 결코 절대적인 의미에서 폭력의 권리(rights)를 의미하지 않는다. 이것은 단지 우리에게 다음과 같은 사실을 상기시켜 줄 뿐이다. 만약 우리가 공동체 안에서 안전과 신뢰를 더 키우고자 한다면, 그리고 공동체에서 발생하는 폭력이 보다 덜 파괴적이고 덜 잔인한 형태를 띠도록 하려면, 우리는 '일탈자'들을 진정시키는 것보다 공동체의 중심 가치를 변화시키는 일에 더 많은 생각을 쏟아야 한다.[43]

---

41 Natalie Zemon Davis, "The Rites of Violence", p. 159.

42 Suzanne Desan, "Crowds, Community, and Ritual in the Work of E. P. Thompson and Natalie Davis", *The New Cultural History*, ed., Lynn Hunt, Berkeley and Los Angeles, CA: University of California Press, 1989, pp. 67~68.

43 Natalie Zemon Davis, "The Rites of Violence", p. 187.

종교개혁은 기존의 전통과 관행을 '틀림'으로 보고 '바로잡음'을 목적으로 시작한 운동이다. 프랑스 위그노의 경우도 예외가 아니다. 프랑스 내에서 틀림에 저항하거나 해외로 망명하는 극단의 두 선택지만 있는 위그노는 자기 방어를 정당화하며 무기를 들었다. 그 논리는 우상 숭배를 철폐하는 것이었다. 위그노의 존재 자체가 가톨릭 국가 공동체를 부정하게 만든다는 가톨릭교도들의 신념은 위그노를 완전히 제거하는 것으로 모아졌다. 이 같은 행위는 확신에 기반한 종교의 속성상 원죄와 같다. 그 원죄를 정당화하기 위해 그들은 폭력을 의례로 '만들어야만' 했다. 이 경우에 데이비스가 제시하는 일탈자를 진정시키는 힘은 '공동체의 중심 가치'를 변화시키는 데 있다. 타협할 수 없는 오직 자신만의 진리와 가치를 주장하기보다 다름을 있는 그대로 존중하고 수용할 수 있는 국가와 사회, 교회 공동체의 인식 변화이다. 그러나 16세기 이 극한의 대립이 펼쳐지는 과정에서 틀림이 아니라 다름이라는 단어를 생각해 내고 다름을 관용하기까지는 기나긴 시간이 필요했다.

16세기 프랑스는 유럽 어느 나라보다도 심각한 종교적 혼란을 겪었지만, 결국 프로테스탄트 종교개혁은 뿌리를 내리지 못했다. 실패한 주요 원인은 프랑스 군주제가 지닌 특성, 즉 절대 왕정의 존재에서 찾을 수 있다. 그럼에도 불구하고 종교개혁은 프랑스 사회 전반에 지대한 영향을 끼쳤다. 상황에 따라서는 잉글랜드와 정반대의 길을 걸었을 수도 있었다. 프랑스와 잉글랜드의 공통점은 개혁이 '위로부터' 진행되었다는 점이며, 이는 튜더 왕조 자체보다는 오히려 청교도로 인한 내전을 거쳐 국교회가 유지된 잉글랜드의 역사와 유사한 측면이 있다. 신의 재가를 받은 신성한 왕권에 대한 주장이 현실화되면서 프랑스와 잉글랜드는 종교전쟁을 겪고 난 이후 절대 왕정의 시대로 접어들었다.

청교도와 위그노는 왕정과 양립하기 어려운 종교 중심의 신정 체제를 추구했다. 군주의 권력이 강화된 프랑스와 잉글랜드에서는 실현 불가능한 모델이었다. 프로테스탄트 교도들의 신앙적 열정은 체제 내로 흡수되지 못한 채 폭력적으로 분출되었으며, 그들의 목표는 신앙의 자유를 넘어 정권 장악으로 변질되었다. 프랑스 종교 전쟁은 가톨릭과 프로테스탄트의 신학적 대립을 넘어 근대 국가의 탄생 과정에서 벌어진 종교적 정체성과 권력의 격돌이었다. 그 결과 아나뱁티스트의 실패와 유사하게 지속 가능한 종교 유산을 남기지 못한 채 단절되고 말았다. 칼뱅주의나 위그노의 문제라기보다는 종교가 과도하게 정치와 결합할 때 발생하는 운명이었다. 갈리칸주의나 앵글리칸주의 같은 국가 중심의 종교를 형성한 프랑스와 잉글랜드에서 칼뱅주의는 지속 가능한 대안이 되지 못했다. 네덜란드나 스코틀랜드의 소규모 사례와 비교할 수 없는 규모의 장벽에 부딪힌 것이다. 이 시기를 겪으며 국가는 국론 통합을 위해 보편과 중도의 길을 선택했다. 근대 국가의 탄생 과정에서 종교의 영향력은 상수에서 점차 변수로 축소되었다. 그렇다고 프랑스 종교개혁을 단순히 실패한 운동이라고 평가하는 데 그칠 것은 아니다. 비록 결과론적 해석일지라도 반복되는 폭력 끝에 되살려 낸 관용의 실험이라는 시행착오를 겪으며 근대 정치질서와 종교관을 형성하는 중요한 매개 역할을 했다. 『가르강튀아와 팡타그뤼엘』(*Gargantua et Pantagruel*)에서 수도원의 위선과 경직성을 풍자적으로 비판했던 프랑수아 라블레(François Rabelais, 1483?~1553)나 종교 전쟁 시기를 온몸으로 겪으며 "나는 무엇을 아는가"(Que sais-je?)라며 앎에 회의했던 미셸 드 몽테뉴(Michel de Montaigne, 1533~92)는 그들이 종교적 불관용의 시대에 살았음을 고발한다. 더 명확한 진리를 붙들고 종교의 불순물을 정화한다는 명목으로 프랑스 가톨릭과 위그노가 벌인 종교 갈등은 17세기 후반에 이르러 계몽주의와 세속화를 촉진하는 토양이 되었다.

제4부

종교개혁이 남긴 것들

제18장 종교개혁이 없앤 것들

그리스도교에서 가장 긴박하고 중요한 주제는 구원과 심판임을 부정할 수 없다. 아무리 다양한 신학적 논쟁이 벌어진다 하더라도 죽음 이후의 문제에 대한 고민보다 크지는 않았다. 루터가 자신의 주장에 반대하는 이들에게 빈번하게 '심판'에 대해 경고한 것이나 트리엔트 공의회에서 결정한 교리를 따르지 않을 경우 '파문될 것'이라고 하는 것은 모두 고상한 종교 어휘 뒤에 숨은 불확실성에 대한 두려움을 자극한 것이다. 그렇기 때문에 종교개혁이 가져온 대중의 체감할 만한 변화는 신학적인 것이기보다 종교적 실천의 변화이다.[1]

기존의 굵직한 신학 논쟁과 비교해 보면, 죽음 혹은 죽음 이후의 상태에 대한 논쟁은 주변적인 것으로 보일지 모르지만 종교개혁 이후 대중의 신앙 실천에 가장 실질적인 영향을 주었다. 가톨릭의 미신성과 주술성을 비판한 프로테스탄트 지역에서는 성상이 파괴되고 연옥이 사라졌다. 죽은 영혼을 위해 기도하던 챈트리가 의미를 잃고 폐쇄되었다. 종교개혁가들 사이의 자유의지 논쟁이나 의화 논쟁보다 직접적으로 다가온

1 Peter Marshall, *Beliefs and the Dead in Reformation England*, Oxford: Oxford University Press, 2002, p. 48.

변화이다. 가톨릭도 그저 가만 있지는 않았다. 가톨릭은 프로테스탄트가 종교에서 신비를 제거하고 국가 세력과 지나치게 결탁함으로써 교회의 세속화를 가져왔다고 비판했다. 프로테스탄트와 가톨릭은 자기만의 방식으로 종교를 재정의하고 대중에게 종교 실천을 제시했다. 제각각이던 미사 형식을 통일하고 성직자 교육을 강화하는 개혁을 실행했다. 프로테스탄트와 가톨릭 양편 모두에게 종교개혁기는 '우리가 믿는 것이 무엇인지' 재확인하고 강조하는 시기였다. 그래서 '재그리스도교화의 시대' 또는 '그리스도교 다시 뿌리내리기 시대'라고 불린다.[2]

프로테스탄트 종교개혁은 루터파나 칼뱅주의가 확산되면서 기존의 지식 엘리트 계층뿐만 아니라 일반 대중 모두를 위한 지적인 종교를 만들어갔다. 지적이라는 의미는 교리 유무에 따른 것은 아니다. 가톨릭교회도 지적이고 체계적인 교리를 가지고 있었지만 그들은 교리보다는 전례가 더욱 중요했다. 미사는 일반 대중이 이해할 수 없는 라틴어로 진행되었다. 지성에 호소하는 성격을 지닌 설교는 짧았다. 대신에 교회 음악, 미술, 건축 등을 통해 대중의 감정에 호소했다. 일반 대중은 성직자와 달리, 교리나 성서 지식이 거의 없었다. 프로테스탄트 종교개혁이 만들어낸 변화는 감정에 호소하기보다는 지성에 호소하는 것이었다. 루터교 예배에도 가톨릭과 유사한 전례가 있었지만 점차 예배의 중심은 설교단이 차지했다. 칼뱅주의 예배는 장엄한 교회당이 아니어도 충분한 훨씬 더 간소해진 전례만을 갖추고 있었다. 칼뱅주의는 성서와 교리에 대한 이해를 강조한다는 면에서 문맹 계급보다는 지식인이나 도시 시민 계급에 훨씬 강한 호소력을 가졌다.

더 이상 전례의 상징으로 대중에게 호소하지 않고 성서에 기반한 세계관과 종교관을 제시한 프로테스탄트 종교개혁은 인식론적인 혁명이다. 단순히 기존 교회의 도덕적 부패나 교황제의 역사적 정당성에 도전

---

2 개괄적인 논의는 Scott Hendrix, "Rerooting the Faith: The Reformation as Re-Christianization", *Church History* 69, no. 3, Sep. 2000, pp. 558~77 참조.

한 것만으로는 충분한 설명이 되지 않는다. 종교개혁은 가톨릭 지역과 프로테스탄트 지역 사이에 종교 이해와 세계관에 돌이킬 수 없는 균열을 가져왔다. 16세기와 17세기 종교개혁으로 인한 거대한 패러다임 전환은 물질적인 것을 통해 정신적인 실체에 도달할 수 있다는 물질과 정신의 양립성에 대한 전통적인 믿음을 현저하게 떨어뜨렸다. 영적 영역에 대한 물질적 접근을 거부한 프로테스탄트 교도들은 문자 그대로 종교적 상징의 파괴자가 되었다. 중세기 동안 정신적 세계에 들어가는 통로 역할을 해주었던 성상이나 성유물 등이 우상 숭배라는 범주로 묶이게 되었다. 이렇게 프로테스탄트는 가톨릭의 상징과 의식의 의미를 재정의해 교회의 본질과 성직자의 기능, 교회와 대중의 관계를 재정의하게 되었다. 종교개혁기에 성서중심주의를 강조하던 프로테스탄트 진영에 큰 호소력을 가진 성상파괴주의는 단순한 조각이나 십자가 형상, 그림의 파괴가 아니었다. 중세 그리스도교의 상징적 규범에 대한 폭력적 거부였다. 여전히 신성하고 초월적이고 초자연적인 종교 현실이 존재하지만 그 세계에 접근하는 방식이 바뀌었다.[3]

프로테스탄트 지역은 물리적인 성상을 없애는 데 그치지 않았다. 성상, 면벌부 등과 같은 물질적 수단을 통해 가능하다고 여겼던 죽은 자들과의 소통을 없앴다. 연옥이라는 개념의 폐지가 바로 그것이다. 프로테스탄트 지역에서는 산 자들이 연옥에 있는 죽은 자를 위해 아무것도 할 수 없게 되었다. 교회와 성직자는 더 이상 현세와 내세를 연결하는 중재자 역할을 하지 못했다. 죽은 자를 위해 기도하던 공간인 챈트리도 폐쇄되어 역사 속으로 사라졌다. 프로테스탄트 지역에서 종교는, 죽은 자는 제거되고 오직 살아 있는 자들을 위한 것이 되었다. 프로테스탄트 지역에서 생겨난 새로운 종교성을 성상, 연옥, 챈트리의 폐지를 통해 상징적으로 확인할 수 있다. 가톨릭교회는 기존의 종교성을 재확인하고 재정의

---

3 막스 베버의 탈주술화로 연결할 수 있으나 이 논제는 간단하지 않다. 제20장에서 다시 다룬다.

함으로써 프로테스탄트의 도전에 맞섰다. 분명한 차이를 노정하는 두 흐름이지만, 그들이 공유하는 것은 과연 믿는다는 것이 무엇인지를 지적으로 납득시키는 지성의 강조에 있다. 중세 대중 종교가 종교개혁기를 거치면서 엘리트 종교의 성격을 입게 되었다.

성상 파괴 운동

그리스도교 역사에서 성화상을 둘러싼 혼란은 매우 오래되었다. 중세 초 비잔티움 제국에서는 성화상의 인정 여부를 놓고 제국 황제와 교회 사이에 첨예한 갈등이 반복되었다. 표면적으로는 성화상의 우상 숭배 혐의였지만, 실제로는 세속 통치자가 정치 권력과 종교 권력을 행사해 교회를 감시하고 통제하려는 의지에서 발생한 것이다. 비잔티움 교회와 달리, 유럽의 라틴 교회에서 성상은 다소 다른 관점에서 인식되어 왔다. 중세 교회는 성상이 'libri pauperum', 즉 가난한 문맹자들의 책이라는 교육적 목적을 주장해 왔다. 성화상에 대한 논란은 세속 통치자가 제기하지 않았다. 오히려 성서중심주의와 사도적 삶을 강조하면서 중세 말에 등장한 발도파나 롤라드파 등과 같은 이단 운동이 성상파괴주의를 내세웠다. 그들이 성상을 거부한 이유는 성상이 대중을 무지한 우상 숭배자로 만들어 성직자들의 손아귀에 가둔다고 보았기 때문이다.

종교개혁 이전에도 성화상은 그리스도교의 순수성을 위협하는 것으로 간주해 파괴되는 일이 흔했다. 1492년 그라나다의 최종 정복과 유대인 및 무슬림의 추방 이후, 남아 있던 모든 모스크와 회당은 몰수되어 재사용되거나 파괴되었다. 이탈리아에서는 북부 종교개혁 이전에 활동한 가톨릭 열성자 사보나롤라가 단테, 페트라르카, 시에나의 카타리나 등으로 거슬러 올라가는 교회개혁 요구를 바탕으로 1490년대 피렌체인들에게 방종한 생활에서 벗어나기를 촉구했다. 1497년 2월 7일과 1498년 2월 27일 두 차례의 유명한 '허영의 소각'이라 불리는 사건에서 사보나

롤라의 설교에 감명받은 피렌체인들은 책, 유물, 예술작품을 불태우거나 훼손했다. 이 광기는 사보나롤라가 처형당한 이후에야 끝났다.[4] 네덜란드, 프랑스, 스위스에서도 비슷한 성상 파괴 운동이 일어났다.

프로테스탄트 종교개혁에서도 성상은 중요한 문제가 되었다. 프로테스탄트 교도들은 우상 숭배가 신의 진노를 사는 주된 원인이라고 믿었다. 하느님의 뜻이 이루어지기 위해서는 하느님이 싫어하는 우상을 파괴하는 조치를 철저하게 할 의무가 있었다. 성상 파괴는 단순한 종교적 폭력이 아니라 종교 공동체를 보호하는 조치였다. 루터파나 급진파, 개혁파 사이에 성화상 처리에 대한 입장 차이는 있었지만, 우상에 자원을 낭비하는 것이 그리스도교에 대한 부적절한 행위라는 점에서는 동의했다. 그들은 모두 종교에서 가시적인 기적과 신비에 유보적이었다.

그러나 프로테스탄트파 사이에서도 성상에 대한 관점의 차이는 있었다. 우선 루터와 초기 종교개혁가들도 성화상에 대한 입장은 현저히 달랐다. 가장 전통적이고 보수적인 입장의 루터는 성서 해석에 대해서는 가톨릭에 반발했지만, 가톨릭교회의 성상에 대해서는 기본적으로 동조하는 입장이었다. 루터는 가톨릭의 미신과 거짓에 대한 비판에도 불구하고 성상의 교육적 중요성을 수용했다. 그는 카를슈타트, 츠빙글리나 칼뱅이 주장한 성상 파괴를 거부했다.[5] 1520년대 비텐베르크의 개혁가들과 전통주의자들은 카를슈타트의 논쟁에도 불구하고 교회에서 성상을 없애는 것에 반대했다. 루터의 동료 멜란히톤도 성상이나 성유물은 종교적 실천을 지원하는 보조적인 역할에 머물기 때문에 우상이 아니라고 주장했다. 이 점에서는 루터와 적대 관계에 있던 엠저나 에크와 같은 입장이었다.

유럽은 중세 후기와 근대 초기에 다시 한번 성상 파괴 운동을 경험했

4 John C. Olin, *The Catholic Reformation: Savonarola to Ignatius Loyola, Reform in the Church 1495-1540*, New York, NY: Harper & Row, 1969, pp. 1~15.

5 Carlos M. N. Eire, *War against the Idols: The Reformation of Worship from Erasmus to Calvin*, Cambridge: Cambridge University Press, 1986, pp. 66~73.

다. 루터의 성상에 대한 온건한 입장은 카를슈타트와 갈등을 초래했다. 루터가 비텐베르크를 떠나 있는 동안 카를슈타트의 선동으로 대중이 교회의 조각상과 제단을 뒤엎고 성상을 불태우는 일이 처음 벌어졌다. 카를슈타트는 논문 「성상 제거에 대하여」를 1522년 1월 비텐베르크에서 출판해 성상 파괴의 이론적 틀을 제공했다. 성상에 대한 급진적인 입장을 대표하는 이 논문은 출간되자마자 프로테스탄트 교도 사이에서 큰 지지를 받았다. 카를슈타트의 논문은 다음과 같은 세 가지 명제로 시작한다.

1. 교회와 하느님의 집에 우상이 있는 것은 첫째 계명인 "너희는 나 외에 다른 신들을 두지 말라"를 어기는 잘못이다.

2. 제단에 조각된 우상과 그림을 세우는 것은 더욱 해롭고 악마적이다.

3. 따라서 성서가 정한 대로 그것을 제거하고 심판하는 것은 선하고 필요하며 장려할 만한 경건한 일이다.[6]

카를슈타트는 자신의 성상 금지에 대한 주장의 근거를 창세기, 출애굽기 등 구약성서를 비롯해 복음서와 바울의 서신서 등 신약성서에서 다양하게 추출했다. 종교개혁가들이 자신들의 주장의 근거를 성서에서 찾고자 한 성서중심주의의 가장 적극적인 해석을 성화상에 대한 논의에서 찾을 수 있다. 카를슈타트는 기록된 말씀과 성화상을 대비하면서 십자가에 못 박힌 그리스도의 성화가 사람들에게 신앙에 대해 가르칠 수 없다고 반박하고 오직 성서만이 올바르고 적절한 교육 수단이 된다고 주장했다.[7] 구약의 개혁 통치자 히스기야와 요시야가 그랬던 것처럼 성상을

6 Andreas Karlstadt, "On the Removal of Images", *A Reformation Debate: Karlstadt, Emser, and Eck on Sacred Images. Three Treatises in Translation*, 2nd ed., trans., and intro., Bryan D. Mangrum and Giuseppe Scavizzi, Toronto: Centre for Reformation and Renaissance Studies, 1998, p. 21.

없애는 것이 올바른 개혁의 출발점이었다.[8]

하지만 루터는 성상 파괴 자체는 사회적 소요와 불안을 야기하기 때문에 지지하지 않았다. 제국 도시인 뉘른베르크는 루터의 원칙을 수용해 조각상과 제단을 보존했다. 반면에 츠빙글리가 교회개혁을 주도한 취리히에서는 1524년 칙령으로 모든 성화상이 파괴되었다. 남부 독일과 스위스 도시들이 종교개혁을 따르면서 츠빙글리의 성상에 대한 관점을 채택했기 때문에 그림과 조각상이 불태워지고 파괴되었다.[9] 종교개혁이 유럽 전역으로 퍼지면서 첫 대규모 성상 파괴가 1529년 바젤에서 일어났다. 군중이 도시를 점령한 이후, 교회 안팎에서 성상을 파괴했다. 군중은 여러 성당과 교회에 침입해 성화상을 체계적으로 제거하고 파괴했으며, 벽을 흰색으로 칠했다.[10] 이러한 성상 파괴는 실제로 폭력 행위나 마찬가지였다. 1560년대 스코틀랜드, 프랑스, 네덜란드에서 일어난 대중 프로테스탄트 운동에서도 마찬가지였다.

제네바 개혁 도시에서 성상 파괴 폭동을 이끈 이들은 성상이 사제들의 우상이기 때문에 파괴했다. 이렇게 가톨릭의 상징과 전례의 의미를 재정의했고 자연스럽게 성직자의 성격과 기능도 바뀌었다. 성직자가 주도한 전례를 재검토함으로써 물질과 정신의 관계를 재정의했다. 성상이나 성찬 등을 매개로 신에 대한 물리적 접근 가능성을 부정함으로써 사회적·정치적 질서와 종교 자체의 본질이 변화되었다.

성상 파괴 운동이 아래로부터 선동되지 않고 국가 주도로 발생한 지역도 있었다. 1530년대 헨리 8세의 통치부터 엘리자베스 1세가 사망한 1603년까지 잉글랜드는 국가 주도의 성상 파괴가 이루어져 오래된 건물과 유물이 손실되었다. 프로테스탄트 변증가 존 폭스는『행적과 기념물』

---

7 Andreas Karlstadt, "On the Removal of Images", pp. 36~37.

8 Andreas Karlstadt, "On the Removal of Images", pp. 40~41.

9 Brenda Deen Schildgen, *Heritage or Heresy: Preservation and Destruction of Religious Art and Architecture in Europe*, New York, NY: Palgrave Macmillan, 2008, p. 43.

10 Brenda Deen Schildgen, *Heritage or Heresy*, p. 40.

에서 잉글랜드 성상 파괴 운동의 정당성을 주장했다.[11] 중세 시대의 잔혹함과 미신에 대한 대중적 시각은 편견만큼이나 폭력적이다. 중세 가톨릭의 종교적 실천에 대한 거부와 성상과 유물에 대한 파괴 및 해체는 우상 숭배의 철폐를 목적으로 한 국가 주도의 폭력이었다.[12] 폭스는 헨리 8세의 수장령으로 잉글랜드가 교황과 결별한 2년 후인 1536년에 「수도원 해산령」(Suppression of Religious Houses Acts)을 내려 수도원을 해산하고 유물을 몰수한 것을 진정한 종교개혁의 출발로 보았다. 교황권을 전복하고 나서 잉글랜드의 수도원을 파괴한 것은 섭리에 따른 올바른 순서와 방법이었다. 수도원의 몰락은 교황권과의 결별이 없었다면 가능하지 않았기 때문이다.[13] 수도원 해산은 성상 파괴 운동과 맞닿아 일어난 사건이었다.

헨리 8세 사후, 1547년 에드워드 6세가 즉위한 이후에 잉글랜드는 더욱 강력한 성상 파괴 조치를 시행했다. 실세 크랜머는 자신의 개혁적 신념을 실행하기 시작했다. 따라서 에드워드 6세를 요시야 왕과 연결하면서 크랜머는 '새긴 우상'을 금하는 십계명을 언급했다.[14] 성상을 파괴하는 군주는 문화의 파괴자가 아니라 하느님의 참된 성전을 회복하는 개혁가였다. 하느님의 법을 수호한다는 명목으로 에드워드 6세는 성상 숭배에 대해 집요하게 공격했다. 1547년 에드워드 6세는 포고령을 내려 교회 내에서 성상을 금지하고 모든 교구민이 자신의 집에 있는 성화상이나 유물을 없애도록 했다.[15] 이 포고령에 기반해 국가권력은 교회에 대해 시찰권을 행사했다. 그래서 은밀하게 교황을 찬양하거나 축일을 지

11 John Foxe, *The acts and monuments of John Foxe,* A new and Complete Edition: With a Preliminary Dissertation, by the Rev. George Townsend, eds., Rev. Stephen Reed Cattley, 8 vol., London: R. B. Seeley and W. Burnside, 1837-1841, pp. 5~6, 12~13, 102~03.

12 Brenda Deen Schildgen, *Heritage or Heresy*, p. 42.

13 John Foxe, *Acts and Monuments*, vol. 5, p. 102.

14 Brenda Deen Schildgen, *Heritage or Heresy*, p. 51.

15 Brenda Deen Schildgen, *Heritage or Heresy*, p. 51.

키는 행위, 교회나 예배당에 성상을 두거나 촛대를 두고 초를 켜거나 순례하는 행위 등을 감시하도록 했다. 이 같이 종교 문제에 대해 국왕이 최고의 권위를 가지고 미신적인 종교 관습을 근절하려는 조치를 수행했다. 국왕은 캔터베리 대주교에게 보낸 서신에서 대중 속에 여전히 근절되지 않는 성상 숭배와 미신적인 종교 행위를 뿌리 뽑을 것을 명령했다.[16] 하지만 잉글랜드에서 성상 파괴는 사라지지 않았다. 에드워드 6세의 이른 죽음과 가톨릭 여왕 메리 1세의 즉위로 성상 파괴 운동은 더 이상 지속되지 못했다. 메리 1세의 왕위를 이어받은 엘리자베스 1세도 성상에 대해 전투적인 태도를 취하지 않았다. 이는 부분적으로는 더 이상 대륙의 프로테스탄트의 개혁 노선을 따르지 않고 잉글랜드만의 독자적인 방식의 개혁을 진행했기 때문이다.

정치적이기도 하지만 신학적이기도 한 종교개혁기의 성상 파괴는 유럽에서 프로테스탄티즘이 승리하면서 효과적인 편견을 만들어냈다. 미신적이고 우상 숭배적인 가톨릭교회와 성서의 가르침을 따르는 프로테스탄트 사이의 이분법이다. 가톨릭과 프로테스탄트 유럽의 종교적 갈등은 악화되었다.

프로테스탄트가 독자적인 종교성을 형성하는 데 성공한 다음, 다시 말해 교회에서 성상을 폐기한 이후에 성상파괴주의는 지속되지 않았다. 프로테스탄트는 원하는 개혁을 이루고 그 시대의 역사에 대한 주도적 관점을 형성하는 데 성공했다. 이 관점은 근대 국가 형성에서 주술과 미신을 제거한 진정한 근대 종교의 형성이라는 신화를 만들어냈다. 프로테스탄트 진영에서는 "종교개혁 당시 이루어진 광범위한 성상 파괴는 근대 그리스도교와 유럽 문화 발전에서 필수적 단계였음이 의심의 여지없는 사실"이라고 본다.[17] 이 신화는 교회에서 성화상을 금지함으로써 프로테스탄트가 종교를 좀 더 지적인 방향으로 이끌어갔다고 보는 것

16 John Foxe, *Acts and Monuments*, vol. 5, pp. 717~18.

17 Brenda Deen Schildgen, *Heritage or Heresy*, p. 42.

이다. 대중 교육을 목적으로 했던 그림과 조각상이 사라지고 이제 교육의 도구는 글만 남았다. 글의 핵심은 성서이다. 성직자나 목회자의 설교를 수동적으로 듣는 것만으로는 충분한 교육 효과를 얻을 수 없다. 장기적 해결책은 문맹인들이 스스로 읽을 수 있도록 문해력을 강화하는 것이다. 문해력과 교육의 확산은 적어도 부분적으로는 종교개혁의 결과라고 주장할 수 있다. 하지만 인쇄술이 프로테스탄트 지역뿐만 아니라 가톨릭 지역에서도 유사한 강도로 확산되고 역할을 했다고 인정되는 것처럼 전통적인 성화상을 인정하는 가톨릭 지역에서도 문해력은 비슷한 추세로 향상되었다. 문해력을 갖춘 사회에도 여전히 그림과 조각은 넘쳐났다. 따라서 근대 초에 성상 파괴가 결과적으로 문해율을 높이고 근대화에 기여했을 것이라는 가정은 재평가되어야 한다. 종교개혁이 주도한 성상 파괴는 근대성을 이끈 것이기보다는 오히려 야만적인 문화파괴주의의 혐의에서 자유롭지 못하다.[18]

연옥의 탄생과 사라짐

성상 파괴는 프로테스탄트 종교개혁의 가시적이고 상징적인 변화를 이끌었다. 화려하게 장식된 성당이 아니라 많은 사람이 효율적으로 모일 수 있는 공간 구조를 갖춘 교회당이 마련되었다. 취리히의 경우에 성당에 있던 파이프 오르간을 떼내어 시의회가 관리하는 공공건물로 옮겼다. 이렇듯 공간의 변화도 종교성의 변화를 가져왔다. 프로테스탄트가 없앤 것은 성상만이 아니었다. 유럽 그리스도교도들의 심성 세계에 오래도록 뿌리내리고 있던 가장 중요한 종교적 믿음이라고 할 수 있는 연옥도 없앴다. 연옥을 없앤 것은 성상을 없앤 것과는 다른 차원의 변화를 가져왔

18 Sverre Håkon Bagge, "Iconoclasm – A Road to Modernization?", *European Review* 30, 2022, pp. S54~S58 참조.

다. 지금껏 프로테스탄트 전통과 가톨릭 전통에서 가장 큰 차이가 나는 교리가 연옥에 대한 것이다. 동방정교회 지역 역시도 '물리적 공간'으로서의 연옥을 인정하지 않았으니 가톨릭의 독특한 교리임은 분명하다. 동방정교회도 인정하지 않고 프로테스탄트도 인정하지 않는 연옥의 역사는 그리 오래되지 않았다.

연옥 교리를 없앤 것을 언급하기 이전에, 왜 중세 가톨릭은 연옥을 '탄생'시켜야 했는지부터 살펴보아야 한다. 연옥이란 무엇인가? 연옥은 천국과 지옥 사이의 중간 지대이다. 개인의 죽음과 부활 사이의 시간 속에 존재한다고 믿는 상상의 공간이다. 그래서 연옥에 있는 영혼은 종종 '기다리는' 상태 또는 '지연된' 상태로 묘사된다. 기다림과 지연은 시간적 개념이기도 하지만 정화를 위한 참회의 기다림이다. 사후 천국과 지옥이라는 두 개의 선택지가 아니라 천국에 들어가기 위해 필요한 준비와 정화를 하는 제3지대에 대한 가능성은 고대 교회부터 제기되었다. 죽음과 최후의 심판 사이에 영혼의 정화를 겪는 시공간이 존재한다는 생각은 교부 테르툴리아누스, 오리게네스, 아우구스티누스에게서 찾았다. 그렇지만 죽은 자의 영혼은 최후의 심판대 앞에 서서 영원한 천국 보상을 받거나 영원한 지옥 형벌을 받는다고 여기는 것이 가장 일반적인 시각이었다. 죽음 이후 영혼의 상태에 대한 교리는 중세 내내 논쟁의 대상이었다.[19] 그런데 왜 갑자기 연옥이 필요했을까? 연옥의 탄생에는 죽음 이후의 불확실성에 대한 산 자의 두려움이 기본적으로 깔려 있다. 중세사가 자크 르 고프(Jacques Le Goff, 1924~2014)는 그 두려움이 천국과 지옥이라는 이분법적인 선택지만 존재할 때, 그 누구도 섣부르게 천국행을 자신할 수 없는 중세의 현실에서 비롯되었다고 본다.[20] 산 자와 죽은 자가 단절된 것이 아니라 어떠한 연결 고리를 통해 연결되었다는 믿음

---

19 Jacques Le Goff, *The Birth of Purgatory*, trans., Arthur Goldhammer, Chicago, IL: University of Chicago Press, 1984, pp. 142~44.

20 Jacques Le Goff, *Birth of Purgatory*, pp. 225~27.

이 아주 오랫동안 이어져 왔기 때문에 가능한 것이었다. 즉 산 자가 죽은 자를 도울 수 있다는 생각이다. 죽은 자가 일정 기간 벌을 받은 후에는 천국으로 갈 가능성이 생기는데, 살아 있는 자들이 기도와 선행을 통해 사랑하는 죽은 이의 고통을 덜어줄 역할을 할 수 있게 되었다. 정리하자면, 죽은 자들은 정화 과정을 거쳐 최후의 심판에서 천국행을 보장받는다. 이런 믿음은 대중적인 반향을 이끌어냈다. 가톨릭 내에서 연옥이 천국과 지옥 사이의 중간 상태로 존재한다는 보다 명확한 믿음이 등장했다. 12세기 들어 '정화하는'이라는 형용사가 수식하는 죽은 영혼의 참회 과정이 아예 점차적으로 '연옥'이라는 공간을 나타내는 명사를 탄생시켰다. 1130년경 성 빅토르의 위그(Hugh of St. Victor, 1096?~1141)는 죄인들이 천국으로 들어가기 전에 거쳐야 하는 '정화하는 불'에 대해 썼다.[21] 13세기 들어 신학자들은 '정화하는'이라는 형용사를 '정화하는 불이 있는 공간인 연옥'으로 발전시켰다. 가톨릭교회 차원에서 명사 연옥에 대한 최초의 언급은 1254년 교황 인노켄티우스 4세(Innocentius IV, 1195?~1254, 재위 1243~54)가 투스쿨룸 주교에게 보낸 서신에 나와 있다.

> "누구든지 성령을 모독하는 말을 한 자는 이 세상에서도, 내세에서도 용서를 받지 못할 것이다"(마태복음 12:32 참조)라는 말씀을 통해 어떤 죄는 현세에서, 또 어떤 죄는 내세에서 사함을 받을 수 있음을 이해할 수 있다. 또한 사도는 "각 사람의 공력(work)이 어떠했는지를 불이 시험할 것이며" 그리고 "누구든지 그 공력이 불타면 손해를 입게 되겠지만, 그 자신은 구원을 받되, 다만 불을 거쳐서 받게 될 것이다"(고린도전서 3:13-15)라고 말하고 있다.
>
> 그리고 바로 이 그리스 사람들 또한, 참으로 그리고 의심 없이 다음과 같이 믿고 또 주장한다고 전해진다. 곧 회개를 받아들였지만 그것을 완수하지 못하고 죽은 자들 또는 치명적인 죄는 없지만, 가벼운 죄들과 사

21 Jacques Le Goff, *Birth of Purgatory*, pp. 133~35.

> 소한 허물을 지닌 채 죽은 자들의 영혼은 죽은 뒤에 정화될 수 있으며, 교회의 대도(代禱)를 통해 도움을 받을 수 있다는 것이다.
>
> 그러나 이 같은 정화의 장소가 그들의 교사들로부터 명확하고 고유한 이름으로 전해지지 않았다고 하니, 우리는 이 장소를 성인 교부들의 전통과 권위에 따라 '연옥'(purgatorium)이라 부르며, 앞으로는 그들 사이에서도 이 명칭으로 불리기를 바라는 바이다.
>
> 왜냐하면 이 일시적인 불 속에서 사망에 이르는 중대한 죄는 아니지만, 이전에 참회로써 사함받지 않은 경미하고 사소한 죄가 정화되기 때문이다. 이러한 죄들은 설령 이 생에서 이미 용서받았더라도, 죽은 이후에도 여전히 무겁게 작용할 수 있다.[22]

이 서신에서 처음으로 공식적으로 언급되었지만, 연옥 교리는 1274년 교황 그레고리우스 10세(Gregorius X, 1210~76, 재위 1271~76)가 소집한 제2차 리옹 공의회에서 비로소 공식적으로 정의되었다. 당시 공의회에서 발표된 교령 중 「망자의 운명에 대하여」(De Sorte Defunctorum)는 다음과 같이 선언한다.

> 진정으로 회개한 자들은 〔하느님의〕 사랑 안에서 죽었지만, 자신이 저지른 죄와 소홀히 한 일에 대해 합당한 회개의 열매로 보속하기 전에 죽었다면 그들의 영혼은 죽은 후에 연옥의 형벌, 곧 정화의 고통을 통해 깨끗해진다. ……
>
> 그리고 이러한 고통을 덜어주기 위해 살아 있는 신자들의 대도가 그들에게 도움이 된다. 즉 미사의 봉헌, 기도, 자선 행위, 그리고 그 외의 신심 행위가 그러하다.[23]

22 Heinrich Denzinger, *Enchiridion symbolorum, definitionum et declarationum de rebus fidei et morum*, ed., and rev., Peter Hünermann, trans., into German with the assistance of Helmut Hoping, Freiburg: Herder, 2009, p. 463.

23 Heinrich Denzinger, *Enchiridion symbolorum*, pp. 472~73.

가톨릭 교리는 성인의 통공(communio sanctorum)을 통해 산 자와 죽은 자의 연결 가능성을 인정했다. 연옥에서 고통받는 영혼을 위해 산 자가 기도함으로써 그 고통을 줄일 수 있었다. 이제 죽은 자에게는 천국, 지옥, 그리고 연옥이라는 세 가지 선택지가 주어졌다. 연옥은 고통의 공간이지만 근본적으로는 천국의 소망이 있는 희망의 공간이다. 이 희망은 살아 있는 자의 대도를 통해 앞당겨질 수 있다.

가톨릭교회의 교리 형성은 하향적인 것보다는 대중의 필요에 반응하면서 형성되었기에 흔히 중세의 가톨릭교회를 대중 종교라고 부른다. 대중 종교로서의 중세 가톨릭의 특성은 종교개혁 이전 200년 동안 대중의 신심 속에 깊숙하게 자리 잡은 연옥에서 가장 잘 드러난다. 연옥은 죽은 자에 대한 숭배가 아니다. 죽은 자를 위한 기도는 궁극적으로 산 자를 위한 것이었다. 이먼 더피의 표현에 따르면, "죽은 자를 여전히 공동체 안에 계속 존재하게 하는 수단"이자 "일시적이고 변화하는 세계에서 삶의 영원성에 대한 가장 강력한 증거"였다. 그리스도의 신비로운 몸인 교회는 산 자와 죽은 자가 서로 단절되지 않고 공통으로 향유할 수 있는 것이 되었다.[24]

연옥의 대중화에 가장 크게 기여한 인물은 중세 인노켄티우스 4세도, 그레고리우스 10세도 아닌 단테 알리기에리(Dante Alighieri, 1265~1321)이다. 그는 1310년경 쓴 『신곡』(*The Divine Comedy*)에서 남반구의 한 산으로 '연옥'을 묘사하면서 생생하게 형상화했다.

연옥은 일상생활에 점진적인 영향을 끼쳤다. 연옥 교리는 교회의 종교의식, 건축과 예술 등에도 큰 역할을 했다. 자신의 사후를 위해 기도해 줄 것을 목적으로 교회에 기부금을 남기는 식의 유언이 일반화되었다. 교회에 대한 기부와 유산 증여는 사제들의 생활을 윤택하게 보장해 주

---

24 Eamon Duffy, *The Stripping of the Altars: Traditional Religion in England c.1400-c.1580*, New Haven and London: Yale University Press, 1992, pp. 8, 303, 327~28; John Bossy, *Christianity in the West: 1400-1700*, Oxford: Oxford University Press, 1985, p. 30.

었고, 본당 사제의 수준과 전례의 질을 향상시켰고, 대규모 교회 건축 붐을 일으켰다.[25]

부유한 사람들은 장례의식의 일부로 미사를 올리고 자선 활동에 돈을 썼다. 장기적 차원에서는 기부금을 통해 챈트리를 세웠다. 챈트리는 특정한 사제들이 후원자를 위해 미사를 드리고 기도를 바치는 공간이었으며, 후원자는 종종 이곳에 매장되었다. 챈트리에는 사제들이 영구적으로 봉사할 수 있도록 지속적인 재정 지원이 필요했다. 재정 지원은 교회에 기증된 농경지의 수익이나 부동산 임대료에서 충당했다.

연옥은 교리의 영향 때문이 아니라 민중 문화에 의해 형성되고 확산되었다. 종교 문화는 다양한 대중 신앙과 체계를 포괄한다. 연옥, 마술, 성물 숭배 등은 각각 개별적이기도 하지만 일관된 신념 체계이다. 그것은 곧 죽음에 대한 두려움과 죽음 이후 세계에 대한 불확실성에 근거한다. 연옥은 이 같은 현실적인 두려움과 불확실성을 효과적으로 제거하는 희망의 장소이다. 교회는 대중에게 이러한 '초자연적'인 힘과 희망을 부여할 수 있는 권한을 가졌다. 그 초자연적인 힘과 희망을 산 자들이 주도적으로 실행할 수 있다는 점에서 혁명과도 같다. 현세의 신자들이 드리는 미사, 기도, 자선 행위 등은 죽은 자의 고통을 완화하는 데 큰 도움이 되기 때문이다.[26]

연옥 교리는 죽은 자와의 교통을 가장 실질적으로 실천하는 방식이었다. 죽은 영혼을 위한 기도는 그들의 내세 여정에 지속적인 영향을 끼친다고 믿었다. 그러나 동시에 연옥 체계는 오남용될 수 있는 취약성을 지녔다. 산 자가 자신의 죽음 이후의 필요에 대해 선제적으로 조치를 취할 수 있게 되었다. 죽은 자가 산 자의 대도에 수동적으로만 의존하던 데서 산 자는 스스로 죽음 이후의 삶을 대비할 수 있었다. 죽음 이후에 혜택

---

25 Clive Burgess, "'By Quick and by Dead': Wills and Pious Provision in Late Medieval Bristol", *The English Historical Review* 102, no. 405, 1987, p. 838.

26 J. Hardon, *The Catholic Faith*, San Francisco, CA: Ignatius Press, 2001, p. 8.

을 볼 수 있는 일종의 보험 상품 가입이다. 산 자의 기도와 죽은 자의 요구가 맞닿아 가톨릭의 연옥 교리가 체계화되었다. 삶과 죽음을 이어주는 중재자의 역할을 가장 확실하게 할 수 있는 존재는 성모 마리아였다. 연옥 사상의 체계화와 더불어 12세기부터 성모 마리아 숭배는 더욱 두드러졌다.[27]

연옥은 성직 계층이 통제하는 제도로 서방 그리스도교 사회 전체의 종교적 생활 규율을 전면적으로 재구성해 왔다. 더피는 "후기 중세 가톨릭을 정의하는 교리는 연옥"이었으며, "지옥보다 연옥이 그리스도교도들의 공포의 중심이 되었다"라고 설명한다. 15세기 및 16세기 초의 유언에는 연옥에서의 고통을 덜기 위한 자선 기부가 포함되어 있었다.[28]

연옥이 없었다면 면벌부도 소용없었을 것이고 죽은 자를 위해 기도하는 챈트리도 존재하지 않았을 것이다. 연옥이 탄생함으로써 시기적으로 그 이전의 모습과 전혀 다른, 그리고 동시대의 비잔티움 교회와도 전혀 다른 종교성이 탄생했다. 이 같이 중세 사회에서 사후의 보상과 형벌에 대한 믿음은 거의 모든 사람에게 공유되었으며, 유산을 기부하는 행위는 신앙의 표현이었다. 이를 위해 기도하는 사제들 또한 같은 신앙을 공유하고 있었다.

전통 종교를 옹호하는 더피는 종교개혁 이전 가톨릭 전통의 세 가지 핵심 요소로 미사, 교구 공동체, 성인을 지적한 바 있다.[29] 서로 별개로 보이지만 대중의 종교적 패러다임과 신념의 원천으로 상호작용했다. 그는 전통적 종교가 쇠퇴하거나 부패하기보다는 매우 활발하게 신자들의 필요를 충족해 왔다고 주장했다. 연옥을 인정한 중세 가톨릭교회는 다양한 방식으로 종교개혁 직전까지 신자들에게 강력한 영향력을 행사했다.[30]

---

27 Catherine Oakes, *Ora Pro Novis: The Virgin as Intercessor in Medieval Art and Devotion*, London: Harvey Miller, 2008 참조.

28 Eamon Duffy, *The Stripping of the Altars*, pp. 8, 341, 338.

29 Eamon Duffy, *The Stripping of the Altars*, p. 7.

30 Eamon Duffy, *The Stripping of the Altars*, pp. 2, 4, 7.

연옥과 죽은 자를 위한 대도의 관례가 자리 잡히면서 교회의 부(富)는 급속하게 늘었고 자연스레 이에 대한 반작용이 나타났다. 면벌부의 매매는 하느님의 은총을 돈으로 살 수 있다는 개념이었다. 초서는 『캔터베리 이야기』에서 당시에 면벌수사(pardoner)가 일으킨 부패한 관행을 신랄하게 비판했다. 종교개혁가들은 죽은 자를 위한 기도나 기금을 마련하는 행위가 본질적으로 살아 있는 성직자들의 이익을 위한 도구에 불과하다고 보았다. 사회적 · 경제적 잉여의 상당 부분이 연옥과 관련된 이유로 교회로 이전되었다. 신자들은 이러한 잉여가 활용되는 메커니즘을 통해 영적인 혜택을 누렸다. 교회는 연옥이라는 사후 세계의 새로운 영역을 식민지화하고 그곳에서 지속적인 부의 흐름을 창출했다. 그렇다면 교회는 신학적으로 연옥 교리와 죽은 자를 위한 기도의 효력을 진심으로 믿었을까? 아니면 영원한 구원을 약속하는 신학적 교리보다는 특정한 경제적 기회를 만들어내는 데 몰두한 것이었을까?

그렇기에 연옥을 공격하는 것은 중세 후기 신앙심의 핵심을 공격하는 것이었다.[31] 단테 이래 대중화된 연옥의 관념이 종교개혁기에 사라지게 된 것은 연옥 교리의 오남용이 빚어낸 면벌부 논란이었다. 중세 말 면벌부 제도의 변질 과정에서 망자(亡者)들을 위한 면벌부 판매가 결정적인 전환점이 되었다고 볼 수 있다. 원래 면벌부는 살아 있는 신자들에게 부과된 현세적 보속만을 면제해 주는 것이었으나, 연옥 사상의 대중화와 더불어 15세기 들어 망자들의 영혼을 위한 면벌부가 신학적 정당성을 인정받기 시작했다. 이 변화는 1476년 교황 식스투스 4세가 면벌부의 효력을 죽은 자들에게까지 공식적으로 인정하면서 정점에 이르렀다. 망자들을 위한 면벌부는 죽은 자들에게까지 효력이 미친다는 점에서 기존의 면벌부보다 훨씬 더 큰 구매력을 지니고 있었다. 면벌부 판매는 기하급수적으로 늘었고 종교적 신심보다는 재정 확보를 목적으로 악용되면

31 John Casey, *After Lives: A Guide to Heaven, Hell, and Purgatory*, Oxford: Oxford University Press, 2009, p. 228.

서 큰 폐단을 낳았다. 종교개혁기의 주요 쟁점으로 부각되며 중세 교회의 개혁을 촉발하는 중요한 계기가 되었다.

아서 제프리 디킨스는 연옥과 면벌부의 오남용이 자처한 결과도 짚어내지만 동시에 연옥이 산 자와 죽은 자를 연결해 그리스도교 공동체를 결속시켰다는 점을 인정한다. 그는 다음과 같이 지적했다. "성서적 근거가 부족하다는 것을 발견했을 때, 윌리엄 틴들과 같은 열광적인 프로테스탄트 교도들은 연옥과 면벌부 교리를 성직자들이 가난한 자와 부유한 자를 모두 속이기 위한 음모라고 거칠게 비난했다. 그러나 이 교리의 근거가 무엇이든 간에, 사람들은 진심으로 믿었으며 적어도 과거 세대와의 공동체 의식을 고양시켰다."[32] 프로테스탄트 종교개혁은 죽은 자와 산 자를 엄격하게 분리했다. 사도신경의 성도의 통공은 산 자와 죽은 자가 그리스도 안에서 하나가 된다는 관념을 없애고 살아 있는 신자들의 공동체로 그 공간을 축소했다.

그렇다면 연옥은 어떻게 프로테스탄트 진영에서 사라지게 되었을까? 종교개혁가들의 연옥에 대한 입장은 다른 가톨릭 교리에 대한 것과 마찬가지로 서서히 정립되었다. 프로테스탄트 출현 이전에도 카타리파, 발도파, 후스파 등 중세 말 대중 신앙 운동은 연옥의 존재를 부정했다. 면벌부의 남용과 죽은 자를 위한 기도의 논란은 프로테스탄트가 연옥을 거부하는 정당화 근거가 되었다. 루터는 95개조 논제를 게시할 때만 해도 전통적인 가톨릭 교리를 거부하지 않았다. 1519년 라이프치히 논쟁에서 루터는 연옥 교리가 성서에 근거하지 않지만 자신은 여전히 연옥을 믿는다고 했다. 1522년에는 죽은 자를 위한 미사를 비난하며 연옥에 대해 회의적인 태도를 보였다. 루터는 1530년 마침내 연옥의 존재를 부정했다. 루터의 입장을 이어받은 프로테스탄트 진영은 연옥의 성서적 근거를 찾을 수 없다는 이유로 연옥을 부정했다. 연옥이 가톨릭교회 교황

32 A. G. Dickens, *The English Reformation*, 2nd ed., University Park, PA: Pennsylvania State University Press, 1989, p. 30.

과 성직자들이 만들어낸 허구라는 인식이 확산되었다. 연옥은 그리스도의 희생의 효력을 모욕하는 신학적 퇴행이었다. 창조 이전에 이미 구원받을 자와 저주받을 자가 결정되었다는 예정론은 사후 운명이나 연옥에 대한 모든 논의를 무의미하게 만들었다. 잉글랜드 종교개혁가들에게는 면벌부와 연옥의 거부가 성상과 유물에 대한 거부와도 연결되어 1572년 「39개 신조」 제22조에 함께 명시되었다. 이렇게 해서 연옥은 프로테스탄트 지역에서 서서히 사라져 갔다. 17세기 잉글랜드 철학자 토머스 홉스(Thomas Hobbes, 1588~1679)는 연옥을 신랄하게 비판했다.

> 누가 보지 못하겠는가? 개인 미사의 사례비와 연옥에 관한 헌금이 누구의 이익을 위해 사용되는지를. 이는 가장 신실한 신앙을 가진 자도 낙담하게 만들 충분한 사적 전용의 흔적이다.[33]

홉스는 죽은 자를 위해 미사를 드리는 사제조차도 자신이 하는 일에 대한 믿음이 없다고 주장했다. 표면적으로는 신앙을 내세우지만 연옥 교리는 실제로는 생계를 위한 수단일 뿐이라는 것이다.[34]

---

33 Thomas Hobbes, *Leviathan*, ed., Michael Oakeshott, Oxford: Basil Blackwell, 1960, p. 79.

34 아이러니한 반전이라 할 만한 것은 연옥을 부정하는 전통에 있던 프로테스탄트의 일부 신학자들이 연옥 논의를 재검토하기 시작했다는 점이다. 최근 몇 년간 이들은 사후 영혼의 상태를 영적·의미론적으로 이해하려는 노력 속에 연옥 개념을 재탐색하고 있다. 이러한 개방성은 두 신념의 충돌에서 비롯된다. 첫째, 오직 정결한 자만 천국에 들어갈 수 있으며, 둘째, 대부분의 인간은 죽음 직전까지 그 상태에 이르지 못한다는 것이다. 죽음 이후 신의 은총으로 영혼이 성화되고 의롭게 된다는 생각은 프로테스탄트 공동체에서 오랫동안 중요시되었으며, 사후 영적 변화의 지속성에 대한 강조는 연옥 개념과 맞닿아 있다. 이 접근법은 연옥을 단순한 정화의 공간이 아닌 사랑과 화해의 장으로 재정립하며, 죄인의 정화뿐만 아니라 피해자와의 '궁극적과 사회적 화해' 필요성까지 포함한다. 이런 움직임은 프로테스탄트와 가톨릭의 내세관과 신학적 접근이 에큐메니컬 운동의 중요한 진전으로 이어질 가능성을 시사한다. 그러나 역사적 토대를 중시하는 주류 프로테스탄트는 여전히 가톨릭의 연옥 교리를 배제하는 한편, 현대 가톨릭교도들의 실천에서도 연옥은 그 중심성을 상당

챈트리 해체, 기도에서 기억으로

기도는 그리스도교 초기부터 중요한 신앙의 토대였다. 기도는 신자 개인이 수행하기도 했지만 성직자들이 신자들을 대표해 수행하는 행위이기도 했다. 이런 대도(代禱)는 죽은 자의 영혼의 안전한 천국행을 바라는 마음을 담고 있다. 죽은 자를 위한 기도가 고대 교회의 보편적인 관습은 아니었다. 그러나 성직 체계가 완성되어 공동체를 위해 기도할 성직자가 확보되면서 죽은 자를 위한 기도도 생겨났다. 죽은 자를 위한 기도는 이미 구원받은 것으로 여겨지는 영혼에 대한 기념과 추억이라는 관점과 기도가 실질적인 유익이나 결과를 가져온다고 믿는 입장으로 나뉜다. 전자의 경우라면 기도가 사후 구원의 여정에 직접 연결되지 않지만, 후자의 경우는 연옥의 탄생 배경이 된다.

그런데 연옥의 제도화는 중세의 성직자와 평신도를 구분하는 뿌리 깊은 이원론을 극복할 수 있는 계기가 되었다. 수사나 사제의 삶은 내세의 구원에 더 가까운 길이라는 인식이 있었다. 연옥이라는 제3의 길은 이 땅에서 굳이 수도자의 삶이라는 험난한 길을 통하지 않더라도 죽음 이후 영혼의 안전을 도모할 방도를 마련해 주었다. 대중은 이 교리를 활용해 자신과 죽은 친척들의 영혼의 구원을 앞당길 방법을 모색했다. 이는 사설 교회라고 할 수 있는 챈트리 건립과 챈트리에 대한 설립자의 재정 지원 등으로 나타났다. 챈트리는 대중에게 구원을 제공하는 주체로서 가톨릭교회가 인정한 구원 여정의 한 방식이었다.

잉글랜드의 경우, 챈트리는 12세기 후반 또는 한 세기 이후인 13세기

히 상실했다. 흥미롭게도 일부 가톨릭 평신도 사이에서는 오히려 더 적극적으로 연옥 개념이 부활하고 있다. 가톨릭과 프로테스탄트 신학의 경계를 넘어 현대 학자들은 다양한 종교·문화 체계에서 드러나는 연옥의 보편적 종교철학적 의미를 탐구한다. 이에 대해서는 Isabel Moreira, "Purgatory in Historical Perspective", *St Andrews Encyclopaedia of Theology*, 2023, Edited by Brendan N. Wolfe et al. https://www.saet.ac.uk/Christianity/PurgatoryinHistoricalPerspective Accessed(검색일: 2025년 10월 25일) 참조.

후반에 출현해 헨리 8세의 종교개혁으로 폐쇄되기 전까지 활발하게 유지되었다.[35] 챈트리는 산 자의 세계와 죽은 자의 세계를 이어주는 물리적 공간이었다. 종교개혁 이전 잉글랜드에 설립된 챈트리의 숫자에 대해 16세기 잉글랜드 역사가 윌리엄 캠던(William Camden, 1551~1623)은 2,374개로 집계했다. 반면에 20세기 교회사가 앨런 크라이더(Alan Kreider, 1941~2017)는 잉글랜드 카운티의 절반과 웨일스에서만 2,182개의 챈트리가 있었다고 파악했다. 어느 수치가 되었든 종교개혁 이전 챈트리의 숫자는 이미 상당했음을 알 수 있다.[36]

출현 시점에 대해 불일치는 있지만 라틴 그리스도교에 연옥의 관념이 출현하는 시기와 맞물려 챈트리가 출현했다는 것과 자신의 영혼을 위해 기도해 주는 대도에 더 많은 주도권을 갖고자 하는 평신도 계층의 욕구가 챈트리 확산에 기여했다는 것은 공통점이다. 챈트리의 일차적 존재이유는 챈트리 설립자의 영혼을 연옥에서 구원하는 것이었다. 재정 기부자는 챈트리를 짓고 사제를 고용해 미사와 기도를 통해 자신의 영혼을 위해 기도해 줄 것을 요청했다. 이 공간 안에서 사제는 미사와 대도를 통해 성인들과 교통했다. 챈트리의 기능과 수요의 확대는 다음과 같이 설명할 수 있다.

> 챈트리는 교회가 용인하는 방식으로 개인이 통제할 수 있는 종교적 기관을 갖고자 하는 뿌리 깊은 욕구를 충족했을 것이다. …… 기부 방식과 지속 기간의 유연성 덕분에 챈트리는 수도원 설립과는 달리 사회 모든 계층의 여건에 맞게 조정될 수 있었다. 그래서 처음에는 주로 영주계층의 신심 표현으로 시작되었지만, 시간이 지나면서 중세 후기의 새

35 David Crouch, "The Origin of Chantries: Some Further Anglo-Norman Evidence", *Journal of Medieval History* 27, issue 2, 2001, pp. 177~78; Howard Colvin, "The Origin of Chantries", *Journal of Meadival History* 26, issue 2, 2000, pp. 164~66.

36 Alan Kreider, *English Chantries: The Road to Dissolution*, Cambridge, MA: Harvard University Press, 1979, p. 14.

로운 젠트리 계급이나 양모 상인 같은 자수성가한 이들도 챈트리를 채택했다. 대중은 왕이나 귀족이 세운 오래된 수도원보다는 자신들이 속한 지역의 교구 교회에 속한 챈트리에 더 쉽게 동화될 수 있었다.[37]

챈트리가 기부자와 그 가족을 위한 대도를 제공하는 기능을 했기에 본질적으로 사적이고 개인적 성격을 지녔다는 점을 부정할 수 없지만 지역 공동체와의 연관성도 무시할 수는 없다. 챈트리를 설립하는 것은 개인적인 것이지만 그 지역 공동체에 혜택을 제공하는 역할도 했다. 교구에서 챈트리 사제들을 선출하는 것은 교구에 일정한 수입을 제공하는 것이며, 고용된 사제는 기부자를 통해 직업을 찾는 것이기도 했다. 이는 교구 교회 사제들이 교구민들에게 안정적인 돌봄을 제공하는 선순환으로 이어졌다.[38] 교회는 챈트리 사제를 위한 후원을 얻었을 뿐만 아니라 대성당, 교회, 자선 시설, 학교, 대학 설립을 위한 재정적 지원도 확보할 수 있었다. 중세 대학의 거의 모든 칼리지는 챈트리 기능을 염두에 두고 설립되었다. 챈트리 칼리지는 챈트리 사제들의 공동체를 유지하는 역할을 했으며, 지역 청소년들을 위한 교육 장소였다. 그러나 챈트리 칼리지는 교육보다는 미사와 기도를 드리는 전례와 대도의 목적이 더욱 중요했다.[39]

챈트리가 귀족이나 부자 등과 같은 경제적 여유 계층만이 향유할 수 있는 것이라면 내세의 복락마저도 부자들이 독점하는 모순이 발생한다. 이것이 후에 프로테스탄트파 논객들이 연옥이 자선적 기부의 동기가 될 수 없다고 주장한 이유이다. 이에 대해 토머스 모어 같은 전통주의자는 물질적 자원을 놓고 현세의 가난한 사람들과 연옥의 영혼이 서로 경쟁하지 않으며, 연옥의 영혼을 위해 베푸는 자선은 모두에게 이익이 된다고 했다.[40] 잉글랜드에서는 한 개인이 영구적으로 챈트리에 기부할 만큼

37 Howard Colvin, "The Origin of Chantries", p. 172.

38 Eamon Duffy, *The Stripping of the Altars*, p. 140.

39 R. N. Swanson, "The Burdens of Purgatory", *Medieval Christianity*, ed., Daniel Bornstein, Minneapolis, MN: Fortress, 2010, p. 364.

충분한 경제적 여유를 가지고 있지 않을 경우에 종교 길드를 구성해 길드 조합원들이 챈트리를 설립하는 경우도 있었다. 15세기 잉글랜드에 이런 신심회(confraternity)와 길드의 숫자는 보수적으로 잡아도 약 3만 개로 추정된다. 이들이 세운 챈트리도 죽은 조합원과 가족들을 위해 기도를 드리는 것이 주목적이었지만, 조합원들을 위한 장례식, 지역 공동체의 종교 축제 후원 등과 같은 공동체 기능도 있었다.[41]

잉글랜드 종교개혁의 수정주의자들이 16세기 교회의 활력에 대해 언급할 때 빠지지 않고 등장하는 것이 챈트리의 이러한 공동체적 역할이었다. 그런데 16세기 헨리 8세와 에드워드 6세의 치세기에 잉글랜드의 챈트리는 사라졌다. 1534년 잉글랜드 왕국과 로마 교회와의 공식적인 단절은 챈트리에 대한 공격을 가져왔다. 크라이더는 챈트리에 대한 탄압을 1534년으로 보았고, 폭스는 로마 교회와의 결별 시점을 "연옥과 같은 허튼소리가 경멸받기 시작한 때"라고 언급했다.[42] 헨리 8세와 에드워드 6세의 정권이 전통적인 가톨릭교회로부터 점차 멀어지기 시작하면서 강경한 프로테스탄트 개혁가들은 이 같은 변화를 환영했다. 그들은 챈트리의 활성화를 타락한 로마 교회가 잉글랜드 전체를 미신으로 몰아넣은 결과라고 보았다. 하지만 대중의 반응이 같을 수는 없었다. 대다수는 수세기 동안 유지된 전통에서 이탈하는 충격이 더욱 컸다. 헨리 8세와 에드워드 6세의 챈트리에 대한 공격은 오롯이 교리적이거나 사회적인 이유가 아니라 정치적인 이유였다. 그렇기 때문에 대중이 수세기 동안 지켜온 전통인 연옥에 대한 믿음과 죽은 자들을 위한 기도를 없애는 것은 쉽지 않았다. 대중은 원하지 않는 개혁을 강요받았다. 국가는 자신들의 선택을 정당화해야 했다. 프로테스탄트는 성서주의의 틀 속에서 연옥 교리를 부정하고 죽은 자를 위한 기도의 무용성을 설득해야 했다. 결

40 Peter Marshall, *Beliefs and the Dead*, p. 56.

41 Alan Kreider, *English Chantries*, p. 6.

42 Alan Kreider, *English Chantries*, pp. 104~05.

국은 신학 논쟁으로 연결될 수밖에 없는 주제였다. 헨리 8세는 프로테스탄트 개혁가들의 지원으로 교리를 다듬는 동시에 잉글랜드 내의 토지가 더 이상 챈트리로 사용되지 못하도록 챈트리 설립을 불허했다.

잉글랜드의 독자적인 신학 교리에 대한 결정은 1536년 7월 반포된 「10개 신조」에서 이루어졌다. 대륙의 루터파 신학을 상당 부분 수용한 것으로 알려진 「10개 신조」에서는 성서를 모든 신학적 문제의 유일한 판단 기준 및 권위로 인정했다. 「10개 신조」에 따라 잉글랜드 사회는 오랜 종교 전통과 결별했다. 「10개 신조」에서는 연옥 교리를 공식 부인하지는 않았지만 모호한 태도를 취했다. 이러한 태도는 종교가 지닌 정치적 성격을 누그러뜨리고 헨리 8세의 지지자와 반대자들 모두를 포용하려는 조치였다.[43] 「10개 신조」에서는 죽은 자들을 위한 기도를 허용했지만 미사의 제사적 성격은 인정하지 않았다. 헨리 8세의 수도원 해체는 이전에 광범위하게 수행되던 죽은 자들을 위한 미사와 대도의 전통이 심각하게 줄어들게 만들었다.[44] 챈트리 제도를 없애버림으로써 왕실은 전통적인 장례의식을 근본적으로 무너뜨렸다. 연옥 교리의 부정은 그리스도교도들이 사후 세계를 바라보는 관념에 혼란을 야기했으며, 대중의 불안을 가중시켰다.

그러나 그 한계도 분명했다. 본래 잉글랜드 종교개혁은 신학이 주도한 것이 아니라 정치적인 목적이 강하게 스며들었기에, 정치적 필요에 따라 교리 변경은 큰 저항 없이 이루어졌다. 1530년대의 성상 파괴 운동과 수도원 및 챈트리 해산 같은 전통의 파괴가 끝난 이후, 헨리 8세 통치 말기인 1540년대는 신학적으로 전통적인 보수주의 색채로 돌아갔다. 1539년 헨리 8세는 「10개 신조」를 제정해 화체설, 평신도에게 포도주 분잔 금지, 성직자의 독신, 수도 서원, 고해성사, 미사 등을 받아들였다. 그러나 그는 연옥 교리와 죽은 자의 영혼을 위한 개인 미사는 인정하지

43 Eamon Duffy, *The Stripping of the Altars*, pp. 392, 402.

44 Alan Kreider, *English Chantries*, p. 124.

않았다.[45]

1543년 헨리 8세는 『그리스도교도의 필수 교리와 교육』이라는 교리서를 발표했다. 개별 영혼을 위한 미사는 더 이상 인정되지 않고 '그리스도의 신비로운 몸'을 구현하는 미사는 살아 있거나 죽은 모든 영혼을 위해 실행되어야 한다고 정했다. 모호한 표현이지만 이 교리서를 통해 챈트리 제도는 무효화되었다. 대중은 정부 정책과 교리에 따라 스스로 챈트리를 해체하기 시작했다. 국가에 몰수당하지 않기 위한 고육지책이었다. 1545년 헨리 8세는 챈트리법을 통과시켜 남아 있는 챈트리를 국가 재산으로 몰수했다. 신학의 보수 회귀에도 불구하고 왜 연옥과 챈트리는 다시 부활하지 못했을까? 신학적으로 논리가 모순되는 결정은 헨리 8세가 한번 몰수한 수도원과 챈트리 재산을 다시 교회로 환원하고 싶지 않았기 때문에 나온 것이다.

헨리 8세의 후계자 에드워드 6세 치하에서 챈트리는 신속하고 공격적으로 해산·해체되었다. 1547년 12월 24일 상원에서 챈트리 해체 법안이 통과되었다. 헨리 8세의 수도원 해체 때와 유사한 재산 몰수가 이어졌다. 제도상의 변화는 잉글랜드에서 죽은 영혼을 위한 기도를 없애기 위한 종교적 실천으로 이어졌다.[46] 이를 통해 신학과 교리의 변화를 정당화했다.

> 국왕의 가장 충성스러운 신하인 성직 귀족과 세속 귀족, 그리고 하원 의원들이 의회에 모여 숙고한 바에 따르면, 그리스도교 신앙 속 미신과 오류의 대부분은 사람들이 예수 그리스도의 죽음을 통해 얻는 참되고 완전한 구원에 대한 무지에서 비롯되었으며, 죽은 자들을 위해 행해지는 연옥과 대속 미사에 대한 헛된 의견을 고안하고 상상함으로써 사람들의 마음과 판단 속에 스며들었다. 이러한 교리와 헛된 의견은 30일

45 Alan Kreider, *English Chantries*, pp. 127, 147.

46 Alan Kreider, *English Chantries*, p. 185.

> 미사(trentals), 챈트리, 그리고 앞서 언급한 무지와 어둠을 지속하기 위해 마련된 다른 여러 제도를 남용함으로써 유지되고 강화되어 왔다. …… 국왕께서는 가장 신중한 자문위원회의 조언과 함께, 하느님의 영광과 왕국의 복리를 위해 이러한 사안을 가장 현명하고 유익하게 정리하고, 변화시키고, 전환하고, 처분할 수 있으며 또 그렇게 할 것이다.[47]

연옥과 미사, 챈트리를 비판하는 표면적 이유는 종교적으로 무지한 사람들을 무지와 어둠 속에 가두는 것이었기 때문이다. 그러나 「챈트리 해산령」(Chantries Acts)은 전쟁과 같은 국가 비상 상황에서 국가가 책임져야 할 재정적 부담에서 벗어나기 위한 현실적인 조치였다. 수도원이나 종교 기관의 폐쇄는 국고를 채우는 데 매우 유용한 수단이었다. 1535년과 1539년 제정한 「수도원 해산령」에 따라 수도원이 보유했던 잉글랜드 전체 토지의 25퍼센트가 왕실로 귀속되었다. 헨리 8세 때부터 시작된 토지 몰수는 에드워드 6세 통치기에 정점에 달했다.[48] 1545년과 1547년에 제정된 「챈트리 해산령」이 그 역할을 했다.

제도와 교리의 변화가 어느 정도, 얼마나 빠른 속도로 전통적인 종교 관행을 없앴을까에 대한 질문이 나온다. 잉글랜드 종교개혁이 연옥과 죽은 자를 위한 기도를 폐지하고, 죽은 자와의 교통을 추구하는 신앙 관행을 완전히 종결지은 것처럼 보일 수도 있다. 그러나 전통 신앙은 그리 빠르게 바뀌지 않았다. 헨리 8세는 종교개혁 이전의 잉글랜드 전례에 따라 장례식뿐만 아니라 자신의 영혼을 위한 대도도 요청했다. 그런 점에서 교회에 대한 통제와 개인의 종교성은 별개로 작용한 듯 보인다. 국왕의 모순적 태도는 종교성을 하향식으로 바꾸는 것이 가능하지 않다는 사실을 보여 준다.

---

47 Henry Gee and William John Hardy, eds., *Documents Illustrative of English Church History*, London: Macmillan, 1914, p. 328.

48 Eamon Duffy, *The Stripping of the Altars*, pp. 484, 517.

가톨릭 교리가 폐지되었지만 잉글랜드에서는 대중 차원에서 유행하던 종교 관행을 오랫동안 유지했다. 지역 차원에서는 공식적으로 연옥 폐지에도 불구하고 죽은 자를 위한 기도와 같은 유사한 행위를 계속 실천했다. 예를 들어 솔즈베리에는 "시민들 사이에 '사랑과 자선'을 증가시키는 데 도움을 주었으므로 그들이 '이 생을 마친 후 …… 영원한 생명의 참여자가 될 수 있도록'" 죽은 자를 위해 기도했다.[49] 성지순례도 꾸준히 이어졌는데, 중세 때 유명 순례지였던 서머싯 성지를 찾는 사람들이 계속 이어졌다. 그들은 여전히 성지에서 초자연적인 사건을 만나기를 기대했다.[50] 대중 차원의 종교 관행의 유지는 키스 토머스(Keith Thomas, 1933~)의 지적과 같이, 성직자나 성지 등에 초자연적이거나 마법적 기능을 부여한 중세 교회의 특징 때문이다.[51] 전통 종교는 전례나 순례와 같은 관행을 통해 그리스도교도들이 스스로의 종교성을 실천할 수 있는 기회를 제공했다. 교회가 제공한 문학이나 예술작품도 종교 교육이나 신심을 고양하기 위한 중요한 방편이었다.

위로부터 부과된 종교개혁이 대중의 삶 속에 뿌리내리는 데에는 시간이 필요했다. 종교개혁의 지지자들은 중세의 전통적인 수단 대신에 새로운 체계로 전환하려는 시도를 이어갔다. 그러나 연옥이 남긴 경제적·문화적 영향은 쉽게 사라지지 않았다. 국교회 신학자들은 연옥 교리를 없애는 데 성공했지만, 종교적 믿음과 실천에서 연옥이라는 중요한 개념이 빠져나가면서 죽음과 사후 세계를 다루는 방식에 큰 공백이 생겼다. 프로테스탄트 교도들은 이전에 경험하지 못한 낯선 두려움과 불확실성 속에서 살아야 했다. 죽음 후의 심판, 영혼 상태, 부활 등에 대한 다양한 견해가 하나의 통일된 신학으로 정리되는 데는 긴 시간이 필요했다.

---

49 Andrew D. Brown, *Popular Piety in Late Medieval England: The Diocese of Salisbury, 1250-1550*, Oxford: Clarendon Press, 1995, pp. 244~45.

50 Andrew D. Brown, *Popular Piety*, pp. 247~49.

51 Keith Thomas, *Religion and the Decline of Magic: Studies in Popular Beliefs in Sixteenth-and Seventeenth-century England*, London: Penguin Books, 1971, p. 46.

가톨릭, 전통의 유지

프로테스탄트 종교개혁은 기존의 가톨릭 종교 표준을 무너뜨렸으며, 한번 허물어진 둑은 걷잡을 수 없는 흐름이 되었다. 연옥과 사후 세계, 죽은 영혼과의 교통이라는 가톨릭교회의 교리가 성서에 근거하지 않는 미신으로 간주되어 배척되었다. 프로테스탄트 종교개혁이 가톨릭에 끼친 가장 직접적인 심성적 영향은 가톨릭 체계의 신성성에 대한 반동적인 분위기의 형성이었다. 헨리 8세의 경우, 루터의 종교개혁 초기만 해도 「칠성사를 옹호함」이라는 논문으로 가톨릭 체제를 지지했지만, 정치적 목적으로 가톨릭과 결별한 이후에는 그 체제를 스스로 부정했다. 대륙의 루터파와 칼뱅파, 잉글랜드의 국교회는 칠성사를 비롯한 전통 가톨릭의 대부분의 전례의식, 교리와 제도 규범에 문제 제기를 했다. 프로테스탄트 종교개혁은 가톨릭 교황이 중심이 된 하나의 그리스도교 공동체라는 유럽에 종교적·정치적 분열을 일으키는 데 그치지 않고 더 근원적인 도전을 가톨릭에 던졌다.

가톨릭의 대응은 확고했다. 프로테스탄트가 제기한 도전이 천년 이상 유지된 가톨릭 체계에 위협이 된다고 느꼈기에 전통의 체계적 수호만이 선택지였다. 그래서 프로테스탄트가 거부한 모든 종류의 신앙, 의식, 제도적 규범을 다시 확인하고 강조했다. 프로테스탄트가 분리한 물질과 정신, 자연과 초자연, 산 자와 죽은 자 사이의 관계를 다시 강화했다. 프로테스탄트에서 탈주술화를 시도했다면 가톨릭은 종교 세계에 재주술화를 정당화했다. 무분별한 미신적 행위를 경계하고 없애기는 했지만 더 단단하게 가톨릭 교리와 전통을 지켜 나갔다. 그 결과 16세기와 17세기를 가톨릭 지역에서는 기적과 신비주의의 황금시대라고 불린다. 신비적 황홀경과 관련된 기적적인 현상이 가톨릭교도 사이에서 그 어느 때보다 두드러졌다. 가톨릭교도들은 현세와 내세의 교통을 여전히 믿고 연옥의 존재를 확신했으며, 죽은 자들을 위한 미사와 장례에 더 많은 돈을 지출했다. 프로테스탄트가 초래한 패러다임의 변화는 가톨릭교회에도 변화를 가져와 전례 없는 방식으로 가톨릭교회의 전통과 교리를 강화했다.

가톨릭 지역의 반응은 기존에 중세 후기 가톨릭 신앙에 대해 프로테스탄트가 제기했던 통념을 깨뜨린다. 프로테스탄트 학자들은 당대 가톨릭이 '구원에 대한 불안'으로 가득했다고 주장했다. 연옥의 고통에 대한 공포와 고해성사에서 죄를 낱낱이 고백해야 하는 두려움이다. 그런데 이 모든 옭아매는 틀에서 해방해 준다는 개혁가들의 사상이 많은 이에게 강력한 호소력을 지녔다는 것이다. 하지만 주로 수정주의 사가들이 수행했던 가톨릭 지역의 유언장에 대한 분석에서도 연옥에 대한 공포는 두드러지지 않았다. 가톨릭 진영에서는 프로테스탄트의 도전에 맞서 마치 고대 그리스도교에 이단 문제가 심각했을 때 정경 채택, 신앙고백서 제정, 교회 직제 형성으로 대응한 것과 같은 방식의 조치를 취했다. 트리엔트 공의회의 주요 의제에 가톨릭 교리를 재확인하고 전례 표준화를 통해 미신적인 예배 관행을 개혁하는 것이 포함되었다.

트리엔트 공의회에서 가톨릭교회는 연옥에 대한 교리를 명확히 정의했다. 가톨릭교회는 성령의 가르침을 받아 성서와 교부들의 오랜 전통에 따라 연옥이 존재하며 그곳에 머무는 영혼이 신자들의 대도와 미사의 희생 제사로 도움을 받는다고 가르쳤다. 다만 설교자들이 연옥 형벌의 본질과 기간에 대한 불필요한 추측으로 신자들을 혼란스럽게 하거나 오도하지 않도록 엄격히 지시했다. 주교들은 신자들이 교부들과 공의회가 전해 준 건전한 연옥 교리를 믿고 따르도록 힘써 가르치도록 명령을 받았다.

1547년 제6차 회기 의화 교령에는 연옥의 존재와 그 역할에 대해 다음과 같이 제시하고 있다.

> 만일 누구든지 의화의 은총을 받은 이후 회개하는 죄인에게서 영벌(永罰)의 빚이 완전히 사라져 천국에 들어가기 전에 현세나 연옥에서 어떠한 잠벌(暫罰)의 빚도 남아 있지 않다고 주장한다면, 그는 파문될 것이다.[52]

1547년 열린 제7차 회기의 성사에 관한 교령은 성사의 유효한 집전을 위한 규정 등 신학적 개념을 다루었다. 여기에서 프로테스탄트 개혁가들의 성사 이론을 거부하면서 가톨릭교회의 전통 성사를 무시하거나 변경할 수 있다고 주장한다면 파문될 것이라고 경고했다. 1551년 10월 11일 열린 제13차 회기에서의 「지극히 거룩한 성체성사에 대한 교령」(Decretum de Sanctissimo Eucharistiae Sacramento)과 1562년 9월 17일의 제22차 회기 「지극히 거룩한 미사 희생에 관한 교리와 정경」(Doctrina et Canones de Sanctissimo Missae Sacrificio)은 전통적인 성찬례를 일관적인 논조로 유지하고 있다. 이는 다음과 같은 선언에서도 분명하게 드러난다.

> 누구든지 하느님의 외아들 그리스도가 성체성사 안에서 경배의 예배로, 즉 그 외적 표현을 포함해 흠숭받아야 한다는 것을 부정하고, 따라서 그에 대한 특별한 축제를 거행하거나, 성대한 행렬로 모시고 다니거나, 공적으로 신자들에게 현시해 경배하도록 하는 것이 성교회의 어디에서나 칭찬받는 의식과 관습이 아니라고 하고 그러한 경배를 드리는 자들을 우상 숭배자로 규정한다면, 그는 파문될 것이다.[53]

트리엔트 미사는 제2차 바티칸 공의회(1962~65)가 1969년 교황 파울루스 6세(Paulus VI, 1897~1978, 재위 1963~78) 치하에서 새로운 미사 양식(Novus Ordo Missae)을 도입할 때까지 라틴 전례의 주요 형태로 남아 있었다. 트리엔트 공의회의 전례 개혁은 수세기에 걸쳐 가톨릭 예배를 형성하는 데 결정적인 역할을 했으며, 전례 거행에서 교리적 명확성, 통일성, 경건성을 강조했다. 가톨릭 전례는 중세 교회에서와 마찬가지로 기계적 효력을 갖게 되었다. 그리고 그 효력을 발휘하는 근거는 회중의

---

52 *Decrees of the Ecumenical Councils*, ed., Norman P. Tanner, 2 vols., London and Sheed & Ward, 1990, p. 679.

53 *Decrees of the Ecumenical Councils*, p. 698.

참여가 아니라 성직자에게 부여된 특별한 권한이었다."[54] 전례는 중세 종교에서 최고의 중요성을 가졌다. 더피가 강조했듯이, 미사 자체가 전례를 지탱하는 버팀목이었다. 미사의 제사적 성격은 그리스도교 이전의 전통 사상과 연결되었다. 트리엔트 공의회의 미사 개혁은 다양한 문화적 변화를 수용하는 것이었다.[55] 미사의 중요성은 연옥에 있는 영혼을 구원에 이르게 하는 선행 수단이라는 점에서 종교개혁 이후에도 지속적으로 강조되었다. 잉글랜드 국교회는 연옥을 없애고 대도를 폐지했지만 추모의 의무는 유지했다. 이제 산 자가 더 이상 죽은 자의 운명을 바꿀 수는 없지만 그들은 여전히 기억되었다. 사회적 제도는 세대 사이에서 전승되어 온 오랜 사회의 관습이기 때문이다.[56]

재그리스도교화 테제

프로테스탄트와 가톨릭은 필연적으로 서로 적대적 공생 관계를 형성했다. 프로테스탄트의 정당성은 가톨릭이 오류와 거짓에 기반해 있다는 것을 증명하는 데서 입증되어야 했다. 프로테스탄트 시각에서는 다신교적이고 주술적인 민간 신앙이 혼합되어 그리스도교라고 할 수 없는 종교를 제대로 된 종교로 바꾸는 단절의 시도였다. 그 반대의 경우도 마찬가지이다. 가톨릭은 프로테스탄트의 주장을 하나도 받아들이지 않는 것이 정당성의 기초였다. 가톨릭의 관점에서는 전통 안에서 기존의 관습을 유지하며 그리스도교화를 이루어가는 점진적 변화를 추구했다. 그 결과 종교 현실에서 포용보다는 배제가 훨씬 편리한 선택지였다. 무엇이 진리이고 아닌지를 구분하는 참교회, 거짓교회라는 이분법이 양 진영 모두에

54 Keith Thomas, *Religion and Decline of Magic*, p. 33.

55 Eamon Duffy, *The Stripping of Altars*, p. 91.

56 Peter Marshall, "Leaving the World", *Reformation Christianity: A People's History of Christianity*, ed., Peter Matheson, Minneapolis, MN: Fortress Press, 2010, p. 186.

강력하게 주입되었다. 프로테스탄트 지역에서는 서로 간에 수용할 수 있는 교리 여부를 정할 때, 차이에 초점을 두기보다는 옳고 그름에 초점을 두어 분열을 거듭했다. 이것이 지금까지 종교개혁사에서 프로테스탄트 진영과 가톨릭 진영의 양보할 수 없는 토대였다.

하지만 지난 반세기에 가까운 종교개혁사 연구의 흐름은 16세기와 17세기에 일어난 변화를 설명할 때에 프로테스탄트와 가톨릭 사이의 이분법을 버리는 경향이 일반화되었다. 16세기와 17세기에 등장한 모든 종교 운동은 상호 연관되어 있어 하나를 다른 것과 완전히 분리할 수는 없다. 프로테스탄트 종교개혁이 중세 가톨릭의 미신과 종교 실천에 대한 대응에서 출발했다는 사실은 부인할 수 없다. 그러나 여기에서 다르게 질문할 수 있다. 만약 종교개혁을 가톨릭교회와 성직자의 타락에 대한 반응이라는 관점보다 주술적이고 미신적인 신앙을 논리적이고 합리적인 종교로의 변환을 시도한 것으로 규정한다면 어떻게 될까? 프로테스탄트가 시도한 것과 같이 나쁜 그리스도교를 대체할 좋은 그리스도교의 출현으로 귀결될 수도 있지만, 가톨릭교회가 시도했던 결함이 있지만 더 나은 종교를 만들어가는 연속성의 흐름으로 볼 수도 있다.

이 질문은 15~16세기의 그리스도교의 종교성을 어떻게 평가해야 하는지에 대한 보다 근원적인 질문으로 이어진다. 즉 자명한 것으로 여겨졌던 '중세는 그리스도교의 시대'라는 진술에 의문을 제기한다. 실제로 중세는 그리스도교 세계였는가? 모든 유럽 국가가 가톨릭을 유일한 국가의 종교로 인정했다는 점에서 그러하다고 할 수 있다. 그렇다면 중세는 얼마나 그리스도교의 가르침과 가치에 충실했는가? 또는 대중의 삶 속에서 구현되었는가? 이 질문은 답변하기 복잡하다. 중세 교회에 가해지는 주술성과 미신성은 종교와 미신의 경계가 분명하지 않고 모호했음을 보여 준다. 프로테스탄트의 시각과 가톨릭의 시각이 첨예하게 갈라질 수밖에 없는 지점이다. 가톨릭 역사학자 더피는 중세 말 잉글랜드의 챈트리 급증으로 드러난 대중의 신심을 가톨릭의 활력 증거로 제시했다. 그는 잉글랜드에서의 종교개혁을 전통 종교에 대한 조직적 공격으로 묘사했다. 그렇지만 공식적으로 프로테스탄트가 된 지역에서도 중세 신앙이 여전히 인기가 있었고 근절되기 어려웠다. 반면에 같은 현상을 미신과 주술에 경도된 '타락한' 모습으로 판단하기도 한다.

그래서 종교개혁에 대한 논쟁은 '결함 있는 그리스도교'를 더 '나은 그리스도교'로 바꾸는 시도였다는 관점을 넘어 근원적으로 '중세는 실제로 그리스도교 세계였는가?'라는 질문을 던져 새로운 차원의 학문적 논쟁을 불러일으켰다. 르 고프는 1500년경 유럽은 거의 선교가 필요한 국가라고 평가했으며,[57] 또 다른 역사가 들뤼모는 중세는 오직 성직자와 소수의 평신도 엘리트만이 그리스도교를 실천했다고 주장했다. 도시가 아닌 농촌 지역의 대중은 그리스도교 신앙의 주요 교리에 대해 무지한 채로 남아 있었다. 그리스도교 신앙과 피상적으로만 접촉한 일종의 이교도였다. 들뤼모에게 '그리스도교 중세'라는 표현은 적어도 "(본질적으로 농촌) 대중에 관한 한" 신화일 뿐이었다.[58] 16세기와 17세기의 유럽은 당시 신대륙의 발견으로 그리스도교화를 추진하던 아시아나 아메리카 대륙과 큰 차이가 없었다. 그렇다면 루터의 종교개혁과 가톨릭의 종교개혁은 기존의 종교를 더 나은 것으로 갱신하는 조치가 아니라 본질적으로 그리스도교를 유럽에 침투시키는 과정이었다.

본래 들뤼모의 『루터와 볼테르 사이의 가톨릭: 반종교개혁에 대한 새 관점』은 16세기와 17세기를 전례 없는 종교적 시기로 보면서 18세기에 유럽 평신도들이 왜 '탈그리스도교화'되었는지에 대한 복잡한 질문에 답을 하려는 시도였다. 그는 유럽의 대중이 자신의 종교를 피상적으로만 이해했다는 개념을 중심으로 논지를 전개했다. 그리고 진정한 그리스도교화는 루터의 종교개혁과 트리엔트 공의회라는 '두 개의 종교개혁' 이후 평신도 교육이 시작되면서 이루어졌다고 주장했다. 두 진영은 개혁이

---

57 John Van Engen, "The Christian Middle Ages as an Historiographical Problem", *American Historical Review* 91, 1986, pp. 519~52.

58 Jean Delumeau, *Catholicism between Luther and Voltaire*, London: Bums and Oates, 1977, p. 160.

라는 공통의 주제를 가지고 있었지만 특정 종파의 정당성에 기반한 환원적인 주장을 하지 않는다. 세상을 해석하고 세상과 상호작용하는 수단으로 종교를 이해한다. 종교는 환경에 의해 형성되고 환경이 종교에 의해 형성되는 끊임없는 양방향 교환에 있다. 공생은 당연했고 피할 수 없었다.

여기에서 한걸음 더 나아가 존 보시(John Bossy, 1933~2015)는 '종교개혁'이라는 용어를 쓰는 것조차 회의적이었다. 그는 16세기에 루터로 인해 종교적으로 매우 중요한 사건이 일어났다는 사실을 부인하지 않고 그것을 표현하는 데 종교개혁이라는 용어가 적절한 기준이라는 점 역시 부인하지 않았지만, '나쁜 형태의 그리스도교가 좋은 형태의 그리스도교로 대체된다'라는 것을 너무 쉽게 연상시키기 때문에 폐기할 것을 주장했다. 그에게는 그저 '16세기 서구의 그리스도교'로 충분했다.[59] 실제로 그의 책 『서구 그리스도교 1400-1700』의 색인에는 '종교개혁' 아래 단 세 개의 소항목만 있다.

이러한 일련의 흐름을 스콧 헨드릭스는 '재그리스도교화'(re-Christianization) 혹은 '그리스도교 다시 뿌리내리기'(re-rooting) 테제로 정의했다. 헨드릭스는 16세기 개혁 운동의 다양성과 특수성을 강조한 흐름에 반대하면서 다양한 운동 속에서 찾을 수 있는 일관성을 강조했다. 재그리스도교화 테제는 특정 전통만이 타협할 수 없는 유일한 가치를 가졌다는 종파적 입장을 넘어섰다. 대신에 유럽을 재그리스도교화하려는 공통된 목표에 초점을 두었다. 모든 개혁가가 공유하는 목표는 그리스도교화라는 용어로 요약할 수 있다.

우선 프로테스탄트 지역을 보자. 프로테스탄트 종교개혁가들은 자신들이 자라온 전통 종교를 이교도적이고 우상 숭배적인 것으로 비판했다. 그들에게 있어 종교개혁은 유럽 내 실질적인 선교였다. 참된 종교를 확산시키고 그것을 막는 장애물을 헤쳐 나가면서 열정적으로 과업을 수

59 John Bossy, *Christianity in the West, 1400-1700*, p. 91.

행했다. 오래된 우상 숭배적 종교를 뿌리 뽑고 자신들의 눈에 성서적 신앙인 진정한 그리스도교를 다시 심으려고 했다.[60] 가톨릭 종교개혁 역시 유럽을 재그리스도교화하려는 종교개혁 프로그램에 참여했다. 그들은 기존의 틀을 바꾸기보다는 본질적이고 전통적인 그리스도교 신앙을 강화하고자 했다.[61] 대체로 프로테스탄트 지역은 전통적인 신앙을 제거하려 한 반면에, 가톨릭 종교개혁은 전통 신앙을 유지하는 데 초점을 두었다. 성인들에게 기도하고 유물을 숭배하며, 성지순례를 하고, 면벌부를 부여하고, 금식 규칙을 준수하는 것 등이 포함된다. 가톨릭교도들에게 그리스도교 신앙을 가르치는 것은 이러한 전통 신앙의 실천과 모순되지 않았다.[62]

1517년에 시작된 분열이 초래한 신학과 전례, 종교 실천의 명백한 차이에도 불구하고, 프로테스탄트나 가톨릭 진영 모두 당시의 그리스도교가 신앙과 삶을 담아내는 데 부적절한 형태라고 생각하고 진정한 그리스도교를 만들고자 노력했다. 신학과 교회의 제도적 역사에 초점을 맞춘 교회사가들 대신에 사회적·문화적·경제적·정치적 문제에 관심을 돌린 역사가들의 연구도 재그리스도교화 테제가 확산된 주요 토대이다.

16세기의 다양한 개혁 운동을 다양성, 불일치, 종교적 분열로 규정하기보다는 공동 목표를 실현하려는 노력으로 규정하고자 했다. 재그리스도교화 테제는 종교의 개인성에 대한 관심에 일차적 공유점이 있다. 느슨한 대중 종교를 추구하던 중세 교회와 달리, 초기 그리스도교가 그러했듯이 각자 그리스도교도라는 자의식을 형성한 개인화된 종교로 전환하는 것이다. 보시는 16세기를 공동체적 종교에서 르네상스적 개인주의 종교로 전환이 일어난 시기로 보았다. 프로테스탄트는 그 시작점을 루터로 보기에 충분하다. 보름스에서 루터가 황제 카를 5세 앞에서 한 연설

60 Scott Hendrix, "Rerooting the Faith", p. 561.
61 Scott Hendrix, "Rerooting the Faith", p. 572.
62 Scott Hendrix, "Rerooting the Faith", p. 572.

은 그리스도교가 가톨릭교회의 권위에 종속되는 종교가 아니라 개인의 양심에 근거한 종교라는 선언이었다. 구원은 오직 성서의 가르침에 따라 오직 그리스도의 은총으로만 얻는 것이었다. 구원 과정에서 개인의 신앙적 양심이 더 큰 역할을 하게 되면서 성직자가 집전하는 성사가 구원 서사의 중심을 차지하던 자리를 내놓게 되었다. 프로테스탄트 지역에서 수도회 제도의 폐지와 수도원 해산은 세속의 삶을 충실히 살아가는 것도 신적 부르심의 하나일 수 있다고 보는 구원관으로의 극적인 변화를 가져왔다. 그렇다면 여전히 공교회성을 강조하는 가톨릭교회도 사적이고 개인적인 자리를 차지할 수 있었을까? 프로테스탄트 개혁이 원인을 제공했는지 여부와는 별개로 가톨릭 개혁 역시 제도교회의 틀 안에 머물지 않고 세속적 삶 속에서 그리스도교도로 온전히 살아가는 개인적 삶의 방식을 확증했다.

보시는 가톨릭의 독특한 성사라고 할 수 있는 고해성사와 예수회 설립자 로욜라의 이냐시오 영성 수련을 연결했다. 사제를 위한 의자와 고해자가 무릎 꿇는 자리가 창살이 있는 작은 창으로 구분된 오늘날 상자 모양의 고해소는 이탈리아 추기경 카를로 보로메오(Carlo Borromeo, 1538~84)가 처음 고안했고 점차 유럽 대부분의 지역으로 확산되었다. 공간의 제도화로 고해사제와 고해자가 서로 대화할 수 있는 기회가 늘어났다. 이때 고해는 단순한 죄책의 고백과 사면 방식을 넘어 고해사제가 고해자에게 도덕 규범을 부과할 뿐만 아니라 영성 지도의 역할을 할 수 있었다. 고해성사 이전에 고해자로 하여금 자신의 양심을 깊이 성찰하게 하는 체계적이고 질서 있는 고해 체제의 발전은 자신의 삶과 신앙을 스스로 돌아보고 영성을 수련하도록 하는 이냐시오 영성 수련에 큰 영향을 받았다. 이냐시오 영성 수련은 성직자, 수사, 평신도를 불문하고 각자에게 향한 신적 부르심을 분별하도록 돕는 방법을 제시했다. 온전한 그리스도교도가 되기 위해 더 이상 성직자나 수사가 될 필요는 없었다. 개인 기도와 묵상에 관한 교육을 제공하는 서적이 급증하면서 개인의 종교적 색깔과 정체성을 되새기도록 했다. 16세기에는 프로테스탄트 진영과 가톨릭 진영 모두에서 설교가 그리스도교화의 주요 수단이 되었다. 15세기에 탁발수도회가 설교를 부활하고 수많은 은사주의 설교자를 배출했다면, 16세기에는 카푸친회나 예수회 등 신생 수도회들이 도시와 농촌 지역에서 대중 선교의 방법으로 설교를 체계화했다. 트리엔트 공의회에서도 주교와 사제들에게 교구에서 설교하거나 설교자를 세우도록 하는 역할을 무게 있게 부여했다. 설교의 역할은 신앙적 훈육과 교리 교육이었다.

16세기는 프로테스탄트와 가톨릭 모두에게 교리 교육과 신앙고백서의 시대였다. 십계명이나 주기도문 같은 가장 기초적인 종교적 지식에 대한 대중의 무지는 교리 교육의 필요성을 부각했다. 프로테스탄트 지역에서 먼저 일어난 이 같은 지적 각성은 가톨릭 지역에서도 성직자 중심의 엘리트 종교가 대중 종교를 일깨우는 데 자극을 주었다. 가톨릭교도들도 자신들의 신앙고백이 무엇인지 스스로 설명할 수 있어야 했다. 교리 교육서는 인쇄술 덕분에 가능해졌다. 루터가 가톨릭과 차별되는 프로테스탄트 교리문답서를 만들었다면, 가톨릭은 기존에 행해지던 관행인 성체성사, 마리아와 성인에 대한 공경, 연옥 영혼을 위한 기도 등을 정당화하기 위해 신앙고백서를 작성했다. 가톨릭과 프로테스탄트 모두에게 교육은 자신들의 신앙고백의 필수적 과정이 되었다. 각 지역교회는 학교에 집중 투자를 했다. 주로 성직자와 공무원을 양성하기 위한 목적으로 도시에 학교를 세우고 농촌 지역에도 초등 교육 기관을 세웠다. 국가의 주요 목표는 더 규율 있고 문명화된 학교 교육을 통해 그리스도교화를 촉진하는 것이었다.

종교개혁은 유럽에서 그리스도교 신앙을 다시 뿌리내리려는 시도였다. 종교개혁의 결과로 등장한 다양한 종파는 유럽의 역사적 발전에 중요한 기여를 했다. 결과적으로 유럽의 문화적·종교적·정치적 경관을 완전히 바꾸어 놓았다.[63] 그 점에서 재그리스도교화는 성공했다. 그러나

63 Scott Hendrix, "Rerooting the Faith", p. 577.

동시에 종교개혁이 수행한 재그리스도교화 프로젝트는 16세기 유럽의 불관용을 더욱 강화했다. 각 종파의 재그리스도교화에 대한 이상과 목표는 달랐다. 온건한 개혁 진영에서는 급진파 개혁가들의 저항을 위험하게 여기고 억압했다. 각 진영에 따라 서로 다른 종교 의제를 가지고 있었고 결국 합의에 도달하지 못했다. 재그리스도교화는 각 국가별로 다양하게 다른 모습으로 진행되었다.[64]

재그리스도교화는 유럽 문화 내에서 설득력 있는 신학과 교리를 형성한 긍정적인 역할만 있었던 것이 아니라 극단적인 타자화로 인해 세계관의 충돌을 피할 수 없었다. 프로테스탄트가 유럽 전역으로 퍼지면서 생겨난 문화 충돌은 단기간의 마찰이나 유혈 사태는 물론이고 심지어 수십 년간 전쟁으로 이어지기도 했다. 국내적으로는 서로 다른 입장을 지닌 이들에 대한 마녀사냥으로, 국가 사이에는 자신들의 종교 지향을 강조하거나 인정받기 위해 불가결하게 진행된 종교 전쟁이 그러했다. 기존의 것을 허물고 새로운 것을 세우거나 기존의 것을 고쳐 유지하는 것 모두에는 자신들의 정당화를 위한 훨씬 더 강한 조치가 뒤따랐기 때문이다.

64 Scott Hendrix, "Rerooting the Faith", p. 576.

제19장 여성, 가정, 그리고 성직자 독신

종교개혁 역사학은 루터나 칼뱅의 사상, 가톨릭과 프로테스탄트 교리 논쟁, 프로테스탄트 신학 형성 등에 초점을 맞추었다. 20세기 중후반부터 세속 사가들이 종교개혁 역사 연구에 참여하기 시작하면서 기존의 신학과 정치적 관점에서 다양한 사회·경제사적 연구로 지평이 확대되었다. 그 결과 단일한 종교개혁에서 여러 개의 종교개혁으로 전환이 일어났다. 이러한 역사 기술의 변화는 그간 보이지 않았던 계급 투쟁과 민중 운동으로서의 종교개혁의 성격을 강조했다. 사회사로의 전환 이후 형성된 새로운 문화사는 특히 독일 종교개혁 연구에서 두드러졌다. 독일 문화사는 기존의 사회사를 대체하는 것이 아니라 비판적으로 계승하며 보완했다. 문화사는 종교를 경제적 문제나 계급 문제로 환원하지 않고 인간 삶의 가장 중요한 문제인 선과 악, 삶과 죽음, 가족과 이웃에 대한 추상적이지만 심성적인 접근을 가능하게 했다. 여기에는 젠더 문제에 대한 관심이 포함된다. 프로테스탄트 종교개혁이 가져온 여러 변화 중에는 사제 독신 폐지와 수녀원 해산 등 직접적으로 젠더 문제가 두드러졌다.

여성의 종교개혁

종교개혁 연구가 신학에서 사회학으로, 더 나아가 문화학으로 전환되면서 성과 여성, 젠더 관계가 중심 연구 주제로 자리 잡게 되었다.[1] 그중에서도 집단이나 개별 행위자인 아내와 어머니로서 여성의 역할, 결혼과 성에 대한 새로운 규율이 주목받고 있다. 데이비스는 "종교개혁은 성인 남성들 사이의 가부장적 권위에 대한 갈등의 일부"[2]라고 말함으로써 그동안 종교개혁이 여성과는 무관하게 논의되어 왔다는 선입관을 다시금 소환한다. 종교개혁과 관련해 여성이 던진 신학적 물음은 주변적이거나 무의미한 것으로 간주되어 왔다. 이 태도는 역사와 여성을 분리하는 것을 넘어 종교개혁을 공적 영역으로, 여성의 역할을 사적 영역으로 축소하는 이분법적 분리를 형성했다. 가족은 정치와 경제라는 공적 영역으로부터 분리된 사적 영역의 일부로 간주되었다.[3]

종교개혁과 여성에 대한 가장 고전적 논의를 이끈 스티븐 오즈먼트는 종교개혁으로 형성된 '아버지가 통치하던' 가부장제 시대에 자연스럽고 진보적인 젠더 질서가 형성되었으며, 수녀원의 폐지는 여성 해방을 의미한다는 명제를 만들었다.[4] 그 후 1980년대 후반까지 여성사가들의 시각에서 바라본 종교개혁에 대한 논의는 별로 없었다. 1989년 오스트레일리아의 역사가 린들 로퍼가 여성의 종교개혁이라는 주제를 내세우면서

1 Thomas A. Brady, Jr., "From Revolution to the Long Reformation: Writings in English on the German Reformation, 1970-2005", *Archive for Reformation History* 100, 2009, pp. 48~64.

2 Natalie Zemon Davis, *Visions of History: Interviews with E.P. Thompson, Natalie Zemon Davis, Staughton Lynd, William Appleman Williams, and Others*, New York, NY: Pantheon Books, 1983, p. 118.

3 Merry E. Wiesner-Hanks, "Beyond Women and the Family: Towards a Gender Analysis of the Reformation", *Sixteenth Century Journal* 18, no. 3, 1987, p. 317.

4 Steven E. Ozment, *When Fathers Ruled: Family Life in Reformation Europe*, Cambridge, MA: Harvard University Press, 1983.

여성과 종교개혁에 대한 관심이 높아졌다. 로퍼의 연구는 가톨릭 체제에서 벗어나 더 큰 영적 자율성을 제공했다는 초기 종교개혁의 의도와 프로테스탄트가 여성의 대안 사회인 수녀원을 없앰으로써 발생하는 여성의 사회적 역할 감소라는 현실 사이의 긴장을 다루었다. 가부장제의 등장이 여성을 가정이라는 새로운 질서 속에 종속시켰다는 한계를 지적했다.[5] 그러면서 여러 수녀원 공동체가 자신들의 종교적 신념을 바탕으로 공동체의 금욕적인 생활 방식을 지속적으로 지지했음을 제시했다.[6]

종교개혁이 문화사로 지평이 확대되면서 학자들은 남성들의 경험과는 다르게 여성들이 종교개혁을 경험한 방식, 그리고 종교개혁이 여성의 사회적 역할, 결혼, 가족 생활, 신앙과 종교적 표현, 일상생활에 어떤 영향을 끼쳤는지를 조사하기 시작했다. 신학적 영역에서는 제자리였지만 사회학에서는 젠더 관점을 활용한 연구가 20세기 후반 폭발적으로 늘었다. 역사가들은 여성의 역사적 경험을 드러내는 새로운 자료를 찾고 전통적인 자료를 혁신적인 방식으로 활용해 왔다.[7] 이 과정에서 종교개혁이 여성에게 유익한 것이었는지, 그렇지 않았는지에 대한 오랜 논란이 지속되었다. 그러나 이 문제는 그리 간단하지 않다. 종파적 시각에 따라 이 문제를 지나치게 단순화할 뿐만 아니라 모든 여성을 차별화되지 않은 집단으로 묶어버리는 경향이 있기 때문이다.

종교개혁이 여성에게 끼친 영향에 대해서는 두 가지 극단적인 평가가

5 Lyndal Roper, *The Holy Household: Women and Morals in Reformation Augsburg*, Oxford: Oxford University Press, 1989.

6 가톨릭 수녀원 해산에 대한 수녀들의 저항에 대해서는 Ulrike Strasser, "Catholic Nuns Resist their Enclosure", *Unspoken Worlds: Women's Religious Lives*, eds., Nancy Auer Falk and Rita M. Gross, 3rd ed., Belmont, CA: Wadsworth Publishing, 2000, pp. 207~20; Merry Wiesner-Hanks, ed., *Convents Confront the Reformation: Catholic and Protestant Nuns in Germany*, Milwaukee, WI: Marquette University Press, 1996 참조.

7 Merry E. Wiesner-Hanks, *Women and Gender in Early Modern Europe: New Approaches to Modern European History*, 2nd ed., Cambridge: Cambridge University Press, 2000, pp. 1~8.

있다. 하나는 프로테스탄트 개혁은 열등한 것으로 간주되었던 결혼을 종교적으로 똑같이 평등한 가치로 높이고, 여성을 영적 가치 면에서 남성과 동등하게 여기고, 강제로 격리되어 독신 생활을 해야 했던 수녀들을 속박에서 해방해 여성 권리 증진에 이바지했다는 주장이다. 다른 하나는 프로테스탄트 교도들이 오히려 성모 마리아를 '하늘의 여왕' 자리에서 몰아내고 여성들이 마리아나 성녀를 중재자이자 영향력 있는 여성의 모범으로 여기는 것을 막음으로써 여성의 사회적 지위를 해쳤다는 주장이다. 프로테스탄트는 수도원을 폐쇄하고 결혼과 모성을 여성의 가장 높은 소명으로 강조함으로써 이전에 여성 수도자들이 누렸던 독립과 자유를 제한했다. 수녀원장의 정치적·사회적 권력을 종식시키고 여성이 독신을 선택할 자율권을 없애 여성의 사회적 지위와 공적 역할을 축소했다.

여성, 결혼, 독신 등에 대한 논의에서 프로테스탄트가 주목한 하나는 '가정'이다. 가톨릭은 전통적으로 사제와 수사들의 독신 생활이 더 높은 수준의 종교성에 도달할 수 있는 방편이라고 간주했지만, 프로테스탄트 개혁가들은 가정이 신앙심 깊은 그리스도교도를 양성하는 핵심 공간이라고 믿었다. 프로테스탄트에서는 그리스도교 가정이라는 이상적인 공간을 상정해 어떻게 가정을 그리스도교 교육과 실천의 중심으로 만들 것인가에 집중했다. 가정은 단순한 혈연 공동체가 아니라 이상적인 그리스도교를 실천하는 도덕적 훈련과 신앙 교육의 공간이 되었다.[8]

당연하지만 가톨릭 진영에서 고수한 성직자의 독신과 수도회의 존속은 그 자체로 성과 젠더 역할을 바라보는 중요한 어젠다가 된다. 종교개혁이 가정과 결혼, 독신이라는 미시적 차원에 끼친 영향은 종교개혁의 제도적·정치적 변화 못지않게 개인의 삶에 큰 영향을 주었다. 수녀원의 폐쇄, 공공복지 및 자선 기관의 세속화, 결혼 및 세례 규정의 변화, 이혼

8 Susan C. Karant-Nunn, "Reformation Society, Women and the Family", *The Reformation World*, ed., Andrew Pettegree, London and New York, NY: Routledge, 2000, p. 433.

가능성, 성직자의 결혼, 공창 폐쇄, 그리고 종교 전쟁이 초래한 고난 등은 모든 대중, 그중에서도 특히 여성에게 중대한 영향을 끼쳤다.[9]

여성과 가정, 성직자 독신 등의 다양한 젠더 주제를 짚어보자. 1977년 역사학자 조운 켈리 가돌(Joan Kelly-Gadol, 1928~82)은 「여성에게 르네상스가 있었는가?」라는 획기적인 논문을 발표했다. 이 논문은 젠더 관점으로 르네상스를 바라보면서 기존에 제시되었던 르네상스의 전체 시대 구분과 정의에 의문을 제기했다. 지금까지 역사와 인간 경험, 문화를 평가하는 데 있어 젠더 역할이 충분히 고려되지 않았다고 보았다. 켈리 가돌은 "여성 해방의 관점에서 보자면, 남성의 역사적 발전을 촉진하고 자연적·사회적·이념적 제약에서 해방한 사건이 여성에게는 전혀 다른, 심지어 반대되는 영향을 끼쳤음을 발견하게 된다. 르네상스가 좋은 사례이다"라고 함으로써 역사적 사건과 운동의 영향이 남성과 여성에게 전혀 다른 영향을 줄 수 있음을 지적했다.[10] 종교개혁에 대해서도 동일한 질문을 던질 수 있다. "여성에게 종교개혁이 있었는가? 그렇다면 그것은 무엇이었는가?"[11]

종교개혁 역사학은 전통적으로 젠더 문제를 세 가지 방식으로 다루었다. 첫째, 여성들이 아버지와 남편의 경험을 공유했기 때문에 성별에 따른 차이가 없었으며 여성이 종교개혁에서 중요한 역할을 하지 않았다고 가정했다. 둘째, 프로테스탄트 종교개혁에 직접적으로 연관된 유력한 여성에 초점을 둔 연구이다. 종교개혁을 지지하거나 억압한 여왕과 귀족 여성이 그 대상이다. 그들은 자기의 목소리를 남길 수 있는 소수의 매우 예외적인 사람들이다.[12] 셋째, 종교개혁에 주요 목소리를 내는 남성 개혁

9 Merry E. Wiesner-Hanks, "Beyond Women and Family", p. 313.

10 Joan Kelly-Gadol, "Did Women Have a Renaissance?", *Becoming Visible: Women in European History*, eds., Renate Bridenthal and Claudia Koonz, Boston, MA: Houghton Mifflin, 1977, p. 137.

11 Kirsi Stjerna, *Women and the Reformation*, Malden, MA: Wiley-Blackwell, 2008, p. 5.

12 Merry E. Wiesner-Hanks, "Beyond Women and Family", p. 311.

가나 성직자들이 여성에 대해 가진 견해를 연구하는 것이다. 개혁가들의 소책자, 설교나 프로테스탄트 개혁을 받아들인 지역의 법률이나 교리는 여성과 남성의 젠더 역할을 어떻게 규정하는지를 파악할 수 있는 중요한 자료이다. 역사가들은 여성의 영적 평등과 복종의 모순, 마리아와 성인에 대한 숭배의 종말, 여성 문해력의 중요성에 주목했다.[13]

이러한 접근법과 달리, 여성 역사가가 바라본 여성의 종교개혁은 기존의 관점을 무너뜨린다. 종교개혁 사상과 제도적 변화가 여성과 가족에 끼친 영향을 탐구하고 종교개혁 내에서 여성의 역할을 평가하면서 '진짜' 종교개혁이 여성과 무관하다는 생각을 강화했다.[14] 16세기 맥락에서 여성은 스스로를 사회 속 독립적인 범주로 인식하지 못했다. 여성의 종교개혁에 대한 반응은 개별적으로 이루어졌다. 일반적으로 여성은 가족 내 남성 보호자의 결정을 따랐다. 프로테스탄트 종교개혁에서 여성은 주체적인 신념으로 행동하기보다는 아버지나 남편의 신념에 따라 자신의 신앙적·종교적 입장이 정해졌다. 그렇지만 모든 여성이 수동적으로 프로테스탄트의 가르침이나 종교 실천을 수용했다고 할 수는 없다. 16세기에 많은 수의 여성이 남편과 가족의 반대를 무릅쓰고 자신의 양심에 따라 자발적으로 프로테스탄트 교리를 받아들였다. 여성은 단순히 종교개혁의 수동적 수용자에 그치지 않았다. 주체적인 선택에 따라 수도원을 떠나기도 했고 남기도 했다. 그 선택이 사회적으로 상당한 위험한 결과를 가져올 수도 있었다. 기존 사회의 지배적인 가르침에 도전하는 순간, 여성은 젠더 역할에 대한 근본적인 전제를 뒤흔드는 행위를 하게 된다.

---

13 Merry E. Wiesner-Hanks, "Beyond Women and Family", p. 312.

14 여성사와 가족사는 사회사의 하위 범주로 취급되거나 별개 영역으로 분리하는 경향이 있다. 종교개혁과 관련한 연구에서도 종교개혁사를 여성사나 가정사와 분리한다는 인식이 강화되고 있다. 여성사를 가족사로 환원하려는 경향은 여성의 삶은 오직 가족이라는 틀 안에서만 정의되고, 가족은 남성에게는 부차적이고 부수적인 요소에 불과하다는 관념을 고착시킨다. 이를 이중 고립화(ghettoizing)라고 한다. 여성을 정치적 역사에서 소외시키는 것은 동시에 남성의 성적 정체성과 가족 내 역할, 성별에 따른 제약도 간과하게 만든다.

이를 지지해 줄 다른 공식적인 집단이 없기 때문에 위험은 더 커진다.[15] 이러한 한계가 있었지만, 여성들 중 일부는 지리적·언어적 경계를 넘어 서로가 연대하는 네트워크를 형성하기도 했다.

수녀원 해체의 명암

종교개혁과 여성에 대한 논제는 '해방'과 '억압'이라는 현실에 존재하지 않지만 가장 편리한 이분법에서 출발한다. 종교개혁은 여성에게 종교적 지도자 역할을 수용하고 자신의 신학적 목소리를 공개적으로 낼 수 있는 새로운 가능성을 제공했는가? 아니면 여성의 선택권을 제한했는가? 여성과 종교개혁 논의를 시작하는 하나의 방법은 수녀원에서 시작하는 것이다. 수녀원이 모든 여성을 대표하는 대표성을 지닐 수는 없지만 몇 가지 점에서 주목할 필요가 있다. 종교개혁이 여성에게 끼친 두드러진 영향은 수녀원 해체로 인해 여성만의 독자적인 공간이 사라진 것이라고 할 수 있다. 수녀원의 수녀들은 글을 읽고 쓸 줄 알았고 그 때문에 자신의 생각을 기록으로 남긴 거의 유일한 직군이었다. 또한 대부분 유력한 가문과 연결되어 자체적인 재산과 인력을 소유하고 있는 수녀원은 중세기 여성들이 사회적 자아실현을 할 수 있는 독보적 공간이었다. 동시에 수녀원은 자발적인 의지로 들어오기보다는 강제적인 수용으로 평생 봉쇄 공간에 갇혀 살아야 하는 격리 공간이기도 했다. 수녀원의 생활 방식에 대한 동의와 주체적인 종교적 소명을 갖지 않고 오로지 가족의 강요에 의해 세속을 떠나 그리스도의 신부로 살아야만 했던 여성들에게 수녀원 해체는 해방의 소식이었다. 프로테스탄트와 가톨릭은 종교

---

15 Merry E. Wiesner-Hanks, "Women's Response to the Reformation", *The German People and the Reformation*, ed., R. Po-chia Hsia, Ithaca, NY: Cornell University Press, 1988, p. 170.

개혁기에 발생한 수녀원 해체에 대해 대립된 입장을 유지했다. 프로테스탄트를 받아들인 지역의 수녀들 사이에서도 수녀원 해체를 수용하거나 그에 맞서기도 했다.

중세 수녀원은 폐쇄적인 공동체로만 존재한 것이 아니라 중세 사회의 맥락에서 독특한 지위와 역할을 수행했다. 중세 말은 신과의 합일이나 교류를 통해 신적 영감을 받은 신비주의자들이 다수 등장했다. 신비주의자들 중 다수는 전통적인 가톨릭 위계에 소속되지 않은 평신도와 여성이었다. 그중에서도 수녀들은 유럽 전역에 여성 환시가(visionary)라고 불리는 독자적인 정체성을 형성했다. 때때로 그들은 남성 사제 중심의 가톨릭 성직 위계에 저항하는 위험한 존재로 비치기도 했지만, 그들이 전하는 메시지와 가르침은 당시 성직 체계의 대안적 목소리와 행위로 인정 내지는 존경받았다. 중세 후반과 16세기 초, 이들 여성의 환상과 예언의 경험은 그들에게 영적 권위를 부여했다. 비록 성직자는 아니었지만 그들이 받은 특별한 소명과 예언적 메시지 때문에 그러한 권위를 누릴 수 있었다. 수녀들이 경험한 환상과 신비적 체험은 그들을 전통적인 여성 역할로부터 해방했고 그들의 활동은 사회적으로 공인을 받았다. 여성 환시가들은 그들의 가르침 자체로 대중의 관심을 끌었다. 여성임에도 교회에서 설교하고 교회의 불의와 부패를 지적하고 비판할 수 있는 드문 특권을 누렸다. 오롯이 신적 신비의 경험이 그들을 다른 여성들의 모범이 되는 자리로 이끌었다.[16]

중세의 신비주의 전통을 통해 힐데가르트 폰 빙엔(Hildegard von Bingen, 1098?~1179), 노리치의 줄리언(Julian of Norwich, 1342?~1416), 카테리나 다 시에나(Caterina da Siena, 1347~80), 스웨덴의 비르기타(Birgitta of Sweden, 1303~73) 등 성녀로 시성된 여성 신비주의자들이 여럿 배출되었다. 그들의 사회적 성취가 아무런 제재 없이 자연스럽게 이루어진 것은 아니다. 그들은 신적 소명에 따라 주어진 메시지를 전달하

16 Kirsi Stjerna, *Women and Reformation*, p. 12.

는 삶에 자신을 바쳤고 추종자가 많았지만 교회 당국의 의심 어린 눈초리를 피할 수는 없었다. 그들의 메시지의 승인 여부는 지역 주교나 성직자 등과 같은 남성 권위자들에게 달려 있었다. 여성 신비주의자들은 자신들의 소리가 들리도록 하기 위해 '여성'이라는 자아 정체성이나 여성성을 강조하지 않았다. 그들은 신적 소명을 수행하기 위해 스스로 젠더 의식이 없는 중성적인 도구로 만족했다. 이러한 방식을 통해 남성을 포함한 대중의 존중을 받고 성직자들의 의심을 넘어설 수 있었다. 중세 후기까지 지속적으로 수녀원의 수가 증가했다. 그 후예들이 가톨릭 종교개혁기에 영향력 있는 역할을 했다. 스페인과 이탈리아 지역에서 활발했던 여성 신비주의자들의 역할은 16세기 가톨릭 종교개혁을 가능케 한 토대가 되었다. 반면에 프로테스탄트 지역에서는 종교개혁과 더불어 신비주의 전통이 위축되고 여성 신비주의자들도 사라졌다.[17]

프로테스탄트 지역에서 수녀원과 수녀들의 반응은 일정하지 않았다. 가톨릭 전통을 고수하고 싶어 하던 수녀원은 교회 당국에 항의 서한을 보내거나 유력 가문의 영향력에 호소하는 방식으로 종교개혁의 진행에 맞섰다. 프로테스탄트로 확정된 특정 신성 로마 제국 내의 지역에서도 수녀원들은 수십 년, 때로는 수세기 동안 가톨릭의 섬으로 남기도 했다. 적어도 신성 로마 제국에서는 프로테스탄트와 가톨릭 진영이 확고하게 나누어진 후에도 수녀원은 독자적인 정체성을 유지하면서 존속했다. 프로테스탄트 지역에서도 수녀원은 소녀들의 교육과 결혼을 선택하지 않은 여성들이 머물 수 있는 장소를 제공했다. 프로테스탄트 지역에서 수녀원이 폐지되었다는 기존의 종교개혁 서사는 작센, 브라운슈바이크, 스트라스부르 등지에서 수녀원이 지속되었다는 사실 앞에서 흔들리고 있다.

그러나 역사적 평가는 예외와 특수적인 사례에 주목하기도 해야 하지만, 동시에 보편적인 흐름에서 이루어져야 신뢰성을 담보할 수 있다. 일

---

17 Kirsi Stjerna, *Women and Reformation*, p. 11.

부의 예외에도 불구하고 프로테스탄트 종교개혁으로 프로테스탄트 지역에서 대부분의 수녀원이 폐쇄되었다. 이로 인해 귀족과 부유층 출신의 여성들은 사회적 자아를 성취할 수 있는 독립적이고 합법적인 기관을 잃어버렸다.

수녀원의 폐지는 여성들의 종교성과 경건을 구성하는 우선순위가 바뀌었음을 의미한다. 여성들이 주요한 역할을 했던 신비한 영적 경험과 카리스마적 종교성의 표현은 그 가치가 낮아졌다. 프로테스탄트 종교개혁으로 인해 영성에 대한 개념과 영성 표현에 대한 근본적인 변화가 나타났다. 금욕과 헌신적인 삶에 대한 보상으로 주어진 명성과 존경은 이제 '행위'로 구원을 얻고자 하는 불가능한 것으로 판정을 받았으며, 오직 은총에 의해 주어진 선물이라는 관념이 들어섰다. 프로테스탄트의 이 같은 신학적 진술은 여성 신비주의자와 환시가의 역할을 교회에서 앗아갔다. 이제 여성들은 새롭게 등장한 교회에서 새로운 방식으로 자신의 자취를 남기기 위해 새로운 소명을 찾아야 했다. 그러나 이 새로운 길은 여성들이 주체적으로 선택할 수 있는 것이 아니었다. 프로테스탄트에는 오직 성서를 통한 구원이라는 관념의 등장으로 인해 설교자의 성서 해석과 설교가 중요한 종교적 표현 수단이 되었다. 이 말씀 선포의 역할은 여성에게는 개방되지 않았다. 프로테스탄트 개혁가들은 여성들에게 수녀원 대신에 '가정'을 새로운 소명을 받은 성스러운 공간으로 내주었다.[18]

수녀원의 폐지는 종교적 경건의 실천에서 수녀들이 차지했던 역할을 없애고 수녀원장이 이끌었던 종교적 리더십이 사라짐을 의미했다. 종교개혁은 여성들에게 불평등하게 영향을 끼쳤다. 종교 영역에서 수녀원이 독립적으로 누렸던 지위는 줄어들었고 여성의 자기 이해와 영성에 큰 영향을 끼쳤다. 종교개혁에 대한 수녀원의 반응은 가장 신랄하게 엇갈릴 수밖에 없었다. 일부 수녀들은 수녀원 해체가 그간 자신들이 살아온 삶의 가치를 부정하는 것으로 여겼으며, 자신이 선택한 길을 지속하기 위

18 Kirsi Stjerna, *Women and Reformation*, p. 13.

해 저항했다. 천년 이상의 수도주의 전통과 그를 따르는 신념이 하루아침에 바뀔 수는 없었다. 수녀원이 사라지면서 여성은 영적이고 신비적인 활동을 통해 사회에 기여하고 주체적인 사회적 자아를 구현할 공간을 영구히 상실했다. 프로테스탄트 여성들은 예언과 신비의 경험 대신에 배우자, 어머니, 가정의 돌보는 사람으로서 가정 내의 역할을 거룩한 소명으로 받아들여야 했다. 이를 소중하게 여기고 수용하는 여성도 있었지만 당연히 거부하는 여성들도 존재했다. 후에 루터의 아내가 된 카타리나 폰 보라나 마리 당티에르(Marie Dentière, 1495~1561)와 같은 수녀들은 회랑을 떠나 새로운 삶을 추구했다. 그들 가운데 많은 이가 프로테스탄트 목사의 아내라는 새로운 소명을 찾았다. 하지만 프로테스탄트 개혁가들은 수녀원을 폐쇄하고, 여성만의 모임을 금지하고, 아내와 어머니로서의 역할만을 옹호하면서 여성이 자신만의 독자적인 영성을 표현할 기회를 차단했다.[19] 프로테스탄트가 수녀들에게 자유와 해방을 말했지만, 수녀들에게는 결혼을 강요하고 남편에게 복종하는 새로운 형태의 구속을 가져오는 삶이라고 인식될 수 있었다. 수녀원이 해오던 어린 여성들에 대한 교육 역할의 상실은 수녀원이 종교개혁에 저항하는 또 다른 정당한 이유였다. 중세 말과 근대 초에 수녀원은 여성의 리더십, 자기 표현과 글쓰기를 보장해 준 안전하고도 거의 유일한 공간이었다. 그런 공간이 사라지게 되는 것은 남성 수도원의 폐지와는 또 다른 층위의 반발을 불러왔다. 루터교 신학을 받아들이면서도 공동체 생활을 지속하고 정식 교육 기관으로 전환한 수녀원도 등장했다.[20] 이러한 저항에도 불구하고, 수녀원의 폐지로 종교개혁을 받아들인 진영에서 여성의 사회적 역할은

---

19 Merry E. Wiesner-Hanks, "Nuns, Wives, and Mothers: Women and the Reformation in Germany", *Women in Reformation and Counter-Reformation Europe: Public and Private Worlds*, ed., Sherrin Marshall, Bloomington, IN: Indiana University Press, 1989, p. 26.

20 Merry Wiesner-Hanks, *Convents Confront the Reformation: Catholic and Protestant Nuns in Germany*, Milwaukee, WI: Marquette University Press, 1996, p. 16.

크게 위축되었다.[21] 종교개혁기 여성 작가들의 수는 중세에 비해 현저하게 줄어들었다. 여성 작가들의 소멸은 중세 종교에서 중요했던 신비주의자, 환시가 등의 역할을 프로테스탄트 지역에서 무시한 것이며, 글쓰기라는 방식을 통해 자신만의 목소리를 냈던 여성의 사회적 공간이 위축되었다는 분명한 증거이다.[22]

수도원 폐쇄는 종교개혁으로 인해 생긴 가장 눈에 띄는 제도적 변화였다. 전직 사제나 수사가 개종하면 프로테스탄트 목회자가 될 수 있었지만, 수녀는 수녀원을 떠나 종교적인 역할을 수행할 다른 선택지가 없었다. 유럽 여성의 상당수가 수녀원에서 살았다는 점을 고려하면, 여성만으로 구성된 공동체가 사라진 것은 사회 변화와 함께 유럽 여성에게 주어졌던 지위와 역할을 위한 기회의 박탈로 이어졌다.[23] 프로테스탄트 개혁가들이 여성들에게 수도원을 떠나 세속에서 신성한 삶을 살도록 촉구했다면, 가톨릭은 수녀원의 폐쇄된 환경에서 종교적 소명을 추구하는 이상을 재확인했다. 16세기에 등장한 예수회와 기존의 카르멜회 같은 수도 공동체의 갱신으로 가톨릭 지역의 수도원 전통은 강력하게 유지되었다. 트리엔트 공의회는 여성들의 엄격한 수도 생활을 권장했다. 새로운 종교적 이상과 여성들만의 '자유'를 누리는 수도 공동체는 트리엔트 공의회를 거치면서 유럽 전역에 지속적으로 확산되었다.[24]

---

21 수전 캐런트 넌(Susan Karant-Nunn, 1941 ~)은 종교개혁이 여성 교육을 광범위하게 확산시켰다는 평가를 진부한 것이라고 비판한다. 전통적으로 루터는 여성도 남성과 마찬가지로 학교를 다녀야 한다고 말했기 때문에 여성 교육의 주창자로 인식되어 왔다. 그러나 사회사가들은 남성에 비해 여성에 대한 교육 기대치가 훨씬 낮았다고 본다. 1552년 루터교 도시 메클렌부르크에서 채택한 학교 규정 등을 살펴보면, 여성에 대한 교육은 교리문답과 성서 구절을 암기하는 데 초점을 맞추어 '그리스도교적이고 칭찬받을 만한 주부와 가정 관리자로 성장할 수 있도록' 하는 것이 목적이었다. Susan C. Karant-Nunn, "Alas, a Lack: Trends in the Historiography of Pre-University Education in Early Modern Germany", *Renaissance Quarterly* 43, 1990, p. 791 참조.

22 Kirsi Stjerna, *Women and Reformation*, p. 11.

23 Kirsi Stjerna, *Women and Reformation*, p. 23.

예외적인 사례이지만 결혼한 여성들이 가정의 소명을 받아들이면서도 교회라는 공동체 속에서 선지자의 역할을 수행한 경우도 존재한다. 주로 급진파 종교개혁에서 발견되는 이런 프로테스탄트 여성의 이야기는 종교개혁기에 생성된 박해 서사와 깊이 연결되어 있다.[25] 아나뱁티스트 전통에서 여성들은 다른 프로테스탄트 전통 속의 여성들과 달리 종교적 권위를 부여받는 경우가 있었다. 아나뱁티스트 여성들은 결혼을 수용해 프로테스탄트의 가르침을 받아들였고 그들 중 일부는 목회자의 역할을 남편과 함께 공유했다. 1520년대에 형성되어 '급진파'로 불리는 이들은 오직 성서의 원칙을 강조하면서 동시에 성서 해석에서 성령의 활동도 강조했다. 다른 프로테스탄트파와 달리, 이들의 신학과 신앙 실천에는 성직 위계가 중심이 된 제도교회의 역할보다는 묵시론적인 신비주의 전통이 강하게 자리했다. 여성 신비주의자들의 전통은 이들의 세계관 속에 녹아들 수 있었다. 강력한 영적 체험, 성령의 역사를 통한 신적 계시를 강조한 다양한 아나뱁티스트 집단이 스위스와 독일, 네덜란드에서 세력을 형성했지만 기존의 사회질서를 무너뜨린 혐의로 박해 대상이 되었다. 이 박해로 인해 순교한 전체 순교자의 약 30퍼센트 정도가 여성이었다.

여성들의 영적 체험과 성령의 은사는 가부장제 사회 속에서 여성 평등의 문을 열었으며, 동시에 교육받지 못한 문맹의 평신도들이 급진적인 종교 운동을 주도할 수 있는 길을 열었다.[26] 하지만 뮌스터 사태 등으로 급진파의 변혁이 한계를 맞이하고 제도화되면서 아나뱁티스트 공동체에서 여성의 리더십도 상당 부분 힘을 잃었다. 급진파를 이끌었던 멜키오르 호프만은 여성이 선지자의 역할을 할 수 있다고 보고 교회에서 여성의 자리를 인정했다. 제도교회와 단절하고 성령이 주는 주관적인 종교

24 Merry E. Wiesner-Hanks, *Women and Gender*, pp. 231~40.

25 Kirsi Stjerna, *Women and Reformation*, p. 14.

26 Kirsi Stjerna, *Women and Reformation*, p. 14.

체험은 평신도와 여성에게 종교적 권위와 대중성을 지닌 선지자 역할을 내주었다. 아나뱁티스트 운동의 기초를 제공한 성령의 부르심은 개인을 공동체에 대한 헌신으로 이끌었지만 근본적으로 평등주의적이고 개인적인 것이었다.[27] 하지만 아나뱁티스트 운동의 제도화를 이끈 메노 시몬스는, 여성은 교회에서 잠잠하고 남성에게 복종해야 한다는 성서 구절을 지지했다. 아나뱁티스트 여성들은 가부장적으로 규율된 결혼과 가정에서의 역할을 통해 존재 의미와 성취감을 찾도록 요구하는 다른 프로테스탄트파의 관행을 따르게 되었다.[28] 어디까지나 제한된 시공간에서 일어났던 지역적인 현상이기는 했지만, 수녀원에서 수행했던 신비주의자로서의 여성의 독특한 역할이 한때 아나뱁티스트 전통 속에서 이어졌다.

프로테스탄트 가부장제와 여성의 주변화

루터의 가장 혁신적인 사상 가운데 하나는 금욕적인 수도원 생활을 거부하고 결혼을 더 우월한 종교적 소명으로 만든 것이었다. 가족사 연구자들은 종교개혁기를 가족의 구조와 기능에서 중대한 변화가 일어난 시기로 본다. 캐런트 넌은 프로테스탄트 종교개혁이 의도치 않게 암묵적으로 가족의 개념을 핵가족 형태로 재정의했다고 보았다. 캐런트 넌은 기존 사회에서 다양한 형태의 종교적 유대 관계의 중심이 되었던 신심회나 길드의 역할 약화에 주목했다. 프로테스탄트 개혁가들은 연옥 교리를 폐지하면서 신심회가 주도하던 죽은 자를 위한 대도를 우상 숭배로 간주했다. 이들 종교 단체의 사회적·종교적 기능이 약화되거나 사라지면서 그동안의 넓고 복잡한 사회적 관계가 가정으로 축소되었다.[29] 중세

27 Arnold C. Snyder and Linda A. Huebert Hecht, eds., *Profiles of Anabaptist Women: Sixteenth-century Reforming Pioneers*, Waterloo: Wilfrid Laurier University Press, 1996, p. 8.

28 Kirsi Stjerna, *Women and Reformation*, p. 15.

가톨릭 체계에서 성직자와 수사와 수녀는 아버지(father)와 형제(brother)와 자매(sister)였다. 그들은 기존의 가정 공동체를 포괄하는 확대 가족의 중심이었다. 사제는 출생 때의 영세부터 정기적인 고해성사, 죽을 때의 종부성사를 통해 모든 가족 구성원과 깊은 종교적 유대를 맺었다. 심지어 사제에게 유산을 남기거나 정기적인 기부를 통해 죽은 가족을 위한 미사와 기도를 드리도록 함으로써 영적인 친족 관계가 이어졌다. 그러나 프로테스탄트는 이런 의식의 효력을 부정했고 아버지로서의 사제 역할도 인정하지 않았다. 이제 프로테스탄트 지역의 성직자는 돌보는 목회자(pastor)로 역할이 축소되었다.

개혁가들이 의도한 성서에 기반한 그리스도교의 회복은 가족에 대한 개념 자체를 변화시켰다. 프로테스탄트 세계관에서 가족은 혈연으로 맺어져 함께 의식주를 공유하는 집단으로 정의되었다. 그래서 결혼한 부부, 자녀, 하인, 그리고 거주지를 중심으로 한 가족 형태가 새로운 규범이 되었다.[30] 반면에 가톨릭은 여전히 기존의 종교적 친교회를 유지했고 그리스도와 결혼을 하는 수도 서약을 유지했다.

성, 결혼, 가정에 대한 프로테스탄트의 긍정은 가톨릭 사제 중심의 가부장제 사회에서 근대적인 가족 형태를 중심으로 하는 가부장제를 형성했다. 프로테스탄트 가부장제의 등장과 그 역할에 대해서는 다양한 관점이 존재한다. 최근의 두드러진 연구는 여성의 관점에서 프로테스탄트 가부장제를 평가하는 것이다. 우선 프로테스탄트 가부장제의 형성에 대한 오즈먼트의 테제에서 출발해 보자.

오즈먼트는 프로테스탄트가 주장한 신학적 가부장제 모델이 세속 통치자가 중심이 된 국가의 위계 구조가 가족 단위에서 남편과 아내의 관계로 재구성된 것으로 파악했다.[31] 이를 통해 가정이 사회 유지의 가장

29 Suan Karant-Nunn, "Reformation Society", p. 434.

30 Suan Karant-Nunn, "Reformation Society", p. 436.

31 Steven E. Ozment, *Ancestors: The Loving Family in Old Europe*, Cambridge, MA: Harvard University Press, 2001, pp. 40~41.

기초 단위이자 핵심 단위로 부상했다.[32] 성서에 근거한 이상적인 가정은 군주이자 목사의 권위를 지닌 남편과 그 권위 아래에서 복종하는 아내로 출발했다. 혈연을 매개로 한 가정 중심의 가부장제가 등장한 16세기에 여성의 공적 역할과 지위를 재조정했다. 16세기에 여성의 법적 권리와 행위 능력은 상속법, 재산권, 계약 체결 능력 등의 영역에서 축소되었으며, 남편이 아내의 재산과 공동 소유 재산에 대해 더 많은 통제권을 갖게 되었다.[33] 가족의 가치를 긍정적으로 재해석하고 가족에서 어머니의 역할을 창조 질서에 기반해 종교적으로 제시했다. 동시에 이는 여성이 남성에게 복종하는 것이 창조 질서에 따라 신학적으로 정당한 것이라는 이른바 성서적 여성과 가족 이데올로기를 만들었다. 종교개혁 당시에 이러한 남성 중심의 위계적인 가족 이데올로기는 프로테스탄트가 제시한 해방과 평등의 메시지와 모순된다고 여겨졌을 것 같지는 않다. 여성들도 큰 반발을 하지는 않았다. 오늘날의 기준과 정서로 16세기의 종교개혁가들을 평가하는 것도 적절하지는 않다.

그렇지만 최근 여러 여성학자가 종교개혁기 여성의 역할과 가치에 대해 연구하기 시작하면서 16세기 맥락을 좀 더 비판적으로 그려냈다. 종교개혁기 여성사 연구의 대표적인 학자 중 한 사람인 메리 위즈너 행크스(Merry Wiesner-Hanks)는 "프로테스탄트가 결혼을 높이 평가한 것이 곧 여성 자체를 높이 평가한 것은 아니며 사실은 정확히 모순적"이라고 지적했다.[34] 이러한 관점은 오즈먼트의 해석처럼 종교개혁이 여성들에게 유익했다는 관점과 대립된다. 로퍼는 종교개혁이 여성에 대해 '진보주의, 개인주의, 근대화의 힘'을 부여했다고 연결하는 것은 종교개혁 자체를 심각하게 오독하는 것이라고 비판했다.[35] 종교개혁은 적어도 젠더

32 Steven E. Ozment, *Ancestors*, p. 33.

33 Merry E. Wiesner-Hanks, *Gender, Church, and State in Early Modern Germany*, New York, NY: Longman, 1998, p. 87.

34 Merry E. Wiesner-Hanks, *Women and Gender*, p. 28.

35 Lyndal Roper, *Holy Household*, p. 5.

관점에서 기존의 안정적 질서를 유지했다. 독일에서 프로테스탄트 신앙의 제도화 과정에서도 가부장적 구조를 벗어나지 못했다. 가족과 사회제도 내의 뿌리 깊은 가부장제는 종교개혁을 독일 사회에 신속하게 자리 잡게 하는 핵심 요소였다. 로퍼는 "종교개혁이 제도적으로 가장 성공했던 순간은 여성이 가정 내에서 남편의 지도 아래 포함되어야 한다는 이상을 가장 강하게 주장했을 때였다"라고 했다.[36]

개혁가들의 사상은 단순한 교리에 머물지 않고 대중에게 영향을 준 광범위한 신앙적 실천으로 이어졌다. 그 대중에는 남성과 여성 모두가 포함되는 것이었다. 그렇지만 개혁가들이 대중 속에서 남성과 구별된 여성에 대한 인식을 하거나 성평등 혹은 여성의 지위에 대한 고민을 별도로 했다고 할 수는 없다. 종교개혁가들은 최대한 기존의 사회질서와 성별 관계의 위계 구조를 유지하고자 했다. 초기 근대 유럽의 종교적·사회적 맥락에서 여성의 지위를 연구한 시시 페어차일즈(Cissie Fairchilds)는 중세 가톨릭이 지녔던 여성에 대한 관점을 프로테스탄트가 고스란히 이어받았다고 분석했다.[37] 성서중심주의를 주창한 프로테스탄트에게 창세기 2장은 여성을 하느님의 형상으로 보기보다는 아담의 보조자로 간주하며, 여성이 지적으로 열등하고 쉽게 속아 넘어가는 존재로 인식하는 근거 구절이었다. 테르툴리아누스, 아우구스티누스, 요하네스 크리소스토무스(Johannes Chrysostomus, 347?~407)와 같은 초대교회 교부들은 여성을 악마의 문으로 비난하면서 여성의 본질적인 죄악을 강조했다. 중세 시대에 이르러 그리스도교는 모든 인간의 영적 평등을 강조하는 종교에서 여성의 본질적인 죄악과 남성에 대한 복종을 강조하는 종교로 변모했다.[38] 여성에 관한 한 루터는 중세 가톨릭의 관점이나 여느 16세기 가부장제 남성의 관점과 다르지 않았다. 루터는 최초의 여성인 하와의 자

36 Lyndal Roper, *Holy Household*, p. 2.

37 Cissie Fairchilds, *Women in Early Modern Europe, 1500-1700*, New York, NY: Pearson Education, 2007.

38 Cissie Fairchilds, *Women in Early Modern Europe*, p. 12.

질을 높이면서도 아담을 태양에, 하와를 달에 비유하면서 여성이 남성보다 열등하게 창조되었다는 여성의 이차적 지위를 분명히 했다.[39] 1531년의 요엘서 설교에서 루터는 여성이 하는 예언과 성서 해석은 오로지 가정 내 교육과 종교적 위로를 제공하는 사적 행위에만 적용되어야 한다고 주장했다.

> 빌립의 네 딸들은 예언자들이었다. 여성도 예언을 할 수 있다. 공개적으로 설교하는 것이 아니라 사람들을 위로하고 가르치는 것이다. 여성도 남성만큼 할 수 있다. 분명히 다른 사람들을 위로하고 참된 말씀을 가르칠 수 있는 여성과 소녀들이 있다. 즉 성서를 설명하거나 가르치거나 다른 사람들을 위로해 그들이 잘 되도록 할 수 있는 사람들이다. 이 모든 것은 예언이지 설교가 아니다. 마찬가지로 성령의 참된 말씀을 받고 이해하는 어머니는 자녀와 가족을 가르쳐야 한다.[40]

제네바 개혁가 칼뱅도 같은 시선이었다. 그는 창세기의 기록을 통해 여성이 남성의 보조자로 창조되었으며, 죄를 먼저 지은 것이 여성의 열등성을 보여 주는 것이라고 지적했다. 여성의 소명은 수도원에서의 삶에서 구현되지 않고 어머니와 가정주부로서의 역할로 재정의되었다. 여성은 결혼을 통해 신의 소명을 이룰 수 있게 된다. 여성의 정체성과 소명은 출산을 통해 사회적 재생산을 돕고 남성의 동반자로서 가정을 관리하는 데 머물렀다. 자신들에게 허용된 공간인 가정 내에서 여성들은 기도와 묵상을 하고 자녀에게 교리문답을 가르치는 일 등을 할 수 있었다. 프로테스탄트 개혁가들이 여성들의 종교적 활동 공간을 가정으로 제한하면서 가정 내에서 지도력을 행사할 수 있었지만 여성들의 영적·정치적 종

---

39 Martin Luther, "Lectures on Genesis 1:27", LW, vol. 1, p. 69.

40 Susan C. Karant-Nunn and Merry E. Wiesner-Hanks, eds., *Luther on Women: A Source Book*, Cambridge: Cambridge University Press, 2003, p. 6에서 재인용.

속도 바로 가정에서 시작되었다. 프로테스탄트 가정은 신앙의 요람이었지만 동시에 여성의 종속을 공고히 하는 장이었다. 교회에서 공적 영역에 참여하거나 교리적인 토론에 참여하는 기회가 여성에게는 허용되지 않았다.[41] 가정 내에서의 불평등한 위계질서는 신학적으로 규정되었을 뿐만 아니라 법적으로도 강제되었다. 중세에는 다양한 예외 조항을 통해 여성들이 법적으로 일정한 자유를 누릴 수 있었으나, 근대 초에 들어서면서부터 사회 제도의 일관성을 추구하는 과정에서 로마법이 선택적으로 재도입되었다. 이로 인해 법적 권리를 행사할 수 있었던 여러 예외 조항이 사라지면서 여성의 법적 지위는 오히려 후퇴했다. 로마법의 확산은 근대 초에 여성의 시민법적 지위에 주로 부정적인 영향을 끼쳤다.[42] 여성들은 교회법적으로 말씀과 성례의 사역에서 배제되었으며, 전통적인 여성의 미덕과 훌륭한 아내상을 반복적으로 주입받았다.[43] 프로테스탄트의 결혼관과 여성의 역할에 대한 가르침은 기존의 사회질서를 암묵적·명시적으로 받아들임으로써 성 편향을 드러냈다. 종교개혁 이전에는 여성이 성적 욕망을 거부함으로써 영적 권위를 얻을 수 있었지만, 종교개혁 이후 프로테스탄트 여성들에게는 반대의 상황이 발생했다. 아내와 어머니로서의 정체성에 더 가까워질수록 더 경건하게 여겨졌다. 종교개혁은 여성의 영적 권위를 약화시키고 가정 내에서의 복종을 강조하는 방향으로 나아갔다. 바버라 맥아피(Barbara MacHaffie, 1949~)는 여성의 역할을 가정 내로 축소한 이러한 현상을 '가정 숭배'(cult of domesticity)라고 개념화했는데, 루터와 칼뱅이 여성의 본성과 적절한 역할에 대한 생각을 규범화하면서 본격적으로 등장했다고 주장했다.[44]

---

41 여성들에게 주어진 선택지에 대한 논의는 Merry E. Wiesner-Hanks, "Women's Response", p. 170 참조.

42 Merry E. Wiesner-Hanks, *Women and Gender*, p. 39.

43 Merry E. Wiesner-Hanks, "Women's Response", pp. 150~54.

44 Barbara J. MacHaffie, *Her Story: Women in Christian Tradition*, Minneapolis, MN: Fortress Press, 2006, p. 93.

종교개혁이 여성들에게 끼친 영향은 양면적이고 모순적이었다. 종교개혁가들의 가르침이 여성 해방이나 성 평등을 향한 움직임은 결코 아니었다. 만인사제론은 이론적으로는 모든 소명이 동등한 가치를 지닌다는 평등의 메시지였다. 그렇지만 수녀원의 폐지는 여성들이 향유했던 사회적 기능과 종교 지도자로서의 역할을 빼앗아 갔다. 독자적인 정체성을 추구하는 대신에 남편과 자녀와 연관되는 아내와 어머니로서의 삶을 살아야 했다. 종교개혁은 젠더 역할에 급진적인 변화를 촉진하기보다는 여성의 전통적인 역할에 새로운 의미를 부여했다. 동시에 프로테스탄트 신학은 사회 속 인간관계를 위계적으로 바라보는 관점을 강화했다.

그렇지만 진실은 더 복잡하다. 많은 여성사가가 루터가 여성의 역할을 가정 안으로 축소했다고 비판했지만, 오즈먼트는 여성의 삶에서 일어난 모든 변화에 대한 책임을 종교개혁가들에게만 지우는 것은 적절하지 않다고 주장했다.[45] 따라서 16세기 유럽 역사가 여성들에게 불리한 방향으로 흘러갔다는 시각도 신중한 접근이 필요하다. 초기 근대 유럽에서 사회적 불평등과 결혼 제도의 위계질서가 사라지기를 기대하는 것은 비현실적이며, 여성들을 억압받는 희생자로 간주하는 것 역시 역사를 왜곡하는 것이다.[46] 종교개혁이 여성에게 끼친 영향은 단순한 피해 서사로만 설명할 수 없는 복합적이고 다층적인 현실이었다.[47]

결혼한 성직자들

성과 결혼에 대한 태도는 가톨릭과 프로테스탄트 사이에서 가장 뚜렷하게 차이를 보이는 지점이었다. 중세 가톨릭은 순결과 독신을 중시하면

---

45 Steven E. Ozment, *Ancestors*, p. 33.

46 Steven E. Ozment, *Ancestors*, p. 38.

47 Steven E. Ozment, *Ancestors*, pp. 31~32.

서 성적 활동이 없는 삶을 더 우월하고 완전한 것으로 간주했다. 가톨릭 교회는 결혼을 찬양하고 이를 성사로 여기며, 심지어 성관계를 모든 부부의 의무라고 하면서도 성의 유일한 정당한 목적은 출산이라고 보았다. 4세기 교부 성 에우세비우스 히에로니무스는 결혼은 오로지 미래의 순결한 자들을 세상에 데려오는 역할만을 해야 한다고 주장했다. 자녀 출산 이외의 모든 성적 행위나 심지어 성적인 생각조차도 죄악으로 간주했다. 따라서 인간의 성은 끊임없는 유혹과 부정함의 원천이었다. 이러한 태도는 성을 욕망이라는 죄와 분리하는 것이 거의 불가능하다는 믿음에 기인했다. 수세기 동안 독신 성직자들에 의해 가톨릭 정신에 깊이 각인된 근본적인 가정이기도 했다.[48] 그런데 프로테스탄트 교회는 성직자의 결혼을 허용했다. 이는 고대 교부 시대부터 중세기 전반에 부정적인 것으로 간주했던 성에 대한 근본적인 인식의 변화를 반영한다.

프로테스탄트 개혁가들은 결혼을 남성과 여성 모두를 보호하는 수단이자 성적 욕망을 안전하게 표현할 수 있는 제도로 받아들였다. 성직자들에게도 이는 구원의 소식이었다. 사제들도 여성의 성적 유혹에 시달리는 대신에 결혼을 통해 합법적으로 성을 향유할 수 있게 되었다. 루터, 카를슈타트, 멜란히톤, 부처와 같은 개혁가들은 성직자의 독신과 결혼에 대한 신학적 논쟁을 제기했다. 루터는 1521년 『독일 민족의 그리스도인 귀족에게 고함』에서 성직자 독신제가 그리스도교도의 자유를 침해하는 행위라며 강하게 비판했다. 카를슈타트는 1521년 『독신제, 수도원 생활, 과부에 대한 명제』에서 성직자의 결혼을 옹호했다. 멜란히톤 역시 같은 해 『수도원 서약과 결혼 허용 문제』에서 수도원 서약이 비성서적이며 독신 서약을 지킬 능력이 없는 경우 결혼하는 것이 더 나은 선택이라고 주장했다. 성직자 결혼을 놓고 벌어진 논쟁은 16세기에 처음 등장한 것이 아니라 라틴 그리스도교의 오랜 고민이었다. 중세 가톨릭 사회에서는

48 Carlos M. N. Eire, *Reformations: The Early Modern World, 1450-1650*, New Haven and London: Yale University Press, 2016, p. 711.

사제들에게 독신을 요구했지만 엄격하게 지켜지지는 않았다. 성직자들이 정부(情婦)를 두는 경우가 흔했다. 이들은 흔히 요리사나 가정부라고 완곡하게 불렸다. 이들 사이에서 출생한 아이는 사생아였지만 사회는 이러한 관계를 어느 정도 묵인했다. 이런 현실은 가톨릭 사제의 위선을 보여 주는 것이었지만, 비공식적인 가족의 수가 무시할 수 없는 규모가 되었을 때, 단순히 성직자 개인의 일탈의 문제로만 볼 수는 없었다. 성직자 결혼은 단순한 프로테스탄트 교리의 논리적 결론이 아니었다. 당시에 만연했던 성직자의 축첩 관행에 대한 프로테스탄트의 대응 방식이었다. 음지에서 행해지던 사제의 결혼 관행을 합법화함으로써 가톨릭의 전통과는 전혀 다른 방식의 종교 전통을 형성해 갔다.

1520년대와 1540년대 초반, 프로테스탄트를 받아들인 지역의 수천 명의 가톨릭 사제, 수사, 수녀가 결혼했다. 물론, 차이가 있었다. 가톨릭 사제와 수사들은 프로테스탄트 목사의 신분을 얻어 결혼할 수 있었지만, 수녀들은 결혼하기 위해 수녀라는 종교 직분을 포기해야만 했다. 종교개혁으로 인해 성직자들과 교회 공동체는 전에 없는 변화를 경험했다. 성, 혼인, 결혼한 성직자 등에 대한 재평가가 이루어졌다. 결혼한 성직자는 교회와 회중과의 관계에서 유례없는 새로운 관계를 형성해야 했다. 대중의 충격을 완화하기 위해 성, 가정, 성직자 결혼에 대한 신학적·교리적 근거와 긍정이 있어야 했다.

성직자의 결혼 문제는 그 어떤 것보다도 대중에게 직접적인 영향을 끼치는 문제였기에 여론을 설득하는 작업이 중요했다. 프로테스탄트 개혁가들도 교회 당국에 성직자 독신의 문제점을 지적하는 논제를 제시하기도 했지만, 그보다 중요한 것은 일반 대중에게 성직자 결혼을 설득하는 것이었다. 성직자가 금욕적인 삶을 유지해야 한다고 믿는 이들도 많았다. 이를 위해서는 성직자의 특수한 지위에 대한 일정한 타협과 포기가 필수적이었다. 종교개혁가들은 당시에 성직자의 축첩이 만연했기에 음지에 있는 것을 양지로 끌어내는 것만으로는 충분히 설득력이 있다고 여기지 않았다. 광범위하게 진행된 사제 결혼의 현실을 수동적으로 받아들이는 것을 넘어 목회자 결혼의 정당성을 이론적·실천적으로 보여 주어야 했다. 중세 가톨릭에서 사제나 수사의 삶이 대중에게 호소력이 있었던 것은 그들이 자신의 삶을 그리스도를 위해 전적으로 드리고 성적인 욕구까지도 포기함으로써 더 나은 구원과 성화의 길을 가는 사람들이라는 이유 때문이었다. 교회 당국은 결혼한 삶이 종교적 측면에서 덜 완전한 삶이며, 사제·수사·수녀의 독신 생활이 구원과 성화에 더 우월한 삶이라고 가르쳤다.[49] 성직자의 결혼은 이 전제가 틀렸음을 인정하는 것에서 출발해야 했다. 루터는 가톨릭의 지배적 담론인 사제와 수사의 삶이 영적으로 더 우월한 삶이라는 것을 부정했다. 이 입장에 대해서는 프로테스탄트 내의 온건파와 급진파 모두가 동의했다. 프로테스탄트 개혁가들은 독신 서약이 선행을 통해 구원을 얻을 수 있다는 가톨릭교회의 공로주의 교리에서 비롯된 것이라고 배격했다. 또한 독신 생활이 결혼한 삶보다 우월하다는 어떠한 성서적 근거도 찾을 수 없었다는 점도 중요했다. 프로테스탄트는 창세기에서 "사람이 혼자 있는 것이 좋지 아니하니"라는 구절과 아담과 하와에게 준 "생육하고 번성하라"는 명령(창세기 1:28, 2:18)을 인용해 결혼을 정당화했다.[50] 예수의 첫 번째 기적이 가나의 혼인 잔치에서 일어났다는 것은 결혼의 가치를 긍정한 상징적인 사례였다. 사제와 수사의 삶이 더 우월한 종교적 삶이 아니라 결혼한 삶이 더 성서의 가르침에 가까운 것이 되었다. 현실적인 면에서 독신 생활은 부자연스러우며 금욕은 더 큰 성적 타락을 초래한다고 보았다. 그래서 프로테스탄트 개혁 운동으로 형성된 모든 종파에서 성직자 독신을 받아들이지 않았다.

성직자와 수사의 금욕 생활을 폐지하면서 프로테스탄트는 성을 재정의했다. 뿐만 아니라 결혼과 가족의 본질과 역할도 재정의되었다. 루터는 1522년 수도원 서약이 성서적 근거가 없는 인간의 강요에 불과하며,

49 Carlos M. N. Eire, *Reformations*, p. 711.

50 Carlos M. N. Eire, *Reformations*, p. 712.

성직자의 독신 서약도 무효라고 했다. 그는 한 개인이 성화를 경험하는 장소가 수도원의 폐쇄된 공간이 아니라 가정이라고 했다. 전통적으로 수도원은 오랫동안 인격을 훈련하는 장소이자 성화에 도달하는 가장 확실한 방편으로 여겨져 왔다. 루터에게는 임신, 출산, 육아, 가족의 죽음 등을 경험하는 가정이야말로 용기, 인내, 자선, 겸손과 같은 인격을 형성하는 토대였다. 그는 베인턴의 표현처럼 가정을 '인격 형성의 학교'(school for character)로 보았다.[51] 가정은 그리스도를 닮은 성품의 형성과 성화가 이루어지는 장소였다. 가정과 혼인에 대한 재평가는 단지 성적 욕구의 해소나 출산의 필요에만 해당되는 것이 아니었다. 결혼 자체보다 좋은 결혼 생활을 유지하는 것도 중요했다. 그래서 프로테스탄트 지역에서는 가톨릭 지역에서 엄격하게 금지했던 이혼과 재혼을 허용했다. 프로테스탄트 지역의 결혼 법정에서는 혼인 관계가 돌이킬 수 없을 정도로 파탄된 경우 이혼을 허락했다. 가장 엄격한 칼뱅의 제네바에서도 이혼은 심각한 문제가 있는 결혼 생활을 해결하는 최후의 수단으로 인정되었다.

개혁가들은 결혼에 대한 자신들의 긍정적 신념을 실천하고 대중에게 모범을 보일 필요가 있었다. 구원과 성화를 위한 대안 공동체로서의 목회자 가정의 등장은 필수적이었다. 정식으로 결혼해 합법적인 배우자와 자녀를 둔 목회자 가정의 등장은 가톨릭 성직자들의 생활 방식과 극명한 대조를 이루었다. 목회자 가정이라는 모델은 종교개혁이 시작된 이후 오래지 않아 등장했다. 최초로 결혼한 프로테스탄트 개혁가는 루터의 초기 동료였던 급진파 카를슈타트였다. 그는 사제의 독신이 금욕을 통한 성화에 이르기보다 남자들의 건전한 삶을 해치는 행위라고 비판했다. 카를슈타트는 1522년 1월 가난한 귀족 안나 폰 모하(Anna von Mochau)와 결혼했다. 같은 해인 1522년, 사제의 결혼이 허락되지 않던 때에 츠빙글리는 동갑내기인 안나 라인하르트(Anna Reinhard, 1484~1538)와 비

51 Roland H. Bainton, *Here I Stand: A Life of Martin Luther*, New York, NY: Abingdon-Cokesbury Press, 1950, pp. 296~304.

밀 결혼식을 올렸다. 사제의 독신 서약을 어긴 것이었기에 그는 2년 동안 자신의 결혼 사실을 숨겼다. 츠빙글리는 독신이 극히 소수에게만 주어진 선물이라고 인식했다. 자신이 스스로 정절을 지킬 수 없음을 경험했기에 사제의 결혼이 허용되어야 한다고 주장했다.[52] 카를슈타트와 츠빙글리 외에도 여러 명의 전직 가톨릭 성직자가 결혼을 했다. 루터는 사제의 결혼을 긍정적으로 여겼지만 자신의 결혼에 대해서는 여러 정치적 이유로 신중한 입장을 취했다. 한때 루터는 순결한 삶을 살기 위해 결혼하고도 동정을 유지했다고 하는 요셉과 마리아처럼 '금욕 결혼'(chaste marriage)을 생각하기도 했다.[53] 이런 복잡한 상황 속에서 루터는 마침내 결혼을 결심했다. 1525년 6월 루터는 전직 수녀 출신인 폰 보라와 공개적으로 결혼식을 올렸다. 폰 보라는 가난한 소귀족 가문에서 태어나 5세 때에 강제로 수녀원에 보내졌다. 종교개혁으로 수녀원이 폐쇄되자 다른 여덟 명의 수녀와 함께 수녀원을 탈출해 비텐베르크에 정착했다. 루터의 아내이자 평생 동지적 관계에 있던 폰 보라는 양조장, 과수원, 정원, 농장 등을 운영하며 루터의 종교개혁을 도왔다. 폰 보라는 새로 생겨난 직군인 '목사 아내'의 모델이 되었다.[54] 이후부터 대부분의 종교개혁가들이 결혼했다. 또한 많은 전직 사제가 이미 사실혼 관계에 있던 동거인과 결혼했다. 마저리 플러머(Marjorie Plummer)의 종교개혁 초기 독일 성직자 결혼 연구에 따르면, 성직자 아내 중 많은 이가 실제로는 사제들의 전(前) 첩이었다.[55] 결혼과 성직자의 첩 관계에 대한 논란은 성직자 아내와

---

52 Carlos M. N. Eire, *Reformations*, p. 713.

53 Marjorie Plummer, *From Priest's Whore to Pastor's Wife: Clerical Marriage and the Process of Reform in the Early German Reformation*, London and New York, NY: Routledge, 2016, p. 1.

54 Jeanette C. Smith, "Katharina von Bora through Five Centuries: A Historiography", *Sixteenth Century Journal* 30, 1999, p. 763.

55 Marjorie Plummer, "'Partner in his Calamities': Pastors Wives, Married Nuns and the Experience of Clerical Marriage in the Early German Reformation", *Gender and History* 20, no. 2, 2008, pp. 207~27. 플러머는 1521~22년에 있었던 성직자 결혼

도표 10 프로테스탄트 목회자의 결혼 지역 분포(1521~25)

도시 또는 지역	연도				
	1521	1522	1523	1524	1525
아우크스부르크	1*		1	1	2
콘스탄츠				2	5*
에르푸르트			1		2
마그데부르크				4	3
메밍겐					3
뇌르틀링겐			2	1*	
뉘른베르크	1			1*	24
스트라스부르			4	8	3
울름					3
보름스			2		
뷔르츠부르크	1*		2		
취리히	1*	1*	12	5	1
에르네스틴 작센	1	14	8	6	11
알베르틴 작센	1	3	3	1	
브란덴부르크-안스바흐				6	4
헤센				4	2
기타	3	3	5	10	25

주: *는 알려진 비밀 결혼을 나타냄.
출처: Marjorie Plummer, *From Priest's Whore to Pastor's Wife: Clerical Marriage and the Process of Reform in the Early German Reformation*, London and New York: Routledge, 2016, p. 21.

첩을 동일시하는 대중의 부정적인 인식을 강화했다. 일부 지역에서는 이러한 현실을 비판하면서 목사의 아내를 '사제의 창녀'라고 멸시하기도 했다.[56]

이런 간단하지 않은 과정을 통해 등장한 목회자 가정은 신앙과 도덕성

의 약 66퍼센트가 사제와 첩의 관계를 공식화한 사례였다고 보았다. 1523~27년에는 그 비율이 3분의 1, 1528~30년에는 절반에 달했다.

56 Carlos M. N. Eire, *Reformations*, p. 713.

을 실천하는 이상적인 가족 모델로 자리 잡게 되었다.[57] 목사 아내의 역할은 새로운 것이었다. 목사의 아내는 가정을 관리하고 그리스도교 가정 생활의 모델을 제시하는 책임을 맡았다. 그렇지만 목사의 아내는 수녀처럼 특별한 종교적 역할을 독립적으로 수행하지는 못했다. 목사 아내는 수녀와 같은 공식적인 종교 직책이 아니었지만 여성에게 상대적으로 독립적인 종교적·사회적 역할을 약속한 거의 유일한 자리였다. 그들은 직업 여성은 아니었지만 비귀족 여성 중에서 세속 생활에서 인정받은 지위를 가진 최초의 여성이었다.[58] 저명한 개혁가와 결혼한 여성들은 남편의 명성이 큰 만큼 더 많은 역할을 수행해야 했다. 목회자의 아내는 "남편의 신념을 생생하게 보여 주는" 역할을 해 "아내다운 순종과 그리스도교적 자선"의 모범을 보이고 침묵과 겸손으로 남편과 교회를 위해 봉사했다. 그들의 삶은 대중에게 투명하게 노출되었다.[59]

16세기 프로테스탄트 진영에서 성직자의 독신 폐지는 종교개혁으로 인한 가장 뚜렷한 변화의 하나였다. 신학적 논쟁이 없을 수는 없는 문제였지만, 이 문제로 인해 교회와 국가, 그리고 사회의 기본 틀이 크게 바뀌었다. 성직자의 결혼은 교회가 주도적으로 선택해 결정할 문제만이 아닌, 교회가 속해 있는 국가와 사회 체제 속에서 허용되어야 하는 조치이기도 했다. 독일 내 성직자 결혼 허용에 대한 논제는 이를 지지하거나 반대하는 영방이나 도시 내의 민감한 정치적 문제였다. 1525~44년까지의 제국의회에서 성직자 결혼 문제를 다루었는데, 성직자 결혼을 수용함으로써 성직자들의 종교적·사회적·정치적 지위에 대한 논의가 불가피했다. 프로테스탄트 교회는 성직 제도를 없앴다. 성직자는 이제 시민권을 부여받고 여느 일반인과 다름없는 신분직을 유지했다. 이들에게 도시를 방어하기 위해 무기를 들 것을 요구할 수 있는지, 이들이 상업에 종사

57 Susan Karant-Nunn, "Reformation Society", p. 438.

58 Elizabeth Clark and Herbert Richardson, eds., *Women and Religion: A Feminist Sourcebook of Christian Thought*, New York, NY: Harper & Row, 1977, p. 134.

59 Merry E. Wiesner, Nuns, Wives, and Mothers, p. 20.

도표 11 프로테스탄트 목사들의 첫 번째 아내의 사회적 신분 및 정체(1521~30)

신분 및 직업	연도											합계
	1521	1522	1523	1524	1525	1526	1527	1528	1529	1530	불명	
성직자 가정												68
첩(하녀/요리사)	3	6	6	9	6	8	4	9	1	1	15	
수녀												48
귀족 출신 수녀			3	4	2		1	1				
시민 또는 상류층 출신 수녀		1		1	2	2				2		
신분을 알 수 없는 수녀			3	5	2	2	5	1	2	5		
과부												15
남편의 신분이 알려지지 않은 과부			1			1		1				
상인, 시민, 장인의 과부		1		1	2	2		2		2		
성직자의 과부							1		1			
부친의 신분에 따른 여성												61
귀족		2										
관리, 지배 계층			1		3							
상인				1	1	1						
시민층	1	2	1	8	3	3	3	1		1	3	
장인층			3	3	6	7	1	1			4	
농민층			1									
성직자의 친족		1	1	1	3	1	1					8
사회적 신분 정보 없음												
성과 이름 모두 기록(아마 장인층 이상)	1	2	5	1	26	17	6	4	5	7	41	115
이름만 기록(아마 첩으로 추정)		2	2	3	4	6	6	13	5	3	85	129
이름 없음(아마 첩으로 추정)	3	10	13	16	32	10	18	44	11	13	289	459
총계:	8	27	40	53	92	60	46	77	25	34	441	903

출처: Marjorie Plummer, *From Priest's Whore to Pastor's Wife: Clerical Marriage and the Process of Reform in the Early German Reformation*, London and New York: Routledge, 2016, p. 217.

할 수 있는지, 아내와 자녀에게 재산을 상속할 수 있는지 등 여러 부수적인 문제도 발생했는데, 이들 문제도 서서히 해결해야 했다.

성직자 독신을 고수한 가톨릭

프로테스탄트 지역에서 결정한 사제의 독신 제도 폐지는 가톨릭 지역에도 여파가 있었다. 가톨릭 사제의 축첩이 광범위하게 이루어졌다고는 하지만, 교회법상 전통으로 유지되어 온 사제의 독신 서약을 폐지하는 것은 간단한 일이 아니었다. 프로테스탄트 교회가 전격적으로 제기해 개혁 초기에 도입한 사제의 결혼은 가톨릭으로 남은 지역에도 큰 고민을 안겨줄 수밖에 없었다. 가톨릭교회에서는 성직 독신의 기원을 초대교회에서 찾았지만, 분명한 것은 초기 그리스도교에는 결혼한 성직자와 독신 성직자가 모두 있었다. 지리적·문화적·언어적으로 초대교회를 이어받은 비잔티움 교회에서도 주교가 아닌 일반 사제의 결혼은 허용되었다. 그러니 성직 독신에 대한 성서적·초대교회적 기원을 단언할 수는 없다. 가톨릭 지역의 경우에도 성직자의 독신이 제도화된 것은 11세기 무렵이었다. 이때 교회개혁의 한 수단으로 성직자의 금욕과 독신을 엄격한 규율로 시행하게 되었다.

성직자 독신 제도의 사도적 기원에 대한 문제는 16세기 가톨릭과 프로테스탄트 모두에서 재고(再考)되었다. 프로테스탄트는 성직자의 독신이 성서적 근거가 없는 제도라는 이유로 사제의 결혼을 받아들였다. 여기에는 종교개혁 전야의 대부분의 사제가 독신 의무를 지키지 않았다는 현실적인 상황도 강하게 고려되었다. 그러나 이에 대한 반론도 만만치 않았다. 잉글랜드의 토머스 모어는 성직자의 결혼이 성직자의 부도덕함을 해결할 수 있는 방안이라는 주장을 반박했다. 그는 성직자의 결혼은 그 자체로 근친상간과 같은 혐오스러운 발상이라고 비판했다. 모어는 성직을 특별하게 만드는 신성성의 상징이 성직자의 독신이라고 보았으며,

성직자의 결혼은 그 신성성을 없애는 발상이었다. 본질적으로 한 남자의 결혼이나 독신 선택은 사적인 것이지만 그리스도교의 성직이라는 맥락에서는 다르게 해석될 수밖에 없다. 성직자의 독신은 성직의 가치에 대한 해석이지만 중세 가톨릭 전통 내에서 지속되었던 여성 혐오의 구체적인 발현이기도 했다. 하와로 대표되는 여성은 죄의 통로였기에 성직자가 여성과 결혼하는 것은 죄와의 타협이었다. 여성에 대한 근원적인 불신은 성직자가 여성을 멀리해야 할 이유였다. 성직자의 성적 부도덕을 해결하기 위한 수단으로 사제의 결혼을 합법화하는 것은 가톨릭교회의 교리나 교회 전통 속에서는 선택지가 될 수 없었다.[60]

1520~30년대 프로테스탄트 목회자들의 결혼이 일반화되던 시기에 성직자 독신 문제에 대해 가톨릭이 걸쳐 있는 전선은 두 개였다. 직접적으로는 프로테스탄트 목회자들이 결혼하면서 비롯된 프로테스탄트와의 전선이 있었다. 가톨릭 신학자들은 성직자의 결혼에 반대하는 논제를 발표했다. 성직 독신 논란은 교황권, 성인 숭배, 연옥과 같은 논쟁보다 우선순위가 낮았다. 그러나 프로테스탄트 개혁가들이 사제의 결혼이 성적 부도덕의 문제를 해결할 필수적이고 정당한 수단이라고 주장하자, 가톨릭 보수주의자들은 강력하게 반발했다.

교황 파울루스 3세는 추기경 레지널드 폴, 카라파, 콘타리니 등을 포함한 고위 성직자들의 의견을 수렴해 1537년「교회개혁에 대한 의견서」(Consilium de Emendanda Ecclesia)를 작성했다. 이 의견서에는 성직 기강을 바로잡기 위한 중요한 권고 사항이 포함되었다. 사제의 아들이 아버지의 성직록을 계승하는 관행이 여전하다고 지적함으로써 당시 성직자의 축첩이 보편적임을 보여 준다. 의견서에는 성직 독신 문제를 시급히 다루어야 하는 이유로 루터파가 성직자의 결혼을 강력하게 옹호하기 때문이라고 했다. 성직자의 독신 문제는 루터파의 성직자 결혼에 대한 대

60 Helen Parish, *Clerical Celibacy in the West, c. 1100-1700*, Burlington, VT: Ashgate, 2010, p. 160.

응이었다.[61] 이탈리아 추기경 야코포 사돌레토는 「1538년 의회 이후 성직자 독신에 대한 결의」(Sententia de Coelibatu Clericorum Post Consilium Anni 1538)에서 성직 독신제의 사도적 기원을 주장했다. 예수의 초기 사도 몇몇이 결혼한 상태였다는 점은 인정하지만 그들도 복음 전파의 사명을 위해 스스로 희생했다고 강조했다.

또 다른 전선은 신성 로마 제국 황제가 이 문제를 서로 타협해 해결하도록 가톨릭과 프로테스탄트를 중재하면서 생긴 세속 군주 및 사회와의 전선이었다. 분열된 양대 세력의 통합과 일치를 위해 1530년 시작된 아우크스부르크 제국의회(Diet of Augsburg)는 성직자 결혼 문제도 다루었다. 가톨릭을 대표해 요한 에크가 나왔고 멜란히톤이 프로테스탄트를 대표해 협상했다. 황제의 적극적인 지원으로 이견을 좁혀 나가면서 남은 교리적 쟁점은 사제의 결혼과 평신도에게 포도주를 나누어주는 성혈배령이었다. 의회에서는 성직자의 결혼이 '육체적 연약함에 대한 적절한 해결책'이라고 제안했다. 미사에서 평신도에게 포도주를 나누어주는 것과 사제의 결혼 허용에 대한 논의는 루터파가 의견을 개진하기 이전에 이미 가톨릭교회 내에서도 오랜 기간 논의된 것이었기에 수용 가능한 것이었다.[62] 독일 주재 교황 대사는 교황으로부터 적절한 면제를 받은 경우, 성직자의 결혼을 인정할 수 있다고 일부 양보했다. 다만 이들 결혼한 성직자의 경우, 일선 사목직을 수행하는 것은 허용하지 않는 것으로 했다. 성직자의 축첩은 이른바 문란한 사생활이라는 목회적·도덕적 문제가 아니라 교리나 교회의 전통 및 권위와 연결된 문제로 제시된 것이다. 성직 독신 문제는 성직자들이 세속 통치자에게 맞서 협상할 수 있는 수단으로 작용하기도 했다. 1542년 브란덴부르크 대주교 알브레히트의 대리인은 교구 내 성직자의 축첩을 비판하는 것이 이들로 하여금 루터

61 Helen Parish, *Clerical Celibacy*, p. 189.

62 David V. N. Bagchi, *Luther's Earliest Opponents: Catholic Controversialists, 1518-1525*, Minneapolis, MN: Fortress Press, 1991, p. 191.

파와 연대하는 결과로 이어질 수 있다고 보았다. 명목상 독신을 유지하면서 부정한 생활을 하는 것보다는 결혼을 선택하는 것이 바람직하다고 주장했다. 가톨릭 지역의 세속 통치자들도 사제들의 결혼에 대해 열린 태도를 취하는 것이 루터파와 화해할 수 있는 효과적인 수단이라고 판단했다. 신성 로마 제국 황제 페르디난트 1세는 성직자 결혼을 허용하도록 하는 제안서를 트리엔트 공의회에 제출하기도 했다. 이때만 해도 성직자 독신에 대한 논의는 주변부적 사안이었다. 그러나 트리엔트 공의회를 거치며 중요한 핵심 안건으로 등장했다.

1545년 트리엔트 공의회가 시작되었지만 성직 독신 문제는 공의회가 마무리되던 1563년에야 공식적으로 다루어졌다. 17명의 신학자 그룹은 프로테스탄트들이 사제의 결혼을 옹호하며 제기한 두 가지 논제에 대해 답변했다. 첫 번째 논제는 '결혼은 독신보다 열등한 지위가 아니'라는 것이었다. 두 번째 논제는 '서방교회의 성직자들은 교회법이나 서약에 구애받지 않고 결혼할 수 있으며, 이를 부정하는 것은 결혼을 단죄하는 것과 다름없다. 독신의 은사를 받았다고 확신하지 못하는 모든 사람은 결혼할 수 있다'라는 내용이었다. 두 번째 논제는 프로테스탄트 교회의 성직자 결혼이 보편적으로 이루어지고 있는 현실을 반영한 것이었다. 첫 번째 논제인 결혼과 동정의 관계에 대해서는 사도 바울의 서신을 비롯한 성서적 근거와 교부들의 저술을 근거로 동정이 결혼보다 우월하다는 전통적 논거를 유지했다. 두 번째 논제는 성직 독신제의 성서적·사도적 기원에 대한 것으로 프로테스탄트 개혁가들의 주장을 반박하는 데 할애되었다. 성직자 삶의 본질은 성례전의 집행, 설교, 기도를 통해 하느님께 완전히 헌신하는 것이며, 성직자가 결혼하면 이러한 전적인 헌신이 방해를 받기 때문에 성직자의 결혼은 금지되어야 한다고 주장했다. 성직 독신제는 강제적인 것이 아니라 성직 서품을 받기로 결정한 서약 조건의 하나로 보았다. 따라서 성직 서품 이후의 결혼은 성서적으로나 사도적 전통으로나 교회법으로나 정당화될 수 없다고 결론지었다.[63]

논의 끝에 1563년 7월 20일 성직 독신제를 확정하는 교령을 제안했다. 교령 7 「성직 독신의 구속력 있는 본질」에서는 "누구든지 성직 서품을 받은 서방교회 성직자나 순결 서약을 엄숙히 행한 수사가 교회법이나 서약과 상관없이 유효하게 결혼할 수 있다고 주장하거나, 이를 부정하는 것은 결혼 자체를 단죄하는 것과 같다고 주장하거나, 독신 은사를 받지 못했다고 여기는 자들은 모두 결혼할 수 있다고 주장한다면, 그는 파문에 처할 것"이라고 규정했다.

이 교령은 제24차 회기에서 승인되었다. 트리엔트 공의회의 성직 독신제 결정은 성직 독신이 사도적 기원을 지닌 진정한 교회 전통이라는 것을 재확인하면서 종교개혁 이후 프로테스탄트 개혁가들의 주장을 반박했다. 이 공의회의 교령으로 성직 서품 이후에는 결혼을 금지하는 엄격한 원칙이 확립되었다.[64] 독신 제도의 확립은 이미 관행화된 기존의 성직자들의 축첩 문제에 대한 논의와 불가분의 관계에 있었다. 공의회는 동거 중에 있는 사제들에게 동거녀를 즉시 내보낼 것을 명령하는 교령을 채택했다.[65]

그러나 성직 독신제에 대한 공의회의 결론은 루터파와 가톨릭 세력으로 분열되어 있는 신성 로마 제국의 통치자들에게는 불만족스러운 것이었다. 신성 로마 제국 내에서 성직 독신제를 강제하면 가톨릭 성직자들이 프로테스탄트로 내몰릴 것이라는 우려로 인해 더 유연한 접근이 필요하다는 의견이 제기되었다. 신성 로마 제국 황제 페르디난트 1세는 가톨릭 지역에 원활한 사제 수급을 위해서는 결혼한 성직자를 받아들여야만 한다고 주장했다. 그래서 교황을 설득해 독일 지역에서는 예외를 인정받고자 했다. 하지만 일부 가톨릭 지역에서 성직자 결혼을 허용할 경우, 다른 지역에 끼칠 부정적인 영향을 우려해 주저했다. 스페인 국왕 펠리페 2세는 독일 가톨릭교회에 예외가 인정된다면 가톨릭 세계의 파괴

---

63 Helen Parish, *Clerical Celibacy*, p. 192.

64 Helen Parish, *Clerical Celibacy*, p. 193.

65 Helen Parish, *Clerical Celibacy*, p. 195.

로 이어질 것이라고 주장했다. 1566년 교황으로 선출된 피우스 5세가 모든 주교에게 트리엔트 교령을 엄격히 시행할 것을 지시하면서 성직자 결혼 문제는 일단락되었다. 교황은 주교들에게 교구를 직접 방문해 성직 독신제를 위반한 성직자들을 처벌하고 동거녀를 추방하도록 명령했다.[66] 트리엔트 공의회에서 성직 독신제가 다시금 확립되면서 성직자 독신은 가톨릭 반종교개혁의 상징이 되었으며, 분열된 그리스도교 세계를 식별하는 명확한 기준이 되었다.

성직자의 결혼에 대한 논쟁은 교리적·신학적 논쟁에서 비롯된 것이라기보다는 일반화되어 있던 성직자 축첩과 관련한 실천적이고 윤리적인 문제에서 비롯되었다. 교회 규율의 준수 여부를 어떻게 실현할 것인가에 대한 고민을 프로테스탄트는 위선적인 금욕 요건을 풀어주는 방식으로 결혼을 공식 인정했다. 이를 정당화하기 위해 교리적으로 결혼에 대한 입장과 성직자 결혼 문제를 정밀하게 다듬었다. 가톨릭교회는 성서적 근거와 사도적 전통, 그리고 교회법에 따라 성직 독신제를 방어하고 옹호했다. 그러나 가톨릭교회가 성직자 독신을 엄격하게 부과하기로 결정한 것은 프로테스탄트에 대한 반동의 성격으로만 보는 것은 적절하지 않다. 트리엔트 공의회에서 단순한 교회 규율로 다루어졌던 성직자 독신 준수가 신앙의 핵심 교리로 격상된 배경을 사회적 맥락 속에서 설명한 헨리 리(Henry C. Lea, 1825~1909)의 오래전 평가는 여전히 유효하다.

> 독일 전역의 신실한 신자들은 그리스도의 사제들이 없는 고통을 겪을 수도 있었고 양의 탈을 쓴 이리에 의해 방종해진 욕망으로 아내와 딸들이 더 큰 고통을 당할 수도 있었지만, 이 위기에서 교회가 더욱 두려워했던 것은 적어도 이론적으로는 성 베드로를 섬기는 것 외에 어떤 세속적인 목적도 없어야 하는 수도자 군대의 지원자를 잃는 것이었다. 인간적인 유대 없이 성직 제도의 번영과 영광에만 헌신해야 하는 자가 합

66 Helen Parish, *Clerical Celibacy*, p. 196.

법적인 아내와 자식들로 둘러싸인 행복한 가정을 가진 교구 사제처럼 되지 않을까 걱정한 것이다. 아마 무엇보다도 교회를 공포에 빠뜨린 것은 탐욕스러운 군주들이 교회의 막대한 재산을 세속화하기 위해 몰려드는 것이었다. …… 따라서 프로테스탄트 목사들의 조용하고 덕성 있는 삶과 구교(가톨릭)를 따르는 성직자들의 방종하고 제멋대로인 생활을 비교하며 들려오던 불만의 소리를 완전히 잠재우기 위해 성직자 독신 규율을 정통 신앙의 범주 안에서 감히 누구도 건드릴 수 없는 위치에 두기로 결심했다. 이를 위해 단순한 규율 조항이 신앙 교리 수준으로 격상되었다. 교회가 이미 종교개혁가들의 공격으로부터 이 규율을 방어하기 위해 사도적 기원을 부여해야 했기 때문에 이를 교리로 만든 것은 놀랍지 않다.[67]

성직자의 성과 결혼에 대해 가톨릭교회가 요구하는 수준이 있었지만 그것은 암묵적·관행적으로 틈새가 있는 규율이었다. 인간의 가장 원초적인 개인적 욕망과 사회적 재생산이라는 공적 역할이 함께 담겨 있는 훨씬 복잡한 것이었다. 성과 직접적으로 연결된 사제의 결혼은 세속 군주들도 적극적으로 의견을 개진할 정도로 사회적·정치적 문제였다. 종교개혁이 그 복잡한 층위를 인간의 욕망을 정당화하는 편에서 풀어가고자 한 것이라면, 가톨릭교회는 자기 희생이라는 또 다른 실험을 구현했다. 교회를 국가의 통제 아래 놓아 교회 재산을 탐하려는 정치적인 침탈과 대중이 제기하는 성직자들의 일탈과 방종이라는 불만을 완전하게 잠재우기 위해 내부의 규칙으로 유지되어 오던 성직자 독신을 사도적 기원을 가진 타협할 수 없는 교리로 만들었다. 프로테스탄트의 수도원 폐지가 강제적인 삶에서 개인의 자유에 대한 해방의 소리라고 한다면, 가톨릭의 성직자 독신의 교리화는 더욱 강제된 종교로의 전환이 분명하다.

---

67 Henry C. Lea, *A Historical Sketch of Sacerdotal Celibacy in the Christian Church*, 2nd ed., Boston, MA: Houghton Mifflin and Company, 1884, pp. 537~38.

하지만 성직자 개인이 서품 때에 자발적으로 선택했던 것을 타협 없이 구현하도록 하는 것이라면 그것은 개혁의 일부이다. 가톨릭은 교회라는 공동체를 지키기 위해 사제의 희생을 더욱 구체화했다. 그렇게 함으로써 가톨릭교회에 가해진 비판과 비난은 효과적으로 제거되었다. 이를 그저 성에 대한 퇴행적이고 부정적 태도로만 볼 것은 아니다. 가톨릭은 종교적 완전성과 공동체의 선을 추구하기 위해 스스로의 남성성을 거세하는 헌신과 결단의 전통(마태복음 19:12)에 기반한 종교였기 때문이다.

성과 가족과 관련된 종교개혁 유산

프로테스탄트 교회가 성과 젠더를 재해석해 기존의 틀을 허물고 새로운 신학 아래 재구성했다면, 가톨릭교회는 기존의 틀 안에서 갱신을 추구했다. 종파적으로 대립되는 해석이 나오는 주관적 영역이라는 전제는 변함없지만 성과 종교와의 관계는 단선적으로 파악할 수 있는 문제는 아니다. 자기포기와 희생이 없는 종교는 그만의 특별한 신성성을 가지지 못한다. 프로테스탄트 종교개혁으로 수녀원의 폐지와 목회자의 결혼이 가져온 양면적인 특성이 그러하다. 가톨릭의 성직자 독신의 교리화도 억압의 측면만이 아닌 종교적 자기희생의 관점에서 바라보면 해석은 전혀 달라진다.

사제나 수사, 수녀, 목회자 등 종교인이 직접 관련된 성 문제에서 한 발 비껴서면 또 다른 그림이 그려진다. 프로테스탄트 종교개혁은 영적 평등과 양심의 자유를 강조하며 종교적 억압에서의 해방을 지향했지만, 동시에 가부장적으로 짜인 질서에 편승해 급진적인 변화보다는 기존 구조의 지속을 택했다. 16세기에 성 평등의 문제는 공적·사적 영역에서 제기되지 않았다. 교리적인 결정을 포함해 대부분의 중요한 결정은 신분이나 인정, 교육 수준 등에서 특권을 지닌 이들이 내렸다. 이들은 자신들의 메시지가 기존의 사회질서를 뒤흔드는 것을 원하지 않았다. 종교개혁은 주변화된 사람들이 주도적으로 복음이 제시하는 해방의 메시지를 정하지 못했다. 일반 대중, 그중에서도 여성들은 다분히 객체에 머물렀다. 16세기 종교개혁과 여성의 문제는 20세기 들어 후향적으로 재평가하면서 전면에 부상했다. 그에 대한 의견은 갈렸다. 수녀원의 해체와 여성 수도 생활의 종말에 대한 나누어진 평가가 대표적이다. 프로테스탄트 신학자들은 수녀원 해체가 여성들을 강제된 감금 생활과 성적 금욕의 억압에서 벗어나게 한 근대적인 사건이었다고 평가한다. 그와 정반대의 시각도 존재한다. 수녀원이라는 공간은 가부장제에서 벗어나 여성들에게 자율성과 주체성을 보장한 합법적인 공간이었다. 그런 수녀원의 폐쇄는 여성들만의 공간을 빼앗고 여성에게 가정에서 아내와 어머니로서의 역할만을 강제한 퇴행이라고 읽는다. 또한 가톨릭과 프로테스탄트 모두 별다른 차이 없이 여성 혐오를 지니고 있었다고 비판하는 이들도 있다.

여기에서 중요한 것은 어쩌면 여성들의 여성에 대한 시각인지 모른다. 여성사가들은 16세기 종교가 여성의 삶에서 차지한 복합적인 역할을 연구하면서 종교개혁이 여성들에게 가져온 양면적인 변화에 대해 세부적인 평가를 내렸다. 키르시 스티예르나(Kirsi Stjerna)는 16세기 종교개혁이 여성들의 삶에 긍정적이지 않았다는 데에 대부분의 역사가가 동의하는 현실을 언급하면서도 종교개혁기 여성 문제에 접근하는 전향적인 시각을 제시한다.[68] 여성의 역할을 가정 내 아내와 어머니로 축소함으로써 공적 영역에서 여성의 사회적·정치적·경제적 지위는 종속적이었다. 프로테스탄트 종교개혁과 가톨릭 반종교개혁 모두 여성들에게 가정 밖 세계에서는 조연 역할만을 허락했다. 그러나 그것이 곧 장벽을 넘어 여성들이 역할을 주도할 가능성을 완전히 배제한 것은 아니었다. 종교개혁 사상에 영감을 받은 많은 여성이 기존의 구조적 한계 안에서 규칙을 준수하며 자신만의 방식으로 기여를 해왔다. 스티예르나는 종교개혁기 여성들의 역사적 경험에 대한 평가에서 여성 혐오나 성차별의 문제를 지

68 Kirsi Stjerna, *Women and Reformation*, p. 222.

적하는 것도 필요하지만, 여성들이 의미 있는 방식으로 종교개혁에 참여한 사실을 발견하는 것이 더욱 중요하다고 보았다. 그렇게 주체적인 여성들의 삶의 궤적을 추적할 때, 종교개혁은 그들의 시각에서 지속적으로 재평가될 수 있다. 개혁가들이 가부장적인 맥락에서 여성 차별을 제도화한 것은 부인할 수 없다. 여성들이 점점 더 가정에 예속되었고 자신들의 삶과 정체성에 지속적으로 부정적 영향을 끼쳤다. 그러나 이것이 마냥 부정적이었던 것만은 아니다. 여성의 가정 내 역할은 신학적으로 다른 소명과 동등한 가치를 지닌 것으로 여겨졌다. 대부분의 여성은 이 현실에 저항하기보다 긍정적으로 수용했다. 결혼 후 여러 차례의 임신과 출산, 자녀 양육 등의 고충에도 불구하고 결혼과 가정 생활의 가치를 받아들였다. 수녀원에서 탈출한 대부분의 수녀들도 혼자 살기보다는 가정에서 아내와 어머니로 살아가는 삶을 선택했다.[69]

이 같이 수녀원 폐쇄를 여성들의 해방인지, 아니면 중요한 대안적 삶의 기회를 박탈한 것인지는 관점의 문제이기도 하다. 그러나 16세기에 시작된 종교개혁이 여성들에게 개인이라는 독자적인 정체성을 부여한 잠재적인 해방 운동은 아니었다. 수녀원이 존속했던 중세와 비교해 신학이나 경건 문학, 신비주의 전통에서 여성 프로테스탄트 지도자가 거의 등장하지 않았다. 여성들이 집단이나 계층으로서 자신만의 목소리를 가지지 못했다. 하와가 인류의 타락을 초래하는 데 역할을 했다는 이유로 남편에게 복종하는 이데올로기의 강화와 맞물려 있다. 여성과의 관계에서 프로테스탄트 개혁가들로부터 여성 해방이나 자유, 성평등에 대한 의지를 찾을 수는 없다. 오히려 그들은 전통적인 성 역할의 차이, 위계적인 성차별을 강화했다.[70]

프로테스탄트 개혁가들은 결혼을 신성한 제도로 옹호했지만 여성이 남성에게 종속되도록 가부장제 구조를 강화했다. 프로테스탄트 목회자

69 Steven E. Ozment, *Ancestors*, p. 39.

70 Susan Karant-Nunn, "Reformation Society", p. 442.

의 결혼과 가톨릭 성직자 독신 교리의 강화는 현실적으로 대두되는 성직자의 성윤리 문제를 해결하는 정반대의 답변이었다. 프로테스탄트는 성적 욕구라는 인간의 원초적 욕망을 긍정하는 쪽을 선택했다. 이에 비해 가톨릭은 종교의 길은 인간의 원초적 욕망을 희생하고 포기하는 것임을 재확인했다. 성과 가족과의 관계에서 두드러진 변화의 하나는 사제가 아버지 역할을 하는 확대 가족이 혈연으로 맺어진 가족 중심으로 축소된 핵가족의 등장이다. 이는 프로테스탄트 지역에서도 교회의 역할이 축소되고 세속 통치자의 역할이 대중의 삶 속에 더 크게 자리할 여지를 만들었다.

제20장 마녀사냥과 탈주술화

종교개혁이 마녀사냥을 낳은 것은 아니다. 그러나 마녀사냥의 전성기와 종교개혁기는 정확하게 중첩된다. 유럽 대륙에서는 중세 말부터 근대 초에 이르는 대략 1450년부터 1750년까지 수천 명의 사람이 주술과 마법을 행했다는 죄목으로 재판을 받았다. 이 시기에 펼쳐진 집단 폭력을 마녀사냥이라고 한다. 근대 초에 벌어진 마녀사냥을 당대의 미신, 주술, 맹목적 세계관의 반영이라고 여기고, 합리적이고 이성적인 세계관이 등장하면서 마녀사냥이 사라졌다고 평가한다. 중세 말과 근대 초, 마법은 시대 맥락에 따라 의미와 적용 방식에 차이가 있었다. 종교의 관점에서 '마법적' 또는 '주술적'이라는 용어는 일련의 신념이나 행동을 불경스럽다고 낙인찍어 금지하는 개념으로 지속적으로 활용되었다. 근대 과학주의 시대에서도 마법은 정통 과학이나 의학의 논리와 합리성에 반하는 불합리와 맹목을 대표하는 것으로 여겨졌다. 마법은 유사과학이었다.[1] 그러나 이렇게 15~17세기에 일어난 일을 후향적으로 바라보는 것은 자

1 Stuart Clark, "Witchcraft and Magic in Early Modern Culture", *Witchcraft and Magic in Europe: The Period of the Witch Trials*, eds., Bengt Ankarloo, Stuart Clark and William Monter, London: The Athlone Press, 2002, p. 105.

칫 비역사적인 접근일 수 있다. 주술과 마법을 행하는 사람들은 당대에 통용되던 최신의 지적 도구를 가지고 사유하고 실험하던 이들이었다. 마녀사냥을 다룬 저술들도 정교한 사유와 방대한 학문적 깊이를 가지고 있었다.[2]

마녀 숭배 개념이 근대 초 유럽에서 큰 변화를 겪게 되었다는 점은 종교개혁과의 연관성을 묻게 한다. 인류학에서 보듯, 고대 사회로부터 인류 공동체는 마술이나 주술을 믿고 그를 실천하는 마녀나 주술사의 힘을 인정해 왔다. 때로 그 마법이나 주술은 선하게 쓰일 수도, 악하게 쓰일 수도 있었다. 종교개혁기의 마녀사냥을 다룰 때, 마녀나 마술의 존재에 대한 믿음과 그것을 집단적으로 탄압하는 마녀사냥은 다른 범주로 구분해야 한다. 마녀재판은 중세와 근대 초에 유럽의 도덕적·종교적 삶을 규제하는 데 중요한 역할을 했다. 초기에는 주로 교회 법정에서 마녀재판이 이루어졌다. 하지만 종교개혁을 겪으며 세속 통치자들이 국가권력 강화를 주도하면서부터 마녀재판은 왕국, 공국, 시의회의 세속 법정에서 주로 다루어졌다.

유럽 전역에서 마녀재판이 이루어졌지만, 구체적으로 들어가 보면 시간적·지리적으로 균일하지 않다. 마녀재판은 15세기 동안 점차 증가하다가 종교개혁이 발생한 16세기 초반에 감소했다. 16세기 후반과 17세기 초반에는 급격하게 증가하고, 17세기 후반부터 18세기 초반에 잦아들었다. 유럽 내에서도 마녀재판이 거의 없었던 지역도 있지만, 일부 지역에서는 300년 동안 수천 명의 사람이 마녀로 몰려 재판을 받았다. 16세기 사람들에게 악마는 은유가 아니라 그들 삶 속에 구체적으로 자리 잡은 현실적인 위협이었다. 대표적으로 루터에게 악마는 삶에서 늘 경험하는 실체였다. 『간추린 십계명 해설』(*A Short Exposition of the Decalogue*)에서 루터는 주술, 마법, 미신이 평범한 사람들의 일상에 깊이

2 James A. Sharpe, "Magic and Witchcraft", *A Companion to the Reformation World*, ed., R. Po-chai Hsia, Oxford: Blackwell, 2004, p. 440.

스며들어, 병이 들거나 풀리지 않는 고난을 경험할 때 사람들은 마법사, 점술사, 퇴마사 등에 의지한다고 했다.[3] 중세 당시 민간 신앙 또는 민간 의학의 한 부분으로 느슨하게 인정되던 '마법'이라는 사고와 행동양식은 성직자들에 의해 점차 불경건하고 거짓된 것으로 낙인찍혔다.

마법과 종교의 경계

종교개혁가들은 마법을 단순히 미신적인 관행으로만 본 것이 아니라 진정한 신앙에 대한 위협으로 간주했다. 그래서 '마법'과 '종교'를 엄격하게 구별하고자 했다. 종교개혁은 미신과 종교의 경계가 불분명해 통제받지 않는 어지러운 사고와 행동을 없애고 체계적으로 평범한 대중의 삶과 신앙을 표준화하려는 시도였다. 올바른 종교와 거짓된 마법의 대립 구도는 종교개혁을 거치며 마녀사냥을 확산시켰다. 교회 법정이나 세속 법정에서 개인의 양심이나 종교성을 규정하고 처벌하는 것이 얼마나 효과적이었는지는 분명하지 않다. 하지만 16세기 종교재판소나 세속 법정은 미신과 주술, 마법에 훨씬 더 민감하게 대응했다. 설령 그 대응이 가능하지도 않고 효과도 불분명했다 하더라도, 마녀사냥은 유럽의 근대성의 기원을 구성하는 주요 지표 가운데 하나였다.

미신과 마술, 악마에 대한 관념은 고대 근동과 유럽 내 민속 전승에서 융합되었다. 교회가 마법과 미신으로 배척한 신념이나 종교의식은 유럽 대중문화 속에 스며들어 있었다. 인간사의 민감한 건강, 출산, 재산 등과 관련한 현실적인 문제를 상담하거나 해결하는 존재로서 그리스도교 세계 속의 주변부에 살고 있었다. 그리스도교가 느슨한 대중 종교를 형성하고 있던 중세 시대에 마법이나 미신과 정통 종교 사이의 경계는 명확하지 않았다. 15세기에 들어 마법과 마녀 숭배가 악마와 연결되었다. 교

3 Stuart Clark, "Witchcraft and Magic", p. 121.

회는 정통 종교에서 일탈한 마법, 미신, 마녀 숭배 등과 같은 이교적이고 이단적인 실천을 제거해야 할 필요가 생겼다.[4] 대응 체계와 방식에는 차이가 있었으나 가톨릭과 프로테스탄트 모두 주술적인 세계관의 실천에 맞섰다. 종교개혁의 정당성을 확보하기 위해 프로테스탄트는 가톨릭 의식을 악마적·마법적·미신적이라고 비판하면서 가톨릭에 대항한 문화 전쟁을 수행했다.[5] 일탈적 행위를 다루는 방식은 시대와 지역마다 차이가 있었지만 관용은 선택지에 포함되지 않았다. 이것이 종교개혁기 종파적인 갈등의 해결책과 차이가 나는 점이다.

마법은 종교와 어떻게 구별할 수 있을까? 이론적으로 구분하는 것이 불가능하지는 않지만 명확하게 구별하기는 쉽지 않다. 대부분의 종교는 마법적이고 주술적인 세계관에서 발전해 왔다. 성직자들이 수행하는 기도나 종교의식도 고대 민간 신앙의 마술적인 행위와 뚜렷하게 다르지 않다. 중세와 근대 초의 맥락 속에서 로버트 스크리브너(Robert Scribner, 1941~98)는 종교를 "인간이 신적 존재와 그 초자연적 힘에 의존하고 존중을 표하는 행위"로, 마법은 "인간이 신적 힘을 빌려, 그 힘을 도구 삼아 사용하는 행위"로 구별했다.[6] 초자연적인 힘이 개입된다는 점은 종교나 마법이나 차이가 없다. 그리스도교 형성기에도 사도들은 초자연적인 기적과 치유를 통해 추종자들을 모았다. 중세기에 교회는 초자연적인 신적 힘을 독점하는 성스러운 기관이었다. 성찬대에서 사제의 축성으로 일어나는 화체설은 기적의 일상화였다. 성지순례는 병들고 약한 이들이 기적적인 치유를 바라고 찾아가는 최후의 수단이었으며, 그에 따라 수많은 기적이 보고되었다.[7] 성인들의 중재를 바라는 기도나 부정한 것으로부

---

4 Carlos M. N. Eire, *Reformations: The Early Modern World, 1450-1650*, New Haven and London: Yale University Press, 2016, p. 620.

5 Carlos M. N. Eire, *Reformations*, p. 621.

6 Robert W. Scribner, "The Reformation, Popular Magic, and the Disenchantment of the World", *The Journal of Interdisciplinary History* 23, no. 3, Winter 1993, p. 477.

7 Keith Thomas, *Religion and the Decline of Magic: Studies in Popular Beliefs in Sixteenth and Seventeenth Century England*, London: Penguin Books, 1971, p. 27.

터 스스로를 보호해 주는 성유물의 힘을 대중은 믿었다.[8] 이 힘의 원천은 중세 가톨릭교회가 신성한 은총을 베푸는 역할을 위임받은 합법적인 지상의 대리인이라는 믿음이다.[9] 그런데 그리스도교 전통 바깥의 마녀와 주술사도 비밀스러운 힘을 발휘해 사람이나 자연계에 영향을 준다고 믿었다. 15세기에 등장한 마녀 숭배 개념은 제도교회에 대한 도전이었다. 그리스도교 신학자들은 마녀를 이단적이고 악마적인 집단으로 간주하고 마술적인 힘이 악마와 맺은 계약에서 생긴 것이라고 주장하기 시작했다. 그리고 이를 뒷받침하기 위한 다양한 신학적 이론을 고안했다. 중세 후기에 마녀나 마법사의 행위는 '말레피키움'(maleficium)이라고 불렀다. 말레피키움은 문자 그대로 악을 저지르는 행위, 즉 '악행'이다. 이는 악마와의 계약을 통해 갖게 되는 힘이다. 그리스도교 성직자들은 천상의 교회와 지상의 교회가 맺은 대리인 계약을 통해 천상의 교회를 이 땅에서 대리하고, 신적인 권능을 대리하게 된다는 이론을 발전시켰다. 이와 마찬가지로 악을 행하는 마녀나 마법사도 악마와의 계약을 통해 그 능력을 갖게 된다고 믿었다.[10]

15세기 마법과 주술 숭배에 대한 규정으로 그 후 최소한 300년 동안 '말레피키움' 혐의로 기소된 사람들이 처벌받는 마녀사냥이라는 어두운 역사를 만들었다. 마술의 시대는 곧 마녀사냥의 시대이기도 했다. 가톨릭과 프로테스탄트는 말레피키움을 잔혹하게 처벌하는 데 하등의 차이가 없었다. 15~17세기 동안 마술적 행위로 기소된 사람들의 수는 10만 명에서 20만 명에 이르는 것으로 추정된다.[11]

마술이 대중적으로 확산된 이유는 그 시대 사람들이 마주한 긴급하고 중요한 문제에 대해 즉각적인 해결을 기대할 수 있다는 점 때문이다. 마법은 인간과 동물의 다양한 질병을 치료하는 데 사용되었다. 점을 치거

---

8 Keith Thomas, *Religion and Decline of Magic*, p. 29.

9 Keith Thomas, *Religion and Decline of Magic*, p. 31.

10 Carlos M. N. Eire, *Reformations*, p. 632.

11 Carlos M. N. Eire, *Reformations*, p. 623.

나 미래를 예측하기도 했다. 실제로 사람들이 주술사를 통해 문제 해결을 경험했을 가능성이 높다. 다양한 수준의 치료법이나 치료제가 존재하지 않던 중세의 맥락에서 주술에 의존하는 것은 피하기 어려운 선택지였다. 마법술은 자체적인 절차나 의식, 시행 규칙이 있었고 충분히 논리적인 설명을 제공할 수 있었다. 특정한 질병의 치료에 대해 자체적인 합리적 원칙이 있었으며, 이 원칙은 치료제를 만드는 방식이나 정통 의학의 치료법에서도 찾을 수 있는 것이었다. 주술과 마술에 대한 의존을 전근대적인 세계관의 실천이라고 비판하는 것은 역사적 맥락에 대한 고려가 결여된 것이다. 당대인들은 마법은 단순한 상징이 아니라 자연세계에 작동하는 원리를 통해 직접적인 물리적 효과를 발휘한다고 믿었을 가능성이 크다.

가톨릭과 프로테스탄트 모두 이러한 점술 행위를 악마적 행위로 간주하며 근절하려 했다. 마법을 종교적 관점에서 이단으로 정의할 경우, 교회법에 따른 처벌 대상이 된다. 그런데 마술이 다른 사람에게 해를 끼치는 행위라면 민간 법정에서 다루는 범죄도 된다. 그래서 마술과 주술은 교회 당국과 세속 당국이 모두 다룰 수 있는 종교적·세속적 범죄를 구성했다. 1320년 교황 요한네스 22세(Ioannes XXII, 1244~1334, 재위 1316~34)가 악마술을 행하는 자들을 이단자로 규정하면서 마녀와 주술사를 처벌하는 종교재판소의 역사가 시작되었다. 많은 수의 기소와 처벌이 있지는 않았지만 시간이 지나면서 교회 당국은 마녀와 주술사들이 조직화된 악마 숭배를 실천하고 있다는 관념을 형성했다.[12] 15세기에 악마를 숭배하는 마녀라는 이미지가 창조되었다. 신앙의 순수성을 유지하고 오염된 교회를 정화하려는 시도의 산물이었다.

마녀에 대한 강경한 태도는 16세기 프로테스탄트 종교개혁과 가톨릭 종교개혁이 진행되면서 더욱 강화되었다. 더욱 높은 수준의 그리스도교 교리에 대한 이해와 실천을 요구하면서 그에 미치지 못하는 사회적 일

12 Carlos M. N. Eire, *Reformations*, p. 620.

탈자를 색출하고 처벌하거나 공동체에서 추방해 공동체를 정화했다. 종교개혁이 마녀사냥을 직접적으로 장려하지는 않았지만 마녀와 주술사들의 존재와 행동 양태, 그들을 제거해야 할 정당성 등을 제공함으로써, 지식인 사회와 대중에게 마녀사냥을 확산시켰다. 종교개혁기의 국가가 주도하는 종교 형성과 맞물린 현상이다. 프로테스탄트 신학자들이 마녀사냥을 신앙과 윤리를 수호하는 수단으로 간주했던 것처럼 가톨릭 개혁가들도 마녀사냥을 가톨릭 정통성을 방어하는 수단으로 활용했다. 가톨릭 종교개혁 시대에 마녀사냥을 옹호하는 여러 문헌이 등장했는데, 이들 문헌은 마녀사냥을 단순한 법적 처벌이 아니라 종교적 정화 과정으로 해석했다.

『마녀들의 망치』와 마녀사냥의 확산

마술과 주술이 그리스도교 공동체 안에서 수용될 수 없다는 판단이 내려졌을 때, 유럽은 마녀사냥이라는 일련의 종교적 불관용의 시대 속으로 빠져들어 갔다. 마녀사냥은 대중적 차원의 관행이 아니라 정식 재판이라는 합법적인 테두리 속에서 법과 규정에 따라 시행된 것이다. 따라서 마녀사냥이 본격화되기 이전에 마녀와 주술사들이 행하는 마법과 주술의 특징과 실천 구조를 파악하는 이론적 토대가 선행되어야 했다. 15세기에 등장한 악마학 문헌 중에서 가장 유명한 것은 1486년 출판된 『마녀들의 망치』(*Malleus Maleficarum*)이다. 도미니크회 출신의 종교재판관인 하인리히 크라머(Heinrich Kramer, 1430~1505)와 야코프 슈프렝거(Jacob Sprenger, 1436~95)가 집필한 것으로 알려져 있다(최근의 연구 결과는 슈프렝거의 공동 저작 가능성을 낮게 본다). 『마녀들의 망치』는 마녀 숭배에 대한 새로운 개념을 집대성한 악마학 서적으로 유럽 마녀사냥 역사에서 중요한 이정표이다. 1486년에 처음 출판된 이후, 1487년부터 1520년 사이에 14차례, 1574년부터 1669년 사이에 16차례 재판되었으며, 수많은 종교재판관과 법관에게 마녀를 식별하고 기소하며 유죄 판결을 내리는 방법을 가르쳤다.[13] 이 책은 16세기 마녀사냥을 법적으로 정당화하는 마녀사냥의 교과서 역할을 했다. 하지만 이 책은 출판 당시부터 크라머의 지나치게 극단적인 입장 탓에 교회의 법학자들과 신학자들의 반발을 샀다. 『마녀들의 망치』는 그 영향력이 알려진 것만큼 절대적이지는 않았던 것으로 보인다. 교황청은 공식적으로 이 책을 승인하지 않았다.

『마녀들의 망치』는 악마와 계약을 맺은 마녀가 현실에 존재해 악행을 저지른다는 악마적인 마녀 개념을 체계화했다. 책은 악마와 성관계를 맺는 것이 마녀가 되는 첫 번째 단계라고 주장했으며, 최고 단계의 마녀가 되기 위해서는 악마와 계약을 맺고, 그리스도교 신앙을 저버리며, 사탄에 대한 충성을 맹세하고 자신의 몸과 영혼을 영원히 바쳐야 한다고 설명했다. 이러한 계약은 때때로 개인적으로 이루어졌지만 보다 공식적인 의식 속에서 다른 마녀들이 참석한 가운데 이루어지는 경우가 더 많았다. 『마녀들의 망치』는 이러한 계약을 통해 마녀들에게 부여되는 악마적 힘이 강력했다고 주장한다.

> 이들 마녀는 …… 우박, 폭풍과 해로운 바람과 번개를 불러일으킬 수 있으며 …… 인간과 가축을 불임으로 만들 수 있다. …… 먹어치우지 않은 아기들을 악마에게 바치거나 죽인다. …… 또한 말을 타고 있는 사람을 미치게 만들 수 있으며, 몸이나 정신을 통해 공중을 이동하는 법을 알고 있다. …… 판사와 정부 당국자의 판단을 흐리게 만들어 자신들에게 해를 끼치지 못하게 만들며 …… 고문받는 동안 자신과 타인의 입을 다물게 할 수 있다. …… 숨겨진 것을 드러내고 미래의 특정한 사건을 예언할 수 있다. …… 인간의 마음을 왜곡시켜 어긋난 사랑이나 증오에 빠지게 만들 줄 알며 …… 번개를 사용해 특정한 사람을 죽일 수 있으며 …… 생식 능력을 앗아가거나 성적 능력을 상실하게 만들 수 있다. ……

13 Carlos M. N. Eire, *Reformations*, p. 635.

단 한번의 손길만으로 태아를 모태에서 죽일 수도 있다. …… 또한 인간과 가축에게 저주를 걸거나 단순히 쳐다보는 것만으로도 죽음을 초래할 수 있으며…… 아이들을 악마에게 헌납하는 방법도 알고 있다.[14]

『마녀들의 망치』는 마녀 숭배와 악마적 힘에 대한 공포를 조장했다. 일상의 불운조차도 마녀의 소행으로 간주될 수 있었으며, 식인과 같은 끔찍한 범죄 또한 마녀들에게 덧씌워졌다. 크라머는 마녀들의 악행이 교회법상의 처벌 대상일 뿐만 아니라 일반인들의 삶에 부정적인 영향을 주는 것이기 때문에, 세속 법관도 교회 재판관과 마찬가지로 마녀재판을 진행해야 한다고 주장했다. 크라머는 마술 숭배와 여성성을 연결지었다. 그는 여성 혐오적인 시각을 강하게 드러냈으며, 여성이 마녀가 되는 경향이 강하다는 점을 강조했다. 이 책의 제목 자체에서 여성 명사 복수형 'maleficarum'(마녀들)을 사용한 것은 『마녀들의 망치』가 주장하는 핵심 전제 중 하나를 반영하고 있다. 즉 악마술을 행하는 사람들 대부분이 여성이라는 것이었다. 또한 모든 마법은 육체적 욕망에서 비롯된다고 주장했다. 당시의 일반적인 믿음과 같이, 여성의 성욕이 남성보다 훨씬 강하다고 가정한 크라머는 악마가 여성들을 쉽게 유혹해 하수인이 되게 할 수 있다고 했다.

『마녀들의 망치』를 쓰기 3년 전에 크라머는 티롤에서 마녀사냥을 시도했다가 실패한 이후 추방당했다. 그는 지역 주교로부터 공개적인 모욕을 당했다. 크라머가 『마녀들의 망치』를 저술한 것은 자신의 입장을 정당화하고 자신이 받은 조롱에 대한 복수심 때문이었다.[15] 그래서 이 책은 오랜 기간 동안 마법과 주술 숭배에 대한 논쟁의 중심에 있었다. 크라머가 주장하는 마녀의 존재와 악마와의 계약이 허구일 가능성

14 *The Hammer of Witches: A Complete Translation of the Malleus Maleficarum*, trans., Christopher MacKay, Cambridge: Cambridge University Press, 2009, p. 282.

15 Diamaid MacCulloch, *The Reformation, A History*, New York, NY: Penguin Books, 2005, p. 565.

을 제기하는 학자들도 있었다. 15세기 프란체스코회 신학자 요하네스 니더(Johannes Nider, 1380~1438)는 마녀의 비행술을 허구로 보았다. 16세기 후반 이탈리아 법학자 잔프란체스코 폰치니비오(Gianfrancesco Ponzinibio)는 마녀의 증언이 비논리적이고 환각에 의한 진술일 뿐이라고 신빙성을 의심했다. 악마학 문헌에서도 마녀사냥을 정당화하는 입장과 의심하는 입장이 대립되었다. 마술을 믿었던 사람들 사이에서 의견 차이가 있었지만 마녀사냥을 멈출 목소리를 만들지는 못했다. 『마녀들의 망치』는 마녀사냥의 광기를 직접적으로 촉발한 책은 아니었기에 논쟁적인 만큼 신중하게 다루어졌다는 점도 지적할 필요가 있다.

15~17세기에 마녀사냥은 지적·법적 발전과 더불어 종교적·사회적·경제적 조건이 복합적으로 작용한 결과였다. 16세기 종교개혁은 마녀에 대한 믿음을 조장하고 마녀 고발로 이어지는 사회적 긴장을 만들었으며, 지배층과 일반 대중 모두 마녀사냥을 적극 지지하도록 했다. 그렇다면 근대 초 종교 변화와 마녀사냥의 촉진은 어떤 관계가 있을까?

중요한 변화 중 하나는 중세 그리스도교 세계의 통일성을 깨뜨린 종교개혁이었다. 종교개혁은 단순히 교회의 구조와 교리를 바꾼 것을 넘어 유럽 사회 전반에 깊은 영향을 끼쳤다. 특히 프로테스탄트와 가톨릭 사이의 갈등은 사회적 불안을 증폭했고 이는 마녀사냥으로 이어지는 중요한 요인 가운데 하나로 작용했다. 종교적 불확실성과 갈등은 대중에게 마녀와 같은 초자연적인 적을 찾게 만들고 마녀사냥의 확산을 촉진했다. 따라서 종교개혁은 마녀사냥이 초기 근대 유럽에서 왜, 어떻게 발생했는지를 이해하는 데 중요한 단서를 제공했다. 종교개혁과 마녀사냥의 직접적인 연결 고리를 찾는 것은 쉽지 않지만, 종교개혁이 자리를 잡아가던 16세기 중반부터 17세기 중반까지는 마녀사냥이 가장 극심했던 시기이다. 역사가들은 종교개혁이 유럽 전역의 마녀사냥을 주도한 주요 동력이었다고 주장한다. 일부 지역에서는 종교개혁과 반종교개혁이 마녀사냥의 주요 촉매제로 작용했다. 유럽 전역의 마녀사냥을 종교개혁으로만 설명하는 것은 무리이지만, 종교개혁과 반종교개혁이 마녀사냥 과정을 강

화하고 확산시키는 데 기여했다고 보는 것은 타당하다.[16]

프로테스탄트 신학자들은 가톨릭을 참된 종교에서 벗어난 타락한 미신으로 규정했다. 가톨릭교회는 성수와 성유물 등을 신성한 능력을 지닌 것으로 여겼지만 프로테스탄트 입장에서는 미신이었다.[17] 신학적이나 관념적으로만 아니라 실제로 가톨릭 성직자들이 주술과 미신적 행위를 사용했다는 혐의를 받기도 했다.[18] 프로테스탄트는 가톨릭 구조와 교리를 바꾸면서 새로운 조직과 신앙고백을 형성하는 과제를 안게 되었다. 이러한 영적인 공백은 사람들로 하여금 불확실성을 경험하도록 만들었다. 프로테스탄트 지역에서는 마녀와 같은 초자연적인 적을 상정함으로써 새로운 종교적 일체화를 시도했다. 종교개혁의 이 같은 특성이 마녀사냥의 확산에 중요한 단초가 된다.

종교개혁기에 유럽인들은 악마의 존재를 민감하게 인식하고 악마와 대항해 싸운다는 의식이 컸다. 루터는 일상 속에서 악마의 존재를 가깝게 인식하고 직접적으로 싸움을 했다. 그는 "우리 모두는 신체와 재산 모두에서 악마의 영향을 받고 있으며, 이 세계에서 우리는 나그네일 뿐이고, 이곳은 그가 왕이자 신인 곳이다"라고 썼다. 루터에 따르면, 악마는 "실존하며 온 세상을 지배하고 다스린다." 사탄이 개인에게 미치는 위험은 육체적이면서도 영적인 것이었다. 단순히 "육체의 행위 중 마술을 조장"하는 것뿐만 아니라 사악한 생각으로 사람들의 정신을 기만하는 존재이기도 했다.[19]

칼뱅 역시 세상에 악마의 힘이 실재한다는 믿음으로 악마와의 끊임없는 투쟁을 강조했다.[20] 중세인들이 가졌던 악마에 대한 전통적인 견해

16 Brian Levack, *The Witch-Hunt in Early Modern Europe*, London: Pearson, 2006, p. 111.

17 Euan Cameron, *Enchanted Europe: Superstition, Reason, and Religion, 1250-1750*, Oxford: Oxford University Press, 2010, p. 196.

18 Euan Cameron, *Enchanted Europe*, p. 209.

19 Brian Levack, *Witch-Hunt in Early Modern Europe*, p. 112.

20 Brian Levack, *Witch-Hunt in Early Modern Europe*, p. 113.

를 수용하고 마녀사냥을 위한 성서적 근거까지 덧붙였다.[21] 가톨릭에서도 악마의 힘에 대한 믿음은 발견된다. 가톨릭교도들에게는 프로테스탄트의 등장 자체가 악마의 작품이었다. 사제들은 사람들에게 악마의 힘에 대한 두려움을 일깨워 프로테스탄트와 싸우도록 했다. 악마에 대한 전쟁은 이단과 마녀를 적발해 기소하는 움직임으로 이어졌다.[22] 1560년대 이후 악마술과 관련한 문헌이 급증하면서 유럽에서 마녀사냥이 더욱 체계적으로 조직되었다. 프로테스탄트와 가톨릭 개혁가들은 마녀사냥을 단순한 범죄 단속이 아니라 종교적 순수성을 유지하기 위한 도덕적이고 영적인 전쟁으로 간주했다. 마녀사냥을 사법적 행위로 보지 않고 신앙과 윤리 문제로 해석하려는 경향이 강했다. 마녀사냥은 가톨릭교회의 정통성을 수호하는 과정의 일부이며, 종교적 질서를 유지하기 위해 필수적인 행위가 되었다. 마녀사냥은 윤리적이고 신학적인 문제로 점차 확대되었다.

대중의 문화적 삶을 감독한 성직자들은 마법과 주술적인 현상을 진정한 종교를 알지 못해 생긴 무지의 산물로 여겼다. 개혁가들은 신학적 변화를 추구하는 데에 그치지 않고 대중의 바람직한 종교성을 새롭게 정립하고 정의하려 했다. 프로테스탄트 종교개혁과 가톨릭 종교개혁은 각 지역의 대중에게 올바른 종교적 신념을 엄격하게 규정하고 그 실천을 더욱 철저하게 감시하는 선택을 했다. 악마와 그 하수인인 마녀의 존재는 순수하고 순결한 그리스도교 신앙의 확립과 확산을 막는 현실적인 적이었다.

중세와 근대 초의 모든 마녀사냥을 뒷받침한 핵심 성서 구절은 출애굽기 22장 18절이었다. 불가타 성서에서는 이를 'Maleficos non patieris vivere'로 번역했는데, "너는 무당을 살려두지 말라"로 해석된다.[23] 무

---

21 Brian Levack, *Witch-Hunt in Early Modern Europe*, p. 112.

22 Brian Levack, *Witch-Hunt in Early Modern Europe*, p. 113.

23 Carlos M. N. Eire, *Reformations*, p. 633.

당은 남성 복수형이었다. 히브리어 원문에서 성서 번역이 이루어진 경우에도 대부분 프로테스탄트 성서 번역본은 동일한 해석을 따랐다. 그런데 루터가 번역한 독일어 성서와 칼뱅주의 신학을 담은 『제네바 성서』는 주술사를 지칭하는 명사를 여성으로 번역해 각각 '차우버린넨'(Zauberinnen)과 '소르시에르'(sorcière)로 표현했다. 『킹제임스 성서』에서도 마녀(witch)를 뜻하는 여성형 명사를 사용했다("Thou shalt not suffer a witch to live").

프로테스탄트 등장 초기에 가톨릭 진영과 프로테스탄트 진영은 각자의 세력 확장과 생존에 힘썼기 때문에 마녀에 대한 박해에는 둔감했다. 종교개혁 시기의 마녀사냥은 악마와의 계약에 대한 처벌이 아니라 대중 신앙을 재정립하는 과정이었다. 마법은 사회 통제의 대상이 되었다. 16~17세기 종교개혁과 마법의 충돌은 신학 논쟁인 동시에 국가 공동체의 종교와 삶의 방식을 재편하는 운동의 산물이었다. 종교개혁이 마녀사냥에 끼친 영향을 고려할 때, 프로테스탄트 성서주의의 영향을 배제할 수 없다. 프로테스탄트 종교개혁은 성서를 그리스도교 진리의 유일한 원천으로 확립했다. 대부분의 언어로 성서가 번역되면서 대중이 성서를 읽고 마녀술에 대한 구절을 문자 그대로 수용하게 되었다. 성서의 문자적 해석은 마녀사냥을 정당화하는 강력한 도구였다. 성서 구절이 마녀사냥을 정당화하는 데 사용되면서 마녀사냥은 법적·사회적 현상이 아닌 종교적 명령으로 간주되었다.

종교개혁이 마녀사냥에 끼친 또 하나의 영향은 프로테스탄트 및 가톨릭 지역에서 모든 개인의 신앙심을 강조하고 모범적이고 도덕적인 그리스도교도로 살도록 촉구하는 현상이었다. 특정한 종교적 의무를 수행하는 것으로 충분하지 않고 더욱 엄격하게 도덕적인 삶을 살도록 했다. 이를 그리스도교화라고 할 수 있다. 개인의 경건성에 대한 강력한 요구는 심리적인 부담을 안겨주었다. 프로테스탄트 진영에서는 죄책감과 선택받지 못했다는 두려움이 늘 있었다. 프로테스탄트이든 가톨릭이든 간에, 도덕적 의식을 가진 그리스도교도 누구도 이러한 생각을 완전히 피할 수는 없었다. 사람들이 이러한 유형의 죄책감을 경험할 때, 그들은 자연스럽게 이를 해소할 방법을 찾았다. 그중 하나는 죄책감을 다른 사람에게 전가하는 것이었다. 이상적인 투사 대상은 당대 사회에서 악으로 정의된 마녀였다. 이 같은 간접적인 방식으로 마녀는 개인과 공동체가 자신들의 도덕적 가치에 대해 확신을 얻을 수 있는 기회를 제공했다.[24] 다만 종교개혁이 마녀사냥과 연관이 있고 그 확산에 기여했다고 해서 유럽 마녀사냥의 원인을 프로테스탄트 종교개혁이나 가톨릭 종교개혁과 직접적으로 연결하는 것은 적절하지 않다.[25]

마녀사냥의 지역별 양상

마녀사냥이 일어난 지리적 분포는 종교적 갈등과 마녀사냥 사이의 일정한 연관성을 시사한다. 마녀사냥은 한 국가 내에 종교적 소수 집단이 존재하거나 종파 간 갈등으로 내전이 일어난 지역에서 더욱 심각했다. 신성 로마 제국, 스위스, 스코틀랜드와 같이 종교적으로 이질적인 국가에서 마녀사냥이 주로 발생했다. 마녀사냥으로 인한 처형은 대부분 1560년대 이후 이루어졌다. 신성 로마 제국에서 세속 군주가 자신의 영토에서 종교를 선택할 수 있는 아우크스부르크 화의가 맺어진 시점 직

24 Alan Macfarlane, *Witchcraft in Tudor and Stuart England: A Regional and Comparative Study*, London and New York, NY: Routledge, 1970, pp. 192~99. 죄책감을 다른 사람에게 투사함으로써 해소하려는 시도는 쉽게 마녀 고발과 재판으로 이어질 수 있었다. 예를 들어 앨런 맥팔레인(Alan Macfarlane)은 16세기와 17세기 잉글랜드에서 수많은 고발이 경제적 도움이 필요한 사람이 문앞에 와서 도움을 요청했을 때 이를 거부한 개인으로부터 이루어졌음을 보여 주었다. 가톨릭과 프로테스탄트의 도덕적 가르침이 요구하는 이러한 자선을 거부함으로써 그 사람은 자연스럽게 죄책감을 느꼈다. 그러나 도움을 받지 못한 사람을 마녀로 묘사함으로써, 즉 도덕적으로 지원할 가치가 없는 존재로 만들어 죄책감을 없앨 수 있었다. 실제적 의미에서 죄책감을 느낀 이웃은 자신의 죄책감을 마녀에게 전가했다.

25 Brian Levack, *Witch-Hunt in Early Modern Europe*, pp. 129~30.

후, 마녀사냥이 급속도로 증가했다는 점은 흥미롭다. 신성 로마 제국은 수백 개의 정치적 하부 단위로 구성되어 있었고 지역 통치자의 종교가 지역의 종교로 결정되었다. 결과적으로 북부 독일 지역은 루터파가 되었고, 다른 지역은 가톨릭을 유지하거나 칼뱅파가 되었다. 스위스는 13개의 느슨하게 연합된 주로 구성되어 있었는데, 6개 주는 프로테스탄트가 되었고 나머지 7개 주는 가톨릭을 유지했다. 스코틀랜드는 1567년 칼뱅주의에 기반한 국가교회를 설립하고, 1590년대 장로교 정부를 갖췄다. 그러나 동시에 가톨릭 시대에서 유래한 주교제 구조도 약화되었지만 남아 있었다. 스코틀랜드 교회는 여러 프로테스탄트 교파가 경쟁했고, 스코틀랜드 북부 지역에는 가톨릭이 여전히 강세를 보였다. 프로테스탄트 지역은 기존의 질서를 전복하고 새로운 질서를 형성하는 과정에서 세속 통치자의 영향력이 확대되었다. 국가주의의 확산은 한 지역 공동체 내에서 종교적 통일성과 일체감을 강조했다. 이 범주에 들지 못하는 이들이 점차 마녀로 기소되기 시작했다.

독일은 루터파 지역과 가톨릭 지역 모두에서 마녀사냥이 잔혹하게 일어났다. 유럽에서 종교적 격변의 중심에서 사회적·정치적 갈등은 마녀사냥으로 표출되었다. 루터의 도시 비텐베르크에서 1541년 네 명의 여성이 마녀로 처형되면서 마녀에 대한 처벌이 시작되었다. 1589년 루터교가 지배하던 퀘들린부르크에서는 하루 만에 133명의 마녀가 처형되었다. 또 다른 루터교 도시 바이에른의 바이젠슈타이크(Weisensteig)에서는 1563년 한 해 동안 63명의 마녀가 유죄 판결을 받고 처형되었다. 시 당국은 「63인의 마녀가 저지른 참혹한 행위에 대한 진실한 기록」(The True and Horrifying Deeds of Sixty-Three Witches)이라는 팸플릿을 제작해 홍보하기까지 했다. 독일의 가톨릭 통치 지역에서도 프로테스탄트 못지않게 잔혹한 마녀사냥이 행해졌다. 트리어 선제후 대주교령에서는 1587년에서 1593년 사이 368명의 마녀가 화형당했다. 이 지역의 마녀사냥은 여성만이 희생된 것이 아니라 시장, 시의회 의원, 판사, 교수, 성직자들까지 마녀재판으로 희생당했다. 희생자 중에는 대법관 디트리히

지도 11 마녀사냥 지형도(16~17세기)

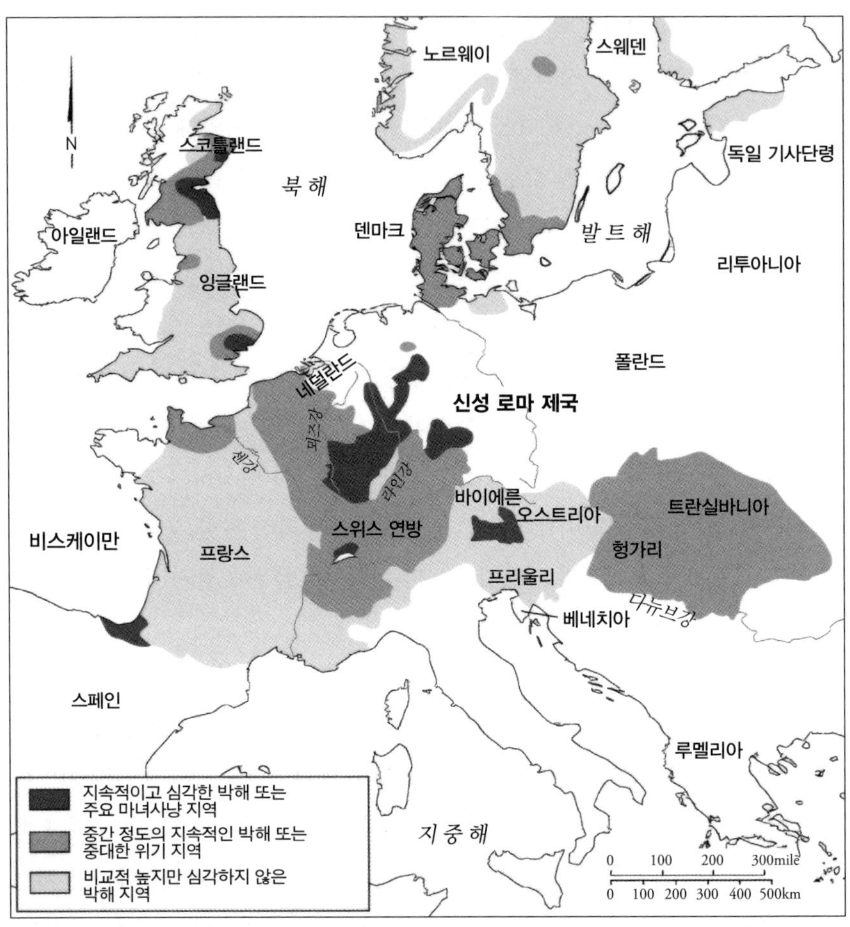

출처: Carlos M. N. Eire, *Reformations: The Early Modern World, 1450-1650*, New Haven and London: Yale University Press, 2016, p. 639.

플라데(Dietrich Flade, ?~1589)도 있었다. 마녀사냥과 고문을 반대하는 관용적인 태도가 의심을 불러일으켜 그 자신이 마녀 숭배자로 처형되었다. 가톨릭 도시 풀다에서는 1603년에서 1605년 사이 약 200명의 마녀가 처형되었다.[26] 바이에른주의 밤베르크에서는 1623년에서 1633년 사이 600명이 처형되었고, 뷔르츠부르크에서는 1626년에서 1631년 사이

약 900명이 화형당했다.[27] 마녀사냥의 공포를 경험한 목격자의 기록은 도시 전체의 모든 계층이 연루되어 있는 현실을 여실히 보여 준다.

> 도시의 절반이 연루된 듯하다. 이미 교수들, 법학자들, 목사들, 성당 참사회원들, 부제와 수사들이 체포되어 화형당했다. 쾰른 대주교 성하께서는 장차 사제가 될 신학생 70명을 두고 계셨는데, 그중 음악가로 유명한 한 명이 어제 체포되었고, 두 명을 수색했으나 도망쳤다. 총장과 그의 아내, 개인 비서의 아내도 이미 처형되었다. 나는 '로텐한'(Rotenhahn)이라는 이름의 성당 참사회원이 참수된 뒤 화형당하는 모습을 직접 보았다. 세 살, 네 살배기 어린이들조차 마귀와 관계를 맺은 존재로 여겨졌고, 아홉 살부터 열네 살까지의 귀족 가문 소년들도 불태워졌다. 상황이 너무나 참담해 도무지 누구와 말하고 어울릴 수 있는지조차 알 수 없는 지경이다.[28]

마녀 숭배에 대한 관념을 가지고 있는 성직자나 지식인 등 사회 상층부가 주도해 짧은 기간에 대규모 체포와 처형이 이루어지는 형태가 많았다. 피고인에게 고문을 가해 다른 마녀의 이름을 대도록 강요하는 경우, 마녀 혐의를 받는 사람의 수는 걷잡을 수 없이 확대되었다. 기존의 성별이나 사회적 지위와 무관하게 사회 전 계층으로 마녀사냥이 이루어졌다. 일종의 집단학살과 같았다.

칼뱅파가 주도하는 제네바의 경우, 1545년에 발생한 전염병의 원인을 마녀로 지목하고 29명을 마녀로 재판해 처형하는 사건이 발생했다. 정통 신앙의 확립과 신앙고백의 체계화라는 종교적 이유와 더불어 국가 중심의 규율 강화가 이루어지면서 종교와 세속 영역 모두에서 마녀사냥

---

26 Carlos M. N. Eire, *Reformations*, p. 638.

27 Carlos M. N. Eire, *Reformations*, p. 638.

28 George L. Burr, ed., *The Witch Persecutions*, 6 vols., Philadelphia, PA: University of Pennsylvania History Department, 1898-1912, vol. 3, pp. 18~19.

은 중요한 수단이 되었다. 제네바의 경우, 1556년에서 1570년 사이 약 90명이 재판에 회부되고 그중 30명이 처형되었다. 이듬해인 1571년에는 100건 이상의 재판이 열리고 36명이 마녀로 처형되었다. 스위스 지역의 마녀사냥은 100년 이상 꾸준히 이어졌다. 뇌샤텔의 경우, 1588년부터 1677년까지 총 360건의 마녀재판이 열리고 그중 243명이 처형되었다. 루체른에서는 1550년부터 1675년까지 505건의 마녀재판으로 254명이 처형되었다.

스코틀랜드는 국가 주도로 가장 광범위하게 마녀사냥이 이루어진 지역이다. 그중에서 가장 대표적인 인물이 1603년 잉글랜드에서 제임스 1세로 즉위한 스코틀랜드 왕 제임스 6세였다. 제임스 6세는 1590년 덴마크 여행길에서 심한 폭풍우를 경험하면서 이 폭풍이 자연 현상이 아니라 마녀들이 악마에 힘입어 일으킨 사건이라고 믿었다. 왕의 의심은 덴마크에서 마녀사냥으로 이어져 몇몇 여성이 체포되어 악마의 힘으로 폭풍을 일으켰다고 자백하는 일이 발생했다. 이러한 개인적 경험을 통해 마술적인 힘을 확신한 제임스 6세는 스코틀랜드에서도 마녀사냥을 벌였다. 그는 마녀의 존재와 악마의 힘에 대해 무지한 사람들을 계몽하고 위험성을 경고할 목적으로 1597년 『악마학』(*Daemonologie*)을 저술했다. 『악마학』 서문의 첫 문단에서 제임스 6세는 다음과 같이 저술 목적을 밝혔다.

> 이 나라에서 지금 이처럼 사악한 악마의 노예들, 즉 마녀들과 마법사들이 두려울 정도로 넘쳐나는 현실이 나를 움직이게 했다. 사랑하는 독자들이여, 나는 나의 학식을 자랑하기 위함이 아니라 단지 양심에 따라 이 책을 시급하게 써서, 사탄의 공격이 실제로 이루어지고 있으며, 이 행위 가담자들이 가장 가혹한 처벌을 받아야 마땅하다는 사실을 의심하는 자들의 생각을 바로잡고자 한다.[29]

29 Donald Tyson, ed., *The Demonology of King James I*, Woodbury, MN: Llewelyn

이 책이 출판된 1597년 3월에서 10월 사이 스코틀랜드에서 약 400명이 마녀 혐의로 재판에 넘겨져 절반 정도가 처형되었다. 스코틀랜드는 인구가 잉글랜드의 4분의 1에 불과했지만, 잉글랜드보다 세 배 이상 많은 수의 사람이 마녀로 몰려 처형되었다. 잉글랜드에서도 때로 마녀사냥이 이루어졌지만 유럽 본토에 비하면 주변적 현상이었다.

스페인, 포르투갈, 이탈리아, 프랑스 등 가톨릭 전통이 확고하게 주도한 지역에서는 상황이 다소 달랐다. 종교적으로 동질하거나 단일한 국가에서는 사회적 통제 목적의 마녀 색출이나 박해, 처벌이 적었다. 아일랜드와 가톨릭이 지배하는 이베리아 반도에서는 마녀사냥이 거의 없었다. 종교적 동질성과 마녀재판의 역상관관계는 스페인과 이탈리아의 사례에서 찾을 수 있다. 종교개혁기 동안 확고하게 가톨릭을 유지한 두 나라 모두 마녀사냥을 완전히 피하지는 못했다. 스페인은 1520년대와 1609~11년 바스크 지역에서 대규모 마녀사냥이 발생했다. 북부 이탈리아에서도 15세기와 16세기 초에 여러 차례 마녀재판이 열렸다. 그러나 동시대의 독일이나 스위스, 스코틀랜드와 같은 집단적 마녀사냥이 발생하지는 않았다. 종교재판소 운영으로 악명 높은 스페인의 경우, 마녀재판 건수도 상대적으로 적고 처형 비율도 10퍼센트 미만이었다. 루터교의 지지세가 확고한 스칸디나비아 여러 왕국에서도 마녀사냥은 상대적으로 적게 발생했다.[30] 종교적 갈등과 불일치가 심각했던 지역에서 마녀사냥이 심하게 일어났다는 상관관계는 여러 복합성에도 불구하고 대체로 인정된다.

마녀사냥의 원인은 종교적이기도 하지만 종교와 전혀 무관한 법적인 성격을 띠는 경우도 있었다. 지역에 따라 종교재판소가 마녀재판을 담당했지만 민간 법정에서 마녀재판을 주도하는 경우도 빈번했다. 마녀는 종교적 박해의 대상일 뿐만 아니라 사회적·법적으로 처벌해야 하는 반국

Publications, 2011, p. 221.

30 Brian Levack, *Witch-Hunt in Early Modern Europe*, p. 124.

가·반체제를 상징하는 존재들이었다. 그들은 신학적·법률적·정치적 정당성을 통한 제도적 박해의 대상이 되었다.[31] 대체로 상급 기관의 관할권이 미치지 않는 규모가 작은 도시에서 지방 법원이나 자치 행정관이 주도한 경우, 마녀사냥이 극단적으로 확대되기도 했다.

마녀사냥의 역사는 단순히 정부 기관이나 교회에 의해 주도된 것이 아니라 지역사회의 강력한 요구에 의해 이루어졌다는 점을 점점 강조하고 있다. 마녀재판이 주로 국가나 교회의 주도로 이루어졌다고 생각되었으나, 지금은 마녀가 살던 지역 공동체의 압력이 결정적 역할을 했다는 사실이 밝혀지고 있다. 이러한 변화는 특히 독일의 마녀사냥 연구에서 두드러지는데, 중앙 정부와 고위 법원, 교회 법정이 마녀사냥을 보다 신중하게 다루려 했다는 것이 밝혀졌다. 볼프강 베링거(Wolfgang Behringer)는 이를 다음과 같이 요약한다.

> 최근 독일 마녀사냥 연구에서 가장 큰 변화는 마녀 박해에 대한 강력한 요구가 지역사회에서 나왔다는 사실을 인식한 것이다. 중앙 유럽의 뚜렷한 특징 중 하나는 마녀사냥을 주도한 것이 국가나 교회가 아니라 공동체였다는 점이다. 공동체는 마녀 박해를 직접 조직했으며, 상급 기관에 강력한 압력을 가해 이를 실행하도록 했다.[32]

유럽 마녀사냥의 전체 규모를 추정하기란 쉽지 않다. 체포되고 기소되어 정식으로 재판에 회부된 사람들의 수를 기준으로 파악할지, 처형된 사람들의 숫자만을 희생자로 삼아야 할지는 평가의 문제이다.[33] 마녀재판은 국가의 사법적 조치이거나 교회의 공식 재판이지만, 제대로 기록되

---

31 Carlos M. N. Eire, *Reformations*, p. 637.

32 Wolfgang Behringer, "Witchcraft Studies in Austria, Germany and Switzerland", *Witchcraft in Early Modern Europe: Studies in Culture and Belief*, ed., Jonathan Barry, Cambridge: Cambridge University Press, 1996, pp. 88~89.

33 Brian Levack, *Witch-Hunt in Early Modern Europe*, pp. 20~21.

도표 12 마녀재판의 지역별 사형 집행 비율

지역	연도	재판받은 인원 (운명이 알려진 경우)	사형 집행 수	사형 집행 비율(%)
프리부르	1607~1683	162	53	33
제네바	1537~1622	318	68	21
뇌샤텔	1568~1677	341	214	63
페이 드 보	1537~1630	102	90	90
룩상부르	1509~1687	547	358	69
나무르 백작령	1509~1646	270	144	54
건지섬	1563~1634	78	33	46
프랑스 노르주	1542~1679	187	90	48
핀란드	1520~1699	710	115	16
노르웨이	1551~1760	730	280	38
잉글랜드 에식스	1560~1672	291	74	24
스코틀랜드	1563~1727	307	206	67
헝가리	1520~1777	932	449	48

출처: Brian Levack, *The Witch-Hunt in Early Modern Europe*, London: Pearson, 2006, p. 23.

지 않았거나 기록이 분실된 경우가 많았기 때문에 정확한 수치에 대해 합의하기는 어렵다. 유럽에서 900만 명이 처형되었다는 어마어마한 수치도 나오지만, 마녀재판을 주도한 이들이 자신들의 성과를 자랑하고 마녀술이 존재한다는 심각성을 강조하기 위해 과장한 수치이다.[34] 정밀한 학술 연구가 진행되면서 희생자 수의 추정치는 점차 줄어들었다. 예컨대, 스코틀랜드에서는 많게는 7,500명이 마녀사냥으로 처형되었다고 하지만 실제 수치는 1,000명 정도에 그쳤다는 주장도 제기되었다.[35] 브라

34 마녀사냥 건수에 대한 다양한 추정치에 대해서는 R. M. Golden, "Satan in Europe: The Geography of Witch Hunts", *Changing Identities in Early Modern France*, ed., M. Wolfe, Durham, NC: Duke University Press, 1997, pp. 220~21 참조.

35 Henry C. Lea, *A History of the Inquisition of Spain*, vol. 4, London: MacMillan, 1922, pp. 246~47; Christina Larner, *Enemies of God*, London: Chatto & Windus, 1981, p. 63.

이언 러백(Brian Levack)은 재판 기록이 분실되었거나 훼손된 것을 고려하더라도 마녀사냥으로 기소된 사람은 대략 9만 명이며,[36] 그중 처형된 희생자의 총수는 4만 5,000명 정도라고 추정한다.[37] 대부분의 학자의 계산도 대체로 이 추정치에 수렴한다. 리처드 골든(Richard Golden)은 4만 638명에서 5만 2,738명 사이의 처형이 이루어졌다고 아주 구체적으로 수치를 계산했다.[38] 윌리엄 몬터(William Monter)는 그보다 더 보수적으로 잡아 유럽 전체 처형 건수는 약 3만~3만 5,000명, 독일 바깥 지역의 처형 건수는 약 5,000명에 불과하다고 추정한다.[39] 카를로스 에어(Carlos M. N. Eire)는 1560년대에서 1680년대 사이 마녀재판은 약 10만 건에서 20만 건, 그중 처형자 수는 약 5만 명에서 6만 명 정도로 추정한 것을 수용하며, 디아메이드 맥클로흐는 1400년에서 1800년 사이 유럽과 아메리카 식민지에서 마녀사냥 혐의로 약 4만 명에서 5만 명의 희생자가 발생했다는 추정을 수용했다.[40] 따라서 마녀사냥과 종교개혁 연구자들 사이에서 보정된 수치는 큰 틀에서 유사하다.

프로테스탄트 종교개혁으로 사회 구조와 종교 구조가 재편되는 혼란을 겪은 국가나 영방, 도시에서 사회적 일체감을 해치는 이유로 마녀사냥이 확산되었다는 점은 분명하다. 이와 유사한 맥락에서 국가 간에 종교 전쟁이 벌어지면 마녀재판이 줄어드는 경우가 많았다. 뤽상부르는 프랑스가 30년전쟁에 참전한 시점에서 마녀 기소를 중단했다. 종교 전쟁과 마녀사냥의 역상관관계는 몇 가지 이유가 있다. 전쟁으로 기존의 사법 체계가 정상적으로 운용되기 어려워 마녀재판과 같은 국내 문제는

---

36 Brian Levack, *Witch-Hunt in Early Modern Europe*, p. 22.

37 Brian Levack, *Witch-Hunt in Early Modern Europe*, p. 23.

38 R. M. Golden, "Satan in Europe", p. 234.

39 William Monter, "Witch Trials in Continental Europe, 1560-1660", *Witchcraft and Magic in Europe: The Period of the Witch Trials*, eds., Bengt Ankarloo, Stuart Clark and William Monter, London and Philadelphia, PA: The Athlone Press, 2002, pp. 12~16.

40 Diarmaid MacCulloch, *The Reformation*, p. 650.

국가의 존폐가 걸린 전쟁에 묻혀 우선적으로 처리되지 않았다. 또한 대중적 차원에서도 마녀에게 일상의 불행과 재난의 원인을 돌리던 것이, 전쟁 때는 공동체의 적대감이 외부로 향하게 되었다. 그래서 종교 전쟁은 마녀사냥을 잠시 멈추는 효과가 있었다. 이는 마녀사냥이 일차적으로 대중적 차원이 반영된 사건이라 하더라도, 근대 초 유럽에서 발생한 세속 권력 주도의 거대한 사법적 현상의 일부임을 말해 준다.[41]

국가권력, 중앙집권화, 여성 혐오 테제

16세기 후반에서 17세기 초반에 걸쳐 유럽에 대규모 마녀사냥이 일어났지만, 지역에 따라 발생 빈도와 처형률은 큰 차이가 있었다. 국가 제도가 안정된 지역에서는 마녀사냥이 상대적으로 적었기에 마녀사냥은 근대적 형태의 민족국가 형성 과정에서 발생한 병리 현상이라고 보아야 한다. 스코틀랜드 마녀사냥 연구의 권위자인 크리스티나 라너(Christina Larner)는 국가권력 강화와 마녀사냥의 연결 고리에 주목했다. 라너는 근대 초를 그리스도교가 정치 이데올로기로 부상한 시대라고 평가했다. 15세기 후반부터 진행된 대중에 대한 그리스도교화 운동은 국가 개념 형성과 동시에 진행되었다. 대중의 결속을 위해서는 국가적으로 이념적으로 하나로 묶어줄 통일성이 필요했다. 16세기 맥락에서 이념적 통일성이란 한 지역에서 정해진 특정한 형태의 그리스도교 신앙을 사회 구성원 모두가 공적으로 따르는 것을 의미했다. 이러한 공개적인 복종은 도덕적 정화의 명목으로 강제되었다.[42]

마녀사냥은 단순한 미신이나 광기의 결과가 아니라 근대 사회 체제

41 Brian Levack, *Witch-Hunt in Early Modern Europe*, p. 126.

42 Christina Larner, *Witchcraft and Religion: The Politics of Popular Belief*, New York, NY: Basil Blackwell, 1984, p. 124.

형성과 종교개혁이라는 역사적 맥락 속에서 국가에 의한 이념적 통제와 신앙적 순수성을 강화하려는 움직임과 연관된다. 프로테스탄트와 가톨릭 모두에서 마녀사냥은 신앙의 순수성을 유지하고 사회를 정화하려는 더 큰 목표의 일환이었다. 이러한 과정에서 마녀사냥은 단순히 초자연적인 범죄를 처벌하는 것을 넘어 종교적·사회적 통제 도구로 활용되었다. 이는 마녀사냥이 왜 16세기 중반 이후에 극심했는지, 그리고 왜 특정 지역에서 더 강력하게 진행되었는지에 대한 단서가 된다. 종교개혁의 진행은 개인의 도덕성과 종교적 정화를 증진한다는 명목으로 사회 통제를 강화하는 사건이었다. 그들은 사회의 종교적 정화를 위해 국가의 입법 권력과 사법 권력을 적극적으로 활용했다. 칼뱅이 제네바에서 활동할 시기에 도덕적 범죄를 사법적으로 처리하기 위해 시의회는 다수의 법률을 제정했다. 전통적으로 도덕과 윤리 문제는 교회 법정이 주도했지만, 교회 사법권이 쇠퇴한 프로테스탄트 지역에서는 국가가 입법과 사법 권한을 이용했다.[43] 세속 치안판사들이 도덕적 범죄를 다룰 책임을 졌는데, 이는 정화된 그리스도교, 경건한 그리스도교도를 만들고 사회의 윤리적 순결을 담보할 책임이다. 강력한 권력을 지닌 제네바나 스코틀랜드의 성직자들은 세속 통치자에게 사회를 온전한 그리스도교 국가로 만들어가도록 칼뱅주의가 다양한 압력을 가했다. 이 지역에서 세속 당국은 마녀사냥을 승인하고 주도했다. 경건한 국가를 건설하려는 목표는 프로테스탄트에만 국한되지 않았다. 가톨릭 국가인 스페인에서 종교재판을 교회 법정이 아닌 국왕 아래 두었다는 것도 이와 무관하지 않다. 가톨릭 통치자들도 정화된 그리스도교 국가라는 이상을 추구했다. 세속 권력과 성직 권력이 하나로 통합된 주교제후가 통치하는 독일의 공국에서는 세속 권력을 이용해 도덕적이고 경건한 그리스도교 국가를 구현할 목적으로 마녀사냥이 활용되었다.[44] 사회 정화는 종교 용어에서 출발해 국가 통제의

---

43 Brian Levack, *Witch-Hunt in Early Modern Europe*, p. 119.

44 Brian Levack, *Witch-Hunt in Early Modern Europe*, p. 120.

용어로 자리 잡았다. 반사회 세력, 반체제의 상징으로 처벌된 것이 마녀였던 것이다.

일반 대중에게 마녀란 무엇이었을까? 대부분의 사람에게 마녀는 악마 숭배자이기보다는 현실에 불행을 가져다주는 존재였다. 이론적으로 악마와 계약을 맺고 비밀의식을 행하는 이를 마녀라고 규정할 수 있지만, 자신의 일상에 직접 영향을 주지 않는 한 크게 문제가 되지 않았다. 오히려 홍수나 가뭄 같은 일기 변화를 가져와 농사를 망치는 혐의가 마녀에게 제기되었다. 마녀의 문제는 특정한 사회적·문화적 맥락에서 대중의 삶에 직접적으로 영향을 주는 중요한 요인으로 의심을 받았다.[45]

마녀사냥은 남성과 여성 사이의 젠더 갈등 또는 여성과 여성 사이의 사회적 긴장의 반영으로도 해석되어 왔다. 마녀사냥 또는 마녀재판이라는 표현은 그 자체로 여성에 대한 혐오나 차별이 전제되어 있다. 근대 초 마녀사냥이라는 주제에서 왜 마법에 대한 혐의와 비난의 대상이 여성이었을까? 마녀는 여성과 노인 또는 과부로, 사회적·경제적으로 주변화된 존재로 묘사되었다.[46] 키스 토머스, 맥팔레인, 라너 등의 연구는 마녀에 대한 고전적 전형을 만드는 데 기여했다. 초기의 마녀사냥 연구에서 마녀에 대한 지배적인 고정관념을 정립한 토머스는 마녀에 대해 두 가지 전제를 제시했다. 희생자 대부분은 가난했고, 그중 대부분은 여성이었다는 것이다.[47]

유럽 전체의 지리적 상황 속에서 러백은 이 시기에 피고발인의 약 75퍼센트가 여성이었다고 추정했다.[48] 독일의 경우에서처럼 마녀사냥의 박해에서 남성 엘리트 계층까지 포함되기도 했지만, 유럽 전반적으로

---

45 Keith Thomas, *Religion and Decline of Magic*, pp. 535～69; Alan Macfarlane, *Witchcraft in Tudor and Stuart England*, pp. 147～207.

46 M. Gaskill, "Witchcraft in Early Modern Kent: Stereotypes and Backgrounds to Accusations", *Witchcraft in Early Modern Europe: Studies in Culture and Belief*, ed., Jonathan Barry, Cambridge: Cambridge University Press, 1996, p. 258.

47 Keith Thomas, *Religion and Decline of Magic*, p. 520.

48 Carlos M. N. Eire, *Reformations*, p. 639.

도표 13 지역별로 마녀로 기소된 사람들의 성별

지역	연도	남성	여성	여성 비율(%)
신성 로마 제국(1648년 경계 기준)	1530~1730	4,575	19,050	76
독일 남서부	1562~1684	238	1,050	82
로텐부르크 옵 데어 타우버	1549~1709	19	46	71
바젤 주교령	1571~1670	9	181	95
프랑슈콩테	1559~1667	49	153	76
제네바	1537~1662	74	240	76
페이 드 보	1581~1620	325	624	66
나무르 백작령	1509~1646	29	337	92
룩상부르	1519~1623	130	417	76
툴시	1584~1623	14	53	79
프랑스 노르주	1542~1679	54	232	81
노르망디	1564~1660	278	103	27
카스티야	1540~1685	132	324	71
아라곤	1600~1650	69	90	57
베네치아	1550~1650	224	490	69
핀란드	1520~1699	316	325	51
에스토니아	1520~1729	116	77	40
폴란드 비엘코폴스카	1500~1776	21	490	96
러시아	1622~1700	93	43	32
헝가리	1520~1777	160	1,482	90
잉글랜드 에식스	1560~1675	23	290	93
뉴잉글랜드	1620~1726	75	267	78
아이슬란드	1625~1685	110	10	8

출처: Brian Levack, *The Witch-Hunt in Early Modern Europe*, London: Pearson, 2006, p. 142.

는 여성이 주된 희생자였다. 크리스토퍼 매카이(Christopher MacKay)는 크라머의 『마녀들의 망치』를 마녀보다는 여성에 대한 의도된 공격이라고 보았다.[49] 또한 러백은 다수의 피고발인이 아마도 50세 이상의 여성이었을 것이라고 결론내렸다.[50]

49 *The Hammer of the Witches*, p. 25.

라너는 근대 초에 주술 혐의로 기소된 사람이 주로 여성이었던 이유에 대해 좀 더 세밀하게 파고들었다. 마법과 주술의 특징을 여성에게 귀속시키지만, 초자연적인 힘을 빌려 악한 행위를 수행하는 것은 여성에게만 주어진 속성은 아니다.[51] 또한 여성과 마녀를 성적 일탈이나 욕망과 결부짓는 통념은 현실을 제대로 반영하지 않은 고정관념이라고 비판했다. 라너에 따르면, 주술 혐의로 기소된 이들이 대부분 여성이었던 이유는 그리스도교적 정치 이념이 사회에 강요되는 과정과 밀접히 관련되어 있었다. 다시 말해 '마녀'라는 개념은 가부장적 사회질서를 정당화하고 강화하기 위한 권력 장치로 기능한 것이다.

> 마녀사냥은 여성 사냥이거나 적어도 남성의 기대에 부합하지 않는 여성을 단죄하는 과정이었다. 즉 여성이 어떻게 행동해야 하는가에 대한 사회적 규범과 관련이 있다.[52]

마녀사냥이 일어났던 시기의 가부장적 이상은 여성에게 침묵과 복종을 요구하는 것이었다. 여성은 남편 앞에서 조용해야 했고 오로지 남편에게만 신실해야 했다. 결혼만이 모든 성적 활동이 이루어질 수 있는 유일하고 적절한 수단이었다. 이는 당시의 설교, 팸플릿 및 기타 문헌에서 명확하게 드러난다.[53] 즉 마녀사냥의 본질이 미신이나 주술과 같은 종교적 요인이 아니라 가부장제 사회 구조에 대한 순응이나 저항으로 대비되는 사회적·문화적 요인이라는 점이다. 종교개혁으로 남성 중심의 가부장제 사회로 전환되는 혼란 속에서 사회적으로 취약한 지위에 있는

---

50 Brian Levack, *Witch-Hunt in Early Modern Europe*, p. 149.

51 Christina Larner, *Witchcraft and Religion*, p. 92.

52 Christina Larner, *Witchcraft and Religion*, p. 100.

53 Marianne Hester, "Patriarchal Reconstruction and Witch Hunting", *Witchcraft in Early Modern Europe: Studies in Culture and Belief*, eds., Jonathan Barry, Marianne Hester, Gareth Roberts, Cambridge: Cambridge University Press, 1996, p. 294.

여성들이 마녀 혐의로 희생양이 되었을 가능성이 높음을 시사한다. 여성에게 가해진 마녀사냥이라는 폭력을 여성의 성에 대한 고정관념을 넘어 중세 말과 근대 초까지 이어진 일련의 사회적·문화적 메커니즘 내에서 재구성해야 한다는 주장이 점차 설득력을 얻고 있다.[54] 이들 연구는 전통적인 성별 서사나 연령 서사를 반박한다. 유럽 전역의 동시대인들은 마녀를 전형적으로 노인으로만 여기지 않았다는 점이 분명하다. 제임스 샤프(James Sharpe)는 마녀에 투영된 고정관념을 '지나치게 단순화된 환원주의'(simplistic reductionism)라고 비판했다.[55] 나이가 많고 여성이며, 사회적·경제적으로 취약한 상태에 있는 과부라는 마녀의 이미지는 다양한 자료를 통해 보았을 때 일정 부분 타당성이 있다. 앨리슨 롤랜즈(Alison Rowlands)가 말한 것처럼 '일단의 진실 요소'가 존재하지만, 이 고정관념은 심각한 결함을 안고 있다.[56] 넓은 의미에서 보면, 피고발인은 대개 기혼 여성이었지만 피고발인의 구체적인 상황은 시간과 지역에 따라 매우 다양했다. 연령, 사회적 지위, 경제적 능력의 차이는 보다 복합적인 양상을 만들어낸다. 어떤 하나의 고정된 전형 속에 들어맞는지를 판단하기 어렵다. 그럼에도 피고발인들 사이에 하층민이 두드러지게 많은 것은 사실이다.

토머스나 맥팔레인은 1970년대, 근대 초 유럽 마녀사냥에 대한 학계의 관심이 거의 없던 때에 이 분야를 개척한 선구자들이었다. 오늘날 이 주제가 많은 학자의 열정과 논쟁을 불러일으킨다는 사실은 그들의 업적을 입증해 준다. 그러나 그들이 만들어낸 마녀와 마녀사냥에 대한 고정관념은 정밀함이나 정확성을 담보하지 않는다. 그들의 마녀에 대한 담론은 남성 지배를 유지하고 재구성하는 하나의 수단으로 작용했다고 볼

54 Marianne Hester, "Patriarchal Reconstruction", p. 288.

55 James Sharpe, *Instruments of Darkness: Witchcraft in England, 1550-1750*, London: Penguin, 1996, p. 10.

56 Alison Rowlands, "Witchcraft and Old Women in Early Modern Germany", *Past and Present* 173, no. 1, 2001, p. 88.

도표 14 마녀로 기소된 여성들의 혼인 상태(신분이 알려진 경우)

지역	기간	기혼	과부	미혼	기혼 비율(%)
툴시	1584~1623	17	29	7	36
바젤	1571~1670	110	60	11	61
몽벨리아르	1555~1661	31	25	11	50
잉글랜드 에식스	1645	22	21	8	43
잉글랜드 켄트	1560~1700	11	24	19	25
스코틀랜드	1560~1727	245	67	7	70
미국 매사추세츠 세일럼	1692~1693	68	22	40	52
스웨덴	1668~1676	49	19	32	49
제네바	1537~1662	104	81	50	44
베네치아	1550~1650	170	71	32	62

출처: Brian Levack, *The Witch-Hunt in Early Modern Europe*, London: Pearson, 2006, p. 155.

수 있다. 급변하는 사회 속에서 위협받을 가능성이 있는 가부장제의 현상유지를 위해 마녀사냥은 재구축되었다.[57]

마녀사냥의 쇠퇴와 탈주술화

프로테스탄트 종교개혁, 가톨릭 종교개혁, 그리고 16세기와 17세기 내내 프로테스탄트와 가톨릭 사이의 격렬한 갈등은 유럽 마녀사냥의 확산에 영향을 끼쳤다. 하지만 동시에 이러한 변화는 마녀사냥의 쇠퇴를 위한 토대를 마련하기도 했다. 프로테스탄트가 강조한 신의 주권, 성서문자주의의 발전, 그리고 가톨릭과 프로테스탄트 양측에서 이루어진 마귀 퇴치의식이 불러온 회의적 태도는 모두 마녀사냥을 약화하는 방향으로 작용했다. 프로테스탄트의 성서문자주의는 마녀사냥을 정당화하는 데 활용되었지만, 장기적으로 성서에 대한 진지한 접근은 마녀사냥을 주

57 Marianne Hester, "Patriarchal Reconstruction", p. 305.

저하게 만드는 역할도 했다. 성서에는 마녀나 악마 숭배에 대한 직접적인 언급이 없다. 오히려 신적 능력이 악마적 힘을 압도한다는 근거는 성서에서 다양하게 찾을 수 있었다. 칼뱅의 신적 주권에 대한 확신도 성서적 근거를 바탕으로 한 것이다. 칼뱅주의는 신자들에게 사탄의 존재와 끊임없이 싸우도록 했지만, 사탄이 마녀와 같은 사람을 통해 물리세계 내에 활동하기보다는 철저하게 영적인 존재라는 점을 신학적으로 정당화했다. 전통적으로 그리스도교는 일신교로서 하느님의 주권을 강조해 왔으며, 우주 속에 초자연적인 악의 세력인 악마가 존재함을 인정하면서도 악마가 하느님과 동등한 권능을 가진 존재라는 신학적 견해는 이단으로 간주해 왔다. 사탄의 영향력에 대응하는 신적 주권을 강조하는 프로테스탄트 교리는 마법의 실재에 대해 의심케 하고, 전반적으로 마녀의 존재와 개념에 대해 회의적인 시각을 발전시켰다.[58]

마녀가 실제로 존재하지 않고 교회 당국의 발명일 수 있다는 철학적 회의론에 대한 관심이 생기면서 마녀사냥에 대한 비판이 가중되었다. 마녀를 믿는 사람들의 태도가 맹신이라는 비판이나 마녀술은 입증하기가 불가능한 범죄라는 비판 등이 있다. 1563년 출간된 요한 바이어(Johann Weyer, 1515~88)의 『악마의 속임수에 대하여』(*De Praestigiis Daemonum*)는 근대적인 마녀 회의론의 출발점이 되는 저작이다. 에라스무스의 영향을 받은 의사 출신 바이어는 유럽 전역을 휩쓴 마녀사냥과 재판을 비판했다. 그는 마녀가 실제로 악마와 계약을 맺은 존재가 아니라 정신적으로나 신체적으로 병든 사람일 가능성이 크다고 보았다. 대부분 광기, 노쇠나 질병으로 환각을 경험한 것이다. 그렇기 때문에 재판에서 피고발인들의 자백은 신빙성이 없어 법적으로 무효이며, 자백한 마녀들은 처벌이 아닌 영적 상담이 필요하다고 했다.[59] 합리주의 세계관의 등장은 마녀사냥을 환상이나 착각으로 보게 했으며, 17세기 말과 18세기 유럽에서 발

58 Brian Levack, *Witch-Hunt in Early Modern Europe*, p. 128.

59 William Monter, "Witch Trials in Continental Europe", p. 20.

생한 과학적 지식의 성장으로 인해 마녀사냥은 서서히 사라졌다.

그러니 프로테스탄트 교회나 가톨릭교회가 주도적으로 마녀사냥을 제한하거나 폐지했다고 하기는 어렵다. 마녀와 악마술의 쇠퇴는 17세기 이후 발전한 과학적 사고와 철학적 합리론에 힘입은 바 크다. 르네 데카르트(René Descartes, 1596~1650)와 토머스 홉스 등의 철학자들이 초자연적 세계관과 물리적 세계관을 분리하면서 악마가 물리적 세계에 개입할 수 있다는 믿음이 점점 약화되었다. 그들은 마녀사냥이 미신과 비합리적인 데에 기반한 것이라고 비판하면서 법적 개혁을 요구했다. 17세기 중반부터 법률가들은 마녀사냥의 법적 절차에 대해 의문을 제기했다. 마녀사냥의 법적 근거가 불완전하며, 무고한 많은 사람이 억울하게 처형되고 있다고 주장했다. 마녀사냥을 부정하는 논리가 더욱 확산되면서 마녀사냥의 정당성은 지속적으로 약화되었다. 법률적 측면에서도 마녀재판에서 고문을 사용해 자백을 강요하는 것을 엄격히 제한하는 법률이 제정되었다.

마녀사냥은 유럽 사회 전반의 신념 체계와 문화적 변화 속에서 형성된 복합적인 현상이었다. 마녀사냥은 종교적 또는 법적 문제만이 아니라 정치적 의미도 지녔다. 16~17세기 동안에 세속 군주들은 마녀사냥을 국가권력을 강화하고 반대파를 제거하는 수단으로 활용했다. 예를 들어 프랑스의 장 보댕(Jean Bodin, 1530~96)은 왕권신수설을 옹호하며 마녀사냥을 정당화했다. 17세기 후반부터 중앙 정부가 점차 권력을 강화하면서 지방에서 자율적으로 진행되던 마녀사냥을 제한하는 경향이 나타났다. 이는 중앙 정부가 법률적 절차를 정비하면서 마녀사냥이 지방 귀족과 교회의 권력을 유지하는 수단이 되는 것을 막기 위해 개입했기 때문이다. 마녀재판은 계몽주의 시대에 지적·정치적으로도 설 자리를 잃었다. 마녀사냥이 국가의 질서 유지와 연결되었던 16~17세기와 달리, 18세기에는 정치적 안정이 이루어지면서 마녀사냥을 유지할 필요성이 줄어들었다. 유럽 전역에서 마녀재판은 급격히 감소했다. 1736년 잉글랜드에서는 공식적으로 마녀 관련 법률이 폐지되었다.

흔히 종교개혁을 계몽주의와 함께 세속화 과정에 기여했다고 평가한다. 중세적 주술과 미신적 사고가 합리적인 사고 체계로 전환되며, 인간 행위에서 마법을 제거하는 '세계의 탈주술화'가 이루어졌다고 표현한다. 막스 베버는 탈주술화 개념을 사용해 종교개혁기에 일어난 세속화 패러다임을 설명하려 했다. 세속화를 종교개혁의 궁극적인 유산이라고 보았다. 베버는 프로테스탄트가 그들의 세계에서 마술을 몰아냈다고 이해했다. 베버가 고안하지는 않았지만, 사회과학 용어로 차용해 대중화한 탈주술화(Entzauberung)는 사회 속에서 마법과 신비적 세계관이 제거되는 합리화 과정을 설명하기 위한 개념이다. 탈주술화 테제는 종교의 합리화와 세속화를 근대성 논제로 삼은 베버 테제의 주요한 요소이다.[60] 이른바 악마, 유령, 정령 등과 같은 초자연적인 힘과 카리스마를 가진 존재가 자연세계를 조종할 수 있는 힘을 배격한 것이다.[61] 탈주술화는 종교에서 미신적 요소를 걸러내는 것이지, 그리스도교에 대한 도전이나 종교성의 쇠퇴를 의도한 것은 아니다.

베버는 "문명화되지 않은 원시적 문화에서는 마법적 수단에 의존해야 했지만, 근대에서는 더 이상 마법적 수단에 의존할 필요가 사라졌다. 기술적 도구와 활용이 그 역할을 한다. 이를 지성화"라고 표현했다.[62] 주술의 해체는 일상생활에서 물질세계 너머에 존재하는 마법적이거나 신성한 영역을 더 이상 믿지 않는다. 베버는 "지성주의가 마법에 대한 믿음을 억압함에 따라 세계 작동의 과정에서 마법이 해체되고 의미를 잃었다. 따라서 단순히 '존재'하고 '일어나지만' 더 이상 아무것도 의미하지 않는 상태가 된다. 결과적으로 세상과 삶의 전체 패턴이 의미 있고 중요한 질서에 복종해야 한다는 요구가 커지고 있다"라고 하면서 미신적 세계

60 Jeffrey E. Green, "Two Meanings of Disenchantment: Sociological Condition vs. Philosophical Act-Reassessing Max Weber's Thesis of the Disenchantment of the World", *Philosophy & Theology* 17, nos. 1 · 2, 2005, p. 51.

61 Jeffrey E. Green, "Two Meanings of Disenchantment", p. 56.

62 Jeffrey E. Green, "Two Meanings of Disenchantment", p. 57.

도표 15 마녀재판의 마지막 처형 및 재판 연도

국가 또는 지역	마지막 처형 연도	마지막 재판 연도
파리 고등법원	1625	1693
알자스	1683	1683
프랑슈콩테	1661	1667
캉브레	1679	1783
네덜란드 공화국	1609	1659
룩상부르	1685	1685
스위스	1782	1782
제네바	1652	1681
잉글랜드	1685	1717
에식스	1645	1675
스코틀랜드	1706	1727
아일랜드	1711	1711
뉴잉글랜드	1692	1697
덴마크	1693	1762
스웨덴	1710	1779
핀란드	1691	1699
뷔르템베르크	1749	1805
뷔르츠부르크	1749	1749
베스트팔렌	1728	1732
켐프텐	1775	1775
아우크스부르크	1728	1738
바이에른	1756	1792
뉘른베르크	1660	1725
프로이센	1714	1728
오스트리아	1750	1775
헝가리	1756	1777
슬로베니아	1720	1746
폴란드	1775	1776
스페인	1781	1820
포르투갈	1626	1802
팔레르모	1724	1788

출처: Brian Levack, *The Witch-Hunt in Early Modern Europe*, London: Pearson, 2006, p. 155.

관과 근대의 지적 정직성은 양립할 수 없는 것이라고 했다.[63]

탈주술화는 종교적 믿음을 부정하지 않는다. 근대 초 탈주술화는 유럽에서 마법과 종교의 분리를 의미했다. 종교와 마법의 구분은 종교개혁 이전의 교회에서는 모호했으며, 프로테스탄트는 중세 그리스도교 예배의 중심 행위인 미사와 화체설을 마법의 한 형태로 간주했다. 종교개혁은 종교적 신비와 미신적 주술 사이의 회색지대를 제거했다고 평가받는다. 우선 가톨릭의 마법적 요소를 제거했다. 성찬에서 사제의 성체 축성이 자동적으로 그리스도의 살과 피를 만든다는 믿음을 거부했다. 즉 인간의 행동이 초자연적 효과를 가져올 수 있음을 부정했다. 성유물이나 성상, 면벌부와 같은 물리적인 것이 신성한 힘을 가진다는 것도 받아들이지 않았다. 종교는 세계의 작동에 대한 미신적 개념에서 벗어나 내적 신념의 문제가 되었고, 근대성의 특징인 합리적인 인간 행동을 가능하게 했다.[64] 베버는 청교도주의가 탈주술화를 효과적으로 성취한 주체라고 보았다. 청교도는 구원에 대해 미신, 마법적 혹은 가톨릭의 성례적 힘에 대한 신뢰를 철저히 거부했기 때문이다.[65]

그러나 탈주술화 테제는 여러 가지 한계가 있다. 16세기 종교개혁을 프로테스탄트와 가톨릭 지역의 재그리스도교화 또는 다시 뿌리내리기로 본다면 종교성의 강화로 이어진다. 종교성의 강화와 탈주술화가 반드시 대립하는 개념이라고 할 수는 없지만, 서로 모순되는 지점은 분명히 존재한다. 프로테스탄트는 새로운 사고방식과 세계관을 형성하는 데 중요한 역할을 했으며, 이 과정에서 근대적 변화를 가져왔다. 그러나 프로테스탄트가 중세와 완전히 단절했다고 말하기는 어렵다. 프로테스탄트가 마법적 의식과 주술적 신념을 폐기했다고는 하지만, 프로테스탄트 세계관 역시 중세적 세계관에서 완전히 벗어나지 못한 주술적이고 초월

---

63 Jeffrey E. Green, "Two Meanings of Disenchantment", p. 58.

64 Robert W. Scribner, "The Reformation, Popular Magic, and Disenchantment", p. 475.

65 Jeffrey E. Green, "Two Meanings of Disenchantment", p. 57.

적인 믿음에 여전히 의존하고 있었다. 이를 가장 분명하게 증명하는 것이 바로 악마의 존재에 대한 믿음이었다. 프로테스탄트는 여전히 하느님이 창조한 자연세계를 일정하게 지배하는 악령의 존재를 믿었다. 루터나 칼뱅은 악마의 존재와 활동을 과장스럽게 묘사해 사탄과 치열하게 싸울 것을 지속적으로 독려했다. 프로테스탄트 교도들은 중세의 마법적이고 미신적인 세계관을 완전히 포기하지 못했다. 특정 시점의 과거를 평가하는 것은 그 변수가 현재를 평가하는 것만큼이나 복잡하다. 근대성, 주술성, 탈주술성은 당시 현실을 설명하는 데 제한적일 수 있다.

탈주술화 테제와 프로테스탄트의 마녀사냥은 이 점에서 직접적으로 충돌하고 모순된다. 유럽의 대규모 마녀사냥은 교회 당국이 가지고 있는 마녀에 대한 환상이 지속적으로 주입된 결과였다. 마법에 대한 믿음이 퍼져 있었다는 사실은 마녀와 같이 마술을 사용한 사람들이 실제로 힘을 가졌다고 믿었음을 시사한다. 마법이 사회적으로 중요한 역할을 했을 가능성을 의미한다. 그래서 프로테스탄트 교회는 마녀가 악마와 계약을 맺었다는 혐의로 마녀를 기소하는 데 더욱 적극적이었다.

베버의 탈주술화 이론이 종교개혁기 맥락 속에서 모순되고 적용하기 어렵다는 반론과 비판은 1980년대 로버트 스크리브너가 제기했다. 스크리브너는 베버의 탈주술화 테제의 기본 가정을 해체했다. 그는 종교의식을 인류학적 접근 방식을 사용해 규정했다. 스크리브너는 마술을 매우 광범위하게 정의해 프로테스탄트 교도들이 여전히 종교와 마술이 분리되지 않은 한 공간에 갇혀 있다고 주장했다. 프로테스탄트가 악마와 주술을 계속 믿었다는 사실은 기존의 주술적 세계관을 폐기하는 데 실패했다는 증거였다. 논리적으로 프로테스탄트가 근대성과 세속주의를 향한 걸음이었다는 것 역시 성립할 수 없는 가정이었다. 스크리브너는 프로테스탄트 개혁가들이 가지고 있는 초자연적인 세력에 대한 믿음과 그것을 마녀에 투영해 마녀사냥을 정당화한 것은 여전히 마술과 종교 사이의 경계가 모호했음을 말해 준다고 보았다. 스크리브너는 프로테스탄트와 가톨릭이 재그리스도교화를 실천했기 때문에 여전히 중세적 세계관의 연장이었다고 본다. 따라서 세속주의와 근대성의 출현을 16~17세기 프로테스탄트에서 추적하기란 불가능하다는 논리적 결론에 도달했다.

탈주술화라는 용어는 그리스도교 내의 패러다임 전환을 의미한다. 프로테스탄트는 전통적인 가톨릭교회의 신성성과 종교성에 대한 가정을 재정의한다. 대중 신앙과 마술적 전통을 벗어버린 프로테스탄트도 중세 성인의 보호와 중재 능력을 버리는 대신에 악마의 지상적 지배에 대한 새로운 교리를 만들어 현실에서의 영적 전투의 관념을 창조했다. 이와 더불어 현실 세계에 직접적으로 간여하는 신적 간섭을 의미하는 신적 주권과 '섭리'의 개념이 종교개혁과 함께 등장했다. 멜란히톤은 피조세계에 간섭하는 신적 섭리 개념을 최초로 신학화했다. 이를 발전시킨 칼뱅은 1552년 섭리가 단순히 초월적 신의 개념이 아니라 신이 세상의 모든 사건에 직접적이고 지속적으로 관여하는 것이라고 주장했다. 신이 우주 전체뿐만 아니라 개별 생명체 하나하나까지도 세심하게 돌본다고 보았다.[66] 신은 초월의 존재이지만 동시에 세속사에 구체적으로 간섭하는 현재의 존재였다. 종교개혁 사상가들은 신의 허락 없이는 이 세상에서 아무 일도 일어날 수 없다고 가르쳤다.[67] 칼뱅은 초자연적인 사건이 매일 일어난다고 선언했다. 성서는 하느님이 태양을 멈추게 하거나 자연의 흐름을 거스르는 기적을 증언한다. 세상이 전적으로 하느님의 섭리에 의해 지배된다면, 하느님은 지진·홍수·가뭄과 같은 재해를 통해 자기를 계시할 수 있다는 전반적인 믿음이 발전했다.[68] 중세 가톨릭에서도 흑사병과 같은 재해를 신적인 심판으로 간주했지만, 종교개혁 이후의 신학자들은 이러한 사건을 바라보는 패러다임을 바꾸었다. 대중에게는 하느님의 전능성 교리를 강조했다. 하느님의 섭리에 대한 가르침은 하느님이 지상의 일에 개입해 사람들을 도울 수 있다는 믿음을 발전시켰다. 그

66 Euan Cameron, *Enchanted Europe*, p. 212.

67 Keith Thomas, *Religion and Decline of Magic*, p. 90.

68 Keith Thomas, *Religion and Decline of Magic*, p. 92.

래서 예배의식의 방편으로서 기도가 아니라 일상에서 육체나 영혼에 어떤 결핍이 있을 때마다 탄원하는 기도의 필요를 강조했다.[69] 세계에 대한 신적 개입에 대한 강력한 믿음은 '도덕화된 우주'라는 관념을 만들었다. 하느님은 부도덕과 죄악을 심판하기 위해 직접적으로 세계 속에 개입한다는 것이다. 하느님의 말씀을 무시하면 자연재해나 전염병 같은 파멸을 불러오지만, 하느님의 말씀을 지키면 풍요와 안녕이 보장될 것이라고 믿었다. 프로테스탄트의 도덕화된 우주는 그것에 영향을 받는 사람에게 불안을 증폭시켰다. 이 불안과 두려움의 원인으로 돌릴 수 있는 대상이 마녀일 수 있었다.

근대, 마녀사냥과 종교개혁

종파성의 강화, 사회적 규율, 세속화와 근대성으로의 전환 같은 개념은 프로테스탄트 종교개혁을 이해하는 주요한 틀이다. 그런데 마녀사냥과 종교개혁기의 중첩은 프로테스탄트 종교개혁의 또 다른 측면을 보여 준다. 프로테스탄트가 탈주술을 했다기보다는 또 다른 형태의 주술화를 성취했다고 보는 것이 적절하다. 프로테스탄트가 추구한 세계는 탈주술을 벗어난 세계가 아니었다. 오히려 그 반대였다. 재그리스도교화 테제는 탈주술화로 이어지기보다는 다른 형태의 주술화이다. 악마의 활동에 대한 강력한 믿음을 가지고, 악마의 대리자인 적그리스도와 대결하는 종말론적인 세계관과 탈주술화는 부합하지 않는다. 루터와 칼뱅 등 종교개혁가들의 세계는 신성한 것과 악마적인 것의 투쟁을 강조하는 주술 세계였다.[70] 프로테스탄트 교회도 주술성 위에 세워졌다. 여전히 그들은 중세적이었다. 프로테스탄트가 탈주술이라고 믿은 것은 시대착오적 오류이다.

---

69 Keith Thomas, *Religion and Decline of Magic*, p. 133.

70 Robert W. Scribner, "Reformation, Popular Magic, and Disenchantment", p. 483.

마녀사냥을 종교적 시각으로 본다면 주술적 세계관의 연장이지만, 근대의 태동에 따른 정치적·사회적 문제와 연결한다면 그리스도교를 바탕으로 삼은 세속 국가의 강화와 연결된다. 세속 통치자들이 마녀사냥을 정치적 목적을 위해 주도적으로 활용한 것이다. 그렇다면 마녀사냥의 쇠퇴에 대한 평가도 변수를 무엇으로 놓을 것인가에 따라 달라진다. 주술성에 기반해 본다면, 양심의 자유, 재산 보호, 진보에 대한 믿음 등과 같은 세속적 가치가 정치적 목표로 대체되었을 때 마녀에 대한 믿음은 사라졌다. 반면에 정치적 관점에서 본다면, 16~17세기에 만연하던 마녀사냥이 끝난 이유는 그리스도교를 중심으로 국가 정체성을 확립하려던 세속 당국의 시도가 성공이든 실패이든 마무리되었기 때문이다.

중세와 근대를 주술적 세계관과 선을 그은 세속화라는 개념으로 구분하는 것은 근대를 미신과 결별한 해방의 시선으로 바라보는 것이다. 하지만 이런 관점이 유일한 기준이 될 수는 없다. 마녀사냥과 연결해 살펴볼 때, 탈주술이라는 관념은 오히려 종교적 믿음의 본질적 가치는 변하지 않았음을 보여 준다. 중세에서 근대로의 전환이 곧 초월적이고 주술적 세계관에서 합리적이고 물질적 세계관으로의 이행은 아니다.[71] 중세에서 근대로, 주술의 시대에서 이성의 시대로는 직선으로 이어진 것이 아니다. 마녀사냥은 종교적 미신이 아니라 유럽 사회 전체의 지적 흐름과 밀접하게 연결된 현상이었다. 마녀사냥과 연관되어 17세기 후반부터 시작된 지적 논쟁은 마녀사냥이 개인적 일탈에 대한 단속이 아니라 사회 통합과 일체화를 의도하는 국가 체계의 시도를 반영한 것이다. 또한 프로테스탄트가 중세 교회의 마법과 주술을 제거하려고 시도했지만, 마녀사냥과 깊숙하게 연결된 현실은 프로테스탄트가 여전히 대안적인 해결책을 갖고 있지 못했음을 보여 준다.

---

71 Carlos M. N. Eire, "Redefining the Sacred and the Supernatural: How the Protestant Reformation Really did Disenchant the World", *Protestantism after 500 Years*, eds., Thomas Albert Howard and Mark A. Noll, Oxford: Oxford University Press, 2016, p. 77.

제21장 30년전쟁과 베스트팔렌 조약

가톨릭교회와 성직자들의 부패를 제거해 교회를 정화하려는 프로테스탄트 운동은 여러 층위에서 사회적·정치적 변화를 이끌었다. 개혁가들이 시작했지만 개혁의 주도권은 시의회나 국가권력이 쥐는 경우가 많았다. 프로테스탄트를 받아들인 대부분의 지역은 세속 권력의 강화로 이어졌다. 국가가 종교를 국가 정체성과 일체화를 위한 도구로 삼으면서 각 종파는 국가에 구속되는 국가교회를 형성했다. 이러한 종교 일체성에 해가 되는 대상이 주로 마녀로 몰려 마녀사냥에 처해졌다. 또한 프랑스나 잉글랜드처럼 프로테스탄트와 가톨릭의 심각한 대립으로 내전이 벌어진 경우도 있었다. 한 영토의 통치 아래에서 일어난 변화가 이러했다면, 경쟁하는 통치 세력은 종파로 나뉘어져 종교 전쟁을 벌였다. 중세나 근대 초 국가 간 전쟁은 낯선 것이 아니었다. 다만 대립하는 국가 간 전쟁의 원인으로 '종교'가 등장한 것은 새로운 현상이다. 직접적으로 종교 자체가 원인일 수도, 종교가 수많은 원인 중의 하나일 수도 있지만, 종교 갈등을 빼고 유럽 사회 전반의 갈등을 해석할 수는 없다. 종교개혁과 전쟁의 상관성은 그 시작부터 마무리되는 시점까지 불관용과 배타성을 전제한다. 또한 종교로 인한 전쟁은 하나의 가톨릭이 해체되고 경쟁하는 종파들이 국가권력을 배경으로 다툴 만큼 다원화된 체제로 자리 잡았다는 증거이기도 하다.

종교개혁은 독일이 속한 신성 로마 제국에서 시작했으며, 마찬가지로 같은 지역에서 발생한 30년전쟁으로 마무리된다. 종교개혁, 신성 로마 제국, 그리고 전쟁이라는 핵심어로 종교개혁 이후 100년의 역사를 관통할 수 있다. 독일에서 시작해 유럽 전반으로 확산된 종교개혁에 대해 가톨릭교회는 교황청 주도로 일련의 교회 구조와 전례 개혁을 도입했다. 트리엔트 공의회(1545~47, 1551~52, 1562~63)는 그 시도의 결실이었다. 가톨릭의 일련의 개혁 조치로 종교개혁과 반종교개혁이라는 대립이 본격화되었다. 그 결과 독일 남부, 오스트리아, 보헤미아, 폴란드, 헝가리 및 일부 저지대 국가들이 가톨릭으로 복귀했다. 그중에서도 명목상의 황제 아래 여러 독립국가로 구성된 연합체인 신성 로마 제국은 프로테스탄트와 가톨릭 분쟁의 각축장이었다.

신성 로마 제국은 17세기에 수십 개의 작은 공국으로 분열되어 있었는데, 겉으로만 황제의 권위를 인정하고 있었다. 가장 영향력 있는 일곱 명의 통치자가 황제를 선출할 권리를 가지고 있었다. 그러나 실제로는 합스부르크 가문이 황제직을 세습하는 형태를 유지했다. 선제후들이 뽑는 황제의 권력은 제국 내에 속속들이 미칠 정도로 강력하지 못했다. 제국의 정치적 분열은 종교적 분열로 더욱 악화되었다. 제국의 북부는 프로테스탄트가 우세했고 남부는 가톨릭이 지배적이었다. 볼테르의 표현대로 신성 로마 제국은 신성하지도 않고, 로마도 아니고, 제국도 아니었다. 황제 막시밀리안 1세는 자신이 '왕들의 왕'이라서 제국 내 봉신들이 제멋대로 행하는 반면에, 프랑스 왕은 '동물들의 왕'이기 때문에 신민들이 절대 복종한다고 자괴적으로 표현한 바 있다. 제후들이 황제를 지지하지 않을 경우, 황제가 어떤 계획을 세워도 좌절될 수밖에 없는 구조였다. 프랑스나 잉글랜드와 같이 중앙집권적인 군주제가 아닌, 권력 분산이 이루어진 신성 로마 제국의 한계를 간명하게 보여 준다. 종교개혁 당시 신성 로마 제국의 황제를 배출한 합스부르크 가문은 오스트리아, 보헤미아, 헝가리를 직접 통치했다. 또한 스페인과 그 식민지를 통치하는 합스부르크 가문의 분파도 있었다. 제국 내에는 바이에른, 작센, 브란덴부르크 등 다양한 지역 세력이 존재했다. 하지만 신성 로마 제국 내에서 루터의 종교개혁이 일어나면서 황제와 제후들 사이에 갈등이 불거졌다. 제후들은 종교개혁을 통해 교회를 통제하고 자신들의 권한을 강화했다. 독실한 가톨릭 신봉자인 황제 카를 5세와의 충돌은 불가피했다. 신성 로마 제국 내에서 일련의 종교 전쟁이 벌어졌다. 이 충돌은 100년 이상 이어졌다.

아우크스부르크로 가는 길

1531년 헤센의 영주 필리프 1세와 작센 선제후 프리드리히의 주도로 독일 프로테스탄트 도시들은 제국 황제 카를 5세의 탄압에 저항하기 위해 군사적·정치적 동맹인 슈말칼덴 동맹(Schmalkaldic League)을 체결했다. 이는 제국과 개별 통치 영역 사이의 새로운 권력 관계를 맺는 중요한 요소였다. 슈말칼덴 동맹은 1530년대 후반까지 꾸준히 세력을 키워 갔다. 튀링겐의 작은 마을인 슈말칼덴에서 시작된 동맹은 전쟁에서 패하고 1547년 해산될 때까지 15년 동안 운영되었다. 1535년 12월 23일 승인된 이 동맹의 헌법은 중세 후기 독일 도시 및 귀족 협회의 일반적인 형태를 채택했지만 몇 가지 혁신이 있었다. 우선 제국 전체에 영향을 끼치는 동맹의 범위는 북부와 남부의 완전히 새로운 통합을 예고했다. 연맹은 작센 선제후가 통치하는 북부 지역과 헤센의 영주 필리프 1세가 통치하는 남부 지역으로 나누어졌다. 그들은 상호 방위를 약속했다.

> 이 동맹은 …… 우리가 침략, 공격 또는 기타 방식으로 위협을 당할 경우, 우리 자신과 백성 및 부양가족을 방어하고 보호하는 것 외에는 다른 이유, 원인 또는 의도가 없다. …… 우리는 그리스도교 동맹을 형성한 그리스도교적이고 정의로운 대의 때문에 참여한다.[1]

제국 전역을 휩쓴 프로테스탄트 세력은 1540년대까지 그 활력을 유지했다. 1525년에서 1545년 사이에 이 동맹은 27개 공국, 30개 백작령, 19개 영주권에서 우위를 차지했다. 프로테스탄트는 5개의 주교구, 1개의 제국 수도원, 튜턴 기사단의 프로이센 영토를 얻었으며, 이들 영토는 1525년 호엔촐레른(Hohenzollern) 가문의 통치 아래 세속 공국이 되었다.[2] 1530년대 후반에는 프로테스탄트 제후들이 북부 독일을 통치했다. 1539년 이후 슈말칼덴 동맹은 가톨릭교회를 몰아내고 네덜란드의 합스부르크 세력을 공격하는 것을 목표로 삼았다. 프로테스탄트는 작센과 브란덴부르크 두 명의 선제후를 보유하고 있었는데, 세 번째 선제후 팔츠도 친프로테스탄트로 보였다. 만약 선제후 도시 쾰른이 프로테스탄트를 받아들여 4 대 3의 다수가 된다면, 다음 제국 선거에서 프로테스탄트 황제가 선출될 수 있다고 기대했다.[3] 종파적 차이에도 불구하고 영주들은 합스부르크 왕가의 세력이 너무 강해질 것을 우려하는 공동의 이해관계가 있었다.

하지만 1540년대 초부터 슈말칼덴 동맹과 황제의 관계는 제국의 대외관계 변화로 황제가 운신의 폭을 넓히면서 악화되었다. 제국 황제의 계승 전쟁은 1543년 합스부르크 가문의 승리로 끝났다. 1545년 오스만 제국과 휴전이 체결되었다. 1546년에는 프로테스탄트와의 전쟁을 지원하려는 교황과의 군사 동맹으로 인해 황제는 수년간 계획해 왔던 군사 공격을 감행할 수 있었다.

이렇게 1546년에서 1547년까지 카를 5세는 루터파 제후들과 슈말칼덴 전쟁이라는 무력 충돌을 벌였다. 카를 5세는 슈말칼덴 동맹을 제국법에 대한 반역으로 규정했다. 동맹은 제후들 사이의 이견과 전략 실패로 밀렸다. 슈말칼덴 전쟁은 1547년 뮐베르크 전투(Battle of Mühlberg)

1 Thomas A. Brady Jr., *German Histories in the Age of Reformations, 1400–1650*, Cambridge: Cambridge University Press, 2009, p. 220.

2 Thomas A. Brady, *German Histories*, p. 222.

3 Thomas A. Brady, *German Histories*, p. 224.

에서 카를 5세가 루터파 군대를 궤멸시키면서 끝났다. 슈말칼덴 동맹은 붕괴되었다. 독일 내 프로테스탄트 세력을 물리친 이후, 카를 5세는 제국 내 정치적 의제의 최우선이었던 종교적 통합이 가까워졌다고 생각했다. 카를 5세는 전쟁이 끝난 이듬해인 1548년, 아우크스부르크 잠정안(Augsburg Interim)을 제안해 가톨릭과 프로테스탄트 사이의 통합을 시도했다. 그러나 제안 내용이 지나치게 가톨릭적 요소를 담고 있어 프로테스탄트 진영에서는 수용할 수 없었다. 카를 5세는 프로테스탄트 제후들의 저항을 근본적으로 차단하지 못했다. 이 갈등은 1555년 아우크스부르크 화의를 통해 루터파를 공식 인정하고 나서야 해소되었다.

루터의 개혁이 시작되고 2년 후인 1519년, 20세의 젊은 나이에 제국 황제에 올라 스스로 퇴위(1556)할 때까지 40년 가까이 통치한 카를 5세는 유럽 역사에서 가장 넓은 영토를 통치했다. 그는 평생을 대외적으로 프랑스 왕국을 비롯해 오스만 제국과 전쟁을 치렀다. 대내적으로는 프로테스탄트의 등장으로 제국 내 제후들과 지속적으로 갈등했다. 슈말칼덴 전쟁을 통해 일시적으로 승리하기도 했지만, 전쟁이라는 수단으로 제국 내 종교적 평화를 가져올 수 없다는 것을 알았다. 그는 제국의 종교적 평화를 이루기 위해 오랫동안 노력했다. 그 결과가 제국 내 프로테스탄트인 루터파를 인정하는 아우크스부르크 화의를 체결하는 것이었다. 이미 심신이 쇠약해진 카를 5세는 제국 통치권을 동생 페르디난트 1세에게 넘기고 아들 펠리페 2세에게는 스페인과 네덜란드 통치권을 물려준 상태였다. 페르디난트 1세는 황제 대리인으로 종교 화해 협상을 주도해 1555년 9월 25일 프로테스탄트 제후들과 아우크스부르크 화의에 합의했다.

페르디난트 1세는 제국의 현실을 인식하고 절대적 황제 권력에 대한 고대의 이상을 포기했다. 유럽의 종교 문제에 대한 법적·정치적 해결의 기본 원칙은 세속 당국이 종교를 규제할 권리를 갖는다는 것이다. 이 원칙은 '통치자의 종교가 영토의 종교'(cuius regio, eius religio)라는 문구로 요약된다. 제국 내 국왕이나 제후는 자신의 통치 영토 내에서 가톨릭 신앙을 받아들일지, 프로테스탄트 신앙을 받아들일지 결정할 수 있는 유일한 권리를 가졌다. 아우크스부르크 화의는 아우크스부르크 신앙고백을 준수하는 제국 영토에 대한 관용을 보장해 프로테스탄트를 인정했다. 이 원칙에 합의해 루터교를 공식 인정했다. 여기에 칼뱅파는 포함되지 않았다. 농민전쟁을 겪으며 프로테스탄트 운동이 사회정치적으로 비화되면서 제국 내에서 존속의 어려움을 겪기도 했지만, 1530년 아우크스부르크 신앙고백을 바탕으로 프로테스탄트는 이념적인 통일성을 유지해 왔다. 그리고 1555년 가톨릭에 이어 제국의 두 번째 합법적 종교가 됨으로써 제국은 종교의 다원화를 공식 인정했다. 종교개혁으로 제국의 지방 통제는 더욱 약화되었다. 제국 내의 통일된 교회의 이념은 포기했다. 여기서 나타나는 종교적 관용은 원인이 아니라 화의의 결과였다. 아우크스부르크 화의는 관용의 태도로 인해 성립된 것이 아니라 힘으로 억누를 수 없는 두 종파 사이의 세력균형에 대한 불가피한 인정이었다. 아우크스부르크 화의는 황제나 다른 누구라도 제국 영지나 기존 프로테스탄트 교회에 무력의 사용을 금지했다. 이 시점부터 종교로 인한 갈등은 우호적이며 평화로운 수단과 방법을 통해서만 해결해야 하며, 제국 내에서 종교적 동기로 인해 전투를 벌이는 것은 불법이었다. 또한 신민들은 통치자의 종교에 반대해 이주나 망명을 택할 수도 있어 최초로 종교 망명자와 난민이 생겨났다. 이들에게는 재산을 처분할 수 있는 합법적인 권리가 주어졌다. 아우크스부르크 화의는 루터교도들에게는 환영할 만한 것이었지만, 교황청 입장에서는 비정상적인 상황을 용인하고 천년의 독점 체제를 깨트린다는 점에서 받아들이기 어려웠다. 반면에 제국 통치의 측면에서는 종교 갈등이 잦아들면서 전체적으로는 제국이 점차 안정되었다. 이 화의는 종파만의 독점적 진리를 주장하던 모든 종교적 주장을 중단시켰다. 신성 로마 제국 헌법의 일부인 아우크스부르크 화의는 이후 지속적으로 독일 종교법에 반영되어 장기적으로 정치적·문화적 영향력을 유지해 왔다. 그 핵심은 독일이라는 공동체의 분열과 파멸을 막기 위해 종교에 제한을 두는 동시에 그 한계 내에서 발전할 수 있는 자유를 부

여한 것이다. 종교의 평화는 공공의 평화로 이어진다는 점에서, 종교 관용은 제국 정치의 일부였다.[4]

30년전쟁의 배경과 전개

종파 간의 1555년 아우크스부르크 화의의 효력은 영구적이었다. 그런데 동시에 대립되는 종파가 재결합할 때까지만 유효한 것이기도 했다. 참된 그리스도교도의 삶과 신앙을 대표한다고 주장하면서 경쟁하는 두 교회가 영원히 공존한다는 관념은 그 당시에는 아직 확정적으로 수용되지 않았다. 화의는 어디까지나 다시 화해해 하나로 일치될 것이라는 기대가 밑바닥에 깔려 있었다. 이는 아우크스부르크 화의 전후 개최된 트리엔트 공의회로 가톨릭이 정치적으로 세력을 회복하면서 다른 양상으로 전개되었다. 교황청과 가톨릭 제후들은 유럽의 프로테스탄트 지역을 다시 가톨릭으로 복귀시키고자 시도했다. 17세기에 접어들면서 가톨릭 개혁이 본격화되고 예수회와 같은 여러 신생 수도회가 유럽 전역에서 프로테스탄트를 가톨릭으로 다시 개종시키는 활동을 전개했다. 종파 갈등이 재현되었다.

30년전쟁은 루터가 1517년 95개조 논제를 게시한 지 정확히 100년 후에 발생했다. 1617년 10월 말, 프로테스탄트 진영에서는 '종교개혁 100주년 희년'을 성대하게 기념했다. 작센 선제후는 루터교의 정체성을 강화하고 자신의 영지에서 일어났던 종교개혁의 성공을 기념하기 위해 대대적인 홍보를 했다. 독일 전역의 루터교 지역과 개혁교회 지역에서 종교개혁 100주년을 기념하는 설교와 출판물이 쏟아졌다. 가톨릭 진영에서는 '희년' 선포를 가톨릭교회에 대한 심각한 도발로 여겼다. 희년을 선포할 권리는 오직 교황만 가지고 있기에 프로테스탄트에서 선포한 것

4 Thomas A. Brady, *German Histories*, p. 232.

은 가짜 희년이라고 하면서 대항 희년(counter-Jubilee)을 선포했다. 아우크스부르크 화의는 양 종파 사이의 긴장과 대립을 온전하게 해소하지 못했다. 루터의 종교개혁 100주년을 앞두고 빚어진 이 갈등은 전면적인 전쟁으로 재현되는 계기가 되었다. 이 점에서 프로테스탄트 희년 선포와 가톨릭 대항 희년 선포는 '전쟁의 서막'이었다.[5] 양 진영은 강하게 이념적·신앙적으로 결집했다.

30년전쟁으로 알려진 이 종교 전쟁은 동시대에 발생했던 수많은 종교 갈등 가운데 가장 많은 수의 나라가 참전하고, 가장 오래 지속되고, 수백만 명의 사상자를 낸 참혹한 전쟁이었다. 이 전쟁으로 독일 인구의 20~40퍼센트가 감소했다. 전쟁은 보헤미아 반란, 덴마크의 개입, 스웨덴의 개입, 프랑스의 개입 등 네 단계로 나뉜다. 초기에는 보헤미아에서의 반란이 주를 이루었으나, 이후 덴마크와 스웨덴이 프로테스탄트 편에 서서 개입하면서 전쟁은 유럽 전역으로 확대되었다. 프랑스는 가톨릭 국가였지만 합스부르크 가문의 세력 확장을 저지하기 위해 프로테스탄트 편에서서 전쟁에 개입했다. 프랑스의 개입은 전쟁의 마지막 단계를 장식했고 평화 조약 체결로 전쟁이 종결되었다.

초기에는 신성 로마 제국 내의 프로테스탄트와 가톨릭 국가 사이의 갈등이었으나, 이후 유럽의 주요 강대국들이 개입하면서 정치적 패권을 다투는 양상으로 확대되었다. 17세기 유럽인들에게 종교적 신념은 중요한 요소였으며, 대부분의 국가는 한쪽 편을 선택해야 했다. 전쟁이 발발하기 직전, 신성 로마 제국에서는 합스부르크 영토 밖에서는 권력이 제한적이었던 가톨릭 황제와 각자의 통치 영토를 소유한 여러 프로테스탄트 군주 사이에 불안한 상태가 지속되었다.

황제 마티아스 1세(Matthias I, 재위 1612~19)는 종교 정책에서 온건한 입장을 취했다. 그는 프로테스탄트에 우호적이었고 제국 내 평화를 지

5 Johannes Burkhardt, "The Thirty Years' War", *A Companion to the Reformation World*, ed., R. Po-chai Hsia, Oxford: Blackwell, 2004, p. 276.

지했다. 그러나 그의 주변, 특히 그의 사촌이자 왕위 계승자인 페르디난트 2세(Ferdinand II, 재위 1619~37)는 훨씬 더 급진적이었다. 페르디난트 2세는 "이단자로 가득 찬 국가보다는 황무지를 통치하겠다"라고 말했다.[6] 합스부르크 군주국의 일부였던 보헤미아는 많은 권리와 특권을 누리고 있었다. 실질적인 권력은 귀족들로 구성된 의회에 있었다. 15세기에 보헤미아에서 가톨릭교회의 교리를 의심하고 체코인들을 하나로 묶은 후스파 운동이 일어난 이후, 17세기까지도 후스파는 왕국 내 주요 정치 세력으로 남았다. 16세기에 루터교와 칼뱅주의가 독일에서 보헤미아로 퍼져 나가면서 보헤미아는 프로테스탄트 국가가 되었다. 합스부르크 가문은 이에 반대하지 않았다. 그러나 마티아스 1세가 죽고 페르디난트 2세가 황제에 오를 준비를 하면서 상황이 바뀌었다. 1617년 프라하에 도착한 페르디난트 2세는 프로테스탄트의 종교적 권리를 약속하지 않았다. 그는 자신의 영지에서 종교적 통일성을 강요하며 프로테스탄트 국가들에 가톨릭을 강제하려 했다. 이 조치에 반발한 북부 프로테스탄트 국가들은 프로테스탄트 연합을 결성했다.

페르디난트 2세의 강압 정책은 보헤미아 반란으로 이어졌다. 1618년 봄에 일어난 '프라하 창문 투척 사건'(Defenestration of Prague)은 길고 긴 30년전쟁의 직접적인 도화선이 되었다. 페르디난트 2세가 보헤미아 왕으로 선출된 이후, 1618년 5월 세 명의 총독을 파견해 황제를 대리해 정부를 운영하도록 했다. 그리고 보헤미아가 프로테스탄트를 포기하고 가톨릭으로 개종할 것을 요구했다. 1618년 5월 23일 프로테스탄트 귀족들의 지방 의회인 보헤미아 의회는 황제의 요구를 거부하고는 두 관리를 의회 건물 창문 밖으로 던졌다. 이 사건 직후에 프로테스탄트와 가톨릭 세력은 전쟁을 위해 동맹을 결성하기 시작했다. 보헤미아 의회는 황제에 대한 충성을 포기하고 대신에 프로테스탄트 통치자를 지지하겠다고 맹세했다. 페르디난트 2세를 폐위하고 칼뱅주의자인 팔츠 선제후 프리드

6 C. V. Wedgwood, *The Thirty Years War*, London: Jonathan Cape, 1938, p. 155.

리히 5세를 새로운 왕으로 선출했다. 가톨릭 합스부르크 가문은 가톨릭 제후들이 지원하는 가톨릭 연맹을 이끌었고, 독일 칼뱅주의 제후인 팔츠의 프리드리히가 황제군에 맞서 프로테스탄트 연맹을 이끌었다.

프라하 창문 투척 사건이 있고 2년 후인 1620년 11월 8일, 신성 로마 제국의 가톨릭 동맹군 총사령관 틸리 백작(Count of Tilly, 1559~1632)이 이끄는 군대는 프라하 서쪽 화이트 마운틴 전투(Battle of White Mountain)에서 결정적인 승리를 거두었다. 30년전쟁의 첫 번째 주요 전투에서 보헤미아 프로테스탄트 세력은 큰 타격을 입었다. 보헤미아가 가톨릭 세력에 정복당했고 10만 명이 넘는 프로테스탄트 교도가 도망쳤다. 전쟁이 진행되는 동안 보헤미아는 인구의 50퍼센트를 잃었다. 전투 이후 프라하에서는 약탈이 자행되었고 27명의 귀족과 시민이 고문을 당한 후 처형되었다. 보헤미아의 자치가 폐지되었고 귀족들은 재산을 몰수당하고 특권을 박탈당했다. 보헤미아는 200년 이상 지속된 프로테스탄트를 포기하고 가톨릭으로 돌아섰다.

황제와의 전쟁에서 패배한 이후, 프로테스탄트 제후들은 외부의 지원을 찾아 나섰다. 잉글랜드나 네덜란드 같은 프로테스탄트 동맹국 외에도, 그들은 가톨릭 프랑스와도 비공식적인 동맹을 맺었다. 재능 있는 정치가인 리슐리외 추기경은 프랑스를 삼면으로 둘러싸고 있는 합스부르크 가문을 파리의 주요 적으로 간주했다. 따라서 가톨릭 추기경이었음에도 불구하고, 그는 가톨릭 합스부르크를 약화시키기 위해 프로테스탄트에 자금을 지원할 준비가 되어 있었다.

더 공개적인 동맹자는 덴마크의 크리스티안 4세(Christian IV, 1577~1648)였다. 그는 가톨릭 세력의 성공이 프로테스탄트 국가인 덴마크의 주권을 위협할까 우려해 페르디난트 2세에 대항해 군대를 이끌었다. 크리스티안 4세는 1625년 페르디난트 2세의 제국군에 맞서 군대를 이끌고 작센의 루터교 통치자들을 지원했다. 크리스티안 4세의 삼촌인 잉글랜드의 찰스 1세가 전쟁을 지원하기 위해 군대를 파견하며 참전했다. 하지만 크리스티안 4세의 군대는 전쟁에서 패배해 병력의 3분의 1과 모든 포병을 잃었다. 신성 로마 제국 황제 페르디난트 2세는 가톨릭교회에 이전의 소유물과 특권을 반환하라는 「복원 칙령」(Edict of Restitution)을 반포했다.

덴마크 왕의 패배를 목격한 프랑스는 스웨덴과 동맹을 맺어 합스부르크에 대항한 전쟁을 수행하고자 했다. 프랑스는 스웨덴 왕에게 용병 자금을 지원하고 독일의 프로테스탄트 제후들을 중재해 주겠다고 약속했다. 근대 전쟁의 아버지라고 불리는 스웨덴 국왕 구스타브 2세 아돌프(Gustav II Adolph, 1594~1632)는 어릴 적부터 재능 있는 군사 지도자로 명성을 얻었다. 유럽의 나머지 국가들은 스웨덴을 가난하고 후진적인 왕국으로 보았고 가톨릭 군대에 위협이 되지 않는다고 여겼다. 그러나 스웨덴은 군사 분야에서 혁명을 일으켰다. 용병에 의존하는 대신에 스웨덴은 일반 국민에서 군인을 모집해 장기 복무를 하도록 했다. 이 시스템을 통해 스웨덴은 4만 5,000명의 전투 준비가 된 상비군을 유지했다. 엄격한 규율과 성과에 기반한 보상을 통해 강력한 전투력을 유지했다. 독실한 프로테스탄트였던 구스타브 2세는 1630년 가톨릭 국가에 대한 본격적인 침공을 시작하며 전쟁의 전환점을 만들었다. 1630년부터 1634년까지 스웨덴 군대는 가톨릭 군대를 몰아내고 잃어버린 프로테스탄트 영토의 대부분을 회복했다. 1630년 여름, 구스타브 2세는 1만 5,000명의 군대를 이끌고 독일에 상륙한 이후, 용병을 모집해 군대를 4만 명으로 늘렸다. 독일 프로테스탄트들이 스웨덴 편에 합류하기 시작했는데, 마그데부르크도 그중 하나였다. 가톨릭 군대는 마그데부르크를 포위했다. 그러나 스웨덴은 마그데부르크를 제때 지원하지 못했고, 1631년 5월 제국군은 도시를 점령하고 약탈했다. 주민의 대부분인 약 2만 명이 살해당했는데, '마그데부르크의 결혼식'(Magdeburg's Wedding)으로 알려진 이 사건은 30년전쟁 중 가장 피비린내 나는 장면이다. 가톨릭 동맹군의 지휘자 틸리 백작은 직접 군대를 이끌고 작센으로 진군했다. 틸리의 군대가 작센주 라이프치히시를 약탈했다. 하지만 3일 후에 구스타브 2세가 이끄는 스웨덴 군대가 브라이텐펠트 전투(Battle of Breitenfeld, 1631)에서 가톨릭 군대를 격파했다. 작센은 가톨릭 군대에서 해방되었고 프로테스탄트는 전쟁에서 첫 번째 큰 승리를 거두었다. 가톨릭 군대는 사실상 궤멸되었고 틸리는 치명적인 부상을 입었다. 1년 후 또 다른 전투에서 틸리가 전사했다. 하지만 1632년 뤼첸 전투(Battle of Lützen)에서 구스타브 2세가 전사하면서 스웨덴이 흔들렸다. 스웨덴 군대는 여전히 강력한 세력을 유지했지만, 1634년 뇌르틀링겐 전투(Battle of Nördlingen)에서 제국 군대에 패배했다.

1635년 봄, 독일 남부에서 스웨덴의 저항이 종식되면서 제국과 프로테스탄트 독일 군주들은 협상을 통해 프라하 화의(Peace of Prague)를 체결했다. 이 화의로 신성 로마 제국은 30년전쟁 이전의 상태로 복원되었으나 전쟁을 끝내지는 못했다. 이 화의는 「복원 칙령」의 시행을 40년간 연기하고 프로테스탄트 통치자들이 보유하고 있던 주교구를 유지할 수 있도록 했다. 그러나 이 화의는 합스부르크 가문의 힘을 강화했기 때문에 프랑스는 불만을 가졌다.

30년전쟁에서 오랫동안 프랑스는 합스부르크 가문과 전투를 벌이는 세력에 자금을 지원하며 간접적으로만 전쟁에 개입했다. 프랑스 내부의 갈등과 이탈리아에 대한 영향력 다툼으로 인해 프랑스는 전쟁에 개입할 여력이 없었다. 그러나 독일의 프로테스탄트들이 황제와 평화를 맺으려 하자 상황이 급변했다. 합스부르크 군대는 이미 장기간의 전쟁으로 약해져 있어 프랑스는 그들을 쉽게 물리칠 수 있을 것이라고 기대했다. 마침내 프랑스는 1635년 스페인과 신성 로마 제국에 선전포고하며 전쟁에 참전했다. 하지만 초기 프랑스의 군사 작전은 처참했다. 스페인 군대는 프랑스 영토를 침략해 샹파뉴, 부르고뉴, 피카르디를 황폐화시켰다. 프랑스는 패배 직전에 놓였다. 프랑스는 스웨덴과 콩피에뉴 조약(Treaty of Compiègne)을 통해 반전을 꾀했다. 1636년 스웨덴 군대가 비트스토크 전투(Battle of Wittstock)에서 작센군을 격파했고 작센, 튀링겐, 헤센을 점령했다. 스웨덴의 개입에 힘입어 1637년 이후 프랑스는 점차 전세를 역전시켰다. 1640년 아라스 요새를 점령하면서 플랑드르로 진군할 길을 열었다. 1641년 여름, 프랑스-스웨덴 연합군은 바이에른 군대를 격파했고, 이듬해인 1642년에는 켐펜 전투(Battle of Kempen)에서 합스부르크 군대를 격파했다. 1643년 로크루아 전투(Battle of Rocroi)에서 프랑스는 스페인 군대를 결정적으로 격파하며 전쟁의 주도권을 잡았다. 스페인 군대는 이 전투에서 치명적인 패배를 당했다. 바이에른 군대는 합스부르크의 마지막 희망이었다. 1643년 바이에른 군대는 투틀링겐 전투(Battle of Tuttlingen)에서 1만 5,000명의 프랑스 군대를 격파했다. 1644년 여름, 프랑스 군대는 프라이부르크 성벽 밖에서 제국군과 충돌했다. 프랑스는 상대보다 두 배의 손실을 입었지만 마침내 승리를 거두었다. 바이에른 군대가 서쪽에서 프랑스와 교전하는 동안, 스웨덴의 렌나르트 토르스텐손(Lennart Torstensson, 1603~51) 장군은 보헤미아를 침공했다. 그는 프라하를 포위했고, 1645년 봄 얀카우 전투(Battle of Jankau)에서 제국군을 격파했다. 스웨덴은 보헤미아를 두 번째로 점령했다.

한편, 프랑스는 진격을 시작해 독일 영토를 빠르게 점령했다. 바이에른 군대의 지휘관 프란츠 폰 메르시(Franz von Mercy, 1597?~1645)는 제2차 뇌르틀링겐 전투(Second Battle of Nördlingen, 1645)에서 사망했다. 사령관의 죽음 이후 바이에른 군대는 항복했다. 프랑스-스웨덴 연합군은 오스트리아를 공격할 준비를 했다. 전세가 기울어지자 1647년 바이에른 선제후 막시밀리안 1세(Maximilian I, 1573~1651, 재위 1597~1623)는 휴전을 요청했다. 하지만 불과 1년 후, 그는 군대를 모아 평화를 깨고 마그데부르크를 점령하려 했다. 이 작전은 실패했고, 곧 프랑스-스웨덴 연합군의 공격으로 제국 군대는 격파되었다. 프랑스는 바이에른을 점령했고, 스웨덴은 보헤미아를 점령했다.

1648년 스웨덴과 프랑스는 추스마르스하우젠 전투(Battle of Zusmars-haüsen)와 랑스 전투(Battle of Lens)에서 제국군과 스페인군을 각각 격파했다. 같은 해 프라하 전투(Battle of Prague)에서 스웨덴군은 프라하성을 점령했다. 프라하 창문 투척 사건으로 전쟁의 빌미를 제공했던 그 역사적인 장소를 다시 장악했다. 이제 전쟁은 끝을 향해 가고 있었다.

베스트팔렌 조약 체결

신성 로마 제국 황제 페르디난트 3세(Ferdinand III, 1608~57, 재위 1637~57)는 평화 협상을 요청했다. 1644년부터 시작되었지만 깨지거나 지연되었던 평화 협상이 1648년 마침내 결실을 맺어 '베스트팔렌 조약'(Peace of Westphalia)으로 알려진 평화 조약을 체결했다. 이 평화 조약은 신성 로마 제국 내에서 프로테스탄트와 가톨릭의 평등 원칙을 확인했다. 하지만 독일은 여러 나라의 영토 확보의 각축장이 되었다. 작센과 브란덴부르크 같은 일부 공국은 영토를 확장했다. 베스트팔렌 조약은 유럽에서 대규모 종교 전쟁의 종식을 알렸으며, 국가 간의 외교와 세력 균형이 종교적 갈등보다 우선시되는 새로운 국제 질서를 열었다.

이 전쟁은 종교 갈등으로 시작되었지만 유럽의 패권을 위한 투쟁으로 끝났다. 독일에는 재앙과 같은 결과를 가져왔다. 독일 대부분의 지역이 전쟁으로 황폐화되었고 인구는 3분의 1로 줄었다. 조약은 독일의 분열을 고착화했다. 통일 독일 국가는 200년이나 지나서야 형성되었다. 전쟁 결과, 이미 취약했던 신성 로마 제국의 중앙집권적 권력은 더욱 약화되었고 제국 내 공국은 완전한 자치권을 누리게 되었다. 제국의 종교는 하나의 큰 변화가 있었다. 가톨릭 측이 전쟁에서 승리하지 못했지만, 독일의 가톨릭은 이 전쟁을 거치며 세력을 확장했다. 합스부르크 가문의 영토는 절대 다수가 가톨릭이 되었다. 1590년에 서유럽과 중부 유럽의 약 절반이 프로테스탄트였지만, 1690년에는 그중 5분의 1만이 프로테스탄트 지역으로 남았다.

종교 전쟁이라는 차원에서 보자면, 30년전쟁으로 인해 유럽의 대규모 종교 갈등이 종식되었다. 조약은 종교적 관용에 있어 획기적인 변화를 가져왔으며, '통치자의 종교가 영토의 종교'라는 원칙을 재확인했다. 통치자가 자국의 공식 종교를 결정할 수 있음을 의미했다. 그러나 이 조약은 소수 종교 집단을 보호하는 조항도 도입해 종교 자유의 개념에 대한 기반을 마련했다. 여전히 국가는 국교로 국가의 일체성을 통제하려 시도

지도 12 30전쟁으로 인한 유럽의 지역별 인명 피해

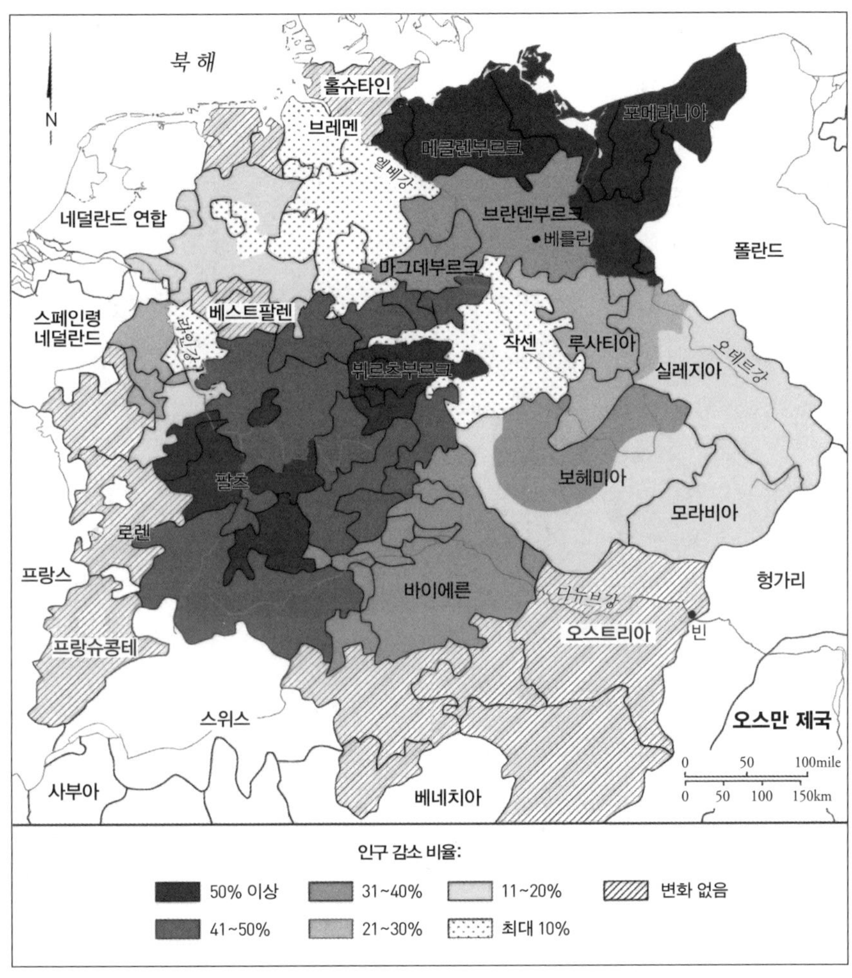

출처: Carlos M. N. Eire, *Reformations: The Early Modern World, 1450-1650*, New Haven and London: Yale University Press, 2016, p. 553.

지도 13 베스트팔렌 조약 이후 유럽 종교 지형도

출처: Carlos M. N. Eire, *Reformations: The Early Modern World, 1450–1650*, New Haven and London: Yale University Press, 2016, p. 755.

했지만, 지나치게 종교적 신념만을 강화하는 것이 분열을 가져온다는 사실을 인식하고 비국교도들에게 관용을 베풀기 시작했다. 더 이상 종교적 신념을 기반으로 전면적인 전쟁을 치르지 않았다. 전쟁의 현실적인 성과는 종교 관용이 유럽 대부분의 국가에서 실험되었다는 것이다. 종교 전쟁으로 유럽이 갈라져 있던 때, 조약은 가톨릭과 루터교뿐만 아니라 칼뱅파도 신성 로마 제국 내에서 자유롭게 예배할 수 있도록 허용하는 획기적인 합의를 이루어냈다. 베스트팔렌 조약의 종교적 합의는 단순한 정치적 해결책이 아니었다. 긴장이 남아 있기는 했지만 이 조약은 현대의 종교의 자유와 공존이라는 개념을 향한 주요한 진전이었다. 전쟁과 종교적 분열, 정치적 갈등, 끝없는 혼란 속에서 체결된 조약은 전쟁을 끝내고 유럽의 정치 지형을 새롭게 정의했다.

일찍부터 중앙집권 체제를 유지했던 프랑스와 스웨덴이 전쟁의 명백한 승자였다. 스웨덴은 북부 독일의 영토를 획득하며 유럽의 주요 강대국으로 부상했다. 프랑스는 알자스와 로렌의 일부를 획득하며 합스부르크 가문의 세력을 약화시켰다. 네덜란드 공화국과 스위스의 독립이 공식 인정되었다. 반면에 스페인은 전쟁의 가장 큰 패배자였다. 30년전쟁 동안 가톨릭 군대를 지원하느라 스페인은 파산했다. 다른 서유럽이 누리던 경제 확장의 기회를 상실했다. 전쟁으로 중부 유럽의 경제 기반이 훼손되면서 경제의 중심은 프랑스, 잉글랜드, 네덜란드와 같은 대서양 연안 국가들로 옮아갔다. 농업 기반의 산업이 아닌 상업과 무역을 주도하는 국가들이 근대 초 유럽 세계의 강자로 떠올랐다.

베스트팔렌 조약은 단순히 전쟁을 종결짓는 데 그치지 않았다. 국가 주권, 내정 불간섭, 국가 간 법적 평등의 원칙을 확립함으로써 국제 외교의 새로운 틀을 제시했다. 이러한 아이디어는 현대 국제법의 기초로 발전하는 계기가 되었으며, 새로운 정치질서를 창출해 냈다. 이 조약으로 인해 외교가 국가 간 분쟁을 해결하는 주요 수단이 되는 시대가 열렸다. 베스트팔렌 조약은 근대 국가 체계의 탄생으로도 여겨진다. 조약의 핵심에는 혁명적인 국가 주권 개념이 있었다. 처음으로 국가들은 외부 세력의 간섭 없이 자신의 영토와 내정을 완전히 통제할 수 있는 권한을 인정받았다. 각 통치자는 이제 자신의 국경 내에서 최고 권위를 가진 존재가 되었다. 베스트팔렌 조약 이전의 유럽은 제국들과 중첩된 권위로 뒤엉킨 상태였고 종교적·정치적 갈등으로 인해 국가 간의 경계가 뚜렷하지 않았다. 조약 이후 유럽의 지도는 오늘날의 국가 경계를 닮아가기 시작했다. 이 새로운 주권국가 개념은 한 국가가 다른 국가의 종교적 또는 정치적 결정에 간섭할 수 없음을 의미했다. 이는 유럽을 괴롭혀 온 끊임없는 종교 전쟁을 종결하고 각 국가가 고유한 정체성, 법률, 정부를 가지고 공존할 수 있도록 했다. 국가 주권은 단순한 법적 원칙이 아니었다. 국가가 스스로를 통치하는 방식을 근본적으로 바꿨다. 통치자들은 법률, 군사 결정, 외교 정책에 대한 최종 결정권을 가졌다.

베스트팔렌 조약의 첫 번째 조항은 '평화 선언'으로 시작한다.

> 신성 로마 제국 황제 폐하와 최고의 그리스도교 왕(프랑스 국왕) 폐하, 그리고 그들의 모든 동맹국 사이에 그리스도교적이며 보편적인 평화가 이루어지며, 영구적이고 진실되며 성실한 우정이 유지될 것이다. 이 평화와 우정은 진정성과 열의를 다해 준수·유지되며, 각 측은 상대방의 이익, 명예, 번영을 도모할 것이다. 이를 통해 신성 로마 제국과 프랑스 왕국 전역에서 평화와 우정이 번영할 수 있도록 하며, 선량하고 신뢰할 수 있는 이웃 관계를 유지할 것이다.[7]

이 조항이 의미하는 것은 단순한 상호 비간섭의 원칙이 아니라 적극적인 협력과 상호 이익을 위한 원칙이었다. 한 국가의 이익이 타국의 이익과 대립해서는 안 되며, 모든 국가는 서로의 번영을 돕는 방식으로 관계

7 https://pages.uoregon.edu/dluebke/301ModernEurope/Treaty%20of%20Westphalia%20%5BExcerpts%5D.pdf(검색일: 2025년 10월 25일)에서 베스트팔렌 조약의 원문을 확인할 수 있다.

를 설정해야 한다는 개념이었다. 이는 단순히 '국가 간의 독립을 보장한다'라는 원칙을 넘어서는 것이었다. 이 조약은 국가들이 서로를 적대적으로 대하지 않고 각국의 경제 및 사회적 발전을 공동으로 도모해야 한다는 철학을 담고 있었다. 조약의 핵심은 '국익을 초월한 공동 번영'에 대한 원칙을 확립하는 데 있었다. 즉 과거의 갈등과 원한에도 불구하고 이웃 국가의 이익을 보장하는 것이 자국의 이익에도 부합한다는 원칙이 베스트팔렌 조약에 따라 법적으로 확립되었다.

조약 제2조도 이와 밀접한 관련이 있다.

> 양측은 이 분쟁의 시작 이후 저질러진 모든 행위에 대해 영구적인 망각, 사면 또는 용서를 베푼다. 이는 어떠한 이유로도 적대 행위를 일으키지 않으며, 원한을 품지 않고, 상호 간에 어떠한 문제도 야기하지 않음을 의미한다. 이 원칙은 제국 영토 내외를 막론하고 적용되며, 이전에 체결된 어떠한 상충되는 협정도 이 사면의 효력에 영향을 끼치지 않는다.

이 원칙은 전쟁이 끝난 이후에도 과거의 갈등이 계속해서 새로운 갈등을 만들어내는 악순환을 방지하기 위한 것이었다. '과거를 잊지 않으면 평화를 유지할 수 없다'라는 원칙을 통해 갈등을 종식하고 상호 협력을 촉진하려는 의도가 담겨 있었다.

30년전쟁은 종교 전쟁인가

30년전쟁에 대한 연구사는 전쟁과 연관된 여러 종교·정치·사회·경제적 관점을 반영하며 지속적으로 변했다. 유럽 각 국가와 왕가 사이의 정치적 권력 관계 갈등에서부터 유럽 전역에 걸쳐 자신의 종파를 방어하고 확장하려는 종파주의자들의 이해관계 등이 30년전쟁을 정의하고 전체적인 해석을 형성해 왔다. 30년전쟁은 한때 당연하게 '종교 전쟁'이라고 불렸다. 전쟁의 근본 원인을 가톨릭과 프로테스탄트 사이의 종교적 갈등으로 본 것이다.

루터와 칼뱅 같은 프로테스탄트 개혁가들은 교회와 국가가 공동의 도덕적 선을 향해 협력해야 한다고 믿었다. 교회는 세속 정부가 올바른 그리스도교의 가르침에 따라 통치하도록 지도할 책임이 있다. 프로테스탄트는 가톨릭 교황 통치에 반대하는 프로테스탄트 국가 사이의 긴밀한 협력을 통해 진정한 그리스도교 세계의 회복과 구현이라는 목표를 가졌다. 이러한 프로테스탄트 신학은 30년전쟁의 주도자들에게도 영향을 끼쳤다. 세속 통치자들은 특정한 종파적 신념을 국가의 정치 이념을 구현하기 위한 도구로 활용했다. 그리고 같은 신념을 공유하는 국가 사이에 연대의 가능성이 높아졌다. 가톨릭 국가나 교황청도 본질적인 이해관계는 동일하다. 중세 십자군전쟁 때부터 가톨릭교회는 이교도와 이단자를 참된 종교로 개종시키기 위해 적극적으로 노력했다. 가톨릭은 오랫동안 정당한 전쟁(just war)에 대한 교리를 체계화해 종교 목적의 전쟁을 인정해 왔다.[8] 30년전쟁의 직접적인 원인이 된, 보헤미아를 가톨릭으로 되돌리려던 황제의 시도는 이런 역사적 맥락과 흐름을 같이한다. 개별 국가의 정치적 동기가 그 안에 당연히 포함되어 있지만 종교가 전쟁에 끼친 영향력은 쉽게 부인할 수 없다.

30년전쟁 해석사 초기에 가톨릭과 프로테스탄트 학자들은 각각 종파적 관점에서 30년전쟁을 해석하며, 종교 전쟁이라는 관점에서 논쟁을 주도했다. 종교를 중심으로 논쟁을 촉발한 카를 요아힘 프리드리히(Carl Joachim Friedrich, 1901~84)가 대표적이다. 프리드리히는 30년전쟁을 가톨릭 군주가 유일한 신앙을 방어하고 확장하기 위해 주도한 것으로 해

---

8 Gregory M. Reichberg, "Catholic Christianity Part I: Historical Development", *Religion, War, and Ethics*, eds., Gregory M. Reichberg, Henrik Syse, and Nicole M. Hartwell, Cambridge: Cambridge University Press, 2014, pp. 77~103.

석했다. 유럽의 내재된 종교적 긴장이 30년전쟁을 시작하는 데 불씨를 제공했다고 보았다. 1952년 출판된 『바로크 시대 1610-1660』에서 그는 "왕조적·민족적 감정이 역할을 했지만 그들은 기본적인 종교적 충동을 강화했다"라고 했다.[9] 페르디난트 2세에서 구스타브 2세 아돌프에 이르기까지 "이 갈등 뒤에 있는 어둡고 열정적인 추진력은 깊은 종교적 열정이었다"는 것이다.[10] 가톨릭과 프로테스탄트는 서로 상대방이 잘못된 교리를 강요하고 있다고 보았으며, 개인뿐만 아니라 국가 단위에서도 이에 저항하기 위한 집단적 행동을 용인하고 추동했다. 이것이 프리드리히가 파악한 종교 전쟁의 핵심이다.

그러나 1950년대 이후, 이 분야는 다음 세대 역사학자들이 종교를 원인으로 놓는 지배적인 견해를 면밀히 재검토하기 시작하면서 변화하기 시작했다. 전쟁의 주요 동기가 권력 정치라는 주장은 세속 군주들이 정치적 목적을 달성하기 위해 종교적 명분을 사용했다는 것이다. 이 주장을 처음 제시한 역사학자는 지그프리드 스타인버그이다. 1960년대 들어 스타인버그는 전쟁의 원인이 종교라는 주장을 반박하면서 유럽 국가들 사이의 권력 정치, 즉 헤게모니 다툼의 결과라고 해석했다.[11] 그는 『30년 전쟁과 유럽 헤게모니 갈등, 1600-1660』에서 종교를 전쟁의 원인으로 보는 것은 시대에 뒤처진 것이라고 비판했다. 헤게모니 쟁탈전, 즉 패권 투쟁의 갈등으로 전쟁을 읽어낸 스타인버그는 같은 가톨릭 국가인 신성 로마 제국, 스페인, 프랑스 사이의 충돌과 다툼을 그 증거로 보았다. 세 나라 모두 가톨릭 국가였지만 1618년 당시 모두 다른 목표를 가지고 있었다. 당시 스페인은 아메리카 대륙과 유럽 타 지역의 식민지화 명목으로 가톨릭을 활용했다. 신성 로마 제국 황제는 합스부르크 가문의 절

---

9 Carl J. Friedrich, *The Age of the Baroque, 1610-1660*, New York, NY: Harper Brothers, 1952, p. 162.

10 Carl J. Friedrich, *Age of Baroque*, p. 163.

11 S. H. Steinberg, *The Thirty Years War and the Conflict for European Hegemony, 1600-1660*, New York, NY: W. W. Norton, 1966, p. 96.

대적 권위를 공고히 할 목적으로 가톨릭을 강화하고 프로테스탄트를 탄압했다.[12] 전통적인 가톨릭 국가인 프랑스의 경우는 좀 더 드라마틱하다. 경쟁하는 신성 로마 제국에 대항하기 위해 다른 프로테스탄트 국가와 동맹을 맺었다. 그 목적은 분명하다. 프랑스 절대 왕정을 형성해 가는 과정에서 "전통적인 종교와 정치의 유대를 의도적으로 끊고 '국가 이성'(raison d'état)이라는 새로운 개념을 형성"하려는 시도의 하나였다.[13] 국가 이성은 국가의 생존과 번영을 최우선으로 삼는 정치 원칙이다. 종교적 신념이 개인화되고 부차적인 영역으로 축소되면서 정치는 초자연적 논쟁을 허용하지 않는 공적 이성이 수행하도록 선택되었다.[14] 스타인버그는 교전국들이 정책을 성취하기 위한 목적으로 종교를 수사적으로 인용했을 수 있지만, 일단 갈등이 시작되면 "문제는 모두 동일했다. …… 〔영토 증대와 인구 증가에 도움이 되는 것〕"이었다고 평가했다.[15] 스타인버그의 작업은 프리드리히로 대표되는 30년전쟁의 종교 원인론을 반박하며, 30년전쟁의 동기가 패권 다툼이라는 견해를 분명하게 드러냈다.

20세기의 마지막 10년에 30년전쟁의 원인에 대한 다양한 주장이 쏟아졌다. 유럽의 정치권력 다툼이라는 정치적 역할에 덧붙여 경제와 사회 정책과 같은 다른 요인에 주목했다. 종교적 목적과 정치적 패권 다툼이라는 대립되는 견해 속에 점차 30년전쟁에서 종교의 역할은 축소되는 대신에 유럽의 정치 지형 속에서 해석하는 다양한 시선이 등장했다. 로날트 아슈(Ronald Asch)는 1997년 출판된 30년전쟁 연구서에서 유럽의 중세 국가의 틀이 근대적 의미의 주권국가로 변화하는 과정에 끼친 30년전쟁의 영향에 주목한다. 30년전쟁의 시작은 신성 로마 제국이 국

12 Peter H. Wilson, *Thirty Years War: Europe's Tragedy*, Cambridge, MA: Harvard University Press, 2009, p. 64.

13 S. H. Steinberg, *Thirty Years War*, p. 97.

14 S. H. Steinberg, *Thirty Years War*, p. 98.

15 Anton Gindely, "History of the Thirty Years War", *The Thirty Years War: Problems of Motive, Extent, and Effect*, eds., Ralph W. Greenlaw and Dwight E. Lee, vol. 1, Boston, MA: DC Heath and Company, 1964, p. 5.

가 주권과 관련해 마주한 혼란상 때문이다.[16] 이 혼란으로 시작된 전선은 처음에 종교적 경계를 따라 이루어졌지만 차츰 종교적 목적과는 다른 근대적 정부 체제와 전쟁 구조를 만들어냈다. 군사 분야의 혁명으로 간주되는 스웨덴의 상비군 시스템은 중세 내내 지속되었던 용병에 의존하는 전쟁을 없앴다. 용병들은 전투에서 잔혹하게 약탈하고 때로 반란과 난동을 일으켰다. 그래서 국가는 근대적인 의미에서의 전문적인 상비군 체제를 기나긴 과정을 통해 만들었다. 이는 근대적 중앙집권적 정부와 재정 구조를 만드는 데 일조했다. 17세기 후반 독일의 여러 독립 국가는 탄탄한 재정 구조를 갖춘 강력한 통치 체제를 만들었다.[17] 아슈는 종교가 갈등의 시발점일 수는 있지만 30년전쟁의 결과적인 성취는 정부 체제와 국가 주권의 형성이라고 본다. 그의 주장은 역사학자 해로 회플(Harro Höpfl)의 '국가 이성'의 역할로 확장된다. 회플은 가톨릭과 프로테스탄트 성직자들이 종교적 정통성보다는 정치와 국가 운영에 더 많은 관심을 보였다고 주장했다. 국가 이성 개념은 종교적 이상을 대체한다. 빠르게 전환되는 17세기 유럽의 정치 세계에서 국가주의를 강화하기 위한 정치적 방법과 수단을 정당화하는 기제가 된다.[18] 회플이 주목한 것은 예수회로 대표되는 수도회와 가톨릭 국가 내에서 가톨릭 고위 성직자들의 이해 충돌이었다. 그들은 가톨릭 교황청에 충성해야 하지만 세속 권력과의 관계 속에서 국가의 정치적 이해를 위해 일했다. 국가 이성이 강조되는 세속 권력과 종교적 이상 사이의 충돌이 있을 때, 교회는 정치적 판단과 도덕적 판단 사이에서 정치적 이해에 우선하는 경우가 빈번했다.[19] 마키아벨리가 사상적 기초를 제공한 국가 이성은 구체적으로 프

16 Ronald G. Asch, *The Thirty Years War: The Holy Roman Empire and Europe, 1618-48*, New York, NY: Palgrave, 1997, pp. 4~5.

17 Ronald G. Asch, *Thirty Years War*, p. 191.

18 Harro Höpfl, "Orthodoxy and Reason of State", *History of Political Thought* 23, no. 2, June 2002, p. 225.

19 Harro Höpfl, "Orthodoxy and Reason of State", p. 229.

랑스의 루이 13세의 고문인 추기경 리슐리외의 외교 정책으로 정당화된다. 추기경은 국가와 종교의 이익이 완전히 분리되어 있다고 주장하면서 국가의 이익을 위해 헌신했다.[20] 그는 종파적 전쟁의 와중에도 프랑스라는 국가의 번영과 안녕을 최우선으로 앞세웠다. 리슐리외 아래에서 국가 이성은 중세의 보편적·도덕적 가치 개념을 대체해 프랑스 정책의 운영 원칙이 되었다. 리슐리외는 가톨릭 프랑스를 프로테스탄트 스웨덴과 동맹시킴으로써 프랑스의 이익을 제도적으로 가톨릭교회의 이익과 분리했으며, 이로써 종교와 국가의 전통적 통합에 도전하는 새로운 패러다임을 확립했다. 국가 이성은 단순히 종교를 국가와 분리한 것이 아니라 종교를 국가에 종속시켰으며, 이는 국제 정치를 지배하게 된 세속적 베스트팔렌 체제 성립에 기여했다. 30년전쟁이 종교적 열정에서 비롯되었지만 전쟁을 거치면서 국가의 이익을 위해 종파적 이해를 희생하는 새로운 패러다임이 형성되었다.

2009년 출간된 피터 윌슨(Peter Wilson)의 『30년전쟁: 유럽의 비극』은 30년전쟁의 원인이 본질적으로 복잡하고 다원적이라는 해석사를 종합한 결과물이다. 윌슨은 한 가지 측면을 과도하게 강조해 다른 요인을 평가절하하는 단순화를 경계하고 전쟁의 다양한 사회적·경제적 원인을 검토한 다중 원인설(multi-causal conflict)을 제기한다.[21] 주목해야 할 점은 종교의 역할에 대한 재평가이다. 그는 30년전쟁을 '가톨릭의 멍에로부터의 해방으로 본 프로테스탄트 서사'적 시각을 비판하면서[22] 동시에 반세기 전 프리드리히가 제시한 종교적 원인을 주요한 요소로 재평가했다. 그는 종교가 전쟁에서 가장 큰 영향을 준 사례로 스웨덴 왕 구스타브 2세 아돌프를 든다. 그가 전쟁 초 합스부르크를 몰아내기 위해 독일로 침공한 것은 스웨덴의 이해와 프로테스탄트의 이해가 맞아떨어진 사례

20 Paul Sonnino, "From D'Avaux to Dévot: Politics and Religion in the Thirty Years War," *The Historical Association* 87, no. 286, April 2002, pp. 192~203.

21 Peter H. Wilson, *The Thirty Years War*, p. 8.

22 Peter H. Wilson, *The Thirty Years War*, p. 9.

이다. 구스타브 2세는 프로테스탄트의 대의를 믿고 자신의 정치적 힘을 합스부르크 가문과 싸우는 데 헌신했다. 이 때문에 전쟁에서 죽은 그는 프로테스탄트 순교자로 자리매김했다. 팔츠 선제후로 칼뱅주의자였던 프리드리히 5세도 독일의 자유가 곧 프로테스탄트의 자유라고 믿었다. 프로테스탄트 연합의 수장으로서 그는 가톨릭의 위협으로부터 프로테스탄트를 보호하는 것이 하느님의 뜻이라고 믿었다.[23] 가톨릭 통치자들의 종교적 대의는 30년전쟁의 가장 가시적인 원인이었다. 보헤미아 반란이 확산되던 시기에 합스부르크 왕좌에 오른 신성 로마 제국 황제 페르디난트 2세는 합스부르크 가문이 통치하는 지역을 확고하게 가톨릭으로 만들고자 했다. 합스부르크 가문은 상류층을 정치적·사회적으로 가톨릭 엘리트로 만들고자 프로테스탄트 학교와 교회를 폐쇄하고 프로테스탄트 교사를 추방했다. 바이에른 선제후 막시밀리안 1세도 유럽 내에서 가톨릭을 지배적인 종파로 되돌리려 했다. 그의 처남인 황제 페르디난트 2세와 마찬가지로 막시밀리안 1세도 독실한 가톨릭교도였으며, "가톨릭이 이미 〔아우크스부르크 화의 이후〕 너무 많은 영토를 양보했고, 제국이 혼란에 빠지는 것을 막기 위해 단호하게 나서야 할 때가 되었다"라고 보았다.[24] 평생 동안 종파 간 갈등 속에 살았던 그의 삶은 가톨릭이 올바르고 유일한 그리스도교 신앙으로 방어되어야 한다는 믿음에 기초했다. 페르디난트 2세와 막시밀리안 1세의 다양한 종교 박해는 유럽 전역에 긴장을 고조시켰고 네덜란드와 독일 북부 지역에서 프로테스탄트의 저항을 가속화했다. 또한 독일 프로테스탄트들이 처한 곤경에서 스웨덴과 덴마크 같은 외국 프로테스탄트 군대가 개입하도록 했다.

베스트팔렌 조약은 그리스도교 세계 내에서 매우 다른 종교적 신념을 가진 세력 사이의 오랜 갈등의 고리를 끊어냈다. 조약은 새로운 근대적 국가 질서의 출발이기보다는 여전히 기존 구조 내의 불안전한 타협이었

23 Peter H. Wilson, *The Thirty Years War*, p. 247.

24 Peter H. Wilson, *The Thirty Years War*, p. 220.

지만 종교적 권위와 세속적 권위 사이의 관계에 큰 변화를 가져왔다. 이 조약은 실제로 독일 공국의 완전한 독립을 가져오지는 않았지만 제후들에게 교회와 교회 재산을 감독할 권한을 부여했다. 교황 인노켄티우스 10세(Innocentius X, 1574~1655, 재위 1644~55)는 가톨릭 국가에서조차 교황이 교회에 영향을 끼치는 것이 제한된다는 이유로 베스트팔렌 조약에 반대했다. 제후들이 자신의 영토에서 절대적인 주권을 행사하고 종교 선택의 권한까지 갖게 됨으로써 국가는 교회를 대체해 새로운 국제 질서를 형성하는 기본 틀이 되었다. 주권 원칙과 관련된 이상인 국가 이성은 세속적인 국가의 통치 이념이 종교와 교회보다 앞선다고 믿었다.

종교개혁과 이후 일련의 종교 갈등과 분쟁의 의도하지 않은 효과는 종교의 자유와 관용이었다. 최초의 자유는 통치자가 자신의 통치 영토 내의 종교를 선택하는 자유였다. 이 자유는 하나의 가톨릭 유럽이라는 틀을 영구히 무너뜨렸다. 통치자의 종교를 수용하기를 거부하는 개인에게는 종파적 신념 때문에 이주할 수 있는 권리(ius emigrandi)가 주어졌다. 이 자유는 어디까지나 제한적이었다. 자신의 신앙을 수용해 줄 수 있는 곳으로 떠나야 하는 제약이 전제된 자유이기 때문이다. 한 영토 내에서 다른 경쟁하는 종파가 용인될 때 비로소 종교의 자유와 관용은 인정된다. 이것이 1648년 베스트팔렌 조약에서는 온전하게 성취되지 않았다. 그러나 그렇게 조금씩 자유와 관용이 종교와 연결되었다. 당연해 보이는 종교의 자유와 다름에 대한 관용을 얻기까지는 수십 년간의 무력 충돌과 갈등이라는 값비싼 비용을 지불해야 했다.

제22장 관용, 자유, 그리고 근대성 재고(再考)

종교개혁은 내부자의 시각에서는 종교를 갱신하고 정화하는 것이지만, 외부자들에게는 정화와 개혁을 빌미 삼은 탄압과 박해, 배제였다. 종교개혁의 기치를 높게 들수록 불관용의 목소리와 실행은 커져갔다. 현대에는 자명한 것으로 보이는 종교적 관용은 오랜 기간의 잔혹한 박해와 불관용의 경험 끝에 형성되었다. 16세기까지 그리스도교 세계에서 종교적 관용은 찾아볼 수 없었다. 비잔티움 제국의 그리스도교 통치자들은 '하나의 제국, 하나의 법, 하나의 신앙'이라는 모토로 통치해 왔다. 또한 가톨릭교회는 구원에 이르는 유일한 길을 그리스도로, 그리스도에게 이르는 유일한 길을 가톨릭교회라고 보았다. 이 범주에서 벗어나는 이들은 구원에서 제외된 이단자로 여겨졌다. 그리스도교 통치자의 책무는 교회를 오염으로부터 정화하는 것이었다. 이단자를 산 채로 화형시키는 일은 중세만의 관행이 아니라 종교개혁기에 빈번하게 실행되던 정화의 방식이었다.

불관용의 지적 전통

교회는 개인의 자유를 인정하지 않는 철저한 불관용의 지적 전통을 고대 교회로부터 유지해 왔다. 이는 아우구스티누스의 논리를 근거로 삼았다.[1] 아우구스티누스는 신앙이란 강요할 수 없는 것임을 인정하면서도 목회적인 목적에서 제한된 형태로 신앙을 강제할 수 있다고 보았다. 이단자들은 구원이 위태로운 상태에 있기 때문에 그들을 박해하고 강제해 개종케 하는 것이 그들의 영혼을 구하는 행위라고 보았다. 오히려 박해하지 않는 것이 구원에 대한 책임을 회피하는 아주 심각한 죄악이었다. 이 논리에 따르면, 박해는 그리스도교적 사랑의 실천이 되고 관용이 죄악이 된다. 그리스도교 통치자나 교회는 사회와 공동체의 영적이고 육체적인 안녕을 책임질 권한과 의무가 있기 때문에 신성모독과 우상 숭배로 사회와 교회를 어지럽히는 이들을 처벌하는 것은 당연했다. 가톨릭 지역의 통치자들은 가톨릭의 방식으로, 프로테스탄트 지역의 통치자들은 프로테스탄트의 교리에 따라 박해를 가했는데, 이는 어느 교파이든 예외가 없었다. 그리스도교 세계가 분열되면서 등장한 신앙고백의 시대 또는 재그리스도교화 시대라는 표현은 참된 신앙을 사회 구성원 모두에게 부과하려는 전략적 방편이었다. 세계를 선과 악, 하느님과 사탄, 참교회와 거짓교회라는 극단적인 이분법으로 보며, 대립하고 투쟁하는 종말론적 세계관을 가르치는 현실에서 관용이 설 공간은 없었다.

중세 유럽의 전통 속에서 종교적 관용의 근거가 전혀 없는 것은 아니었다. 고대 로마는 다신교 사회로 다양한 신앙을 용인하는 전통이 있었고, 가톨릭 유럽에서도 유대인들을 용인하는 전통이 있었다. 또한 중세의 가장 강력한 세력인 오스만 제국은 술탄이 통치하는 제국 내에서 다

---

1 Mark Goldie, "The Theory of Religious Intolerance in Restoration England", *Contesting the English Polity, 1660–1688: Religion, Politics, and Ideas*, Woodbridge and Rochester; Boydell & Brewer, 2023, pp. 39~43.

양한 종교의 공존을 용인했다. 하지만 종교개혁기는 교회의 순수성을 지키고 타락한 것을 정화해야 한다는 이상이 앞선 나머지, 다른 종파들을 용인하는 것이 궁극적으로 교회의 파괴로 이어질 것이라고 여겼다. 종교개혁기인 16세기가 강화한 불관용은 역사 속에서 서로 다른 종교의 관용과 공존이 오랜 기간 유지되어 온 이베리아 반도를 가장 심각한 종교적 불관용과 배제, 추방 등 종교적 배타성이 실현되는 현장으로 바꾸었다. 1492년 유대인 추방령이 그 정점이었다. 종교개혁을 가톨릭교회의 개혁이라는 긍정적인 차원뿐만 아니라 그리스도교나 그리스도교의 특정한 종파만을 인정하고 타 종교와 종파를 배제하는 것을 정화로 이해하는 것은 종교개혁기 유럽 그리스도교가 가졌던 유럽주의적이고 종파적인 한계를 고스란히 보여 준다. 가톨릭은 프로테스탄트를, 프로테스탄트는 가톨릭을, 가톨릭과 프로테스탄트 모두는 아나뱁티스트를 박해했다. 통치자는 통치자대로 한 국가 내에서 다양한 종교의 공존 가능성을 받아들이기까지 엄청난 비용을 치러야 했다. 프로테스탄트와 관용이라는 개념 사이의 거리도 루터와 칼뱅의 사례에서 확인할 수 있다. 그들은 개혁의 기치를 내건 이후, 가톨릭교회로부터 받은 박해에 대해 양심의 자유를 호소했지만 타인의 종교의 자유를 방어하지는 않았다. 그 이유는 자신들이 거짓교회와 맞서 싸우는 유일한 진리라는 확신에 서 있었기 때문이다. 그들은 자신들의 신앙과 교리만이 참됨을 주장하는 교리화에 더욱 열중했다. 따라서 그 범주에 들지 않거나 거부하는 이들을 이단자로 박해하고 처형하는 데에 거리낌이 없었다.

16세기에 그리스도교도들의 사고방식에서 종파적 관용이 낯선 개념이었음을 보여 주는 또 다른 사례는 1555년 아우크스부르크 화의에서 찾을 수 있다. 화의의 결과 신성 로마 제국에서 한 영토의 통치자는 자신의 통치 영역 내의 신앙을 결정할 권리를 가지되, 그 종교를 받아들이지 않으려는 신민들에게는 이주권을 부여했다. 종교적 불관용이 가져올 문제를 인식한 것으로 보이는 조치이지만 여전히 한 통치 체제 안에서 종교적 다양성의 수용이라는 해결책은 아니었다. 통치자의 종교와 다른 종교를 선택하고 실천하는 것이 개인의 정당한 인권이라는 인식은 형성되지 않았다. 종교의 자유에 대한 개념이 유럽에서 점진적으로 등장한 것은 종교개혁 이후 거의 100년이 지난 1600년 무렵부터였다. 그리고 자유주의에 대한 수용이 유럽 사회의 기본값이 된 것은 19세기에 들어와서이다. 17세기 이전까지 개인의 사상의 자유를 외친 사상가들은 대부분 급진파로 분류되거나 이단, 심지어 반역자로 몰리는 경우가 많았다.

왜 근대 초 대부분의 사람에게 종교의 자유라는 개념은 상상할 수 없는 것이었을까? 이는 정치적 권위와 종교적 권위 사이의 연결이 전체 사회질서의 기반을 이루고 있었기 때문이다. 개인의 자유를 주장한 아나뱁티스트나 세바스티앵 카스텔리옹이 박해를 받은 이유는 그들의 주장이 기존의 사회가 추구하는 가치와 질서를 어지럽히는 '본질적으로 악한' 행위로 여겨졌기 때문이다. 국가나 교회가 간섭하지 못하는 개인적 자유를 누리려는 주장은 당대 사회질서에는 치명적인 위협으로 인식되었다. 아나뱁티스트는 국가에 대한 유대보다 개인성을 강조하면서 사회 유지를 위한 공동체의 약속에 동참하지 않았다. 특히 자발적으로 그리스도를 고백하는 사람들로만 구성된다는 그들의 교회론은 전복적이었다.[2] 같은 논리가 가톨릭 지역의 유대인이나 무슬림에게도 적용되었다. 한 국왕 아래에서 하나의 통일된 종교만이 국가의 안전과 번영을 보장할 수 있다고 판단했기에 다른 종교를 신봉할 자유를 왕국 내에서 허용할 수 없었다.

그러나 한목소리만 있었던 것은 아니다. 토머스 모어는 『유토피아』에서 다양한 종교가 공존하는 이상적 사회를 묘사하면서 관용에 대한 관념의 씨를 뿌렸다.

> 섬의 다른 지역뿐만 아니라 각 마을마다 여러 종류의 종교가 있다. 어떤 이들은 태양을, 다른 이들은 달이나 행성 중 하나를 숭배한다. 어떤

---

2 Carlos M. N. Eire, *Reformations*, New Haven and London: Yale University Press, 2016, p. 262.

이들은 평범한 신뿐만 아니라 덕이나 영광으로 과거에 뛰어났던 사람을 최고의 신으로 숭배한다. 그러나 그들 중 더 위대하고 현명한 부류는 이들 중 어느 것도 숭배하지 않으며, 오직 하나의 영원하고 보이지 않으며 무한하고 이해할 수 없는 신성함을 숭배한다. 이 존재는 우리의 모든 이해를 훨씬 뛰어넘으며, 그 크기가 아니라 그 힘과 덕으로 전 우주에 퍼져 있다. 그들은 이를 만물의 아버지라 부른다.[3]

다양성이 공존하는 유토피아의 통치자 유토푸스(Utopus)는 "모든 사람이 원하는 종교를 가질 수 있으며, 다른 사람들을 논리적으로 설득해 자신의 종교로 이끌 수 있도록" 법을 제정했다.[4] 모어가 그린 이 같은 관용은 가톨릭이나 주류 프로테스탄트 진영 어디에서도 수용되지 않았다. 교황과 결별하고 국교회를 세운 잉글랜드도 가톨릭이나 다른 프로테스탄트 종파의 존재를 인정하지 않았다. 잉글랜드 내전이라는 참화를 겪은 후에야 비로소 관용 정책이 채택되었다. 근대 국가 형성을 향한 걸음을 빠르게 걷던 근대 초의 상황에서 종교적 정체성은 누군가 위로부터 부과해 형성된 것이 아니라 자발적이어야 한다는 주장은 사실상 주변부의 목소리, 다시 말해 고립된 주장이었다. 종교개혁 초기에는 자틀러와 시몬스와 같은 아나뱁티스트와 프로테스탄트 합리주의자로 분류되는 세르베투스 등이 이 범주에 속한다. 1550년대 칼뱅의 제네바에서 세르베투스의 화형에 반대하는 주장을 편 카스텔리옹은 종교적 관용의 정당성을 논리적으로 설파했다. 가장 중요하고도 기본적인 주장은 '신앙은 강요할 수 없다'라는 것이었다.[5] 신앙은 강요하거나 억압할 수 없는 것이

3 Thomas More, *Utopia: or The Happy Republic, A Philosophical Romance*, London: Rickerby, 1852, pp. 170~71.

4 Thomas More, *Utopia*, p. 174.

5 Benjamin J. Kaplan, "Coexistence, Conflict, and the Practice of Toleration", *A Companion to the Reformation World*, ed., R. Po-chai Hsia, Oxford: Blackwell, 2004, p. 489.

며, 강요된다면 더 이상 신앙이 아닌 것이다. 신앙을 강제하려는 시도는 겉으로만 신앙을 가진 척하는 위선자 혹은 신앙 자체에 환멸을 느끼는 무신론자만을 만들기 때문에 의도했던 것보다 더 나쁜 결과를 초래한다는 논리가 제시되었다. 또한 신앙의 문제는 세속 권력의 문제가 아니라 영적 권위에 대한 문제이기 때문에 교회가 이 문제를 다루어야 한다고 주장했다. 이 같은 논리는 카스텔리옹이 루터의 1523년 저술을 인용하며 제시했다.

> 세속 정부의 법률은 오직 신체와 재산에만 적용된다. 오직 하느님만이 영혼을 다스릴 권한과 권위를 가지며, 하느님은 영혼이 세속법의 지배를 받는 것을 허용하지 않는다. …… 이단이란 영적인 것이므로 칼로 자를 수도 없고 불로 태울 수도 없으며, 물에 빠뜨려 죽일 수도 없다. 오직 하느님의 말씀만이 이단의 목을 치거나 화형이나 익사형에 처하게 할 수 있다.[6]

이 맥락에서 신앙의 자유는 오롯이 교회의 영역이지 세속 정부의 관할이 아니다. 다시 말해 이 관용은 세속 권력의 강제로부터 신앙과 양심의 자유가 침해받지 않을 권리와 연결된다. 관용이 필요한 이유는 정치적 안정과 같은 세속적 목표를 성취하기 위해서이다. 즉 이단을 억압하는 과정에서 내전이 발발할 위험이 있다면 국가의 안정을 위해서는 이단에게 관용을 베풀어야 한다. 박해가 없으면 저항도 갈등도 없기 때문에 안전과 평화가 유지된다. 이것이 더 큰 영적 선을 달성하는 수단이다. 카스텔리옹과 그의 영향을 받은 사상가들은 '복음서 자체가 관용을 가르친다'라고 주장했다. 그들은 관용을 그리스도교적 사랑, 온유함, 자비, 겸손

6 Sébastien Castellion, *Concerning Heretics: Whether They Are to Be Persecuted and How They Are to Be Treated*, trans., Roland H. Bainton, New York, NY: Columbia University Press, 1935, pp. 141~42, 149.

의 덕목과 연결했으며, 이러한 덕목이 예수 그리스도가 직접 실천한 것이라고 강조했다. 절대적 진리를 주장하지만 서로 대립하는 상황에게 아무런 설득력을 지니지 못하는 상황은 종교적 불확실성을 유발하는 요인이 된다. 그렇기 때문에 관용을 수용하는 것이 오히려 더 나은 사회 공동체를 만들어나가는 유효한 방편이라고 주장한다. 카스텔리옹은 이 같은 목적에서 오스만 제국이 실천한 다원화된 종교 수용이 성공적이었다고 평가한다.

> 박해가 있는 곳마다 모든 것이 혼란스럽다. 반대로 박해가 없는 곳에서는 종교의 다양성에도 불구하고 모든 것이 평온하다. 나는 거의 사람 머리 수만큼이나 다양한 의견이 있는 몇몇 도시를 알고 있지만, 박해가 없기 때문에 폭동도 없다. 박해가 시작되면 모든 것이 혼란에 빠질 것이다. 콘스탄티노폴리스에는 투르크인들, 그리스도교도들, 그리고 유대인들이 살고 있는데, 이들은 종교적으로 서로 크게 다르다. 그럼에도 그들은 평화롭게 살고 있으며, 박해가 있었다면 결코 그러지 못했을 것이다. 신중한 조사는 박해자들이 항상 문제의 핵심 원인이었음을 보여 줄 것이다. 그러므로 왕들과 관리들이여, 평화와 안녕을 원한다면 박해를 선동하는 자들의 말을 듣지 마라. 그들은 폭동을 일으키는 자들이며, 다른 이들을 폭동으로 고발하는 것은 유대인들이 그리스도를 고발한 것과 같다. 그리스도의 거처는 사랑으로 지어져야 한다. 박해자들은 증오와 피로 그것을 지으려 한다.[7]

하나의 국가와 하나의 종교라는 제한된 사고를 뛰어넘은 상상력을 발휘한 오스만 제국은 당대 유럽 그리스도교 국가에 비해 상대적으로 관용적이었다. 오스만 제국이 발칸 반도 일부를 정복하면서 그들이 보여 준 관용적 태도에 이 지역을 여행하던 그리스도교도들은 깊은 인상을 받았다.

7 Sébastien Castellion, *Concerning Heretics*, p. 225.

레반트를 여행한 르네상스 여행자들은 …… 종교 공동체의 우호적인 상호작용과 무슬림, 유대인, 그리스도교도들이 서로의 축제를 공유하는 방식에 대해 보고했다. 토머스 코리엇(Thomas Coryat, 1577~1617)은 얼마나 수많은 사람이 '그리스도교도인 동시에 투르크인'이었는지 관찰했으며, 폴 라이코트(Paul Rycaut, 1629~1700) 역시 그리스도교 성직자에 대한 무슬림의 존중을 포함해 그리스도교도들에 대한 무슬림의 관용을 칭찬하지 않을 수 없었다. 북아프리카에서의 포로 생활에 대한 많은 기록은 포로로 잡혀 온 사제들이 포로로 잡은 자들로부터 받은 존중, 그들이 허락받은 종교 축제, 그리고 교회 장식을 위해 받은 선물에 대해 이야기한다. 스미르나(Smyrna)에서는 투르크인들이 '종종 그리스도교 교회에 들르곤' 했으며, 다른 이들은 아이들이 교리문답을 암송하는 것을 즐겨 들었다. 17세기 말 프랑스 여행자 장 뒤몽(Jean Du Mont, 1667~1727)은 무슬림들이 특정 그리스도교 성인들을 숭배하며, 간혹 "투르크인들과 그리스도교도들이 〔함께〕 몇몇 신앙의식에 참여한다"라고 기록했다. 이집트에서 방문한 한 법원에서 엘리스 베리어드(Ellis Veryard, 1657~1714)는 유대인, 그리스도교도, 그리고 마호메트 신자들이 각자의 종교에 따라 맹세하기 위해 사용한 '구약과 신약 그리고 알코란' 사본을 보았다.[8]

오스만 제국의 관용은 루터와 칼뱅의 프로테스탄트 운동에 피난처를 제공했다. 헝가리는 가톨릭교회로부터 탄압받은 수많은 프로테스탄트 교도가 망명한 장소였다. 특히 칼뱅파는 헝가리에서 교세를 크게 확장했다. 1548년 가톨릭 당국은 헝가리에 있는 술탄에게 프로테스탄트주의를 설교하는 칼뱅파 목사의 추방이나 처벌을 요구했다. 하지만 헝가리는 이 요청을 거부하고 오히려 관용 칙령을 발표했는데, 다음과 같다.

8 Nabil Matar, *Islam in Britain 1558-1685*, Cambridge: Cambridge University Press, 1998, pp. 28~29.

루터가 발명한 신앙의 설교자들은 두려움 없이 자유롭게 모든 사람에게 어디에서나 복음을 설교할 수 있어야 하며, 모든 헝가리인과 슬라브인(정말로 원하는 자들)은 어떤 위험도 없이 신의 말씀을 듣고 받아들일 수 있어야 한다. 왜냐하면 이것이 진정한 그리스도교 신앙과 종교이기 때문이다.[9]

이 관용령은 1568년 헝가리 왕국 트란실바니아 지역의 토르다(Torda)에서 반포한 「토르다 칙령」(Edict of Torda)에 영향을 주었다. 「토르다 칙령」은 트란실바니아 통치자 요한 지기스문트 자폴야(John Sigismund Zápolya, 1540~71)가 발표한 것으로, 한 그리스도교 국가 내에서 다른 그리스도교 종파를 용인한 첫 사례이다. 자폴야는 가톨릭 신앙에서 출발해 루터파와 칼뱅파를 거쳐 마침내 반삼위일체파로 개종했다. 그는 유럽 역사상 반삼위일체파 신앙을 가진 유일한 통치자였다. 자폴야의 종교적 관용 정책으로 인해 가톨릭, 루터파, 칼뱅파, 반삼위일체파에 이르는 다양한 종파가 헝가리 내에서 공존하게 되었다. 종교로 인한 갈등을 방지하고 평화를 도모하기 위한 이 칙령은 한 세기 후 존 로크(John Locke, 1632~1704)의 관용 사상이 형성되는 데 큰 영향을 주었다.[10]

관용과 종교의 자유의 탄생

관용에 대한 연구들은 전쟁과 박해가 그리스도교도들로 하여금 관용 사상의 형성과 발전에 기여했다고 평가한다. 1560년 프랑스의 위그노는 프랑수아 2세의 섭정인 카트린 왕비에게 관용을 호소하면서 종교적 관

9 Susan Ritchie, "The Islamic Ottoman Influence on the Development of Religious Toleration in Reformation Transylvania", *Seasons: The Journal of the Zaytuna Institute*, Spring 2004, p. 67.

10 Susan Ritchie, "The Islamic Ottoman Influence", pp. 68~69.

용에 대한 논쟁을 촉발했다. '탄원서' 또는 '권고서'라고 불리는 팸플릿 형태의 여러 편지는 후대에 유럽의 관용 논쟁의 논거를 확인할 수 있다. 관용의 반대자들은 다른 종교를 용인하는 것이 사회적·정치적 혼란을 초래할 것이라고 주장했다. 국론이 사분오열되고 시민들이 다른 신앙을 가진 통치자를 따르지 않을 우려도 있었다. 군대의 경우에도 일체성과 동질성 없이는 유지되기 어렵기 때문에 사회의 안정과 통일성을 위해서라도 종교를 자유롭게 선택할 수 있게 놔두어서는 안 된다는 것이다. 그러나 국가적 차원에서 다양한 종파의 공존을 인정하게 된 계기는 종교적 배타성이 원인이 된 내전으로 인한 교착 상태 때문이었다.

1531년 스위스의 종교 분열을 확정한 제2차 카펠 화의, 1555년 신성로마 제국 내에서 종교적 공존을 인정한 아우크스부르크 화의, 1648년 30년전쟁을 종결지은 베스트팔렌 조약은 종교적 갈등을 해소하기 위한 방편이었다. 이를 통해 일정 정도 종교로 인한 갈등이 사라지고 사회 안전을 도모할 여건이 형성되었다. 하지만 각 종파 내에 깊이 뿌리박힌 종파 중심의 사고방식은 1648년 30년전쟁 이후에도 쉽게 사라지지 않았다. 1685년 프랑스 종교 관용의 근거였던 「낭트 칙령」이 폐기되면서 충돌과 갈등이 일시적으로 분출되기도 했다.[11] 동시대에 작성된 로크의 『관용에 관한 편지』(1689)는 종교 관용을 옹호하는 뛰어난 작품이다. 로크는 종교적 믿음이 타인에게 피해를 주지 않을 경우, 그의 내적인 신념만 가지고 처벌하거나 차별하는 것은 합당하지 않다고 보고 국가권력이 사적 영역에 개입하는 것을 반대했다. 개인의 생각이 누군가의 권리를 침해하거나 공공 평화를 훼손하지 않는 한에서 그 개인의 사적 영역은 지켜져야 한다고 주장했다.

> 만일 어떤 사람이 올바른 길에서 벗어난다면, 그것은 그 자신의 불행일 뿐이며 당신에게는 어떤 피해도 주지 않는다. 그러므로 당신은 그를

11 Benjamin J. Kaplan, "Coexistence, Conflict, and Practice of Toleration", p. 493.

현세의 삶에서 벌해서는 안 된다. 왜냐하면 당신은 그가 내세에서 불행할 것이라고 추측하기 때문이다. 법은 가능한 한 사악한 행위나 폭력으로 인해 국민의 재산과 안녕이 침해되지 않도록 보호한다. 그러나 법은 소유자의 부주의나 잘못된 관리로부터 그들을 보호하지는 않는다. 아무도 자신의 의지와 상관없이 부유해지거나 건강하도록 강요받을 수 없다. 심지어 하느님조차도 사람들을 그들의 의지에 반해 구원하지 않으신다.

〔관료는〕 자신이 하느님에 대한 죄라고 간주하는 모든 것을 무차별적으로 처벌하기 위해 칼을 사용할 권한이 없다. 탐욕, 무자비, 나태, 그리고 많은 다른 것은 모든 사람의 동의에 의해 죄로 간주되지만, 그렇다고 해서 누구도 그것이 관료에 의해 처벌받아야 한다고 말하지는 않는다. 그 이유는 이러한 것이 사람들의 권리를 침해하지 않으며, 사회의 공공평화를 깨뜨리지 않기 때문이다.[12]

근대 이전 시기에 종교가 핵심 정체성이었다면, 근대 초는 국가 정체성이 그 자리를 대체하기 시작했다. 종교개혁과 맞물린 민족주의의 발흥으로 종교적 권위와 정치적 권위 사이의 긴밀한 관계에 기반한 구질서는 더 이상 유지하기 어려워졌다. 종교적 정당성을 고수하고 모든 종교적 반대를 억누르려는 시도는 프랑스, 잉글랜드, 신성 로마 제국에서 예외 없이 박해와 내전, 종교 전쟁으로 이어졌다.[13] 국가 정체성의 출현은 중세 동안 유지되었던 '신성 공동체'인 가톨릭 종교 정체성을 대체했다. 이 신성 공동체는 세속 군주가 주도하는 동일한 언어와 민족으로 구성된 공동체였다. 근대 사회에서 국가 정체성은 정치적 정당성의 원천으로 종교를 대체했다. 물론, 여전히 종교와 민족 정체성이 공존하고 중첩될

12 John Locke, *A Letter concerning Toleration*, ed., James Tully, Indianapolis, IN: Hackett Publishing Company, 1983, originally published 1689, pp. 31, 35, 43~44.

13 Charles Taylor, *A Secular Age*, Cambridge, MA: Belknap Press of Harvard University Press, 2007, p. 392.

수 있지만, 근대 세계의 중심추가 민족 중심으로 옮아간 것은 부인할 수 없다.[14] 그래서 민족주의는 근대적이며, 근대성 자체는 민족국가의 출현으로 정의할 수 있다. 리아 그린펠드(Liah Greenfeld, 1954~)는, 민족주의는 "세속적인 국가 공동체에 존재한다. 더 높은 중재자는 없다. 민족주의는 신성한 권력을 접수함으로써 이 세상에 궁극적인 의미를 부여한다"라고 정의했다. 따라서 이 세상은 신성한 영역이 된다. 종교는 어떤 형태이든 매우 다른 세계상을 가지게 되었다.[15]

중세 가톨릭의 일체성이 느슨하게 유럽 공동체를 묶어주는 가치였다면, 근대 민족주의의 정체성을 형성하는 데 한 국가 내 하나의 종교, 즉 국교는 중세의 가톨릭과 유사한 사회적 역할을 했다. 그 때문에 근대 역시 종교와 개인의 사상의 자유를 폭넓게 인정하지 않았다. 종교개혁은 신앙을 국가와 민족 공동체의 종속 변수로 둠으로써 신앙의 자유를 제한했다. 진정한 의미에서의 관용의 출현은 국가 정체성과 사회적 통일성을 형성하기 위해 개인의 내적 신앙이나 신념을 통제하는 것은 정당화될 수 없다는 자각에서 비롯되었다. 사회의 안녕과 평화는 억압을 통해서가 아니라 각 개인의 자유를 존중함으로써 이루어져야 한다. 이를 성취하기까지는 오랜 피흘림의 역사가 있었다.

"율법에 따라 거의 모든 물건이 피로써 정결하게 되나니 피흘림이 없은즉 사함이 없느니라."[16] 정결하게 되는 것, 그것이 종교개혁의 목표였다. 역설적이게도 그것은 많은 피를 요구했다. 정결과 순수를 앞세워 불관용을 강제한 역사가 종교개혁의 역사일지 모른다. 종교의 관용은 신학과 교리에서 형성된 것이 아니라 정결함을 내세우고 피를 요구한 불관용의 역사에 대한 반성에서 뒤따라 이루어졌다.

---

14 Liah Greenfeld, *Nationalism and the Mind: Essays on Modern Culture*, Baintree, MA: Oneworld Publications, 2006, p. 69.

15 Liah Greenfeld, *Nationalism and Mind*, p. 69.

16 히브리서 9:22.

종교개혁의 근대성 재고

종교개혁이 근대를 만들었나? 아니면 중세의 연장이었나? 이 고전적인 질문에 대한 논의는 지속되겠지만, 이런 방식의 질문은 다소 무의미하다. 종교개혁이 중세적이었느냐, 근대적이었느냐의 물음의 전제는 중세를 미신과 맹목에 기반한 미개하고 덜 진보한 시대로, 근대를 더 합리적이고 이성적이고 진보한 시대로 여기는 가치 평가에 기반한다. 질문 자체에 유럽 근대주의의 편견이 담겨 있다. 종교개혁은 역사 서술에서 양심의 자유, 탈주술화, 합리성, 자유와 관용의 부상 등 이른바 근대성의 특징이라 여겨지는 것과 엮이며 지속적인 관심을 끌어왔다. 그런데 이제는 근대의 성격 자체에 대해 성찰적으로 논의하고 있다. 20세기 유럽 근대가 낳은 양차 세계대전과 홀로코스트의 참상은 근대란 무엇이며, 근대성이란 무엇이었는지에 대한 근원적 재고를 하게 만들었다. 종교개혁에 대한 재해석과 평가도 비껴갈 수 없었다.

중세와의 비교우위에서 근대에 부여한 긍정적인 가치 평가가 재고되면서 근대성이 가진 본질을 재검토하게 되었다. 일반적으로 종교개혁을 근대성의 중요한 지표로 여기는 정통주의 해석은 역사 진보의 자리에 종교개혁을 위치시켰다. 그러나 근대성에 대한 성찰의 결과는 종교개혁을 다르게 이해하는 데에 큰 영향을 주었다. 종교개혁을 프로테스탄트 종교개혁으로 제한할 것인가, 아니면 가톨릭을 포함한 다양한 형태의 종교개혁을 포괄할 것인가의 변수는 이전에 비해 그 중요도가 덜하다. 프로테스탄트 지역이든 가톨릭 지역이든 간에, 근대 유럽이라는 토대를 만드는 공통의 토양을 지녔기 때문이다. 그렇기 때문에 새롭게 제기된 질문은, 종교개혁은 다른 방향으로 재구성되는 그 근대와 어떠한 인과 관계를 형성했는가였다. 더불어 근대성이라는 것을 어떻게 재검토할지에 대한 논의도 진행되어야 했다.

1517년 루터가 교황권에 대항해 시작한 프로테스탄트 종교개혁은 인간 진보와 해방을 이끈 것으로 유럽 역사에서 가장 혁명적인 사건의 하나로 기억되어 왔다. 성직자가 아닌 개인이 각자 자신의 신앙 주체가 되어야 한다는 사상은 근대 종교의 자유와 궁극적으로 개인 권리를 확대하는 토대가 되었다. 주도적인 성서 읽기를 강조한 것은 일반 대중의 문해력 향상으로 이어져 근대 보편 교육의 토대가 되었다. 종교개혁으로 형성된 자유, 자율성, 그리고 합리적이고 과학적인 세계관의 형성은 서구뿐만 아니라 전 세계에 영향을 주었다. 키스 토머스의 표현을 빌리면, 중세 교회의 주술적 세계관을 거부하고 현대 과학의 인과성을 포용하는 탈주술화 세계를 열었다.[17] 과학적 세계관은 근대 자본주의와 산업화를 촉진하고 물질적인 진보를 이루었다. 종교개혁으로 교황권과 보편적 그리스도교 질서는 약화되고 국가 주권 개념이 강화된 것도 근대성의 한 요소이다. 1555년 아우크스부르크 화의와 1648년 베스트팔렌 조약은 종교와 정치의 분리, 주권국가 체제의 형성에 전환점이었다. 종교 문제에 가톨릭교회의 독점권이 사라지면서 대중은 양심에 따라 자유롭게 자신의 종교성을 구현할 수 있었다. 막스 베버는 근대의 주요 특징을 합리화, 개인의 자율성, 탈주술화로 꼽으며, 그 시작을 프로테스탄트 종교개혁으로 삼았다. 그는 『프로테스탄티즘 윤리와 자본주의 정신』에서 칼뱅주의의 금욕적 생활과 직업 소명 의식이 근대 경제 질서 형성에 중요한 계기가 된 자본주의의 윤리적 토대를 마련했다고 보았다. 이러한 관점에서 프로테스탄티즘은 사회적·경제적 변화를 이끈 동력이었다. 그 영향은 유럽 대륙을 넘어섰다.

근대는 아메리카, 아프리카, 아시아 등으로의 확장과 식민지화를 통해 전 세계에 문명과 진보를 확산시켰다. 종교개혁은 중세와의 연속선에 두기보다 중세와 결별하고 새로운 세계를 열어젖힌 출발점이었다. 이러한 해석이 가장 전형적이고 익숙한 종교개혁 서사이다. 종교개혁 500주년을 맞아 출간된 알렉 라이리의 『프로테스탄트: 근대 세계를 만든 신앙』(*Protestants: The Faith that made the Modern World*)은 프로테스탄티즘을 근대

17 Keith Thomas, *Religion and Decline of Magic*, London: Penguin Books, 1971, p. 25.

를 만든 사건이라고 주장하는 진보 서사를 재연했다. 그 출발은 물론, 그리스도교에 대한 급진적인 비전을 제시하고 교황의 권위에 도전한 수사 루터였다. 라이리는 혁명적인 근대를 만든 프로테스탄티즘에 대해 세 가지를 주목한다. 첫째, 프로테스탄트가 자유로운 탐구 정신을 형성했다는 것이다. 종교 문제에 있어 가톨릭교회의 결정은 잠정적일 뿐이며, 성서와 성령에 의지해 스스로의 양심에 따라 살아갈 수 있다는 종교적 자기 결정권이 프로테스탄트 종교개혁으로 형성되었다는 것이다. 의도한 바는 아니었지만 교리와 실천을 둘러싸고 벌어졌던 프로테스탄트 진영의 끊임없는 분열은 역설적으로 끊임없이 새로운 사상적 혁신을 낳았다. 둘째, 라이리는 프로테스탄트의 등장과 민주주의 제도의 확립을 연결한다. 통치자가 신의 뜻을 거스르고 대중의 신념을 억압할 경우, 대중은 이 문제를 해결하기 위해 통치자에게 맞설 권리를 주장했기 때문이다.[18] 셋째, 라이리는 프로테스탄트의 등장으로 종교의 비정치화가 이루어졌다고 주장한다. 폭압적인 통치자에게 맞서 민주적 저항 정신을 실천하기도 했지만, 프로테스탄트는 정치적 공간의 통제를 받지 않는 독자적 영역을 확보하는 것이 우선이었다. 그래서 기존의 정치질서에 철저하게 복종하는 신민이 되고 정치에는 큰 관심을 두지 못했다. 이에 대한 반대급부로 통치자는 대중이 통치에 복종하는 한, 종교의 자유를 허용하고 존중하게 되었다. 종교와 정치의 분리로 가능하게 된 근대적 현상이다.[19]

근대성의 긍정이라는 점에서 베버의 서사와 전체적인 맥락에서 다르지 않다. 그렇다면 그에 대한 한계 역시 뚜렷하다. 단순하게 보더라도 프로테스탄트 지역이 아닌 여타 유럽 지역에서 동일하게 형성된 자본주의, 종교의 자유, 민주주의 정치 체제의 토대 및 종교의 탈정치화 요소에 대해서는 설명할 길이 없다. 종교개혁이 로마 가톨릭교회와 교리적으로나

18 Alec Ryrie, *Protestants: The Faith that made the Modern World*, New York, NY: Viking, 2017, p. 3.

19 Alec Ryrie, *Protestants: The Faith that made the Modern World*, p. 4.

정치적으로 완전하게 분리된 대안적인 종교 토대를 마련하는 데 큰 성공을 거두었다는 사실은 담백하게 인정해야 하지만, 이 서사는 전형적인 프로테스탄트 진보주의 패러다임에 따른 서사이다. 질문은 왜 여전히 이런 관점과 패러다임이 호소력을 지닐까로 좁혀진다. 알렉산드라 월셤(Alexandra Walsham)은 진보주의 관점에서 종교개혁을 볼 수밖에 없는 이유를 두 가지로 설명한다. 첫째, 종교개혁의 자유와 진보 패러다임은 종교개혁가들의 '프로파간다, 논쟁, 회고적·신화적 수사의 의도적인 산물'이기 때문에, 과거와 단절하는 진보의 개념을 제외하고 프로테스탄트 역사를 쓰는 작업이 쉽지 않다. 둘째, 종교개혁 연구가 주로 종파적으로 형성되었기 때문에 그 정서적 영향력에서 벗어나기 힘들다. 그리고 이러한 전제가 유럽과 영미권 역사학 속에서 이른바 프로테스탄트 국가 정체성 형성을 정당화했다. 그래서 종교개혁 연구에서 "우리는 우리가 탐구하려는 과거의 후예이자 포로라는 사실" 때문에 "그 과거가 드리우는 긴 그림자를 피할 수는 없다"라고 했다.[20]

이제 그 과거에 대한 진보주의 관점의 해석은 큰 도전을 받고 있다. 16세기 '그' 사건은 바꿀 수 없는 과거이다. 그런데 끊임없이 재해석될 수 있는 이유는 무엇일까? 그것은 역사를 해석하는 현재의 위치가 계속 바뀌기 때문이다. 현재는 과거를 구하기도 하고, 다시 그 과거가 현재를 되살리기도 한다. 베네데토 크로체(Benedetto Croce, 1866~1952)나 R. G. 콜링우드(R. G. Collingwood, 1889~1943)가 주장한 대로 "모든 역사는 현재의 역사"이다. 현재 서 있는 관점이 과거를 재조명하면, 과거는 고정되지 않고 끊임없이 움직이는 장면이 된다. 종교개혁사 연구도 혹독한 성찰적 재조명의 대상이 되었다. 종교개혁을 합리와 이성, 진보, 근대 국가와 관료제 형성이라는 긍정적 토대의 근대성과 연관지어 해석했던 작업은 제1차 세계대전과 제국주의 식민지 침탈, 제2차 세계대전의 대량학

20 Alexandra Walsham, "The Reformation and the 'Disenchantment of the World' Reassessed", *Historical Journal* 51, 2008, p. 528.

살 같은 20세기 근대성의 참상을 겪으면서 혼란스러울 수밖에 없었다. 더욱이 가장 합리적이고 과학적인 방법에 의해 계획되고 중앙집권적 권력 아래 가장 효율적으로 발전한 관료제가 유럽의 대학살을 이끌었다는 사실은 근대성이 전례 없는 폭력으로 악용될 수 있음을 분명하게 보여주었다. 그 주체가 종교개혁의 발상지이자 근대 유럽 사상과 문화의 전형으로 알려진 독일이었기에 충격은 더했다. 자유가 아닌 압제가, 공공의 선이 아닌 제국의 이익을 위한 명백한 악이 지배했던 제국주의 유럽의 맨 얼굴과 그 결과는 진보 서사로 종교개혁을 읽어냈던 학문 연구의 근간을 무너뜨렸다. 제2차 세계대전이 끝난 1950년대 이후부터 본격적으로 종교개혁에 대한 수정주의 서사가 등장한 것은 불가피했다.

독일인 베버가 구성했던 종교개혁과 근대성의 관계에 대한 재평가와 재구성은 피할 수 없는 현실이었다. 재평가는 두 가지 방향으로 이어졌다. 무엇보다 20세기 유럽이 마주한 정치적 맥락과 역사적 현실이 종교개혁을 후향적으로 바라보는 기존의 지배적 관점에 대한 수정주의 해석이 등장하는 데 중요한 역할을 했다. 그러나 그것만으로는 충분하지 않다. 종교개혁에 대한 재구성을 위해서는 현재 서 있는 자리의 변화와 더불어 과거에 대한 재검토가 필수적이다. 광범위한 아카이브 연구 작업의 결과물은 타락한 중세 가톨릭이라는 전형적인 관점에 도전해 프로테스탄트 종교개혁 이전에 가톨릭교회의 활력과 열정을 강조했다. 중세와 종교개혁 사이의 단절보다는 인문주의와 모국어 성서, 신비주의 운동 등을 통한 중세의 연속성의 결과로 종교개혁을 그리는 매우 다른 그림을 가져왔다. 중세와의 단절과 혁명적 근대를 상수로 놓던 진보 서사는 중세 후기와 종교개혁 사이의 이념적 연속성을 강조하고 세속적 근대성과의 인과 관계는 부정한다.

마지막으로 주목해야 할 점은 1960년대 전후 서구 세계에 불어닥친 세속화의 영향이다. 종파적 배경이 없는 사회사가들이 종교개혁 연구에 뛰어들면서 학계의 관점은 종파적 관점에서 자유로워지고 종교개혁에서 기존에 강조하던 신학의 위치는 주변화되었다. 가톨릭과의 차이가 강조되기보다는 프로테스탄트 종교개혁 이후부터 트리엔트 공의회로 연결되는 과정에서 서로간의 유사성을 찾는 작업이 진행되었다.

이질적으로 시작했지만 유사성을 갖는 것으로 마치게 된 핵심은 교회와 국가 관계의 재설정이다. 각 주권 영토의 통치자들은 근대 국가 건설의 긴 여정 속에서 자신의 통치 아래 있는 대중을 특정한 교리적 이념과 종교적 제도를 통해 교육하고 규율하고 통제했다. 루터파와 칼뱅파 지역뿐만 아니라 국교회를 만든 잉글랜드나 전통적인 가톨릭을 수호하는 국가 모두에서 대중의 정치적 복종을 위해 종교를 활용했다. 종교는 근대를 형성하는 주된 재료이면서 동시에 세속화된 권력의 종속 요소로 유의미하게 자리매김하게 되었다. 종교가 근대 국민국가 형성에 끼친 영향은 전혀 다른 차원에서 해석된다. 개인의 자유와 자율성이 아니라 정반대로 신앙고백에 근거한 정치적 복종, 사회적 규율, 이를 강제하는 관료화된 사회에 대한 종속이 종교개혁이 남긴 유산이다. 이 맥락은 프로테스탄트와 가톨릭 지역에서 큰 차이가 없었다. 그래서 월섬은 프로테스탄트 종교개혁의 '합리성' 혹은 '근대성'에 대한 논쟁은 잘못 제기된 질문이자 종교개혁기 종교성의 본질에 대한 사유를 흐리게 만드는 장애물이라고 주장했다.[21]

이 같은 맥락에서 마크 릴라(Mark Lilla)는 '대분리'(great separation)라는 표현을 통해 중세의 연장인 종교개혁과 단절된 근대의 출발을 설명한다.[22] 그는 개인의 사상과 종교의 자유, 제도적으로 국가와 교회의 분리 등과 같은 자율권은 종교개혁으로 인해 주어진 것이 아니라 공적인 삶을 종교 전통에서 분리해 합리적 토대 위에 세우려는 계몽주의 이후의 산물이라고 보았다. 그렇다면 서구 근대성의 본질은 종교개혁과의 단절에서 형성된 것이다. 신학적 질서 속에서 영향을 받던 인간의 정치질

---

21 Alexandra Walsham, "The Reformation and the 'Disenchantment of the World' Reassessed", p. 528.

22 Mark Lilla, *The Stillborn God: Religion, Politics, and the Modern West*, New York, NY: Knopf, 2007, p. 55.

서가 스스로의 합리성과 세속적 기준에 따라 독립한 시점이 '대분리'가 일어난 시점이다. 종교개혁과 단절하고 나서야 비로소 자유주의적 근대성을 확보할 수 있게 된 것이다. 그러나 이 과정은 자연스러운 흐름 속에서 성취된 것은 아니다. 종교와 정치가 훨씬 복잡한 매트릭스 속에서 치열하게 상호작용한 결과물이다. 그 결과는 한편으로는 종교가 공적 영역으로 제도화되는 과정으로 이어졌고, 다른 한편으로는 개인의 신념이 공적 영역에서 분리되는 이중 전환 과정을 거쳤다. 종교는 급속하게 국가 권력의 통제 아래 세속화되었지만, 개인의 신앙적 신념은 국가의 통제에서 벗어나 인정받는 상반된 경험으로 이어진 것이다.

고백화 패러다임과 사회 규율

역사가들은 근대 초기 유럽 체제를 주로 자본주의 형성과 근대 국민국가 형성이라는 두 가지 방식으로 주로 읽어왔다. 페리 앤더슨(Perry Anderson, 1938~)은 『절대주의 국가의 계보』(*Lineages of the Absolutist State*)를 통해 농촌의 불안과 도시의 상인 지배의 위협을 받은 귀족 세력이 군주들과 동맹을 맺어 권력을 강화하면서 프랑스·스페인·잉글랜드 등에서 이른바 절대주의 왕정의 토대를 놓았다고 보았다.[23] 그런데 유럽사에서 16~17세기만큼 종교와 정치가 밀접하게 얽혀 있던 시기도 없었다. 세속화된 국민국가 속에서 종교의 역할이 흥미롭게 변화하는 시점이다. 앤더슨이 절대주의 형성기라고 보는 동일한 시점을 종교개혁사에서는 '고백화' 시대라고 규정하면서 근대 체제 형성에서 종교의 역할에 의미를 부여했다.[24] 고백화라는 개념은 프로테스탄트 종교개혁이 일어

23 Perry Anderson, *Lineages of the Absolutist State*, London: Verso, 1974.

24 고백화에 대한 개괄적인 논의는 Ute Lotz-Heumann, "The Concept of 'Confessionalization': A Historiographical Paradigm in Dispute", *Memoria y Civilización* 4, 2001, pp. 93~114 참조.

난 독일에서 1550년대 이후를 해석하는 틀로 도입되었다. 그 결과 16세기 초반에 집중되었던 종교개혁 역사학의 관심은 16세기 후반과 17세기 초로 옮아졌고 새로운 해석이 등장했다. 루터의 종교개혁과 위대한 독일 통일을 연결한 독일 역사가들에게 1550년 이후 루터파, 칼뱅파, 가톨릭으로 재편된 혼란스러운 독일 교회 분열상은 환영받지 못하는 '사생아'와 같았다.[25] 그러나 이 고백화 시대가 국가 발전에 중요한 연결 고리라는 재평가가 이루어지며, 유럽 전반에 종교개혁을 '고백화' 과정으로 읽으려는 유사한 시도가 이어졌다. 브래드 그레고리는 최근 반세기 동안 새롭게 등장한 수정주의 해석의 핵심을 고백화 패러다임으로 보았다.[26]

1958년 가톨릭 역사가 에른스트 발터 체덴(Ernst Walter Zeeden, 1916~2011)은 '종교개혁 대(對) 반종교개혁'이라는 이분법과는 대조적으로 16세기 후반 신성 로마 제국의 가톨릭, 루터교, 칼뱅주의가 각각 성문 신앙고백을 중심으로 하는 현대적이고 명확하게 정의된 고백 교회를 건설하기 시작했다고 강조했다. 그는 이 과정을 '고백 형성'(confessional formation)이라고 불렀다. 체덴이 제기한 교회사의 고백 형성 개념을 1980년대 하인츠 실링과 볼프강 라인하르트(Wolfgang Reinhard) 같은 독일 학자들이 사회사에 접목해 고백화(confessionalization) 패러다임으로 확장했다.[27] 고백화 패러다임에 따르면, 루터파·개혁파·가톨릭 모두 서

25 Ronnie Po-chia Hsia, *Social Discipline in the Reformation: Central Europe, 1550-1750*, London: Routledge, 1989, p. 1.

26 Brad S. Gregory, "The Reformation and Modernity: Explaining the Causal Nexus", *Protestantism after 500 years*, eds., Thomas Albert Howard and Mark A. Noll, Oxford: Oxford University Press, 2016, pp. 142~59 참조.

27 라인하르트와 실링의 논지를 대표하는 저술로는 Wolfgang Reinhard, "Reformation, Counter-Reformation, and the Early Modern State: A Reassessment", *Catholic Historical Review* 75, 1989, pp. 383~404; Heinz Schilling, "Confessionalization in the Empire: Religious and Societal Change in Germany between 1555 and 1620", Heinz Schilling, *Religion, Political Culture and the Emergence of Early Modern Society: Essays in German and Dutch History*, Leiden, New York, Köln: Brill, 1992, pp. 205~45; Heinz Schilling, "Confessional Europe", *Handbook of European History, 1400-*

로 다른 공식 신앙고백을 형성함으로써 종교 차원을 넘어 정치적·사회적·문화적 영역을 재편했다. 고백화는 종교가 주체가 된 신학 논쟁이 아니라 국가권력과 교회가 협력하면서 규율화를 추진한 과정이다. 그래서 실링과 라인하르트는 고백화를 근대 초 절대주의 또는 '사회적 규율'(social discipline)의 첫 번째 단계로 본다.[28] 이에 따른다면, 종교개혁은 근대 국가 형성을 위한 사회 통합의 종교적 동력이다. 종교가 국가권력의 통제 아래 들어가게 된다는 점에서 종교개혁은 의도하지 않은 세속화를 낳았다. 종교개혁을 사회사 전통 속에서 다루는 학자들이 재그리스도교화로 종교개혁을 이해하는 것과 유사한 듯하지만 이 지점에서 차이가 있다. 재그리스도교화는 종교의 국가 통제라는 세속화의 관점에서 접근하는 것이 아니라 대중의 일상 속에 그리스도교적 규범과 의식을 다시 배치하는 종교화 자체를 의미한다.[29] 루터파나 칼뱅파의 교육이나 예배,

---

1600, eds., Thomas A. Brady, Jr., Heiko A. Oberman and James D. Tracy, Leiden, New York, Köln: Brill, 1995, pp. 641~75 참조.

28 사회 규율 개념은 게르하르트 외스트라이히(Gerhard Oestreich)가 국가주의적 용어인 '절대주의'에 대한 대안으로 만들어낸 것으로, 근대 초 국가가 삶의 모든 영역에서 대중의 행동을 통제해 '순종적이고 경건하며 근면한 대중'으로 만들려는 과정에 대한 설명이다. 전통 사회에서 사람들이 서로에게 압력을 가하기 위해 사용했던 비공식적인 메커니즘인 '사회적 통제'와는 명백히 대조적으로, 사회적 규율은 근대 국가가 질서 있는 정부와 자본주의 경제의 근대화를 촉진하기 위해 국민의 행동을 문명화하고 합리화하려는 공식적인 전략이었다. 사회 규율에 관한 좀 더 자세한 내용은 Robert Van Krieken, "Social Discipline and State Formation: Weber and Oestreich on the Historical Sociology of Subjectivity", *The British Journal of Sociology* 41, no. 1, January 1990, pp. 43~68 참조.

29 16세기 신학적 맥락에서 '세속화'는 탈종교화 또는 공적 영역에서 종교의 역할을 제한하는 의미를 넘어 전혀 다른 관점으로 사용할 수 있다. '세속적'이라는 라틴어 'saeculum'은 일시적인 현실 세계를 긍정하는 의미로 쓰인다. 이는 중세의 영원하고 초자연적인 'sub specie aeternitatis'(영원한 자의 관점에서) 세계관을 거부한 것이다. 종교개혁은 현실 세계에서 신성한 것과 세속적인 것의 경계를 다시 구획해 '세속'을 이해하는 다른 관점을 제시했다. 이 세속화는 프로테스탄트 영토를 넘어 서유럽 전체의 문화적·사회적·경제적·정치적 구조에 심대한 영향을 끼쳤다. Carlos M. N. Eire, "Redefining the Sacred and the Supernatural: How the Protestant

일상의 규율, 그리고 트리엔트 공의회 이후 유럽 가톨릭 지역의 표준화된 전례와 종교 실천은 중세 종교와의 대비 속에서 읽어야 한다. 중세의 느슨한 종교성을 벗고 확고한 종교적 정체성을 주입하려는 시도가 재그리스도교화의 핵심이다. 반면에 고백화 테제는 중세와의 관계에서 읽기보다는 교회와 국가의 관계 변화가 이루어지는 근대성의 관점에서 읽어야 한다. 규율과 종교 생활의 내면화를 강조하는 사회적·문화적 변혁을 의도하는 것은 동일하다. 다만 재그리스도교화가 일상의 사회적 실천에 초점을 둔 것이라면, 고백화는 국가권력과 결합해 하향식으로 이루어진 사회 구조의 재편에 강조점이 있다. 삶과 행동의 모든 영역에서 대중을 규율하고자 한 초기 근대 사회의 고백적 정체성의 발전은 문화적·정치적·국가적 정체성 형성에 결정적인 영향을 끼쳤다.[30]

라인하르트는 순수 교리를 확립하고 신앙고백서를 구체화하면서 고백 서약과 헌금 제도를 통해 새로운 규범을 시행해 반체제 인사들을 제거함은 물론, 사회 지도층 인사들의 종교적 정통성을 보장하고 선전 선동을 통해 규율을 확산시키며 교리문답·설교·순례 등을 통해 규범을 내면화하는 것이 고백화 과정이라고 했다. 아울러 시찰을 통해 준수 여부를 확인하고 불순응자를 추방해 집단의 동질성을 유지하고 세례와 결혼과 같은 의식 참여 기록 관리를 통해 대중의 일상을 통제하는 것 등이 고백화 과정에 포함된다고 보았다.[31] 고백화 패러다임 아래에서 대중의

Reformation Really Did Disenchant the World", *Protestantism after 500 Years*, eds., Thomas Albert Howard and Mark A. Noll, Oxford: Oxford University Press, 2016, p. 38.

30 Heinz Schilling, "Confessionalisation and the Rise of Religious and Cultural Frontiers in Early Modern Europe", *Frontiers of Faith: Religious Exchange and the Constitution of Religious Identities, 1400–1750*, eds., Eszter Andor and István György Töth, Budapest: Central European University/European Science Foundation, 2001, pp. 21~35.

31 Wolfgang Reinhard, "Reformation, Counter-Reformation, and the Early Modern State", pp. 391~95 참조.

경험이나 그들이 향유하던 문화적·지역적 다양성은 주체가 되지 못하고 변화되거나 폐지되어야 할 목적물로 대상화된다. 따라서 고백화는 국가와 사회의 통합에 반대하는 종교 및 정치 집단과의 대립을 유발하기도 한다.[32] 그러나 고백화와 사회 규율에 근거한 국가와 종교적 권위의 행사가 항상 대중의 반발을 산 것은 아니다. 질서 있는 경찰국가의 형성이라는 관념도 정확하지는 않다. 이 사회 규율과 고백화는 느리지만 확실하게 대중 속으로 깊숙이 파고들었다. 규율을 부과하는 권위의 행사와 대중의 이해관계가 맞아떨어졌을 때 성직자, 행정관, 교사, 장인 계층 등 여러 다양한 사회 집단이 고백화에 적극 참여했다.[33] 이처럼 고백화를 지지하고 추동하는 세력은 본질적으로 사회 엘리트였다.

이 고백화 패러다임은 프로테스탄트 지역과 가톨릭 지역 모두에서 초기 근대 유럽을 형성하는 데 활용되었다. 고백화 과정을 통해 프로테스탄트 군주들은 스스로 교회 수장이 되어 교회에 대한 통제권을 장악했다. 루터교 지역에서 세속 군주나 귀족이 비상 주교라는 자격으로 사실상 교회를 통제했다. 칼뱅파 지역에서는 교회의 자율성과 자치권이 존중되었지만, 관료들이 회중을 관리하는 교회 회의인 컨시스토리에 참석했다. 가톨릭 국가에서도 사정은 크게 다르지 않았다. 세속 통치자는 가톨릭 성직자 임명권을 확보하고 교회 행정을 감독하는 왕실 기관을 설립함으로써 영토 내 가톨릭교회에 대한 실질적인 통제권을 구현했다.[34]

고백화 패러다임은 규율 문화 형성을 매개로 종교개혁을 읽어나간 결과물이다. 고백화는 항상 종파 간 경계의 강화와 종파 내 획일성을 수반한다. 한 종파 내에서 같은 신앙고백을 따르지 않을 경우에 규율과 처벌이 부과되기에 자기 검열은 피할 수 없다. 이렇게 통일성과 획일성의 강화는 전반적으로 행정의 효율성을 높이고 사회질서를 바로잡는다는 점

32 Heinz Schilling, "Confessionalization in Empire", p. 209.

33 Ronnie Po-chia Hsia, *Social Discipline*, p. 143.

34 Philip S. Gorski, *The Disciplinary Revolution: Calvinism and the Rise of the State in Early Modern Europe*, Chicago, IL: University of Chicago Press, 2003, p. 18.

에서 국가권력 강화로 이어진다. 사회질서가 바로잡힐수록 행정에 효율성이 더해지며, 그에 따르는 행정 비용도 절감된다. 필립 고스키(Philip Gorski)는 규율 있는 정치 체제 구축을 통해 근대 국가의 형성에 영향을 준 유럽의 고백화를 '규율 혁명'이라고 규정했다.[35] 규율 혁명은 사회적·정치적 질서를 형성하는 새로운 틀을 만들었는데, 이 틀 속에서 개인은 자기 검열, 상호 검열, 위계적 검열의 대상이 되었다. 정치권력은 고백화를 통한 규율을 부과해 대중을 복종적이고 순종적으로 만들었으며, 국가의 통치권을 강화하기 위한 조치를 취했다. 종교개혁이 근대 정치 체제에 끼친 가장 큰 영향은 바로 고백화를 통한 사회 규율의 구현이라고 할 수 있다. 16세기 초 종교개혁가들은 무분별하게 실천된 대중의 신앙심을 성직자들의 통제 아래 두고자 했다. 적어도 이 시기 교회개혁은 군주들이 주도권을 쥐지는 못했고, 규율 혁명의 핵심 추진자는 성직자 계급이었다. 규율 혁명의 가장 대표적인 사례는 칼뱅주의 세계에서 찾을 수 있지만, 가톨릭과 루터교에서도 유사한 과정을 찾아볼 수 있다. 규율 과정에 종파 간의 차이는 크지 않았다. 제네바 컨시스토리와 스페인 종교재판소 사이에는 규율의 시행부터 처벌까지 유사점이 많았다. 다만 칼뱅주의 정치 체제에서 사회 규율 과정이 더 빠르고 광범위하게 진행되었을 뿐이다.

책임, 한계, 그리고 성찰적 재조명

대부분의 초기 근대 정치 체제에서 교회와 국가 사이의 경계는 명확하지 않았다. 그러나 16세기 중반을 넘어 종교개혁을 주도한 개혁가들이 사라지면서 점차 세속 군주가 주도하고 관료 집단이 뒷받침하는 세속 통치가 종교적 신성함을 통제·제한·주도하는 경쟁에 참여했다. 그리고

35 Philip S. Gorski, *Disciplinary Revolution*, p. xvi.

관료제를 중심으로 규율 혁명은 재편되었다. 16세기 중반부터는 가톨릭과 프로테스탄트의 차이를 강조하기보다는 전 유럽에서 고백화 과정을 거쳤다는 동질성이 두드러졌다. 국가의 지원 없이는 교회가 독점적으로 고백화 관행을 주도할 수 없게 되었다. 종교는 질서를 세움으로써 사회 통합을 이끄는 중요한 도구였다. 고백적 열정에 이끌린 루터교 목사들, 가톨릭 사제들, 칼뱅주의 장로들은 새로운 도덕적·윤리적·정치적·법적 규범 체계의 핵심 중재자가 되었다. 가정 방문, 교회 규율, 그리고 교회 법정을 통해 대중의 일상을 감시했다. 외딴 지역의 작은 단위의 마을까지 그 영향력이 미쳤다.[36] 도덕 규제와 사회 통제 체제는 결과적으로 국가권력의 강화를 가져왔다.

이 관점에서 들여다보면, 종교개혁은 새로운 종교적 억압과 사회적 긴장을 낳고 자유보다는 새로운 규율 체제를 만들었다. 여기서 미셸 푸코(Michel Foucault, 1926~84)의 근대성 해석이 중요한 시사점을 제공한다. 푸코는 직접적으로 종교개혁을 다루지는 않았지만, 중세의 교황 중심 권위가 약화된 자리에 더 세밀하고 일상적인 규율 권력이 확산된 것을 근대의 특징으로 보았다. 그는 『감시와 처벌』에서 근대의 본질을 '규율 권력'(disciplinary power)의 발전에서 찾는다. 종교개혁은 개인의 내면과 행동을 세밀하게 통제하는 양심의 훈련을 강조했다. 이는 신앙의 자유보다는 오히려 신앙에 대한 감시와 자기 통제를 강화하는 결과를 낳았다. 칼뱅의 제네바에서 컨시스토리를 통한 생활 규제나 스코틀랜드의 교회 치리회를 통한 감시는 이를 잘 보여 준다. 프로테스탄트 지역뿐만 아니라 가톨릭 스페인의 종교재판도 비슷한 역할을 했으며, 마녀사냥은 이러한 규율 체제의 극단적 형태였다. 결국 종교개혁은 권력을 분산시켰지만, 그 권력을 개인의 양심과 일상 속으로 끌어들여 미시적 권력의 내면화를 가져왔다. 개인은 더 자유로워지기보다 스스로를 감시하는 주체가 되었다. 합리적이고 자율적 주체를 만들었다는 베버의 종교개혁 평가는 종

36 Philip S. Gorski, *Disciplinary Revolution*, p. 18.

교개혁이 근대 규율 사회를 만든 분기점이라는 또 다른 해석으로 진화했다. 루터와 칼뱅의 종교개혁이나 여타 지역에서 일어난 종교적 변화가 개인의 해방이나 자유와 무관한 감시와 처벌 구조를 강화하는 과정이 되었다는 것이다. 푸코의 통치성(governmentality) 개념은 이를 설명하는 데 유효하다.[37] 통치성은 국왕이나 제후와 같은 국가 통치자의 거시적 강제력만을 의미하지 않는다. 국가권력이 인간의 일상 행위를 관리하고 통제해 특정한 삶으로 이끌어가는 규율이 통치성이다. 폭력이나 억압을 통한 통제가 아니라 일상의 제도, 규율, 담론 등을 통해 관리하는 미시적 통제이다. 이 통제를 담당하는 수단은 국가나 교회뿐만 아니라 학교와 가정 등도 보유하게 된다. 제네바의 컨시스토리나 스코틀랜드의 교회 치리회는 일상의 가장 내밀한 성에 관한 문제를 간섭하고 통제하는 데 집착했다. 그리고 프로테스탄트 문화의 정착을 위해 음주, 춤, 옷차림까지도 규제하는 미시 권력을 작동했다. 가톨릭의 경우, 스페인 종교재판에서 볼 수 있는 것처럼 공동체 구성원이 서로를 감시하고 고발하는 것을 통해 내면의 양심까지 규율했다.

근대성은 표면적 자유 확대의 이데올로기를 넘어 더 세밀하고 체계적인 규율·감시·통제의 시작이다. 16세기 이래 유럽 각 국가에서 종교를 매개로 변화된 통제 구조를 근대적 통치성의 기원이라고 할 수 있다. 해방의 주체가 아니라 새로운 억압과 규율의 주체가 종교였는데, 푸코의 관점에서 보면, 종교를 통한 강력한 규율의 내면화와 그에 대한 순응이 근대성의 본질적 특성의 하나가 되었다. 주어진 규율을 효과적으로 실행하기 위해서는 행정적 합리성을 주도하는 관료제가 선행되어야 한다. 근대 관료제의 발전은 합리주의 사회를 이끌었다. 베버는 군대, 교회 및 대학과 같은 조직에서 관료적 규율을 도출한다. 푸코는 병원과 교도소, 그

37 푸코의 통치성에 대한 개념 설명은 박홍서, 「자유주의 통치성의 출현과 인간 안보: 인간 안보에 대한 푸코주의적 접근」, 『국제정치논총』 제52집 제3호, 2012, 61~63쪽 참조.

리고 학교에 대한 연구를 통해 신체와 행동, 정신적 태도를 감시하는 규율 사회를 분석했다. 합리성과 관료제가 효율적인 규율을 강제할 수 있다는 점에서 푸코가 상정한 규율 사회 개념을 만든 선구자는 베버라고 보아도 무방하다.[38] 통치성과 국가와의 관계에서 베버와 푸코는 관점을 공유한다.[39]

근대 국가의 본질적 특징으로 법적 질서, 관료제, 영토에 대한 관할권, 독점적인 무력 사용 등을 들지만 종교적 획일성이 매우 높다는 점도 간과할 수 없다. 종교개혁으로 인한 분열로 유럽에는 고백적이고 배타적 민족주의가 등장했다. 중세의 가톨릭 문화라는 획일적이고 보편적인 문화가 아니라 국가교회가 채택한 신앙 노선에 따라 언어와 문화에 따른 독자적인 종교 문화를 생성했다.[40] 그러나 세속 통치자의 정치적 권한이 강화된 근대 국가의 출현과 발전은 종교의 역할을 축소했다. 중세 가톨릭은 세속 국가권력을 견제하고 때로 그들과 충돌하며 자율성을 유지해왔다. 그러나 프로테스탄트 종교개혁은 그 상황을 반전시켰다. 일차적으로는 가톨릭으로부터 분리되어 구심점이 흩어지고, 이차적으로는 프로테스탄트 진영 내의 교리적 불일치로 인한 지속적인 분열이 이루어지면서 세속 군주의 교회 통제력이 훨씬 강화되었다. 프로테스탄트 개혁가들은 세속 군주의 보호와 지원 없이는 현실적으로 개혁을 이끌어갈 수 없었다. 루터가 로마 가톨릭교회를 거부하면서 교황 레오 10세에게 파문당하고 신성 로마 제국 카를 5세에 의해 단죄받았을 때, 루터는 작센 선제후 프리드리히의 보호에 전적으로 의존할 수밖에 없었다. 제네바의 칼

38 John O'Neill, "The Disciplinary Society: From Weber to Foucault", *The British Journal of Sociology* 37, no. 1, March 1986, p. 43.

39 이에 관한 비교 연구는 Colin Gordon, "The Soul of the Citizen: Max Weber and Michel Foucault on Rationality and Government", *Max Weber, Rationality and Modernity*, eds., Sam Whimster and Scott Lash, London: Allen & Unwin, 1987, pp. 293~316 참조.

40 J. Christopher Soper and Joel S. Fetzer, *Religion and Nationalism in Global Perspective*, Cambridge: Cambridge University Press, 2018, p. 14.

뱅과 같이 압도적인 정치적 영향력을 확보해 주도적으로 개혁을 진행한 개혁가도 있었지만 그조차도 자신을 초청한 제네바 시의회의 정치적 영향력과 끊임없는 줄다리기를 해야 했다. 현실 속에서는 세속 통치자의 보호 없이는 어떤 프로테스탄트 종파도 존재할 수 없었다. 핵심은 종교의 자율성에 있는 것이 아니라 종교의 국가 귀속에 있다. 국민국가는 교회의 정치권력을 억제하고 종교적 이념과 정체성을 시민 규범에 기반한 국가 정체성으로 대체했다. 민족주의는 정교 분리와 종교 단체의 직접적인 정치권력 약화로 이어졌다. 베스트팔렌 조약으로 형성된 정치 체제는 종교를 국가에 종속시켰다.[41]

세속 통치자의 지원 속에 자리 잡은 종파는 해결할 수 없는 문제를 지속적으로 야기했다. 루터의 사례에서처럼 교리 논쟁은 초창기부터 프로테스탄트 진영의 심각한 분열을 가져왔다. 이로 인한 파괴적인 정치 갈등은 결론이 나지 않았다. 프로테스탄트 개혁가 대부분은 종교를 사적인 영역에 두지 않고 공적인 삶 속에서 통일성 있게 구현되도록 하려는 의도를 보였다. 하지만 재그리스도교화라고 표현할 수 있는 개혁가들의 목표는 성취되지 못했다. 종교적으로 이견이 존재하지 않는 단일한 도덕 공동체는 세워지지 않았고 교리적 복종을 이끌어내기 위한 무리한 시도는 끝없는 종교 탄압과 박해를 불러왔다. 종교개혁 시대는 가톨릭과 프로테스탄트 지역 모두 독실한 신앙의 시대처럼 보였지만 전에 없는 불관용과 타자화의 시대이기도 했다. 평화와 공존을 향한 궁극적인 해결책은 개혁가들의 손에서 나올 수 없었다.

종교개혁이 개혁가들의 사상에서 시작되었지만 그것을 정착시키는 결정은 오롯이 세속 군주의 영향력에서 나왔다. 개혁가들의 몫은 분명한 교리를 확보하고 구현하는 것이지만, 세속 군주에게는 현실적으로 서로 다른 종파들이 공존하는 통치 지역 내에서 안전하고 안정된 통치를 유지하는 것이 우선이었다. 그 해답은 개인의 종교의 자유를 정치적으로

---

41 J. Christopher Soper and Joel S. Fetzer, *Religion and Nationalism*, p. 3.

보호하고 종교를 공적 영역에서 분리해 사적인 것으로 만드는 것이었다. 종교개혁 시대 그리스도교도들 사이의 적대 행위에서 비롯된 문제들, 즉 종교적 반대자들에 대한 박해와 파괴적인 종교 전쟁은 종교를 정치에서 분리하고 종교를 사유화하며, 개인이 원하는 대로 믿고 예배할 수 있도록 허용함으로써 해결되었다. 칼뱅과 같은 종교개혁가들이 의도한 것과는 정반대의 결론이다. 개인의 자유와 자율은 종교개혁이 의도했던 목표 성취의 산물이 아닌 실패의 산물이다.[42] 그리고 이것은 일정 정도 고백화 시대를 거치면서 특정한 종파적 가치에 근거한 국가 정체성이 뿌리내린 이후, 세속 통치자의 여유로부터 나온 관용이었다. 종교의 자유와 관용은 교회의 내재적 가치에서 구현된 것이 아니라 종교적 불일치로 인해 발생할 수 있는 혼란을 관리하는 국가의 수단이었다.

하지만 지나치지 않아야 할 지점이 존재한다. 정치적으로 보호받는 종교의 자유는 믿고 싶은 것을 믿도록 허용하는 것이다. 그 출발이 오직 자신의 양심에 따라 믿고 행동한다는 루터였다는 사실은 변함이 없다. 종교개혁은 확립된 권위보다 개인의 양심의 역할을 우선시했기 때문에 종파 간 분열은 숨길 수 없는 유산 중 하나가 되었다. 역설적이게도 그것이 프로테스탄트 종교개혁의 가장 큰 기여이다. 틀린 것에 대한 처벌에서 다름에 대한 용인, 곧 양심과 종교의 자유에 대한 인정으로 이어졌기 때문이다. 루터가 제기해 정착시킨 교리적 저항에서 비롯된 근대 자유주의 국가의 탄생은 종교개혁의 합리성과 탈주술화의 영향이 아니라 개혁가들 사이의 불일치와 차이에 대한 갈등에서 비롯되었다. 종교개혁이 낳은 교리적 다원주의는 해소되지 못한 채 갈등으로 이어졌고, 그 결과 교회 문제를 세속 권력이 주도하게 되었다. 그레고리는 이러한 불일치로 인한 다원주의를 프로테스탄트 종교개혁의 장기적이지만 우연적인 기여로 평가한다.

---

42 Brad S. Gregory, *The Unintended Reformation: How a Religious Revolution Secularized Society*, Cambridge, MA: Belknap Press of Harvard University Press, 2012, p. 373.

> 종교개혁 과정의 필연적 귀결로서 우리에게 친숙한 '종교' 개념, 즉 공적 삶으로부터 분리 및 구분 가능한 독자적 영역으로서의 종교 개념이 등장했다. 이는 종교가 근본적으로 개인의 내적 신념과 그들이 선호하는 예배 및 신앙 실천의 문제로 간주되었기 때문이다. …… 강압적인 고백화 시도는 자발적 경건 계층에게는 환영을 받았지만, 개종을 강요받는 저항 세력 내에서는 오히려 심각한 반감을 불러일으켰다. 이러한 경험은 근대성을 '억압적인 전 근대의 종교적 속박으로부터 벗어나 근대적 개인의 세속적 자율성에 이르는 발전 궤적'으로 이해하는 해방주의 서사의 중요한 배경이 되었다. 이 서사는 여러 계몽주의 사상의 국가적 맥락에서 처음 구축되었으며, 오늘날에도 다양한 포스트모던적 양상 속에서 그 영향력이 뚜렷하다.[43]

이렇듯 종교개혁을 합리성과 탈주술성의 근대와 직접 연동시키려는 목적론적 패러다임은 해체되고 있다. 프로테스탄트의 등장을 진보하는 근대 유럽의 형성과 동일시하던 익숙한 등식은 이전만큼 선명하지 않다. 유럽인들이 자명한 공리처럼 여기던 합리성과 진보로서의 근대와 근대성이 20세기에 처절하게 붕괴되었기 때문이다. 물론, 그 책임은 일차적으로 종교개혁가들이 아니라 근대를 피로 물들였던 유럽인들 자신에게 돌려져야 마땅하다. 그들이 자신의 현재를 정당화하기 위해 투사한 종교개혁과 종교개혁가들의 이상도 마찬가지로 비판적으로 검토되어야 한다.

16세기 루터와 종교개혁이 근대화의 상징으로 부여받았던 의미는 비극적인 결말로 귀결되었다. 루터와 프로테스탄트 종교개혁에 대한 종파적 평가 또한 이제 무비판적으로 유지될 수 없다. 종교개혁이 근대를 형

43 Brad S. Gregory, "Disembedding Christianity: The Reformation Era and the Secularization of Western Society", *Reformation und Säkularisierung: Zur Kontroverse um die Genese der Moderne aus dem Geist der Reformation*, ed., Ingolf U. Dalferth, Tübingen, Mohr Siebeck, 2017, pp. 37, 44.

성하는 데 기여했다는 평가는 여전히 유효하지만 그 근대가 어떤 근대였는지 묻지 않고서는 성립할 수 없다. 유럽이 자부심으로 여겼던 그 근대는 이상적이거나 아름다운 유산을 남기지 못한 채 온 인류를 충격 속에 몰아넣으며 마감되었다. 그러므로 근대성의 종말 앞에서 종교개혁의 책임과 한계를 성찰적으로 재조명하는 것은 역사가에게 주어진 의무이자 당위이다.

후기

역사학의 일차적 목적은 과거를 충실하게 재구성하는 데 있다. 그렇더라도 종교개혁을 단순한 과거의 사건으로만 남겨둘 것이 아니라 여전히 오늘의 세계 속에서 의미를 지니는 '현재의 역사'로 이해할 수 있을까? 500년 전 '그들'의 사건과 오늘 '우리'의 현실 사이에 어떤 연결 고리를 발견할 수 있을까? 종교개혁이 중세에서 근대로 이어지는 결정적인 전환점이었다 하더라도, 500년 전의 과거를 오늘의 맥락과 선불리 연결하기란 쉽지 않다. 질문 자체가 문제는 아니겠지만 자칫 비역사적 질문으로 흐르거나 시대착오적인 고민에 머물 위험이 있다. 그러나 이 책이 다루는 범위를 벗어나고 나의 역량을 넘어서는 부분이지만 책을 쓰면서 떨칠 수 없었던 질문이기도 하다.

내가 이 질문을 외면하기 어려웠던 이유는 21세기에도 16세기 종교개혁기와 유사한 종교적·사회적·문화적 현상을 여전히 목격하고 있기 때문이다. '탈종교화된 시대'로 평가되는 오늘날, 우리는 국가주의와 결합한 '이데올로기화된 종교'가 범람하는 모순적 상황을 보고 있다. 전통적인 고등 종교—기독교든 이슬람이든—가 지나치게 세속적 이해를 뒷받침하는 폭력적 도구로 전락하고 있는 것이 현실이다. 멀리서 찾지 않더라도 21세기 미국에서 관찰되는 '기독교 민족주의'(Christian nationalism) 현상이나 애국주의와 종교를 연결지어 영향력을 확대하고 있는 한국 기독교의 모습 역시 이러한 연장선상에서 이해할 수 있다. 직접적인 연결 고리는 없어 보이지만 현대 기독교 민족주의 현상을 500년 전 종교개혁의 맥락과 연결하려는 시도는 의외로 역사가 깊다. 이미 1960년대에 미국 역사학자 어니스트 리 투베슨(Ernest Lee Tuveson, 1915~96)은 17세기 신대륙 청교도들이 스스로를 종교개혁가들이 의도한 '순수하게 정화된 국가'를 세워가는 구원자 민족이자 고대 이스라엘의 상속자라고 여기는 자의식을 형성했음을 논증했다.[1] 조지 맥케나(George McKenna) 또한 2007년 펴낸 『미국 애국주의의 청교도적 기원』에서 신대륙으로 건너간 청교도들이 뉴잉글랜드가 섭리에 의해 택함을 받고 신적 언약을 맺은 '새이스라엘'이라는 내러티브를 만들었다고 밝힌다.[2]

17세기 이래 뉴잉글랜드에서는 신적 선택과 섭리적 사명에 대한 종교적 확신과 민족주의적 정체성이 강력하게 결합했다. 배타적 선택과 사명에 대한 강조는 백인 우월주의, 가부장적 권위주의, 사회적 보수주의, 이주민과 이슬람 혐오 등으로 지속적으로 재생산되었다. 정치·사회 영역에서도 종교의 영향력은 약화되지 않았으며, 오늘날까지도 다양한 형태로 이어지고 있다. 단순한 종교적 신념을 넘어 국가 정체성과 결합해 더욱 공격적으로 세력을 확대하고 있다. 이 과정에서 특정한 종교적 가치에 기반한 사회 정화와 민족적 순결함이 연결되고 타자에 대한 배타와 배제가 정당화된다. 최근 십수 년 사이에 한국 사회에서도 기독교는 유사한 길을 걷고 있다. 종교적 가치의 수호와 국가주의 사이의 상호 연동성, 즉 종교적으로 같은 입장을 가진 이들끼리 정치적으로도 유사한 목소리를 내는 현상 속에서 종교는 사회 갈등과 분열의 중심에 서게 되었다.

---

1 Ernest Lee Tuveson, *Redeemer Nation: The Idea of America's Millennial Role*, Chicago, IL: University of Chicago Press, 1968.

2 George McKenna, *The Puritan Origins of American Patriotism*, New Haven & London: Yale University Press, 2007.

우리는 지금 인공 지능이 만들어내는 놀라운 지식과 기술 세계 속에 살고 있다. 하지만 정작 사회 내부의 갈등, 국제 질서의 분열, 극단적 종교성이 빚어내는 문제를 해결하는 데에는 최첨단 기술이 별다른 힘을 발휘하지 못하는 듯 보인다. 따라서 종교가 지향하는 추상적 가치의 심층을 헤아리는 것만큼이나 종교 정체성이 근대 세계 속에서 어떻게 형성되어 왔는지를 역사적으로 되짚고 추적하는 작업도 중요하다. 그렇게 바라볼 때, 종교개혁의 역사는 먼 과거가 아니라 오늘의 문제를 비추는 사건으로 다가온다. 어쩌면 오늘의 갈등을 이해하고 풀어나갈 통찰을 제공할지도 모른다. 다소 고루해 보일지라도 역사에 기대어 현재를 성찰하기를 외면할 수 없는 이유가 여기에 있다. 그러할 때 이러한 작업은 그 무엇으로도 대체될 수 없는 고유한 의미를 갖는다. 모든 것을 쓸모와 효율로 환원하는 시대에서 역사와 인문학의 자리가 여전히 필요한 이유이다. 이 책이 독자들에게도 그런 사유의 계기가 되기를 바라며, 글을 맺는다.

지도 및 도표 목록

지도

도표

참고문헌

1차 문헌

Aquinas, Thomas, *The Summa Theologiæ of St. Thomas Aquinas*, 2nd and rev. ed., trans., Fathers of the English Dominican Province, London: Burns, Oates & Washbourne, 1920, III, q. 75, a. 4.

Boccaccio, Giovanni, *The Decameron*, trans., G. H. McWilliam, Harmondsworth: Penguin Books, 1972.

Calvin, John, *Calvin: Commentaries*, ed., J oseph Haroutunian, Philadelphia, PA: Westminster Press, 1958.

________, *Calvin: Theological Treatises*, ed., J. K. Reid, Philadelphia, PA: Westminster Press, 1954.

________, *Calvin's First Catechism: A Commentary*, ed., I. John Hesselink, Louisville, KY: Westminster John Knox Press, 1997.

________, *Institutes of the Christian Religion*, ed., John T. McNeill, trans., Ford Lewis Battles, 2 vols., Philadelphia, PA: Westminster Press, 1960.

Canons and Decrees of the Council of Trent, trans., H. J. Schroeder, O. P., St. Louis, MO: B. Herder, 1941.

Castellion, Sébastien, *Concerning Heretics: Whether They Are to Be Persecuted and How They Are to Be Treated*, trans., Roland H. Bainton, New York, NY: Columbia University Press, 1935.

Cochlaeus, Johannes, *De Gratia Sacramentorum Libellus*, Strassburg: J. Grieninger, 1522, fol. 42v.

________, "Johannes Cochlaeus's Brief Discussion of Luther's Response: A Brief Discussion of Luther's Response to the Royal Letter, Addressed by Johannes Cochlaeus to That Noble and Valiant Man, Sir Hermann Rinck of Cologne, King's Counsellor and Knight of the Golden Spur, etc.", *Henry VIII and Martin Luther: The Second Controversy, 1525-1527*, ed., Richard Rex, Woodbridge: Boydell & Brewer, 2021, pp. 226~65.

Compendium de Epidemia, The Report of the Medical Faculty at Paris University (1348): https://sites.uwm.edu/carlin/the-report-of-the-paris-medical-faculty-october-1348/(검색일: 2025년 10월 25일).

Cusa, Nicholas, *The Catholic Concordance*, ed., and trans., Paul E. Sigmund, Cambridge: Cambridge University Press, 1991.

Decrees of the Ecumenical Councils, ed., Norman P. Tanner, vol. I, London: Sheed and Ward, 1990.

Erasmus, Desiderius, "Enchiridion", *The Essential Erasmus*, trans., John P. Dolan, New York, NY: New American Library, 1964.

________, *The Correspondence of Erasmus: Letters, 142 to 297, 1501 to 1514*, trans., R. A. B. Mynors and D. F. S. Thomson, Toronto: University of Toronto Press, 1975.

________, "To John Colet, 1504 (Ep. 181)", *Collected Works of Erasmus*, vol. 2: Letters 112 to 194 (1501-1514), eds., R. A. B. Mynors and D. F. S. Thomson, trans., Wallace K. Ferguson, Toronto: University of Toronto Press, 1982.

Foxe, John, *The Acts and Monuments of John Foxe: A New and Complete Edition: With a Preliminary Dissertation*, eds., Rev. George Townsend and Rev. Stephen Reed Cattley, 8 vols., London: R. B. Seeley and W. Burnside, 1837-1841.

Hobbes, Thomas, *Leviathan*, ed., Michael Oakeshott, Oxford: Basil Blackwell, 1960.

Karlstadt, Andreas, "On the Removal of Images", *A Reformation Debate: Karlstadt, Emser, and Eck on Sacred Images. Three Treatises in Translation*, 2nd ed., trans., and intro., Bryan D. Mangrum and Giuseppe Scavizzi, Toronto: Centre for Reformation and Renaissance Studies, 1998, pp. 21~42.

Knox, John, *The History of the Reformation in Scotland*, ed., W. C. Dickinson, 2 vols., London: Nelson, 1949-1964.

________, *The Works of John Knox*, ed., David Laing, 6 vols., Edinburgh: Wodrow Society, 1846-1864.

Langland, William, *Piers Plowman*, a modern verse trans., Peter Sutton, Jefferson, NC: McFarland & Company, 2014.

Leo X, Pope, *Exsurge Domine: Condemning the Errors of Martin Luther*, papal bull, June 15, 1520: https://www.papalencyclicals.net/leo10/l10exdom.htm(검색일: 2025년 10월 25일).

Locke, John, *A Letter concerning Toleration*, ed., James Tully, Indianapolis, IN: Hackett Publishing Company, 1983, originally published 1689.

Luther, Martin, *Preface to the Complete Edition of Luther's Latin Works (1545)*, trans., Andrew Thornton, OSB, vol. 4 of *Luthers Werke in Auswahl*, ed., Otto Clemen, 6th ed., Berlin: de Gruyter, 1967.

________, *Luther's Works*, ed., Jaroslav Pelikan et al., St. Louis, MO: Concordia Publishing House, 1955-1986 (이하 *LW*로 표기).

________, *Admonition to Peace: A Reply to the Twelve Articles of the Peasants in Swabia*, *LW* 46, pp. 3~43.

________, *Against the Heavenly Prophets in the Matter of Images and the Sacrament, LW*, vol. 40, pp. 79~223.

________, *Against the Robbing and Murdering Hordes of Peasants*, *LW*, vol. 46, pp. 45~55.

________, *An Open Letter to the Christian Nobility of the German Nation*, *LW*, vol. 44, pp. 115~217.

________, *D. Martin Luthers Werke: Kritische Gesamtausgabe*, Bd. 18, Weimar: Hermann Böhlau, 1888, pp. 362~74.

________, *On the Jews and their Lies, LW*, vol. 47, pp. 137~306.

________, *Temporal Authority: To What Extent It Should Be Obeyed, LW*, vol. 45, pp. 81~129.

________, *That Jesus Christ was Born a Jew, LW*, vol. 45, pp. 199~229.

________, *The Babylonian Captivity of the Church, LW*, vol. 36, pp. 11~126.

________, *The Bondage of the Will, LW*, vol. 33, pp. 3~295.

________, *The Freedom of a Christian, LW*, vol. 31, pp. 327~77.

________, *The Sacrament of the Body and Blood of Christ–Against the Fanatics, LW*, vol. 36, pp. 329~72.

Machiavelli, Niccolò, *The Prince*, trans., with introduction and notes by James B. Atkinson, Indianapolis, IN: Hackett Publishing, 2008.

Melanchton, Philip, "Funeral Oration on Martin Luther", *Masterpiece of Eloquence: Famous Orations of Great World Leaders from Early Greece to the Present Time*, ed., Mayo Williamson Hazeltine, vol. 4, New York, NY: P. F. Collier & Sons, 1905.

More, Thomas, *Utopia: or The Happy Republic, A Philosophical Romance*, London: Rickerby, 1852.

Müntzer, Thomas, *The Collected Works of Thomas Müntzer*, ed., and trans., Peter Matheson, Edinburgh: T&T Clark, 1988.

Opus epistolarum Des. Erasmi Roterodami: denuo recognitum et auctum, ed., Percy Stafford Allen, Helen Mary Allen and Heathcote William Garrod, Oxford: Clarendon Press, 1906-1958.

Stapulensis, Jacobus Faber, "Introduction to the Commentary on the Psalms (1509)", trans., P. L. Nyhus, Forerunners of the Reformation, ed., Heiko Oberman, Cambridge: James Clarke & Co., 1966, pp. 297~301.

The Council of Trent, 25th Session, Second Decree: http://traditionalcatholic.net/Tradition/Council/Trent/Twenty_Fifth_Session,_Second_Decree.html(검색일: 2025년 10월 25일).

The Hammer of Witches: A Complete Translation of the Malleus Maleficarum, trans., Christopher MacKay, Cambridge: Cambridge University Press, 2009.

The First Book of Discipline, ed., James K. Cameron, Edinburgh: St. Andrew Press, 1972.

The Peace of Westphalia (1648), original text: https://pages.uoregon.edu/dluebke/301ModernEurope/Treaty%20of%20Westphalia%20%5BExcerpts%5D.pdf(검색일: 2025년 10월 25일).

The Second Book of Discipline, ed., Kirk, James, Edinburgh: Saint Andrew Press, 1980.

Writings of Edward the Sixth, William Hugh, Queen Catherine Parr, Anne Askew, Lady Jane Grey, Hamilton, and Balnaves, vol. 3, London: The Religious Tract Society, 1831.

Zwingli, Ulrich, "On the Presence of the Body of Christ in the Lord's Supper", *On Providence and Other Essays*, ed., William John Hinke, Durham, NC: The Labyrinth Press, 1983.

2차 문헌

Aberth, John, *From the Brink of the Apocalypse: Confronting Famine, War, Plague, and Death in the Later Middle Ages*, 2nd ed., London and New York, NY: Routledge, 2010.

________, *The Black Death: The Great Mortality of 1348-1350: A Brief History with Documents*, 2nd ed., Boston, MA: Bedford/St. Martin's, 2017.

Acton, John, *Lectures on Modern History*, London: MacMillan and Company, 1906.

Ali, Tariq, *Shadows of the Pomegranate Tree,* The Islam Quintet Book 1, London and New York, NY: Verso, 1993.

Amsler, Mark, *Affective Literacies: Writing and Multilingualism in the Late Middle Ages*, Turnhout, Belgium: Brepols, 2011.

Anderson, Benedict, *Imagined Communities: Reflections on the Origin and Spread of Nationalism*, London and New York, NY: Verso, 2006.

Anderson, Perry, *Lineages of the Absolutist State*, London: Verso, 1974.

Asch, Ronald G., *The Thirty Years War: The Holy Roman Empire and Europe, 1618-48*, New York, NY: Palgrave, 1997.

Aston, Margaret, *England's Iconoclasts* vol. 1. *Laws against Images*, Oxford: Clarendon Press, 1988.

________, "Lollards and the Reformation: Survival or Revival", *Lollards and Reformers: Images and Literacy in Late Medieval Religion*, London: The Hambledon Press, 1984, pp. 219~42.

Atkinson, Benedict and Brian Fitzgerald, *A Short History of Copyright: The Genie of Information*, New York, NY: Springer, 2014.

Augustijn, Cornelis, *Erasmus: His Life, Works, and Influence*, trans., J. C. Grayson, Toronto: University of Toronto Press, 1991.

Austin, Kenneth, *The Jews and the Reformation*, New Haven and London: Yale University Press, 2020.

Ayris, Paul and David Selwyn, *Thomas Cranmer: Churchman and Scholar*, Rochester: Boydell Press, 1999.

Backman, Clifford R., *The Worlds of Medieval Europe*, Oxford: Oxford University Press, 2003.

Backman, Eugene Louis, *Religious Dances in the Christian Church and in Popular Medicine*, Westport: Praeger, 1977.

Bagchi, David V. N., *Luther's Earliest Opponents: Catholic Controversialists, 1518-1525*, Minneapolis, MN: Fortress Press, 1991.

Bagge, Sverre Håkon, "Iconoclasm-A Road to Modernization?", *European Review* 30, 2022, pp. 54~58.

Bainton, Roland H., *Here I Stand: A Life of Martin Luther*, New York, NY: Abingdon-Cokesbury Press, 1950.

________, "The Left Wing of the Reformation", *The Journal of Religion* 21, no. 2, 1941, pp. 124~34.

Baker, J. Wayne, "Church, State, and Dissent: The Crisis of the Swiss Reformation, 1531-1536", *Church History* 57, issue 2, July 2009, pp. 135~52.

Balserak, Jon, *Establishing the Remnant Church in France: Calvin's Lectures on the Minor Prophets, 1556-1559*, Leiden and Boston: Brill, 2011.

________, *John Calvin as Sixteenth-century Prophet*, Oxford: Oxford University Press, 2014.

Baron, Hans, *The Crisis of the Early Italian Renaissance: Civic Humanism and Republican Liberty in an Age of Classicism and Tyranny*, 2 vols., 2nd ed., Princeton, NJ: Princeton University Press, 1966.

Bax, E. Belfort, *The Peasants War in Germany 1525-1526*, London: Swan Sonnenschein & Co., 1899.

Baylor, Michael G., ed., *The Radical Reformation*, Cambridge: Cambridge University Press, 1991.

Behringer, Wolfgang, "Witchcraft Studies in Austria, Germany and Switzerland", *Witchcraft in Early Modern Europe: Studies in Culture and Belief*, ed., Jonathan Barry, Cambridge: Cambridge University Press, 1996, pp. 64~95.

Bender, Harold S., *The Anabaptist Vision*, Scottdale, PA: Herald Press, 1944.

Benedict, Philip, *Christ's Churches Purely Reformed: A Social History of Calvinism*, New Haven and London: Yale University Press, 2004.

Blanke, Fritz, *Brothers in Christ: The History of the Oldest Anabaptist Congregation, Zollikon, near Zurich, Switzerland*, reprinted ed., Eugene, OR: Wipf and Stock Publishers, 2005.

Blickle, Peter, "The Reformation in Post-war Historiography: An American Contribution", *Politics and Reformations: Histories and Reformations: Essays in Honor of Thomas A. Brady, Jr.*, eds., Christopher Ocker, Michael Printy, Peter Starenko and Peter Wallace, Leiden and Boston: Brill, 2007, pp. 11~22.

________, *The Revolution of 1525: The German Peasants' War from a New Perspective*, trans., Thomas A. Brady, Jr., and H. C. Erik Midelfort, Baltimore, MD: The Johns Hopkins University Press, 1985.

Bloch, Marc, *The Royal Touch: Sacred Monarchy and Scrofula in England and France*, trans., J. E. Anderson, London and New York, NY: Routledge & Kegan Paul, 1973.

Bonhoeffer, Dietrich, *Letters and Papers from Prison*, rev., and ed., Eberhard Bethge, New York, NY: The Macmillan Company, 1967.

Borelli, Anne and Maria, trans., and ed., *Selected Writings of Girolamo Savonarola: Religion and Politics, 1490-1498*, New Haven and London: Yale University Press, 2006.

Bossy, John, *Christianity in the West, 1400-1700*, Oxford: Oxford University Press, 1985.

Botley, Paul, *Latin Translation in the Renaissance: The Theory and Practice of Leonardo Bruni, Giannozzo Manetti and Erasmus*, Cambridge: Cambridge University Press, 2004.

Bowen, Wayne, *Spain and the Protestant Reformation: The Spanish Inquisition and the War for Europe*, London and New York, NY: Routledge, 2002.

Bowker, M., *The Henrician Reformation: The Diocese of Lincoln under John Longland, 1521-1547*, Cambridge: Cambridge University Press, 1971.

Brady, Thomas A. Jr., "Confessionalization-The Career of a Concept", *Confessionalization in Europe, 1555-1700: Essays in Honor and Memory of Bodo Nischan*, eds., John M. Headley, Hans J. Hillerbrand, and Anthony J. Papalas, London and New York, NY: Routledge, 2004, pp. 1~20.

________, "From Revolution to the Long Reformation: Writings in English on the German Reformation, 1970-2005", *Archive for Reformation History* 100, 2009, pp. 48~64.

________, *German Histories in the Age of Reformations, 1400-1650*, Cambridge: Cambridge University Press, 2009.

________, "The Protestant Reformation in German History", Occasional Paper no. 22 of the German Historical Institute, Washington D.C.: German Historical Institute, 1998.

Braudel, Fernand, "History and the Social Sciences: The *Longue Durée*", trans., Immanuel Wallerstein, *Review* 32, no. 2, 2009, pp. 171~203.

________, *The Mediterranean and the Mediterranean World in the Age of Philip II*, New York, NY: Harper & Row, 1976.

Brecht, Martin, *Martin Luther* vol. 1: *His Road to Reformation, 1483-1521*, trans., James L. Schaaf, Philadelphia: PA, Fortress Press, 1985.

Briggs, Asa and Peter Burke, *A Social History of the Media: From Gutenberg to the Internet*, Cambridge: Polity Press, 2009.

Brinks, Jan Herman, "Luther and the German State", *The Heythrop Journal* 39, no. 1, 1998, pp. 1~17.

Brock, Michelle D., *Satan and the Scots: The Devil in Post-Reformation Scotland, c.1560-1700*, London and New York, NY: Routledge, 2016.

Brown, Andrew D., *Popular Piety in Late Medieval England: The Diocese of Salisbury, 1250-1550*, Oxford: Clarendon Press, 1995.

Bruening, Michael W., "Francophone Territories Allied to the Swiss Confederation", *A Companion to the Swiss Reformation*, eds., Amy Nelson Burnett and Emidio Campi, Leiden and Boston: Brill, 2016, pp. 362~88.

Brummett, Palmira, *Ottoman Seapower and Levantine Diplomacy in the Age of Discovery*, Albany, NY: State University of New York Press, 1994.

Buchanan, Harvey, "Luther and the Turks 1519-1529", *Archiv für Reformationsgeschichte* 47, no. 1-2, 1956, pp. 145~60.

Burckhardt, Jacob, *The Civilization of the Renaissance in Italy*, trans., S.G.C. Middlemore with an introduction by Peter Burke and notes by Peter Murray, London: Penguin Classics, 1990.

Burgess, Clive, "'By Quick and by Dead': Wills and Pious Provision in Late Medieval Bristol", *The English Historical Review* 102. no. 405, 1987, pp. 837~58.

Buringh, Eltjo and Jan Luiten Van Zanden, "Charting the 'Rise of the West': Manuscripts and Printed Books in Europe, a Long-term Perspective from the Sixth through Eighteenth Centuries", *The Journal of Economic History* 69, no. 2, Jun. 2009, pp. 409~45.

Burkhardt, Johannes, "The Thirty Years' War", *A Companion to the Reformation World*, ed., R. Po-chai Hsia, Oxford: Blackwell, 2004, pp. 272~90.

Burnett, Amy Nelson, "'It Varies from Canton to Canton': Zurich, Basel, and the Swiss Reformation", *Calvin Theological Journal* 44, 2009, pp. 251~62.

Burns, Ryan, "Enforcing Uniformity: Kirk Sessions and Catholics in Early Modern Scotland, 1560-1650", *Innes Review* 69, issue 2, 2018, pp. 111~30.

Burr, George L., ed., *The Witch Persecutions*, 6 vols., Philadelphia, PA: University of Pennsylvania History Department, 1898-1912.

Cameron, Euan, *Enchanted Europe: Superstition, Reason, and Religion, 1250-1750*, Oxford: Oxford University Press, 2010.

________, *The European Reformation*, Oxford: Oxford University Press, 1991.

________, ed., *The Short Oxford History of Europe: The Sixteenth century*, Oxford: Oxford University Press, 2006, pp. 145~73.

Cameron, Richard, "The Attack on the Biblical Work of Lefèvre d'Étaples, 1514-1521", *Church History* 38, no. 1, Mar. 1969, pp. 15~33.

________, "The Charges of Lutheranism Brought against Jacques Lefèvre d'Etaples (1520-1529)", *The Harvard Theological Review* 63, no. 1, Jan. 1970.

Campi, Emidio, "The Reformation in Zurich", *A Companion to the Swiss Reformation*, eds., Amy Nelson Burnett & Emidio Campi, Leiden: Brill, 2016, pp. 49~74.

Cantor, Norman F., *In the Wake of the Plague: The Black Death and the World It Made*, New York, NY: The Free Press, 2002.

Casale, Giancarlo, *The Ottoman Age of Exploration*, Oxford: Oxford University Press, 2010.

Casey, John, *After Lives: A Guide to Heaven, Hell, and Purgatory*, Oxford: Oxford University Press, 2009.

Catlos, Brian A., *Kingdoms of Faith: A New History of Islamic Spain*, New York, NY: Basic Books, 2018.

Chadwick, Owen, *The Early Reformation on the Continent*, Oxford: Oxford University Press, 2001.

Chickering, Roger, "Ranke, Lamprecht, and Luther", *Politics and Reformations: Histories and Reformations*, eds., Christopher Ocker, Michael Printy, Peter Starenko and Peter Wallace, Leiden and Boston: Brill, 2007, pp. 23~33.

Chung-Kim, Esther, "Aid for Refugees: Religion, Migration, and Poor Relief in Sixteenth-century Geneva", *Reformation & Renaissance Review* 20, no. 1, 2018, pp. 4~17.

Clanchy, M. T., "Parchment and Paper: Manuscript Culture 1100-1500", *A Companion to the History of the Book*, eds., Simon Eliot and Jonathan Rose, Oxford: Blackwell Publishing, 2007, pp. 194~206.

Clasen, Claus-Peter, *Anabaptism: A Social History, 1525-1618: Switzerland, Austria, Moravia, South and Central Germany*, Ithaca, NY: Cornell University Press, 1972.

________, "Executions of Anabaptists 1527-1618: A Research Report", *Mennonite Quarterly Review* 47, 1973, pp. 115~52.

Clark, Elizabeth and Herbert Richardson, eds., *Women and Religion: A Feminist*

Sourcebook of Christian Thought, New York, NY: Harper & Row, 1977.

Clark, Stuart, "Witchcraft and Magic in Early Modern Culture", *Witchcraft and Magic in Europe: The Period of the Witch Trials*, eds., Bengt Ankarloo, Stuart Clark and William Monter, London and Philadelphia, PA: The Athlone Press, 2002, pp. 97~169.

Cobbett, William, *A History of the Protestant Reformation in England and Ireland*, London: Burns Oates & Washbourne Ltd, 1824-1827.

Cochrane, Eric, "Counter-Reformation or Tridentine Reformation? Italy in the Age of Carlo Borromeo", *San Carlo Borromeo: Catholic Reform and Ecclesiastical Politics in the Second Half of the Sixteenth century*, eds., John M. Headley, John B. Tomaro, Washington D.C.: Folger Books, 1988, pp. 11~30.

Cohn, Norman, *The Pursuit of the Millennium: Revolutionary Millenarians and Mystical Anarchists of the Middle Ages*, Oxford: Oxford University Press, 1970.

Cohn, Samuel Kline, *The Cult of Remembrance and the Black Death: Six Renaissance Cities in Central Italy*, Baltimore, MD: Johns Hopkins University Press 1992.

Cohn, Samuel Jr., "The Black Death and the Burning of Jews", *Past and Present* 196, issue 1, 2007, pp. 3~36.

Coggins, James R., "Toward a Definition of Sixteenth-century Anabaptism: Twentieth-century Historiography of the Radical Reformation", *Journal of Mennonite Studies* 4, 1986, pp. 183~207.

Coldiron, A. E. B., *Printers without Borders: Translation and Textuality in the Renaissance*, Cambridge: Cambridge University Press, 2015.

Coleman, Christopher B., ed., and trans., *The Treatise of Lorenzo Valla on the Donation of Constantine: Text and Translation into English*, Toronto: University of Toronto Press, 1993.

Coleman, David, "Spain", *The Reformation World*, ed., Andrew Pettegree, London and New York, NY: Routledge, 2000, pp. 296~305.

Collinson, Patrick, "England", *The Reformation in National Context*, eds., Bob Scribner, Roy Porter, and Mikulas Teich, Cambridge: Cambridge University Press, 1994, pp. 107~29.

________, *The Birthpangs of Protestant England: Religious and Cultural Change in the Sixteenth and Seventeenth Centuries*, London and New York, NY: Routledge, 1988.

________, *The Reformation: A History*, New York, NY: Random House, 2004.

Colvin, Howard, "The Origin of Chantries", *Journal of Medieval History* 26, issue 2, 2000, pp. 163~73.

Combs, William W., "Erasmus and the *Textus Receptus*", *Detroit Baptist Seminary Journal* 1, Spring, 1996, pp. 35~53.

Complutensian Polyglot Bible (Alcalá, 1514-1517), vol. 1, fol. 3r, "Prologus ad sanctissimum et clementissimum dominum nostrum", *Catholic Reform: From Cardinal Ximenes to the Council of Trent, 1495-1563*, trans., John C. Olin, New York, NY: Fordham University Press, 1990.

Contreras, J., "The Impact of Protestantism in Spain", *Inquisition and Society in Early Modern Europe*, ed., S. Haliczer, London: Croom Helm, 1987, pp. 47~63.

Corbellini, Sabrina, Mart van Duijn, Suzan Folkerts, and Margriet Hoogvliet, "Challenging the Paradigms: Holy Writ and Lay Readers in Late Medieval Europe", *Church History and Religious Culture* 93, 2013, pp. 171~88.

Coulton, G. G., *Ten Medieval Studies*, Cambridge: Cambridge University Press, 1930.

Cowan, Ian B., *Regional Aspects of the Scottish Reformation*, London: Historical Association, 1978.

________, *The Scottish Reformation: Church and Society in Sixteenth century Scotland*, New York, NY: St. Martins's Press, 1982.

________, "Some Aspects of the Appropriation of Parish Churches in Medieval Scotland", *Records of the Scottish Church History Society*, 13, 1957-59, pp. 203~22.

Cressy, D., *Literacy and the Social Order: Reading and Writing in Tudor and Stuart England*, Cambridge: Cambridge University Press, 1980.

Cressy, David, *Bonfires and Bells: National Memory and the Protestant Calendar in Elizabethan and Stuart England*, London: Weidenfeld and Nicolson, 1989.

Crimando, Thomas, "Two French Views of the Council of Trent", *Sixteenth century Journal* 19, no. 2, 1988, pp. 169~86.

Crouch, David, "The Origin of Chantries: Some Further Anglo-Norman Evidence", *Journal of Medieval History* 27, issue 2, 2001, pp. 159~80.

Cruz, Anne J. and Perry, Mary Elizabeth, eds., *Culture and Control in Counter-Reformation Spain*, Minneapolis, MN: University of Minnesota Press, 1992.

Cusa, Nicholas of, *The Catholic Concordance*, ed., and trans., Paul E. Sigmund Cambridge: Cambridge University Press, 1991.

Davenport, Frances Gardiner, ed., *European Treaties bearing on the History of the United States and its Dependencies to 1648*, Washington D.C.: Carnegie Institution of Washington, 1917.

Davidson, N. S., *The Counter-Reformation*, Oxford: Blackwell, 1987.

Davis, J. F., "Lollardy and the Reformation in England", *Archiv für Reformationsgeschichet* 78, 1982, pp. 217~36.

________, *Heresy and Reformation in the South-East of England, 1520-1559*, London: Royal Historical Society, 1983.

Davis, Kenneth R., *Anabaptism and Asceticism*, Scottdale, PA: Herald Press, 1974.

Davis, Natalie Zemon, "The Rites of Violence: Religious Riot in Sixteenth-century France", *Society and Culture in Early Modern France*, Stanford, CA: Stanford University Press, 1975, pp. 152~87.

________, *Visions of History: Interviews with E. P. Thompson, Natalie Zemon Davis, Staughton Lynd, William Appleman Williams, and Others*, New York, NY: Pantheon Books, 1983.

Dawson, Jane, *John Knox*, New Haven and London: Yale University Press, 2015.

________, "Scotland and the Example of Geneva", *Theology in Scotland* 16, 2009, pp. 55~73.

Decaluwe, M., T. M. Izbicki and G. Christianson, eds., *A Companion to the Council of Basel*, Leiden and Boston: Brill, 2017.

De Jonge, Henk Jan, "Erasmus's Translation of the New Testament: Aim and Method", *The Bible Translator* 67, no. 1, 2016, pp. 29~41.

Delumeau, Jean, *Catholicism between Luther and Voltaire*, London: Bums and Oates, 1977.

________, *Sin and Fear: The Emergence of the Western Guilt Culture 13th-18th Centuries*, trans., Eric Nicholson, New York, NY: St. Martin's Press, 1990.

Denzinger, Heinrich, *Enchiridion symbolorum, definitionum et declarationum de rebus fidei et morum*, ed., and rev., Peter Hünermann, trans., into German with the assistance of Helmut Hoping, Freiburg: Herder, 2009.

________, and Hünermann, P., eds., *Compendium of Creeds, Definitions, and Declarations on Matters of Faith and Morals*, 43rd edition, San Francisco, CA: Ignatius Press, 2012.

Desan, Suzanne, "Crowds, Community, and Ritual in the Work of E. P. Thompson and Natalie Davis", *The New Cultural History*, ed., Lynn Hunt, Berkeley and Los Angeles, CA: University of California Press, 1989, pp. 47~71.

Dickens, A. G., "The Early Expansion of Protestantism in England 1520-1558", *The Reformation to Revolution*, ed., Margo Todd, London: Routledge, 1995, pp. 157~78.

________, *The English Reformation*, London: Batsford, 1964.

________, *The English Reformation*, 2nd ed., University Park, PA: Pennsylvania State University Press, 1989.

________, *Lollards and Protestants in the Diocese of York 1509-1558*, Oxford: Oxford University Press, 1959.

________, *Ranke as Reformation Historian*, Reading: University of Reading, 1980.

________, *Reformation Studies*, London: Hambledon Press, 1982.

________, "The Shape of Anti-clericalism and the English Reformation", *Politics and Society in Reformation Europe*, eds., E. I. Kouri and Tom Scott, London: Macmillan, 1987, pp. 379~410.

________, and Dorothy Carr, eds., *The Reformation in England to the Accession of Elizabeth I*, London: Edward Arnold, 1967.

________, and John Tonkin, *The Reformation in Historical Thought*, Cambridge, MA: Harvard University Press, 1985.

Diefendorf, Barbara B., *Beneath the Cross: Catholics and Huguenots in Sixteenth-century Paris*, Oxford: Oxford University Press, 1991.

________, "The Religious Wars in France", *A Companion to the Reformation World*, ed., R. Po-chai Hsia, Oxford: Blackwell, 2004, pp. 150~68.

Dixon, C. Scott, "The Princely Reformation in Germany", *Reformation World*, ed., Andrew Pettegree, London and New York, NY: Routledge, 2000, pp. 146~68.

Dlabačová, Anna and Andrea van Leerdam, John J. Thompson, eds., *Vernacular Books and their Readers in the Early Age of Print (c. 1450-1600)*, Leiden and Boston: Brill, 2023, pp. 1~33.

Duffy, Eamon, *Fires of Faith: Catholic England under Mary Tudor*, New Haven and London: Yale University Press, 2009.

________, *The Stripping of the Altars: Traditional Religion in England, 1400-1580*, 2nd ed., New Haven and London: Yale University Press, 2005.

________, *The Voices of Morebath*, New Haven and London: Yale University Press, 2001.

Domínguez, Juan Pablo, "Apologists for Spanish Intolerance and the Dawn of the 'Black Legend', 1556-1665", *Journal of Iberian and Latin American Studies* 30, no. 1, 2024, pp. 19~40.

Donaldson, Gordon, *The Scottish Reformation*, Cambridge: Cambridge University Press, 1960.

Donnelly, John P., *Reform and Renewal*, Wilmington, NC: Consortium Books, 1977.

Douglas, C. E., and W. H. Frere, eds., *Puritan Manifestoes*, London: Society for Promoting Christian Knowledge, 1907.

Hughes, Philip Edgcumbe, *Lefèvre: Pioneer of Ecclesiastical Renewal in France*, Grand Rapids, MI: Wm. B. Eerdmans Pub. Co., 1984.

Edwards, Mark U., Jr., *Printing, Propaganda, and Martin Luther*, Berkeley, CA: University of California Press, 1994.

Eire, Carlos, M. N., "Calvin and Nicodemism: A Reappraisal", *Sixteenth century Journal* 10, no. 1, Spring 1979, pp. 44~69.

________, "Redefining the Sacred and the Supernatural: How the Protestant Reformation Really did Disenchant the World", *Protestantism after 500 Years*, eds., Thomas Albert Howard and Mark A. Noll, Oxford: Oxford University Press, 2016, pp. 77~92.

________, *Reformations: The Early Modern World, 1450-1650*, New Haven and London: Yale University Press, 2016.

________, *War against the Idols: The Reformation of Worship from Erasmus to Calvin*, Cambridge: Cambridge University Press, 1986.

Eisenstein, Elizabeth L., *The Printing Revolution in Early Modern Europe*, 2nd ed., Cambridge: Cambridge University Press, 2005.

Ellul, Jacques, *Violence: Reflections from a Christian Perspective*, trans., Cecilia Gaul Kings, New York, NY: Seabury Press, 1969.

Elton, G. R., *Henry VIII, An Essay in Revision*, London: The Historical Association, 1962.

________, *Reform and Reformation: England, 1509-1558*, London: Edward Arnold, 1977.

Engels, Friedrich, *The Peasant War in Germany*, trans., Moissaye J. Olgin, New York, NY: International Publishers, 1926.

Engen, John Van, "The Christian Middle Ages as an Historiographical Problem", *American Historical Review* 91, 1986, pp. 519~52.

Estep, William R., *Anabaptist Beginnings, 1523-1533*, Nieuwkoop: B. de Graaf, 1976.

________, *Renaissance and Reformation*, Grand Rapids, MI: William B. Eerdmans Publishing Company, 1986.

________, *The Anabaptist Story*, Nashville, TN: Broadman Press, 1963.

Evennett, H. Outram, *The Spirit of the Counter-Reformation*, ed., John Bossy, Cambridge: Cambridge University Press, 1968.

Ewan, Elizabeth and Nugent, Janay, eds., *Finding the Family in Medieval and Early Modern Scotland*, London and New York: Routledge, 2018.

Fairchilds, Cissie, *Women in Early Modern Europe, 1500-1700*, New York, NY: Pearson Education, 2007.

Febvre, Lucien, "The Origins of the French Reformation: A Badly-put Question", *A New Kind of History from the Writings of Febvre*, ed., Peter Burke, trans., K. Folca, New York, NY: Harper & Row, 1973, pp. 44~107.

________, and Henri-Jean Martin, *The Coming of the Book: The Impact of Printing, 1450-1800*, trans., David Gerard, London: NLB, 1976.

Ferguson, Wallace K., *The Renaissance in Historical Thought: Five Centuries of Interpretation*, Toronto, Buffalo, and London: University of Toronto Press, 2006.

Fleming, David Hay, *The Scottish Reformation: Its Epochs, Episodes, Leaders, and Distinctive Characteristics*, London: Oliphant, Anderson & Ferrier, 1901.

Foa, Anna, *The Jews of Europe after the Black Death*, trans., Andrea Grover, Berkeley, CA: University of California Press, 2000.

Foard, Douglas W., "The Spanish Fichte: Menéndez y Pelayo", *Journal of Contemporary History* 14, no. 1, 1979, pp. 83~97.

Fragnito, Gigliola, ed., *Church Censorship and Culture in Early Modern Italy*, trans., Adrian Belton, Cambridge: Cambridge University Press, 2001.

Friedrich, Carl J., *The Age of the Baroque, 1610-1660*, New York, NY: Harper Brothers, 1952.

Friesen, Abraham, *Reformation and Utopia: The Marxist Interpretation of the Reformation and its Antecedents*, Wiesbaden: Franz Steiner Verlag GMBH, 1974.

Fubini, Riccardo, "Humanism and Truth: Valla Writes against the Donation of Constantine", *Journal of the History of Ideas* 57, no. 1, Jan. 1996, pp. 79~86.

Garin, Eugenio, *Italian Humanism: Philosophy and Civic Life in the Renaissance*, trans., Peter Munz, Oxford: Basil Blackwell, 1967.

Gaskill, M., "Witchcraft in Early Modern Kent: Stereotypes and Backgrounds to Accusations", *Witchcraft in Early Modern Europe: Studies in Culture and Belief*, ed., Jonathan Barry, Cambridge: Cambridge University Press, 1996, pp. 257~87.

Gee, Henry and William John Hardy, eds., *Documents Illustrative of English Church History*, London: Macmillan, 1914.

Geertz, Clifford, *Negara: The Theatre State in Nineteenth-century Bali*, Princeton, NJ: Princeton University Press, 1980.

Gentile, Emilio, "Fascism as Political Religion", *Journal of Contemporary History* 25, no. 2, 1990, pp. 229~51.

Gilmont, Jean-François, *The Reformation and the Book*, trans., Karin Maag, London and New York, NY: Routledge, 2016.

Gindely, Anton, "History of the Thirty Years War", *The Thirty Years War: Problems of Motive, Extent, and Effect*, eds., Ralph W. Greenlaw and Dwight E. Lee, vol. 1, Boston, MA: DC Heath and Company, 1964, pp. 3~8.

Ginzburg, Carlo, *The Cheese and the Worms: The Cosmos of a Sixteenth-Century Miller*, Baltimore, MD: Johns Hopkins University Press, 1980.

Girard, René, "Generative Scapegoating", *Violent Origins: Walter Burkert, René Girard*

and Jonathan Z. Smith on Ritual Killing and Cultural Formation, ed., Robert G. Hamerton-Kelly, Stanford: Stanford University Press, 1988, pp. 84~90.
Glasscoe, Marion, *English Medieval Mystics: Games of Faith*, New York, NY: Longman Publishing Group, 1993.
Gleason, Elisabeth G., "Catholic Reformation, Counter-Reformation and Papal Reform in the Sixteenth Century", *Handbook of European History 1400-1600: Late Middle Ages, Renaissance and Reformation*, volume II: Visions, Programs, Outcomes, eds., Thomas Brady, Heiko A. Oberman and James D. Tracy, Leiden and Boston: Brill, 1995, pp. 317~45.
Gleason, John, *John Colet*, Berkeley, CA: University of California Press, 1989.
Goeman, Peter J., "The Impact and Influence of Erasmus's Greek New Testament", *Unio Cum Christo* 2, no. 1, April 2016, pp. 69~82.
Goertz, Hans-Jürgen, *The Anabaptists*, London and New York, NY: Routledge, 1996.
________, "Introduction", *Profiles of Radical Reformers: Biographical sketches from Thomas Müntzer to Paracelsus*, English ed., Walter Klaassen, Scottdale, PA: Herald Press, 1982.
Goffman, Daniel, *The Ottoman Empire and Early Modern Europe*, Cambridge: Cambridge University Press, 2002.
Golden, R. M., "Satan in Europe: The Geography of Witch Hunts", *Changing Identities in Early Modern France*, ed., M. Wolfe, Durham, NC: Duke University Press, 1997, pp. 126~47.
Goldie, Mark, "The Theory of Religious Intolerance in Restoration England", *Contesting the English Polity, 1660-1688: Religion, Politics, and Ideas*, Woodbridge and Rochester: Boydell & Brewer, 2023, pp. 35~64.
Goodare, Julian, "Scotland", *The Reformation in National Context*, eds., Robert Scribner, Roy Porter, Mikuláš Teich, Cambridge: Cambridge University Press, 1994, pp. 95~110.
Gordon, Bruce, *Swiss Reformation*, Manchester: Manchester University Press, 2003.
________, *Zwingli: God's Armed Prophet*, New Haven and London: Yale University Press, 2021.
Gordon, Colin, "The Soul of the Citizen: Max Weber and Michel Foucault on Rationality and Government", *Max Weber, Rationality and Modernity*, eds., Sam Whimster and Scott Lash, London: Allen & Unwin, 1987, pp. 293~316.
Gorski, Philip S., *The Disciplinary Revolution: Calvinism and the Rise of the State in Early Modern Europe*, Chicago, IL: University of Chicago Press, 2003.
Gottfried, Robert S., *The Black Death: Natural and Human Disaster in Medieval Europe*, New York, NY: The Free Press, 1985.
Gow, Andrew C., *The Contested History of a Book: The German Bible of the Later Middle Ages and Reformation in Legend, Ideology, and Scholarship*, Piscataway, NJ: Gorgias Press, 2012.
Graf, Dam Ernest, trans., *A History of the Council of Trent*, Hubert Jedin, vol. 2, St. Louis, IL: B. Herder, 1961.

Graham, Michael F., "Scotland", *The Reformation World*, ed., Andrew Pettegree, London and New York, NY: Routledge, 2000, 410~30.

________, *The Uses of Reform: 'Godly Discipline' and Popular Behavior in Scotland and Beyond, 1560-1610*, Leiden, New York, Köln: Brill, 1996.

Gray, Janet G., "The Origin of the Word Huguenot", *Sixteenth Century Journal* 14, 1983, pp. 349~59.

Green, Jeffrey E., "Two Meanings of Disenchantment: Sociological Condition vs. Philosophical Act – Reassessing Max Weber's Thesis of the Disenchantment of the World", *Philosophy & Theology* 17, nos. 1·2, 2005, pp. 51~84.

Greenfeld, Liah, *Nationalism and the Mind: Essays on Modern Culture*, Baintree, MA: Oneworld Publications, 2006.

Greengrass, Mark, *The French Reformation*, Oxford: Basil Blackwell, 1987.

Gregory, Brad S., "Disembedding Christianity: The Reformation Era and the Secularization of Western Society", *Reformation und Säkularisierung: Zur Kontroverse um die Genese der Moderne aus dem Geist der Reformation*, ed., Ingolf U. Dalferth, Tübingen: Mohr Siebeck, 2017, pp. 25~55.

________, "The Reformation and Modernity: Explaining the Causal Nexus", *Protestantism after 500 years*, eds., Thomas Albert Howard and Mark A. Noll, Oxford: Oxford University Press, 2016, pp. 142~59.

________, ed., *The Unintended Reformation: How a Religious Revolution Secularized Society*, Cambridge, MA: Belknap Press of Harvard University Press, 2012.

Grendler, Paul F., "Humanism: Ancient Learning, Criticism, Schools and Universities", *Interpretations of Renaissance Humanism*, ed., Angelo Mazzocco, Leiden and Boston: Brill, 2006, pp. 73~95.

________, "Printing and Censorship", *The Cambridge History of Renaissance Philosophy*, ed., Charles B. Schmitt, Cambridge: Cambridge University Press, 1988, pp. 25~54.

Greyerz, Kaspar von, "Switzerland", *The Reformation in National Context*, eds., Bob Scribner, Roy Porter and Mikulas Teich, Cambridge: Cambridge University Press, 1994, pp. 30~46.

Griffin, Clive, *Journeymen-Printers, Heresy, and the Inquisition in Sixteenth-century Spain*, Oxford: Oxford University Press, 2005.

Grislis, Egil, "The Doctrine of Incarnation according to Menno Simons", *Journal of Mennonite Studies* 8, 1990, pp. 16~33.

Guggisberg, H. R., "Tolerance and Intolerance in Sixteenth-century Basel", *Tolerance in the Reformation*, eds., Ole Peter Grell and Bob Scribner, Cambridge: Cambridge University Press, 2002, pp. 145~63.

Haemig, Mary Jane, "The Confessional Basis of Lutheran Thinking on Church-State Issues", *Church and State: Lutheran Perspectives*, eds., John R. Stumme and Robert W. Tuttle, Minneapolis, MN: Fortress Press, 2003, pp. 3~19.

Haigh, Christopher, "Anticlericalism and the English Reformation", *History* 68, no. 224, 1983, pp. 391~407.

________, *English Reformations: Religion, Politics and Society under the Tudors*, Oxford:

Oxford University Press, 1993.
________, *Reformation and Resistance: Essays in Honour of Geoffrey Elton*, Manchester: Manchester University Press.
________, ed., *The English Reformation Revised*, Cambridge: Cambridge University Press, 1987.
________, "The English Reformation: A Premature Birth, a Difficult Labour and a Sickly Child", *Historical Journal* 33, 1990, pp. 449~59.
________, *The Reign of Elizabeth I*, London: Macmillan, 1984.
________, "The Reformation in England to 1603", *A Companion to the Reformation World*, ed., R. Po-chia Hsia, Oxford: Blackwell, 2004, pp. 135~49.
Haines, R. M., "Church, Society and Politics in the Early Fifteenth Century as Viewed from an English Pulpit", *Studies in Church History* 12, 1975, pp. 143~57.
Hakluyt, Richard, *Discourse on Western Planting*, written in 1584, ed., Charles Deane, Portland, ME: Maine Historical Society, 1877.
Haliczer, Stephen ed., *Inquisition and Society in Early Modern Europe*, London: Croom Helm, 1987.
________, *Inquisition and Society in the Kingdom of Valencia, 1478 to 1834*, Berkeley, CA: University of California Press, 1990.
Harder, Leland, ed., *The Sources of Swiss Anabaptism: The Grebel Letters and Related Documents*, Classics of the Radical Reformation vol. 4, Scottdale, PA: Herald Press, 1985.
Hardon, J., *The Catholic Faith*, San Francisco, CA: Ignatius Press, 2001.
Haskins, C. H., *The Renaissance of the Twelfth Century*, Cambridge, MA: Harvard University Press, 1971.
Hassner, Ron E., "The Cost of Torture: Evidence from the Spanish Inquisition", *Security Studies* 29, no. 3, 2020, pp. 463~68.
Hayden-Roy, Patrick, *The Luther Myth: The Image of Martin Luther from Religious Reformer to Völkisch Icon*, Oxford: Oxford University Press, 2024.
Hazeltine, Mayo Williamson, ed., Philip Melanchthon, "Funeral Oration on Martin Luther", *Masterpieces of Eloquence: Famous Orations of Great World Leaders from Early Greece to the Present Time* vol. 4, New York, NY: P. F. Collier & Son, 1905, pp. 1336~37.
Hazlett, William Ian P., "Introduction", *A Companion to the Reformation in Scotland, ca. 1525-1638: Frameworks of Change and Development*, Leiden and Boston: Brill, 2022, pp. 1~20.
Headley, John M. and John B. Tomaro, eds., *San Carlo Borromeo: Catholic Reform and Ecclesiastical Politics in the Second Half of the Sixteenth Century*, Washington D.C.: Folger Books, 1988.
Hellinga, Lotte, "The Gutenberg Revolutions", *A Companion to the History of the Book*, eds., Simon Eliot and Jonathan Rose, Oxford: Blackwell Publishing, 2007, pp. 207~19.
Helmer, Christine, and Bo Helm, eds., *Luther Renaissance: Past and Present*, Bristol: Vandenhoeck & Ruprecht, 2015.

Hendrix, Scott, "Rerooting the Faith: The Reformation as Re-Christianization", *Church History* 69, no. 3, Sep. 2000, pp. 558~77.

Herlihy, David, *The Black Death and the Transformation of the West*, Cambridge, MA: Harvard University Press, 1997.

Hester, Marianne, "Patriarchal Reconstruction and Witch Hunting", *Witchcraft in Early Modern Europe: Studies in Culture and Belief*, eds., Jonathan Barry, Marianne Hester, Gareth Roberts, Cambridge: Cambridge University Press, 1996, pp. 288~306.

Hillerbrand, Hans J., "Anabaptism and the Reformation: Another Look", *Church History* 29, no. 4, 1960, pp. 404~23.

________, *The Printed Word: its Impact and Diffusion: Primarily in the 15th-16th Centuries*, London: Variorum Reprints, 1978.

________, ed., *The Protestant Reformation*, New York, NY: Harper Perennial, 1968.

Hirsch, Rudolf, *Printing, Selling and Reading, 1450-1550*, Wiesbaden: Harrassowitz, 1974.

Holl, Karl, *The Cultural Significance of the Reformation*, trans., Karl and Barbara Hertz and John H. Lichtblau, New York, NY: Meridian, 1959.

Holt, Mack P., *The French Wars of Religion, 1562-1629*, Cambridge: Cambridge University Press, 1995.

Höpfl, Harro, "Orthodoxy and Reason of State", *History of Political Thought* 23, no. 2, June 2002, pp. 211~37.

Horodowich, Elizabeth, *The Venetian Discovery of America: Geographic Imagination and Print Culture in the Age of Encounters*, Cambridge: Cambridge University Press, 2018.

Horrox, Rosemary, ed., *The Black Death*, Manchester: Manchester University Press, 1994.

Housley, Norman, "The Papacy, Conciliarism and Crusade, 1449-1517", *Journal of Ecclesiastical History* 72, no. 1, 2021, pp. 36~52.

Houston, R. A., *Literacy in Early Modern Europe: Culture and Education, 1500-1800*, London and New York, NY: Routledge, 2002.

Howard, Thomas Albert and Mark A. Noll, eds., *Protestantism after 500 Years*, Oxford: Oxford University Press, 2016.

Hsia, R. po-chia, ed., *A Companion to the Reformation World*, Oxford: Blackwell, 2004.

________, *Social Discipline in the Reformation: Central Europe, 1550-1750*, London: Routledge, 1989.

________, *The World of Catholic Renewal 1540-1770*, Cambridge: Cambridge University Press, 1998.

Hudson, Anne, "A Lollard Sermon-cycle and its Implications", *Medium Aevum* 40, 1971, pp. 142~56.

________, *The Premature Reformation: Wycliffite Texts and Lollard History*, Oxford: Clarendon Press, 1988.

Hubert, Jean, J. Porcher, W. F. Volbach, *The Carolingian Renaissance*, New York, NY: George Braziller, 1970.

Hughes, William W., *Western Civilization: The Earliest Civilization through the Reformation*, New York, NY: McGraw-Hill, 1993.

Huizinga, Johan, *The Autumn of the Middle Ages*, trans., Rodney J. Payton and Ulrich Mammitzsch, Chicago, IL: University of Chicago Press, 1996.

Hutton, Ronald, "The Local Impact of the Tudor Reformations", *The English Reformation Revised*, ed., C. Haigh, Cambridge: Cambridge University Press, 1987, pp. 114~38.

Inalcik, Halil, *The Ottoman Empire: The Classical Age 1300-1600*, London: Phoenix Press, 2000.

Ingram, Kevin, ed., *Conversos and Moriscos in Late Medieval Spain and Beyond*, vol. 1: *Departures and Change*, Leiden and Boston: Brill, 2009.

Iserloh, Erwin, *The Theses were not Posted: Luther between Reform and Reformation*, London: Geoffrey Chapman, 1968.

Jacob, E. F., *The Fifteenth Century, 1399-1485*, Oxford: Clarendon Press, 1961.

Jedin, Hubert, *A History of the Council of Trent*, trans., Dam Ernest Graf, O. S. B., vol. 2, St. Louis, MO: B. Herder, 1961.

________, *Ecumenical Councils of the Catholic Church: A Historical Outline*, trans., Ernest Graf, New York, NY: Herder and Herder, 1960.

Jónsson, Már, "The Expulsion of the Moriscos from Spain in 1609-1614: The Destruction of an Islamic Periphery", *Journal of Global History* 2, issue 2, 2007, pp. 195~212.

Kafadar, Cemal, "The Ottomans and Europe", *Handbook of European History 1400-1600: Late Middle Ages Renaissance and Reformation*, vol. 1: *Structures and Assertions*, eds., Thomas A. Brady, Jr., Heiko A. Oberman, James D. Tracy, Leiden, New York & Köln: E. J. Brill, 1994, pp. 589~635.

Kamen, Henry, "Spain", *The Reformation in National Context*, eds., Bob Scribner, Roy Porter, Mikulas Teich, Cambridge: Cambridge University Press, 1994, pp. 202~14.

________, "The Expulsion: Purpose and Consequences", *Spain and the Jews: The Sephardi Experience, 1492 and After*, ed., Elie Kedourie, London: Thames and Hudson, 1992, pp. 74~91.

________, *The Spanish Inquisition: A Historical Revision*, 4th ed., New Haven and London: Yale University Press, 2014.

Kaplan, Benjamin J., "Coexistence, Conflict, and the Practice of Toleration", *A Companion to the Reformation World*, ed., R. Po-chai Hsia, Oxford: Blackwell, 2004, pp. 486~505.

Karant-Nunn, Susan C., "Alas, a Lack: Trends in the Historiography of Pre-University Education in Early Modern Germany", *Renaissance Quarterly* 43, no. 4, 1990, pp. 788~98.

________, "Reformation Society, Women and the Family", *The Reformation World*, ed., Andrew Pettegree, London and New York, NY: Routledge, 2000, pp. 433~46.

Karant-Nunn, Susan C., and Merry E. Wiesner-Hanks, eds., *Luther on Woman: A Sourcebook*, Cambridge: Cambridge University Press, 2003.

Karpat, Kemal H., *The Ottoman State and its Place in World History*, Leiden, New York & Köln: E. J. Brill, 1974.

Kaufmann, Thomas, *Luther's Jews: A Journey into Anti-Semitism*, trans., Lesley Sharpe and Jeremy Noakes, Oxford: Oxford University Press, 2014.

________, *The Saved and the Damned: A History of the Reformation*, trans., Tony Crawford, Oxford: Oxford University Press, 2023.

Kelley, Donald, *The Beginning of Ideology*, Cambridge: Cambridge University Press, 1981.

Kelly, John, *The Great Mortality: An Intimate History of the Black Death, the Most Devastating Plague of All Time*, New York, NY: HarperCollins Publishers, 2005.

Kelly-Gadol, Joan, "Did Women Have a Renaissance?", *Becoming Visible: Women in European History*, eds., Renate Bridenthal and Claudia Koonz, Boston, MA: Houghton Mifflin, 1977, pp. 137~64.

Kemp, Eric, "The Spirit of the Canon Law and its Application in England", *Ecclesiastical Law Journal* 1, no. 1, 1987, pp. 5~14.

Kerssenbrock, Hermann von and Anne MacKay, *Narrative of the Anabaptist Madness: The Overthrow of Münster, the Famous Metropolis of Westphalia*, Leiden and Boston: Brill, 2007.

Key, Newton and Robert Bucholz, eds., *Sources and Debates in English History, 1485-1714*, Oxford: Blackwell, 2009.

Kieckhefer, Richard, "Radical Tendencies in the Flagellant Movement of the Mid-Fourteenth Century", *Journal of Medieval and Renaissance Studies* 4, 1974, pp. 157~76.

Kinder, A. Gordon, "Spain", *The Early Reformation in Europe*, ed., Andrew Pettegree, Cambridge: Cambridge University Press, 1992, pp. 215~37.

________, "Spain's Little-Known 'Noble Army of Martyrs' and the Black Legend", *Faith and Fanaticism in Early Modern Spain*, ed., Lesley K. Twomey, Aldershot: Ashgate Publishing, 1997, pp. 71~94.

Kingdon, Robert M., "Calvin and Geneva", *A Companion to the Reformation World*, ed., R. Po-chai Hsia, Oxford: Blackwell, 2004, pp. 105~17.

________, *Geneva and the Coming Wars of Religion in France, 1555-1563*, Genève: DROZ, 1956.

Kiss, Andrea and Kathleen Pribyl, *The Dance of Death in Late Medieval and Renaissance Europe: Environmental Stress, Mortality and Social Response*, London and New York, NY: Routledge, 2019.

Klaassen, Walter, *Anabaptism: Neither Catholic nor Protestant*, Waterloo: Conrad Press, 1973; revised ed., 1981.

Klassen, William, "History and Theology: Some Reflections on the Present Status of Anabaptist Studies", *Mennonite Quarterly Review* 53, 1979, pp. 197~200.

Koch, Bettina, "Marsilius of Padua on Church and State", *A Companion to Marsilius*, eds., Gerson Moreno-Riaño and Cary J. Nederman, Leiden and Boston: Brill, 2011, pp. 139~79.

Kolb, Robert, "Martin Luther and the German Nation", *A Companion to the Reformation World*, ed., R. Po-chia Hsia, Oxford: Blackwell Publishing, 2004, pp. 39~55.

Kreider, Alan, *English Chantries: The Road to Dissolution*, Cambridge, MA: Harvard University Press, 1979.

Kristeller, Paul Oskar, *Eight Philosophers of the Italian Renaissance*, Stanford, CA: Stanford University Press, 1964.

________, "Humanism", *The Cambridge History of Renaissance Philosophy*, eds., C. B. Schmitt et al., Cambridge: Cambridge University Press, 1988, pp. 113~37.

________, "Humanism and Scholasticism in the Italian Renaissance", *Renaissance Thought and its Sources*, ed., M. Mooney, New York, NY: Columbia University Press, 1979, pp. 85~105.

________, *Renaissance Thought: The Classic, Scholastic, and Humanist Strains*, New York, NY: Harper Torchbooks, 1961.

________, "The Origin and Development of the Language of Italian Prose", *Renaissance Thought and the Arts: Collected Essays*, Princeton, NJ: Princeton University Press, 1981, pp. 119~41.

Kupisch, Karl, "The Luther Renaissance", *Journal of Contemporary History* 2, no. 4, Oct. 1967, pp. 39~49.

Lacorne, Denis, *The Limits of Tolerance: Enlightenment Values and Religious Fanaticism*, trans., C. Jon Delogu and Robin Emlein, New York, NY: Columbia University Press, 2019.

Larner, Christina, *Witchcraft and Religion: The Politics of Popular Belief*, New York, NY: Basil Blackwell, 1984.

Larsen, A. E., "Are All Lollards Lollards?", *Lollards and their Influence in Late Medieval England*, eds., Fiona Somerset, Jill C. Havens, and Derrick G. Pitard, Woodbridge: Boydell Press, 2003, pp. 59~76.

Le Bon, Gustave, *The Crowd: A Study of the Popular Mind*, London: T. Fisher Unwin, 1896.

Le Goff, Jacques, *The Birth of Purgatory*, trans., Arthur Goldhammer, Chicago, IL: University of Chicago Press, 1984.

Lea, Henry C., *A Historical Sketch of Sacerdotal Celibacy in the Christian Church*, 2nd ed., Boston, MA: Houghton Mifflin and Company, 1884.

________, *A History of the Inquisition of Spain,* vol. 4, London: MacMillan, 1922.

Lee, Richard E., ed., *The* Longue Durée *and World-Systems Analysis*, Albany, NY: State University of New York Press, 2012.

Levack, Brian, *The Witch-Hunt in Early Modern Europe*, London: Pearson, 2006.

Levine, Joseph M., "Reginald Pecock and Lorenzo Valla on the Donation of Constantine", *Studies in the Renaissance* 20, 1973, pp. 118~43.

Levy, L. W., *Treason against God: A History of the Offense of Blasphemy*, New York, NY: Schocken Books, 1981.

Lewis, Bernard, *Cultures in Conflict: Christians, Muslims and Jews in the Age of Discovery*, Oxford: Oxford University Press, 1995.

Lilla, Mark, *The Stillborn God: Religion, Politics, and the Modern West*, New York, NY: Knopf, 2007.

Lindberg, Carter, *The European Reformations*, Oxford: Blackwell, 1996.

Littell, Franklin H., *The Anabaptist View of the Church: A Study in the Origins of Sectarian Protestantism*, 2nd ed., Boston, MA: Starr King Press, 1958.

Litzenberger, Caroline, *The English Reformation and the Laity: Gloucestershire, 1540-1580*, Cambridge: Cambridge University Press, 1997.

Loach, J., "The Marian Establishment and the Printing Press", *The English Historical Review* 101, no. 398, Jan. 1986, pp. 135~48.

Locher, Gottfried W., *Zwingli's Thought: New Perspectives*, Leiden and Boston: Brill, 1981.

Loewen, Harry, *Ink against the Devil: Luther and His Opponents*, Waterloo, Ontario: Wilfrid Laurier University Press, 2015.

Lotz-Heumann, Ute, "The Concept of 'Confessionalization': A Historiographical Paradigm in Dispute", *Memoria y Civilización* 4, 2001, pp. 93~114.

Love, Roland S., *Maritime Exploration in the Age of Discovery, 1415-1800*, London: Greenwood Press, 2006.

Lynch, Michael, ed., *The Oxford Companion to Scottish History*, Oxford: Oxford University Press, 2001.

Maarbjerg, John P., "Iconoclasm in the Thurgau: Two Related Incidents in the Summer of 1524", *The Sixteenth Century Journal* 24, no. 3, 1993, pp. 577~93.

MacCulloch, Diarmaid, *All Things Made New: The Reformation and its Legacy*, Oxford: Oxford University Press, 2016.

________, "England", *The Early Reformation in Europe*, ed., Andrew Pettegree, Cambridge: Cambridge University Press, 1992, pp. 166~87.

________, "Protestantism in Mainland Europe: New Directions", *Renaissance Quarterly* 59, no. 3, Fall 2006, pp. 698~706.

________, *Reformation: Europe's House Divided, 1490-1700*, New York, NY: Penguin Books, 2005.

________, *The Later Reformation in England*, London: Palgrave Macmillan, 1990.

________, "The Myth of the English Reformation", *Journal of British Studies* 30, 1991, pp. 1~19.

________, *The Reformation: A History*, New York, NY: Penguin, 2005.

________, Mary Laven and Eamon Duffy, "Recent Trends in the Study of Christianity in Sixteenth-century Europe", *Renaissance Quarterly* 59, no. 3, Fall 2006, pp. 697~731.

Macfarlane, Alan, *Witchcraft in Tudor and Stuart England: A Regional and Comparative Study*, London and New York, NY: Routledge, 1970.

MacHaffie, Barbara J., *Her Story: Women in Christian Tradition*, Minneapolis, MN: Fortress Press, 2006.

MacKay, Angus, "Popular Movements and Pogroms in Fifteenth-century Castile", *Past and Present*, no. 55, 1972, pp. 33~67.

McKenna, George, *The Puritan Origins of American Patriotism*, New Haven & London: Yale University Press, 2007.

Maltby, William S., *The Black Legend in England: The Development of Anti-Spanish Sentiment, 1558-1660*, Durham, NC: Duke University Press, 1971.

Manetsch, Scott M., "John Calvin, the Monarchomachs, and the Biblical Warrant for Political Resistance", *Calvinus Frater in Domino* 65, March 8, 2020, pp. 13~36.

Mann, Thomas, "Germany and the Germans", *Thomas Mann's Addresses Delivered at the Library of Congress, 1942-1949*, Washington D.C.: Library of Congress, 1963, pp. 45~66.

Manning, David, "History, Historiography, and 'the Scottish Reformation'", *A Companion to the Reformation in Scotland, ca. 1525-1638: Frameworks of Change and Development*, Leiden and Boston: Brill, 2022, pp. 689~721.

Marcus, Jacob Rader, *The Jew in the Medieval World: A Source Book, 315-1791*, Cincinnati, OH: The Sinai Press, 1938.

Marshall, Louise, "Manipulating the Sacred: Image and Plague in Renaissance Italy", *Renaissance Quarterly* 47, no. 3, 1994, pp. 485~542.

Marshall, Peter, *Beliefs and the Dead in Reformation England*, Oxford: Oxford University Press, 2002.

________, "Leaving the World", *Reformation Christianity: A People's History of Christianity*, ed., Matheson, Minneapolis, MN: Fortress Press, 2010, pp. 168~88.

________, "(Re)defining the English Reformation", *Journal of British Studies* 48, 2009, pp. 564~86.

________, "Review Essay: Recent German Research on Thomas Müntzer", *Mennonite Quarterly Review* 86, no. 1, 2012, pp. 97~109.

________, *The Catholic Priesthood and the English Reformation*, Oxford: Oxford University Press, 1994.

________, ed., *The Impact of the English Reformation, 1500-1640*, Manchester: Manchester University Press, 1997.

Matar, Peter, Nabil, *Islam in Britain 1558-1685*, Cambridge: Cambridge University Press, 1998.

Matzukis, C., "The Donation of Constantine: History and Forgery", *Acta Patristica et Byzantina* 18, no. 1, 2007, pp. 120~27.

McClendon, Muriel C., *The Quiet Reformation: Magistrates and the Emergence of Protestantism in Tudor Norwich*, Ithaca, NY: Cornell University Press, 1999.

________, Joseph P. Ward and Michael Macdonald, eds., *Protestant Identities: Religion, Society, and Self-fashioning in Post Reformation England*, Stanford, CA: Stanford University Press, 1999.

McGovern, William Montgomery, *From Luther to Hitler: The History of Fascist-Nazi Political Philosophy*, Boston, MA: Houghton Mifflin, 1941.

McGrade, A. S., *The Political Thought of William Ockham: Personal and Institutional Principles*, Cambridge: Cambridge University Press, 1974.

McGrath, Alister E., *Historical Theology*, Oxford: Blackwell Publishers, 1998.

________, *The Intellectual Origins of the European Reformation*, New York, NY: Basil Blackwell Publishers, 1987.

McGrath, Patrick, *Papists and Puritans under Elizabeth I*, London: Eyre & Spottiswoode, 1967.

McLuhan, Marshall, *Understanding Media: The Extensions of Man*, Cambridge, MA: The MIT Press, 1994.

Ménager, Daniel, "Erasmus, the Intellectuals, and the Reuchlin Affair", *Biblical Humanism and Scholasticism in the Age of Erasmus*, ed., Erika Rummel, Leiden & Boston: Brill, 2008, pp. 39~54.

Mentzer, Raymond A., "The French Wars of Religion", *The Reformation World*, ed., Andrew Pettegree, London and New York, NY: Routledge, 2000, pp. 324~46.

Minnis, Alastair, *Translations of Authority in Medieval English Literature: Valuing the Vernacular*, Cambridge: Cambridge University Press, 2009.

Moeller, Bernd, *Imperial Cities and the Reformation: Three Essays*, trans., H. C. Erik Midelfort and Mark U. Edwards, Jr., Philadelphia, PA: Fortress Press, 1972.

________, "The German Humanists and the Beginnings of the Reformation", *Imperial Cities and the Reformation*, ed., and trans., H. C. E. Midelfort and M. U. Edwards, Philadelphia, PA: Fortress Press, 1972, pp. 17~40.

Monfasani, John, "Criticism of Biblical Humanists", *Biblical Humanism and Scholasticism in the Age of Erasmus*, ed., Erika Rummel, Leiden & Boston: Brill, 2008, pp. 15~38.

________, "Humanism and Rhetoric", *Renaissance Humanism: Foundations, Forms, and Legacy*, ed., Albert Rabil, Jr., 1, Philadelphia, PA: University of Pennsylvania Press, 1988, pp. 171~235.

________, "The Theology of Lorenzo Valla", *Humanism and Early Modern Philosophy*, eds., Jill Kraye and M. W. F. Stone, London and New York, NY: Routledge, 2000, pp. 1~23.

________, "Toward the Genesis of the Kristeller Thesis on Renaissance Humanism: Four Bibliographical Notes", *Renaissance Quarterly* 53, 2000, pp. 1156~73.

Monter, William, "The New Social History and the Spanish Inquisition", *Journal of Social History* 17, no. 4, Summer 1984, pp. 705~13.

________, "Witch Trials in Continental Europe, 1560-1660", *Witchcraft and Magic in Europe: The Period of the Witch Trials*, eds., Bengt Ankarloo, Stuart Clark and William Monter, London and Philadelphia, PA: The Athlone Press, 2002, pp. 1~52.

Moreira, Isabel, "Purgatory in Historical Perspective", *St Andrews Encyclopaedia of Theology*, 2023. Edited by Brendan N. Wolfe et al. https://www.saet.ac.uk/Christianity/PurgatoryinHistoricalPerspective(검색일: 2025년 10월 25일).

Müller, Laurenz, "Revolutionary Moment: Interpreting the Peasants' War in the Third Reich and in the German Democratic Republic", trans., Thomas A. Brady, Jr., in *Central European History* 40, 2007, pp. 1~26.

Mullett, Michael, *The Catholic Reformation*, London and New York, NY: Routledge, 1999.

Naphy, William G., "Baptisms, Church Riots and Social Unrest in Calvin's Geneva", *Sixteenth Century Journal* 26, no. 1, 1995, pp. 87~97.

________, "Calvin and Geneva", *The Reformation World*, ed., Andrew Pettegree, London and New York, NY: Routledge, 2000, pp. 309~22.

________, *Calvin and the Consolidation of the Genevan Reformation*, Manchester: Manchester University Press, 1994.

Netanyahu, Benzion, *The Origins of the Inquisition in Fifteenth Century Spain*, New York, NY: Random House, 1995.

Nicholls, David, "France", *The Early Reformation in Europe*, ed., Andrew Pettegree, Cambridge: Cambridge University Press, 1992, pp. 120~41.

Niebuhr, Reinhold, *The Nature and Destiny of Man*, 2 vols., New York, NY: Scribner, 1953.

Nirenberg, David, *Communities of Violence: Persecution of Minorities in the Middle Ages*, Princeton, NJ: Princeton University Press, 1996.

Norris, Rebecca Sachs, "Converting to What? Embodied Culture and the Adoption of New Beliefs", *The Anthropology of Religious Conversion*, eds., Andrew Buckser and Stephen D. Glazier, Oxford: Rowman & Littlefield Publishers, 2023, pp. 171~81.

Norton, Claire, "Chapter 1: Blurring the Boundaries: Intellectual and Cultural Interactions between the Eastern and Western; Christian and Muslim Worlds", *The Renaissance and the Ottoman World*, eds., Anna Contadini and Claire Norton, London and New York, NY: Routledge, 2013, pp. 3~21.

Oakley, Francis, "Conciliarism at the Fifth Lateran Council", *Church History* 41, 1972, pp. 452~63.

________, *Council over Pope? Towards a Provisional Ecclesiology*, New York, NY: Herder and Herder, 1969.

________, *The Conciliarist Tradition: Constitutionalism in the Catholic Church, 1300-1870*, Oxford: Oxford University Press, 2003.

Oakes, Catherine, *Ora Pro Novis: The Virgin as Intercessor in Medieval Art and Devotion*, London: Harvey Miller, 2008.

Oberman, Heiko A., "Anticlericalism as an Agent of Change", *Anticlericalism in Late Medieval and Early Modern Europe*, eds., Peter Dykema and Heiko Oberman, Leiden and Boston: Brill, 1993, pp. 1~43.

________, *Luther: Man between God and the Devil*, trans., Eileen Walliser-Schwarzbart, New Haven and London: Yale University Press, 1989.

________, "The Impact of the Reformation: Problems and Perspectives", *Politics and Society in Reformation Europe: Essays for Sir Geoffrey Elton on his Sixty-Fifth Birthday*, eds., E. I. Kouri and Tom Scott, New York, NY: St. Martin's Press, 1987, pp. 3~31.

________, and Donald Weinstein, *The Two Reformations: The Journey from the Last Days to the New World*, New Haven and London: Yale University Press, 2003.

Ocker, Christopher, Michael Printy, Peter Starenko, Peter Wallace, *Politics and Reformations: Histories and Reformations*, Leiden and Boston: Brill, 2007.

O'Day, Rosemary, *The Debate on the English Reformation*, Manchester: Manchester University Press, 2014.

O'Malley, John W., *Saints or Devils Incarnate? Studies in Jesuit History*, Leiden and Boston: Brill, 2013.

________, "The Jesuits, St Ignatius and the Counter-Reformation: Some Recent Studies and their Implications for Today", *Studies in the Spirituality of Jesuits* 14, no. 1, 1982, pp. 1~32.

________, "Theology before the Reformation: Renaissance Humanism and Vatican II", *Theological Studies* 80, no. 2, 2019, pp. 256~70.

________, *Trent and All That: Renaming Catholicism in the Early Modern Era*, Cambridge, MA: Harvard University Press, 2000.

________, "Was Ignatius Loyola a Church Reformer? How to Look at Early Modern Catholicism", *Catholic Historical Review* 77, 1991, pp. 177~93.

Olin, John C., *Catholic Reform: From Cardinal Ximenes to the Council of Trent, 1495-1563: An Essay with Illustrative Documents and a Brief Study of St. Ignatius Loyola*, New York, NY: Fordham University Press, 1990.

________, *The Catholic Reformation: Savonarola to Ignatius Loyola, Reform in the Church 1495-1540*, New York, NY: Harper & Row, 1969.

O'Neill, John, "The Disciplinary Society: From Weber to Foucault", *The British Journal of Sociology* 37, no. 1, March 1986, pp. 42~60.

Opitz, Peter, "Problems and Challenges of the Modern Historiography of the Zwinglian Reformation", *Journal of Early Modern Christianity* 7, issue 2, 2020, pp. 229~46.

Oyer, John S., *Lutheran Reformers against Anabaptists: Luther, Melanchthon and Menius and the Anabaptists of Central Germany*, The Hague: Martinus Nijhoff, 1969.

Ozment, Steven E., *Ancestors: The Loving Family in Old Europe*, Cambridge, MA: Harvard University Press, 2001.

________, *The Age of Reform, 1250-1550: An Intellectual and Religious History of Late Medieval and Reformation Europe*, New Haven and London: Yale University Press, 1980.

________, *The Reformation in the Cities: The Appeal of Protestantism to Sixteenth-century Germany and Switzerland*, New Haven and London: Yale University Press, 1975.

________, *When Fathers Ruled: Family Life in Reformation Europe*, Cambridge, MA: Harvard University Press, 1983.

Packull, Werner O., "In Search of the Common Man in the Ideology of Early South German Anabaptism", *Sixteenth Century Journal* 17, issue 1, 1986, pp. 51~67.

________, "The Image of the 'Common Man' in the Early Pamphlets of the Reformation (1520-1525)", *Historical Reflections* 12, no. 2, 1985, pp. 253~78.

________, "The Origins of Swiss Anabaptism in the Context of the Reformation of the Common Man", *Journal of Mennonite Studies* 3, 1985, pp. 36~59.

Parekh, Bhikhu, "The Voice of Religion in Political Discourse", *Religion, Politics, and Peace*, ed., Leroy Rouner, Notre Dame, IN: University of Notre Dame Press, 1999, pp. 63~84.

Parish, Helen, *Clerical Celibacy in the West, c. 1100-1700*, Burlington, VT: Ashgate, 2010.

________, *Clerical Marriage and the English Reformation*, Aldershot: Ashgate, 2000.

Parker, Geoffrey, *Emperor: A New Life of Charles V*, New Haven and London: Yale University Press, 2019.

Pawlikowski, John T., "Martin Luther and Judaism: Paths Towards Theological Reconciliation", *Journal of the American Academy of Religion* 43, no. 4, 1975, pp. 681~93.

Pelikan, Jaroslav, Valerie R. Hotchkiss and David Price, *The Reformation of the Bible, The Bible of the Reformation*, New Haven and London: Yale University Press, 1996.

Pérez, Joseph, *The Spanish Inquisition: A History*, trans., Janet Lloyd, New Haven and London: Yale University Press, 2005.

Pettegree, Andrew, *Brand Luther: 1517, Printing, and the Making of the Reformation*, New York: Penguin Press, 2015.

________, *The Book in the Renaissance*, New Haven and London: Yale University Press, 2010.

________, ed., *The Early Reformation in Europe*, ed., Andrew Pettegree, Cambridge: Cambridge University Press, 1992.

________, ed., *The Reformation World*, London and New York, NY: Routledge, 2000.

________, "The Spread of Calvin's Thought", *The Cambridge Companion to John Calvin*, ed., Donald K. McKim, Cambridge: Cambridge University Press, 2004, pp. 207~24.

Phipps, William E., *Clerical Celibacy: The Heritage*, London and New York, NY: Continuum, 2004.

Plummer, Marjorie, *From Priest's Whore to Pastor's Wife: Clerical Marriage and the Process of Reform in the Early German Reformation*, London and New York, NY: Routledge, 2016.

________, "'Partner in his Calamities': Pastors Wives, Married Nuns and the Experience of Clerical Marriage in the Early German Reformation", *Gender and History* 20, no. 2, 2008, pp. 207~27.

Pollard, Albert Frederick, *Henry VIII*, London: Longmans, Green, and Co., 1966.

Porter, Roger, "What did Huldrych Zwingli Achieve for the Swiss Reformation?", *American Journal of Biblical Theology* 5, no. 1, 2021, pp. 192~204.

Posset, Franz, "In Search of an Explanation for the Suffering of the Jews: Johann Reuchlin's Open Letter of 1505", *Studies in Christian-Jewish Relations* 5, no. 1, 2010, pp. 1~11.

________, *Johann Reuchlin (1455-1522): A Theological Biography*, Berlin and Boston: de Gruyter, 2015.

________, "Johann Reuchlin(1455-1522), Celebrated Hebraist Loyal to the Church: Commemorating the 500th Anniversary of His Death", *Wrocławski Przegląd Teologiczny* 30, 2022, pp. 197~225.

Post Walton, Kristen, "Scottish Religious and Political Transformations, 1557-1567", *A Companion to the Reformation in Scotland, ca. 1525-1638: Frameworks of Change and Development*, Leiden and Boston: Brill, 2022, pp. 81~104.

Price, David H., *Johannes Reuchlin and the Campaign to Destroy Jewish Books*, Oxford: Oxford University Press, 2011.

Pries, Edmund, "Oath Refusal in Zurich from 1525 to 1527: The Erratic Emergence of Anabaptist Practice", *Anabaptism Revisited*, ed., Walter Klaassen, Scottdale, PA:

Herald Press, 1992, pp. 85~97.

Purvis, Zachary, "Martin Luther in German Historiography", *Oxford Research Encyclopedias, Religion*, https://doi.org/10.1093/acrefore/9780199340378.013.379 (Published online: 22 November 2016).

Rawlings, Helen, *The Spanish Inquisition*, Oxford: Blackwell, 2006.

Redekop, Benjamin W., *Power, Authority, and the Anabaptist Tradition*, New York, NY: Johns Hopkins University Press, 2001.

Reichberg, Gregory M., "Catholic Christianity Part I: Historical Development", *Religion, War, and Ethics*, eds., Gregory M. Reichberg, Henrik Syse, and Nicole M. Hartwell, Cambridge: Cambridge University Press, 2014, pp. 77~103.

Reid, Jonathan A., "France", *The Reformation World*, ed., Andrew Pettegree, London and New York, NY: Routledge, 2000, pp. 211~24.

Reimer, A. James, Paul G. Doerksen and P. Travis Kroeker, *Toward an Anabaptist Political Theology: Law, Order, and Civil Society*, Eugene, OR: Wipf and Stock Publishers, 2014.

Reinhard, Wolfgang, "Reformation, Counter-Reformation, and the Early Modern State: A Reassessment", *Catholic Historical Review* 75, 1989, pp. 383~404.

Rex, Richard, *The Lollards*, London: Palgrave Macmillan, 2002.

________, *Henry VIII and the English Reformation*, Basingstoke: Macmillan Education, 1993.

Reynolds, L. D. and N. G. Wilson, *Scribes and Scholars: A Guide to the Transmission of Greek and Latin Literature*, Oxford: Oxford University Press, 1991.

Rice, Eugene, *The Foundations of Early Modern Europe, 1460-1559*, New York, NY: Norton, 1970.

________, ed., *The Prefatory Epistles of Jacques Lefèvre d'Étaples*, New York, NY: Columbia University Press, 1972.

Ristau, Harold, "Against the Heavenly Prophets in the Matter of Images and Sacraments: Martin Luther's Polemical Critique of the 'Demonic', Radical Protestant Soteriology", PhD diss., McGill University, 2007.

Ritchie, Susan, "The Islamic Ottoman Influence on the Development of Religious Toleration in Reformation Transylvania", *Seasons: The Journal of the Zaytuna Institute*, Spring 2004, pp. 59~70.

Ron, Nathan, "Renaissance Racism: Johannes Reuchlin (1455-1522) as an Exception", *Wrocławski Przegląd Teologiczny* 30, 2022, pp. 227~47.

Roper, Lyndal, *Martin Luther: Renegade and Prophet*, London: The Bodley Head, 2016.

________, *The Holy Household: Women and Morals in Reformation Augsburg*, Oxford: Oxford University Press, 1989.

Roth, Cecil, *The Jews in the Renaissance*, New York, NY: Harper Torchbooks, 1959.

Roth, John D., "Recent Currents in the Historiography of the Radical Reformation", *Church History* 71, no. 3, 2002, pp. 523~35.

Rowlands, Alison, "Witchcraft and Old Women in Early Modern Germany", *Past and Present* 173, no. 1, 2001, pp. 50~89.

Rublack, Ulinka, *Reformation Europe*, Cambridge: Cambridge University Press, 2017.

Rummel, Erika, ed., *Biblical Humanism and Scholasticism in the Age of Erasmus,* Leiden and Boston: Brill, 2008.

________, *The Case against Johann Reuchlin: Religious and Social Controversy in Sixteenth-century Germany*, Toronto: University of Toronto Press, 2002.

________, ed., *The Erasmus Reader*, Toronto: University of Toronto Press, 1990.

Ryrie, Alec, "Congregations, Conventicles and the Nature of Early Scottish Protestantism", *Past and Present* 191, no. 1, May 2006, pp. 45~76.

________, *Protestants: The Faith that Made the Modern World*, New York, NY: Viking, 2017.

________, *The Origins of the Scottish Reformation*, Manchester and New York: Manchester University Press, 2006.

Saak, Eric Leland, *Luther and the Reformation of the Later Middle Ages*, Cambridge: Cambridge University Press, 2017.

Sachse, William L., ed., "The Defense of the Seven Sacraments", *English History in the Making* vol. 1, Waltham, MA: Blaisdell Publishing, 1967, pp. 182~83.

Scarisbrick, Jack, *Henry VIII*, Berkeley, CA: University of California Press, 1968.

________, *The Reformation and the English People*, Oxford: Blackwell, 1984.

Schildgen, Brenda Deen, *Heritage or Heresy: Preservation and Destruction of Religious Art and Architecture in Europe*, New York, NY: Palgrave Macmillan, 2008.

Schilling, Heinz, "Confessionalization in the Empire: Religious and Societal Change in Germany between 1555 and 1620", *Religion, Political Culture and the Emergence of Early Modern Society: Essays in German and Dutch History*, Leiden, New York, Köln: Brill, 1992, pp. 205~45.

________, "Confessional Europe", *Handbook of European History, 1400-1600*, Leiden, New York, Köln: Brill, 1995, pp. 641~75.

________, "Confessionalisation and the Rise of Religious and Cultural Frontiers in Early Modern Europe", *Frontiers of Faith*, Budapest: Central European University, 2001, pp. 21~35.

Schmid, Regula, "The Politics of History in the Swiss Reformation", *The Politics of Reformation: Studies in Honor of Thomas A. Brady Jr.*, Leiden and Boston: Brill, 2007, vol. 2, pp. 317~43.

________, "The Swiss Confederation before the Reformation", *A Companion to the Swiss Reformation*, Leiden and Boston: Brill, 2016, pp. 14~56.

Schurb, Ken, "Luther and the Jews: A Reconsideration", *Concordia Journal* 13, 1987, pp. 307~30.

Scott, Tom, "The Reformation between Deconstruction and Reconstruction: Reflections on Recent Writings on the German Reformation", *German History* 26, issue 3, July 2008, pp. 406~22.

Scribner, Robert W., *For the Sake of Simple Folk: Popular Propaganda for the German Reformation*, Cambridge and New York, NY: Cambridge University Press, 1981.

________, "The Reformation Movements in Germany", *The New Cambridge Modern*

History: The Reformation 1520-1559, ed., G. R. Elton, Cambridge: Cambridge University Press, 1990, pp. 69~93.

Segal, Ronald, *The Black Diaspora: Five Centuries of the Black Experience Outside Africa*, New York, NY: Farrar, Straus and Giroux, 1995.

Shagan, Ethan H., *Popular Politics and the English Reformation*, Cambridge: Cambridge University Press, 2003.

________, *The Birth of Modern Belief: Faith and Judgment from the Middle Ages to the Enlightenment*, Princeton, NJ: Princeton University Press, 2019.

Shaw, David J., "The Book Trade Comes of Age: The Sixteenth Century", *A Companion to the History of the Book*, Oxford: Blackwell, 2007, pp. 220~31.

Sheils, W. J., *The English Reformation 1530~1570*, London and New York, NY: Routledge, 2013.

Sharpe, James A., *Instruments of Darkness: Witchcraft in England, 1550~1750*, London: Penguin, 1996.

________, "Magic and Witchcraft", *A Companion to the Reformation World*, Oxford: Blackwell, 2004, pp. 440~54.

Shirer, William L., *The Rise and Fall of the Third Reich: A History of Nazi Germany*, New York, NY: Simon & Schuster, 1960.

Siecienski, A. E., *The Papacy and the Orthodox: Sources and History of a Debate*, Oxford: Oxford University Press, 2017.

Skeeters, Martha C., *Community and Clergy: Bristol and the Reformation c.1530~c.1570*, Oxford: Clarendon Press, 1993.

Skinner, Quentin, *The Foundations of Modern Political Thought*, vol. 2: *The Age of Reformation*, Cambridge: Cambridge University Press, 1978.

Smith, Adam, *An Inquiry into the Nature and Causes of the Wealth of Nations*, Chicago, IL: Encyclopedia Britannica, 1952, Book 4, Chapter 7.

Smith, Frederick E., "Reinventing the Counter-Reformation in Marian England, 1553~1558", *The Historical Journal* 64, no. 6, 2021, pp. 1105~27.

Smith, Jeanette C., "Katharina von Bora through Five Centuries: A Historiography", *Sixteenth Century Journal* 30, 1999, pp. 745~74.

Snyder, C. Arnold, *Anabaptist History and Theology: An Introduction*, Kitchener: Pandora Press, 1995.

________, "Revolution and the Swiss Brethren: The Case of Michael Sattler", *Mennonite Quarterly Review* 55, 1981, pp. 208~28.

________, *The Life and Thought of Michael Sattler*, Scottdale, PA: Herald Press, 1984.

________, and Linda A. Huebert Hecht, eds., *Profiles of Anabaptist Women: Sixteenth-century Reforming Pioneers*, Waterloo: Wilfrid Laurier University Press, 1996.

Soen, Violet et al., eds., *The Council of Trent: Reform and Controversy in Europe and Beyond (1545-1700)*, Göttingen: Vandenhoeck & Ruprecht, 2018.

Sonnino, Paul, "From D'Avaux to Dévot: Politics and Religion in the Thirty Years War", *The Historical Association* 87, no. 286, April 2002, pp. 192~203.

Soper, J. Christopher and Joel S. Fetzer, *Religion and Nationalism in Global Perspective*,

Cambridge: Cambridge University Press, 2018.

Spencer, H. L., *English Preaching in the Late Middle Ages*, Oxford: Oxford University Press, 1993.

Spitz, Lewis, "Luther's Ecclesiology and his Concept of the Prince as Notbischof", *Church History* 22, 1953, pp. 113~41.

Stayer, James M., *Anabaptists and the Sword*, new ed., Eugene, OR: Wipf and Stock Publishers, 2002.

________, "Radical Reformation", *Handbook of European History, 1400-1600: Late Middle Ages, Renaissance, and Reformation* vol. 2, eds., Thomas A. Brady, Jr., Heiko A. Oberman, James D. Tracy, Leiden and Boston: Brill, 1994, pp. 249~82.

________, "The Anabaptists", *Reformation Europe: A Guide to Research*, St. Louis, MO: Center for Reformation Research, 1982, pp. 135~59.

________, *The German Peasants' War and Anabaptist Community of Goods*, Montreal: McGill-Queen's University Press, 1994.

________, "The Swiss Brethren: An Exercise in Historical Definition", *Church History* 47, June 1978, pp. 174~95.

________, Werner O. Packull and Klaus Deppermann, "From Monogenesis to Polygenesis: The Historical Discussion of Anabaptist Origins", *Mennonite Quarterly Review* 49, 1975, pp. 83~122.

Steinberg, Sigfrid Henry, *Five Hundred Years of Printing*, Mineola, NY: Dover Publications, 2017.

________, *The Thirty Years War and the Conflict for European Hegemony, 1600~1660*, New York, NY: W. W. Norton, 1966.

Stephens, W. Peter, *The Theology of Huldrych Zwingli*, Oxford: Clarendon, 1986.

Stjerna, Kirsi, *Women and the Reformation*, Malden, MA: Wiley-Blackwell, 2008.

Strasser, Ulrike, "Catholic Nuns Resist their Enclosure", *Unspoken Worlds: Women's Religious Lives*, Belmont, CA: Wadsworth, 2000, pp. 207~20.

Strübind, Andrea, "The Swiss Anabaptists", *A Companion to the Swiss Reformation*, Leiden and Boston: Brill, 2016, pp. 383~443.

Swanson, R. N., *Church and Society in Late Medieval England*, Oxford: Blackwell, 1993.

________, "The Burdens of Purgatory", *Medieval Christianity*, Minneapolis, MN: Fortress, 2010, pp. 353~80.

Taplin, Mark, "Switzerland", *The Reformation World*, ed., Andrew Pettegree, London and New York, NY: Routledge, 2000, pp. 169~89.

Taylor, Charles, *A Secular Age*, Cambridge, MA: Belknap Press of Harvard University Press, 2007.

Terpstra, Nicholas, ed., *Global Reformations Sourcebook: Convergence, Conversion, and Conflict in Early Modern Religious Encounters*, London and New York, NY: Routledge, 2021.

________, *Religious Refugees in the Early Modern World: An Alternative History of the Reformation*, Cambridge: Cambridge University Press, 2015.

Thomas, Keith, *Religion and the Decline of Magic: Studies in Popular Beliefs in Sixteenth-*

and Seventeenth-century England, London: Penguin Books, 1971.
Thomas, Keith, *Religion and the Decline of Magic*, London: Penguin Books, 1971.
Thompson, Faith, *A Short History of Parliament, 1295-1642*, Minneapolis, MN: University of Minnesota Press, 1953.
Thomson, John A. F., "Knightly Piety and the Margins of Lollardy", *Lollardy and the Gentry in the Later Middle Ages*, eds., Margaret Aston and Colin Richmond, Stroud: Sutton, 1997, pp. 95~111.
________, *The Later Lollards, 1414-1520*, Oxford: Oxford University Press, 1965.
________, *The Transformation of Medieval England, 1370-1529*, London and New York, NY: Routledge, 1983.
Thoreau, Henry David, *Civil Disobedience*, Lehi, UT: Libertas Press, 2014.
Todd, Margo, "England after 1558", *The Reformation World*, ed., Andrew Pettegree, London and New York, NY: Routledge, 2000, pp. 365~86.
________, *The Culture of Protestantism in Early Modern Scotland*, New Haven and London: Yale University Press, 2002.
Tracy, James, *Europe's Reformations, 1450-1650*, New York, NY: Rowman & Littlefield Publishers, 2006.
________, *Erasmus of the Low Countries*, Berkeley, CA: University of California Press, 1996.
Trevor-Roper, H. R., "Fernand Braudel, the *Annales*, and the Mediterranean", *The Journal of Modern History* 44, no. 4, Dec. 1972, pp. 468~79.
Troeltsch, Ernst, *The Social Teaching of the Christian Churches*, trans., Olive Wyon, New York, NY: Macmillan, 1931.
Truman, Carl, "Luther and the Reformation in Germany", *Reformation World*, ed., Andrew Pettegree, London and New York, NY: Routledge, 2000, pp. 73~96.
Tuchman, Barbara W., *A Distant Mirror: The Calamitous Fourteenth Century*, London: The Folio Society, 1997.
Tuveson, Ernest Lee, *Redeemer Nation: The Idea of America's Millennial Role*, Chicago, IL: University of Chicago Press, 1968.
Twomey, Lesley K., ed., *Faith and Fanaticism in Early Modern Spain*, Aldershot: Ashgate Publishing, 1997.
Tyacke, Nicholas, *Aspects of English Protestantism, c. 1530-1700*, Manchester: Manchester University Press, 2001.
Tyson, Donald, ed., *The Demonology of King James I*, Woodbury, MN: Llewelyn Publications, 2011.
Valliere, Paul, *Conciliarism: A History of Decision-Making in the Church*, Cambridge: Cambridge University Press, 2012.
Vandrunen, D., "The Two Kingdoms Doctrine and the Relationship of Church and State in the Early Reformed Tradition", *Journal of Church and State*, 49(4), 2007, pp. 743~63.
Verduin, Leonard, *The Reformers and their Stepchildren*, Grand Rapids, MI: Wm. B. Eerdmans Publishing Co., 1964.

Wakelin, Daniel, *Humanism, Reading, and English Literature, 1430~1530*, Oxford: Oxford University Press, 2007.

Walinski-Kiehl, Robert, "Reformation History and Political Mythology in the German Democratic Republic 1949~89", *European History Quarterly* 34, 2004, pp. 43~67.

Wallace, Peter G., *The Long European Reformation: Religion, Political Conflict and the Search for Conformity, 1350-1750*, Hampshire: Palgrave MacMillan, 2004.

Walsham, Alexandra, "The Reformation and the 'Disenchantment of the World' Reassessed", *Historical Journal* 51, 2008, pp. 497~528.

Walton, Robert C., *Zwingli's Theocracy*, Toronto: Toronto University Press, 1967.

Walzer, Michael, *The Revolution of the Saints*, Cambridge, MA: Harvard University Press, 1965.

Watson, Nicholas, "The Middle English Mystics", *The Cambridge History of Medieval Literature*, ed., David Wallace, Cambridge: Cambridge University Press, 1999, pp. 539~65.

Weaver, Denny, *Becoming Anabaptist: The Origin and Significance of Sixteenth-century Anabaptism*, Waterloo: Herald Press, 1987.

Wedgwood, C. V., *The Thirty Years War*, London: Jonathan Cape, 1938.

White, Hayden, *Metahistory: The Historical Imagination in Nineteenth-century Europe*, Baltimore and London: The Johns Hopkins University Press, 1975.

Whitford, David M., "Erasmus Openeth the Way Before Luther: Revisiting Humanism's Influence on The Ninety-Five Theses and the Early Luther", *Church History and Religious Culture* 94, no. 4, 2016, pp. 516~40.

Wiesner-Hanks, Merry E., "Beyond Women and the Family: Towards a Gender Analysis of the Reformation", *Sixteenth Century Journal* 18, no. 3, 1987, pp. 311~21.

________, *Convents Confront the Reformation: Catholic and Protestant Nuns in Germany*, Milwaukee, WI: Marquette University Press, 1996.

________, *Gender, Church, and State in Early Modern Germany*, New York, NY: Longman, 1998.

________, "Nuns, Wives, and Mothers: Women and the Reformation in Germany", *Women in Reformation and Counter-Reformation Europe: Public and Private Worlds*, ed., Sherrin Marshall, Bloomington, IN: Indiana University Press, 1989, pp. 3~33.

________, *Women and Gender in Early Modern Europe: New Approaches to Modern European History*, 2nd ed., Cambridge: Cambridge University Press, 2000.

________, "Women's Response to the Reformation", *The German People and the Reformation*, ed., R. Po-chia Hsia, Ithaca, NY: Cornell University Press, 1988, pp. 148~71.

Williams, George Hunston, *The Radical Reformation*, 3rd ed., Kirksville, MO: Truman State University Press, 1992.

Wilson, Peter H., *Thirty Years War: Europe's Tragedy*, Cambridge, MA: Harvard University Press, 2009.

Witcombe, Christopher, *Copyright in the Renaissance: Prints and the* Privilegio *in Sixteenth-century Venice and Rome*, Leiden and Boston: Brill, 2004.

Wolf, Anne Marie, *Juan de Segovia and the Fight for Peace: Christians and Muslims in the Fifteenth Century*, Notre Dame, IN: University of Notre Dame Press, 2014.

Wolf, Kenneth B., "Sentencia-Estatuto de Toledo, 1449", *Medieval Texts in Translation*, 2008, Web. 22 May, 2009, canilup.googlepages.com.

Zeeden, Ernst Walter, *The Legacy of Luther*, trans., Ruth Mary Bethell, London: Hollis & Carter, 1954.

Ziegler, Philip, *The Black Death*, Glasgow: William Collins Sons & Co., 1969.

Zika, Charles, "Reuchlin and Erasmus: Humanism and Occult Philosophy", *Journal of Religious History* 4, Jun. 1977, pp. 223~46.

김택현, 「자본주의 이행을 다시 생각함: 마르크스주의자들과 마르크스의 이행론」, 『영국연구』 제32호, 2014, 289~318쪽.

박경수, 「슐라이트하임 신앙고백(재세례파, 1527)」, 『칼빈연구』 제11집, 2014.

박경자, 「마르실리우스 파도바의 정치철학에 드러난 권력과 평화」, 『철학논총』 제55집, 2009, 147~64쪽.

박홍서, 「자유주의 통치성의 출현과 인간 안보: 인간 안보에 대한 푸코주의적 접근」, 『국제정치논총』 제52집, 제3호, 2012, 57~82쪽.

박흥식, 「루터의 95개조 논제는 게시되었는가?」, 『서양사연구』 제56집, 2017, 4~37쪽.

_____, 『미완의 개혁가 마르틴 루터: 500년 전 루터는 무엇을 이루고, 무엇을 남겼는가?』, 파주: 21세기북스, 2017.

서성철, 「신세계에서의 포르투갈 유대인과 종교재판」, 『이베로아메리카』 제17권 제1호, 2015, 61~91쪽.

최종원, 「1414년 이후 후기 롤라드파 사상의 몇 가지 쟁점 연구」, 『서양중세사연구』 제24집, 2009, 155~80쪽.

_____, 「'경건한 설립자들'의 이상: 15세기 옥스브리지의 재속 칼리지 설립 운동」, 『서양중세사연구』 제20집, 2007, 117~52쪽.

_____, 『공의회 역사를 걷다』, 파주: 비아토르, 2020.

_____, 「레지널드 피콕의 속어 저작을 통해 본 15세기 잉글랜드 교회와 반(反)-롤라드 담론」, 『한국 서양사연구회』 제37호, 2007, 35~70쪽.

_____, 「위클리프와 옥스퍼드의 롤라드파: 그 지적 정체성 1377-1415」, 『한국교회사학회지』 제22집, 2008, 195~229쪽.

_____, 「천국을 향한 약속어음: 중세 유럽 면벌부 이론의 변화 연구」, 『인문연구』 제56집, 2009, 165~96쪽.

사항 찾아보기

| ㄱ |

| ㅁ |

| ㅂ |

| ㅅ |

| ㅇ |

| ㅈ |

| ㅍ |

| ㅎ |

인명 찾아보기

| ㄷ |

| ㄹ |

| ㅁ |

| ㅂ |

| ㅅ |

| ㅇ |

| ㅈ |

| ㅊ |

| ㅋ |

| ㅌ |

| ㅍ |

| ㅎ |

지명 찾아보기

| ㄱ |

| ㄴ |

| ㄷ |

| ㄹ |

| ㅁ |

| ㅂ |

| ㅇ |

| ㅈ |

| ㅊ |

| ㅋ |

| ㅌ |

| ㅍ |

| ㅎ |